奥赛物理试题选

（第二版）

舒幼生 编著

北京大学出版社
PEKING UNIVERSITY PRESS

图书在版编目（CIP）数据

奥赛物理试题选/舒幼生编著. —2版. — 北京 ：
北京大学出版社，2020. 1

ISBN 978-7-301-30885-1

Ⅰ. ①奥…　Ⅱ. ①舒…　Ⅲ. ①中学物理课—竞赛题
Ⅳ. ①G634. 75

中国版本图书馆CIP数据核字（2019）第240705号

书　　名	奥赛物理试题选（第二版） AOSAI WULI SHITIXUAN（DI-ER BAN）
著作责任者	舒幼生　编著
责任编辑	顾卫宇
标准书号	ISBN 978-7-301-30885-1
出版发行	北京大学出版社
地　　址	北京市海淀区成府路205号　100871
网　　址	http://www.pup.cn
电子信箱	zpup@pup.cn
新浪微博	@北京大学出版社
电　　话	邮购部 010－62752015　发行部 010－62750672　编辑部 010－62754271
印 刷 者	河北滦县鑫华书刊印刷厂
经 销 者	新华书店
	787毫米×1092毫米　16开本　35.75印张　890千字
	2017年7月第1版　2020年1月第2版　2023年9月第3次印刷
定　　价	89.00元

第二版前言

北京大学物理学院教师与中学物理教师之间的同行相近度甚高。中学教师尤其对北大每年科学营和金秋营较为感兴趣。他们也欣赏每年高考前命题组都会制作出版一份高考样题，供教师和考生作为备考时的参考资料。教师们友情提议，北大物院能否为科学营和金秋营这两场考试的试卷给出一点透明度。北大物院领导层欣然接纳了此项提议，并得到了命题组教师的支持。于是从 2014 年开始，科学营考试结束后，即将科学营试卷和题解一并发送给各中学领队教师。

与此相应，再前进一步，本书第二版取消了原有的书中第二部分“择优选拔考试试题选”，代之为新的第二部分“科学营试题”和第三部分“金秋营试题”。

本书第二版可供各地物理教员和酷爱物理学科的中学生作为一本有益于提高物理认知水平的参考读物。

舒幼生

2019 年 10 月

目　　录

第一部分

假期辅导班联谊赛试题

2008 年 1 月寒假班试题

总分：140 分　　时间：3 小时

一、(15 分)

人在岸上用轻绳拉小船，如图所示. 岸高 h、船质量 m，绳与水面夹角为 ϕ 时，人左行速度和加速度为 v 和 a.

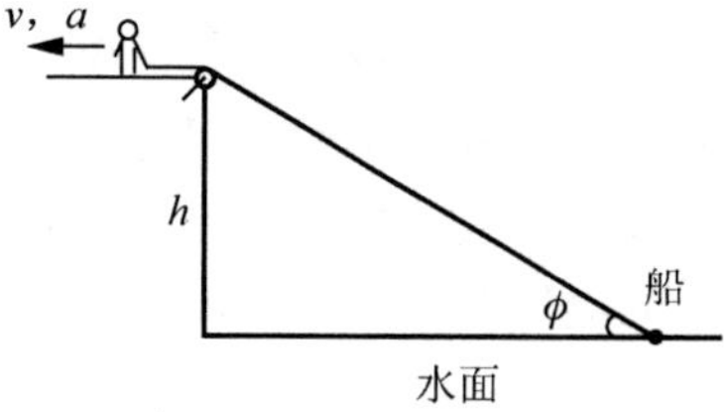

（1）不计水的水平阻力，假设船未离开水面，试求人施于绳端力提供的功率 P.

（2）若 $a=0$，$v=v_0$（常量），ϕ 从较小倾角开始，达何值时，船有离开水面趋势？

二、(15 分)

如图所示，航天飞机 P 开始时沿 $A\neq B$ 的椭圆轨道绕地球巡航.

（1）P 在轨道任一位置均可通过短时间点火喷气来改变速度大小和方向，使其进入圆轨道航行. 规定将速率增大简称为“加速”，将速率减小简称为“减速”. 试问 P 在图中哪些位置需要通过点火喷气“加速”进入圆轨道，在哪些位置需要通过点火喷气“减速”进入圆轨道？为什么？

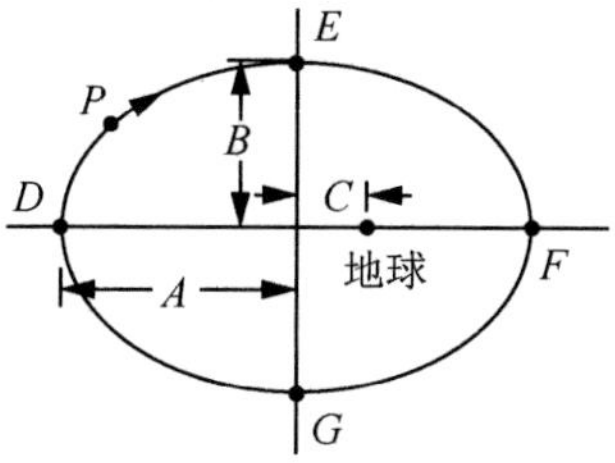

（2）再设航天飞机主体携带一个太空探测器在偏心率 $e=\sqrt{3}/2$（偏心率 $e=C/A$，C 为椭圆半焦距，A 为椭圆半长轴）的椭圆轨道上航行到图中 D 位置时，因为朝后发射探测器而使航天飞机主体进入圆轨道航行，探测器相对地球恰好沿抛物线轨道远去，试求航天飞机主体质量 m_1 与探测器质量 m_2 的比值 γ（$\gamma=m_1:m_2$）.

三、(20 分)

在两块相距为 h，水平放置的大平板之间的空隙中充满空气. 下板温度 T_1 维持不变，上板温度 T_2（$T_2<T_1$）也维持不变. 可以认为空气是理想气体，假设板间空气层中出现了对流，对流中上升气团经历的过程为绝热过程，未发生对流的区域中温度按线性规律分布，试确定温差量 T_1-T_2 的取值范围. 空气的(平均)摩尔质量 μ 和摩尔定容热容量 $C_{V,\mathrm{m}}$ 设为已知量.

——富阳中学王栩老师提供

四、(20 分)

由恒压电源 V_0 和电阻构成的直流电路以及将要讨论的相关电压量，已在图 1 中示出.

（1）试证电压 V_{n+1}，V_n 和 V_{n-1} 之间有下述关系：

$$V_{n+1}-2V_n+V_{n-1}=\left(\frac{R_A}{R_B}\right)V_n.$$

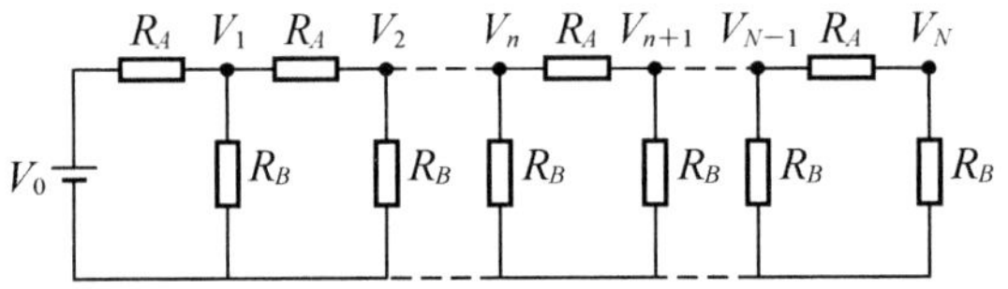

图 1

(2) 从图 1 中可以看 V_n 应随 n 的增大而递减，因此可尝试检查 $V_n=V_0e^{-n\alpha}$ 是否满足(1)问中的关系式. 若是，求出 α 值.

(3) 唾腺或肾小管的单层上皮细胞的结构如图 2 所示. 单一细胞的电阻为 R_B，两相邻细胞间的接触面电阻为 R_A，细胞截面的形状约为每边长 10μm 的正方形. 用电极在第一个细胞和其外的细胞液之间施加电压 $V_0=30\text{mV}$，然后依次测量各个细胞和其外细胞液之间的电压 $V(x)$，所得对数实验曲线如图 3 所示. 据此，求出 R_A 对 R_B 的比值.

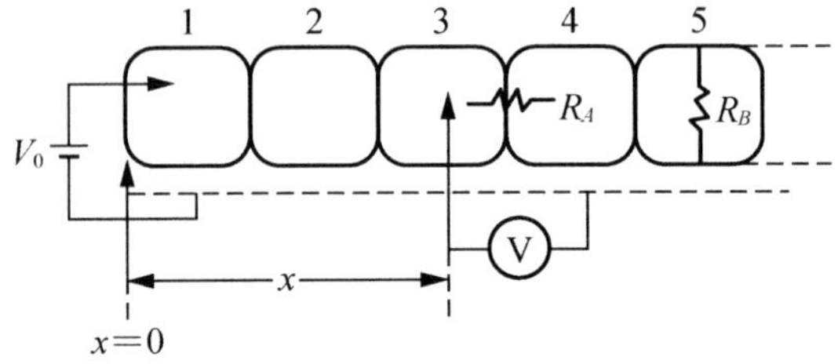

图 2

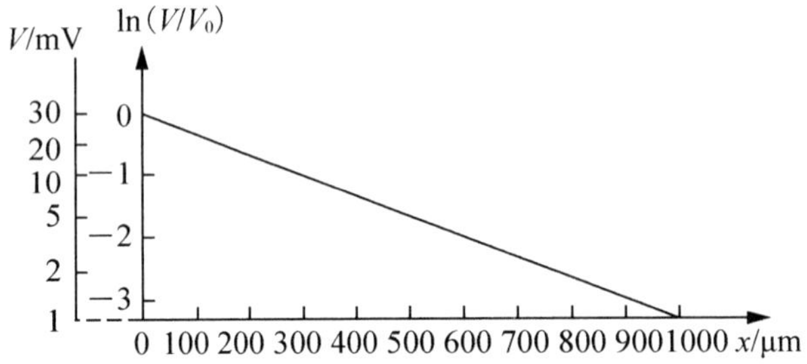

图 3

五、(25 分)

长 l、电阻 R 的匀质细杆，其 A 端约束在竖直光滑轨道上运动，B 端约束在水平光滑轨道上运动，导轨电阻可略. 设空间有如图所示方向的匀强磁场，开始时细杆方位角 $\phi=0$. 细杆从静止状态开始自由释放后，随即滑倒，方位角达到 ϕ 时，A 端下行速度大小测得为 v_A.

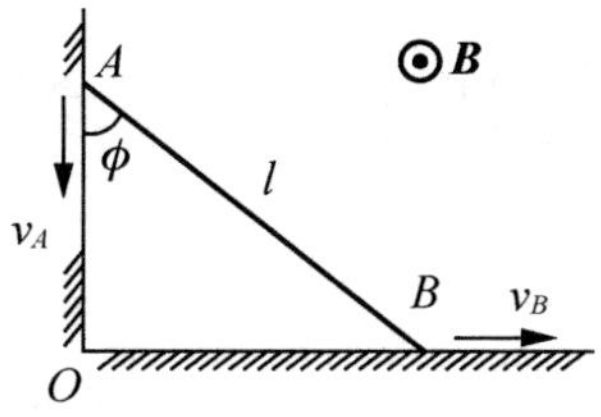

(1) 求出细杆 A，B 端之间的电动势 $\mathscr{E}_{AB}$ 大小，并确定哪端电势高.

(2) 验证此时安培力提供的负功率大小，恰好等于细杆电阻消耗的电功率.

(3) 计算 $\phi=45°$时，细杆转动角加速度 β.

六、(20 分)

在内半径为 r、外半径为 R 的中空柱形玻璃管(壁厚即为 $R-r$)中装满一种发光液体. 对于所发出的光，玻璃的折射率为 n_1，液体的折射率为 n_2. 假设除了液体发出的光之外，液体外或者说管外还存在其他光源发出的“背景光”，“背景光”远弱于液体所发出的光，但单独存在时，却不可忽略. 今从远处正面看玻璃管，管壁厚度像是零，试问此时 r/R 须满足什么条件?

七、(25 分)

惯性系 S 中三个静质量同为 m_0 的质点 A，B，C，某时刻的位置和匀速度或匀速度方向如图所示. 在 S 系中 A，B，C 将在$\left(\dfrac{3}{4}c\cdot\mathrm{s},\ 0\right)$处碰撞，碰撞过程中无任何形式的能量释放，且碰后成为一个新质点，记作 P.

(1) 在 S 系中试求 P 的质量 M 和速度大小 u.

(2) 质点 A 在图示位置时，认为质点 C 与其相距多远?

(3) 设置相对 S 系沿 x 轴以 $0.6c$ 匀速运动的 S'系和相对 S 系沿 x 轴负方向以 $0.6c$ 匀速运动的 S''系，计算 P 在 S'系和 S''系中的质量 M'和 M''.

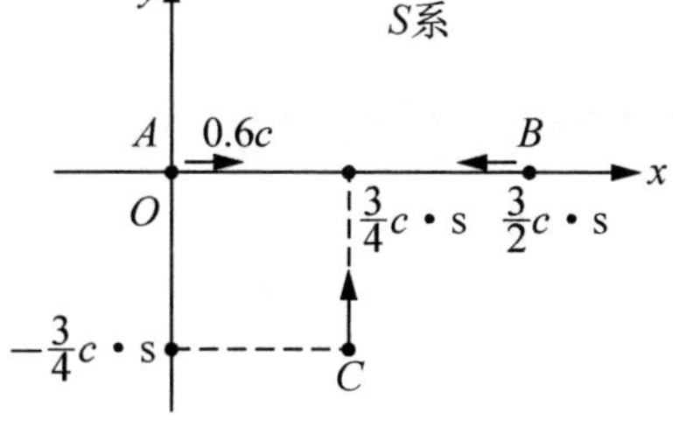

解答与评分标准（参考）

一、(15 分)

参考题解图，$\boldsymbol{v}_{船}$ 分解为 $v_{/\!/}$ 和 $v_{\perp}$，$\boldsymbol{a}_{船}$ 沿绳方向分量记为 a_r，绳中张力大小记为 T.

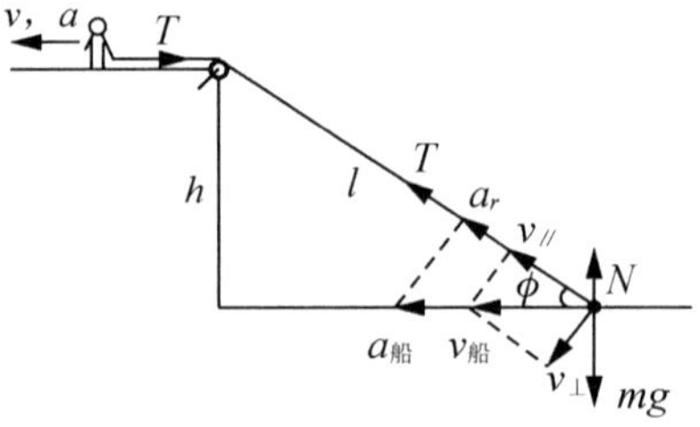

题解图

（1）人对绳的拉力水平，大小也为 T，故所求功率为

$$P=Tv. \qquad (2\text{ 分})$$

船在水平方向的动力学方程为

$$T\cos\phi=ma_{船}=ma_r/\cos\phi. \qquad (2\text{ 分})$$

由运动关联方程

$$a_r=\frac{\mathrm{d}v_{/\!/}}{\mathrm{d}t}+\frac{v_{\perp}^2}{l},$$

$$v_{/\!/}=v,\ \frac{\mathrm{d}v_{/\!/}}{\mathrm{d}t}=\frac{\mathrm{d}v}{\mathrm{d}t}=a,$$

$$v_{\perp}=v_{/\!/}\tan\phi=v\tan\phi,\ l=h/\sin\phi,$$

得

$$a_r=a+\frac{v^2}{h}\sin\phi\ \tan^2\phi,\ T=\frac{m}{\cos^2\phi}\left(a+\frac{v^2}{h}\sin\phi\ \tan^2\phi\right),$$

所求量便为

$$P=Tv=\frac{mv}{\cos^2\phi}\left(a+\frac{v^2}{h}\sin\phi\ \tan^2\phi\right). \qquad (5\text{ 分})$$

（2）船在竖直方向无运动，应有

$$N=mg-T\sin\phi, \qquad (2\text{ 分})$$

$a=0$，$v=v_0$ 对应

$$N=mg-\frac{mv_0^2}{h}\tan^4\phi, \qquad (2\text{ 分})$$

可见 N 随 ϕ 增大而减小. 船有离开水面趋势时，应有 $N=0$，倾角便为

$$\phi=\arctan\sqrt[4]{gh/v_0^2}. \qquad (2\text{ 分})$$

二、(15 分)

（1）椭圆轨道能量

$$E=-GMm/2A, \qquad (2\text{ 分})$$

式中 M，m 分别为地球、航天飞机质量．P 在与地球相距 r 处进入圆轨道，轨道能量为

$$E_r=-GMm/2r.$$

点火喷气前、后，P 在 r 处势能相同，可得下述结论．

$r>A$ 区域(题图中 E，G 两点左侧区域)各位置处：

因 $E_r>E_A$，r 处圆轨道动能必须大于 r 处原椭圆轨道动能，故为

需要“加速”区域；（2分）

$r<A$ 区域(题图中 E，G 两点右侧区域)各位置处：

因 $E_r<E_A$，r 处圆轨道动能必须小于 r 处原椭圆轨道动能，故为

需要“减速”区域．（2分）

题图中 E，G 两处为“加速”、“减速”区域转换点．

(2) 在 D 处航天飞机主体和探测器原速度大小同为

$$v_0=\frac{A-C}{B}\sqrt{\frac{GM}{A}}.\qquad（2分）$$

主体与探测器分离时各自的速度大小分别记为 v_1 与 v_2，则应有

$$圆运动，\quad\Rightarrow\quad v_1=\sqrt{GM/(A+C)},$$

$$抛物线轨道运动，\frac{1}{2}m_2v_2^2-G\frac{Mm_2}{A+C}=0,\quad\Rightarrow\quad v_2=\sqrt{2GM/(A+C)}.\qquad（2分）$$

由分离过程动量守恒方程

$$m_1v_1-m_2v_2=(m_1+m_2)v_0,\quad m_1=\gamma m_2,\qquad（2分）$$

得

$$\gamma=(v_2+v_0)/(v_1-v_0),$$

即

$$\gamma=\frac{\sqrt{\dfrac{2}{A+C}}+\dfrac{A-C}{B\sqrt{A}}}{\sqrt{\dfrac{1}{A+C}}-\dfrac{A-C}{B\sqrt{A}}},$$

由 $e=\sqrt{3}/2$，得

$$C=\frac{\sqrt{3}}{2}A,\ B=\frac{1}{2}A;\ 或\ A=2B,\ C=\sqrt{3}B,$$

代入上式，得

$$\gamma=\frac{2+\sqrt{2-\sqrt{3}}}{\sqrt{2}-\sqrt{2-\sqrt{3}}}=2.808.\qquad（3分）$$

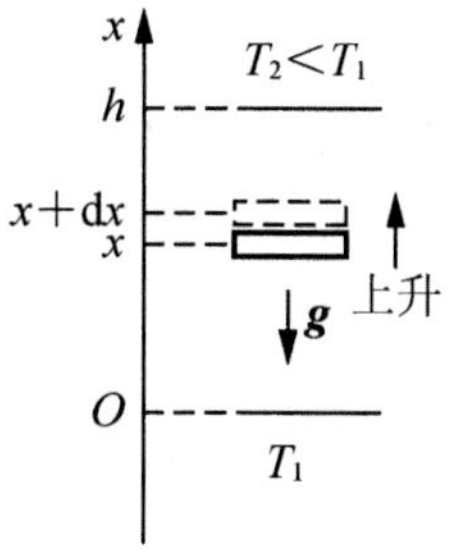

题解图

三、(20分)

如题解图所示，设置竖直向上的 x 轴，对流中上升气团处于 x 位置处的密度记为 $\rho(x)$，压强记为 $p(x)$，温度记为 $T(x)$．dx 薄层压强随 x 的增量为

$$dp=-\rho(x)g\,dx.\qquad（3分）$$

据题文，气团上升的过程按绝热过程处理，有

$$p^{1-\gamma}T^{\gamma}=\text{常量}. \qquad (2\text{分})$$

将 $T(x)$ 随 x 的增量记为 $\mathrm{d}T$，则有

$$p^{1-\gamma}T^{\gamma}=(p+\mathrm{d}p)^{1-\gamma}(T+\mathrm{d}T)^{\gamma}=p^{1-\gamma}\left(1+\frac{\mathrm{d}p}{p}\right)^{1-\gamma}T^{\gamma}\left(1+\frac{\mathrm{d}T}{T}\right)^{\gamma}$$

$$=p^{1-\gamma}T^{\gamma}\left[1+(1-\gamma)\frac{\mathrm{d}p}{p}\right]\left[1+\gamma\frac{\mathrm{d}T}{T}\right],$$

$$\Rightarrow\quad 1+(1-\gamma)\frac{\mathrm{d}p}{p}=\frac{1}{1+\gamma\dfrac{\mathrm{d}T}{T}}=1-\gamma\frac{\mathrm{d}T}{T},$$

$$\Rightarrow\quad \gamma\frac{\mathrm{d}T}{T}=(\gamma-1)\frac{\mathrm{d}p}{p}=-(\gamma-1)\frac{\rho g\,\mathrm{d}x}{p}.$$

将

$$p=\frac{\rho}{\mu}RT,\qquad\Rightarrow\quad \frac{\rho}{p}=\mu/RT$$

代入，得

$$\gamma\frac{\mathrm{d}T}{T}=-(\gamma-1)\frac{\mu g\,\mathrm{d}x}{RT},\qquad\Rightarrow\quad \mathrm{d}T=\frac{1-\gamma}{\gamma}\frac{\mu g}{R}\mathrm{d}x. \qquad (4\text{分})$$

将

$$\gamma=\frac{C_{V,\mathrm{m}}+R}{C_{V,\mathrm{m}}},\qquad\Rightarrow\quad 1-\gamma=\frac{-R}{C_{V,\mathrm{m}}} \qquad (2\text{分})$$

代入，得

$$\mathrm{d}T=-\frac{\mu g}{C_{V,\mathrm{m}}+R}\mathrm{d}x.$$

若要使对流发生，只需要微扰后上升气团所受浮力大于所受重力，即只需其密度

$$\rho(x)=p(x)\mu/RT(x)$$

小于周围气体密度，即

$$\rho(x)<\rho_0(x)=p_0(x)\mu/RT_0(x). \qquad (3\text{分})$$

因

$$p(x)=p_0(x), \qquad (1\text{分})$$

故要求

$$T(x)>T_0(x).$$

因

$$T(x=0)=T_0(x=0)>T_1,$$

故要求而后恒有

$$\mathrm{d}T(x)>\mathrm{d}T_0(x)=\frac{T_2-T_1}{h}\mathrm{d}x$$

（注意，$\mathrm{d}T$，$\mathrm{d}T_0$ 均取负），即

$$-\frac{\mu g}{C_{V,\mathrm{m}}+R}\mathrm{d}x>\frac{T_2-T_1}{h}\mathrm{d}x=-\frac{T_1-T_2}{h}\mathrm{d}x.$$

故发生对流的条件为温差量取值范围如下：

$$T_1-T_2>\mu gh/(C_{V,\mathrm{m}}+R). \qquad (5\text{分})$$

四、(20分)

(1) 参考题解图，有

$$I_n=i_n+I_{n+1},$$

$$\Rightarrow \quad \frac{V_{n-1}-V_n}{R_A}=\frac{V_n-0}{R_B}+\frac{V_n-V_{n+1}}{R_A},$$

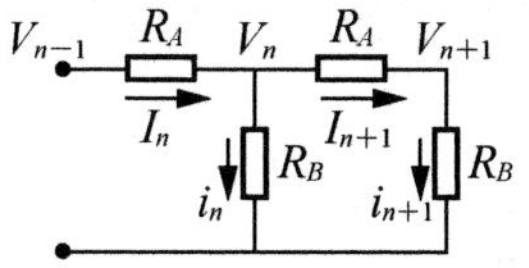

题解图

即得

$$V_{n+1}-2V_n+V_{n-1}=\left(\frac{R_A}{R_B}\right)V_n. \qquad (5\text{分})$$

(2) 将 $V_n=V_0\mathrm{e}^{-n\alpha}$ 代入上式，得

$$V_0\mathrm{e}^{-(n+1)\alpha}-2V_0\mathrm{e}^{-n\alpha}+V_0\mathrm{e}^{-(n-1)\alpha}=\left(\frac{R_A}{R_B}\right)V_0\mathrm{e}^{-n\alpha},$$

$$\Rightarrow \quad \mathrm{e}^{\alpha}+\mathrm{e}^{-\alpha}=2+\frac{R_A}{R_B},$$

$$\Rightarrow \quad \mathrm{e}^{\alpha}=\frac{1}{2}\left[\left(2+\frac{R_A}{R_B}\right)\pm\sqrt{\left(2+\frac{R_A}{R_B}\right)^2-4}\right].$$

因 α 需为正值，$\mathrm{e}^{\alpha}>1$，故应取＋号，得

$$\alpha=\ln\left\{\frac{1}{2}\left[\left(2+\frac{R_A}{R_B}\right)+\sqrt{\left(2+\frac{R_A}{R_B}\right)^2-4}\right]\right\}. \qquad (6\text{分})$$

(3) 题文中图3所示 $\ln\left(\frac{V}{V_0}\right)\sim x$ 曲线为一直线，故得

$$\left(\ln\frac{V(x)}{V_0}-0\right)\Big/(x-0)=\left(\ln\frac{1}{V_0}-0\right)\Big/(1000-0),$$

$$\Rightarrow \quad V(x)=V_0\mathrm{e}^{-\left(\frac{\ln V_0}{1000}\right)x}.$$

又因题文图2中电路结构与图1相同，故第 n 个细胞的电压应为

$$V_n=V_0\mathrm{e}^{-n\alpha},\quad n=\frac{x}{10},$$

即得

$$V_n=V(x)\big|_{x=10n}=V_0\mathrm{e}^{-\left(\frac{\ln V_0}{1000}\right)\cdot 10n}=V_0\mathrm{e}^{-\left(\frac{\ln V_0}{100}\right)\cdot n},$$

$$\Rightarrow \quad \alpha=\ln V_0/100=\ln 30/100=0.034.$$

将其代入 $\mathrm{e}^{\alpha}+\mathrm{e}^{-\alpha}=2+\frac{R_A}{R_B}$，得

$$\frac{R_A}{R_B}=\mathrm{e}^{\alpha}+\mathrm{e}^{-\alpha}-2=1.2\times10^{-3}. \qquad (9\text{分})$$

五、(25分)

(1) 取 $ABOA$ 回路，垂直图平面朝里的磁通量为

$$\Phi=-B\cdot\frac{1}{2}(l\cos\phi)(l\sin\phi)=-\frac{1}{4}Bl^2\sin2\phi,$$

即有

$$\mathscr{E}_{AB}=\mathscr{E}_{ABOA}=-\frac{\mathrm{d}\Phi}{\mathrm{d}t}=\frac{1}{2}Bl^2\cos2\phi\cdot\omega,\ \omega=\frac{\mathrm{d}\phi}{\mathrm{d}t}.$$

由刚体平面平行运动知识，导得

$$v_A=(l\sin\phi)\omega,\quad\Rightarrow\quad\omega=v_A/l\sin\phi,$$

$$\Rightarrow\quad\mathscr{E}_{AB}=\frac{1}{2}Blv_A\cos2\phi/\sin\phi\ \begin{cases}>0, & \text{当 } 45^\circ>\phi>0,\\ =0, & \text{当 } \phi=45^\circ,\\ <0, & \text{当 } 90^\circ>\phi>45^\circ.\end{cases}\qquad(6\text{ 分})$$

（2）A 到 B 的电流

$$I_{AB}=\frac{\mathscr{E}_{AB}}{R}=\frac{Bl}{2R}v_A\frac{\cos2\phi}{\sin\phi}\ \begin{cases}I_{AB}>0\text{：电流从 } A \text{ 到 } B,\\ I_{AB}=0\text{：电流为零},\\ I_{AB}<0\text{：电流从 } B \text{ 到 } A.\end{cases}$$

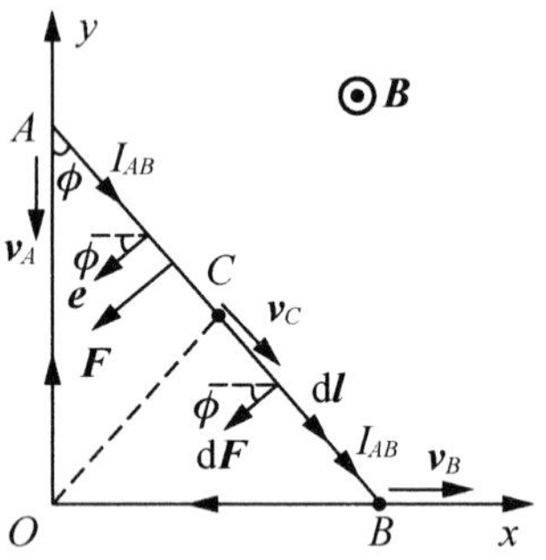

题解图

AB 杆所受安培力 $\boldsymbol{F}$，其正方向的单位矢量 $\boldsymbol{e}$ 如题解图所示，有

$$\boldsymbol{F}=F\boldsymbol{e},\ F=I_{AB}Bl=\frac{B^2l^2}{2R}v_A\frac{\cos2\phi}{\sin\phi},$$

$$F_x=-F\cos\phi,\ F_y=-F\sin\phi.$$

AB 杆中 $\mathrm{d}\boldsymbol{l}$ 段所受安培力为

$$\mathrm{d}\boldsymbol{F}=\mathrm{d}F\boldsymbol{e}=I_{AB}B\mathrm{d}l\,\boldsymbol{e},$$

$\mathrm{d}\boldsymbol{l}$ 段的速度记为 $\boldsymbol{v}_{\mathrm{d}l}$，则 $\mathrm{d}\boldsymbol{F}$ 提供的功率为

$$\mathrm{d}P=\mathrm{d}\boldsymbol{F}\cdot\boldsymbol{v}_{\mathrm{d}l}=I_{AB}B\mathrm{d}l\,\boldsymbol{e}\cdot\boldsymbol{v}_{\mathrm{d}l},$$

引入质量线密度常量 λ，$\mathrm{d}l$ 段质量为 $\mathrm{d}m=\lambda\mathrm{d}l$，则有

$$\mathrm{d}P=\frac{1}{\lambda}I_{AB}B\mathrm{d}m\,\boldsymbol{e}\cdot\boldsymbol{v}_{\mathrm{d}l}=\frac{1}{\lambda}I_{AB}B\boldsymbol{e}\cdot(\mathrm{d}m\boldsymbol{v}_{\mathrm{d}l}).$$

安培力 $\boldsymbol{F}$ 为 AB 段提供的总功率为

$$P_F=\int_l\mathrm{d}P=\frac{1}{\lambda}I_{AB}B\boldsymbol{e}\cdot\int_0^l\mathrm{d}m\boldsymbol{v}_{\mathrm{d}l}.$$

因

$$\int_0^l\mathrm{d}m\cdot\boldsymbol{v}_{\mathrm{d}l}=m\boldsymbol{v}_C,\qquad m=\lambda l\text{：细杆质量，}\boldsymbol{v}_C\text{：质心速度}$$

便得

$$P_F=\frac{m}{\lambda}I_{AB}B\boldsymbol{e}\cdot\boldsymbol{v}_C=lI_{AB}B\boldsymbol{e}\cdot\boldsymbol{v}_C=\boldsymbol{F}\cdot\boldsymbol{v}_C,$$

即安培力提供的功率等效于安培力全部作用于质心 C 处，为质心提供的功率.

因

$$\boldsymbol{v}_C=v_{Cx}\boldsymbol{i}+v_{Cy}\boldsymbol{j},\quad\begin{cases}v_{Cx}=\dfrac{1}{2}v_B=\dfrac{1}{2}v_A\dfrac{\cos\phi}{\sin\phi},\\ v_{Cy}=-\dfrac{1}{2}v_A,\ (\text{注意 } v_A>0)\end{cases}$$

得

$$P_F=F_x v_{Cx}+F_y v_{Cy}=-F\cos\phi\cdot\frac{1}{2}v_A\ \frac{\cos\phi}{\sin\phi}+F\sin\phi\cdot\frac{1}{2}v_A$$

$$=-\frac{1}{2}Fv_A\left(\frac{\cos^2\phi}{\sin\phi}-\sin\phi\right)=-\frac{1}{2}Fv_A\cos2\phi/\sin\phi.$$

将 F 表述式代入，得

$$P_F=-\frac{B^2l^2}{4R}v_A^2\ \frac{\cos^2 2\phi}{\sin^2\phi}.$$

又：细杆电阻消耗的电功率为

$$P_I=I_{AB}^2R=\frac{B^2l^2}{4R}v_A^2\ \frac{\cos^2 2\phi}{\sin^2\phi}=-P_F,$$ （10 分）

即安培力提供的负功率大小，恰好等于细杆电阻消耗的电功率.

（3）因导轨法向作用力(未知量)对质心力矩不为零，故不采用质心转轴转动定理求解 β，改用能量方法导出 β 满足的关系式.

ϕ 角位置时，细杆动能为

$$E_k=\frac{1}{2}I_M\omega^2=\frac{1}{6}ml^2\omega^2,\qquad \left(\text{瞬时轴 } I_M=\frac{1}{3}ml^2\right)$$

$t\sim t+\mathrm{d}t$ 时间间隔对应 $\phi\sim\phi+\mathrm{d}\phi$，有

$$\mathrm{d}E_k=\frac{1}{3}ml^2\omega\ \frac{\mathrm{d}\omega}{\mathrm{d}t}\mathrm{d}t=\frac{1}{3}ml^2\beta\mathrm{d}\phi.\qquad(\omega\mathrm{d}t=\mathrm{d}\phi)$$

重力势能减少量 $-\mathrm{d}W_g=\mathrm{d}\left[mg\ \frac{l}{2}(1-\cos\phi)\right]=mg\ \frac{l}{2}\sin\phi\,\mathrm{d}\phi.$

电阻上消耗能量 $\mathrm{d}W_I=P_I\mathrm{d}t=\frac{B^2l^2}{4R}v_A^2\ \frac{\cos^2 2\phi}{\sin^2\phi}\mathrm{d}t\quad(v_A=\omega l\sin\phi)$

$$=\frac{B^2l^2}{4R}\omega^2l^2\cos^2 2\phi\cdot\mathrm{d}t\quad(\omega\mathrm{d}t=\mathrm{d}\phi)$$

$$=\frac{B^2l^4}{4R}\omega\cos^2 2\phi\cdot\mathrm{d}\phi.$$

由功能关系

$$\mathrm{d}E_k=-\mathrm{d}W_g-\mathrm{d}W_I,$$

得

$$\frac{1}{3}ml^2\beta=mg\ \frac{l}{2}\sin\phi-\frac{B^2l^4}{4R}\omega\ \cos^2 2\phi,$$

$\phi=45^\circ$时，$\cos^2 2\phi=0$，即得

$$\beta=\frac{3g}{2l}\sin\phi=\frac{3\sqrt{2}}{4l}g.$$ （9 分）

六、(20 分)

液体发出的光经玻璃两次折射后射出. 从远处看，只能接收平行光线. 从正面看，管的厚度消失，意味着经管的外表面射向远处的平行光线已占据玻璃管外直径的全部区域，如题解图 1 所示. 否则如题解图 2 所示，用虚线代表的源自其他光源发出的“背景光”，尽

管较弱，却不可忽略，仍会在视觉上产生有部分管壁“厚度”的感觉.　　(2 分)

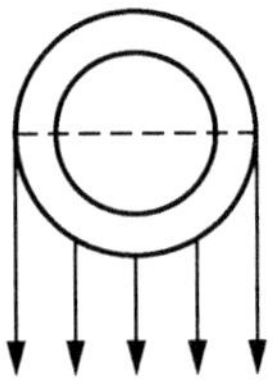

题解图 1

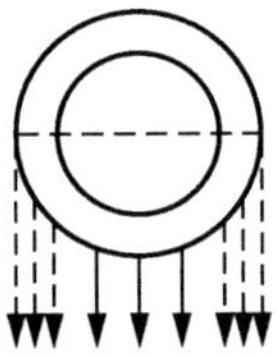

题解图 2

管壁厚度消失时，表面 M 点出射光中必须存在切向光线 MN，如题解图 3 所示，管壁中对应的光线为 PM. 因 PM 光线对应的外折射角趋于 90°，故 PM 入射光线对应的入射角 $\theta\to$全反射临界角 θ_c，即有

$$\sin\theta\to\sin\theta_c=\frac{1}{n_1}.\quad(3\text{ 分})$$

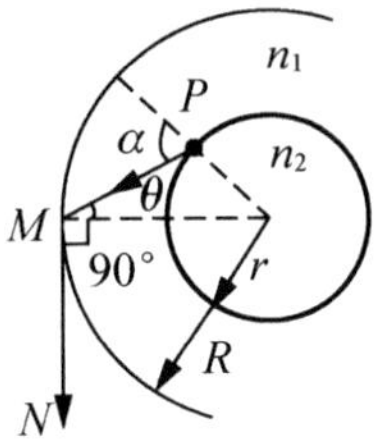

题解图 3

PM 光线是从液体表面 P 点射出的，对应的从液体到玻璃的折射角为 α. 据正弦定理有

$$\frac{r}{\sin\theta}=\frac{R}{\sin(\pi-\alpha)}=\frac{R}{\sin\alpha},$$

得

$$\sin\alpha=\frac{R}{r}\sin\theta,\quad\Rightarrow\quad\frac{R}{r}\sin\theta_c=\frac{R}{n_1r}.$$

因 $\sin\alpha\leqslant 1$，故要求

$$\frac{r}{R}\geqslant\frac{1}{n_1}.\quad(1)$$

P 是液体与玻璃间折射点，α 为折射角，对应的入射角记为 i(题解图 3 中未画出)，则有

$$n_2\sin i=n_1\sin\alpha.\quad(7\text{ 分})$$

(ⅰ) 若 $n_1\leqslant n_2$，则

$$\sin i=\frac{n_1}{n_2}\sin\alpha\geqslant\frac{n_1}{n_2}\frac{R}{n_1r}=\frac{R}{n_2r}.$$

为使 $i(i\leqslant 90°)$有解，要求

$$\frac{r}{R}\geqslant\frac{1}{n_2}.\quad(2)$$

在 $n_1\leqslant n_2$ 时，为使(1)、(2)式都成立，要求

$$\frac{r}{R}\geqslant\frac{1}{n_1}.\quad(4\text{ 分})$$

(ⅱ) 若 $n_1\geqslant n_2$，则

$$\sin i=\frac{n_1}{n_2}\sin\alpha,\ i\leqslant 90°,$$

$$\Rightarrow\quad\sin\alpha\leqslant\frac{n_2}{n_1},$$

$$\Rightarrow \quad \frac{R}{n_1 r} \leqslant \frac{n_2}{n_1},$$

即要求

$$\frac{r}{R} \geqslant \frac{1}{n_2}, \tag{3}$$

在 $n_1 \geqslant n_2$ 时，为使(1)、(3)式都成立，要求

$$\frac{r}{R} \geqslant \frac{1}{n_2}. \qquad (4\text{ 分})$$

综上所述，$\frac{r}{R}$须满足的条件为

$$\frac{r}{R}\begin{cases} \geqslant \dfrac{1}{n_1}, & \text{当 } n_1 \leqslant n_2, \\ \geqslant \dfrac{1}{n_2}, & \text{当 } n_1 \geqslant n_2. \end{cases}$$

七、(25 分)

(1) S 系中很易判定，B，C 速度大小与 A 速度大小相同，均为 $0.6c$，有

$$m_A = m_B = m_C = \frac{m_0}{\sqrt{1-\beta^2}}\bigg|_{\beta=0.6} = \frac{5}{4}m_0. \qquad (3\text{ 分})$$

将碰撞后形成的大质点质量记为 M，则由动量守恒方程和能量守恒方程

$$Mu = m_C u_{Cy}\big|_{u_{Cy}=0.6c}, \quad Mc^2 = (m_A + m_B + m_C)c^2, \qquad (4\text{ 分})$$

解得

$$u = \frac{1}{5}c. \qquad (2\text{ 分})$$

(2) 建立随 A 一起相对 S 系平动的参考系 A 系，A 系中 C 的速度为

$$u'_{Cx} = \frac{u_{Cx} - v}{1 - \dfrac{v}{c^2}u_{Cx}}\Bigg|_{u_{Cx}=0,v=0.6c}, \quad \Rightarrow \quad u'_{Cx} = -0.6c, \qquad (2\text{ 分})$$

$$u'_{Cy} = \frac{\sqrt{1-\beta^2}\,u_{Cy}}{1 - \dfrac{v}{c^2}u_{Cx}}\Bigg|_{\beta=0.6,u_{Cy}=0.6c}, \quad \Rightarrow \quad u'_{Cy} = \frac{12}{25}c. \qquad (2\text{ 分})$$

S 系中从开始到 A，B，C 相碰，所经时间间隔用两个相对 S 系静止的时钟测得为

$$\Delta t = \frac{3}{4}c \cdot \mathrm{s} \Big/ \frac{3}{5}c = \frac{5}{4}\mathrm{s}.$$

A 系从开始到 A，B，C 相碰，用一个相对 S 系运动的时钟测得时间间隔记为 $\Delta t'$，则有

$$\Delta t' = \sqrt{1-\beta^2}\,\Delta t = 1\mathrm{s}. \qquad (4\text{ 分})$$

故 A 认为开始时 C 与其相距

$$l_{CA} = \sqrt{u'^2_{Cx} + u'^2_{Cy}} \cdot \Delta t' = \frac{3}{25}\sqrt{41}\,c \cdot \mathrm{s} = 0.768c \cdot \mathrm{s}. \qquad (1\text{ 分})$$

（3）P 在 S 系中的静质量

$$M_0=\sqrt{1-\frac{u^2}{c^2}}M=\frac{2\sqrt{6}}{5}\times\frac{15}{4}m_0=\frac{3}{2}\sqrt{6}m_0,\qquad(1\text{ 分})$$

P 在 S'，S''系中静质量同为 M_0.

S'系：P 的速度

$$u_x'=\left.\frac{u_x-v}{1-\frac{v}{c^2}u_x}\right|_{u_x=0,v=0.6c},\quad\Rightarrow\quad u_x'=-0.6c,$$

$$u_y'=\left.\frac{\sqrt{1-\beta^2}u_y}{1-\frac{v}{c^2}u_x}\right|_{\beta=0.6,u_y=\frac{1}{5}c},\quad\Rightarrow\quad u_y'=\frac{4}{25}c,$$

$$u'^2=u_x'^2+u_y'^2=\frac{241}{25^2}c^2,\ \sqrt{1-\frac{u'^2}{c^2}}=\frac{8}{25}\sqrt{6}.$$

P 的质量

$$M'=M_0\Big/\sqrt{1-\frac{u'^2}{c^2}}=\frac{3}{2}\sqrt{6}m_0\cdot\frac{25}{8\sqrt{6}}=\frac{75}{16}m_0=4.69m_0.\qquad(4\text{ 分})$$

S''系：P 的分速度 $u_x''=0.6c$，其他同 S'系，故也得

$$M''=\frac{75}{16}m_0=4.69m_0.\qquad(2\text{ 分})$$

2008 年暑期班试题

总分：140 分　　时间：3 小时

一、(15 分)

某竖直平面内设置水平 x 轴和竖直向下的 y 轴.

(1) 从坐标原点 O 沿 x 轴以初速 v_0 抛出一个小球 P，其轨迹线如图所示.

(1.1) 导出轨迹线方程.

(1.2) 引入 $A=g/2v_0^2$，导出轨迹线的曲率半径分布函数 $\rho=\rho(x)$.

(2) 沿上述轨迹线设置一条无摩擦的轨道，改令小球 P 从 $x=0$ 处沿轨道外侧从静止开始下滑.

(2.1) 是否会在下滑过程中离开轨道?

(2.2) 确定 P 水平方向分速度 v_x 的极大值 $v_{x,\max}$.

(2.3) 计算 P 从 $x_1=2\sqrt{2}\,v_0^2/g$ 到 $x_2=2\sqrt{6}\,v_0^2/g$ 经历的时间间隔.

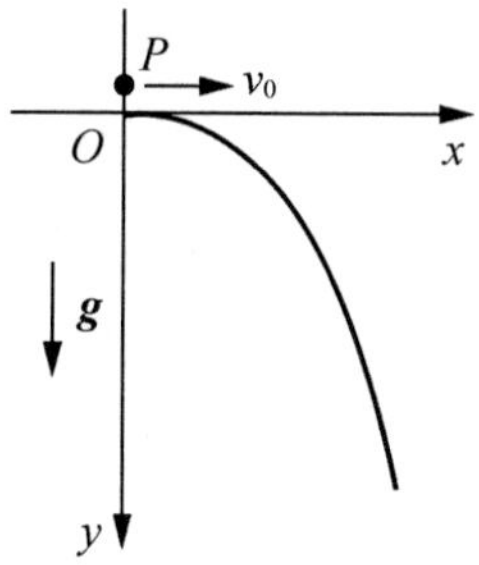

积分参考公式：

$$\int \frac{\sqrt{u^2+a^2}}{u}\mathrm{d}u=\sqrt{u^2+a^2}-a\ln\frac{a+\sqrt{u^2+a^2}}{u}+C.$$

二、(25 分)

如图所示，$t=0$ 时刻乒乓球(可处理为匀质球壳)在倾角为 θ 的斜面上方 h(设 h 远大于乒乓球半径)高处，从静止向下运动，而后通过斜面底部很小的圆弧段，无碰撞地进入水平地面继续运动. 已知乒乓球与斜面之间和乒乓球与地面之间的摩擦系数同为 μ.

(1) 设 $\mu=\frac{1}{2}\tan\theta$，试求乒乓球刚进入匀速纯滚状态的时刻 t_e，再求从 $t=0$ 到 $t=t_e$ 过程中机械能损失量占初始机械能的百分比，将水平地面重力势能取为零.

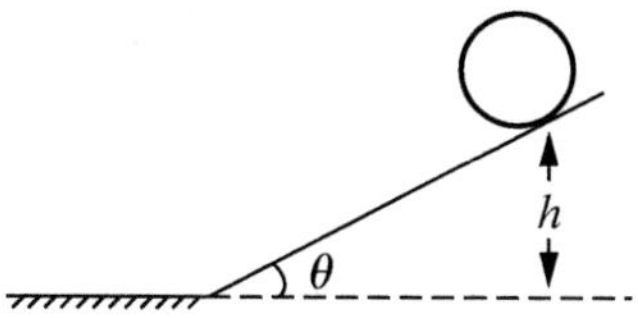

(2) 改设 $\mu=\frac{1}{3}\tan\theta$，重新解答(1)问所求，并取 $\theta=60°$，算出 t_e.

三、(15 分)

设某双原子分子理想气体在温度低于 $2T_0$ 时，摩尔定容热容量为 $\frac{5}{2}R$，在温度高于 $2T_0$ 时，摩尔定容热容量为 $\frac{7}{2}R$. 该气体所经循环过程如图所示，试求效率 η.

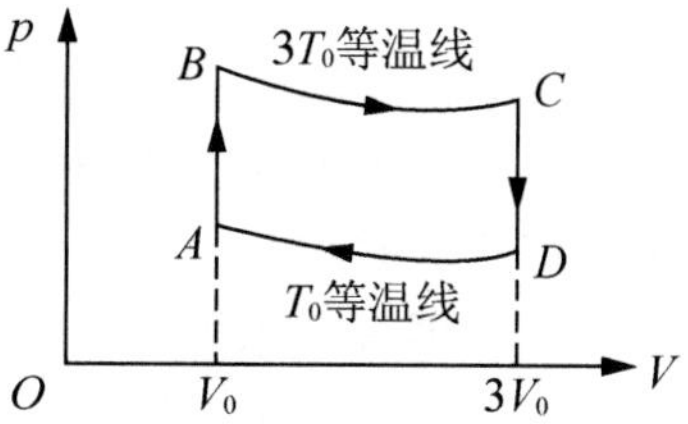

四、(20 分)

平行板电容器极板面积 S，中间充满两层介质，它们的

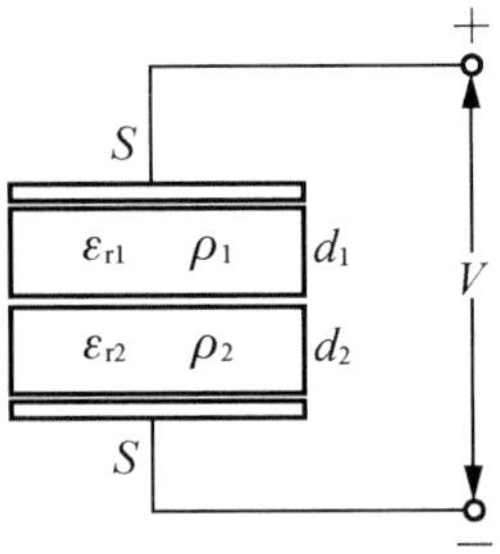

厚度、相对介电常数和电阻率分别为 $d_1, \varepsilon_{r1}, \rho_1$ 和 $d_2, \varepsilon_{r2}, \rho_2$，两端加恒定不变的电压 V，如图所示. 忽略边缘效应，试求：

(1) 两层介质内的电流密度和电场强度；

(2) 在两层介质交界面(包括介质 1 的下端面和介质 2 的上端面)上的总电荷面密度和自由电荷面密度.

五、(20 分)

在 Oxy 坐标平面的 $x=R$，$y=0$ 处，有一个质量为 m、电量为 $q>0$ 的静止带电小球. 如图所示，设空间有匀强磁场，$\boldsymbol{B}$ 的方向垂直 Oxy 平面朝里，大小待定. 今使小球在力 $\boldsymbol{F}$ 作用下运动，$\boldsymbol{F}$ 的大小为常量 F_0，$\boldsymbol{F}$ 的方向开始时沿 x 轴，而后始终与小球速度方向一致. 假设无重力作用，假设小球的运动是以坐标原点为圆心，R 为半径的圆所对应的圆的渐开线运动，试求 $\boldsymbol{B}$ 的数值大小 B.

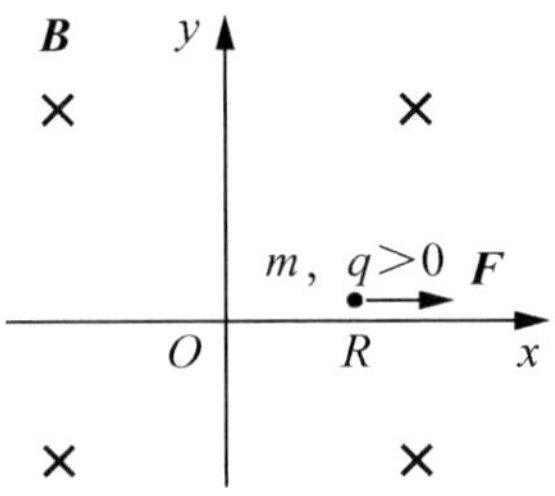

六、(25 分)

如图所示，折射率 $n=\sqrt{2}$，半径 $R=\sqrt{3}a$，长度记为 $2x$ 的透明圆柱体 $ABCD$ 的周围是空气. 一根由不透明材料制成的细长棒 PQ 的 P 端紧靠着柱体端面 CD 的中心，沿着柱体中央轴线朝右放置. 点光源 S 位于柱体端面 AB 左侧的中央轴线上，与 AB 面相距 a.

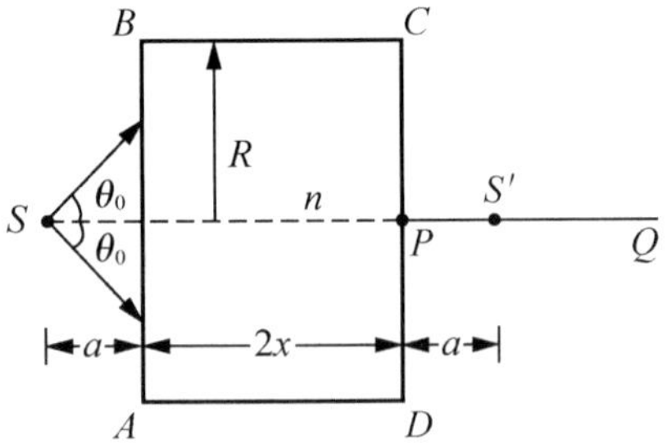

(1) 若 S 朝着 AB 面对称地发出半顶角 $\theta_0=45°$ 的圆锥面光束，进入柱体后经过柱体侧面一次反射，从 CD 面射出，可会聚在 PQ 棒上与 P 端相距为 a 的 S' 点，试求 x.

(2) 令 S 对称地朝 AB 面发出半顶角 $\theta=60°$ 的锥体形光束，进入柱体后经过柱体侧面一次反射，从 CD 面射出，将会照亮 PQ 棒上长 $L=\gamma a$ 的一段，试求 γ (取 3 位有效数字).

(3) 在 AB 面上至多遮去多大面积 ΔS 的透光区域，仍可使 PQ 棒上被照亮的长度 L 不变?

七、(20 分)

惯性系 S，S' 间的相对运动关系如图所示，S' 系中一个半径为 R 的固定圆环，环心位于($x'=R$，$y'=R$)处. 圆环内侧上方顶点($x'=R$，$y'=2R$)处有两个质点 P_1，P_2，某时刻开始 P_1 和 P_2 分别以匀速率 $3v$ 和 v 各自沿逆时针和顺时针方向沿环内侧运动.

(1) 试求 S 系测得 P_1 从圆环上方顶点运动到圆环下方底部所经时间 Δt.

(2) 再求 S 系测得 P_1，P_2 在环内再次相遇点到该时圆环上方顶点之间的距离 d.

(3) 最后计算 S 系测得 P_1 从开始运动到再次与 P_2 相遇过程中经过的位移大小 l.

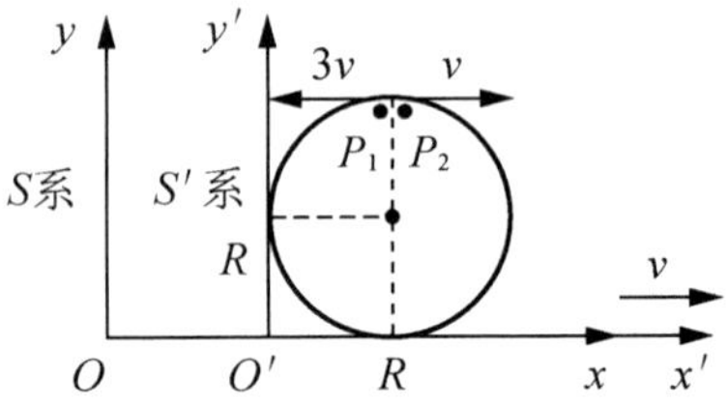

解答与评分标准（参考）

一、(15 分)

(1)

(1.1)

$$x=v_0t，\ y=\frac{1}{2}gt^2，\quad \Rightarrow\quad y=\frac{g}{2v_0^2}x^2. \qquad (2\text{ 分})$$

(1.2) 参考题解图 1，有

$$v_x=v_0，\ v_y=g\frac{x}{v_0}，\quad \Rightarrow\quad v=\sqrt{v_x^2+v_y^2}=\sqrt{v_0^2+\left(\frac{g}{v_0}x\right)^2}，$$

$$a_{心}=g\cos\phi=gv_x/v，$$

$$\rho=\frac{v^2}{a_{心}}=v^3/gv_x=\left(v_0^2+\frac{g^2}{v_0^2}x^2\right)^{\frac{3}{2}}\Big/gv_0. \qquad (4\text{ 分})$$

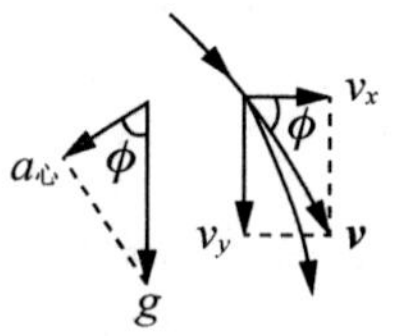

题解图 1

利用 $v_0^2=g/2A$，$y=Ax^2$，得

$$\rho=(1+4A^2x^2)^{\frac{3}{2}}/2A.$$

(2)

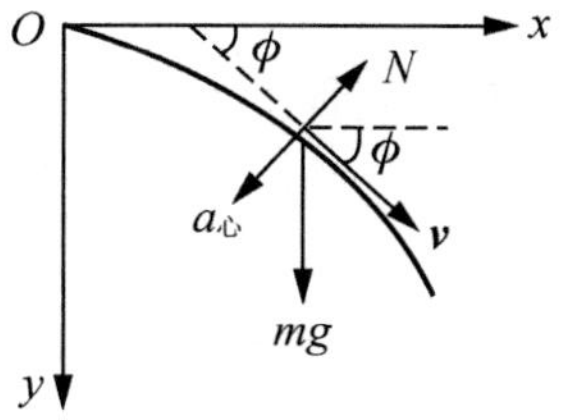

题解图 2

(2.1) 参考题解图 2，有

$$\tan\phi=\frac{\mathrm{d}y}{\mathrm{d}x}=2Ax，\ \cos\phi=1/\sqrt{1+4A^2x^2}，$$

$$v=\sqrt{2gy}=\sqrt{2gAx^2}，$$

$$N=mg\cos\phi-m\frac{v^2}{\rho}=\frac{mg}{(1+4A^2x^2)^{\frac{3}{2}}}>0. \qquad (4\text{ 分})$$

故 B 在下滑过程中不会离开轨道.

(2.2)

$$v_x=v\cos\phi=\frac{\sqrt{2gAx^2}}{\sqrt{1+4A^2x^2}}\Bigg|_{A=g/2v_0^2}=\frac{gxv_0}{\sqrt{v_0^4+g^2x^2}}，$$

$$\Rightarrow\quad v_x=v_0\Bigg/\sqrt{\left(\frac{v_0^2}{gx}\right)^2+1}\leqslant v_0，$$

$$v_{x,\max}=v_0. \qquad (2\text{ 分})$$

(2.3)

$$\mathrm{d}t=\frac{\mathrm{d}x}{v_x}=\frac{\sqrt{v_0^4+g^2x^2}}{gv_0x}\mathrm{d}x，$$

$$\Delta t=\frac{1}{gv_0}\int_{x_1}^{x_2}\frac{\sqrt{v_0^4+g^2x^2}}{x}\mathrm{d}x=\frac{1}{gv_0}\int_{gx_1}^{gx_2}\frac{\sqrt{v_0^4+u^2}}{u}\mathrm{d}u$$

$$=\frac{1}{gv_0}\left(\sqrt{v_0^4+u^2}-v_0^2\ln\frac{v_0^2+\sqrt{v_0^4+u^2}}{u}\right)\Bigg|_{u_1=gx_1=2\sqrt{2}v_0^2,\ u_2=gx_2=2\sqrt{6}v_0^2}，$$

得

$$\Delta t=\left(2-\ln\frac{\sqrt{3}}{2}\right)\frac{v_0}{g}=2.14\,\frac{v_0}{g}.\qquad(3\text{ 分})$$

二、(25 分)

(1) 假设乒乓球在斜面上运动时，所受摩擦力是沿斜面向上的滑动摩擦力，即有

$$f=\mu mg\cos\theta=\frac{1}{2}mg\sin\theta,\ m:\text{乒乓球质量}$$

$$ma=mg\sin\theta-f=\frac{1}{2}mg\sin\theta,\quad\Rightarrow\quad a=\frac{1}{2}g\sin\theta,$$

$$I_C\beta=fR=\frac{1}{2}mg\sin\theta\cdot R,\quad\Rightarrow\quad\beta=\frac{3}{4}\frac{g\sin\theta}{R},\ R:\text{乒乓球半径}$$

$$\Rightarrow\quad\beta R=\frac{3}{4}g\sin\theta>\frac{1}{2}g\sin\theta=a.\qquad(6\text{ 分})$$

若乒乓球与斜面接触部位相对斜面向上滑动，则与摩擦力向上矛盾.

据此可知，在斜面上乒乓球所受斜向上的摩擦力为静摩擦力，大小仍记为 f. 乒乓球沿斜面向下做匀加速运动，有

$$ma=mg\sin\theta-f,\ fR=I_C\beta,\ \beta R=a,$$

解得

$$a=\frac{3}{5}g\sin\theta.$$

滚到斜面底部接触到地面后，即进入匀速纯滚状态. 所求 t_e 为滚到斜面底部的时刻，有

$$\frac{1}{2}at_e^2=h/\sin\theta,\quad\Rightarrow\quad t_e=\sqrt{2h/a\sin\theta}=\sqrt{\frac{10h}{3g}}\Big/\sin\theta.\qquad(5\text{ 分})$$

因静摩擦力不做功，机械能损耗占初始机械能的百分比为零. (1 分)

(2) 设斜面提供向上的动摩擦力

$$f=\mu mg\cos\theta,\ \mu=\frac{1}{3}\tan\theta,$$

则有

$$\left.\begin{aligned}&ma=mg\sin\theta-f,\quad\Rightarrow\quad a=\frac{2}{3}g\sin\theta,\\&I_C\beta=fR,\quad\Rightarrow\quad\beta=\frac{1}{2}\frac{g\sin\theta}{R},\end{aligned}\right\}a>\beta R,\text{验证动摩擦力正确.}$$

乒乓球“连滚带滑”到达斜面底部，经时 Δt，速度记为 v_1. 角速度记为 ω_1，则有

$$v_1^2=2a\frac{h}{\sin\theta}=\frac{4}{3}g\sin\theta\frac{h}{\sin\theta}=\frac{4}{3}gh,\quad\Rightarrow\quad v_1=\frac{2}{\sqrt{3}}\sqrt{gh},$$

$$\Delta t_1=v_1/a=\sqrt{3}\sqrt{\frac{h}{g}}\frac{1}{\sin\theta};\ \omega_1=\beta\Delta t_1=\frac{\sqrt{3}}{2}\frac{\sqrt{gh}}{R}.\qquad(6\text{ 分})$$

到地面后，仍受动摩擦力，再经过的时间记为 Δt，则有

$$ma=\mu mg,\quad\Rightarrow\quad a=\mu g,\quad\Rightarrow\quad v=v_1-a\Delta t,$$

$$I_C\beta=\mu mg\cdot R,\quad\Rightarrow\quad\beta=\frac{3}{2}\frac{\mu g}{R},\quad\Rightarrow\quad\omega=\omega_1+\beta\Delta t.$$

设取 $\Delta t=\Delta t_2$ 时间段，乒乓球达到匀速纯滚，应有

$$v_1-a\cdot\Delta t_2=(\omega_1+\beta\cdot\Delta t_2)R,\quad\Rightarrow\quad(\beta R+a)\Delta t_2=v_1-\omega_1 R,$$

$$\Rightarrow\quad\Delta t_2=\frac{v_1-\omega_1 R}{\beta R+a}=\left(\frac{2}{\sqrt{3}}\sqrt{gh}-\frac{\sqrt{3}}{2}\sqrt{gh}\right)\Big/\frac{5}{2}\mu g,$$

得

$$\Delta t_2=\frac{\sqrt{3}}{5}\sqrt{\frac{h}{g}}\frac{1}{\tan\theta}.\qquad(5\text{ 分})$$

此时速度、角速度分别为

$$v_e=v_1-a\cdot\Delta t_2=\frac{3\sqrt{3}}{5}\sqrt{gh},\quad\omega_e=\frac{v_e}{R}=\frac{3\sqrt{3}}{5R}\sqrt{gh},$$

乒乓球动能

$$E_k=\frac{1}{2}mv_e^2+\frac{1}{2}I_C\omega_e^2=\frac{5}{6}mv_e^2=\frac{9}{10}mgh.$$

综上所述，乒乓球达匀速纯滚状态的时刻为

$$t_e=\Delta t_1+\Delta t_2=\sqrt{3}\sqrt{\frac{h}{g}}\left(\frac{1}{\sin\theta}+\frac{1}{5\tan\theta}\right),$$

机械能损失量占初始机械能的百分比为

$$(mgh-E_k)/mgh=10\%,\qquad(1\text{ 分})$$

$\theta=60^\circ$时

$$t_e=\frac{11}{5}\sqrt{\frac{h}{g}}.\qquad(1\text{ 分})$$

三、(15 分)

吸热量计算

$$Q_{AB}=\frac{7}{2}\nu R\cdot 3T_0-\frac{5}{2}\nu RT_0=8\nu RT_0,$$

$$Q_{BC}=\nu R\cdot 3T_0\ln\frac{V_C}{V_B}=3\nu RT_0\ln 3,$$

$$Q_{吸}=Q_{AB}+Q_{BC}=\nu RT_0(8+3\ln 3).\qquad(6\text{ 分})$$

放热量计算

$$Q_{CD放}=\frac{7}{2}\nu R\cdot 3T_0-\frac{5}{2}\nu RT_0=8\nu RT_0,$$

$$Q_{DA放}=\nu RT_0\ln\frac{V_D}{V_A}=\nu RT_0\ln 3,$$

$$Q_{放}=Q_{CD放}+Q_{DA放}=\nu RT_0(8+\ln 3).\qquad(6\text{ 分})$$

η 计算

$$\eta=1-\frac{Q_{放}}{Q_{吸}}=1-\frac{8+\ln 3}{8+3\ln 3}=19.5\%.\qquad(3\text{ 分})$$

四、(20 分)

本题电容器内的电场是直流电路中的稳恒电场，电容器正、负极板中仍有不随 t 变化

的电量Q，$-Q$，且满足关系式：

$$Q=CV，C：电容，V：极板间电压$$

电容器的介质中有直流电通过，电流密度 $\boldsymbol{j}$ 和场强 $\boldsymbol{E}$ 的关系为

$$\boldsymbol{j}=\sigma\boldsymbol{E},\ \sigma=1/\rho.$$

（1）介质 1、2 内的电流从上到下，电流强度同为

$$I=V/(R_1+R_2),\ R_1=\rho_1 d_1/S,\ R_2=\rho_2 d_2/S,$$

$$\Rightarrow\quad I=SV/(\rho_1 d_1+\rho_2 d_2).$$

两种介质内的电流密度同为

$$\boldsymbol{j}:\ \begin{cases}方向从上到下，\\ j=I/S=V/(\rho_1 d_1+\rho_2 d_2).\end{cases}$$

介质 1、2 内的场强分别为

$$\boldsymbol{E}_1\begin{cases}方向从上到下，\\ E_1=\rho_1 j=\rho_1 V/(\rho_1 d_1+\rho_2 d_2),\end{cases}\quad \boldsymbol{E}_2\begin{cases}方向从上到下，\\ E_2=\rho_2 j=\rho_2 V/(\rho_1 d_1+\rho_2 d_2).\end{cases}\qquad (8\text{ 分})$$

（2）参考题解图，据高斯定理，得

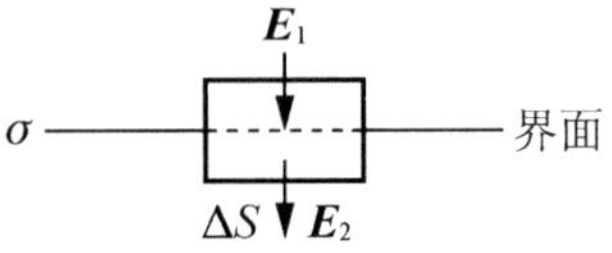

题解图

$$E_2\Delta S-E_1\Delta S=\sigma\Delta S/\varepsilon_0,$$

界面上总电荷面密度为

$$\sigma=\varepsilon_0(E_2-E_1)=\frac{\varepsilon_0(\rho_2-\rho_1)V}{\rho_1 d_1+\rho_2 d_2}.\qquad (4\text{ 分})$$

介质 1、2 中电极化强度分别为

$$\boldsymbol{P}_1=(\varepsilon_{r1}-1)\varepsilon_0\boldsymbol{E}_1,\quad\Rightarrow\quad P_1=\frac{(\varepsilon_{r1}-1)\varepsilon_0\rho_1 V}{\rho_1 d_1+\rho_2 d_2},$$

$$\boldsymbol{P}_2=(\varepsilon_{r2}-1)\varepsilon_0\boldsymbol{E}_2,\quad\Rightarrow\quad P_2=\frac{(\varepsilon_{r2}-1)\varepsilon_0\rho_2 V}{\rho_1 d_1+\rho_2 d_2}.$$

界面上极化电荷面密度为

$$\sigma'=\sigma'_{上}+\sigma'_{下}=P_1-P_2=\frac{[(\varepsilon_{r1}-1)\rho_1-(\varepsilon_{r2}-1)\rho_2]\varepsilon_0 V}{\rho_1 d_1+\rho_2 d_2},\qquad (6\text{ 分})$$

界面上的自由电荷面密度便是

$$\sigma_0=\sigma-\sigma'=\frac{(\varepsilon_{r2}\rho_2-\varepsilon_{r1}\rho_1)\varepsilon_0 V}{\rho_1 d_1+\rho_2 d_2}.\qquad (2\text{ 分})$$

五、(20 分)

设小球于 $t=0$ 时刻开始受力 $\boldsymbol{F}$，并沿题文所述圆的渐开线运动. t 时刻运动量如题解图 1 所示，应有

$$a_{切}=F_0/m,\ v=a_{切}t=F_0 t/m.\qquad (4\text{ 分})$$

此时打开的“绳段”长 l 和打开的圆心角 θ 间的关系为

$$l=R\theta.$$

为求 θ 角，参考题解图 2，在 t 到 $t+\mathrm{d}t$ 时间内，无穷小圆弧对应的圆心角即为小球速度方向偏转角，等于 R 圆打开的圆心角 $\mathrm{d}\theta$. 引入

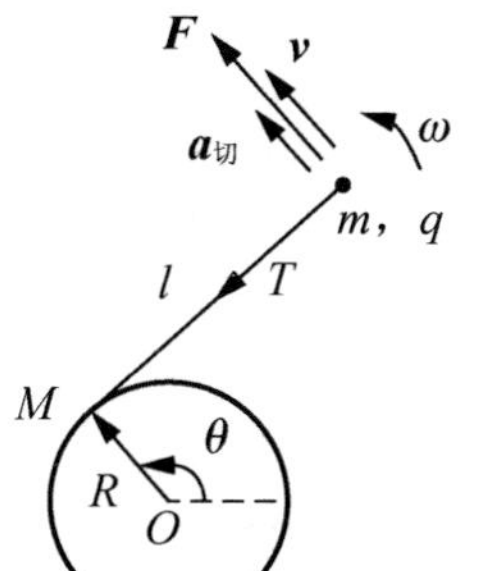

题解图 1

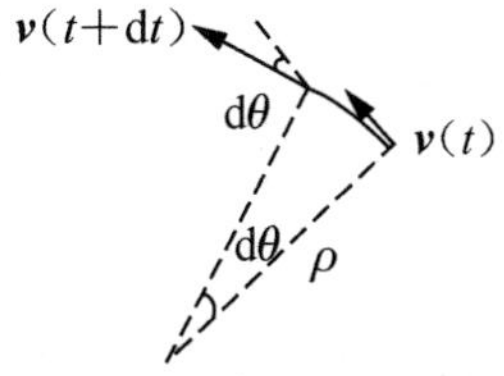

题解图 2

$\omega = \mathrm{d}\theta/\mathrm{d}t$ ＝小球速度方向偏转角速度

＝R 圆心角打开的角速度

＝题解图 1 中小球相对 M 点的旋转角速度，

即有

$$v = \omega l = \omega R\theta = \frac{\mathrm{d}\theta}{\mathrm{d}t} R\theta, \qquad (7\text{ 分})$$

与 $v = F_0 t/m$ 联立，得

$$\int_0^\theta \theta \mathrm{d}\theta = \int_0^t \frac{F_0}{mR} t \mathrm{d}t, \quad \Rightarrow \quad \theta = \sqrt{\frac{F_0}{mR}}\, t,$$

$$\Rightarrow \quad l = R\theta = \sqrt{\frac{F_0 R}{m}}\, t. \quad (\text{或等效为 } l = \sqrt{\frac{mR}{F_0}}\, v) \qquad (4\text{ 分})$$

可以证明(见附注)，题解图 2 中的曲率半径 ρ 即等于题解图 1 中打开的“绳段”长度 l. 曲率圆弧运动向心力大小便为

$$T = mv^2/\rho = mv^2/l.$$

无磁场时，T 即为“绳”的拉力；无绳而有磁场时，T 由磁场力提供，即得

$$qvB = T = mv^2/l, \quad \Rightarrow \quad B = mv/ql,$$

$$\Rightarrow \quad B = \sqrt{F_0 m}/q\sqrt{R}. \qquad (5\text{ 分})$$

附注：

设圆的渐开线 P 端以匀速率 v 运动，运动过程中无切向加速度，相对图平面的加速度即为 P 的向心加速度 $\boldsymbol{a}_心$. $\boldsymbol{a}_心$ 方向必定与 $\boldsymbol{v}$ 垂直，故指向此时绳与圆周相切的 M 点. 绳中 M 点此时相对图平面速度为零. $\mathrm{d}t$ 时间内 M 点可有径向朝外的速度增量 $\mathrm{d}\boldsymbol{v}_M$，所得 M 相对图平面的加速度 $\boldsymbol{a}_M = \mathrm{d}\boldsymbol{v}_M/\mathrm{d}t$ 必定径向朝外. 因 $\boldsymbol{a}_M$ 无 P 到 M 方向分量，故 P 相对 M 的无穷小圆弧运动中的向心加速度(其大小为 v^2/l)，即为 P 相对图平面的向心加速度 $\boldsymbol{a}_心$. 于是可得

$$\rho = \frac{v^2}{a_心}\bigg|_{a_心 = v^2/l} = l.$$

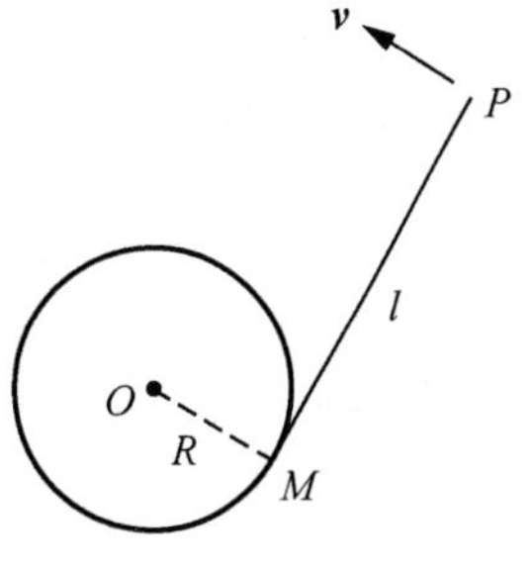

附注图

考虑到参加辅导班的学生多已有这方面的知识，联谊赛“评分标准(参考)”中隐含着允许学生不加推导地直接应用 $\rho = l$ 关系式.

六、(25 分)

(1) 参看题解图 1，有

$$\sin\theta_i = n\sin\theta_t,\ \theta_i=\theta_0=45°,\ n=\sqrt{2},$$

$$\Rightarrow\ \theta_t=30°,$$

$$x=(\sqrt{3}-1)a\cdot\cot\theta_t=(3-\sqrt{3})a=1.268a. \qquad (5\text{ 分})$$

(2) 取 θ 的上限，即 $\theta=60°$.

此时入射光束外围在 AB 面上无限靠近 A，B 处，参看题解图 2 有

$$\sin\theta_t=\frac{1}{n}\sin\theta_i,\ \theta_i\to 60°,$$

$$\Rightarrow\ \sin\theta_t\to\sqrt{6}/4.$$

将柱体内"两条"反射光线交点 S''(先不设定 S'' 在柱体内还是在柱体外)到 AB 面的距离记为 l，则有

$$l=\sqrt{3}a\cot\theta_t,\ \cos\theta_t\to\sqrt{\frac{5}{3}},\quad \Rightarrow\ l\to\sqrt{5}a=2.24a<2x. \qquad (5\text{ 分})$$

可见 S'' 点在柱体内，它们通过 CD 面出射后不能在细棒 PQ 上有实交点.

从题解图 2 也可看出一种趋势，即 θ(或者记 θ_i)从 60°减小时，S'' 点将朝 CD 面移动，故必存在小于 60°的某个 θ 值，使得 S'' 恰好落在 CD 面中心上，或者说射出 CD 面后刚好照亮细棒 PQ 的 P 端，将此临界角记为 θ_1.

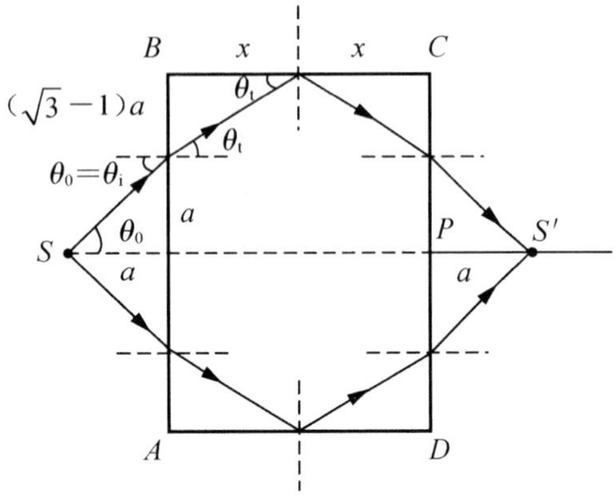

题解图 1

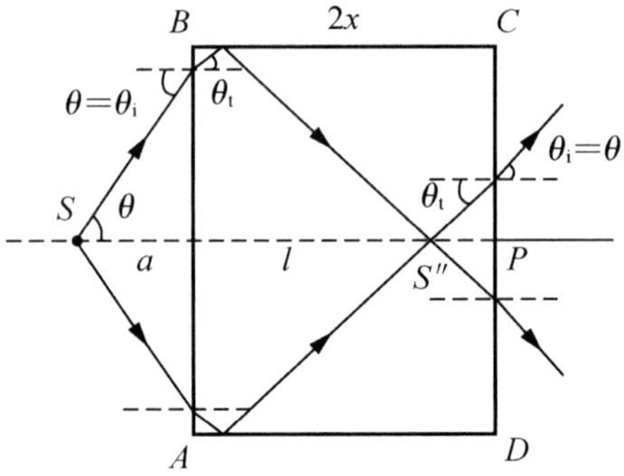

题解图 2

θ_1 的计算：

参看题解图 3，有

$$\sqrt{3}a=l_2\tan\theta_t,$$

$$\sqrt{3}a=a\tan\theta_i+l_1\tan\theta_t=a\tan\theta_i+(2x-l_2)\tan\theta_t,$$

消去 $l_2\tan\theta_t$，得

$$\begin{aligned}\sqrt{3}a&=a\tan\theta_i+2x\tan\theta_t-l_2\tan\theta_t\\&=a\tan\theta_i+2x\tan\theta_t-\sqrt{3}a,\ \text{又}\ 2x=2(3-\sqrt{3})a,\end{aligned}$$

$$\Rightarrow \quad \begin{cases} y=\tan\theta_i+2(3-\sqrt{3})\tan\theta_t-2\sqrt{3}=0, \\ \sin\theta_t=\sin\theta_i/n,\ 60°>\theta_i>45°=\theta_0. \end{cases}$$

二分逼近法：

θ_i	50°	55°	58°	57°	57.5°	57.6°
θ_t	32.80°	35.40°	36.83°	36.37°	36.61°	36.66°
y	−0.636	−0.232	0.0377	−0.054	-3.97×10^{-3}	1.403×10^{-3}

$$\Rightarrow \quad \theta_1=57.6°. \qquad (5\text{ 分})$$

θ 角从 $\theta_1=57.6°$减小到题图所示 $\theta_0=45°$过程中，细棒上照亮点从 P 点右移到题图中的 S'点. θ 从 $\theta_0=45°$再减小时，照亮点继续右移，当 θ 角达到另外一个临界值 θ_2 时，柱体内的光线几乎射到 C 点(或 D 点)，细棒被照亮的长度即为所求 L. 参看题解图 4，有

$$\sqrt{3}a=a\tan\theta_i+2x\tan\theta_t,$$

$$\begin{cases} y=\tan\theta_i+2(3-\sqrt{3})\tan\theta_t-\sqrt{3}=0, \\ \sin\theta_t=\sin\theta_i/n, \quad \theta_i<45°. \end{cases}$$

二分逼近法：

θ_i	40°	35°	34°	33°	33.5°	33.4°
θ_t	27°	23.9°	23.29°	22.65°	22.97°	22.91°
y	0.40	0.093	0.035	−0.023	6.008×10^{-3}	3.65×10^{-4}

$$\Rightarrow \quad \theta_2=33.4°. \qquad (4\text{ 分})$$

$\theta_i=\theta_2$ 的入射光，经 CD 面出射后，相交在细棒 PQ 的 P'点，得

$$L=\sqrt{3}a\cot\theta_i=\sqrt{3}a\cot 33.4°=2.63a,$$

即

$$\gamma=L/a=2.63. \qquad (2\text{ 分})$$

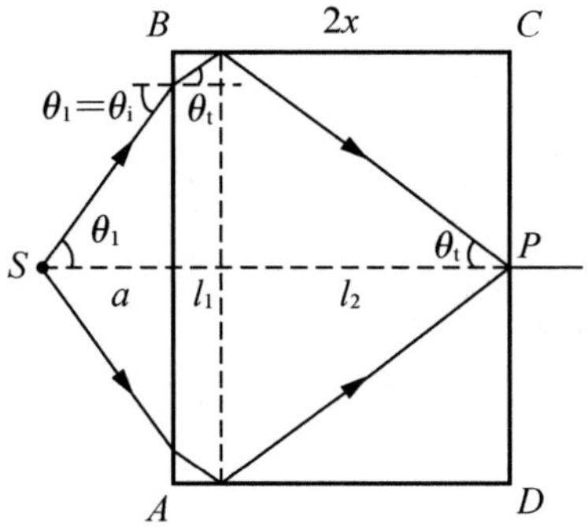

题解图 3

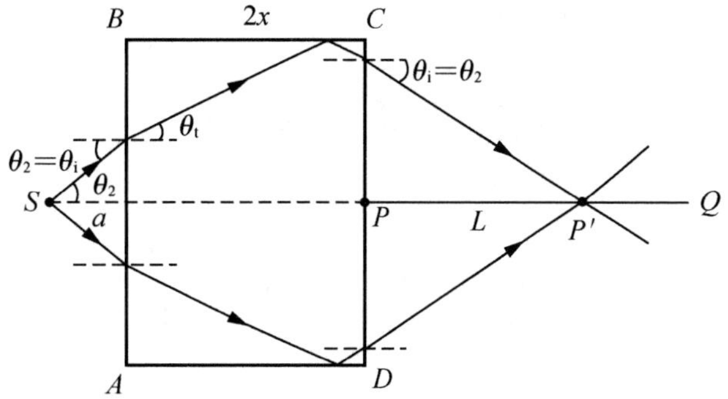

题解图 4

(3) 由(2)问解答可知，照亮细棒 L 段的入射光束角范围为

$$\theta_1>\theta>\theta_2,$$

故 AB 面上只要求

$$r_1>r>r_2,\ 其中\ r_1=a\tan\theta_1,\ r_2=a\tan\theta_2,\ \theta_1=57.6°,\ \theta_2=33.4°$$

区域被点光源 S 照亮即可. 因此，AB 面上至多可遮去的面积为

$$\begin{aligned}\Delta S &= \left[\pi\left(\sqrt{3}a\right)^2-\pi r_1^2\right]+\pi r_2^2\\&=\pi a^2\left(3-\tan^2\theta_1+\tan^2\theta_2\right)\\&=2.99a^2.\end{aligned}\qquad(4分)$$

七、(20 分)

(1) S'系用两个相对S'系无零点校准差异时钟测得的(相当于一个运动时钟测得的)所经时间为

$$\Delta t'=\pi R/3v,$$

故 S 系测得的时间为

$$\Delta t=\Delta t'/\sqrt{1-\beta^2}=\pi R/3\sqrt{1-\beta^2}\,v,\ \beta=\frac{v}{c}.\qquad(5分)$$

(2) S'系认为

$$d'=\sqrt{R^2+R^2}=\sqrt{2}R,$$

S 系认为 x 方向间距有动尺缩短效应，y 方向间距无动尺缩短效应，即有

$$d=\sqrt{\left(\sqrt{1-\beta^2}R\right)^2+R^2}=\sqrt{2-\beta^2}R.\qquad(5分)$$

(3) S'系中事件 1(P_1，P_2 开始运动)的空时坐标为

$$(x_1'=R,\ y_1'=2R,\ t_1').$$

事件 2(P_1，P_2 再次相遇)的空时坐标为

$$\left(x_2'=2R,\ y_2'=R,\ t_2'=t_1'+\frac{2\pi R}{4v}=t_1'+\frac{\pi R}{2v}\right).$$

S 系中对应的空时坐标为

$$事件1:\ \left(x_1=\frac{x_1'+vt_1'}{\sqrt{1-\beta^2}}=\frac{R+vt_1'}{\sqrt{1-\beta^2}},\ y_1=y_1'=2R,\ t_1=\frac{t_1'+\frac{v}{c^2}x_1'}{\sqrt{1-\beta^2}}=\frac{t_1'+\frac{v}{c^2}R}{\sqrt{1-\beta^2}}\right),$$

$$事件2:\ \left(x_2=\frac{x_2'+vt_2'}{\sqrt{1-\beta^2}}=\frac{2R+vt_1'+\frac{\pi}{2}R}{\sqrt{1-\beta^2}},\ y_2=y_2'=R,\ t_2=\frac{t_2'+\frac{v}{c^2}x_2'}{\sqrt{1-\beta^2}}=\frac{t_1'+\left(\frac{\pi}{2}+2\beta^2\right)\frac{R}{v}}{\sqrt{1-\beta^2}}\right),$$

得

$$l^2=(x_2-x_1)^2+(y_2-y_1)^2=\left(\frac{R+\frac{\pi}{2}R}{\sqrt{1-\beta^2}}\right)^2+R^2=\frac{\left(1+\frac{\pi}{2}\right)^2+(1-\beta^2)}{1-\beta^2}R^2,$$

$$\Rightarrow\quad l=\sqrt{\frac{2+\pi+\frac{\pi^2}{4}-\beta^2}{1-\beta^2}}R.\qquad(10分)$$

附注：

S 系测得 P_1 从开始运动到再次与 P_2 相遇的过程所经时间为

$$\Delta T=t_2-t_1=\left(\frac{\pi}{2}+\beta^2\right)\frac{R}{v}\Big/\sqrt{1-\beta^2}.$$

2009 年暑期物理竞赛辅导班联谊赛试题

学校________________ 姓名________________ 成绩________________

总分：140 分 时间：3 小时

题号	一	二	三	四	五	六	七
得分							
阅卷人							

一、(17 分)

内、外半径几乎同为 R、质量为 M 的匀质圆环，静止地平放在水平大桌面上，环内某直径的两端各有一个质量同为 m 的静止小球. 令从 $t=0$ 开始，用一个恒定的水平朝右力 $\boldsymbol{F}$ 拉环，$\boldsymbol{F}$ 方向线通过环心且与上述直径垂直，如图所示. 设系统处处无摩擦，小球间将要发生的碰撞都是弹性的.

(1) 设 $t=t_1$ 时刻两小球第 1 次相碰.

(1.1) 计算 t_1 前瞬间两小球相对速度大小 v_1；

(1.2) 计算 t_1 前瞬间圆环相对桌面的右向加速度 a_M.

(2) 设 $t=T_1$ 时刻两小球相对圆环第 1 次回到初始(即 $t=0$ 时刻)位置，且此时圆环相对桌面速度大小为 u_1.

(2.1) 试求两小球相对圆环第 $K\geqslant 2$ 次回到初始位置的时刻 T_K，以及该时刻圆环相对桌面的速度大小 u_K；

(2.2) 再求两小球第 $K\geqslant 2$ 次相碰时刻 t_K，以及 t_K 前瞬间两个小球相对速度大小 v_K.

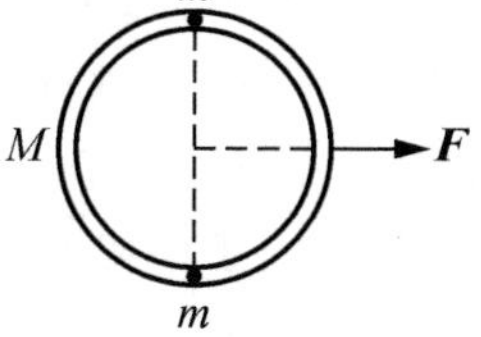

二、(17 分)

如图 1 所示，等腰直角三棱镜 ABC 的斜面 BC 长 $4l$，其中 BD 段长 l，棱镜材料相对波长为 λ 的单色光，其折射率为 n，下面讨论中，从空气入射的均为此种单色光.

(1) 如图 1 实线箭头所示，从 D 点正入射的细光束在直角面 AB，AC 外侧均无透射光，试求 n 的取值范围.

下面两问中，设定 n 为(1)问所取之最小值，且略去入射光在镜内经过三次或三次以上反射的光线.

(2) 如图 1 虚线箭头所示，对于从 D 点向上倾斜 30°入射的细光束，试问在直角面 AB 外侧或直角面 AC 外侧是否有透射光，并确定光线从 BC 面出射的出射点 E 到 D 点的

距离 αl，给出 α 的 3 位有效数字.

（3）如图 2 所示，在棱镜两个直角面上镀一层相对所取单色光折射率为 n'、厚度为 d 的薄介质层. 细光束仍从 D 点正入射，试问直角面 AB 外的空气或直角面 AC 外的空气中是否有透射光；再问 d 取何值时从 BC 面的 D 点下方 $2l$ 处 E 点观察不到出射光？

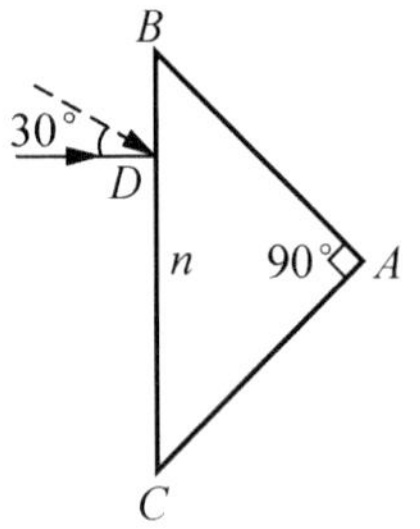

图 1

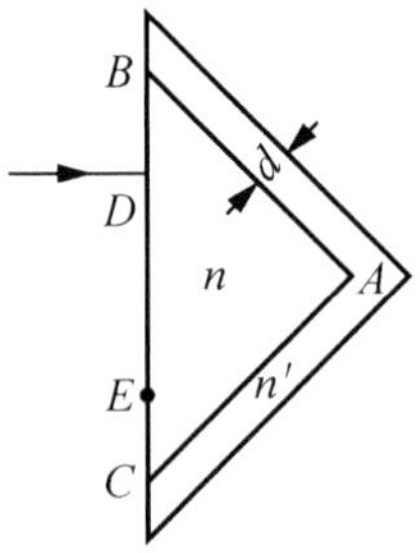

图 2

三、(20 分)

在匀强磁场空间内，与磁感应强度 $\boldsymbol{B}$ 垂直的一个平面上，质量 m，电量 $q>0$ 的粒子，从 $t=0$ 时刻以 $\boldsymbol{v}_0\perp\boldsymbol{B}$ 的初速度开始运动. 运动过程中粒子速度为 $\boldsymbol{v}$ 时，受阻力 $\boldsymbol{f}=-\gamma\boldsymbol{v}$，其中 γ 是正的常量，重力可略.

（1）计算 $t>0$ 时刻粒子速度大小 v 和已通过的路程 s；

（2）计算粒子运动方向（即速度方向）相对初始运动方向第一次转过 $\pi/2$ 时刻的速度大小 v^* 和通过的位移大小 l.

参考积分公式：

$$\int\frac{\mathrm{d}x}{x}=\ln x+C,\qquad \int \mathrm{e}^{\alpha x}\,\mathrm{d}x=\frac{1}{\alpha}\mathrm{e}^{\alpha x}+C.$$

四、(18 分)

如图所示，半径 R 的圆柱形大区域内，划出一个半径为 $R/2$ 且与大区域边界相切的小圆柱形区域，在余下的区域内有变化的匀强磁场，磁感应强度 $\boldsymbol{B}$ 平行于圆柱的中央轴，且垂直于图平面朝外，$\boldsymbol{B}$ 随 t 的变化率 $k=\mathrm{d}B/\mathrm{d}t$ 是正的常量. 图中 O，O' 分别为大、小圆的圆心，N 为两圆切点. 一个质量为 m、电量 $q>0$ 的粒子 P，从 O 点进入小圆区域，初速大小为 v_0，方位角 θ 如图所示. 为使 P 能相切地经上半圆 OMN 中的某一点，而后从 N 点离开小圆区域，试问 v_0，θ 各取何值？（不计重力）

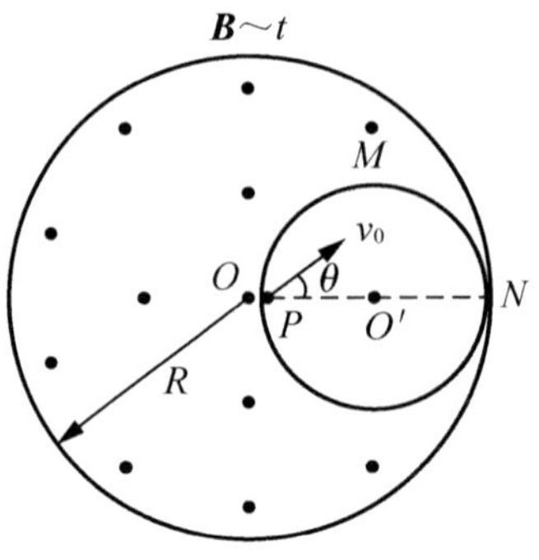

五、(22 分)

某种双原子分子理想气体，温度高于 T_0 时的摩尔定容热容 $C_{V,\mathrm{m}}=\dfrac{7}{2}R$，温度低于 T_0 时的 $C_{V,\mathrm{m}}=\dfrac{5}{2}R$. 该气体在 $T_1>T_0$ 的高温热源和 $T_2<T_0$ 的低温热源之间作卡诺循环，其中的 T_1 等温膨胀线 AB 和 T_2 等温压缩线 CD 如图中两条曲线所示.

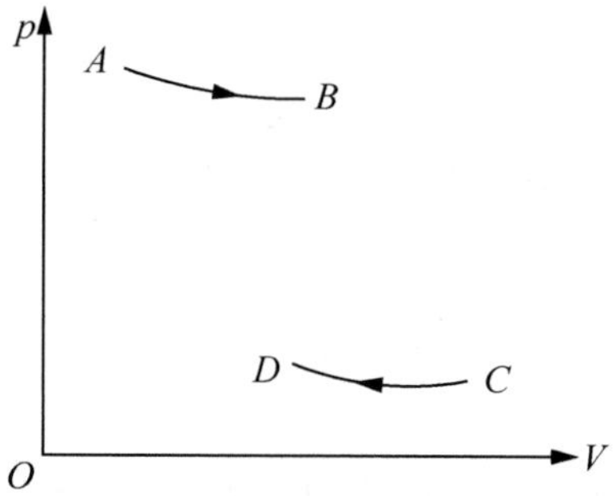

(1) 画出状态 B 到状态 C 的绝热过程线和状态 D 到状态 A 的绝热过程线；

(2) 引入 $\beta_1=V_C/V_B$，$\beta_2=V_D/V_A$，试求 β_1，β_2，继而取 $T_1=2T_0$，$T_2=T_0/2$，计算 β_1，β_2；

(3) 对任给的 $T_1>T_0$，$T_2<T_0$，计算(不可利用卡诺定理或热力学第二定律导出)循环效率 η.

参考积分公式：

$$\int \frac{\mathrm{d}x}{x}=\ln x+C.$$

六、(24 分)

水平光滑大桌面上平放着自然长度 l_0、劲度系数为 k 的轻长弹簧，弹簧的一端固定在桌面上的 O 点，并可绕 O 点自由转动，弹簧的另一端连接质量为 m 的小物块，开始时处于静止状态. $t=0$ 时刻，令小物块具有图示 45°方向较小的初速度 $\boldsymbol{v}_0$，其后小物块既会带着弹簧一起绕 O 点转动，又会沿着弹簧长度方向小振动. 将小物块相对 O 点的矢径长度记为 r，假设振动过程中 $r_{\max}-l_0\ll l_0$.

(1) 导出 $r\sim t$ 函数关系(不必求出振动初相位的表述式)；

(2) 确定 v_0 的限制范围；

(3) 计算小物块运动过程中径向(沿弹簧长度方向)速度 v_r 的极大值 $v_{r,\max}$；

(4) 设 $\dfrac{1}{2}mv_0^2=\dfrac{1}{648}\times\left(\dfrac{1}{2}kl_0^2\right)$，弹簧绕 O 点角速度近似不变，从 $t=0$ 开始，直到弹簧转过 90°的过程，画出小物块运动轨道.

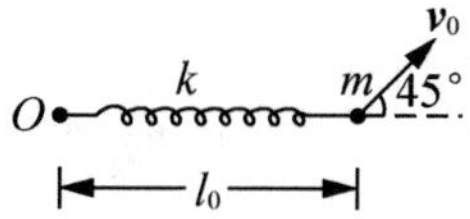

七、(22 分)

非相对论的点电荷系静态平衡、动态平衡与相对论的动尺收缩及电磁场变换.

(1) 惯性系中，对角线长 $2l_0$ 的正方形四个顶点各有电量同为 $q>0$ 的静止点电荷，中心有电量为 $-Q<0$ 的静止点电荷. 如图 1 所示，假设在没有外力作用下，每个点电荷都能处于力平衡状态，试求 Q.

(2) 非相对论的电磁场理论，已为惯性系中匀速运动点电荷 $(Q,\ \boldsymbol{v})$ 导出它的电磁场强分布公式：

$$\boldsymbol{E}(t)=\frac{Q(1-\beta^2)\boldsymbol{r}(t)}{4\pi\varepsilon_0\ (1-\beta^2\ \sin^2\phi)^{3/2}r^3(t)},\ \beta=\frac{v}{c},$$

$$\boldsymbol{B}(t)=\frac{\boldsymbol{v}}{c^2}\times\boldsymbol{E}(t),$$

$\boldsymbol{r}(t)$：t 时刻从 $(Q,\ \boldsymbol{v})$ 所在位置引出的空间位置矢量；ϕ：$\boldsymbol{r}(t)$ 与 $\boldsymbol{v}$ 夹角.

(2.1) 惯性系中 t 时刻 $(Q,\ \boldsymbol{v})$ 电荷所在位置和该时刻的两个对称位置矢量 $\boldsymbol{r}(t)$ 以及 $\boldsymbol{r}(t)$，$\boldsymbol{v}$ 之间的夹角 ϕ 如图 2 所示，请画出相应的 $\boldsymbol{E}$ 线与 $\boldsymbol{B}$ 线.

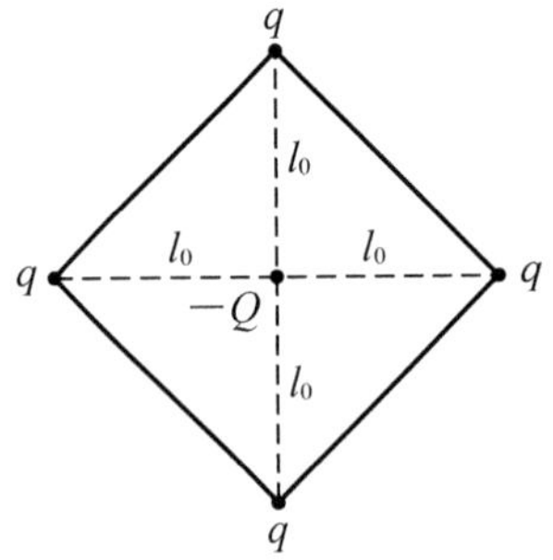

图 1

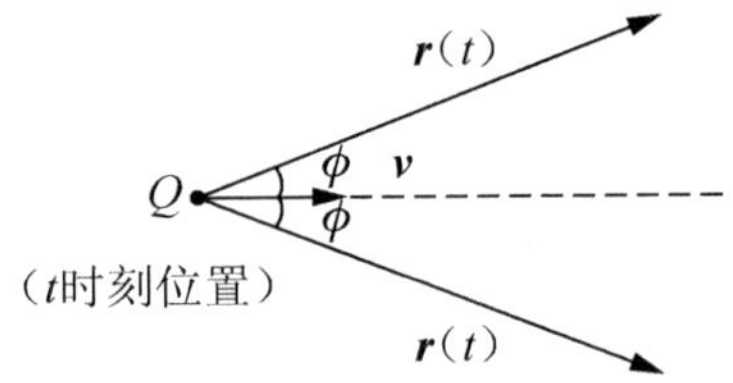

图 2

(2.2) 惯性系中，令图 1 所示的点电荷系（Q 值取(1)问答案）沿图 3 所示方向以速度 $\boldsymbol{v}$ 做匀速运动，与 $\boldsymbol{v}$ 垂直方向的对角线长度仍取为 $2l_0$，$\boldsymbol{v}$ 方向的对角线长度改取为 $2\gamma l_0$，γ 待定. 无外力时，分析并导出这五个点电荷都能处于力平衡的条件. 分析顺序：中心 $-Q$ 受力平衡条件；右方 q 受力平衡条件；上方 q 受力平衡条件.

(3) 相对论认为电磁场理论在所有惯性系有相同表述形式. 按惯例设定惯性系 S，S' 间的相对运动关系后，令图 1 所示的点电荷系在无外力作用下相对 S' 系处于图 4 所示的静态力平衡. 相对 S 系，各个点电荷都在做匀速直线运动，点电荷系处于动态力平衡.

(3.1) 相对论的动尺收缩.

假设 S' 系认为与 $\boldsymbol{v}$ 垂直的运动对角线长度 $2l_0$ 相对 S 系不会变化，与 $\boldsymbol{v}$ 平行的运动对角线长度 $2l_0$ 相对 S 系变为 $2\gamma l_0$，那么 γ 应取何值？检查与相对论动尺收缩因子是否相同？

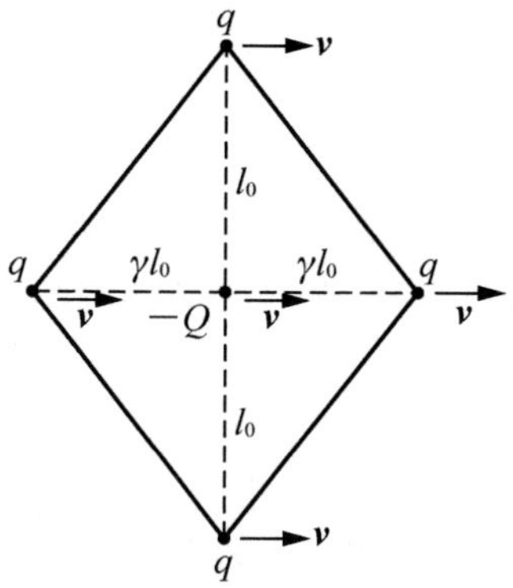

图 3

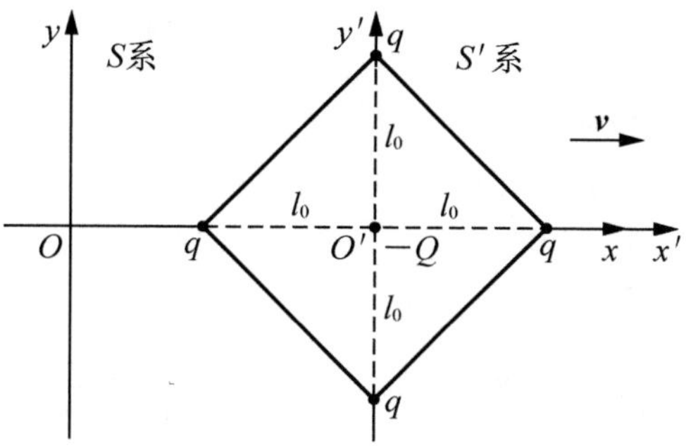

图 4

(3.2) 相对论的电磁场变换.

如图 5 所示，静止于 S' 系 O' 处的点电荷 Q 随 S' 系相对 S 系沿 x 轴以匀速 v 运动. S' 系 $x'y'$ 平面上任意一点 P 处的静电场分量记为 E'_x，E'_y，E'_z. 假设 S' 系中沿 y' 轴方向的静尺长度相对 S 系不变，S' 系中沿 x' 轴方向的静尺长度按(3.1)问中所述相对 S 系有 γ 收缩因子，S 系便可据(2)问中题文所给公式导出 P 处电磁场分量 E_x，E_y，E_z 和 B_x，B_y，B_z. 试求下述关系式：

$$E_x,\ E_y,\ E_z \sim (E'_x,\ E'_y,\ E'_z),\quad B_x,\ B_y,\ B_z \sim (E'_x,\ E'_y,\ E'_z),$$

检查此关系式与相对论所给的下述电磁场变换式是否相符？

$$E_x = E'_x,\quad E_y = \frac{E'_y + vB'_z}{\sqrt{1-\beta^2}},\quad E_z = \frac{E'_z - vB'_y}{\sqrt{1-\beta^2}},$$

$$B_x = B'_x,\quad B_y = \frac{B'_y - \dfrac{v}{c^2}E'_z}{\sqrt{1-\beta^2}},\quad B_z = \frac{B'_z + \dfrac{v}{c^2}E'_y}{\sqrt{1-\beta^2}}.$$

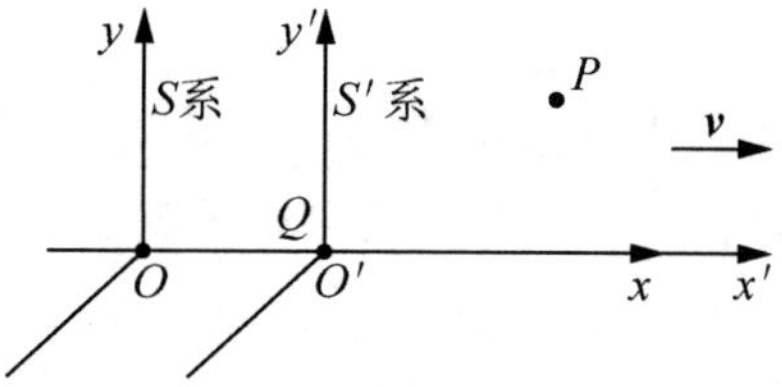

图 5

解答与评分标准（参考）

一、(17 分)

(1) 开始时系统质心 C 位于圆心 O 处，两小球相碰前瞬间 C 的位置如题解图 1 所示，它与圆心 O 相距

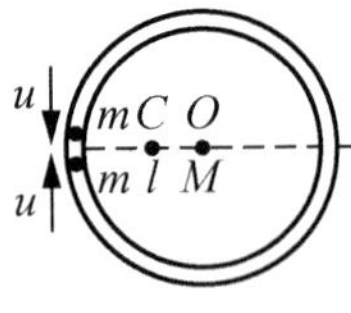

题解图 1

$$l=\frac{2m}{M+2m}R.$$

(1.1) 质心系中 **F** 作用点的总位移大小即为 l，做功

$$W=Fl=\frac{2m}{M+2m}FR, \qquad (2\text{ 分})$$

此功等于系统相对质心动能增量 ΔE_k. 终态时，圆环、两小球在 **F** 作用线方向上相对质心速度为零，两小球在 **F** 作用线垂直方向上有非零速度，大小同记为 u，即得

$$W=\Delta E_k=2\times\frac{1}{2}mu^2,$$

两小球碰前相对速度大小即为

$$v_1=2u=2\sqrt{2FR/(M+2m)}. \qquad (2\text{ 分})$$

(1.2) 参考题解图 2.

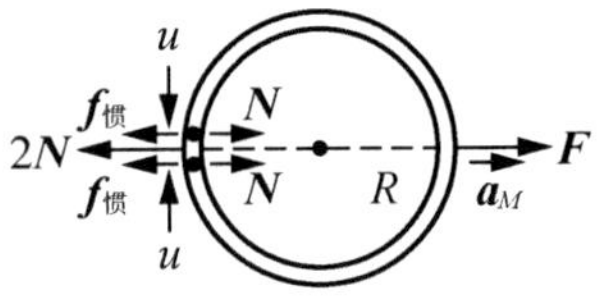

题解图 2

M 参考系：$N-f_{惯}=mu^2/R$，$f_{惯}=ma_M$. (1 分)

地面系：$F-2N=Ma_M$， (1 分)

$$a_M=\frac{M-2m}{(M+2m)^2}F,\quad \begin{cases} M>2m：a_M>0，右向，\\ M=2m：a_M=0， \\ M<2m：a_M<0，左向. \end{cases} \qquad (3\text{ 分})$$

(2) T_1时刻系统如题解图 3 所示，质心 C 与圆心 O 重合，质心系中力 **F** 作用点的总位移为零. 据质心系中的动能定理有

$$\Delta E_k=W=0,$$

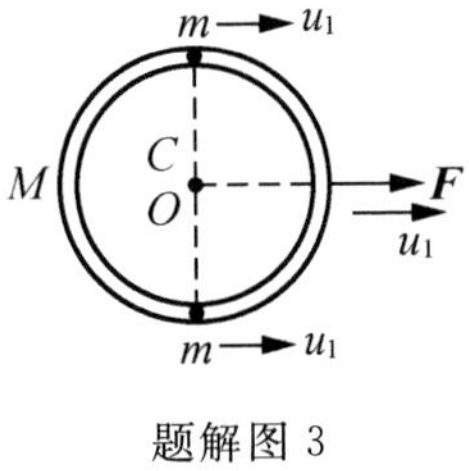

题解图 3

即小球、圆环相对质心动能均应为零，故小球、圆环相对质心又处于静止状态，共同具有水平朝右的速度，为题文中给出的 u_1. (2 分)

T_1时刻改取相对桌面以 u_1匀速度朝右运动的惯性系 S_1，$t=T_1$时刻系统在 S_1系中的初始状态与 $t=0$ 时刻系统在地面系中的初始状态相同. 而后在 $t=T_1$到 $t=2T_1$时间段内，系统相对 S_1系的运动过程同于 $t=0$ 到 $t=T_1$时间段内系统相对地面系的运动过程. 在 $t=2T_1$时刻，小球、圆环相对质心 C 静止，系统相对 S_1系整体朝右速度为 u_1，相对地面系速度便为 $2u_1$. 接着再改取相对 S_1系以 u_1匀速度朝右运动惯性系 S_2，如此继续下去分析、讨论，可得下述结果. (2 分)

(2.1) $$T_K=KT_1,\ u_K=Ku_1. \qquad (2\text{ 分})$$

(2.2)

$$t_K=T_{K-1}+t_1=(K-1)T_1+t_1,\ v_K=v_1=2\sqrt{2FR/(M+2m)}.\qquad (2\text{ 分})$$

二、(17 分)

(1) $$n\sin45°\geqslant1,\quad\Rightarrow\quad n\geqslant\sqrt{2}.\qquad(2\text{ 分})$$

(2) 参见题解图 1.

$$\sin30°=n\sin\theta_1=\sqrt{2}\sin\theta_1,\quad\Rightarrow\quad\theta_1=20.7°,$$

$$\theta_2=90°-[180°-45°-(90°+\theta_1)]=65.7>45°,$$

结论：AB 面外无透射光. (1.5 分)

$$\theta_3=90°-[180°-90°-(90°-\theta_2)]=24.3°<45°,$$

结论：AC 面外有透射光. (1.5 分)

$$2\theta_2+2\theta_3=180°,\quad\Rightarrow\quad D'D\,/\!/\,E'E,$$

结论：出射方位角也是 30°.

αl 的计算：

$$\overline{BD'}=\frac{\sin(90°+\theta_1)}{\sin(90°-\theta_2)}\overline{BD}=2.273l,$$

$$\overline{D'A}=\frac{\sqrt{2}}{2}4l-\overline{BD'}=0.5554l,$$

$$\overline{AE'}=\overline{D'A}\tan(90°-\theta_2)=0.2508l,$$

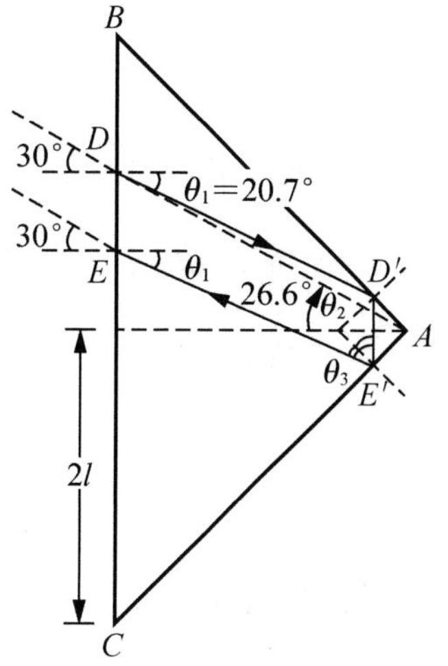

题解图 1

$$\overline{E'C}=\frac{\sqrt{2}}{2}\cdot4l-\overline{AE'}=2.578l,$$

$$\overline{CE}=\frac{\sin(90°-\theta_3)}{\sin(90°-\theta_1)}\overline{E'C}=2.512l,$$

$$\alpha l=\overline{ED}=\overline{CD}-\overline{CE}=0.488l.$$

结论：$\alpha=0.488$. (4 分)

(3) 光路参见题解图 2.

$$n'\sin\theta=n\sin45°=1,$$

结论：在 n' 介质两个外侧面上也恰好发生全反射，外面的空气中均无透射光.

光程差的计算：

$$\sin\theta=1/n',\quad\Rightarrow\quad\begin{cases}\cos\theta=\sqrt{n'^2-1}/n',\\ \tan\theta=1/\sqrt{n'^2-1},\end{cases}$$

$$\overline{D'D''}=d/\cos\theta=n'd/\sqrt{n'^2-1},$$

$$\overline{D'P}=2\times d\tan\theta=2d/\sqrt{n'^2-1},$$

$$\overline{D'A}=\sqrt{2}l,$$

$$\overline{PA}=\overline{D'A}-\overline{D'P}=\sqrt{2}l-\frac{2d}{\sqrt{n'^2-1}},$$

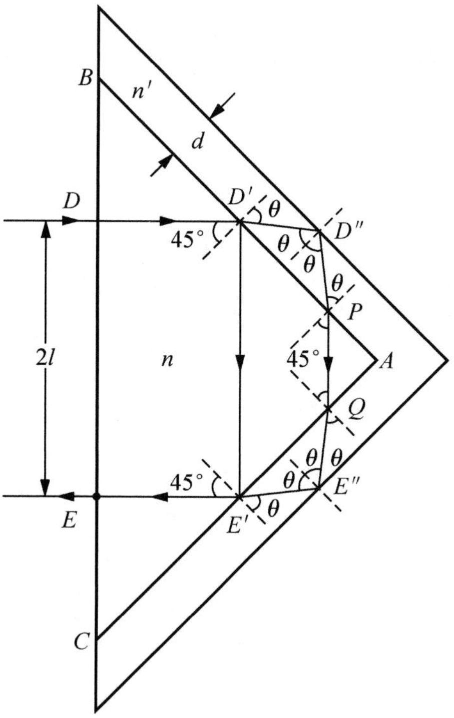

题解图 2

$$\overline{PQ}=\sqrt{2}\,\overline{PA}=2l-\frac{2\sqrt{2}\,d}{\sqrt{n'^2-1}}.$$

光程差

$$\begin{aligned}\Delta &=(n'\times 4\,\overline{D'D''}+n\cdot\overline{PQ})-n\times 2l\\ &=(4n'^2 d/\sqrt{n'^2-1})-4d/\sqrt{n'^2-1},\\ &\Rightarrow\quad \Delta=4\sqrt{n'^2-1}\,d.\end{aligned}$$

因此，当

$$\Delta=\left(k+\frac{1}{2}\right)\lambda,\text{ 即 } d=\left(k+\frac{1}{2}\right)\frac{\lambda}{4\sqrt{n'^2-1}},\quad k=0,1,2,\cdots \qquad (8\text{ 分})$$

时，从 BC 面的 D 点下方(E 点)观察不到出射光.

三、(20 分)

(1) 粒子运动中所受切向力由 $\boldsymbol{f}=-\gamma\boldsymbol{v}$ 承担，故有

$$\mathrm{d}v/\mathrm{d}t=a_{切}=-\gamma v/m,$$

积分

$$\int_{v_0}^{v}\frac{\mathrm{d}v}{v}=\int_0^t-\frac{\gamma}{m}\mathrm{d}t$$

得

$$v=v_0\mathrm{e}^{-\frac{\gamma}{m}t}. \qquad (5\text{ 分})$$

再由

$$\frac{\mathrm{d}s}{\mathrm{d}t}=v=v_0\mathrm{e}^{-\frac{\gamma}{m}t},\quad\Rightarrow\quad\int_0^s\mathrm{d}s=\int_0^t v_0\mathrm{e}^{-\frac{\gamma}{m}t}\mathrm{d}t,$$

得

$$s=\frac{m}{\gamma}v_0(1-\mathrm{e}^{-\frac{\gamma}{m}t}). \qquad (3\text{ 分})$$

(2) t 到 $t+\mathrm{d}t$ 时间内，粒子做半径为

$$\rho=mv/qB$$

的无穷小圆弧运动，速度方向偏转角记为 $\mathrm{d}\theta$，则有

$$\rho\mathrm{d}\theta=v\mathrm{d}t,$$

得

$$\mathrm{d}\theta=\frac{qB}{m}\mathrm{d}t,$$

积分后便有

$$\theta=\frac{qB}{m}t,$$

$$\theta=\frac{\pi}{2}\text{时},\ t^*=\pi m/2qB,$$

此时速度大小为

$$v^*=v_0\mathrm{e}^{-\pi\gamma/2qB}. \qquad (5\text{ 分})$$

为计算通过的位移大小 l，参考题解图，由

$$\frac{\mathrm{d}(m\boldsymbol{v})}{\mathrm{d}t}=q\boldsymbol{v}\times\boldsymbol{B}-\gamma\boldsymbol{v}$$

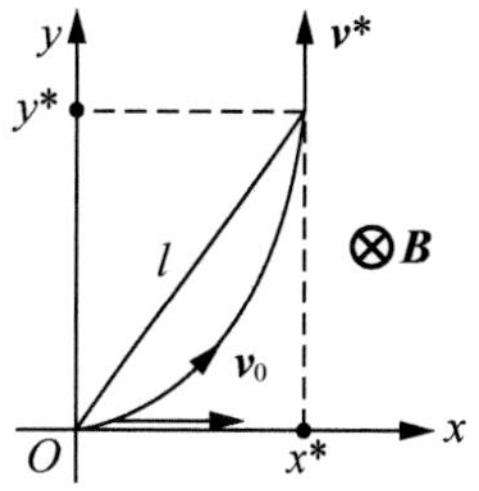

题解图

得

$$\mathrm{d}(mv_x)=(-qv_yB-\gamma v_x)\mathrm{d}t,$$

$$\Rightarrow\quad -mv_0=\int_{v_0}^{0}\mathrm{d}(mv_x)=-qB\int_0^{t^*}v_y\mathrm{d}t-\gamma\int_0^{t^*}v_x\mathrm{d}t$$

$$=-qB\int_0^{y^*}\mathrm{d}y-\gamma\int_0^{x^*}\mathrm{d}x=-qBy^*-\gamma x^*,$$

$$\mathrm{d}(mv_y)=(qv_xB-\gamma v_y)\mathrm{d}t,$$

$$\Rightarrow\quad mv^*=\int_0^{v^*}\mathrm{d}(mv_y)=qB\int_0^{t^*}v_x\mathrm{d}t-\gamma\int_0^{t^*}v_y\mathrm{d}t$$

$$=qB\int_0^{x^*}\mathrm{d}x-\gamma\int_0^{y^*}\mathrm{d}y=qBx^*-\gamma y^*,$$

即有

$$\begin{cases}qBy^*+\gamma x^*=mv_0,\\ qBx^*-\gamma y^*=mv^*.\end{cases}$$

解得

$$\begin{cases}x^*=\dfrac{m}{q^2B^2+\gamma^2}(qBv^*+\gamma v_0),\\[2ex] y^*=\dfrac{m}{q^2B^2+\gamma^2}(qBv_0-\gamma v^*),\end{cases}$$

$$\Rightarrow\quad l=\sqrt{x^{*2}+y^{*2}}=m\sqrt{(v_0{}^2+v^{*2})/(q^2B^2+\gamma^2)},$$

即有

$$l=mv_0\sqrt{(1+\mathrm{e}^{-\pi\gamma/qB})/(q^2B^2+\gamma^2)}.\qquad(7\text{ 分})$$

四、(18 分)

同步变化的圆柱形匀强磁场区域如题解图 1 所示，圆内 $\boldsymbol{r}$ 处感应电场 $\boldsymbol{E}(\boldsymbol{r})$ 可表述成

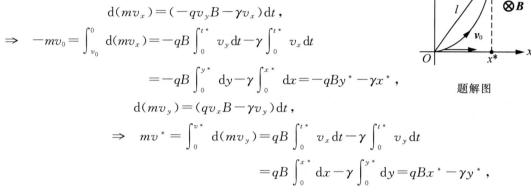

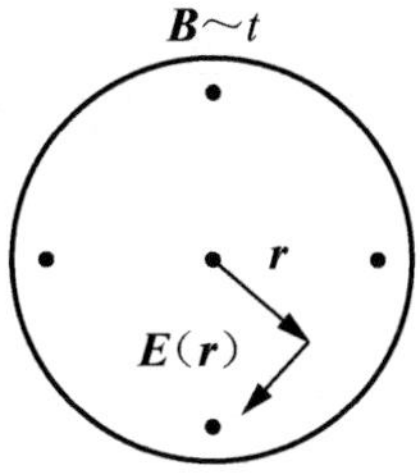

题解图 1

$$\boldsymbol{E}(\boldsymbol{r})=\frac{1}{2}\boldsymbol{r}\times\frac{\mathrm{d}\boldsymbol{B}}{\mathrm{d}t}.$$

本题所给磁场区域，可处理为全 R 圆柱形 $\boldsymbol{B}$ 磁场区域与 $r=R/2$ 小圆柱形 $-\boldsymbol{B}$ 磁场区域的叠合. 小圆柱形区域中任意点 A 处的感应电场场强便为

$$\boldsymbol{E}_A=\frac{1}{2}\frac{\mathrm{d}B}{\mathrm{d}t}\boldsymbol{r}_1\times\boldsymbol{k}+\frac{1}{2}\left(-\frac{\mathrm{d}B}{\mathrm{d}t}\right)\boldsymbol{r}_2\times\boldsymbol{k}.$$

参考题解图 2，得

$$\boldsymbol{E}_A=\frac{1}{2}\frac{\mathrm{d}B}{\mathrm{d}t}\boldsymbol{r}_0\times\boldsymbol{k}=\boldsymbol{E}_0{}'=\boldsymbol{E},\qquad(8\text{ 分})$$

即：小圆孔区域为匀强场区.

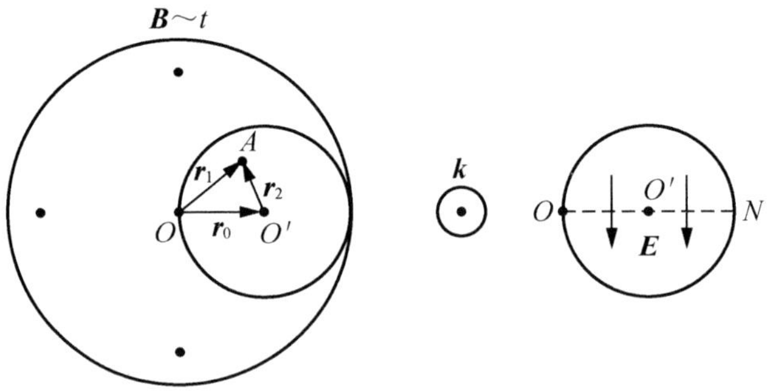

题解图 2

将小圆孔匀强场区放大如题解图 3 所示，P 做类斜抛运动，有

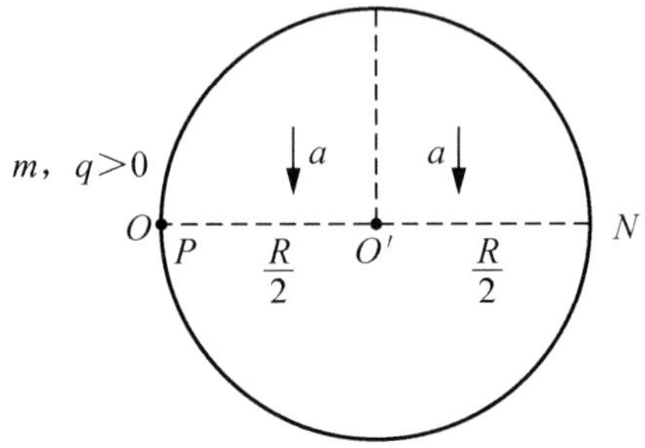

题解图 3

$$a=qE/m，\ E=\frac{R}{4}\frac{\mathrm{d}B}{\mathrm{d}t}=\frac{1}{4}kR，$$

$$“水平射程”：R=v_0^2\sin2\theta/a，$$

$$“射高”：\frac{R}{2}=v_0^2\ \sin^2\theta/2a.$$

得

$$\sin2\theta=\sin^2\theta,\quad\Rightarrow\quad 2\sin\theta\cos\theta=\sin^2\theta,\quad\Rightarrow\quad\tan\theta=2,$$

即

$$\theta=\arctan2=63.4^\circ;$$

$$v_0^2=aR/\sin^2\theta,\ \sin\theta=2/\sqrt{5},$$

即

$$v_0=\frac{\sqrt{5}}{4}R\sqrt{kq/m}.$$ （10 分）

五、(22 分)

(1) $B\rightarrow C$ 绝热膨胀过程分为三段，见题解图.

第一段：B 到 B^*，为 $T_1\rightarrow T_0$ 绝热降温膨胀过程，过程方程为

$$TV^{\gamma_1-1}=常量,\ \gamma_1=\frac{9}{7}.$$ （1 分）

温度从 $T_B=T_1$ 降到 $T_{B^*}=T_0$.

第二段：B^* 到 C^*，此过程中温度 T_0保持不变，摩尔定容热容 $C_{V,\mathrm{m}}$从$\frac{7}{2}R$ 降(可处理为连续下降)到$\frac{5}{2}R$，内能从$\frac{7}{2}\nu RT_0$ 连续降到$\frac{5}{2}\nu RT_0$. 因为绝热，释放的内能用来对外做

功，故为连续的等温(相变)绝热膨胀过程. 由

$$0=\mathrm{d}Q=p\mathrm{d}V+\nu\mathrm{d}(C_{V,\mathrm{m}})T_0,\quad pV=\nu RT_0,$$

$$\Rightarrow\quad \frac{\nu R}{V}T_0\mathrm{d}V+\nu\mathrm{d}(C_{V,\mathrm{m}})T_0=0,$$

$$\Rightarrow\quad \int_{V_1}^{V_2}R\frac{\mathrm{d}V}{V}+\int_{C_{V,\mathrm{m1}}}^{C_{V,\mathrm{m2}}}\mathrm{d}(C_{V,\mathrm{m}})=0,\qquad 1,2\text{ 为该段过程中任意两个状态}$$

$$\Rightarrow\quad R\ln\frac{V_2}{V_1}=C_{V,\mathrm{m1}}-C_{V,\mathrm{m2}}.$$

过程中有

$$V_2=V_1\mathrm{e}^{[C_{V,\mathrm{m1}}-C_{V,\mathrm{m2}}]/R};\qquad \frac{7}{2}R\geqslant C_{V,\mathrm{m1}}\geqslant C_{V,\mathrm{m2}}\geqslant\frac{5}{2}R.$$

对初态 B^*(体积为 V_{B^*})到末态 C^*(体积为 V_{C^*})，有

$$V_{C^*}=V_{B^*}\mathrm{e}^{\left(\frac{7}{2}R-\frac{5}{2}R\right)/R},$$

即有

$$V_{C^*}=\mathrm{e}V_{B^*}.\qquad (6\text{ 分})$$

第三段：C^* 到 C，为 $T_0\rightarrow T_2$ 绝热降温膨胀过程，过程方程为

$$TV^{\gamma_2-1}=\text{常量},\ \gamma_2=\frac{7}{5}.\qquad (1\text{ 分})$$

$D\rightarrow A$ 绝热压缩过程(与 $B\rightarrow C$ 绝热膨胀过程相反)，也分为三段.

第一段：D 到 D^*，为 $T_2\rightarrow T_0$ 绝热升温压缩过程，过程方程为

$$TV^{\gamma_2-1}=\text{常量},\ \gamma_2=\frac{7}{5}.$$

第二段：D^* 到 A^*，为 $C_{V,\mathrm{m}}$ 从 $\frac{5}{2}R$ 升到 $\frac{7}{2}R$ 的 T_0 等温(相变)绝热压缩过程. 仿照 B^* 到 C^* 的推导，同理可得

$$V_{D^*}=\mathrm{e}V_{A^*}.$$

第三段：A^* 到 A，为 $T_0\rightarrow T_1$ 绝热升温压缩过程，过程方程为

$$TV^{\gamma_1-1}=\text{常量},\ \gamma_1=\frac{9}{7}.\qquad (2\text{ 分})$$

$B\rightarrow C$ 完整的绝热膨胀过程线和 $D\rightarrow A$ 完整的绝热压缩过程线如题解图所示.

(2) $\beta_1=V_C/V_B$ 的计算：

$$T_2V_C^{\gamma_2-1}=T_0V_{C^*}^{\gamma_2-1},$$

$$V_{C^*}=\mathrm{e}V_{B^*},$$

$$T_0V_{B^*}^{\gamma_1-1}=T_1V_B^{\gamma_1-1},$$

$$\Rightarrow\quad V_C=T_1^{\ 1/(\gamma_1-1)}T_0^{\ (\gamma_1-\gamma_2)/(\gamma_2-1)(\gamma_1-1)}T_2^{\ -1/(\gamma_2-1)}\mathrm{e}V_B,$$

得

$$\beta_1=(T_1^{\frac{7}{2}}/T_0T_2^{\frac{5}{2}})\mathrm{e}.\qquad (4\text{ 分})$$

$\beta_2=V_D/V_A$ 的计算：

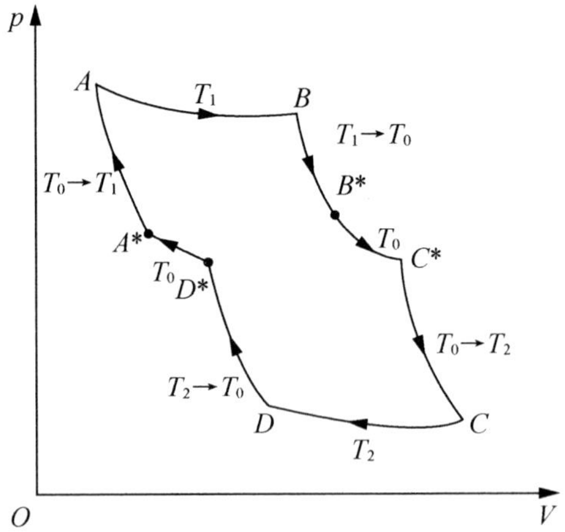

题解图

逆向地改取 $A \to D$ 过程，与 $B \to C$ 过程同构，可得

$$\beta_2 = \beta_1 = (T_1^{\frac{7}{2}} / T_0 T_2^{\frac{5}{2}}) \mathrm{e}. \quad (1\text{ 分})$$

算例：$T_1 = 2T_0$，$T_2 = \frac{1}{2}T_0$，得

$$\beta_1 = \beta_2 = 64\mathrm{e}. \quad (1\text{ 分})$$

（3）η 的计算：

$$\eta = 1 - \frac{Q_2}{Q_1},\ Q_1 = \nu R T_1 \ln \frac{V_B}{V_A},\ Q_2 = \nu R T_2 \ln \frac{V_C}{V_D},$$

$$\Rightarrow \quad \eta = 1 - \left[T_2 \ln \frac{V_C}{V_D} \middle/ T_1 \ln \frac{V_B}{V_A} \right]. \quad (2\text{ 分})$$

由

$$V_C / V_B = \beta_1 = \beta_2 = V_D / V_A, \quad \Rightarrow \quad \frac{V_C}{V_D} = \frac{V_B}{V_A},$$

得

$$\eta = 1 - \frac{T_2}{T_1}. \quad (4\text{ 分})$$

六、(24 分)

（1）按常规设置极坐标系. 由角动量守恒方程、能量守恒方程

$$mr^2 \dot{\theta} = L = \frac{\sqrt{2}}{2} m l_0 v_0, \quad \Rightarrow \quad \dot{\theta} = L / mr^2, \quad (3\text{ 分})$$

$$\frac{1}{2} m (\dot{r}^2 + r^2 \dot{\theta}^2) + \frac{1}{2} k (r - l_0)^2 = E = \frac{1}{2} m v_0^2, \quad (3\text{ 分})$$

得径向运动方程

$$\dot{r}^2 + \frac{(L/m)^2}{r^2} + \frac{k}{m} (r - l_0)^2 = 2E/m. \quad (2\text{ 分})$$

引入参量

$$\rho=r-l_0\ll l_0,\quad\Rightarrow\begin{cases}\dot{\rho}=\dot{r},\ \ddot{\rho}=\ddot{r},\\ \dfrac{1}{r^2}=(l_0+\rho)^{-2}=\dfrac{1}{l_0^2}\left(1-2\dfrac{\rho}{l_0}\right)\end{cases}$$

（因 v 是小量，$\dfrac{3}{2}\dfrac{v_0^2}{l_0^2}\ll\dfrac{k}{m}$，故 $(l_0+\rho)^{-2}$ 展开式中只保留前两项），可将径向方程改述为

$$\dot{\rho}^2+\left(\frac{L}{m}\right)^2\frac{1}{l_0^2}-2\left(\frac{L}{m}\right)^2\frac{1}{l_0^3}\rho+\frac{k}{m}\rho^2=2E/m,$$

两边对 t 求导，消去 $2\dot{\rho}$，得

$$\ddot{\rho}-\left(\frac{L}{m}\right)^2\frac{1}{l_0^3}+\frac{k}{m}\rho=0,$$

即

$$\begin{cases}\ddot{\rho}+\omega^2\rho=v_0^2/2l_0,\\ \omega^2=k/m.\end{cases}$$

引入新参量

$$\rho^*=\rho-\rho_0,\ \rho_0=v_0^2/2l_0\omega^2,$$

得

$$\ddot{\rho}^*+\omega^2\rho^*=0,$$

通解为

$$\rho^*=A\cos(\omega t+\phi).$$

由

$$t=0\text{ 时},\ \rho^*=-\rho_0,\ \dot{\rho}^*=\frac{\sqrt{2}}{2}v_0,$$

解得

$$A=\sqrt{(-\rho_0)^2+\left(\frac{\sqrt{2}}{2}v_0\right)^2\Big/\omega^2}=\sqrt{\rho_0^2+\rho_0l_0}.$$

$r\sim t$ 关系即为

$$r=\rho^*+\rho_0+l_0,\quad\Rightarrow\begin{cases}r=\sqrt{\rho_0(\rho_0+l_0)}\cos(\omega t+\phi)+\rho_0+l_0,\\ \rho_0=v_0^2/2l_0\omega^2,\ \omega^2=k/m.\end{cases}\qquad(5\text{ 分})$$

（2）

$$\rho=\sqrt{\rho_0(\rho_0+l_0)}\cos(\omega t+\phi)+\rho_0,$$

小振动要求 $\rho\ll l_0$，即要求

$$\sqrt{\rho_0(\rho_0+l_0)}+\rho_0=\rho_{\max}\ll l_0,$$

$$\Rightarrow\quad\rho_0\ll l_0,$$

$$\Rightarrow\quad v_0^2/2l_0\omega^2\ll l_0,\qquad\left(\text{即 }E_k=\frac{1}{2}mv_0^2\ll kl^2\right)$$

得

$$v_0\ll\sqrt{\frac{2k}{m}}l_0.\qquad(3\text{ 分})$$

(3)

$$v_{r,\max}=\dot{r}_{\max}=\omega\sqrt{\rho_0(\rho_0+l_0)}=\omega\sqrt{\rho_0 l_0}\left(1+\frac{\rho_0}{l_0}\right)^{\frac{1}{2}}$$

$$=\sqrt{\omega^2\rho_0}\sqrt{l_0}\left(1+\frac{\rho_0}{2l_0}\right)\rho_0=v_0^2/2l_0\omega^2,\ \omega^2=k/m,$$

$$\Rightarrow\quad v_{r,\max}=\frac{v_0}{\sqrt{2}}\left(1+\frac{mv_0^2}{4kl_0^2}\right).$$ (2 分)

(4)

$$\dot{\theta}=\frac{\sqrt{2}}{2}\frac{v_0}{l_0},\ \frac{\dot{\theta}}{\omega}=\frac{\sqrt{2}}{2}\frac{v_0}{l_0}\sqrt{\frac{m}{k}}=\frac{\sqrt{2}}{2}\sqrt{\frac{mv_0^2}{kl_0^2}}=\frac{1}{36}.$$

径向振动频率 $f_r=2\pi\omega$ 和角向运动频率 $f_\theta=2\pi\dot{\theta}$ 之比为

$$f_r : f_\theta=\omega : \dot{\theta}=36.$$

从 $t=0$ 开始，直到弹簧转过 90° 过程中，径向振动次数为

$$\frac{1}{4}\times 36=9.$$ (2 分)

小物块运动轨道如题解图所示. 图中 ρ_0，A 均已被夸大；图中 $l_0+\rho_0$ 处，小物块“圆运动”向心力＝弹簧拉力，即有

$$m\dot{\theta}^2(l_0+\rho_0)\approx m\left(\frac{\sqrt{2}}{2}v_0^2\Big/l_0\right)^2\cdot l_0=\frac{mv_0^2}{2l_0}=k\rho_0,$$

其中已据 $\rho_0=v_0^2/2l_0\omega^2=mv_0^2/2l_0k$ 进行简化.

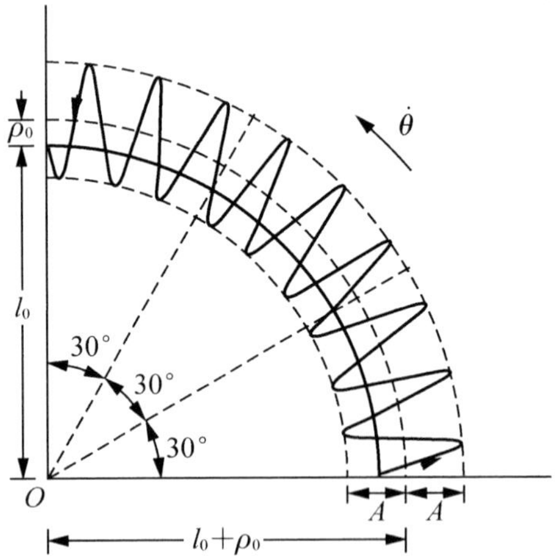

(4 分)

题解图

补注：

2009 年暑期班天津南开中学高三学生王宏达，关于(1)问给出了自己的解法，如下：

$$\frac{1}{2}m\dot{r}^2+\frac{L^2}{2mr^2}+\frac{1}{2}k(r-l_0)^2=E,\quad \Rightarrow\quad m\dot{r}\ddot{r}+\frac{(-2)L^2}{2mr^3}\dot{r}+k(r-l_0)\dot{r}=0.$$

引入参量 $x=r-l_0$（即为原解答参量 ρ），化简可得

$$\ddot{x}+\frac{k}{m}x-\frac{L^2}{m^2(l_0+x)^3}=0,$$

取一级近似，得

$$\ddot{x}+\left(\frac{k}{m}+\frac{3L^2}{m^2l_0^4}\right)x=\frac{L^2}{m^2l_0^3},$$

$$\Rightarrow\quad \omega^2=\frac{k}{m}+\frac{3L^2}{m^2l_0^4},$$

有别于原解答中给出的

$$\omega^2=k/m.$$

王宏达同学给出了上述解法非常好，说明取不同的近似方法，所得结果之间可能会有差异，但要求其间差异必须是小量. 就上面 ω^2 的两个表达式，要求

$$3L^2/m^2l_0^4\ll k/m.$$

这可以获证如下：

$$\text{由 } L=\frac{\sqrt{2}}{2}ml_0v_0,\quad \text{得 } 3L^2/m^2l_0^4=3v_0^2/2l_0^2,$$

$$\text{由(2)问原解答 } v_0\ll\sqrt{\frac{2k}{m}}l_0,\text{ 得 } v_0^2/2l_0^2\ll k/m,$$

因 $3v_0^2/2l_0^2$ 与 $v_0^2/2l_0^2$ 为同一数量级，得 $3v_0^2/2l_0^2\ll k/m$，即有

$$3L^2/m^2l_0^4\ll k/m.$$

七、(22 分)

(1) $-Q$ 受力平衡自然满足，由 q 受力平衡方程

$$2\times\frac{q^2}{4\pi\varepsilon_0(\sqrt{2}l_0)^2}\cos45°+\frac{q^2}{4\pi\varepsilon_0(2l_0)^2}=\frac{qQ}{4\pi\varepsilon_0l_0^2},$$

得

$$Q=\left(\frac{1}{\sqrt{2}}+\frac{1}{4}\right)q. \qquad (2\text{ 分})$$

(2)

(2.1) $\boldsymbol{E}$ 线，$\boldsymbol{B}$ 线如题解图 1 所示. （3 分）

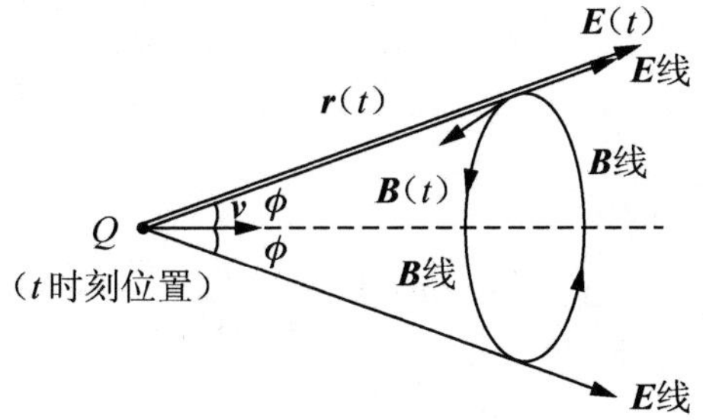

题解图 1

(2.2) 中心$-Q$受力平衡条件:

左、右两个q对$-Q$的电场力相互抵消，对$-Q$的磁场力都为零；上、下两个q对$-Q$的电场力相互抵消，对$-Q$的磁场力也相互抵消. 因此，$-Q$受力自然平衡. （2分）

右方q受力平衡条件:

参见题解图2，磁场力(算式略)相互抵消. 电场力平衡方程为

$$2\times\frac{q^2(1-\beta^2)\cos\phi}{4\pi\varepsilon_0(1-\beta^2\sin^2\phi)^{3/2}(1+\gamma^2)l_0^2}+\frac{q^2(1-\beta^2)}{4\pi\varepsilon_0\times4\gamma^2l_0^2}=\frac{qQ(1-\beta^2)}{4\pi\varepsilon_0\gamma^2l_0^2},$$

$$\sin\phi=1/\sqrt{1+\gamma^2},\quad\cos\phi=\gamma/\sqrt{1+\gamma^2},$$

$$\Rightarrow\quad\frac{2q}{\left(1-\frac{\beta^2}{1+\gamma^2}\right)^{3/2}(1+\gamma^2)}\cdot\frac{\gamma}{\sqrt{1+\gamma^2}}+\frac{q}{4\gamma^2}=\frac{Q}{\gamma^2}=\frac{q}{\sqrt{2}\gamma^2}+\frac{q}{4\gamma^2},$$

$$\Rightarrow\quad\frac{2\gamma}{[(1+\gamma^2)-\beta^2]^{3/2}}=\frac{1}{\sqrt{2}\gamma^2}.$$

即得

右方q受力平衡条件: $\gamma=\sqrt{1-\beta^2}$. （5分）

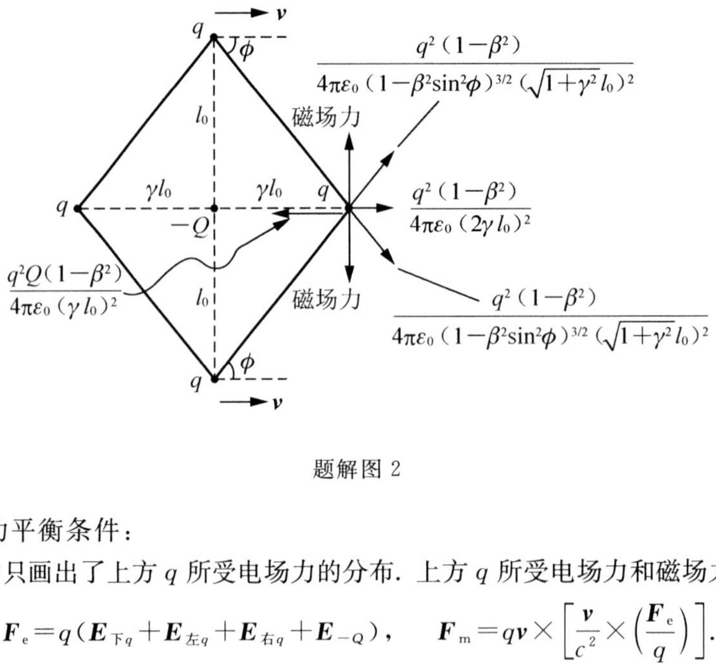

题解图 2

上方q受力平衡条件:

题解图3中只画出了上方q所受电场力的分布. 上方q所受电场力和磁场力可分别表述为

$$\boldsymbol{F}_e=q(\boldsymbol{E}_{下q}+\boldsymbol{E}_{左q}+\boldsymbol{E}_{右q}+\boldsymbol{E}_{-Q}),\qquad\boldsymbol{F}_m=q\boldsymbol{v}\times\left[\frac{\boldsymbol{v}}{c^2}\times\left(\frac{\boldsymbol{F}_e}{q}\right)\right].$$

若$\boldsymbol{F}_e=0$，则必有$\boldsymbol{F}_m=0$，

$\boldsymbol{F}_e=0$的条件:

$$2\frac{q^2(1-\beta^2)}{4\pi\varepsilon_0(1-\beta^2\sin^2\phi)^{3/2}(\sqrt{1+\gamma^2}l_0)^2}\sin\phi+\frac{q^2(1-\beta^2)}{4\pi\varepsilon_0(1-\beta^2)^{3/2}(2l_0)^2}=\frac{qQ(1-\beta^2)}{4\pi\varepsilon_0(1-\beta^2)^{3/2}l_0^2},$$

$$\sin\phi=1/\sqrt{1+\gamma^2},$$

$$\Rightarrow\quad \frac{2q}{\left(1-\frac{\beta^2}{1+\gamma^2}\right)^{3/2}(1+\gamma^2)^{3/2}}+\frac{q}{4+(1-\beta^2)^{3/2}}=Q/(1-\beta^2)^{3/2},\ Q=\left(\frac{1}{\sqrt{2}}+\frac{1}{4}\right)q,$$

$$\Rightarrow\quad \frac{2}{(1+\gamma^2-\beta^2)^{3/2}}=\frac{1}{\sqrt{2}(1-\beta^2)^{3/2}},\quad \Rightarrow\quad 1+\gamma^2-\beta^2=2(1-\beta^2),$$

即得

上方 q 受力平衡条件：$\gamma=\sqrt{1-\beta^2}$. （5 分）

结论：五个匀速运动点电荷都能处于力平衡的条件为

$$\gamma=\sqrt{1-\beta^2}.$$

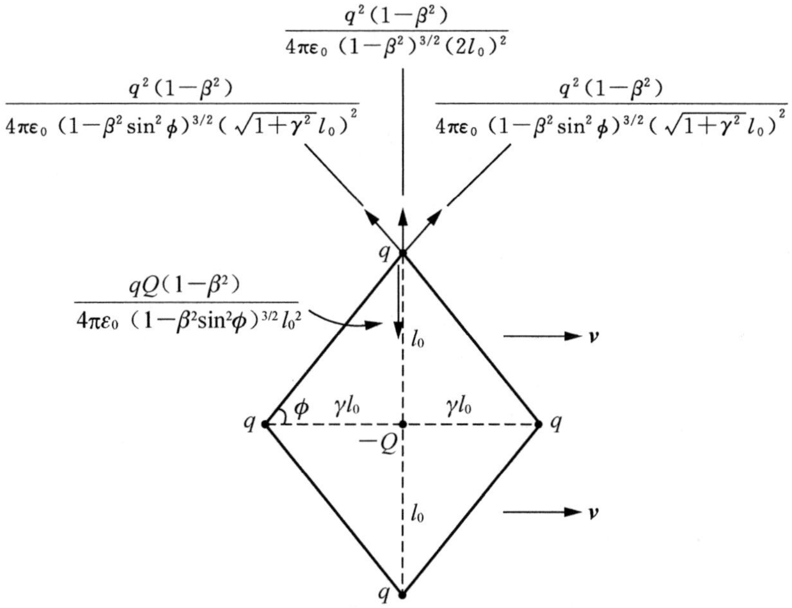

题解图 3

(3)

(3.1) 据(2.2)解答可知，S 系中这一点电荷系可处于动态力平衡的条件是

$$\gamma=\sqrt{1-\beta^2},\ \beta=\frac{v}{c}.$$

据相对论，S'系中沿 y'轴的对角线长度 $2l_0$是用沿 y'轴静止直尺测得的值，S 系测得此运动直尺为长度不变，仍为 $2l_0$. S'系中沿 x'轴的对角线长度 $2l_0$是用沿 x'轴静止直尺测得的值，S 系测得此运动直尺会缩短，收缩因子为 $\gamma=\sqrt{1-\beta^2}$，$\beta=\frac{v}{c}$，因此该对角线长度缩短为 $2\gamma l_0$. 可见(2.2)问要求满足的动态平衡条件，与相对论动尺收缩因子相同. （1 分）

(3.2) 参考题解图 4，有

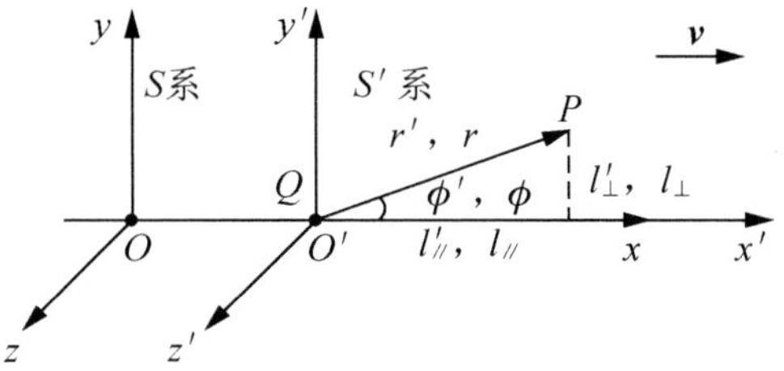

题解图 4

S'系：$r'=(l'^{2}_{/\!/}+l'^{2}_{\perp})^{\frac{1}{2}}$.

P 点场强(据静止点电荷场强公式)：

$$E'_x=Ql'_{/\!/}/4\pi\varepsilon_0 r'^3,\ E'_y=Ql'_{\perp}/4\pi\varepsilon_0 r'^3.$$

$$(E'_z=0,\ \boldsymbol{B}'=0)$$

S 系：$r=(l^2_{/\!/}+l^2_{\perp})^{\frac{1}{2}}=\left[(\sqrt{1-\beta^2}\,l'_{/\!/})^2+l'^{2}_{\perp}\right]^{\frac{1}{2}}$,

$$\sin^2\phi=l^2_{\perp}/r^2,$$

$$1-\beta^2\sin^2\phi=1-\beta^2\frac{l^2_{\perp}}{r^2}=\frac{1}{r^2}[(1-\beta^2)l'^{2}_{/\!/}+l'^{2}_{\perp}-\beta^2 l'^{2}_{\perp}]=\frac{1-\beta^2}{r^2}r'^2.$$

P 点场强(据(2)问题文中所给公式)：

$$E_x=\frac{Q(1-\beta^2)l_{/\!/}}{4\pi\varepsilon_0(1-\beta^2\sin^2\phi)^{3/2}r^3}=\frac{Q(1-\beta^2)^{\frac{3}{2}}l'_{/\!/}}{4\pi\varepsilon_0(1-\beta^2)^{3/2}r'^3}=\frac{Ql'_{/\!/}}{4\pi\varepsilon_0 r'^3}=E'_x,$$

$$E_y=\frac{Q(1-\beta^2)l_{\perp}}{4\pi\varepsilon_0(1-\beta^2\sin^2\phi)^{3/2}r^3}=\frac{Q(1-\beta^2)l'_{\perp}}{4\pi\varepsilon_0(1-\beta^2)^{3/2}r'^3}=\frac{E'_y}{\sqrt{1-\beta^2}},$$

$$E_z=0,$$

$$\boldsymbol{B}=\frac{\boldsymbol{v}}{c^2}\times\boldsymbol{E},\ \boldsymbol{v}=v\boldsymbol{i},\ \boldsymbol{E}=E_x\boldsymbol{i}+E_y\boldsymbol{j},$$

$$B_x=0,\ B_y=0,\ B_z=\frac{v}{c^2}E_y=\frac{v}{c^2}E'_y/\sqrt{1-\beta^2}.$$

与相对论电磁场变换式所得结果：

$$E_x=E'_x,\ E_y=\frac{E'_y+vB'_z}{\sqrt{1-\beta^2}}=\frac{E'_y}{\sqrt{1-\beta^2}},\ E_z=\frac{E'_z-vB'_y}{\sqrt{1-\beta^2}}=0,$$

$$B_x=B'_x=0,\ B_y=\frac{B'_y-\frac{v}{c^2}E'_z}{\sqrt{1-\beta^2}}=0,\ B_z=\frac{B'_z+\frac{v}{c^2}E'_y}{\sqrt{1-\beta^2}}=\frac{v}{c^2}E'_y/\sqrt{1-\beta^2},$$

对比之下，可见结果完全相符.　　(4 分)

2010年暑期物理竞赛辅导班联谊赛试题

学校____________ 姓名____________ 成绩____________

总分：140分　　　　　　　　　　　　　　　　　　　　　　时间：3.5小时

题号	一	二	三	四	五	六	七
得分							
阅卷人							

一、(22分)

下面3小题中，摩擦力均被略去.

(1) 竖直平面内有一固定的直角三角形细管道 ABC，直角边 AB 竖直向下，直角边 BC 水平朝右. 如图1所示，取两个小球，同时从 A 端静止释放. 球1沿 AB 下滑，到达 B 处后速度大小不变，方向自动地改变为沿 BC 朝右，直到 C 端；球2沿 AC 下滑，直到 C 端. 已知球1，2同时到达 C 端，AB 长 $L_{AB}=3L_0$，试求 BC 长 L_{BC} 和 AC 长 L_{AC}.

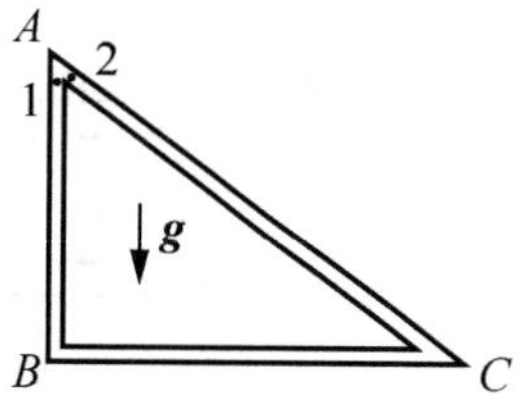

图1

(2) 将一条边 AB_1 的长度等于(1)问所给 L_{AB}，另一条边 AB_2 的长度等于(1)问所得 L_{BC} 的长方形闭合细管道 AB_1CB_2，如图2所示悬挂在竖直平面内，上端点 A 和下端点 C 固定，对角线 AC 处于竖直方位. $t=0$ 时刻，将球1，2同时从 A 端静止释放. 球1沿 AB_1C 通道到达 C 端时刻记为 T_1，球2沿 AB_2C 通道到达 C 端时刻记为 T_2，试求 $T_1:T_2$.

(3) 将(2)问所得 T_1，T_2 中小者记为 T_0，再将图2中下端 C 改设为可动端. 仍在 $t=0$ 时刻，将球1，2同时从 A 端静止释放. 补设管道质量均匀分布，球1、2质量同为 m. 为防止管道可能会绕固定端在竖直平面内摆动，如图3所示，在该竖直面内给 C 端施的水平外力 $\boldsymbol{F}$，试在 $T_0\geqslant t\geqslant 0$ 时间内随时确定 $\boldsymbol{F}$ 的方向(朝右还是朝左)，并给出 $\boldsymbol{F}$ 的大小 F 随时间 t 变化的函数关系.（球在 B_1 或 B_2 处运动方向突然改变所经的时间间隔，可用无穷小时段 $\mathrm{d}t\to 0$ 来表述.）

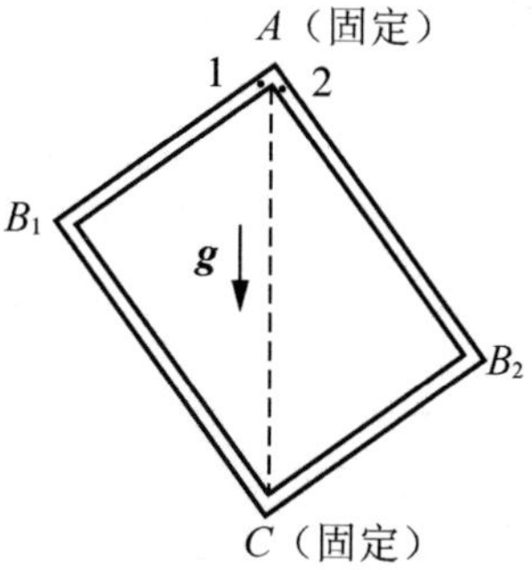

图2

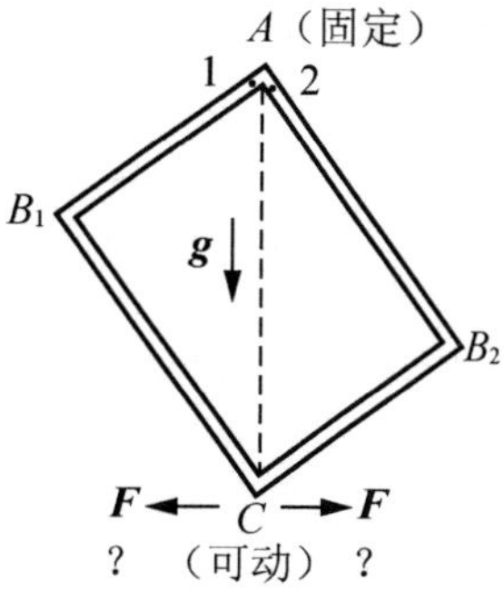

图3

二、(17 分)

四块面积同为 S，原不带电的导体薄平板 A，B，C，D，依次平行放置，相邻间距很小，分别记为 d_1，d_0，d_2，如图 1 所示. 给 B 充以电量 $q>0$，再用图 1 中虚直线所示的细导线连接 B，C，最终达到静电平衡.

(1) 试求 A 到 D 的电势降 U_{AD}.

现将图 1 所示系统在达到静电平衡后，通过理想导线、电键 K_1 和 K_2，电动势为 $\mathscr{E}$ 的直流电源以及电阻分别为 R_0，R_x 和 r 的电阻器连接成图 2 所示电路. 开始时 K_1，K_2 均断开，而后接通 K_1，直到电路达到稳定状态.

(2) 试求过程中从电源正极朝平板 A 流去的电量 Q，并判断 Q 的正负号.

最后，再接通 K_2，测得流过电阻器 r 的电流强度始终为零.

(3) 设 R_x 为未知量，试求 R_x，并给出 $\mathscr{E}$ 的取值范围.

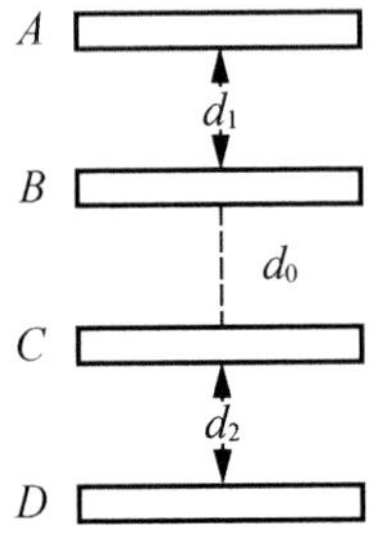

图 1

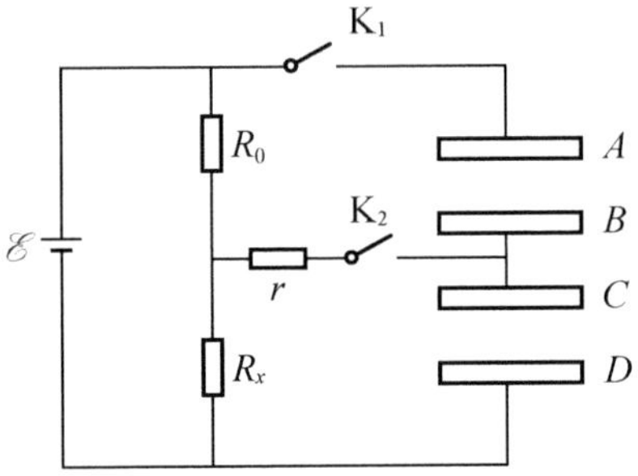

图 2

三、(16 分)

水平光滑大桌面上，平放着一个内、外半径几乎同为 R 的绝缘圆环，P_1OP_2 是环的一条直径. 环内有一个质量为 m、电量 $q>0$ 的小球，小球在环内的运动位置可用图示的方位角 θ 表示，小球与双壁之间光滑接触. 设空间有竖直向上的匀强磁场，磁感应强度为 $\boldsymbol{B}$. 通过某种机制让圆环在桌面上沿着与直径 P_1OP_2 垂直朝右的方向做持续的匀速运动，速度大小 $u=3qBR/4m$. 设小球开始时位于 P_2 位置，相对圆环具有水平朝右的初速度. 初速度大小取某些值时，都可使小球在而后的运动途径中会出现受环壁作用力 $\boldsymbol{N}=0$ 的角位置，对应地导致小球在 $\theta=\dfrac{3}{2}\pi$ 角位置处受环壁作用力大小 N 也有不同的值，试求其中最大者 $N_{\max}$.

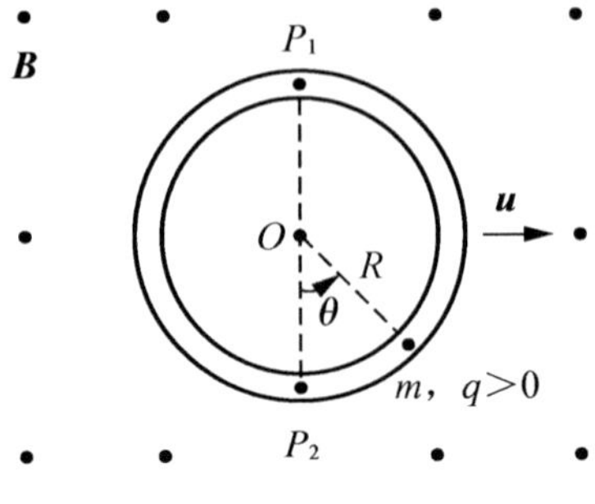

四、(15分)

某业余无线电玩家住在 A 镇，他经常与分别住在 B 镇和 C 市的两位友人用无线电相互通讯联络. 他希望当他与其中一人通讯时，另一个不能同时收到信号. 因此他在住家的空地上竖立了两根垂直于地面的发射天线 S_1 和 S_2，可以同时发出信号，并使两个发射信号之间的相位差可在每次发射前调整，采用的无线电波的波长为 λ. 如图所示，给定的 AB 方向线朝 AC 方向线逆时针转角 $\phi<\pi$；图中 S_1，A，S_2 三点共线，连线长度记为 r；AB 方向线沿逆时针方向到 S_1S_2 方向线的转角记为 α(顺时针方向转角 α 为负)；A，B 间距和 A，C 间距远大于 r 和 λ.

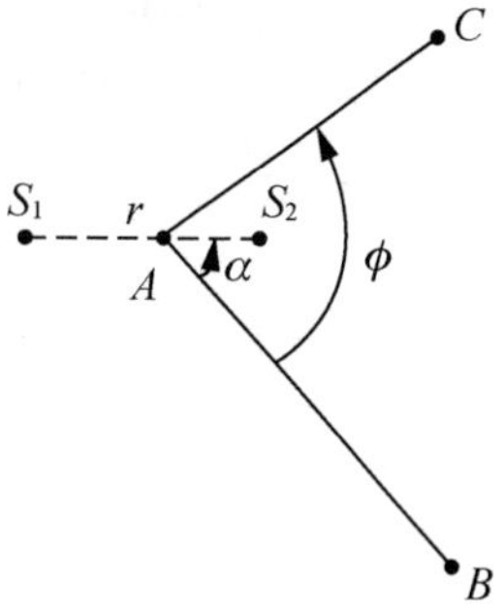

(1) 取不同的 α，找出 r 可取得的最小值 $r_{\min}$；

(2) 取 $r_{\min}$，画出 S_1AS_2 连接相对 AB 连线的方位图，标出相应 α 角的旋转方向；

(3) 取 $r_{\min}$，对给定的发射功率，为使 B 镇友人收到的信号达最强，试求输入 S_1，S_2 信号间的相位差.

五、(20分)

静长同为 l_0 的三个飞船，在惯性系 S 的 $t=0$ 时刻，相对 S 系的空间位置和沿 x 轴匀速运动的速度分布如图所示. 具体而言，三个飞船在 S 系中沿一直线航行，$t=0$ 时刻，飞船 1、2、3 头部各自位于图示 P_1，P_2，P_3 位置，飞船 1、2、3 分别将自己头部时钟拨到本系内的时间零点.(注意，S 系认为飞船 1、2、3 头部时钟同时拨到零点，但飞船 1、2、3 并不认为它们彼此也是同时将各自头部时钟拨到零点.)设此时，即 S 系 $t=0$ 时刻，飞船 1 头部天线朝右发出无线电信号；在飞船 2 参考系中此信号被其尾部天线接收的同时，恰好其头部天线朝右发出无线电信号；在飞船 3 参考系中此信号被其尾部天线接收的同时，恰好其头部高位天线朝左对着飞船 1 尾部高位天线发出无线电信号.

(1) 将飞船 3 测得的其尾部天线接收到无线电信号的时刻记为 $t'_{3尾}$，试求之；

(2) 将飞船 1 测得的其尾部天线接收到无线电信号的时刻记为 $T'_{1尾}$，试求之.

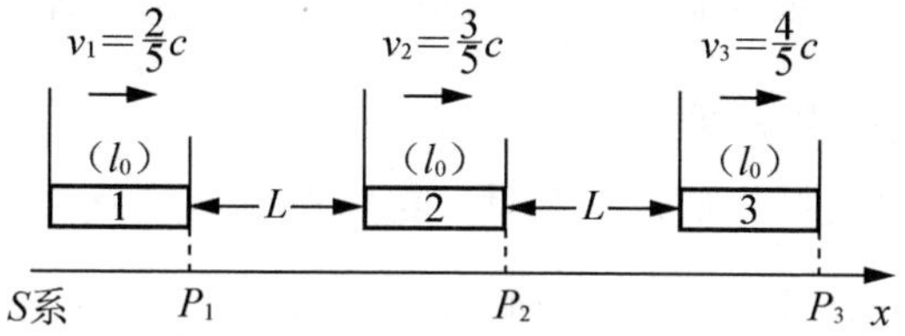

六、(28分)

惯性系 S 的 Ox_0y_0 平面内，有三个质量分别为 $m_1=m$，$m_2=2m$，$m_3=3m$ 的质点 P_1，P_2，P_3，$t=0$ 时刻的位置、速度已在图中示出. P_1，P_2，P_3 间存在距离一次方的引力，即质量分别为 m_1，m_2 的两个质点相距 r 时，其间引力大小可表述为

$$F=G^*m_1m_2r,\ G^*>0,$$

设无外力存在.

(1) 在$\{P_1, P_2, P_3\}$系统的质心参考系中，以质心所在位置为原点，设置分别与 x_0

轴、y_0 轴平行的 x 轴、y 轴. 先不考虑相互碰撞的可能性，导出 P_1，P_2，P_3 在 xy 平面内的运动方程，即 $x_i=x_i(t)$，$y_i=y_i(t)$，$i=1$，2，3；画出运动轨道.

（2）假设质点间可能发生的碰撞都是弹性的，如果某时刻两个质点相遇时，其一速度不为零，其二速度恰好降为零，则设定必发生弹性正碰撞(碰撞前后速度矢量在同一直线上的碰撞称为正碰撞).

（2.1）试求$\{P_1，P_2，P_3\}$系统的运动周期 T(题文、题图所给均为已知量)；

（2.2）设置 3 幅 xy 坐标平面，分别为 P_1，P_2，P_3 单独画出在 $t=0$ 到 $t=T$ 时间段内的运动轨道，标出轨道中各小段运动方向，注上各个特征点的 x，y 坐标.

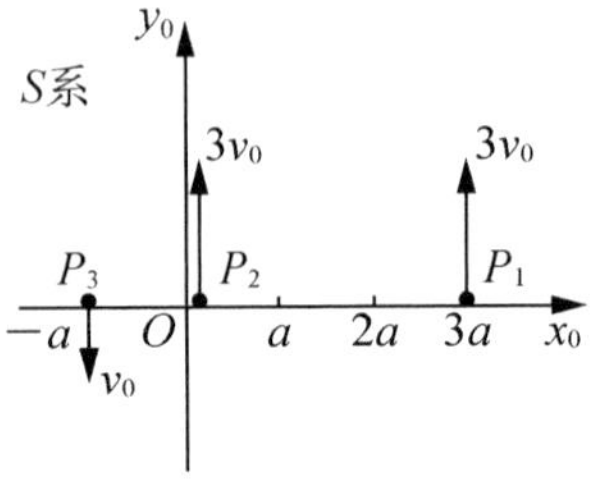

七、(22 分)

水平固定的矩形气缸，用一个质量可略的长方形绝热活塞板等分为左、右两半部分. 左半部分的下方是水，上方是纯净的饱和水蒸气，压强为 p_0、温度为 T_0. 右半部分内是摩尔数为 ν、摩尔定容热容为 $C_{V,\mathrm{m}}=\dfrac{5}{2}R$ 的理想气体，压强为 p_i、温度为 T_i. 气缸左侧为导热板，它与温度为 T_0 的恒温大热源接触，气缸的其他面板都绝热. 中间绝热活塞板与气缸上、下壁之间的摩擦系数同为常数 μ，系统初始状态的几何参量已在图中示出.

（1）假设初始状态为平衡点，且设右侧气体压强 p_i 若稍有增大，活塞板即会朝左移动，试求 p_i，T_i.

（2）再设右侧气体被一电阻丝加热，活塞板因气体膨胀而左移，期间过程可处理成准静态过程，且活塞板摩擦生热生成的热量全部朝左传送，试求活塞板左移量为 $x\left(\dfrac{L}{2}>x>0\right)$时，右侧气体的压强 p_x 和温度 T_x.

（3）若电阻丝单位时间供热量为 q 常量，将初始时刻记为 $t=0$，试求活塞板左移为 x $\left(\dfrac{L}{2}>x>0\right)$的时刻 t，并计算 $x\to L/2$ 的时刻 t_e，再取 $\mu=3l/2H$，给出 t_e 表达式.

解题时可略去水蒸气液化成水的体积，将水的密度记为常量 ρ.

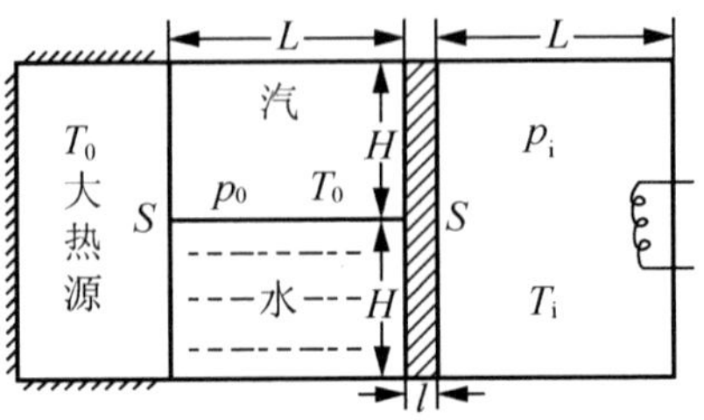

解答与评分标准（参考）

一、(22分)

(1) 参考题解图1，有

$$\left.\begin{aligned}&L_{AB}=\frac{1}{2}gt_1^2,\\&L_{AB}\cdot\cot\phi=(gt_1)t_2,\end{aligned}\right\}\Rightarrow\quad 2L_{AB}+L_{AB}\cot\phi=gt_1(t_1+t_2),$$

$$gt_1=g\sin\phi\cdot(t_1+t_2),\quad\Rightarrow\quad t_1+t_2=t_1/\sin\phi,$$

$$\Rightarrow\quad 2L_{AB}+L_{AB}\cot\phi=gt_1^2/\sin\phi=2L_{AB}/\sin\phi,$$

$$\Rightarrow\quad 2\sin\phi+\cos\phi=2.$$

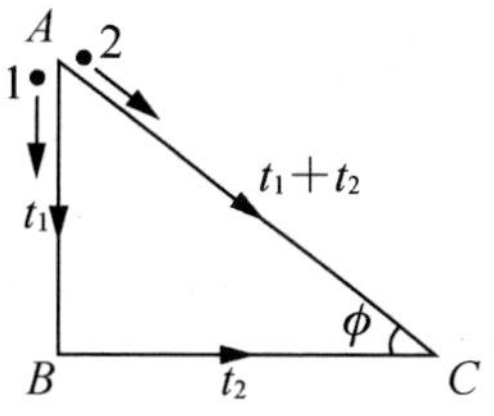

题解图1

可解得

$$\sin\phi=\frac{3}{5},\ \cos\phi=\frac{4}{5}.$$

由 $L_{AB}=3L_0$，得

$$L_{BC}=4L_0,\ L_{AC}=5L_0.\qquad\text{(5分)}$$

(2) 参考题解图2.

T_1 的计算：

将球1从 A 到 B_1 所经时间记为 t_{11}，到达 B_1 的速度大小记为 v_{10}，有

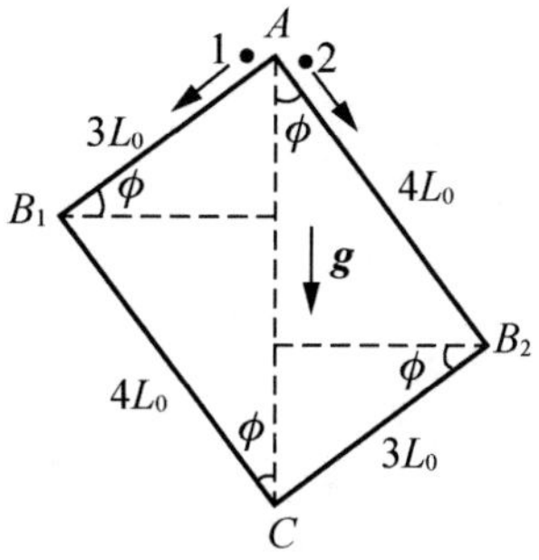

题解图2

$$3L_0=\frac{1}{2}g\sin\phi t_{11}^2,\quad\Rightarrow\quad t_{11}=\sqrt{10\frac{L_0}{g}},$$

$$v_{10}=g\sin\phi\cdot t_{11}=\frac{3}{5}\sqrt{10gL_0}.$$

将球1从 B_1 到 C 所经时间记为 t_{12}，有

$$4L_0=v_{10}t_{12}+\frac{1}{2}g\cos\phi\cdot t_{12}^2=\frac{3}{5}\sqrt{10gL_0}\,t_{12}+\frac{2}{5}gt_{12}^2,$$

取其解为

$$t_{12}=\frac{1}{2}\sqrt{10\frac{L_0}{g}},$$

合成得

$$T_1=t_{11}+t_{12}=\frac{3}{2}\sqrt{10\frac{L_0}{g}}.\qquad\text{(4分)}$$

T_2 的计算：

将球2从 A 到 B_2 所经时间记为 t_{21}，到达 B_2 的速度大小记为 v_{20}，有

$$4L_0=\frac{1}{2}g\cos\phi\cdot t_{21}^2,\quad\Rightarrow\quad t_{21}=\sqrt{10\frac{L_0}{g}}=t_{11},$$

$$v_{20}=g\cos\phi\cdot t_{21}=\frac{4}{5}\sqrt{10gL_0},$$

将球 2 从 B_2 到 C 所经时间记为 t_{22}，有

$$3L_0=v_{20}t_{22}+\frac{1}{2}g\sin\phi\cdot t_{22}^2=\frac{4}{5}\sqrt{10gL_0}\cdot t_{22}+\frac{3}{10}g\cdot t_{22}^2,$$

取其解为

$$t_{22}=\frac{1}{3}\sqrt{10\frac{L_0}{g}},$$

合成得

$$T_2=t_{21}+t_{22}=\frac{4}{3}\sqrt{10\frac{L_0}{g}}.\qquad(4\text{ 分})$$

本问所求答案便为

$$T_1:T_2=9:8.$$

(3) 由(2)问解答可知

$$T_0=T_2=\frac{4}{3}\sqrt{10\frac{L_0}{g}},$$

球 1、2 于

$$t_{11}=t_{21}=\sqrt{10\frac{L_0}{g}}\xlongequal{\text{令}}t_1$$

同时分别到达 B_1，B_2. 据此，将本问讨论的全时间段分为三段：

$$t_1-\frac{\mathrm{d}t}{2}>t\geqslant 0;\qquad t_1+\frac{\mathrm{d}t}{2}\geqslant t\geqslant t_1-\frac{\mathrm{d}t}{2};\qquad T_0\geqslant t>t_1+\frac{\mathrm{d}t}{2}.$$

$t_1-\frac{\mathrm{d}t}{2}>t\geqslant 0$ 时间段内，$\boldsymbol{F}$ 的求解：

此时间段内，t 时刻球 1、2 所在位置到竖直线 AC 的水平距离分别为

$$x_1=\left(\frac{1}{2}g\sin\phi\cdot t^2\right)\cos\phi,\qquad x_2=\left(\frac{1}{2}g\cos\phi\cdot t^2\right)\cdot\sin\phi,$$

即有 $x_1=x_2$. 重力 $m_1\boldsymbol{g}=m\boldsymbol{g}$，$m_2\boldsymbol{g}=m\boldsymbol{g}$ 相对 A 点力矩之和为零，故有解

$$\boldsymbol{F}=0,\ t_1-\frac{\mathrm{d}t}{2}>t\geqslant 0.\qquad(3\text{ 分})$$

$t_1+\frac{\mathrm{d}t}{2}\geqslant t\geqslant t_1-\frac{\mathrm{d}t}{2}$ 时间段内，$\boldsymbol{F}$ 的求解：

在上一时间段内，球 1、2 相对 A 点的角动量均为零. 球 1、2 分别到达 B_1，B_2 前后瞬间，在极短的时间段 $\mathrm{d}t$ 内，由于速度方向的改变，使得系统相对 A 点发生的角动量变化量为

$$\Delta\boldsymbol{L}:\begin{cases}\text{方向：水平朝里，}\\ \text{大小：}\Delta L=4L_0mv_{20}-3L_0mv_{10}=\frac{7}{5}\sqrt{10}\,mL_0\sqrt{gL_0}.\end{cases}$$

计算中利用了(2)问所得 v_{10}，v_{20} 值. 为在 $\mathrm{d}t$ 时间内产生此 $\Delta\boldsymbol{L}$，需要在 C 端施加平均水平力

$$\boldsymbol{F}:\begin{cases}\text{方向：水平朝左，}\\ \text{大小：}F=\frac{\Delta L}{\mathrm{d}t}\Big/5L_0=\frac{7}{25}\sqrt{10}\,m\sqrt{gL_0}/\mathrm{d}t\to\infty\ \text{（实为足够大）.}\end{cases}\qquad(2\text{ 分})$$

$T_0\geqslant t>t_1+\frac{\mathrm{d}t}{2}$ 时间段内，$\boldsymbol{F}$ 的求解：

经过上述 dt 后，为使系统不会绕 A 点摆动，要求 $\boldsymbol{F}$ 提供的力矩可以抵消 $m_1\boldsymbol{g}$，$m_2\boldsymbol{g}$ 的非零力矩和.

参考题解图 3，本时间段内，球 1、2 水平朝着 AC 线的加速度分量分别为

$$(g\cos\phi)\cdot\sin\phi=\frac{12}{25}g,\ (g\sin\phi)\cos\phi=\frac{12}{25}g,$$

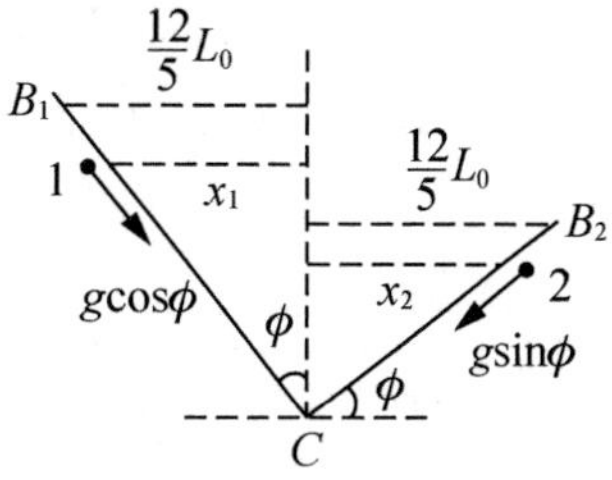

题解图 3

即相同. t 时刻重力力矩之和为

$$\Delta\boldsymbol{M}:\begin{cases}\text{方向：水平朝外，}\\ \text{大小：}\Delta M=mgx_1-mgx_2,\end{cases}$$

$$x_1=\frac{12}{5}L_0-\left[v_{10}\sin\phi\cdot(t-t_1)+\frac{1}{2}\times\frac{12}{25}g(t-t_1)^2\right],$$

$$x_2=\frac{12}{5}L_0-\left[v_{20}\cos\phi\cdot(t-t_1)+\frac{1}{2}\times\frac{12}{25}g(t-t_1)^2\right],$$

$$x_1-x_2=(v_{20}\cos\phi-v_{10}\sin\phi)(t-t_1)=\frac{7}{25}\sqrt{10gL_0}(t-t_1).$$

计算中已直接将 $\left[t-\left(t_1+\frac{\mathrm{d}t}{2}\right)\right]_{\mathrm{d}t\to 0}$ 写为 $(t-t_1)$. 为平衡此力矩，要求

$$\boldsymbol{F}:\begin{cases}\text{方向：水平朝左，}\\ \text{大小：}F=\Delta M/5L_0=\frac{7}{125}\sqrt{10}\,mg\sqrt{\frac{g}{L_0}}(t-t_1).\end{cases}\qquad(4\text{ 分})$$

综上所述，有

$$\begin{cases}\boldsymbol{F}=0,\ \sqrt{10\frac{L_0}{g}}-\frac{\mathrm{d}t}{2}>t\geqslant 0,\\ \boldsymbol{F}\begin{cases}\text{方向：水平朝左，}\\ \text{大小：}F=\frac{7}{25}\sqrt{10}\,m\sqrt{gL_0}/\mathrm{d}t\to\infty,\end{cases}\sqrt{10L_0/g}+\frac{\mathrm{d}t}{2}\geqslant t\geqslant\sqrt{10L_0/g}-\frac{\mathrm{d}t}{2},\\ \boldsymbol{F}\begin{cases}\text{方向：水平朝左，}\\ \text{大小：}F=\frac{7}{125}\sqrt{10}\,mg\sqrt{\frac{g}{L_0}}\left(t-\sqrt{10\frac{L_0}{g}}\right),\end{cases}\frac{4}{3}\sqrt{10L_0/g}\geqslant t>\sqrt{10L_0/g}+\frac{\mathrm{d}t}{2},\end{cases}$$

最后一个 F 表达式中，已将 $\left[t-\left(\sqrt{10\frac{L_0}{g}}\right)+\frac{\mathrm{d}t}{2}\right]\Bigg|_{\mathrm{d}t\to 0}$ 直接写为 $\left(t-\sqrt{10\frac{L_0}{g}}\right)$.

二、(17 分)

(1) 参考题解图 1. 静电平衡后，各导体板内场强为零，由高斯定理得

A 板下表面与 B 板上表面电荷等量异号，

C 板下表面与 D 板上表面电荷等量异号.

B，C 板连成一个导体，等势. B 板下表面和 C 板上表面若有电荷，均应处理为无穷大均匀带电平面，其间电场线必定与板面垂直，与 B，C 间有电势差，则与 B，C 等势矛盾，因此要求

B 板下表面电量为零，C 板上表面电量为零.

各导体板内场强为零，又要求

A 板上表面与 D 板下表面电荷等量同号.

由电荷守恒要求

A 板总电量为零，B，C 板电量之和为正，D 板总电量为零.

上述要求建立 8 个方程，可解(过程略)得 A，B，C，D 板上、下表面电量分布如题解图 1 所示. 各区域场强方向也已在图中示出，且有

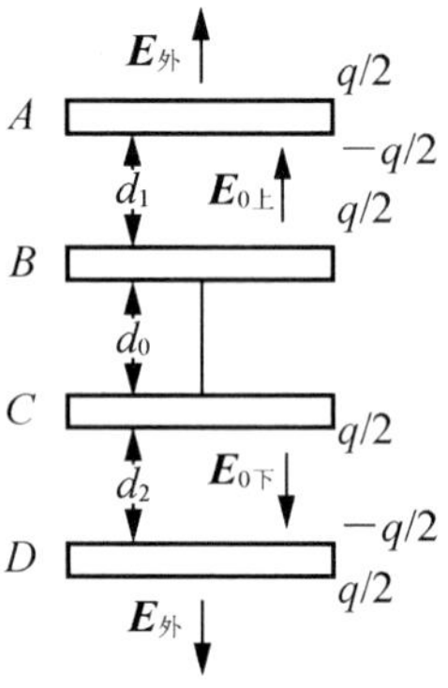

题解图 1

$$E_{0上}=E_{0下}=q/2\varepsilon_0 S,$$

使得

$$U_{AD}=-E_{0上}d_1+E_{0下}d_2=\frac{q}{2\varepsilon_0 S}(d_2-d_1).\qquad(6\text{ 分})$$

(2) 电量 Q 从电源正极流到 A 板达平衡后，A，B，C，D 板的电荷分布及板间场强分布如题解图 2 所示. 图中 $\boldsymbol{E}_{上}$，$\boldsymbol{E}_{下}$ 的方向均以向下为正，带有正、负号的 $\boldsymbol{E}_{上}$，$\boldsymbol{E}_{下}$ 分别为

$$E_{上}=\frac{2Q-q}{2\varepsilon_0 S},\ E_{下}=\frac{2Q+q}{2\varepsilon_0 S},$$

继而得

$$U_{AB}=E_{上}\ d_1=\frac{2Q-q}{2\varepsilon_0 S}d_1,\ U_{CD}=E_{下}\ d_2=\frac{2Q+q}{2\varepsilon_0 S}d_2,$$

$$\mathscr{E}=U_{AB}+U_{CD}=[2Q(d_1+d_2)+q(d_2-d_1)]/2\varepsilon_0 S,$$

可解得

$$Q=\frac{2\varepsilon_0 S\mathscr{E}+q(d_1-d_2)}{2(d_1+d_2)}.$$

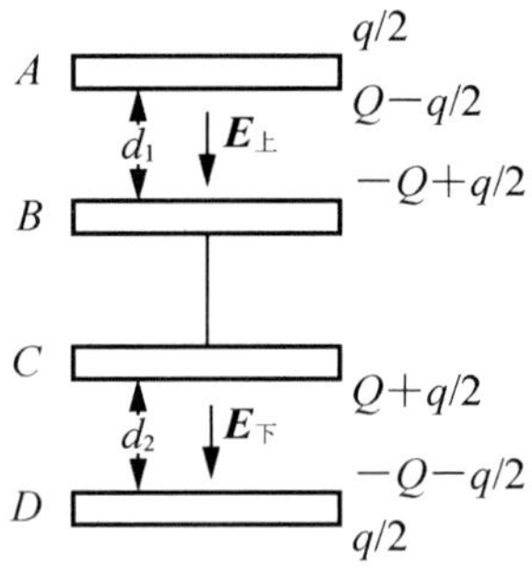

题解图 2

对 Q 的正负号判断如下：

$$Q\leqslant 0,\ 当\frac{q(d_1-d_1)}{2\varepsilon_0 S}\geqslant\mathscr{E}时,$$

$$Q>0\begin{cases}\dfrac{q}{2}\geqslant Q>0, & 当\dfrac{qd_2}{\varepsilon_0 S}\geqslant\mathscr{E}>\dfrac{q(d_2-d_1)}{2\varepsilon_0 S}时,\\[2ex] Q>\dfrac{q}{2}, & 当\ \mathscr{E}>\dfrac{qd_2}{\varepsilon_0 S}时.\end{cases}\qquad(6\text{ 分})$$

(3) R_0，R_x 分压比为

$$U_0/U_x=R_0/R_x.$$

K_1 接通稳定后，K_2 未接通时，有

$$2Q-q=\frac{2\varepsilon_0 S\mathscr{E}-2qd_2}{d_1+d_2},\ 2Q+q=\frac{2\varepsilon_0 S\mathscr{E}+2qd_1}{d_1+d_2},$$

K_2 接通后，流过 r 的电流若是始终为零，则 K_2 接通前便应有

$$\frac{R_0}{R_x}=\frac{U_0}{U_x}=\frac{U_{AB}}{U_{CD}}=\frac{(2Q-q)d_1}{(2Q+q)d_2}=\frac{(2\varepsilon_0 S\mathscr{E}-2qd_2)d_1}{(2\varepsilon_0 S\mathscr{E}+2qd_1)d_2},$$

解得

$$R_x=(\varepsilon_0 S\mathscr{E}+qd_1)d_2R_0/(\varepsilon_0 S\mathscr{E}-qd_2)d_1.\qquad(4\text{ 分})$$

出现此种情况的 $\mathscr{E}$ 取值范围为

$$\mathscr{E} > qd_2/\varepsilon_0 S. \qquad (1\text{ 分})$$

三、(16 分)

将小球在环内任意 θ 角位置相对桌面速度 $\boldsymbol{v}$ 分解为

$$\boldsymbol{v}=\boldsymbol{u}+\boldsymbol{v}'(\theta),\ \boldsymbol{v}'(\theta)\text{：小球相对环的速度}$$

小球受洛伦兹力 $\boldsymbol{F}$ 也可分解成

$$\boldsymbol{F}=q\boldsymbol{v}\times\boldsymbol{B}=q\boldsymbol{u}\times\boldsymbol{B}+q\boldsymbol{v}'\times\boldsymbol{B},$$

其中

$$q\boldsymbol{u}\times\boldsymbol{B}\begin{cases}\text{沿直径 } P_1OP_2\text{，从 } P_1 \text{ 到 } P_2 \text{ 的方向，}\\ \text{大小为 } quB.\end{cases}$$

桌面将此力交给圆环参考系(也是惯性系)，在该系中此力具有类重力特性：

$$quB=mg',\ g'=quB/m\,\Big|_{u=3qBR/4m}=3q^2B^2R/4m^2.$$

圆环系中，取过 P_2 与直径 P_1OP_2 垂直的方位线作为类重力势能零位，则任意 θ 角方位的类重力势能为

$$E_p(\theta)=mg'h(\theta),\ h(\theta)=R(1-\cos\theta).$$

桌面系为圆环系算得

$$q\boldsymbol{v}'\times\boldsymbol{B}\text{：在圆环系中径向朝外或朝里，不做功.}$$

因此，小球在圆环系中“机械能”守恒. 小球相对圆环参考系的运动，可类比为小球在重力场中竖直固定光滑圆环内的运动.

小球在环内某处受环壁作用力为零，要求

$$\begin{cases}-mg'\cos\theta-qv'B=F_{\text{心}}=0,\\ \text{可取的角位置：}\dfrac{3}{2}\pi\geqslant\theta\geqslant\dfrac{\pi}{2}.\end{cases}$$

参考题解图，改取新的角参量：

$$\phi=\theta-\frac{\pi}{2},\quad\Rightarrow\quad \pi\geqslant\phi\geqslant 0.$$

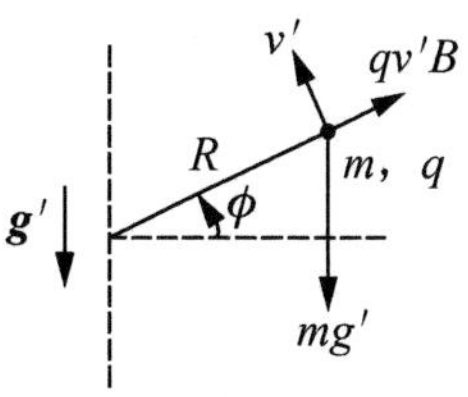

题解图

由向心力公式和“机械能”守恒，得

$$mg'\sin\phi=qv'B+m\frac{v'^2}{R},\qquad mg'=quB, \qquad (1)$$

$$\frac{1}{2}mv_0^2=\frac{1}{2}mv'^2+mq'R\ (1+\sin\phi),\qquad v_0\text{：初速度} \qquad (2)$$

据(1)：ϕ 越接近 $\pi/2$，$\sin\phi$ 越大，由二次方程求根公式可知 v' 越大.

据(2)：v' 越大和 $\sin\phi$ 越大，则 v_0 越大，最大者记为 $v_{0,\max}$.

便有

$\phi=\pi/2$，$\sin\phi=1$ 时，$v_0=v_{0,\max}$ (与此相对应，小球将逆时针单向运动)：

$$(1)\text{式，}\quad\Rightarrow\quad v'^2+\frac{qBR}{m}v'-\frac{R}{m}quB=0,\quad\Rightarrow\quad v'=qBR/2m,$$

$$(2)\text{式，}\quad\Rightarrow\quad \frac{1}{2}mv_{0,\max}^2=\frac{1}{2}mv'^2+mg'\cdot 2R,\quad\Rightarrow\quad v_{0,\max}=\sqrt{13}\,qBR/2m. \quad (10\text{ 分})$$

$\theta=3\pi/2$，即 $\phi=\pi$ 处，因 $mg'\sin\phi=0$，$\boldsymbol{N}$ 未必指向环心，对可能取到的 v_0，有

$$N=\left|\pm qv'B+m\frac{v'^2}{R}\right|, \tag{3}$$

$$\frac{1}{2}mv'^2=\frac{1}{2}mv_0^2-mg'R. \tag{4}$$

据(4)式：v_0 越大，v'越大；据(3)式：小球逆时针运动，且 v'越大，N 越大. 即得

$$\frac{1}{2}mv'^2=\frac{1}{2}mv_{0,\max}^2-mg'R，\ N_{\max}=qv'B+m\frac{v'^2}{R},$$

可解得

$$v'=\sqrt{7}qBR/2m，\ N_{\max}=\frac{2\sqrt{7}}{4}\frac{q^2B^2R}{m}. \tag{6 分}$$

四、(15 分)

(1) 将输入到 S_1，S_2 的信号相位差记为 θ，则此两信号传播至 B，C 时的相位差分别为

$$\Delta\theta_B=2\pi\left(\frac{r\cos\alpha}{\lambda}\right)+\theta，\ \Delta\theta_C=2\pi\left[\frac{r\cos(\phi-\alpha)}{\lambda}\right]+\theta,$$

为使 B，C 两地接收者不能同时检测到信号，须有

$$\Delta\theta_B-\Delta\theta_C=(2n+1)\pi，\ n\ 为任意整数$$

$$\Rightarrow\quad 2\pi\frac{r}{\lambda}[\cos\alpha-\cos(\phi-\alpha)]=(2n+1)\pi,$$

$$\Rightarrow\quad 2\pi\frac{r}{\lambda}\left[-2\sin\frac{\phi}{2}\sin(\alpha-\frac{\phi}{2})\right]=(2n+1)\pi,$$

$$\Rightarrow\quad r=-(2n+1)\lambda/4\sin\frac{\phi}{2}\sin(\alpha-\frac{\phi}{2}),$$

(ⅰ) 取 $n=0$，则因 $\sin\phi>0$，为使 $r_{\min}$取正，要求 $\sin(\alpha-\frac{\phi}{2})=-1$，即得

$$\alpha-\frac{\phi}{2}=-\frac{\pi}{2},\quad\Rightarrow\quad \alpha=\frac{\phi}{2}-\frac{\pi}{2}<0,$$

$$对应：r_{\min}=\lambda/4\sin\frac{\phi}{2}.$$

(ⅱ) 取 $n=-1$，则因 $\sin\phi>0$，为使 $r_{\min}$取正，要求 $\sin(\alpha-\frac{\phi}{2})=1$，即得

$$\alpha-\frac{\phi}{2}=\frac{\pi}{2},\quad\Rightarrow\quad \alpha=\frac{\phi}{2}+\frac{\pi}{2}>\frac{\pi}{2},$$

$$也对应：r_{\min}=\lambda/4\sin\frac{\phi}{2},$$

结论：

$$r_{\min}=\lambda/4\sin\frac{\phi}{2}. \tag{8 分}$$

(2) 取解

$$\alpha=\frac{\phi}{2}-\frac{\pi}{2}<0,\quad\Rightarrow\quad |\alpha|+\frac{\phi}{2}=\frac{\pi}{2}$$

时，所求方位关系如题解图1所示，应有

$$S_1AS_2\text{ 连线垂直于 }\phi\text{ 角平分线.}$$

取解 $$\alpha=\frac{\phi}{2}+\frac{\pi}{2}>\frac{\pi}{2}, \quad \Rightarrow \quad \alpha-\frac{\phi}{2}=\frac{\pi}{2}$$

时，所求方位关系如题解图2所示，仍有

$$S_1AS_2\text{ 连线垂直于 }\phi\text{ 角平分线.}$$ （4分）

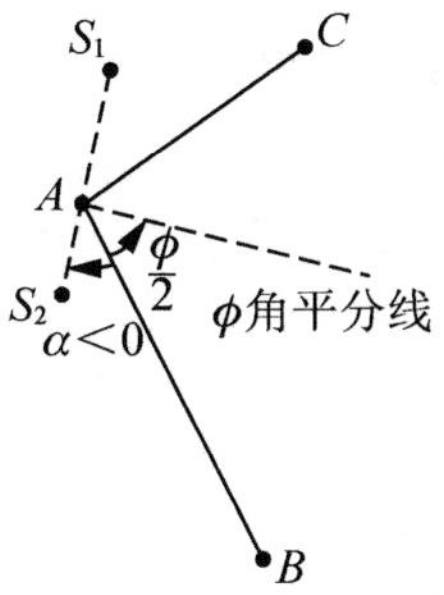

题解图1

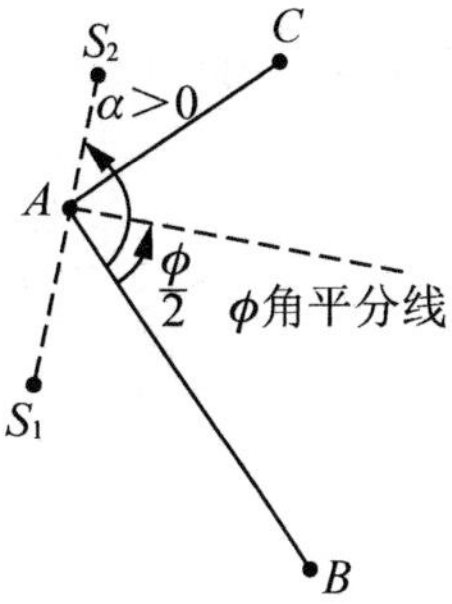

题解图2

（3）为使 B 接收到的信号最强，应有

$$\begin{cases}\Delta\theta_B=2\pi\left(\dfrac{r\cos\alpha}{\lambda}\right)+\theta=2k\pi,\ k\text{ 为任意整数},\\ r=r_{\min}=\lambda/4\sin\dfrac{\phi}{2},\ \alpha=\dfrac{\phi}{2}\mp\dfrac{\pi}{2},\end{cases}$$

即得

$$\theta=2k\pi-2\pi\frac{\cos\left(\dfrac{\phi}{2}\mp\dfrac{\pi}{2}\right)}{4\sin\dfrac{\phi}{2}}=2k\pi\mp\frac{\pi}{2}.$$ （3分）

五、(20分)

（1）S 系测得的飞船3头部天线发出信号的时刻 $t_{3头}$ 的确定：

S 系：$\begin{cases}\text{飞船 1 头部天线发出信号的空时坐标}\{x_{1头}=0,\ t_{1头}=0\},\\ \text{飞船 2 尾部天线接收信号的空时坐标}\{x_{2尾},\ t_{2尾}\}.\end{cases}$

有：$$t_{2尾}=t_{1头}+\frac{L}{c-v_2}=5L/2c.$$

$$\left(x_{2尾}=L+v_2t_{2尾}=\frac{5}{2}L\right)$$

飞船2头部天线发出信号的空时坐标 $\{x_{2头},\ t_{2头}\}$，有：

$$t_{2头}=t_{2尾}+\frac{\Delta t_2'+\dfrac{v_2}{c^2}\Delta x_2'}{\sqrt{1-\beta_2^2}},\ \beta_2=\frac{v_2}{c}=\frac{3}{5},$$

$\Delta t_2'=0$（飞船2自测尾部接收信号到头部发出信号所得时差为零），

$\Delta x_2'=l_0$（飞船2自测尾部接收信号到头部发出信号的空间间距为 l_0），

$$\Rightarrow \quad t_{2头}=\frac{5L}{2c}+\frac{\frac{3}{5c}l_0}{\frac{4}{5}}=\frac{5L}{2c}+\frac{3l_0}{4c}.$$

飞船 3 尾部天线接收信号的空时坐标$\{x_{3尾},\ t_{3尾}\}$，有：

$$t_{3尾}=t_{2头}+\frac{L+(v_3-v_2)t_{2头}}{c-v_3}=\frac{10L}{c}+\frac{3l_0}{2c}.$$

飞船 3 头部天线发出无线电信号的空时坐标$\{x_{3头},\ t_{3头}\}$有：

$$t_{3头}=t_{3尾}+\frac{\Delta t_3'+\frac{v_3}{c^2}\Delta x_3'}{\sqrt{1-\beta_3^2}},\ \beta_3=\frac{v_3}{c}=\frac{4}{5},$$

$$\Delta t_3'=0,\ \Delta x_3'=l_0,$$

$$\Rightarrow \quad t_{3头}=\frac{10L}{c}+\frac{17l_0}{6c}.$$

飞船 3 参考系测得的其头部天线发出无线电信号的时刻 $t_{3头}'$ 的确定：

飞船 3 参考系头部用同一个时钟测得从开始到其头部发出信号全过程的时间间隔，即为 $t_{3头}'$；同一个过程 S 系用两个静止时钟测得时间，即为 $t_{3头}$. 故有

$$t_{3头}'=\sqrt{1-\beta_3^2}\,t_{3头}=\frac{6L}{c}+\frac{17l_0}{10c}.$$

飞船 3 参考系测得的其尾部天线接收到无线电信号的时刻 $t_{3尾}'$ 的确定：

因 $t_{3头}'=t_{3尾}'$，即得

$$t_{3尾}'=\frac{6L}{c}+\frac{17l_0}{10c}. \qquad (14\text{ 分})$$

(2) 仿照(1)的求解过程，设想飞船 1 尾部天线在 $T_{1尾}'$ 时刻接收信号的同时，即其头部天线也在 $T_{1头}'=T_{1尾}'$ 时刻朝右"发出"信号.

S 系测得飞船 1 尾部天线接收信号的时刻为

$$T_{1尾}=t_{3头}+\frac{(\sqrt{1-\beta_1^2}+\sqrt{1-\beta_2^2}+\sqrt{1-\beta_3^2})l_0+2L+(v_3-v_1)t_{3头}}{c+v_1},$$

S 系测得飞船 1 头部天线朝右"发出"信号的时刻为

$$T_{1头}=T_{1尾}+\left.\frac{\Delta T_1'+\frac{v_1}{c^2}\Delta x_1'}{\sqrt{1-\beta_1^2}}\right|_{\Delta T_1'=0,\,\Delta x_1'=l_0}=T_{1尾}+\frac{\beta_1}{\sqrt{1-\beta_1^2}}\,\frac{l_0}{c},$$

即得在飞船 1 参考系测得

$$\begin{aligned}T_{1尾}'=T_{1头}'&=\sqrt{1-\beta_1^2}\,T_{1头}\\&=\sqrt{1-\beta_1^2}\,t_{3头}+\sqrt{1-\beta_1^2}\,\frac{(\sqrt{1-\beta_2^2}+\sqrt{1-\beta_3^2})l_0+2L+(v_3-v_1)t_{3头}}{c+v_1}\\&\quad+\sqrt{1-\beta_1^2}\,\frac{\sqrt{1-\beta_1^2}}{c+v_1}l_0+\beta_1\,\frac{l_0}{c}.\end{aligned}$$

因

$$\sqrt{1-\beta_1^2}\frac{\sqrt{1-\beta_1^2}}{c+v_1}l_0+\beta_1\ \frac{l_0}{c}=\left(\frac{1-\beta_1^2}{c+v_1}+\frac{\beta_1}{c}\right)l_0=\frac{c(1-\beta_1^2)+\beta_1(c+v_1)}{c(c+v_1)}l_0=\frac{l_0}{c},$$

故有

$$T'_{1尾}=\frac{c+v_3}{c+v_1}\sqrt{1-\beta_1^2}\,t_{3头}+\sqrt{1-\beta_1^2}\ \frac{(\sqrt{1-\beta_2^2}+\sqrt{1-\beta_3^2})l_0+2L}{c+v_1}+\frac{l_0}{c}.$$

将

$$\sqrt{1-\beta_1^2}=\frac{\sqrt{21}}{5},\ \sqrt{1-\beta_2^2}=\frac{4}{5},\ \sqrt{1-\beta_3^2}=\frac{3}{5},\ \frac{c+v_3}{c+v_1}=\frac{9}{7},\ c+v_1=\frac{7}{5}c$$

和 $t_{3头}$ 表述式代入，算得

$$T'_{1尾}=\frac{20\sqrt{21}}{7}\ \frac{L}{c}+\left(\frac{13}{14}\sqrt{21}+1\right)\frac{l_0}{c}.\qquad (6 分)$$

六、(28 分)

(1) S 系中质心 C 的速度

$$\boldsymbol{v}_C：沿\ y_0\ 轴方向，v_C=v_0.$$

建立质心参考系，P_1，P_2，P_3 在 $t=0$ 时刻的位置和速度如题解图 1 所示. $t\geqslant 0$ 时刻，将 P_1，P_2，P_3 在 xy 平面上的位置矢量分别记为 $\boldsymbol{r}_1$，$\boldsymbol{r}_2$，$\boldsymbol{r}_3$，各自受力分别为

$$\begin{aligned}\boldsymbol{F}_1&=G^*m_1m_2(\boldsymbol{r}_2-\boldsymbol{r}_1)+G^*m_1m_3(\boldsymbol{r}_3-\boldsymbol{r}_1)\\&=G^*m_1m_2(\boldsymbol{r}_2-\boldsymbol{r}_1)+G^*m_1m_3(\boldsymbol{r}_3-\boldsymbol{r}_1)+G^*m_1m_1(\boldsymbol{r}_1-\boldsymbol{r}_1)\\&=G^*m_1(m_2\boldsymbol{r}_2+m_3\boldsymbol{r}_3+m_1\boldsymbol{r}_1)-G^*m_1(m_2\boldsymbol{r}_1+m_3\boldsymbol{r}_1+m_1\boldsymbol{r}_1)\\&=G^*m_1(m_1+m_2+m_3)\boldsymbol{r}_C-G^*m_1(m_1+m_2+m_3)\boldsymbol{r}_1\quad(\boldsymbol{r}_C=0)\\&=-G^*m_1(m_1+m_2+m_3)\boldsymbol{r}_1,\end{aligned}$$

$$\begin{aligned}\boldsymbol{F}_2&=G^*m_2m_3(\boldsymbol{r}_3-\boldsymbol{r}_2)+G^*m_2m_1(\boldsymbol{r}_1-\boldsymbol{r}_2)=\cdots\\&=-G^*m_2(m_1+m_2+m_3)\boldsymbol{r}_2,\end{aligned}$$

$$\begin{aligned}\boldsymbol{F}_3&=G^*m_3m_1(\boldsymbol{r}_1-\boldsymbol{r}_3)+G^*m_3m_2(\boldsymbol{r}_2-\boldsymbol{r}_3)=\cdots\\&=-G^*m_3(m_1+m_2+m_3)\boldsymbol{r}_3,\end{aligned}$$

可统一表述为

$$\boldsymbol{F}_i=-G^*m_i\ (m_1+m_2+m_3)\ \boldsymbol{r}_i,\ i=1,\ 2,\ 3.\qquad (5 分)$$

这是以质心 C 为力心的吸引性线性有心力. 各质点沿 x，y 轴方向的动力学方程为

$$m_i\ddot{x}_i=F_{ix}=\boldsymbol{F}_i\cdot\boldsymbol{e}_x=-G^*(m_1+m_2+m_3)m_ix_i,$$

$$\Rightarrow\quad \ddot{x}_i+G^*(m_1+m_2+m_3)x_i=0,\qquad (1 分)$$

$$m_i\ddot{y}_i=F_{iy}=\boldsymbol{F}_i\cdot\boldsymbol{e}_y=-G^*(m_1+m_2+m_3)m_iy_i$$

$$\Rightarrow\quad \ddot{y}_i+G^*(m_1+m_2+m_3)y_i=0.\qquad (1 分)$$

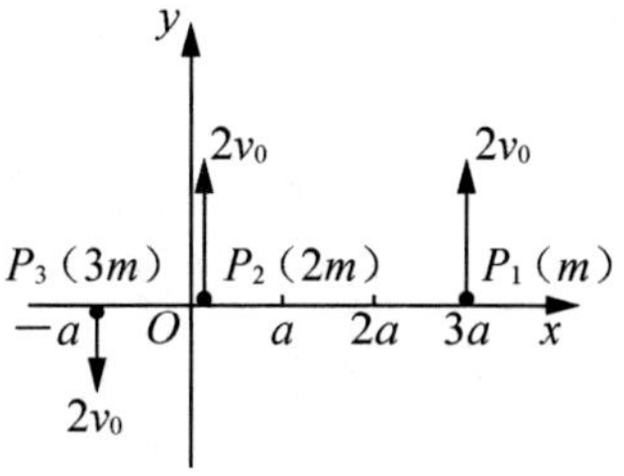

题解图 1

可得简谐振动解：

$$\begin{cases}x_i=A_{ix}\cos(\omega t+\phi_{ix}),\\ y_i=A_{iy}\cos(\omega t+\phi_{iy}),\end{cases}\quad \omega=\sqrt{G^*(m_1+m_2+m_3)}=\sqrt{6G^*m}.\qquad (2 分)$$

对 P_1，由初条件

$$t=0\text{ 时}\quad \begin{cases}x_{10}=3a, \\ y_{10}=0,\end{cases}\quad \begin{cases}v_{10,x}=0, \\ v_{10,y}=2v_0,\end{cases}$$

得

$$A_{1x}=3a,\ \phi_{1x}=0;\quad A_{1y}=2v_0/\omega,\ \phi_{1y}=-\frac{\pi}{2},$$

$$\Rightarrow\quad x_1=3a\cos\omega t;\quad y_1=\frac{2v_0}{\omega}\sin\omega t. \tag{1 分}$$

对 P_2，由初条件

$$t=0\text{ 时，}\quad \begin{cases}x_{20}=0, & v_{20,x}=0, \\ y_{20}=0, & v_{20,y}=2v_0,\end{cases}$$

得

$$x_2=0,\quad y_2=\frac{2v_0}{\omega}\sin\omega t. \tag{1 分}$$

对 P_3，由初条件

$$t=0\text{ 时，}\quad \begin{cases}x_{30}=-a, & v_{30,x}=0, \\ y_{30}=0, & v_{30,y}=-2v_0,\end{cases}$$

得

$$x_3=-a\cos\omega t,\quad y_3=\frac{2v_0}{\omega}\sin\omega t. \tag{1 分}$$

不考虑碰撞，P_1 和 P_3 的运动轨道都是椭圆，P_2 的运动轨道是直线段，如题解图 2 所示. 轨道的运动周期同为

$$T_0=2\pi/\omega=2\pi/\sqrt{6G^*m}. \tag{7 分}$$

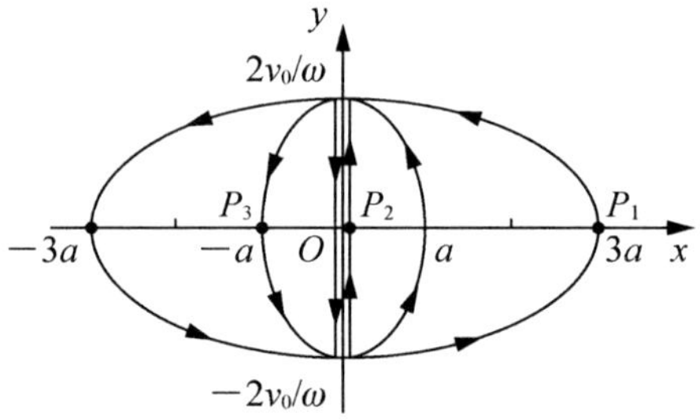

题解图 2

（2）由题解图 2 可见，在 $t_1=T_0/4$ 时刻，P_1，P_2 在 $x=0$，$y=2v_0/\omega$ 处发生碰撞，是一个运动质点 P_1 与另一个静止质点 P_2 的碰撞，按题文所设，是弹性正碰撞，碰前，P_1 沿 x 轴速度为

$$u_0=-\omega\cdot 3a.$$

碰后 P_1，P_2 沿 x 轴方向速度分别可解（过程略）得为

$$u_1=\omega a\text{（}P_1\text{ 沿 }x\text{ 轴正方向运动）；}\ u_2=-\omega\cdot 2a\text{（}P_2\text{ 沿 }x\text{ 轴负方向运动）}.$$

而后，P_1，P_2 沿 y 轴方向的简谐振动不变，沿 x 轴方向简谐振动的振幅将分别改取为

$$P_1：A'_{1x}=a,\quad P_2：A'_{2x}=2a.$$

于是得到：

在第 1 个 $T_0/4$（即 $t=0$ 到 $t_1=T_0/4$）时间段内，P_1，P_2，P_3 运动轨道如题解图 3 所示；

在第 2 个 $T_0/4$（即 t_1 到 $t_2=2t_1$）时间段内，P_1，P_2，P_3 运动轨道如题解图 4 所示.

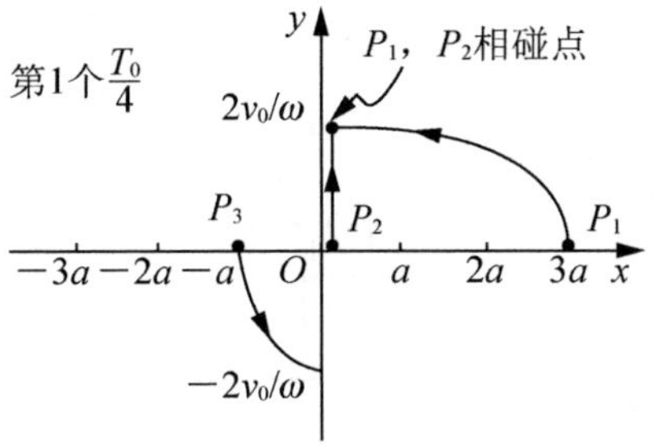

题解图 3

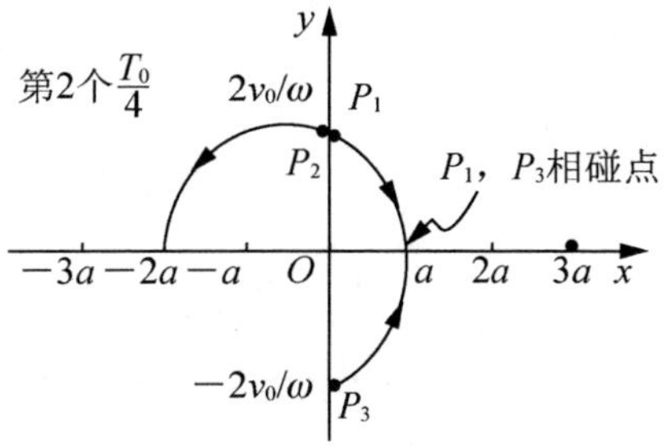

题解图 4

由题解图 4 可见，在 $t_2=2t_1$ 时刻，P_1，P_3 在 $x=a$，$y=0$ 处碰撞，碰前 P_1 沿 y 轴速度 $u_{10}=-2v_0$，P_3 沿 y 轴速度 $u_{30}=2v_0$. 碰后，P_1，P_3 沿 y 轴方向速度分别可解（过程略）得为

$$u_1=4v_0（P_1\text{ 沿 }y\text{ 轴正方向运动}）；\quad u_3=0（P_3\text{ 沿 }y\text{ 轴方向不运动}）.$$

而后，P_1，P_3 沿 x 轴方向的简谐振动不变，沿 y 轴方向 P_3 不运动，P_1 振幅为

$$P_1：A'_{1y}=4v_0/\omega.$$

于是得到：

在第 3 个 $T_0/4$（t_2 到 $t_3=3t_1$）时间段内，P_1，P_2，P_3 运动轨道如题解图 5 所示；

在第 4 个 $T_0/4$（t_3 到 $t_4=4t_1$）时间段内，P_1，P_2，P_3 运动轨道如题解图 6 所示.

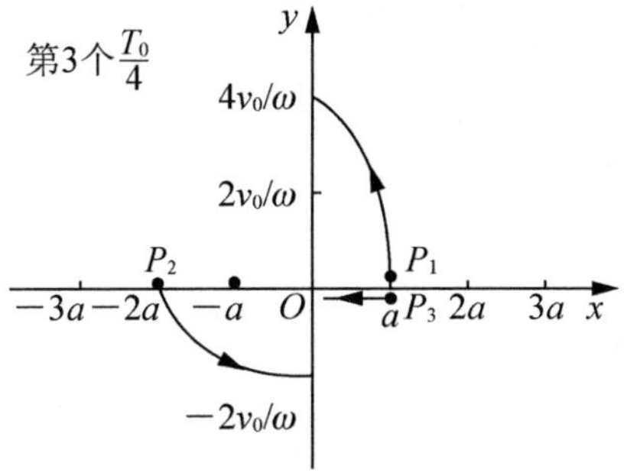

题解图 5

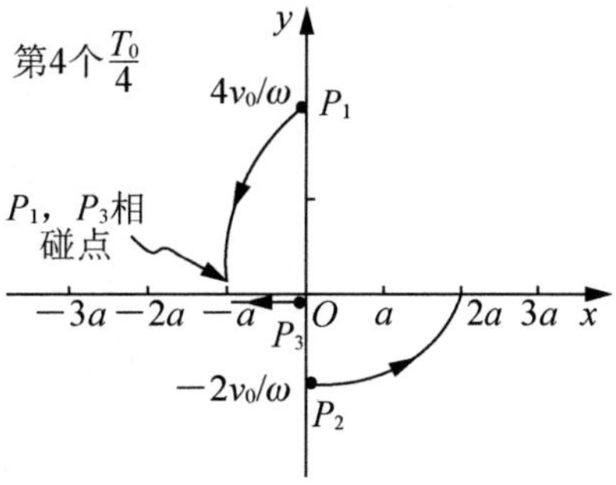

题解图 6

由题解图 6 可见，在 $t_4=4t_1$ 时刻，P_1，P_3 在 $x=-a$，$y=0$ 处再次碰撞，与 $t_2=2t_1$ 时刻的碰撞有正、逆关系，故碰后 P_1，P_3 沿 y 轴方向速度分别对应为

$$u_1=2v_0（P_1\text{ 沿 }y\text{ 轴正方向运动}）；\quad u_3=-2v_0（P_3\text{ 沿 }y\text{ 轴负方向运动}）.$$

于是得到：

在第 5 个 $T_0/4$（t_4 到 $t_5=5t_1$）时间段内，P_1，P_2，P_3 运动轨道如题解图 7 所示；

在第 6 个 $T_0/4$（t_4 到 $t_6=6t_1$）时间段内，P_1，P_2，P_3 运动轨道如题解图 8 所示.

由题解图 7 可见，在 $t_5=5t_1$ 时刻，P_1，P_2 在 $x=0$，$y=2v_0/\omega$ 处碰撞，与 $t_1=T_0/4$时刻的碰撞有正、逆关系，故碰后 P_1，P_2 沿 x 轴方向速度分别为

$$u_1=-\omega\cdot 3a\ （P_1\text{ 沿 }x\text{ 轴负方向运动}）；\quad u_2=0（P_2\text{ 沿 }x\text{ 轴方向不运动}）.$$

题解图 8 中，在 $t_6=6t_1$ 时刻 P_1，P_2，P_3 的位置和速度与题解图 1 中 $t=0$ 时刻 P_1，P_2，P_3 的位置和速度之间的关系，恰好为 $x\to-x$，$y\to-y$ 的变换. 故再经过 $\Delta t=6t_1$ 时间间隔，即到达 $t_{12}=12t_1$ 时刻，又发生一次 $x\to-x$，$y\to-y$ 的变换，使$\{P_1，P_2，P_3\}$系统运动状态复原.

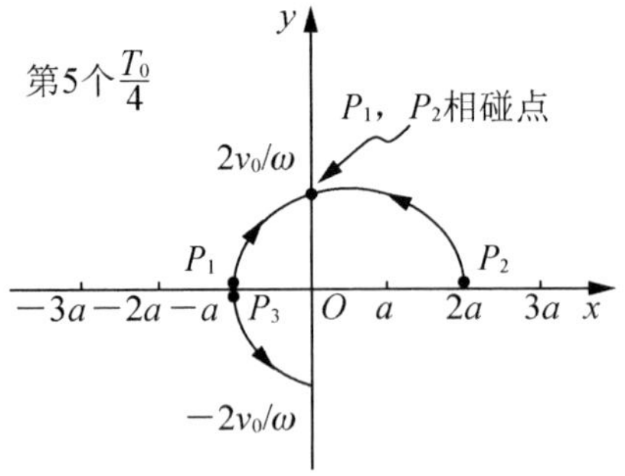

题解图 7

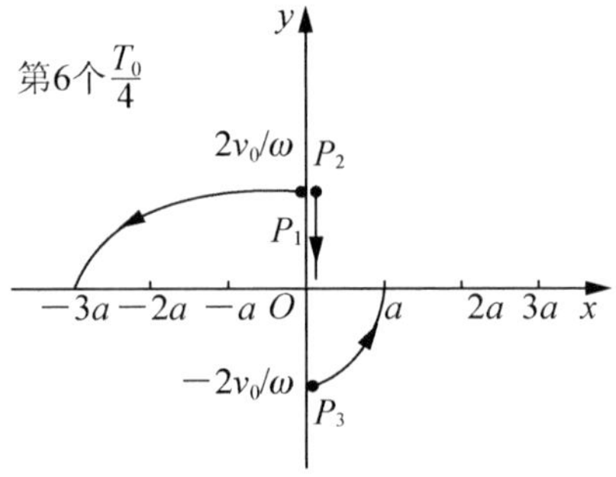

题解图 8

(2.1) $\{P_1，P_2，P_3\}$系统运动周期为

$$T=12t_1=3T_0=6\pi/\sqrt{6G^*m}. \quad (7 分)$$

(2.2) $t=0$ 到 $t=T$ 时间内，P_1，P_2，P_3 运动轨道如题解图 9、10、11 所示. (2 分)

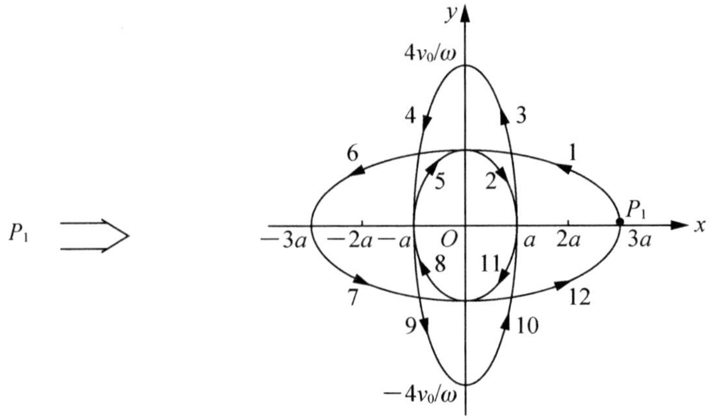

题解图 9

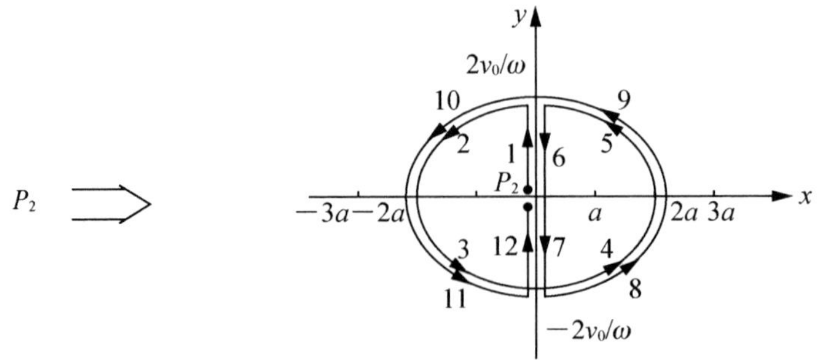

题解图 10

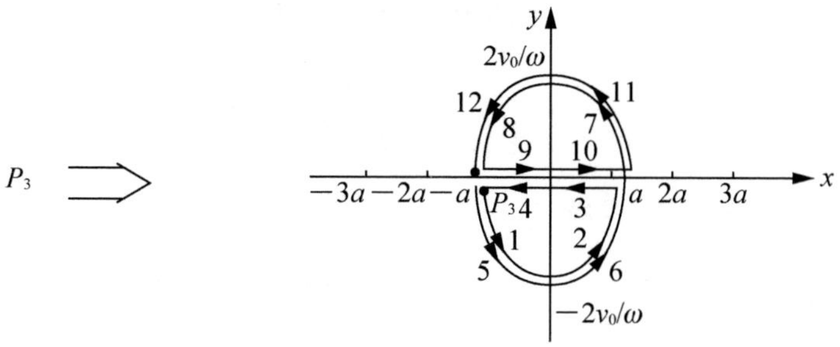

题解图 11

七、(22 分)

全过程左侧温度 T_0 不变，饱和水蒸气压强 p_0 也不变.

(1) 初态活塞板两侧压强如题解图 1 所示，活塞板受力如题解图 2 所示. 因水的侧压强随 h 线性增大，故侧压力的大小可等效于 $h=H/2$ 处的压强 $\left(p_0+\dfrac{1}{2}\rho gH\right)$ 作用于 $S/2$ 面积压力的大小. 由于左侧作用力不对称，使活塞板下端面左侧边与缸壁间有一对竖直方向作用力，活塞板上端面右侧边与缸壁间有一对竖直方向作用力，相应地产生两个水平摩擦力. 竖直方向力平衡，要求法向作用力大小同为 N，两个摩擦力大小便同为 $f=\mu N$.

相对活塞板中心点 C，压强 p_0，p_i 提供的力矩均为零. 左下侧水的重力压强提供的力矩大小为

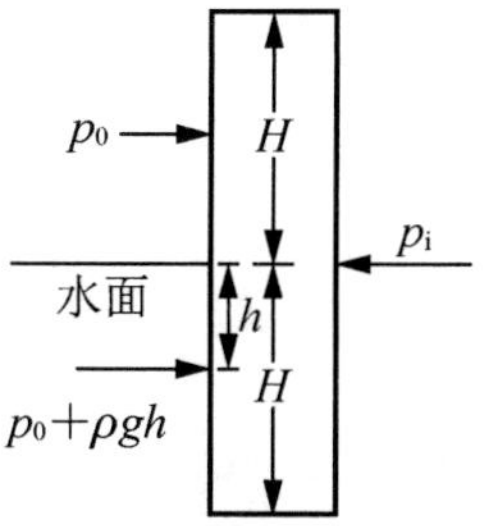

题解图 1

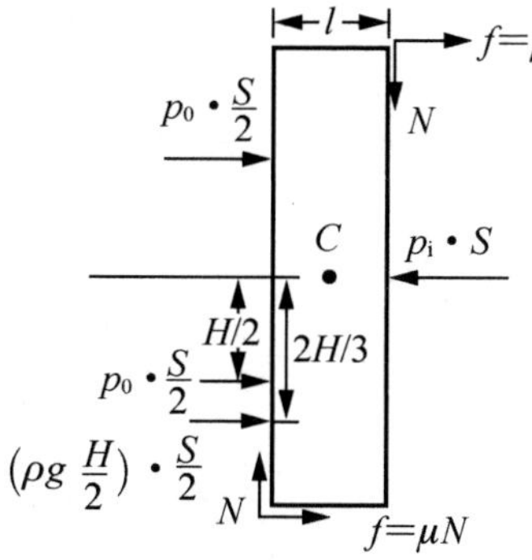

题解图 2

$$\int_0^H \rho gh\left(\frac{\mathrm{d}h}{2H}S\right)h=\frac{\rho gS}{2H}\cdot\frac{h^3}{3}\bigg|_0^H=\frac{1}{6}\rho gSH^2,$$

或简单地表述为

$$\left[\left(\rho g\ \frac{H}{2}\right)\cdot\frac{S}{2}\right]\frac{2}{3}H,$$

则重力压强平均值在 $\dfrac{S}{2}$ 面积上产生的压力作用于 $\dfrac{2}{3}H$ 处的力矩相对 C 力矩平衡，要求

$$2N\cdot\frac{l}{2}=\frac{1}{6}\rho gSH^2,\quad\Rightarrow\quad N=\rho gSH^2/6l,$$

得

$$f=\mu N=\mu\rho g S H^2/6l.$$

水平方向力平衡，要求

$$p_i S=p_0\cdot\frac{S}{2}+\left(p_0+\rho g H\,\frac{H}{2}\right)\cdot\frac{S}{2}+2f,$$

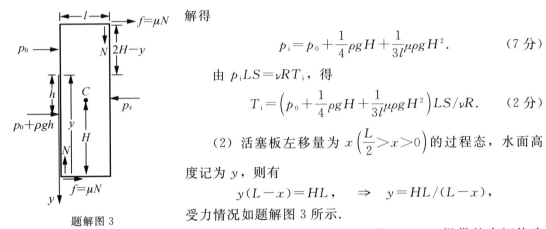

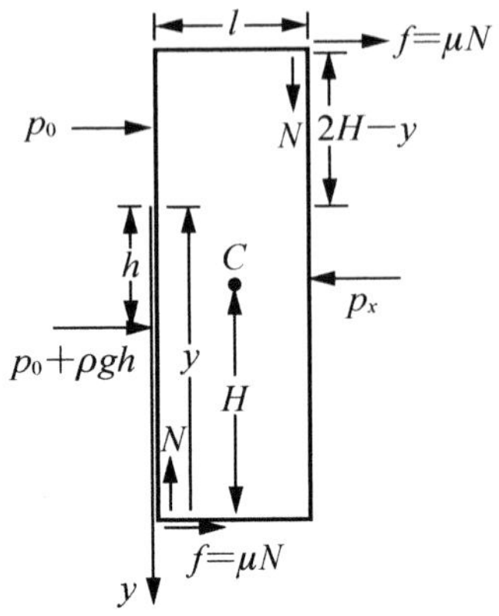

题解图 3

解得

$$p_i=p_0+\frac{1}{4}\rho g H+\frac{1}{3l}\mu\rho g H^2. \qquad (7\text{ 分})$$

由 $p_i LS=\nu R T_i$，得

$$T_i=\left(p_0+\frac{1}{4}\rho g H+\frac{1}{3l}\mu\rho g H^2\right)LS/\nu R. \qquad (2\text{ 分})$$

(2) 活塞板左移量为 $x\left(\frac{L}{2}>x>0\right)$ 的过程态，水面高度记为 y，则有

$$y(L-x)=HL, \quad \Rightarrow \quad y=HL/(L-x),$$

受力情况如题解图 3 所示.

相对活塞板中心点 C，压强 p_0，p_x 提供的力矩均为零. 左侧水的重力压强提供的力矩大小为

$$-\int_0^{y-H}\rho g h\left(\frac{\mathrm{d}h}{2H}S\right)[(y-H)-h]+\int_{y-H}^{y}\rho g h\left(\frac{\mathrm{d}h}{2H}S\right)[h-(y-H)]$$

$$=\int_0^{y-H}\rho g h\left(\frac{\mathrm{d}h}{2H}S\right)[h-(y-H)]+\int_{y-H}^{y}\rho g h\left(\frac{\mathrm{d}h}{2H}S\right)[h-(y-H)]$$

$$=\frac{1}{2H}\rho g S\int_0^y h[h-(y-H)]\mathrm{d}h$$

$$=\frac{1}{4H}\rho g S\left(Hg^2-\frac{1}{3}y^3\right).$$

力矩平衡，要求

$$2N\cdot\frac{l}{2}=\frac{1}{4H}\rho g S\left(Hy^2-\frac{1}{3}y^3\right),$$

得

$$N=\frac{1}{4lH}\rho g S\left(Hy^2-\frac{1}{3}y^3\right),\quad f=\mu N=\frac{\mu}{4lH}\rho g S\left(Hy^2-\frac{1}{3}y^3\right).$$

水平方向力平衡，要求

$$p_x S=p_0 S+\int_0^y\rho g h\left(\frac{\mathrm{d}h}{2H}S\right)+2f=p_0 S+\frac{1}{2H}\rho g S\cdot\frac{y^2}{2}+\frac{\mu}{2lH}\rho g S\left(Hy^2-\frac{1}{3}y^3\right),$$

得

$$\begin{cases}p_x=p_0+\dfrac{1}{4H}\rho g y^2+\dfrac{\mu}{2lH}\rho g\left(Hy^2-\dfrac{1}{3}y^3\right),\\ y=HL/(L-x),\end{cases} \qquad (5\text{ 分})$$

由 $p_x(L+x)S=\nu R T_x$，得

$$\begin{cases} T_x=\left[p_0+\dfrac{1}{4H}\rho g y^2+\dfrac{\mu}{2lH}\rho g\left(Hy^2-\dfrac{1}{3}y^3\right)\right](L+x)\dfrac{S}{\nu R}, \\ y=HL/(L-x). \end{cases}$$ (2 分)

(3) 对右侧气体，由热力学第一定律得

$$qt=\int_0^x p_x S\,dx+\nu C_{V,m}(T_x-T_i),\ C_{V,m}=\frac{5}{2}R,$$

将

$$\int_0^x p_x S\,dx=\cdots$$

$$=p_0Sx+\frac{1}{4}\rho gSHL\frac{x}{L-x}+\frac{\mu}{2l}\rho gSH^2L\frac{x}{L-x}-\frac{\mu}{12l}\rho gSH^2L\frac{(2L-x)x}{(L-x)^2},$$

$$\nu C_{V,m}(T_x-T_i)=\cdots$$

$$=\frac{5}{2}\left\{p_0Sx+\frac{1}{4}\rho gS\frac{(3L-x)x}{(L-x)^2}HL+\frac{\mu}{l}\rho gS\left[\frac{(2L-3x)(L+x)L}{6(L-x)^3}-\frac{1}{3}\right]H^2L\right\}$$

代入，得

$$t=\frac{S}{q}\left\{p_0x+\frac{1}{4}\rho gHL\frac{x}{L-x}+\frac{\mu}{2l}\rho gH^2L\frac{x}{L-x}-\frac{\mu}{12l}\rho gH^2L\frac{(2L-x)x}{(L-x)^2}\right\}$$
$$+\frac{5S}{2q}\left\{p_0x+\frac{1}{4}\rho gHL\frac{(3L-x)x}{(L-x)^2}+\frac{\mu}{l}\rho gH^2L\left[\frac{(2L-3x)(L+x)L}{6(L-x)^3}-\frac{1}{3}\right]\right\}.$$ (4 分)

取 $x=\dfrac{L}{2}$ 时，有

$$t_e=\frac{7}{4}\frac{p_0L}{q}S+\frac{27}{8}\frac{\rho gHL}{q}S+\frac{23}{12}\frac{\mu\rho gH^2L}{ql}S,$$ (1 分)

再设 $\mu=3l/2H$，有

$$t_e=\frac{LS}{4q}(7p_0+25\rho gH).$$ (1 分)

2011 年暑期物理竞赛辅导班联谊赛试题

学校＿＿＿＿＿＿＿＿　姓名＿＿＿＿＿＿＿＿　成绩＿＿＿＿＿＿＿＿

总分：140 分　　时间：3.5 小时

题号	一	二	三	四	五	六	七
得分							
阅卷人							

一、(12 分)

如图 (a) 所示，半径为 R，折射率为 $n<2$ 的透明琥珀球内，小虫 P 嵌在直径 AOB 中，靠近 B 端，与球心 O 相距 r.

(1) 取 $r=R/\sqrt{n}$，设想 P 是一个点光源，从球外观看，试求球面上被照亮的面积 S.

(2) 取消 $r=R/\sqrt{n}$ 假设，自然仍有 $R>r>0$. 令观察者从 A 端右方，沿直径 AOB 方向以较小的视角范围观看 P，试求见到的 P 位置和真实的 P 位置相距多远?

数学参考公式：图 (b) 所示的球冠(不含底圆面)面积为

$$S=2\pi Rh.$$

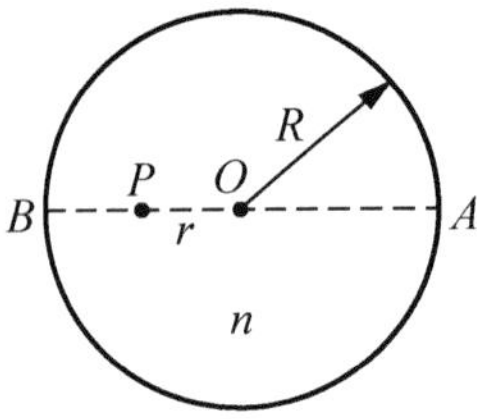

(a)

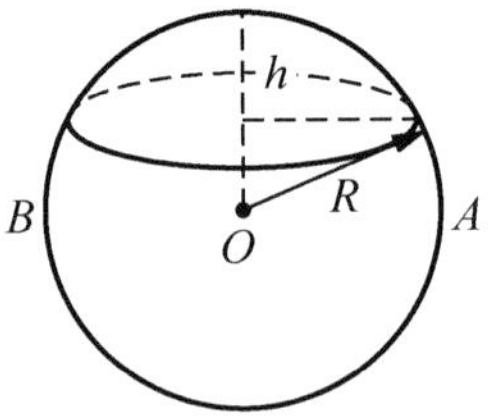

(b)

二、(14 分)

如图所示，两个竖直柱形气缸内分别存有摩尔定容热容量各为 $C_{V,\mathrm{m1}}=\alpha_1 R$，$C_{V,\mathrm{m2}}=\alpha_2 R$ 常量的理想气体，中间绝热细管阀门 K 关闭，缸内气体温度和体积各为 T_1，T_2 和 V_1，V_2. 两缸上方均有轻质可动活塞，活塞与缸壁间摩擦可略，外界压强 p_0 为常量. 设系统与外界绝热，将阀门 K 缓慢打开，缸内气体混合后将达到平衡状态，气体总体积增加量记为 ΔV.

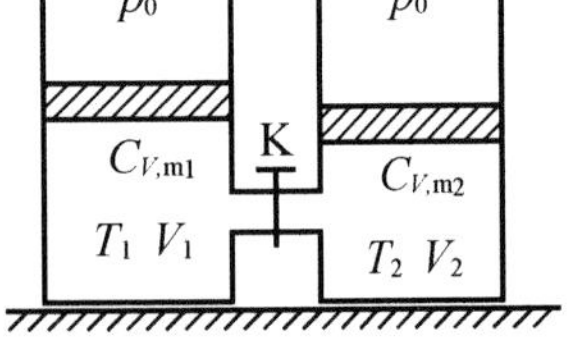

(1) 设 $\alpha_1=\alpha_2$，试求 ΔV；

(2) 设 $\alpha_1\neq\alpha_2$，试求 ΔV.

三、(20 分)

惯性系 S，S'间的相对运动关系如图所示，其中 $\boldsymbol{v}$ 为相对速度. 半径为 R 的圆环静止在 S'系中，圆心与 S'系坐标原点 O'重合. 两个参考系坐标原点 O，O'重合时，令 $t=t'=0$.

(1) 试求 S 系在 $t=0$ 时刻测得的环曲线方程.

(2) 设质点 P 在 $t'=0$ 时刻开始从环上 A 点出发，沿直径 $AO'B$ 和半圆环 BCA 运动返回到 A 点，过程中相对环的速度大小为常量 u.

(2.1) 试求 S 系测得 P 从 A 到 B 经过的时间间隔 Δt_{AB}，从 A 到 B 到 C 经过的时间间隔 Δt_{ABC} 和从 C 到 A 经过的时间间隔 Δt_{CA}；

(2.2) 取 $v=\frac{4}{5}c$，$u=\frac{5}{6}c$，给出 Δt_{AB}，Δt_{ABC} 和 Δt_{CA} 值.

(3) 今改设 P 以相对圆环的匀速率 u 沿圆环运动，将 S 系测得 P 的最大质量值记为 $m_{大}$，最小质量记为 $m_{小}$，试求比值 $\gamma=m_{大}/m_{小}$.

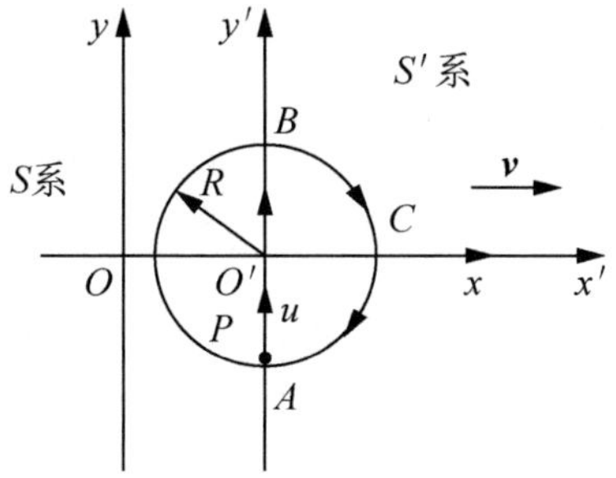

四、(20 分)

如图所示的电路中，$t<0$ 时，电容器充电过程已完成. $t=0$ 时，接通电键 K. 将接通前瞬间时刻记为 $t=0^-$，接通后瞬间时刻记为 $t=0^+$. $t\geqslant 0^+$ 时，按图中虚线所示方向设定各路电流 I_1，I_2，I_C 和 I_3 的流向.

(1) 导出 $t=0^-$ 时刻 A，B 间电压 $U_{AB}(0^-)$ 和 $I_1(0^-)$，$I_2(0^-)$ 以及电容器上方极板电量 $Q(0^-)$；

(2) 导出 $t=0^+$ 时刻 A，B 间电压 $U_{AB}(0^+)$ 和 $I_I(0^+)$，$I_2(0^+)$，$I_C(0^+)$，$I_3(0^+)$ 以及电容器上方极板电量 $Q(0^+)$；

(3) 导出任意 $t=0^+$ 时刻的 $I_1(t)$，$I_2(t)$，$I_C(t)$，$I_3(t)$ 和电容器上方极板电量 $Q(t)$.

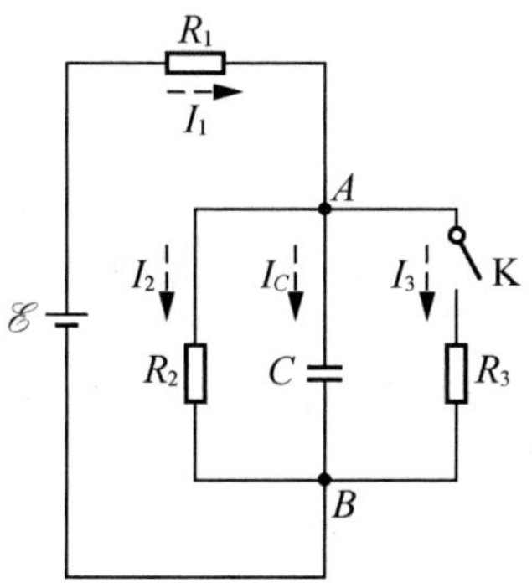

五、(26 分)

如图 1 所示，半径为 $4d$ 的圆环固定在水平桌面上，内侧四个对称位置上静放着质量同为 m 的小木块 1、2、3、4，小木块与环内壁间没有摩擦，小木块与桌面间的摩擦系数同为 μ. 对木块 1 施加方向始终沿着圆环切线方向、大小不变的推力 $\boldsymbol{F}$，木块 1 被推动后，相继与木块 2、3、4 发生完全非弹性碰撞，最后恰好一起停在木块 1 的初始位置，全过程中木块绕行圆环一周.

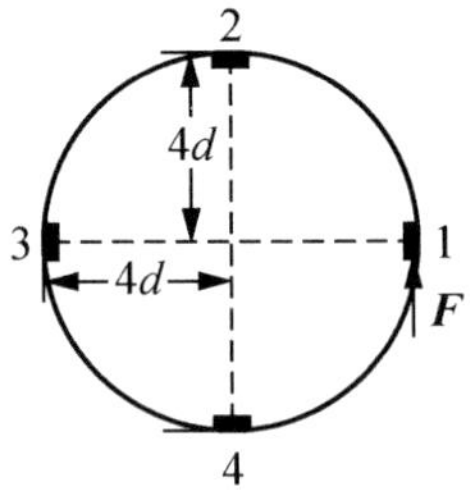

图 1

(1) 将四个木块构成的系统的质心记为 C，木块 1、2、3、4 和 C 的初始位置已在图 2 所示的 Oxy 坐标平面上给出. 通过分析，请在此坐标平面上准确画出从木块 1 开始运动到最后停下的全过程中 C 的运动轨道.

(2) 试求 F.

(3) 以环心为参考点，试求全过程中系统曾经有过的角动量最大值 $L_{\max}$ 以及系统质心曾经有过的角动量最大值 $L_{C,\max}$.

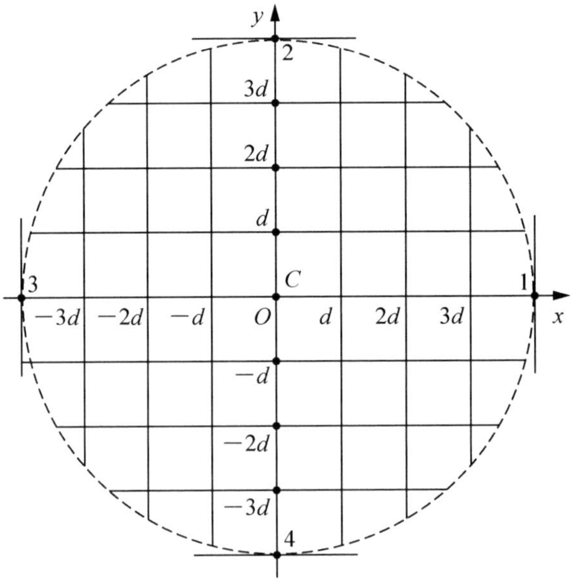

图 2

六、(22 分)

如图所示，一个质量为 m、半径为 r_0、电感为 L 的匀质超导(零电阻)细圆环，水平静止在竖直的圆柱形磁棒上方，圆环的中央轴与磁棒的中央轴重合，取为向上的 z 坐标轴. 开始时圆环内没有电流，环心位于 $z=0$，$r=0$ 处，其中 r 为径向坐标量. 圆环周围的磁场相对 z 轴对称分布，磁感应强度 $\boldsymbol{B}$ 的轴向、径向分量为

$$B_z=B_0(1-\alpha z),\quad B_r=B_0\beta r,$$

其中 B_0，α，β 均为正的常量. $t=0$ 时刻将环自由释放，环将在竖直方向上平动，运动过程中圆环电流的正方向取为题图中虚线箭矢所示方向.

(1) 不考虑圆环是否全与磁棒上表面接触，导出环心坐标 z 与圆环电流 i 随时间 t 变

化的函数 $z(t)$ 与 $i(t)$ 的表述式.

(2) 设已给数据为

磁棒：上表面位于 $z=-10\text{cm}$ 处

圆环：$m=50\text{mg}$，$r_0=0.5\text{cm}$，$L=1.3\times10^{-8}\text{H}$

磁场：$B_0=0.01\text{T}$，$\alpha=16\text{m}^{-1}$

试求 β 的数值和单位，再求 $z(t)$，$i(t)$ 表述式中除 t 以外的物理量的数值和所取单位.

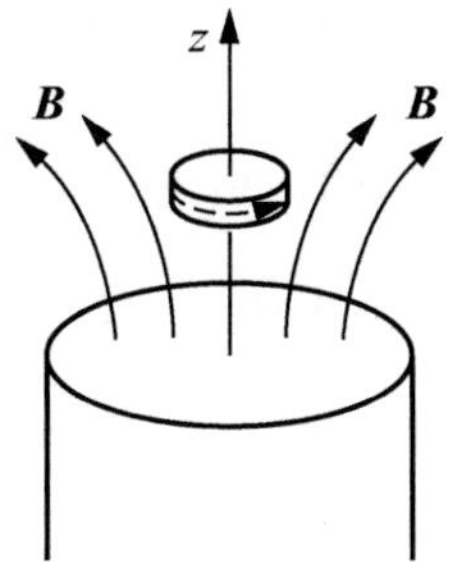

七、(26 分)

如图所示，质量同为 m 的两个等腰直角三角形斜木块平放在水平光滑地面上，且已通过某种约束使它们不会翻转，两个斜面底端相互接触. 一根劲度系数为 k，自由长度恰好等于每个斜木块底面长度两倍的弹性轻杆，两端分别连接质量同为 m 的小球，开始时两个小球静止在两个斜木块顶端. 自由释放后，两个小球可以无摩擦地沿斜面滑动，弹性杆随之在竖直方向上运动，过程中假设杆始终处于水平状态. 将斜木块给小球的支持力大小记为 N，已知小球开始运动后 N 第二次达到极小值时，杆刚好落地，试求 N 第二次达到极大值时杆的长度.

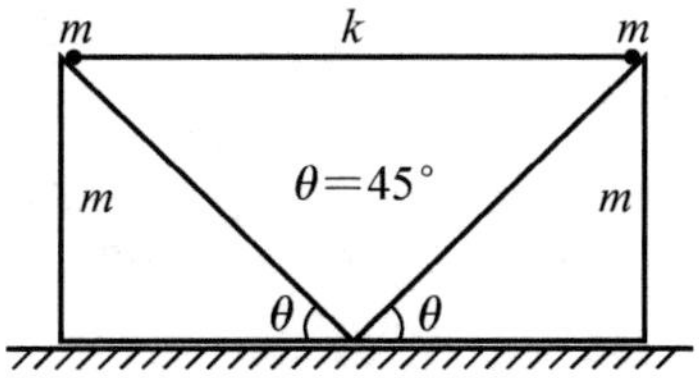

解答与评分标准（参考）

一、(12 分)

(1) P 点发出的一对正、反向光线，其光路和对应的几何参量，如题解图所示. 其中 α，α'间的关系为

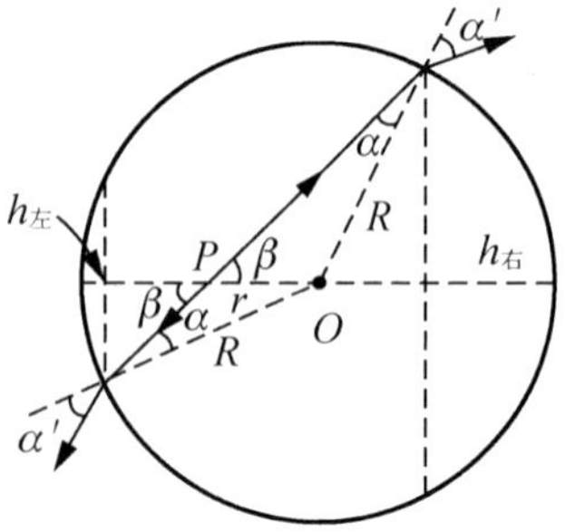

题解图

$$n\sin\alpha=\sin\alpha'.$$

全反射对应的入射角 α 临界值满足关系式：

$$n\sin\alpha=\sin\alpha'\big|_{\alpha'=\pi/2}=1,\quad\Rightarrow\quad\sin\alpha=\frac{1}{n}.\qquad(2\text{ 分})$$

此临界值对应的右侧 β 角可由

$$\frac{\sin\beta}{R}=\frac{\sin\alpha}{r},\quad\Rightarrow\quad\sin\beta=\frac{R}{r}\sin\alpha=\frac{1}{\sqrt{n}}\quad\left(\text{取}\frac{\pi}{2}\geqslant\beta\geqslant0\right)$$

确定. 对右侧区域，此时 $h_{右}$ 的计算式为

$$h_{右}=R-R\cos(\alpha+\beta)=R[1-(\cos\alpha\cos\beta-\sin\alpha\sin\beta)],$$

(2 分)

对左侧区域，此时 $h_{左}$ 的计算式为

$$h_{左}=R-R\cos(\beta-\alpha)=R[1-(\cos\alpha\cos\beta+\sin\alpha\sin\beta)],\qquad(2\text{ 分})$$

球面被照亮的面积便为

$$S=2\pi Rh_{右}+2\pi Rh_{左}=4\pi R^2(1-\cos\alpha\cos\beta).$$

将

$$\sin\alpha=\frac{1}{n},\quad\Rightarrow\quad\cos\alpha=\frac{1}{n}\sqrt{n^2-1},$$

$$\sin\beta=\frac{1}{\sqrt{n}},\quad\Rightarrow\quad\cos\beta=\frac{1}{\sqrt{n}}\sqrt{n-1}$$

代入，得

$$S=4\pi R^2\left(1-\frac{n-1}{n\sqrt{n}}\sqrt{n+1}\right).\qquad(2\text{ 分})$$

(2) 据凹球面近轴折射成像公式，得

$$\frac{n}{u}+\frac{1}{v}=\frac{1-n}{-R};\ u=R+r,\ v\begin{cases}>0\text{：像在 }A\text{ 点右侧},\\<0\text{：像在 }A\text{ 点左侧},\end{cases}\qquad(2\text{ 分})$$

$$\Rightarrow\quad v=-R(R+r)/[R-(n-1)r]<0\text{：像在 }A\text{ 点左侧}.\qquad(1\text{ 分})$$

($v<0$ 是因为 $R-(n-1)r>R-r>0$.) 再设像在 P 左侧，其间间距便为

$$l=-v-(R+r)=\frac{(n-1)r(R+r)}{R-(n-1)r}>0,\qquad(1\text{ 分})$$

表明像确实在 P 的左侧.

二、(14分)

将两种气体摩尔数分别记为 ν_1，ν_2，混合平衡后温度记为 T，则可列出下述方程组：

$$W=p_0\Delta V, \quad (1)\ (1分)$$

$$\Delta U=\nu_1\alpha_1 R(T-T_1)+\nu_2\alpha_2 R(T-T_2), \quad (2)\ (2分)$$

$$p_0V_1=\nu_1 RT_1, \quad (3)\ (1分)$$

$$p_0V_2=\nu_2 RT_2, \quad (4)\ (1分)$$

$$p_0(V_1+V_2+\Delta V)=(\nu_1+\nu_2)RT, \quad (5)\ (1分)$$

$$W+\Delta U=0. \quad (6)\ (1分)$$

(1) 引入 $\alpha=\alpha_1=\alpha_2$，代入(6)式，由(1)、(3)、(4)、(5)式得

$$W=R[(\nu_1+\nu_2)T-(\nu_1T_1+\nu_2T_2)],$$

与(2)式联立，得

$$W=\frac{1}{\alpha}\Delta U,$$

与(6)式联立，得

$$W=0,$$

与(1)式联立，即得

$$\Delta V=0. \quad (2分)$$

(2) $\alpha_1\neq\alpha_2$ 时，由(3)、(4)式得

$$\nu_1=p_0V_1/RT_1,\quad \nu_2=p_0V_2/RT_2, \quad (7)$$

代入(5)式，得

$$p_0(V_1+V_2+\Delta V)=\left(\frac{p_0V_1}{RT_1}+\frac{p_0V_2}{RT_2}\right)RT=p_0\left(\frac{V_1}{T_1}+\frac{V_2}{T_2}\right)T,$$

$$\Rightarrow \quad V_1+V_2+\Delta V=\left(\frac{V_1}{T_1}+\frac{V_2}{T_2}\right)T. \quad (8)$$

将(7)式代入(2)式，得

$$\begin{aligned}\Delta U&=\alpha_1\frac{p_0V_1}{T_1}(T-T_1)+\alpha_2\frac{p_0V_2}{T_2}(T-T_2)\\&=\alpha_1 p_0\left(\frac{V_1}{T_1}+\frac{V_2}{T_2}\right)T+(\alpha_2-\alpha_1)\frac{p_0V_2}{T_2}T-p_0(\alpha_1V_1+\alpha_2V_2),\end{aligned}$$

将(8)式代入，得

$$\Delta U=\alpha_1p_0(V_1+V_2+\Delta V)+(\alpha_2-\alpha_1)\frac{p_0V_2}{T_2}\frac{V_1+V_2+\Delta V}{\dfrac{V_1}{T_1}+\dfrac{V_2}{T_2}}-p_0(\alpha_1V_1+\alpha_2V_2).$$

将其与(1)、(6)式联立，得

$$\begin{aligned}-p_0\Delta V=\Delta U&=\alpha_1p_0(V_1+V_2+\Delta V)+(\alpha_2-\alpha_1)\frac{p_0V_2}{T_2}\frac{V_1+V_2+\Delta V}{\dfrac{V_1}{T_1}+\dfrac{V_2}{T_2}}-p_0(\alpha_1V_1+\alpha_2V_2)\\&=\alpha_1p_0V_2+\alpha_1p_0\Delta V-\alpha_2p_0V_2+(\alpha_2-\alpha_1)\frac{V_1+V_2+\Delta V}{\dfrac{T_2}{T_1}V_1+V_2}p_0V_2,\end{aligned}$$

$$\Rightarrow\quad -\Delta V=\alpha_1V_2+\alpha_1\Delta V-\alpha_2V_2+(\alpha_2-\alpha_1)V_2\,\frac{V_1+V_2+\Delta V}{T_2V_1+T_1V_2}T_1,$$

$$\Rightarrow\quad \Delta V+\alpha_1\Delta V+(\alpha_2-\alpha_1)V_2\,\frac{T}{T_2V_1+T_1V_2}\Delta V+\alpha_1V_2-\alpha_2V_2+(\alpha_2-\alpha_1)\frac{(V_1+V_2)V_2T_1}{T_2V_1+T_1V_2}=0,$$

$$\Rightarrow\quad \Delta V\left[1+\alpha_1+(\alpha_2-\alpha_1)\frac{T_1V_2}{T_2V_1+T_1V_2}\right]-(\alpha_2-\alpha_1)V_2+(\alpha_2-\alpha_1)\frac{(V_1+V_2)T_1V_2}{T_2V_1+T_1V_2}=0,$$

化简后可得

$$\Delta V\,\frac{(1+\alpha_1)T_2V_1+(1+\alpha_2)T_1V_2}{T_2V_1+T_1V_2}=(\alpha_2-\alpha_1)\frac{(T_2-T_1)V_1V_2}{T_2V_1+T_1V_2},$$

最后得

$$\Delta V=(\alpha_2-\alpha_1)(T_2-T_1)V_1V_2/[(1+\alpha_1)T_2V_1+(1+\alpha_2)T_1V_2].\qquad (5\text{ 分})$$

三、(20 分)

(1) S'系：$x'^2+y'^2=R^2$，$x'=\dfrac{x-vt}{\sqrt{1-\beta^2}}$，$y'=y$.

S 系：$\dfrac{(x-vt)^2}{1-\beta^2}+y^2=R^2$，　$\Rightarrow$　$t=0$ 为$\dfrac{x^2}{(\sqrt{1-\beta^2}R)^2}+\dfrac{y^2}{R^2}=1$：椭圆.　　(4 分)

(2)

(2.1)

$$S'\text{系：}\Delta t'_{AB}=2R/u,\ \begin{cases}P\text{ 在 }A\text{ 点}\{x'_A=0,\ t'_A=0\},\\ P\text{ 在 }C\text{ 点}\left\{x'_C=R,\ t'_C=\dfrac{\left(2+\dfrac{\pi}{2}\right)R}{u}\right\}.\end{cases}$$

S 系：$\Delta t_{AB}=\Delta t'_{AB}/\sqrt{1-\beta^2}=2R/u\sqrt{1-\beta^2}$.

P 在 A 点时刻　　　　　　　$t_A=0$,

P 在 C 点时刻　$t_C=\left(t'_C+\dfrac{v}{c^2}x'_C\right)\Big/\sqrt{1-\beta^2}=\left(\dfrac{\left(2+\dfrac{\pi}{2}\right)R}{u}+\dfrac{v}{c^2}R\right)\Big/\sqrt{1-\beta^2}$,

$$\Rightarrow\quad \Delta t_{ABC}=t_C-t_A=\frac{\left(2+\dfrac{\pi}{2}\right)+\dfrac{uv}{c^2}}{\sqrt{1-\beta^2}}\frac{R}{u}.\qquad (2\text{ 分})$$

又：$\begin{cases}S'\text{系：}\Delta t'_{ABCA}=(2+\pi)\dfrac{R}{u},\\ S\text{ 系：}\Delta t_{ABCA}=\Delta t'_{ABCA}/\sqrt{1-\beta^2}=(2+\pi)\ R/u\sqrt{1-\beta^2},\end{cases}$

$$\Delta t_{CA}=\Delta t_{ABCA}-\Delta t_{ABC}=\frac{\dfrac{\pi}{2}-\dfrac{uv}{c^2}}{\sqrt{1-\beta^2}}\frac{R}{u}.\qquad (3\text{ 分})$$

(2.2) $v=\dfrac{4}{5}c$，$u=\dfrac{5}{6}c$ 时，

$$\Delta t_{AB}=4R/c,\ \Delta t_{ABC}=\left(\frac{16}{3}+\pi\right)\frac{R}{c},\ \Delta t_{CA}=\left(\pi-\frac{4}{3}\right)\frac{R}{c}.\qquad (1\text{ 分})$$

(3)

S'系：u'_x，u'_y，$u'_z=0$；$u'^2_x+u'^2_y=u^2$，$u\geqslant u'_x\geqslant -u$.

S 系：$u_x=\dfrac{u'_x+v}{1+\dfrac{v}{c^2}u'_x}$，$u_y=\dfrac{\sqrt{1-\beta^2}\,u'_y}{1+\dfrac{v}{c^2}u'_x}$，

$$u_S^2=u_x^2+u_y^2=\frac{1}{\left(1+\dfrac{v}{c^2}u'_x\right)^2}\left[(u'_x+v)^2+\left(\sqrt{1-\beta^2}\,u'_y\right)^2\right]\Big|_{u'^2_y=u^2-u'^2_x}$$

$$=[\beta^2u'^2_x+2vu'_x+v^2+(1-\beta^2)u^2]\Big/\left(1+\frac{v}{c^2}u'_x\right)^2,\qquad(2\text{ 分})$$

$$\frac{\mathrm{d}(u_S^2)}{\mathrm{d}u'_x}=\frac{(2\beta^2u'_x+2v)\left(1+\dfrac{v}{c^2}u'_x\right)^2-[\beta^2u'^2_x+2vu'_x+v^2+(1-\beta^2)u^2]\cdot2\left(1+\dfrac{v}{c^2}u'_x\right)\dfrac{v}{c^2}}{\left(1+\dfrac{v}{c^2}u'_x\right)^4}$$

$$=\frac{2}{\left(1+\dfrac{v}{c^2}u'_x\right)^3}\left\{(\beta^2u'_x+v)\left(1+\frac{v}{c^2}u'_x\right)-\frac{v}{c^2}[\beta u'^2_x+2vu'_x+v^2+(1-\beta^2)u^2]\right\}$$

$$=\frac{2}{\left(1+\dfrac{v}{c^2}u'_x\right)^3}\left\{\beta^2u'_x+\frac{v}{c^2}\beta^2u'^2_x+v+\beta^2u'_x-\frac{v}{c^2}\beta^2u'^2_x-2\beta^2u'_x-\beta^2v-\frac{v}{c^2}(1-\beta^2)u^2\right\}$$

$$=\frac{2}{\left(1+\dfrac{v}{c^2}u'_x\right)^3}\left\{v-\beta^2v-\frac{v}{c^2}(1-\beta^2)u^2\right\}$$

$$=\frac{2}{\left(1+\dfrac{v}{c^2}u'_x\right)^3}\{(1-\beta^2)v-(1-\beta^2)v\beta_u^2\}\qquad(\beta_u^2=u^2/c^2)$$

$$=\frac{2}{\left(1+\dfrac{v}{c^2}u'_x\right)^3}(1-\beta^2)v(1-\beta_u^2),$$

$$\Rightarrow\quad\frac{\mathrm{d}(u_S^2)}{\mathrm{d}u'_x}=2(1-\beta^2)(1-\beta_u^2)v\Big/\left(1+\frac{v}{c^2}u'_x\right)^3>0,$$

故对 $u\geqslant u'_x\geqslant -u$，恒有 u_S^2 随 u'_x递增，即 (2 分)

$u'_x=-u$，对应 u_S^2 取最小值，对应 $m_{小}$：

$$u_{S,\min}^2=(u-v)^2\Big/\left(1-\frac{v}{c^2}u\right)^2,\ \sqrt{1-\frac{u_{S,\min}^2}{c^2}}=\sqrt{c^2(c^2-u^2-v^2)+u^2v^2}\Big/(c^2-uv),\qquad(2\text{ 分})$$

$$m_{小}=m_0\Big/\sqrt{1-\frac{u_{S,\min}^2}{c^2}}=m_0(c^2-uv)\Big/\sqrt{c^2(c^2-u^2-v^2)+u^2v^2}.$$

$u'_x=u$，对应 u_S^2 取最大值，对应 $m_{大}$：

$$u_{S,\max}^2=(u+v)^2\Big/\left(1+\frac{v}{c^2}u\right)^2,\ \sqrt{1-\frac{u_{S,\max}^2}{c^2}}=\sqrt{c^2(c^2-u^2-v^2)+u^2v^2}\Big/(c^2+uv),$$

(2 分)

$$m_{大}=m_0\Big/\sqrt{1-\frac{u_{S,\max}^2}{c^2}}=m_0(c^2+uv)/\sqrt{c^2(c^2-u^2-v^2)+u^2v^2},$$

得

$$\gamma=m_{大}/m_{小}=(c^2+uv)/(c^2-uv).\qquad(2\text{ 分})$$

四、(20 分)

(1)

$$U_{AB}(0^-)=\frac{R_2}{R_1+R_2}\mathscr{E},\ I_1(0^-)=I_2(0^-)=\frac{\mathscr{E}}{R_1+R_2},\ Q(0^-)=\frac{R_2}{R_1+R_2}C\mathscr{E}.\qquad(4\text{ 分})$$

(2) 在 $t=0^-$ 到 $t=0^+$ 的无穷短的 $\mathrm{d}t$ 时间内，电容器上方极板电量 Q 可能会变化，此种变化必定通过有限电流 I_C 实现，增量必为无穷小量. 无穷小增量 $\mathrm{d}Q$，使

$$U_{AB}(0^+)=U_{AB}(0^-)=\frac{R_2}{R_1+R_2}\mathscr{E}\qquad(2\text{ 分})$$

成立，便得

$$I_1(0^+)=[\mathscr{E}-U_{AB}(0^+)]/R_1=\frac{\mathscr{E}}{R_1+R_2}=I_1(0^-),\qquad(1\text{ 分})$$

$$I_2(0^+)=U_{AB}(0^+)/R_2=\frac{\mathscr{E}}{R_1+R_2}=I_2(0^-),\qquad(1\text{ 分})$$

$$I_3(0^+)=U_{AB}(0^+)/R_3=\frac{R_2}{R_3(R_1+R_2)}\mathscr{E},\qquad(1\text{ 分})$$

$$I_C(0^+)=I_1(0^+)-I_2(0^+)-I_3(0^+)=-I_3(0^+)=-\frac{R_2}{R_3(R_1+R_2)}\mathscr{E}.\qquad(1\text{ 分})$$

因

$$\mathrm{d}Q=I_C(0^+)\mathrm{d}t=-\frac{R_2}{R_3(R_1+R_2)}\mathscr{E}\mathrm{d}t<0,\qquad\text{且为无穷小量},$$

故

$$Q(0^+)=Q(0^-)+\mathrm{d}Q=Q(0^-)=\frac{R_2}{R_1+R_2}C\mathscr{E}.\qquad(1\text{ 分})$$

可见，在 $t=0^-$ 到 $t=0^+$ 的无穷短时间内，$I_C(0^+)$与图示方向相反，成为新增的 $I_3(0^+)$电流.

(3) 由

$$\begin{aligned}
&\mathscr{E}=I_1R_1+I_2R_2,\\
&I_1=I_2+I_3+I_C,\quad\Rightarrow\quad\mathscr{E}=I_2(R_1+R_2)+I_3R_1+I_CR_1,\\
&I_3R_3=I_2R_2,\quad\Rightarrow\quad\mathscr{E}=\frac{R_1R_2+R_2R_3+R_3R_1}{R_3}I_2+I_CR_1,\\
&I_2R_2=Q/C,\quad\Rightarrow\quad\mathscr{E}=\frac{R_1R_2+R_2R_3+R_3R_1}{CR_2R_3}Q+I_CR_1,\\
&I_C=\mathrm{d}Q/\mathrm{d}t,\quad\Rightarrow\quad\mathscr{E}=\frac{R_1R_2+R_2R_3+R_3R_1}{CR_2R_3}Q+R_1\frac{\mathrm{d}Q}{\mathrm{d}t},
\end{aligned}$$

得

$$\frac{\mathrm{d}Q}{\mathrm{d}t}=-(AQ-B),\qquad\begin{cases}A=\dfrac{R_1R_2+R_2R_3+R_3R_1}{CR_1R_2R_3},\\ B=\mathscr{E}/R_1.\end{cases}$$

$Q(t)$的求解：

$$\int_{Q(0^+)}^{Q(t)}\frac{\mathrm{d}Q}{AQ-B}=\int_{0^+}^{t}-\mathrm{d}t,\quad\Rightarrow\quad\frac{1}{A}\ln\frac{AQ-B}{AQ(0^+)-B}=-t,$$

得

$$Q(t)=\left[Q(0^+)-\frac{B}{A}\right]\mathrm{e}^{-At}+\frac{B}{A},$$

$$\Rightarrow\quad Q(t)=\frac{R_2}{R_1R_2+R_2R_3+R_3R_1}C\mathscr{E}\left(\frac{R_1R_2}{R_1+R_2}\mathrm{e}^{-At}+R_3\right).\qquad(5\text{ 分})$$

$I_2(t)$，$I_3(t)$的求解：

$$I_2=Q/CR_2,\quad\Rightarrow\quad I_2(t)=\frac{\mathscr{E}}{R_1R_2+R_2R_3+R_3R_1}\left(\frac{R_1R_2}{R_1+R_2}\mathrm{e}^{-At}+R_3\right),\qquad(1\text{ 分})$$

$$I_3=\frac{R_2}{R_3}I_2,\quad\Rightarrow\quad I_3(t)=\frac{R_2\mathscr{E}}{R_3\ (R_1R_2+R_2R_3+R_3R_1)}\left(\frac{R_1R_2}{R_1+R_2}\mathrm{e}^{-At}+R_3\right).\qquad(1\text{ 分})$$

$I_C(t)$，$I_1(t)$的求解：

$$I_C=\frac{\mathrm{d}Q}{\mathrm{d}t},\quad\Rightarrow\quad I_C(t)=\frac{-R_2\mathscr{E}}{R_3(R_1+R_2)}\mathrm{e}^{-At},\qquad(1\text{ 分})$$

$$I_1=I_2+I_3+I_C,\quad\Rightarrow\quad I_1(t)=\frac{\mathscr{E}}{R_1R_2+R_2R_3+R_3R_1}\left[(R_2+R_3)-\frac{R_2^2}{R_1+R_2}\mathrm{e}^{-At}\right].$$

(1 分)

五、(26 分)

(1) 基本公式((1)问简单解法见后面的附注)

$$\boldsymbol{r}_C=\frac{m_1\boldsymbol{r}_1+m_2\boldsymbol{r}_2+m_3\boldsymbol{r}_3+m_4\boldsymbol{r}_4}{m_1+m_2+m_3+m_4}=\frac{1}{4}(\boldsymbol{r}_1+\boldsymbol{r}_2+\boldsymbol{r}_3+\boldsymbol{r}_4),$$

$$\mathrm{d}\boldsymbol{r}_C=\frac{1}{4}(\mathrm{d}\boldsymbol{r}_1+\mathrm{d}\boldsymbol{r}_2+\mathrm{d}\boldsymbol{r}_3+\mathrm{d}\boldsymbol{r}_4),\qquad\begin{cases}\mathrm{d}x_C=\dfrac{1}{4}(\mathrm{d}x_1+\mathrm{d}x_2+\mathrm{d}x_3+\mathrm{d}x_4),\\ \mathrm{d}y_C=\dfrac{1}{4}(\mathrm{d}y_1+\mathrm{d}y_2+\mathrm{d}y_3+\mathrm{d}y_4).\end{cases}$$

第Ⅰ阶段：从 1 被推动直到 1 与 2 相碰.

$$\mathrm{d}\boldsymbol{r}_C=\frac{1}{4}\mathrm{d}\boldsymbol{r}_1\text{ 或 }\mathrm{d}\boldsymbol{l}_C=\frac{1}{4}\mathrm{d}\boldsymbol{l}_1,\quad\Rightarrow\quad\mathrm{d}l_C=\frac{1}{4}\mathrm{d}l_1.$$

$\mathrm{d}l_1$：半径为 $4d$ 的无穷小圆弧，

$\mathrm{d}l_C$：也是无穷小圆弧，但还不能断定半径为 d

如题解图 1(a)所示，取 1 从初始位置开始的 $\mathrm{d}\boldsymbol{l}_1$ 段，有

$$\mathrm{d}\boldsymbol{l}_1=\mathrm{d}x_1\boldsymbol{i}+\mathrm{d}y_1\boldsymbol{j},\ \tan\mathrm{d}\theta_1=\frac{-\mathrm{d}x_1}{\mathrm{d}y_1}.$$

$\mathrm{d}\theta_1$：切线方向转过的角，也是无穷小曲率圆弧 $\mathrm{d}l_1$对应的圆心角，因而曲率半径

$$4d=\mathrm{d}l_1/\mathrm{d}\theta_1.$$

与此 $\mathrm{d}\boldsymbol{l}_1$ 对应的 $\mathrm{d}\boldsymbol{l}_C$ 如题解图 1(b)所示，同样有

$$\mathrm{d}\boldsymbol{l}_C=\mathrm{d}x_C\boldsymbol{i}+\mathrm{d}y\boldsymbol{j},\ \mathrm{d}\theta_C=\tan\mathrm{d}\theta_C=\frac{-\mathrm{d}x_C}{\mathrm{d}y_C},$$

$\mathrm{d}\theta_C$：切线方向转过的角，也是无穷小曲率圆弧 $\mathrm{d}l_C$ 对应的圆心角，因而曲率半径

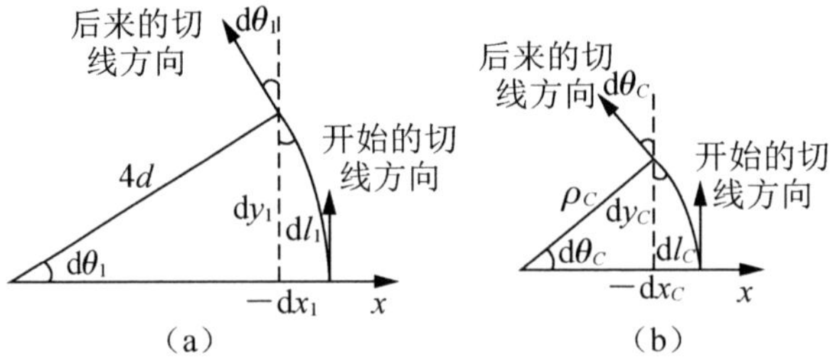

题解图 1

$$\rho_C = dl_C / d\theta_C.$$

因

$$dl_C = \frac{1}{4} dl_1, \qquad \left.\begin{aligned} dx_C &= \frac{1}{4} dx_1, \\ dy_C &= \frac{1}{4} dy_1, \end{aligned}\right\} \Rightarrow \quad d\theta_C = d\theta_1,$$

即得

$$\rho_C = \frac{1}{4} \frac{dl_1}{d\theta_1} = d.$$

其他位置开始的 $d\boldsymbol{l}_1$ 与其对应的 $d\boldsymbol{l}_C$ 之间关系，均可通过坐标轴的旋转等效为题解图 1(a)、(b)所示的对应关系. 据此可知：

所有的 dl_C 都是半径为 d 的无穷小圆弧，它们连接成四分之一圆周，即为题解图 2 中的曲线段Ⅰ.

考虑到 C 的初始位置恰好在首段 dl_1 的圆心位置，故前段 dl_C 的圆心(也就是整个四分之一圆周的圆心)应左移到$\{x=-d,\ y=0\}$位置.　　(第Ⅰ阶段含图线 6 分)

第Ⅱ阶段：从 1、2 碰后直到 1、2 一起与 3 相碰.

$$d\boldsymbol{r}_C = \frac{1}{4}(2d\boldsymbol{r}_{12}) \text{ 或 } d\boldsymbol{l}_C = \frac{1}{4}(2d\boldsymbol{l}_{12}), \quad \Rightarrow \quad dl_C = \frac{1}{2} dl_{12}.$$

dl_{12}：半径为 $4d$ 的无穷小圆弧，dl_C：也是无穷小圆弧.

依照第Ⅰ阶段的分析，可知：

所有 dl_C 都是半径为 $2d$ 的无穷小圆弧，它们连接成圆心在$\{x=-d,\ y=-d\}$处的四分之一圆周，即为题解图 2 中的曲线段Ⅱ.　　(第Ⅱ阶段含图线 2 分)

第Ⅲ阶段：从 1、2 一起与 3 碰后直到 1、2、3 一起与 4 相碰.

$$d\boldsymbol{r}_C = \frac{1}{4}(3d\boldsymbol{r}_{123}) \text{ 或 } d\boldsymbol{l}_C = \frac{1}{4}(3d\boldsymbol{l}_{123}), \quad \Rightarrow \quad dl_C = \frac{3}{4} dl_{123}.$$

通过同样的分析，可知：

所有的 dl_C 都是半径为 $3d$ 的无穷小圆弧，它们连接成圆心位于$\{x=0,\ y=-d\}$处的四分之一圆周，即为题解图 2 中的曲线段Ⅲ.　　(第Ⅲ阶段含图线 2 分)

第Ⅳ阶段：1、2、3 一起与 4 碰后直到 1、2、3、4 一起运动到 1 的初始位置.

C 与 1、2、3、4 重合，一起运动，轨道即为四分之一圆环段，如题解图 2 中的曲线段Ⅳ.　　(第Ⅳ阶段含图线 2 分)

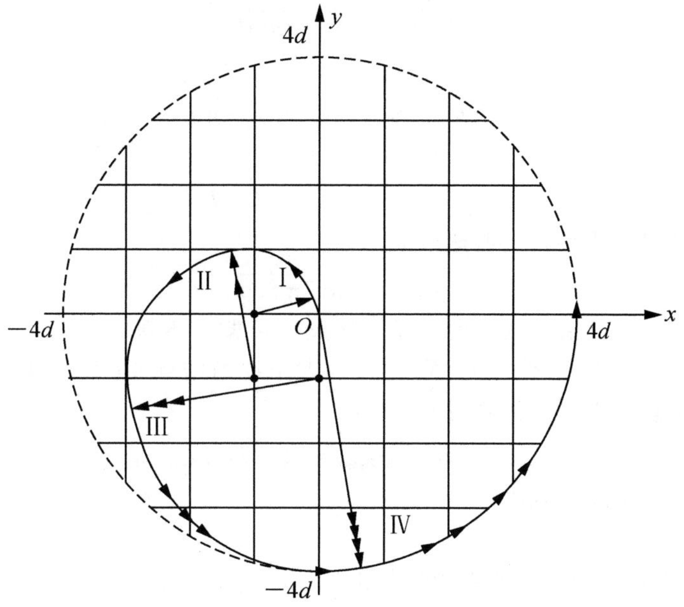

题解图 2

(2) 推力 $\boldsymbol{F}$ 和摩擦力 $\boldsymbol{f}$ 分别与木块 1 无穷小位移同方向和反方向. 第 I 阶段中通过题解图 1 和相关的分析可知，质心无穷小位移方向与木块 1 无穷小位移方向始终相同. 第 II、III、IV 阶段中也是如此. 全过程中合外力对质心所做元功便为

$$(\boldsymbol{F}+\boldsymbol{f})\cdot \mathrm{d}\boldsymbol{l}_C=(F-f)\mathrm{d}l_C,$$

由质心动能定理

$$W_{合外C}=\Delta E_{kC},$$

考虑到全过程应有

$$\Delta E_{kC}=0,$$

即得

$$(F-\mu mg)\frac{1}{4}(2\pi d)+(F-2\mu mg)\frac{1}{4}(2\pi\cdot 2d)$$

$$+(F-3\mu mg)\frac{1}{4}(2\pi\cdot 3d)+(F-4\mu mg)\frac{1}{4}(2\pi\cdot 4d)=0,$$

解出

$$F=3\mu mg. \qquad (7\text{ 分})$$

(3) 由 $F=3\mu mg$ 可知，在木块 3 被推动前，以环心为参考点，系统所受外力力矩之和大于零，系统角动量一直在增大. 木块 3 被推动后，外力力矩之和为零，系统角动量达最大值，直到木块 4 被推动前此值不变. 木块 4 被推动后，外力力矩之和小于零，系统角动量开始减小.

木块 3 被推动时，有

$$(F-\mu mg)\cdot\frac{1}{4}(2\pi d)+(F-2\mu mg)\cdot\frac{1}{4}(2\pi\cdot 2d)=\frac{1}{2}m_C v_C^2,$$

$$F=3\mu mg,\ m_C=4m,$$

$$\Rightarrow \quad v_C=\sqrt{\pi\mu g d}\,.$$

系统动量大小即为

$$p=p_C=m_C v_C=4m\sqrt{\pi\mu g d}\,,$$

对应

$$L_{\max}=R_{环}\cdot p=4d\cdot p=16md\sqrt{\pi\mu g d}\,.$$

木块 3 被推动时，质心动量值达最大，为

$$p_{C,\max}=4m\sqrt{\pi\mu g d}\,. \qquad (5\text{ 分})$$

木块 3 被推动后，虽然此值不变，但参考题解图 2 可知，木块 1、2、3 一起在靠近木块 4 的运动过程中，$\boldsymbol{r}_C$ 的方向逐渐与 $\boldsymbol{p}_C$ 垂直，r_C 大小逐渐增到 $4d$ 值. 因此，质心相对环心角动量的最大值出现在木块 4 被碰时刻，即有

$$L_{C,\max}=4d\cdot p_{C\max}=16md\sqrt{\pi\mu g d}\,, \qquad (2\text{ 分})$$

以后，p_C 减小，L_C 也随之减小.

附注：(1)问简单解法.

引入由 x 轴出发沿逆时针方向旋转的角 ϕ，$2\pi\geqslant\phi\geqslant 0$.

基本公式：$x_C=\dfrac{1}{4}(x_1+x_2+x_3+x_4)$，$y_C=\dfrac{1}{4}(y_1+y_2+y_3+y_4)$.

第Ⅰ阶段：$\dfrac{\pi}{2}>\phi\geqslant 0$

$$\begin{cases}x_1=4d\cos\phi,\ x_2=0,\ x_3=-4d,\ x_4=0,\\ y_1=4d\sin\phi,\ y_2=4d,\ y_3=0,\ y_4=-4d.\end{cases}$$

$$x_C=d\cos\phi-d,\ y_C=d\sin\phi,\quad \Rightarrow\quad (x_C+d)^2+y_C^2=d^2.$$

轨道：如题解图 2 曲线段Ⅰ所示，为圆心$(-d,\ 0)$、半径 d 的四分之一圆弧.

第Ⅱ阶段：$\pi>\phi\geqslant\dfrac{\pi}{2}$

$$\begin{cases}x_1=x_2=4d\cos\phi,\ x_3=-4d,\ x_4=0,\\ y_1=y_2=4d\sin\phi,\ y_3=0,\ y_4=-4d.\end{cases}$$

$$x_C=2d\cos\phi-d,\ y_C=2d\sin\phi-d,\quad \Rightarrow\quad (x_C+d)^2\ (y_C+d)^2=(2d)^2.$$

轨道：如题解图 2 曲线段Ⅱ所示，为圆心$(-d,-d)$、半径 $2d$ 的四分之一圆弧.

第Ⅲ阶段：$\dfrac{3}{2}\pi>\phi\geqslant\pi$

$$\begin{cases}x_1=x_2=x_3=4d\cos\phi,\ x_4=0,\\ y_1=y_2=y_3=4d\sin\phi,\ y_4=-4d,\end{cases}$$

$$x_C=3d\cos\phi,\ y_C=3d\sin\phi-d,\quad \Rightarrow\quad x_C^2+(y_C+d)^2=(3d)^2.$$

轨道：如题解图 2 曲线段Ⅲ所示，为圆心$(0,-d)$、半径 $3d$ 的四分之一圆弧.

第Ⅳ阶段：$2\pi\geqslant\phi\geqslant\dfrac{3}{2}\pi$

$$\begin{cases}x_1=x_2=x_3=x_4=4d\cos\phi,\\ y_1=y_2=y_3=y_4=4d\sin\phi,\end{cases}$$

$$x_C=4d\cos\phi,\ y_C=4d\sin\phi,\quad \Rightarrow\quad x_C^2+y_C^2=(4d)^2.$$

轨道：如题解图 2 曲线段Ⅳ所示，为圆心(0,0)、半径 $4d$ 的四分之一圆弧，即为四分之一圆环段.

六、(22 分)

(1) 圆环处于 z 位置时，向上速度记为 v，沿题图虚线箭矢方向的环路动生感应电动势便为

$$\mathscr{E}_{动}=-\frac{\mathrm{d}\Phi}{\mathrm{d}t}=-\frac{\mathrm{d}}{\mathrm{d}t}(\pi r_0^2 B_z)=-\pi r_0^2\frac{\mathrm{d}B_z}{\mathrm{d}z}\frac{\mathrm{d}z}{\mathrm{d}t}$$
$$=-\pi r_0^2(-\alpha B_0)v=\pi r_0^2\alpha B_0 v. \qquad (3\text{ 分})$$

$\mathscr{E}_{动}$ 的存在使环中出现电流 i，激起自感电动势

$$\mathscr{E}_L=-L\frac{\mathrm{d}i}{\mathrm{d}t},$$

回路电阻为零，得

$$\mathscr{E}_{动}+\mathscr{E}_L=0,\quad\Rightarrow\quad \pi r_0^2\alpha B_0 v=L\frac{\mathrm{d}i}{\mathrm{d}t}, \qquad (2\text{ 分})$$

$$\Rightarrow\quad \mathrm{d}i=\frac{\pi}{L}r_0^2\alpha B_0 v\mathrm{d}t=\frac{\pi}{L}r_0^2\alpha B_0\mathrm{d}z.$$

$t=0$ 时，环位于 $z=0$ 处，$i=0$，故环在 z 处时电流为

$$i=\frac{\pi}{L}r_0^2\alpha B_0 z. \qquad (2\text{ 分})$$

圆环电流在磁场中受 $\boldsymbol{B}_z$ 的合力为零，受 $\boldsymbol{B}_r$ 的合力 $\boldsymbol{F}_z$ 的方向朝下，可表述为

$$F_z=-i(2\pi r_0)B_{r_0}=-2\pi^2 r_0^4\frac{\alpha\beta}{L}B_0^2 z,$$

$$\Rightarrow\quad F_z=-kz,\ k=2\pi^2 r_0^4\frac{\alpha\beta}{L}B_0^2,$$

是一个线性恢复力. z 方向圆环的动力学方程为

$$-kz-mg=m\ddot{z}, \qquad (4\text{ 分})$$

力平衡点在

$$z_0=-mg/k=-mgL/2\pi^2 r_0^4\alpha\beta B_0^2.$$

圆环在此平衡点上、下做简谐振动，振幅和角频率分别为

$$A=|z_0|=mgL/2\pi^2 r_0^4\alpha\beta B_0^2,\ \omega=\sqrt{k/m}=\sqrt{2\pi^2 r_0^4\alpha\beta B_0^2/mL}. \qquad (2\text{ 分})$$

运动方程，即 $z=z(t)$ 的函数表述式为

$$z=A(\cos\omega t-1), \qquad (1\text{ 分})$$

环中电流为

$$i=\frac{\pi}{L}r_0^2\alpha B_0 z=\frac{\pi}{L}r_0^2\alpha B_0 A(\cos\omega t-1),$$

$$\Rightarrow\quad\begin{cases}i=I_0(\cos\omega t-1),\\ I_0=\dfrac{\pi}{L}r_0^2\alpha B_0\dfrac{mgL}{2\pi^2 r_0^4\alpha\beta B_0^2}=mg/2\pi r_0^2\beta B_0.\end{cases} \qquad (2\text{ 分})$$

(2) 形成 $\mathscr{E}_{动}$ 的物理原因是圆环在竖直方向上运动时，环中带电粒子受磁场力 $\boldsymbol{F}=q\boldsymbol{v}\times\boldsymbol{B}$ 的作用. 据此可导得（略）$\mathrm{d}\boldsymbol{l}$ 环元所得电动势为

$$\mathrm{d}\mathscr{E}_{动}=(\boldsymbol{v}\times\boldsymbol{B})\cdot\mathrm{d}\boldsymbol{l}=vB_{r_0}\mathrm{d}l,$$

积分成为

$$\mathscr{E}=\oint_{环}vB_{r_0}\mathrm{d}l=vB_0\beta r_0\cdot 2\pi r_0,$$

$$\Rightarrow\quad \mathscr{E}_{动}=2\pi r_0^2\beta B_0 v.$$

与(1)问解答中由法拉第定律所得表述式

$$\mathscr{E}_{动}=\pi r_0^2\alpha B_0 v$$

相比较，即得

$$\beta=\frac{\alpha}{2}=8\mathrm{m}^{-1}.\tag{5 分}$$

(此式也可由磁场高斯定理导出，略.)

将已给数据和算得的 β 值，代入 $z(t)$，$i(t)$ 表述式中相关的物理量，可得

$$A=4.03\mathrm{cm},\ \omega=15.6/\mathrm{s},\ I_0=39.0\mathrm{A}.\tag{1 分}$$

因磁棒上表面位于 $z=-10\mathrm{cm}$ 处，圆环往返运动过程中不会与磁棒相碰.

七、(26 分)

参考题解图，图中虚线所示为两个斜木块初始位置，顶端取为坐标原点 O，为左侧小球朝右、朝下运动设置 x，y 坐标轴，为左侧斜木块朝左运动设置 ξ 坐标轴. 每一个斜木块底面长记为 L，则高也为 L. 建立下述方程：

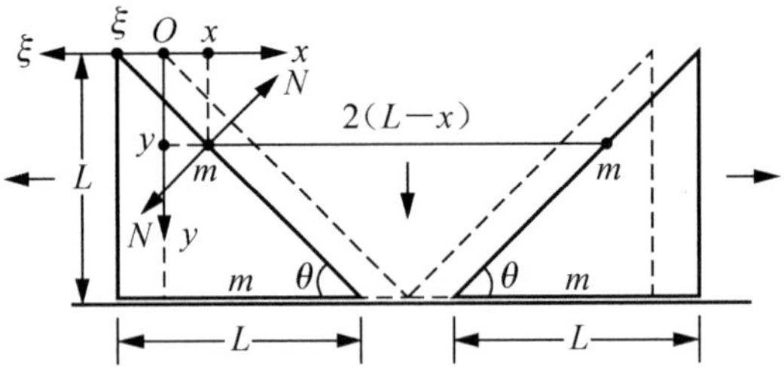

题解图

球：　$N\sin\theta-k\cdot 2x=m\ddot{x}$，$mg-N\cos\theta=m\ddot{y}$，

木块：　$N\sin\theta=m\ddot{\xi}$，　　(4 分)

运动关联：　$y=(x+\xi)\tan\theta$.

将其中木块方程所得

$$N=m\ddot{\xi}/\sin\theta$$

代入小球方程，并将 $\theta=45°$代入，经数学处理后，可得

$$\ddot{\xi}=\ddot{x}+\frac{2k}{m}x,\tag{1}$$

$$\ddot{y}+\ddot{\xi}=g,\tag{2}$$

$$\ddot{y}=\ddot{x}+\ddot{\xi}.\tag{3}$$
(3 分)

(ⅰ) $\ddot{x}$ 方程的建立和求解

(2)、(3)式联立，消去 $\ddot{y}$，得

$$\ddot{x}+2\ddot{\xi}=g, \tag{4}$$

将(1)式代入(4)式，得

$$\ddot{x}+\frac{4k}{3m}x=\frac{g}{3},$$

通解为

$$\begin{cases}x=A\cos(\omega t+\phi)+\dfrac{mg}{4k},\ \omega=\sqrt{4k/3m},\\ \dot{x}=-\omega A\sin(\omega t+\phi).\end{cases}$$

由初条件

$$t=0\text{ 时},\ x=0,\ \dot{x}=0,$$

得

$$\begin{cases}A\cos\phi+\dfrac{mg}{4k}=0,\\ -\sqrt{\dfrac{4k}{3m}}A\sin\phi=0,\end{cases}\quad\Rightarrow\quad \phi=0\text{ 或 }\pi.$$

$$\text{取 }\phi=0,\text{ 则 }A=-\frac{mg}{4k},\quad\Rightarrow\quad x=(1-\cos\omega t)\frac{mg}{4k},$$

$$\text{取 }\phi=\pi,\text{ 则 }A=\frac{mg}{4k},\quad\Rightarrow\quad x=[1+\cos(\omega t+\pi)]\frac{mg}{4k}.$$

可统一为

$$x=(1-\cos\omega t)\frac{mg}{4k},$$

$$\Rightarrow\quad \ddot{x}=\frac{g}{3}\cos\omega t,\ \omega=\sqrt{4k/3m}. \tag{7 分}$$

（ⅱ）$\ddot{\xi}$ 方程的建立和求解

由（1）式，得

$$\ddot{\xi}=\ddot{x}+\frac{2k}{m}x=\frac{g}{3}\cos\omega t+\frac{2k}{m}(1-\cos\omega t)\frac{mg}{4k},$$

$$\Rightarrow\quad \ddot{\xi}=-\frac{g}{6}\cos\omega t+\frac{g}{2},$$

积分，得

$$\dot{\xi}=-\frac{g}{6\omega}\sin\omega t+\frac{1}{2}gt+C_1,\ t=0\text{ 时},\ \dot{\xi}=0,\quad\Rightarrow\quad C_1=0,$$

$$\Rightarrow\quad \xi=\frac{g}{6\omega^2}\cos\omega t+\frac{1}{4}gt^2+C_2,\ t=0\text{ 时},\ \xi=0,\quad\Rightarrow\quad C_2=-\frac{g}{6\omega^2},$$

$$\Rightarrow\quad \xi=\frac{mg}{8k}(\cos\omega t-1)+\frac{1}{4}gt^2. \tag{5 分}$$

讨论：

$$\ddot{\xi}=-\frac{g}{6}\cos\omega t+\frac{g}{2},\quad\Rightarrow\quad \frac{2}{3}g\geqslant\ddot{\xi}\geqslant\frac{g}{3}>0,$$

$$\Rightarrow \quad N=\frac{m}{\sin\phi}\ddot{\xi}>0，$$故弹性杆落地前，小球不会离开斜面.

（ⅲ）$y\sim t$ 的求解

由

$$y=(x+\xi)\tan\theta=x+\xi$$

得

$$y=\frac{mg}{8k}(1-\cos\omega t)+\frac{1}{4}gt^2. \qquad (2\text{ 分})$$

（ⅳ）斜木块底面长度 L

$$N=\frac{m}{\sin\phi}\ddot{\xi}=\sqrt{2}m\left(-\frac{g}{6}\cos\omega t+\frac{g}{2}\right),$$

N 第二次极小值对应：

$$t=2T=2(2\pi/\omega)=2\pi\sqrt{3m/k},$$

此时有

$$L=y\Big|_{t=2T}=\frac{1}{4}gt^2\Big|_{t=2\pi\sqrt{3m/k}},$$

得

$$L=3\pi^2 mg/k. \qquad (3\text{ 分})$$

（ⅴ）N 第二次达到极大值时，杆的长度 l

N 第二次达极大值对应：

$$t=\frac{3}{2}T=\frac{3\pi}{2}\sqrt{3m/k},$$

此时杆长为

$$l=(2L-x)\Big|_{t=\frac{3}{2}T}=\left[2L-2(1-\cos\omega t)\frac{mg}{4k}\right]\Bigg|_{\cos\omega t=-1},$$

$$\Rightarrow \quad l=(6\pi^2-1)mg/k. \qquad (2\text{ 分})$$

2012 年暑期物理竞赛辅导班联谊赛试题

学校________________ 姓名________________ 成绩________________

总分：140 分 时间：3.5 小时

题号	一	二	三	四	五	六	七
得分							
阅卷人							

一、(15 分)

如图表示，面积同为 S 的两块相同导体薄平板平行放置，间距为 d. 左侧导体板带电量 $3Q>0$，右侧导体板带电量 Q，其右侧相距 d 处有一个质量为 m，电量为 $-q(q>0)$的粒子 P. 导体板静电平衡后，P 从静止释放，假设它可自由穿越导体板，且不会影响板上的电荷分布，试问经多长时间 T，经多长路程 s 后，P 第一次返回到其初始位置?

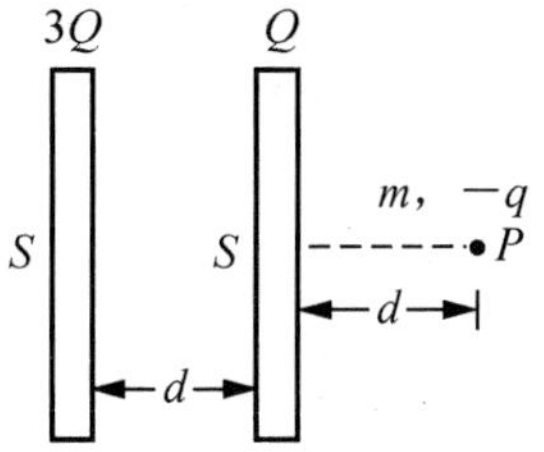

二、(15 分)

如图所示，在内壁光滑，固定直立的圆筒形气缸内，有一个质量可略的活塞 A 紧密地与气缸壁接触，此活塞某处有一小孔，装有只朝下打开的阀门 K_1. 气缸的下部有一个固定的隔板 C 和一个固定在气缸壁上的卡环 B，隔板 C 的中央有一小孔，装有只能朝下打开的阀门 K_2. 隔板 C 与气缸底部的距离为 L，卡环 B 到隔板 C 的距离 $L/2$，活塞 A 能够到达的最高位置在隔板 C 的上方 $4L$ 处. 开始时 A 在最高位置，气缸内 A 到 C 之间以及 C 下方的气体压强与外界大气压强相同，均为 p_0. 假设阀门 K_1，K_2 打开和关闭所需时间均可略.

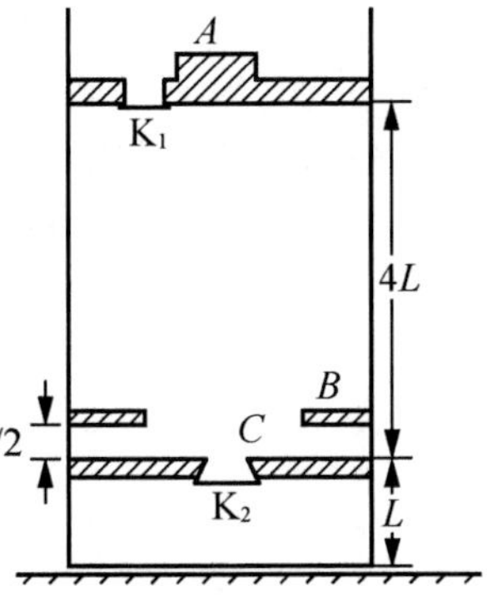

(1) 在等温条件下，使活塞 A 从最高位置缓慢朝下移动，直到最低位置 B 处，试求此时隔板 C 下方气体的压强 p_1；

(2)承(1)问，再将活塞 A 从 B 处缓慢朝上拉，拉到距 C 的高度 h 达到什么值时，方能使 C 上方气体的压强等于 p_0?

(3) 令活塞 A 从 B 处移动到原最高位置，然后再次移动到 B 处，如此往返进行，试求隔板 C 下方气压所能达到的最大值 p_e .

三、(20 分)

如图所示，光滑水平地面上有一个质量为 m 的长滑板 AB，它的底板上有一个质量为 m、长为 $3l$ 的匀质平板，平板右端用一根轻绳连接在长滑板右侧壁 B 上，平板左端固定着一根自由长度为 $2l$、劲度系数为 k 的水平轻弹簧，平板上表面右端有一个质量为 m 的小木块. 开始时系统静止，今使小木块具有水平朝左的初速度 v_0，小木块压着弹簧后，平

板和长滑板 AB 随之运动. 当弹簧被压缩到 l_0 时，小木块相对平板速度降为零，同时轻绳恰好断开. 而后小木块又会相对平板朝右运动，接着离开弹簧，最后离开平板. 假设系统处处无摩擦，取 m，l 和 k 为已知量.

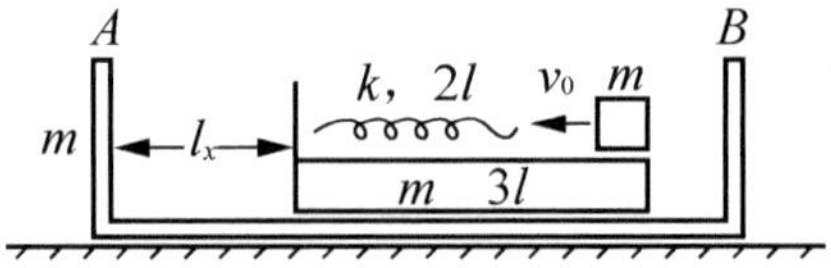

（1）试求小木块初速度 v_0 和绳断前瞬间绳中张力 T.

（2）将绳断时刻取为 $t_0=0$，而后小木块离开平板的时刻记为 t_e，假设 t_e 时刻平板左端刚好与长滑板左侧壁 A 相遇.

（2.1）将绳未断开时，平板左端与长滑板左侧壁 A 的间距记为 l_x，试求 l_x；

（2.2）再求 t_e.

四、(20 分)

S 系 xy 平面上，有一个沿 x 方向以匀速度 $\boldsymbol{v}$ 运动的环状物 $abcd$，环上 a，c 两点连线与 x 轴重合. t 时刻环在 Oxy 平面上的投影线方程为

$$(x-vt)^2+y^2=R^2,$$

$t=0$ 时刻的投影线如图所示. 运用你学过的知识分析判定，在 S 系中：

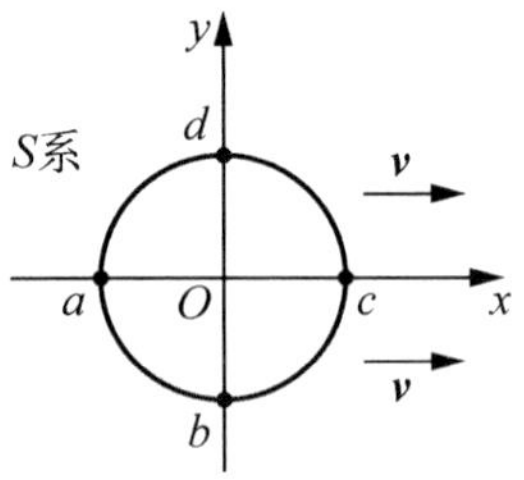

（1）随环状物一起运动的环心点发出的所有光线，经环内壁反射后是否必定过环心点？

（2）在环状物 a，c 两点连线上能否找到两个随环状物一起运动的 F_1 点（右侧点）和 F_2 点（左侧点），使得 F_1 点发出的所有光线，经环内壁反射后必定都过 F_2 点？若能，试导出 F_1，F_2 在 Oxy 平面上 t 时刻投影点的 x，y 坐标.

五、(20 分)

惯性系 S，S'间相对运动关系如图所示，O，O'重合时 $t=t'=0$. $t'=0$ 时刻开始，质点 Q 从 $x'=L$ 以匀速度 u 在 S'系中沿 x'轴运动；质点 P 从 $x'=0$ 以初速为零、匀加速度为 a_0 在 S'系中沿 x'轴运动，直到 P，Q 相碰为止. 设 $L=u^2/2a_0$，$v=u$，即已知量仅为 a_0 和 u.

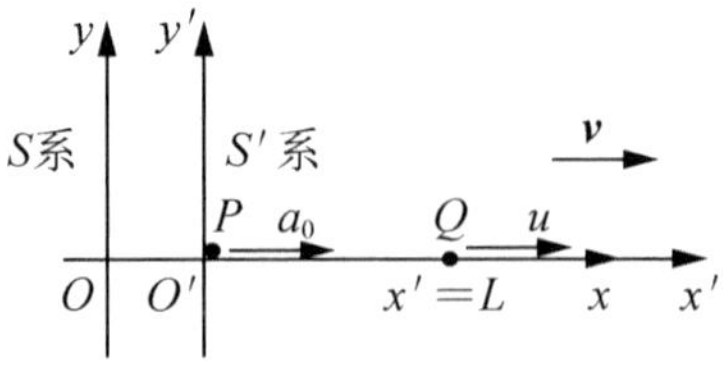

（1）在 S'系中确定 P，Q 相碰时刻 t'；

（2）在 S 系中计算从 $t=0$ 时刻 P 开始加速运动，直到 P 与 Q 相碰为止的全过程中，质点 P 的平均加速度 $\bar{a}$；

（3）在已设 $L=u^2/2a_0$，$v=u$ 前提下，增设 $u=\sqrt{\sqrt{2}-1}\,c$，计算(2)问中的 $\bar{a}$.

六、(25分)

玩具“章鱼保罗”有一个轴对称的身体和八条腿，身体质量近似等于八条腿质量之和. 开始时将保罗静立在水平桌面上如图1所示，后因扰动滑倒在桌面上如图2所示. 本题欲讨论保罗在滑倒过程中，腿的着地点是否会从桌面跳起？如果不会跳起，那么腿和身体几乎能一起与桌面发生碰撞. 若为弹性碰撞，那么保罗能否又恢复到初始状态，形成周期运动？

如图3所示，将保罗八条腿合并后，模型化为一根长 l，质量 m 的均匀细杆，下端点 A 可沿桌面不妨设为朝左运动. 保罗的身体模型化为质量也是 m 的小圆柱体，通过小而轻的轴承连接在杆的上端点 B，侧面贴在假想的竖直固定轨道上下平动，且不会离开该轨道. 初态静止，杆与竖直轨道间夹角 θ_0 很小，随后杆倾斜着下滑，过程态已在图3中示出. 再设，系统处处无摩擦.

图1

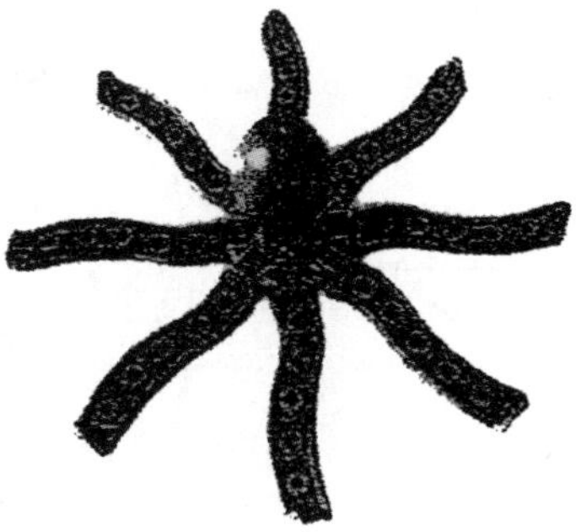
图2

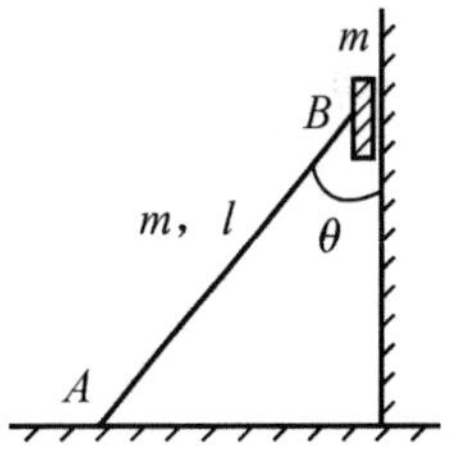

图3

(1) 近似取 $\theta_0=0$，先后导出 B 端下行加速度 a_B 以及 A 端受桌面支持力 N 随倾角 θ 变化的函数关系，进而(可采用作函数曲线方法或采用函数求极值或最值的方法)判定在杆整体倒地前，A 端是否全离开桌面？

(2) 假设 A 端不全离开桌面，杆连同 B 端小柱体一起与桌面发生弹性碰撞，碰撞前后瞬间系统动能相同，碰撞时间记为未知量 Δt. 设碰撞前，若某处相对桌面的速度大小为 v，则该处单位质量物质受到桌面竖直向上的(时间上)平均碰撞力 f 与 v 成正比，比例系数记为未知量 α. 再将碰撞过程中的细杆与小柱体之间通过轴承在竖直方向上的(时间上)平均相互作用力大小记为未知量 N_B，碰撞瞬间细杆中心点 C 竖直向上的速度大小记为未知量 v_C，细杆绕 C 点旋转角速度大小记为未知量 ω.

(2.1) 试求 v_C，ω，$\alpha\Delta t$ 和 $N_B\Delta t$；

(2.2) 若章鱼保罗(即杆与小柱体构成的系统)的运动具有周期性，取 $\theta_0=1°$，导出周期 T 的积分表达式，再通过数值积分给出只含参量 l，g(重力加速度)的 T 表达式.

附注：1. 题文中所言“着地点”、“倒地前”的“地”均指桌面.

2. 可提供的定积分参考公式为：

$$\int_{1^\circ}^{90^\circ}\sqrt{\frac{3\sin^2\theta+1}{1-\cos\theta}}\,\mathrm{d}\theta=7.82.$$

——王达(北京大学物理学院 2004 级)，舒幼生，2011 年 10 月

七、(25 分)

空间有匀强磁场，磁感应强度 $\boldsymbol{B}$ 的方向如图 1 所示. 在与 $\boldsymbol{B}$ 垂直的平面上设置 Oxy 坐标框架，图中 $\boldsymbol{k}$ 是未画出的 z 坐标轴方向单位矢量. $t=0$ 时刻，质量 m、电量 $q>0$ 的质点位于 $x=0$，$y=\dfrac{l}{2}$处，质量也为 m、电量为 $-q$ 的质点位于 $x=0$，$y=-\dfrac{l}{2}$处，两质点用一根长为 l 的轻杆连接着. $t=0$ 时，系统质心 C 静止，轻杆带着两个质点绕 C 点在 Oxy 平面上沿顺时针方向，以初始角速度 ω_0 旋转. 除磁场力外，不存在其他外作用力.

为杆引入顺时针旋转为正方向的转角 ϕ，为过程态引入质心速度 $\boldsymbol{v}_C$ 沿 q 到 $-q$ 方向的分速度 $v_{C/\!/}$ 和垂直于杆沿图 2 所示方向的分速度 $v_{C\perp}$.

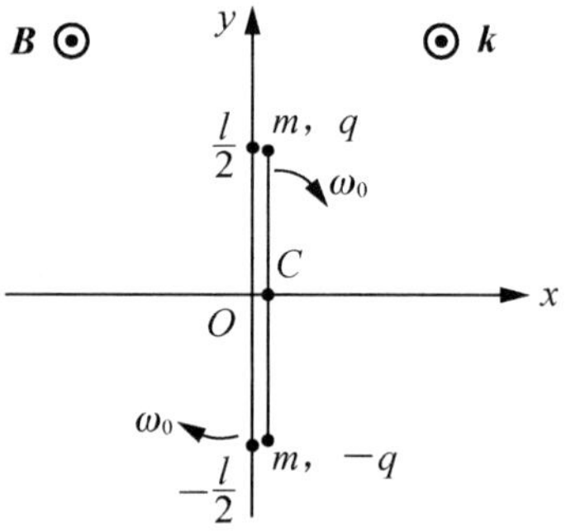

图 1

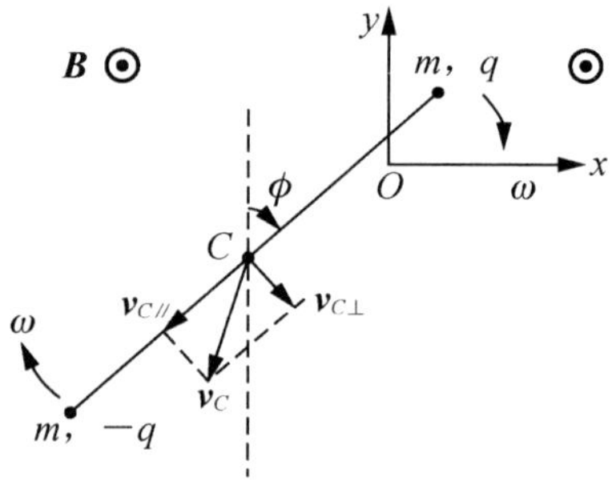

图 2

(1) 将转角为 ϕ 时杆旋转角速度 ω 和质心的分速度 $v_{C/\!/}$ 均设成已给的参量，试求此时质心加速度的两个分量 a_{Cx}，a_{Cy} 和杆的旋转角加速度 β.

(2) 将 ϕ 随时间 t 变化的函数记为 $\phi(t)$.

(2.1) 导出关于 $\phi(t)$ 的微分方程，方程中只可包含 m，q，B 参量；

(2.2) 导出 ω^2 随 ϕ 变化的函数表述式，式中只可包含 m，q，B 和 ω_0，ϕ 参量；

(2.3) 分析判定系统能否达到 ω 为非零常量的稳定运动状态?

(3) 假设杆可连续不停地旋转.

(3.1) 确定 ω_0 取值范围；

(3.2) 导出 y_C 取值范围.

(4) 设 $m\gg qB/\omega_0$，ω_0 取值可使杆连续不停地旋转，试近似地导出质心 C 的运动轨道.

(5) 试问 ω_0 在何范围内取值，可使 $|\phi|_{\max}$ 为小角度，并导出此种情况下质心坐标 x_C，y_C 随时间 t 变化的函数.

——尹建淳（鞍山一中，高三），舒幼生，2011 年 10 月

解答与评分标准（参考）

一、(15 分)

由高斯定理和导体板内 $\boldsymbol{E}=0$，得电荷、场强分布如题解图所示. 有

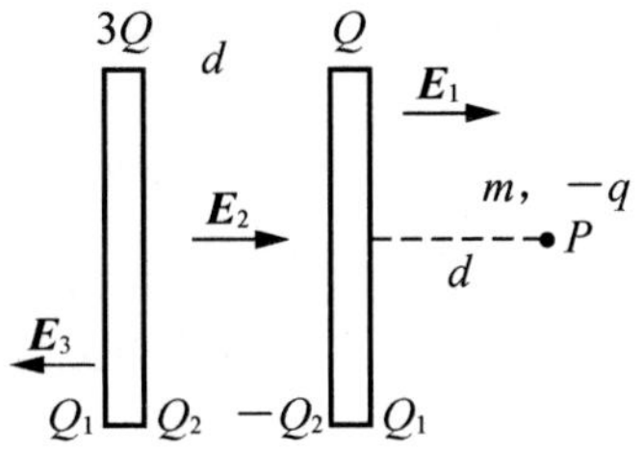

题解图

$$\begin{cases}Q_1+Q_2=3Q,\\Q_1-Q_2=Q,\end{cases}\Rightarrow\begin{cases}Q_1=2Q,\\Q_2=Q.\end{cases}\qquad(4\text{ 分})$$

P 的运动分为三个阶段.

第一阶段：从初始位置到右板的运动

$$E_1=2Q/\varepsilon_0 S,\ a_1=qE_1/m=2qQ/\varepsilon_0 mS,$$

$$v_1=\sqrt{2a_1 d}=\sqrt{4qQd/\varepsilon_0 mS},$$

$$\Rightarrow\ t_1=\frac{v_1}{a_1}=\sqrt{\varepsilon_0 mSd/qQ}.\qquad(3\text{ 分})$$

第二阶段：板间运动

$$E_2=Q/\varepsilon_0 S,\ a_2=qE_2/m=qQ/\varepsilon_0 mS,\ v_2^2=v_1^2+2a_2 d=6qQd/\varepsilon_0 mS,$$

$$\Rightarrow\ t_2=\frac{(v_2-v_1)}{a_2}=(\sqrt{6}-2)\sqrt{\varepsilon_0 mSd/qQ}.\qquad(3\text{ 分})$$

第三阶段：从左板朝左运动直到停止

$$a_3=a_1=2qQ/\varepsilon_0 mS,\quad\Rightarrow\begin{cases}t_3=v_2/a_3=\sqrt{\dfrac{3}{2}}\sqrt{\varepsilon_0 mSd/qQ},\\d_{\text{左}}=v_2^2/2a_3=\dfrac{3}{2}d.\end{cases}\qquad(3\text{ 分})$$

小结：

$$T=2(t_1+t_2+t_3)=(3\sqrt{6}-2)\sqrt{\varepsilon_0 mSd/qQ},\qquad(1\text{ 分})$$

$$s=2(d+d+d_{\text{左}})=7d.\qquad(1\text{ 分})$$

二、(15 分)

(1) A 第一次朝下移动时，气缸内的气体压强增大，使 K_1 关闭，K_2 打开. A 到达 B 处时，由

$$p_1\cdot\frac{3}{2}L=p_0\cdot 5L.$$

得

$$p_1=\frac{10}{3}p_0. \qquad (5\text{ 分})$$

(2) A 从 B 处朝上拉时，C 上方气体体积增大，压强减小，K_2 即关闭. C 下方气体压强 p_1 不变，上方气体压强继续减小，直到 A 距 C 高为 h 时压强降到 p_0，由

$$p_0h=p_1\cdot\frac{L}{2}$$

得

$$h=\frac{5}{3}L<4L, \qquad (5\text{ 分})$$

A 继续朝上拉动时，因 K_1 已打开，外部大气进入气缸内.

(3) 将 A 第 $N+1$ 次下行到 B 后 C 下方气体压强记为 p_{N+1}，则有

$$p_{N+1}\cdot\frac{3}{2}L=p_0\cdot 4L+p_N\cdot L.$$

当 C 下方气体压强达极大值 p_e 时，应有

$$p_{N+1}=p_N=p_e,$$

即解得

$$p_e=8p_0. \qquad (5\text{ 分})$$

三、(20 分)

(1) 弹簧被压缩长度为 l 时，小木块、平板和长滑板共同朝左的速度记为 v，则有

$$3mv=mv_0, \quad \Rightarrow \quad v=\frac{1}{3}v_0,$$

$$\frac{1}{2}kl^2=\frac{1}{2}mv_0^2-3\times\frac{1}{2}mv^2=\frac{1}{2}mv_0^2-3\times\frac{1}{2}m\times\frac{v_0^2}{9}=\frac{1}{3}mv_0^2,$$

解得

$$v_0=\sqrt{\frac{3k}{2m}}\,l.$$

绳断前瞬间

$$\text{平板：}kl-T=ma\text{，长滑板：}T=ma,$$

得

$$T=\frac{1}{2}kl. \qquad (6\text{ 分})$$

(2.1) 绳断后长滑板 AB 相对地面以 $v=\frac{1}{3}v_0$ 速度朝左匀速运动. 在 AB 参考系中，小木块和平板从静止开始在弹簧推力作用下，先加速、后匀速对称地朝右、朝左运动. 平板相对长滑板左行 x，小木块相对长滑板右行 x，小木块相对平板右行量则为 $2x$，最终便有

$$2x=2l,$$

即得

$$l_x=x=l. \qquad (4\text{ 分})$$

（2.2）取木块和平板构成的质点系，其质心 C 在 AB 参考系中静止，弹簧从 $t_0=0$ 开始的对小木块和平板施力过程，设到 $t=\Delta t_1$ 时刻结束．此过程在 AB 参考系中的初态和末态如题解图中(1)和(2)所示．

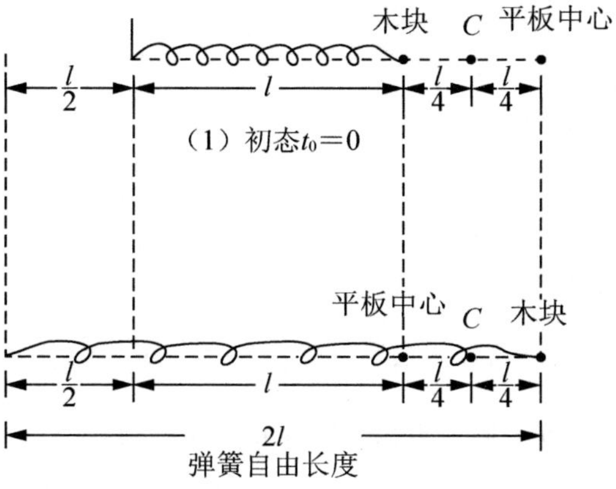

（2）末态$t=\Delta t_1$

题解图

末态时，小木块和平板均处于力平衡状态．为计算 Δt_1，设想 $t=\Delta t_1$ 时小木块与弹簧不分离．小木块相对质心 C 右移 x，则平板相对 C 左移 x，小木块受弹簧力

$$F_x=-k\cdot 2x,$$

其运动方程便为

$$m\ddot{x}=F_x=-2kx,$$

得振动周期

$$T=2\pi\sqrt{\frac{m}{2k}}.$$

借助这假想的连续振动可知

$$\Delta t_1=\frac{T}{4}=\frac{\pi}{2}\sqrt{\frac{m}{2k}}.\qquad\text{（5 分）}$$

真实情况是 $t=\Delta t_1$ 时小木块与弹簧恰好分离，小木块在 AB 参考系中右行速度记为 v_m，则平板在 AB 参考系中的左行速度也为 v_m．由能量守恒方程

$$2\times\frac{1}{2}mv_m^2=\frac{1}{2}kl^2=\frac{1}{3}mv_0^2,$$

得

$$v_m=\frac{1}{\sqrt{3}}v_0=\sqrt{\frac{k}{2m}}l.$$

再经 Δt_2 时间，小木块相对平板右行 l，即离开平板．由

$$2v_m\Delta t_2=l$$

得

$$\Delta t_2=\frac{l}{2v_m}=\sqrt{\frac{m}{2k}}.$$

t_e 由 Δt_1，Δt_2 合成，得

$$t_e=\Delta t_1+\Delta t_2=\left(\frac{\pi}{2}+1\right)\sqrt{\frac{m}{2k}}.\qquad\text{(5 分)}$$

四、(20 分)

取相对环静止的惯性系 S'，由

$$\left.\begin{aligned}x'&=\frac{x-vt}{\sqrt{1-\beta^2}},\\ y'&=y,\end{aligned}\right\}\quad\Rightarrow\quad\begin{cases}x-vt=\sqrt{1-\beta^2}\,x',\ \beta=\dfrac{v}{c},\\ y=y',\end{cases}$$

得环在 S' 系中的静态方程为

$$\frac{x'^2}{A^2}+\frac{y'^2}{B^2}=1,\qquad\begin{cases}A=R/\sqrt{1-\beta^2}>R,\\ B=R,\end{cases}$$

这是一个静止椭圆环. 椭圆两个焦点 F_1，F_2 的坐标分别为

$$F_1\{C,\ 0\},\ F_2\{-C,\ 0\},\ C=\sqrt{A^2-B^2}=\beta R/\sqrt{1-\beta^2}.\qquad\text{(8 分)}$$

静态椭圆几何光学性质：

$$\begin{cases}\text{1. 椭圆中心发出的光，经椭圆内侧反射后不能会聚到椭圆中心；}\\ \text{2. 椭圆一个焦点发出的光，经椭圆内侧反射后会聚到另一个焦点上.}\end{cases}$$

(1) 因对称，S' 系中静态椭圆环状物中心对应 S 系中匀速运动环状物的中心点. 据静态椭圆几何光学性质 1 可知，S 系中随环状物一起运动的环心发出的所有光线，经环内壁反射后并非都过环心点. (4 分)

(2) S' 系中静态椭圆环的两个焦点 F_1，F_2 的坐标为

$$F_1\{x_1'=C,\ y_1'=0\},\ F_2\{x_2'=-C,\ y_2'=0\},$$

经洛伦兹变换

$$\left.\begin{aligned}x'&=\frac{x-vt}{\sqrt{1-\beta^2}},\\ y'&=y,\end{aligned}\right\}\quad\Rightarrow\quad\begin{cases}x=\sqrt{1-\beta^2}\,x'+vt,\\ y=y'.\end{cases}$$

可得 S 系中 t 时刻 F_1，F_2 在 S 系中的投影点坐标为

$$F_1\left\{\sqrt{1-\beta^2}\,C+vt,\ 0\right\},\ F_2\left\{-\sqrt{1-\beta^2}\,C+vt,\ 0\right\}.$$

将 $C=\beta R/\sqrt{1-\beta^2}$ 代入，得

$$F_1\left\{\frac{v}{c}R+vt,\ 0\right\},\ F_2\left\{-\frac{v}{c}R+vt,\ 0\right\}.\qquad\text{(8 分)}$$

这两个投影点都在题图中 a，c 连线上，对称地分居于环心投影点 $\{vt,\ 0\}$ 两侧. 结合静态椭圆几何光学性质 2 可知，本小问的答案为“能”.

五、(20 分)

(1) S' 系中，P 初态 $\{x'=0,\ t'=0\}$，P 末态 $\{x',\ t'\}$ 需确定.

$$\frac{1}{2}a_0t'^2=x'=L+vt',\quad\Rightarrow\quad a_0t'^2-2ut'-2L=0,$$

$$\Rightarrow\quad t'=\frac{1}{2a_0}\left(2u\pm\sqrt{4u^2+8a_0L}\right)\Bigg|_{L=u^2/2a_0}=\frac{1}{2a_0}(2u\pm2\sqrt{2}u).$$

取解为

$$t'=(1+\sqrt{2})u/a_0. \qquad (6\text{ 分})$$

（2）S'系中 P 末态位置和速度分别为

$$x'=L+ut'=\frac{u^2}{2a_0}+\frac{(1+\sqrt{2})u^2}{a_0}=\frac{(1+\sqrt{2})^2}{2a_0}u^2,\quad u'_x=a_0t'=(1+\sqrt{2})u.$$

S 系中，P 初态$\{x_0=0,\ t_0=0\}$，P 末态$\{x,\ t\}$中的 t 需确定.

$$t=\left.\frac{t'+\frac{v}{c^2}x'}{\sqrt{1-\beta^2}}\right|_{\beta=\frac{v}{c}=\frac{u}{c}}=\frac{1}{\sqrt{1-\beta^2}}\frac{(1+\sqrt{2})u}{a_0}\left[1+\frac{u^2}{2c^2}(1+\sqrt{2})\right]\Bigg|_{\beta=\frac{u}{c}},$$

P 的末速度

$$u_x=\frac{u'_x+v}{1+\frac{v}{c^2}u'_x}=\frac{(1+\sqrt{2})u+v}{1+\frac{v}{c^2}(1+\sqrt{2})u}.$$

全过程中速度增量

$$\Delta u=u_x-v=\left.\frac{(1+\sqrt{2})u+v-v-\frac{v^2}{c^2}(1+\sqrt{2})u}{1+\frac{v}{c^2}(1+\sqrt{2})u}\right|_{v=u}=\left(1-\frac{u^2}{c^2}\right)(1+\sqrt{2})u\Big/\left[1+\frac{u^2}{c^2}(1+\sqrt{2})\right].$$

全过程平均加速度

$$\bar{a}=\frac{\Delta u}{\Delta t}=\frac{\Delta u}{t}=(1-\beta^2)^{\frac{3}{2}}a_0\Big/\left[1+\beta^2(1+\sqrt{2})\right]\left[1+\frac{1}{2}\beta^2(1+\sqrt{2})\right]\Bigg|_{\beta=\frac{u}{c}}. \qquad (12\text{ 分})$$

（3）增设 $u=\sqrt{\sqrt{2}-1}\,c$，得

$$\beta^2=\sqrt{2}-1,\ \beta^2(1+\sqrt{2})=1,\ 1-\beta^2=2-\sqrt{2},$$

$$\Rightarrow\quad \bar{a}=\frac{1}{3}(2-\sqrt{2})^{\frac{3}{2}}a_0=0.149a_0. \qquad (2\text{ 分})$$

注解：据加速度变换公式

$$a_x=(1-\beta^2)^{3/2}a'_x\Big/\left(1+\frac{v}{c^2}u'_x\right)^3,$$

S 系中 P 的初态加速度和末态加速度分别为

$$a_{\mathrm{i}}=\frac{(1-\beta^2)^{\frac{3}{2}}}{(1+\beta^2)^3}a_0=\frac{(2-\sqrt{2})^{\frac{3}{2}}}{(\sqrt{2})^3}a_0=0.159a_0,$$

$$a_{\mathrm{e}}=\frac{(-\beta^2)^{\frac{3}{2}}}{\left[1+\beta^2(1+\sqrt{2})\right]^3}a_0=\frac{(2-\sqrt{2})^{\frac{3}{2}}}{2^3}a_0=0.056a_0.$$

P 在加速运动过程中，靠近初态的时段长，靠近末态的时段短，加速度平均值靠近初态加速度值.

六、(25 分)

（1）下滑过程态及相应的参量如题解图 1 所示，有

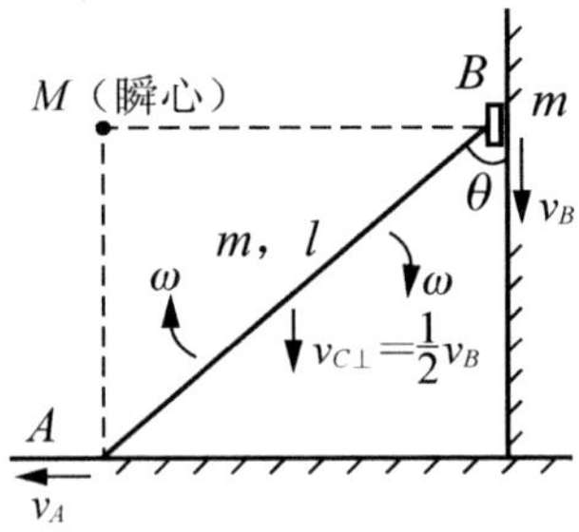

题解图 1

$$v_B=\omega l\sin\theta,\quad\Rightarrow\quad\omega=v_B/l\sin\theta,$$

$$E_{k杆}=\frac{1}{2}I_M\omega^2,\ I_M=\frac{1}{12}ml^2+m\left(\frac{l}{2}\right)^2=\frac{1}{3}ml^2,$$

$$E_{k柱}=\frac{1}{2}mv_B^2,$$

$$E_k=E_{k杆}+E_{k柱}=\frac{1}{2}mv_B^2\left(1+\frac{1}{3\sin^2\theta}\right).$$

$v_B\sim\theta$ 的确定：

$$mgl(1-\cos\theta)+mg\frac{l}{2}(1-\cos\theta)=\frac{1}{2}mv_B^2\left(1+\frac{1}{3\sin^2\theta}\right),$$

$$\Rightarrow\quad v_B^2=9gl\frac{\sin^2\theta(1-\cos\theta)}{3\sin^2\theta+1}.$$

$a_B\sim\theta$ 的确定：

$$2v_Ba_B=\frac{[2\sin\theta\cos\theta(1-\cos\theta)+\sin^3\theta](3\sin^2\theta+1)-\sin^2\theta(1-\cos\theta)6\sin\theta\cos\theta}{(3\sin^2\theta+1)^2}\cdot\omega\cdot 9gl$$

$$=\frac{2\cos\theta(1-\cos\theta)+\sin^2\theta(3\sin^2\theta+1)}{(3\sin^2\theta+1)^2}9gv_B,$$

$$\Rightarrow\quad a_B=\frac{2\cos\theta(1-\cos\theta)+\sin^2\theta(3\sin^2\theta+1)}{(3\sin^2\theta+1)^2}\cdot\frac{9}{2}g.$$

$N\sim\theta$ 的确定：

$$p_\perp=mv_B+mv_{C\perp}\big|_{v_{C\perp}=\frac{1}{2}v_B}=\frac{3}{2}mv_B,$$

$$2mg-N=\frac{dp_\perp}{dt}=\frac{3}{2}ma_B,$$

$$\Rightarrow\quad N=2mg-\frac{3}{2}ma_B=2mg-\frac{27}{4}mg\frac{2\cos\theta(1-\cos\theta)+\sin^2\theta(3\sin^2\theta+1)}{(3\sin^2\theta+1)^2},$$

$$\Rightarrow\begin{cases}N=\dfrac{29-9\sin^4\theta-54\cos\theta+33\cos^2\theta}{4(3\sin^2\theta+1)^2}mg,\\[2ex]\text{或 }N=\dfrac{62-42\sin^2\theta+9\sin^2\theta\cos^2\theta-54\cos\theta}{4(3\sin^2\theta+1)^2}mg.\end{cases}$$

由下面列出的 $N\sim\theta$ 对应表和题解图 2 给出的 $N\sim\theta$ 曲线，可以看出杆整体倒在桌面前，N 始终大于零，故 A 端不全离开桌面.　　（10 分）

$N\sim\theta$ 对应表

$\theta/(°)$	5	10	15	20	25	30	35	40	45
N/mg	1.9009	1.6435	1.3154	0.9963	0.7290	0.5243	0.3758	0.2723	0.2027
$\theta/(°)$	50	55	60	65	70	75	80	85	90
N/mg	0.1583	0.1330	0.1228	0.1250	0.1384	0.1628	0.1988	0.2478	0.3125

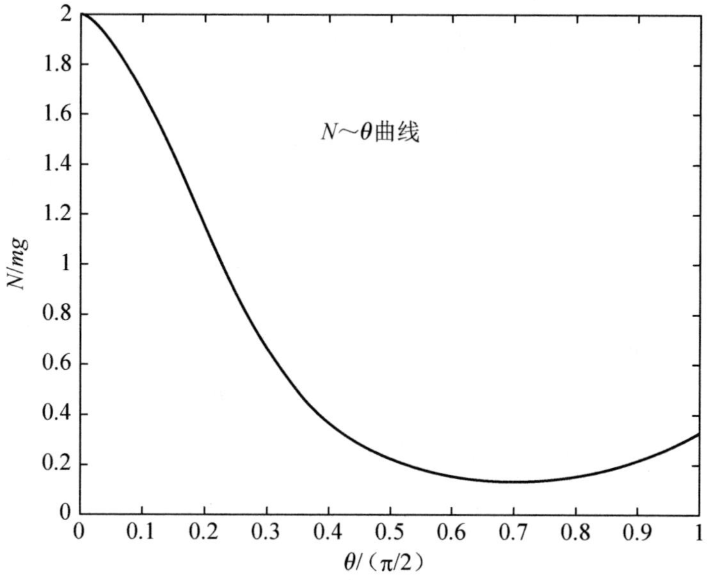

题解图 2

(2) 杆落地前瞬间，相关的运动学量为

$$B\text{ 端竖直向下速度 } v_{B0}=\frac{3}{2}\sqrt{gl},$$

$$\text{细杆中心点 } C \text{ 的竖直向下速度 } v_{C0}=\frac{1}{2}v_{B0},$$

$$\text{细杆绕 } C \text{ 点旋转角速度 } \omega_0=v_{B0}/l,$$

$$\text{细杆中与 } A \text{ 端相距 } x \text{ 处的竖直向下速度 } v_0(x)=\omega_0 x=\frac{x}{l}v_{B0}.$$

(2.1) 碰后运动学量以及碰撞相关的竖直方向作用力，已在题解图 3 中示出，其中桌面提供的碰撞力都用字符 F 代表，且有

$$F_B=fm=\alpha v_{B0}m,$$

$$\mathrm{d}F=f\,\mathrm{d}m=[\alpha v_0(x)]\left(\frac{\mathrm{d}x}{l}m\right)=\alpha v_{B0}\frac{m}{l^2}x\,\mathrm{d}x.$$

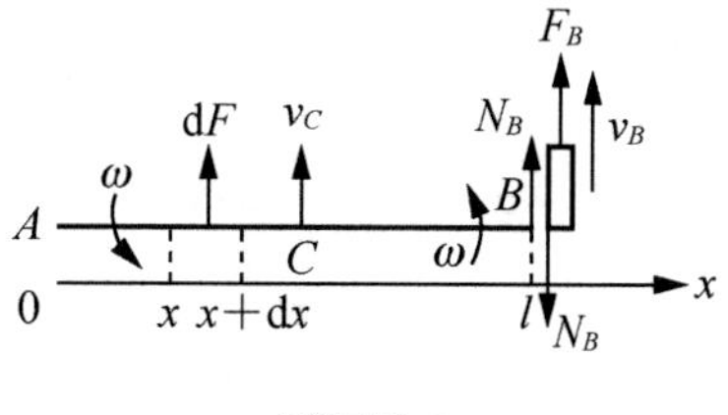

题解图 3

下面将要列出的 5 个独立方程中含有 5 个独立未知量：

$$\alpha\Delta t,\ N_B\Delta t,\ v_B,\ v_C,\ \omega.$$

小柱体的动量方程：

$$F_B\Delta t-N_B\Delta t=m(v_B+v_{B0}),\qquad\Rightarrow\quad mv_{B0}(\alpha\Delta t)-N_B\Delta t=m(v_B+v_{B0}).$$

杆的动量方程：

$$\left[\int_0^l \mathrm{d}F\right]\Delta t + N_B\Delta t = m(v_C + v_{C0}),\quad \begin{cases}\displaystyle\int_0^l \mathrm{d}F = \alpha v_{B0}\frac{m}{l^2}\int_0^l x\,\mathrm{d}x = \frac{1}{2}\alpha v_{B0}m,\\ v_{C0} = \dfrac{1}{2}v_{B0},\end{cases}$$

$$\Rightarrow\quad \frac{1}{2}mv_{B0}(\alpha\Delta t) + N_B\Delta t = m\left(v_C + \frac{1}{2}v_{B0}\right).$$

杆的质心参考系中杆的定轴转动方程：

$$\left[\int_0^l \mathrm{d}F\cdot\left(x-\frac{l}{2}\right) + N_B\cdot\frac{l}{2}\right]\Delta t = (I_C\beta)\Delta t = I_C(\omega+\omega_0),\quad \begin{cases}\displaystyle\int_0^l \mathrm{d}F\left(x-\frac{l}{2}\right) = \frac{1}{12}\alpha v_{B0}ml,\\ I_C = \dfrac{1}{12}ml^2,\end{cases}$$

$$\Rightarrow\quad \frac{1}{12}mv_{B0}l(\alpha\Delta t) + \frac{l}{2}(N_B\Delta t) = \frac{1}{12}ml^2(\omega+\omega_0).$$

系统动能方程：

$$\frac{1}{2}mv_B^2 + \frac{1}{2}mv_C^2 + \frac{1}{2}I_C\omega^2 = \frac{1}{2}mv_B^2\left(1+\frac{1}{3\sin^2\theta}\right)\Bigg|_{v_B=v_{B0},\theta=90^\circ,I_C=\frac{1}{12}ml^2},$$

$$\Rightarrow\quad \frac{1}{2}mv_B^2 + \frac{1}{2}mv_C^2 + \frac{1}{24}ml^2\omega^2 = \frac{2}{3}mv_{B0}^2.$$

运动关联方程：

$$v_B = v_C + \omega\cdot\frac{l}{2}.$$

小结：5 个独立方程如下：

$$mv_{B0}(\alpha\Delta t) - N_B\Delta t = m(v_B + v_{B0}),\tag{1}$$

$$\frac{1}{2}mv_{B0}(\alpha\Delta t) + N_B\Delta t = m\left(v_C + \frac{1}{2}v_{B0}\right),\tag{2}$$

$$\frac{1}{12}mv_{B0}l(\alpha\Delta t) + \frac{l}{2}(N_B\Delta t) = \frac{1}{12}ml^2(\omega+\omega_0),\tag{3}$$

$$\frac{1}{2}mv_B^2 + \frac{1}{2}mv_C^2 + \frac{1}{24}ml^2\omega^2 = \frac{2}{3}mv_{B0}^2,\tag{4}$$

$$v_B = v_C + \omega\cdot\frac{l}{2}.\tag{5}$$

将（1）式所得

$$N_B\Delta t = mv_{B0}(\alpha\Delta t) - m(v_B + v_{B0})\tag{1$'$}$$

代入(2)、(3)式，再改写(4)、(5)式，得

$$\frac{3}{2}v_{B0}(\alpha\Delta t) = v_C + v_B + \frac{3}{2}v_{B0},\tag{2$'$}$$

$$\frac{7}{6}v_{B0}(\alpha\Delta t) - (v_B + v_{B0}) = \frac{1}{6}l(\omega+\omega_0),\tag{3$'$}$$

$$v_B^2 + v_C^2 + \frac{1}{12}l^2\omega^2 = \frac{4}{3}v_{B0}^2,\tag{4$'$}$$

$$v_C=v_B-\frac{1}{2}\omega l. \tag{5$'$}$$

将(5)′式代入(2)′、(4)′式，保留(3)′式，得

$$\frac{3}{2}v_{B0}(\alpha\Delta t)=2v_B-\frac{1}{2}\omega l+\frac{3}{2}v_{B0}, \tag{2$''$}$$

$$\frac{7}{6}v_{B0}(\alpha\Delta t)=v_B+v_{B0}+\frac{1}{6}l(\omega+\omega_0), \tag{3$''$}$$

$$2v_B^2-\omega l v_B+\frac{1}{3}\omega^2 l^2=\frac{4}{3}v_{B0}^2. \tag{4$''$}$$

合并(2)″、(3)″式，消去 $\alpha\Delta t$，得

$$\frac{10}{21}v_B+\frac{1}{7}v_{B0}=\frac{10}{21}\omega l+\frac{1}{7}\omega_0 l, \tag{6}$$

将 $v_{B0}=\omega_0 l$ 代入(6)式，得

$$v_B=\omega l. \tag{7}$$

将(7)式代入(4)″式，得

$$v_B=v_{B0}. \tag{8}$$

将(7)、(8)式代入(5)′式和(2)″式，得

$$v_C=\frac{1}{2}v_{B0}, \tag{9}$$

$$\alpha\Delta t=0. \tag{10}$$

再将（8）式、(10）式代入（1)′式，得

$$N_B\Delta t=0. \tag{11}$$

本问所求量的解便分别是

$$v_C=\frac{1}{2}v_{B0}=\frac{3}{4}\sqrt{gl},\ \omega=v_B/l=v_{B0}/l=\frac{3}{2}\sqrt{\frac{g}{l}},\ \alpha\Delta t=2,\ N_B\Delta t=0. \quad (12\text{ 分})$$

（2.2）上问解答中已设碰后瞬间速度、角速度方向与碰前瞬间速度、角速度方向相反，推导结果所得

$$v_B=v_{B0},\ v_C=\frac{1}{2}v_{B0}=v_{C0},\ \omega=v_B/l=v_{B0}/l=\omega_0,$$

又显示，碰后瞬间速度、角速度大小与碰前瞬间速度、角速度大小相同. 这意味着碰后运动为碰前运动的反演，故为周期运动.

碰前运动时间 $T/2$，可由

$$\mathrm{d}t=\mathrm{d}\theta/\omega,\ \omega=v_B/l\sin\theta,\ v_B=3\sin\theta\sqrt{\frac{1-\cos\theta}{3\sin^2\theta+1}gl}$$

得

$$\frac{T}{2}=\int_{\theta_0}^{90^\circ}\mathrm{d}t=\frac{1}{3}\sqrt{\frac{l}{g}}\int_{\theta_0}^{90^\circ}\sqrt{\frac{3\sin^2\theta+1}{1-\cos\theta}}\,\mathrm{d}\theta,\qquad \theta_0=1^\circ,$$

系统运动周期便为

$$T=\frac{2}{3}\sqrt{\frac{l}{g}}\int_{1^\circ}^{90^\circ}\sqrt{\frac{3\sin^2\theta+1}{1-\cos\theta}}\,\mathrm{d}\theta,$$

将题目已给的定积分结果代入，即得

$$T=5.12\sqrt{\frac{l}{g}}.\qquad(3\text{ 分})$$

七、(25 分)

(1)

运动学量：$\boldsymbol{v}_C=\boldsymbol{v}_{C/\!/}+\boldsymbol{v}_{C\perp}$，$\boldsymbol{\omega}=-\omega\boldsymbol{k}$.

系统受磁场力：

$\boldsymbol{v}_{C/\!/}$ 对应的两个质点所受磁场力：$\begin{cases}\text{合力为零,}\\ \text{相对质心力矩之和 } \boldsymbol{M}=qBlv_{C/\!/}\boldsymbol{k}.\end{cases}$

$\boldsymbol{v}_{C\perp}$ 对应的两个质点所受磁场力：$\begin{cases}\text{合力为零,}\\ \text{相对质心力矩之和为零.}\end{cases}$

$\boldsymbol{\omega}$ 对应的两个质点所受磁场力：$\begin{cases}\text{合力 } \boldsymbol{F}_\omega\text{：方向沿 } q \text{ 到} -q \text{ 为正方向，大小 } F_\omega=qBl\omega,\\ \text{相对质心力矩之和为零.}\end{cases}$

得

$$\boldsymbol{a}_C=\frac{\boldsymbol{F}_\omega}{2m}\quad\begin{cases}\text{方向：沿 } q \text{ 到} -q \text{ 为正方向,}\\ \text{大小：} a_C=\dfrac{qBl}{2m}\omega,\end{cases}\quad\begin{cases}a_{Cx}=-a_C\sin\phi=-\dfrac{qBl}{2m}\omega\sin\phi,\\ a_{Cy}=-a_C\cos\phi=-\dfrac{qBl}{2m}\omega\cos\phi.\end{cases}$$

由

$$\boldsymbol{M}=I_C\boldsymbol{\beta},\ \boldsymbol{M}=qBlv_{C/\!/}\boldsymbol{k},\ I_C=2\times m\left(\frac{l}{2}\right)^2=\frac{1}{2}ml^2$$

得

$$\boldsymbol{\beta}=\frac{2qB}{ml}v_{C/\!/}\boldsymbol{k}.\qquad(5\text{ 分})$$

(2)

(2.1) 参考题解图 1. 质心速度 $\boldsymbol{v}_C$ 的 x，y 方向分量 v_{Cx}，v_{Cy} 与 $v_{C/\!/}$，$v_{C\perp}$ 之间的关系为

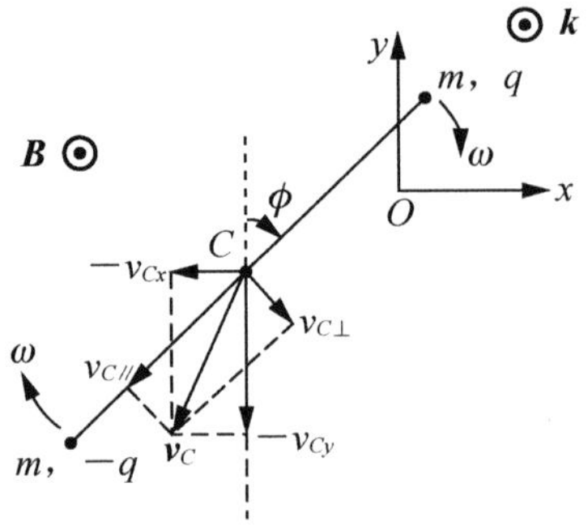

题解图 1

$$\begin{cases}-v_{Cx}=v_{C/\!/}\sin\phi-v_{C\perp}\cos\phi,\\ -v_{Cy}=v_{C/\!/}\cos\phi+v_{C\perp}\sin\phi,\end{cases}$$

即

$$\begin{cases} v_{Cx}=-v_{C/\!/}\sin\phi+v_{C\perp}\cos\phi, \\ v_{Cy}=-v_{C/\!/}\cos\phi-v_{C\perp}\sin\phi, \end{cases}$$

可导得

$$v_{C/\!/}=-(v_{Cx}\sin\phi+v_{Cy}\cos\phi).$$

（类似可得 $v_{C\perp}=v_{Cx}\cos\phi-v_{Cy}\sin\phi$.）由

$$\frac{\mathrm{d}v_{Cx}}{\mathrm{d}t}=a_{Cx}=-\frac{qBl}{2m}\omega\sin\phi, \quad \Rightarrow \quad \mathrm{d}v_{Cx}=-\frac{qBl}{2m}\sin\phi\,\mathrm{d}\phi,$$

$$\Rightarrow \quad \int_0^{v_{Cx}}\mathrm{d}v_{Cx}=-\frac{qBl}{2m}\int_0^{\phi}\sin\phi\,\mathrm{d}\phi,$$

得

$$v_{Cx}=\frac{qBl}{2m}(\cos\phi-1).$$

由

$$\frac{\mathrm{d}v_{Cy}}{\mathrm{d}t}=a_{Cy}=-\frac{qBl}{2m}\omega\cos\phi, \quad \Rightarrow \quad \mathrm{d}v_{Cy}=-\frac{qBl}{2m}\cos\phi\,\mathrm{d}\phi,$$

$$\Rightarrow \quad \int_0^{v_{Cy}}\mathrm{d}v_{Cy}=-\frac{qBl}{2m}\int_0^{\phi}\cos\phi\,\mathrm{d}\phi,$$

得

$$v_{Cy}=-\frac{qBl}{2m}\sin\phi.$$

将 $v_{Cx}\sim\phi$，$v_{Cy}\sim\phi$ 表述式代入前面所得 $v_{C/\!/}\sim v_{Cx}$，v_{Cy} 关系式，得

$$v_{C/\!/}=\frac{qBl}{2m}\sin\phi \quad (=-v_{Cy}).$$

（类似可得 $v_{C\perp}=\frac{qBl}{2m}(1-\cos\phi)=-v_{Cx}$.）由

$$\boldsymbol{\beta}=\frac{2qB}{ml}v_{C/\!/}\boldsymbol{k}, \quad v_{C/\!/}=\frac{qBl}{2m}\sin\phi, \quad \phi \text{ 旋转正方向与 } \boldsymbol{k} \text{ 反向},$$

得

$$\frac{\mathrm{d}^2\phi}{\mathrm{d}t^2}=-\beta=-\frac{2qB}{ml}\frac{qBl}{2m}\sin\phi=-\frac{q^2B^2}{m^2}\sin\phi,$$

所求关于 $\phi(t)$ 的微分方程即为

$$\ddot{\phi}+\left(\frac{qB^2}{m}\right)\sin\phi=0. \qquad (4\text{分})$$

（2.2）将

$$\ddot{\phi}=\frac{\mathrm{d}\omega}{\mathrm{d}t}=\frac{\mathrm{d}\omega}{\mathrm{d}\phi}\frac{\mathrm{d}\phi}{\mathrm{d}t}=\omega\frac{\mathrm{d}\omega}{\mathrm{d}\phi}$$

代入上式，得

$$\int_{\omega_0}^{\omega}\omega\,\mathrm{d}\omega=-\left(\frac{qB}{m}\right)^2\int_0^{\phi}\sin\phi\,\mathrm{d}\phi,$$

ω^2 随 ϕ 的变化的函数即为

$$\omega^2=\omega_0^2-2\left(\frac{qB}{m}\right)^2(1-\cos\phi).$$ （2 分）

（2.3）系统若能达到 ω 为非零常量的稳定状态，则由上式要求此后 ϕ 为不变量，于是必有

$$\omega=\frac{\mathrm{d}\phi}{\mathrm{d}t}=0,$$

与 ω 为非零常量矛盾，据此，系统不可能达到 ω 为非零常量的稳定运动状态. （1 分）

（附注：某些参考书中的例题认为系统有可能达到 ω 为非零常量的稳定运动状态，似有不妥.）

（3）

（3.1）由(2.2)问解答可知，为使杆可连续不停地旋转，要求 ϕ 取任意值均对应 $\omega^2>0$，即得 ω_0 取值范围为

$$\omega_0>2\frac{qB}{m}.$$ （1 分）

（3.2）由

$$v_{Cy}=-\frac{qBl}{2m}\sin\phi,\ \ddot{\phi}+\left(\frac{qB^2}{m}\right)\sin\phi=0,\quad\Rightarrow\quad\sin\phi=-\left(\frac{m}{qB}\right)^2\ddot{\phi}=-\left(\frac{m}{qB}\right)^2\frac{\mathrm{d}\omega}{\mathrm{d}t},$$

得

$$\frac{\mathrm{d}y_C}{\mathrm{d}t}=\frac{qBl}{2m}\left(\frac{m}{qB}\right)^2\frac{\mathrm{d}\omega}{\mathrm{d}t}=\frac{ml}{2qB}\frac{\mathrm{d}\omega}{\mathrm{d}t},\quad\Rightarrow\quad\int_0^{y_C}\mathrm{d}y_C=\frac{ml}{2qB}\int_{\omega_0}^{\omega}\mathrm{d}\omega,$$

$$\Rightarrow\quad y_C=-\frac{ml}{2qB}(\omega_0-\omega).$$

杆连续不停旋转过程中，ω 恒为正，由（2.2）问解答可得到

$$\omega_{\max}=\omega_0,\ \omega_{\min}=\sqrt{\omega_0^2-4\left(\frac{qB}{m}\right)^2},$$

故 y_C 取值范围为

$$0\geqslant y_C\geqslant-\frac{ml}{2qB}\left(\omega_0-\sqrt{\omega_0^2-4\left(\frac{qB}{m}\right)^2}\right).$$ （3 分）

（附注：此处所得 y_C 取值范围与第 2 届亚洲赛理论试题 2 的(2.b)问解答一致，该题 $-x$ 方向即为本题 $-y$ 方向.）

（4）由

$$\omega^2=\omega_0^2-2\left(\frac{qB}{m}\right)^2(1-\cos\phi),\quad\frac{qB}{m}\ll\omega_0$$

得

$$\omega\approx\omega_0,\ \phi=\omega_0 t,$$

则有

$$\frac{\mathrm{d}x_C}{\mathrm{d}t}=v_{Cx}=\frac{qBl}{2m}(\cos\phi-1)=\frac{qBl}{2m}(\cos\omega_0 t-1),$$

$$\Rightarrow\quad\int_0^{x_C}\mathrm{d}x_C=\frac{qBl}{2m}\frac{1}{\omega_0}\left[\int_0^{\phi}\cos\phi\,\mathrm{d}\phi-\int_0^{\phi}\mathrm{d}\phi\right],$$

得

$$x_C=\frac{qBl}{2m\omega_0}(\sin\phi-\phi).$$

由

$$\frac{\mathrm{d}y_C}{\mathrm{d}t}=v_{Cy}=-\frac{qBl}{2m}\sin\phi=-\frac{qBl}{2m}\sin\omega_0 t,\quad\Rightarrow\quad\int_0^{y_C}\mathrm{d}y_C=-\frac{qBl}{2m\omega_0}\int_0^{\phi}\sin\phi\,\mathrm{d}\phi\ ,$$

得

$$y_C=\frac{qBl}{2m\omega_0}(\cos\phi-1).$$

质心轨道的参量方程可表述为

$$\begin{cases}x_C=R\sin\phi-R\phi,\\ y_C=R\cos\phi-R,\end{cases}\qquad R=qBl/2m\omega_0,\qquad\text{（4 分）}$$

轨道是一条滚轮线，如题解图 2 所示.

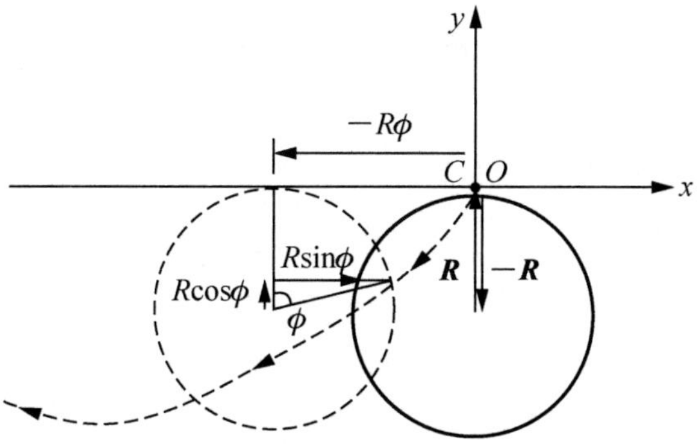

题解图 2

（附注：此种情况下质心 C 的运动轨道与《物理学难题集萃》（舒幼生、胡望雨、陈秉乾编著，高等教育出版社，1999 年）1149 页题 4 中的质心 C 的运动轨道相同.）

（5） $|\phi|_{\max}$为小角度，则

$$\sin\phi\approx\phi,\quad\Rightarrow\quad\ddot{\phi}+\left(\frac{qB}{m}\right)^2\phi=0,$$

得解

$$\phi=\phi_0\sin\phi\ \frac{qB}{m},$$

$$\omega_0=\left.\frac{\mathrm{d}\phi}{\mathrm{d}t}\right|_{t=0}=\left.\frac{qB}{m}\phi_0\cos\frac{qB}{m}t\right|_{t=0}=\frac{qB}{m}\phi_0,$$

$$\Rightarrow\quad|\phi|_{\max}=\phi_0=m\omega_0/qB.$$

为使$|\phi|_{\max}=\phi_0$ 为小角度，要求 ω_0 取值范围为

$$\omega_0\ll qB/m.$$

此时因 ϕ 为小角度，有

$$\frac{\mathrm{d}x_C}{\mathrm{d}t}=v_{Cx}=\frac{qBl}{2m}(\cos\phi-1)=\frac{qBl}{2m}\left(-\frac{\phi^2}{2}\right)=-\frac{qBl}{4m}\phi_0^2\sin^2\left(\frac{qB}{m}t\right),$$

$$\Rightarrow \quad \frac{\mathrm{d}x_C}{\mathrm{d}t}=-\frac{qBl}{4m}\phi_0^2\ \frac{1}{2}\left(1-\cos\frac{2qB}{m}t\right),$$

$$\Rightarrow \quad \int_0^{x_C}\mathrm{d}x_C=-\frac{qBl}{8m}\phi_0^2\left[\int_0^t\mathrm{d}t-\int_0^t\cos\frac{2qB}{m}t\,\mathrm{d}t\right],$$

得

$$x_C=\frac{qBl}{8m}\phi_0^2\left(\frac{m}{2qB}\sin\frac{2qB}{m}t-t\right).$$

又有

$$\frac{\mathrm{d}y_C}{\mathrm{d}t}=v_{Cy}=-\frac{qBl}{2m}\sin\phi=-\frac{qBl}{2m}\phi=-\frac{qBl}{2m}\phi_0\sin\frac{qB}{m}t,$$

$$\Rightarrow \quad \int_0^{y_C}\mathrm{d}y_C=-\frac{qBl}{2m}\phi_0\int_0^t\sin\frac{qB}{m}t\,\mathrm{d}t,$$

得

$$y_C=\frac{qBl}{2m}\phi_0\ \frac{m}{qB}\left(\cos\frac{qB}{m}t-1\right).$$

即

$$\begin{cases}x_C=\dfrac{l\phi_0^2}{16}\left(\sin\dfrac{2qB}{m}t-\dfrac{2qB}{m}t\right),\\ y_C=\dfrac{l\phi_0}{2}\left(\cos\dfrac{qB}{m}t-1\right),\end{cases}\quad\Rightarrow\quad\begin{cases}t\to\infty\text{时，}x_C\to-\infty,\\ 0>y_C>-l\phi_0,\ \phi_0=m\omega_0/qB.\end{cases}\qquad(5\text{ 分})$$

2013 年暑期物理竞赛辅导班联谊赛试题

学校__________ 姓名__________ 成绩__________

总分：140 分 时间：3 小时

题号	一	二	三	四	五	六	七
得分							
阅卷人							

一、(15 分)

如图所示，在水平 Oxy 坐标平面的第Ⅰ象限，有一个内外半径几乎同为 R，圆心位于 $x=R$，$y=0$ 处的半圆形固定细管道，坐标平面上有电场强度沿着 y 轴方向的匀强电场. 带电质点 P 在管道内，从 $x=0$，$y=0$ 位置出发，在管道内无摩擦地运动，其初始动能为 E_{k0}. P 运动到 $x=R$，$y=R$ 位置时，其动能减少了二分之一.

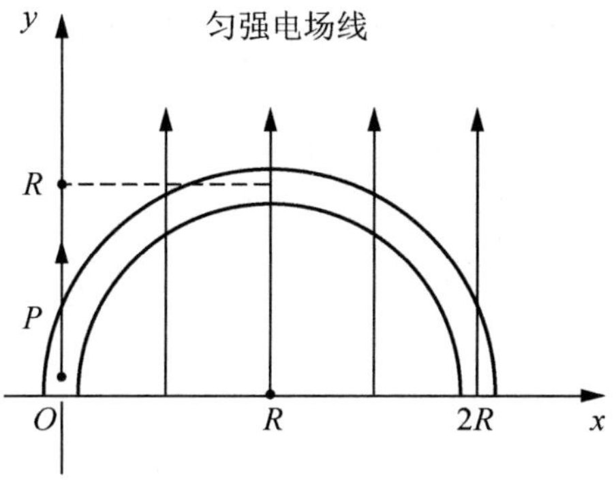

(1) 试问 P 所带电荷是正的，还是负的？为什么？

(2) P 所到位置可用该位置的 x 坐标来标定，试在 $2R\geqslant x\geqslant 0$ 范围内导出 P 的动能 E_k 随 x 变化的函数.

(3) P 在运动过程中受管道的弹力 $\boldsymbol{N}$ 也许是径向朝里的(即指向圆心的)，也许是径向朝外的(即背离圆心的). 通过定量讨论，判定在 $2R\geqslant x\geqslant 0$ 范围内是否存在 $\boldsymbol{N}$ 径向朝里的 x 取值区域，若存在，请给出该区域；继而判定在 $2R\geqslant x\geqslant 0$ 范围内是否存在 $\boldsymbol{N}$ 径向朝外的 x 取值区域，若存在，请给出该区域.

二、(18 分)

循环过程效率

(1) 单原子分子理想气体所经历的两个热循环过程 $ABCA$ 和 $ACDA$ 如图 1 所示，试求它们的效率之比 $\eta_{ABCA}:\eta_{ACDA}$.

（2）图 2 中所示为某理想气体可取的三个热循环过程 $ABCA$，$ACDA$ 和 $ABCDA$，各自的效率依次记为 η_1，η_2 和 η_3. 已知 η_1，试求 η_2 和 η_3，再为 η_1，η_2 和 η_3 的大小排序.

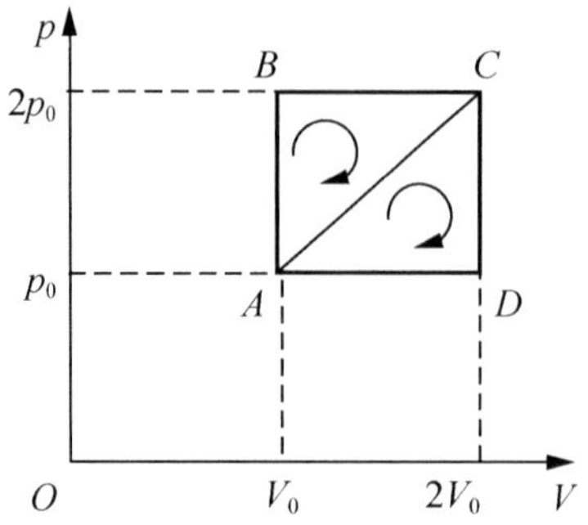

图 1

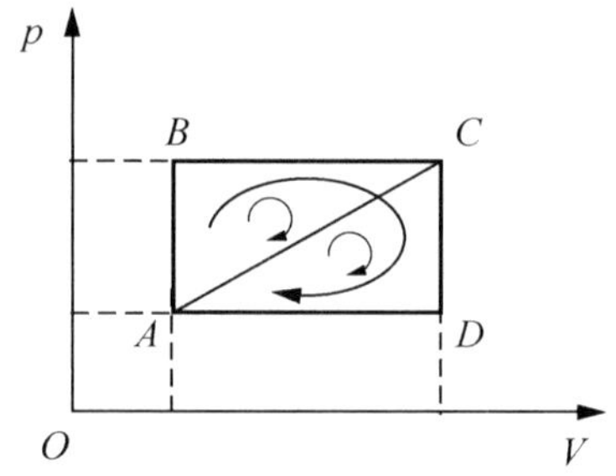

图 2

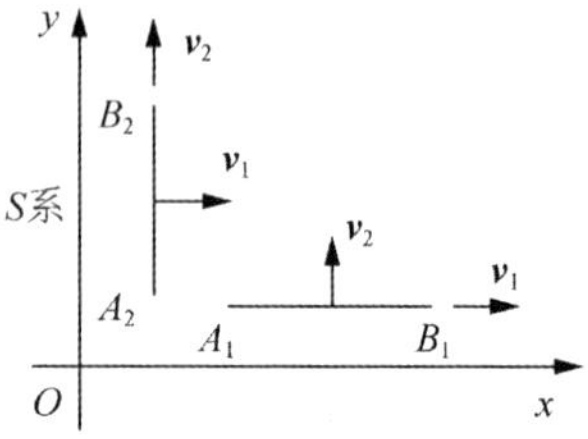

三、（18 分）

如图所示，惯性系 S 中的 Oxy 平面有两根分别平行于 x 轴的细杆 A_1B_1 和平行于 y 轴的细杆 A_2B_2，它们在 Oxy 平面上匀速运动分速度都已在图中标出. S 系测得杆 A_1B_1 长度为 l_1，杆 A_2B_2 长度为 l_2，设 l_1，l_2 和图中的 v_1，v_2 均为已知量.

（1）将 A_1B_1 杆和 A_2B_2 杆各自的静止长度未知量分别记为 L_1 和 L_2，试求比值 $\gamma=L_1/L_2$.

（2）将 A_1B_1 杆测得的 A_2B_2 杆长度未知量记为 L_2'；A_2B_2 杆测得的 A_1B_1 杆长度未知量记为 L_1'，试求比值 $\gamma'=L_2'/L_1'$.

（3）若 $l_1=\dfrac{3}{2}l_2$，$\gamma'=\sqrt{\dfrac{3}{5}}$，试给出一组可取的（不必讨论是否还有其他组可取的）$\{\beta_1, \beta_2\}$数值，其中 $\beta_1=v_1/c$，$\beta_2=v_2/c$.

四、（18 分）

静电场

（1）场强

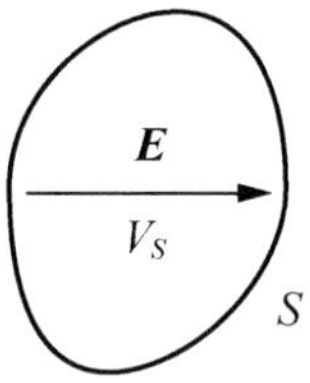

图 1

（1.1）场强为 $\boldsymbol{E}_0$ 的匀强电场中，放入半径为 R 的导体球. 若导体球原不带电，静电平衡后导体球表面电荷分布称为分布Ⅰ. 若导体球原带电量为 Q，静电平衡后导体球表面电荷分布称为分布Ⅱ，请说出分布Ⅱ与分布Ⅰ之间的关系.

（1.2）空间任意一个闭合曲面 S 如图 1 所示，试问能否在 S 面上设置一种电荷分布 x，使得 S 面所包围的空间体 V_S 是一个场强为图示矢量 $\boldsymbol{E}$ 的匀强场区？若能，是否唯一？为什么？

（2）电势

（2.1）如图 2 所示，空间有电量为 Q 的固定点电荷，在其静电场区域中取一个半径为 R 的几何球面，其球心与点电荷 Q 相距 $r>R$，试求该几何球面上的平均电势 $\overline{U}_1$.

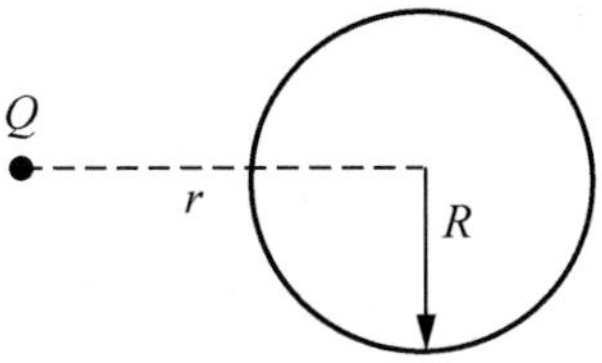

图 2

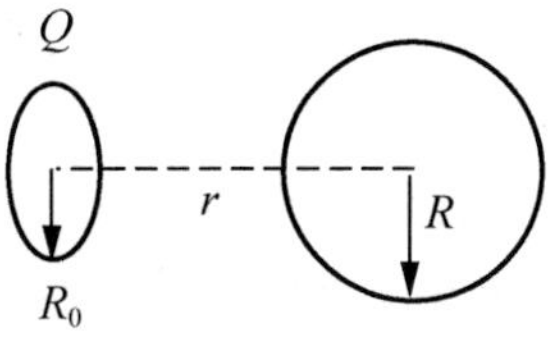

图 3

(2.2) 如图 3 所示，空间有半径为 R_0，电量为 Q 的固定均匀带电圆环，在其静电场区域中取一个半径为 R 的几何球面，球心与圆球中心的连线与环平面垂直，间距 $r>R$，试求该几何球面上的平均电势 $\overline{U}_2$.

(2.3) 承 (2.2) 问，改设 $R^2>r^2+R_0^2$，再求半径为 R 的几何球面上的平均电势 $\overline{U}_3$.

五、(18 分)

球面半径为 R_1 的平凸透镜，平放在半径为 R_2 的玻璃圆柱体侧面上方，两者间的最近距离记为 d. 如图所示，设置固定的 $Oxyz$ 坐标系，z 轴与球心到圆柱体中央轴的垂线重合，Oxy 平面与透镜平面平行，y 轴与柱体中央轴平行，x 轴朝右. 波长为 λ 的单色平行光逆着 z 轴正入射，在球面与圆柱面之间的空气膜上形成类似于牛顿环的干涉图样，图样在 Oxy 平面上表现为一系列的干涉环.

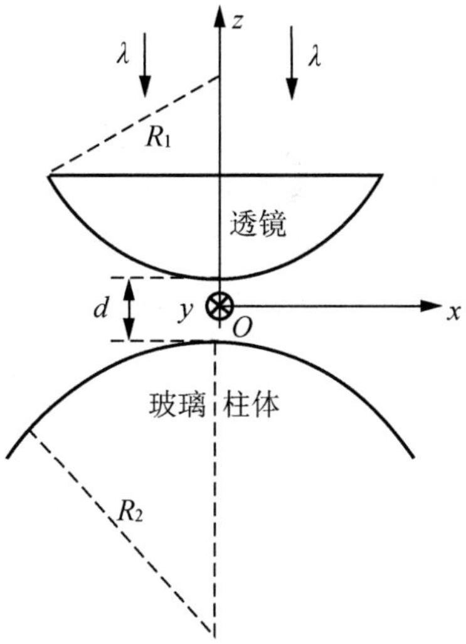

(1) 设开始时观察到图样的中心为亮点(注意，不是亮环). 现通过将透镜上下平移使中心向内吞入 10 个亮环后中心仍为亮点，试确定透镜平移的方向(上或下)和大小 Δd.

(2) 此时将透镜与玻璃圆柱体最小间距记为 d'，试导出 Oxy 平面上第 k 级亮环和第 k 级暗环各自的曲线方程.

(3) 今已观测到图样的中心为亮点，并测定中心亮点到往外数第 10 个亮环的最大间距及中心亮点到往外数第 20 个亮环的最小间距皆为 ρ，试由 ρ 和波长 λ 确定 R_1 和 R_2 的大小.

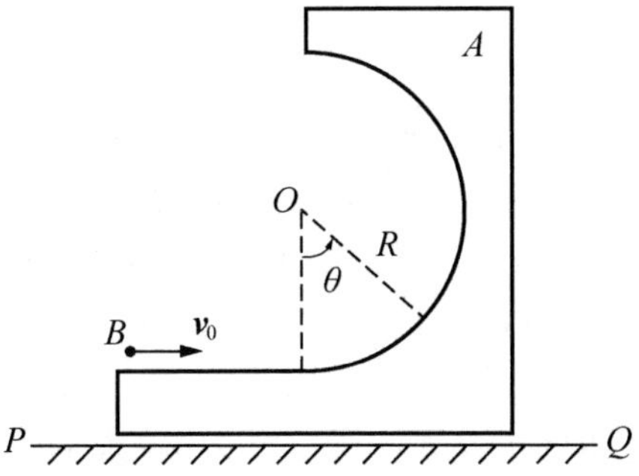

六、(28 分)

如图所示，嵌在固定光滑水平长直轨道 PQ 上的滑块 A，可在 PQ 上无摩擦地运动，A 的内侧有一段水平光滑表面和一个半径为 R 的半圆柱形光滑表面，开始时 A 处于静止状态. 小球 B(可处理成质点)从 A 的左侧沿水平朝右的方向，以图示的 $\boldsymbol{v}_0$ 初速度进入 A 的水平表面运动，而后进入半圆柱形表面运动. 设轨道 PQ 对 A 只提供竖直方向的约束力，此力保证 A 不会倾斜. 再设 A，B 质量相同，且有

$$v_0^2=4(\sqrt{2}+1)Rg,$$

其中 g 为重力加速度.

(1) 引入图中所示圆心角 $\theta(\pi\geqslant\theta\geqslant0)$，当 B 在 A 的半圆柱形表面上位于 θ 角位置时，A 相对 PQ 的右行速度记为 v_A，B 相对 A 的圆运动速度大小记为 v'_B，试确定 $v_A\sim\theta$ 和 $v'_B\sim\theta$ 关系式.

(2) 将 A 相对 PQ 的右行加速度记为 a_A，试确定 $a_A\sim\theta$ 关系式，并据此判断 B 在半圆柱形表面所能到达的最高位置.

(3) 计算 B 相对 PQ 的运动轨道中 $\theta=\pi/2$ 角位置处的曲率半径.

(4) 计算 B 在半圆柱形表面上所能到达的最高位置前后邻域处，相对 PQ 运动轨道中的曲率半径.

(5) 用草图画出 B 从开始到最后落地前，相对 PQ 的运动轨道(不必定量表述此运动轨道).

七、(25 分)

如图所示，各边长为 L 的正方形区域 $ABCD$ 内，有垂直于图平面朝里的匀强磁场 $\boldsymbol{B}$. 令质量 m、电量 $q>0$ 的质点 P，在 AD 边上与 A 相距 x 的 E 点，从磁场区域外以初速 $\boldsymbol{v}$ 射入到磁场区域内，$\boldsymbol{v}$ 在图平面上，其方向与 AD 边的夹角记为 ϕ. 另有若干块很小的绝缘反射平板，可根据你的需要，在 AB 边和(或)BC 边和(或)CD 边的某些位置上固定这样的小平板，平板与所在边的夹角由你自己设定.

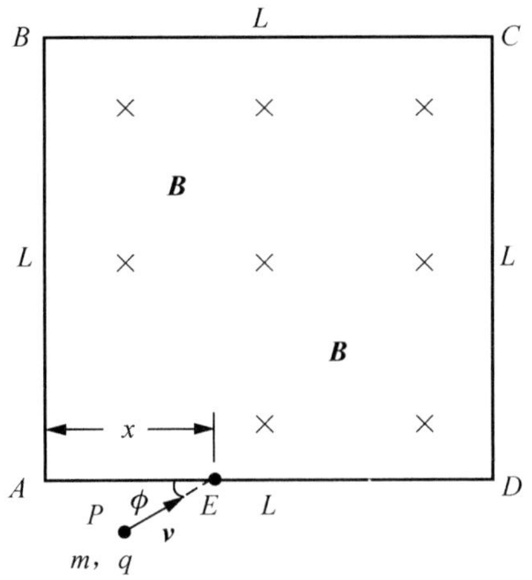

不计重力，设 L，m，q 和 $\boldsymbol{v}$ 的大小均为已知量. 要求你设计磁感应强度 $\boldsymbol{B}$ 的大小；设计参量 x 和 ϕ；设计 AB 边、BC 边和 CD 边中哪几条边上，在什么位置(例如在 AB 边上，可用与 A 点的间距量来标定位置)上，放置一个与该条边夹角为多大的小平板. 以确保 P 进入磁场后，因磁场力的作用以及与小平板的弹性碰撞，经过三条长度相等的圆弧段运动后，又从 E 点射出磁场区域，而且要求 P 的运动轨道必须经过正方形的每一条边. 无论设计方案有几个，应为每一个方案画出一幅内含上述待定参量以及 P 运动轨道的设计结果图.

——王达(北京大学物理学院 2004 级)，舒幼生

解答与评分标准
（参考）

一、(15 分)

(1) P 所带电荷是负的. 因无摩擦，P 从 $x=0$，$y=0$ 位置运动到 $x=R$，$y=R$ 位置时，动能减少必定对应电势能增加，只有 P 带负电沿电场线方向运动，其电势能才是增加的. (2 分)

(2) 匀强电场场强大小记为 E，P 所带电量记为 $-q$，$q>0$. P 所到位置 x 坐标对应的 y 坐标为

$$y=\sqrt{R^2-(R-x)^2}, \qquad (1\text{ 分})$$

据能量守恒，有

$$qER=\frac{1}{2}E_{k0}, \quad \Rightarrow \quad qE=E_{k0}/2R, \qquad (1\text{ 分})$$

$$E_k=E_{k0}-qEy, \qquad (1\text{ 分})$$

联合上述三式，即可解得

$$E_k=\left[1-\frac{1}{2}\sqrt{\frac{x}{R}\left(2-\frac{x}{R}\right)}\right]E_{k0}. \qquad (2\text{ 分})$$

(3) 将 P 的质量记为 m，考虑到对称性，先在 $R\geqslant x\geqslant 0$ 区域内讨论 $\mathbf{N}$ 的方向.

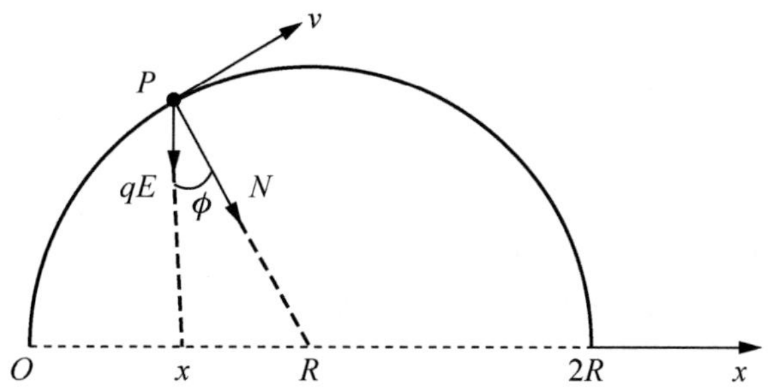

题解图

参考题解图，P 在 x 坐标对应位置处时，有

$$N=\frac{mv^2}{R}-qE\cos\phi. \qquad (2\text{ 分})$$

开始时 $x=0$，$\cos\phi=0$，v 也为极大，对应 N 为最大，有

$$N_{\max}=\frac{mv^2}{R}=\frac{2E_{k0}}{R}>0. \qquad (1\text{ 分})$$

而后 x 增长，mv^2/R 减小，$qE\cos\phi$ 增大，N 减小. 当 $x=R$，mv^2/R 达最小，$qE\cos\phi=qE$ 达最大，此时 N 达最小值，记为 $N_{\min}$. 由此时

$$\frac{1}{2}mv^2=\frac{1}{2}E_{k0}, \; qE=E_{k0}/2R,$$

得

$$N_{\min}=\frac{E_{k0}}{R}-\frac{E_{k0}}{2R}=\frac{E_{k0}}{2R}>0,\qquad (3分)$$

即得

$$R\geqslant x\geqslant 0 \text{ 区域内 } N>0，\boldsymbol{N} \text{ 径向朝里，}$$

由系统对称性可知，在 $2R\geqslant x\geqslant R$ 区域内仍有 $N>0$，$\boldsymbol{N}$ 径向朝里.

结论：

在 $2R\geqslant x\geqslant 0$ 范围内，$\boldsymbol{N}$ 始终是径向朝里的；

不存在 $\boldsymbol{N}$ 是径向朝外的 x 取值区域. （2 分）

二、(18 分)

（1）

$$\eta_{ABCA}:\eta_{ACDA}=\frac{W_{ABCA}}{Q_{ABCA}}\Big/\frac{W_{ACDA}}{Q_{ACDA}},\ W_{ABCA}=W_{ACDA},\qquad (3分)$$

$$\Rightarrow\quad \eta_{ABCA}:\eta_{ACDA}=Q_{ACDA}/Q_{ABCA}.$$

吸热：$Q_{ABCA}=Q_{AB}+Q_{BC}=\nu C_{V,\mathrm{m}}(T_B-T_A)+\nu C_{p,\mathrm{m}}(T_C-T_B)$，$\begin{cases}C_{V,\mathrm{m}}=\frac{3}{2}R，C_{p,\mathrm{m}}=\frac{5}{2}R,\\ T_B=2T_A，T_C=4T_A,\end{cases}$

$$\Rightarrow\quad Q_{ABCA}=\frac{13}{2}\nu RT_A.\qquad (2分)$$

吸热：$Q_{ACDA}=Q_{AC}=W_{AC}+\Delta U_{AC}=\frac{3}{2}p_0V_0+\nu C_{V,\mathrm{m}}(T_C-T_A)$，$p_0V_0=\nu RT_A$，

$$\Rightarrow\quad Q_{ACDA}=6\nu RT_A,\qquad (2分)$$

$$\Rightarrow\quad \eta_{ABCA}:\eta_{ACDA}=\frac{12}{13}.\qquad (2分)$$

（2）记

$$Q_{ABC吸}=Q_1,\ Q_{CA放}=Q_{AC吸}=Q_2,\ Q_{CDA放}=Q_3,$$
$$W_{ABCA}=W,\ W_{ACDA}=W,\ W_{ABCDA}=2W,$$

由

$$\eta_1=W/Q_1,\ \eta_3=2W/Q_1,$$

得

$$\eta_3=2\eta_1,\qquad (1)(3分)$$

由

$$\eta_1=1-\frac{Q_2}{Q_1},\ \eta_2=1-\frac{Q_3}{Q_2},\ \eta_3=1-\frac{Q_3}{Q_1},$$

$$\Rightarrow\quad \frac{Q_2}{Q_1}=1-\eta_1,\ \frac{Q_3}{Q_2}=1-\eta_2,\ \frac{Q_3}{Q_1}=1-\eta_3,$$

$$\frac{Q_3}{Q_1}=\frac{Q_2}{Q_1}\frac{Q_3}{Q_2},$$

得

$$1-\eta_3=(1-\eta_1)(1-\eta_2),\quad \Rightarrow\quad \eta_3=\eta_1+\eta_2-\eta_1\eta_2.$$

将(1)式代入，得

$$\eta_2=\frac{\eta_1}{1-\eta_1}>\eta_1. \qquad (2)(3\text{ 分})$$

由(2)式反解得

$$\eta_1=\eta_2/(1+\eta_2),$$

联系(1)式，得

$$\eta_3=2\eta_2/(1+\eta_2)>\eta_2,$$

故排序为

$$\eta_3>\eta_2>\eta_1. \qquad (3)(3\text{ 分})$$

三、(18 分)

(1) 杆 A_1B_1 在 S 系中的合速度 $\boldsymbol{v}$ 及其方向角 ϕ，如题解图所示，应有

$$v^2=v_1^2+v_2^2,\ \cos\phi=\frac{v_1}{v},\ \sin\phi=\frac{v_2}{v}.$$

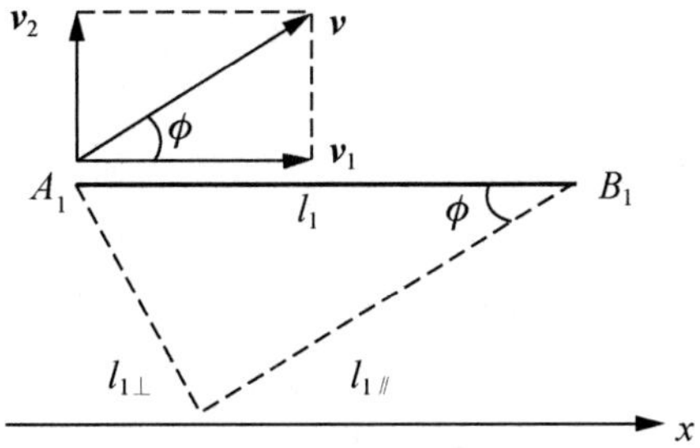

题解图

运动的杆 A_1B_1 在 $\boldsymbol{v}$ 方向的投影长度 $l_{1/\!/}$ 和在垂直于 $\boldsymbol{v}$ 方向的投影长度 $l_{1\perp}$ 分别为

$$l_{1/\!/}=l_1\cos\phi,\ l_{1\perp}=l_1\sin\phi.$$

杆 A_1B_1 静止长度 L_1 在 $\boldsymbol{v}$ 方向的投影长度 $L_{1/\!/}$ 和在垂直于 $\boldsymbol{v}$ 方向的投影长度 $L_{1\perp}$ 分别为

$$L_{1/\!/}=l_{1/\!/}/\sqrt{1-\beta^2},\ L_{1\perp}=l_{1\perp},\ \beta=\frac{v}{c}. \qquad (6\text{ 分})$$

(注意：在相对杆 A_1B_1 静止的惯性系 S' 中，杆 A_1B_1 与两个惯性系 S，S' 之间相对运动速度 $\boldsymbol{v}$ 的夹角并非题解图中的 ϕ，也就是说在 S 系中有 $l_{1\perp}/l_{1/\!/}=\tan\phi$，在 S' 系中 $L_{1\perp}/L_{1/\!/}\neq\tan\phi$，而是 $L_{1\perp}/L_{1/\!/}=\sqrt{1-\beta^2}\tan\phi$.)即得

$$L_1^2=L_{1/\!/}^2+L_{1\perp}^2=\frac{l_1^2\cos^2\phi}{1-\beta^2}+l_1^2\sin^2\phi,$$

$$\Rightarrow\quad L_1^2=l_1^2\left\{\frac{v_1^2/v^2}{1-\beta^2}+\frac{v_2^2}{v^2}\right\}=\left\{\left(\frac{v_1^2}{v^2}+\frac{v_2^2}{v^2}-\frac{v_2^2}{c^2}\right)\Big/(1-\beta^2)\right\}l_1^2,$$

$$\Rightarrow\quad L_1^2=\{(1-\beta_2^2)/(1-\beta^2)\}l_1^2,\ \beta_2=\frac{2v_2}{c}. \qquad (3\text{ 分})$$

将题图中的 Oxy 平面 y 轴改取为 x 轴，x 轴改取为 y 轴，即可将原杆 A_2B_2 按原杆 A_1B_1 处理，但须将原杆 A_2B_2 的 $\boldsymbol{v}_2$，$\boldsymbol{v}_1$ 对应地代替原杆 A_1B_1 的 $\boldsymbol{v}_1$，$\boldsymbol{v}_2$. 即得

$$L_2^2=\{(1-\beta_1^2)/(1-\beta^2)\}l_2^2,\ \beta_1=\frac{2v_1}{c}.$$

所求 γ 即为

$$\gamma=L_1/L_2=\sqrt{(1-\beta_2^2)/(1-\beta_1^2)}\frac{l_1}{l_2}=\sqrt{\frac{c^2-v_2^2}{c^2-v_1^2}}\frac{l_1}{l_2}. \qquad (3\text{ 分})$$

（2）因 A_1B_1 杆和 A_2B_2 杆相对 S 系速度同为 $\boldsymbol{v}=v_1\boldsymbol{i}+v_2\boldsymbol{j}$，故两杆相对静止，$L_2'=L_2$，$L_1'=L_1$. 即得

$$\gamma'=L_2'/L_1'=L_2/L_1=\frac{1}{\gamma}, \quad \Rightarrow \quad \gamma'=\sqrt{(1-\beta_1^2)/(1-\beta_2^2)}\frac{l_2}{l_1}. \qquad (3\text{ 分})$$

（3）将 $l_1=3l_2/2$，$\gamma'=\sqrt{\frac{3}{5}}$ 代入，得

$$\sqrt{\frac{3}{5}}=\sqrt{(1-\beta_1^2)/(1-\beta_2^2)}\cdot\frac{2}{3}, \quad \Rightarrow \quad \sqrt{(1-\beta_1^2)/(1-\beta_2^2)}=\frac{3\sqrt{3}}{2\sqrt{5}}.$$

一组可取的 $\{\beta_1,\beta_2\}$ 数值解为 $\left\{\beta_1=\frac{1}{2},\ \beta_2=\frac{2}{3}\right\}$. （3 分）

四、(18 分)

（1）

（1.1）分布Ⅱ为分布Ⅰ与 Q 在球面上均匀分布的叠加. （3 分）

（1.2）能，分布不唯一.

假想带电量为 Q 的导体恰好充满该区域 V_S，并放置在场强为 $-\boldsymbol{E}$ 的匀强电场中. 达到静电平衡后，该假想导体表面电荷分布在区域 V_S 内产生的电场需严格抵消场强为 $-\boldsymbol{E}$ 的匀强外电场，因此该分布电荷单独在区域 V_S 内产生的电场是场强为 $\boldsymbol{E}$ 的匀强电场，即可满足题目的要求. 此外，因 Q 取值任意，所以分布不唯一. （4 分）

（2）

（2.1）点电荷 Q 的电场在 R 球面上有一个电势分布，其平均值即为所求 $\overline{U}_1$.

以 R 球面球心为中心，以 r 为半径设置一个球面. 点电荷 Q 从其原来位置移动到 r 球面上其他位置时，R 球面上电势分布会变化，但其平均值不变，仍为 $\overline{U}_1$.

结合电势叠加原理，将点电荷 Q 均匀分布在 r 球面上，R 球面上出现新的电势分布，但其平均值不变，仍为所求量 $\overline{U}_1$. 此时新的电势分布属于均匀带电球面 $\{Q, r\}$ 内部 $U=Q/4\pi\varepsilon_0 r$ 的等势分布，即得

$$\overline{U}_1=Q/4\pi\varepsilon_0 r, \qquad (4\text{ 分})$$

或者说等于原点电荷 Q 在 R 球面的球心处的电势.

（2.2）据(2.1)问解答，$\{Q, R_0\}$ 均匀带电圆环上任意无穷小线元电荷 $\mathrm{d}Q$，为 R 球面提供的平均电势为

$$\mathrm{d}\overline{U}_2=\mathrm{d}Q/4\pi\varepsilon_0 r', \quad r'=\sqrt{r^2+R_0^2}, \qquad (2\text{ 分})$$

叠加便得 $\overline{U}_2=Q/4\pi\varepsilon_0\sqrt{r^2+R_0^2}$.

（2.3）如题解图所示，以 R 球面球心为中心，以 $r'=\sqrt{r^2+R_0^2}$ 为半径设置一个球面. 将 $\{Q, R_0\}$ 均匀带电圆环电量 Q 集中为一个点电荷 Q 放置在 r' 球面上任一位置，R 球面上的电势分布会变化，但其平均值不变，仍为所求量 $\overline{U}_3$. 反之，再将点电荷 Q 均匀分布

在 r' 球面上，R 球面上的电势分布会变化，但其平均值不变，仍为所求量 $\overline{U}_3$. 此时 R 球面上的电势分布，属于均匀带电球面 $\{Q, r'\}$ 外，半径为 R 的同心球面上电势 $U=Q/4\pi\varepsilon_0 R$ 的等势分布，即得

$$\overline{U}_3=Q/4\pi\varepsilon_0 R. \qquad (5\text{ 分})$$

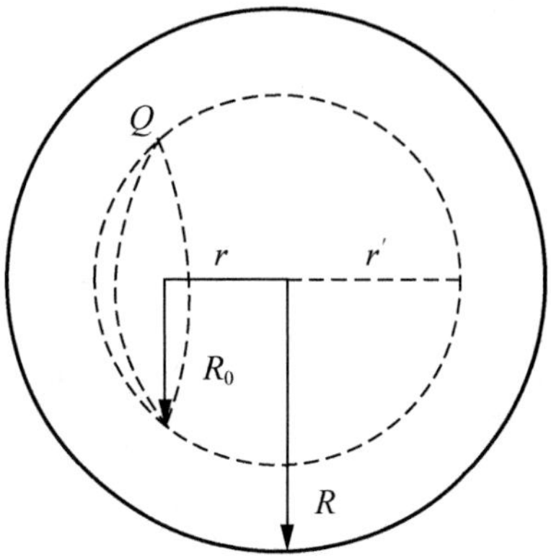

题解图

备注：（i）(2)问也可采用“将电势转化为电势能”的方法求解，此处从略.

（ii）从(2.3)问上述参考解答中可以得知，R 球面内任意一个点电荷 Q 的电场为 R 球面平均电势的贡献均为 $Q/4\pi\varepsilon_0 R$. 引申后，即得 R 球面内任意总电量为 Q 的静电荷系为 R 球面平均电势贡献均为 $Q/4\pi\varepsilon_0 R$. 因此，(2.3)问中即使取消(2.2)问中所设“球心与圆环中心连线与环平面垂直”，只要保证环在 R 球面内，仍有

$$\overline{U}_3=Q/4\pi\varepsilon_0 R.$$

编题时为适当降低难度，故承(2.2)问设置(2.3)问.

五、(18 分)

(1) 空气膜上下表面反射光的光程差为 2 倍薄膜厚度，因此干涉图样中心向外条纹级次依次增高，故“吞环”使中心条纹级次增高，需向上平移透镜，有

$$2\Delta d=10\lambda, \quad \Rightarrow \quad \Delta d=5\lambda. \qquad (4\text{ 分})$$

(2) 球面各点参量取 1 为下标，柱面各点参量取 2 为下标. 参考题解图，将 Oxy 平面上的 $\{x, y\}$ 点，沿 z 轴向上到透镜球面的距离记为 h_1，沿 z 轴向下到柱面的距离记为 h_2. 可为空气膜等厚干涉建立下述方程：

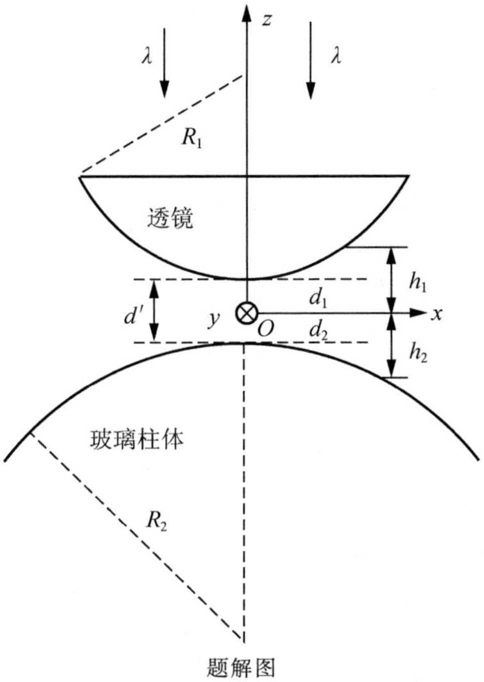

题解图

$$2(h_1+h_2)+\frac{\lambda}{2}=k\lambda，亮点或亮环， \tag{1}$$

$$2(h_1+h_2)+\frac{\lambda}{2}=\left(k+\frac{1}{2}\right)\lambda，暗点或暗环， \tag{2}$$

$$h_1=d_1+R_1-\sqrt{R_1^2-(x_1^2+y_1^2)}\approx d_1+\frac{x_1^2+y_1^2}{2R_1},$$

$$h_2=d_2+R_2-\sqrt{R_2^2-x_2^2}\approx d_2+\frac{x_2^2}{2R_2}\quad（与 y_2 无关），$$

$$x_1=x_2=x,\quad y_1=y_2=y,$$
$$d_1+d_2=d',$$

可导得

$$2(h_1+h_2)=2d'+\left(\frac{1}{R_1}+\frac{1}{R_2}\right)x^2+\frac{1}{R_1}y^2.$$

干涉环的曲线方程为

$$2d'+\frac{x^2}{\frac{R_1R_2}{R_1+R_2}}+\frac{y^2}{R_1}=\begin{cases}\left(k-\frac{1}{2}\right)\lambda，亮点或亮环，\\ k\lambda，暗点或暗环.\end{cases} \quad (8 分)$$

可见均为椭圆曲线，且 x 方向为短轴方向，y 方向为长轴方向.

附注：

（ⅰ）表达式中可代进 $d'=d+\Delta d=d+5\lambda$ 关系.

（ⅱ）方程(1)、(2)中“$+\frac{\lambda}{2}$”也可改取为“$-\frac{\lambda}{2}$”，相应推导正确则不扣分.

(3) 设中心亮点的级次为 k_0，则将中心点坐标$\{x=0，y=0\}$代入亮点(环)方程，得

$$2d'=\left(k_0-\frac{1}{2}\right)\lambda,$$

中心亮点到往外数第 n 个亮环方程为

$$\frac{x^2}{\frac{R_1R_2}{R_1+R_2}}+\frac{y^2}{R_1}=\left(k_0+n-\frac{1}{2}\right)\lambda-2d'=n\lambda,$$

故依题意知

$$\frac{\rho^2}{R_1}=10\lambda,\quad \frac{\rho^2}{\frac{R_1R_2}{R_1+R_2}}=20\lambda,$$

解得

$$R_1=R_2=\frac{\rho^2}{10\lambda}. \quad (6 分)$$

六、(28 分)

(1) 将 A，B 质量同记为 m，参见题解图 1，有

$$mv_0=m(v_B'\cos\theta+v_A)+mv_A, \quad (2 分)$$

$$\frac{1}{2}mv_0^2=\frac{1}{2}m\left[(v_B'\cos\theta+v_A)^2+(v_B'\sin\theta)^2\right]+\frac{1}{2}mv_A^2+mgR(1-\cos\theta), \quad (2 分)$$

可化简为
$$v_A = \frac{1}{2}(v_0 - v_B' \cos\theta), \qquad (1)$$
$$v_0^2 = v_B'^2 + 2v_A v_B' \cos\theta + 2v_A^2 + 2gR(1-\cos\theta),$$
消去 v_A，可得
$$v_0^2 - 2gR(1-\cos\theta) = \left(1 - \frac{1}{2}\cos^2\theta\right)v_B'^2 + \frac{1}{2}v_0^2,$$
$$\Rightarrow v_B'^2 = [v_0^2 - 4gR(1-\cos\theta)]/(2-\cos^2\theta).$$

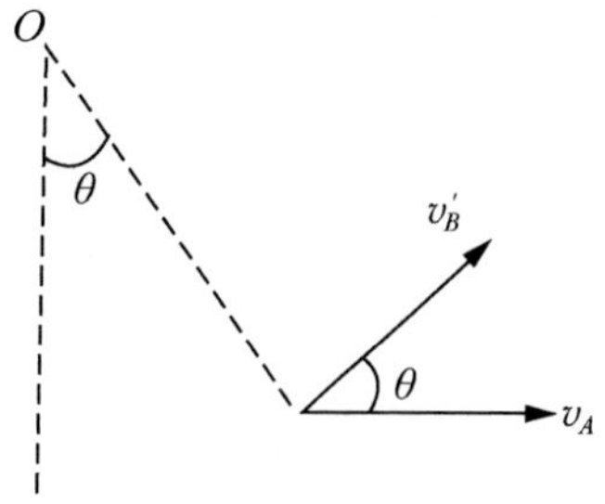

题解图 1

将 $v_0^2 = 4(\sqrt{2}+1)gR$ 代入，即得
$$v_B' = 2\sqrt{gR/(\sqrt{2}-\cos\theta)}, \qquad (2)(2分)$$
$$v_A = \left[\sqrt{\sqrt{2}+1} - \sqrt{\frac{1}{\sqrt{2}-\cos\theta}}\cos\theta\right]\sqrt{gR}. \qquad (3)(1分)$$
注意，$\cos\theta$ 可正、可负，故不能写成
$$v_A = \left[\sqrt{\sqrt{2}+1} - \sqrt{\frac{\cos^2\theta}{\sqrt{2}-\cos\theta}}\right]\sqrt{gR}.$$

（2）利用
$$a_A = \frac{dv_A}{dt} = \frac{dv_A}{d\theta}\frac{d\theta}{dt}, \quad v_B' = R\frac{d\theta}{dt},$$
可得
$$a_A = \frac{dv_A}{d\theta} \cdot \frac{v_B'}{R}.$$
由(3)式，得
$$\frac{dv_A}{d\theta} = -\left[(\sqrt{2}-\cos\theta)^{-\frac{1}{2}}\cos\theta\right]'_\theta \sqrt{gR}$$
$$= -\left[-\frac{1}{2}(\sqrt{2}-\cos\theta)^{-\frac{3}{2}}\sin\theta\cos\theta - (\sqrt{2}-\cos\theta)^{-\frac{1}{2}}\sin\theta\right]\sqrt{gR}$$
$$= \frac{2\sqrt{2}-\cos\theta}{2(\sqrt{2}-\cos\theta)^{\frac{3}{2}}}\sin\theta\sqrt{gR}.$$
将其与(2)式一起代入 a_A 计算式，可得
$$a_A = \frac{(2\sqrt{2}-\cos\theta)\sin\theta}{(\sqrt{2}-\cos\theta)^2}g, \quad \Rightarrow a_A \begin{cases} =0, & \text{仅当}\ \theta=0\ \text{或}\ \pi, \\ >0, & \text{当}\ \pi>\theta>0. \end{cases} \qquad (6分)$$
在 $\pi>\theta>0$ 范围内 $a_A>0$，表明 A 一直受到朝右的作用力，此力只能来源于 B 对其施加的压力之分力，故在 $\pi>\theta>0$ 范围内，B 不会离开 A 的半圆柱形表面．据此可知，B 能到达 A 的半圆柱形表面的最高点．

（3）在 A 参考系中 B 做圆弧运动，B 在 $\theta=\pi/2$ 位置处受力如下：

重力：为 B 提供切向加速度，使 v_B' 减小；

A 的法向支持力：方向水平朝左，大小为 N；

平移惯性力：方向水平朝左，大小为 $ma_A\big|_{\theta=\frac{\pi}{2}}$．
$\Big\}$ 合力提供向心加速度

据此，有

$$N+ma_A\Big|_{\theta=\frac{\pi}{2}}=mv_B'^{\,2}/R\Big|_{\theta=\frac{\pi}{2}},\quad \Rightarrow\quad N=\sqrt{2}mg.$$

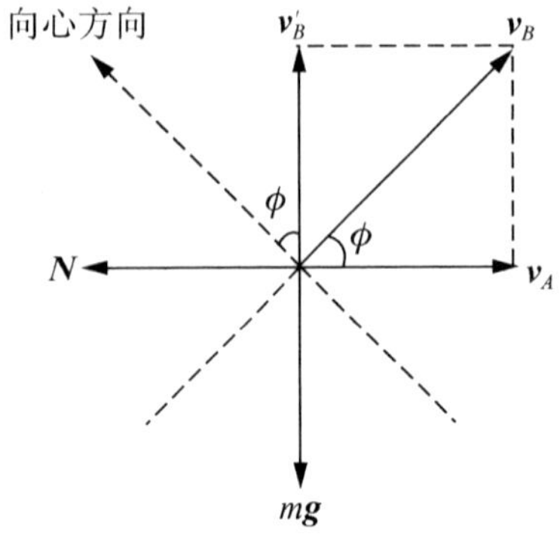

题解图 2

在地面参考系(即 PQ 参考系)中，B 速度 $\boldsymbol{v}_B$ 由 $\boldsymbol{v}_B'$，$\boldsymbol{v}_A$ 按题解图 2 方式合成，此时 $\boldsymbol{v}_B'$，$\boldsymbol{v}_A$ 大小分别由(2)、(3)式给出，得

$$v_B'\Big|_{\theta=\frac{\pi}{2}}=\sqrt{2\sqrt{2}Rg},\quad v_A\Big|_{\theta=\frac{\pi}{2}}=\sqrt{(\sqrt{2}+1)Rg}.$$

便有

$$v_B^2=v_B'^{\,2}+v_A^2=(3\sqrt{2}+1)Rg,$$

$$\sin\phi=v_B'/v_B=\sqrt{2\sqrt{2}/(3\sqrt{2}+1)},$$

$$\cos\phi=v_A/v_B=\sqrt{(\sqrt{2}+1)/(3\sqrt{2}+1)},$$

参考题解图 2，向心力为

$$F_{心}=N\sin\phi-mg\cos\phi=\left[(2\sqrt{\sqrt{2}}-\sqrt{\sqrt{2}+1})/\sqrt{3\sqrt{2}+1}\right]mg,$$

得曲率半径

$$\rho=\frac{mv_B^2}{F_{心}}=\frac{\sqrt{(3\sqrt{2}+1)^3}}{2\sqrt{\sqrt{2}}-\sqrt{\sqrt{2}+1}}R=\frac{\sqrt{\sqrt{2}}\sqrt{(3\sqrt{2}+1)^3}}{2\sqrt{2}-\sqrt{2+\sqrt{2}}}R=14.6R.\qquad(6\text{ 分})$$

(4) B 达半圆上方顶点前后，对应 $\theta\to\pi$，据(2)、(3)式，有

$$v_B'\Big|_{\theta\to\pi}=2\sqrt{(\sqrt{2}-1)Rg},\quad v_A\Big|_{\theta\to\pi}=\left[\sqrt{\sqrt{2}+1}+\sqrt{\sqrt{2}-1}\right]\sqrt{Rg},$$

因 v_B'小，v_A 大，合成的 $\boldsymbol{v}_B$ 朝右，如题解图 3 所示，大小为

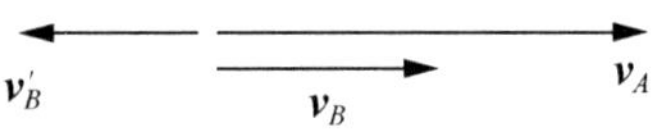

题解图 3

$$v_B=v_A-v_B'=\left[\sqrt{\sqrt{2}+1}-\sqrt{\sqrt{2}-1}\right]\sqrt{Rg}.$$

(ⅰ) B 到达半圆顶点前瞬间的轨道曲率半径 $\rho_{(ⅰ)}$ 的计算：

B 相对 A 做圆弧运动，有

$$mg+N=mv_B'^{\,2}/R=4(\sqrt{2}-1)mg\quad(\Rightarrow\quad N=(4\sqrt{2}-5)mg),$$

合力 $mg+N$ 也为 B 相对地面运动的法向向心力，故有

$$mg+N=mv_B^2/\rho_{(ⅰ)},\quad\Rightarrow\quad \rho_{(ⅰ)}=\frac{mv_B^2}{mv_B'^{\,2}}R,$$

得

$$\rho_{(ⅰ)}=R/2.\qquad(4\text{ 分})$$

(ⅱ) B 离开半圆顶点后瞬间的轨道曲率半径 $\rho_{(ⅱ)}$ 的计算：

此时 B 相对地面做平抛运动，向心加速度即为 g，得

$$\rho_{(ⅱ)}=v_B^2/g=2(\sqrt{2}-1)R=0.828R.\qquad(2\text{ 分})$$

(5) B 相对地面参考系的运动轨道草图如题解图 4 所示.　　(3 分)

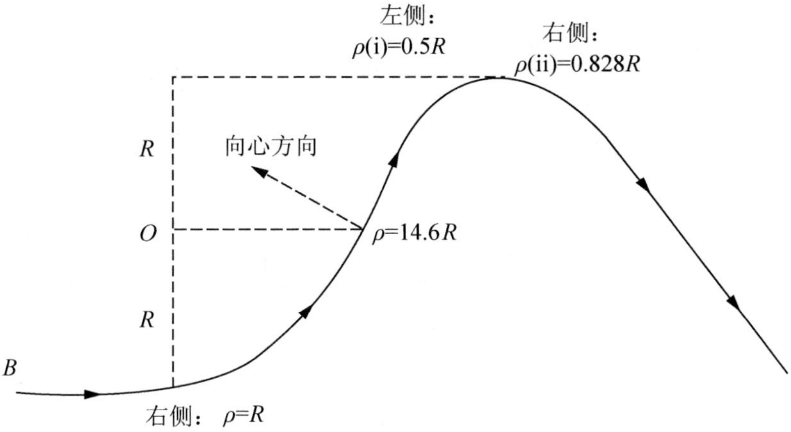

题解图 4

七、(25 分)

在正方形磁场区域内要求出现三条等长圆弧段连接而成的闭合曲线轨道，而且连接点显然是通过入射、出射和碰撞形成. 一方面必定要将正方形和圆关联起来，另一方面既不可能是题解图 1(a)中正方形与内切圆的关联，也不可能是题解图 1(b)中正方形与外接圆的关联. 于是有可能猜测到，也许是在正方形内三条独立的等长圆弧段由三个节点连接而成. 考虑到入射点与小平板都在正方形边上，这三个节点也必定分别在正方形的三条边上，分别记为 E，F，G. 因正方形和三个等长圆弧具有对称结构，故先尝试着画出题解图 2(a)中具有强对称的正方形内接等长三圆弧闭合曲线轨道. 观察这一对称性图形，会感觉到这三个节点应该在以闭合轨道曲线中心为圆心的圆周上，将此圆周画出，E，F，G 便为圆内接等边三角形的三个顶点. 于是便得题解图 2(b)所示的几何关系图，其中圆半径记为 R，等边三角形每边长为$\sqrt{3}R$. 为使三圆弧在原正方形内，于是便得到分别以 F，E，G 为圆心，$\sqrt{3}R$ 为半径画出三条等长圆弧$\overset{\frown}{EG}$，$\overset{\frown}{GF}$，$\overset{\frown}{FE}$. 它们连接而成的闭合轨道如题解图 2(c)所示，此闭合轨道便是可满足本题要求的轨道，R 与 L 之间的关联即为

$$L=\sqrt{3}R, \quad \Rightarrow \quad R=L/\sqrt{3},$$

三条圆弧的圆半径同为

$$\rho=\sqrt{3}R=L,$$

即得

$$B=mv/q\rho=mv/qL.$$

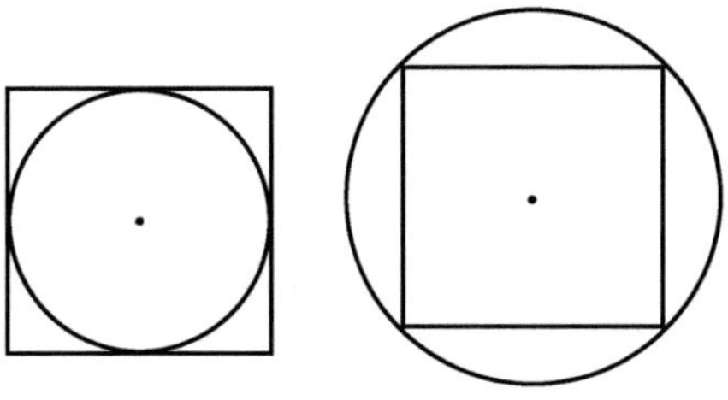

(a) (b)

题解图 1

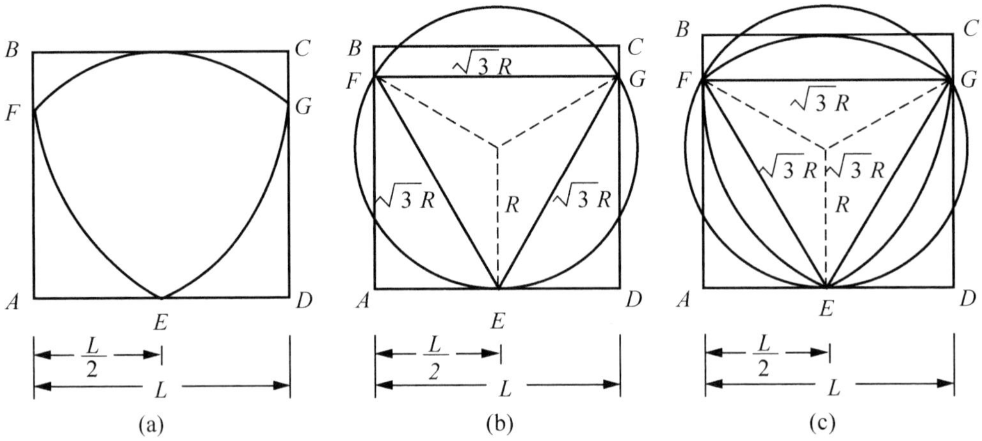

题解图 2

设计方案 1. （15 分）

F，G 两处各固定一块小平板. 设计结果如题解图 3 所示，题文要求设计的几何参量以及小平板的几何位置均已在图中示出，各参量的导出过程从参考图的几何关系很易看出，故一概省略.

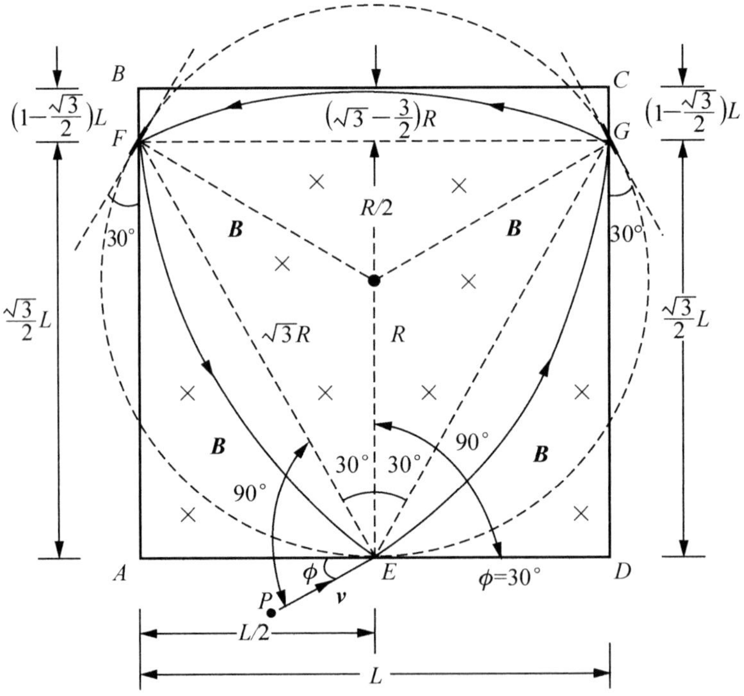

题解图 3

设计方案 2、3. （5 分+5 分）

在方案 1 基础上不难得方案 2、3，设计结果分别如题解图 4、5 所示，三个方案间的关系可从图中看出.

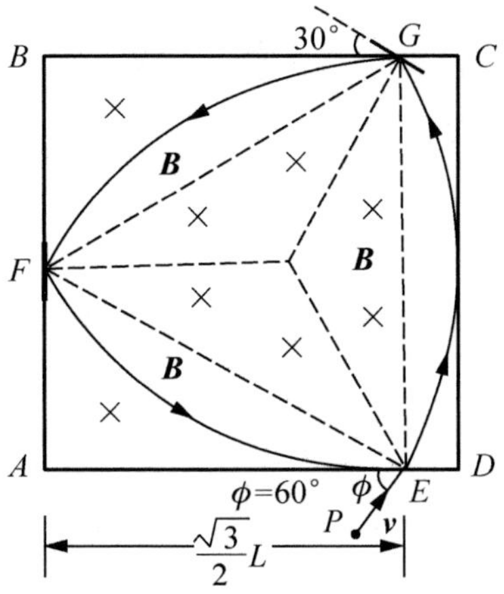

题解图 4

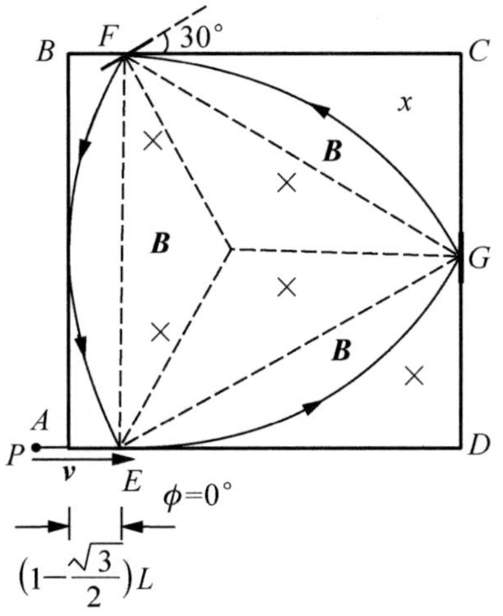

题解图 5

附注：

严格而言，题解图 4 中 P 返回到 E 点后，有可能返回磁场运动，或有可能沿边界线 ED 运动，也有可能真是射出磁场运动，若为确保 P 出磁场运动，ϕ 应略小于 60°，这又将导致 P 到达 CD 边近中点处后，便有可能要射出场区，为确保 P 仍在场区内运动，又需要在 CD 边中点处放一块几乎与 CD 边平行的小平板. 考虑到这些场区边界部位各种可能的情况，其实涉及场区边界模型与数学函数连续性之间的关系问题，故一概略去. 上面所给解答，是按常规约定 P 返回到 E 点后取第三种可能性，即会射出场区运动.

2014年暑期物理竞赛辅导班联谊赛试题

学校＿＿＿＿＿＿＿＿　姓名＿＿＿＿＿＿＿＿　成绩＿＿＿＿＿＿＿＿

总分：200分　　　　时间：3小时

A卷（140分）

题号	一	二	三	四	五	六	七
得分							
阅卷人							

一、(16分)

如图所示，质量相同的小物块 A，B 用长 l 的轻线连接后，静放在光滑水平台面上．A 位于台面边缘，右侧为倾角 θ 的斜面，其下方是水平地面，斜面下端与台面右侧边的水平面间距记为 s．因扰动，A 沿斜面下滑，B 也被带动．

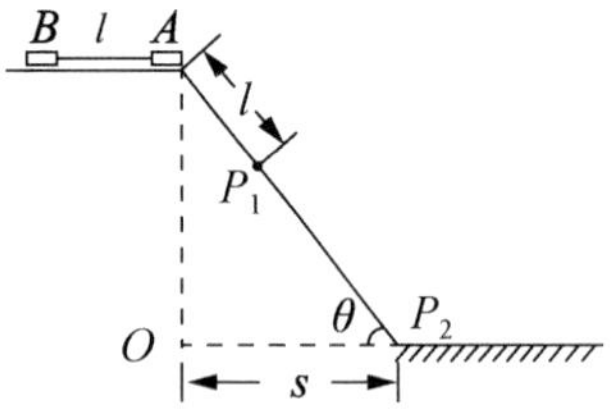

(1) A 到达斜面 P_1 点前，A 和轻线与斜面侧棱间以及与斜面间均无摩擦，通过的路程恰为 l，试求到达 P_1 点时的速度 v_0（仅用 l，θ 表述）.

(2) A 到 P_1 点前瞬间，轻线突然断开，A 继续沿斜面运动，B 随即平抛出去．已知在 P_1 点下方，A 与斜面间的摩擦系数为常数 μ，设 A 到达斜面底部 P_2 时刚好被 B 击中.

(2.1) 试求 s（仅用 l，θ 表述）;

(2.2) 导出 $\mu \sim \theta$ 关联式（式中不可包含参量 l，s）;

(2.3) 确定 θ 的取值范围（精确到 $0.1°$）;

(2.4) 取 $\theta = 45°$，计算 s（表述为 l 的倍数）和 μ（纯数）值.

二、(14分)

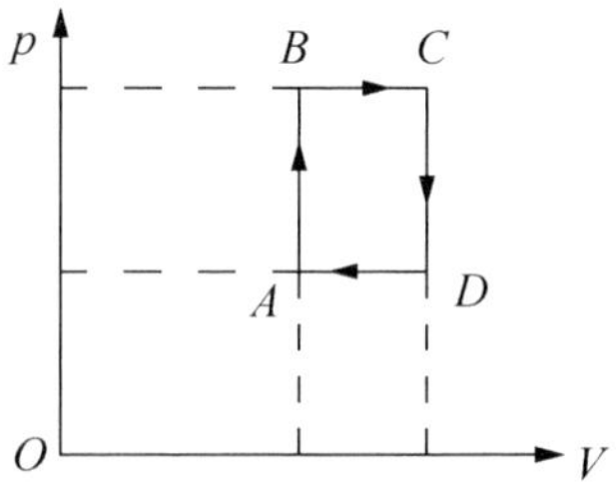

某双原子分子理想气体，其振动自由度在温度 $T < 2T_0$ 时未被激发，在 $T = 2T_0$ 时被激发．νmol 的此种气体经历的矩形循环过程 $ABCDA$．如图所示，其中 A，B，C 处温度分别为 T_0，$2T_0$，$3T_0$.

(1) 画出循环过程中气体内能 U 随温度的变化曲线，其中 U 的单位取为 νRT_0.

(2) 计算循环效率 η.

三、(15分)

如图所示，在 Oxy 平面上有场强大小为 E、平行于 x 轴方向的匀强电场，还有垂直于 Oxy 平面朝里的磁场，磁感应强度值 B 仅随 x 变化．在 $x = a$，$y = a$ 处，质量为 m、

电量 $q>0$ 的质点 P 具有速度 $\boldsymbol{v}_0$，使得而后 P 的运动轨道恰好是在 Oxy 平面上以 O 为圆心的圆周．已知 P 在运动过程中速度达最小值时，所受磁场力为零.

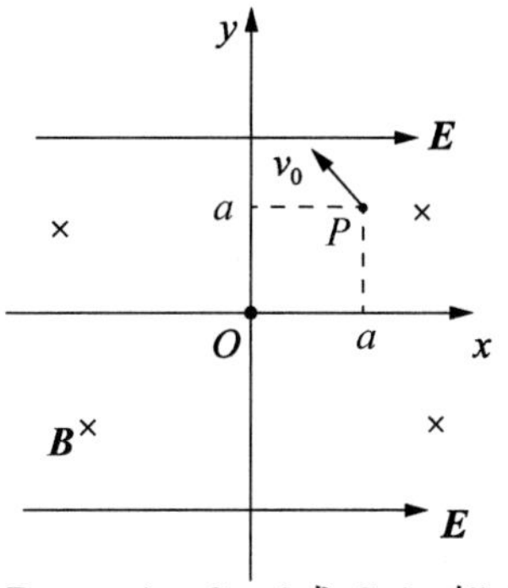

（1）试求速度 $\boldsymbol{v}_0$ 的方向和大小；

（2）将圆半径记为 R，试在 $R\geqslant x\geqslant -R$ 范围内确定 B 随 x 变化的函数.

四、(20 分)

薄透镜玻璃折射率记为 n，两个球面 S_1 和 S_2 的半径分别记为 R_1 和 R_2，规定 S_1（或 S_2）朝外凸时，对应 $R_1>0$（或 $R_2>0$），S_1（或 S_2）朝内凹时，对应 $R_1<0$（或 $R_2<0$）．将此透镜放在折射率为 n_0 的均匀介质中如图所示，图中示范性地将透镜的球面 S_1 和 S_2 都画成朝外凸出.

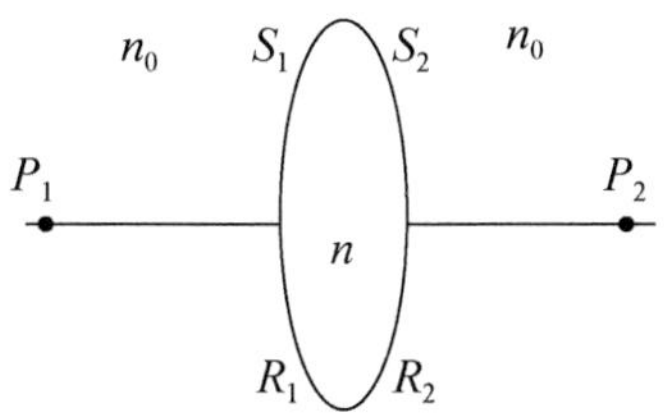

（1）已知 n_0，n，R_1 和 R_2，试导出透镜焦距 f 的计算式.

（2）调整左侧主光轴上发光物点 P_1 的位置，物光通过 S_1 球面折射，S_2 球面反射，再经 S_1 球面折射成像，恰好与物点 P_1 重合，此时 P_1 的物距记为 l_1；调整右侧主光轴上发光物点 P_2 的位置，同样也可得到一个反射像恰好与物点 P_2 重合，此时 P_2 物距记为 l_2.

（2.1）试由已测得的 n_0，f，l_1，l_2，导出 n，R_1，R_2 的计算公式.

（2.2）由测得的数据：$n_0=4/3$，$f=192\text{cm}$，$l_1=\dfrac{320}{7}\text{cm}$，$l_2=\dfrac{960}{29}\text{cm}$，计算 n，R_1，R_2 数值（含单位).

五、(25 分)

如图 1 所示，在光滑的水平桌面上，平放着一个质量 $M=\gamma m$，半径 R 的均匀圆环，它的直径两端分别连接长度同为 l 的轻细绳，绳的另一端分别连接质量同为 m 的小物块．开始时细绳伸直，环和物块静止．某时刻令两小物块在垂直绳的水平方向上分别获得方向相反、大小同为 v_0 的初速度．假设最终细绳能全部缠绕在环上，两小物块贴在环边与环一起转动.

（1）考虑到过程中绳的作用可能不损耗机械能，也可能损耗机械能，试求 γ 的取值范围.

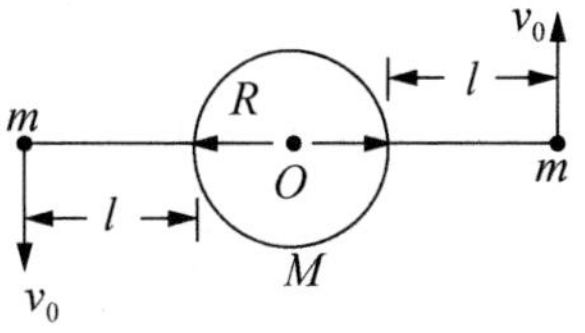

图 1

（2）假设系统从初态到末态的过程可分为两个阶段，第一个阶段如图 2 所示，图中 θ 为圆环转角，u 为环边转动速度，φ（$90^\circ\geqslant\varphi\geqslant 0$）角为细绳相对圆环转角，$v'$ 为物块相对圆环速度．据（1）问，取绳不损耗机械能对应的 γ 值，试导出两个可求解 u，v' 的方程组（不必求解)，方程组中不包含参量 M，m 和 θ.

（3）设 $l=R$，将 $\varphi=90^\circ$ 代入(2)问所得方程组，求解 u 和 v'，答案用 v_0 表示.

（4）第一阶段结束于图 2 中的 φ 达到 90°，而后进入过程的第二阶段，即绳连续地缠绕在环上．继（3）问所设，参考图 3 所示的过程态参量：x（尚未缠绕在环上的绳段长度)、u(环边转动速度)、v'(物块相对圆环速度). 首先判断小物块与环接触时两者是否会发生碰撞，继而求出第二阶段所经时间 T ，答案用 R ，v_0 表示.

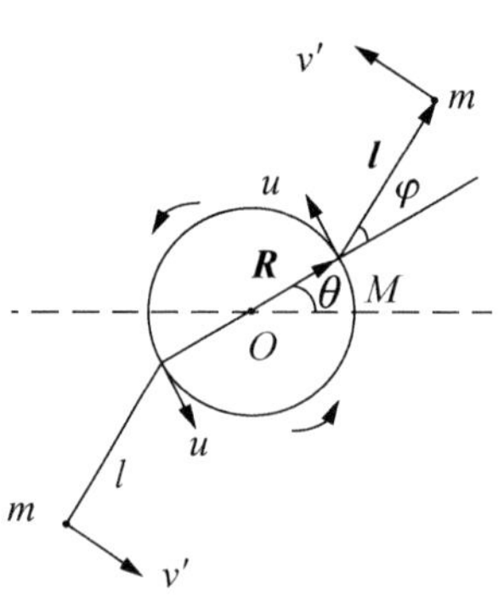

图 2

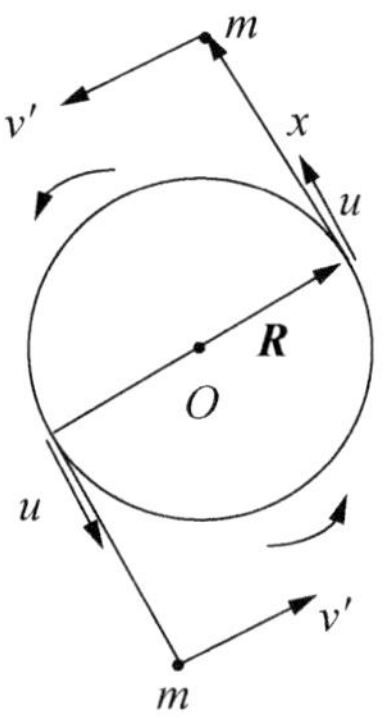

图 3

六、(25 分)

由电阻可略的 3 根水平固定金属细杆构成的框架如图所示，框架的短边内串接电阻 R ，两条长边互相平行，间距为 l_0. 电阻可略，质量为 m ，长度为 $l_0/\cos\theta_0$ 的匀质金属棒 PQ，开始时两端 P ，Q 分别与框架两长边接触，构成 P 端钝角恰好为 $\frac{\pi}{2}+\theta_0$ 的梯形. 设空间有图示方向的匀强磁场 $\boldsymbol{B}$，令金属棒绕着 P 端有顺时针方向旋转的初始角速度 ω_0，而后棒可绕着 P 端转轴无摩擦地旋转. 试问 ω_0 取何值，可使棒旋转 $k\geqslant 1$ 圈但不能旋转 $k+1$ 圈.

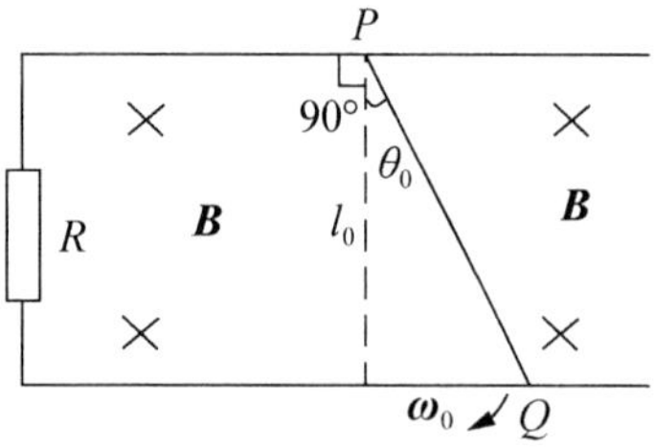

数学参考公式：$\int \frac{\mathrm{d}\theta}{\cos^n\theta}=\frac{\sin\theta}{(n-1)\cos^{n-1}\theta}+\frac{n-2}{n-1}\int \frac{\mathrm{d}\theta}{\cos^{n-2}\theta}$.

七、(25 分)

惯性系 S ，S' ，取其坐标原点 O ，O' 重合时为 $t=0$，$t'=0$，此时两个静质量同为 m_0 的质点 A ，B 分别在 S' 系 y' 轴上的 $y'=-l$ ，$y'=l$ 两处，从静止开始以相同大小的匀加速度 a_0 各自朝着 O' 运动. 某个 $t'>0$ 时刻的系统位形如图所示. 最终，A ，B 在 O' 处碰撞，碰后成为一个大质点，碰撞过程中无任何形式能量耗散. 已知 S ，S' 系相对速度大小为 $v=\frac{3}{5}c$ ，$a_0=9c^2/50l$.

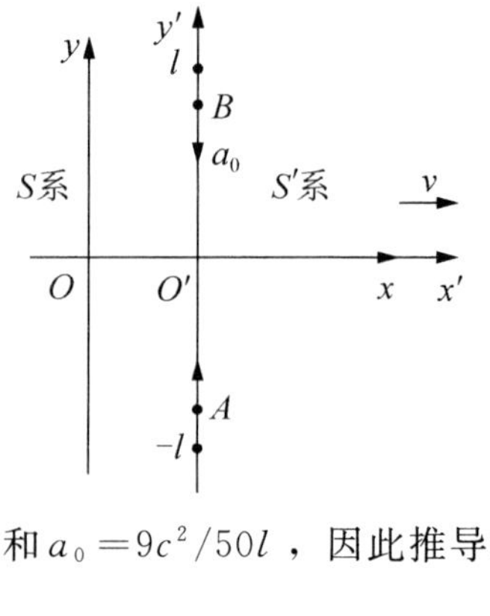

(1) 试求大质点在 S' 系中的质量 M' .

(2) 再求 A ，B 碰前，A 相对 S 系的加速度大小 a ，以及碰后大质点在 S 系中的质量 M .

(3) 与 B 碰前，A 在 S' 系中的速度记为 u'_y ，受力记为 F'_y ；A 在 S 系中沿 y 轴方向受力记为 F_y . 试导出 $F'_y\sim u'_y$ 关系式和 $F_y\sim F'_y$ 关系式，推导过程中不可利用 $v=\frac{3}{5}c$ 和 $a_0=9c^2/50l$ ，因此推导结

果也适用于 $v \neq \frac{3}{5}c$ 和 $a_0 \neq 9c^2/50l$.

(4) 再将 A 在 S 系中沿 y 轴方向速度记为 u_y ，沿 x 轴方向受力记为 F_x ，试导出 $F_x \sim \{u_y, F_y\}$ 关系式，推导过程中不可利用 $v=\frac{3}{5}c$ 和 $a_0=9c^2/50l$.

(5) 按题文取 $v=\frac{3}{5}c$ 和 $a_0=9c^2/50l$ ，计算在 A 与 B 碰前的全过程中：F'_y 在 S' 系做功 W' ，F_y 在 S 系做功 W_y 以及 F_x 在 S 系做功 W_x .

B卷（60分）

题号	一 (1—4)	二 (5—8)	三			
			9	10	11	12
得分						
阅卷人						

一、选择题（单项选择，每题3分，共12分）

1. 简谐机械波在同一种介质中传播时，下述结论中正确的是（　　）

A. 频率不同时，波速不同，波长也不同；

B. 频率不同时，波速相同，波长则不同；

C. 频率不同时，波速相同，波长也相同；

D. 频率不同时，波速不同，波长则相同.

2. 如图所示，两个相隔一定间距的固定正电荷 A ，B ，它们的电量分别为 Q_A ，Q_B ，且有 $Q_A > Q_B$. 一个带负电荷的质点 P ，开始时位于靠近 A 的 a 处以某初速度对准 B 运动. 假设 P 能到达距 B 很近的 b 处，则下列说法中正确的是（　　）

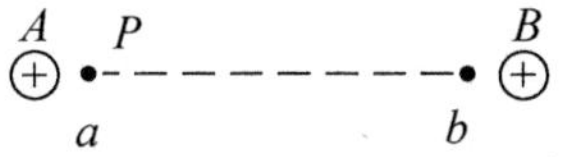

A. P 从 a 到 b 的运动过程中，加速度和速度都是一直在减小；

B. P 从 a 到 b 的运动过程中，加速度和速度都是先减小，后增大；

C. P 从 a 到 b 的运动过程中，加速度和速度都是先增大，后减小；

D. P 从 a 到 b 的运动过程中，加速度和速度都是一直在增大.

3. 人在平面镜前看到站在自己身边朋友在镜中的像时，虽然上下不颠倒，左右却互换了. 今将两块相互平行的平面反射镜如图放置，观察者 A 在图示右侧位置可看到站在图示左侧位置的朋友 B ，则 A 看到的像必定是（　　）

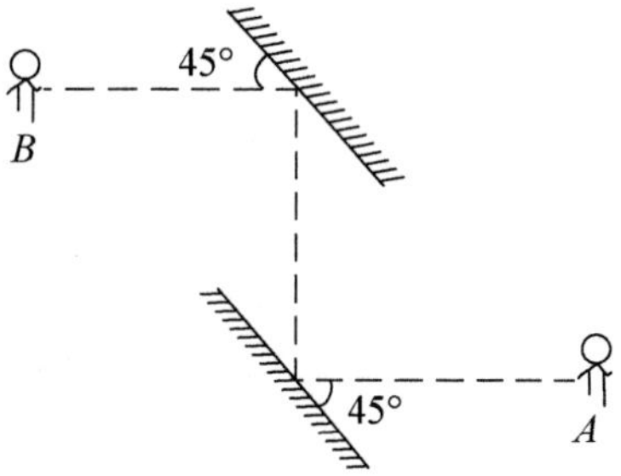

A. 上下不颠倒，左右不互换；

B. 上下不颠倒，左右互换；

C. 上下颠倒，左右不互换；

D. 上下颠倒，左右互换.

4. 下面 4 个核反应方程中，X_1，X_2，X_3，X_4 代表相应的粒子，

$$^{2}_{1}H+^{3}_{1}H\rightarrow ^{4}_{2}He+X_1$$

$$^{14}_{7}N+^{4}_{2}He\rightarrow ^{17}_{8}O+X_2$$

$$^{27}_{13}Al+^{4}_{2}He\rightarrow ^{30}_{15}P+X_3$$

$$^{235}_{92}U+X_4\rightarrow ^{90}_{38}Sr+^{136}_{54}Xe+10^{1}_{0}n$$

以下判断正确的是（　　）

A. X_1，X_2，X_3 都是中子；　　B. X_2，X_3，X_4 都是中子；

C. X_3，X_4，X_1 都是中子；　　D. X_4，X_1，X_2 都是中子.

二、填空题（每题两空，每空 2 分，共 16 分）

5. 如图所示，与水平地面夹角为锐角的斜面底端 A 向上有三个等间距点 B_1，B_2 和 B_3，即 $\overline{AB_1}=\overline{B_1B_2}=\overline{B_2B_3}$．小滑块 P 以初速 v_0 从 A 出发，沿斜面向上运动．先设置斜面与滑块间处处无摩擦，则滑块到达 B_3 位置刚好停下，而后下滑．若设置斜面 AB_1 部分与滑块间有处处相同的摩擦系数，其余部位与滑块间仍无摩擦，则滑块上行到 B_2 刚好停下，而后下滑，则滑块下滑到 B_1 位置时速度大小为________ v_0，回到 A 端时速度大小为________ v_0.

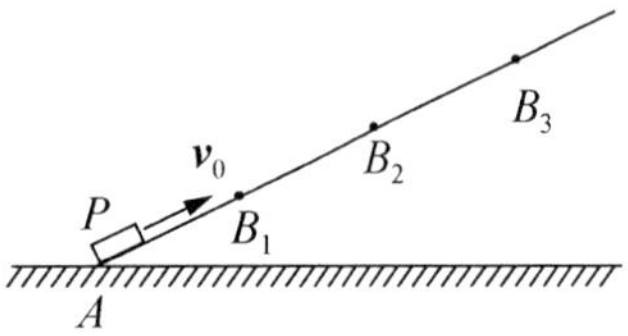

6. 如图所示的电路中，L_1 和 L_2 是两个灯泡，R_1 是定值电阻，R_2 是滑动变阻器，电源电动势为 $\mathscr{E}$，内阻为零．当 R_2 的滑动接触点 P 朝上移动时，L_1 的亮度________，R_1 上消耗的电功率________.（两空均填“增大”、“不变”或“减小”.）

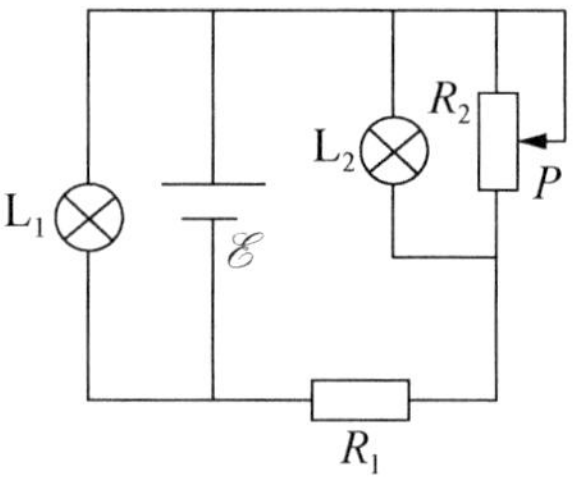

7. 已知红光和紫光在真空中的波长分别为 λ_1 和 λ_2，水对它们的折射率分别为 n_1 和 n_2. 那么，红光和紫光在水中的速度之比为________，频率之比为________.

8. 已知氢原子中电子绕原子核运动的基态轨道能量 $E_1=-13.6\text{eV}$．现用动能 $E_x=12.9\text{eV}$ 的电子去碰撞处于基态的氢原子，促使其处于激发态，而后可能产生的氢原子光谱线中波长最短的为 972Å，那么应有________条可能产生的光谱线，其中波长最长的为________ Å（$1\text{Å}=10^{-10}\text{m}$）.

三、计算题（共 32 分）

9.（6 分）

某温度下，若单位体积空气中包含的水汽（即水蒸气）质量已达极大值，则称此空气为该温度下的饱和空气．定义：

$$\text{相对湿度}=\frac{\text{该温度下真实空气中每单位体积(m}^3\text{)所含水汽质量}}{\text{该温度下饱和空气中每单位体积(m}^3\text{)所含水汽质量}}\times 100\%.$$

已知：

20℃时，饱和空气中每单位体积（m^3）所含水汽质量为 17.12g；

24℃时，饱和空气中每单位体积（m^3）所含水汽质量为 21.54g．

（1）估算 21℃时，单位体积饱和空气中所含水汽质量.

(2) 一密闭空房间的内部体积为50m³，室温为20℃时空气的相对湿度为80%，经使用除湿机后，测得室温为21℃，相对湿度降到50%. 试按 (1) 问所得结果，计算除湿机从室内除去多少质量的水.

10. (8分)

如图所示，在水平地面上竖立一根固定的窄铁柱．柱的上端有一小槽，槽中放着一根质量可略的细杆，杆与槽底间有摩擦．杆与槽的前后侧面光滑接触．细杆的两端与槽等间距，左端点用质量可略的细绳悬挂着一定质量的小物块 A ，右端点用一长为 l 、质量也可略的细绳悬挂着另一个有一定质量的小物块 B．今使 A 静止，B 做圆锥摆运动，当摆的幅角达某个 θ 值时细杆仍维持水平状态，但当幅角再增大时，细杆便会有水平方向的滑动并随即倾倒.

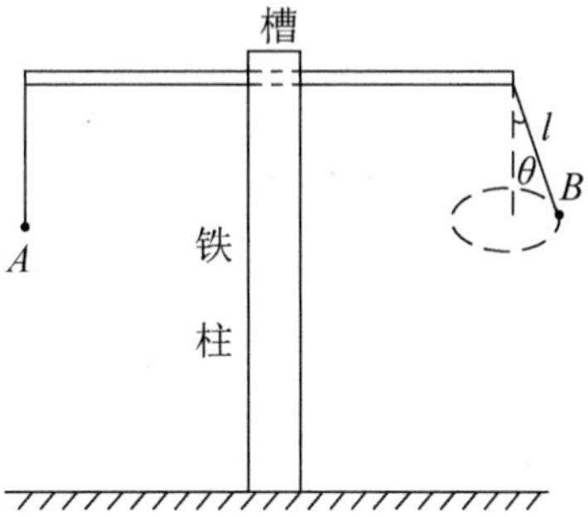

(1) 试求细杆与槽底间的静摩擦系数 μ_0.

(2) 引入比例系数 $\mu = f/N$ ，其中 N 为正压力，f 为静摩擦力，并设 $t=0$ 时，B 处于图中的最右位置，试导出细杆与槽底接触处比例系数 μ 随时间 t 变化的函数 $\mu=\mu(t)$.

11. (10分)

如图所示，在某水平面上有两根相距 l 且彼此平行的固定金属长导轨，它们的电阻可略．导轨所在空间区域内，有竖直向下的匀强磁场，磁感应强度为 $\boldsymbol{B}$. 今将两根相同的导体棒1，2平行放在两导轨上，每根棒长为 l ，质量为 m ，电阻为 R ，棒与两导轨光滑接触．开始时两棒相距 L ，右棒1有水平向右的速度 v_0，左棒2有水平向右速度 $2v_0$.

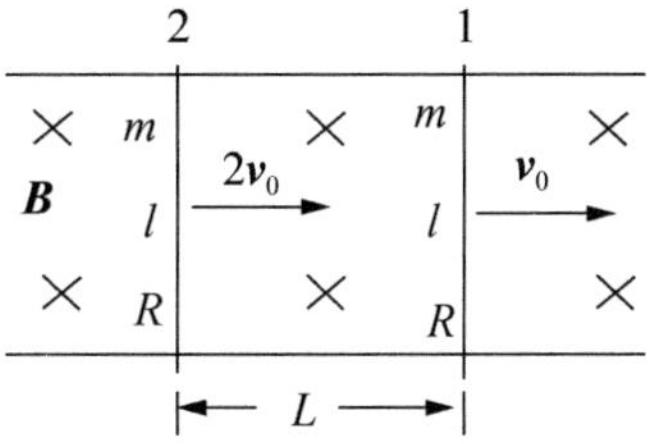

(1) 试问 L 取哪些值，能使两棒发生碰撞?

(2) 对 (1) 问可取的 L 值，求出两棒碰撞前瞬间各自的速度 $\boldsymbol{v}_1$，$\boldsymbol{v}_2$ 的方向和大小.

12. (8分)

如图所示，静长 L 的直尺 A_1B_1 和静长 $2L$ 的直尺 A_2B_2，彼此平行地沿着长度方向做相对匀速运动，相对速度大小记为 v .

(1) 取 $v=\dfrac{3}{5}c$ ，试求在相对直尺 A_1B_1 静止的惯性系中，可测得的从 A_1，A_2 相遇到 B_1，B_2 相遇所经过时间 Δt_1；再求在相对直尺 A_2B_2 静止的惯性系中，可测得的从 A_1，A_2 相遇到 B_1，B_2 相遇所经过时间 Δt_2.

(2) 若将 v 改取为另一个未知值，当 A_1，A_2 相遇时在相对直尺 A_2B_2 静止的惯性系中，令 B_2 朝 A_2 发出光信号，A_2 则在收到此光信号时恰好与 B_1 相遇，试求 v 值.

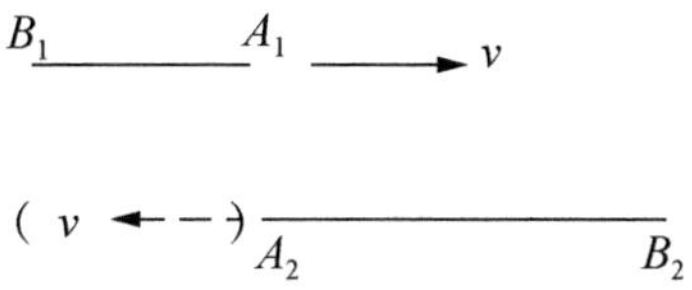

解答与评分标准（答案）

A 卷

一、(16 分)

（1）A，B 质量同记为 m，则有

$$mgl\sin\theta = 2\times\frac{1}{2}mv_0{}^2,\quad \Rightarrow\quad v_0=\sqrt{gl\sin\theta}.\qquad (2\text{ 分})$$

（2）

（2.1）将 B 离开台面到落地所经时间记为 t，则有

$$s=v_0t\ ,\ s\tan\theta=\frac{1}{2}gt^2\ ,$$

$$\Rightarrow\quad l=s\cos\theta/2\sin^2\theta\ ,\ s=2l\sin^2\theta/\cos\theta\ .\qquad (2\text{ 分})$$

（2.2）A 沿斜面向下加速度

$$a=(\sin\theta-\mu\cos\theta)g\ ,\text{（可正、可负）}$$

B 在 P_2 处击中 A 的条件为

$$\frac{s}{\cos\theta}-l=v_0t+\frac{1}{2}at^2=v_0t+\frac{1}{2}(\sin\theta-\mu\cos\theta)gt^2=s+s\tan\theta(\sin\theta-\mu\cos\theta)\ ,$$

可得

$$\sin\theta-\mu\cos\theta=\left(\frac{1}{\cos\theta}-\frac{\cos\theta}{2\sin^2\theta}-1\right)\Big/\tan\theta\ ,$$

$$\Rightarrow\quad \sin^2\theta-\mu\sin\theta\cos\theta=1-\frac{\cos^2\theta}{2\sin^2\theta}-\cos\theta\ ,$$

$$\Rightarrow\quad \mu\sin\theta\cos\theta=-\cos^2\theta+\frac{\cos^2\theta}{2\sin^2\theta}+\cos\theta\ ,$$

$$\Rightarrow\quad \mu=\left(1-\cos\theta+\frac{\cos\theta}{2\sin^2\theta}\right)\Big/\sin\theta\ .\qquad (6\text{ 分})$$

（2.3）为使 A 能到达 P_2 处，要求

$$v_0+at=v_e\geqslant 0,\quad \Rightarrow\quad v_0+at\geqslant 0,\quad \Rightarrow\quad v_0+a\frac{s}{v_0}\geqslant 0,\quad \Rightarrow\quad v_0{}^2+as\geqslant 0\ ,$$

$$\Rightarrow\quad gl\sin\theta+(\sin\theta-\mu\cos\theta)gs\geqslant 0\ ,$$

$$\Rightarrow\quad gs\frac{\cos\theta}{2\sin^2\theta}\sin\theta+\left[\left(\frac{1}{\cos\theta}-\frac{\cos\theta}{2\sin^2\theta}-1\right)\Big/\tan\theta\right]gs\geqslant 0\ ,$$

$$\Rightarrow\quad \frac{1}{2}+\frac{1}{\cos\theta}-\frac{\cos\theta}{2\sin^2\theta}-1\geqslant 0,$$

$$\Rightarrow\quad \frac{1}{\cos\theta}-\frac{\cos\theta}{2\sin^2\theta}-\frac{1}{2}\geqslant 0\ .\qquad (4\text{ 分})$$

用二分逼近法可得

$$\theta>41.8^\circ.\qquad (1\text{ 分})$$

(2.4) $\theta=45°$，得

$$s=2l\sin^2\theta/\cos\theta=\sqrt{2}\,l\ ,\ \mu=\left(1-\cos\theta+\frac{\cos\theta}{2\sin^2\theta}\right)\Big/\sin\theta=\sqrt{2}\ .\qquad(1\text{ 分})$$

附注：$\theta=45°$ 时的 A 到达 P_2 处的速度 v_e，因

$$v_0=\sqrt{gl\sin\theta}=\sqrt[4]{2}\sqrt{gl}\ ,\ t=\frac{s}{v_0}=\sqrt[4]{2}\sqrt{\frac{l}{g}}\ ,$$

$$a=(\sin\theta-\mu\cos\theta)g=\left(\frac{\sqrt{2}}{2}-\sqrt{2}\frac{\sqrt{2}}{2}\right)g=-\left(1-\frac{\sqrt{2}}{2}\right)g<0\ ,$$

$$v_e=v_0+at=\sqrt[4]{2}\cdot\sqrt{gl}-\left(1-\frac{\sqrt{2}}{2}\right)g\sqrt[4]{2}\sqrt{\frac{l}{g}}\ ,$$

得

$$v_e=\frac{1}{\sqrt[4]{2}}\sqrt{gl}\approx 0.84\sqrt{gl}>0\ .$$

二、(14 分)

(1) 由 $T_A=T_0$，$T_B=2T_0$，$T_C=3T_0$，可将 A，B，C，D 四处 p，V 参量标记为题解图 1 所示，可得 D 处温度为

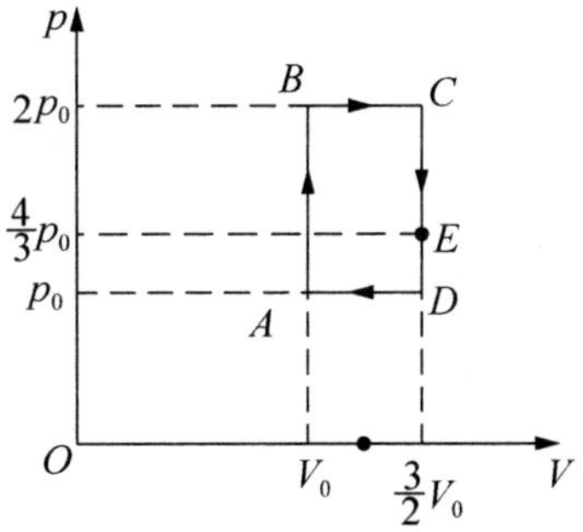

题解图 1

$$T_D=\frac{3}{2}T_0.$$

C 至 D 过程中存在状态 E，其状态量为

$$p_E=\frac{4}{3}p_0\ ,\ V_E=\frac{3}{2}V_0\ ,\ T_E=2T_0\ ,$$

据

$$U=\nu C_{V,\mathrm{m}}T\ ,\ C_{V,\mathrm{m}}=\begin{cases}\dfrac{5}{2}R,\ T<2T_0,\\[2mm] \dfrac{7}{2}R,\ T\geqslant 2T_0,\end{cases}$$

得 $U\sim T$ 曲线如题解图 2 所示. (6 分)

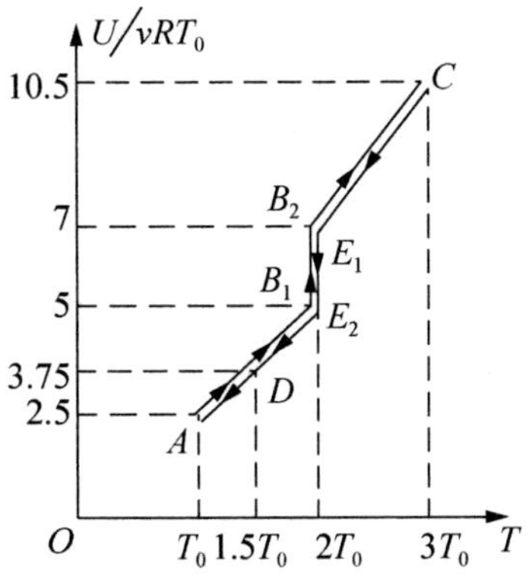

题解图 2

(2)

$$Q_{AB\text{吸}}=U_B-U_A=\frac{7}{2}\nu RT_B-\frac{5}{2}\nu RT_A=\frac{9}{2}\nu RT_0\ ,$$

$$Q_{BC\text{吸}}=\nu C_{p,\mathrm{m}}^{(1)}(T_C-T_B)=\frac{9}{2}\nu RT_0\ ,$$

$$Q_{\text{吸}}=Q_{AB\text{吸}}+Q_{BC\text{吸}}=9\nu RT_0\ ,$$

$$Q_{CD\text{放}}=U_C-U_D=\frac{7}{2}\nu RT_C-\frac{5}{2}\nu RT_D=\frac{27}{4}\nu RT_0\ ,$$

$$Q_{DA\text{放}}=\nu C_{p,\mathrm{m}}^{(2)}(T_D-T_A)=\frac{7}{4}\nu RT_0\ ,$$

$$Q_{\text{放}}=Q_{CD\text{放}}+Q_{DA\text{放}}=\frac{34}{4}\nu RT_0\ ,$$

得（$C_{p,\mathrm{m}}^{(1)}=\frac{9}{2}R$，$C_{p,\mathrm{m}}^{(2)}=\frac{7}{2}R$）

$$\eta=1-\frac{Q_{放}}{Q_{吸}}=\frac{1}{18}=5.6\%.\qquad(8\ 分)$$

三、(15 分)

(1) P 的初始位置到 O 的距离即为圆半径 R，故有 $R=\sqrt{2}a$.

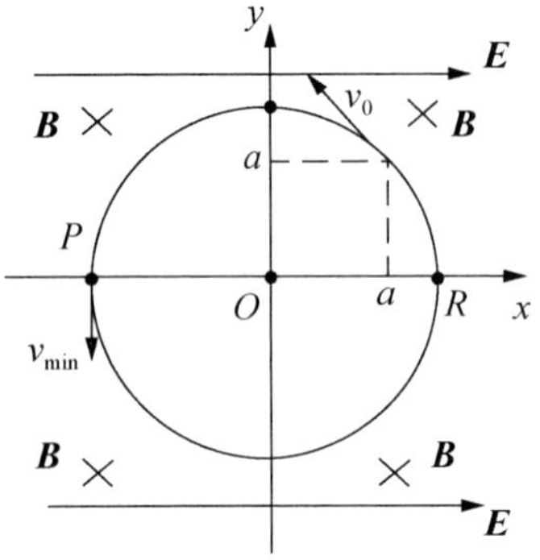

题解图 1

磁场力不做功，电场力做功，P 的动能最小（即速度最小）位置必定在题解图 1 中 $x=-R$，$y=0$ 处．P 在该位置处不受磁场力，表明

$$B(x=-R)=0.$$

P 做圆运动所需向心力即为电场力，可得

$$mv_{\min}^2/R=qE,\quad\Rightarrow\quad v_{\min}^2=qER/m,\ R=\sqrt{2}a.$$

P 在初始 $x=a$，$y=a$ 处的动能为

$$\frac{1}{2}mv_0{}^2=\frac{1}{2}mv_{\min}^2+qE(R+a),\ R=\sqrt{2}a,$$

故有

$$v_0{}^2=v_{\min}^2+\frac{2qE(\sqrt{2}+1)a}{m}=qE(3\sqrt{2}+2)a/m,$$

即得

$$\boldsymbol{v}_0:\begin{cases}\text{方向：如题解图 1 所示的切线方向；}\\ \text{大小：}v_0=\sqrt{qE(3\sqrt{2}+2)a/m}.\end{cases}\qquad(7\ 分)$$

(2) 参考题解图 2，P 处于图示位置时，引入参量

$$\alpha_x=\frac{x}{a},（\alpha_x\ 带正、负号）$$

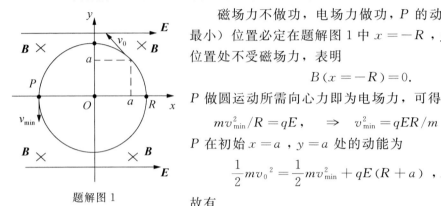

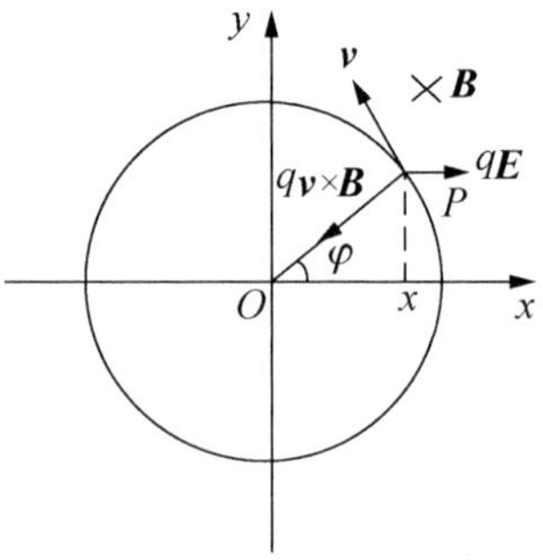

题解图 2

则有

$$\frac{1}{2}mv^2=\frac{1}{2}mv_{\min}^2+qE(\alpha_x+\sqrt{2})a,$$

$$\Rightarrow\quad v^2=v_{\min}^2+\frac{2qE(\alpha_x+\sqrt{2})a}{m}=qE(3\sqrt{2}+2\alpha_x)a/m.$$

因

$$qvB-qE\cos\varphi=mv^2/\sqrt{2}a,$$

得

$$B=\frac{E\cos\varphi}{v}+\frac{mv}{\sqrt{2}qa},\ \cos\varphi=\frac{x}{R}=\alpha_x/\sqrt{2},$$

所求 $B\sim x$ 函数便为

$$B(x)=\sqrt{\frac{mE}{2qa}}\left[\frac{\alpha_x}{\sqrt{3\sqrt{2}+2\alpha_x}}+\sqrt{3\sqrt{2}+2\alpha_x}\right],\ \alpha_x=\frac{x}{a},\ \sqrt{2}a\geqslant x\geqslant-\sqrt{2}a.$$

(8 分)

说明：题解图2中，P 位于第Ⅰ象限而求得 $B(x)$ 分布，考虑到 x 正、负号与不同象限中 $\cos\varphi$ 正、负号的组合关系，所得 $B(x)$ 分布同样适用于Ⅱ、Ⅲ、Ⅳ象限.

四、(20分)

(1) 由光路可逆性，从左到右两次折射成像公式和从右到左两次折射成像公式相同．取从左到右成像光路：

R_1（凸）球面折射成像，　$\dfrac{n_0}{u}+\dfrac{n}{v'}=\dfrac{n-n_0}{R_1}$，$v'$：像距

R_2（凹）球面折射成像，　$\dfrac{n}{-v'}+\dfrac{n_0}{v}=\dfrac{n_0-n}{-R_2}$，$-v'$：物距

相加，得成像公式

$$\frac{n_0}{u}+\frac{n_0}{v}=(n-n_0)\left(\frac{1}{R_1}+\frac{1}{R_2}\right).$$

物方、像方焦距相同，取物方焦距，可算得

$$f=\lim_{v\to\infty}u=n_0R_1R_2/(n-n_0)(R_1+R_2), \qquad (1)（6分）$$

或表述成

$$\frac{n_0}{f}=(n-n_0)\left(\frac{1}{R_1}+\frac{1}{R_2}\right).$$

(2)

l_1 算式：

R_1（凸）球面折射成像，　$\dfrac{n_0}{u_1}+\dfrac{n}{v_1}=\dfrac{n-n_0}{R_1}$，　v_1：像距

R_2（凹）球面反射成像，　$\dfrac{1}{-v_1}+\dfrac{1}{v_2}=\dfrac{2}{R_2}$，　$-v_1$：物距

R_1（凹）球面折射成像，　$\dfrac{n}{-v_2}+\dfrac{n_0}{v_3}=\dfrac{n_0-n}{-R_1}$，　$-v_2$：物距

进行消去 v_1，v_2 方式的相加，得

$$\frac{n_0}{u_1}+\frac{n_0}{v_3}=\frac{2(n-n_0)}{R_1}+\frac{2n}{R_2},$$

将 $v_3=u_1=l_1$ 代入，得

$$\frac{n_0}{l_1}=\frac{n-n_0}{R_1}+\frac{n}{R_2}. \qquad (2)（5分）$$

l_2 算式：

仿照(2)式，可得

$$\frac{n_0}{l_2}=\frac{n-n_0}{R_2}+\frac{n}{R_1}. \qquad (3)（1分）$$

(2.1)

n，R_1，R_2 算式：

引入辅助参量

$$A_f=f^{-1},\ A_1=l_1^{-1},\ A_2=l_2^{-1},\ x_1=R_1^{-1},\ x_2=R_2^{-1}.$$

将（1）、（2）、（3）式改述成

$$(n-n_0)(x_1+x_2)=n_0A_f, \tag{4}$$

$$(n-n_0)x_1+nx_2=n_0A_1, \tag{5}$$

$$nx_1+(n-n_0)x_2=n_0A_2. \tag{6}$$

（5）式＋（6）式得

$$x_1+x_2=\frac{n_0}{2n-n_0}(A_1+A_2),$$

代入（4）式，有

$$n-n_0=\frac{2n-n_0}{n_0(A_1+A_2)}n_0A_f=(2n-n_0)\frac{A_f}{A_1+A_2},$$

解得

$$n=\frac{A_1+A_2-A_f}{A_1+A_2-2A_f}n_0, \tag{7}$$

继而可得

$$n-n_0=\frac{A_f}{A_1+A_2-2A_f}n_0,$$

代入（4）式，得

$$x_1+x_2=A_1+A_2-2A_f,$$

（6）式－（5）式，可得

$$x_1-x_2=A_2-A_1,$$

与前式联立，得

$$x_1=A_2-A_f,\ x_2=A_1-A_f. \tag{8}$$

结论：

$$n=\frac{A_1+A_2-A_f}{A_1+A_2-2A_f}n_0,\ x_1=A_2-A_f,\ x_2=A_1-A_f,$$

或 $$n=\frac{l_1^{-1}+l_2^{-1}-f^{-1}}{l_1^{-1}+l_2^{-1}-2f^{-1}}n_0,\ R_1=(l_2^{-1}-f^{-1})^{-1},\ R_2=(l_1^{-1}-f^{-1})^{-1}.$$ （8分）

（2.2）由所给数据，可算得

$$n=\frac{3}{2},\ R_1=40\text{cm},\ R_2=60\text{cm}.$$

五、(25分)

（1）因对称，环心 O 为不动点，地面系中取 O 所在位置为参考点，系统角动量守恒. 由

$$R(M+2m)\omega R=2(l+R)mv_0,$$

得末态圆环转动角速度

$$\omega=2(l+R)mv_0/(M+2m)R^2.$$

系统末态动能小于或等于初态动能，即有

$$\frac{1}{2}(M+2m)(\omega R)^2\leqslant 2\times\frac{1}{2}mv_0^2,$$

$$\Rightarrow \quad \frac{1}{2}(M+2m)R^2\left[\frac{2(l+R)mv_0}{(M+2m)R^2}\right]^2 \leqslant m{v_0}^2,$$

$$\Rightarrow \quad 2(l+R)^2 m/(M+2m)R^2 \leqslant 1,$$

得

$$\gamma=\frac{M}{m}\geqslant\frac{2l(l+2R)}{R^2},\quad \begin{cases} >\text{：绳损耗机械能；} \\ =\text{：绳不损耗机械能.} \end{cases} \qquad (5\text{分})$$

（2）将图2中右上方的 u，v'，矢量化为 $\boldsymbol{u}$，$\boldsymbol{v}'$，将圆环转动角速度矢量化为 $\boldsymbol{\omega}$．右上方小物块相对地面系的速度

$$\boldsymbol{v}=\boldsymbol{v}'+\boldsymbol{\omega}\times(\boldsymbol{R}+\boldsymbol{l}),\ \boldsymbol{\omega}\times\boldsymbol{R}=\boldsymbol{u},$$

$$\Rightarrow \quad \boldsymbol{v}=\boldsymbol{v}'+\boldsymbol{u}+\boldsymbol{\omega}\times\boldsymbol{l}.$$

将 $\boldsymbol{v}$ 分解成与 $\boldsymbol{u}$ 平行及垂直的分量 $v_{/\!/}$，$v_{\perp}$，则有

$$v_{/\!/}=v'\cos\varphi+u+\omega l\cos\varphi,\ v_{\perp}=v'\sin\varphi+\omega l\sin\varphi.$$

因

$$u=\omega R,\quad \Rightarrow \quad \omega l=\frac{l}{R}u,$$

得

$$\begin{cases} v_{/\!/}=v'\cos\varphi+u+\dfrac{l}{R}u\cos\varphi=v'\cos\varphi+\left(1+\dfrac{l}{R}\cos\varphi\right)u, \\ v_{\perp}=v'\sin\varphi+\dfrac{l}{R}u\sin\varphi. \end{cases}$$

也可将 $\boldsymbol{v}$ 分解成与 $\boldsymbol{v}'$ 平行及垂直的分量 $v^*_{/\!/}$，$v^*_{\perp}$，则有

$$\begin{cases} v^*_{/\!/}=v'+\omega R\cos\varphi+\omega l=v'+u\cos\varphi+\dfrac{l}{R}u=v'+\left(\cos\varphi+\dfrac{l}{R}\right)u, \\ v^*_{\perp}=\omega R\sin\varphi=u\sin\varphi. \end{cases}$$

每个小物块相对地面系 O 点角动量为

$$(\boldsymbol{R}+\boldsymbol{l})\times m\boldsymbol{v}=\boldsymbol{R}\times m\boldsymbol{v}+\boldsymbol{l}\times m\boldsymbol{v}=(Rmv_{/\!/}+lmv^*_{/\!/})\boldsymbol{k}\quad(\boldsymbol{k}=\boldsymbol{\omega}/\omega)$$

$$=\left\{Rm\left[v'\cos\varphi+\left(1+\frac{l}{R}\cos\varphi\right)u\right]+lm\left[v'+\left(\cos\varphi+\frac{l}{R}\right)u\right]\right\}\boldsymbol{k}.$$

系统角动量守恒方程为

$$RMu+2m\left\{R\left[v'\cos\varphi+\left(1+\frac{l}{R}\cos\varphi\right)u\right]+l\left[v'+\left(\cos\varphi+\frac{l}{R}\right)u\right]\right\}=2(R+l)mv_0,$$

$$\Rightarrow \quad \gamma Ru+2\left\{\left[R\left(1+\frac{l}{R}\cos\varphi\right)+l\left(\cos\varphi+\frac{l}{R}\right)\right]u+(R\cos\varphi+l)v'\right\}=2(R+l)v_0.\ (1)$$

（6分）

系统机械能守恒方程为

$$\frac{1}{2}Mu^2+2\times\frac{1}{2}m({v^*_{/\!/}}^2+{v^*_{\perp}}^2)=2\times\frac{1}{2}m{v_0}^2,$$

$$\Rightarrow \quad \gamma u^2+2\left\{\left[v'+\left(\cos\varphi+\frac{l}{R}\right)u^2\right]+u^2\sin^2\varphi\right\}=2{v_0}^2,$$

或为

$$\gamma u^2+2\left\{\left[v'\cos\varphi+\left(1+\frac{l}{R}\cos\varphi\right)u\right]^2+\left(v'\sin\varphi+\frac{l}{R}u\sin\varphi\right)^2\right\}=2v_0{}^2.\quad(2)\ (4\text{ 分})$$

(1)、(2) 式联立，即成可解 u ，v' 的方程组.

(3) 取

$$l=R\ ,\ \gamma=6\ ,\ \varphi=90^\circ\ ,\ \cos\varphi=0\ ,\ \sin\varphi=1\ ,$$

(2) 问解答中 (1)、(2) 式简化为

$$5u+v'=2v_0\ ,\ 5u^2+2v'u+v'^2=v_0{}^2\ ,$$

得解为

$$u=\frac{3}{10}v_0\ ,\ v'=\frac{1}{2}v_0\ .\qquad(2\text{ 分})$$

(4) 先将

$$\gamma=6\ ,\ \varphi=90^\circ\ ,\ \cos\varphi=0\ ,\ \sin\varphi=1$$

代入 (2) 问解答中的 (1)、(2) 式，得

$$3Ru+\left\{\left(R+\frac{l^2}{R}\right)u+lv'\right\}=(R+l)v_0,\qquad(1)'$$

$$3u^2+\left\{\left(v'+\frac{l}{R}u\right)^2+u^2\right\}=v_0{}^2.\qquad(2)'$$

考虑到图 2 中 l 已由图 3 中的 $x\leqslant l$ 代替，应将 (1)′、(2)′ 式等号右边的 l 换成 x . 但因 (1)′、(2)′ 式等号右边的量为系统初态量，其中 l 不可用 x 取代，而应以 (3) 问所设 $l=R$ 用 R 取代，即得

$$\left(4+\frac{x^2}{R}\right)u+\frac{x}{R}v'=2v_0\ ,\ \left(4+\frac{x^2}{R^2}\right)u^2+2\frac{x}{R}v'u+v'^2=v_0{}^2\ ,$$

或改述为

$$u=(2v_0-\beta v')/\alpha\ ,\ \alpha u^2+2\beta v'u+v'^2=v_0{}^2\ ,\ \text{其中}\ \beta=\frac{x}{R}\ ,\ \alpha=4+\beta^2\ .$$

两式联立，消去 u ，得

$$(2v_0-\beta v')^2+2\beta(2v_0-\beta v')v'+\alpha v'^2=\alpha v_0{}^2\ ,$$

$$\Rightarrow\quad 4v_0{}^2-\beta^2v'^2+\alpha v'^2=\alpha v_0{}^2,\qquad\Rightarrow\quad 4v'^2=\beta^2v_0{}^2\ ,$$

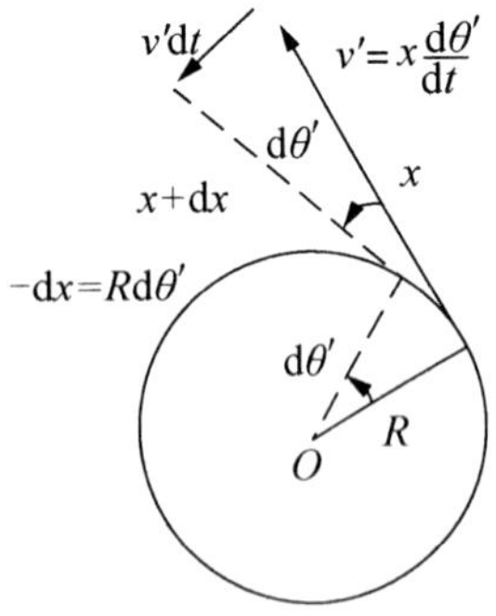

题解图

解得

$$v'=\frac{x}{2R}v_0\ .$$

可见 $x\to0$ 时，$v'=0$，故小物块与环接触时，两者不会发生碰撞.

取圆环参考系，参见题解图，有

$$x\frac{d\theta'}{dt}=v'=\frac{x}{2R}v_0,\qquad\Rightarrow\qquad\frac{d\theta'}{dt}=\frac{v_0}{2R}\ ,$$

$$-dx=Rd\theta'=R\frac{d\theta'}{dt}dt=\frac{v_0}{2}dt,\qquad\Rightarrow\quad dt=-\frac{2}{v_0}dx\ ,$$

$$\Rightarrow \quad \int_0^T \mathrm{d}t = -\frac{2}{v_0}\int_R^0 \mathrm{d}x \ ,$$

得

$$T = \frac{2R}{v_0} . \qquad (8\text{ 分})$$

注意：$\frac{\mathrm{d}\theta'}{\mathrm{d}t}$ 并非圆环相对地面系旋转角速度 ω .

六、(25 分)

$\boldsymbol{B}$ 方向的单位矢量记为 $\boldsymbol{k}$. 可形成闭合回路 L 的过程中，金属棒转角 $\theta=0$ 的方位如题解图中虚直线所示，棒的初始位置对应 $\theta=-\theta_0$. 取顺时针方向作为回路 L 的正方向，感应电流和金属棒所受安培力的正方向也已在图中示出.

$\mathrm{d}t$ 时间，回路包围的面积增量为

$$\mathrm{d}S = -\mathrm{d}\left(\frac{1}{2}l_0 l_0 \tan\theta\right) = -\frac{l_0^{\,2}}{2\cos^2\theta}\dot{\theta}\,\mathrm{d}t \ ,$$

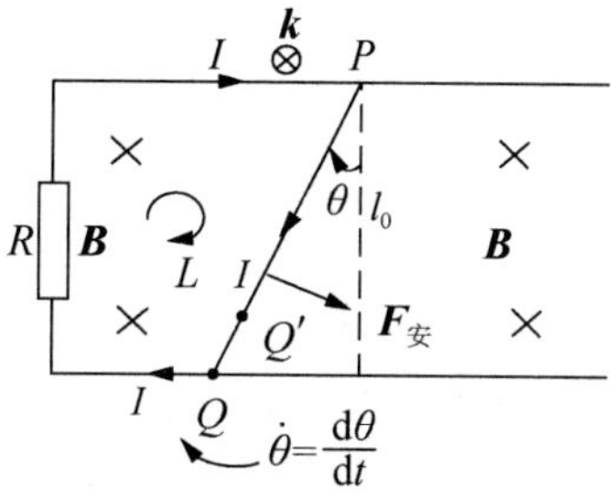

题解图

磁通量增量为

$$\mathrm{d}\Phi = B\,\mathrm{d}S = -\frac{Bl_0^{\,2}}{2\cos^2\theta}\dot{\theta}\,\mathrm{d}t \ ,$$

感应电动势和感应电流分别为

$$\mathscr{E} = -\frac{\mathrm{d}\Phi}{\mathrm{d}t} = \frac{Bl_0^{\,2}}{2\cos^2\theta}\dot{\theta} \ , \ I = \frac{\mathscr{E}}{R} = \frac{Bl_0^{\,2}}{2R\cos^2\theta}\dot{\theta},$$

旋转金属棒中 PQ' 段所受均匀分布的安培力的合力为

$$F_{安} = IBl_0/\cos\theta = (B^2 l_0^{\,3}/2R\cos^3\theta)\dot{\theta} . \qquad (5\text{ 分})$$

此力相对 P 点力矩为

$$\boldsymbol{M} = -\frac{1}{2}\frac{l_0}{\cos\theta}F_{安}\,\boldsymbol{k} = -\frac{B^2 l_0^{\,4}}{4R\cos^4\theta}\dot{\theta}\boldsymbol{k}, \qquad (2\text{ 分})$$

金属棒全长 $\frac{l_0}{\cos\theta_0}$，相对 P 点转动惯量 $I_0 = \frac{1}{3}m\left(\frac{l_0}{\cos\theta_0}\right)^2$，角动量为

$$\boldsymbol{L} = I_0\dot{\theta}\boldsymbol{k} = \frac{1}{3}m\left(\frac{l_0}{\cos\theta_0}\right)^2\dot{\theta}\boldsymbol{k}. \qquad (2\text{ 分})$$

由角动量定理 $\boldsymbol{M} = \frac{\mathrm{d}\boldsymbol{L}}{\mathrm{d}t}$，得

$$(-B^2 l_0^{\,4}/4R\cos^4\theta)\dot{\theta} = (ml_0^{\,2}/3\cos^2\theta)\ddot{\theta} \ , \qquad (2\text{ 分})$$

将

$$\ddot{\theta} = \frac{\mathrm{d}\dot{\theta}}{\mathrm{d}t} = \frac{\mathrm{d}\dot{\theta}}{\mathrm{d}\theta}\frac{\mathrm{d}\theta}{\mathrm{d}t} = \dot{\theta}\frac{\mathrm{d}\dot{\theta}}{\mathrm{d}\theta}$$

代入，得

$$\mathrm{d}\dot{\theta} = -\frac{3B^2 l_0^{\,2}\cos^2\theta_0}{4mR}\frac{\mathrm{d}\theta}{\cos^4\theta},$$

积分

$$\int_{\omega_0}^{\dot\theta} \mathrm{d}\dot\theta = -\frac{3B^2 l_0^{\,2}\cos^2\theta_0}{4mR}\int_{-\theta_0}^{\theta}\frac{\mathrm{d}\theta}{\cos^4\theta},$$

由积分公式，得

$$\dot\theta - \omega_0 = -\frac{3B^2 l_0^{\,2}\cos^2\theta_0}{4mR}\left(\frac{\sin\theta}{3\cos^3\theta}+\frac{2\sin\theta}{3\cos\theta}\right)\Bigg|_{-\theta_0}^{\theta},$$

$$\Rightarrow\quad \omega_0 = \dot\theta(\theta) + \frac{3B^2 l_0^{\,2}\cos^2\theta_0}{4mR}\left[\frac{\sin\theta}{3\cos\theta}\left(\frac{1}{\cos^2\theta}+2\right)-\frac{\sin(-\theta_0)}{3\cos(-\theta_0)}\left(\frac{1}{\cos^2(-\theta_0)}+2\right)\right]$$

$$= \dot\theta(\theta) + \frac{3B^2 l_0^{\,2}\cos^2\theta_0}{4mR}\left[\frac{\sin\theta}{3\cos\theta}\left(\frac{1}{\cos^2\theta}+2\right)+\frac{\sin\theta_0}{3\cos\theta_0}\left(\frac{1}{\cos^2\theta_0}+2\right)\right],\qquad (5\text{ 分})$$

θ 取值范围：$\theta_0 \geqslant \theta \geqslant -\theta_0$.

若金属棒到达 $\theta=\theta_0$ 时，恰好得 $\dot\theta=0$，则金属棒恰好在该角位置停止转动，对应的 ω_0 值记为 ω_0^*，有

$$\omega_0^* = \frac{3B^2 l_0^{\,2}\cos^2\theta_0}{4mR}\left[\frac{2\sin\theta_0}{3\cos\theta_0}\left(\frac{1}{\cos^2\theta_0}+2\right)\right],$$

$$\Rightarrow\quad \omega_0^* = \frac{B^2 l_0^{\,2}\sin 2\theta_0}{4mR}\left(\frac{1}{\cos^2\theta_0}+2\right).\qquad (2\text{ 分})$$

若金属棒初始 ω_0 值大于 ω_0^*，则 $\theta=\theta_0$ 处 $\dot\theta>0$，金属棒能转过第 1 圈到达 $\theta=-\theta_0$ 角位置，此时角速度仍与 $\theta=\theta_0$ 处值相同. 如果该值恰好等于上述 ω_0^*，则又能转到 $\theta=\theta_0$ 处而且停住；若大于 ω_0^*，则能转过 $\theta=\theta_0$ 位置，且又能转过第 2 圈到达 $\theta=-\theta_0$ 角位置. 据此可知：

当 $\omega_0=\left[\omega_0^*+\dot\theta(\theta_0)\Big|_{\dot\theta(\theta)>0}\right]>\omega_0^*$ 时，棒开始做第 2 圈转动. 此时：

若 $\begin{cases}\dot\theta(\theta_0)<\omega_0^*\text{，即 } 2\omega_0^*>\omega_0>\omega_0^*\text{ 时，棒将在某 }\theta<\theta_0\text{ 处停下，}\\ \dot\theta(\theta_0)=\omega_0^*\text{，即 }\omega_0=2\omega_0^*\text{ 时，棒在 }\theta=\theta_0\text{ 处停下，}\end{cases}$ 不能完成第 2 圈转动；

若 $\dot\theta(\theta_0)>\omega_0^*$，即 $\omega_0>2\omega_0^*$ 时，棒又可到达 $\theta=-\theta_0$ 角位置，完成第 2 圈转动.

重复论述，可知金属棒能转过 $k\geqslant 1$ 圈，但又不能转过 $k+1$ 圈的 ω_0 取值范围为

$$\begin{cases}(k+1)\omega_0^*>\omega_0>k\omega_0^*,\ k\geqslant 1,\\ \omega_0^*=\dfrac{B^2 l_0^{\,2}\sin 2\theta_0}{4mR}\left(\dfrac{1}{\cos^2\theta_0}+2\right).\end{cases}\qquad (7\text{ 分})$$

七、(25 分)

(1) S' 系中，A，B 碰前瞬间速度大小同为

$$u'_{ye}=\sqrt{2a_0 l}=\frac{3}{5}c,$$

质量同为

$$m'_e=\frac{m_0}{\sqrt{1-\dfrac{u'^2_{ye}}{c^2}}}=\frac{5}{4}m_0,$$

碰撞前后能量守恒，有

$$M'c^2=2m'_ec^2,\quad\Rightarrow\quad M'=2m'_e=\frac{5}{2}m_0. \qquad (3\text{ 分})$$

（2）S' 系中，t' 时刻 A，B 速度大小同记为 u'_y，S 系中对应的 t 时刻 A，B 沿 y 轴速度大小同为

$$u_y=\left.\frac{\sqrt{1-\beta^2}\,u'_y}{\left(1-\frac{v}{c^2}u'_x\right)}\right|_{u'_x=0}=\sqrt{1-\beta^2}\,u'_y,$$

且有

$$t=\left(t'+\frac{v}{c^2}x'\right)\Big/\sqrt{1-\beta^2}.$$

S 系中 A，B 加速度大小，即为沿 y 轴方向加速度大小，有

$$a=\frac{\mathrm{d}u_y}{\mathrm{d}t}=\left.\left\{\sqrt{1-\beta^2}\,\mathrm{d}u'_y\Bigg/\frac{\mathrm{d}t'+\frac{v}{c^2}\mathrm{d}x'}{\sqrt{1-\beta^2}}\right\}\right|_{\mathrm{d}x'=0}=(1-\beta^2)\frac{\mathrm{d}u'_y}{\mathrm{d}t'},$$

即得

$$a=(1-\beta^2)a_0=\frac{16}{25}a_0=2\cdot\left(\frac{6}{25}\right)^2\frac{c^2}{l}. \qquad (4\text{ 分})$$

在 S' 系中大质点静止，故有

$$M_0=M'=\frac{5}{2}m_0,$$

S 系中大质点速度即为沿 x 轴方向的速度 v，静质量 M_0 不变，（动）质量即为

$$M=M_0/\sqrt{1-\beta^2}=\frac{25}{8}m_0. \qquad (2\text{ 分})$$

（3）S' 系中

$$F'_y=\frac{\mathrm{d}}{\mathrm{d}t'}\left(\frac{m_0}{\sqrt{1-\frac{u'^2_y}{c^2}}}u'_y\right)=\frac{\mathrm{d}}{\mathrm{d}u'_y}\left(\frac{m_0}{\sqrt{1-\frac{u'^2_y}{c^2}}}u'_y\right)\frac{\mathrm{d}u'_y}{\mathrm{d}t'},$$

因 $\mathrm{d}u'_y/\mathrm{d}t'=a_0$，得

$$F'_y=\frac{m_0a_0}{\left(1-\frac{u'^2_y}{c^2}\right)^{3/2}}. \qquad (3\text{ 分})$$

S 系中 A 的速度平方值为

$$u^2=u_y^2+v^2,\ u_y^2=(1-\beta^2)u'^2_y,$$

有

$$F_y=\frac{\mathrm{d}}{\mathrm{d}t}\left(\frac{m_0u_y}{\sqrt{1-\frac{u_y^2+v^2}{c^2}}}\right)=\frac{\mathrm{d}}{\mathrm{d}u_y}\left(\frac{m_0u_y}{\sqrt{1-\frac{u_y^2+v^2}{c^2}}}\right)\frac{\mathrm{d}u_y}{\mathrm{d}t}\qquad\left(\frac{\mathrm{d}u_y}{\mathrm{d}t}=a=(1-\beta^2)a_0\right)$$

$$=m_0\left[\left(1-\frac{u_y^2+v^2}{c^2}+\frac{u_y^2}{c^2}\right)\Big/\left(1-\frac{u_y^2+v^2}{c^2}\right)^{3/2}\right](1-\beta^2)a_0$$

$$=(1-\beta^2)^2m_0a_0\Big/\left(1-\frac{u_y^2+v^2}{c^2}\right)^{3/2}.$$

因

$$1-\frac{u_y^2+v^2}{c^2}=1-\frac{(1-\beta^2)u'^2_y}{c^2}-\beta^2=(1-\beta^2)\left(1-\frac{u'^2_y}{c^2}\right),$$

得

$$F_y=\sqrt{1-\beta^2}\,m_0a_0\Big/\left(1-\frac{u'^2_y}{c^2}\right)^{3/2},$$

即

$$F_y=\sqrt{1-\beta^2}\,F'_y.\qquad(4\text{ 分})$$

(4) S 系中

$$F_x=\frac{\mathrm{d}}{\mathrm{d}t}\left(\frac{m_0v}{\sqrt{1-\frac{u_y^2+v^2}{c^2}}}\right)=m_0v\frac{\mathrm{d}}{\mathrm{d}u_y}\left(\frac{1}{\sqrt{1-\frac{u_y^2+v^2}{c^2}}}\right)\frac{\mathrm{d}u_y}{\mathrm{d}t}\qquad\left(\frac{\mathrm{d}u_y}{\mathrm{d}t}=a=(1-\beta^2)a_0\right)$$

$$=m_0v\left[\frac{u_y}{c^2}\Big/\left(1-\frac{u_y^2+v^2}{c^2}\right)^{3/2}\right](1-\beta^2)a_0$$

$$=\left[m_0\frac{vu_y}{c^2}\Big/(1-\beta^2)^{3/2}\left(1-\frac{u'^2_y}{c^2}\right)^{\frac{3}{2}}\right](1-\beta^2)a_0\qquad\left(F_y=\frac{\sqrt{1-\beta^2}\,m_0a_0}{\left(1-\frac{u'^2_y}{c^2}\right)^{3/2}}\right)$$

$$=\frac{vu_y}{c^2}\frac{1}{(1-\beta^2)^{3/2}}\frac{1}{\sqrt{1-\beta^2}}(1-\beta^2)F_y,$$

即得

$$F_x=\frac{vu_y}{c^2}\cdot\frac{F_y}{1-\beta^2}.\qquad(4\text{ 分})$$

(5) S' 系中 F'_y 做功 W' 等于 A 的能量增量，有

$$W'=m'_ec^2-m_0c^2=\frac{5}{4}m_0c^2-m_0c^2,$$

$$\Rightarrow\quad W'=\frac{1}{4}m_0c^2.$$

S 系中 F_y 对 A 做功

$$W_y=\int_{-l}^{0}F_y\mathrm{d}y,\ F_y=\sqrt{1-\beta^2}\,F'_y,\ \mathrm{d}y=\mathrm{d}y',$$

$$\Rightarrow\quad W_y=\sqrt{1-\beta^2}\int_{-l}^{0}F'_y\mathrm{d}y'=\sqrt{1-\beta^2}\,W',$$

$$\Rightarrow \quad W_y = \frac{1}{5} m_0 c^2 .$$

S 系中 A 的能量增量为

$$\Delta E = \frac{m_0 c^2}{\sqrt{1-\frac{u_{ye}^2+v^2}{c^2}}} - \frac{m_0 c^2}{\sqrt{1-\frac{v^2}{c^2}}}, \qquad 1-\frac{u_{ye}^2+v^2}{c^2} = (1-\beta^2)\left(1-\frac{u'^2_{ye}}{c^2}\right)\Bigg|_{u'_{ye}=\frac{3}{5}c},$$

$$\Rightarrow \quad \Delta E = \left(\frac{5}{4}\right)^2 m_0 c^2 - \frac{5}{4} m_0 c^2 = \frac{5}{16} m_0 c^2 .$$

此增量等于 F_y 对 A 做功 W_y 与 F_x 对 A 做功 W_x 之和，即有

$$W_x = \Delta E - W_y = \frac{5}{16} m_0 c^2 - \frac{1}{5} m_0 c^2 ,$$

得

$$W_x = \frac{9}{80} m_0 c^2 . \qquad (5分)$$

B卷

一、(12分)

1—4：B B A C

二、(16分)

5. $\frac{1}{\sqrt{3}}$　$\frac{1}{\sqrt{3}}$　　6. 不变　减小　　7. $n_2 : n_1$　$\lambda_2 : \lambda_1$　　8. 6　18750

三、(32分)

9. (6分)

(1) $$\left[17.12 + \frac{21.54-17.12}{24-20} \times (21-20)\right] g/m^3 = 18.23 g/m^3 . \qquad (3分)$$

(2) 使用除湿机前水汽含量记为 $x_1(g/m^3)$，使用除湿机后记为 $x_2(g/m^3)$，则有

$$\frac{x_1}{17.12} = 0.80, \quad \Rightarrow \quad x_1 = 13.70 g/m^3 ,$$

$$\frac{x_2}{18.23} = 0.50, \quad \Rightarrow \quad x_2 = 9.12 g/m^3 ,$$

除去水的总质量便为

$$(13.70 - 9.12) \times 50 g = 229 g. \qquad (3分)$$

10. (8分)

(1) 设右侧绳中张力为 T，B 的质量为 m_B，则有

$$T\cos\theta = m_B g ,$$

T 对槽的力矩大小为

$$TL\cos\theta = m_B g L ,$$

这里的 L 为细杆的半长度. 将 A 的质量记为 m_A，则 A 对槽的力矩大小为 $m_A g L$，平衡

时有

$$m_A gL = m_B gL\,, \quad \Rightarrow \quad m_A = m_B\,.$$

槽底对细杆的竖直方向支持力便为

$$N = 2m_B g\,,$$

细杆对槽底的正压力大小也为此量．最大静摩擦力出现在 B 处于最右或最左位置，应有

$$f_{\max} = T\sin\theta = m_B g\tan\theta\,,$$

因此静摩擦系数为

$$\mu_0 = \frac{f_{\max}}{N} = \frac{1}{2}\tan\theta\,. \qquad (4\text{ 分})$$

（2）据圆锥摆的角速度公式，可写出 B 做匀速圆周运动的角速度为

$$\omega = \sqrt{g/l\cos\theta}\,.$$

杆与槽底间的静摩擦力等于右侧绳中张力水平分量 $T\sin\theta$ 的向右或向左分量的绝对值，即有

$$f = |(T\sin\theta)\cos\omega t|\,,\ N = \frac{f}{N} = \frac{T\sin\theta}{N}|\cos\omega t|\,,$$

将 $T = m_B g/\cos\theta$，$N = 2m_B g$ 代入后，即得

$$\mu = \frac{1}{2}\tan\theta|\cos\omega t|\,. \qquad (4\text{ 分})$$

11．（10 分）

（1）运动过程中，棒 1、2 的右行速度分别记为 v_1，v_2，对应的动生电动势分别为

$$\mathscr{E}_1 = Blv_1\,,\ \mathscr{E}_2 = Blv_2\,,$$

顺时针方向回路电动势为

$$\mathscr{E} = \mathscr{E}_2 - \mathscr{E}_1 = Bl(v_2 - v_1)\,, \qquad (1)\ (2\text{ 分})$$

回路电流

$$I = \frac{\mathscr{E}}{2R} = \frac{Bl}{2R}(v_2 - v_1)\,.$$

棒 1 所受安培力 $\boldsymbol{F}_1$ 方向朝右，棒 2 所受安培力 $\boldsymbol{F}_2$ 方向朝左，如题解图所示．$\boldsymbol{F}_1$，$\boldsymbol{F}_2$ 大小同为

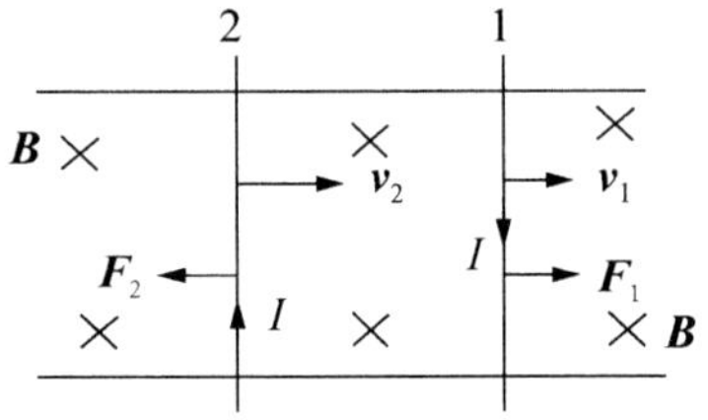

题解图

$$F_1 = F_2 = F = IlB = \frac{B^2l^2}{2R}(v_2 - v_1)\,. \qquad (2)$$

（1 分）

$\boldsymbol{F}_1$ 对棒 1 起加速作用，有

$$\frac{B^2l^2}{2R}(v_2 - v_1) = F_1 = m\frac{\mathrm{d}v_1}{\mathrm{d}t}\,. \qquad (3)$$

考虑到 $\mathrm{d}t$ 时间内棒 1、2 间距离缩短量即为

$$\mathrm{d}s = (v_2 - v_1)\,\mathrm{d}t\,,$$

便有

$$\mathrm{d}s = \frac{2mR}{B^2l^2}\mathrm{d}v_1\,. \qquad (4)\ (1\text{ 分})$$

$\boldsymbol{F}_2$ 对棒 2 起减速作用，有

$$\frac{B^2l^2}{2R}(v_2-v_1)=F_2=-m\frac{\mathrm{d}v_2}{\mathrm{d}t},$$

可得

$$\mathrm{d}s=-\frac{2mR}{B^2l^2}\mathrm{d}v_2. \qquad (5)（1分）$$

因 $\boldsymbol{F}_1+\boldsymbol{F}_2=0$，棒 1、2 构成的系统动量守恒．若两棒始终不相碰，那么它们的共同末速度 $\boldsymbol{v}_e$ 水平朝右，其大小可据动量守恒式

$$2mv_e=m\cdot 2v_0+mv_0,$$

算得为

$$v_e=\frac{3}{2}v_0. \qquad (6)（1分）$$

据（4）式，棒 1、2 间距离总的缩短量便为

$$s=\frac{2mR}{B^2l^2}(v_e-v_0)=\frac{mR}{B^2l^2}v_0. \qquad (7)$$

因此，为使两棒能发生碰撞，要求 L 可取值为

$$L<s=\frac{mR}{B^2l^2}v_0. \qquad (8)（2分）$$

（2）若（8）式满足，相碰前 $\Delta s=L$，由（4）、（5）两式得

$$L=\frac{2mR}{B^2l^2}(v_1-v_0),\ L=-\frac{2mR}{B^2l^2}(v_2-2v_0),$$

分别可解得碰前瞬间，棒 1、2 的速度分别为

$\boldsymbol{v}_1$：方向朝右，大小为 $v_1=\dfrac{B^2l^2L}{2mR}+v_0$，

$\boldsymbol{v}_2$：方向朝右，大小为 $v_2=2v_0-\dfrac{B^2l^2L}{2mR}$．（2分）

12.（8分）

（1）

$$\Delta t_1=\frac{L+\sqrt{1-\beta^2}\cdot 2L}{v}=\frac{13}{3}\frac{L}{c}, \qquad （2分）$$

$$\Delta t_2=\frac{2L+\sqrt{1-\beta^2}\cdot L}{v}=\frac{14}{3}\frac{L}{c}. \qquad （2分）$$

（2）在相对直尺 A_2B_2 静止的惯性系中，A_2 与 A_1 相遇时静止在 A_2，B_2 的两个时钟读数相同，此时 B_2 朝 A_2 发出光信号．A_2 与 B_1 相遇时恰好收到光信号，此时 A_2 时钟又有一个读数，A_2 时钟两个读数之差应为

$$\Delta t_2=\frac{2L}{c}.$$

此过程在相对直尺 A_1B_1 静止的参考系中，A_2 与 A_1 相遇时静止在 A_1 的时钟有个读数，A_2 与 B_1 相遇时静止在 B_1 的时钟又有一个读数，两个时钟读数差应为

$$\Delta t_1=\frac{L}{v}.$$

按相对直尺 A_1B_1 静止的惯性系 Δt_1 为静止，Δt_2 为运动，即应有

$$\Delta t_1 = T_{\text{静}}, \Delta t_2 = T_{\text{动}},$$

即得

$$\Delta t_2 = \sqrt{1-\beta^2}\,\Delta t_1, \quad \Rightarrow \quad \frac{2L}{c} = \sqrt{1-\beta^2}\,\frac{L}{v}, \quad \Rightarrow \quad 2\beta = \sqrt{1-\beta^2},$$

解得

$$\beta = \frac{1}{\sqrt{5}}, \quad \Rightarrow \quad v = \frac{c}{\sqrt{5}}.$$ （4 分）

2015 年暑期物理竞赛辅导班联谊赛试题

学校________________ 姓名________________ 成绩________________

总分：200 分 时间：3.5 小时

A 卷（140 分）

题号	一	二	三	四	五	六	七
得分							
阅卷人							

一、(14 分)

设地球半径 R_0、自转周期 T_0、地面重力加速度 g 均为已知量.

(1) 将地球同步卫星距离地面的高度表述为 $h^* = \gamma R_0$，试求 γ .

(2) 飞机在飞行中腹部朝下，背部朝上．航天飞机围绕地球巡航时，往往是背部朝下，腹部朝上，便于宇航员朝下观察地球表面．某航天飞机关闭发动机后，在赤道上方 $h = h^*/2$ 的高度处，沿着自西向东的方向做圆周轨道运动.

(2.1) 宇航员每过多长时间 Δt_1，可重复朝下看到赤道洋面上的同一座岛屿?

(2.2) 航天飞机上方某一同步卫星，通过朝下的观测窗，每过多长时间 Δt_2 可重复观测到航天飞机?

(2.3) 将同步卫星轨道半径近似取为地球半径的 7 倍，再近似取 $\sqrt{7} = 2.6$，计算上述 Δt_1 和 Δt_2，答案用数字和“天”表示.

二、(12 分)

如图所示，将半径 R 、折射率 n 的透明介质球置于空气中．过直径 AB 的左侧主光轴上，与 A 相距 u 处有一点光源 S ，发出的近轴光线通过介质球成像于主光轴的 S' 点，像距 v 以从 B 朝右为正方向来标定.

(1) 导出 v 的表述式.

(2) 对 $2 \geqslant n > 1$ 和 $n > 2$ 两个 n 取值范围，分别判定 u 取何值 S' 为实像，u 取何值 S' 为虚像（不包含成像于 B 或无穷远的可能性).

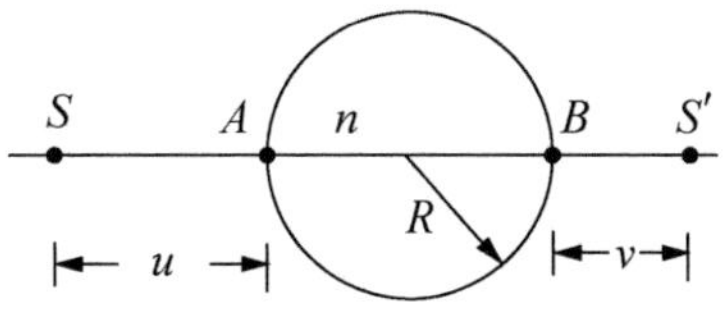

三、(16 分)

定量的水在 $t_0 = 0℃$ 的体积若为 V_0，在室温 $t_0 > 0℃$ 时的体积则为

$$V = V_0(1 + \alpha t) ,$$

称常量 α 为水的体膨胀系数．玻璃的体膨胀效应较小，相比之下可略去.

如图所示，在室温 $t = 27℃$ 的水平桌面上直立着一个薄玻璃瓶．瓶的下部是半径为 R 、高为 H 的封底圆筒形区域，其内充满水．瓶的上部是半径 $r < R$ 、高度 $h < H$ 的圆

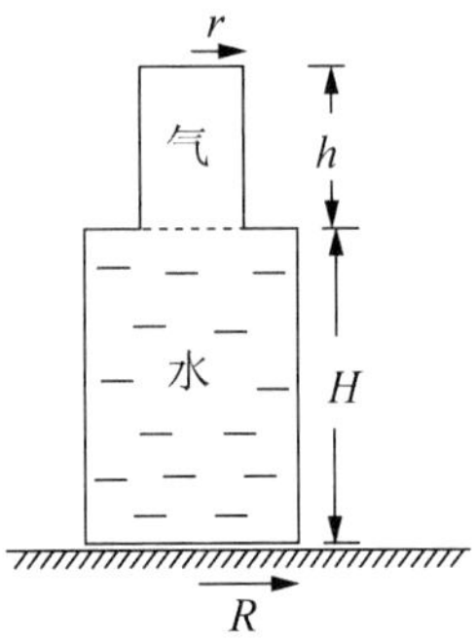

筒形区域，其内充满纯净水蒸气，上方有不漏气的瓶盖封顶.

今将题图所示的瓶直立地放进 $t_0=0$℃ 的冰箱内，热平衡后尚未结冰前，瓶的上方区域内侧壁上出现一些水珠.

设上述已给的量均为已知量，且水在 $t_0=0$℃ 和在 $t=27$℃ 的饱和水蒸气压强 p_0 和 p 以及水在 $t_0=0$℃ 的密度 ρ_0 也均为已知量.

（1）请给出水珠出现的原因.

（2）试求此时瓶内水蒸气占据的体积 $V_{气0}$.

（3）引入比例系数

$$\beta=\frac{V_{气0}}{V_{气}}\text{，}V_{气}\text{：}t=27℃\text{ 初态水蒸气体积}$$

取

$$\alpha=1.5\times10^{-4}\text{ ，}$$

$$R=2r\text{ ，}H=3h\text{ ，}$$

$$p_0=4.58\times1.33\times10^2\,\text{Pa}\text{ ，}p=26.7\times1.33\times10^2\,\text{Pa}\text{，}$$

$$\text{水的摩尔质量}\quad\mu_{水}=1.8\times10^{-2}\,\text{kg/mol}\text{ ，}$$

$$0℃\text{时水的密度}\quad\rho_0=10^3\,\text{kg/m}^3\text{ ，}$$

$$\text{普适气体常量}\quad R=8.31\,\text{J/(K·mol)}\text{ ，}$$

试求 β 数值，答案取到小数点后 3 位数字.

四、(18 分)

如图所示，惯性系 S 中宇宙飞船 A ，B 同时从 P 处出发，A 沿直线 l_A 方向以匀速度 $v_A=\beta_A c\,(1>\beta_A>0)$ 运动，B 沿直线 l_B 方向以匀速度 $v_B=\beta_B c\,(1>\beta_B>0)$ 运动，直线 l_A 与 l_B 的夹角为锐角 φ. 设 A ，B 在 P 处出发时分别将自己的时钟拨零，即取 $t_A=0$，$t_B=0$；再设 A ，B 在而后的运动过程中，分别连续地发射相对各自计时系统频率均为 ν_0 的球面光波，对方可连续地接收到光振动 . 把 A 于 $t_A>0$ 时刻接收到的光振动频率记为 $\nu_A(t_A)$ ，B 于 $t_B>0$ 时刻接收到的光振动频率记为 $\nu_B(t_B)$ ，试求 $\nu_A(t_A)$ 和 $\nu_B(t_B)$.

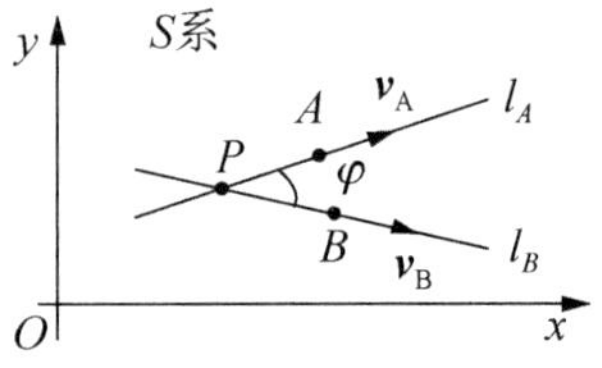

——张涌良（北京大学物理学院 2010 级），舒幼生

五、(24 分)

如图所示，在倾角为锐角 θ 的光滑斜面上的下端有一块垂直于斜面的挡板，在斜面上从挡板所在位置朝上依次刻有 P_5，P_4，P_3，P_2，P_1，P_0，P_{-1} ，P_{-2} 标记，P_5 与挡板相距 l ，相邻两个标记间距也同为 l . 质量同为 m 的两个厚度可略的小滑块 A ，B ，用劲度系数为 k 、自由长度为 $6l$ 的轻质弹簧连接后放在斜面上，B 静止地靠着挡板，A 静止地放在斜面上的某个部位 . 将 A 自由释放后，A 可能会沿着斜面平动 . 设

$$l=\frac{mg\sin\theta}{k}\text{ .}$$

（1）先将 A 静放在 P_0 处，再将 A 自由释放，试问 A ，B 各自将处于什么样的运动状

态？若做往返运动，应写出运动周期.

(2) 先将 A 压缩着弹簧停放在 P_3 处，再将 A 自由释放，试问系统质心 C 将如何运动？再求 C 可达到的最大速度值 $v_{C\max}$ 和最大加速度值 $a_{C\max}$.

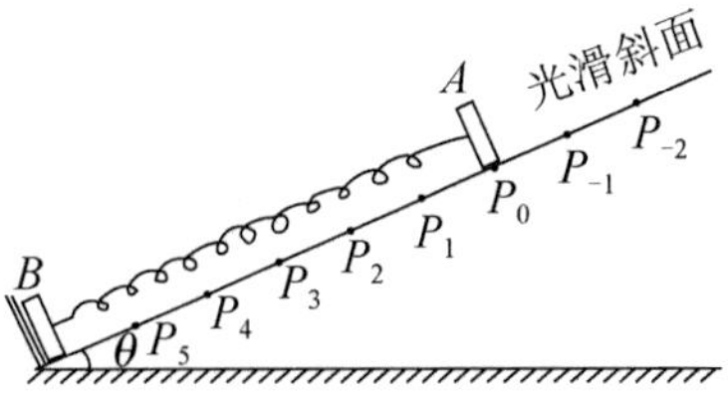

(3) 先将 A 压缩着弹簧停放在 P_4 处，再将 A 自由释放，试求从开始到 A ，B 第一次相距最远所经的时间 Δt 和最远的距离 $L_{\max}$ ，再求此时 A 与挡板间的间距 L_A .

六、(28 分)

用某种导电材料制成如图 1 所示的匀质正方形电阻薄平板，4 个微微朝外突出的顶端记为 A ，B ，C ，D . 将 A ，C 两端间的等效电阻记为 R_1，A ，D 两端间的等效电阻记为 R_2.

(1) 取电流 I 从 A 端流入，C 端流出，请定性画出平板上电流线的分布，而后导出 R_1，R_2，$2R_1$ 之间的大小排序关系.

(2) 如图 2 所示，用理想导线连接 B ，D 端，试求此时 A ，C 两端间的等效电阻 R_{AC} ，答案用 R_1，R_2 表示.

(3) 如图 3 所示，将 6 块这样的电阻薄平板通过顶端间的焊接，棱边间均不焊接，且不接触，构成一个中空且露缝的“正方体”. 试求图中两个相对顶端 C ，B' 间的等效电阻 $R_{CB'}$ ，答案用 R_1，R_2 表示.

——王贺明（北京大学物理学院 2012 级），舒幼生

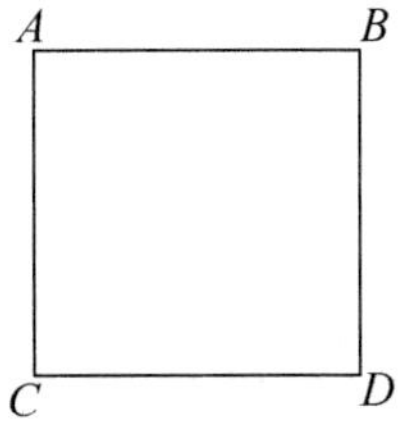

图 1

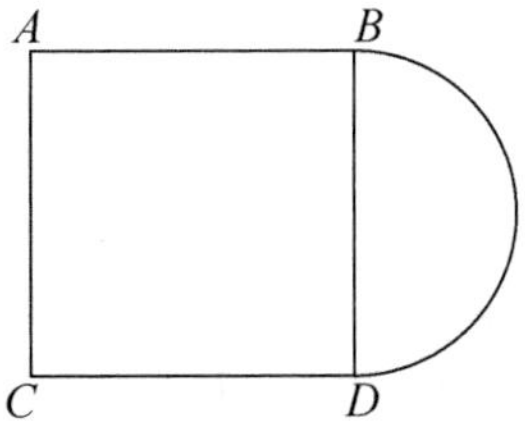

图 2

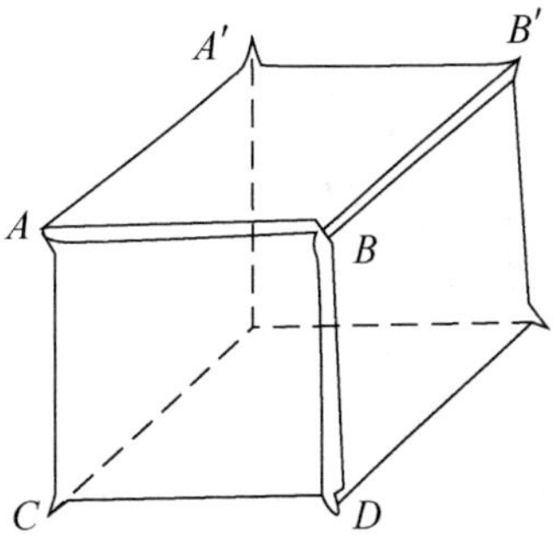

图 3

七、(28 分)

知识背景：库仑引力、斥力对应的两种双曲线轨道.

库仑引力：内焦点型双曲线轨道.

$$\boldsymbol{F}=\frac{-Qq\boldsymbol{r}}{4\pi\varepsilon_0 r^3}\begin{cases}Q\text{：力心电荷量绝对值，}\\ q\text{：受力质点电荷量绝对值；}\end{cases}\quad \text{守恒量}\begin{cases}\text{能量 } E>0,\\ \text{角动量 } L>0.\end{cases}$$

轨道如图 1 所示，方程为

$$r=\frac{p}{\varepsilon\cos\theta+1},$$

引入辅助常量

m ：受力质点质量，

$k^2 = Qq/4\pi\varepsilon_0 m$ ，$A = k^2 m/2E$ ，

可将 p ，ε 表述为

$$p = L^2/k^2m^2 \text{，} \varepsilon = \sqrt{1+\frac{2EL^2}{k^4m^3}} = \sqrt{1+\frac{p}{A}} .$$

库仑斥力：外焦点型双曲线轨道.

$$\boldsymbol{F} = \frac{Qq\boldsymbol{r}}{4\pi\varepsilon_0 r^3}\begin{cases}Q\text{：力心电荷量绝对值，}\\ q\text{：受力质点电荷量绝对值；}\end{cases}\quad \text{守恒量}\begin{cases}\text{能量 } E > 0\text{，}\\ \text{角动量 } L > 0.\end{cases}$$

轨道如图 2 所示，方程为

$$r = \frac{p_+}{\varepsilon\cos\theta - 1} \text{，}$$

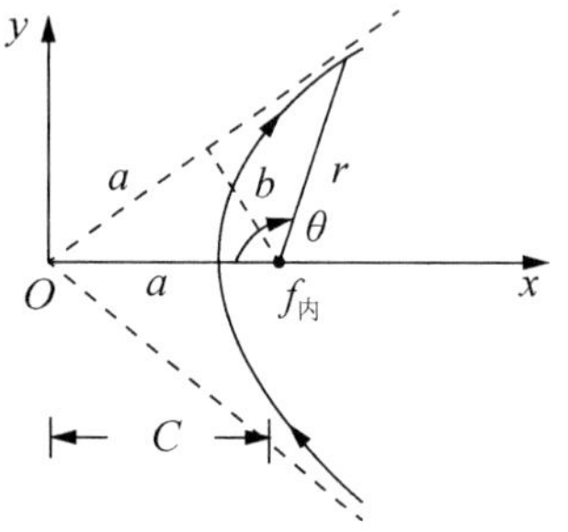

图 1

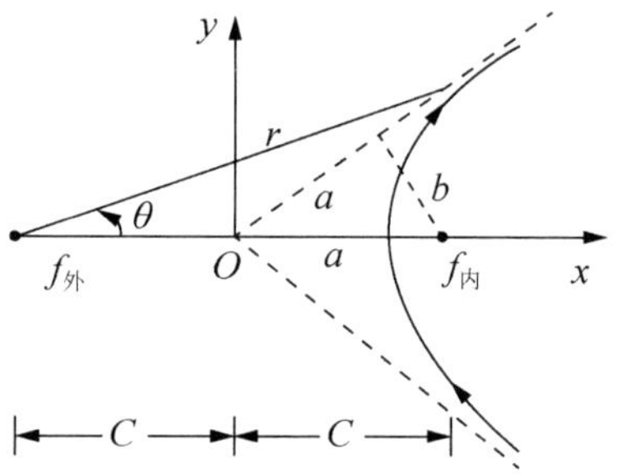

图 2

引入辅助常量

m ：受力质点质量，

$k^2 = Qq/4\pi\varepsilon_0 m$ ，$A = k^2 m/2E$ ，

可将 p_+ ，ε 表述为

$$p_+ = L^2/k^2m^2 \text{，} \varepsilon = \sqrt{1+\frac{2EL^2}{k^4m^3}} = \sqrt{1+\frac{p_+}{A}} .$$

题文

如图 3 所示，半径为 R 的圆是均匀带电球面，其总电量绝对值记为 Q ，球心位于 x 轴的坐标原点 O 处，该处有一个电量绝对值为 q 的固定点电荷 . x 轴负方向无穷远处，一个电子在与 x 轴相距 R 的位置，以平行于 x 轴方向的初速度 v_0 运动.

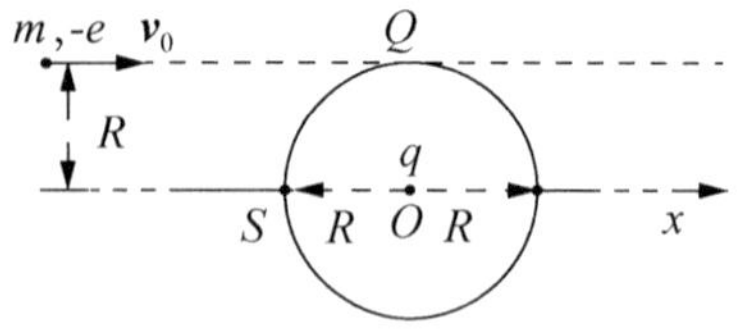

图 3

(1) 通过定性分析，判断电子是否绝对不可能首先与图 3 中球面上的 S 点相遇?

(2) 现要求电子能到达 x 轴正方向无穷远处，且与 x 轴相距仍为 R ，并要求电子运动轨道穿入球面次数与穿出球面次数之和最小.

(2.1) 为此，首先确定球面电荷应是 Q 还是 $-Q$ ，球心点电荷应是 q 还是 $-q$? 继而定性画出满足上述要求的电子运动轨道曲线，再说出轨道整体是什么样的曲线，如若可能还应说出轨道分段各是什么样的曲线段.

(2.2) 将电子质量记为 m ，电量绝对值记为 e ，引入参量

$$k_1{}^2 = (Q-q)e/4\pi\varepsilon_0 m \text{ , } k_2{}^2 = qe/4\pi\varepsilon_0 m \text{ ,}$$

再引入参量

$$x_1 = \sqrt{Rv_0{}^2}/k_1 \text{ , } x_2 = \sqrt{Rv_0{}^2}/k_2 \text{ ,}$$

对于（2.1）问要求画出的轨道，导出 x_1，x_2 满足的代数方程，方程中不可含有参量 Q，q，m，e.

（2.3）取 $Q=2q$，通过数值计算，在 $2 \geqslant x_1 \geqslant 1$ 区间内，解出 x_1 取值，取 3 位有效数字.

——北京大学物理学院 2004 级王达，2013 级陈博，舒幼生

B 卷（60 分）

题号	一（1—4）	二			
		5	6	7	8
得分					
阅卷人					

一、简答（每小题 5 分，共 20 分）

1. 如图所示，三个带电质点分别位于 Oxy 平面的 x 轴和 y 轴上，A 带正电，B 带负电，C 带正电，它们的电量多少均属未知，设 A，B，C 只受到它们之间库仑力的作用. 将 A，B，C 同时从静止自由释放后瞬间，它们各自加速度的 x，y 方向分量分别记为 a_{Ax}，a_{Bx}，a_{Cx} 和 a_{Ay}，a_{By}，a_{Cy}. 这些分量都带有正负号，例如倘若 a_{Ax} 取正（即 $a_{Ax}>0$），则表示 A 的加速度沿 x 方向分量与 x 轴正方向一致.

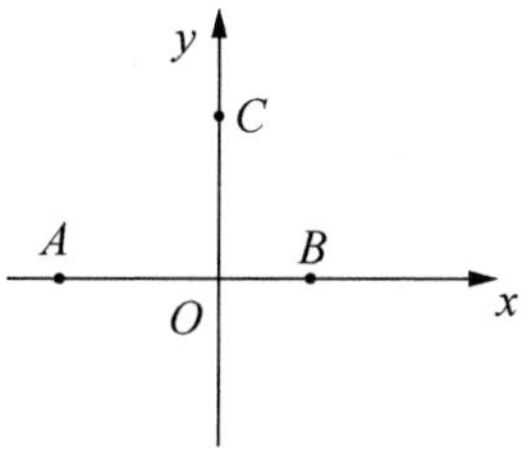

请不必进行论证地直接写出这 6 个分量中，哪些分量的正负号可以判定.

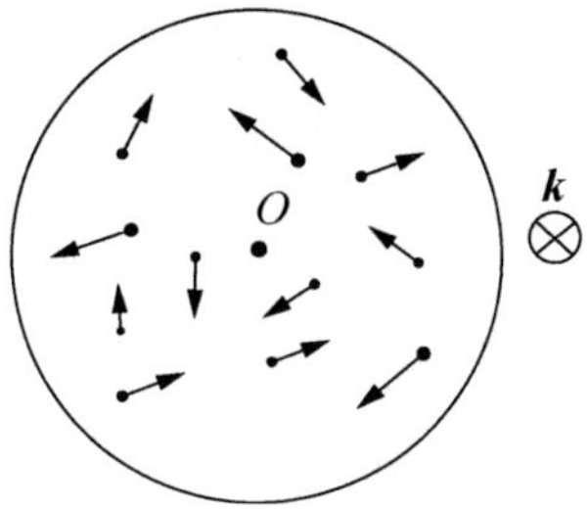

2. 如图所示，光滑水平大桌面上有一固定的大圆环. 环内有若干运动质点，它们的质量之和为 M，初始时刻动量之和为 $\boldsymbol{p}$，相对环心 O 的角动量之和为 $\boldsymbol{L}=L\boldsymbol{k}$，其中单位矢量 $\boldsymbol{k}$ 已在图中示出. 运动中质点与环壁的碰撞都是弹性的（无动能损失），质点间的碰撞有弹性的、非弹性的和完全非弹性的，最终形成一个质量仍为 M 的大质点.

（1）设 $\boldsymbol{p}\neq 0$，$\boldsymbol{L}=0$，请通过分析，完整地说出大质点所有可能的运动状态；

（2）设 $\boldsymbol{p}=0$，$\boldsymbol{L}\neq 0$，请通过分析，完整说出大质点所有可能的运动状态.

3. 已知 $S=1+\frac{1}{2}+\frac{1}{2^2}+\frac{1}{2^3}+\frac{1}{2^4}+\cdots$ 是一个有限量，求解 S 的一个方法如下所述：

$$S=1+\frac{1}{2}+\frac{1}{2^2}+\frac{1}{2^3}+\frac{1}{2^4}+\cdots=1+\frac{1}{2}\left(1+\frac{1}{2}+\frac{1}{2^2}+\frac{1}{2^3}+\cdots\right),$$

等号右边括号内的求和数列，其右侧无穷远处虽然比等号左边求和数列少了一项，但该项

趋于零，在极限意义下两个求和数列结构相同，故有

$$S=1+\frac{1}{2}+\frac{1}{2^2}+\frac{1}{2^3}+\frac{1}{2^4}+\cdots=1+\frac{1}{2}S,$$

即可解得 $S=2$. 请借鉴此种求解 S 的方法，解答下述两小问.

（1）无限梯形电阻网络如图 1 所示，试求 A，B 间等效电阻 R_{AB}，并参考上文，写出求解过程.

（2）无限梯形电阻网络如图 2 所示，试求 A，B 间等效电阻 R_{AB}，并参考上文，写出求解过程.

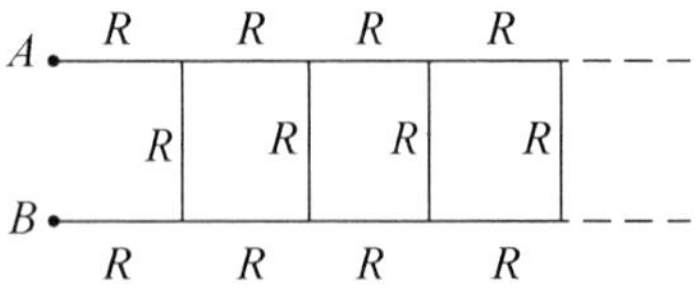

图 1

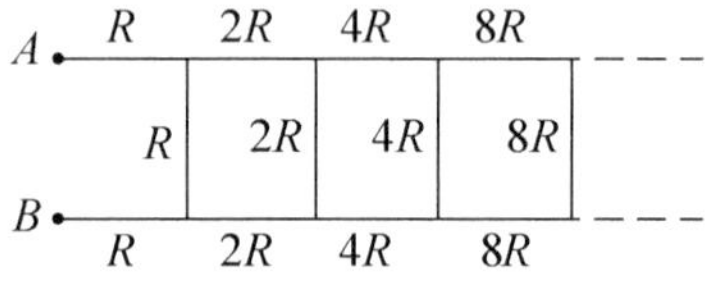

图 2

4. 如图所示的均匀直试管的侧壁上已经定标．若谓试管已装满液体，意即内盛的液体刚好达到标记线 PQ，便称 5ml（5 毫升）为该试管的有效容积，或简称为容积.

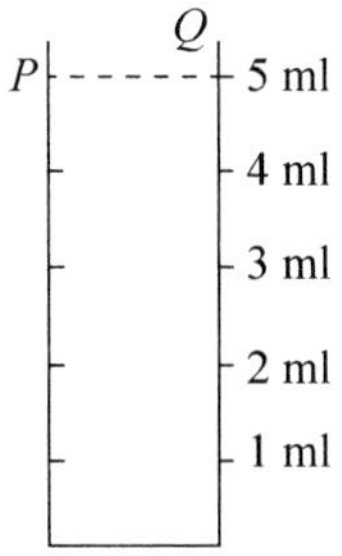

今有尚未定标的均匀直试管 A 和 B，另有足量的备用液体以及可为 A，B 灌液体的简便装置，但装置没有量化标记．需要时你可以将液体灌入 A 或 B 内，A（或 B）管内的液体也可部分或全部倒入 B（或 A）管内．此外，还为你提供一支可在试管侧壁上刻划标记线的手用尖笔.

（1）已知 A 的容积为 3ml，B 的容积为 5ml，试作以 ml 为单位的 A，B 定标；

（2）已知 A 的容积为 5ml，B 的容积为 8ml，试作以 ml 为单位的 A，B 定标.

二、计算（每题 10 分，共 40 分）

5. 水平地面上有一个三角形鼓包如图所示，两个质量未必相同的静止小物块，同时从鼓包顶峰两侧自由释放后均能沿斜面下滑，且分别在图中 P 点和 Q 点停下．设两个小物块与斜面和水平地面间的摩擦系数为相同的常量.

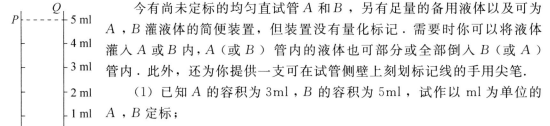

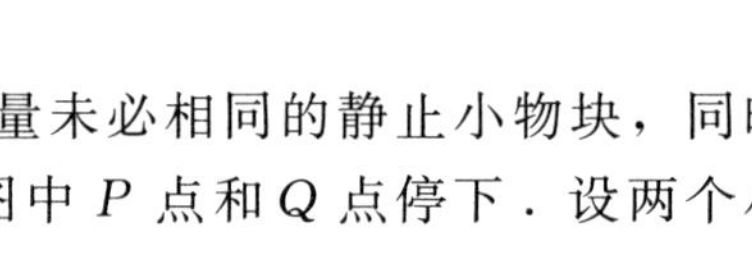

（1）图中的四个长度量 l_1, l'_1, l'_2, l_2 之间满足什么样的关系？

（2）左侧物块运动到 P 点和右侧物块运动到 Q 点所经时间分别记为 t_1 和 t_2，将摩擦系数记为 μ，试求比值 $\gamma=t_1:t_2$，答案可用图中角参量 φ_1，φ_2 和参量 μ 表述，不可含有参量 l_1，l'_1，l'_2 和 l_2.

（3）取 $\mu=\dfrac{1}{2\sqrt{3}}$，$\varphi_1=30°$，$\varphi_2=60°$，计算 γ 值.

6. 如图所示的平面圆环，是一个与外界绝热且自身封闭的 O 形盒的俯视截面图，图中未能显示盒的厚度．盒中有三片质量可略的可动隔板，将 O 形盒的内部空间等分为体积同为 V_0 的三个互不连通的区域 1、2、3，其内各装有比热为常量的同种理想气体，初始温

度和压强分别为 T_{10} ，T_{20} ，T_{30} 和 p_{10} ，p_{20} ，p_{30} . 而后因隔板导热，使隔板各自绕 O 形盒中心轴无摩擦地转动，设隔板最后停下.

(1) 试求此时区域 1、2、3 各自温度和压强：T_1，T_2，T_3 和 p_1，p_2，p_3；

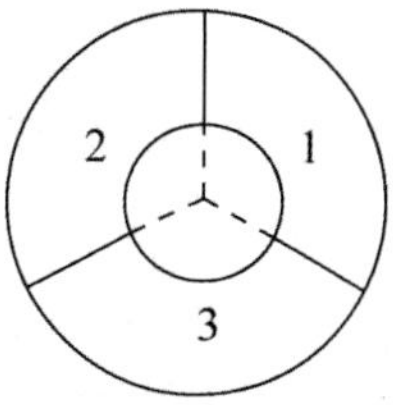

(2) 再设 $T_{10} : T_{20} : T_{30} = 1 : 2 : 3$，$p_{10} : p_{20} : p_{30} = 3 : 2 : 1$，再求此时区域 1、2、3 各自体积 V_1，V_2，V_3，答案中除去数字只能出现参量 V_0.

7. 如图所示，半径为 R 的长直圆柱形几何空间区域内，有轴向的匀强磁场，磁感应强度 $\boldsymbol{B}$ 方向垂直于图平面朝里，且大小随 t 变化，有 $\mathrm{d}B/\mathrm{d}t = k$ ，其中 k 为正的常量 . 圆柱形空间外没有磁场 . 在圆柱形空间区域内的一个正截面内，有一个用金属线连接而成的圆内接正三角形 $ABCA$ ，其中 AB 段、BC 段和 CA 段的电阻分别记为 r_1，r_2 和 r_3. 注意圆只是几何区域.

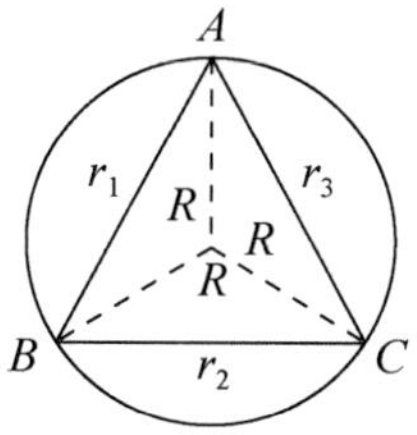

(1) 试求 AB 段从 A 到 B 方向的电动势 $\mathscr{E}_{AB}$ ；

(2) 设 $r_1 = r_2 = r_3$，试求 AB 段从 A 到 B 的电压 U_{AB} ；

(3) 改设 $r_1 = r_0$，$r_2 = 2r_0$，$r_3 = 3r_0$，再求 AB 段从 A 到 B 的电压 U'_{AB} .

8. 惯性系 S ，S' 间的相对运动关系如图所示，O ，O' 重合时 $t = t' = 0$. S' 系中 $t' < 0$ 时，静质量同为 m_0 的质点 A ，B 分别静止在 x' 轴上 $x' = -l$ ，$x = l$ 两处 . $t' = 0$ 开始，A ，B 在 S' 系中同时以恒定大小的加速度 a_0 朝着 O' 点做匀加速运动 . S' 系中 A ，B 在 O' 处相碰后成为一个大质点，设碰撞过程中 A ，B 构成的系统无任何形式能量耗散 . 已知 $v = \frac{3}{5}c$ ，$a_0 = 9c^2/50l$.

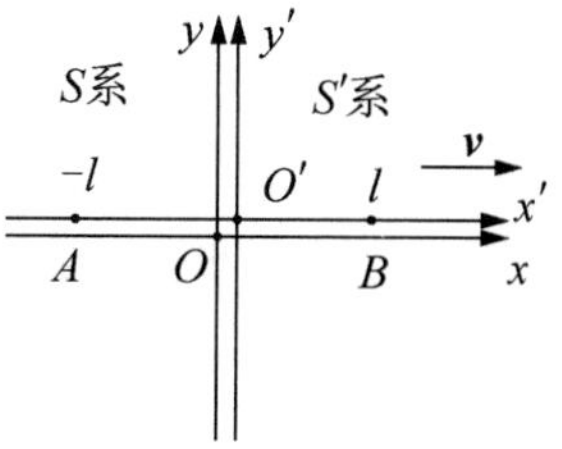

(1) 试求大质点在 S 系中的质量 M .

(2) 试问 S 系中 A 开始加速时，B 与 A 相距多远？再问 B 开始加速时，A 与 B 相距多远？

解答与评分标准（参考）

A卷

一、(14 分)

(1) 地球自转角速度

$$\omega_0 = 2\pi / T_0 ,$$

同步卫星轨道半径 R^* 满足方程

$$m\omega_0{}^2 R^* = GM_e m / R^{*2} ,\ m：卫星质量, M_e：地球质量$$

再与关系式

$$g = GM_e / R_0{}^2$$

联立，可解得

$$R^* = \left(\frac{gT_0^2}{4\pi^2 R_0}\right)^{\frac{1}{3}} R_0 ,\ h^* = R^* - R_0, \quad \Rightarrow \quad \gamma = \left(\frac{gT_0{}^2}{4\pi^2 R_0}\right)^{\frac{1}{3}} - 1 . \qquad (6 分)$$

(2) 为推导方便，引入常量

$$\alpha = (gT_0^2 / 4\pi^2 R_0)^{\frac{1}{3}} ,$$

则有

$$R^* = \alpha R_0 ,\ h^* = (\alpha - 1) R_0 ,\ h = \frac{h^*}{2} = \frac{1}{2}(\alpha - 1) R_0 .$$

(2.1) 航天飞机轨道半径

$$R = h + R_0 = \frac{1}{2}(\alpha + 1) R_0 ,$$

由轨道角速度 ω 满足的方程

$$m'\omega^2 R = GM_e m' / R^2 ,\ m'：航天飞机质量$$

得

$$\omega^2 = 8g / (\alpha + 1)^3 R_0 .$$

由

$$m\omega^2 R_0 = GM_e m / R^{*2} ,\ g = GM_e / R_0{}^2 ,$$

得

$$\omega_0{}^2 = gR_0{}^2 / \alpha^3 R_0{}^3 = g / \alpha^3 R_0, \quad \Rightarrow \quad \alpha^3 \omega_0{}^2 = g / R_0,$$

代入 ω^2 表达式，得

$$\omega = \sqrt{\frac{8\alpha^3}{(\alpha + 1)^3}}\,\omega_0 ,\ \Delta t_1 = 2\pi / (\omega - \omega_0) ,$$

$$\Rightarrow \begin{cases} \Delta t_1 = T_0 \Big/ \left[\sqrt{\dfrac{8\alpha^3}{(\alpha + 1)^3}} - 1\right] , \\ \alpha = (gT_0^2 / 4\pi^2 R_0)^{\frac{1}{3}} . \end{cases} \qquad (4 分)$$

(2.2) 设同步卫星始终在赤道某个点位置 x 的正上方，据（2.1）问，宇航员每过

Δt_1 时间回到 x 的正上方，即回到同步卫星的正下方．这等效于同步卫星每过

$$\Delta t_2=\Delta t_1 \qquad (2\text{分})$$

时间，可朝下重复观察到航天飞机.

（2.3）据题所设，取

$$\alpha=7\text{ , }\sqrt{\alpha}=\sqrt{7}=2.6\text{ , }T_0=1\text{天 ,}$$

则有

$$\sqrt{\frac{8\alpha^3}{(\alpha+1)^3}}-1=\sqrt{\frac{8\times7^3}{8^3}}-1=\frac{7}{8}\sqrt{7}-1=1.315\text{ ,}$$

得

$$\Delta t_2=\Delta t_1=\frac{1}{1.315}\text{天}=0.76\text{天} . \qquad (2\text{分})$$

二、(12分)

（1）由左半球面折射成像公式：

$$\frac{1}{u}+\frac{n}{v_1}=\frac{n-1}{R}\text{ ,}$$

得

$$v_1=\frac{nRu}{(n-1)u}-R.$$

右半球面折射成像公式中的物距为

$$u_2=2R-v_1=\frac{nu-2u-2R}{(n-1)u-R}R\text{ ,}$$

代入成像公式

$$\frac{n}{u_2}+\frac{1}{v}=\frac{1-n}{-R}=\frac{n-1}{R},$$

$$\Rightarrow\quad \frac{1}{v}=\frac{n-1}{R}-\frac{n}{u_2}=\frac{n-1}{R}-\frac{[(n-1)u-R]n}{(nu-2u-2R)R}$$

$$=\frac{(n-1)(nu-2u-2R)-n[(n-1)u-R]}{(nu-2u-2R)R}\text{ ,}$$

得

$$v=\frac{nu-2u-2R}{-2nu-nR+2u+2R}R=\frac{(n-2)u-2R}{(2-n)R-2(n-1)u}R . \qquad (6\text{分})$$

（2）由 v 表述式可得

$$2\geqslant n>1\text{，分子为负，}\begin{cases}u<\dfrac{2-n}{2(n-1)}R\text{ 时，分母为正，}v\text{ 为负：}S'\text{ 为虚像，}\\ u>\dfrac{2-n}{2(n-1)}R\text{ 时，分母为负，}v\text{ 为正：}S'\text{ 为实像，}\end{cases} \qquad (3\text{分})$$

$$n>2\text{，分母为负，}\begin{cases}u>\dfrac{2}{n-2}R\text{ 时，分子为正，}v\text{ 为负：}S'\text{ 为虚像，}\\ u<\dfrac{2}{n-2}R\text{ 时，分子为负，}v\text{ 为正：}S'\text{ 为实像.}\end{cases} \qquad (3\text{分})$$

附注：题文给定 S 在“过直径 AB 的左侧主光轴上”，故必有 $u>0$.

三、(16 分)

(1) 瓶上方内壁的水珠是瓶从 $t=27℃$ 环境移入 $t=0℃$ 的冰箱时，瓶内部分（饱和）水蒸气凝结而成. (3 分)

(2) 瓶内水蒸气都是饱和水蒸气. 为简化，将 $t=0℃$ 时上方区域水珠全部等效移动到下方水区域内. 室温 $t>0℃$ 时水的密度为

$$\rho=\rho_0/(1+\alpha t).$$

列方程组：

气：初态 $pV_{气}=\nu RT$，$V_{气}=h\pi r^2$，$T=300\mathrm{K}$；ν 为未知量. (1)

末态 $p_0V_{气0}=(\nu-\Delta\nu)RT_0$，$T_0=273\mathrm{K}$；$V_{气0}$，$\Delta\nu$ 为未知量. (2)

水：初态 $M=\rho V_{水}=\dfrac{\rho_0}{1+\alpha t}V_{水}$，$V_{水}=H\pi R^2$；$M$ 为未知量. (3)

末态 $M_0=M+\Delta\nu\mu_{水}$，M_0 为未知量. (4)

体积总和不变：

$$\frac{M_0}{\rho_0}+V_{气0}=V_{水}+V_{气}. \tag{5}$$

由 (1)、(2) 式可得

$$p_0V_{气0}=\nu RT_0-\Delta\nu RT_0=pV_{气}\frac{T_0}{T}-\Delta\nu RT_0, \quad \Rightarrow \quad \Delta\nu=\frac{pV_{气}}{RT}-\frac{p_0V_{气0}}{RT_0}. \tag{6}$$

由 (3)、(4)、(6) 式可得

$$M_0=\frac{\rho_0}{1+\alpha t}V_{水}+\frac{pV_{气}}{RT}\mu_{水}-\frac{p_0V_{气0}}{RT_0}\mu_{水}.$$

代入 (5) 式可得

$$\frac{V_{水}}{1+\alpha t}+\frac{pV_{气}}{RT\rho_0}\mu_{水}+\left(1-\frac{p_0\mu_{水}}{RT_0\rho_0}\right)V_{气0}=V_{水}+V_{气},$$

即解得

$$\begin{cases}V_{气0}=\left[\left(1-\dfrac{1}{1+\alpha t}\right)V_{水}+\left(1-\dfrac{p\mu_{水}}{RT\rho_0}\right)V_{气}\right]\Big/\left(1-\dfrac{p_0\mu_{水}}{RT_0\rho_0}\right)\\ V_{水}=H\pi R^2,\ V_{气}=h\pi r^2.\end{cases} \quad \text{(7) (10 分)}$$

(3) 由所给数据可得

$$\frac{1}{1+\alpha t}=0.996,\ \frac{p\mu_{水}}{RT\rho_0}=2.567\times10^{-5},\ \frac{p_0\mu_{水}}{RT_0\rho_0}=0.484\times10^{-5},$$

$$V_{水}=3h\pi(2r)^2=12h\pi r^2=12V_{气},$$

一起代入 (7) 式，可算得

$$V_{气0}=1.048V_{气}=\beta V_{气}, \quad \Rightarrow \quad \beta=1.048. \quad \text{(3 分)}$$

四、(18 分)

用两种方法求解.

方法 1：取 S 系.

为方便，S 系中将 A，B 位于 P 处出发的时刻定为 $t=0$ 时刻．如题解图 1 所示，飞船 A 在 t_1 时刻发出的光振动，在 t_2 时刻被 B 接收到，光振动传播时间为 t_2-t_1．由余弦定理，得

$$(v_At_1)^2+(v_Bt_2)^2-2v_At_1\cdot v_Bt_2\cos\varphi=c^2(t_2-t_1)^2,$$

解得

$$t_1=\frac{1-\beta_A\beta_B\cos\varphi-\sqrt{(1-\beta_A\beta_B\cos\varphi)^2-(1-\beta_A{}^2)(1-\beta_B{}^2)}}{1-\beta_A{}^2}t_2.$$

飞船 A 在题解图 1 所示位置发出光振动的时刻，其时钟读数记为 t_{A1}，飞船 B 在题解图 1 所示位置接收该光振动的时刻，其时钟读数记为 t_B．据动钟计时率变慢公式，应有

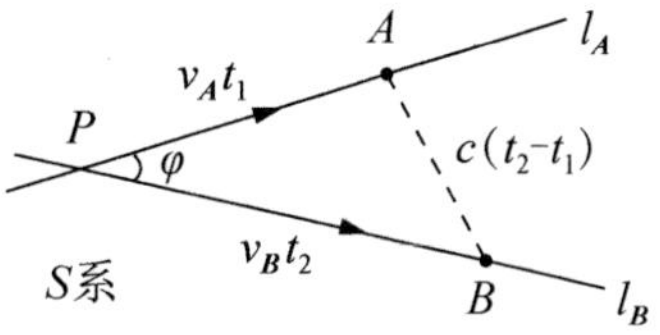

题解图 1

$$t_{A1}=\sqrt{1-\beta_A{}^2}\,t_1,\quad t_B=\sqrt{1-\beta_B{}^2}\,t_2.$$

飞船 A 在 t_{A1} 到 $t_{A1}+\mathrm{d}t_{A1}$ 时间间隔内发送出 $\mathrm{d}N_A=\nu_0\mathrm{d}t_{A1}$ 个光的全振动，飞船 B 于 t_B 到 $t_B+\mathrm{d}t_B$ 时间间隔内接收到了这些 $\mathrm{d}N_A$ 个光的全振动，故飞船 B 在 t_B 时刻测得的接收频率为

$$\nu_B(t_B)=\nu_0\mathrm{d}t_{A1}/\mathrm{d}t_B=\nu_0\sqrt{1-\beta_A{}^2}\,\mathrm{d}t_1/\sqrt{1-\beta_B{}^2}\,\mathrm{d}t_2.$$

将

$$\mathrm{d}t_1=\frac{1-\beta_A\beta_B\cos\varphi-\sqrt{(1-\beta_A\beta_B\cos\varphi)^2-(1-\beta_A{}^2)(1-\beta_B{}^2)}}{1-\beta_A{}^2}\mathrm{d}t_2$$

代入，即得

$$\begin{cases}\nu_B(t_B)=\dfrac{1-\beta_A\beta_B\cos\varphi-\sqrt{(1-\beta_A\beta_B\cos\varphi)^2-(1-\beta_A{}^2)(1-\beta_B{}^2)}}{\sqrt{1-\beta_A{}^2}\sqrt{1-\beta_B{}^2}}\nu_0,\\ \text{不同的 } t_B \text{ 时刻，} B \text{ 的接收频率相同.}\end{cases}\qquad(14\text{ 分})$$

在上述推导过程中，将 A，B 互换，1、2 互换，即成

$$\begin{cases}\nu_A(t_A)=\dfrac{1-\beta_B\beta_A\cos\varphi-\sqrt{(1-\beta_B\beta_A\cos\varphi)^2-(1-\beta_B{}^2)(1-\beta_A{}^2)}}{\sqrt{1-\beta_B{}^2}\sqrt{1-\beta_A{}^2}}\nu_0,\\ \text{不同的 } t_A \text{ 时刻，} A \text{ 的接收频率相同，且与 } B \text{ 的接收频率相同.}\end{cases}\qquad(4\text{ 分})$$

方法 2：取飞船 A 系．

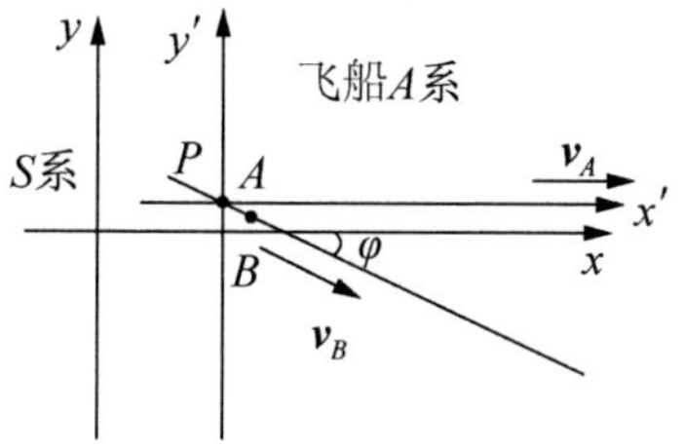

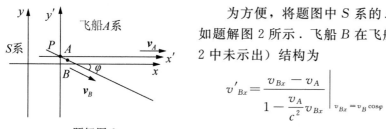

题解图 2

为方便，将题图中 S 系的 x 轴取为与直线 l_A 重合，如题解图 2 所示．飞船 B 在飞船 A 系的速度 $\boldsymbol{v}'_B$（题解图 2 中未示出）结构为

$$v'_{Bx}=\left.\frac{v_{Bx}-v_A}{1-\dfrac{v_A}{c^2}v_{Bx}}\right|_{v_{Bx}=v_B\cos\varphi}$$

$$=\frac{v_B\cos\varphi-v_A}{1-\dfrac{v_A}{c^2}v_B\cos\varphi}=\frac{\beta_B\cos\varphi-\beta_A}{1-\beta_A\beta_B\cos\varphi}\cdot c,$$

$$v'_{By}=\frac{\sqrt{(1-\beta_A^{\ 2})}\,v_{By}}{1-\dfrac{v_A}{c^2}v_{Bx}}\Bigg|_{v_{By}=-v_B\sin\varphi}=\frac{-\beta_B\sqrt{1-\beta_A^{\ 2}}\sin\varphi}{1-\beta_A\beta_B\cos\varphi}c,$$

$$v'_B=\sqrt{v'^{\ 2}_{Bx}+v'^{\ 2}_{By}}=\frac{\sqrt{(1-\beta_A\beta_B\cos\varphi)^2-(1-\beta_A^{\ 2})(1-\beta_B^{\ 2})}}{1-\beta_A\beta_B\cos\varphi}c.$$

引入参量

$$\beta=v'_B/c,$$

则据背离方向的纵向多普勒效应，可得不随 t_A 变化的

$$\nu_A=\sqrt{\frac{1-\beta}{1+\beta}}\nu_0=\frac{1-\beta}{\sqrt{1-\beta^2}}\nu_0 .$$

将

$$1-\beta=\left[1-\beta_A\beta_B\cos\varphi-\sqrt{(1-\beta_A\beta_B\cos\varphi)^2-(1-\beta_A^{\ 2})(1-\beta_B^{\ 2})}\right]/(1-\beta_A\beta_B\cos\varphi),$$

$$1-\beta^2=(1-\beta_A^{\ 2})(1-\beta_B^{\ 2})/(1-\beta_A\beta_B\cos\varphi)^2$$

代入，即得

$$\nu_A=\frac{1-\beta_A\beta_B\cos\varphi-\sqrt{(1-\beta_A\beta_B\cos\varphi)^2-(1-\beta_A^{\ 2})(1-\beta_B^{\ 2})}}{\sqrt{1-\beta_A^{\ 2}}\sqrt{1-\beta_B^{\ 2}}}\nu_0. \qquad (14\text{ 分})$$

A 相对 B 的运动与 B 相对 A 的运动对称，且各自本征频率 ν_0 相同，故同样可得

$$\nu_B=\nu_A . \qquad (4\text{ 分})$$

五、(24 分)

(1) P_1 处为 A 的受力平衡点. A 从 P_0 处静止释放后，将以 P_1 点为中心，沿斜面先朝下，后朝上在 P_0，P_2 两点之间简谐振动，角频率和周期分别为

$$\omega=\sqrt{k/m}\ ,\ T=2\pi/\omega=2\pi\sqrt{\frac{m}{k}}=2\pi\sqrt{l/g\sin\theta} . \qquad (4\text{ 分})$$

A 振动过程中弹簧始终没有伸长，对 B 无拉力，故 B 始终处于静止状态.

(2) A 将在 P_3，P_{-1} 间做简谐振动，弹簧最大伸长量为 l，对 B 最大向上的拉力为 $kl=mg\sin\theta$，不足以带动 B，B 仍是处于静止状态. A 做简谐振动的角频率 $\omega=\sqrt{k/m}$，振幅为 $2l$，A 的最大速度和加速度分别为

$$v_{A\max}=\omega\cdot 2l=2\sqrt{\frac{k}{m}}l=2\sqrt{\frac{g\sin\theta}{l}}l=2\sqrt{gl\sin\theta}\ ,$$

$$a_{A\max}=\omega^2 2l=2\frac{k}{m}l=2g\sin\theta .$$

系统质心 C 的最大速度和最大加速度分别为

$$v_{C\max}=\frac{1}{2}v_{A\max}=\sqrt{gl\sin\theta}\ ,\ a_{C\max}=\frac{1}{2}a_{A\max}=g\sin\theta . \qquad (6\text{ 分})$$

(3) 从 A 自由释放到 A，B 第一次相距最远的过程，分为两个阶段进行讨论.

第一阶段：A 从 P_4 到 P_1，再到 P_{-1}.

P_1 为力的平衡位置，A 在其两侧做简谐振动，有

$$\omega=\sqrt{k/m}\ ,\ T=2\pi\sqrt{m/k}\ ,$$
$$振幅\ A_{幅}=3l=3mg\sin\theta/k\ ,$$

A 从 P_4 到 P_1 经时

$$\Delta t_1=\frac{T}{4}=\frac{\pi}{2}\sqrt{k/m}\ .$$

取 P_1 为空间坐标轴 x 的原点，x 轴的正方向沿斜面向上，如题解图 1 所示．再将 A 第一次位于 P_1 点的时刻定为 $t=0$，A 的振动方程为

$$x=A_{幅}\ \sin\omega t\ .$$

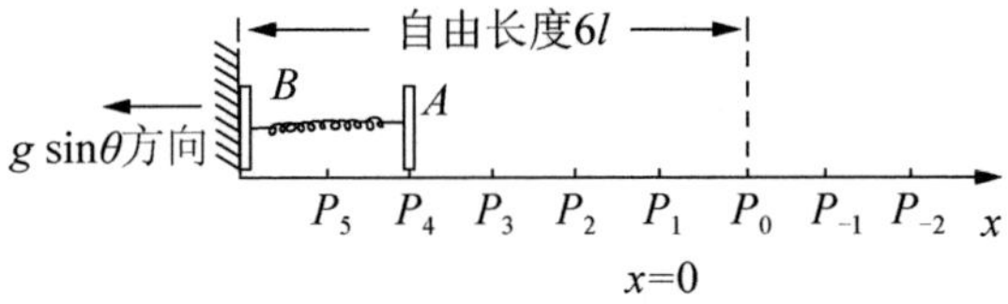

题解图 1

A 在 P_{-1} 处，有

$$x=\frac{2}{3}A_{幅},\quad\Rightarrow\quad \sin\omega t=\frac{2}{3},\quad\Rightarrow\quad \omega t=\arcsin\frac{2}{3}=41.81^\circ=0.730\text{rad},$$

得 A 在 P_{-1} 处的时刻为

$$t=0.730/\omega=0.730\sqrt{m/k}\ .$$

小结：A 从 P_4 到 P_{-1} 所经时间

$$\Delta t_{A(1)}=\Delta t_1+t=\left(\frac{\pi}{2}+0.730\right)\sqrt{l/g\sin\theta}.$$

本阶段中 B 仍未运动，A 在 P_{-1} 时弹簧伸长 l，拉力 $mg\sin\theta$，A 受合力朝左，大小为 $2mg\sin\theta$，B 受合力为零.

第二阶段：A 从 P_{-1} 到相对系统质心为最右的位置.

此阶段中因 A 朝右运动速度在开始时还较大，B 静止，弹簧继续伸长，对 B 拉力增大，B 受合力朝右，故 B 离开挡板朝右运动．A 在 P_{-1} 处时，速度朝右，大小为

$$\frac{\mathrm{d}x}{\mathrm{d}t}=\omega A_{幅}\ \cos\omega t\ ,$$

因 $\sin\omega t=\dfrac{2}{3}$，有 $\cos\omega t=\dfrac{\sqrt{5}}{3}$，

$$\Rightarrow\quad \frac{\mathrm{d}x}{\mathrm{d}t}=\sqrt{\frac{k}{m}}\ \frac{3mg\sin\theta}{k}\frac{\sqrt{5}}{3}=\sqrt{5}\sqrt{\frac{m}{k}}g\sin\theta\ ,$$

记为

$$v_{A0}=\sqrt{5}\sqrt{\frac{m}{k}}g\sin\theta\ ,$$

此时系统质心 C 相对斜面朝右速度大小为

$$v_{C0}=\frac{1}{2}v_{A0}=\frac{\sqrt{5}}{2}\sqrt{\frac{m}{k}}g\sin\theta\ .$$

为方便将该时刻取为新的时间零点，即为 $t=0$ 时刻，建立题解图 2 所示的质心参考系，$t=$

0 时刻质心 C 所在位置取为新设 x 轴的原点. 该时刻 A 在 $x=3.5l$ 处，即此时 A 在 C 的右侧与 C 相距 $3.5l$ 处，A 相对 C 的速度朝右，大小为 v_{C0} . $t=0$ 时刻 B 所在位置与 A 对称，在 $x=-3.5l$ 处，B 在 C 的左侧与 C 相距 $3.5l$ ，B 相对 C 的速度朝左，大小也为 v_{C0} . 质心系中 A ，B 所受惯性力与重力分力抵消，各自所受合力均为弹簧力，A ，B 相对质心 C 的运动对称，只需讨论 A 的运动即可.

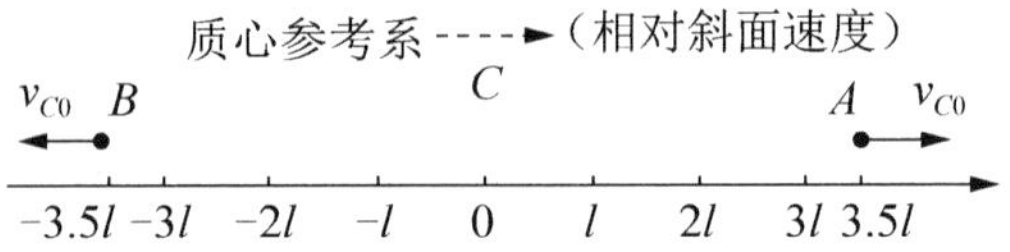

题解图 2

质心系中 A 的力平衡位置在 $x=3l$ 处，引入新的坐标量

$$x^*=x-3l,$$

则 A 在 $x=3l$ 两侧做简谐振动的表述式可记为

$$x^*=A^*\cos(\omega^*t+\varphi^*),\ \omega^*=\sqrt{2k/m},\ t=0\text{ 时}\begin{cases}x_0^*=0.5l,\\ v_{A0}{}^*=v_{C0},\end{cases}$$

得振幅

$$A^*=\sqrt{x_0{}^{*2}+\frac{v_{A0}{}^{*2}}{\omega^{*2}}}=\sqrt{\frac{l^2}{4}+\frac{5}{8}l^2}=\frac{\sqrt{7}}{2\sqrt{2}}l=0.9354l.$$

又由

$$\tan\varphi^*=-v_{A0}{}^*/\omega^*x_0^*=-\frac{\sqrt{5}}{2}\sqrt{\frac{m}{k}}g\sin\theta\bigg/\left(\sqrt{\frac{2k}{m}}\cdot\frac{1}{2}l\right)=-\frac{\sqrt{10}}{2},$$

得

$$\varphi^*=-\arctan\frac{\sqrt{10}}{2}=-57.69^\circ=-1.007\text{rad}.$$

A 运动到相对 C 达最右的位置（即在 $x^*=A^*$ ）的时刻，记为 $t=t^*$ ，则有

$$\cos(\omega^*t^*+\varphi^*)=1,\quad\Rightarrow\quad\omega^*t^*+\varphi^*=0,$$

$$\Rightarrow\quad t^*=-\varphi^*/\omega^*=1.007\sqrt{\frac{m}{2k}}=\frac{1.007}{\sqrt{2}}\sqrt{l/g\sin\theta}=0.712\sqrt{l/g\sin\theta}.$$

此时 A ，B 相距最远，即从开始到 A ，B 第一次相距最远所经时间为

$$\Delta t=\Delta t_{A(1)}+t^*=\left(\frac{\pi}{2}+0.730+0.712\right)\sqrt{l/g\sin\theta}=3.013\sqrt{l/g\sin\theta}.\quad(8\text{ 分})$$

A ，B 间的最远间距为

$$L_{\max}=2(3l+A^*)=2\left(3+\frac{\sqrt{7}}{2\sqrt{2}}\right)l=7.871l.\quad(2\text{ 分})$$

在第二阶段初始时刻，质心 C 相对斜面向斜上方的速度为 v_{C0} ，从此时刻开始 C 运动到最高处所经时间为

$$\Delta t_C=\frac{v_{C0}}{g\sin\theta}=\frac{\sqrt{5}}{2}\sqrt{\frac{m}{k}}g\sin\theta/g\sin\theta=\frac{\sqrt{5}}{2}\sqrt{\frac{m}{k}}=\frac{\sqrt{5}}{2}\sqrt{l/g\sin\theta},$$

$$\Rightarrow \quad \Delta t_C = \frac{\sqrt{5}}{2}\sqrt{l/g\sin\theta} = 1.12\sqrt{l/g\sin\theta} > t^* ,$$

故 A，B 第一次相对 C 运动到最远处时，C 仍在相对斜面向上运动.

质心 C 在 $t=0$ 到 t^* 时间段内升“高”量为

$$v_{C0}t^* - \frac{1}{2}g\sin\theta \cdot t^{*2} = \frac{\sqrt{5}}{2}\sqrt{\frac{m}{k}}g\sin\theta \times 0.712\sqrt{l/g\sin\theta} - \frac{1}{2}g\sin\theta\,(0.712\sqrt{l/g\sin\theta})^2 ,$$

$$\Rightarrow \quad v_{C0}t^* - \frac{1}{2}g\sin\theta \cdot t^{*2} = 0.543l ,$$

对 B 的合成效果为 B 离开挡板已达间距为

$$0.543l - (A^* - 0.5l) = 0.1076l ,$$

故 A，B 第一次相距最远时，A 与挡板间距为

$$L_A = L_{\max} + 0.1076l = 7.9786l . \quad (4 分)$$

六、(28 分)

(1) 取电流 I 从 A 端流入，C 端流出，则板中电流线的定性分布如题解图 1 所示．将 C 端电势记为 0，A 端电势记为 $\mathscr{E}$，则有

$$R_1 = \mathscr{E}/I , \quad (1)$$

再将 B 端电势记为 U_B，则必有

$$U_B < \mathscr{E},$$

若将 D 端电势记为 U_D，则因电流分布的对称性，必有

$$U_D - U_C = U_A - U_B , \quad \Rightarrow \quad U_D = \mathscr{E} - U_B .$$

又因 $U_B > U_D$，与上式联立，便得

$$U_B > \frac{1}{2}\mathscr{E} ,$$

即有

$$\mathscr{E} > U_B > \frac{1}{2}\mathscr{E}. \quad (2)$$

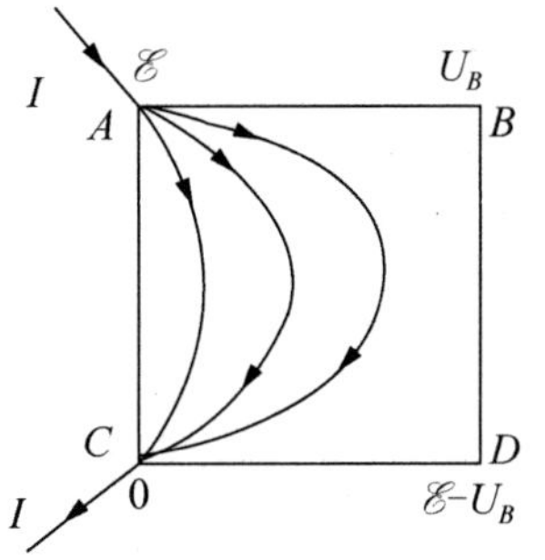

题解图 1

以题解图 1 电流分布为样本，构建题解图 2 中 (a)、(b) 两种电流分布，它们叠加成题解图 2 中 (c) 的电流分布，此分布便可给出题文中的 R_2 为

$$R_2 = \frac{U_B - (-U_B)}{I} = \frac{2U_B}{I} . \quad (3)$$

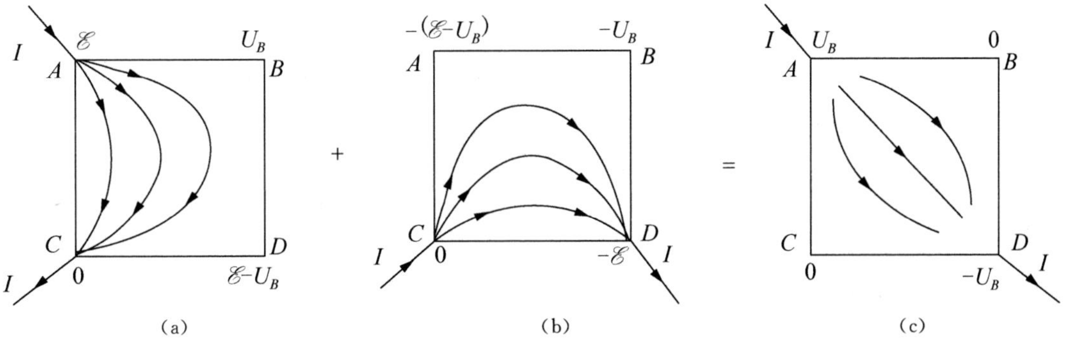

题解图 2

由（3）、（1）式，得

$$U_B=\frac{I}{2}R_2\ ,\ \mathscr{E}=IR_1\ ,$$

代入（2）式，可得

$$IR_1>\frac{I}{2}R_2>\frac{1}{2}IR_1\ ,$$

即得所求大小关系为

$$2R_1>R_2>R_1\ , \tag{4}$$

此外，还可得

$$U_B=\frac{I}{2}R_2=\frac{1}{2}\frac{\mathscr{E}}{R_1}R_2,\quad \Rightarrow\quad U_B=\frac{\mathscr{E}}{2}\frac{R_2}{R_1}. \qquad (5)\ (8\ 分)$$

（2）设电流 I 从题图 2 的 A 端流入，C 端流出，电流的定性分布如题解图 3 中（a）所示，并将 A，B，C，D 端电势分别记为 $U_{A(a)}$，$U_{B(a)}$，$U_{C(a)}$，$U_{D(a)}$。图（a）中左侧正方形平板中的电流分布，可分解为题解图 3 中（b）和（c）中未画出的电流分布的叠加。图（b）中电流和电势分布与题解图 1 完全相同。图（c）中电流 I' 从 D 端流入，B 端流出，参照题解图 1 的结构，可设 B 端电势为 0，D 端电势记为待定的 $\mathscr{E}'$，C 端电势记为 U'_B，A 端电势便应为 $\mathscr{E}'-U'_B$。

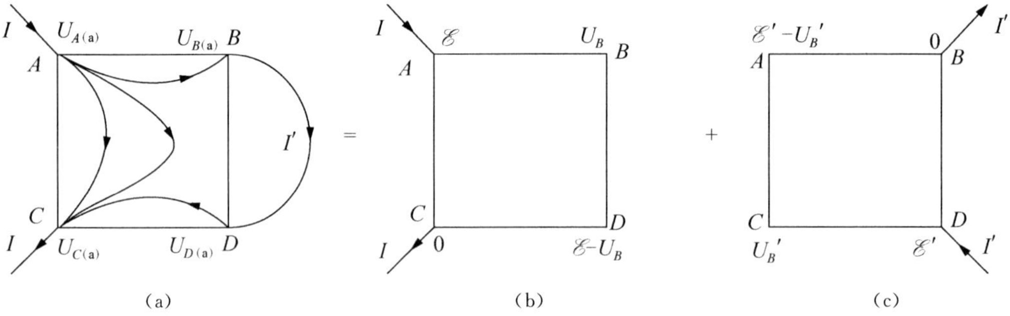

题解图 3

图（a）中 B，D 间的理想导线使 B，D 等势，结合叠加关联，有

$$U_{B(a)}=U_{D(a)}\ ,\ U_{B(a)}=U_B\ ,\ U_{D(a)}=\mathscr{E}-U_B+\mathscr{E}'\ ,$$

得

$$\mathscr{E}'=2U_B-\mathscr{E}\ , \tag{6}$$

将（5）式代入，得

$$\mathscr{E}'=\left(\frac{R_2}{R_1}-1\right)\mathscr{E}. \tag{7}$$

图（c）中 I' 流入形成的 $\mathscr{E}'$，U'_B 与图（b）中 I 流入形成的 $\mathscr{E}$，U_B 之间应有同构关联，即可引入两个比例常量 $\alpha>0$，$\beta>0$，有

$$\mathscr{E}'=\alpha I'\ ,\ U'_B=\beta I'\ ;\ \mathscr{E}=\alpha I\ ,\ U_B=\beta I\ ,$$

即得

$$U'_B/\mathscr{E}'=U_B/\mathscr{E},\quad \Rightarrow\quad U'_B=U_B\,\frac{\mathscr{E}'}{\mathscr{E}}.$$

将（5）、（7）式代入，得

$$U'_B=\frac{R_2}{2R_1}\left(\frac{R_2}{R_1}-1\right)\mathscr{E}.$$

对应图（a）中有

$$U_{AC(a)}=U_{A(a)}-U_{C(a)}=(\mathscr{E}+\mathscr{E}'-U'_B)-(0+U'_B)=\mathscr{E}+\mathscr{E}'-2U'_B$$
$$=\mathscr{E}+\left(\frac{R_2}{R_1}-1\right)\mathscr{E}-\frac{R_2}{R_1}\left(\frac{R_2}{R_1}-1\right)\mathscr{E},$$

得

$$U_{AC(a)}=\frac{R_2}{R_1}\left(2-\frac{R_2}{R_1}\right)\mathscr{E}. \tag{8}$$

图（a）中 A，C 两端点间等效电阻，即为所求 R_{AC}，应为

$$R_{AC}=U_{AC(a)}/I=\frac{R_2}{R_1}\left(2-\frac{R_2}{R_1}\right)\frac{\mathscr{E}}{I}.$$

将（1）式代入，即得

$$R_{AC}=\left(2-\frac{R_2}{R_1}\right)R_2,$$ （9）（10 分）

据（4）式，已有 $2R_1>R_2$，故必有

$$R_{AC}>0.$$

（3）参考题解图 4，电流 I 从 C 端流入后，均分到正板面、左板面和下板面，故正板面中电流

$$I_{C正}=\frac{1}{3}I.$$

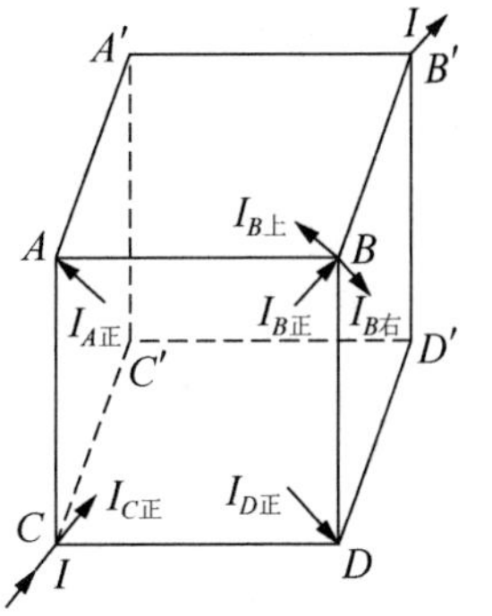

题解图 4

此电流经 A，B，D 端分流流出，应有

$$I_{A正}=I_{D正}，I_{A正}+I_{D正}+I_{B正}=I_{C正}=\frac{1}{3}I, \tag{10}$$

其中 $I_{B正}$ 将等分给从 B 端流入上板面的 $I_{B上}$ 和流入右板面的 $I_{B右}$，即有

$$I_{B上}=I_{B右}，I_{B正}=I_{B上}+I_{B右}.$$

最终从 B' 端流出的总电流也为 I. 如果让电流 I 从 B' 端反向流入，则 $I_{B上}$，$I_{B右}$ 也将大小不变地反流，它们将与题解图 4 中的 $I_{A正}$ 或 $I_{D正}$ 同构，故必有

$$I_{B正}=I_{A正}+I_{D正}=2I_{A正},$$

结合（10）式，得

$$I_{B正}=\frac{1}{6}I，I_{A正}=I_{D正}=\frac{I}{12}. \tag{11}$$

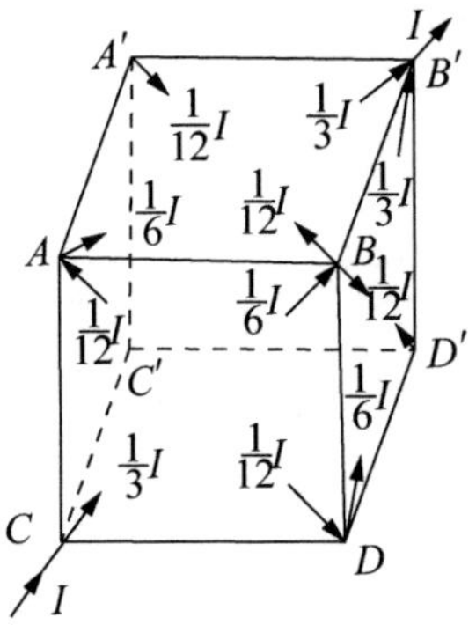

题解图 5

据此可得题解图 5 所示的电流分布.

电流 I 从输入端 C 到输出端 B'，形成的总电压为

$$U_{CB'}=U_{CB正}+U_{BB'上}.$$

从上板面 B 端到 B' 端的电压 $U_{BB'上}$，可等效为从正板面 A 端到 C 端的电压的负值，即等效为从正板面 C 端到 A 端的电压 $U_{CA正}$，即有

$$U_{BB'上}=U_{CA正},\quad \Rightarrow \quad U_{CB'}=U_{CB正}+U_{CA正}. \tag{12}$$

题解图 6 中（a）、（b）、（c）的电流分布，可叠加成（d）所示的正板面电流分布．（a）、（b）、（c）中各端点的电势依据题解图 1、2 给出，叠加成（d）中相应的电势（（d）中未标出）：

$$U_{A正}=\frac{1}{12}U_B\ ,U_{B正}=\frac{1}{12}(\mathscr{E}-U_B)+\frac{1}{12}(\mathscr{E}-U_B)-\frac{1}{6}U_B=\frac{1}{6}\mathscr{E}-\frac{1}{3}U_B\ ,$$

$$U_{C正}=\frac{1}{12}\mathscr{E}+\frac{1}{12}\mathscr{E}+\frac{1}{6}U_B=\frac{1}{6}\mathscr{E}+\frac{1}{6}U_B\ ,$$

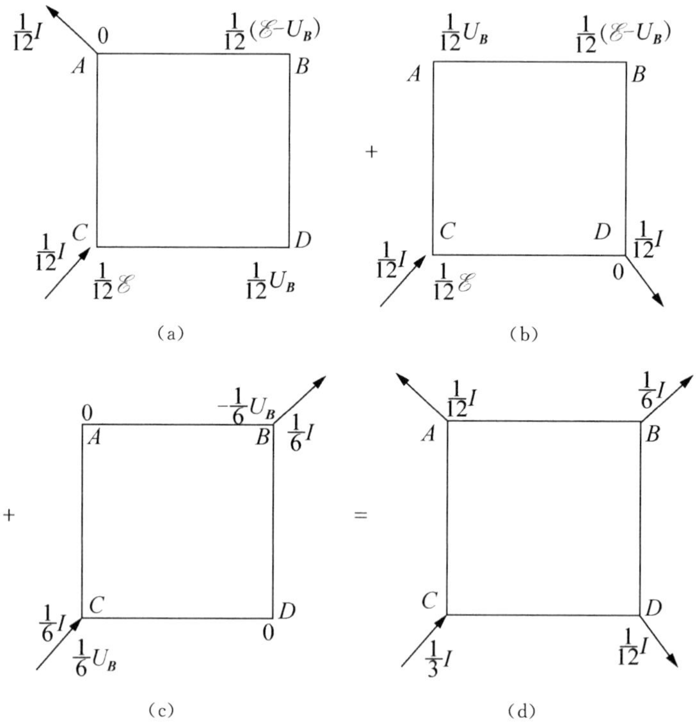

题解图 6

继而可得

$$U_{CB正}=U_{C正}-U_{B正}=\left(\frac{1}{6}\mathscr{E}+\frac{1}{6}U_B\right)-\left(\frac{1}{6}\mathscr{E}-\frac{1}{3}U_B\right)=\frac{1}{2}U_B\ ,$$

$$U_{CA正}=U_{C正}-U_{A正}=\left(\frac{1}{6}\mathscr{E}+\frac{1}{6}U_B\right)-\frac{1}{12}U_B=\frac{1}{6}\mathscr{E}+\frac{1}{12}U_B\ ,$$

代入（12）式，得

$$U_{CB'}=\frac{1}{2}U_B+\frac{1}{6}\mathscr{E}+\frac{1}{12}U_B=\frac{1}{6}\mathscr{E}+\frac{7}{12}U_B\ . \tag{13}$$

其中 $\mathscr{E}$, U_B 均由本题（1）问解答中给出，即

$$\mathscr{E}=IR_1\ ,U_B=\frac{\mathscr{E}}{2}\frac{R_2}{R_1}\ ,$$

代入（13）式，即得

$$U_{CB'}=\frac{1}{6}IR_1+\frac{7}{12}\times\frac{1}{2}IR_1\cdot\frac{R_2}{R_1}=\left(\frac{1}{6}R_1+\frac{7}{24}R_2\right)I\ ,$$

所求 $R_{CB'}$ 便为

$$R_{CB'}=U_{CB'}/I=\frac{1}{6}R_1+\frac{7}{24}R_2\ . \qquad (10分)$$

七、(28 分)

(1) 电子运动受库仑力而变轨，若库仑力为零，电子沿 $\boldsymbol{v}_0$ 方向直线运动，不会与 S 点相遇．若库仑力不为零，则必为有心力，力心在球心．电子在与球面相遇前，轨道或者是以球心为外焦点的双曲线，或者是以球心为内焦点的双曲线．电子或者一直在球面外运动不会与 S 点相遇，或者在 x 轴上方从上半球面某一点进入球面，也不是首先与 S 点相遇，故电子不可能首先与题图 3 中 S 点相遇． (6 分)

(2)

(2.1) 为使电子从左侧无穷远到达右侧无穷远对称的位置，开始时电子不能经外焦点双曲线朝右运动，只能经内焦点双曲线朝右下方偏转运动，此后必定会从上半球面左侧进入球内，而后可以对称地从上半球面右侧出射，电子在球内运动轨道必须属于外焦点双曲线．这就要求电子在球外受库仑引力，在球内受库仑斥力，据此可判定球心电荷必定是 $-q$，球面电荷为 Q，且有 $Q>q$．

电子运动轨道如题解图所示，球外两侧两段轨道均属于内焦点双曲线，球内一段轨道属于外焦点双曲线． (6 分)

(2.2) 参见题解图，轨道左侧段是以球心为内焦点的一段双曲线，其极轴指向右上方. 电子入射球面点 $B_{左}$ 对应的矢径 $r=R$，幅角为 θ_1，电子初态位置对应 $r\rightarrow\infty$，幅角为 θ_2. 轨道中间段，是以球心为外焦点的一段双曲线，极轴即为 y 轴，电子入射球面点 $B_{左}$ 对应的矢径 $r=R$，幅角为 θ_3. 电子出射球面点 $B_{右}$ 起的作用与 $B_{左}$ 起的作用对称，可使电子最终到达右侧无穷远对称的位置.

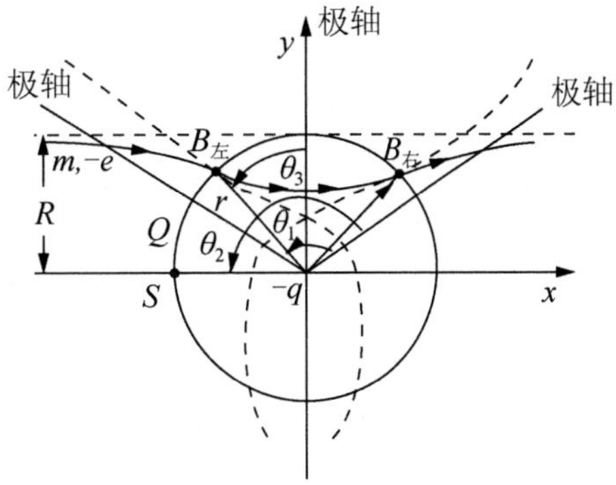

题解图

参考轨道方程，幅角 θ_1，θ_2，θ_3 可借助参量 ε，p 来表述．猜测题文的设计，θ_1，θ_2，θ_3 最终可用参量 x_1，x_2 表述．结合题解图显示的关系：

$$\theta_3=\frac{\pi}{2}-(\theta_2-\theta_1)\ ,$$

估计可导出关于 x_1，x_2 满足的代数方程.

(i) θ_1，θ_2：

$$\boldsymbol{F}=-\frac{(Q-q)e\boldsymbol{r}}{4\pi\varepsilon_0 r^3}\ ，轨道\ r=\frac{p_1}{\varepsilon_1\cos\theta+1}\ ,$$

守恒量：能量 $E=\frac{1}{2}mv_0{}^2$，角动量 $L=Rmv_0$，

参量：$$k_1{}^2=(Q-q)e/4\pi\varepsilon_0 m\ ,A_1=k_1{}^2m/2E=k_1^2/v_0{}^2\ ,$$

$$p_1=\frac{L^2}{k_1{}^2m^2}=\frac{R^2v_0{}^2}{k_1{}^2}\ ,\varepsilon_1=\sqrt{1+\frac{p_1}{A_1}}=\sqrt{k_1{}^4+R^2v_0{}^4}/k_1{}^2\ .$$

θ_1：

$$R = p_1/(\varepsilon_1\cos\theta_1 + 1),$$

$$\cos\theta_1 = \frac{1}{\varepsilon_1}\left(\frac{p_1}{R} - 1\right) = (Rv_0^2 - k_1^2)/\sqrt{k_1^4 + R^2 v_0^4},$$

$$\Rightarrow \quad \tan\theta_1 = \sqrt{2Rv_0^2 k_1^2}/(Rv_0^2 - k_1^2).$$

θ_2：

$$r \to \infty, \varepsilon_1\cos\theta_2 + 1 = 0,$$

$$\cos\theta_2 = -\frac{1}{\varepsilon_1} = -k_1^2/\sqrt{k_1^4 + R^2 v_0^4}, \quad \Rightarrow \quad \tan\theta_2 = -Rv_0^2/k_1^2.$$

(ii) θ_3：

$$\boldsymbol{F} = \frac{qe\boldsymbol{r}}{4\pi\varepsilon_0 r^3}，\text{轨道 } r = \frac{p_2}{\varepsilon_2\cos\theta - 1}.$$

第二段轨道运动的守恒量：能量 E'，角动量 L'.

E' 的表述式：

参考题解图中的虚线辅助结构，可知第二段轨道不属于第一段轨道所在内焦点双曲线，而是属于另一条外焦点双曲线．第一段轨道末端的电子动能应与第二段轨道初始端的电子动能相同（因为过渡中场强虽有突变，但变量是有限量，而位移为无穷小，故做功量可略，动能不变)，均为

$$\frac{1}{2}mv_R^2 = \frac{1}{2}mv_0^2 + \frac{k_1^2 m}{R}.$$

但势能表述式不同，它们分属内焦点双曲线的库仑引力和外焦点的库仑斥力势能，分别为

$$\frac{-(Q-q)e}{4\pi\varepsilon_0 R} = -\frac{k_1^2 m}{R}, \quad \frac{qe}{4\pi\varepsilon_0 R} \xlongequal{\text{令}} \frac{k_2^2 m}{R}.$$

第二段轨道守恒的能量便为

$$E' = \frac{1}{2}mv_R^2 + \frac{qe}{4\pi\varepsilon_0 R} = \frac{1}{2}mv_0^2 + \frac{(Q-q)e}{4\pi\varepsilon_0 R} + \frac{qe}{4\pi\varepsilon_0 R}.$$

E' 也可等效处理为电子从无穷远处进入外焦点双曲线的初速度为 v'_0 的动能，即有

$$E' = \frac{1}{2}mv'^2_0, \quad \Rightarrow \quad \frac{1}{2}mv'^2_0 = \frac{1}{2}mv_0^2 + \frac{(Q-q)e}{4\pi\varepsilon_0 R} + \frac{qe}{4\pi\varepsilon_0 R} > \frac{1}{2}mv_0^2.$$

L' 的表述式和 $\boldsymbol{v}_R$ 的连续性：

因为库仑引力和斥力相对力心的力矩同为零，故第二段角动量 $\boldsymbol{L}'$ 与第一段轨道角动量 $\boldsymbol{L}$ 相同，即有

$$\boldsymbol{L}' = \boldsymbol{L}, \quad \Rightarrow \quad L' = L = Rmv_0.$$

注意，力心到等效的无穷远处 $\boldsymbol{v}'$ 方向线的垂直间距并非 R.

角动量 $\boldsymbol{L}' = \boldsymbol{L}$ 也表明，电子速度矢量在 $B_{左}$ 处具有连续性，故在 $B_{左}$ 两侧极限处不仅 $\boldsymbol{v}_R$ 大小相同，方向也相同.

θ_3：

参量：$k_2^2 = \dfrac{qe}{4\pi\varepsilon_0 m}$，

$$A_2 = k_2^2 m/2E' = k_2^2 m\Big/\left(mv_0{}^2 + \frac{2k_1^2 m}{R} + \frac{2k_2^2 m}{R}\right) = k_2{}^2\Big/\left[v_0{}^2 + \frac{2}{R}(k_1{}^2 + k_2{}^2)\right],$$

$$p_2 = p_+ = L'^2/k_2{}^2 m^2 = R^2 v_0{}^2/k_2{}^2\ ,\ \varepsilon_2 = \sqrt{1 + \frac{p_2}{p_1}} = \sqrt{1 + \frac{Rv_0{}^2[Rv_0{}^2 + 2(k_1{}^2 + k_2{}^2)]}{k_2{}^4}}\ ,$$

$$R = p_2/(\varepsilon_2 \cos\theta_3 - 1)\ ,$$

$$\cos\theta_3 = \frac{1}{\varepsilon_2}\left(\frac{p_2}{R} - 1\right) = (Rv_0{}^2 + k_2{}^2)\Big/\sqrt{k_2{}^4 + Rv_0{}^2[Rv_0{}^2 + 2(k_1{}^2 + k_2{}^2)]}\ ,$$

$$\Rightarrow\quad \tan\theta_3 = \sqrt{2Rv_0{}^2 k_1{}^2}/(Rv_0{}^2 + k_2{}^2)\,.$$

参量 x_1，x_2 满足的代数方程：

据题文，有

$$Rv_0{}^2 = k_1{}^2 x_1{}^2 = k_2{}^2 x_2{}^2\ ,\qquad k_1{}^2/k_2{}^2 = x_2{}^2/x_1{}^2\ ,$$

代入所得 $\tan\theta_2$，$\tan\theta_1$，$\tan\theta_3$ 表述式，得

$$\tan\theta_2 = -x_1{}^2\ ,\ \tan\theta_1 = \sqrt{2}\,x_1/(x_1^2 - 1)\ ,\ \tan\theta_3 = \sqrt{2}\,x_2{}^2/x_1(x_2{}^2 + 1)\ ,$$

由

$$\theta_3 = \frac{\pi}{2} - (\theta_2 - \theta_1)\ ,$$

得

$$\tan(\theta_2 - \theta_1) = 1/\tan\theta_3\,.$$

继而可得待求的代数方程：

$$(x_1^3 - x_1 + \sqrt{2})/(\sqrt{2}\,x_1^3 - x_1^2 + 1) = \frac{1 + \left(\dfrac{1}{x_2}\right)^2}{\sqrt{2}}\,. \qquad (12\text{ 分})$$

（2.3）取 $Q = 2q$，有

$$x_2 = x_1,\qquad \Rightarrow\quad \frac{x_1{}^3 - x_1 + \sqrt{2}}{\sqrt{2}\,x_1^3 - x_1^2 + 1} = \frac{1 + \left(\dfrac{1}{x_1}\right)^2}{\sqrt{2}}\ ,$$

引入参量

$$\Delta = \frac{x_1{}^3 - x_1 + \sqrt{2}}{\sqrt{2}\,x_1{}^3 - x_1{}^2 + 1} - \frac{1 + \left(\dfrac{1}{x_1}\right)^2}{\sqrt{2}}\ ,$$

作数值计算，列表如下：

x_1:	1	1.5	2	1.95
Δ	-0.414	-8.764×10^{-2}	7.92×10^{-3}	2.06×10^{-3}
x_1:	1.9	1.92	1.94	1.93
Δ	-4.24×10^{-3}	-1.422×10^{-3}	7.269×10^{-4}	-7.926×10^{-5}

故在 $2 \geqslant x_1 \geqslant 1$ 区间内，取解为

$$x_1 = 1.93\,, \qquad (4\text{分})$$

即参量 R，v_0，q 间需满足下述关系：

$$Rv_0^2 = x_1^2 k_1^2 = (1.93)^2 \frac{qe}{4\pi\varepsilon_0 m} = 3.725 \frac{qe}{4\pi\varepsilon_0 m}.$$

附录：x_1，x_2 满足的代数方程的导出过程：

$$Rv_0^2 = k_1^2 x_1^2 = k_2^2 x_2^2\,,\ k_1^2/k_2^2 = x_2^2/x_1^2\,,$$

$$\tan\theta_2 = -Rv_0^2/k_1^2 = -k_1^2 x_1^2/k_1^2 = -x_1^2\,,$$

$$\tan\theta_1 = \sqrt{2Rv_0^2 k_1^2}/(Rv_0^2 - k_1^2) = \sqrt{2k_1^2 x_1^2 k_1^2}/(k_1^2 x_1^2 - k_1^2) = \sqrt{2}\,x_1/(x_1^2 - 1)\,,$$

$$\tan\theta_3 = \sqrt{2Rv_0^2 k_1^2}/(Rv_0^2 + k_2^2) = \sqrt{2k_1^2 x_1^2 k_1^2}/(k_2^2 x_2^2 + k_2^2) = \sqrt{2}\,k_1^2 x_1/k_2^2(x_2^2+1) = \sqrt{2}\,x_2^2/x_1(x_2^2+1)\,,$$

$$\tan(\theta_2 - \theta_1) = \frac{\tan\theta_2 - \tan\theta_1}{1 + \tan\theta_2 \tan\theta_1} = \frac{-x_1^2 - \dfrac{\sqrt{2}\,x_1}{x_1^2 - 1}}{1 + (-x_1^2)\dfrac{\sqrt{2}\,x_1}{x_1^2 - 1}}$$

$$= \frac{-\left[x_1^2(x_1^2 - 1) + \sqrt{2}\,x_1\right]}{(x_1^2 - 1) - x_1^2\sqrt{2}\,x_1} = \frac{x_1^4 - x_1^2 + \sqrt{2}\,x_1}{\sqrt{2}\,x_1^3 - x_1^2 + 1}\,,$$

$$\tan(\theta_2 - \theta_1) = 1/\tan\theta_3\,, \quad \Rightarrow \quad \frac{x_1^4 - x_1^2 + \sqrt{2}\,x_1}{\sqrt{2}\,x_1^3 - x_1^2 + 1} = \frac{x_1(x_2^2 + 1)}{\sqrt{2}\,x_2^2}\,,$$

$$\Rightarrow \quad \frac{x_1^3 - x_1 + \sqrt{2}}{\sqrt{2}\,x_1^3 - x_1^2 + 1} = \frac{1 + \left(\dfrac{1}{x_2}\right)^2}{\sqrt{2}}.$$

B 卷

一、(20 分)

1. （5 分）a_{Ay}，a_{Bx}，a_{By}，a_{Cx}

（对 1 个给 2 分，对 2 个给 3 分，对 3 个给 4 分，对 4 个给 5 分）

2. （5 分）

因在与环壁碰撞中，环给予的弹力指向环心，可以改变质点的动量，但不可改变相对环心的角动量，故质点系的动量 $\boldsymbol{p}$ 可以改变，但 $\boldsymbol{L}$ 不变．又因质点间可能有非弹性碰撞功，故质点系动能可能会改变．据此（1 分）

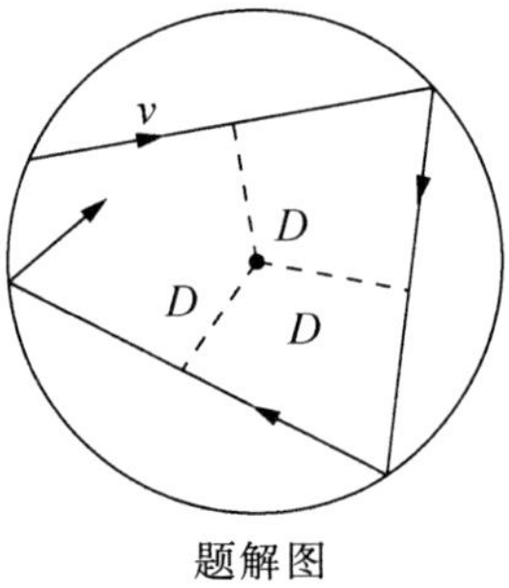

题解图

（1）大质点的运动状态：或是静止；或是沿某一直径往返运动，运动速率恒定不变.　（2 分）

（2）大质点的运动状态：是以匀速率 v 沿题解图所示圆内接折线轨道运动，其中每一个弦线段的弦心距相同，记为 D，则必有

$$vD = L/M\,, \qquad (2\text{分})$$

$\{v, D\}$ 可能有各种组合.

3. (5 分)

(1)

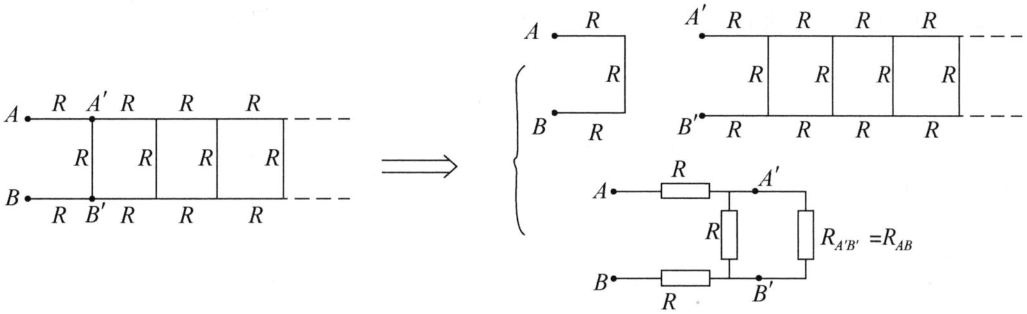

$$R_{AB}=2R+\frac{RR_{A'B'}}{R+R_{A'B'}}, \quad \Rightarrow \quad R_{AB}=(1+\sqrt{3})R. \qquad (3\text{ 分})$$

(2)

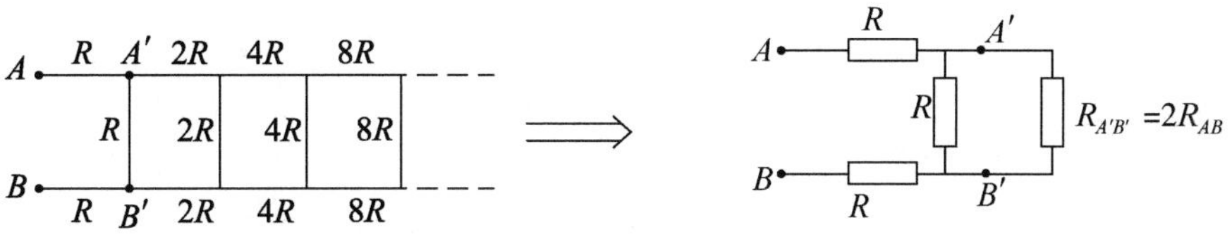

$$R_{AB}=2R+\frac{R\cdot R_{A'B'}}{R+R_{A'B'}}, \quad \Rightarrow \quad R_{AB}=\frac{1}{4}(5+\sqrt{41})R. \qquad (2\text{ 分})$$

4. (5 分)

(1) A 管已可定标 3ml，B 管已可定标 5ml.

A 管先装满液体，再全部倒入 B 管；A 管又装满液体，再部分倒入 B 管，使 B 管刚好装满液体；此时 A 管中留有 1ml 液体，可为 A 管定标 1ml.

将 B 管液体倒尽，A 管可累次将 1ml 液体倒入 B 管逐次为 B 管定标 1ml，2ml，3ml，4ml.

将 A 管液体倒尽，B 管可一次将 2ml 液体倒入 A 管，为 A 管补充定标 2ml. (3 分)

(2) A 管已可定标 5ml，B 管已可定标 8ml.

A 管装 5ml 液体，全部转而倒入 B 管；A 管装 5ml 液体，再部分倒入 B 管，使 B 管刚好装满液体，此时 A 管中有 2ml 液体，可为 A 管定标 2ml.

用 A 管每次 2ml，分三次为全空 B 管注入 6ml 液体，B 管再将 6ml 液体逐渐注入全空 A 管，使 A 管刚好被装满，此时 B 管中留有 1ml 液体，可为 B 管定标 1ml.

继而参考 (1) 问解答，完成 A，B 管全部需补充的定标. (2 分)

二、(40 分)

5. (10 分)

(1) 左、右两个小物块质量分别记为 m_1，m_2，由功能关系和几何关系可得

$$\mu m_1 g\cos\varphi_1\frac{l'_1}{\cos\varphi_1}+\mu m_1 g l_1=m_1 g l'_1\tan\varphi_1,$$

$$\mu m_2 g\cos\varphi_2\frac{l'_2}{\cos\varphi_2}+\mu m_2 g l_2=m_2 g l'_2\tan\varphi_2,$$

$$l'_1\tan\varphi_1=l'_2\tan\varphi_2\ ,$$

即得所求关系为

$$l_1+l'_1=l_2+l'_2\ .\qquad\text{(4 分)}$$

（2）将鼓包顶端距地面高度记为 h，左侧物块到斜面底部时的速度记为 v_{10}，则有

$$\frac{1}{2}m_1v_{10}{}^2=m_1gh-\mu m_1g\cos\varphi_1\frac{h}{\sin\varphi_1}=m_1gh(1-\mu\cot\varphi_1)\ ,$$

$$\Rightarrow\quad v_{10}=\sqrt{2gh(1-\mu\cot\varphi_1)}\ .\qquad\text{(2 分)}$$

从顶端到达 P 点所经时间便为

$$t_1=\frac{v_{10}}{g(\sin\varphi_1-\mu\cos\varphi_1)}+\frac{v_{10}}{\mu g}=\sqrt{\frac{2h}{g}}\left(\frac{1}{\sin\varphi_1\sqrt{1-\mu\cot\varphi_1}}+\frac{\sqrt{1-\mu\cot\varphi_1}}{\mu}\right),$$

同理可得

$$t_2=\sqrt{\frac{2h}{g}}\left(\frac{1}{\sin\varphi_2\sqrt{1-\mu\cot\varphi_2}}+\frac{\sqrt{1-\mu\cot\varphi_2}}{\mu}\right),\qquad\text{(2 分)}$$

即有

$$\gamma=\frac{t_1}{t_2}=\left(\frac{1}{\alpha_1\sin\varphi_1}+\frac{\alpha_1}{\mu}\right)\Big/\left(\frac{1}{\alpha_2\sin\varphi_2}+\frac{\alpha_2}{\mu}\right)\ ,\begin{cases}\alpha_1=\sqrt{1-\mu\cot\varphi_1}\ ,\\ \alpha_2=\sqrt{1-\mu\cot\varphi_2}\ .\end{cases}$$

（3）将 $\mu=1/2\sqrt{3}$，$\varphi_1=30^\circ$，$\varphi_2=60^\circ$ 代入上式，可得

$$\gamma=(2\sqrt{2}+\sqrt{6})\Big/\left(\frac{2\sqrt{2}}{\sqrt{5}}+\sqrt{10}\right)=1.19.\qquad\text{(2 分)}$$

6.（10 分）

将气体摩尔质量、比热分别记为 μ，c；区域 1，2，3 内的气体摩尔数分别记为 ν_1，ν_2，ν_3. 系统末态温度处处相同，记为 T_e；压强处处相同，记为 p_e.

（1）由

$$\nu_i=p_{i0}V_0/T_{i0}R\ ,\ i=1,\ 2,\ 3\ ,$$

$$(\nu_1+\nu_2+\nu_3)\mu cT_e=\nu_1\mu cT_{10}+\nu_2\mu cT_{20}+\nu_3\mu cT_{30}\ ,$$

得

$$T_1=T_2=T_3=T_e=(p_{10}+p_{20}+p_{30})\Big/\left(\frac{p_{10}}{T_{10}}+\frac{p_{20}}{T_{20}}+\frac{p_{30}}{T_{30}}\right),\qquad\text{(4 分)}$$

又有

$$p_e\cdot 3V_0=(\nu_1+\nu_2+\nu_3)RT_e=\left(\frac{p_{10}}{T_{10}}+\frac{p_{20}}{T_{20}}+\frac{p_{30}}{T_{30}}\right)\frac{V_0}{R}RT_e\ ,$$

联立两式，即得

$$p_1=p_2=p_3=p_e=\frac{1}{3}(p_{10}+p_{20}+p_{30})\ .\qquad\text{(3 分)}$$

（2）由

$$V_i=\nu_iRT_e/p_e,\qquad\Rightarrow\quad V_1:V_2:V_3=\nu_1:\nu_2:\nu_3=\frac{p_{10}}{T_{10}}:\frac{p_{20}}{T_{20}}:\frac{p_{30}}{T_{30}}\ ,$$

$$p_{10} : p_{20} : p_{30} = 3:2:1 , \qquad T_{10} : T_{20} : T_{30} = 1:2:3 ,$$

得

$$V_1 : V_2 : V_3 = 3:1:\frac{1}{3} .$$

因 $V_1 + V_2 + V_3 = 3V_0$，即有

$$V_1 = \frac{27}{13}V_0 , V_2 = \frac{9}{13}V_0 , V_3 = \frac{3}{13}V_0 . \qquad (3 分)$$

7. (10分)

(1) 回路电动势为

$$\mathscr{E}_{ABCA} = -\frac{\mathrm{d}\Phi}{\mathrm{d}t} = -\frac{\mathrm{d}}{\mathrm{d}t}\left(-B \cdot \frac{1}{2} \cdot \frac{3}{2}R \cdot \sqrt{3}R\right) = \frac{3\sqrt{3}}{4}kR^2 ,$$

因对称，即得

$$\mathscr{E}_{AB} = \frac{1}{3}\mathscr{E}_{ABCA} = \frac{\sqrt{3}}{4}kR^2 . \qquad (4 分)$$

(2) 回路电压

$$U_{ABCA} = 0 ,$$

因对称，有

$$U_{AB} = U_{BC} = U_{CA} , \quad \Rightarrow \quad U_{AB} = 0 . \qquad (2 分)$$

(3) 将 $r_1 = r_0$，$r_2 = 2r_0$，$r_3 = 3r_0$ 代入电流公式：

$$I = I_{ABCA} = \mathscr{E}_{ABCA}/(r_1 + r_2 + r_3) = \frac{3\sqrt{3}}{4}kR^2/6r_0 ,$$

$$\Rightarrow \quad I = \sqrt{3}kR^2/8r_0 ,$$

得

$$U'_{AB} = -\mathscr{E}_{AB} + Ir_1 = -\frac{\sqrt{3}}{8}kR^2 . \qquad (4 分)$$

8. (10分)

(1) S' 系中 A，B 碰前瞬间速度大小同为

$$v'_e = \sqrt{2a_0 l} = \frac{3}{5}c ,$$

此时 A，B 质量同为

$$m' = m_0 \Big/ \sqrt{1 - \frac{v'^2_e}{c^2}} = \frac{5}{4}m_0 ,$$

碰撞过程中能量守恒，即质量守恒，得大质点质量为

$$M' = 2m' = \frac{5}{2}m_0 .$$

大质点在 S' 系中静止，其静质量即为

$$M_0 = M' = \frac{5}{2}m_0 ,$$

S 系中大质点沿 x 轴匀速运动，速度为 v，故质量为

$$M=M_0\Big/\sqrt{1-\frac{v^2}{c^2}}=\frac{25}{8}m_0 .\qquad (3\text{ 分})$$

（2）S 系中，质点 A 开始加速的时刻 t_A，质点 B 开始加速的时刻 t_B 分别为

$$t_A=\frac{t'_A+\dfrac{v}{c^2}x'_A}{\sqrt{1-\beta^2}}=\frac{\dfrac{v}{c^2}x'_A}{\sqrt{1-\beta^2}}=-\frac{3l}{4c},$$

$$t_B=\frac{t'_B+\dfrac{v}{c^2}x'_B}{\sqrt{1-\beta^2}}=\frac{3l}{4c}.$$

S 系中，$t_A=-3l/4c$ 时，B 尚未加速，A，B 间距同于 A，B 都静止在 S' 系时对应 S 系中“动尺”长度，即为

$$l_{AB(1)}=\sqrt{1-\beta^2}\cdot 2l=\frac{8}{5}l.\qquad (2\text{ 分})$$

S 系中，$t_B=3l/4c$ 时，A 已于早些时刻 $t_A=-3l/4c$ 加速，取下述方法求解对应的 A，B 间距 $l_{AB(2)}$.

S' 系中 B 开始加速的点事件 $B\{x'_B=l,\ t'_B=0\}$，

S 系中 B 开始加速的点事件 $B\left\{x_B=\dfrac{x'_B+vt'_B}{\sqrt{1-\beta^2}}=\dfrac{5}{4}l,\ t_B=\dfrac{3l}{4c}\right\}$，

S 系中 B 开始加速时测得 A 位于某处 x_A 的点事件 $\left\{x_A=?,\ t_A^*=t_B=\dfrac{3l}{4c}\right\}$，

S' 系中上述点事件 $\left\{x'_A=-l+\dfrac{1}{2}a_0(t_A^{*\prime})^2,\ t_A^{*\prime}=\dfrac{t_A^*-\dfrac{v}{c^2}x_A}{\sqrt{1-\beta^2}}\right\}$，

得方程组

$$\begin{cases}\dfrac{x_A-vt_A^*}{\sqrt{1-\beta^2}}=x'_A=-l+\dfrac{1}{2}a_0(t_A^{*\prime})^2,\\[2ex] t_A^{*\prime}=\dfrac{t_A^*-\dfrac{v}{c^2}x_A}{\sqrt{1-\beta^2}},\ \sqrt{1-\beta^2}=\dfrac{4}{5},\end{cases}$$

$$\Rightarrow\quad \frac{x_A-vt_A^*}{\sqrt{1-\beta^2}}=-l+\frac{1}{2}a_0\left(\frac{t_A^*-\dfrac{v}{c^2}x_A}{\sqrt{1-\beta^2}}\right)^2,\ a_0=9c^2/50l,$$

$$\Rightarrow\quad x_A-\frac{3}{5}c\times\frac{3l}{4c}=-\frac{4}{5}l+\frac{1}{2}\,\frac{9c^2}{50l}\,\frac{\left(\dfrac{3l}{4c}-\dfrac{3}{5c}x_A\right)^2}{\dfrac{4}{5}},$$

$$\Rightarrow\quad x_A-\frac{9}{20}l=-\frac{4}{5}l+\frac{9c^2}{80l}\left(\frac{3l}{4c}-\frac{3}{5c}x_A\right)^2$$

$$=-\frac{4}{5}l+\frac{9c^2}{80l}\left(\frac{9l^2}{16c^2}-\frac{9l}{10c^2}x_A+\frac{9}{25c^2}x_A{}^2\right)$$

$$=-\frac{4}{5}l+\frac{81}{1280}l-\frac{81}{800}x_A+\frac{81}{2000l}x_A{}^2,$$

$$\Rightarrow\quad x_A{}^2-\frac{2000l}{81}\times\frac{81}{800}x_A-\frac{2000l}{81}x_A+\frac{2000l}{81}\left(-\frac{4}{5}+\frac{81}{1280}+\frac{9}{20}\right)l=0\ ,$$

$$\Rightarrow\quad x_A{}^2-\frac{4405l}{162}x_A-\frac{9175}{1296}l^2=0,$$

$$\Rightarrow\quad x_A{}^2-27.2lx_A-7.08l^2=0\ ,$$

解得

$$x_A=-0.26l\ .$$

此时

$$x_B=\frac{x'_B+vt'_B}{\sqrt{1-\beta^2}}\bigg|_{x'_B=l,\ t'_B=0}=\frac{5}{4}l=1.25l\ ,$$

因此，S 系中 B 开始加速时，A，B 相距

$$l_{AB(2)}=x_B-x_A=1.51l\ .\qquad\text{(5 分)}$$

2016年暑期物理竞赛辅导班联谊赛试题

学校______________ 姓名______________ 成绩______________

总分：200分 时间：3.5小时

A卷（140分）

题号	一	二	三	四	五	六	七
得分							
阅卷人							

一、(14分)

如图所示，有一半径 $R=0.128\text{m}$ 的玻璃半球，在其主光轴放一长 $l=0.20\text{m}$ 的条形物 A_1A_2．只考虑近轴光线成像，在图中主光轴上可同时观察到 A_1A_2 的两个像，它们分别是经玻璃半球的平面反射成像和经平面折射—凹球面反射—平面折射成像．并且，当条形物的 A_2 端与半球平面中心 O 相距 $OA_2=0.020\text{m}$ 时，两个像恰好无重叠地连接在一起，试求玻璃半球的折射率 n．

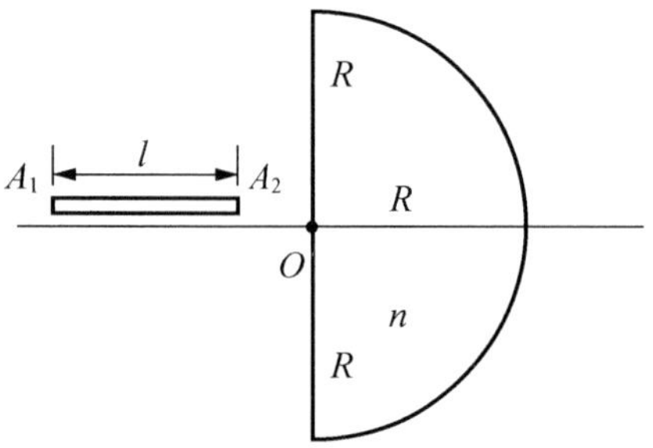

二、(14分)

Pb原子核内有82个质子，核半径 $R=7.1\text{fm}$（飞米），$1\text{fm}=10^{-6}\text{nm}$．估算时，常可设82个质子的正电荷均匀分布在 R 球体内．Pb原子核与81个电子以及一个 μ^- 子构成的原子称为Pb的 μ 介子原子．设所有电子及它们的所有轨道均在原子核外，μ^- 子的第一激发态轨道在所有电子轨道之内，但在原子核外．μ^- 子的基态轨道自然应在第一激发态轨道之内，但不知是在原子核外，还是在原子核内．实验上已测得 μ^- 子从第一激发态跃迁到基态时发出的光子其能量为 6.0MeV．已知 μ^- 子的质量是电子质量的207倍，所带电荷与电子电荷相同，试计算 μ^- 子的基态轨道半径 r_1，取2位有效数字.

参考数据：

$$\frac{1}{4\pi\varepsilon_0}=8.99\times10^9\text{N}\cdot\text{m}^2/\text{C}^2\text{ ，}e=1.60\times10^{-19}\text{C}．$$

已知氢原子电子基态轨道半径为 $r_{10}=0.0529\text{nm}$，能量 $E_{10}=-13.6\text{eV}$．

三、(20分)

约定与数学参考知识

约定：(i) 解题者都已具备普通物理学范畴内行星相对太阳运动的力学知识.

(ii) 本题在解答过程中不可直接或间接引用质点角动量定理或者开普勒第二定律.

数学参考知识：(i) 半长轴、半短轴长度分别记为 A，B 的椭圆，长轴端点和短轴端

点处曲率半径分别为

$$\rho_A = B^2/A \ ,\rho_B = A^2/B \ .$$

(ii) 在 Oxy 平面上，方程可表述为

$$\frac{x^2}{A^2} - \frac{y^2}{B^2} = 1$$

的双曲线，其顶点 $D\{x = \pm A,\ y = 0\}$ 处的曲率半径为

$$\rho_D = B^2/A \ .$$

题文

行星 P 绕着恒星 S 做圆周运动，设 S 在极短时间内发生爆炸，通过强辐射流使其质量减少，设变化后的质量与原质量之比为 γ，P 随即进入新的运动轨道.

(1) 试问新轨道曲线是圆、非圆的椭圆、抛物线还是双曲线?

(2) 若为非圆的椭圆，将对应的 γ 值作为已知量.

(2.1) 试求该椭圆的偏心率 $e = \dfrac{C}{A}(C = \sqrt{A^2 - B^2})$；

(2.2) 将 P 在该椭圆轨道近 S 点的速度大小记为 v_1，在远 S 点的速度大小记为 v_2，试求比值 $\beta = v_2/v_1$.

(3) 新轨道曲线若是双曲线，将对应的 γ 值作为已知量，试求该双曲线偏心率 $e = \dfrac{C}{A}(C = \sqrt{A^2 + B^2})$.

四、(22 分)

如图所示，底部封口、顶部开口、横截面积为 S 的绝热圆柱形容器，放在水平地面上. 容器内有一个质量为 m 的匀质绝热挡板在下，另一个质量可略的绝热活塞在上，活塞与容器顶端相距甚远. 挡板下方容积为 V_0 的区域内，盛有摩尔质量为 μ_1、摩尔数为 ν_1 的单原子分子理想气体；挡板与活塞之间容积为 V_0 的区域内，盛有摩尔质量为 μ_2、摩尔数为 ν_2 的双原子分子理想气体. 挡板和活塞与容器内壁间无空隙，且都可以无摩擦地上、下滑动. 设两种气体均已处于平衡态，此后将挡板非常缓慢、绝热且无漏气地从容器壁朝外抽出，最终形成的混合气体达到热平衡态. 设整个过程中双原子分子的振动自由度始终未被激发. 将大气压强记为 p_0，设 $m = p_0S/g$，将 $\mu_1, \nu_1, \mu_2, \nu_2, p_0, V_0$ 处理为已知量，试解答下述各小问.

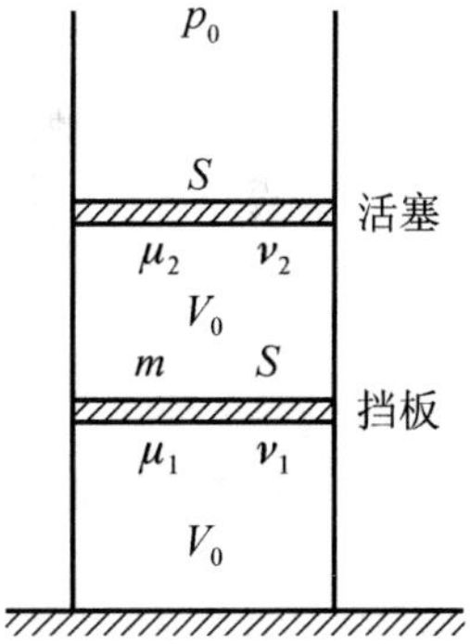

(1) 将末态混合气体内的单原子分子气体和双原子分子气体密度分别记为 ρ_1 和 ρ_2，试求比值 $\alpha = \rho_1 : \rho_2$；

(2) 再求末态混合气体的体积 V；

(3) 将单原子、双原子分子气体初态温度分别记为 T_1, T_2，混合气体末态温度记为 T，其中最高者记为 T_{max}，最低者记为 T_{min}，最后试求比值 $\beta = T_{max} : T_{min}$.

五、(22 分)

引言

如图 1 所示某竖直平面，有一方向垂直纸面向内的匀强磁场 $\boldsymbol{B}$ 穿过，有一匀质金属矩形框架 $ABCD$，以 AB 边取水平为初始状态在该竖直平面内自由下落．略去空气阻力，试问框架下落加速度是否仍为 g？

细致分析，框架下落过程中，内部自由电子和正离子分别受到朝左和朝右的磁场力．整体所受水平力可以抵消，但自由电子必定会朝左运动，形成电流．此电流所受磁场安培力朝上，使框架下落加速度因而稍小于 g．自由电子的迁移，在四根杆的左侧面累积负电荷，右侧面累积正电荷，框架内出现电场，进而影响电子的迁移速度和电流．框架下落速度的变化也会影响自由电子的迁移速度、侧面电荷的累积以及框架内的电场结构．定量讨论框架下落加速度和速度的变化，困难较大．为对框架下落加速度必定会小于 g 的定性讨论作简单的量化讨论，特用长方体导体块取代图 1 中的框架，设置题目如下．

题文

如图 2 所示，质量密度为 ρ_m、电阻率为 ρ 的长方导体块 $ABCD$，$t=0$ 时刻以 AB 面处于水平方位的静止状态自由释放，空间有垂直于导体块前后表面朝向纸面内的匀强磁场 $\boldsymbol{B}$．略去空气阻力，不考虑导体块落地的可能性．

再设导体块的 AD 面和 BC 面足够大，在讨论的时间范围内 ρ 可处理为常量，导体块内的电场可处理为随时间变化的匀强电场．略去导体块内电流的磁场，略去电场变化激发起的磁场．

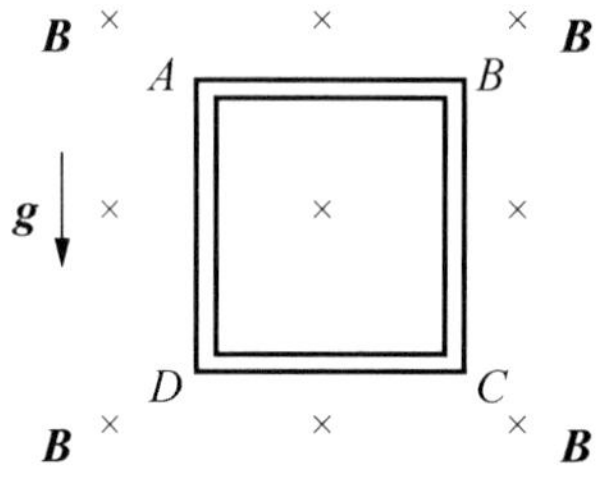

图 1

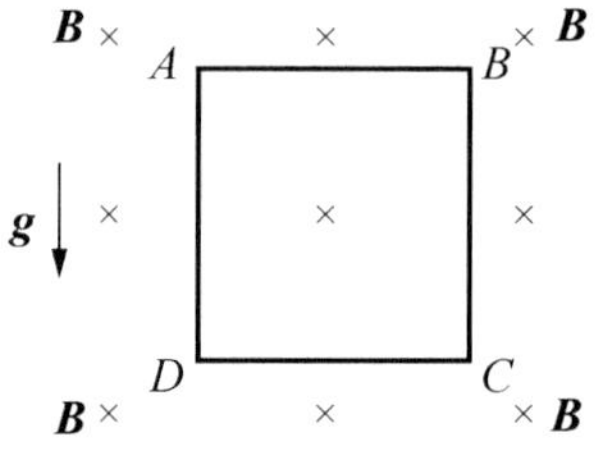

图 2

(1) 导出可解的关于 BC 面上电荷面密度 $\sigma=\sigma(t)$ 的微分方程．

(2) 引入简化参量

$$\alpha=\frac{1}{\rho}\left(\frac{1}{\varepsilon_0}+\frac{B^2}{\rho_m}\right).$$

(2.1) 求解 $\sigma=\sigma(t)$ 函数，答案中只可出现参量 g, B, α, t；

(2.2) 求导体块下落加速度和速度随 t 变化的函数

$$a=a(t),\ v=v(t),$$

答案中只可出现参量 g, B, α, t．

六、(24 分)

(1) 系统如图 1 所示，定滑轮质量为 M，轻绳与定滑轮之间无摩擦，两个小物块质量分别为 m_1，$m_2(<m_1)$．系统从静止释放后，试求定滑轮水平中央轴提供的向上支持

力 N .

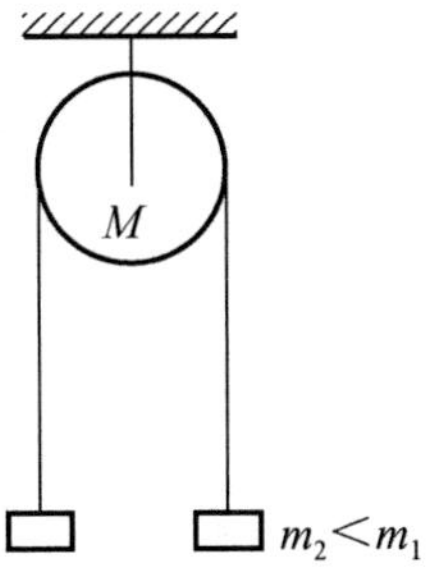

图 1

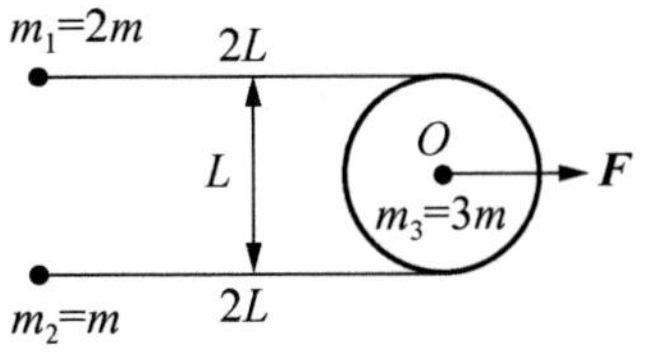

图 2

（2）在光滑水平面上平放着图 2 所示的刚性系统，其中质量分别为 $m_1=2m$ ，$m_2=m$ 的两个小物块，通过两根平行的长度同为 $2L$ 的轻杆与直径为 L 、质量 $m_3=3m$ 的匀质圆盘边缘部位连接，接点在同一直径上．令圆盘中心 O 受水平恒定的拉力 $\boldsymbol{F}$ 作用，开始时系统静止，$\boldsymbol{F}$ 的方向恰好与轻杆平行.

（2.1）说明此刚性系统在水平面上将会发生摆动，并求摆动的幅角 φ_0（用度表示，给出 3 位有效数字）.

（2.2）考虑到 φ_0 较小，试求在第一个摆动周期 T_0 内，圆盘中心 O 的位移量大小 s_0.

（3）现将图 2 所示系统中的 m_1，m_2 小物块和 m_3 匀质圆盘留在初始位置上，拆去两根细杆，用长为 $4L+\dfrac{1}{2}\pi L$ 的轻绳跨过圆盘半圆周后，两端对称地连接这两个小物块．设轻绳与滑轮间无摩擦，再令圆盘中心 O 受水平恒定的拉力 $\boldsymbol{N}$ 作用，开始时系统静止，$\boldsymbol{N}$ 的方向恰好与直的轻绳段平行.

（3.1）试求 $\boldsymbol{N}$ 刚加入后瞬间，两个小物块和圆盘中心 O 的加速度 $\boldsymbol{a}_1$，$\boldsymbol{a}_2$ 和 $\boldsymbol{a}_3$；

（3.2）依据动力学定理，判断在 m_2 物块与圆盘相碰前圆盘的运动情况；

（3.3）设 $N=F/10$，其中 F 为（2）问中 $\boldsymbol{F}$ 的大小，试求从 $\boldsymbol{N}$ 加入后经过（2）问所得 T_0 时间段，圆盘中心 O 的位移量大小 s_0^*.

七、(24 分)

如图所示，在惯性系 S 的 Oxy 坐标平面原点O处，有一个静质量为 m_0 的质点 P . $t=0$ 时，P 的速度 $\boldsymbol{u}_0$ 的两个分速度分别记为 u_{0x} ，u_{0y} ；$t\geqslant 0$ 时，P 受 x ，y 方向力分别记为 F_x ，F_y .

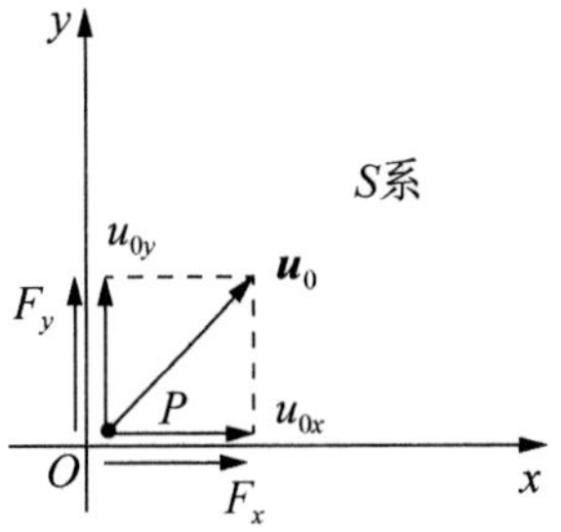

（1）设 $u_{0x}=0$，$u_{0y}=0$，$F_x=0$，F_y 为正的常量 f_y . 试求 P 沿 y 方向速度达到 $u_y=\dfrac{3}{5}c$ 的时刻 t_1，以及过程中 F_y 做的功 W_{1y} .

（2）改设 $u_{0x}=\dfrac{3}{5}c$ ，$u_{0y}=0$，F_x 的作用可使 P 沿 x 轴做 $u_x=u_{0x}$ 的匀速运动，F_y 仍为（1）问中的常量 f_y .

（2.1）试求 P 刚好达到 $u_y=\dfrac{3}{5}c$ 的时刻 t_2；

(2.2) 在 $t_2 \geqslant t \geqslant 0$ 时间段内，导出 $u_y = u_y(t)$ 函数；

(2.3) 在 $t_2 \geqslant t \geqslant 0$ 时间段内，导出 $F_x = F_x(t)$ 函数；

(2.4) 导出从 $t=0$ 到 $t=t_2$ 全过程中，F_x，F_y 各自总的做功量 W_{2x}，W_{2y}.

供参考的积分公式（已略去积分常量）：

$$\int \frac{u^2 \mathrm{d}u}{(a^2-u^2)^{3/2}} = \frac{u}{\sqrt{a^2-u^2}} - \arcsin\frac{u}{a};\ \int \frac{\mathrm{d}u}{\sqrt{a^2-u^2}} = \arcsin\frac{u}{a}.$$

B卷（60分）

题号	一	二			
	(1—4)	5	6	7	8
得分					
阅卷人					

一、简答（每小题 5 分，共 20 分）

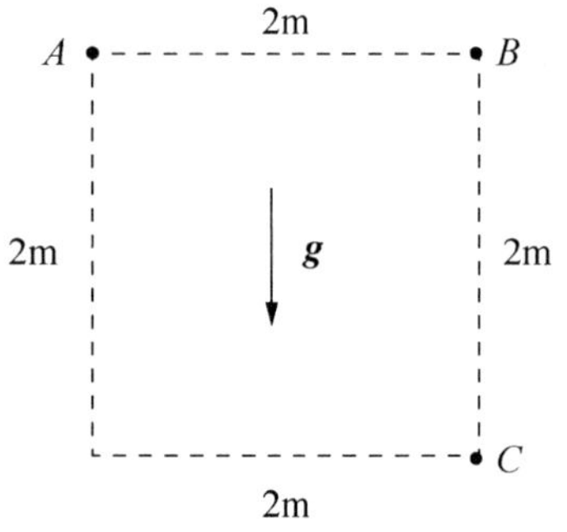

1. 在一个竖直平面内有 3 个小球 A，B，C，某时刻它们位于每边长为 2m 的正方形三个顶点上，方位如图示. 设此时 C 无初速地自由下落，B 以 1m/s 的初速度竖直向下运动，A 则以某个初速度 $\boldsymbol{v}_A$ 开始自由运动. 不计空气阻力，设 C 离地足够高，若 A，B，C 能在空中同时相碰，试求 $\boldsymbol{v}_A$ 的大小 v_A 和 $\boldsymbol{v}_A$ 的水平分量大小 $v_{A/\!/}$.

2. 在任一惯性系中，一个运动着的电子和一个运动着的正电子，因相互碰撞而湮没. 已知湮没后仅生成光子，那么生成的光子至少有几个？为什么？

3. 光从介质 1 斜入射到介质 1，2 的界面上，对应的反射光和入射光如图 1 所示. 设想让图 1 中的反射光单独时间倒流地射回界面，对应的反射光Ⅰ和折射光Ⅰ如图 2 所示. 再设想让图 1 中的折射光单独时间倒流地射回界面，对应的反射光Ⅱ和折射光Ⅱ如图 3 所示.

联合图 2、图 3，让图 1 中的反射光和折射光一起时间倒流地射回界面，如图 4 所示，除了在入射点左上方可出现一支光外，在入射点左下方似乎也可出现一支光. 与图 1 相比较，你认为是否违反了几何光学中的光路可逆性？请给出解释.

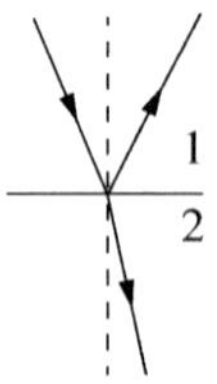

图 1

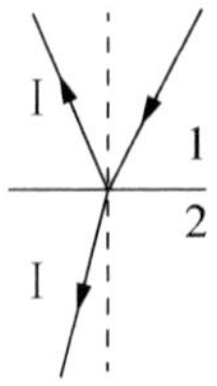

图 2

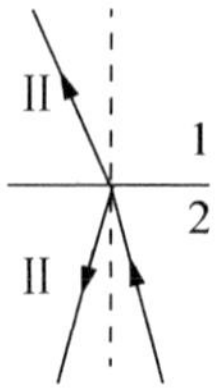

图 3

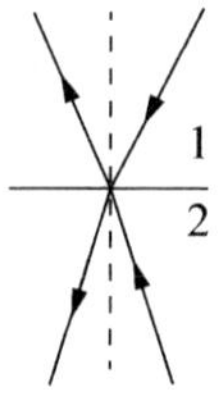

图 4

4. 将一块长方体形的均匀弹性体平放在光滑水平面上，两端用方向相反、大小同为 F 的力拉此弹性体，如图 1 所示．稳定后，此弹性体内的弹性势能记为 E_{p1}．

取两块上述弹性体，并合放在光滑水平面上，两端用方向相反、大小同为 F 的力拉此组合体，如图 2 所示．稳定后，此组合体内的弹性势能记为 E_{p2}．

改将两块图 1 所示弹性体，前后连接后放在光滑水平面上，两端用方向相反、大小同为 F 的力拉此组合体，如图 3 所示．稳定后，此组合体内的弹性势能记为 E_{p3}．

试求：$E_{p1}:E_{p2}:E_{p3}$，须给出必要的求解过程.

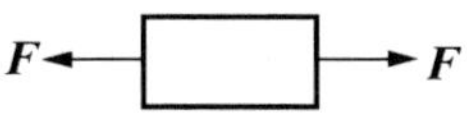

图 1

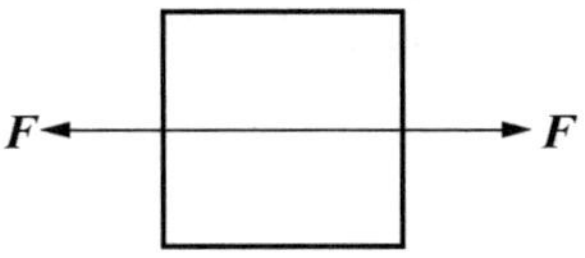

图 2

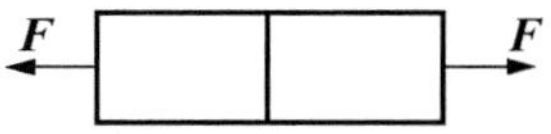

图 3

二、计算（每题 10 分，共 40 分）

5. 如图所示，在一个大的水平桌面上有一根长 L 的绝缘不带电的细直管道，管内 M 处有一个质量为 m，电量 $q>0$ 的带电小滑块 P．开始时直管和小滑块都处于静止状态，空间有图示方向的匀强磁场 $\boldsymbol{B}$．某时刻开始，直管带着小滑块沿水平朝右方向匀速运动，速度大小为 u．设系统处处无摩擦，当直管右行路程达某一值时，P 恰好从直管 N 端出去，此时 P 相对桌面速度大小为 $\sqrt{2}u$．该时刻开始，直管改取速度 $\boldsymbol{u}'$ 沿管长方向朝图平面上方匀速运动.

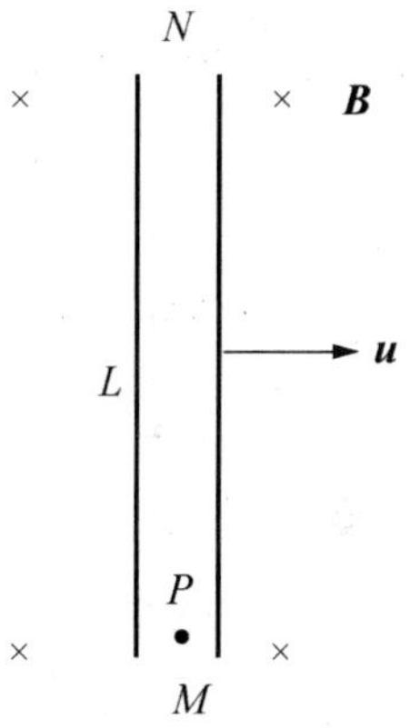

（1）试求 u，答案用参量 L，m，q，B 和数字表述.

（2）再问 u' 取哪些值，可使 P 与 M 端相碰，且碰前 P 未与直管其余部位相碰，也不讨论 P 与 M 端碰后是否还会与管的某些点（包括 M 点）部位再相碰．答案用参量 u 和数字（包括常数 π 等）表述.

6. 如图所示，光滑水平地面上两个相同的匀质小球 1、2，具有的初始平动速度分别为 $\boldsymbol{v}_0$，$2\boldsymbol{v}_0$．某时刻两球发生接触部位间无摩擦的弹性碰撞，碰前瞬间，两球连心线与 $\boldsymbol{v}_0$ 方向线之间夹角 $\theta=45°$．

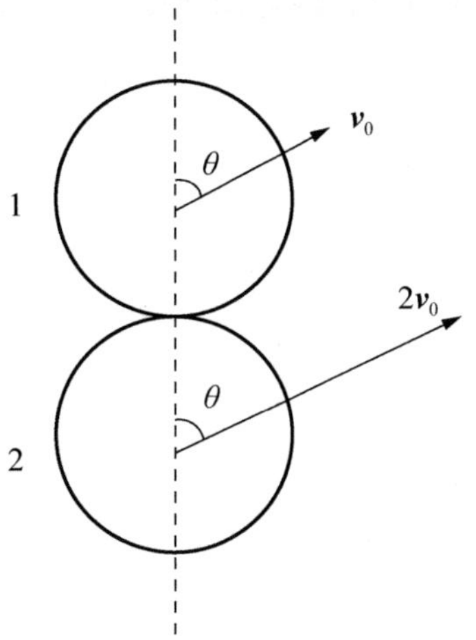

（1）试求碰后球 1、2 相对地面的速度大小 $v_{1地}$，$v_{2地}$．

（2）在某些相对地面具有平动速度 $\boldsymbol{u}_i$ 的惯性系 S_i 中，球 1、2 碰后速度 $\boldsymbol{v}_1$，$\boldsymbol{v}_2$ 方向彼此垂直．将你认为的（不必证明）其中 $\boldsymbol{u}_i$ 取最小的 $\boldsymbol{u}_i$ 改记为 $\boldsymbol{u}$，对应的惯性系记为 S 系，请给出 $\boldsymbol{u}$ 和 S 系中的 v_1，v_2.

（3）存在惯性系 S'，它相对 S 系的平动速度记为 $\boldsymbol{u}'$，在 S' 系中球 1、2 碰后速度 $\boldsymbol{v}_1'$，$\boldsymbol{v}_2'$ 仍然彼此垂直．试导出 $\boldsymbol{u}'$ 的模量 u' 可取值的范围；再在此范围内对于选定的 u'，给出 $\boldsymbol{u}'$ 相对 $\boldsymbol{v}_0$ 方向线的方位角 φ．

7. 某双原子分子理想气体，其振动自由度在温度 $T<2T_0$ 时未被激发，在 $T=2T_0$ 时被激发 . ν mol 的此种气体经历的矩形循环过程 $ABCDA$ 如图所示，其中 A，B，C 处温度分别为 T_0，$2T_0$，$3T_0$.

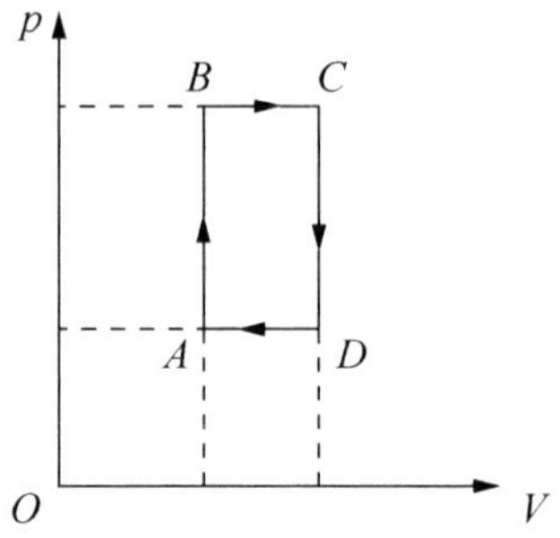

(1) 画出循环过程中气体内能 U 随温度 T 的变化曲线，其中 U 的单位取为 νRT_0.

(2) 计算循环效率 η.

8. 如图所示，水平桌面上平放着质量 $2m$、每边长 l、两端开口的U形空心匀质绝缘细管道. 它的 AB 边与 $A'B'$ 边平行，AB 边、$A'B'$ 边分别经极小的圆弧段过渡到均与 AA' 边垂直. 图中 AA' 边中分线 MN 朝 AB 边一侧有场强为 $\boldsymbol{E}_1$ 的水平匀强电场，MN 朝 $A'B'$ 边一侧有场强为 $\boldsymbol{E}_2$ 的水平匀强电场 . $\boldsymbol{E}_1$ 电场线、$\boldsymbol{E}_2$ 电场线与 MN 的夹角大小同为锐角 ϕ，且 $\boldsymbol{E}_1$，$\boldsymbol{E}_2$ 大小相同，记为 E . AA' 管内有两个质量同为 m、电量同为 $q>0$ 的带电小球 1、2，它们非常靠近地分居中分线 MN 两侧 . 开始时管道、小球均静止 . 一起释放后，设系统处处无摩擦，小球间作用力可略 . 在管道、小球而后的运动过程中，因为对称，球 1、2 相对管道的运动速度大小始终相同.

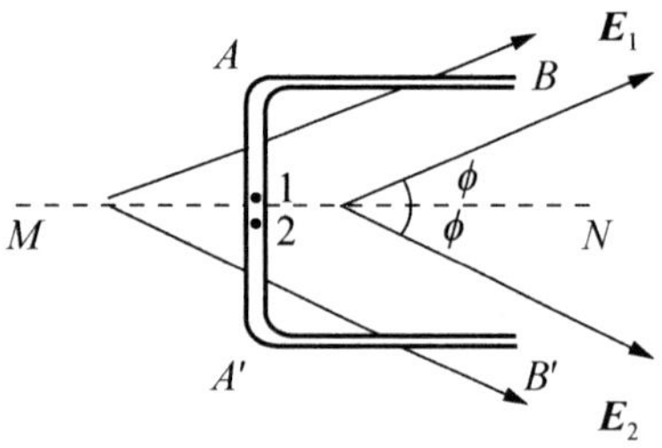

(1) 试求 1、2 分别即将到达 A，A' 时，相对管道的运动速度大小 v_1，再求此过程中电场力总的做功量 W.

(2) 设球 1、2 通过 A，A' 处极小圆弧段所经时间可略，试求刚过圆弧段时球 1、2 相对管道的运动速度大小 v_2.

(3) 试求球 1、2 分别从 B，B' 开口处刚离开管道时，相对管道的运动速度大小 v_3.

解答与评分标准（参考）

A 卷

一、(14 分)

球面反射成像：$\dfrac{1}{u}+\dfrac{1}{v}=\begin{cases}\dfrac{2}{R}，\text{凹球面}，\\ -\dfrac{2}{R}，\text{凸球面}，\end{cases}$ R ：球面半径，$\begin{cases}u：\text{物距}，\\ v：\text{像距}.\end{cases}$

球面折射成像：$\dfrac{n_u}{u}+\dfrac{n_v}{v}=\begin{cases}\dfrac{n_v-n_u}{R}，\text{凸球面}，\\ \dfrac{n_v-n_u}{-R}，\text{凹球面}，\end{cases}$ $\begin{cases}n_u：\text{物光空间介质折射率}，\\ n_v：\text{像光空间介质折射率}.\end{cases}$

(i) 平面反射成像.

取 $R\rightarrow\infty$ ，即成平面反射成像，

$$\frac{1}{u}+\frac{1}{v}=0,\quad \Rightarrow\quad v=-u\text{ ，虚像}.$$

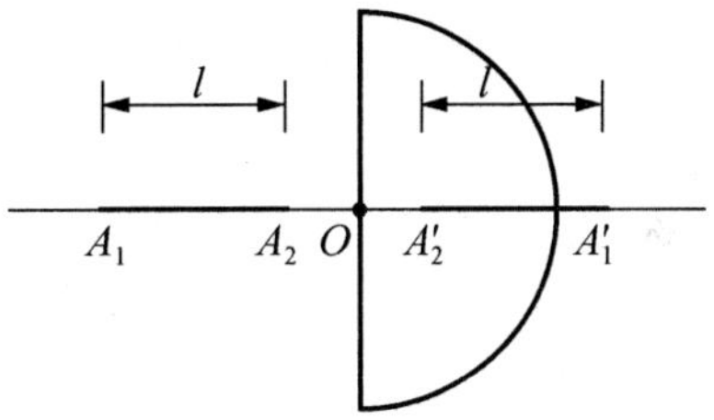

题解图

如题解图所示，有虚像 $A'_1A'_2$：

$$\overline{OA'}_2=\overline{OA}_2=0.020\text{m} ,$$

$$\overline{A'_2A'_1}=l=0.20\text{m} .\qquad (4 \text{ 分})$$

(ii) 平面折射—凹球面反射—平面折射成像.

取 $R\rightarrow\infty$ ，即成平面折射成像，

$$\frac{1}{u_1}+\frac{n}{v_1}=0,\quad \Rightarrow\quad v_1=-nu_1 .$$

凹球面反射成像

$$\frac{1}{u_2}+\frac{1}{v_2}=\frac{2}{R} ,\qquad u_2=R-v_1=R+nu_1 ,\qquad v_2=\frac{R(R+nu_1)}{R+2nu_1} .$$

平面折射成像

$$\frac{n}{u_3}+\frac{1}{v_3}=0 ,\qquad u_3=R-v_2=\frac{Rnu_1}{R+2nu_1} ,\qquad v_3=-\frac{Ru_1}{R+2nu_1} .$$

A_1 点成像点 A''_1：

$$u_1=\overline{OA_1}=\overline{OA_2}+l=0.22\text{m} ,\ v_3=-\frac{0.128\times 0.22}{0.128+2n\times 0.22}\text{m}<0,$$

$$\Rightarrow\quad A''_1 \text{ 点在 } O \text{ 点右侧}.$$

A_2 点成像点 A''_2：

$$u_1=\overline{OA_2}=0.02\text{m} ,\ v_3=-\frac{0.128\times 0.02}{0.128+2n\times 0.02}\text{m}<0,$$

$$\Rightarrow\quad A''_2 \text{ 点在 } O \text{ 点右侧，且 } A''_1 \text{ 点在 } A''_2 \text{ 点右侧} .\qquad (6 \text{ 分})$$

结论：为使条形物 A_1A_2 的两个像恰好无重叠地连接在一起，要求 A''_1 与 A'_2 重合，

即要求

$$-\frac{0.128\times0.22}{0.128+2n\times0.22}\mathrm{m}=-\overline{OA}'_2=-0.02\mathrm{m}\ ,$$

便可解得

$$n=2.91\ .\qquad\qquad(4\text{分})$$

二、(14 分)

先设 μ^- 子基态轨道在原子核外，轨道速度记为 v_1，则有

$$m_\mu v_1{}^2/r_1=Ze^2/4\pi\varepsilon_0 r_1{}^2\ ,\ m_\mu\text{：}\ \mu^-\ \text{子质量},\ Z=82\ .$$

轨道能量和轨道量子化条件为

$$E_1=\frac{1}{2}m_\mu v_1{}^2-\frac{Ze^2}{4\pi\varepsilon_0 r_1}=-\frac{Ze^2}{8\pi\varepsilon_0 r_1}\ ,\ m_\mu v_1 r_1=\frac{h}{2\pi}\ ,$$

解得

$$r_1=\varepsilon_0 h^2/\pi m_\mu Ze^2\ .$$

氢原子中电子基态轨道半径为

$$r_{10}=\varepsilon_0 h^2/\pi m_e e^2=0.0529\mathrm{nm}\ ,\ m_e\text{：电子质量}$$

因 $m_\mu=207m_e$，$Z=82$，得

$$r_1=\frac{r_{10}}{207\times82}=3.49\mathrm{fm}<R=7.1\mathrm{fm}\ .$$

$r_1<R$ 与 μ^- 子基态轨道在原子核外矛盾，后者不可取．（4 分）

μ^- 子基态轨道必在原子核内，轨道所在处场强与电势分别为

$$E(r_1)=\frac{Zer_1}{4\pi\varepsilon_0 R^3}\ ,\ U(r_1)=\frac{Ze}{8\pi\varepsilon_0 R}\left(3-\frac{r_1{}^2}{R^2}\right)\ ,\ r_1<R\ ,$$

轨道圆运动方程为

$$m_\mu v_1{}^2/r_1=eE(r_1)=Ze^2 r_1/4\pi\varepsilon_0 R^3\ ,$$

基态轨道能量为

$$E_1=\frac{1}{2}m_\mu v_1{}^2-eU(r_1)=\frac{1}{2}m_\mu v_1{}^2-\frac{Ze^2}{8\pi\varepsilon_0 R}\left(3-\frac{r_1{}^2}{R^2}\right)\ ,$$

与前式联立，可得

$$E_1=\frac{Ze^2 r_1{}^2}{8\pi\varepsilon_0 R^3}-\frac{Ze^2}{8\pi\varepsilon_0 R}\left(3-\frac{r_1{}^2}{R^2}\right)=\frac{Ze^2}{8\pi\varepsilon_0 R}\left(\frac{2r_1{}^2}{R^2}-3\right)\ .\qquad(1)$$

据实验数据 $E_2-E_1=6.0\mathrm{MeV}$，得

$$E_1=E_2-6.0\mathrm{MeV}\ .\qquad(2)\ (4\text{分})$$

若求得 μ^- 子第一激发态轨道能量 E_2，联合（1）、（2）式即可求解 r_1.

E_1 的求解：

该轨道在原子核外，故有

$$m_\mu v_2{}^2/r_2=Ze^2/4\pi\varepsilon_0 r_2{}^2\ ,\ E_2=\frac{1}{2}m_\mu v_2{}^2-\frac{Ze^2}{4\pi\varepsilon_0 r_2}=-Ze^2/8\pi\varepsilon_0 r_2\ .$$

据轨道量子化条件有

$$m_\mu v_2 r_2=2h/2\pi\ ,$$

与上两式联合，可解得

$$E_2=-m_\mu Z^2e^4/32\varepsilon_0h^2\ ,\ m_\mu=207m_e\ ,\ Z=82\ .$$

氢原子中电子基态能量为

$$E_{10}=-m_ee^4/8\varepsilon_0h^2=-13.6\text{eV}\ ,$$

可得

$$E_2=\frac{207\times82^2}{4}E_{10}=-4.73\text{MeV}\ .$$

将其代入（2）式，得

$$E_1=-10.73\text{MeV}\ .$$

再代入（1）式，结合题文所给参考数据，可得

$$-10.73\text{MeV}=8.3\text{MeV}\times\left(\frac{2r_1^{\ 2}}{R^2}-3\right),\quad\Rightarrow\quad r_1=6.6\text{fm}\ .$$ （6 分）

三、(20 分)

（1）将恒星 S 初始质量记为 M_0，行星 P 的质量记为 m，初始圆运动速率记为 v_0，半径记为 R . P 绕 S 做圆运动时，轨道能量为

$$E_0=\frac{1}{2}mv_0^{\ 2}-G\frac{M_0m}{R}\ ,\qquad \frac{v_0^{\ 2}}{R}=G\frac{M_0}{R^2},\quad\Rightarrow\quad E=-G\frac{M_0m}{2R}<0\ .$$

S 爆炸的极短时间内，P 的动能未来得及变化，仍为 $\frac{1}{2}mv_0^{\ 2}$. S 爆炸后质量减少为

$$M=\gamma M_0<M_0\ ,$$

故爆炸后瞬间 P 的新轨道能量为

$$E=\frac{1}{2}mv_0^{\ 2}-G\frac{Mm}{R}=\frac{1}{2}G\frac{M_0m}{R}-\gamma G\frac{M_0m}{R},\quad\Rightarrow\quad E=\left(\frac{1}{2}-\gamma\right)G\frac{M_0m}{R}\ .$$

可得下述结论：

$$\frac{1}{2}>\gamma>0\ \text{对应}\ E>0\ ，\text{新轨道为双曲线；}$$

$$\gamma=\frac{1}{2}\ \text{对应}\ E=0\ ，\text{新轨道为抛物线；}$$

$$1>\gamma>\frac{1}{2}\ \text{对应}\ E<0\ ，\text{新轨道为椭圆.}$$

若上述椭圆轨道中包含圆，则要求 P 在爆炸后瞬间所在轨道处的曲率半径 ρ 仍可为 R . 但是，由 ρ 满足的下述方程

$$mv_0^{\ 2}/\rho=G\frac{Mm}{R^2}=\gamma G\frac{M_0m}{R^2}\ ,\ v_0^{\ 2}=GM_0/R\ ,$$

应得

$$\rho=\frac{R}{\gamma}\ ,\ 1>\gamma>\frac{1}{2},\quad\Rightarrow\quad\rho>R\ ,$$

与 $\rho=R$ 矛盾，故此种椭圆为非圆的椭圆 . （5 分）

(2)

(2.1) S 爆炸前瞬间，P 的速度 $\boldsymbol{v}_0$ 与 P 相对 S 的位矢 $\boldsymbol{R}$ 垂直，即有

$$\boldsymbol{v}_0 \perp \boldsymbol{R}.$$

S 爆炸后进入椭圆轨道瞬间，这一关系尚未变化，速度仍与位矢垂直．据此可知，椭圆轨道初始点必为长轴的两个顶点之一.

设该点为 P 的远 S 点，则有

$$R = A + C \text{ , } \rho_A = \frac{B^2}{A} = \frac{A^2 - C^2}{A} = \frac{A - C}{A}(A + C) = \frac{A - C}{A}R < R \text{ ,}$$

与 (1) 问所得 $\rho > R$ 矛盾，故应被否定.

设该点为 P 的近 S 点，则有

$$R = A - C \text{ , } \rho_A = \frac{B^2}{A} = \frac{A + C}{A}R > R \text{ ,}$$

与 (1) 问所得 $\rho > R$ 相符，应被肯定.

由

$$\rho = \frac{R}{\gamma} = \frac{A - C}{\gamma} \text{ , } \rho = \frac{B^2}{A} = \frac{(A - C)(A + C)}{A} \text{ ,}$$

即可解得此椭圆的偏心率：

$$\frac{1}{\gamma} = \frac{A + C}{A} = 1 + e, \quad \Rightarrow \quad e = \frac{1}{\gamma} - 1 . \qquad (5\text{ 分})$$

(2.2) 据 (1) 问所得，椭圆轨道能量为

$$E = -\left(\gamma - \frac{1}{2}\right) G \frac{M_0 m}{R} \text{ , } R = A - C .$$

远 S 点的能量方程为

$$\frac{1}{2} m {v_2}^2 - \gamma G \frac{M_0 m}{A + C} = E = -\left(\gamma - \frac{1}{2}\right) G \frac{M_0 m}{A - C} \text{ ,}$$

得

$${v_2}^2 - \frac{2\gamma G M_0}{A + C} = -(2\gamma - 1) G \frac{M_0}{A - C}, \quad \Rightarrow \quad {v_2}^2 = G M_0 \left(\frac{2\gamma}{A + C} - \frac{2\gamma - 1}{A - C}\right) .$$

又由 $e = \dfrac{1}{\gamma} - 1$，可得

$$R = A - C = A - eA = \frac{2\gamma - 1}{\gamma} A ,$$

$$\Rightarrow \quad A = \frac{\gamma}{2\gamma - 1} R \text{ , } C = eA = \frac{1 - \gamma}{2\gamma - 1} R \text{ ,}$$

即有

$$A - C = R \text{ , } A + C = \frac{1}{2\gamma - 1} R \text{ ,}$$

代入能量方程，可解得

$${v_2}^2 = (2\gamma - 1)^2 \frac{G M_0}{R}, \quad \Rightarrow \quad v_2 = (2\gamma - 1)\sqrt{\frac{G M_0}{R}} .$$

因 $v_1=v_0=\sqrt{GM_0/R}$，即得

$$\beta=v_2/v_1=(2\gamma-1)\ . \qquad (5\text{分})$$

附注：若引用开普勒第二定律，由

$$\frac{1}{2}v_2(A+C)=\frac{1}{2}v_1(A-C)\ , \quad \Rightarrow \quad \frac{v_2}{v_1}=\frac{A-C}{A+C}\ .$$

将 $A-C=R$，$A+C=\frac{1}{2\gamma-1}R$ 代入，也可得 $\beta=2\gamma-1$.

(3) 参考 (2.1) 问解答所述，同样，S 爆炸后 P 进入双曲线轨道瞬间，其速度 $\boldsymbol{v}$ 仍与其相对 S 的位矢垂直，且 $\boldsymbol{v}$ 的量值不变．因此，双曲线轨道初始点必为双曲线顶点 D，即有

$$C-A=R\ ,\ {v_D}^2={v_0}^2=GM_0/R\ .$$

双曲线顶点 D 处曲率半径记为 ρ_D，则应有

$$m{v_D}^2/\rho_D=G\frac{Mm}{R^2}=\gamma G\frac{M_0m}{R^2}\ ,\ {v_D}^2=GM_0/R, \quad \Rightarrow \quad \rho_D=\frac{R}{\gamma}=\frac{C-A}{\gamma},$$

$$\Rightarrow \quad \rho_D=\frac{e-1}{\gamma}A\ ,$$

与所给数学知识

$$\rho_D=\frac{B^2}{A}=\frac{C^2-A^2}{A}=(e^2-1)A$$

联立，即可解得

$$e=\frac{1}{\gamma}-1\ ,\ \gamma<\frac{1}{2}, \quad \Rightarrow \quad e>1\ . \qquad (5\text{分})$$

四、(22 分)

(1) 末态混合气体体积记为 V，则有

$$\rho_1=\nu_1\mu_1/V\ ,\ \rho_2=\nu_2\mu_2/V, \quad \Rightarrow \quad \alpha=\rho_1:\rho_2=\nu_1\mu_1/\nu_2\mu_2. \qquad (4\text{分})$$

(2) 初态双原子、单原子分子气体压强分别为

$$p_2=p_0\ , \qquad p_1=p_2+\frac{mg}{S}=2p_0\ ,$$

温度分别为

$$T_2=\frac{p_2V_0}{\nu_2R}=\frac{p_0V_0}{\nu_2R}\ , \qquad T_1=\frac{p_1V_0}{\nu_1R}=\frac{2p_0V_0}{\nu_1R}\ ,$$

内能分别为

$$U_2=\frac{5}{2}\nu_2RT_2=\frac{5}{2}\nu_2R\frac{p_0V_0}{\nu_2R}=\frac{5}{2}p_0V_0\ , \qquad U_1=\frac{3}{2}\nu_1RT_1=3p_0V_0\ .$$

将末态混合气体体积增量记为

$$\Delta V=V-2V_0\ ,$$

两种气体的缓慢混合过程可处理为准静态过程，过程中混合气体压强始终为 p_0，全过程对外部大气做功总量为

$$W=p_0\Delta V=p_0(V-2V_0)\ ,$$

末态混合气体内能为

$$U=U_2+U_1-W=\frac{11}{2}p_0V_0-p_0V+2p_0V_0=\frac{15}{2}p_0V_0-p_0V,$$

末态温度记为 T，则有

$$U=\frac{3}{2}\nu_1RT+\frac{5}{2}\nu_2RT, \quad \Rightarrow \quad \left(\frac{3}{2}\nu_1+\frac{5}{2}\nu_2\right)RT=\frac{15}{2}p_0V_0-p_0V.$$

与末态状态方程

$$p_0V=(\nu_1+\nu_2)RT$$

联立，可得

$$\left(\frac{3}{2}\nu_1+\frac{5}{2}\nu_2\right)RT=\frac{15}{2}p_0V_0-(\nu_1+\nu_2)RT, \quad \Rightarrow \quad T=\frac{15}{5\nu_1+7\nu_2}\frac{p_0V_0}{R}.$$

与状态方程联立，即可解得末态体积为

$$V=\frac{15(\nu_1+\nu_2)}{5\nu_1+7\nu_2}V_0>2V_0. \qquad (6 分)$$

（3）取（2）问解答中所得公式

$$T_1=\frac{2}{\nu_1}\frac{p_0V_0}{R}, \ T_2=\frac{1}{\nu_2}\frac{p_0V_0}{R}, \ T=\frac{15}{5\nu_1+7\nu_2}\frac{p_0V_0}{R}.$$

（i）设 $\nu_1=2\nu_2$，则有

$$\frac{2}{\nu_1}=\frac{1}{\nu_2}, \qquad \frac{15}{5\nu_1+7\nu_2}=\frac{15}{17\nu_2}<\frac{1}{\nu_2},$$

得

$$T_{\max}=T_1=T_2=\frac{p_0V_0}{\nu_2R}, \qquad T_{\min}=T=\frac{15}{17}\frac{p_0V_0}{\nu_2R},$$

$$\Rightarrow \quad T_{\max}:T_{\min}=17:15.$$

（ii）设 $\nu_1>2\nu_2$，则有

$$T_1=\frac{2}{\nu_1}\frac{p_0V_0}{R}<\frac{2}{2\nu_2}\frac{p_0V_0}{R}=\frac{1}{\nu_2}\frac{p_0V_0}{R}=T_2, \quad \Rightarrow \quad T_1<T_2.$$

$$T=\frac{15}{5\nu_1+7\nu_2}\frac{p_0V_0}{R}<\frac{15}{10\nu_2+7\nu_2}\frac{p_0V_0}{R}=\frac{15p_0V_0}{17\nu_2R}<\frac{p_0V_0}{\nu_2R}=T_2,$$

$$\Rightarrow \quad T<T_2.$$

又：

$$T_1-T=\frac{2}{\nu_1}-\frac{15}{5\nu_1+7\nu_2}\frac{p_0V_0}{R}=\frac{14\nu_2-5\nu_1}{\nu_1(5\nu_1+7\nu_2)}\frac{p_0V_0}{R}.$$

（A）若 $14\nu_2=5\nu_1$，即 $\nu_1=\frac{14}{5}\nu_2$，则有

$$T_1=T, \quad \Rightarrow \quad T_{\max}=T_2, \ T_{\min}=T_1=T,$$

$$\Rightarrow \quad T_{\max}:T_{\min}=\frac{1}{\nu_2}\frac{p_0V_0}{R}:\frac{5}{7}\frac{p_0V_0}{R}=7:5.$$

（B）若 $14\nu_2>5\nu_1$，即 $\nu_1<\frac{14}{5}\nu_2$，合成（已有 $\nu_1>2\nu_2$）

$$\frac{14}{5}\nu_2>\nu_1>2\nu_2,$$

则

$$T_1 > T, \quad \Rightarrow \quad T_{\max} = T_2, \quad T_{\min} = T,$$

$$\Rightarrow \quad T_{\max} : T_{\min} = \frac{1}{\nu_2}\frac{p_0 V_0}{R} : \frac{15}{5\nu_1 + 7\nu_2}\frac{p_0 V_0}{R} = (5\nu_1 + 7\nu_2) : 15\nu_2 .$$

(C) 若 $14\nu_2 < 5\nu_1$，即 $\nu_1 > \frac{14}{5}\nu_2$，合成（已有 $\nu_1 > 2\nu_2$）

$$\nu_1 > \frac{14}{5}\nu_2,$$

则

$$T_1 < T, \quad \Rightarrow \quad T_{\max} = T_2, \quad T_{\min} = T_1,$$

$$\Rightarrow \quad T_{\max} : T_{\min} = \frac{1}{\nu_2}\frac{p_0 V_0}{R} : \frac{2}{\nu_1}\frac{p_0 V_0}{R} = \nu_1 : 2\nu_2 .$$

(iii) 设 $\nu_1 < 2\nu_2$，则有

$$T_1 = \frac{2}{\nu_1}\frac{p_0 V_0}{R} > \frac{2}{2\nu_2}\frac{p_0 V_0}{R} = \frac{1}{\nu_2}\frac{p_0 V_0}{R} = T_2, \quad \Rightarrow \quad T_1 > T_2,$$

$$T = \frac{15}{5\nu_1 + 7\nu_2}\frac{p_0 V_0}{R} < \frac{15}{5\nu_1 + \frac{7\nu_1}{2}}\frac{p_0 V_0}{R} = \frac{30 p_0 V_0}{17\nu_1 R} < \frac{2 p_0 V_0}{\nu_1 R} = T_1,$$

$$\Rightarrow \quad T_1 > T .$$

又：

$$T_2 - T = \left(\frac{1}{\nu_2} - \frac{15}{5\nu_1 + 7\nu_2}\right)\frac{p_0 V_0}{R} = \frac{5\nu_1 - 8\nu_2}{\nu_2(5\nu_1 + 7\nu_2)} = \frac{p_0 V_0}{R} .$$

(A) 若 $5\nu_1 = 8\nu_2$，即 $\nu_1 = \frac{8}{5}\nu_2$，则有

$$T_2 = T, \quad \Rightarrow \quad T_{\max} = T_1, \ T_{\min} = T_2 = T,$$

$$\Rightarrow \quad T_{\max} : T_{\min} = \frac{2}{\nu_1} : \frac{1}{\nu_2} = 5 : 4 .$$

(B) 若 $5\nu_1 > 8\nu_2$，即 $\nu_1 > \frac{8}{5}\nu_2$，合成（已有 $\nu_1 < 2\nu_2$）

$$2\nu_2 > \nu_1 > \frac{8}{5}\nu_2,$$

则

$$T_2 > T, \quad \Rightarrow \quad T_{\max} = T_1, \ T_{\min} = T,$$

$$\Rightarrow \quad T_{\max} : T_{\min} = \frac{2}{\nu_1} : \frac{15}{5\nu_1 + 7\nu_2} = 2(5\nu_1 + 7\nu_2) : 15\nu_1 .$$

(C) 若 $5\nu_1 < 8\nu_2$，即 $\nu_1 < \frac{8}{5}\nu_2$，合成（已有 $\nu_1 < 2\nu_2$）

$$\nu_1 < \frac{8}{5}\nu_2,$$

则

$$T > T_2,\quad \Rightarrow\quad T_{\max} = T_1,\ T_{\min} = T_2,$$

$$\Rightarrow\quad T_{\max} : T_{\min} = \frac{2}{\nu_1} : \frac{1}{\nu_2} = 2\nu_2 : \nu_1 .$$

小结：

$$\nu_1 = 2\nu_2,\ T_{\max} : T_{\min} = 17 : 15,$$

$$\nu_1 > 2\nu_2 \begin{cases} \nu_1 = \dfrac{14}{5}\nu_2, & T_{\max} : T_{\min} = 7 : 5, \\ \dfrac{14}{5}\nu_2 > \nu_1 > 2\nu_2, & T_{\max} : T_{\min} = (5\nu_1 + 7\nu_2) : 15\nu_2, \\ \nu_1 > \dfrac{14}{5}\nu_2, & T_{\max} : T_{\min} = \nu_1 : 2\nu_2, \end{cases}$$

$$\nu_1 < 2\nu_2 \begin{cases} \nu_1 = \dfrac{8}{5}\nu_2, & T_{\max} : T_{\min} = 5 : 4, \\ 2\nu_2 > \nu_1 > \dfrac{8}{5}\nu_2, & T_{\max} : T_{\min} = 2(5\nu_1 + 7\nu_2) : 15\nu_1, \\ \nu_1 < \dfrac{8}{5}\nu_2, & T_{\max} : T_{\min} = 2\nu_2 : \nu_1. \end{cases}$$

（12 分）

五、(22 分)

（1）参照题解图，导体块左、右面积同记为 S，面间距记为 l．t 时刻导体块下落加速度和速度分别记为 $\boldsymbol{a}$ 和 $\boldsymbol{v}$，内部电场强度记为 $\boldsymbol{E}$，自由电子受水平方向电场作用力为

$$\boldsymbol{f} = -e(\boldsymbol{v} \times \boldsymbol{B} + \boldsymbol{E}),$$

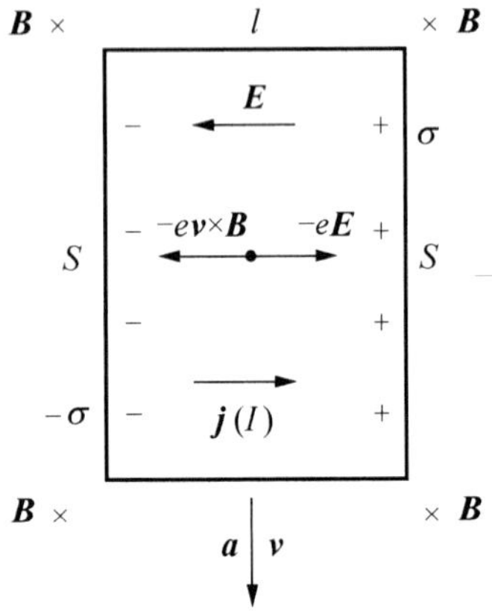

题解图

或可表述为

$$\boldsymbol{f} = -e\boldsymbol{E}^*,\quad \boldsymbol{E}^* = \boldsymbol{v} \times \boldsymbol{B} + \boldsymbol{E} \begin{cases} \text{方向以朝右为正,} \\ \text{大小 } E^* = vB - E. \end{cases}$$

此力可与直流电路中自由电子受静电场 $\boldsymbol{E}_0$ 作用力

$$\boldsymbol{f}_0 = -e\boldsymbol{E}_0$$

类比．直流电路中 $\boldsymbol{f}_0$ 使自由电子逆着 $\boldsymbol{E}_0$ 方向运动，形成电流密度

$$\boldsymbol{j}_0 = \boldsymbol{E}_0 / \rho,$$

同理，此处导体块中自由电子受电磁作用力 $-e\boldsymbol{E}^*$，使自由电子逆着 $\boldsymbol{E}^*$ 方向运动，形成电流密度

$$\boldsymbol{j} = \boldsymbol{E}^* / \rho \begin{cases} \text{方向以朝右为正,} \\ \text{大小 } j = E^*/\rho = (vB - E)/\rho. \end{cases}$$

导体中形成 $\boldsymbol{j}$ 对应的从左到右方向的电流强度

$$I = jS,$$

受安培力

$$\boldsymbol{F} \begin{cases} \text{方向朝上,} \\ \text{大小 } F = IBl = jB(Sl). \end{cases}$$

据牛顿第二定律，有

$$(\rho_m Sl)a=(\rho_m Sl)\frac{dv}{dt}=(\rho_m Sl)g-jBSl,$$

得

$$a=\frac{dv}{dt}=g-\frac{jB}{\rho_m}.$$

可为未知量 j，v，E，σ 建立下述方程组

$$\begin{cases}\left.\begin{array}{l}j=(vB-E)/\rho,\\ j=d\sigma/dt,\end{array}\right\} vB-E=\rho\dfrac{d\sigma}{dt}\\ E=\sigma/\varepsilon_0,\\ \dfrac{dv}{dt}=g-\dfrac{jB}{\rho_m},\end{cases}$$

消去 E，j，得

$$\begin{cases}vB-\dfrac{\sigma}{\varepsilon_0}=\rho\dfrac{d\sigma}{dt}, \quad \Rightarrow \quad B\dfrac{dv}{dt}-\dfrac{1}{\varepsilon_0}\dfrac{d\sigma}{dt}=\rho\dfrac{d^2\sigma}{dt^2},\\ \dfrac{dv}{dt}=g-\dfrac{B}{\rho_m}\dfrac{d\sigma}{dt}.\end{cases}$$

消去 dv/dt，得

$$gB-\frac{B^2}{\rho_m}\frac{d\sigma}{dt}-\frac{1}{\varepsilon_0}\frac{d\sigma}{dt}=\rho\frac{d^2\sigma}{dt^2},$$

或简写为

$$\ddot{\sigma}+\frac{1}{\rho}\left(\frac{1}{\varepsilon_0}+\frac{B^2}{\rho_m}\right)\dot{\sigma}=gB/\rho. \qquad (1)（12分）$$

（2）

（2.1）方程（1）可改述为以 $\dot{\sigma}$ 作为待求函数的一阶微分方程

$$\frac{d\dot{\sigma}}{dt}+\alpha\dot{\sigma}=gB/\rho,\ \alpha=\frac{1}{\rho}\left(\frac{1}{\varepsilon_0}+\frac{B^2}{\rho_m}\right),$$

它的齐次通解和非齐次特解分别为

$$\dot{\sigma}_0=Ce^{-\alpha t} \quad 和 \quad \dot{\sigma}^*=gB/\alpha\rho,$$

原非齐次通解便为

$$\dot{\sigma}=\dot{\sigma}_0+\dot{\sigma}^*=Ce^{-\alpha t}+\frac{gB}{\alpha\rho},$$

利用初条件

$$t=0\ 时，\dot{\sigma}=j=0,$$

得

$$C=-gB/\alpha\rho, \quad \Rightarrow \quad \dot{\sigma}=\frac{gB}{\alpha\rho}(1-e^{-\alpha t}),$$

积分

$$\int_0^{\sigma}d\sigma=\int_0^t\frac{gB}{\alpha\rho}(1-e^{-\alpha t})\,dt,$$

得

$$\sigma = \frac{gB}{\alpha\rho}\left[t + \frac{1}{\alpha}(e^{-\alpha t} - 1)\right]. \tag{2}$$

(2.2) 由

$$j = \dot{\sigma} = \frac{gB}{\alpha\rho}(1 - e^{-\alpha t}),\quad a = g - \frac{jB}{\rho_m},$$

得

$$a = g - \frac{gB^2}{\alpha\rho\rho_m}(1 - e^{-\alpha t}), \tag{3}$$

(8 分)

继而得

$$v = \int_0^v dv = \int_0^t a\,dt = \int_0^t \left[g - \frac{gB^2}{\alpha\rho\rho_m}(1 - e^{-\alpha t})\right]dt,$$

$$\Rightarrow\quad v = gt\left(1 - \frac{B^2}{\alpha\rho\rho_m}\right) + \frac{gB^2}{\alpha^2\rho\rho_m}(1 - e^{-\alpha t}). \tag{4}$$

(2 分)

附注：也可由

$$j = (vB - E)/\rho,\quad \Rightarrow\quad vB - E = \rho\dot{\sigma},\ E = \sigma/\varepsilon_0$$

得

$$v = \frac{1}{B}\left(\frac{\sigma}{\varepsilon} + \rho\dot{\sigma}\right),\quad \begin{cases} \dot{\sigma} = \dfrac{gB}{\alpha\rho}(1 - e^{-\alpha t}), \\ \sigma = \dfrac{gB}{\alpha\rho}\left[t + \dfrac{1}{\alpha}(e^{-\alpha t} - 1)\right], \end{cases}$$

$$\Rightarrow\quad v = \frac{g}{\alpha\varepsilon_0\rho}t + \frac{g}{\alpha}\left(1 - \frac{1}{\alpha\varepsilon_0\rho}\right)(1 - e^{-\alpha t}).$$

利用

$$\alpha = \frac{1}{\rho}\left(\frac{1}{\varepsilon_0} + \frac{B^2}{\rho_m}\right),\quad \Rightarrow\quad \frac{1}{\varepsilon_0} = \alpha\rho - \frac{B^2}{\rho_m},$$

可得

$$\frac{g}{\alpha\varepsilon_0\rho}t = \frac{g}{\alpha\rho}\left(\alpha\rho - \frac{B^2}{\rho_m}\right)t = gt\left(1 - \frac{B^2}{\alpha\rho\rho_m}\right),$$

$$\begin{aligned} \frac{g}{\alpha}\left(1 - \frac{1}{\alpha\varepsilon_0\rho}\right)(1 - e^{-\alpha t}) &= \frac{g}{\alpha}\left[1 - \frac{1}{\alpha\rho}\left(\alpha\rho - \frac{B^2}{\rho_m}\right)\right](1 - e^{-\alpha t}) \\ &= \frac{g}{\alpha}\left[1 - 1 + \frac{B^2}{\alpha\rho\rho_m}\right](1 - e^{-\alpha t}) \\ &= \frac{gB^2}{\alpha^2\rho\rho_m}(1 - e^{-\alpha t}), \end{aligned}$$

与前面所得 $v(t)$ 表述式一致.

六、(24 分)

(1) 轻绳张力记为 T，m_1 物块向下加速度记为 a，则有

$$N = 2T + Mg,\quad m_1 g - T = m_1 a,\quad T - m_2 g = m_2 a,$$

$$\Rightarrow\quad N = \frac{4m_1 m_2}{m_1 + m_2}g + Mg.$$

(2 分)

(2)

(2.1) 系统质心 C 的位置及其他相关的位置如题解图 1 所示．可算得

$$l_1=\frac{5}{12}L\ ,\ r_1=\frac{13}{12}L\ ;$$

$$l_2=\frac{7}{12}L\ ,\ r_2=\frac{\sqrt{193}}{12}L\ ;$$

$$l_3=\frac{1}{12}L\ ,\ r_3=\frac{\sqrt{145}}{12}L\ .$$

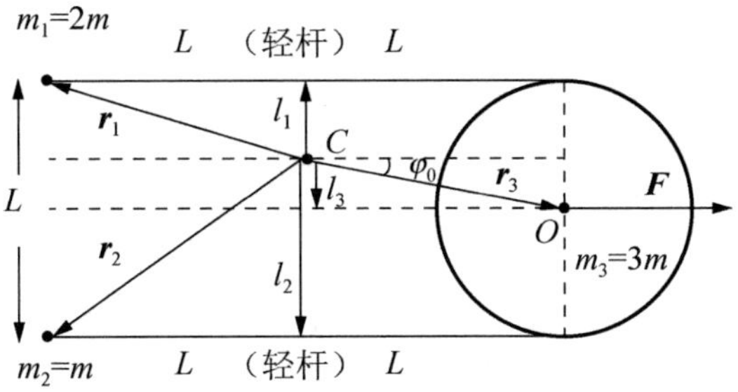

题解图 1

水平桌面上沿 $\boldsymbol{F}$ 方向设置 x 坐标轴，质心 C 在恒力 $\boldsymbol{F}$ 作用下沿 x 轴方向匀加速直线运动，加速度大小为

$$a_{Cx}=F/(m_1+m_2+m_3)=F/6m\ .$$

取质心参考系，其内以质心 C 为原点设置 x' 轴与 x 轴平行．$\boldsymbol{F}$ 作用于 O 点，相对 C 有力矩，使刚性系统绕着 C 在 x' 轴两侧摆动，幅角即为题解图 1 中的

$$\varphi_0=\arctan\frac{l_3}{L}=\arctan\frac{1}{12}=4.76°\ . \qquad (4\ 分)$$

(2.2) 质心系中刚性系统绕质心 C 的摆动可简化示意为题解图 2 中 O 点绕着 C 的摆动．由定轴转动定理可得

$$-r_3\sin\varphi\cdot F=I_C\ddot{\varphi}\ ,$$

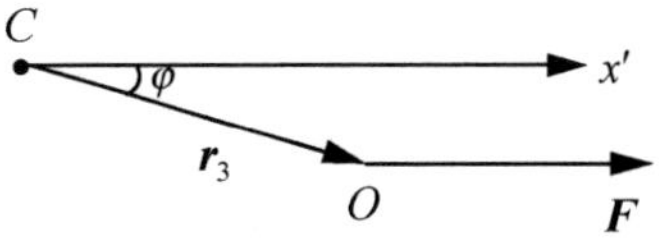

题解图 2

φ 为小角度，得简谐振动方程：

$$\ddot{\varphi}+\omega^2\varphi=0\ ,\ \omega=\sqrt{Fr_3/I_C}\ .$$

刚性系统相对质心转轴转动惯量为

$$I_C=m_1r_1{}^2+m_2r_2{}^2+\left(\frac{1}{2}m_3R^2+m_3r_3{}^2\right)\qquad\left(R=\frac{L}{2}\right)$$

$$=2m\,\frac{169}{12^2}L^2+m\,\frac{193}{12^2}L^2+\left(\frac{1}{2}\times3m\,\frac{L^2}{4}+3m\,\frac{145}{12^2}L^2\right)$$

$$=\frac{1}{12^2}(2\times169+193+3\times18+3\times145)\,mL^2=\frac{85}{12}mL^2,$$

得

$$\omega=\sqrt{\frac{\sqrt{145}}{12}FL\cdot\frac{12}{85mL^2}}=\sqrt{\frac{\sqrt{29}}{17\sqrt{5}}\,\frac{F}{mL}},\qquad\Rightarrow\quad T_0=2\pi\sqrt{\frac{17\sqrt{5}}{\sqrt{29}}\,\frac{mL}{F}}\ ,$$

在第一个摆动周期 T_0 时间段内，圆盘中心 O 的位移量与质心 C 的位移量相同，即有

$$s_0=s_C=\frac{1}{2}a_{Cx}T_0{}^2=\frac{1}{2}\times\frac{F}{6m}\times4\pi^2\ \frac{17\sqrt{5}}{\sqrt{29}}\cdot\frac{mL}{F},\qquad\Rightarrow\quad s_0=\frac{17}{3}\sqrt{\frac{5}{29}}\pi^2L=23.2L\ .$$

（4 分）

（3）

（3.1）系统初态如题解图 3 所示，其中 l_1，l_2，l_3 值与题解图 1 相同．考虑到轻绳的作用，题解图 3 中相对桌面的运动学量

$$\boldsymbol{a}_1,\ \boldsymbol{a}_2,\ \boldsymbol{a}_3\ （及\ \boldsymbol{a}_C）$$

方向均与 $\boldsymbol{N}$ 同向．由方程组

$$T=2ma_1\ ,\ T=ma_2\ ,$$
$$N-2T=3ma_3\ ,$$
$$a_2-a_3=a_3-a_1\ ,$$

可解得

$$a_1=\frac{2}{17}\frac{N}{m}\ ,\ a_2=\frac{4}{17}\frac{N}{m}\ ,\ a_3=\frac{3}{17}\frac{N}{m}\ .$$

（4 分）

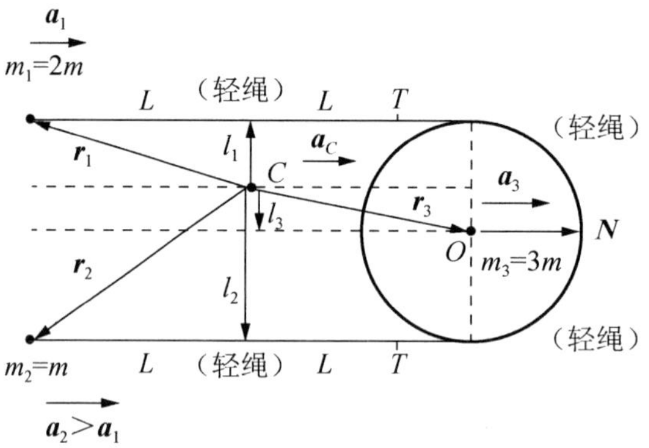

题解图 3

（3.2）（2）问中的刚性系统在质心参考系中以质心为参考点，外力 $\boldsymbol{F}$ 的力矩不为零，使得刚性系统绕着质心轴摆动．本问中的系统与刚性系统不同，各部位间有相对运动，系统相对质心的角动量与刚性系统相对质心的角动量有区别，需要用质心参考系中以质心为参考点的角动量定理分析 $\boldsymbol{N}$ 力矩的作用效果.

质心 C 相对桌面加速度

$$\boldsymbol{a}_C\begin{cases}沿\ \boldsymbol{N}\ 方向，\\ a_C=N/6m.\end{cases}$$

质心系中将 $\boldsymbol{N}$ 方向取为正方向，两个小物块和圆盘中心初态的加速度分别为

$$a'_1=a_1-a_C=-\frac{5}{102}\frac{N}{m}\ ,\qquad a'_2=a_2-a_C=\frac{7}{102}\frac{N}{m}\ ,\qquad a'_3=a_3-a_C=\frac{1}{102}\frac{N}{m}\ .$$

质心系中以质心为参考点的角动量定理如下：

任意时刻：$\boldsymbol{r}'_3\times\boldsymbol{N}=\boldsymbol{M}'=\mathrm{d}\boldsymbol{L}'/\mathrm{d}t$，

任意时刻：$\boldsymbol{L}'=\boldsymbol{r}'_1\times m_1\boldsymbol{v}'_1+\boldsymbol{r}'_2\times m_2\boldsymbol{v}'_2+\boldsymbol{r}'_3\times m_3\boldsymbol{v}'_3$，

$$\frac{\mathrm{d}\boldsymbol{L}'}{\mathrm{d}t}=\frac{\mathrm{d}\boldsymbol{r}_1'}{\mathrm{d}t}\times m_1\boldsymbol{v}_1'+\frac{\mathrm{d}\boldsymbol{r}_2'}{\mathrm{d}t}\times m_2\boldsymbol{v}_2'+\frac{\mathrm{d}\boldsymbol{r}_3'}{\mathrm{d}t}\times m_3\boldsymbol{v}_3'$$

$$+\boldsymbol{r}_1'\times m_1\frac{\mathrm{d}\boldsymbol{v}_1'}{\mathrm{d}t}+\boldsymbol{r}_2'\times m_2\frac{\mathrm{d}\boldsymbol{v}_2'}{\mathrm{d}t}+\boldsymbol{r}_3'\times m_3\frac{\mathrm{d}\boldsymbol{v}_3'}{\mathrm{d}t}$$

$$=\boldsymbol{v}_1'\times m_1\boldsymbol{v}_1'+\boldsymbol{v}_2'\times m_2\boldsymbol{v}_2'+\boldsymbol{v}_3'\times m_3\boldsymbol{v}_3'$$

$$+\boldsymbol{r}_1'\times m_1\boldsymbol{a}_1'+\boldsymbol{r}_2'\times m_2\boldsymbol{a}_2'+\boldsymbol{r}_3'\times m_3\boldsymbol{a}_3',$$

$$\Rightarrow\quad \frac{\mathrm{d}\boldsymbol{L}'}{\mathrm{d}t}=\boldsymbol{r}_1'\times m_1\boldsymbol{a}_1'+\boldsymbol{r}_2'\times m_2\boldsymbol{a}_2'+\boldsymbol{r}_3'\times m_3\boldsymbol{a}_3'.$$

初态标量化：$M'=l_3N=\frac{1}{12}NL$ ，

$$\frac{\mathrm{d}L'}{\mathrm{d}t}=-l_1m_1a'_1+l_2m_2a'_2+l_3m_3a'_3$$

$$=-\frac{5}{12}L\times 2m\times\left(-\frac{5}{102}\frac{N}{m}\right)+\frac{7}{12}L\times m\times\frac{7}{102}\frac{N}{m}+\frac{1}{12}L\times 3m\times\frac{1}{102}\frac{N}{m}$$

$$=\frac{1}{12\times 102}(50+49+3)\,NL=\frac{1}{12}NL,$$

$$\Rightarrow\quad M'=\mathrm{d}L'/\mathrm{d}t\ \text{成立}.$$

可见，初态 m_1，m_2，m_3 均沿 $\boldsymbol{N}$ 方向平动情况下，质心系中以质心为参考点的角动量定理自然满足，即不会出现其他附加形式的运动．此后，设 t 时刻 m_1，m_2，m_3 均沿 $\boldsymbol{N}$ 方向平动（此时两侧直线段伸直方向也不会变化），$\boldsymbol{a}_1$，$\boldsymbol{a}_2$，$\boldsymbol{a}_3$，$\boldsymbol{a}_C$ 及 $\boldsymbol{a}'_1$，$\boldsymbol{a}'_2$，$\boldsymbol{a}'_3$ 自然不变，质心系中以质心为参考点的角动量定理

$$\boldsymbol{r}_3'\times\boldsymbol{N}=\frac{\mathrm{d}\boldsymbol{L}'}{\mathrm{d}t}=\boldsymbol{r}'\times m_1\boldsymbol{a}_1'+\boldsymbol{r}_2'\times m_2\boldsymbol{a}_2'+\boldsymbol{r}_3'\times m_3\boldsymbol{a}_3',$$

标量化：
$$l_3N=-l_1m_1a'_1+l_2m_2a'_2+l_3m_3a'_3$$

仍然成立，还是不会出现其他附加形式的运动，直到 m_2 物块与圆盘相碰为止.

结论：圆盘将始终沿 $\boldsymbol{N}$ 方向做加速度为 a_3 常量的平动． （6 分）

(3.3)

$$s_0^*=\frac{1}{2}a_3T_0^{\,2}=\frac{1}{2}\times\left(\frac{3}{17}\frac{N}{m}\right)\times\left[2\pi\sqrt{\frac{17\sqrt{5}}{\sqrt{29}}\frac{mL}{F}}\right]^2\qquad\left(N=\frac{1}{10}F\right)$$

$$=\frac{3\pi^2}{\sqrt{5\times 29}}L=2.46L.$$

（其间 m_2 相对圆盘位移量

$$s'_2=\frac{1}{2}(a_2-a_3)\,T_0^{\,2}=\frac{1}{2}\left(\frac{a_2}{a_3}-1\right)a_3T_0^{\,2}=\left(\frac{4}{3}-1\right)\times\frac{1}{2}a_3T_0^{\,2},$$

$$\Rightarrow\quad s'_2=\frac{1}{3}s_0^*=0.82L<2L\ ,\qquad\text{(4 分)}$$

可见 m_2 尚未与圆盘相碰．）

七、(24 分)

(1) P 达末速度 $u_y=\frac{3}{5}c$ 时，其质量和动量分别为

$$m=m_0\Big/\sqrt{1-\frac{u_y{}^2}{c^2}}=\frac{5}{4}m_0\ ,\ mu_y=\frac{3}{4}m_0c\ ,$$

由动量方程

$$f_yt_1=mu_y=\frac{3}{4}m_0c$$

得

$$t_1=\frac{3}{4}\frac{m_0c}{f_y}\ ,$$

继而由功能关系得

$$W_{1y}=mc^2-m_0c^2=\frac{1}{4}m_0c^2\ . \qquad (4\text{ 分})$$

(2)

(2.1) $t=t_1=0$ 时(注意此处 t_1 并非(1)问所求 t_1),有

$$m_1=m_0\Big/\sqrt{1-\frac{u_{0x}{}^2}{c^2}}=\frac{5}{4}m_0\ ,\ m_1u_{0y}=0\ ,$$

$t=t_2$ 时,有

$$u_2^2=u_{2x}^2+u_{2y}^2=\left(\frac{3c}{5}\right)^2+\left(\frac{3c}{5}\right)^2=\left(\frac{3\sqrt{2}}{5}c\right)^2,\quad\Rightarrow\quad m_2=m_0\Big/\sqrt{1-\frac{u_2{}^2}{c^2}}=\frac{5}{\sqrt{7}}m_0\ ,$$

$$\Rightarrow\quad m_2u_{2y}=\frac{5}{\sqrt{7}}m_0\cdot\frac{3}{5}c=\frac{3}{\sqrt{7}}m_0c\ .$$

据动量定理,得

$$f_yt_2=m_2u_{2y}\ ,\quad\Rightarrow\quad t_2=m_2u_{2y}/f_y=3m_0c/\sqrt{7}f_y\ . \qquad (4\text{ 分})$$

(2.2) 任意 $t_2\geqslant t\geqslant t_1$ 时刻,有

$$u^2=u_x{}^2+u_y{}^2=\left(\frac{3}{5}c\right)^2+u_y{}^2\ ,\ m=m_0\Big/\left(1-\frac{u^2}{c^2}\right)^{\frac{1}{2}}\ ,\ 1-\frac{u^2}{c^2}=\left(\frac{4}{5}\right)^2-\frac{u_y{}^2}{c^2}\ ,$$

$$\mathrm{d}m=m_0\left(-\frac{1}{2}\right)\left[\left(\frac{4}{5}\right)^2-\frac{u_y{}^2}{c^2}\right]^{-\frac{3}{2}}\left(-\frac{2}{c^2}u_y\right)\mathrm{d}u_y=\frac{m_0u_y}{c^2\left[\left(\frac{4}{5}\right)^2-\frac{u_y{}^2}{c^2}\right]^{\frac{3}{2}}}\mathrm{d}u_y\ ,$$

$$\Rightarrow\quad \mathrm{d}m=m_0cu_y\mathrm{d}u_y\Big/\left[\left(\frac{4}{5}c\right)^2-u_y{}^2\right]^{\frac{3}{2}}\ ,$$

$$F_y\mathrm{d}t=\frac{\mathrm{d}(mu_y)}{\mathrm{d}t}\cdot\mathrm{d}t=u_y\mathrm{d}m+m\mathrm{d}u_y=\frac{m_0cu_y{}^2\mathrm{d}u_y}{\left[\left(\frac{4}{5}c\right)^2-u_y{}^2\right]^{\frac{3}{2}}}+\frac{m_0c\mathrm{d}u_y}{\sqrt{\left(\frac{4}{5}c\right)^2-u_y{}^2}}\ ,$$

利用积分公式

$$\int\frac{u^2\mathrm{d}y}{(a^2-u^2)^{\frac{3}{2}}}=\frac{u}{\sqrt{a^2-u^2}}-\arcsin\frac{u}{a}\ ,\qquad \int\frac{\mathrm{d}u}{\sqrt{a^2-u^2}}=\arcsin\frac{u}{a}\ ,$$

得

$$\int_0^t F_y \mathrm{d}t = m_0 c\left\{\int_0^{u_y} \frac{u_y{}^2 \mathrm{d}u_y}{[(4c/5)^2 - u_y{}^2]^{\frac{3}{2}}} + \int_0^{u_y} \frac{\mathrm{d}u_y}{\sqrt{(4c/5)^2 - u_y{}^2}}\right\}$$

$$= m_0 c\left\{\frac{u_y}{\sqrt{(4c/5)^2 - u_y{}^2}} - \arcsin\frac{5u_y}{4c} + \arcsin\frac{5u_y}{4c}\right\}$$

$$= m_0 c u_y \Big/ \sqrt{(4c/5)^2 - u_y{}^2},$$

$$\Rightarrow \quad f_y{}^2 t^2 = m_0^2 c^2 u_y{}^2 / [(4c/5)^2 - u_y{}^2],$$

$$\Rightarrow \quad u_y{}^2 = (4c/5)^2 f_y{}^2 t^2 / (m_0{}^2 c^2 + f_y{}^2 t^2),$$

得所求为

$$u_y = \frac{4}{5} c f_y t \Big/ \sqrt{m_0{}^2 c^2 + f_y{}^2 t^2}. \qquad (6\text{ 分})$$

（将 $t_2 = 3m_0 c/\sqrt{7} f_y$ 代入，得

$$u_y = \frac{4}{5} c f_y \frac{3m_0 c}{\sqrt{7} f_y} \Big/ \sqrt{m_0{}^2 c^2 + f_y{}^2 \cdot \frac{9m_0{}^2 c^2}{7 f_y{}^2}} = \frac{3}{5} c,$$

与题文所给 u_y（即 u_{2y}）值相同）

（2.3）由

$$F_x = \frac{\mathrm{d}(m u_x)}{\mathrm{d}t} = \frac{\mathrm{d}m}{\mathrm{d}t} u_x = \frac{3}{5} c \frac{\mathrm{d}m}{\mathrm{d}t}, \qquad \mathrm{d}m = \frac{m_0 c u_y \mathrm{d}u_y}{\left[\left(\frac{4}{5}c\right)^2 - u_y{}^2\right]^{3/2}},$$

$$\Rightarrow \quad F_x = \frac{3}{5} c \frac{m_0 c}{\left[\left(\frac{4}{5}c\right)^2 - u_y{}^2\right]^{\frac{3}{2}}} \cdot \frac{1}{2} \cdot 2u_y \frac{\mathrm{d}u_y}{\mathrm{d}t},$$

$$u_y{}^2 = \left(\frac{4}{5}c\right)^2 f_y{}^2 t^2 / (m_0{}^2 c^2 + f_y{}^2 t^2),$$

$$\Rightarrow \quad 2u_y \frac{\mathrm{d}u_y}{\mathrm{d}t} = \frac{\left(\frac{4}{5}c\right)^2 \cdot 2 f_y{}^2 t (m_0{}^2 c^2 + f_y{}^2 t^2) - \left(\frac{4}{5}c\right)^2 f_y{}^2 t^2 \cdot 2 f_y{}^2 t}{(m_0{}^2 c^2 + f_y{}^2 t^2)^2},$$

$$\Rightarrow \quad u_y \frac{\mathrm{d}u_y}{\mathrm{d}t} = \left(\frac{4}{5}c\right)^2 \cdot m_0{}^2 c^2 f_y{}^2 t / (m_0{}^2 c^2 + f_y{}^2 t^2)^2,$$

得

$$F_x = \frac{3}{5} m_0 c^2 \left(\frac{4}{5}c\right)^2 m_0{}^2 c^2 f_y{}^2 t \Big/ \left[\left(\frac{4}{5}c\right)^2 - u_y{}^2\right]^{3/2} (m_0{}^2 c^2 + f_y{}^2 t^2)^2.$$

再将

$$\left(\frac{4}{5}c\right)^2 - u_y{}^2 = \left(\frac{4}{5}c\right)^2 - \frac{\left(\frac{4}{5}c\right)^2 f_y{}^2 t^2}{m_0{}^2 c^2 + f_y{}^2 t^2} = \left(\frac{4}{5}c\right)^2 \frac{m_0{}^2 c^2}{m_0{}^2 c^2 + f_y{}^2 t^2}$$

代入，得

$$F_x = \frac{3}{5} m_0 c^2 \left(\frac{4}{5}c\right)^2 m_0{}^2 c^2 f_y{}^2 t \frac{(m_0{}^2 c^2 + f_y{}^2 t^2)^{3/2}}{\left[\left(\frac{4}{5}c\right)^2 \cdot m_0{}^2 c^2\right]^{3/2}} \cdot \frac{1}{(m_0{}^2 c^2 + f_y{}^2 t^2)^2},$$

即得所求函数为

$$F_x=\frac{3}{4}\frac{f_y{}^2t}{\sqrt{m_0{}^2c^2+f_y{}^2t^2}}. \qquad (6\text{ 分})$$

(2.4)

$$W_{2x}=\int_0^{t_2}F_x\mathrm{d}x=\int_0^{t_2}F_xu_x\mathrm{d}t=\frac{3}{5}c\int_0^{t_2}F_x\mathrm{d}t=\frac{3}{5}c(m_2u_x-m_1u_x)$$

$$=\left(\frac{3}{5}c\right)^2\left(\frac{5}{\sqrt{7}}-\frac{5}{4}\right)m_0,$$

$$\left(\text{或 } W_{2x}=\left(\frac{3c}{5}\right)^2(m_2-m_1)\right)$$

得

$$W_{2x}=\frac{9(4-\sqrt{7})}{20\sqrt{7}}m_0c^2.$$

因

$$W_{2x}+W_{2y}=m_2c^2-m_1c^2, \quad\Rightarrow\quad W_{2y}=(m_2-m_1)c^2-\left(\frac{3}{5}c\right)^2(m_2-m_1),$$

得

$$W_{2y}=(m_2-m_1)\left(\frac{4}{5}\right)^2c^2=\frac{4(4-\sqrt{7})}{5\sqrt{7}}m_0c^2. \qquad (4\text{ 分})$$

附注：也可用积分方法得到 W_{2x}，W_{2y}，简述如下：

$$W_{2x}=\int_0^{t_2}F_x\mathrm{d}x=\int_0^{t_2}F_xu_x\mathrm{d}t=\int_0^{t_2}\frac{3}{4}\frac{f_y{}^2t}{\sqrt{m_0{}^2c^2+f_y{}^2t^2}}\cdot\frac{3}{5}c\,\mathrm{d}t$$

$$=\frac{9}{20}c\int_0^{t_2}\frac{f_yt}{\sqrt{m_0{}^2c^2+f_y{}^2t^2}}\mathrm{d}(f_yt)=\frac{9}{20}c\left(\sqrt{m_0{}^2c^2+f_y{}^2t_2{}^2}-m_0c\right).$$

将 $f_yt_2=m_2u_{2y}=\frac{3}{\sqrt{7}}m_0c$ 代入，即可得

$$W_{2x}=\frac{9(4-\sqrt{7})}{20\sqrt{7}}m_0c^2,$$

$$W_{2y}=\int_0^{t_2}F_y\mathrm{d}y=\int_0^{t_2}f_yu_y\mathrm{d}t=\int_0^{t_2}f_y\frac{\frac{4}{5}cf_yt}{\sqrt{m_0{}^2c^2+f_y{}^2t^2}}\mathrm{d}t$$

$$=\frac{4}{5}c\int_0^{t_2}\frac{f_yt}{\sqrt{m_0{}^2c^2+f_y{}^2t^2}}\mathrm{d}(f_yt)=\frac{4}{5}c\left(\sqrt{m_0{}^2c^2+f_y{}^2t_2{}^2}-m_0c\right),$$

将 $f_yt_2=m_2u_{2y}=\frac{3}{\sqrt{7}}m_0c$ 代入，即可得

$$W_{2y}=\frac{4(4-\sqrt{7})}{5\sqrt{7}}m_0c^2.$$

B卷

一、(20分)

1. (5分)

B 需经

$$t=2\mathrm{s}$$

时间与 C 相碰．为使 A 经此时间与 B 相碰，要求

$$v_{A/\!/}=2\mathrm{m}/2\mathrm{s}=1\mathrm{m/s} \qquad (2分)$$

和 $\boldsymbol{v}_A$ 的竖直向下分量大小为

$$v_{A\perp}=2\mathrm{m}/2\mathrm{s}=1\mathrm{m/s}\ ,$$

继而可得

$$v_A=\sqrt{{v_{A/\!/}}^2+{v_{A\perp}}^2}=\sqrt{2}\,\mathrm{m/s}\,. \qquad (3分)$$

2. (5分)

至少有两个． (2分)

若可以只生成一个光子，则在任一惯性系中都可以只生成一个光子．取原电子-正电子系统动量为零的参考系 S^*，它也是惯性系，在 S^* 系中也可以只生成一个光子．此光子动量 $p_e{}^*\neq 0$，但原系统在 S^* 系中动量 $p_i{}^*=0$，两者矛盾，违反了动量守恒定律．据此在原惯性系中，湮没生成的光子不可仅有一个，故至少为两个.

附注：正、负电子对因碰撞湮没生成的光子为 3 个的概率很小，为 4 个、5 个……的概率更小，因此在实验观察上均可略去． (3分)

3. (5分)

考虑到光的波动性，图 4 右侧上、下两支光波，在左下方的折射光波与反射光波叠加后相互抵消，不会出现左下方光波． (5分)

4. (5分)

图 1 中基元弹性体劲度系数记为 k，端面受力 F，伸长量 l_1 和 E_{p1} 分别为

$$l_1=F/k\ ,\ E_{p1}=\frac{1}{2}k{l_1}^2=F^2/2k\ ,$$

图 2 中每个基元弹性体受力 $F/2$，伸长量 l_2 和 E_{p2} 分别为

$$l_2=\frac{F}{2}/k\ ,\ E_{p2}=2\times\frac{1}{2}k{l_2}^2=F^2/4k\ ,$$

图 3 中每个基元弹性体受力 F，伸长量 l_3 和 E_{p3} 分别为

$$l_3=F/k\ ,\ E_{p3}=2\times\frac{1}{2}k{l_3}^2=F^2/k\ ,$$

即得

$$E_{p1}:E_{p2}:E_{p3}=\frac{1}{2}:\frac{1}{4}:1=2:1:4\,. \qquad (5分)$$

二、(40分)

5. (10分)

(1) P 随直管一起运动时，在管内受到指向 N 端的洛伦兹力 F 和获得的加速度 a 分

别为

$$F=quB\ ,\ a=\frac{F}{m}=quB/m\ .$$

P 离开 N 端时，既有水平朝右方向的速度 u，又必有水平朝“上”的速度 u，使得合成的速度大小为 $\sqrt{2}u$. 据此可得

$$u^2=2aL=2quBL/m,\quad \Rightarrow\quad u=2qBL/m\ . \qquad (1)\ (3\ 分)$$

(2) P 离开 N 端后，在磁场力作用下将做半径可记为 R 的匀速圆周运动，如题解图所示 . 应有

$$q\sqrt{2}uB=m\ (\sqrt{2}u)^2/R,\quad \Rightarrow\quad R=2\sqrt{2}L\ , \qquad (2)$$

题解图中的虚直线段 S_1S_2 长度应为

$$\sqrt{2}R=4L\ , \qquad (3)$$

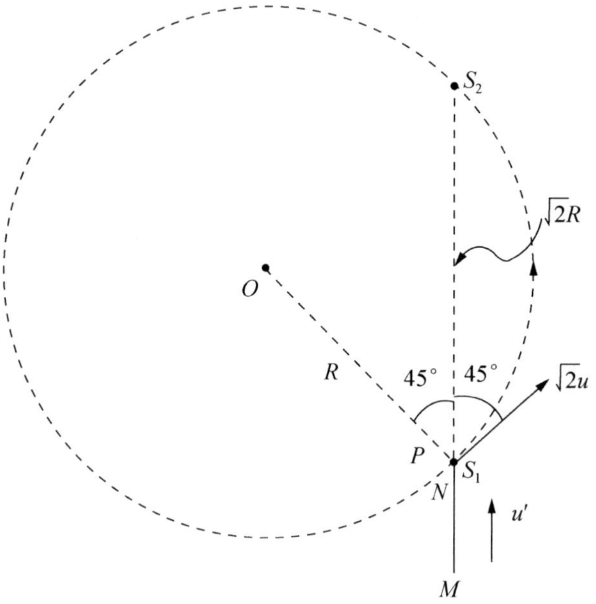

题解图

此虚直线段实为圆内接正方形的一条直边 . P 与 M 端相碰条件只能发生在 S_1 点或 S_2 点.

(i) 取 P 在 S_1 点与 M 端相碰，则只能在 P 沿 R 圆运动一周，即经时

$$t_1=2\pi R/\sqrt{2}u=4\pi L/u \qquad (3\ 分)$$

与 M 端相碰 . 这就要求

$$t_1=L/u'_1,\quad \Rightarrow\quad u'_1=u/4\pi\ . \qquad (4)$$

(ii) P 在 S_2 点与 M 端相碰，则首先要求可取的 u'_2 必须满足

$$u'_2>u'_1=\frac{1}{4}\ \frac{u}{\pi}\ ,$$

设 P 在经 $N+\frac{1}{4}$ 圆周后（$N=0,\ 1,\ 2,\ \cdots$），即经时

$$t_{2,\ N}=\left(N+\frac{1}{4}\right)2\pi R/\sqrt{2}u=(4N+1)\ \pi L/u$$

与 M 端相碰．这就要求

$$t_{2,N}=(L+\sqrt{2}R)/u'_{2,N}=(L+\sqrt{2}\cdot 2\sqrt{2}L)/u'_{2,N}$$
$$=5L/u'_{2,N},$$
$$\Rightarrow\quad u'_{2,N}=\frac{5}{4N+1}\frac{u}{\pi},\ N=0,\ 1,\ 2,\ \cdots,$$

考虑到

$$u'_{2,N}>u'_1=\frac{1}{4}\frac{u}{\pi},\ u'=\frac{5}{21}\frac{u}{\pi}<\frac{1}{4}\frac{u}{\pi},$$

故可取的 u'_2 为

$$u'_{2,0}=5\frac{u}{\pi},\ u'_{2,1}=\frac{u}{\pi},\ u'_{2,2}=\frac{5}{9}\frac{u}{\pi},\ u'_{2,3}=\frac{5}{13}\frac{u}{\pi},\ u'_{2,4}=\frac{5}{17}\frac{u}{\pi}.\ (5)\quad (4\text{ 分})$$

6.（10 分）

（1）地面系中，碰前速度分解如题解图 1 所示．因无摩擦，切向速度分量各自保留，连心线方向交换速度分量，故碰后速度合成如题解图 2 所示．得

$$v_{1地}=v_{2地}=\frac{\sqrt{10}}{2}v_0.\qquad (2\text{ 分})$$

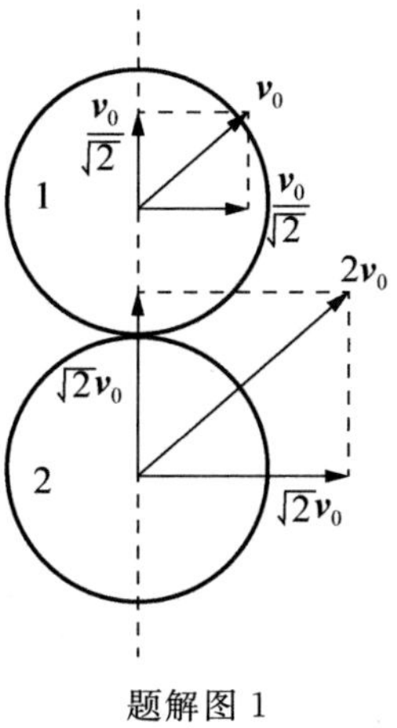

题解图 1

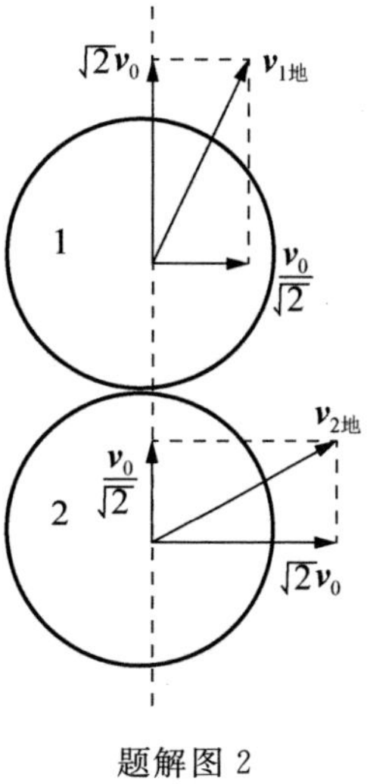

题解图 2

（2）S 系相对地面系速度

$$\boldsymbol{u}=\boldsymbol{v}_0.$$

在 S 系中碰前球 1 静止，球 2 速度为 v_0．仿照题解图 1 到题解图 2 的碰撞过程分析，可知 S 系中碰后速度 $\boldsymbol{v}_1$，$\boldsymbol{v}_2$ 如题解图 3 所示，即有

$$\boldsymbol{v}_1\perp\boldsymbol{v}_2,\ v_1=\frac{\sqrt{2}}{2}v_0,\ v_2=\frac{\sqrt{2}}{2}v_0.\qquad (3\text{ 分})$$

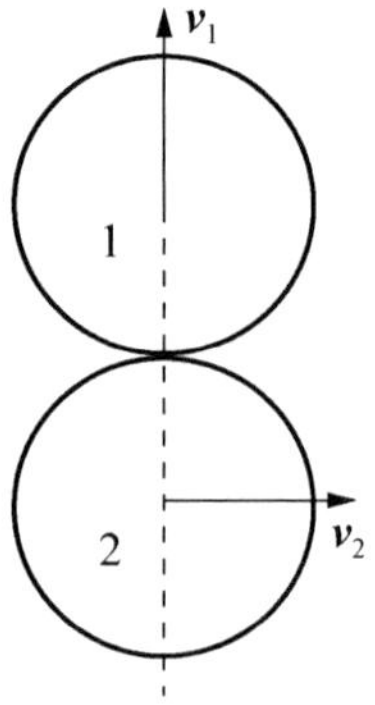

题解图 3

(3) S 系中,

$$\boldsymbol{v}_1 \perp \boldsymbol{v}_2, \quad \Rightarrow \quad \boldsymbol{v}_1 \cdot \boldsymbol{v}_2 = 0,$$

S' 系中

$$\boldsymbol{v}'_1 = \boldsymbol{v}_1 - \boldsymbol{u}', \ \boldsymbol{v}'_2 = \boldsymbol{v}_2 - \boldsymbol{u}',$$

得

$$\boldsymbol{v}'_1 \cdot \boldsymbol{v}'_2 = \boldsymbol{v}_1 \cdot \boldsymbol{v}_2 - \boldsymbol{u}' \cdot (\boldsymbol{v}_1 + \boldsymbol{v}_2) + \boldsymbol{u}' \cdot \boldsymbol{u}' = -\boldsymbol{u}' \cdot (\boldsymbol{v}_1 + \boldsymbol{v}_2) + u'^2.$$

为使

$$\boldsymbol{v}'_1 \perp \boldsymbol{v}'_2, \quad \Rightarrow \quad \boldsymbol{v}'_1 \cdot \boldsymbol{v}'_2 = 0,$$

要求

$$\boldsymbol{u}' \cdot (\boldsymbol{v}_1 + \boldsymbol{v}_2) = u'^2,$$

将

$$\boldsymbol{v}_1 + \boldsymbol{v}_2 = \boldsymbol{v}_0, \ \boldsymbol{u}' \cdot (\boldsymbol{v}_1 + \boldsymbol{v}_2) = u' v_0 \cos\varphi$$

代入上式,即得

$$u' = v_0 \cos\varphi, \ u' > 0, \ v_0 > 0, \quad \Rightarrow \quad \frac{\pi}{2} \geqslant \varphi \geqslant -\frac{\pi}{2},$$

得 u' 取值范围为

$$v_0 \geqslant u' \geqslant 0, \qquad (2 分)$$

对给定的 u' 值,应有

$$\varphi = \arccos \frac{u'}{v_0}. \qquad (3 分)$$

7. (10 分)

(1) 由

$$T_A = T_0, \ T_B = 2T_0, \ T_C = 3T_0$$

可将 A, B, C, D 四处参量标记为题解图 1 所示,可得 D 处温度和在 C—D 过程中存在状态 E 及其状态量分别为

$$T_D = \frac{3}{2}T_0, \ p_E = \frac{4}{3}p_1, \ T_E = 2T_0,$$

据

$$U=\nu C_{V,\mathrm{m}}T\ ,\qquad C_{V,\mathrm{m}}=\begin{cases}\dfrac{5}{2}R,\ T<2T_0,\\ \dfrac{7}{2}R,\ T\geqslant 2T_0,\end{cases}$$

得 $U\sim T$ 曲线如题解图 2 所示 . （5 分）

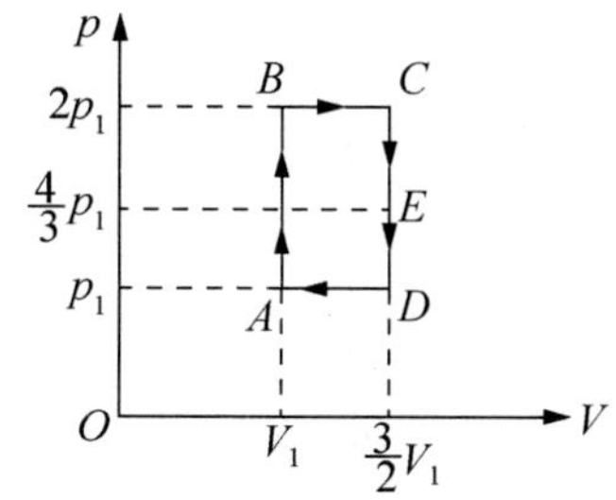

题解图 1

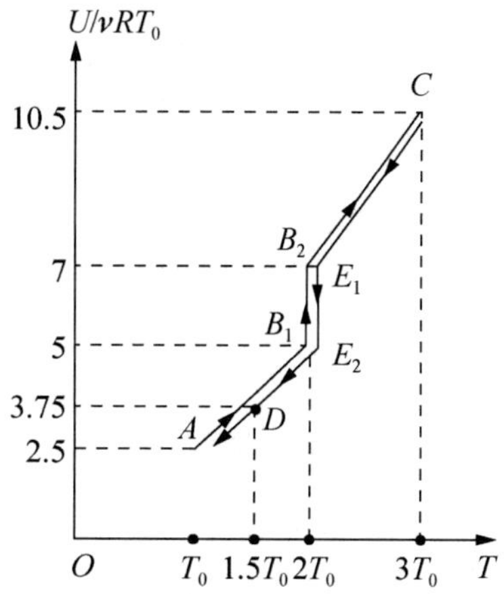

题解图 2

（2）
$$Q_{AB吸}=U_B-U_A=\frac{7}{2}\nu RT_B-\frac{5}{2}\nu RT_A=\frac{9}{2}\nu RT_0,$$

$$Q_{BC吸}=\nu C_{p,\mathrm{m}}^{(1)}(T_C-T_B)=\frac{9}{2}\nu RT_0\ ,$$

$$Q_{吸}=Q_{AB吸}+Q_{BC吸}=9\nu RT_0,\ \left(C_{p,\mathrm{m}}^{(1)}=\frac{9}{2}R\right)$$

$$Q_{CD放}=U_C-U_D=\frac{7}{2}\nu RT_C-\frac{5}{2}\nu RT_D=\frac{27}{4}\nu RT_0\ ,$$

$$Q_{DA放}=\nu C_{p,\mathrm{m}}^{(2)}(T_D-T_A)=\frac{7}{4}\nu RT_0\ ,$$

$$Q_{放}=Q_{CD放}+Q_{DA放}=\frac{34}{4}\nu RT_0,\ \left(C_{p,\mathrm{m}}^{(2)}=\frac{7}{2}R\right)$$

得

$$\eta=1-\frac{Q_{放}}{Q_{吸}}=\frac{1}{18}=5.6\%\ .$$ （5 分）

8. （10 分）

约定：球 1、2 相对桌面运动学量的右上角均无角标，管道相对桌面运动学量的右上方有角标“*”，沿 AA' 方向运动学量的右下方均带角标“⊥”，沿 MN 方向运动学量的右下方均带角标“//”.

（1）参考题解图 1，对小球有

$$a_{\perp}=qE\sin\phi/m \text{ , } \frac{l}{2}=\frac{1}{2}a_{\perp}(\Delta t)^2 \text{ ,}$$

Δt 为小球走完 $l/2$ 路程所需时间，为

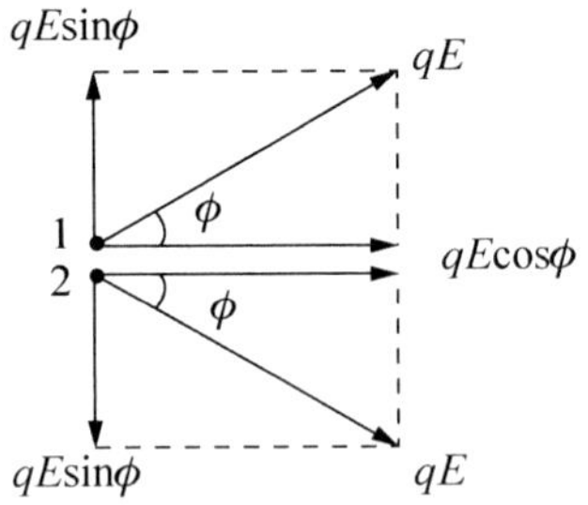

题解图 1

$$\Delta t=\sqrt{ml/qE\sin\phi} \text{ .}$$

因管道相对桌面无 AA' 方向运动，即得

$$v_1=u_{\perp(1)}=a_{\perp}\Delta t=\sqrt{qEl\sin\phi/m} \text{ .}$$

对管道，因两小球与其一起沿 MN 方向运动，有

$$a_{/\!/}^{*}=2qE\cos\phi/4m=qE\cos\phi/2m \text{ ,}$$

经 Δt 时间所得末速度大小为

$$u_{/\!/(1)}^{*}=a_{/\!/}^{*}\Delta t=\frac{1}{2}\sqrt{\frac{qEl}{m\sin\phi}}\cos\phi \text{ ,}$$

此过程中电场力总的做功量便为

$$W=\frac{1}{2}(2m)v_1^{\,2}+\frac{1}{2}(4m)u_{/\!/(1)}^{*2}=qEl\left(\sin\phi+\frac{\cos^2\phi}{2\sin\phi}\right) \text{ .} \qquad (4\text{ 分})$$

（2）球拐弯前、后，相对桌面运动学量分别在题解图 2（1）、（2）中示出，由动量、能量守恒方程

$$\begin{cases}2mu_{/\!/(2)}+2mu_{/\!/(2)}^{*}=4mu_{/\!/(1)}^{*} \text{ ,}\\ \dfrac{1}{2}(2m)u_{/\!/(2)}^{2}+\dfrac{1}{2}(2m)u_{/\!/(2)}^{*2}=\dfrac{1}{2}(2m)u_{\perp(1)}^{2}+\dfrac{1}{2}(4m)u_{/\!/(1)}^{*2} \text{ ,}\end{cases}$$

$$\begin{cases}u_{/\!/(2)}+u_{/\!/(2)}^{*}=2u_{/\!/(1)}^{*} \text{ ,} \qquad \Rightarrow \qquad [u_{/\!/(2)}+u_{/\!/(2)}^{*}]^2=4u_{/\!/(1)}^{*2} \text{ ,}\\ u_{/\!/(2)}^{2}+u_{/\!/(2)}^{*2}=u_{\perp(1)}^{2}+2u_{/\!/(1)}^{*2} \text{ ,}\end{cases}$$

相减得

$$2u_{/\!/(2)}u_{/\!/(2)}^{*}=2u_{/\!/(1)}^{*\,2}-u_{\perp(1)}^{2} \text{ ,}$$

继而又可得

$$[u_{/\!/(2)}-u_{/\!/(2)}^{*}]^2=u_{/\!/(2)}^{2}+u_{/\!/(2)}^{*\,2}-2u_{/\!/(2)}u_{/\!/(2)}^{*}=2u_{\perp(1)}^{2} \text{ ,}$$

即有

$$v_2=u_{/\!/(2)}-u_{/\!/(2)}^{*}=\sqrt{2}\,u_{\perp(1)}=\sqrt{2}\,v_1 \text{ ,}$$

$$\Rightarrow \quad v_2=\sqrt{2qEl\sin\phi/m} \text{ .} \qquad (4\text{ 分})$$

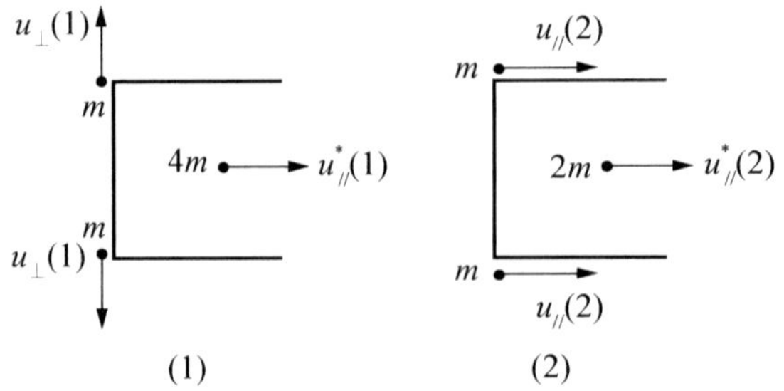

题解图 2

阅卷参考答案：$u_{//(2)}=\frac{1}{2}\left[2u^*_{//(1)}+\sqrt{2}u_{\perp(1)}\right]$，$u^*_{//(2)}=\frac{1}{2}\left[2u^*_{//(1)}-\sqrt{2}u_{\perp(1)}\right]$．

（3）球拐弯后，管道沿 MN 方向无加速度，球沿 MN 方向相对桌面加速度同为相对管道加速度，大小为

$$a_{//}=qE\cos\phi/m\ ,$$

球相对管道初速度大小为 v_2，末速度为 v_3，则有

$$v_3{}^2=v_2{}^2+2la_{//}=2qEl(\sin\phi+\cos\phi)/m\,,$$

$$\Rightarrow\quad v_3=\sqrt{2qEl(\sin\phi+\cos\phi)/m}\ .\qquad\text{（2 分）}$$

2017 年暑期物理竞赛辅导班联谊赛试题

学校＿＿＿＿＿＿＿＿＿　姓名＿＿＿＿＿＿＿＿＿　成绩＿＿＿＿＿＿＿＿＿

总分：200 分　　　　　　　　　　　　时间：3.5 小时

A 卷（140 分）

题号	一	二	三	四	五	六	七
得分							
阅卷人							

一、(20 分)

空气中折射率为 n 的一块平凸透镜，在 Oxy 平面上的截面如图所示．透镜主光轴与 x 轴重合，底圆半径为 R，圆心位于坐标原点 O. 在透镜凸面外的主光轴上取一点 F，记 $\overline{OF}=f$. 半径为 R 的圆柱形平行光束沿主光轴入射，通过透镜后会聚在 F 点.

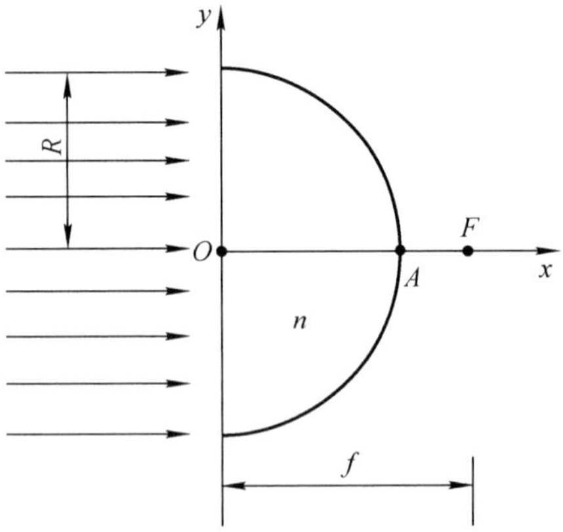

(1) 导出凸面被 Oxy 平面所截曲线的方程，继而判定：凸面是何种曲面？

(2) 将 n，f 处理为给定的已知量，试导出 R 可取值范围，并确定曲面顶点 A 的坐标 x_A(以 n，f，R 参量表述).

(3) 将 R 取为(2)问所取范围的上限，试问透镜凸面是何种曲面，并画出所有入射光线遇凸曲面后行进的光线.

二、(20 分)

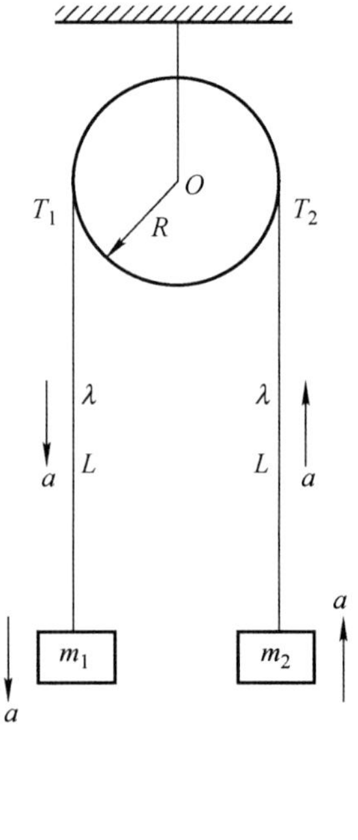

系统如图示，一根长度为 $2L+\pi R$、质量线密度为 λ 的均匀软绳，跨搭在半径为 R 的固定圆盘上，绳与圆盘接触处均无摩擦. 圆盘两侧下垂绳段长度同为 L，左、右下端各自连接质量分别为 $m_1=\gamma m(\gamma>1)$，$m_2=m$ 的两个小物块．开始时系统处于静止状态，自由释放后瞬间，左侧绳段与下端小物块均获得竖直向下的加速度 a，右侧绳段与下端小物块均获得竖直向上的加速度 a. 与圆盘接触的各处小绳段，均有相应的切向加速度，其值均为 a. 将此时左、右绳段上端处绳的张力分别记为 T_1，T_2，设 L，R，λ，γ，m 均为已知量.

(1) 试求 a，T_1，T_2；

(2) 将此时圆盘为半圆绳段提供的向上为正的支持力总和记为 $N_\perp$，向右为正的支持力总和记为 $N_{/\!/}$，试求 $N_\perp$，$N_{/\!/}$；再取

$2\lambda L=\lambda\pi R=2m$，$\gamma=2$，给出 $N_{\perp}$，$N_{/\!/}$的值(只可包含参量 m 和 g).

三、(20 分)

如图所示，水平几何面上有两根等间距的固定 L 形细轨道，每条轨道均由两段相互垂直的直轨和一段四分之一圆轨连接而成．两根轨道间距处处同为 $2d$，内轨圆弧和外轨圆弧半径分别为 $R-d$ 和 $R+d$，且 $R>\dfrac{5}{2}d$．两个质量同为 m 的小珠子分别穿在内、外轨道上，小珠子可沿轨道滑动，假设系统处处无摩擦.

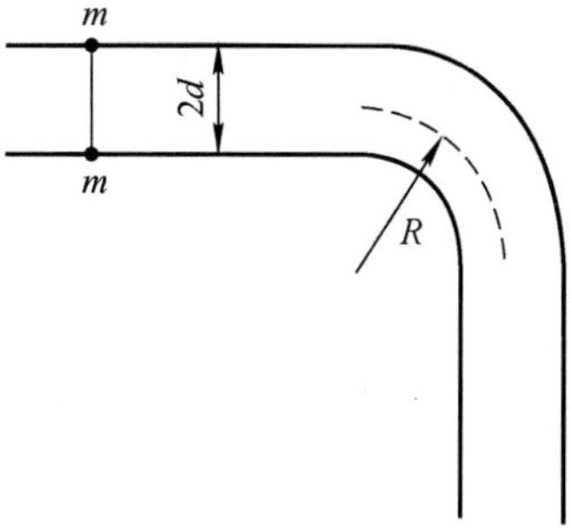

(1) 在轨道左侧某处将这两个珠子用长度略长于 $2d$(计算时仍处理为 $2d$)、不可伸长的细软轻绳连接起来，此时绳长方向自然与轨道垂直．开始时，让两个珠子一起以速率 v_0 朝右运动，而后的过程中，轻绳有被伸长趋势时，即会使系统沿绳长方向的动能全部损耗掉．经过一段时间后，两个珠子同时从圆弧轨道进入右侧的直轨道，速率同为 v．已知参量 d，R，v，试求 v_0.

(2) 今改用原长为 $2d$ 的轻弹簧，将这两个小珠子连接起来．在弹簧处于原长时，令两个小珠子以相同的初始速率 u_0 一起朝右运动．经过一定时间，两个珠子同时从圆弧轨道进入右侧的直轨道，此时弹簧第一次恢复原长．已知参量 d，R，u_0.

(2.1) 试求刚进入右侧直轨道，内轨小珠和外轨小珠各自速率 u_1 和 u_2；

(2.2) 再求两珠子通过圆弧段轨道所经时间 t.

——王贺明(北京大学物理学院 2012 级)，舒幼生

四、(20 分)

在温度为 T 的恒温热源中有一导热容器，它被一块带有面积为 A 的小孔的隔板分成体积同为 V 的左、右两部分．开始时($t=0$)左侧部分内有摩尔质量为 μ_1 的 νmol 理想气体，右侧部分内有另一种摩尔质量为 μ_2 的 νmol 理想气体．两侧气体通过小孔交换分子的过程中，任一时刻都可视为各自处于热平衡状态.

(1) 试求左、右两侧气体密度 ρ_L，ρ_R 各自随时间 $t(t\geqslant 0)$的变化关系；

(2) 计算从开始直到最后 $\rho_L=\rho_R$ 状态的过程中，整个气体系统的熵增量.

参考知识：

由一种分子构成的理想气体，从平衡态 1 到平衡态 2，其熵增量为

$$\Delta S=\nu R\ln\frac{V_2}{V_1}+\nu C_{V,\mathrm{m}}\ln\frac{T_2}{T_1}.$$

五、(20 分)

相对论

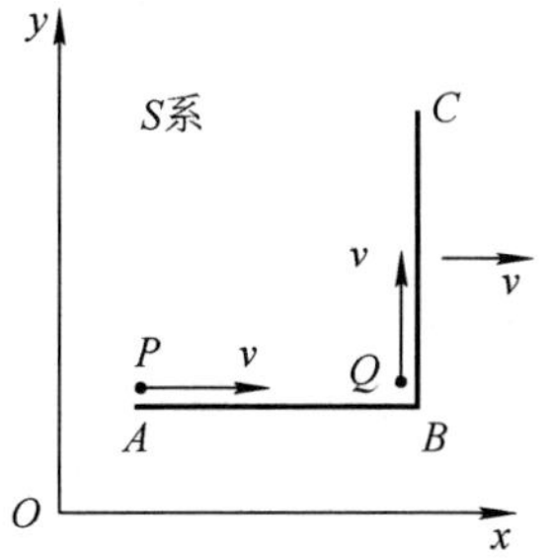

1. 如图所示，静长同为 l 的两根细杆 AB，BC 连接成直角架，在惯性系 S 的 Oxy 平面上，沿着 x 轴方向以匀速度 $\boldsymbol{v}$ 运动，AB 杆始终与 x 轴平行．直角架参考系中，质点 P，Q 分别从 A 端、B 点同时做相对直角架速率也为常量 v 的直线运动，P 的运

动朝着 B 点，Q 的运动朝着 C 端.

(1) P 从 A 到 B 所经时间，在直角架参考系中记为 $\Delta t'_{AB}$，在点 P 参考系中记为 Δt_{P-AB}，在 S 系中记为 Δt_{S-AB}，试求这三个时间量.

(2) Q 从 B 到 C 所经时间，在直角架参考系中记为 $\Delta t'_{BC}$，在点 Q 参考系中记为 Δt_{Q-BC}，在 S 系中记为 Δt_{S-BC}，试求这三个时间量.

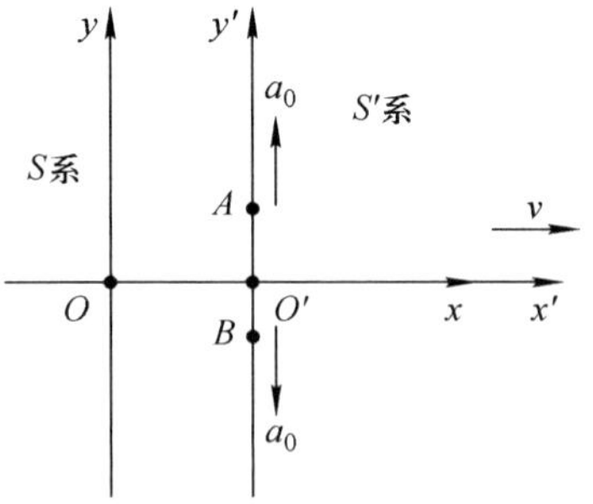

2. 惯性系 S，S'间的相对运动关系，如图所示，且已设 O，O'重合时，$t=t'=0$.

S'系中，两个静质量同为 m_0 的质点 A，B 在 $t'=0$ 时位于 O'处，初速为零．设想其间有一对满足牛顿第三定律作用力、反作用力 $\boldsymbol{F}'_A$ 和 $\boldsymbol{F}'_B$，使 A，B 分别沿 y' 轴正、负方向，以相同的匀加速度常量 a_0 运动.

(1) 在 S'系计算 $\frac{c}{a_0}>t'>0$ 时刻的受力 $\boldsymbol{F}'_A$ 和 $\boldsymbol{F}'_B$.

(2) 设 S 系中在 $t>0$ 时刻，A，B 速度大小 $u<c$.

(2.1) 确定 t 的取值范围；

(2.2) S 系中，在取值范围内的 t 时刻，先导出 A 所受力 $\boldsymbol{F}_A$，继而写出 B 所受力 $\boldsymbol{F}_B$，求解过程中不可直接引用相对论的力变换公式；

(2.3) 检查上问中所得 $\boldsymbol{F}_A$ 和 $\boldsymbol{F}_B$ 是否满足牛顿第三定律，并给出你对此结果的解读.

六、(10 分)

不受力场作用的粒子为自由粒子，其动量 $\boldsymbol{p}$、能量 E(相对论能量或经典能量)均为守恒量．粒子的空间位置不确定，通常模型化为很久之前该粒子已为自由粒子，那么现在粒子在全空间各处出现的概率相同．自由粒子对应的波便为全空间的平面简谐波，频率 ν、波长 λ 都是唯一的，传播方向，即波的行进方向应为 $\boldsymbol{p}$ 的方向．这样的粒子其波粒二象性对应的德布罗意关系为：$E=h\nu$，$p=h/\lambda$. 行波波函数的时空表述式可记为 $\psi(\boldsymbol{r},t)$，粒子 t 时刻在 $\boldsymbol{r}$ 位置邻域出现的概率密度为 $|\psi(\boldsymbol{r},t)|^2$.

受力场作用的粒子不再是自由粒子．如果力场不随时间变化，粒子在势场中的势能仅由位置确定，那么粒子对应的量子行波在力场区域相互叠加会形成稳定的驻波．这样的驻波仍是概率波，波节处粒子出现的概率为零.

题图对应的势能函数为

$$U(x)=\begin{cases}0, & a>x>0,\\ \infty, & x\leqslant 0 \text{ 和 } x\geqslant a,\end{cases}$$

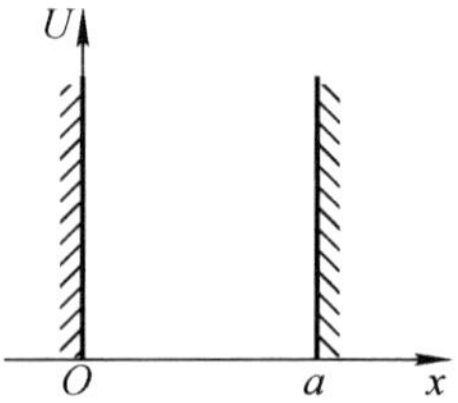

常被称为一维无限深方势阱．势阱中的粒子不能到达 $x\leqslant 0$ 和 $x\geqslant a$ 位置，阱中粒子的势能为零，动能取为经典的动能，质量记为 m.

在 $a>x>0$ 区域内粒子不受非零力场作用，为自由粒子．势阱设在 x 轴上，意即只考虑粒子沿 x 轴运动，动量 $\boldsymbol{p}$ 或沿 x 轴正方向、或沿 x 轴负方向．无穷势垒的存在，因全反射，阱内同时存在平面右行波和平面左行波，相互叠加，稳定后形成驻波．每一种驻波都有其不变的能量，称为定态能量(或称为定态能级). 将驻波的振幅随 x 分布函数记为 $\psi(x)$，那么阱内粒子出现在 x 位置邻域的概率线密度便为 $|\psi(x)|^2$，

则必有

$$\psi(x=0)=\psi(x=a)=0,\ \int_0^a \psi^2(x)\mathrm{d}x=1.$$

试求粒子在势阱内稳定后，驻波振幅分布函数 $\psi(x)$，以及粒子的定态能量 $E_n \sim n(n=1,2,3,\cdots)$的分布函数.

七、(30 分)

(1) 图 1 中，半径为 R 的几何球面上电荷面密度为

$$\sigma(\theta)=\sigma_0\cos\theta,\quad \sigma_0>0.$$

试求球面外邻域场强 $\boldsymbol{E}_{R+}(\theta)$的分布.

(2) 取半径为 R、相对介电常数为 ε_r 的均匀介质球.

(2.1) 设此球已经均匀极化，极化强度为 $\boldsymbol{P}$，试求图 2 中球面上极化电荷面密度 $\sigma(\theta)$ 的分布和该极化电荷在球内产生的退极化场 $\boldsymbol{E}'$的分布.

(2.2) 将原介质球放入匀强电场 $\boldsymbol{E}_0$ 中，试求极化后介质球内 $\boldsymbol{P}$ 的分布.

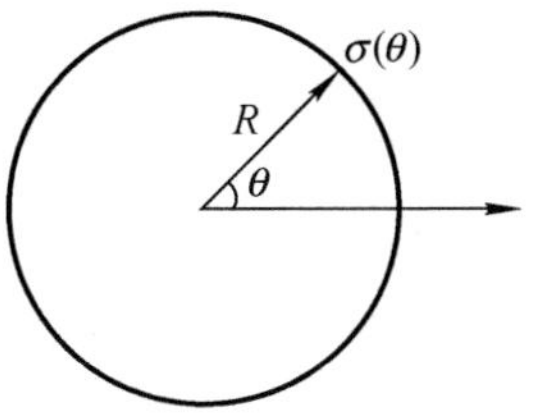

图 1

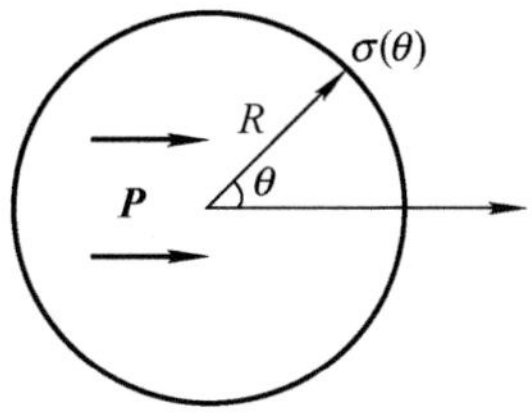

图 2

(3) 在相对介电常数为 ε_r 的无限大均匀介质中的总电场为均匀电场 $\boldsymbol{E}_0$.

(3.1) 在此介质中挖一个半径为 R 的球形空腔，求腔内电场 $\boldsymbol{E}_{内}$ 和腔壁介质电极化强度 $\boldsymbol{P}$；

(3.2) 在此空腔内再放入一个半径为 R、带电量为 Q 的导体球，求此导体球所受静电力.

(4) 相对介电常数为 ε_r 的无限大均匀介质中总电场为匀强场 $\boldsymbol{E}_0$，挖出一个球形空腔后，试说明全空间电场为原 $\boldsymbol{E}_0$ 场与腔壁极化面电荷的退极化场之叠加.

B 卷(60 分)

题号	一	二			
	(1—4)	5	6	7	8
得分					
阅卷人					

一、简答(每小题 5 分，共 20 分)

1. 系统如图示，一根长度为 $2L+\pi R$，质量线密度为 λ 的均匀软绳，跨搭在半径为 R 的固定不转动的圆盘上，绳与盘接触处均无摩擦. 圆盘两侧下垂长度同为 L，左、右下端

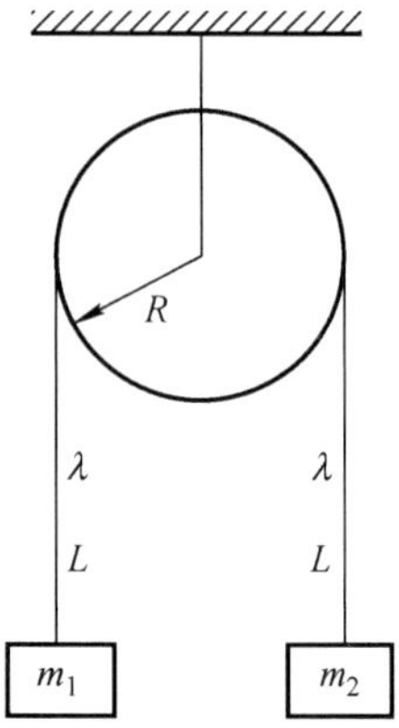

各自连接质量分别为 m_1，m_2 的小物块．开始时系统处于静止状态，自由释放后瞬间，因$m_1>m_2$，左侧绳段与下端物块均获得竖直向下的加速度 a，右侧绳段与下端物块均获得竖直向上的加速度 a．与圆盘接触的各处小绳段，均有相应的切向加速度，其值均为 a．此时，软绳各部位及两个小物块的速度尚未形成．

将此时圆盘为半圆绳段各处提供的以竖直向上为正的支持力总和记为 $N_\perp$，以水平朝右为正的支持力总和记为 $N_{/\!/}$．试简单分析判定 $N_\perp$，$N_{/\!/}$各自的正、负号．

2．理想气体循环过程如图所示，试通过分析判定：全过程中气体比热是否可为常量？

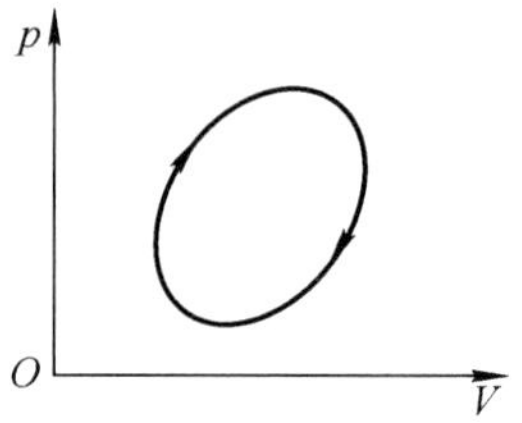

3．正截面为正方形 $ABCDA$ 的无限长直柱体区域内，有方向如图所示的匀强磁场，当磁场随时间变化时，空间便会产生感应电场．

(1) 设 E 为 AB 边的中点，某时刻 AE 线上沿 A 到 E 的感应电动势为 $\mathscr{E}_1$，试求该时刻 BE 线上沿 B 到 E 方向的感应电动势 $\mathscr{E}_1'$．

(2) 设 O 为正方形中心，某时刻 OE 线上沿 O 到 E 方向的感应电动势为 $\mathscr{E}_2$，试求该时刻 OB 线上沿 O 到 B 方向的感应电动势 $\mathscr{E}_2'$．

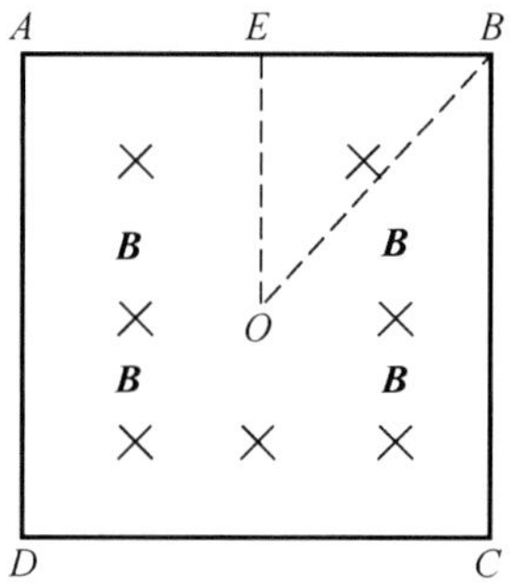

4．用自准法测量一块平凸透镜焦距的实验装置如图所示．在左右移动物的过程中发现，物在三个不同的位置处时均有一个实像落在物上，试解释这一现象．

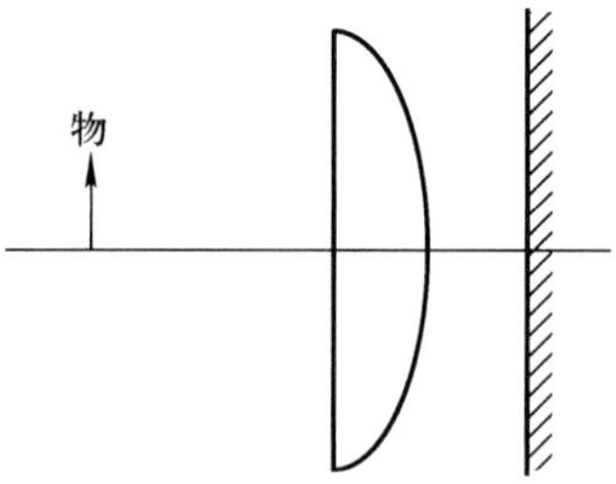

二、计算(每题 10 分，共 40 分)

5．某单原子分子理想气体的压缩过程，如图中左下方的过程曲线所示．将此过程线每一个状态的压强朝上平移 p_0，保持体积不变，平移所得曲线恰好是温度为 T_0 的等温压缩线．

(1) 试找出左下方过程曲线内含的吸热区域(定义为其中每一个无穷小过程都是吸热过程的区域)和放热区域(其中每一个无穷小过程都是放热过程的区域)，要求这些区域均由坐标 p 的取值范围来界定．

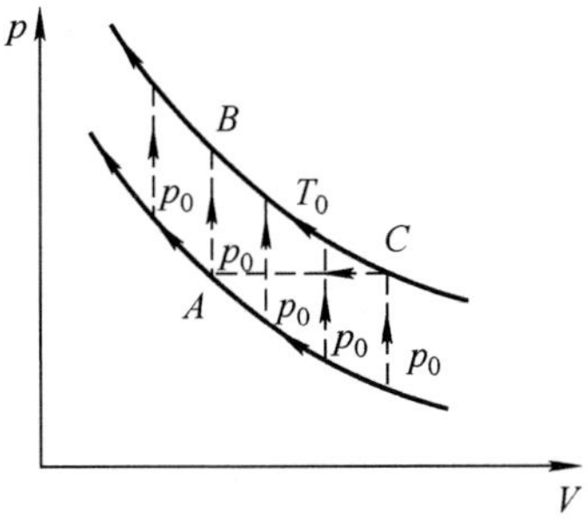

(2) 将吸、放热区域的转换点记为 A，它在 T_0 等温线上对应的点已在图中记为 B. 从 A 点朝右作等压线，后者与 T_0 等温线交于图中 C 点，试求图中热循环过程 $ABCA$ 的效率 η_{ABCA}.（取 $\ln\frac{5}{3}=0.5$，答案取1位有效数字）

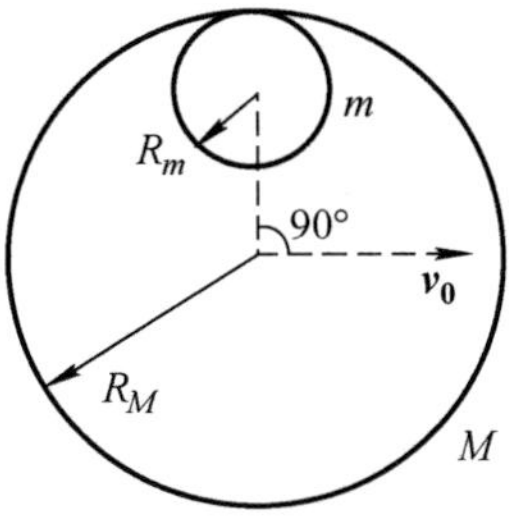

6. 半径 R_M、质量 M 的均匀大圆环和半径 $R_m<R_M$、质量 m 的均匀小圆环，内切地静止在光滑水平面上，如图所示．对大环施以水平冲量，使其在某一时刻获得平动速度 $\boldsymbol{v}_0$，速度方向与两个环的连心线垂直．在而后的运动过程中两环始终彼此接触，且其间摩擦系数处处同为常数 μ. 从开始到系统刚好走到稳定运动状态的全过程中，试求：

(1) 动能损失量；

(2) 两个圆环连心线转过的角度.

7. 相对论

(1) 三个惯性系 S，S'，S''如图1所示，其中 S'系沿 S 系的 x 轴以匀速度 v 相对 S 系运动，x'轴与 x 轴重合，y'轴与 y 轴平行．S''系沿 S'系的 y'轴以匀速度 v 相对 S'系运动，y''轴与 y'轴重合，x''轴与 x'轴平行．三个坐标系的原点 O，O'，O''重合时，设定 $t=t'=t''=0$.

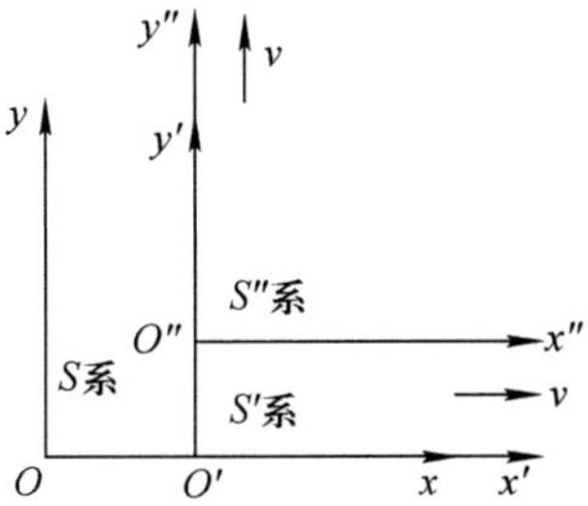

图 1

(1.1) 定量导出 x''轴在 S 系中的投影线方程，若为直线，确定其斜率；

(1.2) 定量导出 y''轴在 S 系中的投影线方程，若为直线，判定：S 系认为 y''轴与 y 轴平行吗？

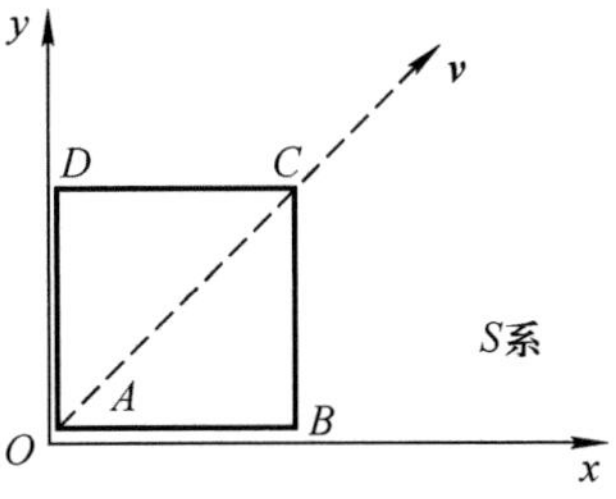

图 2

(2) 如图2所示，一个每边静长同为 l 的正方形框架 $ABCD$，开始时静止在惯性系 S 中，A 在 O 点，AB 杆与 x 轴重合，AD 杆与 y 轴重合．而后通过单向加速，框架在 S 系中沿着虚线所示方向做速度为 $\boldsymbol{v}$ 的匀速运动.

(2.1) 在 S 系中导出 AB 杆与 x 轴夹角 θ_{AB}，若 $\theta_{AB}\neq 0$，则需指明 AB 杆朝 x 轴上方还是下方偏转.

(2.2) 在 S 系中导出 AD 杆与 y 轴夹角 θ_{AD}，若 $\theta_{AD}\neq 0$，需指明 AD 杆朝 y 轴右方还是左方偏转.

8. 在匀强磁场空间内，与磁感应强度 $\boldsymbol{B}$ 垂直的一个平面上，带电粒子(m，$q>0$)从 $t=0$ 时刻开始以初速度 $\boldsymbol{v}_0$ 运动．运动过程中，粒子速度为 $\boldsymbol{v}$ 时所受线性阻力 $\boldsymbol{f}=-\gamma\boldsymbol{v}$，其中 γ 是个正的常量.

(1) 计算 $t>0$ 时刻粒子速度大小 v 和已通过的路程 s；

(2) 计算粒子速度方向相对初始速度方向恰好转过 $\pi/2$ 时刻的速度大小 v^*，经过的路程 s^* 以及通过的位移大小 l^*.

解答与评分标准(参考)

A 卷

一、(20 分)

(1) 参考题解图 1，据费马原理，光线 BF 和 NMF 的等光程性方程为

$$L = nx + \sqrt{(f-x)^2 + y^2} = \sqrt{f^2 + R^2}.$$

继而可得凸曲面任意一点 $M(x, y)$满足的方程为

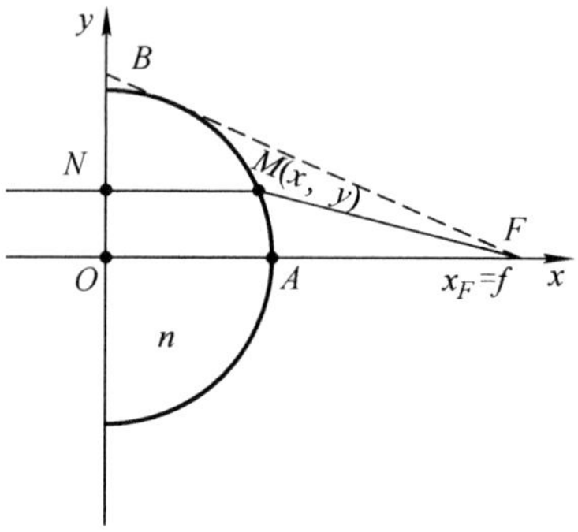

题解图 1

$$(n^2-1)\left(x - \frac{n\sqrt{f^2+R^2} - f}{n^2-1}\right)^2 - y^2 = \frac{(nf - \sqrt{f^2+R^2})^2}{n^2-1},$$

引入参量

$$x_0 = \frac{n\sqrt{f^2+R^2} - f}{n^2-1} > 0,$$

$$\alpha = \frac{nf - \sqrt{f^2+R^2}}{\sqrt{n^2-1}} \begin{cases} > 0, & \text{当} R < \sqrt{n^2-1} f, \\ \leqslant 0, & \text{当} R \geqslant \sqrt{n^2-1} f, \end{cases} \tag{1}$$

则方程简化为

$$(n^2-1)(x-x_0)^2 - y^2 = \alpha^2, \qquad (8 分)$$

为双曲线方程，故题图曲线为双曲线，透镜凸面为旋转双曲面.

(2) 透镜顶点 A 的坐标 x_A 应满足方程

$$(n^2-1)(x_A - x_0)^2 = \alpha^2, \tag{2}$$

其中 x_0 为双曲线渐近线在 x 轴上的交点坐标，易知

$$x_A < x_0,$$

故由(1)、(2)式得

$$x_A = x_0 - \frac{|\alpha|}{\sqrt{n^2-1}} = \begin{cases} \dfrac{\sqrt{f^2+R^2} - f}{n-1}, & \text{当} R < \sqrt{n^2-1} f, \quad (3) \\ \dfrac{\sqrt{f^2+R^2} + f}{n+1}, & \text{当} R \geqslant \sqrt{n^2-1} f. \quad (4) \end{cases}$$

要求 F 在透镜外，则要求

$$x_A < f.$$

(3)式满足：

$$x_A = \frac{\sqrt{f^2+R^2}-f}{n-1} < \frac{\sqrt{f^2+(n^2-1)f^2}-f}{n-1} = f.$$

(4)式不满足：

$$x_A = \frac{\sqrt{f^2+R^2}+f}{n+1} \geqslant \frac{\sqrt{f^2+(n^2-1)f^2}+f}{n+1} = f.$$

综上，得

$$0 < R < \sqrt{n^2-1}\cdot f,\quad x_A = \frac{\sqrt{f^2+R^2}-f}{n-1}.$$ (6 分)

(3) 取 R 上限，得

$$R = \sqrt{n^2-1}\cdot f,\quad \Rightarrow\quad x_A = \frac{\sqrt{f^2+(n^2-1)f^2}-f}{n-1} = f,$$

即 A 点与 F 点重合．又因此时

$$x_0 = \frac{n\sqrt{f^2+R^2}-f}{n^2-1},\quad R = \sqrt{n^2-1}f,\quad \Rightarrow\quad x_0 = f,\ \alpha = 0,$$

故透镜凸面的双曲线方程退化为

$$(n^2-1)(x-f)^2 - y^2 = 0,\quad \Rightarrow\quad y = \pm\sqrt{n^2-1}(x-f),$$

成为通过 F 点的两条直线，BA(即 BF)与 $B'A$(即 $B'F$)，透镜的凸面变成以 A(即 F)点为顶点的圆锥面，如题解图 2 所示.

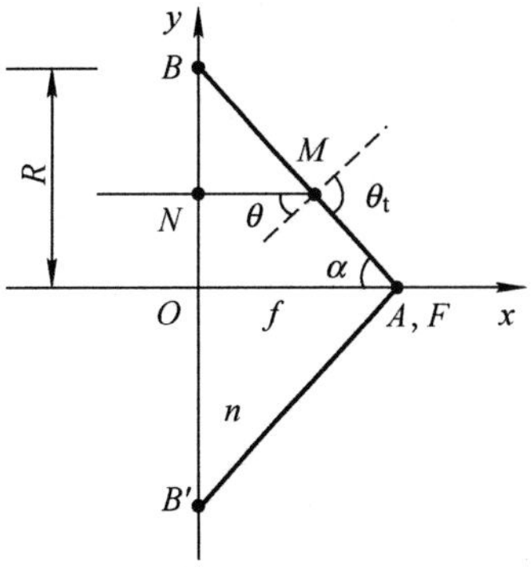

题解图 2

取任意一条入射光线 NM，由折射定律，有

$$n\sin\theta = \sin\theta_t,$$

见题解图 2，由几何关系

$$\sin\theta = \cos\alpha = f/\sqrt{f^2+R^2},$$

得
$$\sin\theta_t = \frac{nf}{\sqrt{f^2+R^2}} = 1,\quad \Rightarrow\quad \theta_t = \frac{\pi}{2},$$

即所有入射的平行光线，折射后均沿圆锥面到达 F 点，此时的 θ 角就是全反射的临界角． (6 分)

二、(20 分)

(1) 参考题图和题解图 1，有左侧 $\lambda L + m_1$：

$$(\lambda L + \gamma m)g - T_1 = (\lambda L + \gamma m)a,\tag{1}$$

右侧 $\lambda L + m_2$：

$$T_2 - (\lambda L + m)g = (\lambda L + m)a,\tag{2}$$

张力关联：

$$T_1 \sim T_2\ 待定.$$

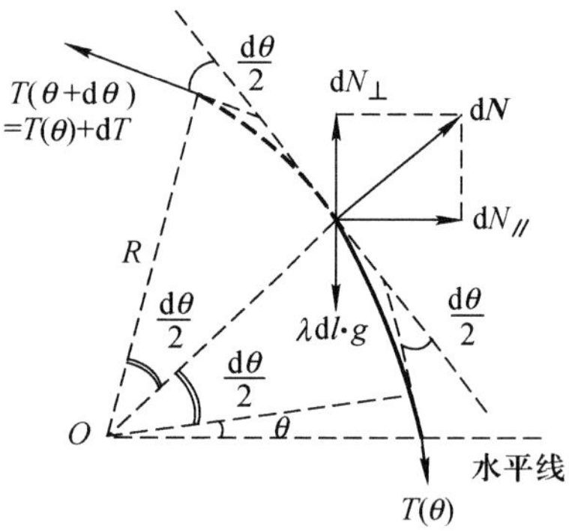

题解图 1

半圆绳段内，张力分布函数 $T(\theta)\sim\theta$ 关系式：

$$T(\theta+d\theta)\cos\frac{d\theta}{2}-T(\theta)\cos\frac{d\theta}{2}$$

$$-\lambda\, dlg\cos\left(\theta+\frac{d\theta}{2}\right)=\lambda\, dl\cdot a,$$

$$\Rightarrow\quad dT-\lambda\, dlg\cos\theta=\lambda\, dl\cdot a,\ dl=Rd\theta,$$

$$\Rightarrow\quad \int_{T_2}^{T(\theta)}dT=\lambda R\int_0^\theta(a+g\cos\theta)d\theta=\lambda R(a\theta+g\sin\theta),$$

$$\Rightarrow\quad T(\theta)=T_2+\lambda R(a\theta+g\sin\theta),\tag{3}$$

$$\theta=\pi:\quad T_1=T(\pi)=T_2+\lambda\pi R\cdot a.$$

即得

$$T_1=T_2+\lambda\pi Ra.\tag{4}$$

联立(1)、(2)、(4)式，可得

$$a=\frac{(\gamma-1)m}{(\gamma+1)m+\lambda(2L+\pi R)}g,\tag{5}$$

$$T_1=\frac{(\lambda L+\gamma m)[2m+\lambda(2L+\pi R)]}{(\gamma+1)m+\lambda(2L+\pi R)}g,\tag{6}$$

$$T_2=\frac{(\lambda L+m)[2\gamma m+\lambda(2L+\pi R)]}{(\gamma+1)m+\lambda(2L+\pi R)}g.\qquad(7)(10\text{ 分})$$

(2) 参考题解图 1，圆盘对 $dl=Rd\theta$ 绳段的支持力记为 $d\mathbf{N}$，其竖直向上为正的分量记为 $dN_\perp$，水平朝右为正的分量记为 $dN_{/\!/}$. 结合(3)式，应有

$$\begin{aligned}dN&=T(\theta+d\theta)\sin\frac{d\theta}{2}+T(\theta)\sin\frac{d\theta}{2}+\lambda\, dl\cdot g\sin\left(\theta+\frac{d\theta}{2}\right)\\&=T(\theta)d\theta+\lambda Rg\sin\theta\, d\theta\\&=[T_2+\lambda R(a\theta+g\sin\theta)]d\theta+\lambda Rg\sin\theta\, d\theta\\&=T_2d\theta+\lambda Ra\cdot\theta\, d\theta+2\lambda Rg\sin\theta\, d\theta,\end{aligned}$$

$$dN_\perp=dN\sin\left(\theta+\frac{d\theta}{2}\right)=T_2\sin\theta\, d\theta+\lambda Ra\theta\sin\theta\, d\theta+2\lambda Rg\sin^2\theta\, d\theta,$$

$$dN_{/\!/}=dN\cos\left(\theta+\frac{d\theta}{2}\right)=T_2\cos\theta\, d\theta+\lambda Ra\theta\cos\theta\, d\theta+2\lambda Rg\sin\theta\cos\theta\, d\theta.$$

继而积分，得

$$N_\perp=\int_0^\pi dN_\perp=T_2\int_0^\pi\sin\theta\, d\theta+\lambda Ra\int_0^\pi\theta\cdot\sin\theta\, d\theta+2\lambda Rg\int_0^\pi\sin^2\theta\, d\theta,$$

$$\int_0^\pi\sin\theta\, d\theta=2,\ \int_0^\pi\theta\sin\theta\, d\theta=\pi,\ \int_0^\pi\sin^2\theta\, d\theta=\frac{1}{2}\pi,$$

$$\Rightarrow\quad N_\perp=2T_2+\lambda\pi R(a+g)=\cdots=\frac{[(\gamma+1)m+\lambda(2L+\pi R)]^2-(\gamma-1)^2m^2}{(\gamma+1)m+\lambda(2L+\pi R)}g,\tag{8}$$

$$N_{/\!/}=\int_0^\pi dN_{/\!/}=T_2\int_0^\pi\cos\theta\, d\theta+\lambda Ra\int_0^\pi\theta\cos\theta\, d\theta+2\lambda Rg\int_0^\pi\sin\theta\cos\theta\, d\theta,$$

$$\Rightarrow\quad N_{/\!/}=\frac{-2\lambda R(\gamma-1)m}{(\gamma+1)m+\lambda(2L+\pi R)}g=-2\lambda Ra. \tag{9}$$

将 $2\lambda L=\lambda\pi R=2m$，$\gamma=2$ 代入，得

$$N_{\perp}=\frac{48}{7}mg,\quad N_{/\!/}=-\frac{4}{7\pi}mg. \qquad (10)(10\text{ 分})$$

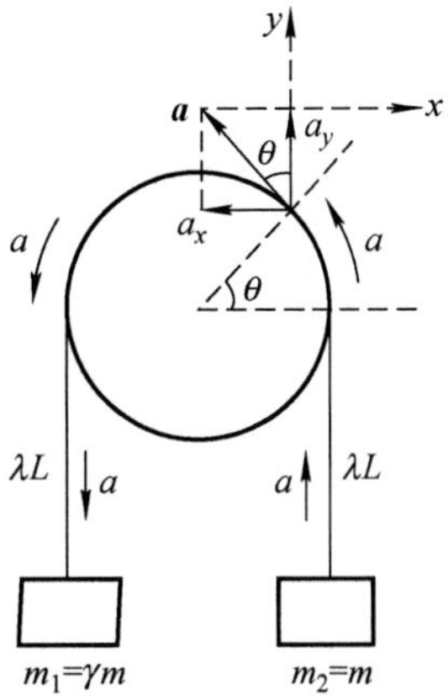

题解图 2

附录：

利用质心运动定理求解 $N_{\perp}$，$N_{/\!/}$.

$\{m_1,\ m_2,\ $软绳$\}$系统质心：

$$m_C=(\gamma+1)m+\lambda(2L+\pi R),$$

$$m_C\boldsymbol{v}_C=\sum_i m_i\boldsymbol{v}_i\ ,$$

$$\Rightarrow\quad m_C\boldsymbol{a}_C=\sum_i m_i\boldsymbol{a}_i\text{，分解为}\begin{cases}m_C a_{Cx}=\sum_i m_i a_{ix}\ ,\\ m_C a_{Cy}=\sum_i m_i a_{iy}.\end{cases}$$

参考题解图 2，θ 角位置绳元

$$\mathrm{d}l=R\mathrm{d}\theta,\ \mathrm{d}m=\lambda R\mathrm{d}\theta,\ a_x=-a\sin\theta,\ a_y=a\cos\theta,$$

系统两侧部分

$$\text{左侧：}a_{Cx}=0,\ a_{Cy}=-a,$$

$$\text{右侧：}a_{Cx}=0,\ a_{Cy}=a,$$

即有

$$m_C a_{Cx}=\int_0^{\pi}\lambda R\mathrm{d}\theta(-a\sin\theta)=-2\lambda Ra,$$

$$m_C a_{Cy}=\int_0^{\pi}\lambda R\mathrm{d}\theta(a\cos\theta)-(\lambda L+\gamma m)a+(\lambda L+m)a=-(\gamma-1)ma.$$

由质心运动定理，得

$$N_{/\!/}=m_C a_{Cx}=-2\lambda Ra\text{，与(9) 式一致.}$$

$$N_{\perp}-m_C g=m_C a_{Cy},$$

$$\Rightarrow\quad N_{\perp}=m_C g-(\gamma-1)ma=m_C g-\frac{(\gamma-1)m(\gamma-1)m}{(\gamma+1)m+\lambda(2L+\pi R)}g,$$

$$\Rightarrow\quad N_{\perp}=\frac{[(\gamma+1)m+\lambda(2L+\pi R)]^2-(\gamma-1)^2m^2}{(\gamma+1)m+\lambda(2L+\pi R)}g\text{，与(8) 式一致 .}$$

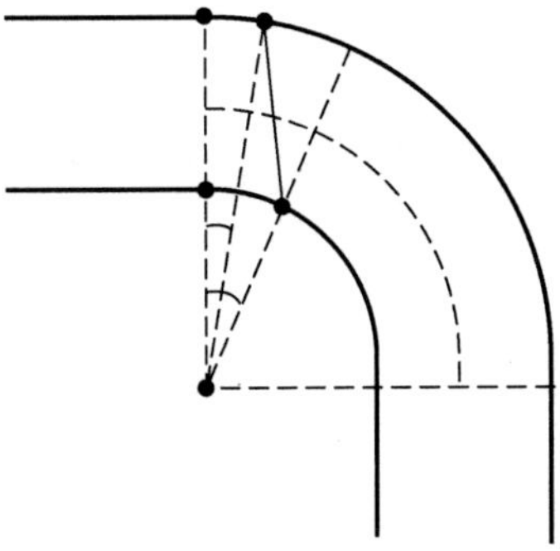
题解图 1

三、(20 分)

(1) {两小珠，轻绳}系统，在直轨到圆轨无限短拐弯处的初态和末态，分别如题解图 1 中虚线和实线所示 . 因初速相同，内、外两珠路程几乎相同，但内珠转过角度略大于外珠转过角度，轻绳有伸长趋势 . 绳的拉力使内、外两珠沿绳长方向分速度值均降为零，内珠沿绳长垂直方向(几乎同于弯轨切向)的分速度减小，外珠沿该方向的分速度增大，使绳几乎仍为原长 . 与此相对应，内、外珠相对圆心的角速度

ω 趋于一致．弯轨壁支持力指向圆心，取圆心在地面参考系的几何点为参考点，系统角动量守恒，即有

$$(R-d)m\omega(R-d)+(R+d)m\omega(R+d)$$
$$=(R-d)mv_0+(R+d)mv_0,$$

解得

$$\omega=Rv_0/(R^2+d^2).$$

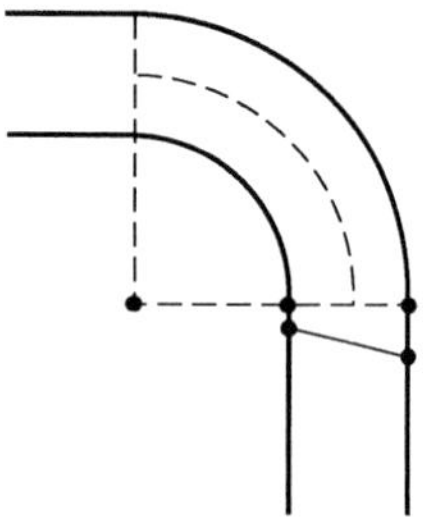
题解图 2

{两小珠，轻绳}系统，在弯轨到直轨无穷短过渡处的初态和末态，分别如题解图 2 中虚线和实线所示．初态内珠速度小，外珠速度大，绳有伸长趋势．绳的拉力使内、外珠沿绳长方向分速度值均降为零；内珠沿直轨道方向(几乎同于绳长的垂直方向)分速度增大，外珠沿该方向分速度减小，使绳几乎仍为原长，导致两珠沿直轨道运动速度 v 趋于一致. 过程中直轨支持力相对圆心力矩之和不为零，角动量不守恒，但动量守恒，即有

$$2mv=m\omega(R+d)+m\omega(R-d),$$

解得

$$v=\omega R=\frac{R^2}{R^2+d^2}v_0<v_0,$$

反解便得

$$v_0=\frac{R^2+d^2}{R^2}v. \qquad (10 分)$$

(2) 参考题解图 3.

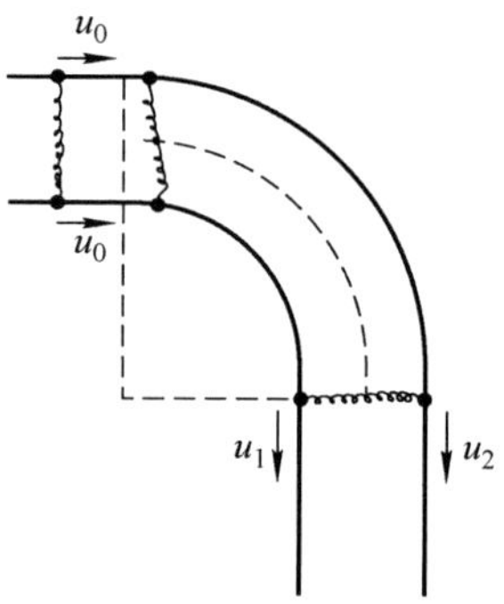

题解图 3

(2.1) 系统从直轨进入圆轨开始，直到又经圆轨进入到直轨为止，全过程中机械能守恒，即有

$$2\cdot\frac{1}{2}mu_0^2=\frac{1}{2}mu_1^2+\frac{1}{2}mu_2^2,$$

过程中系统角动量守恒，又有

$$(R-d)mu_0+(R+d)mu_0=(R-d)mu_1+(R+d)mu_2,$$

解得

$$\begin{cases}u_1=u_0,\\u_2=u_0,\end{cases}\quad 或 \quad \begin{cases}u_1=[(R^2-2Rd-d^2)/(R^2+d^2)]u_0>0,\\u_2=[(R^2+2Rd-d^2)/(R^2+d^2)]u_0>u_1.\end{cases}$$

第 2 组解即为所求．　(5 分)

附注：若 $u_1<0$，则与题文所述“从圆弧轨道进入右侧的直轨道”中的“进入”含义不符，故要求 $u_1>0$. 题文所设 $R>\frac{5}{2}d$，保证了解得的 $u_1>0$.

(2.2) 弯轨中系统角动量守恒，过程中内、外珠速度可表述为

$$\frac{ds_1}{dt},\ \frac{ds_2}{dt},$$

得角动量守恒式：

$$(R-d)mu_0+(R+d)mu_0=(R-d)m\frac{ds_1}{dt}+(R+d)m\frac{ds_2}{dt},$$

$$\Rightarrow\quad 2Ru_0=(R-d)\frac{ds_1}{dt}+(R+d)\frac{ds_2}{dt}.$$

积分

$$\int_0^t 2Ru_0\,dt=\int_0^{\frac{\pi}{2}(R-d)}(R-d)ds_1+\int_0^{\frac{\pi}{2}(R+d)}(R+d)ds_2,\quad\Rightarrow\quad 2Ru_0t=\pi(R^2+d^2),$$

即得

$$t=\frac{\pi(R^2+d^2)}{2Ru_0}.\qquad(5\text{ 分})$$

四、(20 分)

(1) $t=0$ 时，第 1 种分子在左侧的数密度与第 2 种分子在右侧的数密度同为

$$n_0=\nu N_A/V.\qquad(1)$$

先考虑第 1 种分子，t 时刻左侧和右侧的数密度分别记为 $n_{1,L}(t)$ 和 $n_{1,R}(t)$，则有

$$n_{1,L}(t)+n_{1,R}(t)=n_0.\qquad(2)$$

经 dt，此种分子通过小孔两侧互相交换，而使 $n_{1,L}(t)$ 有一减少量

$$-V dn_{1,L}(t)=\left[\frac{1}{4}n_{1,L}(t)v_1\right]A\,dt-\left[\frac{1}{4}n_{1,R}(t)v_1\right]A\,dt,\qquad(3)$$

$$v_1=\sqrt{8RT/\pi\mu_1}.\qquad(4)$$

利用(2)式，可将(3)式写成

$$-dn_{1,L}(t)=\frac{v_1}{4}A\,dt[2n_{1,L}(t)-n_0]/V,\quad\Rightarrow\quad\frac{dn_{1,L}(t)}{2n_{1,L}(t)-n_0}=-\frac{v_1}{4}A\,dt/V,$$

积分后，可得

$$\ln\frac{2n_{1,L}(t)-n_0}{n_0}=-\frac{v_1}{2}At/V,$$

$$\Rightarrow\quad n_{1,L}(t)=\frac{1}{2}n_0[1+e^{-\frac{1}{2}v_1At/V}],\quad n_{1,R}(t)=\frac{1}{2}n_0[1-e^{-\frac{1}{2}v_1At/V}].\qquad(5)$$

对第 2 种分子，引入 t 时刻左侧和右侧的数密度 $n_{2,L}(t)$ 和 $n_{2,R}(t)$ 后，同样可导得

$$n_{2,L}(t)=\frac{1}{2}n_0[1-e^{-\frac{1}{2}v_2At/V}],\quad n_{2,R}(t)=\frac{1}{2}n_0[1+e^{-\frac{1}{2}v_2At/V}],\qquad(6)$$

$$v_2=\sqrt{8RT/\pi\mu_2}.\qquad(7)$$

这样，t 时刻左、右两侧气体密度便分别为

$$\rho_L(t)=m_1n_{1,L}(t)+m_2n_{2,L}(t),\quad\rho_R(t)=m_1n_{1,R}(t)+m_2n_{2,R}(t),$$

m_1，m_2 分别为两种分子的质量．将(5)、(6)式代入后便得

$$\rho_L(t)=\frac{1}{2}m_1n_0[1+e^{-\frac{1}{2}v_1At/V}]+\frac{1}{2}m_2n_0[1-e^{-\frac{1}{2}v_2At/V}],$$

$$\rho_R(t)=\frac{1}{2}m_1n_0[1-e^{-\frac{1}{2}v_1At/V}]+\frac{1}{2}m_2n_0[1+e^{-\frac{1}{2}v_2At/V}].$$

因(1)式，有

$$mn_0 = m\nu N_A/V = \mu\nu/V,$$

故得

$$\rho_L(t) = \frac{\nu}{2V}\left[(\mu_1+\mu_2) + \mu_1 e^{-\frac{1}{2}v_1 At/V} - \mu_2 e^{-\frac{1}{2}v_2 At/V}\right],$$

$$\rho_R(t) = \frac{\nu}{2V}\left[(\mu_1+\mu_2) - \mu_1 e^{-\frac{1}{2}v_1 At/V} + \mu_2 e^{-\frac{1}{2}v_2 At/V}\right], \qquad (14 分)$$

其中 v_1，v_2 已由(4)、(7)式给出.

(2) 当 $\rho_L = \rho_R$ 时，$t \to \infty$，$n_{1,L} = n_{1,R}$，$n_{2,L} = n_{2,R}$，即两种气体各自均匀分布在 $2V$ 空间内．由理想气体熵增公式可知，第 1 种气体从 V 到 $2V$ 的“扩散”熵增为

$$\Delta S_1 = \nu R \ln \frac{2V}{V} = \nu R \ln 2.$$

同样，第 2 种气体从 V 到 $2V$ 的“扩散”熵增也为

$$\Delta S_2 = \nu R \ln \frac{2V}{V} = \nu R \ln 2.$$

整个气体系统熵增便为

$$\Delta S = \Delta S_1 + \Delta S_2 = 2\nu R \ln 2. \qquad (6 分)$$

五、(20 分)

1.

(1) $$\Delta t'_{AB} = \frac{l}{v};\quad \Delta t_{P-AB} = \sqrt{1-\beta^2}\,\Delta t'_{AB} = \sqrt{1-\beta^2}\,\frac{l}{v},\quad \beta = \frac{v}{c}.$$

$$u_x = \frac{u'_x + v}{1 + \frac{v}{c^2}u'_x}\Bigg|_{u'_x = v} = \frac{2v}{1+\beta^2},\ 1 - \frac{u_x^2}{c^2} = \left(\frac{1-\beta^2}{1+\beta^2}\right)^2,\ \sqrt{1-\frac{u_x^2}{c^2}} = \frac{1-\beta^2}{1+\beta^2}.$$

$$\Rightarrow \quad \Delta t_{S-AB} = \Delta t_{P-AB}\Bigg/\sqrt{1-\frac{u_x^2}{c^2}} = \frac{1+\beta^2}{\sqrt{1-\beta^2}}\,\frac{l}{v}. \qquad (3 分)$$

(2)

$$\Delta t'_{BC} = \frac{l}{v},\ \Delta t_{Q-BC} = \sqrt{1-\beta^2}\,\Delta t'_{BC} = \sqrt{1-\beta^2}\,\frac{l}{v}.$$

动钟走慢公式系据时空变换式

$$t = \left(t' + \frac{v}{c^2}x'\right)\Big/\sqrt{1-\beta^2}$$

导得．不同 x' 处若 t' 相同，则 t 也不同(即有时差)；但不同 y' 处，若 x' 相同，t' 也相同，则 t 也相同(即无时差)．直角架参考系中，用两个静止的 B 钟和 C 钟测得 $\Delta t'_{BC}$，B，C 钟在 S 系每时每刻彼此 x 坐标相同，只是 y 坐标不同，故 S 系认为该 $\Delta t'_{BC}$ 相当于一个相对 S 系为运动时钟测得的时间间隔．据此可得

$$\Delta t_{S-BC} = \Delta t'_{BC}/\sqrt{1-\beta^2} = \frac{1}{\sqrt{1-\beta^2}}\,\frac{l}{v}. \qquad (3 分)$$

2.

(1) 质点 A：$u'_x = 0$，$u'_y = a_0 t'$；$u' = u'_y = a_0 t'$.

$$F'_{Ax}=0,\ F'_{Ay}=\frac{\mathrm{d}}{\mathrm{d}t'}\frac{m_0u'_y}{\sqrt{1-\frac{u'^2_y}{c^2}}}=\frac{\mathrm{d}}{\mathrm{d}u'}\left(\frac{m_0u'}{\sqrt{1-\frac{u'^2}{c^2}}}\right)\cdot\frac{\mathrm{d}u'}{\mathrm{d}t'}.$$

$$\Rightarrow\quad F'_{Ay}=m_0a_0\Big/\left(1-\frac{a_0^2t'^2}{c^2}\right)^{\frac{3}{2}},$$

$$\Rightarrow\quad \boldsymbol{F}'_A=\left[m_0a_0\Big/\left(1-\frac{a_0^2t'^2}{c^2}\right)^{\frac{3}{2}}\right]\boldsymbol{j}'.$$

质点 B：因对称，有

$$\boldsymbol{F}'_B=-\boldsymbol{F}'_A=-\left[m_0a_0\Big/\left(1-\frac{a_0^2t'^2}{c^2}\right)^{\frac{3}{2}}\right]\boldsymbol{j}'.\qquad(3\text{ 分})$$

（2）A，B 对称，取 A.

（2.1）$u_x=v$，

$$u_y=\left.\frac{\sqrt{1-\beta^2}\,u'_y}{1+\frac{v}{c^2}u'_x}\right|_{\substack{u'_y=a_0t'\\u'_x=0}}=\sqrt{1-\beta^2}\,a_0t',\qquad t'=\frac{t-\frac{v}{c^2}x}{\sqrt{1-\beta^2}},\ x=vt,$$

$$\Rightarrow\quad u_y=(1-\beta^2)a_0t,$$

$$u^2=u_x^2+u_y^2=v^2+(1-\beta^2)^2a_0^2t^2.$$

要求 $u<c$，即 $u^2<c^2$，得

$$t<c/\sqrt{1-\beta^2}\,a_0.\qquad(3\text{ 分})$$

（2.2）

$$u^2=v^2+(1-\beta^2)^2a_0^2t^2,\quad\Rightarrow\quad\frac{\mathrm{d}u^2}{\mathrm{d}t}=(1-\beta^2)^2\cdot2a_0^2t,$$

$$1-\frac{u^2}{c^2}=(1-\beta^2)\left[1-(1-\beta^2)\frac{a_0^2t^2}{c^2}\right],\quad\Rightarrow\quad\frac{\mathrm{d}}{\mathrm{d}t}\left(1-\frac{u^2}{c^2}\right)=-(1-\beta^2)^2\cdot2\frac{a_0^2t}{c^2},$$

$$F_{Ax}=\frac{\mathrm{d}}{\mathrm{d}t}\left(\frac{m_0v}{\sqrt{1-\frac{u^2}{c^2}}}\right)=m_0v\left(-\frac{1}{2}\right)\cdot\left(1-\frac{u^2}{c^2}\right)^{-\frac{3}{2}}\left(-\frac{1}{c^2}\frac{\mathrm{d}u^2}{\mathrm{d}t}\right)$$

$$=m_0v\left(1-\frac{u^2}{c^2}\right)^{-\frac{3}{2}}\left(-\frac{1}{2}\right)\left[-\frac{1}{c^2}(1-\beta^2)^2\cdot2a_0^2t\right]$$

$$=\left(1-\frac{u^2}{c^2}\right)^{-\frac{3}{2}}(1-\beta^2)^2m_0v\frac{a_0^2}{c^2}t$$

$$=\frac{(1-\beta^2)^2}{(1-\beta^2)^{\frac{3}{2}}\left[1-(1-\beta^2)\frac{a_0^2t^2}{c^2}\right]^{\frac{3}{2}}}m_0v\frac{a_0^2}{c^2}t,$$

$$\Rightarrow\quad F_{Ax}=\frac{\sqrt{1-\beta^2}}{\left[1-(1-\beta^2)\frac{a_0^2t^2}{c^2}\right]^{\frac{3}{2}}}m_0v\frac{a_0^2}{c^2}t.\qquad(3\text{ 分})$$

$$u_y=(1-\beta^2)a_0t,\ \frac{\mathrm{d}u_y}{\mathrm{d}t}=(1-\beta^2)a_0,$$

$$F_{Ay}=\frac{\mathrm{d}}{\mathrm{d}t}\left(\frac{m_0u_y}{\sqrt{1-\frac{u^2}{c^2}}}\right)=(1-\beta^2)m_0a_0\frac{\mathrm{d}}{\mathrm{d}t}\left[t\cdot\left(1-\frac{u^2}{c^2}\right)^{-\frac{1}{2}}\right]$$

$$=(1-\beta^2)m_0a_0\left\{\left(1-\frac{u^2}{c^2}\right)^{-\frac{1}{2}}+t\cdot\left(-\frac{1}{2}\right)\left(1-\frac{u^2}{c^2}\right)^{-\frac{3}{2}}\left(-\frac{1}{c^2}\frac{\mathrm{d}u^2}{\mathrm{d}t}\right)\right\}$$

$$=(1-\beta^2)m_0a_0\left\{\left(1-\frac{u^2}{c^2}\right)^{-\frac{1}{2}}+\frac{1}{2}t\left(1-\frac{u^2}{c^2}\right)^{-\frac{3}{2}}(1-\beta^2)^2\frac{2a_0^2t}{c^2}\right\}$$

$$=(1-\beta^2)m_0a_0\left\{\left(1-\frac{u^2}{c^2}\right)^{-\frac{1}{2}}+\left(1-\frac{u^2}{c^2}\right)^{-\frac{3}{2}}(1-\beta^2)^2\frac{a_0^2t^2}{c^2}\right\}$$

$$=(1-\beta^2)m_0a_0\frac{\left(1-\frac{u^2}{c^2}\right)+(1-\beta^2)^2\frac{a_0^2t^2}{c^2}}{\left(1-\frac{u^2}{c^2}\right)^{\frac{3}{2}}}$$

$$=(1-\beta^2)m_0a_0\frac{(1-\beta^2)\left[1-(1-\beta^2)\frac{a_0^2t^2}{c^2}\right]+(1-\beta^2)^2\frac{a_0^2t^2}{c^2}}{(1-\beta^2)^{\frac{3}{2}}\left[1-(1-\beta^2)\frac{a_0^2t^2}{c^2}\right]^{\frac{3}{2}}},$$

$$\Rightarrow\quad F_{Ay}=\sqrt{1-\beta^2}\,m_0a_0\Big/\left[1-(1-\beta^2)\frac{a_0^2t^2}{c^2}\right]^{\frac{3}{2}}.$$ （3 分）

得

$$\boldsymbol{F}_A=F_{Ax}\boldsymbol{i}+F_{Ay}\boldsymbol{j}=\frac{\sqrt{1-\beta^2}\,m_0a_0\frac{a_0}{c^2}vt}{\left[1-(1-\beta^2)\frac{a_0^2t^2}{c^2}\right]^{\frac{3}{2}}}\boldsymbol{i}+\frac{\sqrt{1-\beta^2}\,m_0a_0}{\left[1-(1-\beta^2)\frac{a_0^2t^2}{c^2}\right]^{\frac{3}{2}}}\boldsymbol{j}.$$

对 B，沿 x 轴运动与 A 沿 x 轴运动一致，沿 y 轴运动与 A 沿 y 轴运动相反，故得

$$\boldsymbol{F}_B=F_{Bx}\boldsymbol{i}+F_{By}\boldsymbol{j}=\frac{\sqrt{1-\beta^2}\,m_0a_0}{\left[1-(1-\beta^2)\frac{a_0^2t^2}{c^2}\right]^{\frac{3}{2}}}\frac{a_0}{c^2}vt\boldsymbol{i}-\frac{\sqrt{1-\beta^2}\,m_0a_0}{\left[1-(1-\beta^2)\frac{a_0^2t^2}{c^2}\right]^{\frac{3}{2}}}\boldsymbol{j},$$

$$\boldsymbol{F}_A+\boldsymbol{F}_B=\frac{2\sqrt{1-\beta^2}\,m_0a_0}{\left[1-(1-\beta^2)\frac{a_0^2t^2}{c^2}\right]^{\frac{3}{2}}}\frac{a_0}{c^2}vt\boldsymbol{i}>0.$$

（2.3）

解读：在 S 系中，若仍然认为 $\boldsymbol{F}_A$，$\boldsymbol{F}_B$ 是这两个质点之间彼此施加的力，那么这两个质点构成的封闭系统中在 x 方向的动量是不守恒的，这显然是不可接受的．因此，这两个质点不能构成封闭系统，它们的周围必定存在着与它们发生相互作用的物质场，两质点与物质场之间有动量交换．（2 分）

六、(10 分)

$x=0$ 和 $x=a$ 两处应为驻波的两个波节．这两个波节之间可有 $n=1$，2，3，…个波腹；个别实例如题解图所示．n 称为量子数，n 所对应的驻波函数可表述为

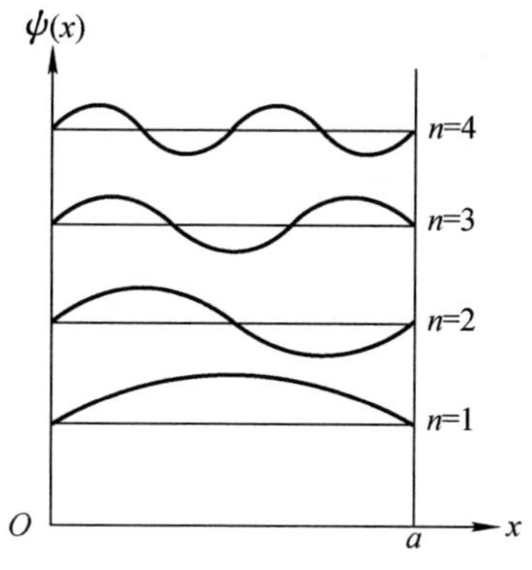

题解图

$$\psi_n(x)=A_n\sin\frac{n\pi}{a}x. \qquad (2\text{ 分})$$

由

$$\int_0^\infty \psi_n^2(x)\mathrm{d}x=1, \quad \Rightarrow \quad A_n^2\int_0^a \sin^2\frac{n\pi}{a}x\,\mathrm{d}x=1,$$

得 $$A_n=\sqrt{\frac{2}{a}}, \quad \Rightarrow \quad \psi_n(x)=\sqrt{\frac{2}{a}}\sin\frac{n\pi}{a}x. \qquad (2\text{ 分})$$

相邻两个波节之间的距离应为行波波长的二分之一，量子数 n 对应的行波波长记为 λ_n，则有

$$a=n\cdot\frac{\lambda_n}{2}, \quad \Rightarrow \quad \lambda_n=2a/n. \qquad (2\text{ 分})$$

λ_n 对应的动量和经典能量便分别为

$$p_n=h/\lambda_n=nh/2a, \quad E_n=p_n^2/2m=n^2h^2/8ma^2. \qquad (4\text{ 分})$$

引入 $\hbar=h/2\pi$，则可将定态能级表述为

$$E_n=n^2\pi^2\hbar^2/2ma^2, \quad n=1, 2, 3, \cdots.$$

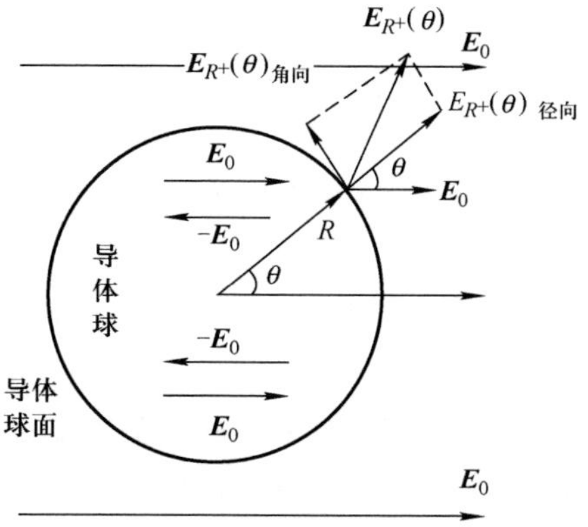

题解图 1

七、(30 分)

(1) 此球面电荷分布，同于题解图 1 中在 $E_0=\sigma_0/3\varepsilon_0$ 的外加匀强电场 $\boldsymbol{E}_0$ 中，R 导体球静电平衡后的球面感应电荷分布：

$$\sigma(\theta)=\sigma_0\cos\theta, \quad \sigma_0=3\varepsilon_0E_0.$$

导体球面电荷在球面外邻域场强 $\boldsymbol{E}_{R+}(\theta)$ 与外电场 $\boldsymbol{E}_0$ 叠加后所得在球面外邻域的场强，需满足导体球面处的边界条件：

$$[\boldsymbol{E}_{R+}(\theta)+\boldsymbol{E}_0]_{\text{角向}}=0,$$

$$\Rightarrow \quad E_{R+}(\theta)_{\text{角向}}-E_0\sin\theta=0,$$

$$[\boldsymbol{E}_{R+}(\theta)+\boldsymbol{E}_0]_{\text{径向}}=\frac{\sigma(\theta)}{\varepsilon_0}, \quad \Rightarrow \quad E_{R+}(\theta)_{\text{径向}}+E_0\cos\theta=\frac{\sigma(\theta)}{\varepsilon_0}.$$

即得题解图 1 中 $\boldsymbol{E}_{R+}(\theta)$ 的两个分量为

$$E_{R+}(\theta)_{\text{角向}}=E_0\sin\theta=\frac{\sigma_0}{3\varepsilon_0}\sin\theta,$$

$$E_{R+}(\theta)_{\text{径向}}=\frac{\sigma(\theta)}{\varepsilon_0}-E_0\cos\theta=\frac{\sigma_0}{\varepsilon_0}\cos\theta-\frac{\sigma_0}{3\varepsilon_0}\cos\theta=\frac{2\sigma_0}{3\varepsilon_0}\cos\theta.$$

因此场强可表述为

$$\boldsymbol{E}_{R+}(\theta):\begin{cases}E_{R+}(\theta)_{角向}=\dfrac{\sigma_0}{3\varepsilon_0}\sin\theta,\\ E_{R+}(\theta)_{径向}=\dfrac{2\sigma_0}{3\varepsilon_0}\cos\theta.\end{cases}\qquad(4\text{ 分})$$

即为任意 R 几何球面上当电荷面密度为 $\sigma(\theta)=\sigma_0\cos\theta_0$，$\sigma_0>0$ 时的球面外邻域场强分布.

附注：

本题所得结论也可不借助导体球，而是直接由带电球面边界条件导得.

(2)

(2.1)

$$\sigma(\theta)=\boldsymbol{P}\cdot\boldsymbol{n}(\theta)=P\cos\theta,$$

$$\Rightarrow\quad\sigma(\theta)=\sigma_0\cos\theta,\quad\sigma_0=P.\qquad(2\text{ 分})$$

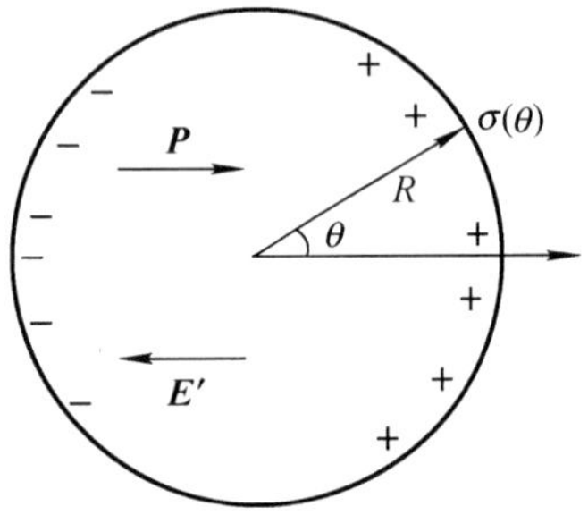

题解图 2

退极化场 $\boldsymbol{E}'$ 如题解图 2 所示(同于题解图 1 中的 $-\boldsymbol{E}_0$ 场)

$$\boldsymbol{E}'\begin{cases}方向与 \boldsymbol{P} 相反,\\ 大小 E'=\sigma_0/3\varepsilon_0=P/3\varepsilon_0.\end{cases}\qquad(2\text{ 分})$$

附注：

介质球内总电场

$$\boldsymbol{E}=\boldsymbol{P}/(\varepsilon_r-1)\varepsilon_0\begin{cases}方向与 \boldsymbol{P} 相同,\\ 大小 E=P/(\varepsilon_r-1)\varepsilon_0.\end{cases}$$

球内引入 $\boldsymbol{E}_0$ 场(注意并非题解图 1 中的 $\boldsymbol{E}_0$ 场)：

$$\boldsymbol{E}_0=\boldsymbol{E}-\boldsymbol{E}'\begin{cases}方向与 \boldsymbol{P} 相同,\\ 大小 E_0=E+E'=\dfrac{\varepsilon_r+2}{3(\varepsilon_r-1)\varepsilon_0}P.\end{cases}$$

此种情况下，$\boldsymbol{E}_0$ 场也是匀强场，$\boldsymbol{E}_0$ 场与介质未被极化时的初始外电场相关，有些情况下，$\boldsymbol{E}_0$ 场仍与介质球被极化前所在区域的初始外电场相同.

(2.2) 方法 1. 用静电场的拉普拉斯方程、场强与电势关联式以及边界条件，结合 $\boldsymbol{P}\sim\boldsymbol{E}$ 关联式，可导得介质球内 $\boldsymbol{P}$ 的分布，$\boldsymbol{P}$ 为常矢量，即介质球均匀极化.

方法 2. 猜测或结合分析定性找出 $\boldsymbol{P}$ 的可能解，若能证得此解可得 $\boldsymbol{P}$，$\boldsymbol{E}$ 间的正确关联，而且满足介质球面的边界条件，便可据唯一性定理确定此解是唯一的正确解.

下面采用方法 2，来得出 $\boldsymbol{P}$ 的分布.

据(2.1)问及其解答可知，使均匀介质被均匀极化的初始外电场可能就是匀强外电场 $\boldsymbol{E}_0$. 于是又可猜测介质球在匀强电场 $\boldsymbol{E}_0$ 中，将被均匀极化，即可能的解为

$$\boldsymbol{P}=\frac{3(\varepsilon_r-1)\varepsilon_0}{\varepsilon_r+2}\boldsymbol{E}_0.\qquad(2\text{ 分})$$

$\boldsymbol{P}\sim\boldsymbol{E}$ 关系式的导得：

球面上极化面电荷

$$\sigma(\theta)=\sigma_0\cos\theta,\quad\sigma_0=P=\frac{3(\varepsilon_r-1)\varepsilon_0}{\varepsilon_r+2}E_0,$$

球内退极化场

$$\boldsymbol{E}'\begin{cases}\text{方向与 }\boldsymbol{P}\text{(即与 }\boldsymbol{E}_0\text{) 相反,}\\ \text{大小 } E'=\sigma_0/3\varepsilon_0=\dfrac{\varepsilon_r-1}{\varepsilon_r+2}E_0.\end{cases}$$

球内总场

$$\boldsymbol{E}=\boldsymbol{E}_0+\boldsymbol{E}'\begin{cases}\text{方向与 }\boldsymbol{E}_0\text{ 相同,}\\ \text{大小 } E=E_0-E'=\dfrac{3}{\varepsilon_r+2}E_0,\end{cases}\quad\Rightarrow\quad \boldsymbol{E}=\frac{3}{\varepsilon_r+2}\boldsymbol{E}_0,$$

即 $\boldsymbol{P}$，$\boldsymbol{E}$ 有正确的关联式：

$$\boldsymbol{P}=\frac{3(\varepsilon_r-1)\varepsilon_0}{\varepsilon_r+2}\boldsymbol{E}_0=(\varepsilon_r-1)\varepsilon_0\boldsymbol{E}.$$

介质球面边界条件的相符性：

介质球面边界条件为

$$E_{R-}(\theta)_{角向}=E_{R+}(\theta)_{角向};\qquad \varepsilon_r\varepsilon_0E_{R-}(\theta)_{径向}=\varepsilon_0E_{R+}(\theta)_{径向}.$$

由介质球内电场 $\boldsymbol{E}=\dfrac{3}{\varepsilon_r+2}\boldsymbol{E}_0$，得

$$E_{R-}(\theta)_{角向}=-\frac{3}{\varepsilon_r+2}E_0\sin\theta,\ E_{R-}(\theta)_{径向}=\frac{3}{\varepsilon_r+2}E_0\cos\theta.$$

介质球外的电场是 $\boldsymbol{E}_0$ 场与球面极化电荷 $\sigma(\theta)=\sigma_0\cos\theta$，$\sigma_0=\dfrac{3(\varepsilon_r-1)\varepsilon_0}{\varepsilon_r+2}E_0$ 的电场 $\boldsymbol{E}_{\sigma外}$ 的叠加．参考题解图3，结合问题(1)解答有

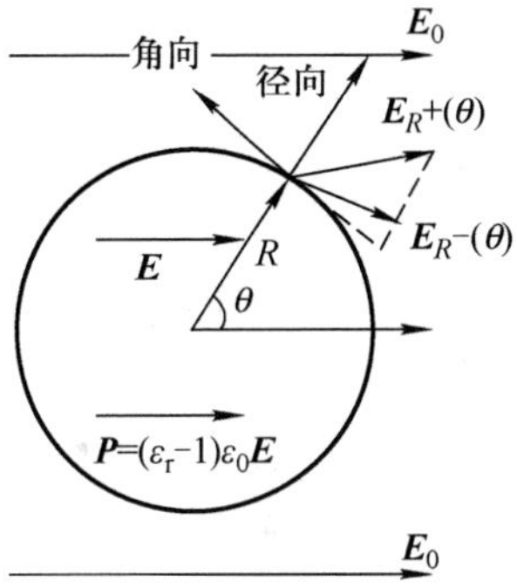

题解图 3

$$E_{R+}(\theta)_{角向}=\frac{\sigma_0}{3\varepsilon_0}\sin\theta-E_0\sin\theta=-\frac{3}{\varepsilon_r+2}E_0\sin\theta=E_{R-}(\theta)_{角向},$$

$$E_{R+}(\theta)_{径向}=\frac{2\sigma_0}{3\varepsilon_0}\cos\theta+E_0\cos\theta=\frac{3\varepsilon_r}{\varepsilon_r+2}E_0\cos\theta=\varepsilon_rE_{R-}(\theta)_{径向}.$$

(注意，球内 $\boldsymbol{E}_{内}$ 即为 $\boldsymbol{E}$，球外 $\boldsymbol{E}_{外}$ 并非图中 $\boldsymbol{E}_0$，而是 $\boldsymbol{E}_0$ 与 $\boldsymbol{E}_{\sigma外}$ 的叠加．)可见，其间关联即为介质球面的边界条件.

至此可得知，匀强电场中介质球必定被均匀极化，介质球内 $\boldsymbol{E}$，$\boldsymbol{P}$ 及 $\sigma(\theta)$ 与初始外加场 $\boldsymbol{E}_0$ 之间的关系为

$$\boldsymbol{E}=\frac{3}{\varepsilon_r+2}\boldsymbol{E}_0,\ \boldsymbol{P}=(\varepsilon_r-1)\varepsilon_0\boldsymbol{E}=\frac{3(\varepsilon_r-1)\varepsilon_0}{\varepsilon_r+2}\boldsymbol{E}_0,$$

$$\sigma(\theta)=\sigma_0\cos\theta,\ \sigma_0=P=\frac{3(\varepsilon_r-1)\varepsilon_0}{\varepsilon_r+2}E_0.\qquad (4\text{ 分})$$

附注：

本小题也可这样猜测分析：设想介质极化逐渐进行．一开始介质球被匀强场 $\boldsymbol{E}_0$ 极化，产生均匀极化强度 $\mathrm{d}\boldsymbol{P}_1$，形成 $\mathrm{d}\sigma_1(\theta)=\mathrm{d}\sigma_{10}\cos\theta$ 和球内的均匀退极化场 $\mathrm{d}\boldsymbol{E}'_1$. 而后介质球被匀强场 $\boldsymbol{E}_0+\mathrm{d}\boldsymbol{E}'_1$ 均匀极化，得均匀的 $\mathrm{d}\boldsymbol{P}_2$，形成 $\mathrm{d}\sigma_2(\theta)=\mathrm{d}\sigma_{20}\cos\theta$ 和均匀的 $\mathrm{d}\boldsymbol{E}'_2$. 而后介质球被匀强场 $\boldsymbol{E}_0+\mathrm{d}\boldsymbol{E}'_1+\mathrm{d}\boldsymbol{E}'_2$ 均匀极化……最后在球内形成匀强场 $\boldsymbol{E}_0+\boldsymbol{E}'$、均匀极化强度 $\boldsymbol{P}$ 和不再变化的 $\sigma(\theta)=\sigma_0\cos\theta$，并能确保静电场边界条件在介质球面上能得到满足.

(3)

(3.1) 介质球挖去前，介质球所在区域电场即为 $\boldsymbol{E}_0$，介质球电极化强度为

$$\boldsymbol{P}=(\varepsilon_r-1)\varepsilon_0\boldsymbol{E}_0.$$

介质球内、外表面上分别有极化强度

$$\sigma_{内}(\theta)=\sigma_0\cos\theta,\ \sigma_{外}(\theta)=-\sigma_0\cos\theta,\ \sigma_0=P.$$

$\sigma_{内}(\theta)$与$\sigma_{外}(\theta)$给介质球内、外区域的电场合贡献分别为零.

介质球挖去时，$\sigma_{内}(\theta)$也被带走，空腔内壁的$\sigma_{外}(\theta)$被留下．如$\sigma_{外}(\theta)$分布不变，便在腔内外产生由该$\sigma_{外}(\theta)$提供的非零场贡献．腔内贡献的是匀强电场，腔外贡献的是非匀强电场．后者使腔外介质极化发生变化，空腔壁的面电荷分布随之发生变化．变化结束后，将空腔壁处的极化面电荷记为$\sigma_{R^+}(\theta)$. 空腔内的场强是 $\boldsymbol{E}_0$ 与$\sigma_{R^+}(\theta)$在腔内产生的退极化场强 $\boldsymbol{E}'$之和. 原$\sigma_{外}(\theta)$在腔内产生的是匀强电场，此处不妨猜测$\sigma_{R^+}(\theta)$在腔内产生的 $\boldsymbol{E}'$也是匀强电场，对应有

$$\sigma_{R^+}(\theta)=-\sigma_{R^+}(0)\cos\theta,\quad \sigma_{R^+}(0)>0\quad 为未知量(常量),$$

$$\boldsymbol{E}_{内}=\boldsymbol{E}_0+\boldsymbol{E}',\ \boldsymbol{E}'\begin{cases}方向同\ \boldsymbol{E}_0,\\ 大小\ E'=\sigma_{R^+}(0)/3\varepsilon_0.\end{cases}\qquad (3\ 分)$$

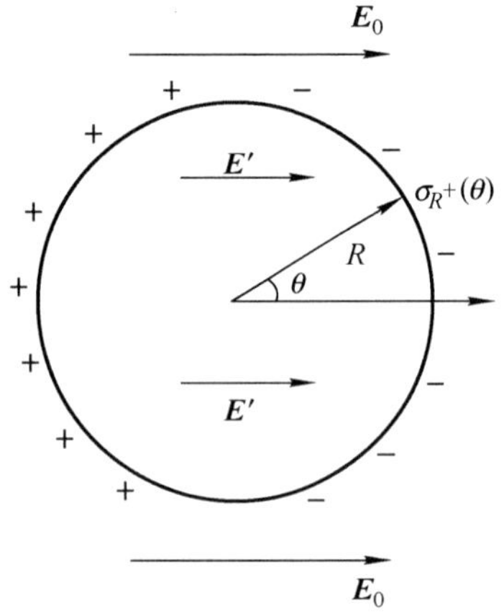

题解图 4

$\sigma_{R^+}(\theta)$，$\boldsymbol{E}'$已在题解图 4 中画出．内场边界量为

$$E_{R^-}(\theta)_{角向}=-\left[E_0+\frac{\sigma_{R^+}(0)}{3\varepsilon_0}\right]\sin\theta,$$

$$E_{R^-}(\theta)_{径向}=\left[E_0+\frac{\sigma_{R^+}(0)}{3\varepsilon_0}\right]\cos\theta.$$

$\sigma_{R^+}(\theta)$对腔壁$\{R^+,\theta\}$处外场的贡献记为 $\boldsymbol{E}'_{R^+}(\theta)$，参考问题(1)，可得其两个分量为

$$E'_{R^+}(\theta)_{角向}=-\frac{\sigma_{R^+}(0)}{3\varepsilon_0}\sin\theta,$$

$$E'_{R^+}(\theta)_{径向}=-\frac{2\sigma_{R^+}(0)}{3\varepsilon_0}\cos\theta.$$

外场$\{R^+,\theta\}$处场强 $\boldsymbol{E}_{R^+}(\theta)$为 $\boldsymbol{E}_{R^+}(\theta)=\boldsymbol{E}_0+\boldsymbol{E}'_{R^+}(\theta)$：

$$E_{R^+}(\theta)_{角向}=-E_0\sin\theta-\frac{\sigma_{R^+}(0)}{3\varepsilon_0}\sin\theta=-\left[E_0+\frac{\sigma_{R^+}(0)}{3\varepsilon_0}\right]\sin\theta,$$

$$E_{R^+}(\theta)_{径向}=E_0\cos\theta-\frac{2\sigma_{R^+}(0)}{3\varepsilon_0}\cos\theta=\left[E_0-\frac{2\sigma_{R^+}(0)}{3\varepsilon_0}\right]\cos\theta.$$

由空腔壁边界条件对应的两个方程为

$$E_{R^-}(\theta)_{角向}=E_{R^+}(\theta)_{角向},$$

$$\Rightarrow\quad -\left[E_0+\frac{\sigma_{R^+}(0)}{3\varepsilon_0}\right]\sin\theta=-\left[E_0+\frac{\sigma_{R^+}(0)}{3\varepsilon_0}\right]\sin\theta,\qquad (恒等式)$$

$$E_{R^-}(\theta)_{径向}=\varepsilon_r E_{R^+}(\theta)_{径向},\quad\Rightarrow\quad \left[E_0+\frac{\sigma_{R^+}(0)}{3\varepsilon_0}\right]\cos\theta=\varepsilon_r\left[E_0-\frac{2\sigma_{R^+}(0)}{3\varepsilon_0}\right]\cos\theta,$$

其中径向方程可解得

$$\sigma_{R+}(0)=\frac{3(\varepsilon_r-1)}{2\varepsilon_r+1}\varepsilon_0 E_0,$$

代入 $\boldsymbol{E}_{内}$ 表达式，即得

$$\boldsymbol{E}_{内}=\frac{3\varepsilon_r}{2\varepsilon_r+1}\boldsymbol{E}_0.$$

外场$\{R^+,\theta\}$处场强为

$$\boldsymbol{E}_{R+}(\theta)\begin{cases}E_{R+}(\theta)_{角向}=\dfrac{-3\varepsilon_r}{2\varepsilon_r+1}E_0\sin\theta,\\ E_{R+}(\theta)_{径向}=\dfrac{3}{2\varepsilon_r+1}E_0\cos\theta,\end{cases}\quad（为非匀强场区）$$

腔壁介质电极化强度为

$$\boldsymbol{P}=(\varepsilon_r-1)\varepsilon_0\boldsymbol{E}_{R+}(\theta)\begin{cases}P_{角向}=-\dfrac{3\varepsilon_r(\varepsilon_r-1)}{2\varepsilon_r+1}\varepsilon_0E_0\sin\theta,\\ P_{径向}=\dfrac{3(\varepsilon_r-1)}{2\varepsilon_r+1}\varepsilon_0E_0\cos\theta.\end{cases}\quad（3分）$$

（非均匀极化）

（3.2）先将不带电导体球放入空腔中，导体静电平衡同时，腔壁也完成了新的极化．此时将导体球面上的面电荷密度分布记为$\sigma'_{导}(\theta)$，腔壁极化面电荷分布记为$\sigma'_{介}(\theta)$．设有

$$\sigma'_{导}(\theta)=\sigma'_{导0}\cos\theta,\quad \sigma'_{介}(\theta)=\sigma'_{介0}\cos\theta,$$

合成的面电荷分布如题解图5所示为

$$\sigma'_R(\theta)=\sigma'_{导}(\theta)+\sigma'_{介}(\theta),\ \sigma'_R(\theta)=\sigma'_{R0}\cos\theta,$$

$$\sigma'_{R0}=\sigma'_{导0}+\sigma'_{介0}.$$

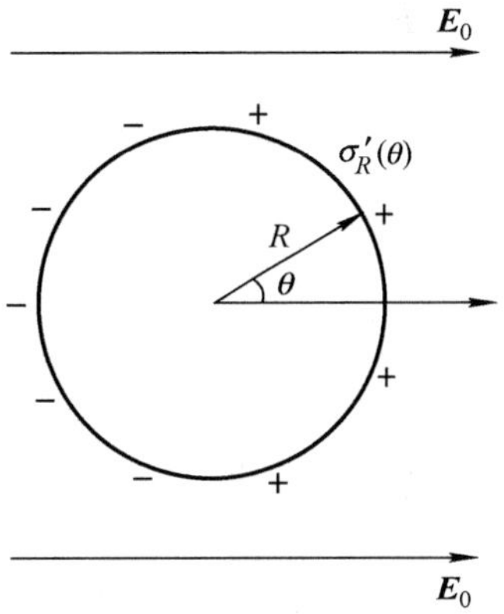

题解图 5

为使导体球内场强处处为零，要求

$$\sigma'_{R0}=3\varepsilon_0E_0,$$

腔壁场强由 $\boldsymbol{E}_0$ 和 $\sigma'_R(\theta)$贡献而成，为

$$E'_{R+}(\theta)_{角向}=-E_0\sin\theta+\frac{\sigma'_{R0}}{3\varepsilon_0}\sin\theta=0,$$

$$E'_{R+}(\theta)_{径向}=E_0\cos\theta+\frac{2\sigma'_{R0}}{3\varepsilon_0}\cos\theta=3E_0\cos\theta=\frac{\sigma'_{R0}}{\varepsilon_0}\cos\theta=\sigma'_R(\theta)/\varepsilon_0,$$

正好满足边界条件．腔壁介质电极化强度

$$\boldsymbol{P}'_{R+}(\theta)=(\varepsilon_r-1)\varepsilon_0\cdot\boldsymbol{E}_{R+}(\theta),$$

$$\begin{cases}P'_{R+}(\theta)_{角向}=0,\\ P'_{R+}(\theta)_{径向}=(\varepsilon_r-1)\varepsilon_0\dfrac{\sigma'_{R0}}{\varepsilon_0}\cos\theta=3(\varepsilon_r-1)\varepsilon_0E_0\cos\theta.\end{cases}$$

考虑到 $\boldsymbol{n}_{R+}(\theta)$与径向方向相反，得

$$\sigma'_{介}(\theta)=\boldsymbol{P}'_{R+}(\theta)\cdot\boldsymbol{n}_{R+}(\theta)=-P'_{R+}(\theta)_{径向}=-3(\varepsilon_r-1)\varepsilon_0E_0\cos\theta,$$

继而可得

$$\sigma'_{导}(\theta)=\sigma'_R(\theta)-\sigma'_{介}(\theta)=3\varepsilon_0E_0\cos\theta+3(\varepsilon_r-1)\varepsilon_0E_0\cos\theta,$$

$$\Rightarrow\quad \sigma'_{导}(\theta)=3\varepsilon_r\varepsilon_0E_0\cos\theta.$$

再让导体球带电 Q，合理地猜测 Q 均匀分布在导体球面上，有

$$\sigma''_{导}(\theta)=Q/4\pi R^2,$$

使球内场强仍为零．这一分布又使腔壁出现附加场强和介质的径向极化，有

$$\begin{cases}E''_{R+}(\theta)_{角向}=0,\\ E''_{R+}(\theta)_{径向}=Q/(4\pi\varepsilon_r\varepsilon_0R^2),\end{cases}\qquad \begin{cases}P''_{R+}(\theta)_{角向}=0,\\ P''_{R+}(\theta)_{径向}=(\varepsilon_r-1)\varepsilon_0E''_{R+}(\theta)_{径向}=\dfrac{\varepsilon_r-1}{4\pi\varepsilon_rR^2}Q,\end{cases}$$

$$\sigma''_{介}(\theta)=-P''_{R+}(\theta)_{径向}=-\frac{(\varepsilon_r-1)}{4\pi\varepsilon_rR^2}Q.$$

($E''_{R+}(\theta)_{角向}=0$，表明附加电场满足球面上边界条件中的场强切向分量连续即安培环路定理，导体球面与空腔壁内表面合成的界面面电荷密度

$$\sigma''_R(\theta)=\sigma''_{导}(\theta)+\sigma''_{介}(\theta)=\frac{Q}{4\pi R^2}-\frac{(\varepsilon_r-1)Q}{4\pi\varepsilon_rR^2},$$

$$\Rightarrow\quad \sigma''_R(\theta)=Q/4\pi\varepsilon_rR^2,$$

符合界面边界条件中的高斯定理：

$$E''_{R+}(\theta)_{径向}=\sigma''_R(\theta)/\varepsilon_0.)$$

综上所述，导体球面上的电荷分布和空腔壁上极化电荷分布分别为

$$\sigma_{导}(\theta)=\sigma'_{导}(\theta)+\sigma''_{导}(\theta)=3\varepsilon_r\varepsilon_0E_0\cos\theta+\frac{Q}{4\pi R^2},$$

$$\sigma_{介}(\theta)=\sigma'_{介}(\theta)+\sigma''_{介}(\theta)=-3(\varepsilon_r-1)\varepsilon_0E_0\cos\theta-\frac{(\varepsilon_r-1)Q}{4\pi\varepsilon_rR^2}.$$

导体球所受静电力应理解为导体球所带自由电荷，即其表面自由电荷所受静电力．此力由内力和外力两部分合成．内力即为这些电荷之间静电力之和，必为零．外力是 $\boldsymbol{E}_0$ 场和腔壁极化电荷

$$\sigma_{介}(\theta)=\sigma'_{介}(\theta)+\sigma''_{介}(\theta)=-3(\varepsilon_r-1)\varepsilon_0E_0\cos\theta-\frac{(\varepsilon_r-1)Q}{4\pi\varepsilon_rR^2}$$

在导体 R 球面处的电场

$$\boldsymbol{E}'_{介R}(\theta)=-\frac{1}{3\varepsilon_0}[-3(\varepsilon_r-1)\varepsilon_0\boldsymbol{E}_0]=(\varepsilon_r-1)\boldsymbol{E}_0,$$

$$\boldsymbol{E}''_{介R}(\theta)=0$$

对导体球面自由电荷施加的静电力之和．因此导体球所受静电力，也就是匀强电场

$$\boldsymbol{E}_0+\boldsymbol{E}'_{介R}(\theta)=\varepsilon_r\boldsymbol{E}_0$$

施加的静电力．此力等于球面自由电荷总量 Q 所受力，即得

$$\boldsymbol{F}_{导体球}=Q\varepsilon_r\boldsymbol{E}_0.\qquad(6\text{ 分})$$

附注：如果将导体球所受静电力解释为导体球面自由电荷和腔壁极化面电荷合成的全电荷所受力，则考虑到所有这些电荷之间相互作用力之和为零，外力是 $\boldsymbol{E}_0$ 场施加的力，即得

$$\boldsymbol{F}_{导体球}=Q\boldsymbol{E}.$$

这一解释欠妥！

(4) 未挖前 $\boldsymbol{E}_0$ 场由外加均匀电场 $\boldsymbol{E}_{01}$ 和介质无穷远边界面上极化面电荷退极化场 $\boldsymbol{E}_{02}$ 叠加而成．应注意均匀介质中不存在极化体电荷.

挖出空腔后，腔壁出现极化面电荷，它的退极化场会影响全空间场分布．空腔外近处介质极化强度明显变化；远处变化减弱，无限远处的变化可略．其结果是介质无穷远边界面上的介质极化面电荷分布不变，介质体内仍无极化体电荷出现．全空间电场应由原 $\boldsymbol{E}_{01}$ 场、介质无穷远边界面上极化面电荷退极化场 $\boldsymbol{E}_{02}$ 和腔壁极化面电荷的退极化场叠加而成，即为原 $\boldsymbol{E}_0$ 场与腔壁极化面电荷的退极化场叠加而成． (4 分)

B 卷

一、(20 分)

1.(5 分)

由绳和两个小物块构成的系统，其质心 C 开始时静止地位于题图中圆盘圆心正下方偏左的某个位置．自由释放后瞬间，左侧绳段与小物块 m_1 有朝下运动趋势，右侧绳段与小物块 m_2 有上升趋势．这必定导致系统质心 C 也有朝下运动趋势(但朝下的 $a_C<g$)，同时有朝左移动趋势．据质心运动定理可知，$\boldsymbol{N}_\perp$ 向上，即 $N_\perp$ 取正；$\boldsymbol{N}_{/\!/}$ 朝左，即 $N_{/\!/}<0$.

(5 分)

2.(5 分)

循环全过程：$Q_{循}=W_{循}+\Delta U_{循}=W_{循}\neq 0$(含 $W_{循}>0$ 或 $W_{循}<0$).

无穷小过程求和：$Q_{循}=\sum\limits_{循} mc\,\mathrm{d}T\Big|_{c为常量}=mc\sum\limits_{循}\mathrm{d}T=0$，$m$：气体质量，$c$：比热.

这与题意矛盾，故 c 不是常量． (5 分)

3.(5 分)

(1) $\mathscr{E}'_1=-\mathscr{E}_1$.

证：令 $\mathscr{E}_{ABCDA}=4\mathscr{E}_0$，则必有

$$\mathscr{E}_{AB}=\frac{1}{4}\mathscr{E}_{ABCD}=\mathscr{E}_0\neq 0.$$

因对称，或有 $\mathscr{E}_{BE}=\mathscr{E}_{AE}$，或有 $\mathscr{E}_{BE}=-\mathscr{E}_{AE}$．若取 $\mathscr{E}_{BE}=\mathscr{E}_{AE}$，则

$$\mathscr{E}_{AB}=\mathscr{E}_{AE}+E_{EB}=0,$$

与 $\mathscr{E}_{AB}\neq 0$ 矛盾. 故必有

$$\mathscr{E}'_1=\mathscr{E}_{BE}=-\mathscr{E}_{AE}=-\mathscr{E}_1.\quad (附注：\mathscr{E}_1=\frac{1}{2}\mathscr{E}_0)$$ (3 分)

(2) $\mathscr{E}'_2=\mathscr{E}_2$.

证：据(1)问解答，有

$$\mathscr{E}_{ABCDA}=4\mathscr{E}_0,\qquad \mathscr{E}_{EB}=\frac{1}{4}\mathscr{E}_0.$$

又因

$$\frac{1}{2}\mathscr{E}_0=\mathscr{E}_{OEBO}=\mathscr{E}_{OE}+\mathscr{E}_{EB}+\mathscr{E}_{BO}=\mathscr{E}_{OE}+\frac{1}{2}\mathscr{E}_0+\mathscr{E}_{BO},$$

故有

$$\mathscr{E}_{BO}=-\mathscr{E}_{OE}, \quad \Rightarrow \quad \mathscr{E}_{OB}=\mathscr{E}_{OE}=\mathscr{E}_2, \quad \Rightarrow \quad \mathscr{E}'_2=\mathscr{E}_2. \qquad (2\text{ 分})$$

4.(5 分)

其一：物处于透镜焦点位置；（1 分）

其二：物所在位置，使其通过透镜折射成像恰好落在平面镜上；（2 分）

其三：物所在位置，使得其通过透镜“反射”(平面折射，球面反射，平面折射之组合)所成实像恰好落在物上.（2 分）

5.(10 分)

(1) 无穷小过程

$$dQ=p\,dV+\frac{3}{2}\nu R\,dT, \qquad dp>0,\ dV<0.$$

过程方程

$$\left.\begin{aligned}&(p+p_0)V=\nu RT_0,\\&pV=\nu RT,\end{aligned}\right\} \Rightarrow \quad \nu RT=\nu RT_0-p_0V, \quad \Rightarrow \quad \nu R\,dT=-p_0\,dV.$$

代入 dQ 式，得

$$dQ=p\,dV+\frac{3}{2}(-p_0\,dV)=\left(p-\frac{3}{2}p_0\right)dV.$$

结论：

$$p>\frac{3}{2}p_0:\ dV<0,\ dQ<0,\ \text{放热区域};$$

$$p=\frac{3}{2}p_0:\ dV<0,\ dQ=0,\ \text{吸、放热区域转换点};$$

$$0<p<\frac{3}{2}p_0:\ dV<0,\ dQ>0,\ \text{放热区域}. \qquad (5\text{ 分})$$

(2) A 点：

$$p_A=\frac{3}{2}p_0,$$

由$(p_A+p_0)V_A=\nu RT_0$，得 $V_A=\frac{2}{5}\nu R\frac{T_0}{p_0}$；

由 $p_AV_A=\nu RT_A$ 得 $T_A=\frac{3}{5}T_0$.

B 点：

$$p_B=p_A+p_0, \quad \Rightarrow \quad p_B=\frac{5}{2}p_0;\ T_B=T_0;$$

$$p_BV_B=\nu RT_B, \quad \Rightarrow \quad V_B=\frac{2}{5}\nu R\frac{T_0}{p_0}.$$

C 点：

$$T_C=T_0,\ p_C=p_A=\frac{3}{2}p_0,\ \text{由 } p_CV_C=\nu RT_C \text{ 得 } V_C=\frac{2}{3}\nu R\frac{T_0}{p_0}.$$

$ABCA$ 过程效率 η_{ABCA}：

$$Q_{AB}=\frac{3}{2}\nu R(T_B-T_A)=\frac{3}{5}\nu RT_0,$$

$$Q_{BC}=\nu RT_0\ln\frac{V_C}{V_B}=\nu RT_0\ln\frac{5}{3},$$

$$Q_{CA}=-\frac{5}{2}\nu R(T_C-T_A)=-\nu RT_0,$$

$$\Rightarrow\quad \eta_{ABCA}=1-\frac{-Q_{CA}}{Q_{AB}+Q_{BC}}=1-\frac{1}{\frac{3}{5}+\ln\frac{5}{3}}=9.98/100\approx 10\%. \qquad (5\text{ 分})$$

6.(10 分)

地面系中质心 C 做匀速直线运动，速度

$$v_C=\frac{M}{M+m}v_0.$$

改取质心参考系，参考题解图.

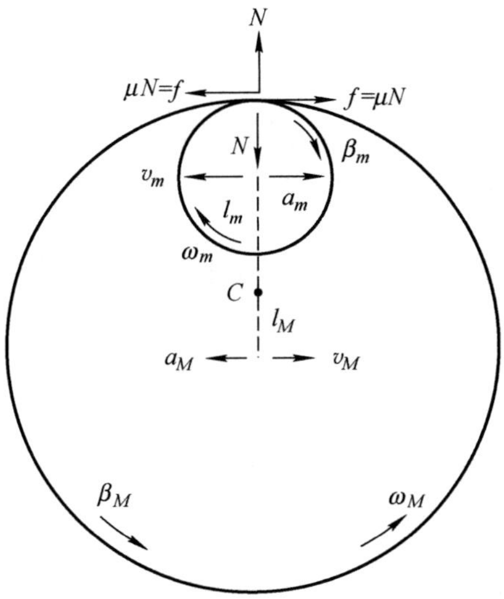

题解图

环心连线记为

$$r=R_M-R_m,\quad\Rightarrow\quad\begin{cases}l_M=\dfrac{m}{M+m}r,\\[2mm] l_m=\dfrac{M}{M+m}r.\end{cases}$$

$$t=0\text{ 时},\quad v_M(0)=v_0-v_C=\frac{m}{M+m}v_0,$$

$$v_m(0)=v_C=\frac{M}{M+m}v_0;$$

$$Mv_M(0)=mv_m(0).$$

故而

切向：

$$\begin{cases} f = Ma_M = -M\dfrac{\mathrm{d}v_M}{\mathrm{d}t}, \\ f = ma_m = -m\dfrac{\mathrm{d}v_m}{\mathrm{d}t}, \end{cases} \Rightarrow \quad M\frac{\mathrm{d}v_M}{\mathrm{d}t} = m\frac{\mathrm{d}v_m}{\mathrm{d}t}, \quad \Rightarrow \quad Mv_M = mv_m.$$

向心：

$$\begin{cases} N = Mv_M^2/l_M, \\ N = mv_m^2/l_m, \end{cases} \Rightarrow \quad Mv_M^2/l_M = mv_m^2/l_m, \text{ 与} \begin{cases} Mv_M = mv_m, \\ l_M = mr/(M+m), \\ l_m = Mr/(M+m) \end{cases} \text{间无独立关系.}$$

旋转：

$$\begin{cases} fR_M = I_M\beta_M = MR_M^2\dfrac{\mathrm{d}\omega_M}{\mathrm{d}t}, \\ fR_m = I_m\beta_m = mR_m^2\dfrac{\mathrm{d}\omega_m}{\mathrm{d}t}, \\ \omega_M(0)=0,\ \omega_m(0)=0, \end{cases} \Rightarrow \quad \begin{cases} MR_M\mathrm{d}\omega_M = mR_m\mathrm{d}\omega_m, \\ \omega_M(0)=0,\ \omega_m(0)=0, \end{cases} \Rightarrow \quad MR_M\omega_M = mR_m\omega_m.$$

角动量：

$$\begin{cases} L(0) = l_M Mv_M(0) + l_m mv_m(0) = (l_M + l_m)mv_m(0) = r\cdot mv_m(0), \\ L(t) = l_M Mv_M + l_m mv_m + I_M\omega_M - I_m\omega_m = r\cdot mv_m + MR_M^2\omega_M - mR_m^2\omega_m, \end{cases}$$

由角动量守恒得

$$r\cdot mv_m + MR_M^2\omega_M - mR_m^2\omega_m = rmv_m(0).$$

方程组整理：

$$Mv_M = mv_m, \tag{1}$$

$$MR_M\omega_M = mR_m\omega_m, \tag{2}$$

$$r\cdot mv_m + MR_M^2\omega_M - mR_m^2\omega_m = rmv_m(0). \tag{3}$$

稳态条件： $v_M - R_M\omega_M = -v_m + R_m\omega_m, \quad \Rightarrow \quad v_M + v_m = R_M\omega_M + R_m\omega_m.$ (4)

稳态解：

(2)式代入(3)式，得

$$v_m + R_m\omega_m = v_m(0), \tag{5}$$

(1)、(2)式代入(4)式，得

$$v_m = R_m\omega_m. \tag{6}$$

由(5)、(6)式可解得稳态 v_m，ω_m，代入(1)、(2)式可得稳态 v_M，ω_M，结果如下：

(稳态解并非过程态解)

$$\begin{cases} v_m = \dfrac{1}{2}v_m(0) = \dfrac{1}{2}\dfrac{M}{M+m}v_0, \quad v_M = \dfrac{1}{2}v_M(0) = \dfrac{1}{2}\dfrac{m}{M+m}v_0, \\ \omega_m = v_m/R_m = v_m(0)/2R_m = \dfrac{M}{2(M+m)}\dfrac{v_0}{R_m}, \quad \omega_M = v_M/R_M = v_M(0)/2R_M = \dfrac{m}{2(M+m)}\dfrac{v_0}{R_M}. \end{cases}$$

(4 分)

(1) 动能损失量(地面系):

$$E_{k损}=\frac{1}{2}Mv_0^2-\left[\frac{1}{2}(M+m)v_C^2+\frac{1}{2}Mv_M^2+\frac{1}{2}I_M\omega_M^2+\frac{1}{2}mv_m^2+\frac{1}{2}I_m\omega_m^2\right]$$

$$=\frac{1}{2}Mv_0^2-\left[\frac{1}{2}(M+m)\frac{M^2}{(M+m)^2}v_0^2+\frac{1}{2}Mv_M^2+\frac{1}{2}MR_M^2\omega_M^2+\frac{1}{2}mv_m^2+\frac{1}{2}mR_m^2\omega_m^2\right],$$

因 $\omega_M R_M=v_M$, $\omega_m R_m=v_m$, $v_M=\frac{1}{2}v_M(0)$, $v_m=\frac{1}{2}v_m(0)$,

$$\Rightarrow\quad E_{k损}=\frac{1}{2}Mv_0^2-\left[\frac{1}{2}\frac{M^2}{M+m}v_0^2+\frac{1}{4}Mv_M^2(0)+\frac{1}{4}mv_m^2(0)\right]$$

$$=\frac{1}{2}Mv_0^2-\left[\frac{1}{2}\frac{M^2}{M+m}v_0^2+\frac{1}{4}\frac{Mm^2}{(M+m)^2}v_0^2+\frac{1}{4}\frac{mM^2}{(M+m)^2}v_0^2\right]$$

$$=\frac{v_0^2}{4(M+m)^2}\left[2M(M+m)^2-2M^2(M+m)-Mm^2-mM^2\right]$$

$$=\frac{v_0^2}{4(M+m)^2}\left[2M^3+4M^2m+2Mm^2-2M^3-2M^2m-Mm^2-M^2m\right]$$

$$=\frac{v_0^2}{4(M+m)^2}(M^2m+Mm^2),$$

$$\Rightarrow\quad E_{k损}=\frac{Mm}{4(M+m)}v_0^2.$$ (3 分)

(2) 过程中 $t\to t+\mathrm{d}t$ 时间内两环连心线转角为

$$\mathrm{d}\theta=v_M(t)\mathrm{d}t/l_M.$$

由切向和向心方程

$$\mu N=f=-M\frac{\mathrm{d}v_M}{\mathrm{d}t},\qquad N=Mv_M^2/l_M,$$

得

$$\mathrm{d}t=-l_M\mathrm{d}v_M/\mu v_M^2(t),$$

代入 $\mathrm{d}\theta$ 表述式,得

$$\mathrm{d}\theta=-\mathrm{d}v_M/\mu v_M(t),$$

积分,

$$\int_0^\theta \mathrm{d}\theta=-\frac{1}{\mu}\int_{v_M(0)}^{\frac{1}{2}v_M(0)}\frac{\mathrm{d}v_M}{v_M(t)}=\frac{1}{\mu}\ln 2,$$

即全过程转角为

$$\theta=\frac{1}{\mu}\ln 2.$$ (3 分)

(附注:由切向和向心方程还可得

$$-\mathrm{d}v_M/v_M^2=\mu\,\mathrm{d}t/l_M,$$

$$\Rightarrow\quad -\int_{v_M(0)}^{\frac{1}{2}v_M(0)}\frac{\mathrm{d}v_M}{v_M^2}=\frac{\mu}{l_M}\int_0^{t_e}\mathrm{d}t,\quad\Rightarrow\quad\frac{1}{v_M(0)}=\frac{\mu}{l_M}t_e,$$

即全过程时间为

$$t_e = l_M / \mu v_M(0) = \cdots.\ )$$

7.(10 分)

(1)

(1.1)

$$y'' = \frac{y' - vt'}{\sqrt{1-\beta^2}},\ y' = y,\ t' = \frac{t - \frac{v}{c^2}x}{\sqrt{1-\beta^2}},\ \beta = \frac{v}{c},$$

可得

$$y'' = \frac{y}{\sqrt{1-\beta^2}} - \frac{vt - \beta^2 x}{1-\beta^2}.$$

将 S'' 系中 x'' 轴的直线方程

$$y'' = 0$$

代入上式，即得 x'' 轴在 S 系中的投影线方程为

$$y = -\frac{\beta^2}{\sqrt{1-\beta^2}}x + \frac{vt}{\sqrt{1-\beta^2}}. \quad (2\text{ 分})$$

此投影仍为直线，其斜率为

$$k = -\beta^2 / \sqrt{1-\beta^2}. \quad (1\text{ 分})$$

可见此直线朝第Ⅳ象限倾斜.

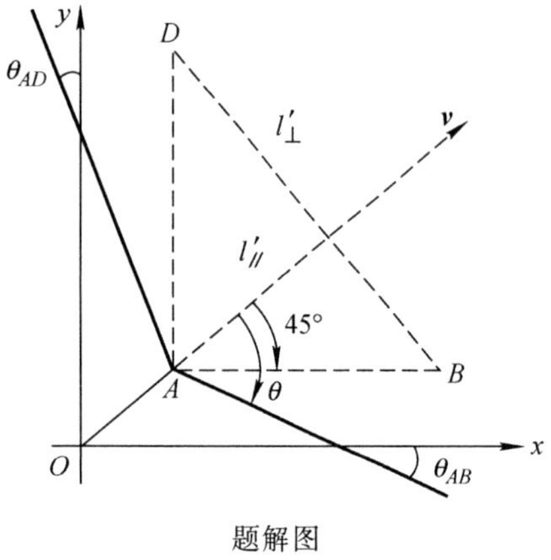

题解图

(1.2) 由 $S'' \sim S'$ 和 $S' \sim S$ 间的洛伦兹变换式可得

$$x'' = x' = \frac{x - vt}{\sqrt{1-\beta^2}},\ \beta = \frac{v}{c}.$$

将 S'' 系中 y'' 轴的直线方程

$$x'' = 0 \quad (2\text{ 分})$$

代入上式，即得 y'' 轴在 S 系中的投影线方程为

$$x = vt,$$

故此投影线仍为直线，在 S 系中该直线与 y 轴平行.

(2) 参考题解图，相对框架静止的惯性系 S'(图中未画出)中，AB 杆长、AD 杆长在 $\boldsymbol{v}$ 方向(即原 AC 方向)分量记为 $l'_{/\!/}$，在垂直于 $\boldsymbol{v}$ 方向上的分量记为 $l'_\perp$，则有

$$l'_{/\!/} = l\cos 45° = l/\sqrt{2}, \quad l'_\perp = l\sin 45° = l/\sqrt{2}.$$

$l'_{/\!/}$，$l'_\perp$ 在 S 系中分别对应

$$l_{/\!/} = \sqrt{1-\beta^2}\, l'_{/\!/} = \sqrt{1-\beta^2}\, l/\sqrt{2}, \quad l_\perp = l'_\perp = l/\sqrt{2}.$$

(2.1) 在 S 系中用实直线表示的 AB 杆与 $\boldsymbol{v}$ 方向线夹角记为 θ，显然 $\theta > 45°$，故 AB 杆必朝 x 轴下方偏转．将

$$\tan\theta = l_\perp / l_{/\!/} = 1/\sqrt{1-\beta^2}$$

代入三角公式

$$\tan\theta_{AB}=\tan(\theta-45^\circ)=(\tan\theta-\tan45^\circ)/(1+\tan\theta\cdot\tan45^\circ),$$

可解得

$$\tan\theta_{AB}=(1-\sqrt{1-\beta^2})/(1+\sqrt{1-\beta^2})=(1-\sqrt{1-\beta^2})^2/\beta^2,$$

$$\Rightarrow\quad \theta_{AB}=\arctan\frac{(1-\sqrt{1-\beta^2})^2}{\beta^2}. \qquad (4\text{分})$$

(2.2) 据对称性，很易得知，在 S 系中 AD 杆必朝 y 轴左方偏转，且有

$$\theta_{AD}=\theta_{AB}=\arctan\frac{(1-\sqrt{1-\beta^2})^2}{\beta^2}. \qquad (1\text{分})$$

8.(10分)

(1) 粒子的切向力、切向加速度分别为

$$f=-\gamma v,\ \frac{\mathrm{d}v}{\mathrm{d}t}=a_{切}=-\gamma v/m,$$

得

$$\int_{v_0}^{v}\frac{\mathrm{d}v}{v}=\int_0^t-\frac{\gamma}{m}\mathrm{d}t,\quad\Rightarrow\quad v=v_0\mathrm{e}^{-\frac{\gamma}{m}t}. \qquad (2\text{分})$$

再由

$$\frac{\mathrm{d}s}{\mathrm{d}t}=v=v_0\mathrm{e}^{-\frac{\gamma}{m}t},\quad\Rightarrow\quad\int_0^s\mathrm{d}s=\int_0^t v_0\mathrm{e}^{-\frac{\gamma}{m}t}\mathrm{d}t,$$

得

$$s=\frac{m}{\gamma}v_0(1-\mathrm{e}^{-\frac{\gamma}{m}t}). \qquad (2\text{分})$$

(2) t 到 $t+\mathrm{d}t$ 时间间隔内，粒子做半径为

$$\rho=mv/qB$$

的无穷小圆弧运动，速度方向偏转角度记为 $\mathrm{d}\theta$，则有

$$\rho\,\mathrm{d}\theta=v\,\mathrm{d}t,$$

得

$$\mathrm{d}\theta=\frac{v}{\rho}\mathrm{d}t=\frac{qB}{m}\mathrm{d}t,$$

引入角速度

$$\omega=\frac{\mathrm{d}\theta}{\mathrm{d}t}=\frac{qB}{m},\quad\Rightarrow\quad\omega\text{ 为常量}.$$

积分后便有

$$\theta(t)=\int_0^{\theta(t)}\mathrm{d}\theta=\int_0^t\omega\,\mathrm{d}t=\frac{qB}{m}t,$$

即得

$$\theta(t^*)=\frac{\pi}{2},\quad\Rightarrow\quad\frac{qB}{m}t^*=\frac{\pi}{2},\quad\Rightarrow\quad t^*=\pi m/2qB.$$

此时速度大小和经过的路程分别为

$$v^* = v_0 e^{-\pi\gamma/2qB}, \quad s^* = \frac{m}{\gamma} v_0 (1 - e^{-\pi\gamma/2qB}).$$

为计算通过的位移大小 l^*，参看题解图，有

$$\frac{d(m\boldsymbol{v})}{dt} = q\boldsymbol{v} \times \boldsymbol{B} - \gamma \boldsymbol{v},$$

$$d(mv_x) = (-qv_y B - \gamma v_x)dt,$$

$$\Rightarrow \quad -mv_0 = \int_{v_0}^{0} d(mv_x) = \int_0^{t^*} (-qBv_y)dt + \int_0^{t^*} (-\gamma v_x)dt$$

$$= -qB\int_0^{y^*} dy - \gamma \int_0^{x^*} dx = -qBy^* - \gamma x^*,$$

$$d(mv_y) = (qv_x B - \gamma v_y)dt, \quad \Rightarrow \quad mv^* = qBx^* - \gamma y^*,$$

即有

$$qBy^* + \gamma x^* = mv_0, \quad qBx^* - \gamma y^* = mv^*.$$

解得

$$x^* = \frac{m}{q^2 B^2 + \gamma^2}(qBv^* + \gamma v_0), \quad y^* = \frac{m}{q^2 B^2 + \gamma^2}(qBv_0 - \gamma v^*),$$

即得

$$\begin{cases} l^* = \sqrt{x^{*2} + y^{*2}} = \cdots = m\sqrt{(v^{*2} + v_0^2)/(q^2 B^2 + \gamma^2)}, \\ v^* = v_0 e^{-\pi\gamma/2qB}. \end{cases} \qquad (6 分)$$

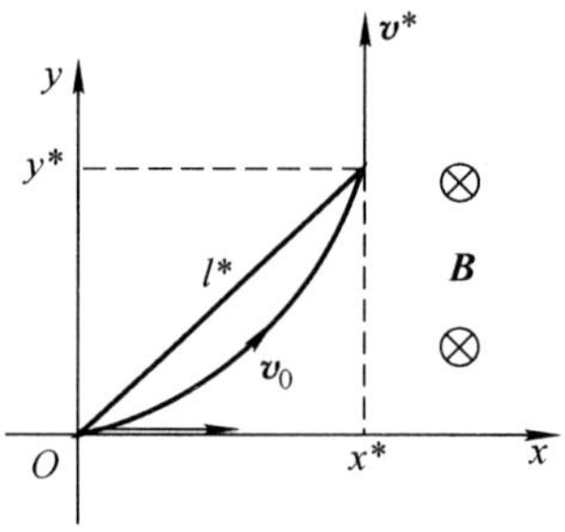

题解图

2018 年暑期物理竞赛辅导班联谊赛试题

学校__________________ 姓名__________________ 成绩________________

总分：200 分 时间：3.5 小时

A 卷(140 分)

题号	一	二	三	四	五	六	七
得分							
阅卷人							

一、(10 分)

如图所示，x 轴代表挡板，F_1，F_2 为挡板上两个小孔，它们的坐标分别为$\left(\frac{d}{2},\ 0\right)$，$\left(-\frac{d}{2},\ 0\right)$. 波长为 λ 的平面无线电波从图示方向垂直射到挡板，且有 $d=N\lambda$，$N\geqslant 3$，N 为正整数. 小探测器从 y 轴上非常靠近坐标原点 O 的位置出发，沿着图示方位角 $\phi\left(\frac{\pi}{2}>\phi>0\right)$移动.

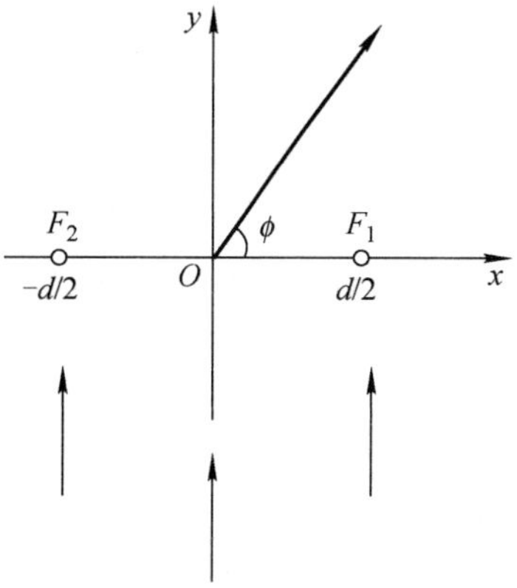

波长为 λ 的平面无线电波

试问 ϕ 在何范围取值时，小探测器可探测到的无线电波不同干涉极大次数最多？再问 ϕ 在何范围取值时，小探测器可探测到不同的干涉极大次数最少？

二、(20 分)

请按顺序解答下面两个问题.

(1) 质量为 M、半径为 R、厚度可忽略的圆盘，沿着它的某一直径开出一条很窄的光滑通道. 假设通道中的一个自由质点能够仅在圆盘万有引力作用下做简谐振动，且振动中心即为圆心，试给出圆盘的一种面密度分布.

(2) 保持(1)中原圆盘通道，但使质量面密度增加 1 倍，成为质量等于 $2M$ 的新圆盘，再将新圆盘剖分为一个半径为 R'的小圆盘，和一个内、外半径分别为 R'，R 的圆环，使得两者的质量均为 M. 引入三个时间量如下：

T_1：自由质点从(1)中原圆盘直径通道的一个端点自静止出发形成的振动周期；

T_2：自由质点从新圆盘直径通道位置的一个端点自静止出发，在取走圆环后，即仅在小圆盘万有引力作用下形成的振动的周期；

T_3：自由质点从新圆盘直径通道位置的一个端点自静止出发，在取走小圆盘后，即仅在圆环的万有引力作用下形成的振动周期.

试分析地用等号或不等号建立 T_1，T_2，T_3 间的大小关系.

三、(20 分)

在我们的热学辅导课中，借助卡诺定理，为处于平衡态的热学系统引入了平衡态的态函数熵 S. 据此可计算系统两个平衡态之间熵的差异.

(1) 两个相同的匀质小球，质量同为 m，比热同为 c. 初始时各自处于温度为 T_1，$T_2 \neq T_1$ 的平衡态. 通过与外界绝热的球间相互热传导，最终达到相同的温度 T_e. 将两小球处理为一个系统，试求系统从初态到末态的熵增 ΔS 并据此判断过程是否可逆.

(2) 改取 10 个上述小球，其中 A 球温度为 T_0，其余 9 个球的温度同为 $2T_0$. 通过与外界绝热的环境下，球间相互接触发生的热传导，可使 A 球温度升高. 试求 A 球可达到的最高温度，再求 10 个小球组成的系统的熵增 ΔS.

(3) 上述(1)，(2)问中系统的初态都不是平衡态，试问你是补充了什么知识来求解(1)、(2)问的?

四、(20 分)

同学们均已熟知玻尔氢原子理论中的三条基本假设.

(1) 将真空介电常量记为 ε_0，电子质量记为 m，电子电量记为 $-e$，普朗克常量记为 h，电子在定态中绕氢核运动的量子化轨道半径记为 r_n，$n=1, 2, 3, \cdots$称为量子数，电子的量子化定态轨道能量(动能与势能之和)记为 E_n.

(1.1) 试导出以上述已知量作为参量的 r_n，E_n 表述式.

(1.2) 引入里德伯常量

$$R = me^4/8\varepsilon_0^2 h^3 c,\quad c\text{：真空光速}$$

将电子从处于高能级的 E_n 定态，跃迁到较低能级 E_m 定态时，发射频率可记为 ν 的一个光子所对应的光波波长记为λ，试求仅由 R，n，m 表述的λ 计算式.

(2) 氢原子是由原子核和电子构成的二体电作用系统，电子受核的库仑力要运动，原子核受电子的库仑力也要运动. 通常处理此系统时，因核的质量远大于电子质量，题文中若未提及需要考虑核的运动，均处理为可将核的运动略去. (1) 问解答中自然也可以这样处理.

实验中氢原子从 $n=3$ 能级跃迁到 $n=2$ 能级时，发出的谱线的波长为 656.280nm. 实验中又测得氘原子从 $n=3$ 能级跃迁到 $n=2$ 能级时，发出的谱线波长为 656.101nm. 这两条谱线波长间的差异是因为两个原子核质量差异造成的. 将氘核和氢核的质量分别记为 M_D，M_H，且已知 $M_H=1836\,m$，试求比值 $\gamma=M_D/M_H$，给出 4 位有效数字.

五、(20 分)

背景知识：摆线的参量方程和切向方位角.

如图 1 所示，半径为 R 的轮子在某水平面上纯滚动时，轮子边缘上任意一点 $P_{上}$ 的运动轨道称为上滚轮线. 轮子若在水平面下方纯滚动，轮子边缘上任意一点 $P_{下}$ 的运动轨道称为下滚轮线.

下滚轮线也称为摆线. 为建立摆线在直角坐标平面上的参量方程，参考图 2. 直线 MN 与 x 轴处处相距 $2R$，轮子贴着直线 MN 纯滚动，某时刻轮子边缘点 P 位于坐标原点 O. 轮子转过 θ 角时，P 点坐标，即其在摆线轨道中的位置为

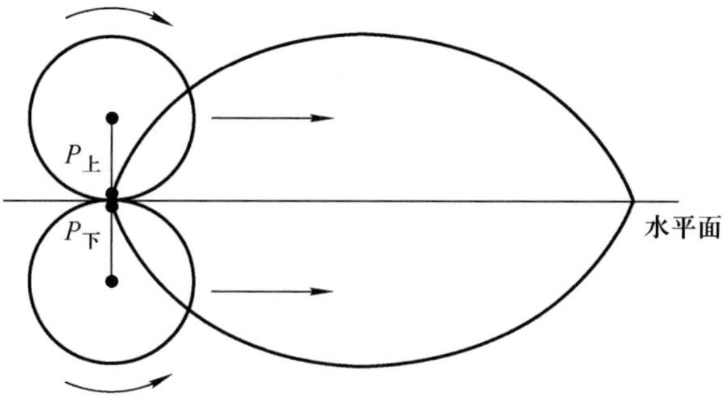

图 1

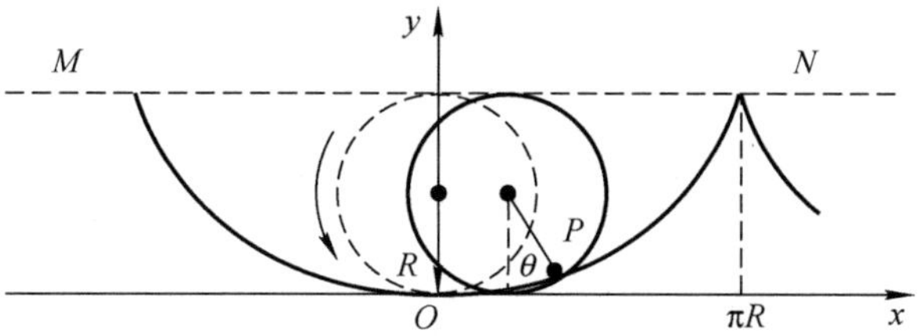

图 2

$$x = R\theta + R\sin\theta, \quad y = R - R\cos\theta,$$

得摆线的参量方程为

$$x = R(\theta + \sin\theta), \quad y = R(1 - \cos\theta), \quad \infty > \theta > -\infty.$$

将 P 在 O 点的时刻记为 $t=0$，若轮子匀速纯滚动，中心速度为 v，旋转角速度为 ω，则有

$$\omega = \frac{v}{R}, \quad \theta = \omega t, \quad \infty > t > -\infty.$$

结合运动学内容，参考图 3，P 点速度 $\boldsymbol{v}_P$ 方向与轮子整体沿 x 方向速度 $\boldsymbol{v}$ 之间夹角 ϕ，即为此摆线在 P 点位置处切线方向与 x 轴之间的夹角，故也可称为摆线的切向方位角．在 $\pi > \theta \geqslant 0$ 范围内，从图 3 所示的角关联(外角 2ϕ 的两条边与内角 θ 的两条边分别相互垂直)，可得

$$\phi = \frac{\theta}{2}, \quad \pi > \theta \geqslant 0.$$

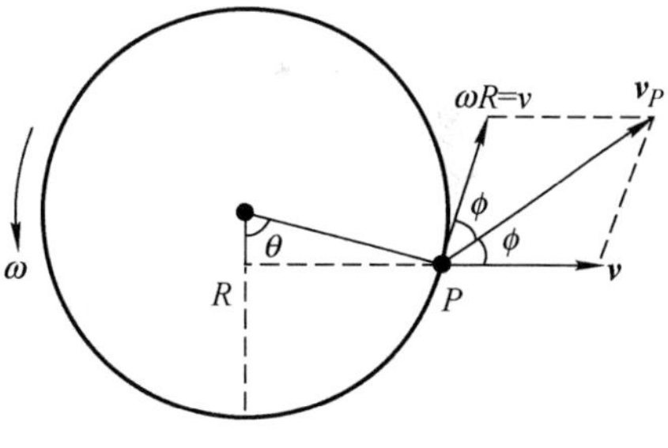

图 3

在 $\theta = \pi$ 处，即在 $x = \pi R$ 处，P 的速度方向，即摆线的切线方向会从沿 y 轴方向突变到沿 y 轴负方向．或者说，ϕ 角会从 $\frac{\pi}{2}$ 突变到 $-\frac{\pi}{2}$，可是 θ 角在此处仍是连续变化，不出现突变，故 $\phi = \theta/2$ 不再成立．显然在 $\theta = (2k+1)\pi$ $(k=0, \pm1, \pm2, \cdots)$ 处都有此种现象，故在 $\theta > \pi$ 或 $\theta < -\pi$ 区域，ϕ 与 θ 的关系式需作修正，此处从略.

题文：切向振荡力与匀强磁场力联合作用下，带电质点的摆线轨道.

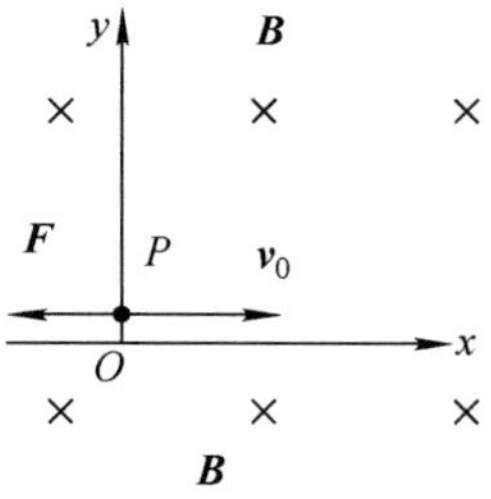

图 4

如图 4 所示，在磁感应强度为 $\boldsymbol{B}$ 的匀强磁场区域内，设置 Oxy

坐标平面，$\boldsymbol{B}$ 的方向垂直坐标平面朝里．$t=0$ 时，坐标原点 O 处有一个电量 $q>0$、质量为 m 的带电质点 P，其速度为 $\boldsymbol{v}=v_0\boldsymbol{i}$，$v_0$ 为正的常量，$\boldsymbol{i}$ 为 x 轴方向单位矢量.

从 $t=0$ 开始，P 在磁场力和沿坐标平面的变力 $\boldsymbol{F}$ 作用下运动，t 时刻 P 的速度矢量记为 $\boldsymbol{v}$，则 t 时刻 $\boldsymbol{F}$ 可表述为

$$\boldsymbol{F}=\begin{cases}-F_0\sin(\omega t-k\pi)\cdot\dfrac{\boldsymbol{v}}{v}(\text{减速力}), & \left(k+\dfrac{1}{2}\right)\pi>\omega t\geqslant k\pi,\\ F_0\sin(\omega t-k\pi)\cdot\dfrac{\boldsymbol{v}}{v}(\text{加速力}), & (k+1)\pi\geqslant\omega t>\left(k+\dfrac{1}{2}\right)\pi,\end{cases}$$

其中 F_0，ω 都是正的常量.

假如 P 的运动轨道为图 5 所示的摆线，其参量方程为

$$\begin{cases}x=R(\theta+\sin\theta),\\ y=R(1-\cos\theta),\end{cases}\quad(R\text{ 待定，}\theta\geqslant 0)$$

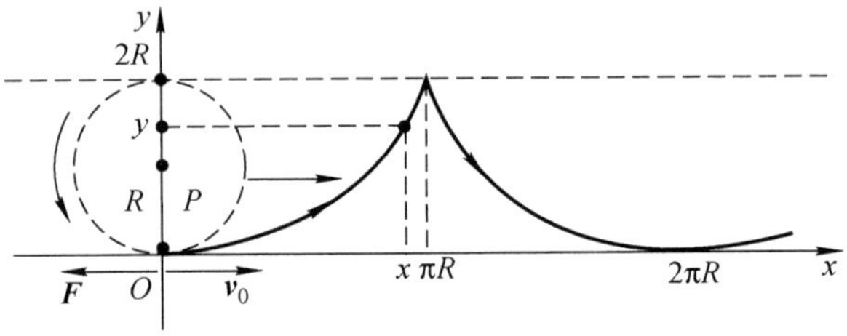

图 5

已知 P 沿摆线长度增加方向单调运动，试导出 F_0，ω，R 各自与已给参量 B，q，m，v_0 之间的函数关系.

六、(30 分)

惯性系 S 中，质量为 M 的质点固定．设置以 M 为原点的极坐标系，如图 1 所示．可将质量为 m 的可动质点所受 M 的牛顿引力表述为

$$\boldsymbol{F}=-G\frac{Mm}{r^3}\boldsymbol{r}. \tag{1}$$

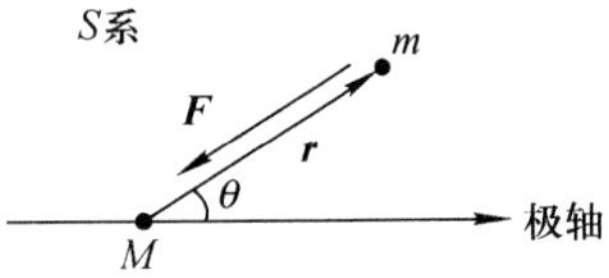

图 1

m 的运动速度 $\boldsymbol{v}$ 可分解为径向和角向分量 v_r 和 v_θ. 设无其他外力作用，m 相对 M 的角动量 $\boldsymbol{L}$ 为守恒量，m，M 构成的系统，其能量 E 也为守恒量，有

$$L=mrv_\theta, \tag{2}$$

$$E=\frac{1}{2}m(v_r^2+v_\theta^2)-G\frac{Mm}{r}. \tag{3}$$

引入参量

$$P=\frac{L^2}{GMm^2}, \tag{4}$$

$$\varepsilon=\sqrt{1+\frac{2EL^2}{G^2M^2m^3}}, \tag{5}$$

然后由

$$v_\theta=\frac{L}{mr},\quad v_r=\sqrt{\left(\frac{2E}{m}+2G\frac{M}{r}\right)-\frac{L^2}{m^2r^2}},$$

$$\frac{\mathrm{d}r}{\mathrm{d}\theta}=r\frac{v_r}{v_\theta}=r^2\sqrt{\left(\frac{GMm^2}{L^2}\right)^2\left(1+\frac{2EL^2}{G^2M^2m^3}\right)-\left(\frac{1}{r}-\frac{GMm^2}{L^2}\right)^2},\tag{6}$$

联立(4)、(5)、(6)式，即可从数学上导得(过程略)m 绕 M 运动轨道曲线的方程为

$$r=\frac{P}{1+\varepsilon\cos\theta}(\text{圆锥曲线方程}),\tag{7}$$

且有

$E<0$，$\varepsilon<1$ 时，轨道为椭圆，M 位于焦点之一；

$E=0$，$\varepsilon=1$ 时，轨道为抛物线，M 位于焦点；

$E>0$，$\varepsilon>1$ 时，轨道为两支双曲线中的一支，M 位于该支曲线的内焦点．

(1) 惯性系 S 中，质量为 M、电量为 $-Q(Q>0)$ 的带电质点固定．设置以$\{M,\ -Q\}$为原点的极坐标系，如图 2 所示．可将质量为 m、电量为 $q>0$ 的可动带电质点所受$\{M,\ -Q\}$的库仑力表述为

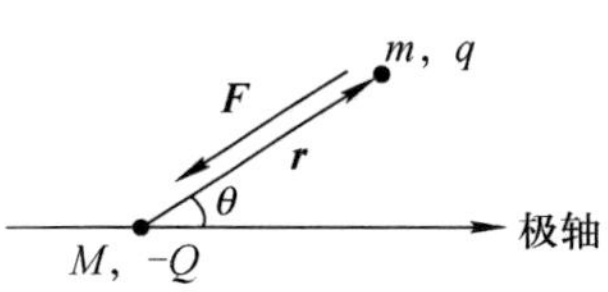

图 2

$$\boldsymbol{F}=-k\frac{Qq}{r^3}\boldsymbol{r}.$$

设无其他外力作用，在极坐标系中，试求带电质点$\{m,\ q\}$绕带电质点$\{M,\ -Q\}$运动轨道曲线的方程.

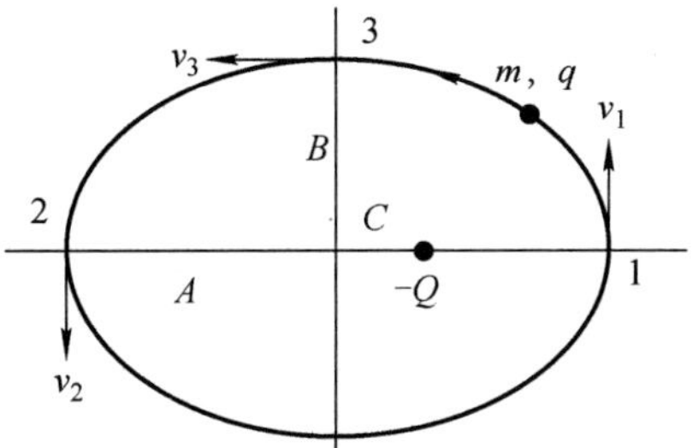

图 3

(2) 带电质点$\{m,\ q>0\}$绕固定点电荷$-Q(Q>0)$做椭圆轨道运动，如图 3 所示．将 m，q，Q 和图中几何参量 A，B，$C(C=\sqrt{A^2-B^2})$处理为已知量．试求图中 3 个特征点的速度大小 v_1，v_2，v_3，以及做轨道运动的$\{m,\ q\}$质点所具有的能量 E；再求椭圆轨道周期 T.

(3) 惯性系 S 中，开始时如图 4 所示，带负电的质点$(M,\ -Q)$和带正电的$(m,\ q)$质点都静止，相距 l.

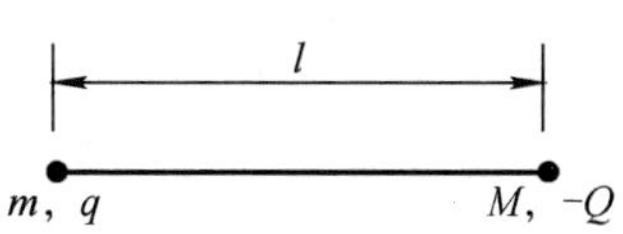

图 4

(3.1) 设$(M,\ -Q)$固定不动，将$(m,\ q)$自由释放，在库仑力作用下，经时间 T_1 与$(M,\ -Q)$相遇，试求 T_1；

(3.2) 设$(M,\ -Q)$也可动，将两者一起自静止自由释放，在库仑力作用下，经时间 T_2 两者相遇，试求 T_2.

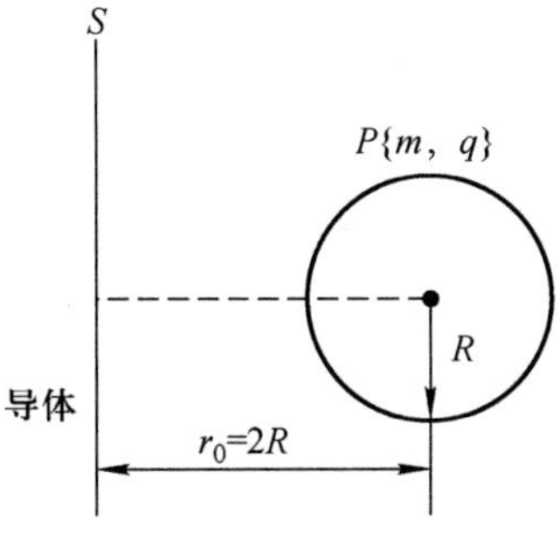

图 5

(4) 如图 5 所示，足够大不带电的导体右侧真空中，静放着一个半径为 R、质量为 m、电量 $q>0$ 的匀质均匀带电球面，球心与导体平表面 S 相距 $r_0=2R$. $t=0$ 时刻，将 P 从静止自由释放.

(4.1) 通过具体定性分析，定性判断带电球面将怎样运动？

(4.2) 定量求出 P 的表面触及 S 面的时刻 t_e，答案中可包含已知量 R，m，q，ε_0(真空介电常量).

七、(20 分)

如图所示，半径为 R 的光滑绝缘圆环固定在光滑水平面上，环所在的与水平面垂直的长直圆柱体空间内有均匀磁场，圆柱体外空间无磁场．磁感应强度 $\boldsymbol{B}$ 的基准方向竖直向下．在圆环内有一根质量为 m、电量为 Q ($Q>0$)且都均匀分布的绝缘刚性细杆 ab，杆中心与圆环中心的距离为 $R/2$，杆的两端被约束在环壁上可绕环做无摩擦的运动．设 $t=0$ 时，杆静止，而后因磁场 $\boldsymbol{B}$ 的大小按 $B=B_0\sin\omega_0 t$ 变化，杆在环内先逆时针转过 2π 角，再顺时针转回 2π 角，并如此不断交替．设杆的运动并不改变杆上电荷的均匀分布.

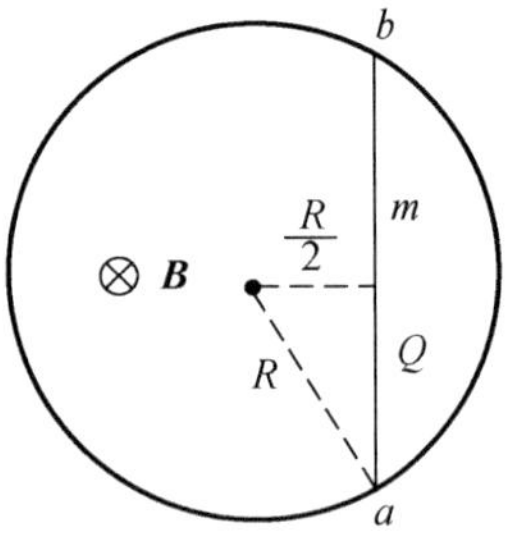

(1) 试确定 ω_0 与 m，Q，B_0 之间的关系；

(2) 试确定杆通过其 a 和 b 两端对环所施作用力 $\boldsymbol{N}_a$ 和 $\boldsymbol{N}_b$ 随时间 t 的变化规律.

B 卷(60 分)

题号	一	二			
	(1—4)	5	6	7	8
得分					
阅卷人					

一、简答(每小题 5 分，共 20 分)

1. 如图所示，在图平面上的 O 点引出两个坐标轴 Ox_1 和 Ox_2，它们之间的夹角为 ϕ. 质量为 m 的质点 P，在 O 点的分速度 $\boldsymbol{v}_1$，$\boldsymbol{v}_2$ 分别沿 Ox_1 和 Ox_2，试求此时 P 的动能 E_k.

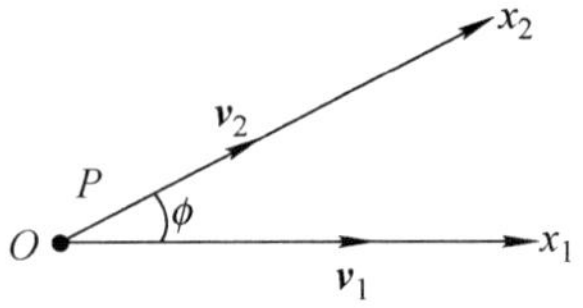

2. 图 1 中，半径 R 的球面均匀带电，电量为 Q，全空间电场能量记为 W_{e1}；图 2 中，半径 R 的球面均匀带电，电量为 $Q/2$，半径 $r=R/\sqrt[3]{2}$ 的同心球面均匀带电，电量为 $Q/2$，全空间电场能量记为 W_{e2}；图 3 中，半径 R 的球体均匀带电，电量为 Q，全空间电场能量记为 W_{e3}. 试写出 W_{e1}，W_{e2}，W_{e3}之间的大小顺序，并给出这样排序的理由.

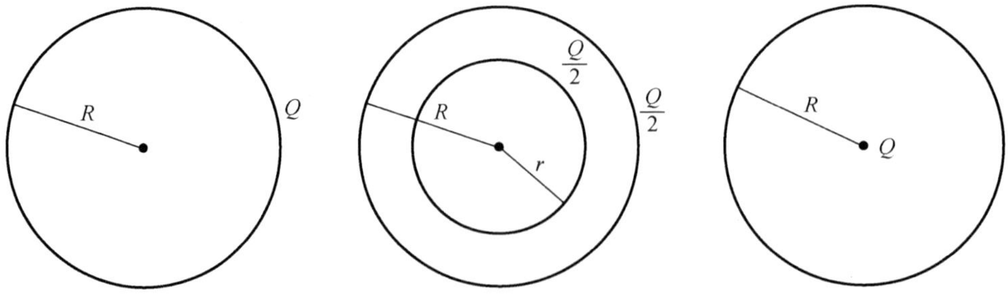

图 1　　图 2　　图 3

3. 某双原子分子理想气体，在 $T<2T_0$ 时，等体过程摩尔比热容为 $\frac{5}{2}R$；在 $T\geqslant 2T_0$

时，等体过程摩尔比热容为$\frac{7}{2}R$.

此气体的一个热循环过程 $ABCA$，如图所示. 已知 $p_0V_0=\nu RT_0$，试求循环效率 η.

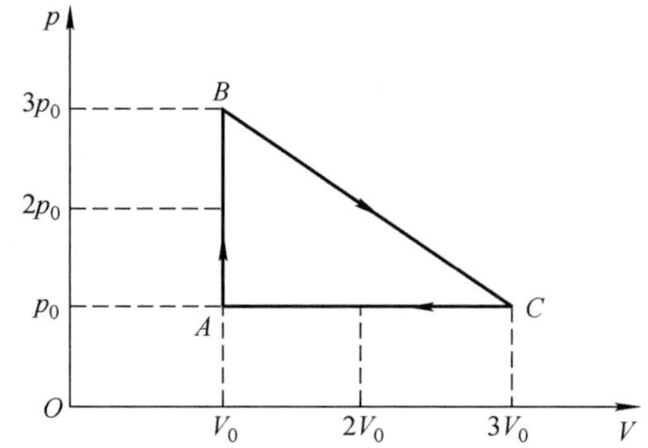

4. 质量为 m_0 的质点静止在 $x=0$ 点，$t=0$ 开始在一个沿 x 轴正方向的恒力 $\boldsymbol{F}$ 作用下运动．试求：

(1) 质点速度 u 随所到位置 x 的变化关系；

(2) 质点速度 u 随时间 t 的变化关系.

引入简化性参量：$\alpha=F/m_0c^2$，答案中可出现 α 和 c，不可出现 F 和 m_0.

二、计算(每题 10 分，共 40 分)

5. 如图 1 所示，高 $3h_0$ 的上、下封口，且不漏气的圆柱形气缸，竖直放在水平桌面上. 气缸上部 h_0 高度的空间区域内，储存有若干氧气. 气缸中部有一段两端封口，高为 h_0 的小圆桶，桶的侧壁与气缸内侧面紧密接触，可滑动且无摩擦，桶内装满水银．气缸下部 h_0 高度的空间区域内，储存有若干氮气．设温度处处为不变的 T. 平衡时氧气处的压强为 p_0，氮气处的压强为 $2p_0$.

今如图 2 所示，将气缸平放在水平桌面上，温度仍处处为不变的 T. 平衡时氧气在左，其水平长度记为 $h_左$；氮气在右，其水平长度记为 $h_右$，试求 $h_右$.

再将气缸倒立在水平桌面上，温度仍处处为不变的 T. 平衡时如图 3 所示，氮气在上，氧气在下，各自高度分别为 $h_上$，$h_下$，试求 $h_上$.

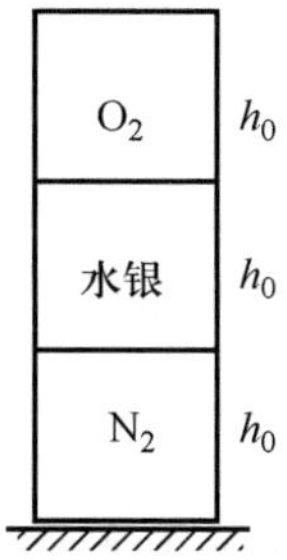

图 1

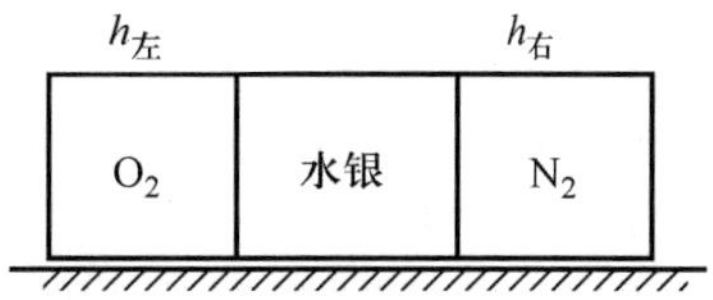

图 2

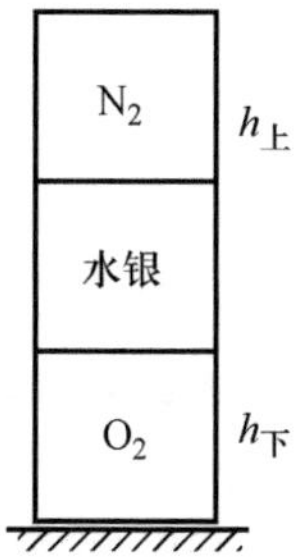

图 3

6. 如图所示，光滑水平面上有一个倾角为 ϕ、质量为 M 的斜木块，木块的斜面上有一个质量为 m、半径不可忽略的均匀小球．初始时，系统处于静止状态，某时刻开始在木块的左侧面上施加一个水平朝右的恒力，使木块朝右平动，小球则可以静止在斜面上或沿斜面滚动．假设小球与木块斜面间的摩擦系数较大，使小球与斜面间不会发生相对滑动.

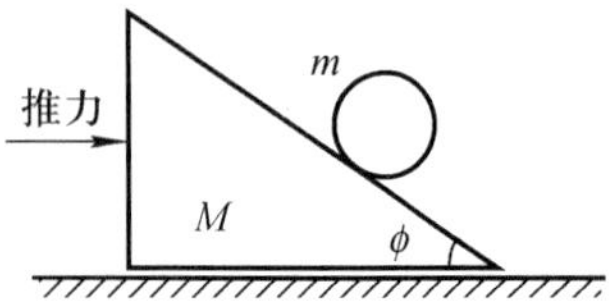

(1) 若小球相对斜面恰好静止，试求木块朝右的平动加速度 $a_M(1)$；

(2) 将(1)问对应的推力大小记为 F_0，改取推力为 $2F_0$，再求木块朝右的平动加速度 $a_M(2)$，进而判定小球沿斜面向下还是向上滚动．答案中不可包含参量 F_0.

7. 真空中有一固定的点电荷 $Q>0$，另有一粒子加速枪，可用同一加速电压加速各静止粒子．现有两种带负电粒子 P_1，P_2，经该枪加速后进入 Q 的电场区域，枪口发射方向垂直于 Q 到枪口连线.

(1) 若粒子 P_1，P_2 进入 Q 场区域后，能做匀速圆周运动，已知加速电压为 U，求圆半径 r_0.

(2) 现用两支相同的枪，枪口与点电荷 Q 相距 r_0 且在同一位置．调整发射角，使两枪发射角都偏 r_0 处切向一个小角度．两枪分别同时发射 P_1，P_2，当 P_1，P_2 进入 Q 场区域后，分别绕 Q 做某种运动，某时刻 P_1，P_2 同时回到原出发点，P_1 绕 Q 转 3 圈，P_2 绕 Q 转 2 圈，求两者荷质比之比 γ_1/γ_2. 忽略粒子间的相互作用及相互碰撞的可能性.

8. 图 1 给出了惯性系 S，S'间的相对位形和相对运动关系．将 O，O'重合时定为 $t=0$，$t'=0$ 时刻．相对 S 系以匀速度 $v\boldsymbol{i}$ 运动的 S'系坐标框架 $O'x'y'$，在 S 系某时刻的投影图即如图 1 所示.

图 2 给出了惯性系 S'，S''间的相对位形和相对运动关系．设 $t'=0$ 时 O'，O''重合，此时取为 $t''=0$ 时刻．相对 S'系以匀速度 $v\boldsymbol{j}'$运动的 S''系坐标框架 $O''x''y''$，以及分别静止在 y''轴和 x''轴上的两根细杆 AB 和 AD，在 S'系某时刻的投影图即如图 2 所示.

(1) 为简约，常将图 1，2 从几何上拼合，便成图 3.

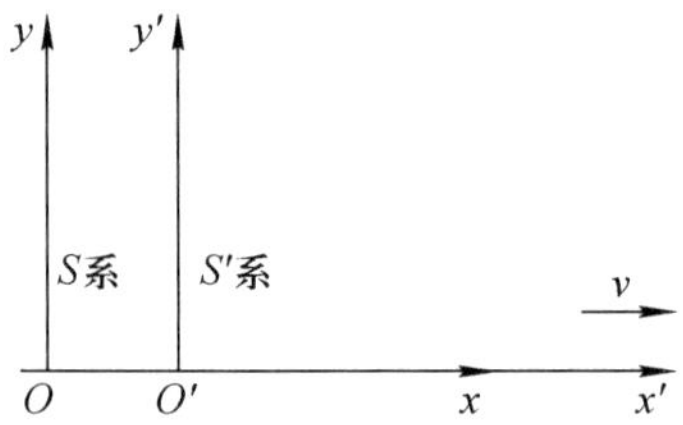

图 1

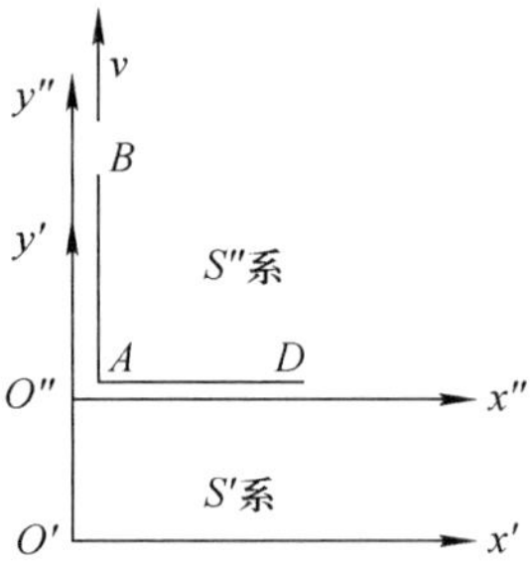

图 2

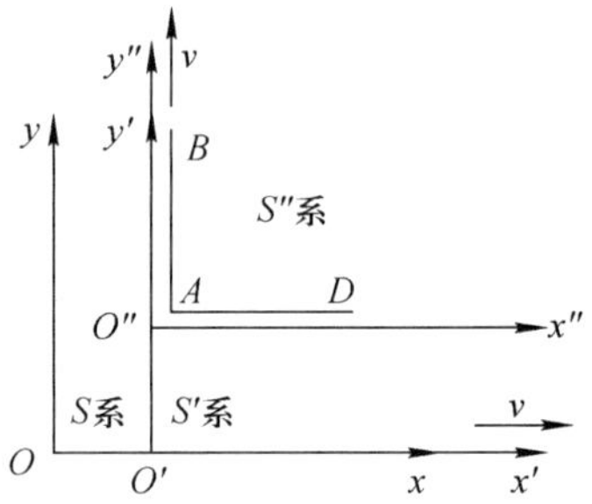

图 3

(1.1) 试问图 3 中 S''系的$O''x''y''$坐标框架，以及细杆 AB，AD 的几何位形，是否必定也是它们在 S 系某时刻的投影图？并请简短地给出你的判断依据.

(1.2) 无论你在(1.1)问中给出何种回答，均请通过定量推导，画出 S''系的 $O''x''y''$坐标框架以及细杆 AB，AD，在 S 系某时刻的投影图，并给出投影图中特征角的表达式.

(2) 在惯性系 S 中，一根以速度 $\boldsymbol{u}$ 运动的细杆 PQ，某时刻的位形如图 4 所示. PQ 可解读为图 4 中开始时相对 S 系静止的细杆 P_0Q_0，后因相对 S 系以匀速度 $\boldsymbol{u}$ 运动所成位形. 为方便也可将 PQ 左移，并让 P 与 P_0 重合，画成图 5 所示的位形. 这样，图 5 中 P_0Q_0 可解释为细杆在 S 系中静止的初始位形，PQ 可解释为细杆在 S 系中具有匀速度 $\boldsymbol{u}$ 的最终运动位形.

(2.1) 通过定量推导，试在 S 系中画出图 3 中 AB 杆在相对其静止的惯性系中的位形 A_0B_0，并给出 A_0B_0 杆与 S 系 y 轴夹角 α 的表达式.

(2.2) 继而在 S 系中画出图 3 中的 y''轴在相对其静止的 S''系中的位形，记为 y''_0 轴.

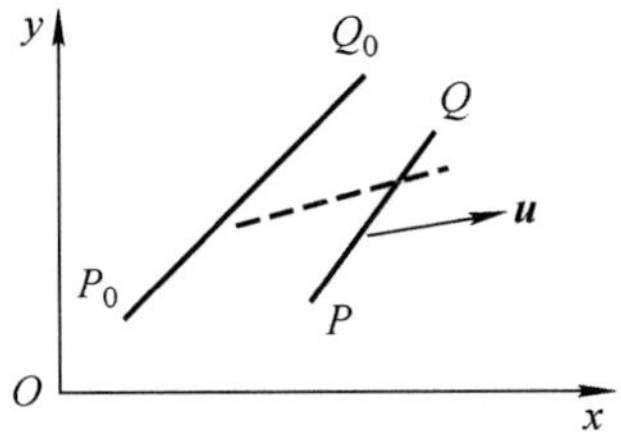

图 4

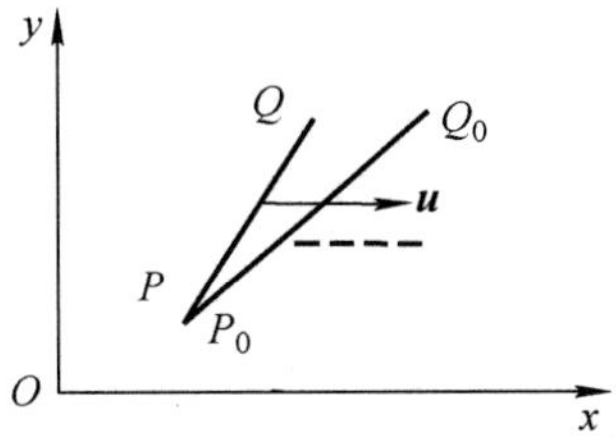

图 5

(2.3) 最后通过定量推导，在 S 系中画出 x''轴在相对其静止的 S''系中位形，记为 x''_0 轴，并给出 x''_0 轴与 S 系 x 轴夹角 α^* 的表达式.

解释：假设最后所得的 $O''x''_0y''_0$ 框架位形，原本是相对 S 系静止的 S''系直角坐标框架位形，当 S''系以图 1、2 可以求得的合成速度相对 S 系匀速运动时，该坐标框架在 S 系某时刻的投影图即为(1.2)问所求得的投影图.

注意：上述解释是为解题者理解题文提供参考之用，解题时则必须以题文设问顺序展开应答过程.

解答与评分标准(参考)

A卷

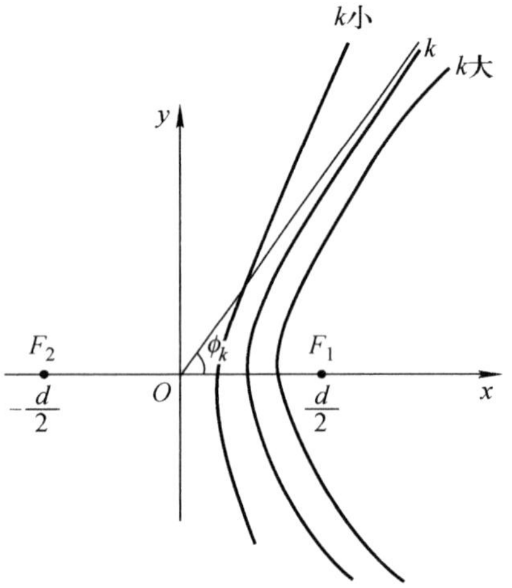

题解图

一、(10分)

在 xy 平面右半侧，干涉极大点构成一系列以 F_1 为内焦点、F_2 为外焦点的双曲线，对相干叠加波长差为 $k\lambda$ 的极大，对应的双曲线方程为

$$\frac{x^2}{A_k^2}-\frac{y^2}{B_k^2}=1,$$

其中 A_k 为顶点的 x 坐标，有

$$A_k=\frac{k}{2}\lambda,\quad k=0,1,\cdots,N-1,N.$$

当 $k=0$ 时，双曲线退化为 y 轴，当 $k=N$ 时，双曲线退化为从 F_1 朝 x 轴正方向延伸的射线．这些双曲线互不交叠，如题解图所示.

对第 k 条双曲线，其渐近线与 x 轴夹角 ϕ_k 满足

$$\tan\phi_k=B_k/A_k,\quad B_k=\sqrt{C^2-A_k^2},\quad C\text{：}F_1\text{ 到 }O\text{ 点距离，}C=\frac{d}{2}=\frac{N}{2}\lambda$$

$$\Rightarrow\quad B_k=\frac{1}{2}\sqrt{N^2-k^2}\lambda,\quad\Rightarrow\quad\tan\phi_k=\sqrt{N^2-k^2}/k.$$

有

$$k=0\text{ 时，}\phi_0=\frac{\pi}{2};\quad k=N-1\text{ 时，}\quad\phi_{N-1}=\arctan\frac{\sqrt{2N-1}}{N-1}(\text{最小非零 }\phi_k\text{ 角}).$$

(1) 为使小探测器可探测到最多的极大，要求 ϕ 小于 ϕ_{N-1}，即有

$$0<\phi<\phi_{N-1}=\arctan\frac{\sqrt{2N-1}}{N-1},$$

即使取 $\phi=0$，最多也只能探测到 $k=1,2,\cdots,N-1$ 个极大，即共可探测到 $N-1$ 个极大．(5分)

(2) 为使小探测器可探测到的干涉极大的次数最少，应取 ϕ 值为

$$\frac{\pi}{2}>\phi>\phi_1=\arctan\sqrt{N^2-1},$$

此时小探测器将接收到1个干涉极大．(5分)

(取 $\phi=\frac{\pi}{2}$时，小探测器将一直探测着 $k=0$ 对应的极大，即只有一个“不同的”极大，但因 $N\geqslant3$，取 $0\leqslant\phi<\phi_{N-1}$时，可探测 $N-1\geqslant2$ 个不同的极大，后者多于前者．)

二、(20分)

(1) 质量均匀分布的圆环，在其中央轴线上的万有引力场强，可等效为将圆环质量平

分给环上两个对径点(如题解图 1 中 A，B 点)后，在原轴线上的场强.

质量 M 均匀分布、半径 R 的球体，其质量体密度为

$$\rho = 3M/4\pi R^3.$$

如题解图 2 所示，建立 Oxy 平面，原点 O 位于球心，在 Oxy 平面上取$\{r,\theta\}$位置附近小面元 $\mathrm{d}S$，将此小面元绕 y 轴一周形成一细环体，它所含质量为

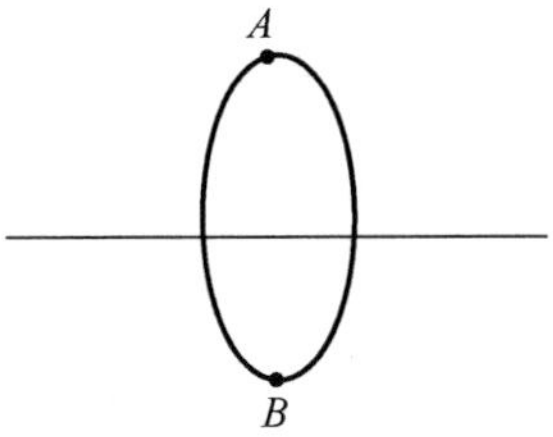

题解图 1

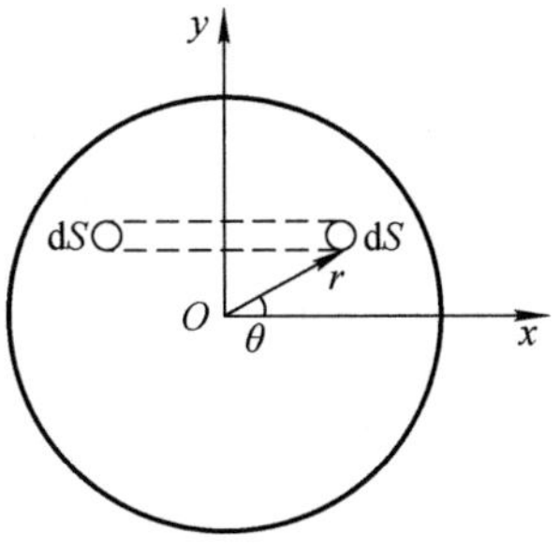

题解图 2

$$\mathrm{d}M = \rho(2\pi r\cos\theta \cdot \mathrm{d}S).$$

细环体上质量均匀分布，它在中央轴，即 y 轴上的引力场强等效为将 $\mathrm{d}M$ 等分给两个小面元后在 y 轴上的引力场强．两个小面元上的质量面密度同为

$$\sigma = \frac{1}{2}\frac{\mathrm{d}M}{\mathrm{d}S} = 3Mr\cos\theta/4R^3.$$

用这种方法将球体质量集中在 xy 平面上的 R 半径圆面上，则球与圆面在 y 轴直径通道上的场强分布一致，故自由质点在该通道上均做简谐振动．因此，

$$\sigma(r,\theta) = \begin{cases} 3Mr\cos\theta/4R^3, & \frac{\pi}{2} \geqslant \theta \geqslant -\frac{\pi}{2}, \\ \sigma(r,\pi-\theta), & \frac{3}{2}\pi \geqslant \theta \geqslant \frac{\pi}{2}. \end{cases} \quad (5\text{ 分})$$

(2) 分步讨论.

R'的确定：

新圆盘面密度增加一倍，质量便为 $2M$，R'小圆盘与外环质量均为 M. 对小圆盘有

$$\sigma'(r,\theta) = 3Mr\cos\theta/4R'^3, \quad 2\sigma(r,\theta) = 6Mr\cos\theta/4R^3,$$

即得

$$R' = R/\sqrt[3]{2}.$$

T_1 的计算：

同于质量为 M、半径为 R 匀质球直径隧道中的振动周期．如题解图 3 所示，自由质点处于 y 位置时，将圆盘还原为匀质球，则受力

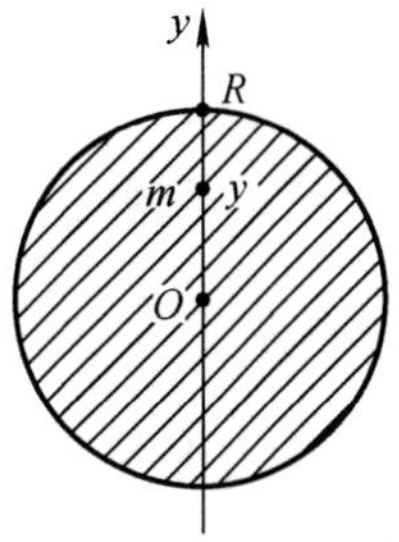

题解图 3

$$F_y(1) = -GM_y m/y^2, \quad M_y = \rho\frac{4}{3}\pi y^3,$$

即为线性恢复力

$$F_y(1)=-GMmy/R^3,\quad \Rightarrow \quad \text{简谐振动}\begin{cases}\omega=\sqrt{GM/R^3},\\ T_1=2\pi R\sqrt{R/GM}.\end{cases}\qquad (5\text{分})$$

T_2 与 T_1 的大小比较：

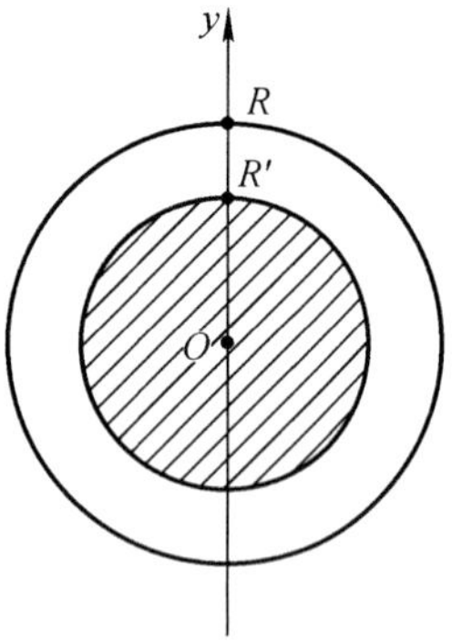

题解图 4

参考题解图 4，自由质点在 $R\geqslant y\geqslant R'$ 处受力

$$F_y(2)=-GMm/y^2,\quad \Rightarrow \quad |F_y(2)|\geqslant|F_y(1)|,$$

而在 $R'\geqslant y\geqslant 0$ 处受力

$$F_y(2)=-GMmy/R'^3,\quad \Rightarrow \quad |F_y(2)|>|F_y(1)|.$$

自由质点从 $y=R$ 处静止出发后，处处力变大，加速度值也变大，速度值也处处变大．考虑到经过 $|\Delta y|$ 所需时间 $\Delta t=|\Delta y|/|v|$，故必有

$$\Delta t(2)<\Delta t(1).$$

对 $y=R$ 到 $y=0$ 的四分之一周期，有

$$T_2/4<T_1/4,$$

即得

$$T_2<T_1.\qquad (5\text{分})$$

T_3 与 T_1 的比较：

自由质点在环内 $R\geqslant y\geqslant R'$ 处，受力可算得为

$$F_y(3)=-2GMmy/R^3+GMm/y^2.$$

不再为线性恢复力，故其运动时间较难计算．但它在空洞内匀速运动，往返时间 t 较易求得，且有

$$T_3>t.$$

质点在 $y=R$ 处所具势能为

$$E_p(R)=-GM_{环}\,m/R=-GMm/R,$$

在 $y=R'$ 处所具势能为

$$E_p(R')=\int_{R'}^{R}(-G\mathrm{d}M\cdot m/r),$$

其中 $\mathrm{d}M$ 为被还原的 $r\to r+\mathrm{d}r$ 球壳质量

$$\mathrm{d}M=\rho'\cdot 4\pi r^2\mathrm{d}r=6Mr^2\mathrm{d}r/R^3,$$

由此可算得(或按所学电学知识直接写出)

$$E_p(R')=(-3GMm/R)\left(1-\frac{R'^2}{R^2}\right).$$

质点在 R' 处动能及速度大小为

$$E_k(R')=E_p(R)-E_p(R')=(GMm/R)\left(2-\frac{3R'^2}{R^2}\right),$$

$$v(R')=\sqrt{2E_k(R')/m}=\sqrt{(2GM/R)\left(2-\frac{3}{\sqrt[3]{4}}\right)},$$

故空洞内匀速运动往返时间为

$$t=4R'/v(R')=(2\sqrt{2}/\sqrt{2\sqrt[3]{4}-3})R\sqrt{R/GM}$$

$$>T_1=2\pi R\sqrt{R/GM},$$

因此

$$T_3>T_1. \qquad (5\text{ 分})$$

据上述讨论，最后得 T_1，T_2，T_3 间大小关系为

$$T_3>T_1>T_2.$$

三、(20 分)

(1) 系统的初态因 $T_1\neq T_2$，并非平衡态．因熵为广延量，系统初态熵为

$$S_0=S_{10}+S_{20}, \qquad S_{10},\ S_{20}\text{ 分别为两小球初态(平衡) 熵}.$$

小球从初态 T_1 到末态 T_e，经历的是不可逆过程，但因初、末态均为平衡态，故可设计一个无限缓慢且吸热升温的可逆过程来计算熵增．设球 1 温度为 T 时，从温度为 $T+\mathrm{d}T$ 热源通过热传导吸热

$$\mathrm{d}Q=mc\,\mathrm{d}T.$$

无穷多个此类无穷小过程组合而成的有限过程，使小球 1 从 T_1 升温到 T_e，此过程为可逆过程．球 1 熵增为

$$\Delta S_1=S_{1e}-S_{10}=\int_{T_1}^{T_e}\frac{\mathrm{d}Q}{T}=mc\ln\frac{T_e}{T_1},\ T_e=\frac{1}{2}(T_1+T_2).$$

同理，得小球 2 的熵增为

$$\Delta S_2=S_{2e}-S_{20}=\int_{T_2}^{T_e}\frac{\mathrm{d}Q}{T}=mc\ln\frac{T_e}{T_2}.$$

末态球 1、2 温度相同，系统为平衡态，熵为

$$S_e=S_{1e}+S_{2e}.$$

(说明：若系统末态不是平衡态，即球 1、2 并非同一温度，上式也成立．)系统熵增为

$$\Delta S=S_e-S_0=(S_{1e}+S_{2e})-(S_{10}+S_{20})=\Delta S_1+\Delta S_2,$$

$$\Rightarrow\quad \Delta S=mc\ln\frac{T_e^2}{T_1T_2}=mc\frac{(T_1+T_2)^2}{4T_1T_2}.$$

因

$$(T_1+T_2)^2-4T_1T_2=(T_1-T_2)^2>0,\qquad\Rightarrow\quad (T_1+T_2)^2>4T_1T_2,$$

得

$$\text{系统熵增 }\Delta S=mc\ln\frac{(T_1+T_2)^2}{4T_1T_2}>0\text{，过程不可逆}. \qquad (10\text{ 分})$$

(2) 将其余 9 个球分别记为 B_1，B_2，…，B_9，让 A 逐个与 B_1，B_2，…，B_9 接触并达热平衡可使 A 球温度达到最高值.

A 球与 B_i 球接触后，两者的末态温度同记为 T_i，则有

$$\begin{cases}T_{i+1}=\dfrac{1}{2}(T_i+2T_0)=\dfrac{1}{2}T_i+T_0,\\[2ex] T_1=\dfrac{1}{2}(T_0+2T_0)=\dfrac{1}{2}T_0+T_0,\end{cases}\qquad i=1,\ 2,\ \cdots,\ 9,$$

据此可导得

$$T_i=\frac{1}{2^i}T_0+\frac{1}{2^{i-1}}T_0+\cdots+\frac{1}{2}T_0+T_0$$
$$=\left[\left(1-\frac{1}{2^{i+1}}\right)\Big/\left(1-\frac{1}{2}\right)\right]T_0=\left(2-\frac{1}{2^i}\right)T_0,$$

即得 A 球可达的最高温度为

$$T_9=\left(2-\frac{1}{2^9}\right)T_0=\frac{1023}{512}T_0. \qquad (4\text{ 分})$$

全过程 A 球熵增：

$$\Delta S_A=\int_{T_0}^{T_9}\frac{\mathrm{d}Q}{T}=\int_{T_0}^{T_9}\frac{mc\,\mathrm{d}T}{T}=mc\ln\frac{T_9}{T_0}$$
$$=mc\ln\left(2-\frac{1}{2^9}\right)=mc\ln\frac{1023}{512}>0.$$

B_1，B_2，…，B_9 的熵增总量为

$$\Delta S_B=mc\ln\frac{T_9}{2T_0}+mc\,\frac{T_8}{2T_0}+\cdots+mc\ln\frac{T_1}{2T_0}$$
$$=mc\ln\left[\left(1-\frac{1}{2^{10}}\right)\left(1-\frac{1}{2^9}\right)\cdots\left(1-\frac{1}{2^2}\right)\right]<0,$$

系统总的熵增为

$$\Delta S=\Delta S_A+\Delta S_B=mc\ln\left[2\left(1-\frac{1}{2^{10}}\right)^2\left(1-\frac{1}{2^9}\right)\cdots\left(1-\frac{1}{2^2}\right)\right]. \qquad (3\text{ 分})$$

(3) 玻尔兹曼从统计观念出发，将系统的状态分为宏观态和微观态两类．每一个宏观态(可以是平衡态，也可以是非平衡态)都包含着大量的微观态，后者的数目记为 Ω，玻尔兹曼为此系统的这个宏观态引入的熵为

$$S=k\ln\Omega.$$

若一个系统在宏观上可分为两个宏观系统 1 和 2，各自包含的微观态数为 Ω_1，Ω_2，各自的熵便为 $S_1=k\ln\Omega_1$，$S_2=k\ln\Omega_2$．原宏观系统的微观态数 Ω、熵 S 分别为 $\Omega=\Omega_1\cdot\Omega_2$，$S=k\ln\Omega=k\ln\Omega_1+k\ln\Omega_2=S_1+S_2$，这表明熵为广延量． (3 分)

可以证明，玻尔兹曼熵和克劳修斯熵本质是相同的．克劳修斯熵也是广延量，这就是(1)、(2)问的解答中用到的补充知识.

四、(20 分)

(1) 引入 $\hbar=h/2\pi$，电子绕核做圆周运动的轨道半径满足的运动方程和定态轨道角动量量子化方程为

$$\frac{e^2}{4\pi\varepsilon_0r^2}=m\,\frac{v^2}{r},\qquad mvr=n\hbar,\qquad n=1,\ 2,\ 3,\ \cdots.$$

(1.1) 由上述两式，可得轨道量子化半径为

$$r_n=\frac{4\pi\varepsilon_0\hbar^2}{me^2}\cdot n^2,\ n=1,\ 2,\ 3,\ \cdots, \qquad (1)(3\text{ 分})$$

轨道能量为

$$E=E_\mathrm{k}+E_\mathrm{p}=\frac{1}{2}mv^2-\frac{e^2}{4\pi\varepsilon_0r}=-\frac{e^2}{8\pi\varepsilon_0r},$$

将(1)式代入，得定态量子化轨道能量为

$$E_n=\frac{me^4}{2(4\pi\varepsilon_0)^2\hbar^2}\cdot\frac{1}{n^2},\ n=1,\ 2,\ 3,\ \cdots. \qquad (2)(3\text{ 分})$$

结合题文给出的 R 表述式，可得

$$E_n=-hcR/n^2. \qquad (3)$$

(1.2) 电子从高能级 E_n 跃迁到低能级 E_k，发出的光子频率记为 ν，则有

$$h\nu=E_n-E_k=hcR\left(\frac{1}{k^2}-\frac{1}{n^2}\right),\ \nu=c/\lambda,$$

$$\Rightarrow\ \lambda=\left[R\left(\frac{1}{k^2}-\frac{1}{n^2}\right)\right]^{-1}. \qquad (4)(4\text{ 分})$$

(2) 上述讨论的基础是将核的运动略去，若不略去核的运动，则上述推导过程中的电子质量 m，应一致地改取为二体相互作用力系统的约化质量：

$$\mu=\frac{mM}{m+M},\ M\text{：原子核质量，}\begin{cases}\text{氢原子：}\mu_{\rm H}=mM_{\rm H}/(m+M_{\rm H}),\\ \text{氘原子：}\mu_{\rm D}=mM_{\rm D}/(m+M_{\rm D}),\end{cases}$$

对应有

$$R_{\rm H}=\frac{\mu_{\rm H}e^4}{8\varepsilon_0^2h^3c},\qquad R_{\rm D}=\frac{\mu_{\rm D}e^4}{8\varepsilon_0^2h^3c},\qquad\Rightarrow\qquad\frac{R_{\rm D}}{R_{\rm H}}=\frac{\mu_{\rm D}}{\mu_{\rm H}},$$

$$\Rightarrow\quad\frac{R_{\rm D}}{R_{\rm H}}=\frac{M_{\rm D}}{1+\dfrac{M_{\rm D}}{m}}\cdot\frac{1+\dfrac{M_{\rm H}}{m}}{M_{\rm H}}.$$

原(4)式也应改述为

$$\lambda_{\rm H}=\left[R_{\rm H}\left(\frac{1}{k^2}-\frac{1}{n^2}\right)\right]^{-1},\qquad\lambda_{\rm D}=\left[R_{\rm D}\left(\frac{1}{k^2}-\frac{1}{n^2}\right)\right]^{-1},$$

即得

$$\frac{\lambda_{\rm H}}{\lambda_{\rm D}}=\frac{R_{\rm D}}{R_{\rm H}}=\frac{M_{\rm D}}{1+\dfrac{M_{\rm D}}{m}}\cdot\frac{1+\dfrac{M_{\rm H}}{m}}{M_{\rm H}}. \qquad (5)$$

将

$$\frac{\lambda_{\rm H}}{\lambda_{\rm D}}=\frac{656.280}{656.101}=1.000\ 272\ 8,\qquad M_{\rm H}=1836m,\qquad M_{\rm D}=\gamma M_{\rm H}=1836\gamma m$$

代入，得

$$1.000\ 272\ 8=\frac{1836\gamma m}{1+1836\gamma}\cdot\frac{1837}{1836m}=\frac{\gamma}{1+1836\gamma}\cdot 1837.$$

引入

$$\beta=1.000\ 272\ 8,$$

得

$$\gamma=\beta/(1837-1836\beta)=2.004. \qquad (6)(10\text{ 分})$$

五、(20 分)

从题文图 5 可以看出，取 $k=0$，1，2，则从$\{2k\pi R,\ 0\}$点到$\{(2k+1)\pi R,\ 2R\}$点，摆线切线方向角（切线与 x 轴夹角）ϕ 从 0 增到 $\pi/2$. 从$\{(2k+1)\pi R,\ 2R\}$点到$\{2(k+1)\pi R,\ 0\}$点，方向角 ϕ 改从 $-\pi/2$ 增到 0，增量也为 $\pi/2$. 在$\{(2k+1)\pi R,\ 2R\}$点，ϕ 在无穷短过程中从 $\pi/2$ 转变为 $-\pi/2$，即有 π 突变.

挖去 π 突变的无穷小时间段，引入 ϕ 的净增量 ϕ^*，从 $t=0$ 的$\{0,\ 0\}$点到任意 $t>0$ 的$\{x,\ y\}$点，有

$$\phi^*=\int_0^t \mathrm{d}\phi^*\text{，积分中已挖去各个 }\pi\text{ 突变的无穷小时间段，实为分段积分.}$$

分段积分中，恒有

$$\mathrm{d}\phi^*=\mathrm{d}\phi,\quad \Rightarrow\quad \phi^*=\int_0^t \mathrm{d}\phi\text{，仍为分段积分.}$$

据摆线的几何结构，可知在从$\{0,\ 0\}$点到$\{\pi R,\ 2R\}$点的过程中，ϕ 与 R 圆轮转角 θ 的关系为

$$\theta=2\phi,\quad \Rightarrow\quad \mathrm{d}\theta=2\mathrm{d}\phi.$$

基于上述讨论，在 $t=0$ 时刻的$\{0,\ 0\}$点到任意 $t>0$ 时刻的$\{x,\ y\}$点，全过程中有

$$\theta=2\phi^*.$$

ϕ^* 的计算：

带电质点 P 沿摆线运动过程中，速度 $\boldsymbol{v}$ 的方向即为摆线的切线方向. 除去 π 突变的无穷小区域，其他区域中均有题解图所示的关系，有

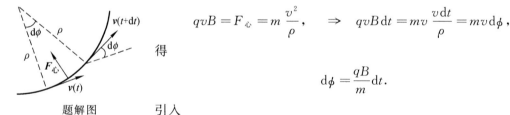

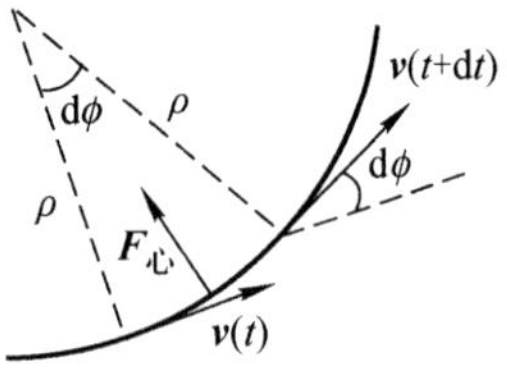

题解图

$$qvB=F_{\text{心}}=m\frac{v^2}{\rho},\quad \Rightarrow\quad qvB\mathrm{d}t=mv\frac{v\mathrm{d}t}{\rho}=mv\mathrm{d}\phi,$$

得

$$\mathrm{d}\phi=\frac{qB}{m}\mathrm{d}t.$$

引入

$$\omega_\phi=\mathrm{d}\phi/\mathrm{d}t=qB/m\text{，（正的常量）}$$

则可得

$$\phi^*=\int_0^t \mathrm{d}\phi=\int_0^t \omega_\phi \mathrm{d}t=\omega_\phi t.$$

再由 $\mathrm{d}\theta=2\mathrm{d}\phi$，得 R 圆轮转动角速度为

$$\omega_\theta=\mathrm{d}\theta/\mathrm{d}t=2\mathrm{d}\phi/\mathrm{d}t=2\omega_\phi=2qB/m.$$

R，ω，ϕ_0 的导出：

由摆线方程可得 P 的速度分量为

$$v_x=\omega_\theta R(1+\cos\theta),\qquad v_y=\omega_\theta R\sin\theta,$$

得

$$\theta=0\text{ 时，}v_0=2\omega_\theta R,\quad \Rightarrow\quad R=v_0/2\omega_\theta,\quad \Rightarrow\quad R=mv_0/4qB.\qquad (1)(5\text{ 分})$$

速度大小记为 v（取正），有

$$v=\sqrt{v_x^2+v_y^2}=\begin{cases}2\omega_\theta R\cos\left(\dfrac{\theta}{2}-k\pi\right), & (2k+1)\pi\geqslant\theta\geqslant 2k\pi,\\ -2\omega_\theta R\cos\left(\dfrac{\theta}{2}-k\pi\right), & 2(k+1)\pi\geqslant\theta>(2k+1)\pi.\end{cases}$$

(i) $(2k+1)\pi>\theta\geqslant 2k\pi\left(\left(k+\frac{1}{2}\right)\pi>\phi\geqslant k\pi\right)$,

$$F=-F_0\sin(\omega t-k\pi),$$

$$F=m\mathrm{d}v/\mathrm{d}t=m\cdot 2\omega_\theta R\cdot\frac{1}{2}\left(-\sin\left(\frac{\theta}{2}-k\pi\right)\right)\omega_\theta=-m\omega_\theta^2R\sin\left(\frac{\theta}{2}-k\pi\right),$$

得

$$F_0=m\omega_\theta^2R=qBv_0, \tag{2}(5 分)$$

$$\omega t=\frac{\theta}{2}=\frac{1}{2}\omega_\theta t=qBt/m,\quad\Rightarrow\quad\omega=qB/m=\omega_\phi. \tag{3}(6 分)$$

(ii) $2(k+1)\pi\geqslant\theta>(2k+1)\pi\left((k+1)\pi\geqslant\phi>\left(k+\frac{1}{2}\right)\pi\right)$,

$$F=F_0\sin(\omega t-k\pi),\ F=m\frac{\mathrm{d}v}{\mathrm{d}t}=m\omega_\theta^2R\sin\left(\frac{\theta}{2}-k\pi\right),$$

$$\Rightarrow\quad F_0=m\omega_\theta^2R=qBv_0. \tag{2}'$$

$$\omega t=\frac{\theta}{2}=\frac{1}{2}\omega_\theta t=qBt/m,\quad\Rightarrow\quad\omega=qB/m=\omega_\phi. \tag{3}'(4 分)$$

(i)、(ii)两类区域，所得 F_0，ω 相同.

六、(30 分)

(1) 图 2 所示系统与题文中(1)、(2)、(3)式对应的是

$$\boldsymbol{F}=-k\frac{Qq}{r^3}\boldsymbol{r}, \tag{1}'$$

$$L=mrv_\theta, \tag{2}'$$

$$E=\frac{1}{2}m(v_r^2+v_\theta^2)-k\frac{Qq}{r}, \tag{3}'$$

引入辅助参量

$$G^*=k\frac{Qq}{Mm},$$

式(1)′、(2)′、(3)′可改述为：

$$\boldsymbol{F}=-G^*\frac{Mm}{r^3}\boldsymbol{r}, \tag{1}$$

$$L=mrv_\theta, \tag{2}$$

$$E=\frac{1}{2}m(v_r^2+v_\theta^2)-G^*\frac{Mm}{r}. \tag{3}$$

再对应题文(4)、(5)式，可引入参量：

$$P=\frac{L^2}{G^*Mm^2}, \tag{4}$$

$$\varepsilon=\sqrt{1+\frac{2EL^2}{G^{*2}M^2m^3}}\,, \tag{5}$$

然后由

$$v_\theta=\frac{L}{mr},\qquad v_r=\sqrt{\left(\frac{2E}{m}+2G^*\frac{M}{r}\right)-\frac{L^2}{m^2r^2}}$$

得

$$\frac{\mathrm{d}r}{\mathrm{d}\theta}=r\frac{v_r}{v_\theta}=r^2\sqrt{\left(\frac{G^*Mm^2}{L^2}\right)^2\left(1+\frac{2EL^2}{G^{*2}M^2m^3}\right)-\left(\frac{1}{r}-\frac{G^*Mm^2}{L^2}\right)^2}\,. \tag{6}$$

联立(4)、(5)、(6)式，即可从数学上导得(过程略)$\{m,q\}$绕$\{M,-Q\}$运动轨道方程

$$r=\frac{P}{1+\varepsilon\cos\theta}. \qquad (7)(5\text{ 分})$$

轨道也为圆锥曲线，分类与题文(7)式后文字所述一致.

(2) 由能量守恒、角动量守恒，有

$$\begin{cases}\dfrac{1}{2}mv_1^2-k\dfrac{Qq}{A-C}=\dfrac{1}{2}mv_2^2-k\dfrac{Qq}{A+C},\\(A-C)mv_1=(A+C)mv_2,\\Bmv_3=(A+C)mv_2,\end{cases}\quad\Rightarrow\quad\begin{cases}v_1=\dfrac{A+C}{B}\sqrt{\dfrac{kQq}{mA}},\\v_2=\dfrac{A-C}{B}\sqrt{\dfrac{kQq}{mA}},\\v_3=\sqrt{\dfrac{kQq}{mA}}.\end{cases} \tag{8}$$

轨道能量为

$$E=\frac{1}{2}mv_3^2-k\frac{Qq}{A},\qquad\Rightarrow\quad E=-kQq/2A. \tag{9}$$

椭圆轨道周期为

$$T=\pi AB\Big/\frac{1}{2}Bv_3,\qquad\Rightarrow\quad T=2\pi A\sqrt{A}\sqrt{\frac{m}{kQq}}. \qquad (10)(5\text{ 分})$$

(3)

(3.1) 令图 3 中 $B\to0$，将$-Q$右移到点 1 位置固定不动，再替换成$\{M,-Q\}$；再让$\{m,q\}$移动到点 2 位置静止. $\{m,q\}$自由释放后，所求 T_1 相当于(10)式中 T 的二分之一，即得

$$T_1=\frac{T}{2}=\pi A\sqrt{A}\sqrt{\frac{m}{kQq}}\bigg|_{A=\frac{l}{2}}=\frac{\pi}{2\sqrt{2}}l\sqrt{l}\sqrt{\frac{m}{kQq}}. \qquad (11)(2\text{ 分})$$

(3.2) S 系中$\{M,-Q\}$不动时，参考题解图 1，$\{m,q\}$从初始位置经位移 x，库仑力 $\boldsymbol{F}_e$ 做功记为 $W_1(x)$，此时$\{m,q\}$速度大小记为

$$v_1(x)=\sqrt{2W_1(x)/m}.$$

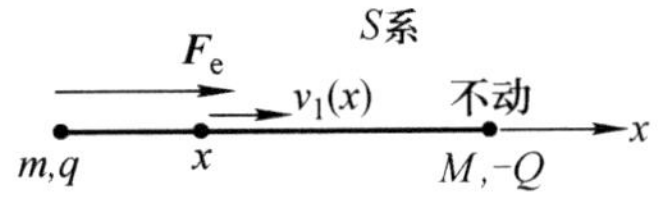

题解图 1

从 x 到 $x+\mathrm{d}x$ 所经时间为

$$\mathrm{d}t_1=\mathrm{d}x/v_1(x)=\sqrt{\frac{m}{2W_1(x)}}\mathrm{d}x,$$

即得(3.1)问中 T_1 应为

$$T_1=\int_0^{T_1}\mathrm{d}t_1=\int_0^l\sqrt{\frac{m}{2W_1(x)}}\,\mathrm{d}x.$$

S 系中$\{M,\ -Q\}$也可动时，取$\{M,\ -Q\}$参考系，如题解图 2 所示 . $\{m,\ q\}$从初始位置经$(M,\ -Q)$参考系中的位移量 x，库仑力 $\boldsymbol{F}_e$ 做功记为 $W_2(x)$，则有

$$W_2(x)=W_1(x).$$

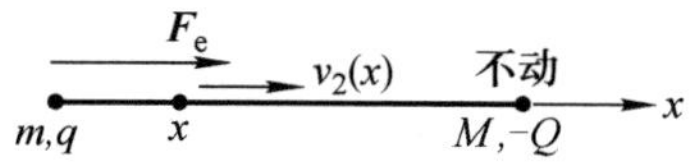

题解图 2

此时$\{m,\ q\}$速度大小为

$$v_2(x)=\sqrt{2W_2(x)/\mu}=\sqrt{2W_1(x)/\mu},\qquad \mu=\frac{Mm}{M+m},$$

即得本小问中所求量 T_2 为

$$T_2=\int_0^{T_2}\mathrm{d}t_2=\int_0^{T_2}\frac{\mathrm{d}x}{v_2(x)}=\int_0^l\sqrt{\frac{\mu}{2W_1(x)}}\,\mathrm{d}x=\sqrt{\frac{M}{M+m}}\int_0^l\sqrt{\frac{m}{2W_1(x)}}\,\mathrm{d}x,$$

联立(11)式，得

$$T_2=\sqrt{\frac{M}{M+m}}T_1=\sqrt{\frac{M}{M+m}}\ \frac{\pi}{2\sqrt{2}}l\sqrt{l}\ \sqrt{\frac{m}{kQq}}.\qquad (12)(6\text{ 分})$$

(4)

(4.1) P 球面上每一无穷小面元电荷，在 S 面左侧对应的无穷小镜像面元电荷，组成总电量 $q'=-q$、半径也为 R 的球面均匀镜像电荷 P'. P'与 P 对称关系如题解图 3 所示.

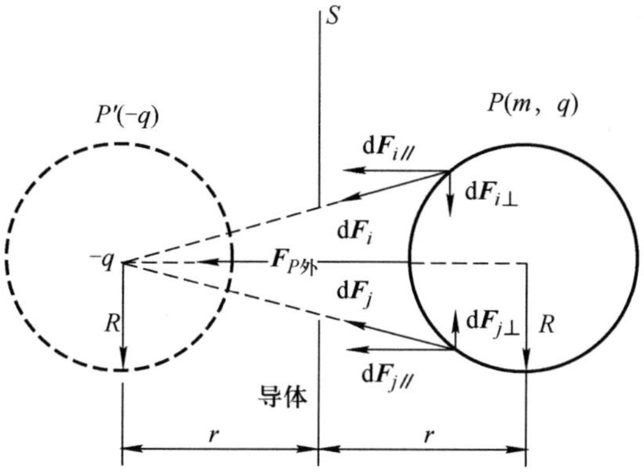

题解图 3

因对称，P'各面元电荷对 P 中任意一面元电荷施力之和，等效于 P'球心电荷$-q$ 对 P 中该面元电荷施力 . P 上每一对对称面元电荷 $\mathrm{d}q_i$，$\mathrm{d}q_j$（图中未给出）受 P' 作用力 $\mathrm{d}\boldsymbol{F}_i$，$\mathrm{d}\boldsymbol{F}_j$，因对称，图中 $\mathrm{d}\boldsymbol{F}_{i\perp}$ 分量与 $\mathrm{d}\boldsymbol{F}_{j\perp}$ 分量抵消，$\mathrm{d}\boldsymbol{F}_{i/\!/}$ 分量与 $\mathrm{d}\boldsymbol{F}_{j/\!/}$ 分量有非零的叠加效果 . 将 P 上所有 $\mathrm{d}\boldsymbol{F}_{i/\!/}$，$\mathrm{d}\boldsymbol{F}_{j/\!/}$ 求和，即成 P 球面所受$-q$ 点电荷施加的外力之和，记为 $\boldsymbol{F}_{P外}$，如图所示. 但需注意，如此合成的 $\boldsymbol{F}_{P外}$受力点并无定义，不可误以为必定是 P 的球心 . 但据质点系质心运动定理，必有

$$\boldsymbol{F}_{P外}=m_C\boldsymbol{a}_C,\qquad m_C=m.$$

此式中虚拟地将 $\boldsymbol{F}_{P外}$作用在 P 的质心(即位于 P 的球心)上.

题解图 3 中，$\mathrm{d}\boldsymbol{F}_i$，$\mathrm{d}\boldsymbol{F}_j$ 相对 P 的质心(位于 P 的球心)力矩之和为零，故 P 所受外力相对质心力矩之和为零，据此 P 整体不会绕质心旋转.

结论：带电球面随其质心(球心)平动，无转动 . (3 分)

(4.2) $\boldsymbol{F}_{P外}$为假想的 P'球心点电荷$-q$，对 P 球面电荷的库仑引力，它与 P 球面电荷对 P'球心电荷$-q$ 的库仑引力，在经典力学范畴内，可处理为一对作用力、反作用力 . 故有

$$\boldsymbol{F}_{P外}\begin{cases}\text{方向：从 } P \text{ 球心引向 } P' \text{ 球心},\\ \text{大小：}F_{P外}=k\dfrac{qq}{(2r)^2},\ k=\dfrac{1}{4\pi\varepsilon_0},\quad \varepsilon_0\text{：真空介电常量}\end{cases}$$

$$r\text{：}P\text{ 球心到 }S\text{ 面距离}\begin{cases} t=0\text{ 时，}r=r_0=2R,\\ t_e>t>t_0\text{ 时，}2R>r>R,\\ t=t_e\text{ 时，}r=R. \end{cases}$$

$t>0$ 时，$P(m,\ q)$球面随质心$(m,\ q)$平动．其镜像球面 $P'(-q)$整体也会对称地移动(注意是几何意义上的移动，不是力学意义上的物体运动)．此种移动，也可处理为 P'随球心电荷$-q$ 的移动，这样的移动与 P 质心$(m,\ q)$的运动完全对称．因此，为简化，引入虚拟的 P'球心带电质点，电荷量为$-q$，虚拟的质量取为 m．于是，P，P'球面的力学意义下的运动和几何意义上的移动，数学上均可等效地转移为，两个带电质点 $P(m,\ q)$，$P'(m,\ -q)$之间的库仑引力形成的运动.

先设 P'在原参考系(不成文地按习惯规定为惯性系)中不动，P 绕着 P'沿半长轴

$$A=r_0=2R$$

的固定不变的椭圆轨道(因 P'在该参考系中不动，$A=2R$ 不会变化)，如题解图 4 所示．据(2)问解答中(10)式，运动周期为

$$T=2\pi A\sqrt{A}\sqrt{\frac{m}{kqq}}\Bigg|_{A=2R,\ k=\frac{1}{4\pi\varepsilon_0}}=\frac{8\sqrt{2}}{q}\pi\sqrt{\pi}R\sqrt{R}\sqrt{\varepsilon_0 m}. \tag{13}$$

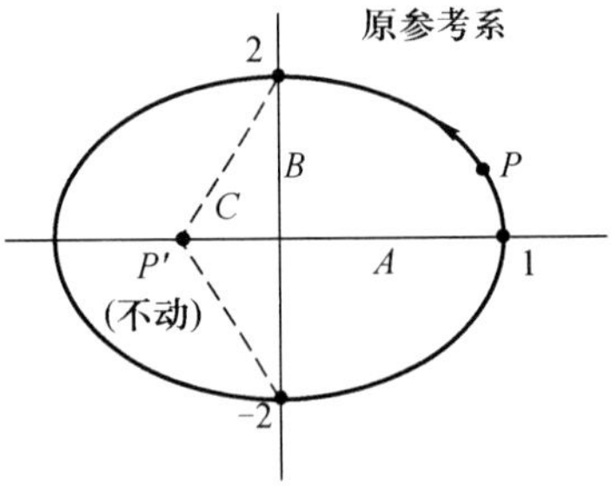

题解图 4

若 P 从题解图 4 中的“-2”点经“1”点到达“2”点，则据开普勒第二定律，所经时间应为

$$T_{-212}=\left(\frac{S_{-212}}{\pi AB}\right)T,\qquad S_{-212}=\frac{1}{2}\pi AB+BC,$$

$$\Rightarrow\quad T_{-212}=\left(\frac{1}{2}+\frac{C}{\pi A}\right)T.$$

若 P 从题解图 4“1”点到达“2”点，所经时间便为

$$T_{12}=\frac{1}{2}T_{-212}=\frac{1}{2}\left(\frac{1}{2}+\frac{C}{\pi A}\right)T.$$

取题解图 4 中的 $B\to 0$，椭圆轨道退化为题解图 5 所示直线段．在原参考系中，P'不动，P 从静止在初始位置 1，开始沿直线段运动到达位置 2，所经时间为

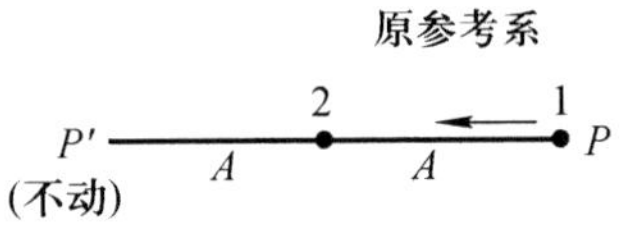

题解图 5

$$T_{12}=\frac{1}{2}\left(\frac{1}{2}+\frac{C}{\pi A}\right)T\Bigg|_{C\to A}=\frac{1}{2}\left(\frac{1}{2}+\frac{1}{\pi}\right)T.$$

取 $A=r_0=2R$，即得

$$T_{12}=\frac{2\sqrt{2}}{q}\pi\sqrt{\pi}R\sqrt{R}\sqrt{\varepsilon_0 m}\left(\frac{2}{\pi}+1\right). \tag{14}$$

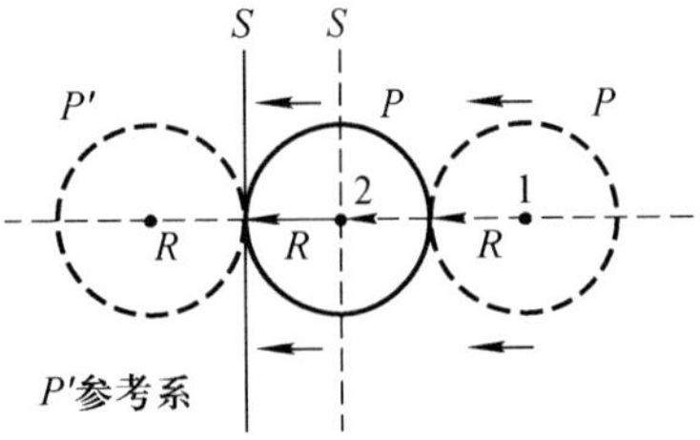

题解图 6

现如题解图 6 所示，取 P'参考系．该系中 P'不动，$t=0$ 时刻 P 从静止自由释放后，经位移量 $2R$ 达到位置 2．过程中导体表面 S 在 P'参考系中朝 P'经位移量 R，对应在原参考系中 P，P'恰好相遇在 S 面上，故该时刻即为 t_e，它与(14)式所给的 T_{12}关系应为

$$t_e=\sqrt{\frac{\mu}{m}}T_{12}. \tag{15}$$

此式与(3)问解答中(12)式类似：

$$T_2=\sqrt{\frac{\mu}{m}}T_1,\quad \mu=\frac{Mm}{M+m},\quad \Rightarrow\quad T_2=\sqrt{\frac{M}{M+m}}T_1. \tag{16}$$

本问中 P'球心虚拟带电质点，其虚拟的质量为 m，m 相当于(16)式中的 M. 故(15)式中的约化质量应为

$$\mu=\frac{mm}{m+m}=\frac{m}{2},\quad t_e=\sqrt{\frac{1}{2}}T_{12},$$

即得

$$t_e=\frac{2}{q}\pi\sqrt{\pi}R\sqrt{R}\sqrt{\varepsilon_0 m}\left(\frac{2}{\pi}+1\right). \tag{17}(9 分)$$

七、(20 分)

(1) 杆的运动是绕定轴转动，可用环心 O' 与杆中心(也是杆的质心)O 的连线 $O'O$ 的旋转运动代表，杆逆时针的转角记为 θ，如题解图 1 所示.

当杆在 θ 角位置时，环对 a 端和 b 端的作用力 $\boldsymbol{N}_a$ 和 $\boldsymbol{N}_b$ 以及杆上各处电荷因绕 O' 运动所受洛伦兹力 $\mathrm{d}\boldsymbol{F}'$的方向都通过 O'点，故相对 O'无力矩，杆上各处电荷所受涡旋电场的作用力 $\mathrm{d}\boldsymbol{F}$ 相对 O'有力矩，此力矩使杆绕 O'旋转.

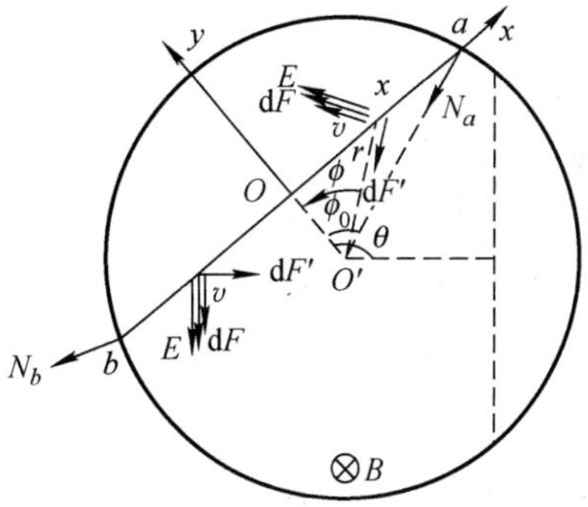

题解图 1

如题解图 1 所示，建立随杆一起转动的 Oxy 坐标系. 杆上任意 x 处(与 O'的距离为 r)的涡旋电场的电场强度 $\boldsymbol{E}$ 的正方向如题解图 1 所示，由

$$\oint_L \boldsymbol{E}\cdot \mathrm{d}\boldsymbol{l}=-\iint_{S_2}\frac{\partial \boldsymbol{B}}{\partial t}\cdot \mathrm{d}\boldsymbol{S}$$

得

$$E\cdot 2\pi r=|-B_0\omega_0\cos\omega_0 t\cdot \pi r^2|,$$

$$\Rightarrow\quad E=\frac{1}{2}B_0\omega_0\cos\omega_0 t\cdot r.$$

为了方便，引入辅助量

$$D=\frac{R}{2},$$

则

$$\overline{OO'}=D,\ \overline{O'a}=\overline{O'b}=R=2D,\ \overline{Oa}=\overline{Ob}=\sqrt{3}D.$$

在正 x 方向 x 处，$\mathrm{d}x$ 小段的电荷 $\mathrm{d}Q=\lambda\mathrm{d}x$，受涡旋电场力 $\mathrm{d}\boldsymbol{F}$ 的方向如题解图 1 所示，大小为

$$\mathrm{d}F=E\mathrm{d}Q=\frac{1}{2}B_0\omega_0\cos\omega_0 t\cdot \lambda r\mathrm{d}x,$$

其中电荷线密度为

$$\lambda=\frac{Q}{ab}=Q/2\sqrt{3}D.$$

d$\boldsymbol{F}$ 对 O' 的逆时针方向的力矩大小为

$$\mathrm{d}M = r\mathrm{d}F = \left(\frac{Q}{4\sqrt{3}}B_0\omega_0\cos\omega_0 t\right)\left(D+\frac{x^2}{D}\right)\mathrm{d}x,$$

其中用到

$$r^2 = D^2 + x^2.$$

Oa 段涡旋电场力的力矩为

$$\int_O^a \mathrm{d}M = \frac{1}{2}(QB_0\omega_0\cos\omega_0 t)D^2.$$

显然，杆所受涡旋电场力相对 O' 的总力矩大小为

$$M = (QB_0\omega_0\cos\omega_0 t)D^2,$$

杆的转动角加速度记为 β，则有

$$M = I\beta,\quad I = \frac{1}{3}m(\overline{Oa})^2 + m(\overline{OO'})^2 = 2mD^2,\quad \Rightarrow\quad \beta = \frac{QB_0\omega_0}{2m}\cos\omega_0 t.$$

因 $t=0$ 时，$\omega=0$，$\theta=0$，积分可得

$$\omega = \frac{QB_0}{2m}\sin\omega_0 t = \frac{QB}{2m},\quad \theta = \frac{QB_0}{2m\omega_0}(1-\cos\omega_0 t).$$

$\theta(t)$ 曲线如题解图 2 所示，θ 在 0 与 $QB_0/m\omega_0$ 之间变化．当 t 从 0 到 π/ω_0 期间，θ 从 0 沿逆时针方向增为 $QB_0/m\omega_0$；当 t 从 π/ω_0 到 $\dfrac{2\pi}{\omega_0}$ 期间，θ 从 $QB_0/m\omega_0$ 沿顺时针方向减为 0. 而后不断地如此往复．由题文所述，应有

$$\frac{QB_0}{m\omega_0} = 2\pi,\quad \Rightarrow\quad \omega_0 = QB_0/2\pi m. \tag{10 分}$$

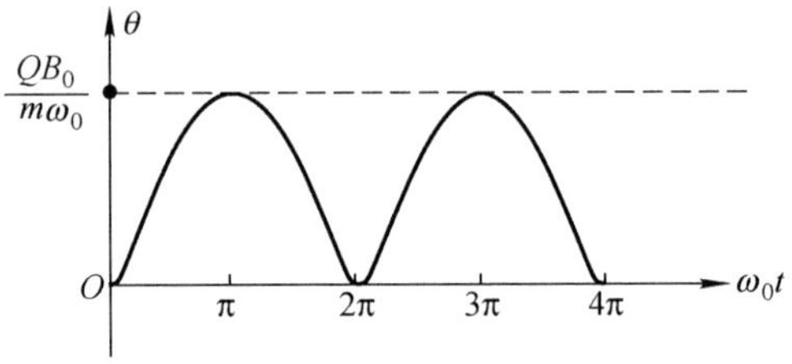

题解图 2

(2) 如题解图 1 所示，$\boldsymbol{E}$ 的分布具有对称性，细杆各处受涡旋电场作用力 y 方向的分量互相抵消，在正 x 方向，在杆上 x 处的 dx 小段受电场作用力的 x 分量为

$$\mathrm{d}F_x = -\mathrm{d}F\cos\phi,\quad \cos\phi = \frac{\overline{O'O}}{r} = \frac{D}{r},\quad \mathrm{d}F = \frac{1}{2}B_0\omega_0\cos\omega_0 t\cdot\lambda r\mathrm{d}x.$$

将 $\lambda = Q/2\sqrt{3}D$ 代入，积分，得

$$\int_O^a \mathrm{d}F_x = -\left(\frac{1}{4}QB_0\omega_0\cos\omega_0 t\right)D.$$

由对称性，杆所受总的涡旋电场作用力 x 分量为上式的两倍，即为

$$F_x = -\left(\frac{1}{2}QB_0\omega_0\cos\omega_0 t\right)D.$$

考查洛伦兹力，杆上两对称点的速度 $\boldsymbol{v}$ 的方向如题解图 1 所示，相应的两个洛伦兹力 $\mathrm{d}\boldsymbol{F}'$均指向环心 O'，它们的 x 分量互相抵消，合力沿 y 轴负方向，即指向 O'. 由于在正 x 方向，在 x 处的 $\mathrm{d}x$ 小段的速度为

$$v=\omega r.$$

$\mathrm{d}x$ 小段的电量 $\mathrm{d}Q$，所受洛伦兹力 $\mathrm{d}F'$及其分量 $\mathrm{d}F'_y$分别为

$$\mathrm{d}F'=\mathrm{d}Q\cdot vB=\lambda\,\mathrm{d}x\cdot\omega rB,$$

$$\mathrm{d}F'_y=-\mathrm{d}F'\cos\phi=-\lambda\,\mathrm{d}x\cdot\omega BD,$$

其中用到 $\cos\phi=D/r$. 沿正 x 方向积分，得

$$\int_O^a \mathrm{d}F'_y=\int_O^a -\lambda\omega BD\,\mathrm{d}x=-\lambda\omega BD(\overline{Oa}).$$

因对称性，杆所受总的洛伦兹力应为上式的两倍(因 x 分量为零)，即为

$$F'_y=-2\lambda\omega BD(\overline{Oa})=-Q\omega BD.$$

将 $\omega=QB/2m$ 代入，得

$$F'_y=-2m\omega^2D=-2F_{心},$$

式中，$F_{心}=m\omega^2D$，为细杆质心做圆周运动所需的向心力，上式表明洛伦兹力刚好等于向心力的两倍.

最后，讨论杆两端对环的作用力 $\boldsymbol{N}_a$ 和 $\boldsymbol{N}_b$，其方向如题解图 1 所示，故环对杆的总作用力的 x 分量和 y 分量分别为

$$N_x=N_a\sin\phi_0+N_b\sin\phi_0,\qquad N_y=N_a\cos\phi_0-N_b\cos\phi_0.$$

角 ϕ_0 已在题解图 1 中示出，有

$$\sin\phi_0=\frac{\overline{Oa}}{\overline{O'a}}=\frac{\sqrt{3}}{2},\qquad \cos\phi_0=\frac{1}{2},$$

代入，得

$$N_x=\frac{\sqrt{3}}{2}(N_a+N_b),\qquad N_y=\frac{1}{2}(N_a-N_b).$$

由于杆所受总的洛伦兹力刚好等于杆质心圆周运动所需向心力的两倍，而涡旋电场对杆的作用力无 y 分量，故应有

$$N_y=m\omega^2D.$$

细杆质心在 x 方向(切向)的运动方程为

$$m\beta D=-(F_x+N_x),$$

故

$$N_x=-F_x-m\beta D=\left(\frac{1}{2}QB_0\omega_0\cos\omega_0t\right)D-mD\,\frac{QB_0\omega_0}{2m}\cos\omega_0t=0,$$

由此解出

$$N_a=N_y=m\omega^2D=\frac{Q^2B_0^2}{8m}R\sin^2\omega_0t,\qquad N_b=-N_a=-\frac{Q^2B_0^2}{8m}R\sin^2\omega_0t.\qquad (8\text{ 分})$$

N_a 为正，表明 $\boldsymbol{N}_a$ 的方向与题解图 1 中标明的方向一致；N_b 恒为负，表明 $\boldsymbol{N}_b$ 的方向与题解图 1 中标明的方向相反 .　(2 分)

B卷

一、(20分)

1.(5分)

$$E_k=\frac{1}{2}m(\boldsymbol{v}_1+\boldsymbol{v}_2)^2=\frac{1}{2}m(\boldsymbol{v}_1+\boldsymbol{v}_2)\cdot(\boldsymbol{v}_1+\boldsymbol{v}_2)$$

$$=\frac{1}{2}m(v_1^2+2v_1v_2\cos\phi+v_2^2).\qquad(5分)$$

2.(5分)

大小顺序为

$$W_{e3}>W_{e2}>W_{e1}.\qquad(2分)$$

因图1、2、3的R球面外电场结构相同，内含电场能量相同．图1中R球面所围区域内场强处处为零，电场能为零．图2、3中R球面所围区域有非零场强区域，内有电场能．因此

$$W_{e2}>W_{e1},\quad W_{e3}>W_{e1}.\qquad(1分)$$

图2中r到R的空间区域内的电场场强分布，相当于球心存在一个电量为$\frac{Q}{2}$的点电荷的场强分布，故有附加的电场能$\Delta W'_e$. 图3中取一个半径也为$r=R/\sqrt[3]{2}$的同心球体，其中$\frac{Q}{2}$电荷给r到R的空间区域内的场强分布贡献与图2中r到R场强分布相同．图3中r到R区域电荷给r到R区域也有附加的场强贡献，故其内合成的电场能$\Delta W''_e>\Delta W'_e$. 此外图3中r球体区域内还有非零的场强分布，对应有电场能$\Delta W'''_e$. 据此，得

$$W_{e3}>W_{e2}.\qquad(2分)$$

3.(5分)

AB等体过程不做功，

$$W_{AB}=0,\quad Q_{AB吸}=\Delta U_{AB}=\frac{7}{2}\nu R\cdot 3T_0-\frac{5}{2}\nu RT_0=8\nu RT_0.\qquad(1分)$$

BC过程：$\Delta U_{BC}=0$，$W_{BC}=\frac{1}{2}\cdot 2p_0\cdot 2V_0+p_0\cdot 2V_0=4p_0V_0=4\nu RT_0$，

$$\Rightarrow\quad Q_{BC吸}=W_{BC}=4\nu RT_0.\qquad(1分)$$

CA过程：$\Delta U_{CA}=\frac{5}{2}\nu RT_0-\frac{7}{2}\nu R\cdot 3T_0=-8\nu RT_0$，

$$W_{CA}=-p_0 2V_0=-2\nu RT_0,$$

$$\Rightarrow\quad Q_{CA吸}=\Delta U_{CA}+W_{CA}=-10\nu RT_0,$$

$$\Rightarrow\quad Q_{CA放}=-Q_{CA吸}=10\nu RT_0.\qquad(1分)$$

循环过程做功：$W=\frac{1}{2}\cdot 2p_0\cdot 2V_0=2p_0V_0$.　(1分)

循环效率：$\eta=W/(Q_{AB吸}+Q_{BC吸})=\frac{2p_0V_0}{12\nu RT_0}=\frac{1}{6}=17\%$.　(1分)

4.(5分)

(1) x 位置处，据功-能关系有

$$Fx=\frac{m_0c^2}{\sqrt{1-\frac{u^2}{c^2}}}-m_0c^2,\quad \Rightarrow\quad \alpha x=\frac{1}{\sqrt{1-\frac{u^2}{c^2}}}-1,$$

$$\Rightarrow\quad u^2=\left[1-\frac{1}{(1+\alpha x)^2}\right]c^2,\quad \Rightarrow\quad u=\left[\frac{\sqrt{\alpha x(2+\alpha x)}}{(1+\alpha x)}\right]c. \qquad (3\text{分})$$

(2) t 时刻，据冲量-动量关系有

$$Ft=m_0u\Big/\sqrt{1-\frac{u^2}{c^2}},\quad \Rightarrow\quad \alpha m_0c^2t=m_0u\Big/\sqrt{1-\frac{u^2}{c^2}},$$

$$\Rightarrow\quad u^2=\frac{\alpha^2c^4t^2}{1+\alpha^2c^2t^2},\quad \Rightarrow\quad u=\alpha c^2t/\sqrt{1+\alpha^2c^2t^2}. \qquad (2\text{分})$$

二、(40分)

5.(10分)

将气缸的横截面积记为 S，缸中的中间圆桶和桶内的水银的质量之和记为 m. 对图1的状态，有

$$mg/S=p_0,\quad \begin{cases}\text{氧气：}p_0h_0S=\nu_{\rm O}RT,\ \nu_{\rm O}\text{：氧气摩尔数}\\ \text{氮气：}2p_0h_0S=\nu_{\rm N}RT,\quad \Rightarrow\quad \nu_{\rm N}=2\nu_{\rm O},\ \nu_{\rm N}\text{：氮气摩尔数}\end{cases}$$

对图2的状态，有

$$p_{\text{左}}=p_{\text{右}}\xrightarrow{\text{记为}}p(1),\quad \begin{cases}\text{氧气：}p(1)h_{\text{左}}S=\nu_{\rm O}RT,\\ \text{氮气：}p(1)h_{\text{右}}S=\nu_{\rm N}RT=2\nu_{\rm O}RT,\end{cases}$$

$$\Rightarrow\quad h_{\text{右}}=2h_{\text{左}},\ h_{\text{右}}+h_{\text{左}}=2h_0,$$

即得

$$h_{\text{左}}=\frac{2}{3}h_0,\quad h_{\text{右}}=\frac{4}{3}h_0. \qquad (5\text{分})$$

对图3的状态，有

$$p_{\text{下}}=p_{\text{上}}+\frac{mg}{S}=p_{\text{上}}+p_0,\quad h_{\text{下}}=2h_0-h_{\text{上}}.$$

$$\text{氮气：}p_{\text{上}}h_{\text{上}}S=\nu_{\rm N}RT=2\nu_{\rm O}RT,$$

$$\Rightarrow\quad p_{\text{上}}=2\nu_{\rm O}RT/h_{\text{上}}S,$$

$$\text{氧气：}p_{\text{下}}h_{\text{下}}S=\nu_{\rm O}RT,$$

$$\Rightarrow\quad (p_{\text{上}}+p_0)h_{\text{下}}S=\nu_{\rm O}RT,\quad p_0=\nu_{\rm O}RT/h_0S,$$

$$\Rightarrow\quad \left(\frac{2\nu_{\rm O}RT}{h_{\text{上}}S}+\frac{\nu_{\rm O}RT}{h_0S}\right)(2h_0-h_{\text{上}})S=\nu_{\rm O}RT,$$

$$\Rightarrow\quad \left(2+\frac{h_{\text{上}}}{h_0}\right)(2h_0-h_{\text{上}})=h_{\text{上}},$$

解得

$$h_{\text{上}}=\frac{1}{2}(\sqrt{17}-1)h_0=1.56h_0. \qquad (5\text{分})$$

6.（10 分）

基本方程组（参考题解图）：

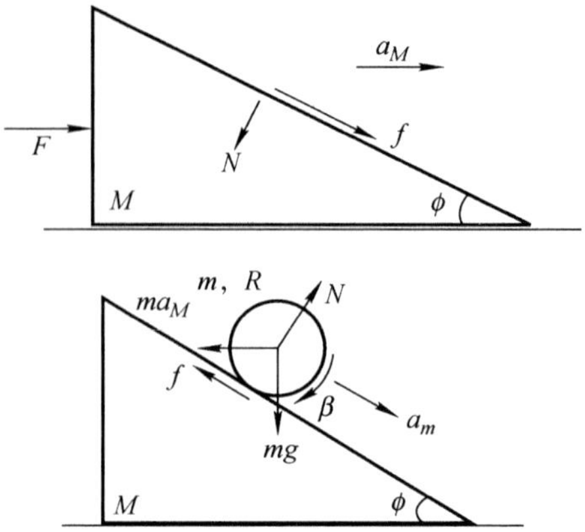

题解图

地面系：

M 运动：$F+f\cos\phi-N\sin\phi=Ma_M$. (1)

M 系：

m 运动：$mg\sin\phi-f-ma_M\cos\phi=ma_m$, (2)

$$N=mg\cos\phi+ma_M\sin\phi, \tag{3}$$

$$\left.\begin{aligned}&fR=I\beta=\frac{2}{5}mR^2\beta,\\&\beta R=a_m,\end{aligned}\right\}f=\frac{2}{5}ma_m. \tag{4}$$

（1）$a_m=0$ 时，必有 $f=0$，由(2)式即得

$$a_M(1)=g\tan\phi. \qquad (4\text{ 分})$$

（2）m 相对 M 不动时，m 与 M 一起朝右运动，故(1)问对应的 F_0 为

$$F_0=(M+m)a_M(1)=(M+m)g\tan\phi.$$

将基本方程组(3)、(4)式代入(1)、(2)式，得

$$\begin{cases}F+\dfrac{2}{5}m\cos\phi a_m-mg\sin\phi\cos\phi-m\sin^2\phi a_M=Ma_M,\\[2ex] mg\sin\phi-\dfrac{2}{5}ma_m-ma_M\cos\phi=ma_m,\end{cases}$$

$$\Rightarrow\begin{cases}\dfrac{2}{5}m\cos\phi a_m=-F+mg\sin\phi\cos\phi+m\sin^2\phi a_M+Ma_M,\\[2ex] \dfrac{7}{5}m\cdot a_m=mg\sin\phi-m\cos\phi\cdot a_M,\end{cases} \tag{5}$$

$$\Rightarrow\quad\frac{2\cos\phi}{7}=\frac{-F+mg\sin\phi\cos\phi+(M+m\sin^2\phi)a_M}{mg\sin\phi-m\cos\phi a_M},$$

$$\Rightarrow\quad 2mg\sin\phi\cos\phi-2m\cos^2\phi a_M$$

$$=-7F+7mg\sin\phi\cos\phi+7(M+m\sin^2\phi)a_M,$$

$$\Rightarrow\quad(7M+5m\sin^2\phi+2m)a_M=7F-5mg\sin\phi\cos\phi,$$

$$\Rightarrow \quad a_M=(7F-5mg\sin\phi\cos\phi)/(7M+5m\sin^2\phi+2m).$$

将 $F=2F_0=2(M+m)g\tan\phi$ 代入，即得

$$a_M(2)=\frac{14(M+m)g\tan\phi-5mg\sin\phi\cos\phi}{7M+5m\sin^2\phi+2m}. \quad (5\text{ 分})$$

由(5)式，得

$$\frac{7}{5}ma_m=mg\sin\phi-m\cos\phi\cdot\frac{14(M+m)g\tan\phi-5mg\sin\phi\cos\phi}{7M+5m\sin^2\phi+2m}$$

$$=\frac{7Mmg\sin\phi+5m^2g\sin^3\phi+2m^2g\sin\phi-14(M+m)mg\sin\phi+5m^2g\sin\phi\cos^2\phi}{7M+5m\sin^2\phi+2m},$$

$$\Rightarrow \quad \frac{\frac{7}{5}m(7M+5m\sin^2\phi+2M)}{mg\sin\phi}a_m=7M+5m\sin^2\phi+2m+5m\cos^2\phi-14(M+m)$$

$$=-7(M+m)<0,$$

$$\Rightarrow \quad a_m<0. \quad (1\text{ 分})$$

故小球沿斜面向上滚动.

（附注：$a_m=-\frac{5(M+m)\sin\phi}{7M+5m\sin^2\phi+2m}g$.）

7.（10 分）

(1) 设加速电压为 U，发射后粒子速度为 v，则

$$Uq=\frac{1}{2}mv^2,\quad q\text{：粒子电荷量，}m\text{：粒子质量}$$

$$mv^2/r_0=kQq/r_0^2,\quad \Rightarrow \quad r_0=kQq/mv^2=kQ/2U. \quad (2\text{ 分})$$

(2) 讨论一般情况，略去下标，当发射时偏离切向一个小角度 α，如题解图 1 所示，粒子轨道将偏离切向一个小角度，粒子轨道将偏离圆轨道．初始时刻，粒子绕 Q 的面积速度为

$$v_S=\frac{1}{2}r_0v\cos\alpha.$$

设粒子某时刻偏离圆轨道 x，参见题解图 2，此时粒子的切向速度分量记为 $v_{/\!/}$，则有

$$v_S=\frac{1}{2}(r_0+x)v_{/\!/},\quad v_S\text{ 守恒，}\quad \Rightarrow \quad v_{/\!/}=v\cos\alpha\cdot r_0/(r_0+x).$$

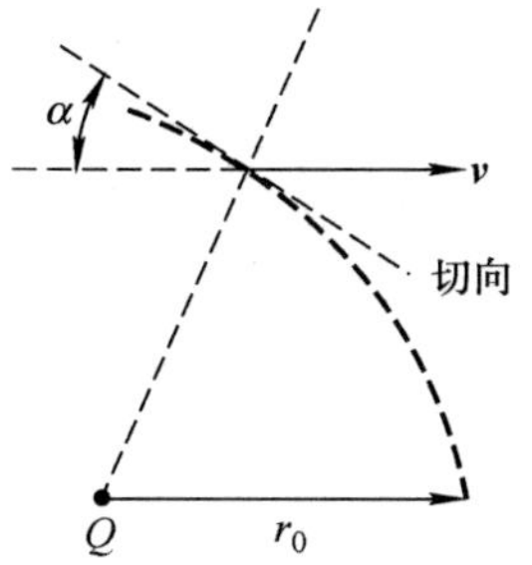

题解图 1

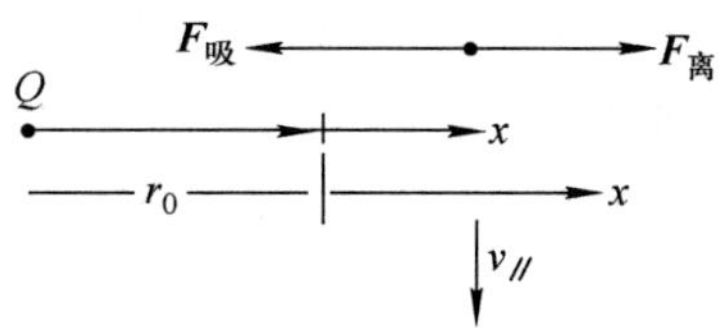

题解图 2

以 Q 为中心，粒子相对 Q 的角向运动构成的旋转参考系中，粒子受 Q 的吸引力 $\boldsymbol{F}_{吸}$ 与旋转参考系中的惯性离心力 $\boldsymbol{F}_{离}$ 如题解图 2 所示，已略去科里奥利力．有

$$F_{吸}=kQq/(r_0+x)^2,$$

$$F_{离}=\frac{mv_{/\!/}^2}{(r_0+x)}=\frac{mv^2\cos^2\alpha\cdot r_0^2}{(r_0+x)^3}\approx mv^2r_0^2/(r_0+x)^3.$$

在径向 x 轴方向上受力为

$$F_x=\left[mv^2\left(1-\frac{3x}{r_0}\right)\Big/r_0\right]-kQq\left(1-\frac{2x}{r_0}\right)\Big/r_0^2.$$

粒子做匀速圆周运动时

$$mv^2/r_0=kQq/r_0^2,$$

故

$$F_x=-mv^2x/r_0^2$$

是线性恢复力，在旋转系中，粒子会以 r_0 为平衡位置做简谐振动，角频率和周期为

$$\omega=\sqrt{\frac{mv^2}{r_0^2m}}=\left|\frac{v}{r_0}\right|=\frac{v}{r_0},\quad\Rightarrow\quad T=2\pi/\omega=2\pi r_0/v.$$

变换到原参考系中，粒子一方面做近似的圆周运动，另一方面在 r_0 附近振动，粒子每做一个完整的圆周运动所需时间为

$$T'=2\pi r_0/v_{/\!/}\approx 2\pi r/v,\qquad 即\ T'=T.$$

在 P_1，P_2 同时回到原出发点时，依题意有

$$3T_1=2T_2,\quad\Rightarrow\quad T_1/T_2=\frac{2}{3}.$$

又：

$$T_1/T_2=(2\pi r_0/v_1)/(2\pi r_0/v_2),\quad\Rightarrow\quad v_1/v_2=\frac{3}{2}.$$

又：

$$\frac{1}{2}mv^2=Uq,\quad\Rightarrow\quad v^2=2qU/m=2U\gamma,\quad\Rightarrow\quad \gamma_1:\gamma_2=\frac{v_1^2}{v_2^2}=9:4,$$

即为所求．（8 分）

8.（10 分）

(1)

(1.1) 否.

$O''x''y''$框架各坐标点在 S' 系中必须同时投影，方可合成其在 S' 系中的投影．同样，$O''x''y''$框架各坐标点在 S 系中必须同时投影，方可合成其 S 系中的投影图．考虑到 S' 系与 S 系之间的同时相对性．两个投影图可能出现差异．（1 分）

(1.2) 由 $S''\sim S'$ 和 $S'\sim S$ 间的下述洛伦兹变换式

$$y''=\frac{y'-vt'}{\sqrt{1-\beta^2}},\ y'=y,\ t'=\frac{t-\dfrac{v}{c^2}x}{\sqrt{1-\beta^2}},\ \beta=\frac{v}{c},$$

可得

$$y''=\frac{y}{\sqrt{1-\beta^2}}-\frac{vt-\beta^2 x}{1-\beta^2}.$$

将 S'' 系中 x'' 轴的直线方程

$$y''=0$$

代入上式，即得 x'' 轴在 S 系中的投影线方程为

$$y=-\frac{\beta^2}{\sqrt{1-\beta^2}}x+\frac{vt}{\sqrt{1-\beta^2}}.$$

故此投影线斜率

$$k=-\beta^2/\sqrt{1-\beta^2},$$

即为朝第Ⅳ象限倾斜，且截距随 t 线性增加的运动直线.

由 $S''\sim S'$ 和 $S'\sim S$ 间的洛伦兹变换式可得

$$x''=x'=\frac{x-vt}{\sqrt{1-\beta^2}},\quad \beta=\frac{v}{c}.$$

将 S'' 系中 y'' 轴的直线方程

$$x''=0$$

代入上式，即得 y'' 轴在 S 系中的投影线方程为

$$x=vt.$$

故此投影线仍为直线，在 S 系中该直线与 y 轴平行，且沿 x 轴以速度 v 运动.

据上述讨论结果，可将 S'' 系的 $O''x''y''$ 坐标框架以及细杆 AB，AD，在 S 系某时刻的投影图，画成题解图 1 所示，其中 x'' 轴、x 轴夹角

$$\theta=\arctan\frac{\beta^2}{\sqrt{1-\beta^2}}. \qquad (1)(2\text{ 分})$$

$O''x''y''$ 坐标框架及 AB，AD 杆，随 S'' 系相对 S 系平动速度也在题解图 1 中示意地画出 . $\boldsymbol{u}$ 的两个分量 u_x，u_y 将在(2.1)问解答中，据相对论速度变换公式导得 . 要注意的是 x'' 轴相对 S 系运动过程中，它在 y 轴上的截距随 t 线性增大的速度 $v/\sqrt{1-\beta^2}>v$，并非 x'' 轴(或者说并非 S'' 系)相对 S 系沿 y 轴的速度分量 u_y.

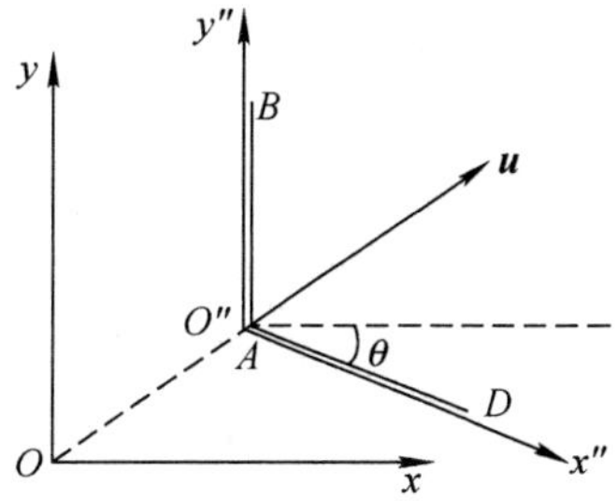

题解图 1（图 2 分）

(2)

(2.1) S'' 系的 $O''x''y''$ 坐标框架在 S 系中的两个分速度为

$$u_x=\left.\frac{u'_x+v}{1+\frac{v}{c^2}u'_x}\right|_{u'_x=0}=v,\qquad u_y=\left.\frac{\sqrt{1-\beta^2}\,u'_y}{1+\frac{v}{c^2}u'_x}\right|_{u'_x=0,\ u'_y=v}=\sqrt{1-\beta^2}\,v. \qquad (2)$$

将合速度记为 u，则有

$$u^2=u_x^2+u_y^2=(2-\beta^2)v^2,\qquad \sqrt{1-\frac{u^2}{c^2}}=1-\beta^2. \qquad (3)$$

如题解图 2 所示，在 S 系中将运动 AB 杆动长 $l_{动}$ 分解为沿 $\boldsymbol{u}$ 方向的 $l_{动//}$ 和垂直于 $\boldsymbol{u}$ 方向的 $l_{动\perp}$. 将 $\boldsymbol{u}$ 与 x 轴夹角记为 ϕ，则有

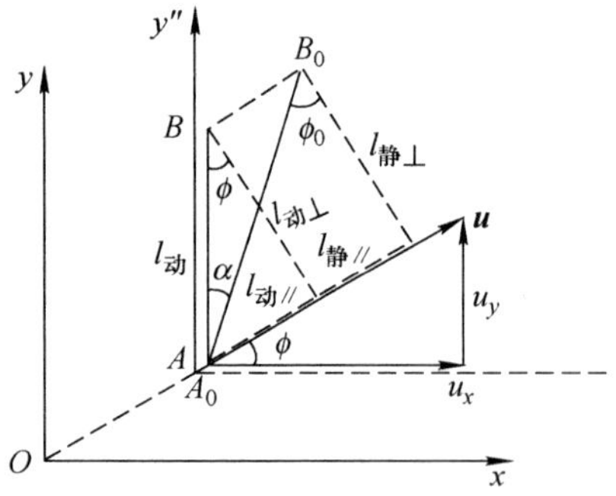

题解图 2 （图 1 分）

$$\left.\begin{aligned}\tan\phi &= \frac{u_y}{u_x} = \sqrt{1-\beta^2}, \\ \sin\phi &= \frac{u_y}{u} = \sqrt{1-\beta^2}/\sqrt{2-\beta^2}, \\ \cos\phi &= \frac{u_x}{u} = 1/\sqrt{2-\beta^2},\end{aligned}\right\} \quad (4)$$

$$l_{动//} = l_{动}\sin\phi = \left[\sqrt{1-\beta^2}/\sqrt{2-\beta^2}\right]l_{动},$$

$$l_{动\perp} = l_{动}\cos\phi = \left[1/\sqrt{2-\beta^2}\right]l_{动}.$$

AB 杆在相对其静止的惯性系中的长度 $l_{静}$ 沿平行 $\boldsymbol{u}$ 方向分量和垂直于 $\boldsymbol{u}$ 方向分量为

$$l_{静//} = l_{动//}\Big/\sqrt{1-\frac{u^2}{c^2}} = l_{动}/\sqrt{1-\beta^2}\sqrt{2-\beta^2}, \qquad l_{静\perp} = l_{动\perp} = l_{动}/\sqrt{2-\beta^2}.$$

合成的 $l_{静}$ 即为题解图 2 中相对其静止惯性系中杆 A_0B_0 的长度．对于图中的 ϕ_0 角，有

$$\tan\phi_0 = l_{静//}/l_{静\perp} = 1/\sqrt{1-\beta^2}. \quad (5)$$

A_0B_0 杆与 S 系 y 轴夹角 α，即为题解图 2 中 A_0B_0 杆与原 AB 杆的夹角 α，应有

$$\alpha = \phi_0 - \phi, \quad (6)$$

$$\tan\alpha = \tan(\phi_0-\phi) = (\tan\phi_0 - \tan\phi)/(1+\tan\phi_0\tan\phi).$$

将(4)、(5)式代入，可得

$$\tan\alpha = \beta^2/2\sqrt{1-\beta^2}, \qquad \alpha = \arctan(\beta^2/2\sqrt{1-\beta^2}). \quad (7)(2\ 分)$$

（与(1)式相比，有 $\alpha<\theta$.）

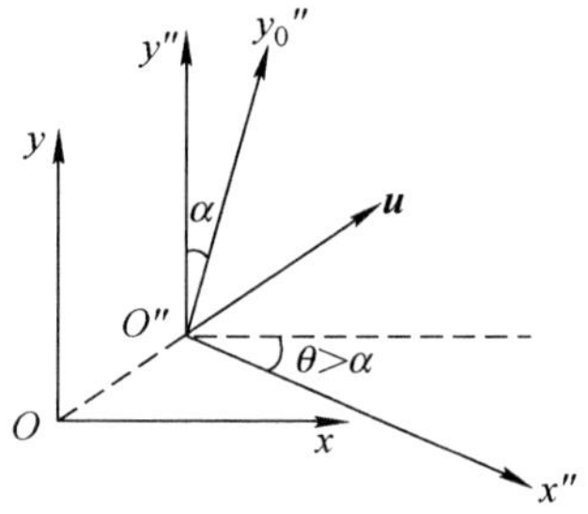

题解图 3

（2.2）图 3 中的 AB 在 y'' 轴上．题解图 2 中 A_0B_0 杆也应在 y''_0 轴上，将 y''_0 轴画在题解图 3 中，相当于题解图 1 中的 y'' 轴随 AB 杆偏转 α 角而成.

（题解图 3 中 x'' 轴仍为题解图 1 中的 x'' 轴，它也将因相对 S 系运动而偏转成与 y''_0 轴相对应的 x''_0 轴.）

（2.3）将(2.1)、(2.2)问的求解过程，组合成本问求解过程如下.

参考题解图 4，角参量间关系为

$$\phi_{动} = \frac{\pi}{2} - (\phi+\theta), \quad (8)$$

$$\phi_{动} + \gamma = \phi_{静}, \quad (9)$$

由(8)式，得

$$\sin\phi_{动} = \cos\phi\cos\theta - \sin\phi\sin\theta,$$

$$\cos\phi_{动} = \sin\phi\cos\theta + \cos\phi\sin\theta.$$

结合(1)、(4)式，可导得

$$\sin\phi_{动} = \sqrt{(1-\beta^2)^3}/\sqrt{1+(1-\beta^2)^3}, \qquad \cos\phi_{动} = 1/\sqrt{1+(1-\beta^2)^3},$$

$$\tan\phi_{动} = \sqrt{(1-\beta^2)^3}. \quad (10)$$

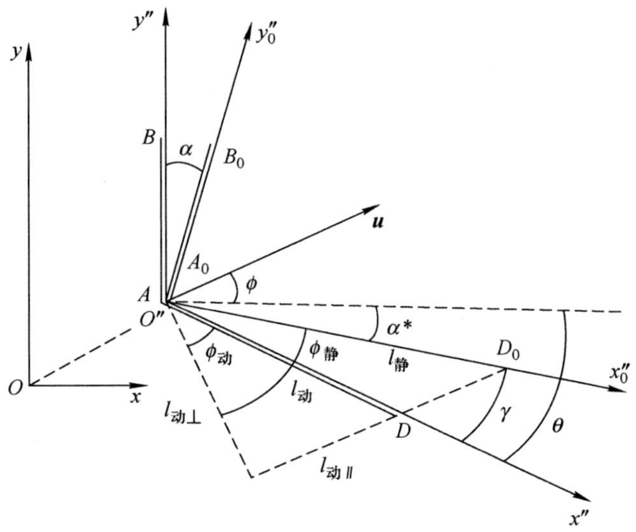

题解图 4 （图 1 分）

结合(10)、(3)式，可得

$$l_{动/\!/}=l_{动}\cdot\sin\phi_{动}=\frac{\sqrt{(1-\beta^2)^3}\,l_{动}}{\sqrt{1+(1-\beta^2)^3}},\qquad l_{动\perp}=l_{动}\cos\phi_{动}=\frac{l_{动}}{\sqrt{1+(1-\beta^2)^3}}.$$

$$l_{静/\!/}=l_{动/\!/}\Big/\sqrt{1-\frac{u^2}{c^2}}=\frac{\sqrt{1-\beta^2}\,l_{动}}{\sqrt{1+(1-\beta^2)^3}},\qquad l_{静\perp}=l_{动\perp}=\frac{l_{动}}{\sqrt{1+(1-\beta^2)^3}},$$

$$\Rightarrow\quad \tan\phi_{静}=l_{静/\!/}/l_{静\perp}=\sqrt{1-\beta^2}. \tag{11}$$

结合(9)、(11)、(10)式，有

$$\tan\gamma=\frac{\tan\phi_{静}-\tan\phi_{动}}{1+\tan\phi_{静}\cdot\tan\phi_{动}}=\frac{\beta^2\sqrt{1-\beta^2}}{1+(1-\beta^2)^2}. \tag{12}$$

据题解图 4，可得所求 α^* 为

$$\alpha^*=\theta-\gamma,$$

结合(1)、(12)式对应有

$$\tan\alpha^*=\frac{\tan\theta-\tan\gamma}{1+\tan\theta\cdot\tan\gamma}=\frac{\beta^2}{2\sqrt{1-\beta^2}}.$$

对照(7)式，即有

$$\alpha^*=\alpha=\arctan\frac{\beta^2}{2\sqrt{(1-\beta^2)}}. \qquad (13)(2\text{ 分})$$

可见 x''_0 轴与 S 系中 x 轴夹角 α^*，等于 y''_0 轴与 S 系中 y 轴夹角 α，故 x''_0 轴与 y''_0 轴夹角也是直角.

联合题解图 3、4 得题解图 5，其中相互关系即为题文中"解释"所述.

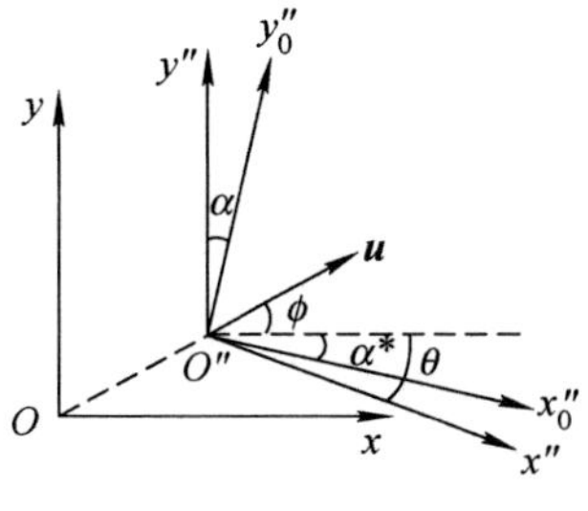

题解图 5 （图 1 分）

第二部分

科学营试题

北京大学 2012 年全国优秀中学生物理科学营试题

试卷总分：140 分　　　　　答卷时间：3 小时

一、(15 分)循环过程效率.

1. 单原子分子理想气体所经历的两个热循环过程 $ABCA$ 和 $ACDA$ 如图 1 所示，试求它们的效率之比 $\eta_{ABCA}:\eta_{ACDA}$.

2. 图 2 中所示为某理想气体可取的三个热循环过程 $ABCA$，$ACDA$ 和 $ABCDA$，各自的效率依次记为 η_1，η_2 和 η_3. 已知 η_1，试求 η_2 和 η_3，再为 η_1，η_2 和 η_3 的大小排序.

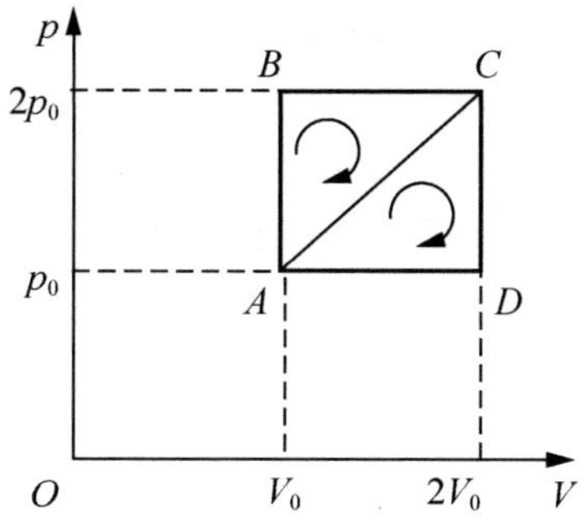

图 1

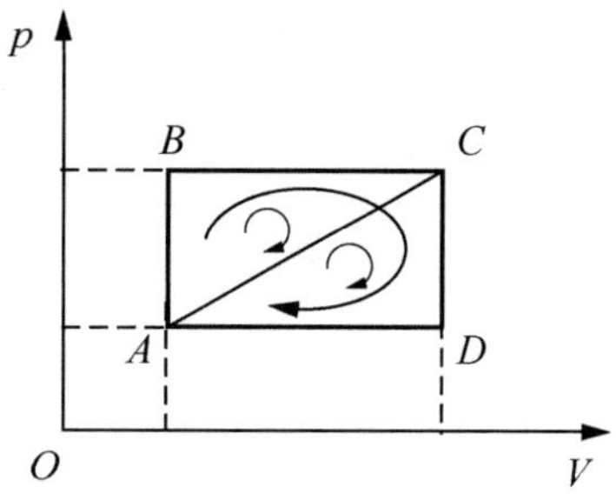

图 2

二、(15 分)取无穷远电势为零，解答以下各问.

1. 如图 1 所示，空间有电量为 Q 的固定点电荷，在其静电场区域中取一个半径为 R 的几何球面，其球心与点电荷相距 $r>R$，试求该几何球面上的平均电势 $\overline{U}_1$.

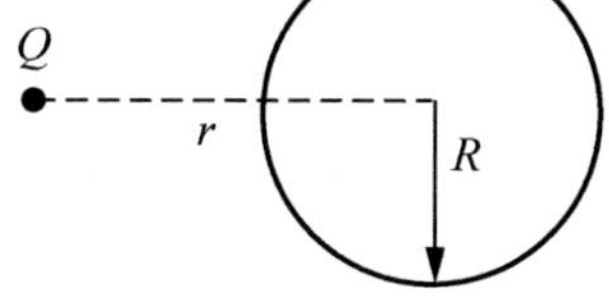

图 1

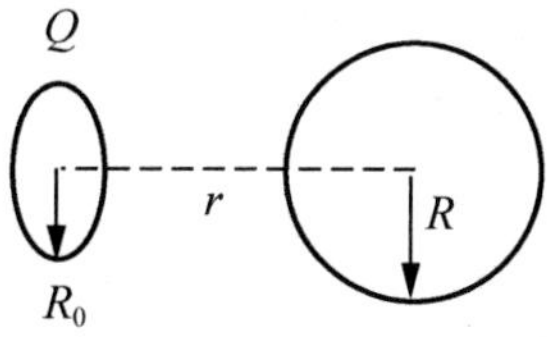

图 2

2. 如图 2 所示，空间有半径为 R_0，电量为 Q 的固定均匀带电圆环，在其静电场区域中取一个半径为 R 的几何球面，其球心与圆环中心的连线与环平面垂直，间距 $r>R$，试求该几何球面上的平均电势 $\overline{U}_2$.

3. 承上问，改设 $R^2>r^2+R_0^2$，再求半径 R 的几何球面上的平均电势 $\overline{U}_3$.

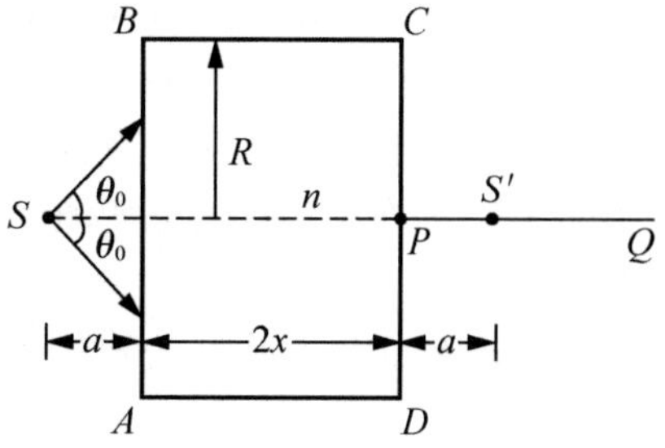

三、(16 分)

如图所示，折射率 $n=\sqrt{2}$，半径 $R=\sqrt{3}a$，长度记为 $2x$ 的透明圆柱体 $ABCD$ 的周围是空气. 一根由不透明材料制成的细长棒 PQ 的 P 端紧靠着柱体端

面 CD 的中心，沿着柱体中央轴线朝右放置. 点光源 S 位于柱体端面 AB 左侧的中央轴线上，与 AB 面相距 a.

1. 若 S 朝着 AB 面对称地发出半顶角 $\theta_0=45^\circ$ 的圆锥面光束，进入柱体后经过柱体侧面一次反射，从 CD 面射出，可会聚在 PQ 棒上与 P 端相距为 a 的 S' 点，试求 x.

2. 承上问，令 S 对称地朝 AB 面发出半顶角 $\theta_0=60^\circ$ 的锥体形光束，进入柱体后经过柱体侧面一次反射，从 CD 面射出，将照亮 PQ 棒上长 $L=\gamma a$ 的一段，试求 γ(取 3 位有效数字).

3. 承上问，在 AB 面上，至多遮去多大面积(记为 ΔS)的透光区域，仍可使 PQ 棒上被照亮的长度 L 不变?

四、(18 分)

如图所示，自由长度为 L(足够长)、劲度系数为 k 的轻弹簧，两端系两个带电小球 1 和 2. 球 1 的质量为 m_1，电量为 $Q_1>0$；球 2 的质量为 m_2，电量为 $Q_2>0$. 弹簧与两小球在匀强电场中，场强 $\boldsymbol{E}$ 的方向与球 1、2 的连线方向一致. 开始时，弹簧没有形变，两小球静止. 设两小球间的电相互作用可略，且无其他外力，试求而后两小球间的最大距离.

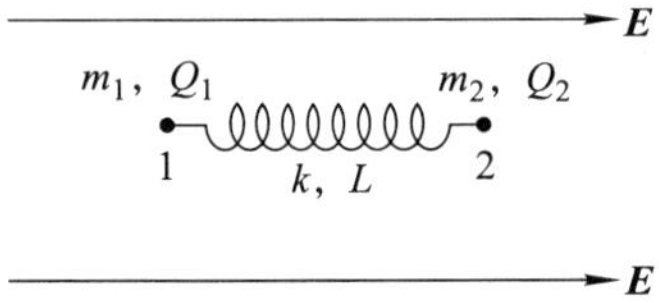

五、(24 分)

如图所示，嵌在固定光滑水平长直轨道 PQ 上的滑块 A，可在 PQ 上无摩擦地运动，A 的内侧有一小段水平光滑表面平滑连接一个半径为 R 的半圆柱形光滑表面，开始时 A 处于静止状态. 小球 B(可处理成质点)从 A 的左侧沿水平朝右的方向，以图示的 $\boldsymbol{v}_0$ 初速度进入 A 的水平表面运动，而后进入半圆柱形表面运动. 设轨道 PQ 对 A 只提供竖直方向的约束力，此力保证 A 不会倾倒. 再设 A，B 质量相同，且

$$v_0^2=4(\sqrt{2}+1)Rg,$$

其中 g 为重力加速度.

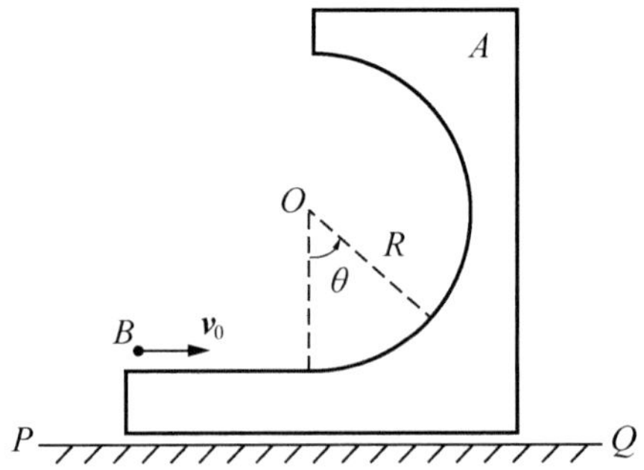

1. 引入图中所示圆心角 $\theta(\pi\geqslant\theta\geqslant0)$，当 B 在 A 的半圆柱形表面上位于 θ 角位置时，A 相对 PQ 的右行速度记为 v_A，B 相对 A 的圆运动速率记为 v_B'，试确定 $v_A\sim\theta$，$v_B'\sim\theta$ 关系式.

2. 将 A 相对 PQ 的右行加速度记为 a_A，试确定 $a_A\sim\theta$ 关系式，并据此判断 B 在半圆柱形表面上所能到达的最高位置.

3. 计算 B 相对 PQ 的运动轨道中 $\theta=\pi/2$ 角位置处曲率半径.

4. 计算 B 在半圆柱面上所能到达的最高位置前后邻近处，相对 PQ 的运动轨道中的曲率半径.

5. 用草图画出 B 从开始到最后落地前，相对 PQ 的运动轨道(不必定量表述此运动轨道).

六、(25 分)

由电阻可略的 3 根水平固定金属细杆构成的框架如图所示，框架的短边内串有电阻 R，两条长边互相平行，间距为 l_0. 电阻可略、质量为 m、长度为 $l_0/\cos\theta_0$ 的匀质金属棒，开始时两端 P，Q 分别与框架两长边接触，构成 P 端钝角恰好为 $\theta_0+\pi/2$ 的梯形. 设空间有图示方向的匀强磁场 $\boldsymbol{B}$，令金属棒绕着 P 端有顺时针方向旋转的角速度 ω_0，而后棒可绕着 P 端转轴无摩擦地水平旋转. 试问 ω_0 取何值，可使棒旋转 $k\geqslant1$ 圈，但不能旋转 $k+1$ 圈.

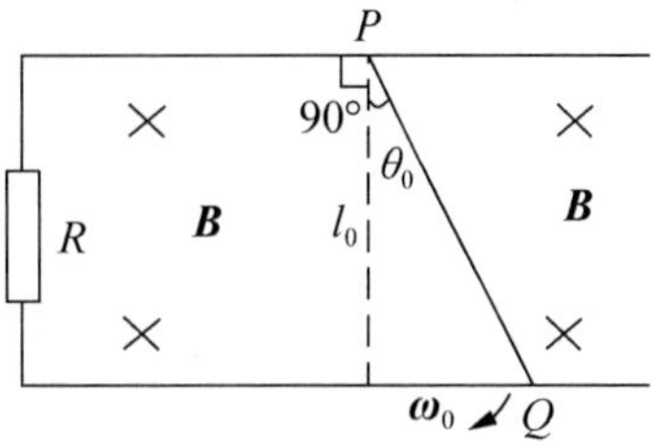

七、(27 分)

惯性系 S，S'间相对关系如图所示，其间相对速度 $v=0.6c$，O，O'重合时 $t=t'=0$. 质点 P_1，P_2 开始时分别静止于 S'系 $x'_{10}=0$，$x'_{20}=L_0=0.6c\cdot\text{s}$ 处.

1. 设 P_1，P_2 于 $t'=0$ 开始，同时以 $a_0=0.8c/\text{s}$ 沿 x'轴方向做匀变速运动，$t'=1$ s 时同时停止变速，相对 S'系做匀速直线运动.

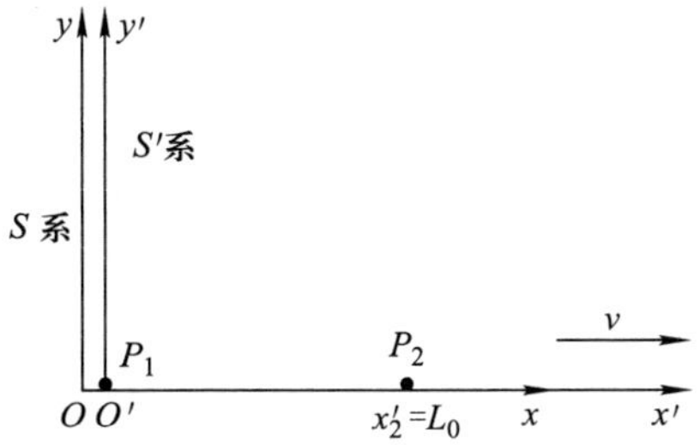

1.1 在 S 系中计算 $t=1$ s 时 P_1，P_2 的间距 L_1；

1.2 在 S 系中计算 $t=2$ s 时 P_1，P_2 的间距 L_2；

1.3 在 S 系中计算 $t\geqslant0$ 时间范围，P_1，P_2 的最小间距 $L_{\min}$和最大间距 $L_{\max}$.

2. 改设 P_1，P_2 于 $t'=0$ 开始，同时以 $a_0=0.8c/\text{s}$ 沿 x'轴负方向做匀变速运动，$t'=1$ s 时同时停止变速，相对 S'系做匀速直线运动. 试在 S 系中计算 $t\geqslant0$ 时间范围，P_1，P_2 的最小间距 $L_{\min}$和最大间距 $L_{\max}$.

参考解答

一、(15 分)

1.

$$\eta_{ABCA} : \eta_{ACDA} = \frac{W_{ABCA}}{Q_{ABCA}} \Big/ \frac{W_{ACDA}}{Q_{ACDA}},\ W_{ABCA} = W_{ACDA},$$

$$\Rightarrow \quad \eta_{ABCA} : \eta_{ACDA} = Q_{ACDA}/Q_{ABCA}.$$

$$Q_{ABCA} = Q_{AB} + Q_{BC} = \nu C_{V,\mathrm{m}}(T_B - T_A) + \nu C_{p,\mathrm{m}}(T_C - T_B),$$

$$\begin{cases} C_{V,\mathrm{m}} = \dfrac{3}{2}R,\ C_{p,\mathrm{m}} = \dfrac{5}{2}R, \\ T_B = 2T_A,\ T_C = 4T_A, \end{cases}$$

$$\Rightarrow \quad Q_{ABCA} = \frac{13}{2}\nu R T_A.$$

$$Q_{ACDA} = Q_{AC} = W_{AC} + \Delta U_{AC} = \frac{3}{2}p_0V_0 + \nu C_{V,\mathrm{m}}(T_C - T_A),\ p_0V_0 = \nu R T_A,$$

$$\Rightarrow \quad Q_{ACDA} = 6\nu R T_A,$$

$$\Rightarrow \quad \eta_{ABCA} : \eta_{ACDA} = 12/13.$$

2. 记

$$Q_{ABC吸} = Q_1,\ Q_{CA放} = Q_{AC吸} = Q_2,\ Q_{CDA放} = Q_3,$$

$$W_{ABCA} = W,\ W_{ACDA} = W,\ W_{ABCDA} = 2W,$$

由

$$\eta_1 = \frac{W}{Q_1},\ \eta_3 = \frac{2W}{Q_1},$$

得

$$\eta_3 = 2\eta_1, \tag{1}$$

由

$$\eta_1 = 1 - \frac{Q_2}{Q_1},\ \eta_2 = 1 - \frac{Q_3}{Q_2},\ \eta_3 = 1 - \frac{Q_3}{Q_1},$$

$$\Rightarrow \quad \frac{Q_2}{Q_1} = 1 - \eta_1,\ \frac{Q_3}{Q_2} = 1 - \eta_2,\ \frac{Q_3}{Q_1} = 1 - \eta_3,$$

$$\frac{Q_3}{Q_1} = \frac{Q_2}{Q_1}\frac{Q_3}{Q_2},$$

得

$$1 - \eta_3 = (1 - \eta_1)(1 - \eta_2), \quad \Rightarrow \quad \eta_3 = \eta_1 + \eta_2 - \eta_1\eta_2.$$

将(1)式代入，得

$$\eta_2 = \frac{\eta_1}{1 - \eta_1} > \eta_1. \tag{2}$$

由(2)式反解得

$$\eta_1=\eta_2/(1+\eta_2),$$

联系(1)式，得

$$\eta_3=2\eta_2/(1+\eta_2)>\eta_2,$$

故排序为

$$\eta_3>\eta_2>\eta_1. \tag{3}$$

二、(15分)

1. 点电荷 Q 电场为 R 球面提供电势分布，其平均值即为 $\overline{U}_1$.

以 R 球面球心为中心，以 r 为半径设置一个球面. 点电荷 Q 从其原来位置移动到 r 球面上其他位置时，R 球面上电势分布会变化，但其平均值不变，仍为所求 $\overline{U}_1$.

结合电势叠加原理，将点电荷电量 Q 均匀分布在 r 球面上，R 球面上出现新的电势分布，但其平均值不变，仍为所求 $\overline{U}_1$. 此时新的电势分布属于均匀带电球面$\{Q,\ r\}$内部 $U=Q/4\pi\varepsilon_0 r$ 的等势分布，即得

$$\overline{U}_1=\frac{Q}{4\pi\varepsilon_0 r},$$

或者说等于原点电荷 Q 在 R 球面球心处的电势.

2. 据上问解答，$\{Q,\ R_0\}$环上任意无穷小线元电荷 $\mathrm{d}Q$ 为 R 球面提供的平均电势为

$$\mathrm{d}\overline{U}_2=\frac{\mathrm{d}Q}{4\pi\varepsilon_0 r'},\qquad r'=\sqrt{r^2+R_0^2},$$

叠加便得

$$\overline{U}_2=Q/4\pi\varepsilon_0\sqrt{r^2+R_0^2}.$$

3. 如题解图所示，以 R 球面球心为中心，以 $r'=\sqrt{r^2+R_0^2}$ 为半径设置一个球面. 将$\{Q,\ R_0\}$均匀带电圆环电量 Q 集中为一个点电荷放置在 r' 球面上，R 球面上的电势分布会变化，但其平均值不变，仍为所求量 $\overline{U}_3$. 反之，再将点电荷 Q 均匀分布在 r' 球面上，R 球面上的电势分布会变化，但其平均值不变，仍为所求量 $\overline{U}_3$. 此时 R 球面上的电势分布，属于均匀带电球面$\{Q,\ r'\}$外，半径为 R 的同心球面上电势 $U=Q/4\pi\varepsilon_0 R$ 的等势分布，即得

$$\overline{U}_3=Q/4\pi\varepsilon_0 R.$$

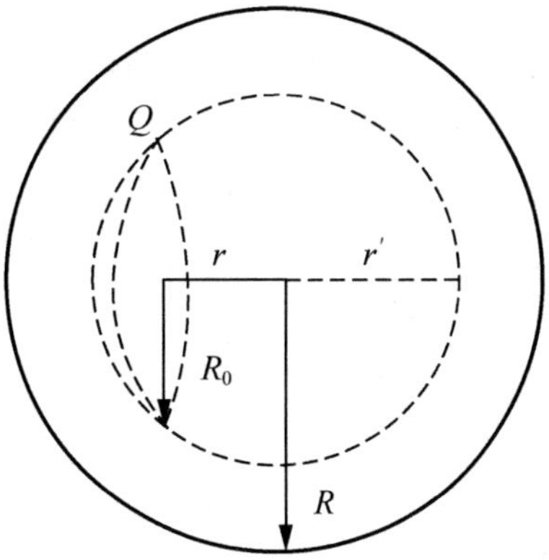

题解图

三、(16分)

1. 参看题解图1，有

$$\sin\theta_\mathrm{i}=n\sin\theta_\mathrm{t},\ \theta_\mathrm{i}=\theta_0=45^\circ,\ n=\sqrt{2},$$

$$\Rightarrow\quad \theta_\mathrm{t}=30^\circ,$$

$$x=(\sqrt{3}-1)a\cdot\cot\theta_\mathrm{t},\ \cot\theta_\mathrm{t}=\sqrt{3},$$

$$\Rightarrow\quad x=(3-\sqrt{3})a=1.268a.$$

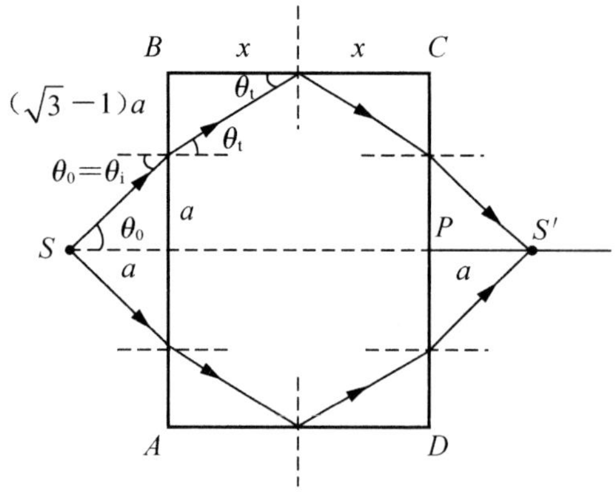

题解图 1

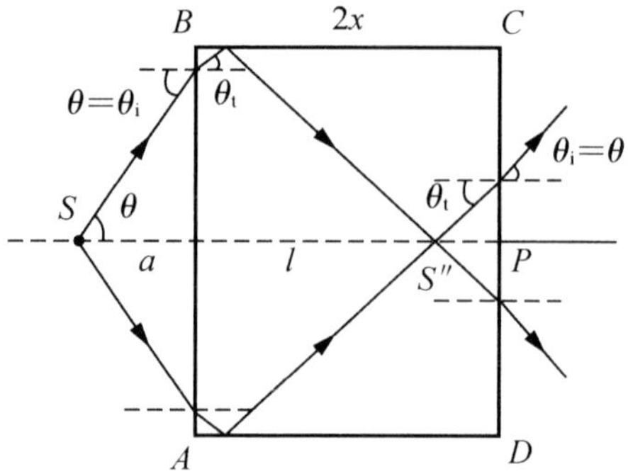

题解图 2

2. 取 θ 的上限，即 $\theta\to60°$.

此时入射光外围在 AB 面上无限靠近 A，B 处，参看题解图 2，有

$$\sin\theta_t=\sin\theta_i/n,\quad \theta_i\to60°,\quad \Rightarrow\quad \sin\theta_t=\frac{\sqrt{6}}{4}.$$

记柱体内"两条"反射光线交点 S''(先不设定 S''在柱体内还是在柱体外)到 AB 面的距离为 l，则有

$$l=\sqrt{3}a\cot\theta_t,\ \cot\theta_t\to\sqrt{\frac{5}{3}},\quad \Rightarrow\quad l\to\sqrt{5}a,$$

即有

$$l<2x,$$

可见 S''点在柱体内，它们通过 CD 面出射后不能在细棒 PQ 上有实交点.

从题解图 2 也可看出一种趋势，即 θ(或者说 θ_i)从 60°减小时，S''点将朝 CD 面移动，故必存在小于 60°的某个 θ 值，使得 S''恰好落在 CD 面中心上，或者说射出 CD 面后刚好照亮细棒 PQ 的 P 端，将此临界角记为 θ_1.

θ_1 的计算：

参看题解图 3，有

$$\sqrt{3}a=l_2\tan\theta_t,$$

$$\sqrt{3}a=a\tan\theta_i+l_1\tan\theta_t=a\tan\theta_i+(2x-l_2)\tan\theta_t,$$

消去 $l_2\tan\theta_t$，得

$$\sqrt{3}a=a\tan\theta_i+2x\tan\theta_t-\sqrt{3}a,\quad x=(3-\sqrt{3})a,$$

$$\Rightarrow\quad \begin{cases} y=\tan\theta_i+2(3-\sqrt{3})\tan\theta_t-2\sqrt{3}=0,\\ \sin\theta_t=\sin\theta_i/n,\ 60°>\theta_i>45°=\theta_0. \end{cases}$$

二分逼近法：

θ_i	50°	55°	58°	57°	57.5°	57.6°
θ_t	32.80°	35.40°	36.83°	36.37°	36.61°	36.66°
y	−0.636	−0.232	0.0377	−0.054	-3.97×10^{-3}	1.403×10^{-3}

得

$$\theta_1=57.6°.$$

θ 角从 $\theta_1=57.6°$减小到题图所示的 $\theta_0=45°$过程中，细棒上照亮点从 P 点右移到题图的 S'点. θ 从 $\theta_0=45°$再减小时，照亮点继续右移，当 θ 角达到另外一个临界角 θ_2 时，柱体内的光线几乎射到 C 点(或 D 点)，细棒被照亮的长度即为所求 L.

参看题解图 4，有

$$\sqrt{3}a=a\tan\theta_i+2x\tan\theta_t,$$

$$x=(3-\sqrt{3})a,$$

$$\begin{cases}y=\tan\theta_i+2(3-\sqrt{3})\tan\theta_t-\sqrt{3}=0,\\ \sin\theta_t=\sin\theta_i/n, \quad \theta_i<45°.\end{cases}$$

同样可用二分逼近法，求得

$$\theta_2=33.4°.$$

$\theta_2=\theta_i$ 的入射光，经 CD 面出射后，相交在细棒 PQ 的 P'点，得

$$L=\sqrt{3}a\cot\theta_i, \quad \theta_i=\theta_2=33.4°, \quad \Rightarrow \quad L=2.63a,$$

即

$$\gamma=L/a=2.63.$$

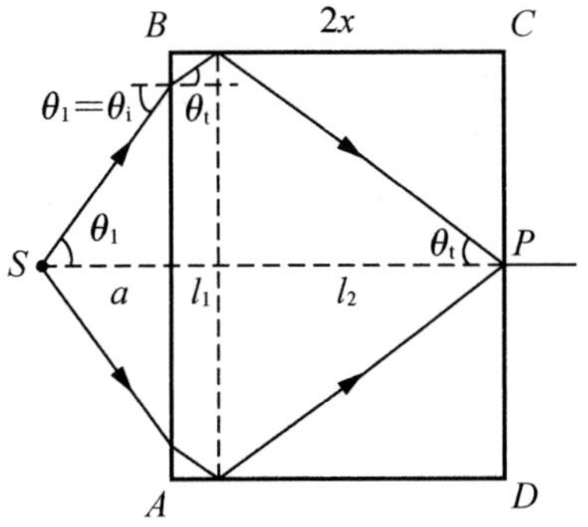

题解图 3

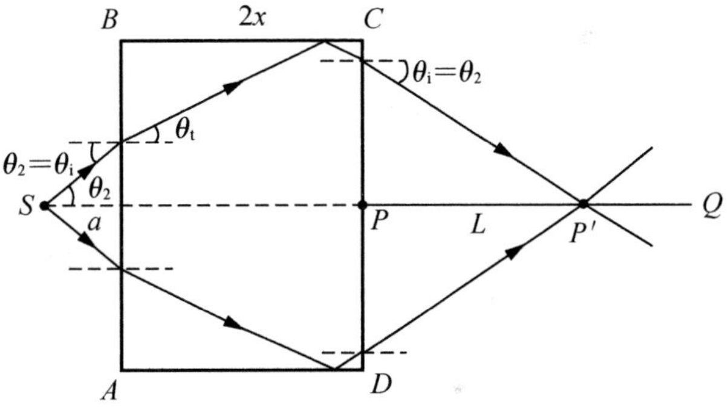

题解图 4

3. 由上一小问解答可知，照亮细棒 L 段的入射光束角范围为 $\theta_1>\theta>\theta_2$，故 AB 面上只要求

$$r_1>r>r_2, \quad r_1=a\tan\theta_1, \quad r_2=a\tan\theta_2, \quad \theta_1=57.6°, \quad \theta_2=33.4°$$

区域被点光源 S 照亮即可. 故 AB 面上至多可遮去的面积为

$$\Delta S=[\pi(\sqrt{3}a)^2-\pi r_1^2]+\pi r_2^2=0.952\pi a^2=2.99a^2.$$

四、(18 分)

在原惯性系中，系统质心 C 具有向右的恒定加速度

$$a_C=(Q_1+Q_2)E/(m_1+m_2).$$

建立质心参考系，在此系中以质心 C 所在位置为原点沿朝右的方向设置 x 坐标轴. 任意时刻，球 1 和球 2 的位置分别记为 x_1 和 x_2，如题解图所示.

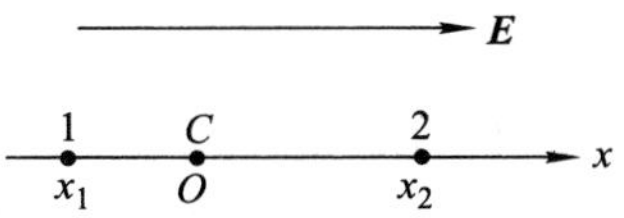

题解图

在质心系中，球 1、2 沿 x 轴方向的力分别为

$$F_1 = Q_1 E + k[(x_2 - x_1) - L] - m_1 a_C = \frac{m_2 Q_1 - m_1 Q_2}{m_1 + m_2} E + k[(x_2 - x_1) - L],$$

$$F_2 = Q_2 E - k[(x_2 - x_1) - L] - m_2 a_C = -\frac{m_2 Q_1 - m_1 Q_2}{m_1 + m_2} E - k[(x_2 - x_1) - L],$$

因

$$m_1 x_1 + m_2 x_2 = 0,$$

得

$$F_1 = -k\,\frac{m_1 + m_2}{m_2} x_1 + \left[\frac{m_2 Q_1 - m_1 Q_2}{m_1 + m_2} E - kL\right],$$

$$F_2 = -k\,\frac{m_1 + m_2}{m_1} x_2 - \left[\frac{m_2 Q_1 - m_1 Q_2}{m_1 + m_2} E - kL\right].$$

球 1、2 各自受力平衡位置分别对应 $F_1 = 0$，$F_2 = 0$，可得

$$x_1(\text{平}) = -\frac{m_2}{m_1 + m_2}\left[L - \frac{m_2 Q_1 - m_1 Q_2}{k(m_1 + m_2)} E\right];$$

$$x_2(\text{平}) = -\frac{m_1}{m_1 + m_2}\left[L - \frac{m_2 Q_1 - m_1 Q_2}{k(m_1 + m_2)} E\right].$$

于是，可将 F_1 和 F_2 表述为

$$F_1 = -k\,\frac{m_1 + m_2}{m_2}[x_1 - x_1(\text{平})], \quad F_2 = -k\,\frac{m_1 + m_2}{m_1}[x_2 - x_2(\text{平})],$$

都是线性恢复力. 球 1 和球 2 将分别以 $x_1(\text{平})$ 和 $x_2(\text{平})$ 为平衡位置做简谐振动，振动角频率均为

$$\omega = \sqrt{k(m_1 + m_2)/m_1 m_2}.$$

球 1 和球 2 的初始位置分别为

$$x_1(0) = -\frac{m_2}{m_1 + m_2} L, \quad x_2(0) = \frac{m_1}{m_1 + m_2} L,$$

它们与各自平衡位置的偏离分别为

$$x_1(0) - x_1(\text{平}) = -\frac{m_2(m_2 Q_1 - m_1 Q_2)E}{k(m_1 + m_2)^2},$$

$$x_2(0) - x_2(\text{平}) = \frac{m_1(m_2 Q_1 - m_1 Q_2)E}{k(m_1 + m_2)^2}.$$

因两球初始时刻均静止，故上述初始位置与平衡位置之差的绝对值就是球 1 和球 2 各自做简谐振动的振幅，即

$$A_1 = |x_1(0) - x_1(\text{平})| = \frac{m_2 \,|\, m_2 Q_1 - m_1 Q_2 \,|\, E}{k(m_1 + m_2)^2},$$

$$A_2 = |x_2(0) - x_2(\text{平})| = \frac{m_1 \,|\, m_2 Q_1 - m_1 Q_2 \,|\, E}{k(m_1 + m_2)^2}.$$

下面分三种情况讨论：

(i) 若 $m_2 Q_1 = m_1 Q_2$，则

$$A_1 = A_2 = 0,$$

即振幅为零，无振动，球 1 与球 2 之间相距始终为 L，故

$$L_{\max}=L.$$

(ii) 若 $m_2Q_1>m_1Q_2$，则

$$x_1(0)<x_1(平),\quad x_2(0)>x_2(平),$$

即两个平衡位置都在两个初始位置内侧，于是在质心系中，两球先同时趋向质心 C 运动，再同时背离质心 C 运动，并且同时达到各自的最远点，即各自的最初位置. 因此，两球之间的最大距离为

$$L_{\max}=L.$$

(iii) 若 $m_2Q_1<m_1Q_2$，则

$$x_1(0)>x_1(平),\quad x_2(0)<x_2(平),$$

即两个平衡位置都在两个初始位置的外侧，于是在质心系中，两球先同时背离质心 C 运动，分别经过 $2A_1$ 和 $2A_2$ 的距离，同时达到各自的最远点. 因此，两球之间的最大距离为

$$L_{\max}=L+2(A_1+A_2)=L+\frac{2(m_1Q_2-m_2Q_1)}{k(m_1+m_2)}E.$$

五、(24 分)

1. 将 A，B 质量同记为 m，参见题解图 1，有

$$mv_0=m(v'_B\cos\theta+v_A)+mv_A,$$

$$\frac{1}{2}mv_0^2=\frac{1}{2}m[(v'_B\cos\theta+v_A)^2+(v'_B\sin\theta)^2]+\frac{1}{2}mv_A^2+mgR(1-\cos\theta),$$

可化简为

$$v_A=\frac{1}{2}(v_0-v'_B\cos\theta),\tag{1}$$

$$v_0^2=v'^2_B+2v_Av'_B\cos\theta+2v_A^2+2gR(1-\cos\theta),$$

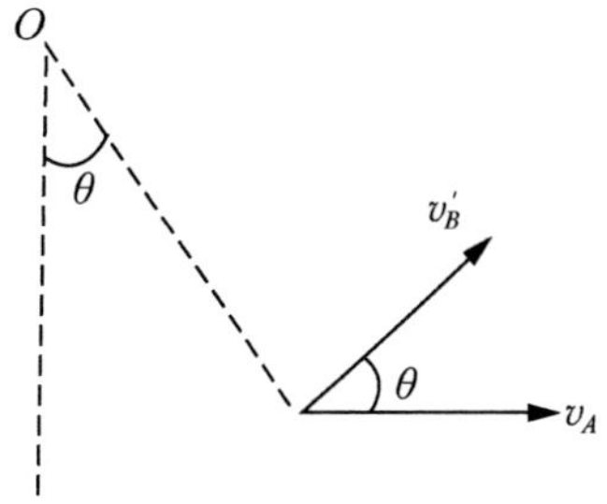

题解图 1

消去 v_A，可得

$$v_0^2-2gR(1-\cos\theta)=\left(1-\frac{1}{2}\cos^2\theta\right)v'^2_B+\frac{1}{2}v_0^2,$$

$$\Rightarrow\quad v'^2_B=[v_0^2-4Rg(1-\cos\theta)]/(2-\cos^2\theta).$$

将 $v_0^2=4(\sqrt{2}+1)Rg$ 代入，即得

$$v'_B=2\sqrt{Rg/(\sqrt{2}-\cos\theta)},\tag{2}$$

代入(1)式，便得

$$v_A=\left[\sqrt{\sqrt{2}+1}-\sqrt{\frac{1}{\sqrt{2}-\cos\theta}}\cos\theta\right]\sqrt{Rg}.\tag{3}$$

注意，$\cos\theta$ 可正、可负，故不能写成

$$v_A=\left[\sqrt{\sqrt{2}+1}-\sqrt{\frac{\cos^2\theta}{\sqrt{2}-\cos\theta}}\right]\sqrt{Rg}.$$

2. 利用

$$a_A=\mathrm{d}v_A/\mathrm{d}t=\frac{\mathrm{d}v_A}{\mathrm{d}\theta}\frac{\mathrm{d}\theta}{\mathrm{d}t},\quad v'_B=R\frac{\mathrm{d}\theta}{\mathrm{d}t},$$

可得

$$a_A=\frac{\mathrm{d}v_A}{\mathrm{d}\theta}\frac{v'_B}{R}.$$

由(3)式，得

$$\begin{aligned}\frac{\mathrm{d}v_A}{\mathrm{d}\theta}&=-\left\{\frac{\mathrm{d}}{\mathrm{d}\theta}\left[(\sqrt{2}-\cos\theta)^{-\frac{1}{2}}\cos\theta\right]\right\}\sqrt{Rg}\\&=-\left[-\frac{1}{2}(\sqrt{2}-\cos\theta)^{-\frac{3}{2}}\sin\theta\cos\theta-(\sqrt{2}-\cos\theta)^{-\frac{1}{2}}\sin\theta\right]\sqrt{Rg}\\&=\frac{2\sqrt{2}-\cos\theta}{2(\sqrt{2}-\cos\theta)^{3/2}}\sin\theta\sqrt{Rg}.\end{aligned}$$

将其与(2)式一起代入 a_A 计算式，可得

$$a_A=\frac{(2\sqrt{2}-\cos\theta)\sin\theta}{(\sqrt{2}-\cos\theta)^2}g,\qquad\Rightarrow\quad a_A\begin{cases}=0, & \text{仅当 }\theta=0\text{ 或 }\pi,\\>0, & \text{当 }\pi>\theta>0.\end{cases}$$

在 $\pi>\theta>0$ 范围内 $a_A>0$，表明 A 一直受到朝右的作用力，此力只能来源于 B 对其施加的压力之分力，故在 $\pi>\theta>0$ 范围内，B 不会离开 A 的半圆柱形表面. 据此可知，B 能到达 A 的半圆柱形面的最高点.

3. 在 A 参考系中 B 做圆弧运动，B 在 $\theta=\pi/2$ 位置处受力如下：

重力：为 B 提供切向加速度，使 v'_B 减小；

A 的法向支持力：方向水平朝左，大小为 N；

平移惯性力：方向水平朝左，大小为 $ma_A\big|_{\theta=\frac{\pi}{2}}$.

（后两力的）合力提供向心加速度

据此，有

$$N+ma_A\Big|_{\theta=\frac{\pi}{2}}=m\,v'^2_B/R\Big|_{\theta=\frac{\pi}{2}},$$

得

$$N=\sqrt{2}mg.$$

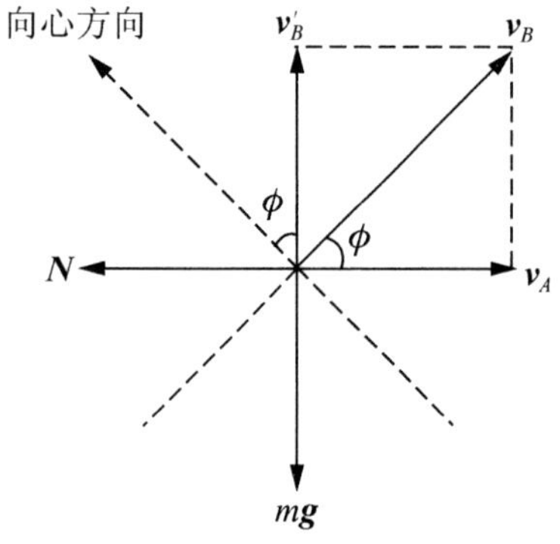

题解图 2

在地面参考系(即 PQ 参考系)中，B 的速度 $\boldsymbol{v}_B$ 由 $\boldsymbol{v}'_B$ 与 $\boldsymbol{v}_A$ 按题解图 2 方式合成，此时 $\boldsymbol{v}'_B$，$\boldsymbol{v}_A$ 大小分别由(2)、(3)式，得

$$v'_B\Big|_{\theta=\frac{\pi}{2}}=\sqrt{2\sqrt{2}Rg},\quad v_A\Big|_{\theta=\frac{\pi}{2}}=\sqrt{(\sqrt{2}+1)Rg}.$$

便有

$$v_B^2=v'^2_B+v_A^2=(3\sqrt{2}+1)Rg,$$

$$\sin\phi=v'_B/v_B=\sqrt{2\sqrt{2}/(3\sqrt{2}+1)},$$

$$\cos\phi=v_A/v_B=\sqrt{(\sqrt{2}+1)/(3\sqrt{2}+1)}.$$

参考题解图 2，向心力为

$$F_{\text{心}}=N\sin\phi-mg\cos\phi=\left[(2\sqrt{\sqrt{2}}-\sqrt{\sqrt{2}+1})/\sqrt{3\sqrt{2}+1}\right]mg,$$

得曲率半径

$$\rho = mv_B^2/F_{心} = \frac{\sqrt{(3\sqrt{2}+1)^3}}{2\sqrt{\sqrt{2}}-\sqrt{\sqrt{2}+1}}R = \frac{\sqrt{\sqrt{2}}\sqrt{(3\sqrt{2}+1)^3}}{2\sqrt{2}-\sqrt{2+\sqrt{2}}}R = 14.6R.$$

4. B 达半圆上方顶点前后，对应 $\theta \to \pi$，据(2)、(3)式，有

$$v_B'\Big|_{\theta\to\pi} = 2\sqrt{(\sqrt{2}-1)Rg}, \qquad v_A\Big|_{\theta\to\pi} = [\sqrt{\sqrt{2}+1}+\sqrt{\sqrt{2}-1}]\sqrt{Rg}.$$

因 v_B' 小，v_A 大，故合成的 $\boldsymbol{v}_B$ 朝右，如题解图 3 所示，大小为

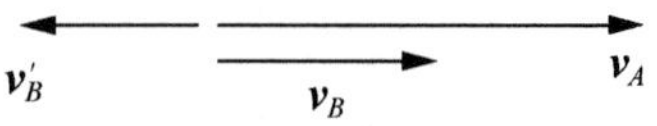

题解图 3

$$v_B = v_A - v_B' = [\sqrt{\sqrt{2}+1}-\sqrt{\sqrt{2}-1}]\sqrt{Rg}.$$

(i) B 到达半圆顶点前瞬间的轨道曲率半径 ρ(i)的计算：

B 相对 A 做圆弧运动，有

$$mg + N = m\,v_B'^2/R = 4(\sqrt{2}-1)mg \quad (\Rightarrow \quad N = (4\sqrt{2}-5)mg),$$

合力 $mg+N$ 也为 B 相对地面系运动的法向向心力，故有

$$mg + N = mv_B^2/\rho(\text{i}) \quad \Rightarrow \quad \rho(\text{i}) = \frac{mv_B^2}{m v_B'^2}R,$$

得

$$\rho(\text{i}) = R/2.$$

(ii) B 离开半圆顶点后瞬间的轨道曲率半径 ρ(ii)的计算：

此时 B 相对地面做平抛运动，向心加速度即为 g，得

$$\rho(\text{ii}) = v_B^2/g = 2(\sqrt{2}-1)R = 0.828R.$$

5. B 相对地面参考系的运动轨道草图如题解图 4 所示.

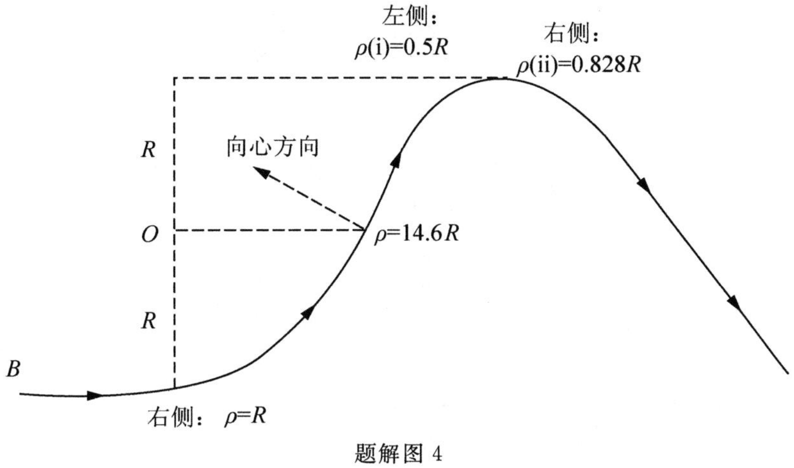

题解图 4

六、(25 分)

沿 $\boldsymbol{B}$ 方向的单位矢量记为 $\boldsymbol{k}$. 可形成闭合回路 L 的过程中，金属棒转角 $\theta=0$ 的方位如题解图中虚直线所示，棒的初始位置对应 $\theta=-\theta_0$. 取顺时针方向为 L 的正方向，感应电流和金属棒所受安培力的正方向也已在图中示出.

$\mathrm{d}t$ 时间，回路面积增量

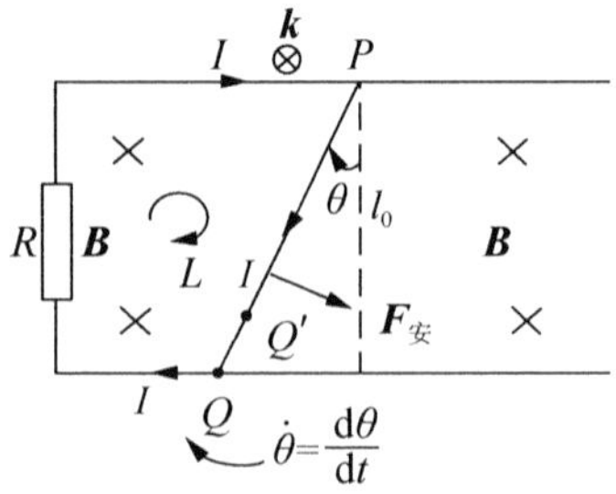

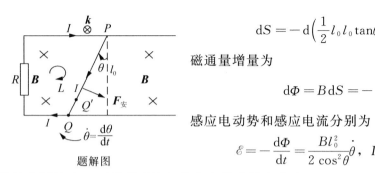

题解图

$$dS=-d\left(\frac{1}{2}l_0l_0\tan\theta\right)=\frac{-l_0^2}{2\cos^2\theta}\dot{\theta}dt,$$

磁通量增量为

$$d\Phi=BdS=-\frac{Bl_0^2}{2\cos^2\theta}\dot{\theta}dt,$$

感应电动势和感应电流分别为

$$\mathscr{E}=-\frac{d\Phi}{dt}=\frac{Bl_0^2}{2\cos^2\theta}\dot{\theta},\quad I=\frac{\mathscr{E}}{R}=\frac{Bl_0^2}{2R\cos^2\theta}\dot{\theta},$$

旋转金属棒中 PQ' 段所受均匀分布安培力的合力为

$$F_{安}=IB\frac{l_0}{\cos\theta}=\frac{B^2l_0^3}{2R\cos^3\theta}\dot{\theta},$$

此力相对 P 点力矩为

$$\boldsymbol{M}=-\frac{1}{2}\frac{l_0}{\cos\theta}F_{安}\boldsymbol{k}=-\frac{B^2l_0^4}{4R\cos^4\theta}\dot{\theta}\boldsymbol{k},$$

金属棒全长 $l_0/\cos\theta_0$，相对 P 点角动量为

$$\boldsymbol{L}=I_0\dot{\theta}\boldsymbol{k},\quad I_0=\frac{1}{3}m\left(\frac{l_0}{\cos\theta_0}\right)^2.$$

由角动量定理 $\boldsymbol{M}=d\boldsymbol{L}/dt$，得

$$-\frac{B^2l_0^4}{4R\cos^4\theta}\dot{\theta}=\frac{1}{3}\frac{ml_0^2}{\cos^2\theta_0}\ddot{\theta},$$

将 $\ddot{\theta}=d\dot{\theta}/dt=\frac{d\dot{\theta}}{d\theta}\frac{d\theta}{dt}=\dot{\theta}\frac{d\dot{\theta}}{d\theta}$ 代入，得

$$d\dot{\theta}=-\frac{3B^2l_0^2\cos^2\theta_0}{4mR}\frac{d\theta}{\cos^4\theta},$$

积分

$$\int_{\omega_0}^{\dot{\theta}}d\dot{\theta}=-\frac{3B^2l_0^2\cos^2\theta_0}{4mR}\int_{-\theta_0}^{\theta}\frac{d\theta}{\cos^4\theta},$$

由积分公式：

$$\int\frac{du}{\cos^n u}=\frac{\sin u}{(n-1)\cos^{n-1}u}+\frac{n-2}{n-1}\int\frac{du}{\cos^{n-2}u}$$

得

$$\dot{\theta}-\omega_0=-\frac{3B^2l_0^2\cos^2\theta_0}{4mR}\left(\frac{\sin\theta}{3\cos^3\theta}+\frac{2\sin\theta}{3\cos\theta}\right)\Bigg|_{-\theta_0}^{\theta},$$

$$\Rightarrow\quad \omega_0=\dot{\theta}+\frac{3B^2l_0^2\cos^2\theta_0}{4mR}\left[\frac{\sin\theta}{3\cos\theta}\left(\frac{1}{\cos^2\theta}+2\right)-\frac{\sin(-\theta_0)}{3\cos(-\theta_0)}\left(\frac{1}{\cos^2(-\theta_0)}+2\right)\right]$$

$$=\dot{\theta}(\theta)+\frac{3B^2l_0^2\cos^2\theta_0}{4mR}\left[\frac{\sin\theta}{3\cos\theta}\left(\frac{1}{\cos^2\theta}+2\right)+\frac{\sin\theta_0}{3\cos\theta_0}\left(\frac{1}{\cos^2\theta_0}+2\right)\right],$$

θ 取值范围：$\theta_0\geqslant\theta\geqslant-\theta_0$.

若金属棒到达 $\theta=\theta_0$ 时，恰好得 $\dot{\theta}=0$，则金属棒恰好在该角位置停止转动，对应的

ω_0 值记为 ω_0^*，有

$$\omega_0^* = \frac{3B^2 l_0^2 \cos^2\theta_0}{4mR}\left[\frac{2\sin\theta_0}{3\cos\theta_0}\left(\frac{1}{\cos^2\theta_0}+2\right)\right],$$

$$\Rightarrow \quad \omega_0^* = \frac{B^2 l_0^2 \sin 2\theta_0}{4mR}\left(\frac{1}{\cos^2\theta_0}+2\right).$$

若金属棒初始 ω_0 值大于 ω_0^*，则在 $\theta=\theta_0$ 处 $\dot{\theta}>0$，金属棒能转过第1圈到达 $\theta=-\theta_0$ 角位置，此时角速度仍与 $\theta=\theta_0$ 处值相同．如果该值恰好等于上述 ω_0^*，则又能转到 $\theta=\theta_0$ 处且停住；若大于 ω_0^*，则能转过 $\theta=\theta_0$ 且又能转过第2圈到达 $\theta=-\theta_0$ 角位置．据此可知：

当 $\omega_0=\left[\omega_0^*+\dot{\theta}(\theta_0)\Big|_{\dot{\theta}(\theta)>0}\right]>\omega_0^*$ 时，棒开始做第2圈转动.

若 $\left.\begin{cases}\dot{\theta}(\theta_0)<\omega_0^*\text{，即 } 2\omega_0^*>\omega_0>\omega_0^* \text{ 时，棒将在某 } \theta<\theta_0 \text{ 处停下，}\\ \dot{\theta}(\theta_0)=\omega_0^*\text{，即 } \omega_0=2\omega_0^* \text{ 时，棒在 } \theta=\theta_0 \text{ 处停下，}\end{cases}\right\}$ 不能完成第2圈转动；

若 $\dot{\theta}(\theta_0)>\omega_0^*$，即 $\omega_0>2\omega_0^*$ 时，棒又可到达 $\theta=-\theta_0$ 角位置，完成第2圈转动.

重复论述，可知金属棒能转过 $k\geqslant 1$ 圈，但不能转过 $k+1$ 圈的 ω_0 取值范围为

$$\begin{cases}(k+1)\,\omega_0^* > \omega_0 > k\omega_0^*,\\ \omega_0^* = \dfrac{B^2 l_0^2\sin 2\theta_0}{4mR}\left(\dfrac{1}{\cos^2\theta_0}+2\right).\end{cases}$$

七、(27分)

1. S 系中 P_1 开始加速时刻 t_{10} 和停止加速时刻 t_{1e} 分别为

$$t_{10}=\frac{t'_{10}+\dfrac{v}{c^2}x'_{10}}{\sqrt{1-\beta^2}}\Bigg|_{\beta=0.6,\ t'_{10}=0,\ x'_{10}=0}=0,$$

$$t_{1e}=\frac{t'_{1e}+\dfrac{v}{c^2}x'_{1e}}{\sqrt{1-\beta^2}}\Bigg|_{t'_{1e}=1\text{s},\ x'_{1e}=\frac{1}{2}a_0t'^2_{1e}=0.4c\cdot\text{s}}=\frac{1.24}{0.8}\text{s}=1.55\text{s}.$$

S 系中 P_2 开始加速时刻 t_{20} 和停止加速时刻 t_{2e} 分别为

$$t_{20}=\frac{t'_{20}+\dfrac{v}{c^2}x'_{20}}{\sqrt{1-\beta^2}}\Bigg|_{t'_{20}=0,\ x'_{20}=0.6c\cdot\text{s}}=0.45\text{s},$$

$$t_{2e}=\frac{t'_{2e}+\dfrac{v}{c^2}x'_{2e}}{\sqrt{1-\beta^2}}\Bigg|_{t'_{2e}=1\text{s},\ x'_{2e}=x'_{20}+\frac{1}{2}a_0t'^2_{2e}=1c\cdot\text{s}}=2\text{s}.$$

S 系中 P_1，P_2 末速度朝右，大小同为

$$v''_e=\frac{v'_e+v}{1+\dfrac{v}{c^2}v'_e}\Bigg|_{v'_e=a_0t'_e=0.8c}=\frac{1.4}{1.48}c=\frac{35}{37}c.$$

1.1　$t=1\text{s}$ 时，S 系认为 P_1，P_2 均处于变速运动状态.

P_1 运动方程：

$$S' 系：x_1'=\frac{1}{2}a_0 t_1'^2,$$

$$S 系：\frac{x_1-vt_1}{\sqrt{1-\beta^2}}=x_1'=\frac{1}{2}a_0 t_1'^2=\frac{1}{2}a_0\left(\frac{t_1-\frac{v}{c^2}x_1}{\sqrt{1-\beta^2}}\right)^2,$$

$$\Rightarrow\quad x_1-0.6c\cdot\text{s}=\frac{1}{2}0.8\,\frac{c}{\text{s}}\,\frac{(1-0.6x_1)^2\text{s}^2}{0.8}=0.5(1-1.2x_1+0.36x_1^2)c\cdot\text{s},$$

$$\Rightarrow\quad 2x_1-1.2c\cdot\text{s}=1c\cdot\text{s}-1.2x_1+0.36x_1^2,$$

$$\Rightarrow\quad 0.36x_1^2-3.2x+2.2=0,\qquad x_1 单位：c\cdot\text{s}$$

$$\Rightarrow\quad x_1=\frac{1}{2\times0.36}(3.2\pm\sqrt{(3.2)^2-4\times0.36\times2.2})c\cdot\text{s}=\begin{cases}8.14c\cdot\text{s},\\0.751c\cdot\text{s},\end{cases}$$

为使 $t_1'=\dfrac{t_1-\frac{v}{c^2}x_1}{\sqrt{1-\beta^2}}>0$，应将 $x_1=8.14c\cdot\text{s}$ 舍去，

$$\Rightarrow\quad x_1=0.751c\cdot\text{s}.$$

P_2 运动方程：

$$S' 系：x_2'=x_{20}'+\frac{1}{2}a_0 t_2'^2,$$

$$S 系：\frac{x_2-vt_2}{\sqrt{1-\beta^2}}=x_2'=x_{20}'+\frac{1}{2}a_0 t_2'^2=L_0+\frac{1}{2}a_0\left(\frac{t_2-\frac{v}{c^2}x_2}{\sqrt{1-\beta^2}}\right)^2,$$

$$\Rightarrow\quad x_2-0.6c\cdot\text{s}=0.8\times0.6c\cdot\text{s}+\frac{1}{2}\times0.8\,\frac{c}{\text{s}}\,\frac{(1-0.6x_2)^2\text{s}^2}{0.8}$$

$$=0.48c\cdot\text{s}+0.5\times(1-1.2x_2+0.36x_2^2)c\cdot\text{s},$$

$$\Rightarrow\quad 2x_2-1.2c\cdot\text{s}=0.96c\cdot\text{s}+1c\cdot\text{s}-1.2x_2+0.36x_2^2,$$

$$\Rightarrow\quad 0.36x_2^2-3.2x_2+3.16=0,\qquad x_2 单位：c\cdot\text{s}$$

$$\Rightarrow\quad x_2=\frac{1}{2\times0.36}(3.2\pm\sqrt{(3.2)^2-4\times0.36\times3.16})c\cdot\text{s}=\begin{cases}7.76c\cdot\text{s},\\1.13c\cdot\text{s}.\end{cases}$$

为使 $t_2'=\dfrac{t_2-\frac{v}{c^2}x_2}{\sqrt{1-\beta^2}}>0$，　故应将 $x_2=7.76c\cdot\text{s}$ 舍去，

$$\Rightarrow\quad x_2=1.13c\cdot\text{s}.$$

最终得

$$L_1=x_2-x_1=0.379c\cdot\text{s}.$$

1.2　$t=2\text{s}$ 时，S 系认为 P_1，P_2 均已处于匀速运动状态，它们的间距 L_2 从此保持不变.

设置沿 x' 轴相对 S' 系以速度

$$v'=a_0t'_e=0.8c$$

运动的惯性系 S''，如题解图 1 所示. S''系既不认可 P_1，P_2 同时变速，也不认可它们同时停止变速. 但经过足够长的时间后，必然认可 P_1，P_2 均相对 S''系静止，其间距离相当于一把静止直尺 P_1P_2 的长度，记为 $L_{静}$. S'系中 P_1，P_2 间距恒为 L_0，此 L_0 即为速度 $v'=0.8c$ 运动直尺 P_1P_2 的长度，有

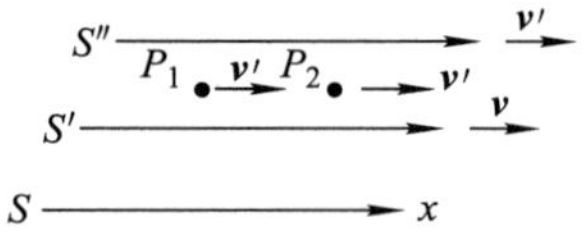

题解图 1

$$L_0=L_{动}=\sqrt{1-\beta'^2}L_{静}, \quad \Rightarrow \quad L_{静}=L_0/\sqrt{1-\beta'^2}\Big|_{\beta'=\frac{v'}{c}=0.8}.$$

S''系相对 S 系沿 x 轴运动速度为

$$v''=\frac{v'+v}{1+\frac{v}{c^2}v'}\Bigg|_{v=0.6c,\ v'=0.8c}=\frac{35}{37}c,$$

S 系中直尺 P_1P_2 的运动长度即为 L_2，故有

$$L_2=\sqrt{1-\beta''^2}L_{静}=[\sqrt{1-\beta''^2}/\sqrt{1-\beta'^2}]L_0\Big|_{\beta'=\frac{4}{5},\ \beta''=\frac{35}{37}}=\frac{20}{37}L_0,$$

$$\Rightarrow \quad L_2=\frac{12}{37}c\cdot\text{s}=0.324c\cdot\text{s}.$$

1.3　S 系中 P_1 于 $t_{10}=0$ 先沿 x 轴加速，P_2 于 $t_{20}=0.45\text{s}$ 后加速；P_1 于 $t_{1e}=1.55\text{s}$ 相对 S 系先达到 $v''_e=\frac{35}{37}c$ 速度，P_2 于 $t_{2e}=2\text{s}$ 相对 S 系后达到 $v''_e=\frac{35}{37}c$. 整个过程中，P_1 追 P_2 的右侧(沿 x 轴)相对速度一直大于零，故其间距离一直在缩短，直到最后达到 L_2 后，不再变化. 据此可知，

$$L_{\min}=L_2=\frac{12}{37}c\cdot\text{s}=0.324c\cdot\text{s},$$

$$L_{\max}=\sqrt{1-\beta^2}L_0=\frac{12}{25}c\cdot\text{s}=0.48c\cdot\text{s}.$$

2. S 系中 P_1 开始左行(沿 x 轴负方向)加速时刻 t_{10}和停止加速时刻 t_{1e}分别为

$$t_{10}=0,$$

$$t_{1e}=\frac{t'_{1e}+\frac{v}{c^2}x'_{1e}}{\sqrt{1-\beta^2}}\Bigg|_{t'_{1e}=1\text{s},\ x'_{1e}=-\frac{1}{2}a_0t'^2_{1e}=-0.4c\cdot\text{s}}=0.95\text{s}.$$

S 系中 P_2 开始左行加速时刻 t_{20}和停止加速时刻 t_{2e}分别为

$$t_{20}=0.45\ \text{s},$$

$$t_{2e}=\frac{t'_{2e}+\frac{v}{c^2}x'_{2e}}{\sqrt{1-\beta^2}}\Bigg|_{t'_{2e}=1\text{s},\ x'_{2e}=x'_{20}-\frac{1}{2}a_0t'^2_{2e}=0.2c\cdot\text{s}}=1.4\text{s}.$$

S 系中 P_1，P_2 初速朝右，沿 x 轴方向值 $v=0.6c$；S 系中 P_1，P_2 末速度朝左，沿 x 轴方向值为

$$v''=\frac{v'_e+v}{1+\frac{v}{c^2}v'_e}\Bigg|_{v=0.6c,\ v'_e=-a_0t'_e=-0.8c}=-\frac{5}{13}c.$$

S 系中 P_1 于 $t_{10}=0$ 先朝左加速，P_2 于 $t_{20}=0.45\text{s}$ 后朝左加速；P_1 于 $t_{1e}=0.95\text{s}$ 相对 S 系先达到左行速度 $|v''|=\frac{5}{13}c$，P_2 于 $t_{2e}=1.4\text{s}$ 相对 S 系后达到左行速度 $|v''|=\frac{5}{13}c$. 整个过程中，P_1P_2 间的分离速度一直大于零，故其间距离一直在增大，直到最后 $t_{2e}=1.4\text{s}$ 时两者间相对速度降为零，间距达最大 L_{max}，而后不再变化. 据此可知

$$L_{min}=\sqrt{1-\beta^2}L_0=\frac{12}{25}c\cdot\text{s}=0.48c\cdot\text{s}.$$

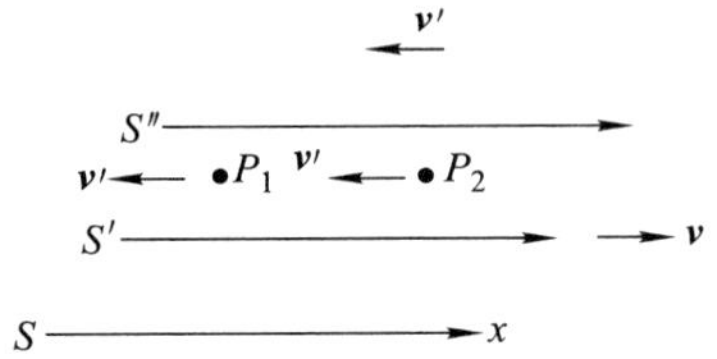

题解图 2

为求 L_{max}，仿照 1.3 问的求解，设置沿 x'轴相对 S'系以速度

$$v'=-a_0t'_e=-0.8c$$

运动的惯性系 S''，如题解图 2 所示. S''系既不认可 P_1，P_2 同时变速，也不认可它们同时停止变速. 但经过足够长的时间后，必然认可 P_1，P_2 均相对 S''系静止，其间距离记为 $L_{静}$. S'系中 P_1，P_2 间距恒为 L_0，即有

$$L_0=L_{动}=\sqrt{1-\beta'^2}L_{静},\quad\Rightarrow\quad L_{静}=L_0/\sqrt{1-\beta'^2}\Big|_{\beta'=\frac{v'}{c}=-0.8}.$$

S''系相对 S 系沿 x 轴运动速度为

$$v''=-\frac{5}{13}c,$$

故 S 系中测得的 P_1，P_2 间距，即 L_{max}，为

$$L_{max}=\sqrt{1-\beta''^2}L_{静}=[\sqrt{1-\beta''^2}/\sqrt{1-\beta'^2}]L_0\Big|_{\beta'=-\frac{4}{5},\ \beta''=-\frac{5}{13}}=\frac{20}{13}L_0,$$

$$\Rightarrow\quad L_{max}=\frac{12}{13}c\cdot\text{s}=0.923c\cdot\text{s}.$$

北京大学 2013 年物理科学营试题

一、(20 分)

运动学

如图所示，光滑的水平大桌面上有一条水平固定的长直挡板 PQ，它的左侧有一根长为 L 的均匀细杆 AB. 开始时 AB 与 PQ 彼此分离且相互平行，AB 整体朝着 PQ 以速度 v 运动，同时绕着自己的中央位置 C 以角速度 ω 转动. 已知在 AB 与 PQ 相碰前，v，ω 始终不变，再设而后两者相碰时，杆上各个部位同时与挡板接触.

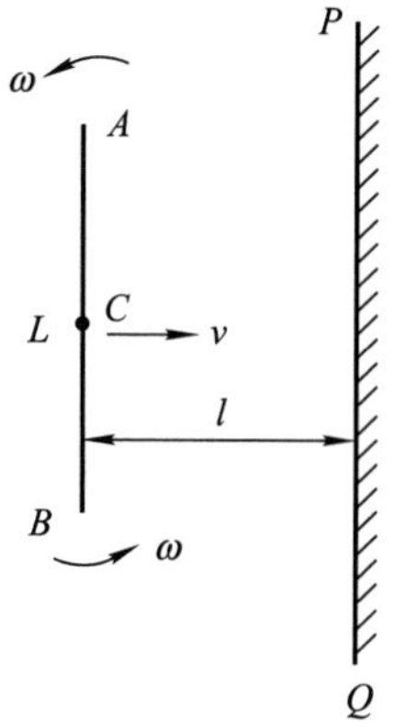

(1) 对已给定的 L，v 值，试确定 ω 的可取值；

(2) 将初始时刻 AB 与 PQ 间距记为 l，对已给定的 L，v 和所有可取的 ω 值，确定全部可取的 l 值，并给出其中最小者 $l_{\min}$；

(3) 在图示的 AB 杆上设置 x 坐标，$x=0$ 取在 A 处，$x=L$ 取在 B 处，对每一个可取的 l 值，AB 与 PQ 碰前瞬间，杆上各部位速度大小的分布可用 $v \sim x$ 函数表述，试求此函数.

二、(18 分)

热力学第一定律

由 3mol 单原子分子理想气体和 1mol 的某种双原子分子理想气体混合而成的气体，初态压强、体积和温度分别为 p_0，V_0 和 T_0. 其中双原子分子气体在温度 $T<2T_0$ 时，它的摩尔定容热容量为 $\frac{5}{2}R$，在 $T \geqslant 2T_0$ 时它的摩尔定容热容量为 $\frac{7}{2}R$.

(1) 令混合气体从初态经等压膨胀，体积增为 $4V_0$，试求过程中气体从外界吸收的热量 Q，答案中不可出现 p_0，V_0.

(2) 改令混合气体从初态经绝热压缩，温度升为 $4T_0$.

(2.1) 试求过程中外界对气体做功量 A，答案中不可出现 p_0，V_0.

(2.2) 再求气体末态体积 V，答案中不可出现 p_0，T_0.

三、(18 分)

静电

图中用实线代表的三根首尾相互接触的等长绝缘细棒上的电荷分布，与绝缘棒换成等长细导体棒首尾相互接触且总电荷量相同，静电平衡时的电荷分布相同. 已测得图中 A，B 两点电势分别为 U_A，U_B，B 点场强大小为 E_B.

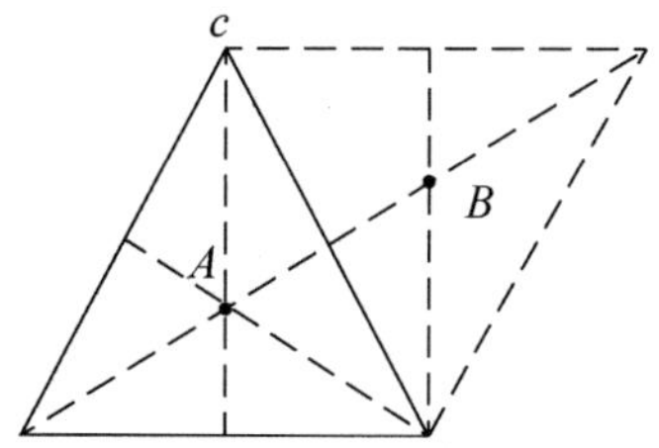

今将图中绝缘棒 ab 取走，设这不影响 ac，bc 棒上的电荷分布，测得 A 点场强大小为 E'_A.

(1) 试求此时 A，B 两点的电势 U'_A 和 U'_B.

(2) 如果不是将图中绝缘棒 ab 取走，而是将绝缘棒 bc 取走，设这不影响原 ac，ab 棒的电荷分布，试求此时 B 点场强大小 E'_B.

(3) 承(2)问，将绝缘棒 bc 取走，改设原绝缘棒 ac，ab 分别均匀带电，电荷线密度为常量 $\lambda>0$，且已知每根棒长为 l，请直接写出此时 B 点场强大小 E''_B.

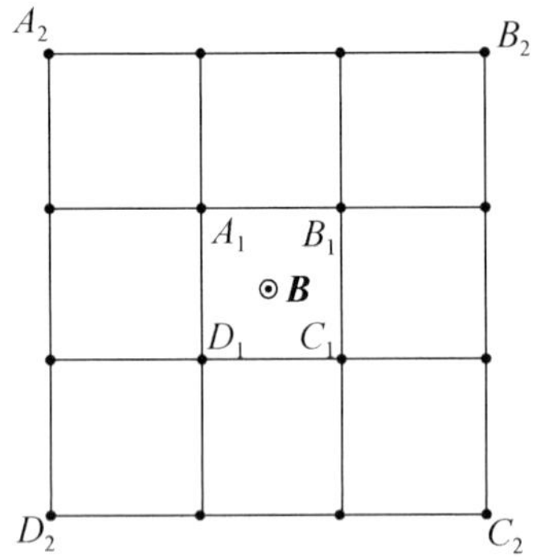

四、(18 分)

电磁感应与电路

由 24 根长度同为 l，电阻同为 R 的导体棒组成的网络如图所示. 图中央小正方形 $A_1B_1C_1D_1$ 区域内有垂直于图平面朝外的匀强磁场，磁感应强度随时间的变化率

$$\frac{\mathrm{d}B}{\mathrm{d}t}=k，k：正的常量$$

周围其他区域均无磁场.

(1) 试求图中大正方形 $A_2B_2C_2D_2$ 的上方直边从 A_2 到 B_2 的电压 $U_{A_2B_2}$.

(2) 计算网络电阻消耗的总功率 P.

五、(22 分)

几何光学

图 1(a)和(b)所示，分别为近轴范围内的凸球面折射成像和凹球面折射成像示意图. 图中 R 为球面半径，n_u 为物光所在空间的介质折射率，n_v 为像光所在空间的介质折射率，u 和 v 分别是位于主光轴的点状物 S 的物距和对应的点状像 S'的像距. 已知凸球面折射成像公式为

$$\frac{n_u}{u}+\frac{n_v}{v}=\frac{n_v-n_u}{R}, \tag{1}$$

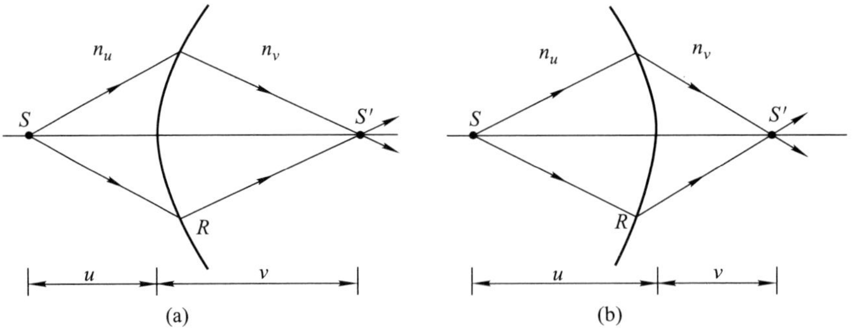

图 1

其中 $R\to\infty$时，即成平面折射成像公式. 引入

$$物方焦距\ f_u=\lim_{v\to\infty}u，\qquad 像方焦距\ f_v=\lim_{u\to\infty}v，$$

可将成像公式(1)改述为

$$\frac{f_u}{u}+\frac{f_v}{v}=1. \tag{2}$$

(1) 以 n_u，n_v，R 为已知参量，写出 f_u，f_v 的表述式.

(2) 对应(1)、(2)式，写出凹球面折射成像的两个公式，并简述理由.

(3) 由两块折射率分别为 n_1，n_2 的玻璃体密接构成的薄透镜如图 2 所示，朝左凸的 R_1 球面与朝右凸的 R_2 球面间距可略，R_2 球面与右侧平面间距也可略. 以(1)式为成像的基本公式，解答下述两小问.

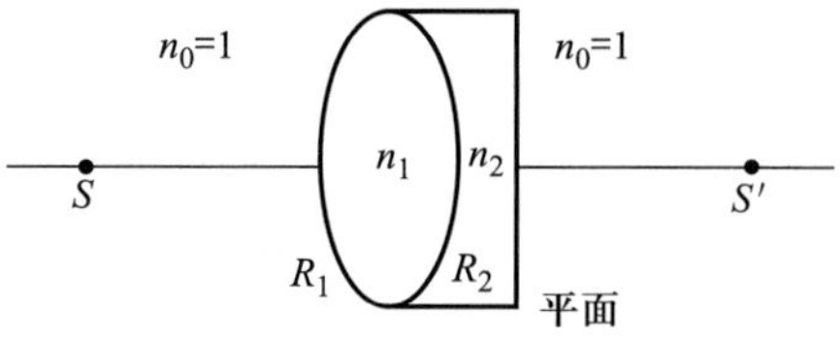

图 2

(3.1)导出该透镜在空气中 f_u，f_v 以 n_1，n_2，R_1 和 R_2 为已知量的表述式.

(3.2)设点状发光物 S 发出的光仅含氢光谱 C 线($\lambda_C=6563\text{Å}$，$1\text{Å}=10^{-10}\,\text{m}$)和 F 线($\lambda_F=4861\text{Å}$)两种成分，相应地 n_1，n_2 各自分化为

$$n_{1C}<n_{1F},\quad n_{2C}<n_{2F}.$$

已知左侧不在透镜焦平面上的 S 所成像 S' 仍为一个点，试以 R_1，n_{1C}，n_{1F}，n_{2C}，n_{2F} 为已知量，导出 R_2 的表述式，并给出 n_{1C}，n_{1F}，n_{2C}，n_{2F} 间应满足的关系式.

六、(24 分)

牛顿定律

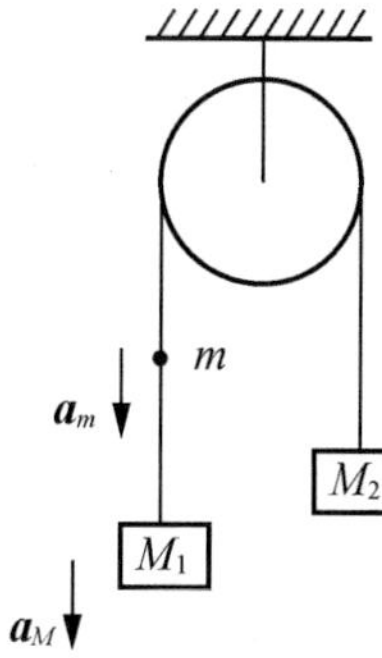

系统如图所示，绳与固定滑轮间光滑接触，绳不可伸长，它的质量可略. 质量为 m 的小孔环套在绳的左侧，两者间的最大静摩擦力和滑动摩擦力同为常量 $f_0<mg$. 绳的左、右两端所挂物体的质量分别为 M_1 和 M_2. 系统从静止开始释放，将小孔环加速度矢量记为 $\boldsymbol{a}_m$，M_1 物体的加速度矢量记为 $\boldsymbol{a}_M$，试求解所有可能的 $\boldsymbol{a}_m$，$\boldsymbol{a}_M$ 方向和大小. 注意，图中所画 $\boldsymbol{a}_m$，$\boldsymbol{a}_M$ 一对可能的方向仅起示意作用.

七、(20 分)

相对论

某惯性系 Oxy 坐标平面原点处，静质量为 m_0 的质点从静止开始，沿 $y=x^2/2A$ 抛物线轨道的 $x>0$ 一侧运动.

(1) 用质点运动学方法，计算 x 位置处该抛物线的曲率半径 $\rho(x)$.

(2) 利用积分公式

$$\int\sqrt{1+x^2}\,\mathrm{d}x=\frac{x}{2}\sqrt{1+x^2}+\frac{1}{2}\ln\left(x+\sqrt{1+x^2}\right)+B(\text{不定常量})$$

计算该抛物线从 $x=0$ 到 $x=A$ 位置的一段曲线长度 l.

(3) 设质点从 $x=0$ 到 $x=A$ 位置沿抛物线运动的切向加速度大小为常量 a_0，

$$a_0=c^2/4[\sqrt{2}+\ln(1+\sqrt{2})]A,\quad (\text{式中 } c \text{ 为真空光速})$$

试求质点在 $x=A$ 处所受法向(即与速度方向垂直的方向)力的大小 $F_{法}$ 和切向力大小 $F_{切}$.

参考解答

一、(20 分)

为讨论方便，题图所示的 AB 与 PQ 间相对运动关系，可等效为 AB 整体不动，只有 ω 转动，而 PQ 整体以匀速度 v 朝着 AB 运动，如题解图 1 所示.

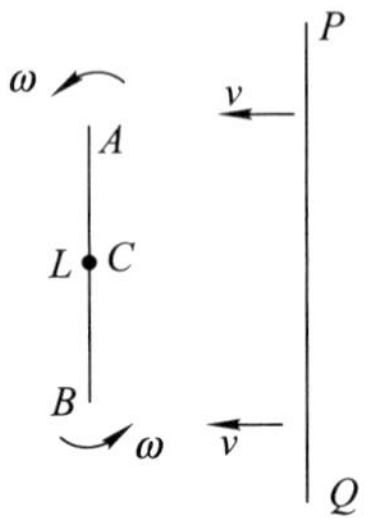

题解图 1

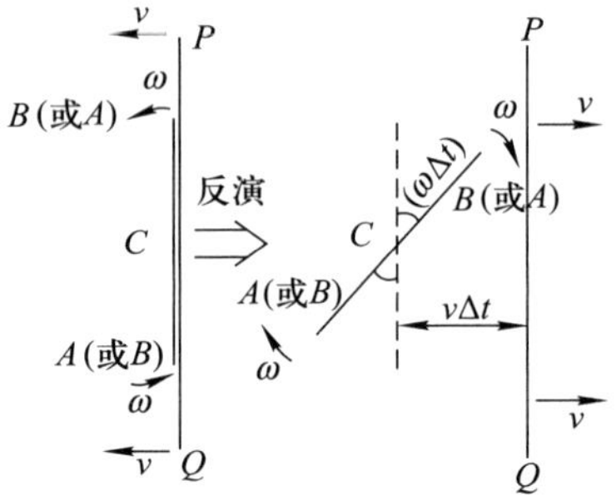

题解图 2

(1) 为使 AB 与 PQ 整体碰撞前，PQ 不会与 A 端或 B 端相碰，如题解图 2 所示，反演地要求

$$v\Delta t \geqslant \frac{L}{2}\sin(\omega\Delta t), \quad \Rightarrow \quad v \geqslant \frac{L}{2}\left(\frac{\sin\omega\Delta t}{\Delta t}\right).$$

$\sin(\omega\Delta t)/\Delta t$ 在 $\frac{\pi}{2} \geqslant \omega\Delta t > 0$ 范围内的极大值：

$$\frac{\mathrm{d}}{\mathrm{d}\Delta t}\left(\frac{\sin(\omega\Delta t)}{\Delta t}\right) = \frac{\omega[\cos(\omega\Delta t)]\Delta t - \sin(\omega\Delta t)}{(\Delta t)^2}$$

$$\overset{令}{=\!=} 0,$$

$$\Rightarrow \quad \omega\Delta t\cos(\omega\Delta t) = \sin(\omega\Delta t),$$

$$\Rightarrow \quad \tan(\omega\Delta t) = \omega\Delta t,$$

$$\Rightarrow \quad \omega\Delta t \to 0.$$

故 $\left[\dfrac{\sin(\omega\Delta t)}{\Delta t}\right]_{\max} = \dfrac{\sin(\omega\Delta t)}{\Delta t}\Bigg|_{\omega\Delta t\to 0,\,即\,\Delta t\to 0} = \dfrac{\omega\Delta t}{\Delta t}\Bigg|_{\Delta t\to 0} = \omega$，即要求

$$v \geqslant \frac{L}{2}\omega,$$

故 ω 可取值为

$$\omega \leqslant 2v/L.$$

(2) 为使 AB 与 PQ 相碰时，AB 各个部位同时与 PQ 接触，要求在相同时间内 AB 转过 π 的整数倍，PQ 平移 l 距离，即要求

$$N\pi/\omega = l/v, \quad \omega \leqslant 2v/L,$$

即得 l 可取值为

$$l = N\pi v/\omega, \quad N = 1, 2, 3, \cdots,$$

为使 l 尽可能小，ω 尽可能大，即有

$$l_{\min} = N\pi v/\omega \Big|_{N=1,\ \omega=2v/L} = \pi L/2.$$

(3) N 取偶数时，AB 与 PQ 碰前瞬间，AB 相对桌面运动状态如题解图 3 右所示，x 处速度大小为

$$v(x) = \begin{cases} \left| v - \omega\left(\dfrac{L}{2} - x\right) \right|, & \dfrac{L}{2} \geqslant x \geqslant 0, \\ v + \omega\left(x - \dfrac{L}{2}\right), & L \geqslant x \geqslant \dfrac{L}{2}, \end{cases} \quad \begin{cases} \omega \leqslant 2v/L, \\ l = 2k\pi v/\omega, \end{cases} \quad k = 1, 2, 3, \cdots.$$

N 取奇数时，参考题解图 3 左，x 处速度大小为

$$v(x) = \begin{cases} v + \omega\left(\dfrac{L}{2} - x\right), & \dfrac{L}{2} \geqslant x \geqslant 0, \\ \left| v - \omega\left(x - \dfrac{L}{2}\right) \right|, & L \geqslant x \geqslant \dfrac{L}{2}, \end{cases} \quad \begin{cases} \omega \leqslant 2v/L, \\ l = (2k-1)\pi v/\omega, \end{cases} \quad k = 1, 2, 3, \cdots.$$

为使速度大小取正，上述表达式中有两处加绝对值符号.

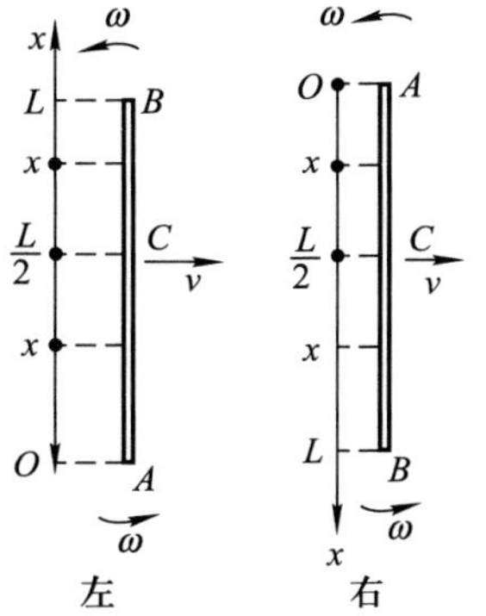

题解图 3

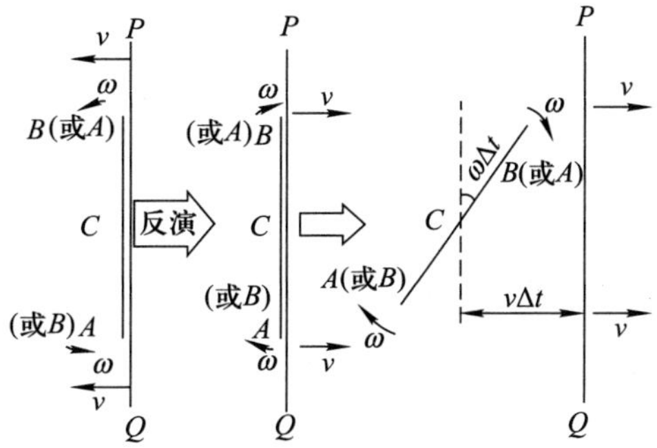

题解图 4

注解：也可改取(1)问的解答如下：

为使 AB 与 PQ 整体碰撞前，PQ 不会与 A 端或 B 端相碰，如题解图 4 所示，反演地要求：

在 $\dfrac{\pi}{2} \geqslant \omega\Delta t \geqslant 0$ 范围内 B 端(或 A 端)旋转速度 $\omega \cdot \dfrac{L}{2}$，沿着与 PQ 杆垂直方向的分速度必须小于或等于 v，这一分速度又在 $\omega\Delta t \to 0$，即 $t \to 0$ 时取得极大值 $\omega \dfrac{L}{2}$，故要求：

$$\omega \frac{L}{2} \leqslant v,$$

即得 ω 取值范围为

$$\omega \leqslant 2v/L.$$

二、(18 分)

(1) 混合气体总摩尔数

$$\nu = 4,$$

末态温度为

$$T = p_0(4V_0/\nu R) = 4(p_0 V_0/\nu R) = 4T_0.$$

由热力学第一定律，有

$$Q = W + \Delta U, \begin{cases} W = p_0 \Delta V = 3p_0 V_0 = 3\nu R T_0 = 12RT_0, \\ \Delta U = 3 \times \dfrac{3}{2}R(T - T_0) + \left(\dfrac{7}{2}RT - \dfrac{5}{2}RT_0\right) = 25RT_0, \end{cases}$$

得

$$Q = 37RT_0.$$

(2)

(2.1) 绝热过程中应有

$$A = \Delta U = 25RT_0.$$

(2.2) 绝热过程可分三个阶段讨论.

第一阶段：$2T_0 > T > T_0$ 的绝热压缩升温阶段.

$$\text{混合气体}\begin{cases} \text{内能 } U = 3 \times \dfrac{3}{2}RT + \dfrac{5}{2}RT = \dfrac{14}{2}RT = 7RT, \\ C_{V,\mathrm{m}} = \dfrac{U}{\nu T} = \dfrac{7}{4}R,\ C_{p,\mathrm{m}} = C_{V,\mathrm{m}} + R = \dfrac{11}{4}R, \end{cases}$$

得

$$\gamma_1 = C_{p,\mathrm{m}}/C_{V,\mathrm{m}} = \frac{11}{7}.$$

末态体积记为 V_1，由绝热过程方程

$$(2T_0)V_1^{\gamma_1 - 1} = T_0 V_0^{\gamma_1 - 1}$$

得

$$V_1 = 2^{\frac{-1}{\gamma_1 - 1}} V_0 = 2^{-\frac{7}{4}} V_0.$$

第二阶段：$T = 2T_0$ 的绝热等温下的压缩阶段.

前一阶段的末态压强记为 p_1，由

$$p_1 V_1^{\gamma_1} = p_0 V_0^{\gamma_1}, \quad \Rightarrow \quad p_1 = \left(\frac{V_0}{V_1}\right)^{\gamma_1} p_0,$$

得

$$p_1 = 2^{\frac{\gamma_1}{\gamma_1 - 1}} p_0 = 2^{\frac{11}{4}} p_0.$$

本阶段(准静态)绝热压缩中 $2T_0$ 不变，p 变大，故 V 减小，外界做功转化为 $T = 2T_0$ 温度下相变对应的内能增加. 外界做功量记为 A_2，末态体积记为 V_2，则有

$$A_2 = \int_{V_2}^{V_1} p\,\mathrm{d}V = \int_{V_2}^{V_1} \frac{\nu R \cdot 2T_0}{V}\mathrm{d}V = 2\nu R T_0 \ln\frac{V_1}{V_2},$$

$$A_2 = \Delta U = \frac{7}{2}R \cdot 2T_0 - \frac{5}{2}R \cdot 2T_0 = 2RT_0,$$

得

$$\ln\frac{V_1}{V_2}=\frac{1}{4}, \quad \Rightarrow \quad V_2=\mathrm{e}^{-\frac{1}{4}}V_1=\mathrm{e}^{-\frac{1}{4}}\cdot 2^{-\frac{7}{4}}V_0.$$

第三阶段：$4T_0\geqslant T>2T_0$ 的绝热压缩升温阶段.

$$U=3\times\frac{3}{2}RT+\frac{7}{2}RT=8RT,$$

$$C_{V,\mathrm{m}}=\frac{U}{\nu T}=2R,\ C_{p,\mathrm{m}}=C_{V,\mathrm{m}}+R=3R,\ \gamma_2=\frac{C_{p,\mathrm{m}}}{C_{V,\mathrm{m}}}=\frac{3}{2}.$$

本阶段初态体积 V_2，末态体积即为所求量 V，有

$$(4T_0)V^{\gamma_2-1}=(2T_0)V_2^{\gamma_2-1}, \quad \Rightarrow \quad V=2^{\frac{-1}{\gamma_2-1}}V_2,\ V_2=2^{\frac{-1}{\gamma_1-1}}\mathrm{e}^{-\frac{1}{4}}V_0,$$

即得

$$V=2^{-\left(\frac{1}{\gamma_2-1}+\frac{1}{\gamma_1-1}\right)}\mathrm{e}^{-\frac{1}{4}}V_0=2^{-\frac{15}{4}}\mathrm{e}^{-\frac{1}{4}}V_0.$$

三、(18 分)

(1) ab，bc，ac 棒中电荷必有相同的对称分布，各自对 A 点电势贡献相同，记为 U_1. bc 棒对 B 点电势贡献也必为 U_1，而 ab，ac 棒对 B 点电势贡献相同，记为 U_2.

于是有

$$3U_1=U_A, \quad U_1+2U_2=U_B,$$

解得

$$U_1=\frac{1}{3}U_A, \quad U_2=\frac{1}{2}U_B-\frac{1}{6}U_A.$$

将 ab 棒取走后，A，B 两点电势便分别为

$$U'_A=2U_1=\frac{2}{3}U_A, \quad U'_B=U_1+U_2=\frac{1}{6}U_A+\frac{1}{2}U_B.$$

(2) 将 ab 棒取走后 $\boldsymbol{E}'_A$ 的结构如题解图 1 所示，其中 $\boldsymbol{E}_{左}$，$\boldsymbol{E}_{右}$ 分别为 bc 棒电荷，ac 棒电荷对 A 点的场强贡献，应有

$$\boldsymbol{E}_{左}+\boldsymbol{E}_{右}=\boldsymbol{E}'_A,\ E_{左}=E_{右}=E'_A.$$

题图中三根棒都在时，$\boldsymbol{E}_B$ 的结构如题解图 2 所示. 其中 $\boldsymbol{E}_{上}$，$\boldsymbol{E}_{下}$ 分别为 ab 棒电荷、ac 棒电荷对 B 点的场强贡献，$\boldsymbol{E}_{中}$ 为 bc 棒电荷对 B 点的场强贡献，应有

$$\boldsymbol{E}_{上}+\boldsymbol{E}_{下}+\boldsymbol{E}_{中}=\boldsymbol{E}_B,\ E_{中}=E_{左}=E'_A.$$

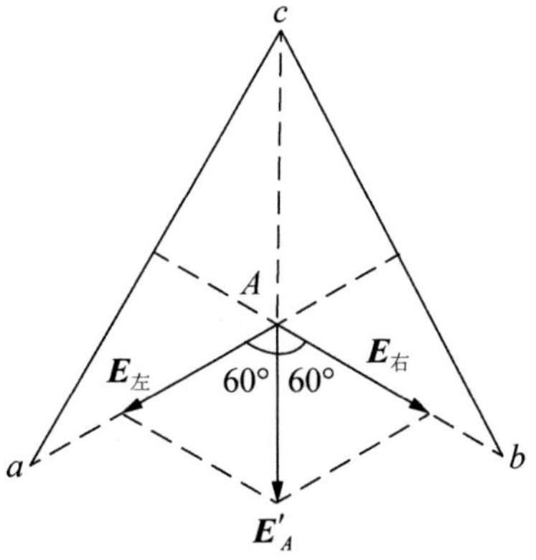

题解图 1

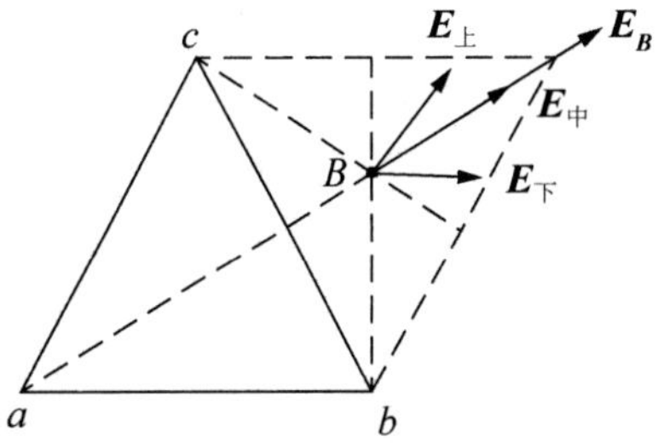

题解图 2

($E_{左}$，E'_A为题解图 1 中 $\boldsymbol{E}_{左}$，$\boldsymbol{E}'_A$的大小.)考虑到 $\boldsymbol{E}_{上}+\boldsymbol{E}_{下}$ 的方向，$\boldsymbol{E}_{中}$ 的方向与 $\boldsymbol{E}_B$ 的方向三者一致，故取走 bc 棒时 $\boldsymbol{E}'_B$为

$$\boldsymbol{E}'_B=\boldsymbol{E}_B-\boldsymbol{E}_{中},$$

其大小为

$$E'_B=E_B-E'_A.$$

(3) 题解图 3 中长度为 l 的均匀带电直线段 ab，其电荷线密度为常量 $\lambda>0$. 图中 B 点到 ab 的垂线段长为 h，分别连接 a，B 和 b，B，在$\triangle aBb$ 中可得以 h 为半径的圆弧以及该圆弧对应的弦线段 $a'b'$，已在图中示出. 令弦线段 $a'b'$也均匀带电，电荷线密度也为 λ，则直线段 ab 电荷在 B 点处场强 $\boldsymbol{E}_B$ 等于弦线段 $a'b'$电荷在 B 点处场强. 因对称，$\boldsymbol{E}_B$ 的方向必定在$\angle aBb$ 的角平分线上，如图所示，其大小为

$$E_B=\frac{\lambda}{2\pi\varepsilon_0 h}\sin\frac{\angle aBb}{2}.$$

此结论已为大多数将要准备参加物理竞赛的学生所熟知.

参考题解图 4，ab 棒电荷对 B 点场强贡献 $\boldsymbol{E}_{B上}$的方向已在图中示出，大小为

$$E_{B上}=\frac{\lambda}{2\pi\varepsilon_0 h}\sin30°=\frac{\lambda}{4\pi\varepsilon_0 h},$$

$$h=l/\sqrt{3},$$

ac 棒电荷对 B 点场强贡献 $\boldsymbol{E}_{B下}$的方向也已在图中示出，大小与 $E_{B上}$相同. 合成便得

$$E''_B=2\cdot E_{B上}\cos30°=2\times\frac{\lambda}{4\pi\varepsilon_0\dfrac{l}{\sqrt{3}}}\times\frac{\sqrt{3}}{2},$$

$$\Rightarrow\quad E''_B=3\lambda/4\pi\varepsilon_0 l.$$

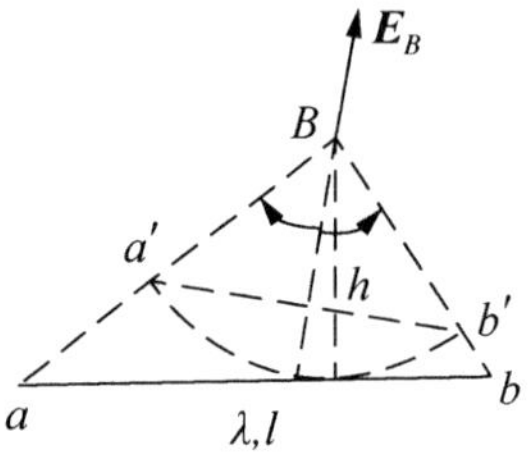

题解图 3

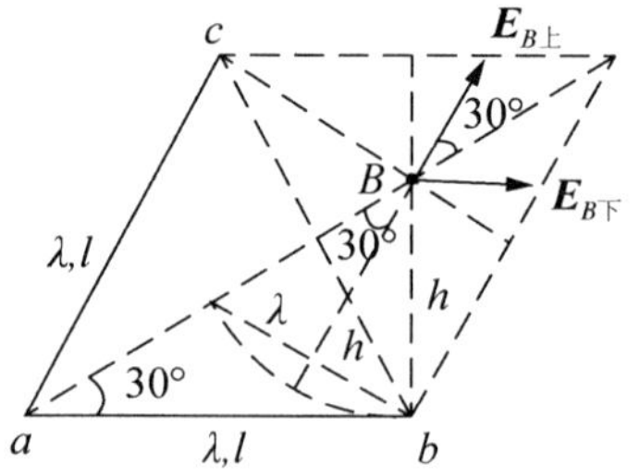

题解图 4

四、(18 分)

(1) 因

$$U_{A_2B_2}+U_{B_2C_2}+U_{C_2D_2}+U_{D_2A_2}=U_{A_2B_2C_2D_2A_2}=0,$$

又因对称，有

$$U_{A_2B_2}=U_{B_2C_2}=U_{C_2D_2}=U_{D_2A_2}=\frac{1}{4}U_{A_2B_2C_2D_2A_2},$$

即得

$$U_{A_2B_2}=0.$$

(2) 由电磁感应而产生的网络分布电流，因对称只包含 4 个电流未知量

$$I_1, \ I_2, \ I_3, \ I_4,$$

各条支路电流的流向已在题解图中示出.

中央小正方形回路电压方程：

$$4I_1R = \mathscr{E}_{小回路} = kl^2,$$

$$\Rightarrow \quad I_1 = kl^2/4R. \tag{1}$$

节点电流方程：

$$I_2 = I_3 + I_4. \tag{2}$$

大正方形回路电压方程：

$$4(2I_2R + I_3R) = \mathscr{E}_{大回路} = kl^2 = 4I_1R,$$

$$\Rightarrow \quad 2I_2 + I_3 = I_1. \tag{3}$$

正上方小回路电压方程：

$$I_3R - I_4R - I_1R - I_4R = 0,$$

$$\Rightarrow \quad I_3 = I_1 + 2I_4. \tag{4}$$

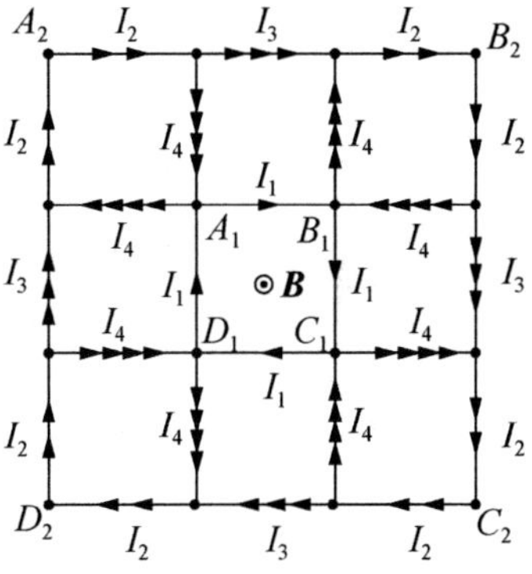

题解图

联立(2)、(3)、(4)式可解得

$$I_2 = \frac{I_1}{4}, \qquad I_3 = \frac{I_1}{2}, \qquad I_4 = -\frac{I_1}{4}.$$

网络电阻消耗的总功率为

$$\begin{aligned} P &= I_1^2 \cdot 4R + I_2^2 \cdot 8R + I_3^2 \cdot 4R + I_4^2 \cdot 8R \\ &= 4I_1^2R + \frac{1}{2}I_1^2R + I_1^2R + \frac{1}{2}I_1^2R \\ &= 6I_1^2R, \end{aligned}$$

将(1)式代入，得

$$P = 3k^2l^4/8R.$$

五、(22 分)

(1) 据题文(1)式可得

$$f_u = \lim_{v\to\infty} u = \frac{n_u}{n_v - n_u}R, \qquad f_v = \lim_{u\to\infty} v = \frac{n_v}{n_v - n_u}R.$$

(2) 将图 1(a)中的 S' 作为物，通过凹球面折射成像，据光路可逆可知 S 便为像. 故将题文(1)式中 n_u，n_v 互换，u，v 互换便成图 1(b)成像公式

$$\frac{n_v}{v} + \frac{n_u}{u} = \frac{n_u - n_v}{R}, \qquad \Rightarrow \qquad \frac{n_u}{u} + \frac{n_v}{v} = -\frac{n_v - n_u}{R},$$

或与题文(1)式对称地表述成

$$\frac{n_u}{u} + \frac{n_v}{v} = \frac{n_v - n_u}{-R}.$$

引入

$$f_u = \lim_{v\to\infty} u = -\frac{n_u}{n_v - n_u}R, \qquad f_v = \lim_{u\to\infty} v = -\frac{n_v}{n_v - n_u}R,$$

与题文(2)式相应的成像公式也是

$$\frac{f_u}{u}+\frac{f_v}{v}=1.$$

(3)

(3.1)

R_1 球面折射成像的像距记为 v'，则有

$$\frac{f_u(R_1)}{u}+\frac{f_v(R_1)}{v'}=1,\quad f_u(R_1)=\frac{1}{n_1-1}R_1,\quad f_v(R_1)=\frac{n_1}{n_1-1}R_1,$$

$$\Rightarrow\quad \frac{1}{u}+\frac{n_1}{v'}=\frac{n_1-1}{R_1}. \tag{1}$$

R_1 球面再成像，物距为 $-v'$，像距记为 v''，则有

$$\frac{f_u(R_2)}{-v'}+\frac{f_v(R_2)}{v''}=1,\quad f_u(R_2)=-\frac{n_1}{n_2-n_1}R_2,\quad f_v(R_2)=-\frac{n_2}{n_2-n_1}R_2,$$

$$\Rightarrow\quad -\frac{n_1}{v'}+\frac{n_2}{v''}=\frac{n_1-n_2}{R_2}. \tag{2}$$

平面再成像，物距为 $-v''$，像距即为 v，则有

$$\frac{f_u(平)}{-v''}+\frac{f_v(平)}{v}=1,\quad f_u(平)=\frac{-n_2}{1-n_2}R_平\big|_{R_平\to\infty},\quad f_v(平)=\frac{-1}{1-n_2}R_平\big|_{R_平\to\infty},$$

$$\Rightarrow\quad -\frac{n_2}{v''}+\frac{1}{v}=\frac{n_2-1}{R_平}\Bigg|_{R_平\to\infty}=0. \tag{3}$$

联立(1)、(2)、(3)式，得

$$\frac{1}{u}+\frac{1}{v}=\frac{n_1-1}{R_1}+\frac{n_1-n_2}{R_2},$$

所求量便为

$$f_u=\lim_{v\to\infty}u=\left(\frac{n_1-1}{R_1}+\frac{n_1-n_2}{R_2}\right)^{-1}=\lim_{u\to\infty}v=f_v,\ 统记为\ f.$$

(3.2) 对 C 线、F 线，分别有

$$f_C=\left(\frac{n_{1C}-1}{R_1}+\frac{n_{1C}-n_{2C}}{R_2}\right)^{-1},\quad f_F=\left(\frac{n_{1F}-1}{R_1}+\frac{n_{1F}-n_{2F}}{R_2}\right)^{-1},$$

为使不在焦平面上的点状物 S 成点状像 S'，要求

$$f_C=f_F,\quad\Rightarrow\quad \frac{n_{1C}-1}{R_1}+\frac{n_{1C}-n_{2C}}{R_2}=\frac{n_{1F}-1}{R_1}+\frac{n_{1F}-n_{2F}}{R_2},$$

解得

$$R_2=\frac{(n_{2F}-n_{2C})-(n_{1F}-n_{1C})}{n_{1F}-n_{1C}}R_1.$$

为使 $R_2>0$，应有

$$n_{2F}-n_{2C}>n_{1F}-n_{1C}.$$

六、(24 分)

首先对 $\boldsymbol{a}_m$，$\boldsymbol{a}_M$ 的各种方向组合作一可能性的分析.

$\boldsymbol{a}_m$ 向下，$\boldsymbol{a}_M$ 向上(包括 $a_M=0$)：

则小孔环受滑动摩擦力向上，大小为 f_0，这是可能的.

$\boldsymbol{a}_m$ 向下，$\boldsymbol{a}_M$ 向下：

若 $a_m>a_M$，则小孔环受滑动摩擦力向上，大小为 f_0，这是可能的；

若 $a_m=a_M$，则小孔环受静摩擦力向上，大小为 $f\leqslant f_0$，这是可能的；

若 $a_m<a_M$，则小孔环受滑动摩擦力向下，大小为 f_0，此时

$$a_M>a_m=\frac{f_0+mg}{m}>g,$$

这是不可能的.

$\boldsymbol{a}_m$ 向上(包括 $a_m=0$)：

则小孔环受摩擦力向上，大小为 $f=mg+ma_m>f_0$，这是不可能的.

综上所述，可能出现的组合是：

$\boldsymbol{a}_m$ 向下，$\boldsymbol{a}_M$ 向上(包括 $a_M=0$)；

$\boldsymbol{a}_m$ 向下，$\boldsymbol{a}_M$ 向下(包括 $a_m>a_M$ 和 $a_m=a_M$).

下面就可能出现的组合求解 a_m，a_M 大小.

(i) $\boldsymbol{a}_m$ 向下，$\boldsymbol{a}_M$ 向上(包括 $a_M=0$).

参考题解图 1，引入绳中张力 T_1，T_2 后，可列下述方程组：

$$mg-f_0=ma_m,\ T_1-M_1g=M_1a_M,$$
$$M_2g-T_2=M_2a_M,\ T_2=T_1+f_0,$$

其解为

$$a_M=\frac{(M_2-M_1)g-f_0}{M_1+M_2},\ a_m=g-\frac{f_0}{m}>0.$$

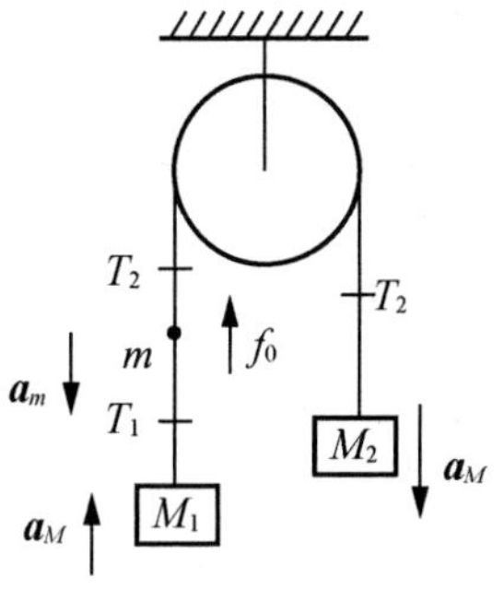

题解图 1

要求 $a_M\geqslant 0$，条件是 $M_2\geqslant M_1+\dfrac{f_0}{g}$.

(ii) $\boldsymbol{a}_m$ 向下，$\boldsymbol{a}_M$ 向下($a_M\neq 0$).

据上所述，出现这种情况的条件必定是

$$M_2<M_1+\frac{f_0}{g}. \tag{1}$$

① 设 $a_m>a_M>0$.

对此，可将题解图 1 中的 $\boldsymbol{a}_M$ 改画成左侧朝下，右侧朝上，可列下述方程组：

$$mg-f_0=ma_m,\quad M_1g-T_1=M_1a_M;\quad T_2-M_2g=M_2a_M,\quad T_2=T_1+f_0,$$

其解为

$$a_M=\frac{(M_1-M_2)g+f_0}{M_1+M_2},\quad a_m=g-\frac{f_0}{m}>0.$$

首先要求 $a_M>0$，条件即为上述(1)式. 进而要求 $a_m>a_M$，即

$$M_2>\frac{(M_1+m)f_0}{2mg-f_0}. \tag{2}$$

(1)、(2)式同时成立的前提是

$$M_1+\frac{f_0}{g}>\frac{(M_1+m)f_0}{2mg-f_0}. \tag{3}$$

$\left(\text{即 } 2M_1(mg-f_0)+f_0\left(m-\frac{f_0}{g}\right)>0\text{，这是必定成立的.}\right)$

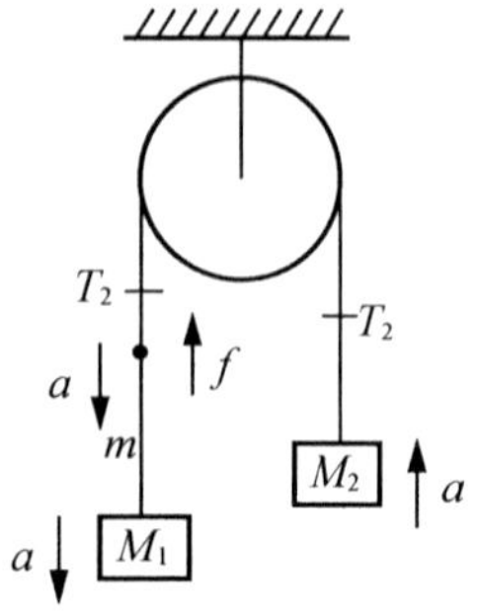

题解图 2

② 设 $a_m=a_M$.

将题解图 1 中 a_M 换向，并将 f_0 改为 f，再将 a_m，a_M 统记为 a，如题解图 2 所示，则可列下述方程组：

$$(M_1+m)g-T_2=(M_1+m)a,$$
$$T_2-M_2g=M_2a,\quad mg-f=ma,$$

其解为

$$a=\frac{M_1+m-M_2}{M_1+M_2+m}g,\quad f=m(g-a).$$

首先要求

$$a>0,\quad \Rightarrow\quad M_1+m>M_2.$$

因(1)式已成立，必有

$$M_1+m>M_1+\frac{f_0}{g}>M_2,$$

故前式成立. 又要求

$$m(g-a)=f\leqslant f_0,$$

将 a 的表述式代入后，得

$$2mM_2g\leqslant(M_1+M_2+m)f_0.$$

即要求

$$M_2\leqslant\frac{(M_1+m)f_0}{2mg-f_0}. \tag{4}$$

考虑到(3)式正确性，为使(1)、(4)式同时成立，只要求(4)式成立即可.

综上所述，有

当 $M_2\geqslant M_1+\frac{f_0}{g}$时，$\boldsymbol{a}_m$ 向下，$\boldsymbol{a}_M$ 向上(包括 $a_M=0$)，解为

$$a_m=g-\frac{f_0}{m},\qquad a_M=\frac{(M_2-M_1)g-f_0}{M_1+M_2};$$

当 $M_1+\frac{f_0}{g}>M_2>\frac{(M_1+m)f_0}{2mg-f_0}$时，$\boldsymbol{a}_m$ 向下，$\boldsymbol{a}_M$ 向下，且 $a_m>a_M$，解为

$$a_m=g-\frac{f_0}{m},\qquad a_M=\frac{(M_1-M_2)g+f_0}{M_1+M_2};$$

当$\frac{(M_1+m)f_0}{2mg-f_0}\geqslant M_2$ 时，$\boldsymbol{a}_m$ 向下，$\boldsymbol{a}_M$ 向下，且 $a_m=a_M$，解为

$$a_m=a_M=\frac{M_1+m-M_2}{M_1+m+M_2}g.$$

七、(20 分)

(1) 设质点 x 方向分运动为 $x=v_0t$，则 y 方向分运动为 $y=v_0^2t^2/2A$，有

$$v_x=v_0,\ v_y=v_0^2t/A,\quad \Rightarrow\quad v=\sqrt{v_x^2+v_y^2}=\sqrt{1+\frac{v_0^2t^2}{A^2}}\cdot v_0=\sqrt{1+\frac{x^2}{A^2}}v_0,$$

$$a_x=0,\ a_y=v_0^2/A,\quad \Rightarrow\quad a_{心}=a_y\cos\phi,\ \cos\phi=\frac{v_x}{v},\quad \Rightarrow\quad a_{心}=v_0^2/\sqrt{A^2+x^2},$$

见题解图，得

$$\rho(x)=\frac{v^2}{a_{心}}=(A^2+x^2)^{\frac{3}{2}}/A^2.$$

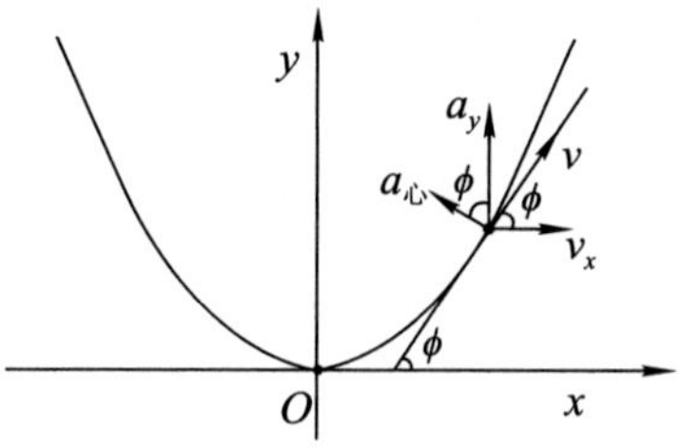

题解图

（2）由

$$\begin{aligned}dl&=\sqrt{(dx)^2+(dy)^2}\\&=\sqrt{1+\left(\frac{dy}{dx}\right)^2}dx=\sqrt{1+\left(\frac{x}{A}\right)^2}dx,\end{aligned}$$

得

$$l=\int_0^x dl=A\int_0^{\frac{x}{A}}\sqrt{1+\left(\frac{x}{A}\right)^2}d\left(\frac{x}{A}\right)=A\left[\frac{x}{2A}\sqrt{1+\left(\frac{x}{A}\right)^2}+\frac{1}{2}\ln\left(\frac{x}{A}+\sqrt{1+\left(\frac{x}{A}\right)^2}\right)\right].$$

将 $x=A$ 代入，所求量为

$$l=\frac{A}{2}[\sqrt{2}+\ln(1+\sqrt{2})].$$

（3）$x=A$ 处，

$$u^2=2a_0l=2\frac{c^2}{4[\sqrt{2}+\ln(1+\sqrt{2})]A}\frac{A}{2}[\sqrt{2}+\ln(1+\sqrt{2})]=c^2/4,$$

$$\Rightarrow\quad u=c/2.$$

质量为

$$m=m_0\Big/\sqrt{1-\frac{u^2}{c^2}}=\frac{2}{\sqrt{3}}m_0.$$

由

$$\boldsymbol{F}=\frac{d(m\boldsymbol{u})}{dt}=\frac{dm}{dt}\boldsymbol{u}+m\frac{d\boldsymbol{u}}{dt}=\frac{dm}{dt}\boldsymbol{u}+m\boldsymbol{a}_{切}+m\boldsymbol{a}_{法}$$

得

$$F_{法}=ma_{法}=ma_{心},\qquad F_{切}=\frac{dm}{dt}u+ma_0.$$

$F_{法}$ 的计算：

$$F_{法}=ma_{心}=\frac{2}{\sqrt{3}}m_0\frac{u^2}{\rho(x=A)},\qquad \rho(x=A)=2\sqrt{2}A,$$

$$\Rightarrow\quad F_{法}=m_0c^2/4\sqrt{6}A.$$

$F_{切}$ 的计算：

$x=A$ 处，

$$\frac{\mathrm{d}m}{\mathrm{d}t}=\frac{\mathrm{d}m}{\mathrm{d}u}\frac{\mathrm{d}u}{\mathrm{d}t}=\frac{mu}{c^2-u^2}a_0=\frac{\frac{2}{\sqrt{3}}m_0\cdot\frac{c}{2}}{\frac{3}{4}c^2}\frac{c^2}{4[\sqrt{2}+\ln(1+\sqrt{2})]A},$$

$$\Rightarrow\quad\frac{\mathrm{d}m}{\mathrm{d}t}=m_0c/3\sqrt{3}[\sqrt{2}+\ln(1+\sqrt{2})]A,$$

$$F_{切}=\frac{\mathrm{d}m}{\mathrm{d}t}u+ma_0=\frac{m_0c}{3\sqrt{3}[\sqrt{2}+\ln(1+\sqrt{2})]A}\cdot\frac{c}{2}+\frac{2}{\sqrt{3}}m_0\frac{c^2}{4[\sqrt{2}+\ln(1+\sqrt{2})]A},$$

$$\Rightarrow\quad F_{切}=2m_0c^2/3\sqrt{3}[\sqrt{2}+\ln(1+\sqrt{2})]A.$$

2014 年北京大学物理科学营资格测试试题

总分：140 分　　　　时间：3 小时

一、简答题(30 分)

1. (6 分)如图所示，三个带电质点分别位于 Oxy 平面的 x 轴和 y 轴上，A 带正电，B 带负电，C 带正电，它们的电量多少均属未知，设 A，B，C 只受到它们之间库仑力的作用. 将 A，B，C 同时从静止自由释放后瞬间，它们各自加速度的 x，y 方向分量分别记为 a_{Ax}，a_{Bx}，a_{Cx} 和 a_{Ay}，a_{By}，a_{Cy}. 这些分量都带有正负号，例如倘若 a_{Ax} 取正(即 $a_{Ax}>0$)，则表示 A 的加速度沿 x 方向分量与 x 轴正方向一致.

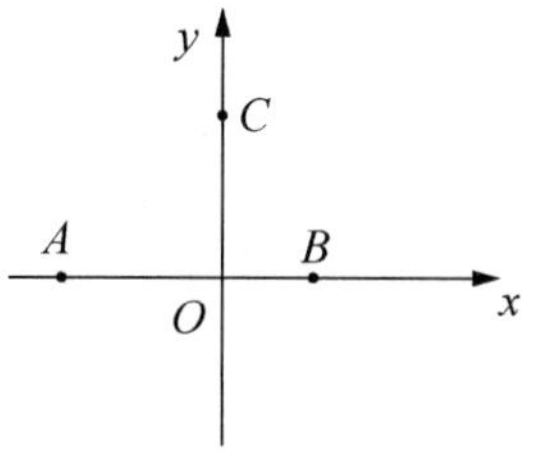

请不必进行论证地直接写出这 6 个分量中，哪些分量的正负号可以判定.

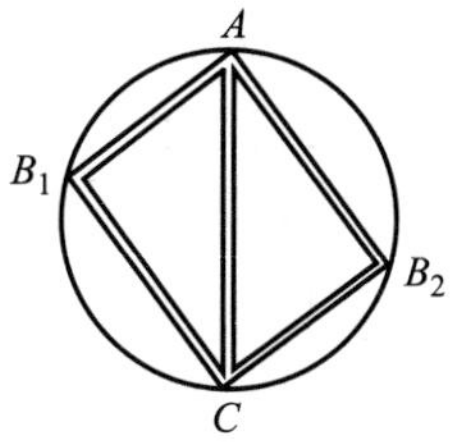

2. (8 分)如图所示，在某竖直平面内有一个固定圆环，圆环内又有一个圆内接的固定长方形空心闭合细管道 AB_1CB_2A，沿对角线 AC 还有一根竖直的空心细管道. 静止的小球可以从 A 端出发，沿 AB_1C 管道到达 C 端，其中从 A 到 B_1 所经时间记为 t_{AB_1}，从 B_1 到 C 所经时间记为 t_{B_1C}；小球也可沿 AC 管道到达 C 端，所经时间记为 t_{AC}；小球也可沿 AB_2C 管道到达 C 端，其中从 A 到 B_2 所经时间记为 t_{AB_2}，从 B_2 到 C 所经时间记为 t_{B_2C}. 已知系统处处无摩擦，小球在 B_1，B_2 处拐弯时不会损失机械能，且 AB_1 边长短于 B_1C 边长.

请不必进行论证地从上述 5 个时间量中，首先写出彼此相等的时间量，而后在余下的时间量中写出最大者和最小者(若余下的时间量只有 1 个，则最大者与最小者相同).

3. (8 分)已知 $s=1+\frac{1}{2}+\frac{1}{2^2}+\frac{1}{2^3}+\frac{1}{2^4}+\cdots$ 是一个有限量，求解 s 的一个方法如下所述：

$$s=1+\frac{1}{2}+\frac{1}{2^2}+\frac{1}{2^3}+\frac{1}{2^4}+\cdots=1+\frac{1}{2}\left(1+\frac{1}{2}+\frac{1}{2^2}+\frac{1}{2^3}+\cdots\right),$$

等号右边括号内的求和数列右侧无穷远处虽然比等号左边求和数列少了一项，但该项趋于零，在极限意义下两个求和数列结构相同，故有

$$s=1+\frac{1}{2}+\frac{1}{2^2}+\frac{1}{2^3}+\frac{1}{2^4}+\cdots=1+\frac{1}{2}s,$$

即可解得 $s=2$. 请借鉴此种求解 s 的方法，解答下述两小问.

(1) 无限梯形电阻网络如图 1 所示，试求 A，B 间等效电阻 R_{AB}，并参考上文，写出求解过程.

(2) 无限梯形电阻网络如图 2 所示，试求 A，B 间等效电阻 R_{AB}，并参考上文，写出求解过程.

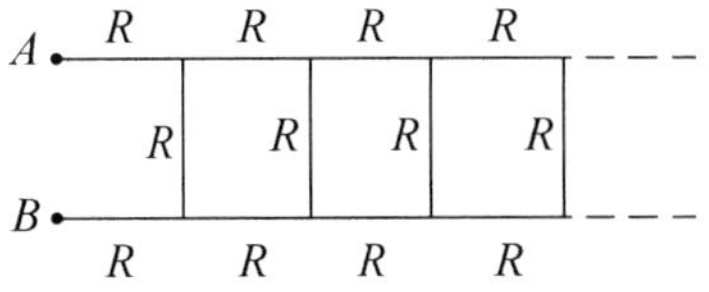

图 1

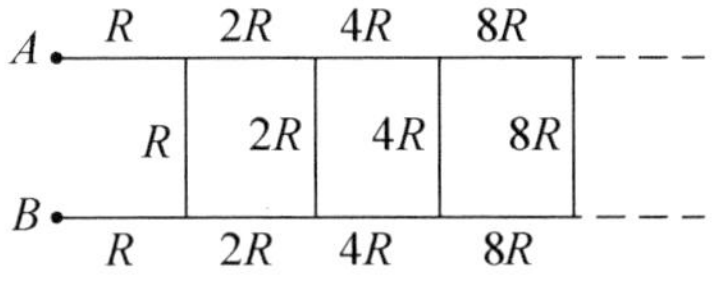

图 2

4.（8 分）如图所示的均匀直试管的侧壁上已经定标．所谓试管已装满液体，意即内盛的液体刚好达到标记线 PQ，因称 5ml(5 毫升)为该试管的有效容积，或简称为容积.

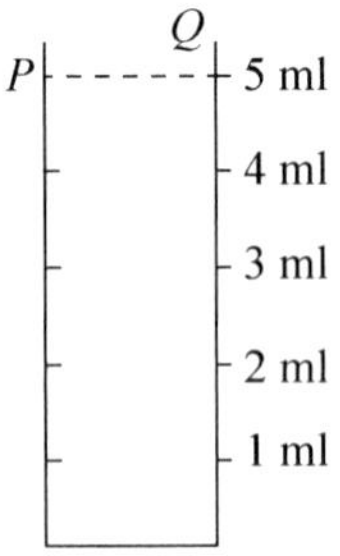

今有未定标均匀直试管 A，B，另有足量备用液体以及可为 A，B 灌液的简便装置(灌液器)，但装置上无量化标记．需要时你可以将液体灌入 A 或 B 内，A(或 B)管内液体也可部分或全部倒入 B(或 A)管内，也可以倒回灌液器. 此外还为你提供一支可在试管壁上刻划标记线的尖笔.

(1) 已知 A 容积为 3ml，B 容积为 5ml，试以 ml 为单位，为 A，B 定标；

(2) 已知 A 容积为 5ml，B 容积为 8ml，试以 ml 为单位，为 A，B 定标.

解答时，必须简单写出关键性操作.

二、计算题(110 分)

5.（16 分）水平地面上有一个三角形鼓包如图所示，两个质量未必相同的静止小物块同时从鼓包顶峰两侧自由释放后均能沿斜面下滑，且分别在图中 P 点和 Q 点停下．设两个小物块与斜面和水平地面间的摩擦系数为相同的常数，再设两小球在转弯处均不弹起且不损耗机械能.

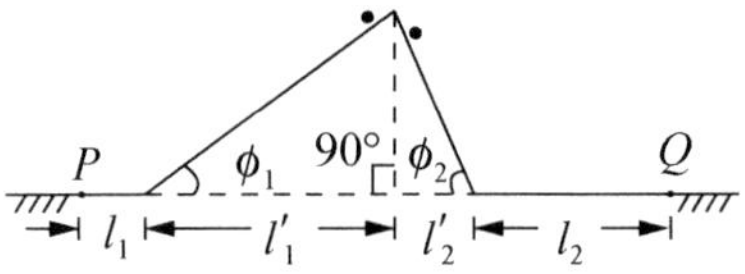

(1) 试问图中的四个长度量 l_1，l'_1，l'_2，l_2 之间满足什么样的关系？

(2) 将左侧物块运动到 P 点和右侧物块运动到 Q 点所经时间分别记为 t_1 和 t_2，将摩擦系数记为 μ，试求比值 $\gamma = t_1 : t_2$，答案可用图中角参量 ϕ_1，ϕ_2 和参量 μ 表述，不可含有参量 l_1，l'_1，l'_2和 l_2.

(3) 取 $\mu = 1/2\sqrt{3}$，$\phi_1 = 30°$，$\phi_2 = 60°$，计算 γ 值.

6.（18 分）如图 1 所示，半径 R、折射率 $n > 1$ 的透明琥珀球内，小虫 P 嵌在直径 AOB 中，靠近 B 端，与球心 O 相距 r. 琥珀球放在空气中，空气折射率 $n_0 = 1.0$. 取 $r = R/\sqrt{n}$，设 P 是一个点光源，只考虑从 P 射出的光线直接从球面出射的光学效果，试求从琥珀球的两侧可观看到的球面上被照亮的区域面积之和 S.

数学参考公式：图 2 所示的球冠(不含底圆面)面积为

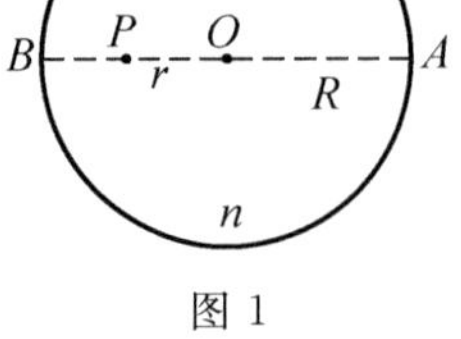

图 1

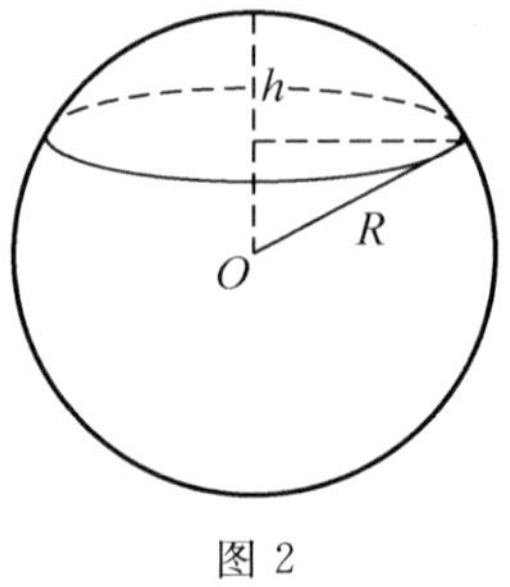

图 2

$$S=2\pi Rh.$$

7.（20分）如图所示的平面圆环是一个与外界绝热且自身封闭的O形盒的俯视截面图，图中未能显示盒的厚度．盒中有三片质量可略的可动隔板，将O形盒的内部空间等分为体积同为V_0的三个互不连通的区域1、2、3，其内各装有比热为常量的同种理想气体，初始温度和压强分别为T_{10}，T_{20}，T_{30}和p_{10}，p_{20}，p_{30}．而后因压强不均等且隔板导热，使隔板各自绕O形盒中央轴无摩擦地转动，设隔板最后停下．

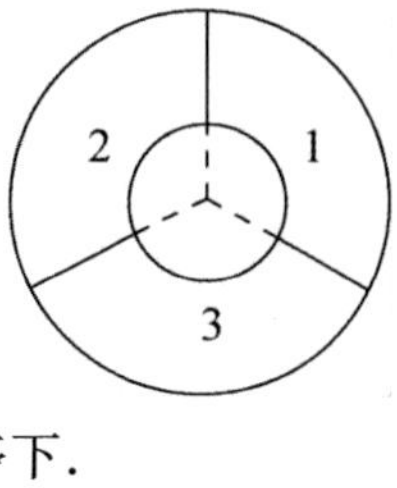

（1）试求此时区域1、2、3各自温度和压强：T_1，T_2，T_3和p_1，p_2，p_3；

（2）再设$T_{10}:T_{20}:T_{30}=1:2:3$，$p_{10}:p_{20}:p_{30}=3:2:1$，再求此时区域1、2、3各自体积$V_1$，$V_2$，$V_3$，答案中只能出现参量$V_0$．

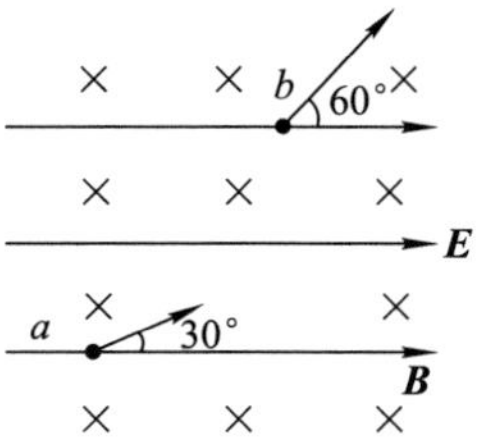

8.（30分）相互垂直的匀强电场$\boldsymbol{E}$与匀强磁场$\boldsymbol{B}$的方向如图所示．荷质比为γ的带正电粒子，在图中场区a处速度方向与$\boldsymbol{B}$垂直，与电场线成30°角．经过一定时间到达图中b处时，速度大小第一次增为a处速度大小的$\sqrt{2}$倍，速度方向第一次与电场线成60°角．不考虑重力，试求：

（1）粒子在而后的运动过程中，速度方向与电场线方向平行时的速度大小；

（2）粒子在而后的运动过程中，速度方向与电场线方向垂直时的速度大小；

（3）a，b间距$\overline{ab}$.

9.（26分）惯性系S，S'间的相对关系如图所示，O，O'重合时$t=t'=0$. S'系中$t'<0$时，静质量同为m_0的质点A，B分别静止在x'轴上$x'=-l$，$x'=l$两处．$t'=0$开始，A，B在S'系中同时以恒定大小的加速度a_0朝着O'点做匀加速运动．S'系中A，B在O'处相碰后成为一个大质点，设碰撞过程中A，B构成的系统无任何形式的能量耗散．已知$v=\frac{3}{5}c$，$a_0=9c^2/50l$.

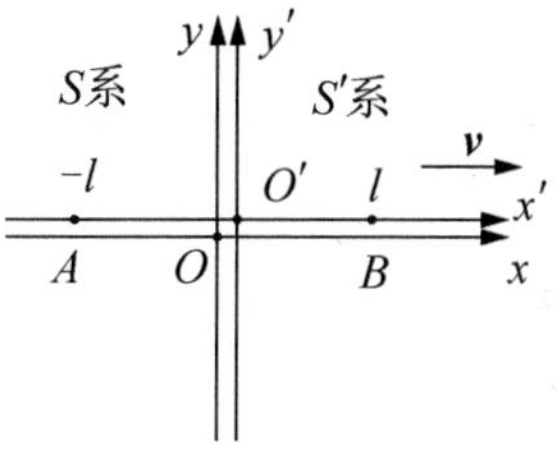

（1）试求大质点在S系中的质量M.

（2）试问S系中A开始加速时，B与A相距多远？再问B开始加速时，A与B相距多远？

解答与评分标准(参考)

1.(6分)

$$a_{Ay},\ a_{Bx},\ a_{By},\ a_{Cx} \qquad (4\times1.5\text{分})$$

2.(8分)

$t_{AB_1}=t_{AC}=t_{AB_2}$,　　(对1个2分,对2个3分,对3个4分)

大者为 t_{B_1C},小者为 t_{B_2C}.　　(2×2分)

3.(8分)

(1)

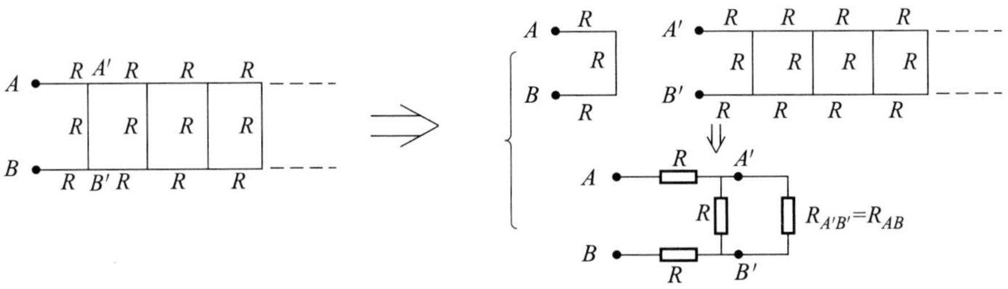

$$\left.\begin{aligned}R_{AB}&=2R+\frac{R\cdot R_{A'B'}}{R+R_{A'B'}}\\R_{A'B'}&=R_{AB}\end{aligned}\right\}\Rightarrow\ R_{AB}=(1+\sqrt{3})R.$$

(4分)

(2)

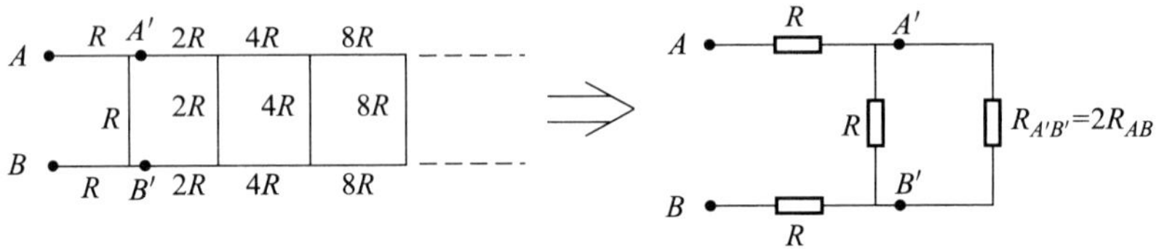

$$\left.\begin{aligned}R_{AB}&=2R+\frac{R\cdot R_{A'B'}}{R+R_{A'B'}}\\R_{A'B'}&=2R_{AB}\end{aligned}\right\},\ \Rightarrow\ R_{AB}=\frac{1}{4}(5+\sqrt{41})R.$$

(4分)

4.(8分)

(1)A 管已可定标3ml,B 管已可定标5ml.

A 管先装满液体,再全部倒入 B 管;A 管又装满液体,再部分倒入 B 管,使 B 管刚好装满液体;此时 A 管中留有1ml液体,可为 A 管定标1ml.

将 B 管液体倒尽,A 管可累次将1ml液体倒入 B 管,逐次为 B 管定标1ml,2ml,3ml,4ml.

将 A 管液体倒尽,B 管可一次将2ml液体倒入 A 管,为 A 管定标2ml.　　(4分)

(2)A 管已可定标5ml,B 管已可定标8ml.

A 管5ml液体,全部倒入 B 管;A 管再取5ml液体,部分倒入 B 管,使 B 管刚好装满液体;此时 A 管中有2ml液体,可为 A 管定标2ml.

用 A 管每次将2ml,分三次为全空 B 管注入6ml液体,B 管再将6ml液体逐渐注入全空 A 管，使 A 管刚好被装满；此时 B 管中留有 1ml 液体，可为 B 管定标 1ml.

继而参考(1)问解答，完成 A，B 管全部需补充的定标. （4 分）

5.（16 分）

(1) 左、右两个小物块质量分别记为 m_1，m_2，将题文所述摩擦系数记为 μ，由功能关系和几何关系可得

$$\mu m_1 g\cos\phi_1 \frac{l'_1}{\cos\phi_1}+\mu m_1 g l_1 = m_1 g l'_1\tan\phi_1, \quad (2 分)$$

$$\mu m_2 g\cos\phi_2 \frac{l'_2}{\cos\phi_2}+\mu m_2 g l_2 = m_2 g l'_2\tan\phi_2, \quad (2 分)$$

$$l'_1\tan\phi_1 = l'_2\tan\phi_2, \quad (2 分)$$

即得所求关系为

$$l_1 + l'_1 = l_2 + l'_2. \quad (2 分)$$

(2) 将鼓包顶端距地面高度记为 h，左侧物块到斜面底部时的速度记为 v_{10}，则有

$$\frac{1}{2}m_1 v_{10}^2 = m_1 gh - \mu m_1 g\cos\phi_1 \frac{h}{\sin\phi_1} = m_1 gh(1-\mu\cot\phi_1),$$

$$\Rightarrow \quad v_{10}=\sqrt{2gh(1-\mu\cot\phi_1)}. \quad (2 分)$$

从顶端到达 P 点所经时间为

$$t_1 = \frac{v_{10}}{g(\sin\phi_1-\mu\cos\phi_1)}+\frac{v_{10}}{\mu g}=\sqrt{\frac{2h}{g}}\left(\frac{1}{\sin\phi_1\sqrt{1-\mu\cot\phi_1}}+\frac{\sqrt{1-\mu\cot\phi_1}}{\mu}\right), \quad (2 分)$$

同理可得

$$t_2 = \sqrt{\frac{2h}{g}}\left(\frac{1}{\sin\phi_2\sqrt{1-\mu\cot\phi_2}}+\frac{\sqrt{1-\mu\cot\phi_2}}{\mu}\right), \quad (2 分)$$

即有

$$\gamma=\frac{t_1}{t_2}=\left(\frac{1}{\alpha_1\sin\phi_1}+\frac{\alpha_1}{\mu}\right)\Big/\left(\frac{1}{\alpha_2\sin\phi_2}+\frac{\alpha_2}{\mu}\right)$$

$$(\alpha_1=\sqrt{1-\mu\cot\phi_1},\ \alpha_2=\sqrt{1-\mu\cot\phi_2}).$$

(3) 将 $\mu=1/2\sqrt{3}$，$\phi_1=30^\circ$，$\phi_2=60^\circ$代入上式，可得

$$\gamma=(2\sqrt{2}+\sqrt{6})\Big/\left(\frac{2\sqrt{2}}{\sqrt{5}}+\sqrt{10}\right)=1.19. \quad (2 分)$$

6.（18 分）

P 点发出的一对正、反向光线，其光路和对应的几何参量如题解图所示，其中 α，α'间的关系式为

$$n\sin\alpha=\sin\alpha'. \quad (4 分)$$

全反射对应的入射角 α 临界值满足关系式

$$n\sin\alpha=\sin\alpha'\Big|_{\alpha'=\frac{\pi}{2}}, \quad \Rightarrow \quad \sin\alpha=\frac{1}{n}. \quad (3 分)$$

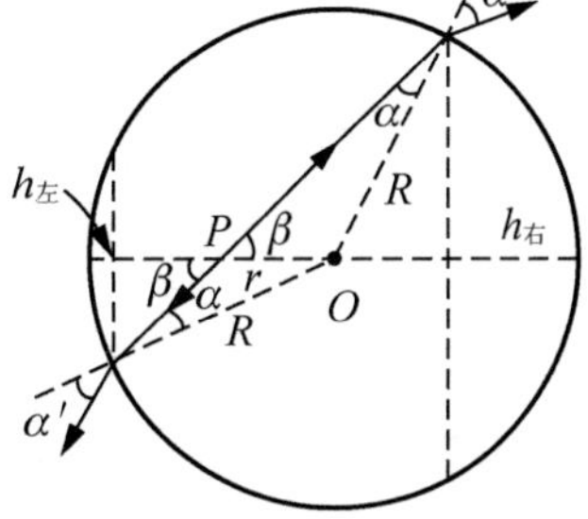

题解图

此临界值对应的右侧 β 角可由

$$\frac{\sin\beta}{R}=\frac{\sin\alpha}{r},\quad \Rightarrow\quad \sin\beta=\frac{R}{r}\sin\alpha=\frac{1}{\sqrt{n}}$$ （3 分）

确定. 对右侧区域，此时 $h_{右}$ 的计算式为

$$h_{右}=R-R\cos(\alpha+\beta)=R[1-(\cos\alpha\cos\beta-\sin\alpha\sin\beta)],$$ （2 分）

对左侧区域，此时 $h_{左}$ 的计算式为

$$h_{左}=R-R\cos(\beta-\alpha)=R[1-(\cos\beta\cos\alpha+\sin\beta\sin\alpha)],$$ （2 分）

球面被照亮的面积便为

$$S=2\pi Rh_{右}+2\pi Rh_{左}=4\pi R^2(1-\cos\alpha\cos\beta).$$ （2 分）

将

$$\sin\alpha=\frac{1}{n},\quad \Rightarrow\quad \cos\alpha=\frac{1}{n}\sqrt{n^2-1}；\ \sin\beta=\frac{1}{\sqrt{n}},\quad \Rightarrow\quad \cos\beta=\frac{1}{\sqrt{n}}\sqrt{n-1}$$

代入，得

$$S=4\pi R^2\left(1-\frac{n-1}{n\sqrt{n}}\sqrt{n+1}\right).$$ （2 分）

7.（20 分）

将气体摩尔质量、比热分别记为 μ，c；区域 1、2、3 内的气体摩尔数分别记为 ν_1，ν_2，ν_3. 系统末态温度处处相同，记为 T_e；压强处处相同，记为 p_e.

（1）由

$$\nu_i=p_{i0}V_0/T_{i0}R,\ i=1,\ 2,\ 3,$$ （2 分）

$$(\nu_1+\nu_2+\nu_3)\mu cT_e=\nu_1\mu cT_{10}+\nu_2\mu cT_{20}+\nu_3\mu cT_{30},$$ （3 分）

得

$$T_1=T_2=T_3=T_e=(p_{10}+p_{20}+p_{30})\Big/\left(\frac{p_{10}}{T_{10}}+\frac{p_{20}}{T_{20}}+\frac{p_{30}}{T_{30}}\right),$$ （ * ）（2 分）

再由

$$p_e\cdot 3V_0=(\nu_1+\nu_2+\nu_3)RT_e=\left(\frac{p_{10}}{T_{10}}+\frac{p_{20}}{T_{20}}+\frac{p_{30}}{T_{30}}\right)\frac{V_0}{R}RT_e,$$ （3 分）

将（ * ）式代入，即得

$$p_1=p_2=p_3=p_e=\frac{1}{3}(p_{10}+p_{20}+p_{30}).$$ （2 分）

（2）由

$$V_i=\nu_iRT_e/p_e,\quad \Rightarrow\quad V_1:V_2:V_3=\nu_1:\nu_2:\nu_3=\frac{p_{10}}{T_{10}}:\frac{p_{20}}{T_{20}}:\frac{p_{30}}{T_{30}},$$ （3 分）

$$p_{10}:p_{20}:p_{30}=3:2:1,\qquad T_{10}:T_{20}:T_{30}=1:2:3,$$

得

$$V_1:V_2:V_3=3:1:\frac{1}{3}.$$ （3 分）

因 $V_1+V_2+V_3=3V_0$，即有

$$V_1=\frac{27}{13}V_0,\ V_2=\frac{9}{13}V_0,\ V_3=\frac{3}{13}V_0.$$ （2 分）

8.（30 分）

带电粒子始终在与 $\boldsymbol{B}$ 垂直的题图所示的平面上运动，任意时刻速度记为 $\boldsymbol{v}$，受力

$$\boldsymbol{F}=q(\boldsymbol{E}+\boldsymbol{v}\times\boldsymbol{B}),\quad q\text{：粒子电量，为正值} \qquad (2\text{ 分})$$

将 $\boldsymbol{v}$ 分解为

$$\boldsymbol{v}=\boldsymbol{v}_1+\boldsymbol{v}_2, \qquad (1\text{ 分})$$

使得

$$q(\boldsymbol{E}+\boldsymbol{v}_1\times\boldsymbol{B})=0,$$

$$\boldsymbol{v}_1\begin{cases}\text{方向：在题图平面与 }\boldsymbol{E}\text{ 垂直并向上的方向上，}\\ \text{大小：}v_1=E/B.\end{cases} \qquad (2\text{ 分})$$

$$\boldsymbol{F}=q(\boldsymbol{E}+\boldsymbol{v}_1\times\boldsymbol{B})+q\boldsymbol{v}_2\times\boldsymbol{B},$$

$$\text{粒子的运动分解为：}\begin{cases}\boldsymbol{v}_1\text{ 匀速直线运动，}\\ v_2\text{ 速率的匀速圆周运动.}\end{cases} \qquad (1\text{ 分})$$

a 处速度如题解图 1 所示分解，有

$$v_{2x}(a)=v_a\cos30^\circ=\frac{\sqrt{3}}{2}v_a,$$

$$v_{2y}(a)=v_a\sin30^\circ-v_1=\frac{1}{2}v_a-v_1.$$

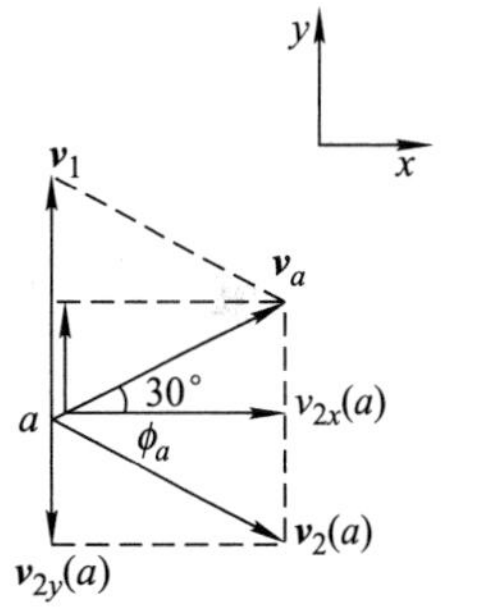

题解图 1

（下面的计算表明 $v_{2y}(a)$ 取负，故题解图 1 中画成向下，因此对应的 ϕ_a 也对应取负.）得

$$v_2^2=v_{2x}^2(a)+v_{2y}^2(a)=v_a^2-v_1v_a+v_1^2.$$

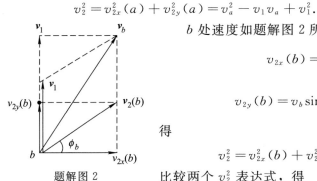

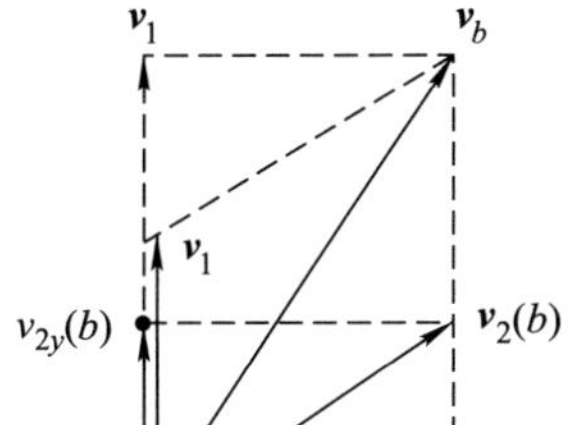

题解图 2

b 处速度如题解图 2 所示分解，有

$$v_{2x}(b)=v_b\cos60^\circ=\frac{1}{2}v_b,$$

$$v_{2y}(b)=v_b\sin60^\circ-v_1=\frac{\sqrt{3}}{2}v_b-v_1,$$

得

$$v_2^2=v_{2x}^2(b)+v_{2y}^2(b)=v_b^2-\sqrt{3}v_1v_b+v_1^2.$$

比较两个 v_2^2 表达式，得

$$v_a^2-v_1v_a=v_b^2-\sqrt{3}v_1v_b.$$

由题文所给关系，有

$$v_b=\sqrt{2}v_a,$$

代入得

$$v_a=(\sqrt{6}-1)v_1,$$

于是有

$$v_b=(2\sqrt{3}-\sqrt{2})v_1,$$

$$v_2^2=v_a^2-v_1v_a+v_1^2=(9-3\sqrt{6})v_1^2,\quad\Rightarrow\quad v_2=\sqrt{9-3\sqrt{6}}\,v_1,\ v_1=E/B. \qquad (4\text{ 分})$$

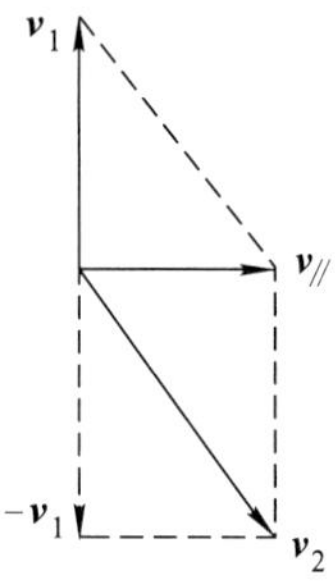

题解图 3

(1) 粒子运动与电场线平行时的速度 $\boldsymbol{v}_{/\!/}$

参考题解图 3，$\boldsymbol{v}_{/\!/}$ 由 $\boldsymbol{v}_1$ 与 $\boldsymbol{v}_2$ 合成，得

$$v_{/\!/}^2=v_2^2-v_1^2=(8-3\sqrt{6})v_1^2,\quad \Rightarrow\quad v_{/\!/}=\sqrt{8-3\sqrt{6}}\ \frac{E}{B}=0.81\ \frac{E}{B}.$$

(4 分)

此结果与第几次出现 $\boldsymbol{v}_{/\!/}$ 无关.

(2) 与电场线垂直时的速度 $\boldsymbol{v}_\perp$

此时或如题解图 4 所示，为

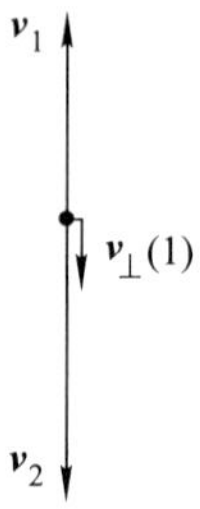

题解图 4

$$v_\perp(1)=v_2-v_1=(\sqrt{9-3\sqrt{6}}-1)v_1=0.29\ \frac{E}{B},\qquad (3\text{ 分})$$

或如题解图 5 所示，为

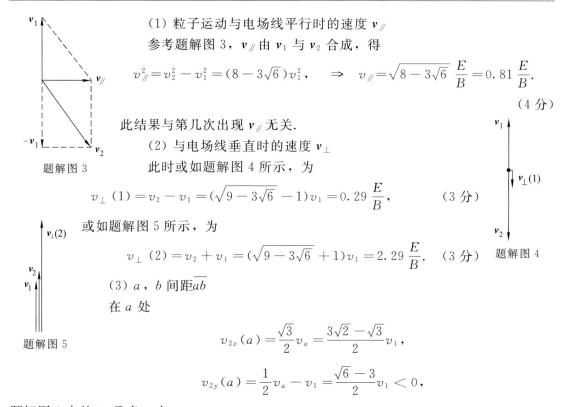

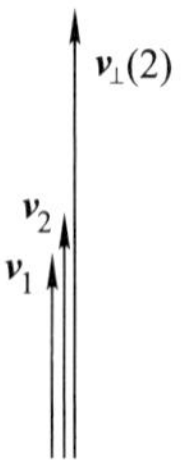

题解图 5

$$v_\perp(2)=v_2+v_1=(\sqrt{9-3\sqrt{6}}+1)v_1=2.29\ \frac{E}{B}.\qquad (3\text{ 分})$$

(3) a，b 间距 $\overline{ab}$

在 a 处

$$v_{2x}(a)=\frac{\sqrt{3}}{2}v_a=\frac{3\sqrt{2}-\sqrt{3}}{2}v_1,$$

$$v_{2y}(a)=\frac{1}{2}v_a-v_1=\frac{\sqrt{6}-3}{2}v_1<0,$$

题解图 1 中的 ϕ_a 取负，有

$$\cos\phi_a=\frac{v_{2x}(a)}{v_2}=\frac{3\sqrt{2}-\sqrt{3}}{2\sqrt{9-3\sqrt{6}}},$$

$$\sin\phi_a=\frac{v_{2y}(a)}{v_2}=\frac{\sqrt{6}-3}{2\sqrt{9-3\sqrt{6}}}<0,$$

$$\Rightarrow\quad \phi_a=\arcsin\frac{\sqrt{6}-3}{2\sqrt{9-3\sqrt{6}}}=-0.216\ \text{rad}.$$

在 b 处

$$v_{2x}(b)=\frac{1}{2}v_b=\frac{1}{2}(2\sqrt{3}-\sqrt{2})v_1,$$

$$v_{2y}(b)=\frac{\sqrt{3}}{2}v_b-v_1=\left(2-\frac{\sqrt{6}}{2}\right)v_1.$$

题解图 2 中的 ϕ_b 取正，有

$$\cos\phi_b=\frac{v_{2x}(b)}{v_2}=\frac{2\sqrt{3}-\sqrt{2}}{2\sqrt{9-3\sqrt{6}}},\qquad \sin\phi_b=\frac{v_{2y}(b)}{v_2}=\frac{4-\sqrt{6}}{2\sqrt{9-3\sqrt{6}}},$$

$$\Rightarrow\quad \phi_b=\arcsin\frac{4-\sqrt{6}}{2\sqrt{9-3\sqrt{6}}}=0.647\ \text{rad}.$$

粒子的 v_2 匀速圆周分运动周期和圆半径 R 分别为

$$T=2\pi m/qB,\quad R=mv_2/qB=\sqrt{9-3\sqrt{6}}\,\frac{mE}{qB^2},\quad m\text{：粒子质量}$$

将 $\gamma=q/m$ 代入，得

$$T=2\pi/\gamma B,\quad R=\sqrt{9-3\sqrt{6}}\,\frac{E}{\gamma B^2},$$

从 ϕ_a 转到 ϕ_b 经时

$$\Delta t=\frac{\phi_b-\phi_a}{2\pi}T=0.863/\gamma B,$$

此时间段内，$\boldsymbol{v}_1$ 匀速直线分运动沿 y 轴位移

$$\Delta y_1=v_1\Delta t=0.863E/\gamma B^2. \qquad (4\text{ 分})$$

参考题解图 6，v_2 匀速圆周分运动从 a 到 b 的 x，y 位移分别为

$$\Delta x_2=R\sin(-\phi_a)+R\sin\phi_b=\frac{1}{2}(7-2\sqrt{6})E/\gamma B^2, \qquad (2\text{ 分})$$

$$\Delta y_2=R\cos\phi_a-R\cos\phi_b=\frac{1}{2}(4\sqrt{2}-3\sqrt{3})E/\gamma B^2, \qquad (2\text{ 分})$$

或表述为

$$\Delta x_2=1.050\ E/\gamma B^2,\quad \Delta y_2=0.230E/\gamma B^2,$$

得 a，b 间距

$$\overline{ab}=[\Delta x_2^2+(\Delta y_1+\Delta y_2)^2]^{\frac{1}{2}},$$

$$\Rightarrow\quad \overline{ab}=1.52E/\gamma B^2. \qquad (2\text{ 分})$$

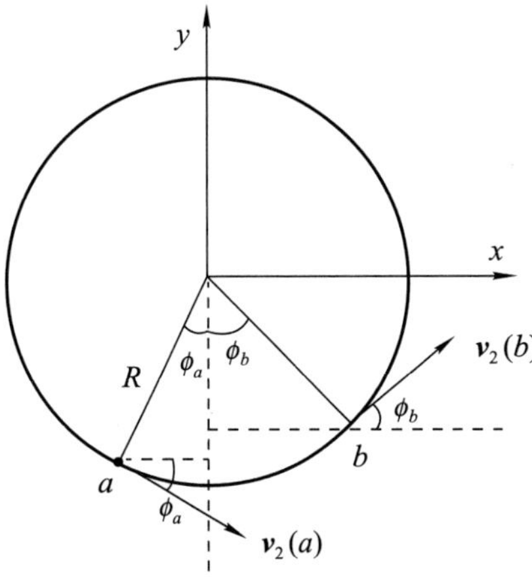

题解图 6

另解：参见题解图 7，设 a 处速度大小 v_a，b 处速度大小 v_b，参量 $\gamma B=\omega$.

$$m\boldsymbol{a}=q\boldsymbol{E}+q\boldsymbol{v}\times\boldsymbol{B},$$

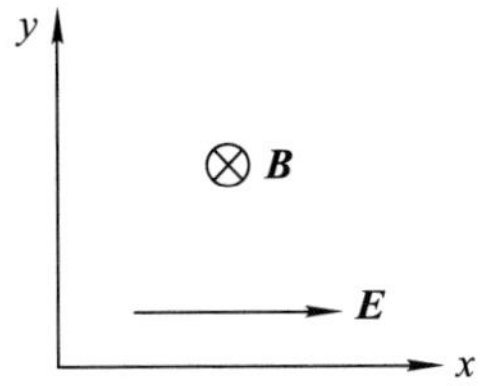

题解图 7

故

$$\boldsymbol{a}=\gamma\boldsymbol{E}+\gamma\boldsymbol{v}\times\boldsymbol{B}.$$

$$\begin{cases}\dot{v}_x=\gamma E-\gamma Bv_y,\\ \dot{v}_y=\gamma Bv_x,\end{cases}\quad \text{故 }\ddot{v}_x=-\omega\dot{v}_y=-\omega^2v_x,$$

通解

$$\begin{cases}v_x=v_2\cos(\omega t+\phi_a), & (1)\\ v_y=v_2\sin(\omega t+\phi_a)+v_1. & (2)\end{cases}$$

代入 a 处初值求解 v_1，v_2，ϕ_a：

$$v_{ax}=\frac{\sqrt{3}}{2}v_a=v_2\cos\phi_a, \qquad (3)$$

$$v_{ay}=\frac{1}{2}v_a=v_2\sin\phi_a+v_1, \qquad (4)$$

$$a_{ax}=\gamma E-\omega v_{ay}=\gamma E-\frac{1}{2}\omega v_a=-\omega v_2\sin\phi_a. \tag{5}$$

由(4)、(5)式解得

$$v_1=\frac{1}{2}v_a+\left(\gamma E-\frac{1}{2}\omega v_a\right)\Big/\omega=E/B, \tag{6}$$

进一步解得

$$v_2=\sqrt{\left(\frac{\sqrt{3}}{2}v_a\right)^2+\left(\frac{1}{2}v_a-v_1\right)^2}=\sqrt{v_a^2-v_av_1+v_1^2}, \tag{7}$$

$$\cos\phi_a=\sqrt{3}\,v_a/2v_2, \tag{8}$$

$$\sin\phi_a=(v_a-2v_1)/2v_2. \tag{9}$$

由 b 处已知条件及方程(1)、(2)、(7)，

$$v_b=\sqrt{2}\,v_a,$$

$$v_{bx}^2+(v_{by}-v_1)^2=v_2^2,$$

故

$$2v_a^2-\sqrt{6}\,v_1v_a+v_1^2=v_a^2-v_1v_a+v_1^2,$$

$$v_a=(\sqrt{6}-1)v_1, \tag{10}$$

$$v_2=\sqrt{(\sqrt{6}-1)^2-(\sqrt{6}-1)+1}\cdot v_1=\sqrt{9-3\sqrt{6}}\,v_1. \tag{11}$$

(8)、(9)及(10)式给出 ϕ_a 在第Ⅳ象限，

$$\phi_a=\arcsin\frac{\sqrt{6}-3}{2\sqrt{9-3\sqrt{6}}}=-0.216\text{rad}. \tag{12}$$

(1) $\boldsymbol{v}/\!/\boldsymbol{E}$ 时

$$v_y=v_2\sin(\omega t+\phi_a)+v_1=0, \tag{13}$$

故

$$\sin(\omega t+\phi_a)=-v_1/v_2,$$

$$|\cos(\omega t+\phi_a)|=\sqrt{\frac{v_2^2-v_1^2}{v_2^2}}. \tag{14}$$

故速度大小

$$v_{/\!/}=|v_x|=v_2|\cos(\omega t+\phi_a)|$$

$$=\sqrt{v_2^2-v_1^2}=\sqrt{8-3\sqrt{6}}\,v_1=0.807E/B. \tag{15}$$

(2) $\boldsymbol{v}\perp\boldsymbol{E}$ 时

$$v_x=v_2\cos(\omega t+\phi_a)=0, \tag{16}$$

故

$$\sin(\omega t+\phi_a)=\pm 1.$$

此时

$$v_y=\pm v_2+v_1,$$

速度大小

$$v_{\perp}=|v_y|=v_2\pm v_1=(\sqrt{9-3\sqrt{6}}\pm 1)v_1$$

$$=\begin{cases}2.285E/B,\\ \text{或 } 0.285E/B.\end{cases} \tag{17}$$

(3) 由(1)、(2)式积分得

$$x=\frac{v_2}{\omega}\sin(\omega t+\phi_a)+x_1, \tag{18}$$

$$y=-\frac{v_2}{\omega}\cos(\omega t+\phi_a)+y_1+v_1 t. \tag{19}$$

选取 a 位置为坐标原点：$x_a=y_a=0$，则

$$\begin{cases} x_1=-v_2\sin\phi_a/\omega, \\ y_1=v_2\cos\phi_a/\omega, \end{cases} \tag{20}$$

代入(18)、(19)式，整理得

$$\begin{cases} x=\dfrac{v_2}{\omega}\sin(\omega t+\phi_a)-\left(\dfrac{1}{2}v_a-v_1\right)\Big/\omega, \\ y=-\dfrac{v_2}{\omega}\cos(\omega t+\phi_a)+v_1 t+\dfrac{\sqrt{3}}{2}v_a/\omega. \end{cases}$$

设经 t_0 时间到达 b 点，并令 $\omega t_0+\phi_a=\phi_b$，则

$$\frac{1}{2}v_b=\frac{\sqrt{2}}{2}v_a=v_2\cos\phi_b,$$

$$\frac{\sqrt{3}}{2}v_b=\frac{\sqrt{6}}{2}v_a=v_2\sin\phi_b+v_1,$$

解得

$$\cos\phi_b=\frac{\sqrt{2}}{2}v_a/v_2=\frac{2\sqrt{3}-\sqrt{2}}{2\sqrt{9-3\sqrt{6}}}=0.798,$$

$$\sin\phi_b=\left(\frac{\sqrt{6}}{2}v_a-v_1\right)\Big/v_2=\frac{4-\sqrt{6}}{2\sqrt{9-3\sqrt{6}}}=0.603.$$

由已知条件知 ϕ_b 在第Ⅰ象限，

$$\phi_b=\arcsin 0.603=0.647\text{rad},$$

故

$$t_0=(\phi_b-\phi_a)/\omega=0.863/\omega,$$

$$\begin{aligned} x_b&=\frac{v_2}{\omega}\sin\phi_b-\left(\frac{1}{2}v_a-v_1\right)\Big/\omega \\ &=\frac{v_1}{\omega}\left[\left(2-\frac{\sqrt{6}}{2}\right)+\left(1-\frac{\sqrt{6}-1}{2}\right)\right] \\ &=\frac{v_1}{\omega}\left(\frac{7}{2}-\sqrt{6}\right)=1.050\frac{v_1}{\omega}, \end{aligned}$$

$$\begin{aligned} y_b&=-\frac{v_2}{\omega}\cos\phi_b+\frac{\sqrt{3}}{2}v_a/\omega+\frac{v_1}{\omega}(\phi_b-\phi_a) \\ &=\frac{v_1}{\omega}\left[\frac{\sqrt{3}}{2}(\sqrt{6}-1)-\frac{\sqrt{2}}{2}(\sqrt{6}-1)\right]+\frac{v_1}{\omega}(\phi_b-\phi_a) \\ &=0.230\frac{v_1}{\omega}+0.863\frac{v_1}{\omega}=1.093\frac{v_1}{\omega}. \end{aligned}$$

故

$$\overline{ab}=\sqrt{x_b^2+y_b^2}=1.516\frac{v_1}{\omega}=1.516\frac{E}{\gamma B^2},$$

$$\Rightarrow\quad \overline{ab}=1.52E/\gamma B^2.$$

附注：计算 Δx_2 或 x_b 的简单方法. 根据动能定理，有

$$qEx_b = qE\Delta x_2 = \frac{1}{2}mv_b^2 - \frac{1}{2}mv_a^2,$$

故有

$$x_b = \Delta x_2 = \frac{m}{2qE}(v_b^2 - v_a^2) = \frac{m}{2qE}v_a^2 = \frac{1}{2\gamma E}(\sqrt{6}-1)^2 v_1^2$$

$$= \frac{1}{2}(\sqrt{6}-1)^2 \frac{v_1}{\omega} \approx 1.050\frac{v_1}{\omega}.$$

9.（26 分）

（1）S'系中 A，B 碰前瞬间速度大小同为

$$u'_e = \sqrt{2a_0 l} = \frac{3}{5}c, \qquad (1\text{ 分})$$

此时 A，B 质量同为

$$m' = m_0 \Big/ \sqrt{1-\frac{u'^2_e}{c^2}} = \frac{5}{4}m_0, \qquad (2\text{ 分})$$

碰撞过程中能量守恒，即质量守恒，得大质点质量为

$$M' = 2m' = \frac{5}{2}m_0. \qquad (1\text{ 分})$$

大质点在 S'系中静止，其静质量为

$$M_0 = M' = \frac{5}{2}m_0, \qquad (2\text{ 分})$$

S 系中大质点沿 x 轴匀速运动，速度为 v，故质量为

$$M = M_0 \Big/ \sqrt{1-\frac{v^2}{c^2}} = \frac{25}{8}m_0. \qquad (2\text{ 分})$$

（2）S 系中 A 开始加速的时刻 t_A，B 开始加速的时刻 t_B 分别为

$$t_A = \frac{t'_A + \frac{v}{c^2}x'_A}{\sqrt{1-\beta^2}} = \frac{\frac{v}{c^2}x'_A}{\sqrt{1-\beta^2}} = -\frac{3l}{4c}, \qquad (2\text{ 分})$$

$$t_B = \frac{t'_B + \frac{v}{c^2}x'_B}{\sqrt{1-\beta^2}} = \frac{3l}{4c}. \qquad (1\text{ 分})$$

S 系中，$t_A = -\frac{3l}{4c}$时，B 尚未加速，A，B 间距同于 A，B 都静止在 S'系时对应 S 系中的"动尺"间距，即为

$$l_{AB}(1) = \sqrt{1-\beta^2} \cdot 2l = \frac{8}{5}l. \qquad (3\text{ 分})$$

S 系中，$t_B = \frac{3l}{4c}$时，A 已于早些时刻 $t_A = -\frac{3l}{4c}$加速，取下述方法求解对应的 A，B 间距 $l_{AB}(2)$.

S'系中 B 开始加速的点事件 B

$$\{x'_B = l,\ t'_B = 0\},$$

S 系中 B 开始加速的点事件 B

$$\left\{x_B=\frac{x'_B+vt'_B}{\sqrt{1-\beta^2}}=\frac{5}{4}l,\ t_B=\frac{3l}{4c}\right\},$$

S 系中 B 开始加速时刻测得 A 位于某处 x_A 的点事件

$$\left\{x_A=?,\ t_A^*=t_B=\frac{3l}{4c}\right\},\qquad (2\text{ 分})$$

S'系中上述点事件

$$\left\{x'_A=-l+\frac{1}{2}a_0\,(t_A^{*\prime})^2,\ t_A^{*\prime}=\frac{t_A^*-\frac{v}{c^2}x_A}{\sqrt{1-\beta^2}}\right\},\qquad (2\text{ 分})$$

得方程组：

$$\begin{cases}\dfrac{x_A-vt_A^*}{\sqrt{1-\beta^2}}=x'_A=-l+\dfrac{1}{2}a_0(t_A^{*\prime})^2,\\[2ex] t_A^{*\prime}=\dfrac{t_A^*-\frac{v}{c^2}x_A}{\sqrt{1-\beta^2}},\ \sqrt{1-\beta^2}=\dfrac{4}{5},\end{cases}$$

$$\Rightarrow\quad \frac{x_A-vt_A^*}{\sqrt{1-\beta^2}}=-l+\frac{1}{2}a_0\left(\frac{t_A^*-\frac{v}{c^2}x_A}{\sqrt{1-\beta^2}}\right)^2,\qquad a_0=9c^2/50l,$$

$$\Rightarrow\quad x_A-\frac{3}{5}c\times\frac{3l}{4c}=-\frac{4}{5}l+\frac{1}{2}\,\frac{9c^2}{50l}\,\frac{\left(\frac{3l}{4c}-\frac{3}{5c}x_A\right)^2}{\frac{4}{5}},$$

$$\begin{aligned}\Rightarrow\quad x_A-\frac{9l}{20}&=-\frac{4}{5}l+\frac{9c^2}{80l}\left(\frac{3l}{4c}-\frac{3}{5c}x_A\right)^2\\ &=-\frac{4}{5}l+\frac{9c^2}{80l}\left(\frac{9l^2}{16c^2}-\frac{9l}{10c^2}x_A+\frac{9}{25c^2}x_A^2\right)\\ &=-\frac{4}{5}l+\frac{81}{1280}l-\frac{81}{800}x_A+\frac{81}{2000l}x_A^2,\end{aligned}$$

$$\Rightarrow\quad x_A^2-\frac{2000l}{81}\times\frac{81}{800}x_A-\frac{2000l}{81}x_A+\frac{2000l}{81}\left(-\frac{4}{5}+\frac{81}{1280}+\frac{9}{20}\right)l=0,$$

$$\Rightarrow\quad x_A^2-\frac{4405}{162}lx_A-\frac{9175}{1296}l^2=0,$$

$$\Rightarrow\quad x_A^2-27.2lx_A-7.08l^2=0.$$

解得

$$x_A=-0.26l.\qquad (6\text{ 分})$$

此时

$$x_B=\frac{x'_B+vt'_B}{\sqrt{1-\beta^2}}\bigg|_{x'_B=l,\ t'_B=0}=\frac{5}{4}l=1.25l,$$

因此，S 系中 B 开始加速时，A，B 相距

$$l_{AB}(2)=x_B-x_A=1.51l.\qquad (2\text{ 分})$$

2014 年北京大学物理科学营试题

总分：160 分　　　　时间：4 小时

一、能量

如图所示，质量 M、内外半径几乎同为 R 的均匀圆环形管道平放在水平大桌面上，质量相同的两个小球 A，B 在管道内分别位于某直径的两端，在 A，B 连线正右方某处有一个与 A，B 连线平行的固定直挡板 PQ. 开始时管道静止，A，B 分别具有朝正右方相同的切向初速度 v_0，而后管道也将被带动. 设系统处处无摩擦，所有可能发生的碰撞都是弹性的. 已知 A，B 经过第一次相互碰撞后第一次返回到管道内的初始位置时，它们相对桌面的速度恰好为零. 假设 A，B 第一次相碰前，管道未与挡板碰撞过.

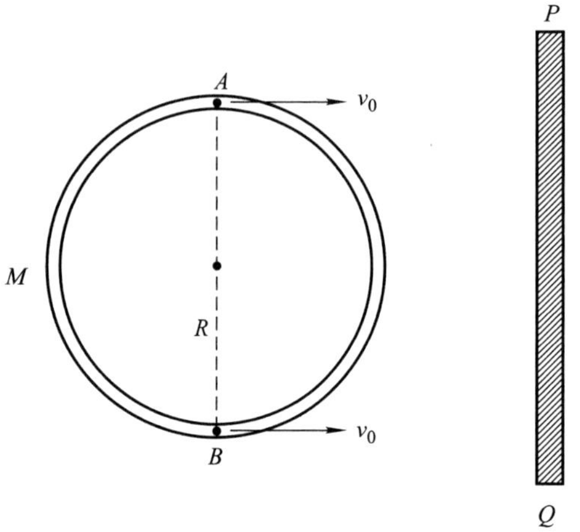

(1) 试求 A，B 第一次相碰前瞬间，管道相对桌面的加速度大小 a_M；

(2) 假设 A，B 第一次返回到管道内的初始位置时，管道恰好与挡板 PQ 发生碰撞，试求 A，B 紧接着又返回到管道内的初始位置时，A，B 相对桌面速度 $\boldsymbol{v}$ 的方向和大小.

二、几何光学

已知图 1 所示的凸球面近轴折射成像公式为

$$\frac{n_u}{u}+\frac{n_v}{v}=\frac{n_v-n_u}{R},$$

n_u：物光所在空间介质折射率

n_v：像光所在空间介质折射率

u：物距($u>0$：实物，$u<0$：虚物)

v：像距($v>0$：实像，$v<0$：虚像)

R：球面半径

(1) 据对称性，写出图 2 所示凹球面近轴折射成像公式.

(2) 对图 2 引入物方焦距 f_u、像方焦距 f_v 的定义式：

$$f_u=\lim_{v\to\infty}u,\qquad f_v=\lim_{u\to\infty}v,$$

试求 f_u，f_v 表达式，式中不可包含图 2 中所示参量 u，v；继而导出比值

$$\gamma=f_u:f_v,$$

表达式中不可包含参量 u，v，R；最后导出仅用参量 u，v，f_u，f_v 表达的凹球面近轴折射成像公式.

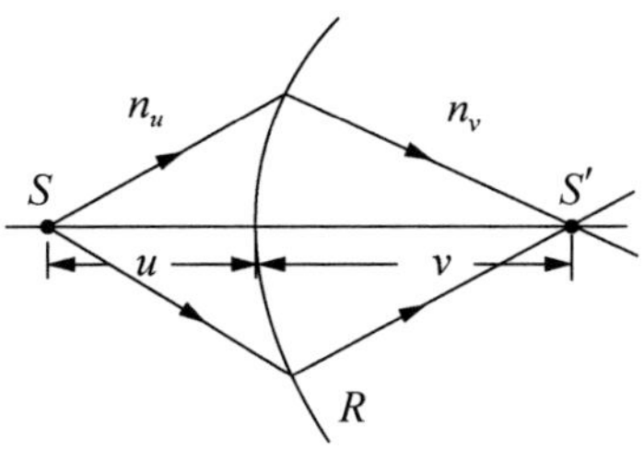

图 1

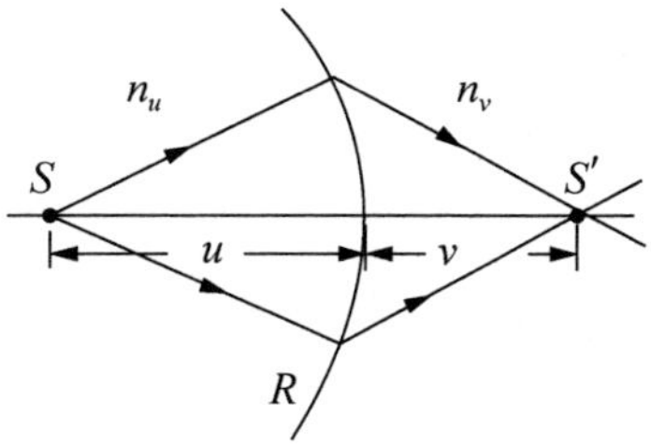

图 2

(3) 如图 3 所示，左侧一束近轴物光若不经凹球面折射，则可会聚在右侧 P 处. 该光束经凹球面折射成像于右侧 Q 处. 图中除 R 未知外，其余参量 n_u，n_v，l_1，$l_2(l_2<l_1)$均为已知量.

(3.1) 仅应用(2)问所得公式，试求此凹球面折射成像的物方焦距 f_u，所得表达式中不可包含未知参量 R；

(3.2) 仅应用(2)问所得公式和(3.1)问所得结果，并取 $n_u=1.5$，$n_v=1.0$，$l_2=0.5l_1$，试求 R，答案中只可包含参量 l_1.

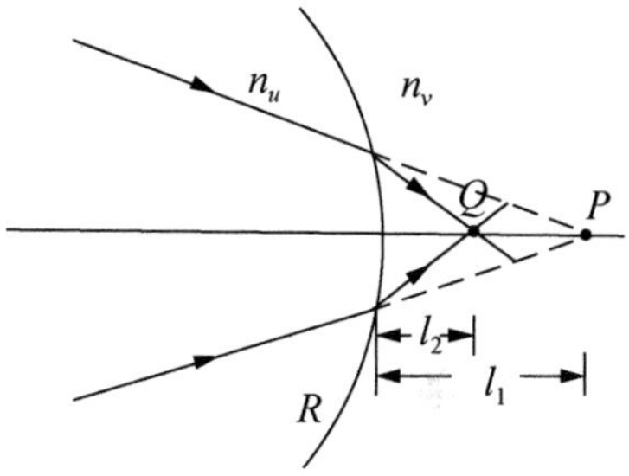

图 3

(4) 设图中球面是一个盛水鱼缸的透光球形薄壁侧面，一条小鱼在水中主光轴上与球面右端点相距 l_1 处，以 $V=2\text{cm/s}$ 的速度朝正右方球面游动，此时人眼从鱼缸正右方朝左观看水缸中游动的鱼. 继承(3.2)问设定的 $n_u=1.5$，$n_v=1.0$，$l_2=0.5l_1$，解答下面两个小问.

(4.1) 试求人眼观察到鱼脸正视图的面积放大倍数，并判定鱼脸像是“正立”的还是“倒立”的?

(4.2) 再求人眼观察到的鱼游动速度大小和方向.

三、

一水平放置的横截面积为 S 的两端封闭的玻璃管，其中充满理想气体，现用两个质量同为 m，厚度可略的活塞将该玻璃管分成 A，B，C 三段，A 段、B 段长度同为 $3l/2$，C 段长度为 l，两活塞用长为 l 的不可伸长且不会断裂的轻质细绳相连，三段中气体压强都为 p_0，如图所示. 现将玻璃管以过其中心且垂直于玻璃管的直线 OO' 为转轴，以角速度 ω 做匀速转动. 假设涉及过程为等温过程，并且各段气体内部的压强差异可略去，气体的质量相对于活塞质量可以忽略.

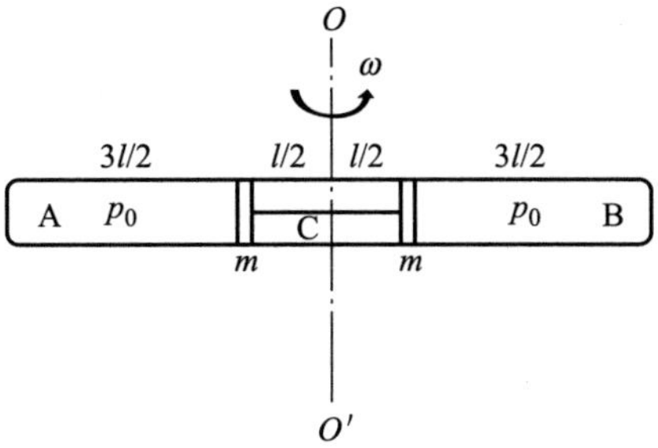

(1) 角速度 $\omega=\sqrt{\dfrac{p_0S}{ml}}$ 时，求最终两活塞均在管中处于力平衡位置时，除去初态以外 A 段气体的可能长度(有效数字保留 3 位)；

(2) 角速度 $\omega=\sqrt{\dfrac{4p_0S}{3ml}}$ 时，求最终两活塞均在管中处于力平衡位置时，除去初态以外

A 段气体的可能长度(有效数字保留 3 位).

四、

如图所示，在倾角为锐角 θ 的光滑斜面上的下端有一块垂直于斜面的挡板，在斜面上从挡板所在位置朝上依次刻有 P_5，P_4，P_3，P_2，P_1，P_0，P_{-1}，P_{-2}标记，P_5 与挡板相距 l，相邻两个标记间距也同为 l. 质量同为 m、厚度可略的两个小滑块 A，B 用劲度系数为k、自由长度为 $6l$ 的轻质弹簧连接后放在斜面上，B 静止地靠着挡板，A 静止地放在斜面上的某个部位，A 被自由释放后可能会沿着斜面平动. 设

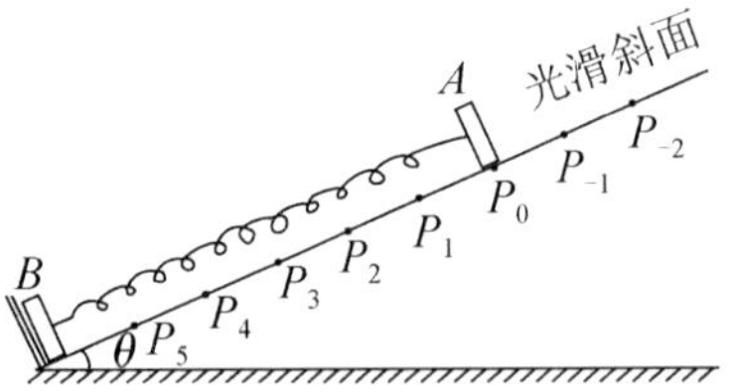

$$l = mg\sin\theta/k.$$

(1) 先将 A 静放在 P_0 处，再将 A 自由释放，试问 A，B 各自将处于什么样的运动状态？若做往返运动，应写出运动周期.

(2) 先将 A 压缩着弹簧停放在 P_3 处，再将 A 自由释放，试问系统质心 C 将如何运动？再求 C 可达到的最大速度值 $v_{C\max}$和最大加速度值 $a_{C\max}$.

(3) 先将 A 压缩着弹簧停放在 P_4 处，再将 A 自由释放，试求从开始到 A，B 第一次相距最远所经的时间 Δt 和最远的距离 $L_{\max}$，再求此时 A 与挡板的间距 L_A.

上述三问答案均只可用数字和参量 θ，l，g 表达.

五、

无限长直载流(变化电流)导线周围感应电场的分布

图 1、2、3 所示无限长直载流导线中，如果电流 I 随时间 t 变化，周围空间磁场 $\boldsymbol{B}$ 也将随 t 变化，从而激发起感应电场 $\boldsymbol{E}$. 在载流导线附近空间区域内，$\boldsymbol{B}$ 随 t 的变化，乃至 $\boldsymbol{E}$ 随 t 的变化可近似处理为与 I 随 t 变化同步. 距载流导线足够远的空间区域，$\boldsymbol{B}$，$\boldsymbol{E}$ 随 t 的变化均会落后于 I 随 t 的变化. 考虑到电磁场变化传播的速度即为光速，题图讨论的空间区域线度尽管可能很大，即模型化为图中 x 可趋向无穷，但这一距离造成的 $\boldsymbol{B}$，$\boldsymbol{E}$ 随 t 的变化滞后于 I 随 t 变化的效应事实上仍可略去. 在此前提下，求解下述问题.

(1) 系统如图 1、2 所示，设 $I = I(t)$.

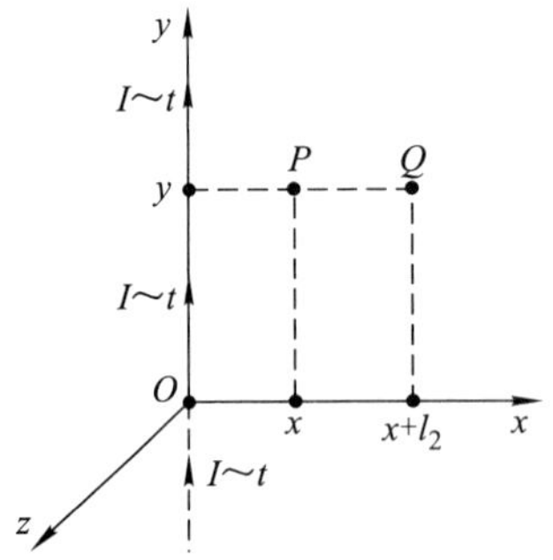

图 1

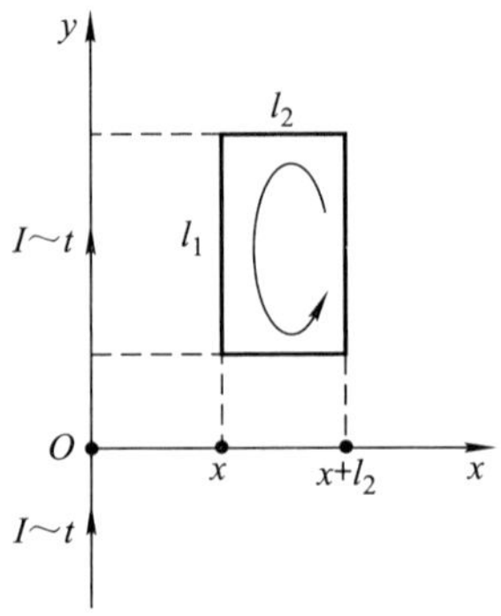

图 2

(1.1) 通过分析，判定图 1 的 xy 平面上 P 处感应电场场强$\boldsymbol{E}_P$ 的三个分量E_{Px}，E_{Py}，E_{Pz}中为零的分量.

(1.2) 图 2 中 $l_1 \times l_2$ 长方形框架的回路方向已设定，试求回路电动势 $\mathscr{E}$.

(1.3) 将图 1 中的 P，Q 两处感应电场场强的大小分别记为 E_P，E_Q，试求 $E_P - E_Q$ 值.

(2) 由两条无限长反向电流导线构成的系统如图 3 所示，仍设 $I=I(t)$，试求 P 处感应电场场强 $\boldsymbol{E}_P$ 的方向和大小.

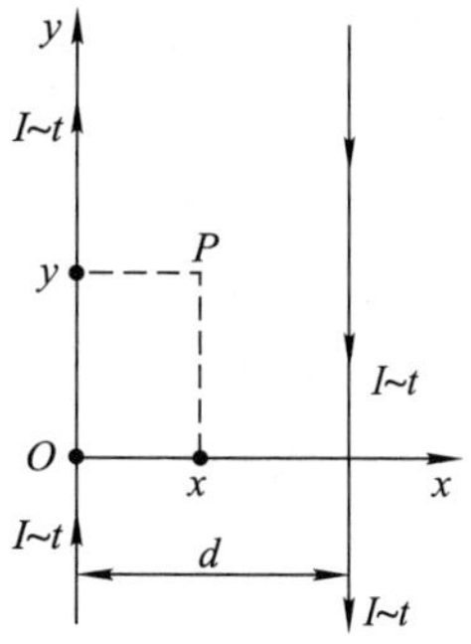

图 3

六、相对论

假设电磁作用理论在所有惯性系都成立，惯性系 S，S'间的相对运动关系如图 1 所示. 开始时 S 系测得全空间有不随时间变化的电磁作用场为

$$\boldsymbol{E}=0,$$

$$\boldsymbol{B}=B_0\boldsymbol{j}，\boldsymbol{j}：y \text{ 轴方向单位矢量.}$$

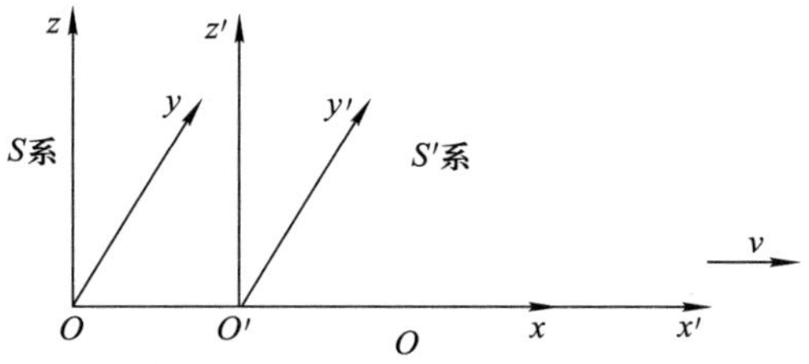

图 1

在 S 系中放一块原不带电的长方导体平板，与 x 轴、y 轴平行的两条直边足够长(分别可模型化为无限长)，与 z 轴平行的直边较短. 今如图 2 所示，令导体板以匀速度 $\boldsymbol{v}$ 相对 S 系沿 x 轴方向运动，在其上、下表面上分别累积正、负电荷，稳定时电荷面密度分别记为常量 σ 和 $-\sigma$. 将空间分为导体板上方区域、导体板内区域和导体板下方区域.

(1) 在 S 系中求解 σ 以及上述三区域内的电磁作用场强度量 $\boldsymbol{E}_{上}$，$\boldsymbol{E}_{内}$，$\boldsymbol{E}_{下}$ 和 $\boldsymbol{B}_{上}$，$\boldsymbol{B}_{内}$，$\boldsymbol{B}_{下}$.

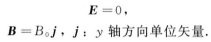

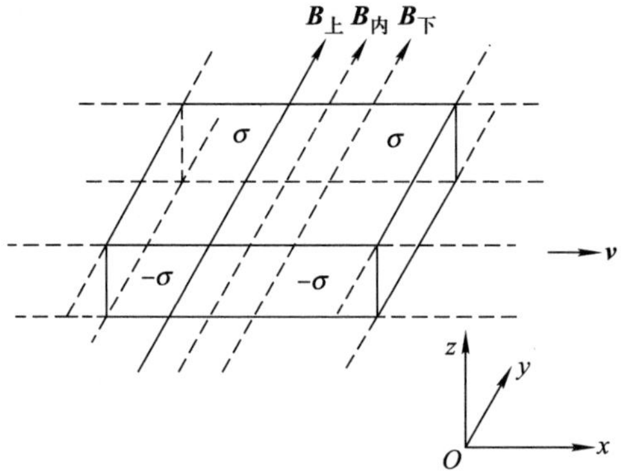

图 2

(2) 此导体板相对 S'系静止，如果已经认知：

(i) S'系测得的导体板沿 x'轴方向的线度是 S 系测得的沿 x 轴方向线度的 $1/\sqrt{1-\beta^2}$ $\left(\beta=\dfrac{v}{c}\right)$倍，导体板在 S'系沿 y'轴、z'轴方向的线度与在 S 系沿 y 轴、z 轴方向的线度相同.

(ii) S 系测得导体板上、下表面电荷均匀分布，电荷总量为 $\pm Q$，则 S'系测得导体板上、下表面电荷也是均匀分布，电荷总量也为 $\pm Q$.

(iii) S 系中一个静止质点，在 S'系中必沿 x'轴反方向以速率 v 运动；S 系中一个运

动质点若沿 y 轴(或 z 轴)方向分速度为零，则在 S' 系中沿 y' 轴(或 z' 轴)方向分速度也为零.

(2.1)试求 S' 系三区域内的电场强度 $\boldsymbol{E}'_{上}$，$\boldsymbol{E}'_{内}$，$\boldsymbol{E}'_{下}$(答案中不可包含 σ).

(2.2)再求 S' 系三区域内的磁感应强度 $\boldsymbol{B}'_{上}$，$\boldsymbol{B}'_{内}$，$\boldsymbol{B}'_{下}$(答案中不可包含 σ).

(2.3)用所得结果纠正下述手抄相对论电磁场变换公式时出现的错误.

$$E'_x=E_x,\quad E'_y=(E_y-vB_z)/\sqrt{1-\beta^2},\quad E'_z=(E_z-vB_y)/\sqrt{1-\beta^2},$$

$$B'_x=B_x,\quad B'_y=\left(B_y-\frac{v}{c^2}E_z\right)\bigg/\sqrt{1-\beta^2},\quad B'_z=\left(B_z-\frac{v}{c^2}E_y\right)\bigg/\sqrt{1-\beta^2}.$$

参考解答

一、

(1) 将 A，B 质量同记为 m. m 的求解：

如题解图 1 所示，将 A，B 第一次返回到管道内初始位置时，相对桌面的右行速度记为 v，管道右行速度记为 v_{M0}，则有

$$\begin{cases} Mv_{M0}+2mv=2mv_0, \\ \dfrac{1}{2}Mv_{M0}^2+\dfrac{1}{2}\times(2m)v^2=\dfrac{1}{2}\times(2m)v_0^2. \end{cases}$$

此方程组与二体弹性正碰撞方程组同构，解为

$$v=\frac{2m-M}{M+2m}v_0,\qquad v_{M0}=\frac{4m}{M+2m}v_0. \tag{1}$$

由 $v=0$，得 $m=\dfrac{M}{2}$.

(若将系统从题图状态到题解图 1 状态的过程，直接模型化为质量为 $2m$ 质点与质量为 M 质点的弹性正碰撞过程，结合质量相同质点弹性正碰的效果是交换运动状态，即给出 $2m=M$ 结论者，可得相同分值.)

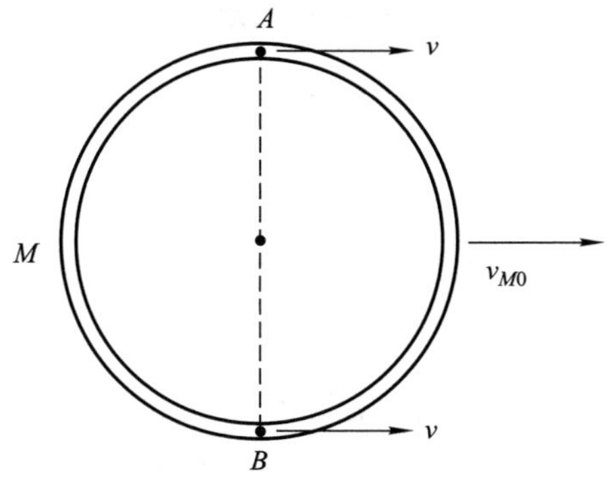

题解图 1

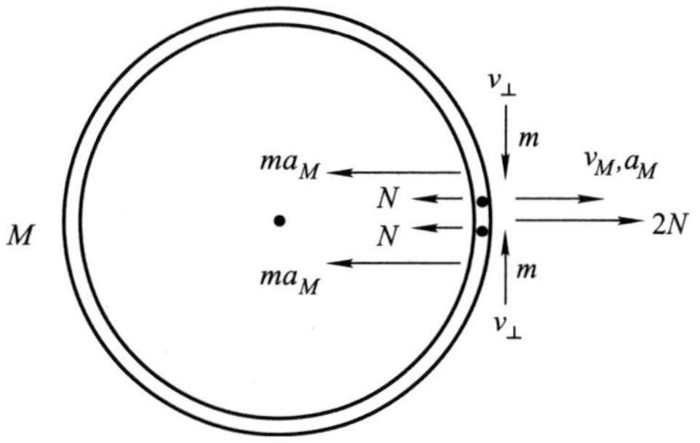

题解图 2

a_M 的求解：

参考如题解图 2 所示.

$v_\perp$：

$$\begin{cases} (M+2m)v_M=2mv_0, \\ \dfrac{1}{2}(M+2m)v_M^2+\dfrac{1}{2}\times(2m)v_\perp^2=\dfrac{1}{2}\times(2m)v_0^2, \end{cases}$$

$$\Rightarrow\quad v_\perp=\sqrt{\frac{M}{M+2m}}v_0\,\bigg|_{m=\frac{M}{2}}=\frac{v_0}{\sqrt{2}}.$$

a_M：

管道参考系：$N+ma_M=mv_{\perp}^2/R=mv_0^2/2R$，

桌面参考系：$2N=Ma_M$，

$$\Rightarrow \quad a_M=\frac{2mM}{(M+2m)^2}\frac{v_0^2}{R}\bigg|_{m=M/2}=v_0^2/4R.$$

（2）管道与挡板 PQ 碰后的初始状态如题解图 3 所示，其中 v_{M0} 据(1)式为

$$v_{M0}=\frac{4m}{M+2m}v_0\big|_{m=M/2}=v_0.$$

系统从这一初态开始运动，A，B 被管道带动，相对桌面朝左运动，但相对管道却是朝右旋转，在管道右端 A，B 相碰，碰后又在管道内朝左旋转，到达题解图 4 所示状态. 这一过程又可模型化为质量为 $2m=M$ 质点与质量为 M 质点的弹性碰撞，即得

$$\boldsymbol{v}\begin{cases}\text{方向朝左,}\\ \text{大小 } v=v_0.\end{cases}$$

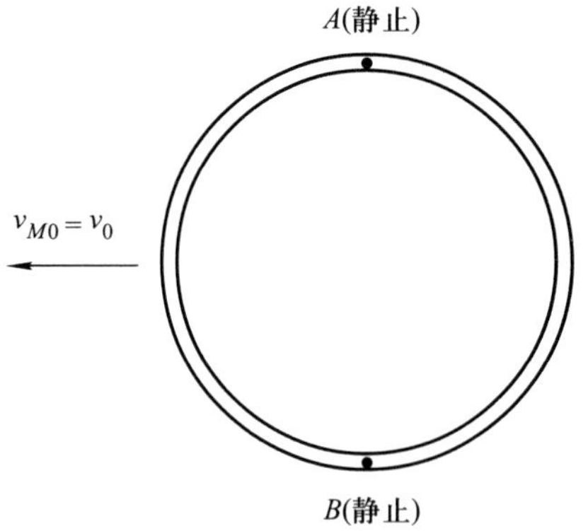

题解图 3

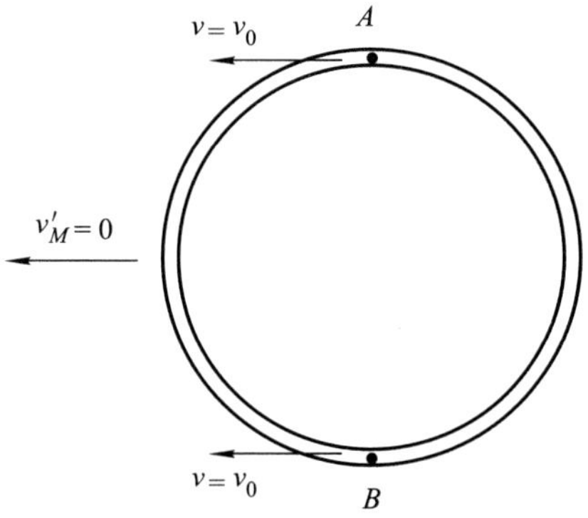

题解图 4

二、

（1）据图 1、2 光路中的物像对称性，将图 1 中的 n_v，S'，v 与 n_u，S，u 对换后，即可得图 2 中凹球面折射成像公式：

$$\frac{n_v}{v}+\frac{n_u}{u}=\frac{n_u-n_v}{R},\qquad \text{或}\qquad \frac{n_u}{u}+\frac{n_v}{v}=\frac{n_u-n_v}{R}. \tag{1}$$

（2）由(1)式得

$$f_u=\lim_{v\to\infty}u=\frac{n_u}{n_u-n_v}R, \tag{2}$$

$$f_v=\lim_{u\to\infty}v=\frac{n_v}{n_u-n_v}R, \tag{3}$$

$$\gamma=f_u:f_v=n_u:n_v. \tag{4}$$

由(1)式还可得

$$\frac{n_vR}{v(n_u-n_v)}+\frac{n_uR}{u(n_u-n_v)}=1,$$

将(2)、(3)式代入，得新的成像公式

$$\frac{f_u}{u}+\frac{f_v}{v}=1. \tag{5}$$

(3)

(3.1) 由图 3 和(5)、(4)式，得

$$u=-l_1,\quad v=l_2,$$

$$\frac{f_u}{-l_1}+\frac{f_v}{l_2}=1,\quad\Rightarrow\quad -\frac{f_u}{l_1}+\frac{\frac{n_v}{n_u}f_u}{l_2}=1,$$

$$\Rightarrow\quad f_u=\frac{n_u l_1 l_2}{n_v l_1-n_u l_2}.\tag{6}$$

(3.2)将(6)式代入(2)式，得

$$R=\frac{(n_u-n_v)l_1 l_2}{n_v l_1-n_u l_2}.\tag{7}$$

将 $n_u=1.5$，$n_v=1.0$，$l_2=0.5l_1$ 代入(7)式，得

$$R=l_1.\tag{8}$$

(4) 将 $n_u=1.5$，$n_v=1.0$，$l_2=0.5l_1$ 代入(6)、(4)式，可得

$$f_u=3l_1,\quad f_v=2l_1,$$

今取 $u=l_1$，由(5)式，解得

$$v=-l_1.$$

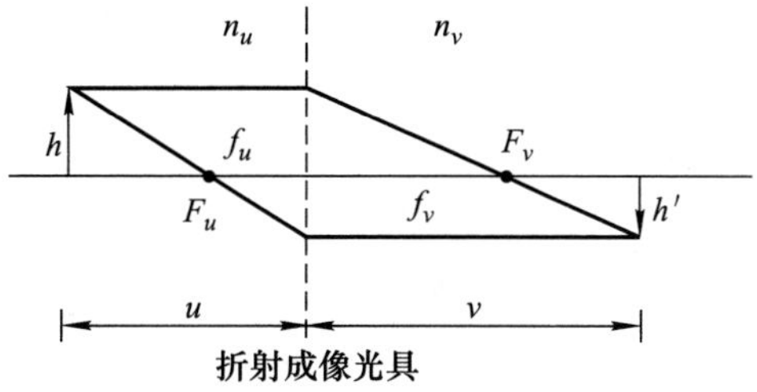

题解图

(4.1) 折射(球面折射、薄透镜折射)成像横向放大率 β 的一般计算公式，参考题解图，有

$$\beta=-\frac{h'}{h}=-\frac{f_u}{u-f_u}=\frac{1}{1-\frac{u}{f_u}},$$

$$\beta=-\frac{h'}{h}=-\frac{v-f_v}{f_v}=\frac{1-\frac{v}{f_v}}{1},$$

$$\beta=\frac{1-\left(1-\frac{v}{f_v}\right)}{\left(1-\frac{u}{f_u}\right)-1}=-\frac{vf_u}{uf_v}=-\frac{vn_u}{un_v}.$$

取其中任一公式，均可算出 β 值.

例 1，取

$$\beta=-\frac{f_u}{u-f_u}=-\frac{3l_1}{l_1-3l_1}=\frac{3}{2}.$$

例 2，取

$$\beta=-\frac{vf_u}{uf_v}=-\frac{-l_1\times 3l_1}{l_1\times 2l_1}=\frac{3}{2}.$$

鱼脸正视图面积放大倍数为

$$\beta^2=\frac{9}{4}=2.25,$$

因 $\beta>0$，为正立虚像，故鱼脸的像是正立的.

(4.2) 由成像公式(5)，得

$$v=uf_v/(u-f_u),\quad\Rightarrow\quad \text{纵向放大率}\ \alpha=\frac{\mathrm{d}v}{\mathrm{d}u}=-\frac{v^2}{u^2}\frac{n_u}{n_v},$$

数值计算，得

$$\alpha=-\frac{(-l_1)^2\times1.5}{l_1^2\times1.0}=-\frac{3}{2}.$$

$\mathrm{d}t$ 时间内物的朝左位移 $\mathrm{d}u<0$；$\mathrm{d}t$ 时间内像的朝右位移

$$\mathrm{d}v=\alpha\mathrm{d}u=-\frac{3}{2}\mathrm{d}u>0.$$

像的朝右速度

$$\frac{\mathrm{d}v}{\mathrm{d}t}=-\frac{3}{2}\left(\frac{\mathrm{d}u}{\mathrm{d}t}\right)=-\frac{3}{2}\times(-2\mathrm{cm/s})=3\mathrm{cm/s},$$

速度方向朝右.

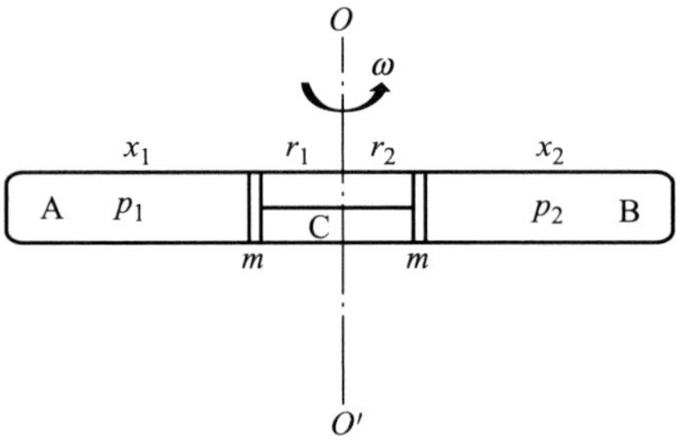

题解图

三、

(1) 见题解图，假设旋转后轻质细绳保持为松弛状态，如图所示，A 段气体压强 p_1，长度为 x_1，B 段气体压强 p_2，长度为 x_2，C 段气体压强 p_3，长度为 r_1+r_2.

左边活塞距转轴距离为 r_1，右边活塞距离转轴距离为 r_2，则由理想气体等温过程性质可得

$$\begin{cases}p_1x_1=p_0(3l/2),\\ p_2x_2=p_0(3l/2),\\ p_3(r_1+r_2)=p_0l.\end{cases}$$

对转动情况下的活塞运用牛顿第二定律得

$$\begin{cases}(p_1-p_3)S=m\omega^2r_1,\\ (p_2-p_3)S=m\omega^2r_2.\end{cases}$$

由几何关系得

$$\begin{cases}r_1=2l-x_1,\\ r_2=2l-x_2.\end{cases}$$

联合以上方程，并令 $x=x_1/l$，$a=\dfrac{p_0S}{m\omega^2l}$，可得

$$\frac{x_1}{l}\frac{x_2}{l}=3a/2,$$

$$\frac{3a}{2x}-\frac{a}{4-x-\dfrac{3a}{2x}}=2-x,$$

改写为

$$4-x-\frac{3a}{2x}-2+\frac{a}{4-x-\frac{3a}{2x}}=0. \qquad (*)$$

当 $\omega=\sqrt{\frac{p_0S}{ml}}$ 时，$a=1$，解上式得两个解

$$x=\frac{3\pm\sqrt{3}}{2}=2.37，0.634.$$

此时 A 段气体的长度为

$$x_1=\frac{3\pm\sqrt{3}}{2}l,$$

B 段气体长度为

$$x_2=\frac{3\mp\sqrt{3}}{2}l,$$

C 段气体长度为

$$r_1+r_2=4l-x_1-x_2=l.$$

由以上可知，$\omega=\sqrt{\frac{p_0S}{ml}}$ 时，细绳仍保持松弛，A 段气体的长度可能为

$$\frac{3\pm\sqrt{3}}{2}l,$$

即 $2.37l$ 或 $0.634l$，此时两活塞都在 OO' 的同一侧.

由于上述方程解中没有出现 C 段气体长度超过 l 的解，所以绳子不会出现紧绷的情况.

(2) 仍假设绳松弛，当 $\omega=\sqrt{\frac{4p_0S}{3ml}}$ 时，$a=3/4$，解($*$)式得 4 个解：

$$x=\frac{7-\sqrt{31}}{4}，\frac{7+\sqrt{31}}{4}，\frac{5-\sqrt{7}}{4}，\frac{5+\sqrt{7}}{4}=0.358，3.142，0.589，1.911.$$

对应 A 段气体长度为

$$x_1=\frac{7-\sqrt{31}}{4}l，\frac{7+\sqrt{31}}{4}l，\frac{5-\sqrt{7}}{4}l，\frac{5+\sqrt{7}}{4}l=0.358l，3.142l，0.589l，1.911l,$$

B 段气体长度为

$$x_2=\frac{7+\sqrt{31}}{4}l，\frac{7-\sqrt{31}}{4}l，\frac{5+\sqrt{7}}{4}l，\frac{5-\sqrt{7}}{4}l=3.142l，0.358l，1.911l，0.589l,$$

C 段气体长度为

$$r_1+r_2=4l-x_1-x_2=\frac{l}{2}，\frac{l}{2}，\frac{3l}{2}，\frac{3l}{2}.$$

由以上的分析可知，前两个解对应绳松弛的状态，即 A 段气体长度为

$$x_1=\frac{7-\sqrt{31}}{4}l，\frac{7+\sqrt{31}}{4}l=0.358l，3.14l,$$

此时两个活塞都位于 OO' 的同一侧.

同时注意到有 C 段长度超过 l 的解，所以绳子可能会出现紧绷的情况，假设绳子处于紧绷状态，活塞受到的拉力为 T，则活塞的动力学方程变为

$$\begin{cases}(p_1-p_3)S+T=m\omega^2 r_1,\\(p_2-p_3)S+T=m\omega^2 r_2,\end{cases}$$

由此同样可得

$$\frac{x_1}{l}\frac{x_2}{l}=\frac{3a}{2}=\frac{9}{8}.$$

增加一个几何关系为

$$r_1+r_2=l,$$

即

$$x_1+x_2=3l,$$

由此可得

$$x_1=\frac{6\pm 3\sqrt{2}}{4}l.$$

但此时

$$T=m\omega^2 r_1-(p_1-p_3)S=-p_0S/3,$$

其中负号表示绳子对活塞的力不是拉力，而是排斥力，这不满足软绳的要求. 所以不会出现绳子紧绷的解.

综上，$\omega=\sqrt{\dfrac{4p_0S}{3ml}}$ 时，A 段气体长度可能为

$$x_1=\frac{7-\sqrt{31}}{4}l,\ \frac{7+\sqrt{31}}{4}l$$
$$=0.358l,\ 3.14l.$$

四、

(1) P_1 处为 A 的受力平衡点. A 从 P_0 处静止释放后，将以 P_1 点为中心，沿斜面先朝下、后朝上在 P_0，P_2 两点之间做简谐振动，振动角频率和周期分别为

$$\omega=\sqrt{k/m},\ T=2\pi/\omega=2\pi\sqrt{\frac{m}{k}}=2\pi\sqrt{l/g\sin\theta}.$$

A 振动过程中弹簧始终没有伸长，对 B 无拉力，故 B 始终处于静止状态.

(2) A 将在 P_3，P_{-1} 间做简谐振动，弹簧最大伸长量为 l，对 B 最大向上的拉力为 $kl=mg\sin\theta$，不足以带动 B，B 仍是始终处于静止状态.

A 做简谐振动的角频率 $\omega=\sqrt{k/m}$，振幅为 $2l$，最大速度和最大加速度分别为

$$v_{A\max}=\omega\cdot 2l=2\sqrt{\frac{k}{m}}l=2\sqrt{\frac{g\sin\theta}{l}}l=2\sqrt{gl\sin\theta},$$

$$a_{A\max}=\omega^2\cdot 2l=2\frac{k}{m}l=2g\sin\theta.$$

系统质心 C 的最大速度和最大加速度分别为

$$v_{C\max}=\frac{1}{2}v_{A\max}=\sqrt{gl\sin\theta},\qquad a_{C\max}=\frac{1}{2}a_{A\max}=g\sin\theta.$$

(3) 从 A 自由释放到 A，B 第一次相距最远的过程分为两个阶段进行讨论.

第一阶段：A 从 P_4 到 P_1，再到 P_{-1}.

P_1 为 A 的力平衡位置，A 在其两侧做简谐振动，有

$$\omega=\sqrt{k/m},\qquad T=2\pi\sqrt{m/k},$$

$$\text{振幅 } A_{\text{幅}}=3l=3mg\sin\theta/k,$$

A 从 P_4 到 P_1 经时

$$\Delta t_1=\frac{1}{4}T=\frac{\pi}{2}\sqrt{m/k}.$$

取 P_1 为空间坐标轴 x 轴的原点，x 轴的正方向为沿斜面向上的方向，如题解图 1 所示. 再将 A 第一次位于 P_1 点的时刻定为 $t=0$，A 的振动方程为

$$x=A_{\text{幅}}\sin\omega t.$$

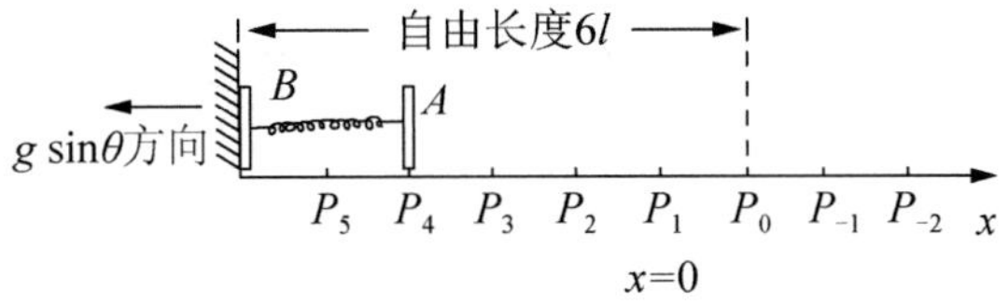

题解图 1

A 在 P_{-1}处，有

$$x=\frac{2}{3}A_{\text{幅}},\quad\Rightarrow\quad \sin\omega t=\frac{2}{3},\quad\Rightarrow\quad \omega t=\arcsin\frac{2}{3}=41.81^\circ=0.730\text{rad},$$

得 A 在 P_{-1}处的时刻为

$$t=0.730\text{rad}/\omega=0.730\sqrt{m/k}.$$

小结：A 从 P_4 到 P_{-1}所经时间

$$\Delta t_A(1)=\Delta t_1+t=\left(\frac{\pi}{2}+0.730\right)\sqrt{l/g\sin\theta}.$$

本阶段中 B 仍未运动，A 在 P_{-1}时弹簧伸长 l，拉力 $mg\sin\theta$，A 受合力朝左，大小为 $2mg\sin\theta$，B 受合力为零.

第二阶段：A 从 P_{-1}到相对系统质心为最右的位置.

此阶段中因 A 朝右运动速度在开始时还较大，B 静止，弹簧继续伸长，对 B 拉力增大，B 受合力朝右，故 B 离开挡板朝右运动. A 在 P_{-1}处时，速度朝右，大小为

$$\frac{dx}{dt}=\omega A_{\text{幅}}\cos\omega t,$$

$$\text{因 }\sin\omega t=\frac{2}{3}\text{，故有 }\cos\omega t=\frac{\sqrt{5}}{3},$$

$$\Rightarrow\quad \frac{dx}{dt}=\sqrt{\frac{k}{m}}\frac{3mg\sin\theta}{k}\frac{\sqrt{5}}{3}=\sqrt{5}\sqrt{\frac{m}{k}}g\sin\theta.$$

记为

$$v_{A0}=\sqrt{5}\sqrt{\frac{m}{k}}g\sin\theta,$$

此时系统质心 C 相对斜面的朝右速度大小为

$$v_{C0}=\frac{1}{2}v_{A0}=\frac{\sqrt{5}}{2}\sqrt{\frac{m}{k}}g\sin\theta.$$

为方便将该时刻取为新的时间零点，即为 $t=0$ 时刻. 建立题解图 2 所示的质心参考系，$t=0$ 时刻质心 C 所在位置取为新 x 轴的原点. 该时刻 A 在 $x=3.5l$ 处，即此时 A 在 C 的右侧与 C 相距 $3.5l$ 处，A 相对 C 的速度朝右，大小为 v_{C0}. $t=0$ 时刻 B 所在位置与 A 对称，在 $x=-3.5l$ 处，B 在 C 的左侧与 C 相距 $3.5l$，B 相对 C 的速度朝左，大小也为 v_{C0}. 质心系中 A，B 所受惯性力与重力分力抵消，各自所受合力均为弹簧力，A，B 相对质心 C 的运动对称，只需讨论 A 的运动即可.

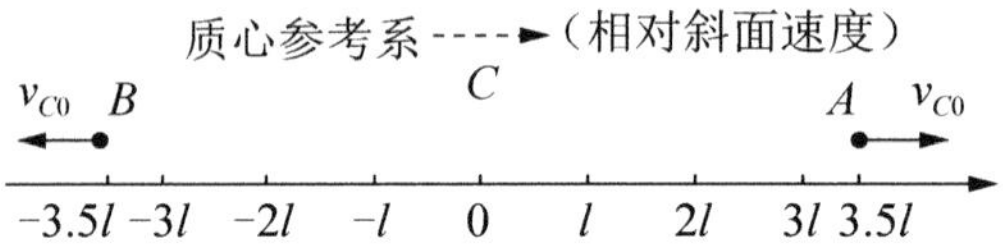

题解图 2

质心系中 A 的力平衡位置在 $x=3l$ 处，引入新的坐标量

$$x^*=x-3l,$$

则 A 在 $x=3l$ 处两侧做简谐振动，表达式可记为

$$x^*=A^*\cos(\omega^*t+\phi^*),\quad \omega^*=\sqrt{2k/m},\quad t=0\text{ 时}\begin{cases}x_0^*=0.5l,\\ v_{A0}^*=v_{C0},\end{cases}$$

得振幅

$$A^*=\sqrt{x_0^{*2}+\frac{v_{A0}^{*2}}{\omega^{*2}}}=\sqrt{\frac{l^2}{4}+\frac{5}{4}\frac{m}{k}g^2\sin^2\theta\frac{m}{2k}}=\sqrt{\frac{l^2}{4}+\frac{5}{8}l^2},$$

$$\Rightarrow\quad A^*=\frac{\sqrt{7}}{2\sqrt{2}}l=0.9354l.$$

又由

$$\tan\phi^*=-v_{A0}^*/\omega^*x_0^*=-\frac{\sqrt{5}}{2}\sqrt{\frac{m}{k}}g\sin\theta\Big/\left(\sqrt{\frac{2k}{m}}\cdot\frac{1}{2}l\right)=-\frac{\sqrt{10}}{2},$$

得

$$\phi^*=-\arctan\frac{\sqrt{10}}{2}=-57.69^\circ=-1.007\text{rad}.$$

A 运动到相对 C 达最右的位置(即在 $x^*=A^*$)的时刻，记为 $t=t^*$，则有

$$\cos(\omega^*t^*+\phi^*)=1,\quad\Rightarrow\quad\omega^*t^*+\phi^*=0,$$

$$\Rightarrow\quad t^*=-\phi^*/\omega^*=1.007\sqrt{\frac{m}{2k}}=\frac{1.007}{\sqrt{2}}\sqrt{l/g\sin\theta},\quad\Rightarrow\quad t^*=0.712\sqrt{l/g\sin\theta}.$$

此时 A，B 相距最远，即从开始到 A，B 第一次相距最远所经时间为

$$\Delta t=\Delta t_A(1)+t^*=\left(\frac{\pi}{2}+0.730+0.712\right)\sqrt{l/g\sin\theta},\quad\Rightarrow\quad\Delta t=3.013\sqrt{l/g\sin\theta}.$$

A，B 间的最远间距为

$$L_{\max}=2(3l+A^*)=2\left(3+\frac{\sqrt{7}}{2\sqrt{2}}\right)l=7.871l.$$

在第二阶段初始时刻质心 C 相对斜面的斜向上速度为 v_{C0}，从此时刻开始 C 运动到最高处所经时间为

$$\Delta t_C=\frac{v_{C0}}{g\sin\theta}=\frac{\sqrt{5}}{2}\sqrt{\frac{m}{k}}g\sin\theta/g\sin\theta=\frac{\sqrt{5}}{2}\sqrt{\frac{m}{k}}=\frac{\sqrt{5}}{2}\sqrt{l/g\sin\theta},$$

$$\Rightarrow\quad \Delta t_C=\frac{\sqrt{5}}{2}\sqrt{l/g\sin\theta}=1.12\sqrt{l/g\sin\theta}>t^*,$$

故 A，B 第一次相对 C 运动到最远处时，C 仍在相对斜面向上运动.

质心 C 在 $t=0$ 到 t^* 时间段内升“高”量为

$$v_{C0}t^*-\frac{1}{2}g\sin\theta\cdot t^{*2}=\frac{\sqrt{5}}{2}\sqrt{\frac{m}{k}}g\sin\theta\times0.712\sqrt{l/g\sin\theta}-\frac{1}{2}g\sin\theta\left(0.712\sqrt{l/g\sin\theta}\right)^2,$$

$$\Rightarrow\quad v_{C0}t^*-\frac{1}{2}g\sin\theta\cdot t^{*2}=0.543l,$$

对 B 的合成效果为 B 离开挡板已达间距为

$$0.543l-(A^*-0.5l)=0.1076l,$$

故 A，B 第一次相距最远时，A 与挡板的间距为

$$L_A=L_{\max}+0.1076l=7.9786l.$$

五、

(1)

(1.1) 若 $E_{Pz}\neq0$，则在过 P 点且与 Oxz 坐标面平行的平面上，取一个以 x 为半径、以 y 轴为中央轴的圆，设定回路方向如题解图 1 所示. 由系统的轴对称性，回路各处感应电场 $\boldsymbol{E}$ 的角向分量与图中 $\boldsymbol{E}_{Pz}$ 方向一致地沿回路方向，且大小相同，由 $\boldsymbol{E}$ 的回路积分所得的感应电动势 $\mathscr{E}\neq0$. 另一方面，电流 I 的磁场 $\boldsymbol{B}$ 在该回路所包围面上磁通量恒为零，磁通量变化率也为零，据法拉第电磁感应定律应有 $\mathscr{E}=0$. 两者矛盾，故必定是

$$E_{Pz}=0.$$

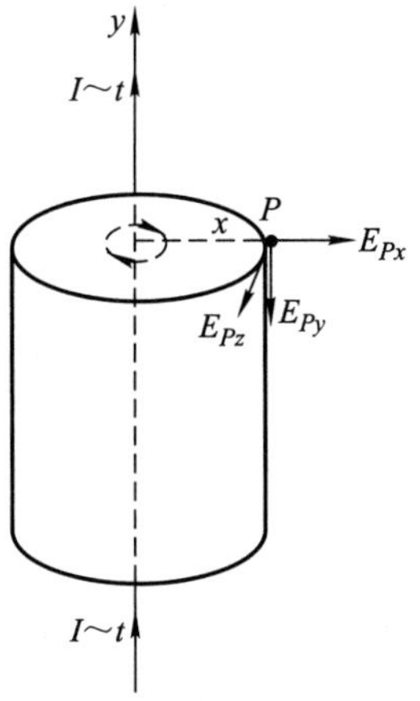

题解图 1

若 $E_{Py}\neq0$，由系统的轴对称性，在题解图 1 的圆柱面上各处场强 $\boldsymbol{E}$ 的 y 方向分量方向、大小与图中 $\boldsymbol{E}_{Py}$ 方向、大小相同. 若取一系列不同半径 x 的同轴圆柱面，每个圆柱面上场强 $\boldsymbol{E}$ 的 y 方向分量方向相同、大小也相同，但大小应随 x 增大而减小. 这将使得题文图 2 中的矩形回路感生感应电动势 $\mathscr{E}\neq0$，与法拉第电磁感应定律相符，因此允许

$$E_{Py}\neq0.$$

若 $E_{Px}\neq0$，由轴对称性，题解图 1 的圆柱面上各处场强 $\boldsymbol{E}$ 的径向分量方向与 $\boldsymbol{E}_{Px}$ 对应的径向方向一致，两者大小也相同. 将题解图 1 中的圆柱面上、下封顶，成为一个圆筒形高斯面. 上、下两个端面 $\boldsymbol{E}\cdot\mathrm{d}\boldsymbol{S}$ 通量积分之和为零，侧面 $\boldsymbol{E}\cdot\mathrm{d}\boldsymbol{S}$ 通量积分不为零，这与

麦克斯韦假设所得

$$\oiint_S \boldsymbol{E}\cdot \mathrm{d}\boldsymbol{S}=\frac{1}{\varepsilon_0}\iiint_{V_S}\rho_e \mathrm{d}V=0$$

矛盾，故必定是

$$E_{Px}=0.$$

（1.2）据法拉第定律，参考题文图 2，有

$$\mathscr{E}=-\frac{\mathrm{d}}{\mathrm{d}t}\int_x^{x+l_2}(-B(x)\cdot l_1)\mathrm{d}x,\qquad B(x)=\mu_0 I/2\pi x,$$

$$\Rightarrow\quad \mathscr{E}=\frac{\mathrm{d}}{\mathrm{d}t}\left(\frac{\mu_0 I}{2\pi}l_1\ln\frac{x+l_2}{x}\right)$$

$$=\frac{\mu_0 l_1}{2\pi}\left(\frac{\mathrm{d}I}{\mathrm{d}t}\right)\ln\frac{x+l_2}{x}.$$

（1.3）据麦克斯韦感应电场假设，结合(1.1)问解答，有

$$\mathscr{E}=\oint_L \boldsymbol{E}\cdot \mathrm{d}\boldsymbol{l}=E(x)l_1-E(x+l_2)l_1.$$

结合(1.2)问所得结果，有

$$E(x)l_1-E(x+l_2)l_1=\frac{\mu_0 l_1}{2\pi}\left(\frac{\mathrm{d}I}{\mathrm{d}t}\right)\ln\frac{x+l_2}{x},$$

$$\Rightarrow\quad E(x)-E(x+l_2)=\frac{\mu_0}{2\pi}\left(\frac{\mathrm{d}I}{\mathrm{d}t}\right)\ln\frac{x+l_2}{x},$$

即得

$$E_P-E_Q=E(x)-E(x+l_2)=\frac{\mu_0}{2\pi}\left(\frac{\mathrm{d}I}{\mathrm{d}t}\right)\ln\frac{x+l_2}{x}.\tag{*}$$

（2）从物理上考虑，远场

$$E(x+l_2)\big|_{l_2\to\infty}\to 0,$$

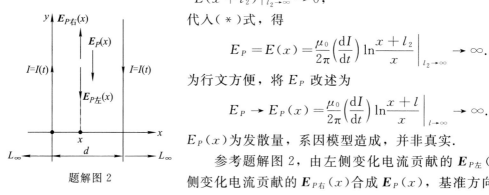

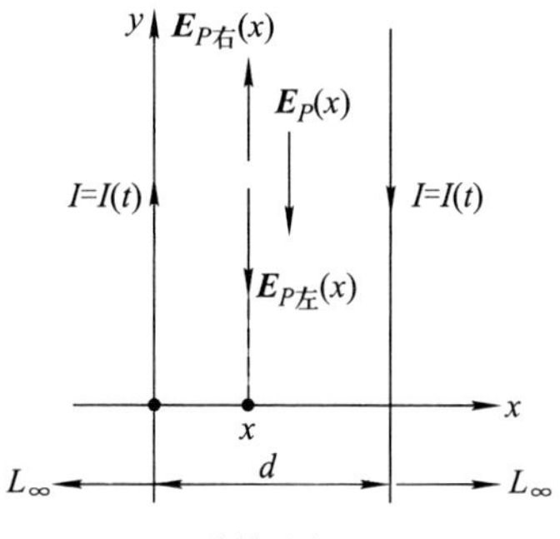

题解图 2

代入(*)式，得

$$E_P=E(x)=\frac{\mu_0}{2\pi}\left(\frac{\mathrm{d}I}{\mathrm{d}t}\right)\ln\frac{x+l_2}{x}\bigg|_{l_2\to\infty}\to\infty.$$

为行文方便，将 E_P 改述为

$$E_P\to E_P(x)=\frac{\mu_0}{2\pi}\left(\frac{\mathrm{d}I}{\mathrm{d}t}\right)\ln\frac{x+l}{x}\bigg|_{l\to\infty}\to\infty.$$

$E_P(x)$为发散量，系因模型造成，并非真实.

参考题解图 2，由左侧变化电流贡献的 $\boldsymbol{E}_{P左}(x)$和右侧变化电流贡献的 $\boldsymbol{E}_{P右}(x)$合成 $\boldsymbol{E}_P(x)$，基准方向取为与 y 轴反向，即有

$$E_P(x)=E_{P左}(x)-E_{P右}(x),$$

$$E_{P左}(x)=\frac{\mu_0}{2\pi}\left(\frac{\mathrm{d}I}{\mathrm{d}t}\right)\ln\frac{x+l_右}{x}=\frac{\mu_0}{2\pi}\left(\frac{\mathrm{d}I}{\mathrm{d}t}\right)\ln\frac{x+(d-x)+L_\infty}{x},$$

$$E_{P右}(x)=\frac{\mu_0}{2\pi}\left(\frac{\mathrm{d}I}{\mathrm{d}t}\right)\ln\frac{(d-x)+l_左}{(d-x)}=\frac{\mu_0}{2\pi}\left(\frac{\mathrm{d}I}{\mathrm{d}t}\right)\ln\frac{(d-x)+x+L_\infty}{(d-x)},$$

便得

$$E_P(x)=\frac{\mu_0}{2\pi}\left(\frac{\mathrm{d}I}{\mathrm{d}t}\right)\ln\frac{d-x}{x}.$$

补充：$E_P(x)$的另一解法，简述如下.

参考题解图 3，因 $E(x)=E_P(x)$，有

$$\oint_L \boldsymbol{E}\cdot\mathrm{d}\boldsymbol{l}=E(x)l+E(x)l=2E(x)l,$$

$$-\iint_{S_L}\frac{\partial \boldsymbol{B}}{\partial t}\cdot\mathrm{d}\boldsymbol{S}=\iint_{S_L}\frac{\partial B}{\partial t}\mathrm{d}S=\iint_{S_L}\frac{\partial B_{左}}{\partial t}\mathrm{d}S+\iint_{S_L}\frac{\partial B_{右}}{\partial t}\mathrm{d}S$$

$$=2\cdot\frac{\mu_0 l}{2\pi}\left(\frac{\mathrm{d}I}{\mathrm{d}t}\right)\int_x^{d-x}\frac{\mathrm{d}x}{x}$$

$$=\frac{\mu_0 l}{\pi}\left(\frac{\mathrm{d}I}{\mathrm{d}t}\right)\ln\frac{d-x}{x},$$

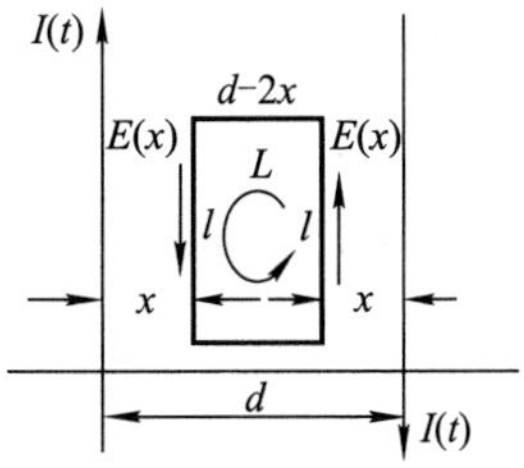

题解图 3

由

$$\oint_L \boldsymbol{E}\cdot\mathrm{d}\boldsymbol{l}=-\iint_{S_L}\frac{\partial \boldsymbol{B}}{\partial t}\cdot\mathrm{d}\boldsymbol{S}$$

即得

$$E_P(x)=E(x)=\frac{\mu_0}{2\pi}\left(\frac{\mathrm{d}I}{\mathrm{d}t}\right)\ln\frac{d-x}{x}.$$

六、

(1) 稳定时，S 系中导体板上表面电荷运动形成沿 x 轴方向的面电流，电流线密度大小为

$$j_e=\sigma v.$$

下表面电荷运动形成沿 x 轴负方向的面电流，电流线密度大小为

$$j_e=\sigma v.$$

据磁场安培环路定理，这两个反向面电流在导体板上、下方区域和板内区域形成的附加磁场分别为

$$\boldsymbol{B}_{上附}=\boldsymbol{B}_{下附}=0,\quad \boldsymbol{B}_{内附}=\mu_0\sigma v\boldsymbol{j},$$

全空间磁场分布便为

$$\boldsymbol{B}_{上}=\boldsymbol{B}_{下}=B_0\boldsymbol{j},\quad \boldsymbol{B}_{内}=(B_0+\mu_0\sigma v)\boldsymbol{j},$$

导体板上、下表面电荷在空间形成的附加电场为

$$\boldsymbol{E}_{上附}=\boldsymbol{E}_{下附}=0,\quad \boldsymbol{E}_{内附}=-\frac{\sigma}{\varepsilon_0}\boldsymbol{k},\quad \boldsymbol{k}\text{：}z\text{ 轴方向单位矢量}$$

全空间电场分布为

$$\boldsymbol{E}_{上}=\boldsymbol{E}_{下}=0,\quad \boldsymbol{E}_{内}=-\frac{\sigma}{\varepsilon_0}\boldsymbol{k},$$

导体板内微观带电粒子受力平衡，有

$$vB_{内}=E_{内},$$

$$\Rightarrow \quad v(B_0+\mu_0\sigma v)=\frac{\sigma}{\varepsilon_0}, \qquad \Rightarrow \quad vB_0=\frac{\sigma}{\varepsilon_0}(1-\varepsilon_0\mu_0 v^2), \qquad \varepsilon_0\mu_0=1/c^2,$$

得

$$\sigma=\frac{\varepsilon_0 vB_0}{1-\beta^2},$$

进而可得

$$\boldsymbol{B}_{上}=\boldsymbol{B}_{下}=B_0\boldsymbol{j}, \qquad \boldsymbol{B}_{内}=\frac{B_0}{1-\beta^2}\boldsymbol{j},$$

电场分布则为

$$\boldsymbol{E}_{上}=\boldsymbol{E}_{下}=0, \qquad \boldsymbol{E}_{内}=-\frac{vB_0}{1-\beta^2}\boldsymbol{k},$$

(2) S 系中导体板上表面面积和总电荷量记为 S 和 Q，S' 系中对应量分别记为 S' 和 Q'，则有

$$S'=S/\sqrt{1-\beta^2}, \qquad Q'=Q,$$

S' 系中电荷面密度便为

$$\sigma'=\frac{Q'}{S'}=\sqrt{1-\beta^2}\,\frac{Q}{S}, \qquad \Rightarrow \quad \sigma'=\sqrt{1-\beta^2}\,\sigma,$$

$$\Rightarrow \quad \sigma'=\varepsilon_0 vB_0/\sqrt{1-\beta^2}.$$

此电荷在 S' 系全空间形成附加电场为

$$\boldsymbol{E}'_{上附}=\boldsymbol{E}'_{下附}=0, \qquad \boldsymbol{E}'_{内附}=-\frac{vB_0}{\sqrt{1-\beta^2}}\boldsymbol{k}.$$

(2.1) σ' 电荷只能来源于原静电场产生的静电感应，又因导体板开始时放在 S' 系中，沿 z' 轴上、下方无论何处均有 σ' 电荷积累，故 S' 系中必有分布于全空间的原匀强电场 $\boldsymbol{E}'_0$，即有

$$\boldsymbol{E}'_{0上}=\boldsymbol{E}'_{0下}=\boldsymbol{E}'_{0内}=-\boldsymbol{E}'_{内附}=\frac{vB_0}{\sqrt{1-\beta^2}}\boldsymbol{k},$$

便得

$$\boldsymbol{E}'_{上}=\boldsymbol{E}'_{下}=\frac{vB_0}{\sqrt{1-\beta^2}}\boldsymbol{k}, \qquad \boldsymbol{E}'_{内}=0.$$

(在 S' 系中，导体板垂直于 x'，y' 轴方向的侧面上无面电荷分布，也可用来说明 $\boldsymbol{E}'$ 必沿 z' 轴方向.)

(2.2) $\boldsymbol{B}'_{上}$，$\boldsymbol{B}'_{下}$ 求解：

考虑 S 系中导体板上方(或下方)初始沿 x 轴方向运动的带电质点，因受洛伦兹力，将做 xz 平面上的匀速圆周运动(此处及以下讨论中均不考虑重力场的存在). 按照题文中的说明，该带电质点在 S' 系中不会出现沿 y' 轴方向的分运动及运动趋势. 又因为 S' 系中该带电质点所受电场力沿 z' 轴方向，故磁场力不会出现 y' 轴方向分量，即

$\boldsymbol{B}'_{上(或下)}$ 不存在 x' 分量.

考虑 S 系中导体板上方(或下方)带电为 q 的初始静止质点，因受力为零，故将保持静

止状态. 该质点在 S'系中必沿 x'轴负方向匀速运动，不存在沿 y'轴方向的分运动及运动趋势，故磁场力不会出现 y'轴方向分量，即

$$\boldsymbol{B}'_{\text{上(或下)}}\text{不存在 } z' \text{ 分量}.$$

由如上结论可判断

$$\boldsymbol{B}'_{\text{上(或下)}}\text{沿 } y' \text{ 轴方向}.$$

此外，该质点在 S'系中受力平衡，即向下的磁场力与向上的电场力之和必定为零，应有

$$qvB'_{\text{上}}(\text{或 } B'_{\text{下}}) = qE'_{\text{上}}(\text{或 } E'_{\text{下}}),$$

得

$$\boldsymbol{B}'_{\text{上}} = \boldsymbol{B}'_{\text{下}} = \frac{B_0}{\sqrt{1-\beta^2}}\boldsymbol{j}.$$

$\boldsymbol{B}'_{\text{内}}$的求解：

S'系中导体板上、下表面电荷静止，没有相对 S'系的面电流. 据磁场安培环路定理，得

$$\boldsymbol{B}'_{\text{内}} = \boldsymbol{B}'_{\text{上}}(\text{或 } \boldsymbol{B}'_{\text{下}}) = \frac{B_0}{\sqrt{1-\beta^2}}\boldsymbol{j}.$$

(2.3) 相对论电磁场变换公式的“手抄版”为

$$E'_x = E_x, \quad E'_y = \frac{E_y - vB_z}{\sqrt{1-\beta^2}}, \quad E'_z = \frac{E_z - vB_y}{\sqrt{1-\beta^2}},$$

$$B'_x = B_x, \quad B'_y = \frac{B_y - \frac{v}{c^2}E_z}{\sqrt{1-\beta^2}}, \quad B'_z = \frac{B_z - \frac{v}{c^2}E_y}{\sqrt{1-\beta^2}},$$

由

$$S\text{ 系：} E_{\text{上、下}x} = 0, \quad E_{\text{上、下}y} = 0, \quad E_{\text{上、下}z} = 0,$$
$$B_{\text{上，下}x} = 0, \quad B_{\text{上、下}y} = B_0, \quad B_{\text{上、下}z} = 0,$$

得

$$S'\text{ 系：} E'_{\text{上、下}x} = E_{\text{上、下}x} = 0, \quad E'_{\text{上、下}y} = \frac{E_{\text{上、下}y} - vB_{\text{上、下}z}}{\sqrt{1-\beta^2}} = 0,$$

$$E'_{\text{上、下}z} = \frac{E_{\text{上、下}z} - vB_{\text{上、下}y}}{\sqrt{1-\beta^2}} = \frac{-vB_0}{\sqrt{1-\beta^2}},$$

$$\Rightarrow \quad \boldsymbol{E}'_{\text{上，下}} = \frac{-vB_0}{\sqrt{1-\beta^2}}\boldsymbol{k}, \quad \text{与前面所得 } \boldsymbol{E}'_{\text{上，下}} = \frac{vB_0}{\sqrt{1-\beta^2}}\boldsymbol{k} \text{ 不符}.$$

$$B'_{\text{上、下}x} = B_{\text{上、下}x} = 0, \quad B'_{\text{上、下}y} = \frac{B_{\text{上、下}y} - \frac{v}{c^2}E_{\text{上、下}z}}{\sqrt{1-\beta^2}} = \frac{B_0}{\sqrt{1-\beta^2}},$$

(＋－号之误未影响此结果)

$$B'_{\text{上、下}z} = \frac{B_{\text{上，下}z} - \frac{v}{c^2}E_{\text{上、下}y}}{\sqrt{1-\beta^2}} = 0,$$

$$\Rightarrow \quad \boldsymbol{B}'_{上,下}=\frac{B_0}{\sqrt{1-\beta^2}}\boldsymbol{j}, \qquad \text{与前面所得 } \boldsymbol{B}'_{上,下}=\frac{B_0}{\sqrt{1-\beta^2}}\boldsymbol{j} \text{ 一致.}$$

因此，“手抄版”中 E'_z 表达式有误，应纠正为

$$E'_z=(E_z+vB_y)/\sqrt{1-\beta^2}.$$

由

$$S\text{ 系：} E_{内x}=0,\ E_{内y}=0,\ E_{内z}=-\frac{vB_0}{1-\beta^2},$$

$$B_{内x}=0,\ B_{内y}=\frac{B_0}{1-\beta^2},\ B_{内z}=0,$$

得

$$S'\text{ 系：} E'_{内x}=E_{内x}=0, \quad E'_{内y}=\frac{E_{内y}-vB_{内z}}{\sqrt{1-\beta^2}}=0,\ E'_{内z}=\frac{E_{内z}+vB_{内y}}{\sqrt{1-\beta^2}}=0,$$

（E'_z 表达式已被纠正）

$$\Rightarrow \quad \boldsymbol{E}'_{内}=0,\ \text{与前面所得 } \boldsymbol{E}'_{内}=0 \text{ 一致.}$$

$$B'_{内x}=B_{内x}=0, \quad B'_{内y}=\frac{B_{内y}-\frac{v}{c^2}E_{内z}}{\sqrt{1-\beta^2}}=\frac{(1+\beta^2)B_0}{(1-\beta^2)^{3/2}},$$

$$B'_{内z}=\frac{B_{内z}-\frac{v}{c^2}E_{内y}}{\sqrt{1-\beta^2}}=0,$$

$$\Rightarrow \quad \boldsymbol{B}'_{内}=\frac{(1+\beta^2)B_0}{(1-\beta^2)^{3/2}}\boldsymbol{j}, \qquad \text{与前面所得 } \boldsymbol{B}'_{内}=\frac{B_0}{\sqrt{1-\beta^2}}\boldsymbol{j} \text{ 不符.}$$

因此，“手抄版”中 B'_y 表达式有误，应纠正为

$$B'_y=\left(B_y+\frac{v}{c^2}E_z\right)\Big/\sqrt{1-\beta^2}.$$

附注：

S 系中若在导体板内区域放一个相对 S 系静止的带电量为 $q>0$ 的粒子，它不受磁场力，仅受电场力

$$\boldsymbol{F}=q\boldsymbol{E}_{内}=-q\,\frac{vB_0}{1-\beta^2}\boldsymbol{k}.$$

在 S' 系该质点沿 x' 轴反方向匀速运动，受力

$$\boldsymbol{F}'=q\boldsymbol{E}'_{内}+q(-\boldsymbol{v})\times\boldsymbol{B}'_{内},$$

$$\Rightarrow \quad F'=-\frac{qvB_0}{\sqrt{1-\beta^2}}.$$

与相对论力变换公式

$$F'=\frac{\sqrt{1-\beta^2}\,F}{1-\frac{v}{c^2}u_x}\bigg|_{u_x=0}=-\frac{qvB_0}{\sqrt{1-\beta^2}}$$

一致.

2015 年北京大学物理科学营营员资格赛试题

总分：140 分　　时间：3 小时

一、简答题(30 分)

1.(6 分)试估算人体平均密度，需给出估算依据.

2.(8 分)如图所示，圆环在水平直轨道上纯滚动.

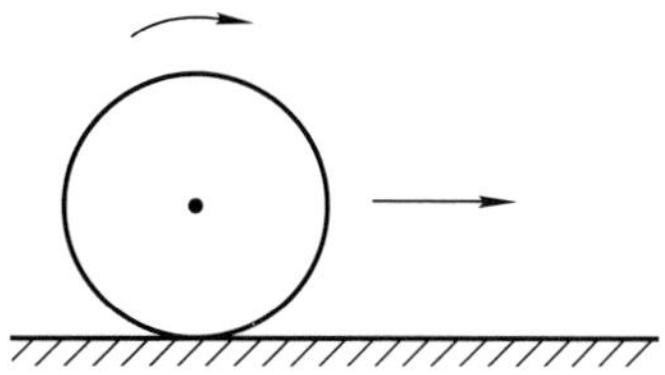

(1) 若为匀速纯滚动，相对地面参考系，某时刻圆环上各点运动加速度中的最大值 $a_{\max}$ 和最小值 $a_{\min}$ 之比为何值？为什么？

(2) 若是初速为零的匀加速纯滚动，相对地面参考系，开始时圆环上哪一个点部位运动加速度值最大，哪一个点部位运动加速度值最小？为什么？

3.(8 分)若干静止的带电导体和静止的本不带电的均匀介质块，互相分离，静电平衡后，全空间(包含导体和介质块所占据空间)存在静电场.

(1) 若将其中一个导体取走，但将其表面分布电荷全部留在原处，试问空间场强分布、电势分布和电场能量密度分布中，哪些是不变的，哪些是变的？请简述理由.

(2) 若将其中一个均匀极化的介质块取走，但将其表面分布着的极化电荷全部留在原处，试问空间场强分布、电势分布和电场能量密度分布中，哪些是不变的，哪些是变的？请简述理由.

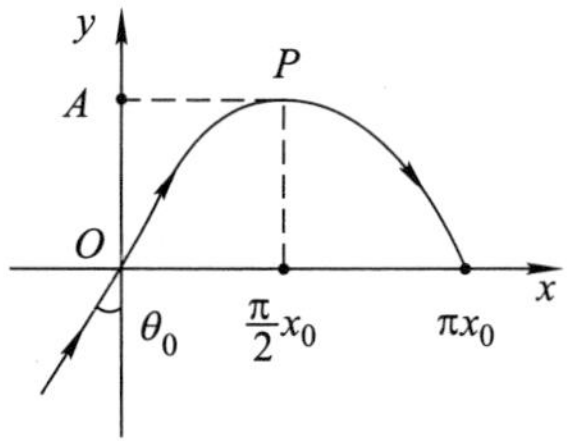

4.(8 分)如图所示，图平面的介质折射率 n 随 y 的变化为

$$n=\begin{cases} n_0, & |y|\geqslant A, \\ \dfrac{n_0}{x_0}\sqrt{x_0^2+(A^2-y^2)}, & |y|\leqslant A. \end{cases}$$

光线从 $x=0$，$y=0$ 处以某锐角 θ_0 入射后，理论上已确认可沿

$$y=A\sin\frac{x}{x_0}$$

曲线行进.

(1) 试求 θ_0.

(2) 光线行进到图中 P 处时，行进方向已与 x 轴平行，在该方向上始终为 $n=n_0$，为何光线没有画成沿着此方向的直线行进，而是画成向下偏转沿曲线行进？

二、计算题(110 分)

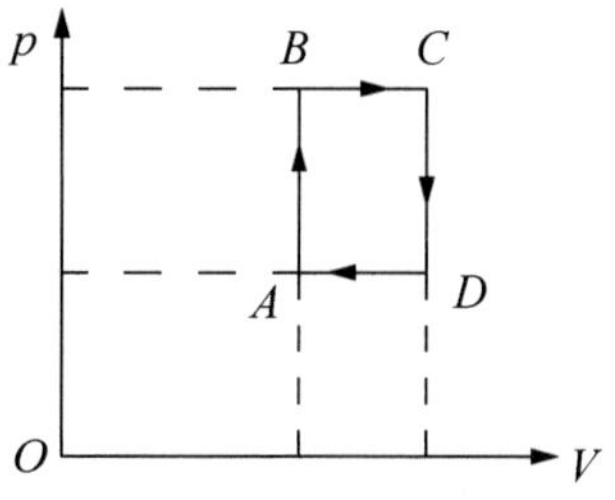

5.(16 分)某种双原子分子理想气体，其振动自由度在温度 $T<2T_0$ 时未被激发，在 $T=2T_0$ 时被激发．νmol 的此种气体经历的矩形循环过程如图所示，其中 A，B，C 处温度分别为 T_0，$2T_0$，$3T_0$.

（1）画出循环过程中气体内能 U 随温度 T 的变化曲线，其中 U 的单位取为 νRT_0.

（2）计算循环效率 η.

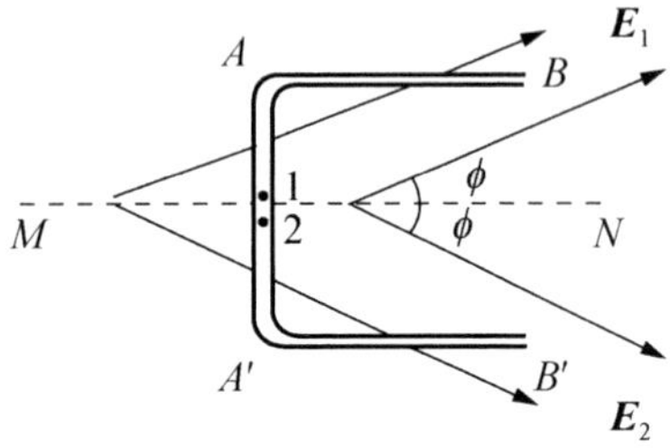

6.（22 分）如图所示，水平桌面上平放着质量 $2m$、每边长 l、两端开口的 U 形空心匀质绝缘细管道．它的 AB 边与 $A'B'$ 边平行，AB 边、$A'B'$ 边分别经极小的圆弧段过渡到均与 AA' 边垂直．图中 AA' 边的中分线 MN 朝 AB 边一侧有场强为 $\boldsymbol{E}_1$ 的水平匀强电场；MN 朝 $A'B'$ 边一侧有场强为 $\boldsymbol{E}_2$ 的水平匀强电场．$\boldsymbol{E}_1$，$\boldsymbol{E}_2$ 大小相同，记为 E. AA' 管内有两个质量同为 m、电量同为 $q>0$ 的带电小球 1、2，它们非常靠近地分居中分线 MN 两侧．开始时管道、小球均静止. 一起自由释放后，设系统处处无摩擦，小球间作用力可略．管道、小球在而后的运动过程中，因为对称，球 1、2 相对管道的运动速度大小始终相同. 已知，$\boldsymbol{E}_1$ 电场线、$\boldsymbol{E}_2$ 电场线与中分线 MN 的夹角大小同为锐角 ϕ.

（1）试求球 1、2 分别即将到达 A，A'时，相对管道的运动速度大小 v_1，再求此过程中电场力总的做功量 W.

（2）设球 1、2 通过 A，A'处极小圆弧段所经时间可略，试求刚过圆弧段时球 1、2 相对管道的运动速度大小 v_2.

（3）试求球 1、2 分别从 B，B'开口处刚离开管道时，相对管道的运动速度大小 v_3.

7.（18 分）惯性系 S，S'间的相对运动关系如图所示，O，O'重合时取为 $t=t'=0$ 时刻. S'系的 y' 轴上对称地固定着一个焦距 $f>0$ 的会聚透镜，两个点光源 A，B 分别固定在 x'轴上，坐标分别为 $x'_A=-2f$，$x'_B=-\dfrac{3}{2}f$. 图中未画出 x'轴上所成的像点 a，b，它们的坐标分别记为 x'_a，x'_b.

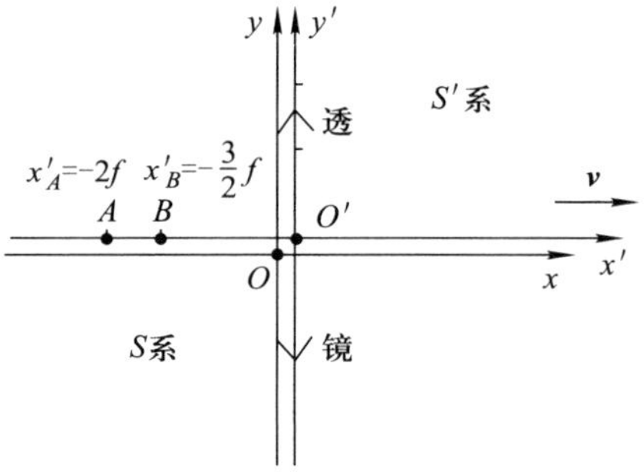

（1）设 A，B 持续发光.

（1.1）试求 S'系测得的 a，b 之间的距离 l'_{ab}；

（1.2）再求 S 系测得的 a，b 之间的距离 $l^{(1)}_{ab}$.

（2）设 S'系中 A，B 一起于 $t'=0$ 时刻瞬时发光，并瞬时成像 a，b，试求 S 系测得的这两个像点之间的距离 $l^{(2)}_{ab}$.

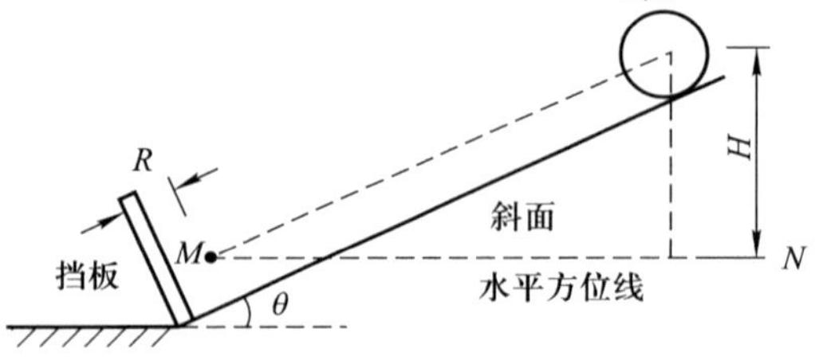

8.（30 分）由匀质小球、固定斜面和固定挡板组成的系统如图所示，图中给出的参量中仅有 θ 和 H 可在本题答案中出现.

将小球从图示静止位置自由释放，恰好能沿斜面做纯滚动，且而后与挡板发生的每次碰撞都是弹性的．试求：

（1）小球与斜面间的摩擦系数 μ；

（2）小球与挡板第一次碰撞后，球心相对水平方位线 MN 上升的高度 H_1；

(3) 小球与挡板第二次碰撞后，球心相对水平方位线 MN 上升的高度 H_2；

(4) 直到最终小球停在挡板右侧为止的全过程中，球心经过的路程 s.

9.(24 分)某惯性系 Oxy 坐标原点处，静质量 m_0 的质点从静止开始，沿 $y=x^2/2A$ 抛物线轨道的 $x>0$ 一侧运动.

(1) 用质点运动学方法，计算 x 位置处该抛物线的曲率半径 $\rho(x)$.

(2) 利用积分公式

$$\int\sqrt{1+x^2}\,\mathrm{d}x=\frac{x}{2}\sqrt{1+x^2}+\frac{1}{2}\ln(x+\sqrt{1+x^2})+B(\text{不定常量}),$$

计算该抛物线从 $x=0$ 到 $x=A$ 位置的一段曲线长度 l.

(3) 设质点从 $x=0$ 到 $x=A$ 位置，沿抛物线轨道运动的切向加速度大小为常量

$$a_0=c^2/4[\sqrt{2}+\ln(1+\sqrt{2})]A,\quad c\text{：真空光速}$$

试求质点在 $x=A$ 处所受法向(即与速度方向垂直的方向)力的大小 $F_{法}$ 和切向力的大小 $F_{切}$.

参考解答与评分标准

一、

1.（6 分）

可能的解答Ⅰ：因为人体大部分(约 60%)分子为水分子，且人体内的重金属分子或原子的含量极少，故人体平均密度可估算为水的密度，即为 $1g/cm^3$.

Ⅱ：因为正常人学游泳不是非常困难，也不是非常容易，故人体平均密度与水的密度相近，近似为 $1g/cm^3$.

Ⅲ：其他合理的估算.

2.（8 分）

(1) $a_{max}:a_{min}=1:1$.　　(1 分)

因环心加速度为零，环上各点相对地面参考系加速度即为相对环心加速度，后者都为等值的向心加速度，无大小之分，即 $a_{max}=a_{min}$.　　(2 分)

(2) 圆环最高点部位运动加速度值最大，最低点(与直轨道接触的点)部位加速度值最小.　　(2 分)

环上各点 P 相对地面参考系的加速度 $\boldsymbol{a}_P$ 可分解为

$$\boldsymbol{a}_P=\boldsymbol{a}_{环心}+\boldsymbol{a}'_{P切}+\boldsymbol{a}'_{P心},\begin{cases}\boldsymbol{a}_{环心}：环心相对地面加速度，方向水平朝右，\\ \boldsymbol{a}'_{P切}：P\ 点相对环心切向加速度，\\ \boldsymbol{a}'_{P心}：P\ 点相对环心向心加速度.\end{cases}$$

各个 P 点对应的 $\boldsymbol{a}'_{P切}$ 值相同，方向不同；$\boldsymbol{a}'_{P心}$ 值相同，方向不同.

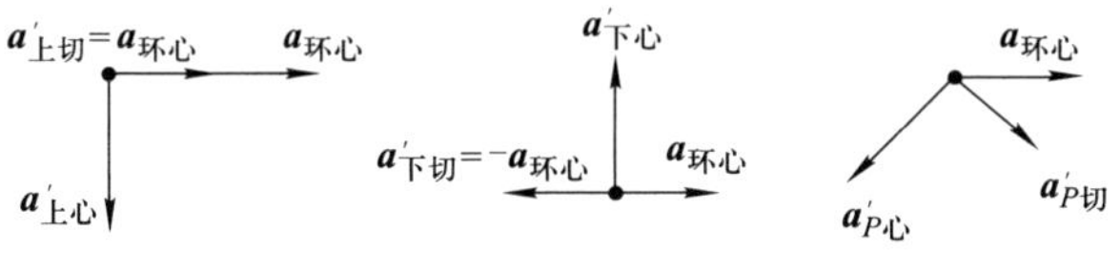

题解图

参见题解图可知：

左图可合成的最高点 $\boldsymbol{a}_上$ 值最大；

中图可合成的最低点 $\boldsymbol{a}_下$ 值最小；　　(3 分)

右图可合成的其他点 $\boldsymbol{a}_P$ 值介于其间.

3.（8 分）

(1) 都不变.　　(2 分)

据场强和电势叠加原理，$\boldsymbol{E}(\boldsymbol{r})$和 $U(\boldsymbol{r})$仅由空间电荷分布确定．静电平衡时，导体电荷只分布表面上，取走导体，留下表面电荷，即留下其对 $\boldsymbol{E}(\boldsymbol{r})$，$U(\boldsymbol{r})$的贡献，故 $\boldsymbol{E}(\boldsymbol{r})$，$U(\boldsymbol{r})$都不变. 空间的真空中和导体内的场能密度 $w_e(\boldsymbol{r})$仅由 $\boldsymbol{E}(\boldsymbol{r})$确定，故 $w_e(\boldsymbol{r})$不变；介质块内 $\boldsymbol{E}(\boldsymbol{r})$和 $\boldsymbol{P}(\boldsymbol{r})$不变，由它们所确定的场能密度 $w_e(\boldsymbol{r})$也同样不变.　　(2 分)

(2) 场强 $E(\boldsymbol{r})$，电势 $U(\boldsymbol{r})$都不变；介质块取走后的那个空间区域内 $w_e(\boldsymbol{r})$分布要变，

其余空间部位 $w_e(\boldsymbol{r})$ 都不变. (2 分)

均匀极化的介质块无极化体电荷，取走介质块，留下极化面电荷，空间 $\boldsymbol{E}(\boldsymbol{r})$，$U(\boldsymbol{r})$ 以及余下介质块中的 $\boldsymbol{P}(\boldsymbol{r})$ 都不变，对应的 $w_e(\boldsymbol{r})$ 也都不变. 取走的介质把原存在于其内的介质极化能也取走了，该区域内的 $w_e(\boldsymbol{r})$ 发生变化. (2 分)

4.（8 分）

(1)

$$\tan\left(\frac{\pi}{2}-\theta_0\right)=\left.\frac{\mathrm{d}y}{\mathrm{d}x}\right|_{x=0}=\frac{A}{x_0}, \quad \Rightarrow \quad \sin\theta_0=\frac{x_0}{\sqrt{A^2+x_0^2}},$$

$$\Rightarrow \quad \theta_0=\arcsin\frac{x_0}{\sqrt{A^2+x_0^2}}. \quad (3\text{ 分})$$

(2) 光线实为一细束光波，在 P 处将其波阵面放大为题解图所示，可能有一部分在 $y=A$ 直线方位上方，另有一部分在下方. 经 $\mathrm{d}t$ 时间，上方因各处波速相同，波阵面仍为平面，于是沿 $y=A$ 直线方位继续传播，形成直线行进的光线．经 $\mathrm{d}t$ 时间，下方各处波速不同，波阵面向下偏转，于是沿题图正弦曲线向下偏转地传播，形成曲线行进的光线. 几何光学涉及此类问题时，已成习俗地约定只关注沿题目关注的那个方向偏转的光线.（此问不必要求学生解答如上述那样的细致.） (5 分)

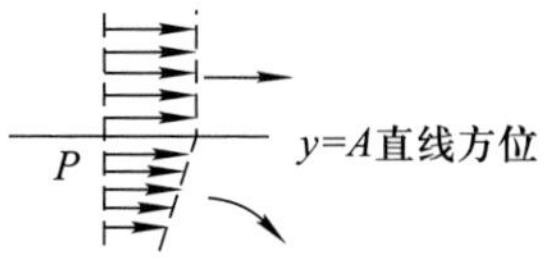

题解图

二、

5.（16 分）

(1) 由 $T_A=T_0$，$T_B=2T_0$，$T_C=3T_0$，可将 A，B，C，D 四处 p，V 参量标记为题解图 1 所示，可得 D 处温度和 C—D 过程中存在状态 E，其状态量分别为

$$T_D=\frac{3}{2}T_0, \quad p_E=\frac{4}{3}p_0, \quad T_E=2T_0,$$

据

$$U=\nu C_{V,\mathrm{m}}T, \quad C_{V,\mathrm{m}}=\begin{cases}\dfrac{5}{2}R, & T<2T_0,\\ \dfrac{7}{2}R, & T\geqslant 2T_0\end{cases}$$

得 $U\sim T$ 曲线如题解图 2 所示. (6 分)

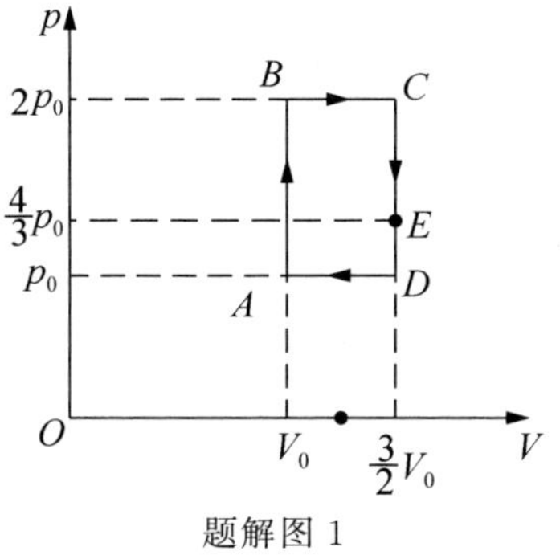

题解图 1

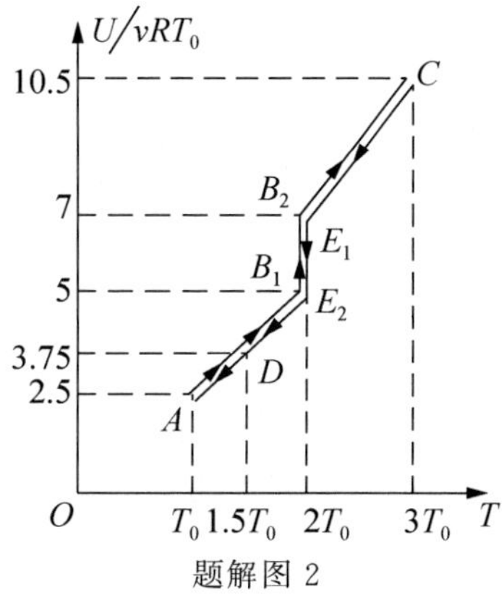

题解图 2

（2）

$$Q_{AB吸}=U_B-U_A=\frac{7}{2}\nu RT_B-\frac{5}{2}\nu RT_A$$

$$=\frac{9}{2}\nu RT_0,$$

$$Q_{BC吸}=\nu C_{p,\mathrm{m}}^{(1)}(T_C-T_B)=\frac{9}{2}\nu RT_0,$$

$$Q_{吸}=Q_{AB吸}+Q_{BC吸}=9\nu RT_0,$$

$$Q_{CD放}=U_C-U_D=\frac{7}{2}\nu RT_C-\frac{5}{2}\nu RT_D=\frac{27}{4}\nu RT_0,$$

$$Q_{DA放}=\nu C_{p,\mathrm{m}}^{(2)}(T_D-T_A)=\frac{7}{4}\nu RT_0,$$

$$Q_{放}=Q_{CD放}+Q_{DA放}=\frac{34}{4}\nu RT_0,$$

得

$$\eta=1-\frac{Q_{放}}{Q_{吸}}=\frac{1}{18}=5.6\%.\qquad（10 分）$$

附注：

$$C_{p,\mathrm{m}}^{(1)}=\frac{9}{2}R,\qquad C_{p,\mathrm{m}}^{(2)}=\frac{7}{2}R.$$

6.（22 分）

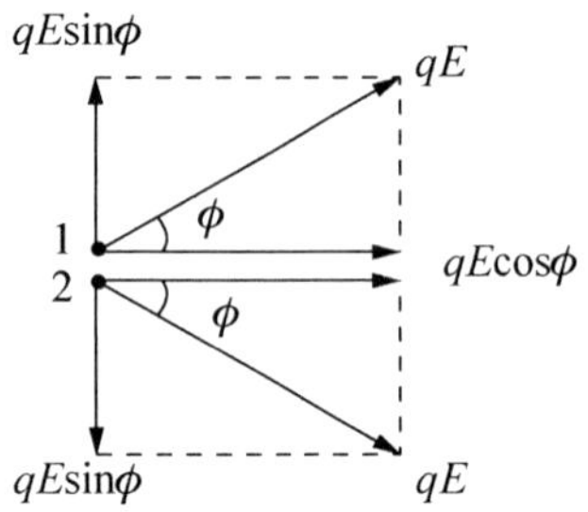

题解图 1

约定：球 1、2 相对桌面运动学量的右上方均无角标，管道相对桌面运动学量的右上方有角标“$*$”，沿 AA'方向运动学量的右下方均带角标“$\perp$”，沿 MN 方向运动学量的右下方均带角标“$/\!/$”.

（1）参考题解图 1，对小球有

$$a_{\perp}=qE\sin\phi/m,\qquad \frac{l}{2}=\frac{1}{2}a_{\perp}(\Delta t)^2,$$

Δt 为小球走完 $l/2$ 路程所需时间，为

$$\Delta t=\sqrt{ml/qE\sin\phi}.$$

因管道相对桌面无 AA'方向运动，即得

$$v_1=u_{\perp}(1)=a_{\perp}\Delta t=\sqrt{qEl\sin\phi/m}.\qquad（6 分）$$

对管道，因两小球与其一起沿 MN 方向运动，有

$$a_{/\!/}^{*}=2qE\cos\phi/4m=qE\cos\phi/2m,$$

经 Δt 时间所得末速度大小为

$$u_{/\!/}^{*}(1)=a_{/\!/}^{*}\Delta t=\frac{1}{2}\sqrt{\frac{qEl}{m\sin\phi}}\cos\phi,$$

此过程中电场力总的做功量便为

$$W=\frac{1}{2}(2m)v_1^2+\frac{1}{2}(4m)u_{/\!/}^{*2}(1)=qEl\left(\sin\phi+\frac{\cos^2\phi}{2\sin\phi}\right).\qquad(4\text{ 分})$$

(2) 球拐弯前、后，相对桌面运动学量分别在题解图 2(1)、(2)中示出. 由动量、能量守恒方程

$$\begin{cases}2mu_{/\!/}(2)+2mu_{/\!/}^*(2)=4mu_{/\!/}^*(1),\\ \frac{1}{2}(2m)u_{/\!/}(2)^2+\frac{1}{2}(2m)u_{/\!/}^*(2)^2=\frac{1}{2}(2m)u_{\perp}(1)^2+\frac{1}{2}(4m)u_{/\!/}^*(1)^2,\end{cases}$$

$$\begin{cases}u_{/\!/}(2)+u_{/\!/}^*(2)=2u_{/\!/}^*(1), \quad \Rightarrow \quad [u_{/\!/}(2)+u_{/\!/}^*(2)]^2=4u_{/\!/}^*(1)^2,\\ u_{/\!/}(2)^2+u_{/\!/}^*(2)^2=u_{\perp}(1)^2+2u_{/\!/}^*(1)^2,\end{cases}$$

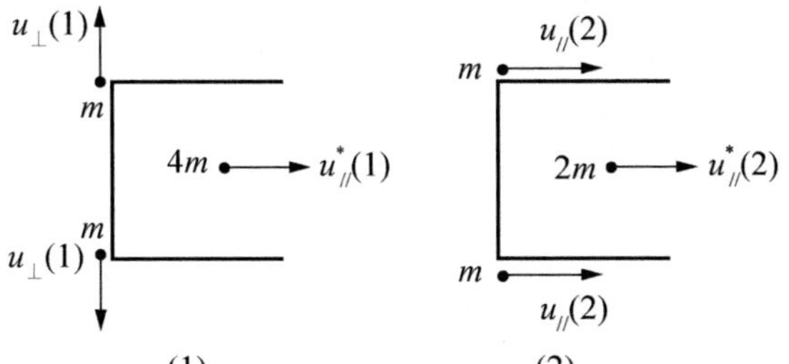

题解图 2

相减得

$$2u_{/\!/}(2)u_{/\!/}^*(2)=2u_{/\!/}^*(1)^2-u_{\perp}(1)^2,$$

继而又可得

$$[u_{/\!/}(2)-u_{/\!/}^*(2)]^2=u_{/\!/}(2)^2+u_{/\!/}^*(2)^2-2u_{/\!/}(2)u_{/\!/}^*(2)=2u_{\perp}(1)^2,$$

即有

$$v_2=u_{/\!/}(2)-u_{/\!/}^*(2)=\sqrt{2}u_{\perp}(1)=\sqrt{2}v_1,$$

$$\Rightarrow \quad v_2=\sqrt{2qEl\sin\phi/m}.\qquad(8\text{ 分})$$

(阅卷参考答案：

$$u_{/\!/}(2)=\frac{1}{2}[2u_{/\!/}^*(1)+\sqrt{2}u_{\perp}(1)], \quad u_{/\!/}^*(2)=\frac{1}{2}[2u_{/\!/}^*(1)-\sqrt{2}u_{\perp}(1)].\text{)}$$

(3) 球拐弯后，管道沿 MN 方向无加速度，球沿 MN 方向相对桌面加速度同为相对管道加速度，大小为

$$a_{/\!/}=qE\cos\phi/m,$$

球相对管道初速度大小为 v_2，末速度为 v_3，则有

$$v_3^2=v_2^2+2la_{/\!/}=2qEl(\sin\phi+\cos\phi)/m,$$

$$\Rightarrow \quad v_3=\sqrt{2qEl(\sin\phi+\cos\phi)/m}.\qquad(4\text{ 分})$$

7. (18 分)

(1)

(1.1) S'系中由成像公式，对 $A\to a$，$B\to b$ 分别由

$$\frac{1}{2f}+\frac{1}{x_a'}=\frac{1}{f}, \qquad \frac{1}{\frac{3}{2}f}+\frac{1}{x_b'}=\frac{1}{f}$$

解得

$$x'_a=2f,\quad x'_b=3f,\quad \Rightarrow\quad l'_{ab}=x'_b-x'_a=f.\qquad (4\text{ 分})$$

（1.2）S 系观察到 a，b 为两个持续亮点，S 系于同一时刻测量 a，b 位置所得间距，相当于测量 a，b 之间一把运动直尺的长度，故有

$$l_{ab}^{(1)}=\sqrt{1-\beta^2}\,l'_{ab}=\sqrt{1-\beta^2}\,f,\quad \beta=v/c.\qquad (4\text{ 分})$$

（2）S' 系中 a，b 在不同时刻点亮，其间有时差. S 系观察到 a，b 也在不同时刻被点亮，其间也有时差. S 系在不同时刻测到 a 被点亮的位置 x_a 和 b 被点亮的位置 x_b 相距 $l_{ab}^{(2)}$ 即为 x_a 到 x_b 的间距，故不可用动尺缩短公式计算.

透镜成像已约定取小角度近轴范围，即可近似为沿主光轴过光心（坐标原点 O）的直线路径. 计算光从 A 到 a 所需时间和从 B 到 b 所需时间分别为

$$\frac{4f+\Delta}{c}\quad 和\quad \frac{4.5f+\Delta}{c},$$

其中 Δ 系因透镜介质形成的附加光程差. 据此可得

$$S'\text{ 系中}\begin{cases} a\text{ 被点亮的点事件}\left\{x'_a=2f,\ t'_a=\dfrac{4f+\Delta}{c}\right\}, \\ b\text{ 被点亮的点事件}\left\{x'_b=3f,\ t'_b=\dfrac{4.5f+\Delta}{c}\right\}. \end{cases}$$

$$S\text{ 系中}\begin{cases} a\text{ 被点亮的点事件 } x_a=(x'_a+vt'_a)/\sqrt{1-\beta^2}=\left(2f+v\dfrac{4f+\Delta}{c}\right)\Big/\sqrt{1-\beta^2}, \\ b\text{ 被点亮的点事件 } x_b=(x'_b+vt'_b)/\sqrt{1-\beta^2}=\left(3f+v\cdot\dfrac{4.5f+\Delta}{c}\right)\Big/\sqrt{1-\beta^2}, \end{cases}$$

所求量便为

$$l_{ab}^{(2)}=x_b-x_a=\frac{1+0.5\beta}{\sqrt{1-\beta^2}}f.\qquad (10\text{ 分})$$

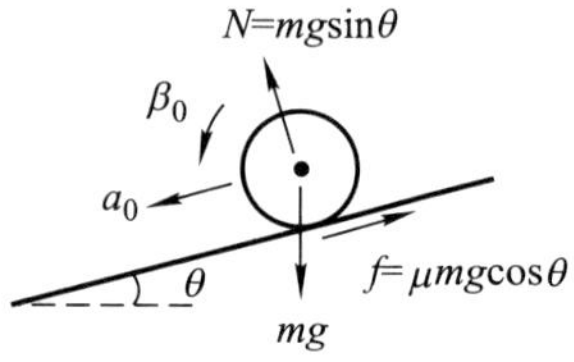

题解图 1

8.（30 分）

（1）向下纯滚，最大静摩擦力向上，参考题解图 1，由

$$mg\sin\theta-\mu mg\cos\theta=ma_0,$$

$$(\mu mg\cos\theta)R=I_C\beta_0,$$

$$\begin{cases} I_C=\dfrac{2}{5}mR^2, \\ a_0=\beta_0R, \end{cases}$$

得

$$\mu=\frac{2}{7}\tan\theta,\quad a_0=\frac{5}{7}g\sin\theta,\quad \beta_0=\frac{5g}{7R}\sin\theta.\qquad (7\text{ 分})$$

末态

$$v_{oe}=\sqrt{2a_0(H/\sin\theta)}=\sqrt{\frac{10}{7}gH},\quad \omega_{oe}=\frac{v_{oe}}{R}=\frac{1}{R}\sqrt{\frac{10}{7}gH}.$$

（2）初态从小球与挡板碰后开始，速度反向，角速度方向和大小都不变，有

$$v_{1i}=v_{oe}=\sqrt{\frac{10}{7}gH},\quad \omega_{1i}=\omega_{oe}=\frac{1}{R}\sqrt{\frac{10}{7}gH}.$$

(3 分)

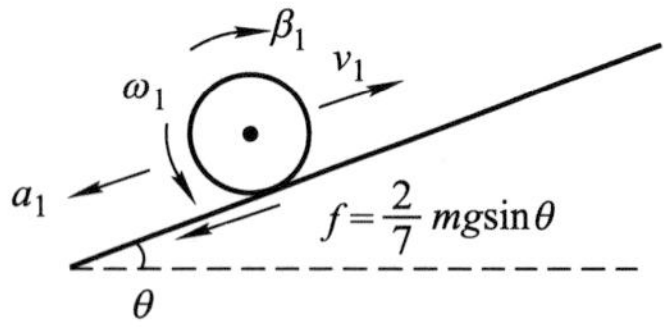

题解图 2

过程态如题解图 2 所示，滑动摩擦力向下，有

$$mg\sin\theta+\frac{2}{7}mg\sin\theta=ma_1,$$

$$\Rightarrow\quad a_1=\frac{9}{7}g\sin\theta.$$

末态：$v_{1e}=0$，上升高度 H_1，则由

$$v_{1i}^2-v_{1e}^2=2a_1(H_1/\sin\theta),$$

得

$$H_1=\frac{5}{9}H.\qquad (3\text{ 分})$$

为(3)问求解需要，由

$$\left(\frac{2}{7}mg\sin\theta\right)R=I_C\beta_1,\quad\Rightarrow\quad \beta_1=\frac{5g}{7R}\sin\theta,$$

$$\Delta t_1=v_{1i}/a_1=\sqrt{\frac{10}{7}gH}\ \frac{7}{9g\sin\theta}.$$

得末态逆时针方向角速度

$$\omega_{1e}=\omega_{1i}-\beta_1\Delta t_1=\frac{4}{9R}\sqrt{\frac{10}{7}gH}>0.$$

(3) 初态从(2)问末态开始：

$$v_{2i}=v_{1e}=0,\quad \omega_{2i}=\omega_{1e}=\frac{4}{9R}\sqrt{\frac{10}{7}gH},\quad (\text{逆时针方向})\qquad (3\text{ 分})$$

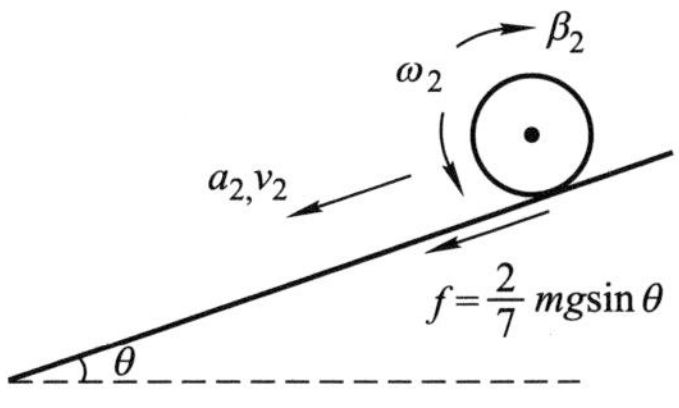

题解图 3

讨论小球沿斜面向下从连滚带滑直到刚好达到纯滚动状态为止的过程.

过程态如题解图 3 所示，由

$$mg\sin\theta+\frac{2}{7}mg\sin\theta=ma_2,$$

$$\left(\frac{2}{7}mg\sin\theta\right)R=I_C\beta_2,$$

得

$$a_2=a_1=\frac{9}{7}g\sin\theta,\quad \beta_2=\beta_1=\frac{5g}{7R}\sin\theta,$$

继而有

$$v_2=a_2\Delta t,\quad \omega_2=\omega_{2i}-\beta_2\Delta t.$$

刚好达到向下纯滚时，有

$$a_2\Delta t_2=v_{2e}=\omega_{2e}R=(\omega_{2i}-\beta_2\Delta t_2)R,$$

$$\Rightarrow \quad \Delta t_2 = \omega_{2i}R/(a_2+\beta_2 R) = \frac{4}{9}\sqrt{\frac{10}{7}gH}\Big/\left(\frac{9}{7}g\sin\theta+\frac{5}{7}g\sin\theta\right),$$

$$\Rightarrow \quad \Delta t_2 = \frac{2}{9g\sin\theta}\sqrt{\frac{10}{7}gH}.$$

此时达纯滚状态：

$$v_{2e} = a_2\Delta t_2 = \frac{2}{7}\sqrt{\frac{10}{7}gH}, \qquad \omega_{2e} = v_{2e}/R = \frac{2}{7R}\sqrt{\frac{10}{7}gH},$$

小球此时的位置相对初态 H_1 高度的位置，下降的高度量为

$$\Delta h_{下} = \frac{v_{2e}^2}{2a_2}\cdot\sin\theta. \qquad \left(\Delta h_{下} = \frac{20}{49\times 9}H\right)$$

此时小球所处纯滚动状态，也可等效为小球在该位置上方 $\Delta h_{上}$ 处从静止自由释放纯滚下行到此位置所达状态，即有

$$\Delta h_{上} = \frac{v_{2e}^2}{2a_0}\cdot\sin\theta. \qquad \left(\Delta h_{上} = \frac{4}{49}H > \Delta h_{下}\right)$$

这样，可等效地替换成，小球在距 MN 水平方位线上方

$$\begin{aligned} H' &= H_1 - \Delta h_{下} + \Delta h_{上} = H_1 - \frac{1}{2}v_{2e}^2\cdot\sin\theta\left(\frac{1}{a_2}-\frac{1}{a_0}\right) \\ &= \frac{5}{9}H - \left(\frac{2}{7}\sqrt{\frac{10}{7}gH}\right)^2\times\frac{1}{2}\sin\theta\left(\frac{7}{9g\sin\theta}-\frac{7}{5g\sin\theta}\right) \\ &= \frac{5}{9}H - \frac{2}{49}\times\frac{10}{7}gH\times 7\left(\frac{1}{9g}-\frac{1}{5g}\right) \\ &= \frac{5}{9}H + \frac{20}{49}H\times\frac{4}{45} \\ &= \frac{29}{49}H \end{aligned}$$

处，从静止自由释放，开始向下做纯滚动，而后的运动与本题从初态开始的运动相同，只是需将 H 改取为 H'，经挡板碰撞后所求 H_2，可类比于

$$H_1 = \frac{5}{9}H$$

而得

$$H_2 = H'_1 = \frac{5}{9}H' = \frac{5}{9}\times\left(\frac{29}{49}\right)H. \qquad (8\ 分)$$

（4）据(3)问解答可知，小球第 k 次与挡板碰后相对水平方位线 MN 上升到

$$H_k = \frac{5}{9}\left[\left(\frac{29}{49}\right)^{k-1}H\right], \quad k=1, 2, \cdots$$

高处. 开始时，$k=0$，小球只是下行高度 H；而后上升 H_1，又下行 H_1；……最终停靠在挡板右侧，球心经过的总路程即为

$$s = \left[\left(2\sum_{k=1}^{\infty}H_k\right)+H\right]/\sin\theta,$$

$$\Rightarrow \quad s=\left[\frac{10}{9}\sum_{i=0}^{\infty}\left(\frac{29}{49}\right)^{i}H+H\right]\Big/\sin\theta=\left[\frac{10}{9}\frac{1}{1-\dfrac{29}{49}}H+H\right]\Big/\sin\theta,$$

得

$$s=67H/18\sin\theta. \qquad (6\text{ 分})$$

9.(24 分)

(1) 设质点 x 方向分运动为 $x=v_0t$，则 y 方向分运动为 $y=v_0^2t^2/2A$，有

$$v_x=v_0,\quad v_y=v_0^2t/A,\quad \Rightarrow\quad v=\sqrt{v_x^2+v_y^2}=\sqrt{1+\frac{v_0^2t^2}{A^2}}\cdot v_0=\sqrt{1+\frac{x^2}{A^2}}v_0,$$

$$a_x=0,\ a_y=v_0^2/A,\quad \Rightarrow\quad a_{心}=a_y\cos\phi,\ \cos\phi=\frac{v_x}{v},\quad \Rightarrow\quad a_{心}=v_0^2/\sqrt{A^2+x^2},$$

得

$$\rho(x)=\frac{v^2}{a_{心}}=(A^2+x^2)^{\frac{3}{2}}/A^2. \qquad (6\text{ 分})$$

(2) 由

$$\mathrm{d}l=\sqrt{(\mathrm{d}x)^2+(\mathrm{d}y)^2}=\sqrt{1+\left(\frac{\mathrm{d}y}{\mathrm{d}x}\right)^2}\mathrm{d}x=\sqrt{1+\left(\frac{x}{A}\right)^2}\mathrm{d}x,$$

得

$$l=\int_0^x\mathrm{d}l=A\int_0^{\frac{x}{A}}\sqrt{1+\left(\frac{x}{A}\right)^2}\mathrm{d}\left(\frac{x}{A}\right)=A\left[\frac{x}{2A}\sqrt{1+\left(\frac{x}{A}\right)^2}+\frac{1}{2}\ln\left(\frac{x}{A}+\sqrt{1+\left(\frac{x}{A}\right)^2}\right)\right],$$

将 $x=A$ 代入，所求量为

$$l=\frac{A}{2}\left[\sqrt{2}+\ln(1+\sqrt{2})\right]. \qquad (4\text{ 分})$$

(3) $x=A$ 处，速度大小满足

$$u^2=2a_0l=2\frac{c^2}{4[\sqrt{2}+\ln(1+\sqrt{2})]A}\frac{A}{2}[\sqrt{2}+\ln(1+\sqrt{2})]=c^2/4,$$

$$\Rightarrow\quad u=c/2.$$

质量为

$$m=m_0\Big/\sqrt{1-\frac{u^2}{c^2}}=\frac{2}{\sqrt{3}}m_0.$$

由

$$\boldsymbol{F}=\frac{\mathrm{d}(m\boldsymbol{u})}{\mathrm{d}t}=\frac{\mathrm{d}m}{\mathrm{d}t}\boldsymbol{u}+m\frac{\mathrm{d}\boldsymbol{u}}{\mathrm{d}t}=\frac{\mathrm{d}m}{\mathrm{d}t}\boldsymbol{u}+m\boldsymbol{a}_{切}+m\boldsymbol{a}_{法},$$

得

$$F_{法}=ma_{法}=ma_{心},\qquad F_{切}=\frac{\mathrm{d}m}{\mathrm{d}t}u+ma_0.$$

$F_{法}$ 的计算：

$$F_{法}=ma_{心}=\frac{2}{\sqrt{3}}m_0\frac{u^2}{\rho(x=A)},\qquad \rho(x=A)=2\sqrt{2}A,$$

$$\Rightarrow\quad F_{法}=m_0c^2/4\sqrt{6}A. \qquad (7\text{ 分})$$

$F_{切}$ 的计算：

$$x=A\text{ 处，}\frac{\mathrm{d}m}{\mathrm{d}t}=\frac{\mathrm{d}m}{\mathrm{d}u}\frac{\mathrm{d}u}{\mathrm{d}t}=\frac{mu}{c^2-u^2}a_0=\frac{\frac{2}{\sqrt{3}}m_0\cdot\frac{c}{2}}{\frac{3}{4}c^2}\frac{c^2}{4[\sqrt{2}+\ln(1+\sqrt{2})]A},$$

$$\Rightarrow\quad \frac{\mathrm{d}m}{\mathrm{d}t}=m_0c/3\sqrt{3}[\sqrt{2}+\ln(1+\sqrt{2})]A,$$

$$F_{切}=\frac{\mathrm{d}m}{\mathrm{d}t}u+ma_0=\frac{m_0c}{3\sqrt{3}[\sqrt{2}+\ln(1+\sqrt{2})]A}\cdot\frac{c}{2}+\frac{2}{\sqrt{3}}m_0\frac{c^2}{4[\sqrt{2}+\ln(1+\sqrt{2})]A},$$

$$\Rightarrow\quad F_{切}=2m_0c^2/3\sqrt{3}[\sqrt{2}+\ln(1+\sqrt{2})]A.$$ （7 分）

2015年北京大学物理科学营试题

总分：160分　　时间：4小时

一、(12分)

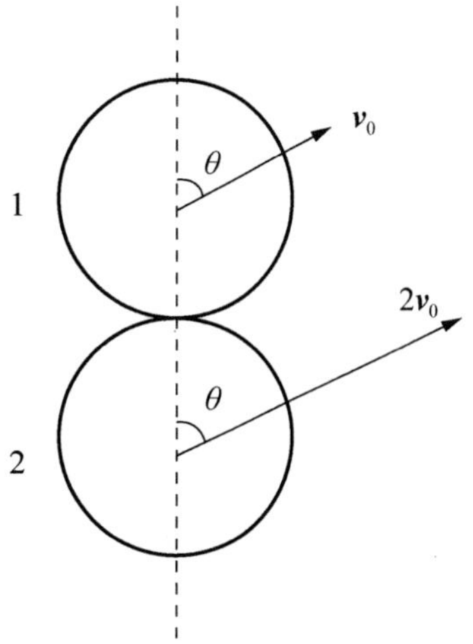

如图所示，光滑水平地面上两个相同的匀质球1、2，具有的初始平动速度分别为$\boldsymbol{v}_0$，$2\boldsymbol{v}_0$. 某时刻两球发生接触部位之间无摩擦的弹性碰撞，碰撞瞬间，两球连心线与$\boldsymbol{v}_0$方向线之间的夹角$\theta=45°$.

(1) 试求碰后球1、2的速度大小$v_{1地}$，$v_{2地}$.

(2) 存在某些相对地面具有平动速度$\boldsymbol{u}_i$的惯性系S_i，在S_i系中球1、2碰后速度$\boldsymbol{v}_1$，$\boldsymbol{v}_2$方向彼此垂直. 将你认为(不必证明)其中$\boldsymbol{u}_i$取最小的速度$\boldsymbol{u}_i$改记为$\boldsymbol{u}$，对应的惯性系记为S系，请给出$\boldsymbol{u}$和S系中的v_1，v_2.

(3) 存在惯性系S'，它相对S系的平动速度记为$\boldsymbol{u}'$，在S'系中球1、2碰后速度$\boldsymbol{v}_1'$，$\boldsymbol{v}_2'$仍然彼此垂直. 试导出$\boldsymbol{u}'$的模量u'可取值的范围，再在此范围内对于选定的u'，给出$\boldsymbol{u}'$相对$\boldsymbol{v}_0$方向线的方位角ϕ.

二、(18分)

如图所示，在Oxy坐标平面的y轴上，直立地放一个焦距$f>0$的薄透镜，透镜中心位于坐标原点O. 将一个半径为R的发光半圆环ABC放在透镜右侧，其直径APC与x轴垂直，圆心P在x轴上，其坐标记为u. 下述两个小问中，将f处理为唯一的已知量.

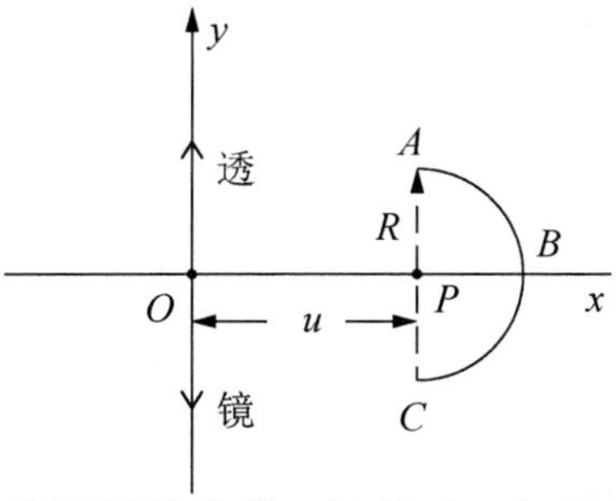

(1) 试问在什么样的取值范围内，任意取出一个u值后，继而可确定一个对应的R值，使得发光半圆环ABC可在透镜左侧形成一个圆心也在主光轴(即x轴)上的圆弧段实像. 解答时，如果愿意，可参考下述建议：

在透镜左侧设置$O'x'y'$坐标框架，O'与O重合，y'与y同向且重合，x'与x反向.

(2) 将圆弧段像的长度记为l'，半圆环物的长度记为l，试求比值$\gamma=l':l$，答案用纯数和参数$\alpha=u/f$联合表述.

三、(20分)

宏观物质系统，不同的各部分之间在交界面上因有热运动引起的微观粒子相互碰撞和穿越，而出现热量的传递，即为热传导. 温度分层分布时，热传导较为简单.

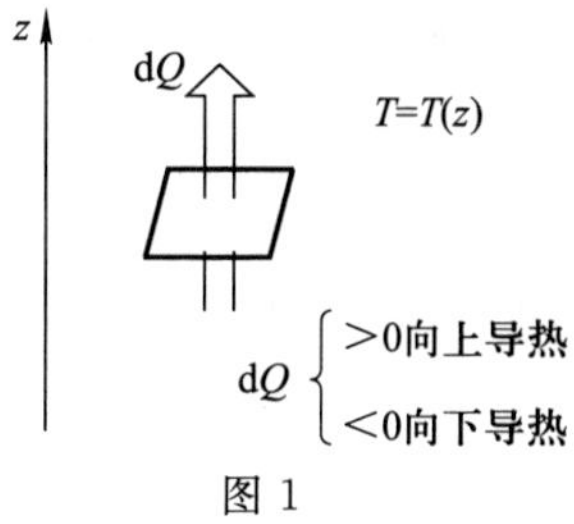

图1

如图1所示，物质系统内设温度T随坐标z分布的函数为$T=T(z)$. 取与z轴垂直的一块界面，其面积记为S，$\mathrm{d}t$时间内

界面下方物质通过界面朝界面上方物质传输的热量为 $\mathrm{d}Q$，则有

$$\mathrm{d}Q=\kappa\frac{\mathrm{d}T}{\mathrm{d}z}S\cdot\mathrm{d}t,\quad \kappa<0,$$

此即为傅里叶热传导定律. T 随 z 增大而减小时，$\mathrm{d}T/\mathrm{d}z<0$，$\mathrm{d}Q>0$，热量从高温物质朝低温物质传递；$T$ 随 z 增大而增大时，$\mathrm{d}T/\mathrm{d}z>0$，$\mathrm{d}Q<0$，热量仍从高温物质朝低温物质传递.

在一定的外界条件影响下，系统的宏观性质长时间不发生变化的状态称为稳定态. 稳定态的状态量(例如 p，T，n，ρ 等)可以是不随时间变化的空间分布量，也可以是处处相同的常量.

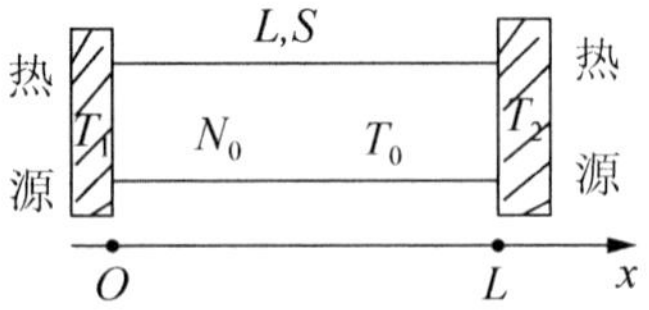

图 2

如图 2 所示，截面积 S、长 L 的绝热圆柱筒内存放着某种理想气体. 分子总数为 N_0，分子碰撞截面为 σ，分子质量为 m. 每个分子平均热运动能量 $\bar{\varepsilon}$ 与温度 T 的关系为 $\bar{\varepsilon}=\frac{\beta}{2}kT$，在将要讨论的温度范围内，$\beta$ 是个常数. 让圆筒两端分别与温度为 T_1，T_2 的两个恒温热源接触，开始时气体处于温度为 T_0 的平衡态，且有 $T_1>T_0>T_2$. 而后由热传导引发的过程，使气体宏观态发生变化，最终达到稳定态. 略去气体所受重力.

(1) 通过简单分析，定性判断状态量 p，T，n(分子数密度)分别是位置的分布函数，还是常量？

(2) 已知该气体的热导率(或称导热系数)

$$\kappa=-\frac{1}{3}\rho\bar{v}\bar{\lambda}c_V,\quad \begin{cases}\bar{v}=\sqrt{\dfrac{8kT}{\pi m}},\\ \bar{\lambda}=\dfrac{1}{\sqrt{2}\,n\sigma},\end{cases}$$

其中 ρ 为气体密度，$\bar{v}$ 为分子热运动平均速率，$\bar{\lambda}$ 为分子平均自由程，c_V 为气体的比定容热容量. 引入图示的 x 坐标轴，试求 p，T，n 各自随 x 的分布函数(常量可视为特殊的分布函数). 再取 $T_1=4T_2$，写出 p，T，n 的表达式.

(3) 再求从初态到稳定态的全过程中，气体吸收的总热量 Q.

四、(20 分)

数学上称未知的一元函数 $x=x(t)$ 满足的微商关系式

$$\ddot{x}+2\beta\dot{x}+\omega_0^2x=0 \tag{1}$$

为二阶常系数(β 和 ω_0^2)齐次微分方程，待求的 $x(t)$ 称为方程的解. 考虑到 $\dot{x}$ 可能丢失 $x(t)$ 中的某个常量，$\ddot{x}$ 可能丢失某两个常量(例如 $x=at^3+bt^2+ct+d$，$\dot{x}=3at^2+2bt+c$，$\ddot{x}=6at+2b$)，因不知可能丢失的是什么常量，首先需要找出的是含有两个待定常量的解，称之为通解. 数学上已求得 $\beta<\omega_0$ 时的通解：

$$x=A\mathrm{e}^{-\beta t}\cos(\omega t+\varphi),\quad \omega=\sqrt{\omega_0^2-\beta^2},$$

其中 A，φ 间接地承担了两个待定常量的作用.

数学上称

$$\ddot{x}+2\beta\dot{x}+\omega_0^2 x\begin{cases}=p, & \text{已知的常量,}\\ \text{或}=p(t), & \text{已知的一元函数}\end{cases} \quad (2)$$

为二阶常系数非齐次微分方程. 将(2)式中当 $p=0$ 或 $p(t)=0$ 时的通解记为 $x_0(t)$，不含任何待定常量的一个随意特殊解记为 $x^*(t)$；数学上已证得(2)式通解(含两个待定常量)即为

$$x(t)=x_0(t)+x^*(t),$$

$x^*(t)$可依据经验或简单的直观分析得到.

参考上述数学知识，求解下述物理问题.

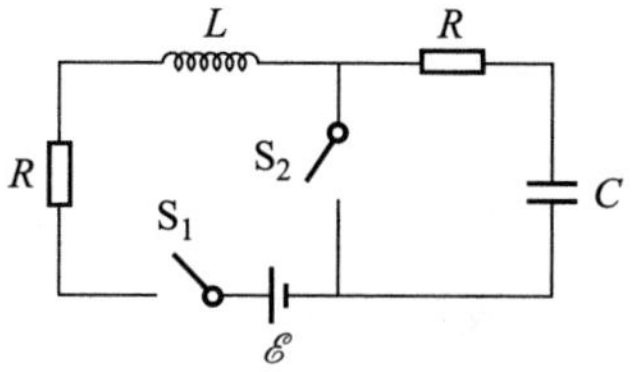

由直流电源 $\mathscr{E}$，电阻 R(两个)，电感 L，电容 C 和电键 S_1，S_2 构成的电路如图所示，且已知

$$C=L/2R^2.$$

$t<0$ 时，S_1 断开，S_2 合上，电路处处无电流.

(1) $t=0$ 时将 S_1 合上，在 $\tau_1=\dfrac{L}{R}>t>0$ 时段写出(不必推导)流过 L 的电流 i_1 随 t 变化的函数.

(2) 在 $t=\tau_1$ 时将 S_2 断开，再求 $t>\tau_1$ 时流过 L 的电流 i_2 随 t 变化的函数，答案中不可含有参量 C.

五、(30分)

如图1所示，水平放置的平行板电容器，一块极板在液面上方，另一块极板在液面下方，液体的相对介电常数为 ε_r，密度为 ρ. 当传送给电容器上、下极板电荷面密度分别为 σ，$-\sigma$，电容器内液面在升高 h 后将可保持平衡状态，试求 h.

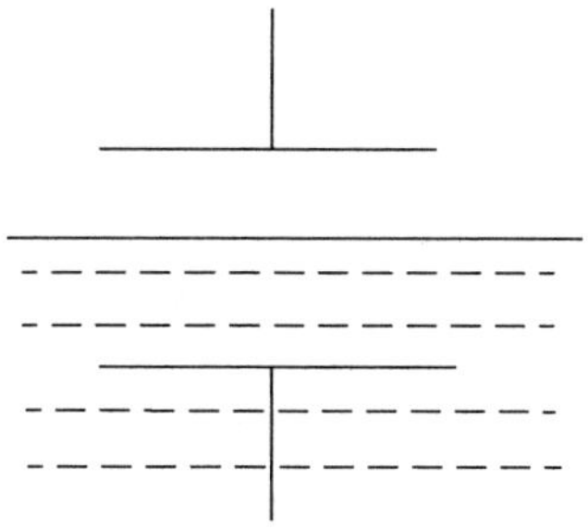

图1

(1) 要求采用静力平衡方法求 h.

参考图2，其中 $\boldsymbol{E}_0$ 为空气中场强，$\boldsymbol{E}$ 为液体块内的场强，$\boldsymbol{E}'$ 为液体极化面电荷附加场强；σ 为上方极板电荷面密度，σ' 为液块下表面极化电荷面密度. 试由液块中浮在外液面上方的一块液体所处的静力平衡状态，求解 h.

(2) 要求采用稳定平衡时系统势能应达极小值的方法求 h.

解答时，可参考图3所示参量：

U_+：上方极板电势，

U_s：上方液面电荷 $-\sigma'$ 所在处电势，

U_-：下方极板电势，建议取为零.

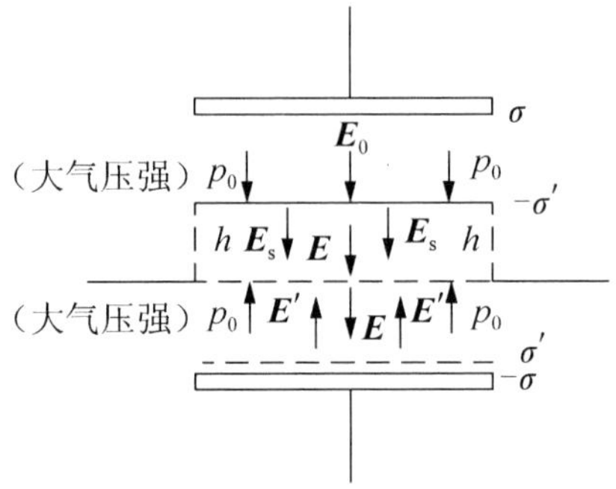

图 2

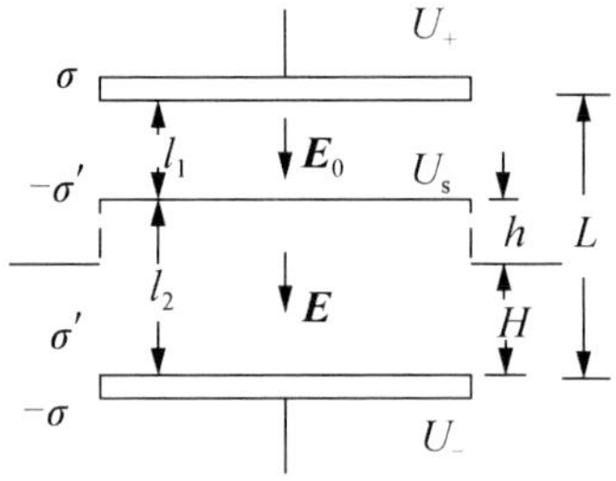

图 3

(3) 要求采用功能关联方法求 h.

对浮在外液面上方的液块施加向下的无穷小外力，使该液块缓慢地向下移动小量 $\mathrm{d}y$，其间液块所受重力便也会做功，电容器中的静电能会对应地增加，便可用功、能关联求解 h.

若所得 h 与(1)、(2)问所得相同，本题所问到此截止.

(4) 若(3)问所得 h 与(1)、(2)问所得不同，试分析其中原因，并给出正确的 h 值.

六、(30 分)

图 1 给出了惯性系 S，S'间的相对位形和相对运动关系．将 O，O'重合时定为 $t=0$，$t'=0$ 时刻. 相对 S 系以匀速度 $v\boldsymbol{i}$ 运动的 S'系坐标框架 $O'x'y'$，在 S 系某时刻的投影图即如图 1 所示.

图 2 给出了惯性系 S'，S''间的相对位形和相对运动关系. 设 $t'=0$ 时 O'，O''重合，此时取为 $t''=0$ 时刻. 相对 S'系以匀速度 $v\boldsymbol{j}'$运动的 S''系坐标框架 $O''x''y''$，以及分别静止在 y''轴和 x''轴上的两根细杆 AB 和 AD，在 S'系某时刻的投影图即如图 2 所示.

(1) 为简约，常将图 1、2 从几何上拼合，便成图 3.

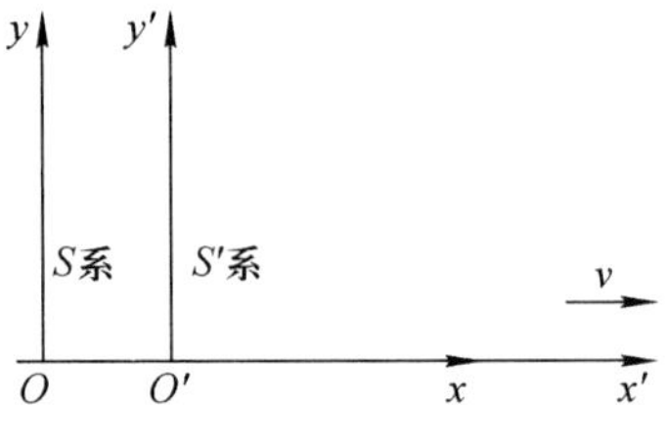

图 1

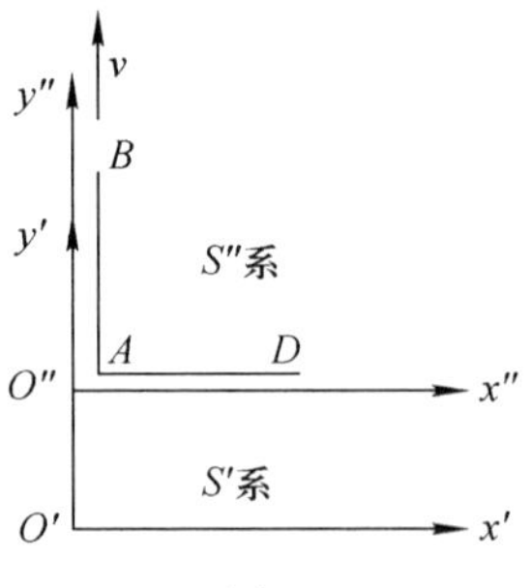

图 2

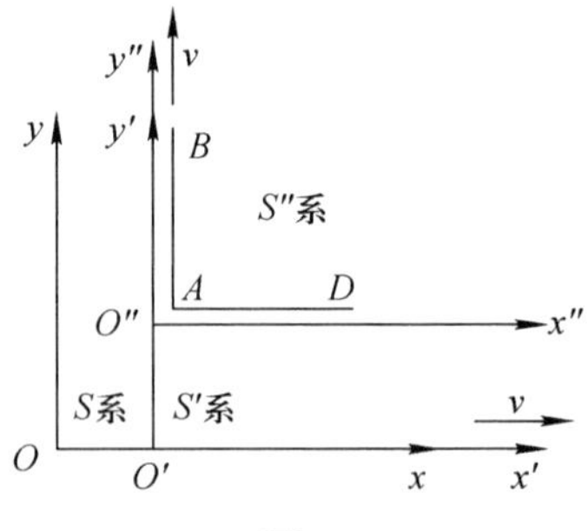

图 3

(1.1) 试问图 3 中 S''系的 $O''x''y''$坐标框架，以及细杆 AB，AD 的几何位形，是否必定也是它们在 S 系某时刻的投影图？并请简短地给出你的判断依据.

(1.2) 无论你在(1.1)问中给出何种回答，均请通过定量推导，画出：S''系的 $O''x''y''$坐标框架以及细杆 AB，AD，在 S 系某时刻的投影图，并给出投影图中特征角的表达式.

(2) 在惯性系 S 中，一根以速度 $\boldsymbol{u}$ 运动的细杆 PQ，某时刻的位形如图 4 所示. PQ 可解释为图 4 中开始时相对 S 系静止的细杆 P_0Q_0，后因相对 S 系以匀速度 $\boldsymbol{u}$ 运动所成位形.

为方便，也可将 PQ 左移，并让 P 与 P_0 重合，画成图 5 所示的位形. 这样，图 5 中 P_0Q_0 可解释为细杆在 S 系中静止的初始位形，PQ 可解释为细杆在 S 系中具有匀速度 $\boldsymbol{u}$ 的最终运动位形.

(2.1) 通过定量推导，试在 S 系中画出与图 3 中运动的 AB 杆对应的，相对 S 系静止时的 A_0B_0 杆位形，并给出 A_0B_0 杆与 S 系 y 轴夹角 α 的表达式.

(2.2) 继而在 S 系画出与图 3 中运动的 y''轴对应的，相对 S 系静止时的 y''_0 轴位形.

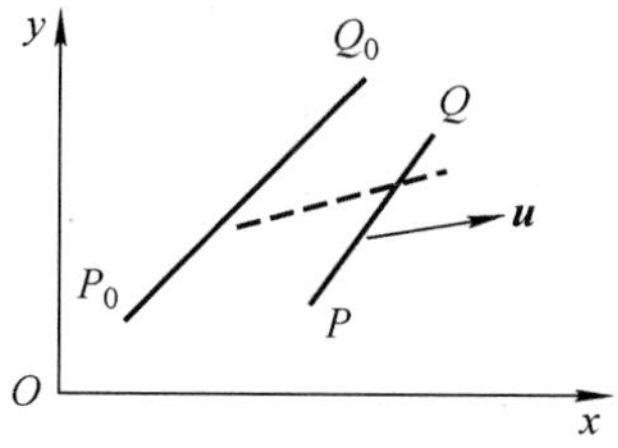

图 4

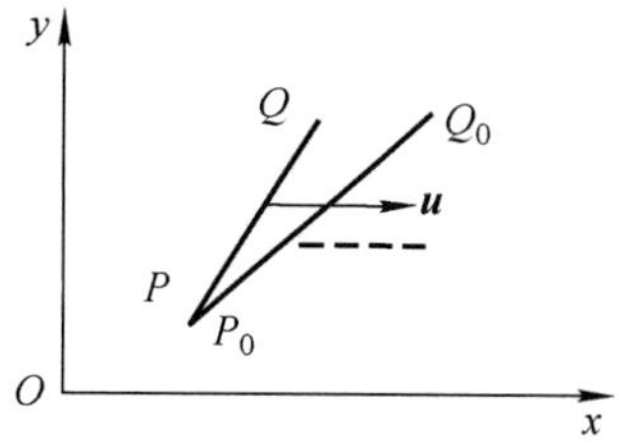

图 5

(2.3) 最后，通过定量推导，在 S 系中画出与运动的 x''轴对应的，相对 S 系静止时的 x''_0轴位形，并给出 x''_0轴与 S 系 x 轴夹角 α^* 的表达式.

解释：可将最后所得的 $O''x''_0y''_0$框架位形，假设成原本是相对 S 系静止的 S''系直角坐标框架位形，当 S''系以图 1、2 可能求得的合成速度相对 S 系匀速运动时，该坐标框架在 S 系某时刻的投影图即为(1.2)问所求得的投影图.

注意：上述解释为解题者理解题文提供参考用，解题时则必须以题文设问顺序展开应答过程.

七、(30 分)

系统如图所示，MN 和 PQ 是两根固定光滑竖直平行直杆，两者相距 l，轻绳长 $L>l$，上端固定在 M 点，绳穿过光滑小环 A 后连接在小环 B 上，环 A，B 质量同为 m. 图中两段绳长 l_1，l_2 与 L 的关系为 $L=l_1+l_2$，图中 α 为 l_2 绳段与 PQ 杆间的夹角.

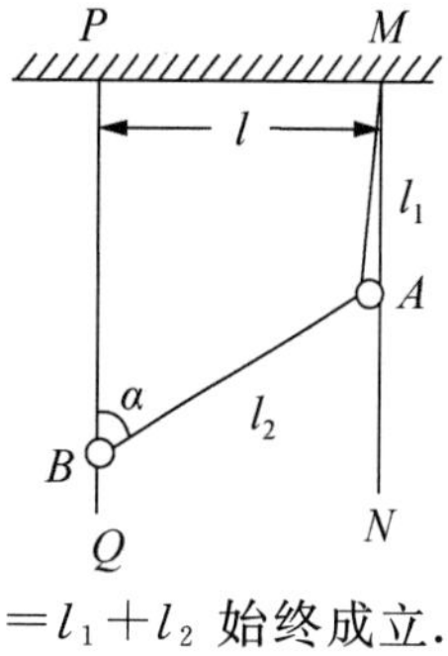

(1) 取 $L>\frac{2}{\sqrt{3}}l$，假设系统仅在重力、绳的张力和直杆提供的水平方向支持力作用下，处于图示 α 角位置时为平衡态，试求 α 值，并判定该平衡态的稳定性. 为提升阅卷效率，本题全部设问中一致规定，绳段伸直且 $l_1=0$ 时系统所处状态的重力势能取为零值.

(2) 设 $L>l$，只讨论 A 在 B 的上方朝下运动，B 在 A 的下方朝上运动的过程. 再设此过程中仅在重力、绳的张力和直杆提供的水平方向支持力作用下，绳段 MA 和 AB 始终会处于伸直状态，即 $L=l_1+l_2$ 始终成立.

(2.1)确定 l_1 可取值范围；

(2.2)将 α 角对应的 A 下行速度、加速度分别记为 v_A，a_A，试求此时 B 的上行速度、加速度 v_B，a_B，答案用 l，α，v_A，a_A 表述.

(3) 取 $L=2l$，开始时 $l_1=0$，A，B 静止，系统自由释放后，假设系统过程能如(2)问所述.

(3.1)试求系统自由释放后瞬间的 v_A，v_B，a_A，a_B 和绳中张力 T，答案用 l，g 和 m 表述；

(3.2)试求 α 第一次达到60°时的 v_A，v_B，a_A，a_B 和绳中张力 T，答案用 l，g 和 m 表述；

(3.3)再求 α 第一次无限接近90°时的 v_A，v_B，a_A，a_B 和绳中张力 T，答案用 l，g 和 m 表述；

(3.4)对任一小于90°的 α 角，导出 v_A，v_B，a_A，a_B 和绳中张力 T，答案用 α，l，g 和 m 表述，将(3.1)、(3.2)、(3.3)所取 α 值代入后，检查所得结果是否一致，最后再判定对任一小于90°的 α 角，T 是否均为正值.

试题解答与评分标准

一、(12 分)

(1) 地面系中，碰前速度分解如题解图 1 所示. 因无摩擦，切向速度分量各自保留，连心线方向交换速度分量，故碰后速度合成如题解图 2 所示. 得

$$v_{1地}=v_{2地}=\frac{\sqrt{10}}{2}v_0. \qquad (3\text{ 分})$$

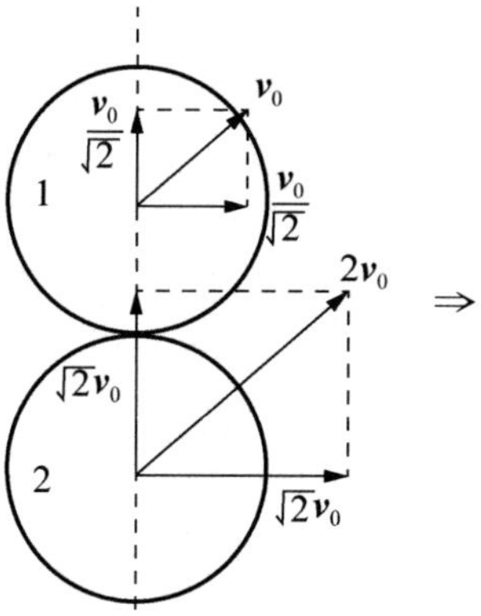

题解图 1

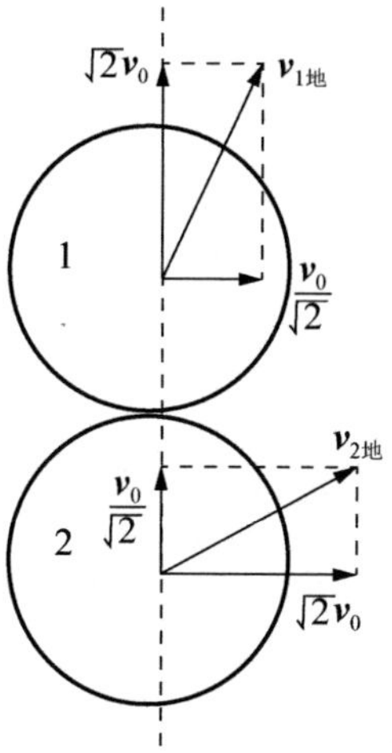

题解图 2

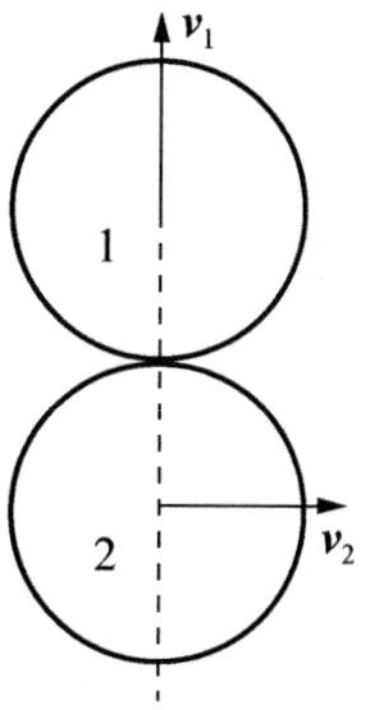

题解图 3

(2) S 系相对地面系速度

$$\boldsymbol{u}=\boldsymbol{v}_0,\quad u=v_0. \qquad (3\text{ 分})$$

在 S 系中碰前球 1 静止，球 2 速度为 $\boldsymbol{v}_0$. 仿照题解图 1 到题解图 2 的碰撞过程分析，可知 S 系中碰后速度 $\boldsymbol{v}_1$，$\boldsymbol{v}_2$ 如题解图 3 所示，即有

$$\boldsymbol{v}_1\perp\boldsymbol{v}_2,\quad v_1=\frac{\sqrt{2}}{2}v_0,\quad v_2=\frac{\sqrt{2}}{2}v_0.$$

(3) S 系中

$$\boldsymbol{v}_1\perp\boldsymbol{v}_2,\quad\Rightarrow\quad\boldsymbol{v}_1\cdot\boldsymbol{v}_2=0,$$

S'系中

$$\boldsymbol{v}'_1=\boldsymbol{v}_1-\boldsymbol{u}',\quad\boldsymbol{v}'_2=\boldsymbol{v}_2-\boldsymbol{u}',$$

得

$$\boldsymbol{v}'_1\cdot\boldsymbol{v}'_2=\boldsymbol{v}_1\cdot\boldsymbol{v}_2-\boldsymbol{u}'\cdot(\boldsymbol{v}_1+\boldsymbol{v}_2)+\boldsymbol{u}'\cdot\boldsymbol{u}'=-\boldsymbol{u}'\cdot(\boldsymbol{v}_1+\boldsymbol{v}_2)+\boldsymbol{u}'^2.$$

为使

$$\boldsymbol{v}'_1\perp\boldsymbol{v}'_2,\quad\Rightarrow\quad\boldsymbol{v}'_1\cdot\boldsymbol{v}'_2=0,$$

要求

$$\boldsymbol{u}' \cdot (\boldsymbol{v}_1 + \boldsymbol{v}_2) = \boldsymbol{u}'^2,$$

将

$$\boldsymbol{v}_1 + \boldsymbol{v}_2 = \boldsymbol{v}_0, \quad \boldsymbol{u}' \cdot (\boldsymbol{v}_1 + \boldsymbol{v}_2) = u' v_0 \cos\phi$$

代入上式，即得

$$u' = v_0 \cos\phi, \quad u' \geqslant 0, \quad v_0 > 0, \quad \Rightarrow \quad \frac{\pi}{2} \geqslant \phi \geqslant -\frac{\pi}{2},$$

得 u' 取值范围为

$$v_0 \geqslant u' \geqslant 0,$$

对给定的 u' 值，应有

$$\phi = \pm \arccos \frac{u'}{v_0}. \quad (6\text{ 分})$$

二、(18 分)

(1) 参考题文建议，如题解图所示，设置 $O'x'y'$ 坐标框架. 半圆环发光物 ABC 上任何一个物点的坐标位置 $\{x, y\}$，满足方程

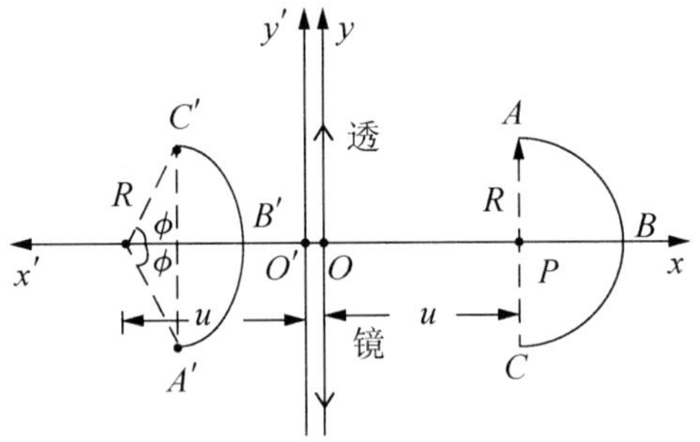

题解图

$$(x-u)^2 + y^2 = R^2, \quad (1)$$

x 即为物点的物距，带正负号的 y 即为向上为正的物高. 该物点对应的左侧像点，其坐标记为 $\{x', y'\}$，其中 x' 即为像距，带正负号的 y' 即为向上为正的像高.

利用成像公式和横向放大公式，有

$$\begin{cases} \dfrac{1}{x} + \dfrac{1}{x'} = \dfrac{1}{f}, \quad \Rightarrow \quad \dfrac{1}{x} = \dfrac{x'-f}{x'f}, \\ y' = -\dfrac{x'}{x} y = -\dfrac{x'-f}{f} y, \end{cases}$$

由此可得

$$y'^2 = \frac{(x'-f)^2}{f^2} y^2.$$

与(1)式联立，消去 y 后，可得

$$\begin{aligned} y'^2 &= \frac{(x'-f)^2}{f^2} \{R^2 - (x-u)^2\} \qquad (\text{将 } x = x'f/(x'-f) \text{ 代入}) \\ &= \frac{(x'-f)^2}{f^2} \left\{R^2 - \left[\frac{x'f}{x'-f} - u\right]^2\right\} \\ &= \frac{1}{f^2} \{(x'-f)^2 R^2 - [x'(f-u) + uf]^2\}. \end{aligned}$$

展开，整理后即得像点 $\{x', y'\}$ 满足的关系式为

$$y'^2 - \frac{1}{f^2}[R^2 - (f-u)^2] x'^2 + \frac{2}{f}[R^2 + (f-u)u] x' = R^2 - u^2. \quad (2)$$

为使像点满足的方程为圆弧方程，要求 x'^2 项系数为 1，即

$$R^2-(f-u)^2=-f^2,$$

因此半圆环物能成圆弧段像的条件是

$$R=\sqrt{u(u-2f)}, \quad u>2f. \tag{3}$$

回到(2)式，可得

$$y'^2+x'^2+\frac{2}{f}(-fu)x'+2uf=0,$$

即为

$$(x'-u)^2+y'^2=u(u-2f)=R^2. \tag{4}$$

据此可知，以 f 为已知量，在 $u>2f$ 的取值范围内取出一个 u 值，限定 $R=\sqrt{u(u-2f)}$ 后，则半圆环物 ABC 可在透镜左侧形成一个圆心在 x' 轴上与光心相距也是 u、半径也为 R 的圆弧段像. 由于$\{x, y\}$与$\{x', y'\}$间是连续的一一对应关系，除了物点 A，B 断开，对应像点 A'，B' 也断开，半圆环物其他点之间连续，故圆弧段像其他点部位之间也连续. 可见，圆弧段像是内部没有断裂的一个完整的圆弧段像. （8 分）

（2）取成像公式和横向放大公式

$$x'=\frac{fx}{x-f}, \quad y'=-\frac{x'}{x}y=-\frac{f}{x-f}y,$$

引入 α：

$$令\ u=\alpha f, \quad \alpha>2, \quad \Rightarrow \quad R=\sqrt{u(u-2f)}=\sqrt{\alpha(\alpha-2)}\,f.$$

B 的像点 B'：

$$x_B=u+R=\left[\alpha+\sqrt{\alpha(\alpha-2)}\right]f, \quad y_B=0,$$

$$x'_B=\frac{fx_B}{x_B-f}=\frac{u+R}{\left[\alpha+\sqrt{\alpha(\alpha-2)}\right]-1}=\frac{u+R}{(\alpha-1)+\sqrt{\alpha(\alpha-2)}}.$$

因

$$\begin{aligned}&\left[(\alpha-1)+\sqrt{\alpha(\alpha-2)}\right]\cdot(u-R)=\left[(\alpha-1)+\sqrt{\alpha(\alpha-2)}\right]\cdot\left[\alpha-\sqrt{\alpha(\alpha-2)}\right]f\\ =&\left[\alpha(\alpha-1)+\alpha\sqrt{\alpha(\alpha-2)}-(\alpha-1)\sqrt{\alpha(\alpha-2)}-\alpha(\alpha-2)\right]f\\ =&\left[\alpha+\sqrt{\alpha(\alpha-2)}\right]f=u+R,\end{aligned}$$

得

$$\left[(\alpha-1)+\sqrt{\alpha(\alpha-2)}\right]=\frac{u+R}{u-R},$$

$$\Rightarrow \quad x'_B=(u+R)\Big/\frac{u+R}{u-R}, \quad \Rightarrow \quad x'_B=u-R.$$

又因 $y_B=0$，得 $y'_B=0$. 即有

$$像点\ B'：\{x'_B=u-R,\ y'_B=0\}, \tag{5}$$

B'的位置已在题解图中画出.

A 的像点 A'：

$$x_A=u=\alpha f, \quad y_A=R,$$

$$\Rightarrow \quad x'_A=\frac{fx_A}{x_A-f}=\frac{\alpha}{\alpha-1}f=\frac{u}{\alpha-1}<u, \quad y'_A=-\frac{x'_A}{x_A}y_A=-\frac{R}{\alpha-1}, \quad \Rightarrow \quad |y'_A|<R.$$

即有

$$像点\ A':\left\{x'_A=\frac{u}{\alpha-1},\ y'_A=-\frac{R}{\alpha-1}\right\},\tag{6}$$

A'的位置已在题解图中画出.

C 的像点 C'：

与 A'的位置对称，也已在题解图中画出.

γ 的计算：

参考题解图中的 ϕ，应有

$$\sin\phi=|y'_A|/R=\frac{1}{\alpha-1},\quad \Rightarrow\quad \phi=\arcsin\left(\frac{1}{\alpha-1}\right),$$

由

$$l'=R\cdot 2\phi,\quad l=R\pi,$$

得

$$\gamma=l'/l=\frac{2}{\pi}\arcsin\frac{1}{\alpha-1}.\tag{7}$$（10 分）

三、(20 分)

(1) 若最后筒内气体 p 有差异，则筒内气体有宏观流动，这与稳定态矛盾，故 p 为常量，但未必是初态 $p_0=\dfrac{N_0}{LS}kT_0$. 稳定态时，筒内与 T_1 热源接触的气体部分温度必为 T_1，与 T_2 热源接触的气体部分温度必为 T_2，故 T 必为分布量. 继而由

$$p=nkT,\ p\ 为常量,\ T\ 为分布量$$（5 分）

可知，n 也必为分布量.

(2) 任意 $L\geqslant x\geqslant 0$ 部位，单位时间通过正截面 S 从左到右方向的热流量为

$$\Phi=\kappa\frac{\mathrm{d}T}{\mathrm{d}x}S,\quad \kappa=-\frac{1}{3}\rho\bar{v}\bar{\lambda}c_V,$$

注意，题文中 κ 表达式已取负号，故此处 Φ 表达式取正，意即从高温区域向低温区域 $\left(\dfrac{\mathrm{d}T}{\mathrm{d}x}<0\right)$传送热量为正. 将

$$\rho=nm,\quad \bar{v}=\sqrt{8kT/\pi m},\quad \bar{\lambda}=1/\sqrt{2}n\sigma,\quad c_V=k\beta/2m$$

代入，得

$$\Phi=-\frac{1}{3}nm\sqrt{\frac{8kT}{\pi m}}\frac{1}{\sqrt{2}n\sigma}\frac{k\beta}{2m}\frac{\mathrm{d}T}{\mathrm{d}x}S.$$

稳定时，Φ 为常量，得

$$\int_0^x 3\Phi\sqrt{\frac{\pi m}{k}}\frac{\sigma}{k\beta S}\mathrm{d}x=-\int_{T_1}^{T}\sqrt{T}\,\mathrm{d}T,$$

$$\Rightarrow\quad 3\Phi\sqrt{\frac{\pi m}{k}}\frac{\sigma}{k\beta S}x=-\frac{2}{3}T^{\frac{3}{2}}\Big|_{T_1}^{T}=\frac{2}{3}\left(T_1^{\frac{3}{2}}-T^{\frac{3}{2}}\right).$$

$x=L$ 时，$T=T_2$，得

$$\Phi=\frac{2}{9}\sqrt{\frac{k}{\pi m}}\frac{k\beta S}{\sigma}\frac{1}{L}\left(T_1^{\frac{3}{2}}-T_2^{\frac{3}{2}}\right),\quad \text{（此式也可不必写出）}$$

再将 Φ 表达式代入前式，可得

$$T=\left[T_1{}^{\frac{3}{2}}\left(1-\frac{x}{L}\right)+T_2{}^{\frac{3}{2}}\frac{x}{L}\right]^{\frac{2}{3}}. \tag{1}$$

稳定态时 p 为一个未知的常量，由 $p=nkT$ 和(1)式，得

$$n=p/kT=\frac{p}{k}\left[T_1{}^{\frac{3}{2}}\left(1-\frac{x}{L}\right)+T_2{}^{\frac{3}{2}}\frac{x}{L}\right]^{-\frac{2}{3}},$$

$$N_0=\int_0^L nS\,\mathrm{d}x=\frac{pS}{k}\int_0^L\left[T_1{}^{\frac{3}{2}}-\left(T_1{}^{\frac{3}{2}}-T_2{}^{\frac{3}{2}}\right)\frac{x}{L}\right]^{-\frac{2}{3}}\mathrm{d}x.$$

引入

$$u=T_1{}^{\frac{3}{2}}-\left(T_1{}^{\frac{3}{2}}-T_2{}^{\frac{3}{2}}\right)\frac{x}{L},\qquad \mathrm{d}x=-\frac{L}{T_1{}^{\frac{3}{2}}-T_2{}^{\frac{3}{2}}}\mathrm{d}u,$$

得

$$N_0=\frac{pS}{k}\int_{x=0}^{x=L}u^{-\frac{2}{3}}\frac{-L}{T_1{}^{\frac{3}{2}}-T_2{}^{\frac{3}{2}}}\mathrm{d}u=\frac{3pLS}{k\left(T_1{}^{\frac{3}{2}}-T_2{}^{\frac{3}{2}}\right)}\left(T_1{}^{\frac{1}{2}}-T_2{}^{\frac{1}{2}}\right),$$

解得

$$p=\frac{N_0}{3LS}\frac{k\left(T_1^{\frac{3}{2}}-T_2^{\frac{3}{2}}\right)}{T_1^{\frac{1}{2}}-T_2^{\frac{1}{2}}}. \tag{2}$$

将(2)式代入前面的 $n\sim x$ 表达式，得

$$n=\left\{\left(T_1{}^{\frac{3}{2}}-T_2{}^{\frac{3}{2}}\right)/\left(T_1{}^{\frac{1}{2}}-T_2{}^{\frac{1}{2}}\right)\left[T_1{}^{\frac{3}{2}}\left(1-\frac{x}{L}\right)+T_2{}^{\frac{3}{2}}\frac{x}{L}\right]^{\frac{2}{3}}\right\}\frac{N_0}{3LS}. \tag{3}$$

$T_1=4T_2$ 时，对应

$$T=\left(8-7\frac{x}{L}\right)^{\frac{2}{3}}T_2,\qquad p=\frac{7}{3LS}N_0kT_2,$$

$$n=\frac{1}{\left(8-7\frac{x}{L}\right)^{\frac{2}{3}}}\frac{7N_0}{3LS}. \tag{4}(10 分)$$

(3) 气体初态内能

$$U_0=N_0\frac{\beta}{2}kT_0=n_0SL\frac{\beta}{2}kT_0=p_0SL\cdot\frac{\beta}{2},\qquad p_0\text{：初态压强}$$

气体末态内能

$$U_e=\int_0^L\mathrm{d}U_e,\qquad \mathrm{d}U_e=nS\,\mathrm{d}x\,\frac{\beta}{2}kT=p\cdot S\,\mathrm{d}x\cdot\frac{\beta}{2},$$

$$\Rightarrow\quad U_e=pSL\frac{\beta}{2},$$

全过程吸收总热量

$$Q = U_e - U_0 = (p - p_0) SL \frac{\beta}{2}.$$

由(2)式得

$$p = \frac{1}{3} \frac{T_1^{\frac{3}{2}} - T_2^{\frac{3}{2}}}{(T_1^{\frac{1}{2}} - T_2^{\frac{1}{2}}) T_0} \frac{N_0}{LS} k T_0, \quad p_0 = \frac{N_0}{LS} k T_0,$$

代入前式，得

$$Q = \left[\frac{1}{3} \frac{T_1^{\frac{3}{2}} - T_2^{\frac{3}{2}}}{(T_1^{\frac{1}{2}} - T_2^{\frac{1}{2}}) T_0} - 1\right] \frac{\beta}{2} N_0 k T_0. \quad (5)(5\text{ 分})$$

四、(20 分)

(1)

$$i_1 = I_{10}(1 - e^{-t/\tau_1}), \quad I_{10} = \frac{\mathscr{E}}{R}, \quad \tau_1 > t > 0. \quad (2\text{ 分})$$

(2) $t > \tau_1$ 时的大回路电压微分方程为

$$L \frac{di_2}{dt} + i_2 \cdot 2R + \frac{q}{C} = \mathscr{E}, \quad C = L/2R^2, \quad (2\text{ 分})$$

其中 q 为电容 C 的正极板(题图中的上方极板)在 t 时刻的电量．将

$$i_2 = dq/dt$$

代入后，得关于 q 的二阶微分方程

$$\ddot{q} + 2\beta\dot{q} + \omega_0^2 q = \frac{\mathscr{E}}{L}, \quad \beta = R/L, \quad \omega_0 = \sqrt{2}R/L,$$

其中的齐次式

$$\ddot{q} + 2\beta\dot{q} + \omega_0^2 q = 0$$

类似于力学中的阻尼振动方程，因

$$\beta < \omega_0,$$

故齐次式的通解为

$$q_0 = Q_0 e^{-\beta t} \cos(\omega t + \phi), \quad \omega = \sqrt{\omega_0^2 - \beta^2} = \beta. \quad (2\text{ 分})$$

原来的非齐次微分方程特解可取为

$$q^* = \mathscr{E}/L\omega_0^2 = \frac{L}{2R^2}\mathscr{E}, \ \left(\frac{L}{2R^2}\mathscr{E} = C\mathscr{E}\right)$$

原微分方程通解便为

$$q = q_0 + q^* = Q_0 e^{-\beta t} \cos(\omega t + \phi) + \frac{L}{2R^2}\mathscr{E}. \quad (2\text{ 分})$$

为求解待定常量 Q_0，ϕ，首先需给出 q 与 $i_2 = \dot{q}$ 的初始值.

在断开 S_2 所涉及的

从左极限 $t = \tau_1^-$ 经 $t = \tau_1$ 到右极限 $t = \tau_1^+$

的暂态过程中，因自感效应有抗电流变化的功能，电流只能连续变化，即变化量是无穷小量，极限定义下可得

$$q(t = \tau_1^+) = q(t = \tau_1^-) = 0, \quad i(t = \tau_1^+) = i(t = \tau_1^-) = I_0(1 - e^{-1}).$$

结合上述通解，得 $t=\tau_1^+$ 时的初条件为

$$Q_0 e^{-\beta\tau_1}\cos(\omega\tau_1+\phi)+\frac{L}{2R^2}\mathscr{E}=0,$$

$$i_2=\frac{dq}{dt}=-\beta Q_0 e^{-\beta t}\cos(\omega t+\phi)-\omega Q_0 e^{-\beta t}\sin(\omega t+\phi),$$

$$\omega=\beta,\quad \Rightarrow\quad i_2=-\beta Q_0 e^{-\beta t}[\cos(\omega t+\phi)+\sin(\omega t+\phi)],$$

$$\Rightarrow\quad -\beta Q_0 e^{-\beta\tau_1}[\cos(\omega\tau_1+\phi)+\sin(\omega\tau_1+\phi)]=I_{10}(1-e^{-1}).$$

联立后可得

$$\beta\frac{L}{2R^2}\mathscr{E}\frac{1}{\cos(\omega\tau_1+\phi)}[\cos(\omega\tau_1+\phi)+\sin(\omega\tau_1+\phi)]=I_{10}(1-e^{-1}),$$

$$\Rightarrow\quad 1+\tan(\omega\tau_1+\phi)=I_{10}(1-e^{-1})\cdot 2R^2/\beta L\mathscr{E}.$$

将

$$I_{10}=\frac{\mathscr{E}}{R},\quad \beta=\frac{R}{L},\quad \Rightarrow\quad I_{10}\cdot 2R^2/\beta L\mathscr{E}=2$$

代入，得

$$1+\tan(\omega\tau_1+\phi)=2(1-e^{-1})=1.264,$$

$$\Rightarrow\quad \tan(\omega\tau_1+\phi)=1-2e^{-1}=0.264>0,$$

$$\Rightarrow\quad \omega\tau_1+\phi=\begin{cases}14.8°，\text{即 } 0.258\text{rad},\\ \text{或 } 14.8°+180°=194.8°，\text{即 } 0.258\text{rad}+\pi=3.40\text{rad}.\end{cases}$$

因

$$\omega\tau_1=\beta\tau_1=\frac{R}{L}\cdot\frac{L}{R}=1\text{rad}(57.3°),$$

应取

$$\omega\tau_1+\phi=194.8°(3.40\text{rad}),$$

$$\Rightarrow\quad \phi=3.40-1=2.40\text{rad}，\text{或写成 } \phi=194.8°-57.3°=137.5°.$$

继而得

$$Q_0=-\frac{L}{2R^2}\mathscr{E}/e^{-\beta\tau_1}\cos(\omega\tau_1+\phi)=-\frac{L}{2R^2}\mathscr{E}e^{\beta\tau_1}/\cos(\omega\tau_1+\phi).$$

将

$$\beta\tau_1=1,\quad \cos(\omega\tau_1+\phi)=\cos 194.8°=-0.967$$

代入，得

$$Q_0=1.41\frac{L}{R^2}\mathscr{E}.$$

最后代入表达式

$$i_2=-\beta Q_0 e^{-\beta t}[\cos(\omega t+\phi)+\sin(\omega t+\phi)],$$

$$\beta=\frac{R}{L},\ Q_0=1.41\frac{L}{R^2}\mathscr{E},\quad \omega=\beta,\quad \phi=137.5°=2.40\text{rad},$$

得所求 $i_2\sim t$ 为

$$\begin{cases} i_2 = -1.41\dfrac{\mathscr{E}}{R}\mathrm{e}^{-\beta t}[\cos(\beta t + 2.40) + \sin(\beta t + 2.40)], \\ \beta = R/L, \ t > \tau_1 = L/R. \end{cases} \qquad (12分)$$

五、(30 分)

(1) 参考图 2，有：

空气中：$E_0 = \sigma/\varepsilon_0$.

液体中：总场强 $E = E_0/\varepsilon_r = \sigma/\varepsilon_r\varepsilon_0$，

极化电荷场强 $E' = E_0 - E = \dfrac{\sigma}{\varepsilon_0}\left(1 - \dfrac{1}{\varepsilon_r}\right) = \dfrac{\varepsilon_r - 1}{\varepsilon_r\varepsilon_0}\sigma$，

极化电荷面密度 $\sigma' = \varepsilon_0 E' = \dfrac{\varepsilon_r - 1}{\varepsilon_r}\sigma$.

液面：$E_s = \dfrac{\sigma}{\varepsilon_0} - \dfrac{\sigma'}{2\varepsilon_0} = \dfrac{\sigma}{\varepsilon_0} - \dfrac{(\varepsilon_r - 1)\sigma}{2\varepsilon_r\varepsilon_0} = \dfrac{\varepsilon_r + 1}{2\varepsilon_r\varepsilon_0}\sigma$.

h 高度：

液面受力平衡：$\rho Shg = E_s\sigma' S$，S：电容器极板面积

$$\Rightarrow \quad \rho hg = E_s\sigma' = \frac{\varepsilon_r + 1}{2\varepsilon_r\varepsilon_0}\sigma \cdot \frac{\varepsilon_r - 1}{\varepsilon_r}\sigma = \frac{(\varepsilon_r^2 - 1)}{2\varepsilon_r^2\varepsilon_0}\sigma^2,$$

$$\Rightarrow \quad h = (\varepsilon_r^2 - 1)\sigma^2/2\varepsilon_r^2\varepsilon_0\rho g. \qquad (8分)$$

(2) 参考图 3 所示参量，并取用(1)问解答中给出的某些参量表达式，有

$$U_- = 0,$$

$$U_s = E \cdot l_2 = \sigma l_2/\varepsilon_r\varepsilon_0,$$

$$U_+ = E_0 l_1 + U_s = \frac{\sigma l_1}{\varepsilon_0} + \frac{\sigma l_2}{\varepsilon_r\varepsilon_0} = \frac{\varepsilon_r l_1 + l_2}{\varepsilon_r\varepsilon_0}\sigma.$$

电容器中系统电势能为

$$W_e = \frac{1}{2}[(-\sigma' S)U_s + (\sigma S)U_+] = -\frac{1}{2}\frac{\varepsilon_r - 1}{\varepsilon_r}\sigma S\frac{\sigma l_2}{\varepsilon_r\varepsilon_0} + \frac{1}{2}\sigma S\frac{\varepsilon_r l_1 + l_2}{\varepsilon_r\varepsilon_0}\sigma,$$

$$\Rightarrow \quad W_e = \frac{\sigma^2 S}{2\varepsilon_r^2\varepsilon_0}(\varepsilon_r^2 l_1 + l_2),$$

将

$$l_1 = L - (H + h), \ l_2 = H + h$$

代入，得

$$W_e = \frac{\sigma^2 S}{2\varepsilon_r^2\varepsilon_0}[\varepsilon_r^2(L - H - h) + (H + h)].$$

将 $h = 0$ 时电容器内液体重力势能记为常量 W_{g0}，$h > 0$ 时电容器内液体重力势能为

$$W_g = \rho Shg \cdot \frac{h}{2} + W_{g0},$$

$\rho Shg \cdot \dfrac{h}{2}$：液体从电容器外的附近液面渗入而升高为电容器内 h 液块的重力势能增量.

系统总势能

$$W = W_e + W_g = \frac{1}{2}\rho Sgh^2 + W_{g0} + \frac{\sigma^2 S}{2\varepsilon_r^2\varepsilon_0}[\varepsilon_r^2(L - H - h) + (H + h)].$$

平衡位置 W 取极值，应有

$$0=\frac{\mathrm{d}W}{\mathrm{d}h}=\rho Sgh+\frac{\sigma^2 S}{2\varepsilon_r^2\varepsilon_0}(-\varepsilon_r^2+1),$$

$$\Rightarrow\quad h=(\varepsilon_r^2-1)\sigma^2/2\varepsilon_r^2\varepsilon_0\rho g.$$

因

$$\frac{\mathrm{d}^2W}{\mathrm{d}h^2}=\rho Sg>0,$$

故此平衡位置所对应的势能为极小值. （8 分）

（3）h 高度液体下降高度 $\mathrm{d}y$，重力做功 $\mathrm{d}W$ 和 $\mathrm{d}y$ 层空间中电场能量密度 w_e 的增量 Δw_e 为

$$\mathrm{d}W=\rho Shg\,\mathrm{d}y,\ \Delta w_e=\frac{1}{2}\varepsilon_0E_0^2-\frac{1}{2}\varepsilon_r\varepsilon_0E^2=\frac{1}{2}\varepsilon_0E_0^2\,\frac{\varepsilon_r-1}{\varepsilon_r},\ E_0=\sigma/\varepsilon_0.$$

功能关系：

$$\mathrm{d}W=(S\mathrm{d}y)\Delta w_e,\quad\Rightarrow\quad h=(\varepsilon_r-1)\sigma^2/2\varepsilon_r\varepsilon_0\rho g. \qquad（4\text{ 分}）$$

（4）

$$\left.\begin{array}{l}（1）、（2）问解答：h=(\varepsilon_r^2-1)\sigma^2/2\varepsilon_r^2\varepsilon_0\rho g,\\ （3）问解答：h=(\varepsilon_r-1)\sigma^2/2\varepsilon_r\varepsilon_0\rho g.\end{array}\right\}所得\ h\ 不同$$

（1）问采用静态平衡方程所得 h 是正确的；

（3）问采用功能关联求解 h 的过程有疏漏之处，所得 h 不正确.

介质中静电场能量密度

$$w_e=\frac{1}{2}\boldsymbol{E}\cdot\boldsymbol{D},\ \boldsymbol{D}=\varepsilon_r\varepsilon_0\boldsymbol{E},\quad\Rightarrow\quad w_e=\frac{1}{2}\varepsilon_r\varepsilon_0E^2,\ \varepsilon_r=1+\chi_e,$$

引入电极化强度

$$\boldsymbol{P}=\chi_e\varepsilon_0\boldsymbol{E}=(\varepsilon_r-1)\varepsilon_0\boldsymbol{E},$$

w_e 可分解为

$$\begin{aligned}w_e&=\frac{1}{2}\varepsilon_0E^2+\frac{1}{2}\boldsymbol{P}\cdot\boldsymbol{E}\\&=\frac{1}{2}\varepsilon_0E^2+\frac{1}{2}PE.\end{aligned}\quad\left\{\begin{array}{l}\frac{1}{2}\varepsilon_0E^2：静电场\ \boldsymbol{E}\ 对应的宏观“真空”能量密度.\\ \frac{1}{2}PE：因介质极化产生的微观电结构变化形成的，可与\\ 宏观电作用能量发生交换的一部分微观电作用能量密度.\end{array}\right.$$

本小问前面所给的求解中，h 介质块朝下移动 $\mathrm{d}y$ 时，将介质块上部 $\mathrm{d}y$ 厚度层朝下移动了，留下的真空 $\mathrm{d}y$ 层空间被真空电场占据，此真空电场能量减去厚 $\mathrm{d}y$ 层介质能量，便等于重力做功量. 其实这两者是不相等的，因为 $\mathrm{d}y$ 层介质下移过程中并未退极化，其内含的 $\frac{1}{2}\boldsymbol{P}\cdot\boldsymbol{E}$ 密度因子对应的极化能并未释放给上方留下的真空 $\mathrm{d}y$ 层. 为弥补这一疏漏，宜将功能关联改述为

$$重力做功：\mathrm{d}W=末态电作用能-初态电作用能,$$

$$末态电作用能=\frac{1}{2}\varepsilon_0E_0^2S\mathrm{d}y+\frac{1}{2}PES\mathrm{d}y,\ PE=(\varepsilon_r-1)\varepsilon_0E^2,$$

$$初态电作用能 = \frac{1}{2}\varepsilon_r\varepsilon_0 E^2 S\mathrm{d}y,\ E = E_0/\varepsilon_r,\ E_0 = \sigma/\varepsilon_0.$$

得

$$\begin{aligned}\rho Shg\,\mathrm{d}y &= \left[\left(\frac{1}{2}\varepsilon_0 E_0^2 + \frac{1}{2}PE\right) - \frac{1}{2}\varepsilon_r\varepsilon_0 E^2\right]S\mathrm{d}y \\ &= \left[\left(\frac{1}{2}\varepsilon_0 E_0^2 - \frac{1}{2}\varepsilon_r\varepsilon_0 E^2\right) + \frac{1}{2}PE\right]S\mathrm{d}y \\ &= \left[\frac{1}{2}\varepsilon_0 E_0^2\,\frac{\varepsilon_r - 1}{\varepsilon_r} + \frac{1}{2}(\varepsilon_r - 1)\varepsilon_0\,\frac{E_0^2}{\varepsilon_r^2}\right]S\mathrm{d}y \\ &= \frac{1}{2}\varepsilon_0 E_0^2\left(\frac{\varepsilon_r - 1}{\varepsilon_r} + \frac{\varepsilon_r - 1}{\varepsilon_r^2}\right)S\mathrm{d}y \\ &= \frac{1}{2}\varepsilon_0\,\frac{\sigma^2}{\varepsilon_0^2}\,\frac{\varepsilon_r^2 - 1}{\varepsilon_r^2}S\mathrm{d}y \\ &= \frac{\varepsilon_r^2 - 1}{2\varepsilon_0\varepsilon_r^2}\sigma^2 S\mathrm{d}y,\end{aligned}$$

即得与(1)问所得相同的

$$h = (\varepsilon_r^2 - 1)\sigma^2/2\varepsilon_r^2\varepsilon_0\rho g. \qquad (10\text{ 分})$$

附录：

本题(2)问中 h 层液体下移的 $\mathrm{d}y$ 层液体会挤压下面的液体，使得液体会从两个侧面流到电容器外，经过退极化，原有的极化能转化为某种形式的宏观能量. 这样的转化与重力做功量 $\mathrm{d}W = \rho Shg\,\mathrm{d}y$ 中的力 ρShg 无关，因此重力做功对应的系统末态电作用能仍应保留液体内部的极化能.

求解类似图 2 结构的题目时，均应考虑上述因素.

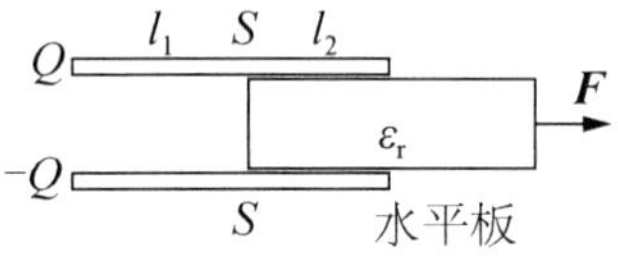

附录图

取题目结构如附录图所示，求解可使介质块静止不动的水平外力 F. 力 F 的大小与伸入到电容器内的那一部分介质块极化面电荷受电容器内部电场作用力大小相等. 力 F 缓慢拉介质块朝外移动时，被移出的介质逐渐退极化，与此同时电容器内部电场结构发生缓慢的变化，留在电容器内的一段介质块所受电场力连续变化，外力 F 的大小也同步连续变化. 这样的过程中，外力 F 做功 $\mathrm{d}W = F\mathrm{d}x$ 对应的末态系统电作用能自然不再包含 $\mathrm{d}x$ 段介质的极化能.

评分附注：

若学生能答(3)问时已与(4)问解答联系在一起，得到正确的结果，则得 14 分.

六、(30 分)

(1)

(1.1) 否.

$O''x''y''$框架各坐标点在 S' 系中必须同时投影，方可合成其在 S' 系中的投影图．同样，$O''x''y''$框架各坐标点在 S 系中必须同时投影，方可合成其在 S 系中的投影图．考虑到 S' 系与 S 系之间的同时相对性．两个投影图可能出现差异．　(3 分)

(1.2) 由 $S''\sim S'$ 和 $S'\sim S$ 间的下述洛伦兹变换式

$$y''=\frac{y'-vt'}{\sqrt{1-\beta^2}},\ y'=y,\ t'=\frac{t-\frac{v}{c^2}x}{\sqrt{1-\beta^2}},\ \beta=\frac{v}{c},$$

可得

$$y''=\frac{y}{\sqrt{1-\beta^2}}-\frac{vt-\beta^2 x}{1-\beta^2}.$$

将 S''系中 x''轴的直线方程

$$y''=0$$

代入上式，即得 x''轴在 S 系中的投影线方程为

$$y=-\frac{\beta^2}{\sqrt{1-\beta^2}}x+\frac{vt}{\sqrt{1-\beta^2}}.$$

故此投影线为斜率

$$k=-\beta^2/\sqrt{1-\beta^2},$$

即朝第Ⅳ象限倾斜，且截距随 t 线性增加的运动直线.

由 $S''\sim S'$和 $S'\sim S$ 间的下述洛伦兹变换式

$$x''=x'=\frac{x-vt}{\sqrt{1-\beta^2}},\quad \beta=\frac{v}{c},$$

将 S''系中 y''轴的直线方程

$$x''=0$$

代入上式，即得 y''轴在 S 系中的投影线方程为

$$x=vt.$$

故此投影线仍为直线，在 S 系中该直线与 y 轴平行，且沿 x 轴以速度 v 运动.

据上述推导结果，可得 S''系的 $O''x''y''$坐标框架以及细杆 AB，AD，在 S 系某时刻的投影图画成题解图 1 所示，其中 x''轴与 x 轴夹角

$$\theta=\arctan\frac{\beta^2}{\sqrt{1-\beta^2}}. \qquad (1)(5\text{ 分})$$

$O''x''y''$坐标框架及 AB，AD 杆，随 S''系相对 S 系平动速度也在题解图 1 中示意地画出．$\boldsymbol{u}$ 的两个分量 u_x，u_y 将在(2.1)问解答中，据相对论速度变换公式推导．需注意的是

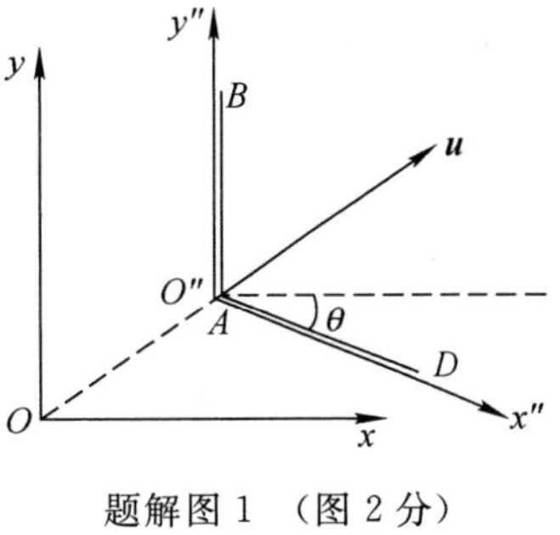

题解图 1 （图 2 分）

x''轴相对 S 系运动过程中，它在 y 轴上的截距随 t 线性增大速度 $v/\sqrt{1-\beta^2}>v$，并非 x''轴，或者说并非 S''系相对 S 系沿 y 轴的速度分量 u_y. （2 分）

(2)

(2.1) S''系的 $O''x''y''$坐标框架在 S 系中的两个分速度为

$$u_x=\left.\frac{u'_x+v}{1+\frac{v}{c^2}u'_x}\right|_{u'_x=0}=v,\qquad u_y=\left.\frac{\sqrt{1-\beta^2}\,u'_y}{1+\frac{v}{c^2}u'_x}\right|_{u'_x=0,\ u'_y=v}=\sqrt{1-\beta^2}\,v. \qquad (2)$$

将合速度大小记为 u，则有

$$u^2 = u_x^2 + u_y^2 = (2-\beta^2)v^2, \qquad \sqrt{1-\frac{u^2}{c^2}} = 1-\beta^2. \tag{3}$$

如题解图 2 所示，在 S 系中将运动的 AB 杆动长 $l_{动}$ 分解为沿 $\boldsymbol{u}$ 方向的 $l_{动//}$ 和垂直于 $\boldsymbol{u}$ 方向的 $l_{动\perp}$. 将 $\boldsymbol{u}$ 与 x 轴夹角记为 ϕ，则有

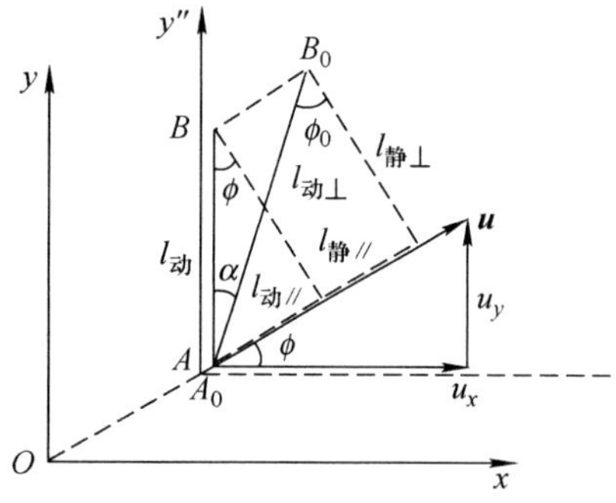

题解图 2 （图 2 分）

$$\left.\begin{aligned} \tan\phi &= \frac{u_y}{u_x} = \sqrt{1-\beta^2}, \\ \sin\phi &= \frac{u_y}{u} = \sqrt{1-\beta^2}\,/\sqrt{2-\beta^2}, \\ \cos\phi &= \frac{u_x}{u} = 1/\sqrt{2-\beta^2}, \end{aligned}\right\} \tag{4}$$

$$l_{动//} = l_{动}\sin\phi = \left[\sqrt{1-\beta^2}\,/\sqrt{2-\beta^2}\right] l_{动},$$

$$l_{动\perp} = l_{动}\cos\phi = \left[1/\sqrt{2-\beta^2}\right] l_{动}.$$

AB 杆在相对其静止的惯性系中的长度 $l_{静}$ 沿平行 $\boldsymbol{u}$ 方向分量和垂直于 $\boldsymbol{u}$ 方向分量为

$$l_{静//} = l_{动//}\Big/\sqrt{1-\frac{u^2}{c^2}} = l_{动}\,/\sqrt{1-\beta^2}\sqrt{2-\beta^2}, \qquad l_{静\perp} = l_{动\perp} = l_{动}\,/\sqrt{2-\beta^2}.$$

合成的 $l_{静}$ 即为题解图 2 中相对其静止惯性系中杆 A_0B_0 的长度. 对于图中的 ϕ_0 角，有

$$\tan\phi_0 = l_{静//}/l_{静\perp} = 1/\sqrt{1-\beta^2}. \tag{5}$$

A_0B_0 杆与 S 系 y 轴夹角 α，即为题解图 2 中 A_0B_0 杆与原 AB 杆的夹角 α，应有

$$\alpha = \phi_0 - \phi, \tag{6}$$

$$\tan\alpha = \tan(\phi_0-\phi) = (\tan\phi_0 - \tan\phi)/(1+\tan\phi_0\tan\phi).$$

将(4)、(5)式代入，可得

$$\tan\alpha = \beta^2/2\sqrt{1-\beta^2}, \qquad \alpha = \arctan(\beta^2/2\sqrt{1-\beta^2}). \tag{7}$$（4 分）

（与(1)式相比，有 $\alpha<\theta$.）

(2.2) 图 3 中的 AB 在 y''轴上. 题解图 2 中的 A_0B_0 杆也应在 y''_0 轴上. 将 y''_0 轴画在题解图 3 中，相当于题解图 1 中的 y''轴随 AB 杆偏转 α 角而成. （1 分）

（题解图 3 中的 x''轴仍为题解图 1 中的 x''轴，它也将因相对 S 系运动而偏转成与 y''_0 轴相对应的 x''_0 轴.）

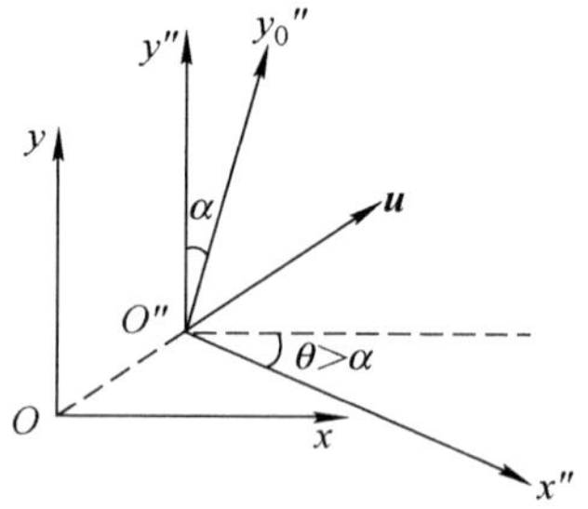

题解图 3 （图 2 分）

(2.3) 将(2.1)、(2.2)问的求解过程，组合成本问求解过程如下.

参考题解图 4，角参量间关系为

$$\phi_{动} = \frac{\pi}{2} - (\phi+\theta), \tag{8}$$

$$\phi_{动} + \gamma = \phi_{静}, \tag{9}$$

由(8)式，得

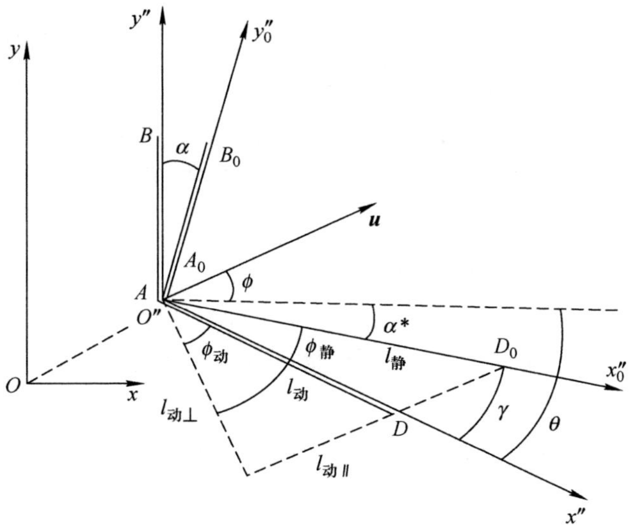

题解图 4 （图 2 分）

$$\sin\phi_{动}=\cos\phi\cos\theta-\sin\phi\sin\theta,$$

$$\cos\phi_{动}=\sin\phi\cos\theta+\cos\phi\sin\theta.$$

结合(1)、(4)式，可导得

$$\sin\phi_{动}=\sqrt{(1-\beta^2)^3}\Big/\sqrt{1+(1-\beta^2)^3},\qquad \cos\phi_{动}=1\Big/\sqrt{1+(1-\beta^2)^3},$$

$$\tan\phi_{动}=\sqrt{(1-\beta^2)^3}. \tag{10}$$

结合(10)、(3)式，可得

$$l_{动//}=l_{动}\cdot\sin\phi_{动}=\frac{\sqrt{(1-\beta^2)^3}\,l_{动}}{\sqrt{1+(1-\beta^2)^3}},\qquad l_{动\perp}=l_{动}\cos\phi_{动}=\frac{l_{动}}{\sqrt{1+(1-\beta^2)^3}}.$$

$$l_{静//}=l_{动//}\Big/\sqrt{1-\frac{u^2}{c^2}}=\frac{\sqrt{1-\beta^2}\,l_{动}}{\sqrt{1+(1-\beta^2)^3}},\qquad l_{静\perp}=l_{动\perp}=\frac{l_{动}}{\sqrt{1+(1-\beta^2)^3}},$$

$$\Rightarrow\quad \tan\phi_{静}=l_{静//}/l_{静\perp}=\sqrt{1-\beta^2}. \tag{11}$$

结合(9)、(11)、(10)式，有

$$\tan\gamma=\frac{\tan\phi_{静}-\tan\phi_{动}}{1+\tan\phi_{静}\ \tan\phi_{动}}=\frac{\beta^2\sqrt{1-\beta^2}}{1+(1-\beta^2)^2}. \tag{12}$$

据题解图 4，可得所求 α^* 为

$$\alpha^*=\theta-\gamma,$$

结合(1)、(12)式，对应有

$$\tan\alpha^*=\frac{\tan\theta-\tan\gamma}{1+\tan\theta\tan\gamma}=\frac{\beta^2}{2\sqrt{1-\beta^2}}.$$

对照(7)式，即有

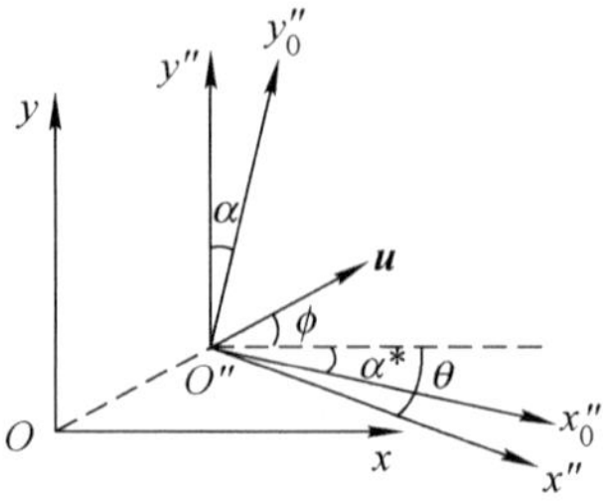

题解图 5　（图 2 分）

$$\alpha^*=\alpha=\arctan\frac{\beta^2}{2\sqrt{(1-\beta^2)}}.\qquad(13)(5\text{ 分})$$

可见 x''_0 轴与 S 系中 x 轴夹角 α^*，等于 y''_0 轴与 S 系中 y 轴夹角 α，故 x''_0 轴与 y''_0 轴夹角也是直角.

联合题解图 3、4 得题解图 5，其中相互关系即为题文中“解释”所述.

七、(30 分)

(1)绳段 MA，AB 若不是伸直状态，两环受力不会平衡. 因此，平衡态只需讨论两个绳段均处于伸直状态时系统的重力势能值与角 α 之间的函数关系.

将 $l_1=0$ 时系统所处状态的势能定为零值. $l_1>0$ 时，有

$$l_1=L-l_2=L-\frac{l}{\sin\alpha}>0.$$

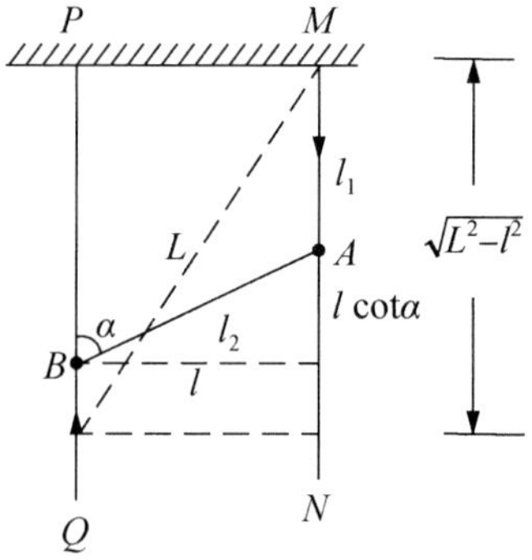

题解图 1

参考题解图 1，系统重力势能为

$$\begin{aligned}E_p&=-mgl_1+mg\left(\sqrt{L^2-l^2}-l_1-l\cot\alpha\right)\\&=mg\left[\sqrt{L^2-l^2}-2\left(L-\frac{l}{\sin\alpha}\right)-l\cot\alpha\right]\\&=mg\left(\sqrt{L^2-l^2}-2L+\frac{2-\cos\alpha}{\sin\alpha}l\right),\end{aligned}$$

E_p 对 α 求微商，得

$$\frac{dE_p}{d\alpha}=mgl\,\frac{\sin^2\alpha-(2-\cos\alpha)\cos\alpha}{\sin^2\alpha}=\frac{1-2\cos\alpha}{\sin^2\alpha}mgl.$$

系统处于平衡位置时，有

$$\frac{dE_p}{d\alpha}=0,\quad\Rightarrow\quad 1-2\cos\alpha=0,\quad\Rightarrow\quad\alpha=60^\circ.$$

为判定该平衡态的稳定性，作下述运算：

$$\begin{aligned}\frac{d^2E_p}{d\alpha^2}&=\frac{2\sin\alpha\cdot\sin^2\alpha-(1-2\cos\alpha)\cdot2\sin\alpha\cos\alpha}{\sin^4\alpha}mgl\\&=2\left[\frac{1}{\sin\alpha}-\frac{(1-2\cos\alpha)\cos\alpha}{\sin^3\alpha}\right]mgl,\end{aligned}$$

$$\alpha=60^\circ\text{ 时，}\frac{d^2E_p}{d\alpha^2}=2mgl/\sin60^\circ>0,\ \left(\text{此时 }l_2=\frac{2}{\sqrt3}l<L\right)\qquad(5\text{ 分})$$

故为稳定平衡态.

(2)

(2.1)参考题解图 2，为使 A 在 B 的上方可以朝下运动，B 在 A 的下方可以朝上运动，要求 $\alpha<90^\circ$，故 l_1 可取范围为

$$l_1 < L - l.\qquad (1\text{ 分})$$

(2.2)参考题解图 2，有

$v_A\mathrm{d}t + \overline{A'B'} = l_2$，$\overline{A'B'} = l_2 - v_A\mathrm{d}t\cos\alpha - v_B\mathrm{d}t\cos\alpha$，

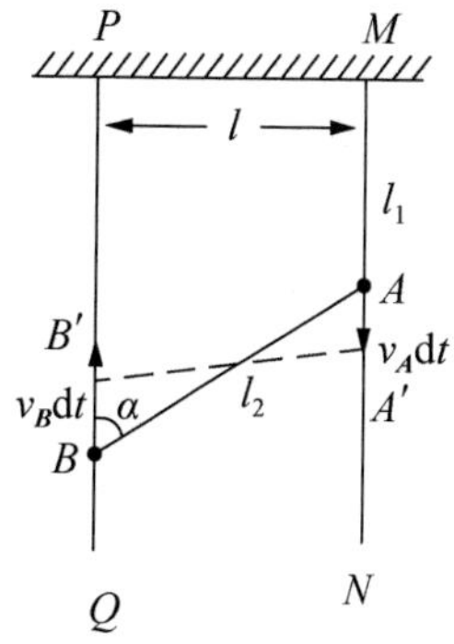

题解图 2

即得

$$v_B = \frac{1-\cos\alpha}{\cos\alpha}v_A.\qquad (1)$$

微商可得

$$a_B = \frac{\mathrm{d}v_B}{\mathrm{d}t} = \frac{\sin\alpha\cos\alpha - (1-\cos\alpha)(-\sin\alpha)}{\cos^2\alpha}\frac{\mathrm{d}\alpha}{\mathrm{d}t}v_A + \frac{1-\cos\alpha}{\cos\alpha}\frac{\mathrm{d}v_A}{\mathrm{d}t}$$

$$= \frac{\sin\alpha}{\cos^2\alpha}\frac{\mathrm{d}\alpha}{\mathrm{d}t}v_A + \frac{1-\cos\alpha}{\cos\alpha}a_A.$$

又因

$$l_1 = L - \frac{l}{\sin\alpha},\quad \Rightarrow\quad v_A = \frac{\mathrm{d}l_1}{\mathrm{d}t} = \frac{l\cos\alpha}{\sin^2\alpha}\frac{\mathrm{d}\alpha}{\mathrm{d}t},\quad \Rightarrow\quad \frac{\mathrm{d}\alpha}{\mathrm{d}t} = \frac{\sin^2\alpha}{l\cos\alpha}v_A,$$

可得

$$a_B = \frac{\sin^3\alpha}{\cos^3\alpha}\frac{v_A^2}{l} + \frac{1-\cos\alpha}{\cos\alpha}a_A.\qquad (2)(4\text{ 分})$$

(3) $L=2l$ 时，初态和过程态中系统重力势能分别为

对初态 $\alpha_0=30^\circ$，$E_{p0}=0$；对过程态 α，$E_p(\alpha) = \left(\sqrt{3} - 4 + \dfrac{2-\cos\alpha}{\sin\alpha}\right)mgl$.

(3.1) 初态：

$$v_A = v_B = 0,\quad a_B = \frac{1-\cos\alpha}{\cos\alpha}a_A.$$

由动力学方程得

$$\begin{cases} mg + T\cos\alpha - T = ma_A, \\ T\cos\alpha - mg = ma_B = \dfrac{1-\cos\alpha}{\cos\alpha}ma_A, \end{cases} \quad\Rightarrow\quad \begin{cases} mg + \left(\dfrac{\sqrt{3}}{2} - 1\right)T = ma_A, \\ \dfrac{\sqrt{3}}{2}T - mg = \dfrac{2-\sqrt{3}}{\sqrt{3}}ma_A, \end{cases}$$

$$\Rightarrow\quad \frac{\sqrt{3}}{2}T - mg = \frac{2-\sqrt{3}}{\sqrt{3}}\left[mg + \left(\frac{\sqrt{3}}{2} - 1\right)T\right],$$

解得

$$T = \frac{2}{5-2\sqrt{3}}mg = 1.302mg.$$

再由

$$ma_A = mg + \left(\frac{\sqrt{3}}{2} - 1\right)\frac{2}{5-2\sqrt{3}}mg = \frac{3-\sqrt{3}}{5-2\sqrt{3}}mg,$$

得

$$a_A = \frac{3-\sqrt{3}}{5-2\sqrt{3}}g = 0.826g,\quad a_B = \frac{1-\frac{\sqrt{3}}{2}}{\frac{\sqrt{3}}{2}}a_A = \frac{9-5\sqrt{3}}{5\sqrt{3}-6}g = 0.128g. \qquad (3\text{ 分})$$

(3.2) $\alpha = 60°$时：

$$E_p(60°) = \left(\sqrt{3} - 4 + \frac{2-\frac{1}{2}}{\frac{\sqrt{3}}{2}}\right) mgl = 2(\sqrt{3}-2)mgl < 0,\quad v_B = \frac{1-\frac{1}{2}}{\frac{1}{2}}v_A = v_A,$$

结合能量守恒方程，得

$$\frac{1}{2}mv_A^2 + \frac{1}{2}mv_B^2 = -E_p,\quad \Rightarrow\quad mv_A^2 = 2(2-\sqrt{3})mgl,$$

$$\Rightarrow\quad v_B = v_A = \sqrt{2(2-\sqrt{3})gl} = (\sqrt{3}-1)\sqrt{gl} = 0.732\sqrt{gl}.$$

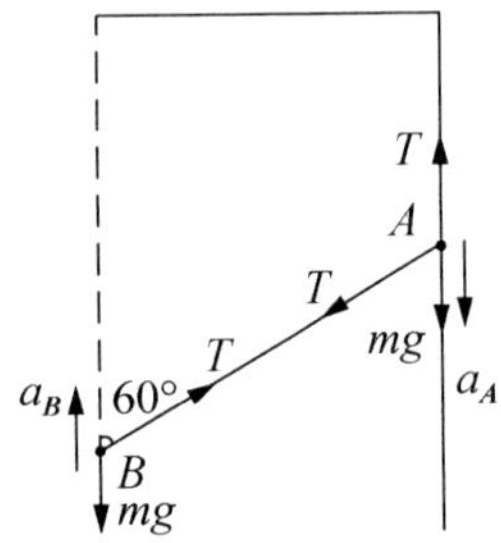

题解图 3

参考题解图 3，有

$$\begin{cases} mg + T\cos\alpha - T = ma_A, \\ T\cos\alpha - mg = ma_B, \end{cases}$$

$$\Rightarrow \begin{cases} mg - \dfrac{T}{2} = ma_A, \\ \dfrac{T}{2} - mg = ma_B, \end{cases} \quad\Rightarrow\quad a_B = -a_A.$$

得

$$\frac{T}{2} - mg = ma_B = m\frac{\sin^3\alpha}{\cos^3\alpha}\frac{v_A^2}{l} + m\frac{1-\cos\alpha}{\cos\alpha}a_A,\quad \alpha = 60°.$$

将 $v_A^2 = 2(2-\sqrt{3})gl$，$ma_A = mg - \frac{T}{2}$代入，解得

$$T = 4(3\sqrt{3}-4)mg = 4.78mg.$$

再代入

$$ma_A = mg - \frac{T}{2} \quad\text{和}\quad a_B = -a_A,$$

可得

$$a_A = -3(2\sqrt{3}-3)g = -1.39g,\quad a_B = 3(2\sqrt{3}-3)g = 1.39g. \qquad (4\text{ 分})$$

(3.3) 据(2.1)问解答可知，在 $L=2l$ 时，l_1 可取为

$$l_1 < L - l = l.$$

$\alpha \to 90°$时，A 的下行速度必趋于零，此时 A 的向下加速度已改变为向上加速度，即有

$$a_A < 0,\quad v_A \to 0.$$

随着 A 下行变慢，B 上行也有变慢趋势，故在 $\alpha \to 90°$时，B 的向上加速度也改变为向下加速度．其实此时绳对 B 的拉力水平无竖直分量，在 B 的重力作用下必有

$$a_B \to -g.$$

又因能量守恒，$v_A \to 0$，必有

$$v_B \to 0.$$

若 $v_B<0$，则从开始时的 $v_B \geqslant 0$ 到 $\alpha \to 90°$时的 $v_B<0$ 过程中，必定会出现某个 $\alpha_0>30°$对应 $v_B=0$. 因 $v_B=\dfrac{1-\cos\alpha}{\cos\alpha}v_A$，在$90°>\alpha>30°$时必有$\dfrac{1-\cos\alpha}{\cos\alpha}>0$(除去 $\alpha\to 90°$外)，$v_B=0$时必对应 $v_A=0$，使 α_0 对应的 $E_p(\alpha_0)=\left(\sqrt{3}-4+\dfrac{2-\cos\alpha_0}{\sin\alpha_0}\right)mgl=0$. 但由下述的数值计算结果

α:	30°	40°	50°	60°	70°	80°	90°
E_p/mgl:	0	−0.348	−0.496	−0.536	−0.504	−0.413	−0.268

可知，不存在 α_0 可使 $E_p(\alpha_0)=0$. 据此可判定 $v_B<0$ 不可取，应为

$$v_B > 0.$$

$\alpha\to 90°$时，极限意义下有

$$E_p(90°)=\left(\sqrt{3}-4+\frac{2-\cos 90°}{\sin 90°}\right)mgl=(\sqrt{3}-2)mgl \quad 和 \quad v_A=0.$$

据 $v_B=\dfrac{1-\cos\alpha}{\cos\alpha}v_A$，因 $\cos\alpha\to 0$，$v_A\to 0$，v_B 值未必为零. 由能量守恒可得

$$\frac{1}{2}mv_B^2=-E_p(90°), \quad \Rightarrow \quad v_B=\sqrt{2(2-\sqrt{3})gl}=0.732\sqrt{gl}.$$

由

$$\begin{cases} mg+T\cos\alpha-T=ma_A, \\ T\cos\alpha-mg=ma_B, \end{cases} \quad \Rightarrow \quad \begin{cases} mg-T=ma_A, \\ -mg=ma_B, \end{cases}$$

得

$$a_B=-g \quad 和 \quad T=mg-ma_A.$$

求 a_A，直接利用(2.2)问所得(2)式

$$a_B=\frac{\sin^3\alpha}{\cos^3\alpha}\frac{v_A^2}{l}+\frac{1-\cos\alpha}{\cos\alpha}a_A \tag{2}$$

不妥. 因为从动力学考虑 a_A 不可能是发散量，(2)式等号右边两项都是发散量，其代数和得有限量 $a_B=-g$，涉及发散量，数学上不易从该式反解出 a_A. 因此，为求解 a_A，将

$$v_B=\frac{1-\cos\alpha}{\cos\alpha}v_A, \quad \Rightarrow \quad v_A=\frac{\cos\alpha}{1-\cos\alpha}v_B$$

代入(2)式，得

$$\frac{\cos\alpha}{1-\cos\alpha}a_B=\frac{\cos\alpha}{1-\cos\alpha}\left[\frac{\sin^3\alpha}{\cos^3\alpha}\cdot\left(\frac{\cos\alpha}{1-\cos\alpha}v_B\right)^2\frac{1}{l}\right]+a_A=\frac{\sin^3\alpha}{(1-\cos\alpha)^3}\frac{v_B^2}{l}+a_A,$$

$$\Rightarrow \quad a_A=-\frac{\sin^3\alpha}{(1-\cos\alpha)^3}\frac{v_B^2}{l}+\frac{\cos\alpha}{1-\cos\alpha}a_B. \tag{2$'$}$$

等号右边两项都不是发散量，而且 v_B 和 a_B 都是已知的有限量. 由(2)′式，在 $\alpha\to 90°$时解得

$$a_A=-\frac{v_B^2}{l}=-2(2-\sqrt{3})g=-0.536g,$$

将其代入 $T=mg-ma_A$，得

$$T=(5-2\sqrt{3})mg=1.54mg. \qquad (6\text{ 分})$$

(3.4) 取 $L=2l$，$90^\circ>\alpha\geqslant30^\circ$对应的势能

$$E_p(\alpha)=\left(\sqrt{3}-4+\frac{2-\cos\alpha}{\sin\alpha}\right)mgl.$$

为求解对应的 5 个未知量：v_A，v_B，a_A，a_B 和 T，引用前面解答中相关公式，可得

$$v_B=\frac{1-\cos\alpha}{\cos\alpha}v_A, \tag{1}$$

$$a_B=\frac{\sin^3\alpha}{\cos^3\alpha}\frac{v_A^2}{l}+\frac{1-\cos\alpha}{\cos\alpha}a_A, \tag{2}$$

$$\frac{1}{2}m(v_A^2+v_B^2)=\left(4-\sqrt{3}-\frac{2-\cos\alpha}{\sin\alpha}\right)mgl, \tag{3}$$

$$mg+T\cos\alpha-T=ma_A,$$

$$\Rightarrow\quad \frac{1-\cos\alpha}{\cos\alpha}mg-\frac{1-\cos\alpha}{\cos\alpha}(1-\cos\alpha)T=\frac{1-\cos\alpha}{\cos\alpha}ma_A,$$

$$T\cos\alpha-mg=ma_B=m\frac{\sin^3\alpha}{\cos^3\alpha}\frac{v_A^2}{l}+m\frac{1-\cos\alpha}{\cos\alpha}a_A.$$

上两式中将下式减上式，得

$$T\cos\alpha-mg-\frac{1-\cos\alpha}{\cos\alpha}mg+\frac{(1-\cos\alpha)^2}{\cos\alpha}T=m\frac{\sin^3\alpha}{\cos^3\alpha}\frac{v_A^2}{l},$$

$$\Rightarrow\quad (1-2\cos\alpha+2\cos^2\alpha)T=mg+m\frac{\sin^3\alpha}{\cos^2\alpha}\frac{v_A^2}{l}. \tag{4}$$

补写

$$ma_B=T\cos\alpha-mg. \tag{5}$$

由(1)至(5)式求解 v_A，v_B，a_A，a_B 和 T，如下所述.

v_A，v_B 的求解：

联立(1)、(3)式，可得

$$v_A=\sqrt{\frac{2\cos^2\alpha}{1-2\cos\alpha+2\cos^2\alpha}\left(4-\sqrt{3}-\frac{2-\cos\alpha}{\sin\alpha}\right)gl}, \tag{6}$$

$$v_B=\sqrt{\frac{2(1-\cos\alpha)^2}{1-2\cos\alpha+2\cos^2\alpha}\left(4-\sqrt{3}-\frac{2-\cos\alpha}{\sin\alpha}\right)gl}. \tag{7}$$

验证：

$$\alpha=30^\circ:\ v_A=0,\ v_B=0,$$

$$\alpha=60^\circ:\ v_A=\sqrt{2(2-\sqrt{3})gl},\ v_B=\sqrt{2(2-\sqrt{3})gl},$$

$$\alpha=90^\circ:\ v_A=0,\ v_B=\sqrt{2(2-\sqrt{3})gl}.$$

与前面所得结果一致.

T，a_B 的求解：

联立(4)、(5)、(6)式可得

$$T=\frac{1}{1-2\cos\alpha+2\cos^2\alpha}\left[1+\frac{2\sin^3\alpha}{1-2\cos\alpha+2\cos^2\alpha}\left(4-\sqrt{3}-\frac{2-\cos\alpha}{\sin\alpha}\right)\right]mg, \quad (8)$$

$$a_B=\left\{\frac{\cos\alpha}{1-2\cos\alpha+2\cos^2\alpha}\left[1+\frac{2\sin^3\alpha}{1-2\cos\alpha+2\cos^2\alpha}\left(4-\sqrt{3}-\frac{2-\cos\alpha}{\sin\alpha}\right)\right]-1\right\}g. \quad (9)$$

验证：

$$\alpha=30°: T=\frac{2}{5-2\sqrt{3}}mg, a_B=\frac{3\sqrt{3}-5}{5-2\sqrt{3}}g\left(或\frac{9-5\sqrt{3}}{5\sqrt{3}-6}g\right),$$

$$\alpha=60°: T=4(3\sqrt{3}-4)mg, a_B=3\sqrt{3}(2-\sqrt{3})g(或\ 3(2\sqrt{3}-3)g),$$

$$\alpha=90°: T=(5-2\sqrt{3})mg, a_B=-g.$$

与前面所得结果一致.

a_A 的求解：

联立(2)、(6)、(9)式可得

$$a_A=\frac{1}{1-\cos\alpha}\left[\frac{\cos^2\alpha}{1-2\cos\alpha+2\cos^2\alpha}-\frac{2\sin^3\alpha(1-2\cos\alpha+\cos^2\alpha)}{(1-2\cos\alpha+2\cos^2\alpha)^2}\left(4-\sqrt{3}-\frac{2-\cos\alpha}{\sin\alpha}\right)-\cos\alpha\right]g. \quad (10)$$

验证：

$$\alpha=30°: a_A=\frac{9-5\sqrt{3}}{16-9\sqrt{3}}g\left(或\frac{3-\sqrt{3}}{5-2\sqrt{3}}g\right),$$

$$\alpha=60°: a_A=-3(2\sqrt{3}-3)g,$$

$$\alpha=90°: a_A=-2(2-\sqrt{3})g,$$

与前面所得结果一致.

由(8)式可见，在$90°>\alpha\geqslant30°$范围内 T 恒为正，表明绳始终处于拉直状态.

附注：

环 A，B 和绳构成的系统，在绳始终处于伸直状态的过程中，天花板在 M 处为系统提供的竖直向上的拉力，其大小即为绳中拉力大小 T. 系统质心竖直向上的加速度为

$$a_C=\frac{ma_B-ma_A}{2m}=\frac{1}{2}(a_B-a_A).$$

合外力 $T-2mg$ 为质心提供此加速度，应有

$$T=2mg+2ma_C=2mg+m(a_B-a_A).$$

$\alpha=30°$时，

$$a_B-a_A=\left(\frac{3\sqrt{3}-5}{5-2\sqrt{3}}-\frac{3-\sqrt{3}}{5-2\sqrt{3}}\right)g=\frac{4\sqrt{3}-8}{5-2\sqrt{3}}g,$$

$$T=2mg+m(a_B-a_A)=\frac{2}{5-2\sqrt{3}}mg,$$

与前面所得结果一致.

$\alpha=60°$时，

$$a_B - a_A = \left[3(2\sqrt{3}-3) + 3(2\sqrt{3}-3)\right]g = 6(2\sqrt{3}-3)g,$$

$$T = 2mg + m(a_B - a_A) = 4(3\sqrt{3}-4)mg,$$

与前面所得结果一致.

$\alpha = 90^\circ$时，

$$a_B - a_A = [-1 + 2(2-\sqrt{3})]g = (3-2\sqrt{3})g,$$

$$T = 2mg + m(a_B - a_A) = (5-2\sqrt{3})mg,$$

与前面所得结果一致.　(7 分)

2016 年北京大学物理科学营营员资格赛试题

总分：140 分　　时间：2.5 小时

一、简答题(30 分)

1.(6 分)将地面参考系处理为惯性系，蹲在水平地面上的少年猛地竖直向上跳起，过程中所受空气阻力可略.

(1) 先写出惯性系中的质点系动能定理，再回答：少年跳起的过程中，是哪些力在做正功，或在做负功?

(2) 先写出惯性系中的质点系质心动能定理，再回答：少年跳起的过程中是哪些力在做正功，或在做负功?

2.(10 分)常说大气有重力压强，又说大气有分子热运动压强，那么大气对地面的压强是否为这两个压强之和? 为什么?

3.(8 分)

(1) 能否存在两个彼此分离的静止点电荷，使它们所在空间静电场中出现一个电势为零的球面等势面? 为什么?

(2) 能否存在三个彼此分离的静止点电荷，使它们所在空间静电场中出现一个电势不为零的球面等势面? 为什么?

4.(6 分)设太阳不动，一个行星仅受太阳引力，则其相对太阳的运动轨道曲线与该行星的轨道能量(动能加势能)E 对应的关系为

$$\text{椭圆：} E<0, \quad \text{抛物线：} E=0, \quad \text{双曲线：} E>0.$$

试据此判断，在实验室参考系中，α 粒子散射轨道曲线为何种曲线.

二、计算题(110 分)

5.(24 分)

三个相同的匀质小球放在光滑水平桌面上，用一根橡皮筋把三球约束起来，三个小球的质量均为 m，半径同为 R. 再如图所示，将一个质量为 $3m$，半径也为 R 的匀质小球放在原三球中间正上方，因受橡皮筋约束，下面三个小球并未分离. 设系统处处无摩擦，试求：

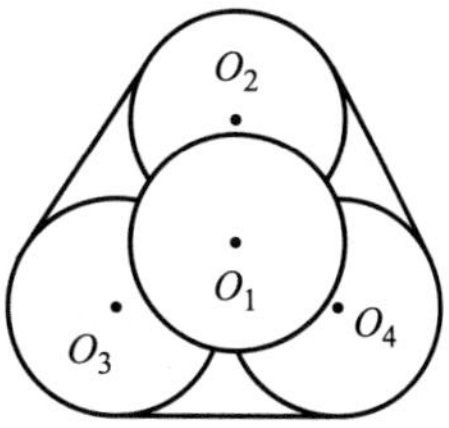

(1) 放置第四个小球后，橡皮筋张力增量 ΔT；

(2) 将橡皮筋剪断后，第四个小球碰到桌面时的速度 u.

说明：答案中不必作数值的开方运算.

6.(22 分)

(1) 均匀导热棒的串并联(10 分)

两根粗细均匀的金属棒 A，B 尺寸相同，A 的热导率 κ_1 是 B 的热导率 κ_2 的两倍. 用它们来导热，设高温端和低温端温度恒定，试求 A，B 并联使用与串联使用的能流 $j_{并}$ 与

$j_{串}$ 之比. 设棒侧面是绝热的, 能流 j 是单位时间通过金属棒整个横截面所传递的能量(即热量).

(2) 熵增(12 分)

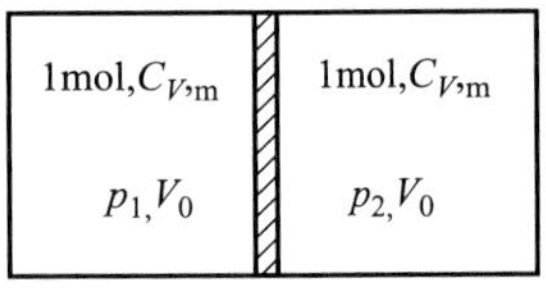

如图所示, 将一个与外界绝热的长方体容器, 用固定的绝热隔板分为体积同为 V_0 的左、右两室. 左室内存有 1mol 摩尔定容热容量为常量 $C_{V,m}$的某种理想气体, 已达压强为 p_1 的平衡态. 右室内存有 1mol 摩尔定容热容量为常量 $C_{V,m}$的另一种理想气体, 也已达到压强为 p_2 的平衡态.

现将隔板打开, 两种气体混合后, 最终达到平衡态, 其体积 $V=2V_0$.

(i) 试求最终平衡态的温度 T 和压强 p.

(ii) 取理想气体熵增公式为

$$\Delta S=\nu R\ln\frac{V_e}{V_i}+\nu C_{V,m}\ln\frac{T_e}{T_i},$$ 下标 i, e 分别表示初、末平衡态,

再求混合过程产生的系统熵增量 ΔS.

7. (22 分)

(1) 电场电势、场强叠加(10 分)

如图 1 所示, 4 个边长相同、带电量也相同的均匀带正电绝缘小立方体, 并排放在一起. 在上表面 4 个角顶点相聚的 O 点处, 测得电势和场强大小分别为 U_0 和 E_0. 将图 1 中的前右侧小立方体改放在后左侧小立方体的正上方, 结构如图 2 所示, 试求此时 O 点处的电势 U 和场强大小 E.

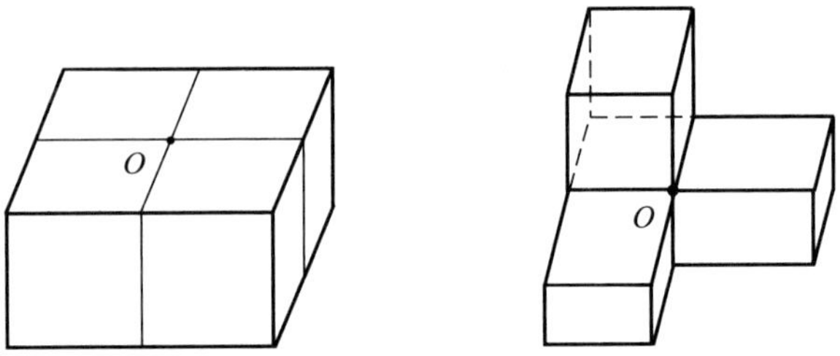

图 1　　图 2

(2) 磁场力(12 分)

如图 3 所示, 在 xy 平面上有场强 $\boldsymbol{E}_0$ 沿 x 轴方向的匀强电场, 还有垂直图平面向内的磁场, 磁感应强度大小仅随 x 变化, 即有

$$B=B(x).$$

坐标原点 O 处有一个质量为 m、电量 $q>0$ 的质点 P, 初始时刻 P 静止. 将 P 自由释放后, 在图平面上的运动轨迹为 $y=x^2/A(A>0)$的抛物线.

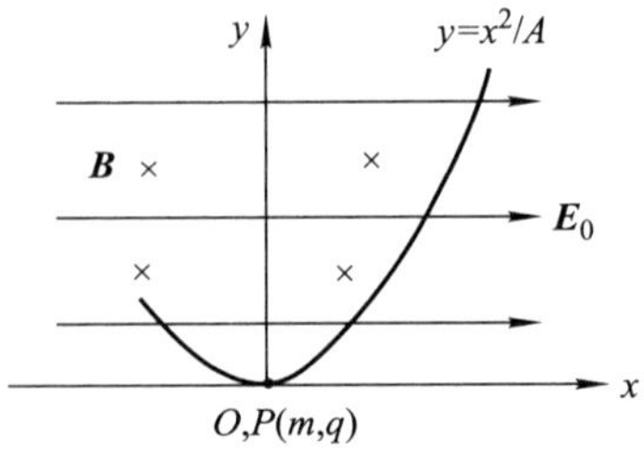

图 3

(i) 应用运动学知识导出抛物线曲率半径表达式 $\rho=\rho(x)$.

(ii) 导出 $B=B(x)$表达式.

8.（20 分）

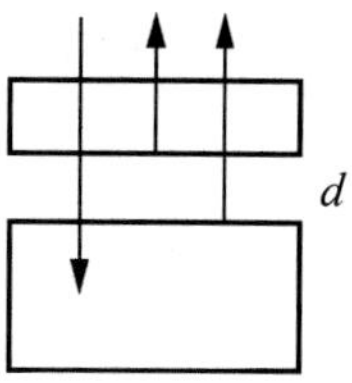

一块玻璃平板放置在一个玻璃长方体上，两者之间有一层平行的空气隙，如图所示. 波长在 0.4μm 到 1.15μm 之间的电磁波垂直入射在平板玻璃上，经空气隙上下两界面的反射而发生干涉，在反射区域中共有三种因相干叠加而获得极大增强的波长取值，其中之一为 0.4μm，试求空气隙的厚度 d.

9.（22 分）

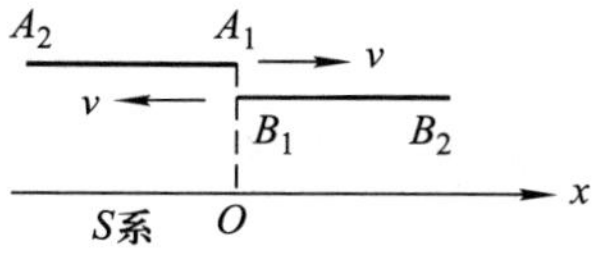

如图所示，静长同为 L 的 A_1A_2 杆和 B_1B_2 杆在惯性系 S 中紧挨着 x 轴，分别沿着 x 轴正、反方向，以相同的速度大小 v 匀速运动. S 系 $t=0$ 时刻，A_1 端，B_1 端同时位于 x 轴原点 O 处，此时 A_1A_2 杆参考系和 B_1B_2 杆参考系都把自己 A_1 处的时钟和 B_1 处的时钟拨到零点.

（1）试求 A_1 端与 B_2 端相遇时，A_1 端时钟读数 t_{A_1} 和 B_2 端时钟读数 t_{B_2}；

（2）再求 B_1 端与 A_2 端相遇时，B_1 端时钟读数 t_{B_1} 和 A_2 端时钟读数 t_{A_2}；

（3）最后求 A_2 端与 B_2 端相遇时，A_2 端时钟读数 $t_{A_{22}}$ 和 B_2 端时钟读数 $t_{B_{22}}$.

参考解答与评分标准

一、

1.（6 分）

（1）$W_{内}+W_{外}=\Delta E_k$（内力做功之和加上外力做功之和等于质点系动能增量），过程中内力做功之和为正功，外力即重力做功之和为负功.（3 分）

（2）$W_{合外-C}=\Delta E_{kC}$（合外力对质心做功等于质心动能增量），过程中地面竖直向上支持力做正功，重力做负功.（3 分）

2.（10 分）

不是.

大气分子受地球施予的向下重力之和，即为大气重力. 紧挨地面的大气分子受地面分子的向上排斥力之和，即为地面对大气竖直向上的支持力；反之，大气分子对地面分子竖直向下的反作用力之和，即为大气对地面的正压力. 单位面积地面所受正压力，即为地面所受大气的压强.（4 分）

如果将大气分子与地面分子间的一对作用力、反作用力，模型化为静态的分子间相互作用力，则称大气压强为重力压强. 若将此对作用力、反作用力，模型化为动态的以气体分子主动竖直向下的热运动分运动，所形成的与地面静态分子弹性碰撞产生的相互作用力，则称大气压强为分子热运动压强.

可见，这两种称谓的压强，其实是同一个压强.（6 分）

3.（8 分）

（1）能.

据静电镜像法，在半径为 R 的球面外，与球心相距 $r>R$ 处放一个静止的点电荷 q，再在球心与 q 电荷连线上，与球心相距 $r'=R^2/r$ 处放一个静止的点电荷 $q'=-\frac{R}{r}q$，则 R 球面便为电势为零的球面等势面.（4 分）

（2）能.

在(1)问解答中的 R 球面球心处，再放一个静止的点电荷 $q''\neq 0$，R 球面便是电势不为零的球面等势面.（4 分）

4.（6 分）

为双曲线.

α 粒子散射中，大质量原子核运动可略，处理为静止. α 粒子受原子核的库仑斥力与万有引力，在数学上同构，但差一正、负号，其势能为正. α 粒子轨道能量便为

$$E=E_k+E_p>0.$$

据此类比，可知 α 粒子散射轨道曲线为双曲线.（6 分）

二、

5.（24 分）

如题图所示，称上面小球为球 1，球心为 O_1，下面三个小球为球 2、3、4，球心为 O_2，O_3，O_4.

（1）连结 O_1，O_2，O_3，O_4，如题解图 1 所示，则有

$$O_1O_2 = O_2O_3 = O_3O_4 = O_4O_1 = 2R.$$

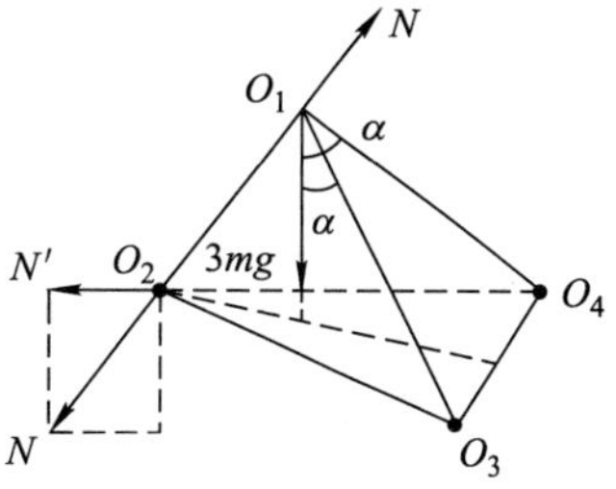

题解图 1

对图中的 α 角，易知有

$$\cos\alpha = \frac{\sqrt{6}}{3},\qquad \sin\alpha = \frac{\sqrt{3}}{3}.$$

设球 1 对下面每个小球压力为 N，则球 2、3、4 对球 1 反作用力的合力为 $3mg$，即有

$$3N\cos\alpha = 3mg,\quad \Rightarrow\quad N = \frac{\sqrt{6}}{2}mg.$$

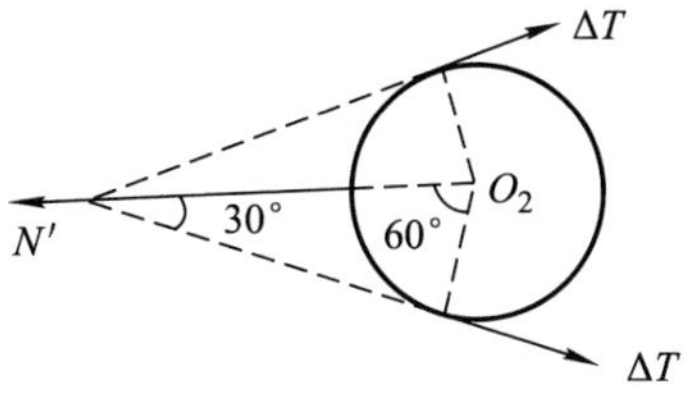

题解图 2

球 2、3、4 各自所受力 N 的水平分力为

$$N' = N\sin\alpha = \frac{\sqrt{2}}{2}mg.$$

如题解图 2 所示，橡皮筋张力 T 的增量 ΔT 应正好平衡 N'. 很易导得

$$2\Delta T\cos 30^\circ = N',\quad \Rightarrow\quad \Delta T = \frac{N'}{2\cos 30^\circ} = \frac{\sqrt{6}}{6}mg.$$

（8 分）

（2）橡皮筋剪断后. 球 1 开始向下运动，球 2、3、4 在球 1 的压力下做水平运动，球 1 运动一段时间后，可能与球 2、3、4 分离，分离的条件是相互间作用力 $N=0$. 球 1 与三个小球分离后，将在重力作用下做匀加速运动.

根据系统水平方向动量守恒和对称性，可知球 2、3、4 运动速率相同，速度方向沿 $\triangle O_2O_3O_4$ 中心到各个顶点 O_i（$i=2$，3，4）连线的延长方向.

如题解图 3 所示，设 O_1 向下速度为 v_1，O_2 沿 OO_2 方向的速度为 v_2，直角三角形 O_1O_2O 中的 $\angle O_1O_2O$ 用 θ 标记，其初始值 θ_0 应满足

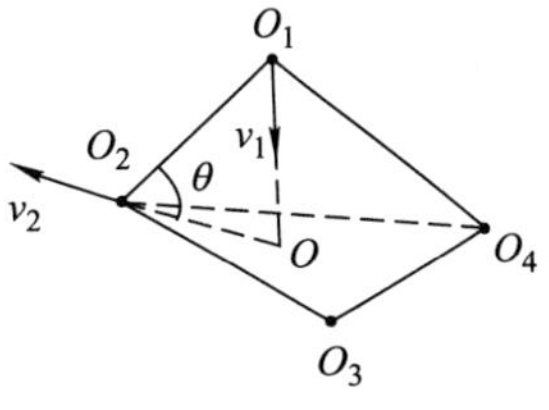

题解图 3

$$\sin\theta_0 = \frac{\sqrt{6}}{3},$$

而后 θ 角减小. 假设 θ 角小到某值时，球 1 与其余三个小球间的正压力 N 为零，则彼此将分离. 此时随 O_2 一起运动的参考系为惯性系，O_1 相对 O_2 的速度为

$$\boldsymbol{v} = \boldsymbol{v}_1 - \boldsymbol{v}_2,\quad \Rightarrow\quad v = v_1\cos\theta + v_2\sin\theta.$$

球 1 与球 2 尚未分离，故仍有

$$v_1\sin\theta = v_2\cos\theta.$$

$N_1=0$ 的条件为球 1 相对球 2 运动的向心力恰好为球 1 所受重力的分力，即有

$$3m\frac{(v_1\cos\theta+v_2\sin\theta)^2}{2R}=3mg\sin\theta,$$

与前一式联立，可解得

$$v_1^2=2Rg\sin\theta\cos^2\theta,\quad v_2^2=2Rg\sin^3\theta.$$

此时球 1 下降高度为 $2R(\sin\theta_0-\sin\theta)$，据机械能守恒，有

$$\frac{1}{2}(3m)v_1^2+3\left(\frac{1}{2}mv_2^2\right)=3mg\cdot 2R(\sin\theta_0-\sin\theta).$$

将 v_1^2，v_2^2 表述式代入，可解得

$$\sin\theta=2\sqrt{6}/9,\quad \Rightarrow\quad v_1^2=\frac{76\sqrt{6}}{243}Rg.$$

球 1 与下面三个小球分离后，即做自由落体运动，球 1 与桌面相遇时的速度 u 与初速度 v_1 间的关系为

$$u^2-v_1^2=2gh,\quad h=2R\sin\theta,$$

可得球 1 碰到桌面时的速度为

$$u=\frac{\sqrt{876\sqrt{6}}}{27}\sqrt{Rg}.\qquad (16\text{ 分})$$

（请参阅题 9 解答后的“附识”.）

6.（22 分）

(1) 均匀导热棒的串并联(10 分)

概述：

傅里叶热传导定律：

$$\mathrm{d}Q=\kappa\frac{\mathrm{d}T}{\mathrm{d}l}S\,\mathrm{d}t,\quad \kappa\text{：热导率}$$

均匀导热棒：

$$j=\frac{\mathrm{d}Q}{\mathrm{d}t}=\kappa\frac{\mathrm{d}T}{\mathrm{d}l}S.$$

热平衡时，j 处处相同，必有

$$\frac{\mathrm{d}T}{\mathrm{d}l}=\text{常量}=\frac{\Delta T}{l},\ \Delta T\text{：棒两端温差},\ l\text{：棒长}$$

$$\Rightarrow\quad j=\kappa\frac{S}{l}\Delta T.$$

为均匀导热棒引入“棒导热系数”

$$K=\kappa\frac{S}{l},$$

则有

$$j=K\Delta T.$$

类比关系：

j 与 Q(电容电量)、I(电阻电流) 类比，

ΔT 与 ΔU(电容电压)、ΔU(电阻电压) 类比，

K 与 C(电容)、R^{-1}(电导) 类比，

即有

$$K_{串}^{-1}=\sum_i K_i^{-1},\quad K_{并}=\sum_i K_i.$$

本题具体解答：

两金属棒线度相同，S 相同，l 相同，

$$K_1=\kappa_1\frac{S}{l},\quad K_2=\kappa_2\frac{S}{l}.$$

并联时：

$$\Delta T\ 相同,\ j_{并}=j_1+j_2,$$
$$j_1=K_1\Delta T,\quad j_2=K_2\Delta T,$$
$$j_{并}=j_1+j_2=(K_1+K_2)\Delta T=K_{并}\Delta T,$$
$$K_{并}=(\kappa_1+\kappa_2)\frac{S}{l}.$$

串联时：

$$j_{串}\ 相同,\ \Delta T=\Delta T_1+\Delta T_2,$$
$$\Delta T_1=j_{串}/K_1,\quad \Delta T_2=j_{串}/K_2,$$
$$\Delta T=j_{串}(K_1^{-1}+K_2^{-1})=j_{串}K_{串}^{-1},$$
$$\Rightarrow\quad j_{串}=K_{串}\Delta T,$$
$$K_{串}=(K_1^{-1}+K_2^{-1})^{-1}=(\kappa_1^{-1}+\kappa_2^{-1})^{-1}\frac{S}{l}=\frac{\kappa_1\kappa_2}{\kappa_1+\kappa_2}\frac{S}{l}.$$

得

$$j_{并}:j_{串}=K_{并}\Delta T/K_{串}\Delta T=(\kappa_1+\kappa_2)^2/\kappa_1\kappa_2.$$

将 $\kappa_1=2\kappa_2$ 代入，得

$$j_{并}:j_{串}=\frac{9}{2}.$$

(2) 熵增(12 分)

(i) 由状态方程和热力学第一定律，有

$$T_1=p_1V_0/R,\ T_2=p_2V_0/R;\ C_{V,\mathrm{m}}T_1+C_{V,\mathrm{m}}T_2=(C_{V,\mathrm{m}}+C_{V,\mathrm{m}})T.$$

$$\Rightarrow\quad T=\frac{C_{V,\mathrm{m}}p_1+C_{V,\mathrm{m}}p_2}{C_{V,\mathrm{m}}+C_{V,\mathrm{m}}}\cdot\frac{V_0}{R},$$

$$\Rightarrow\quad p=\frac{(\nu_1+\nu_2)RT}{2V_0}=\frac{C_{V,\mathrm{m}}p_1+C_{V,\mathrm{m}}p_2}{C_{V,\mathrm{m}}+C_{V,\mathrm{m}}}.$$

(ii) 混合后平衡态中第一、二种气体分压强分别记为 p_1^*，p_2^*，由

$$p_1^*\cdot 2V_0=RT,\quad p_2^*\cdot 2V_0=RT,\quad p\cdot 2V_0=2RT;$$
$$p_1^*+p_2^*=p,$$

得

$$p_1^*=p_2^*=\frac{p}{2}=\frac{1}{2}\frac{C_{V,\mathrm{m}}p_1+C_{V,\mathrm{m}}p_2}{C_{V,\mathrm{m}}+C_{V,\mathrm{m}}}.$$

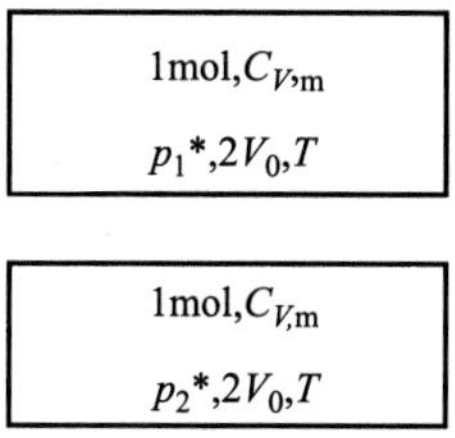

题解图

将平衡态混合气体，按题解图所示，在物质结构方面(不是体

结构方面)分为 1mol$\{C_{V,m}, p_1^*, 2V_0, T\}$子系统平衡态，和 1mol$\{C_{V,m}, p_2^*, 2V_0, T\}$子系统平衡态.

p_1^*，p_2^* 取值与熵增计算公式无关，故实际上不必求出 p_1^* 和 p_2^*.

子系统 1：初态即为题图中左图平衡态，其熵增为

$$\Delta S_1 = R\ln\frac{2V_0}{V_0} + C_{V,\,m1}\ln\frac{T}{T_1}$$

$$= R\ln 2 + C_{V,\,m1}\ln\frac{C_{V,\,m1}p_1 + C_{V,\,m2}p_2}{C_{V,\,m1}+C_{V,\,m2}}\frac{V_0}{R}\frac{R}{p_1V_0},$$

$$\Rightarrow \quad \Delta S_1 = R\ln 2 + C_{V,\,m1}\ln\frac{C_{V,\,m1}p_1 + C_{V,\,m2}p_2}{(C_{V,\,m1}+C_{V,\,m2})p_1}.$$

子系统 2：初态即为题图中右图平衡态，其熵增为

$$\Delta S_2 = R\ln\frac{2V_0}{V_0} + C_{V,\,m2}\ln\frac{T}{T_2} = R\ln 2 + C_{V,\,m2}\ln\frac{C_{V,\,m1}p_1 + C_{V,\,m2}p_2}{C_{V,\,m1}+C_{V,\,m2}}\frac{V_0}{R}\frac{R}{p_2V_0},$$

$$\Rightarrow \quad \Delta S_2 = R\ln 2 + C_{V,\,m2}\ln\frac{C_{V,\,m1}p_1 + C_{V,\,m2}p_2}{(C_{V,\,m1}+C_{V,\,m2})p_2}.$$

系统熵增为

$$\Delta S = \Delta S_1 + \Delta S_2 = 2R\ln 2 + C_{V,\,m1}\ln\frac{C_{V,\,m1}p_1 + C_{V,\,m2}p_2}{(C_{V,\,m1}+C_{V,\,m2})p_1} + C_{V,\,m2}\ln\frac{C_{V,\,m1}p_1 + C_{V,\,m2}p_2}{(C_{V,\,m1}+C_{V,\,m2})p_2}.$$

7.(22 分)

(1) 电场电势、场强叠加(10 分)

每一个小立方体在每一个角顶点(包括图 1、2 中的 O 点)的电势贡献相同，记为 U^*. 图 1 中 4 个 U^* 标量合成 U_0，图 2 中也是 4 个 U^* 标量合成 U，即得

$$U = 4U^* = U_0, \quad \Rightarrow \quad U = U_0. \qquad (4\text{ 分})$$

每一个小立方体在每一个角顶点的场强，可示意地、对称地正交分解成题解图 1 所示的 3 个大小均为 E^* 的分量. 4 个小立方体按图 1 所示在 O 点合成，只有在向上的方向上作非零叠加，另外两个方向上的叠加均得零，故有

$$E_0 = 4E^*, \quad \Rightarrow \quad E^* = \frac{1}{4}E_0.$$

4 个小立方体按图 2 结构所示在 O 点合成场强，则可参考题解图 2. 3 个朝上的与 1 个朝下的 E^* 合成 2 个向上的，即

$$E_{上} = 2E^*;$$

3 个朝右的与 1 个朝左的合成 2 个朝右的，即

$$E_{右} = 2E^*;$$

3 个朝前的与 1 个朝后的合成 2 个朝前的，即

$$E_{前} = 2E^*.$$

参考题解图 3，在图 2 所示的 O 点 $\boldsymbol{E}_{上}$，$\boldsymbol{E}_{右}$，$\boldsymbol{E}_{前}$ 合成场强(题解图 3 中未给出)大小即为

$$E = 2\sqrt{3}E^* = \frac{\sqrt{3}}{2}E_0. \qquad (6\text{ 分})$$

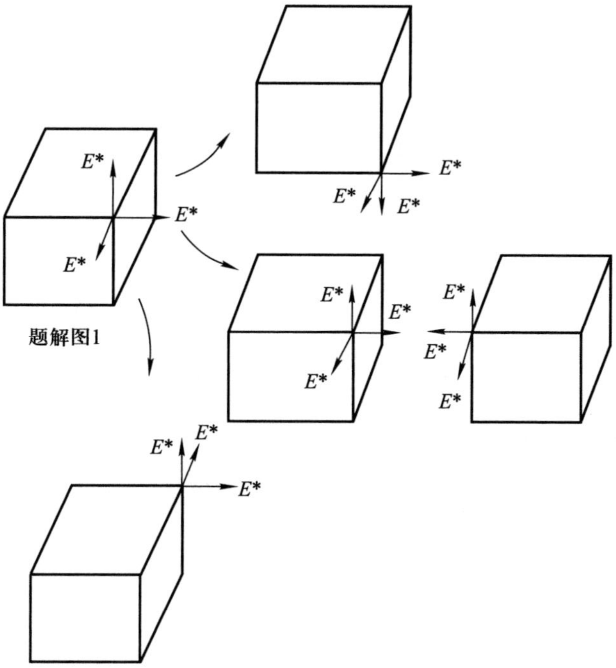

题解图 2

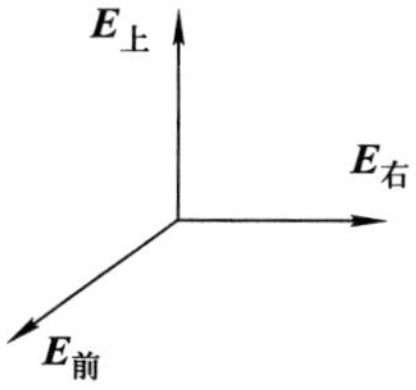

题解图 3

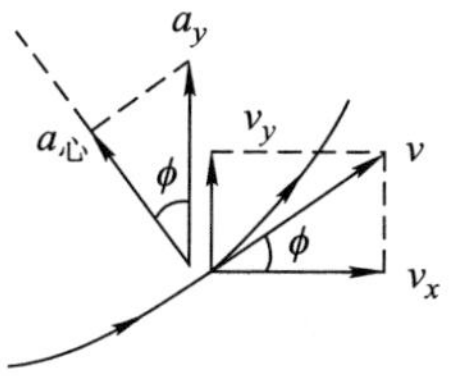

题解图 4

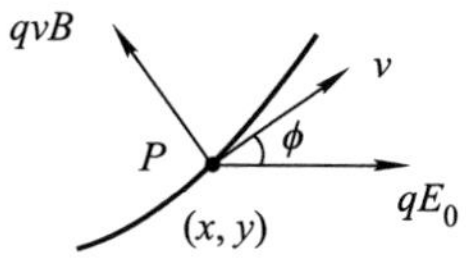

题解图 5

(2) 磁场力(12 分)

(i) $\rho=\rho(x)$的导出.

设 $x=v_0t$，则 $y=v_0^2t^2/A$，有

$$v_x=v_0,\qquad v_y=2v_0^2t/A=2v_0x/A,\qquad v^2=v_x^2+v_y^2=\left(1+\frac{4x^2}{A^2}\right)v_0^2,$$

$$a_x=0,\qquad a_y=2v_0^2/A.$$

参考题解图 4，有

$$a_{心}=a_y\cos\phi=\frac{2v_0^2}{A}\cdot\frac{v_x}{v}=\frac{2v_0^2}{A}\frac{1}{\sqrt{1+\dfrac{4x^2}{A^2}}},$$

得

$$\rho=\frac{v^2}{a_{心}}=(A^2+4x^2)^{\frac{3}{2}}/2A^2. \qquad (5\text{ 分})$$

(ii) $B=B(x)$的导出.

P 在$(x,\ y)$处有

$$\frac{1}{2}mv^2 = qE_0x, \quad \Rightarrow \quad v^2 = 2qE_0x/m.$$

参考题解图 5，有

$$\frac{mv^2}{\rho} = F_{心} = qvB - qE_0\sin\phi,$$

因

$$\tan\phi = \frac{dy}{dx} = 2x/A, \quad \Rightarrow \quad \sin\phi = 2x/\sqrt{A^2 + 4x^2},$$

得

$$B = \frac{1}{qv}\left(\frac{mv^2}{\rho} + qE_0\sin\phi\right) = \frac{1}{q\sqrt{2qE_0x/m}}\left[\frac{2qE_0x}{(A^2 + 4x^2)^{\frac{3}{2}}/2A^2} + \frac{2qE_0x}{\sqrt{A^2 + 4x^2}}\right]$$

$$= \frac{\sqrt{2mqE_0x}}{q}\frac{1}{\sqrt{A^2 + 4x^2}}\left(\frac{2A^2}{A^2 + 4x^2} + 1\right),$$

$$\Rightarrow \quad B = \sqrt{\frac{2mE_0x}{q}}(3A^2 + 4x^2)/(A^2 + 4x^2)^{\frac{3}{2}}. \qquad (7 分)$$

8.（20 分）

相干叠加获得极大增强的条件为

$$2d + \frac{\lambda}{2} = \delta = k\lambda, \quad \Rightarrow \quad \lambda = 2d\Big/\left(k - \frac{1}{2}\right), \quad k = 1, 2, \cdots.$$

因 d 是相同的，λ 越小，k 越大；λ 越大，k 越小. 设有 n 个 λ 满足极大增强，它们依次为

$$\lambda_{min} = \lambda_1 < \lambda_2 \cdots < \lambda_n = \lambda_{max},$$

它们对应的 k 可排列为

$$k_{max} = k_1 > k_2 \cdots > k_n = k_{min}.$$

任意一对 $\lambda_i < \lambda_j$ 的比值满足：

$$1 < \frac{\lambda_j}{\lambda_i} < \frac{1.15\mu m}{0.4\mu m} = 2.875.$$

又因

$$\lambda_j/\lambda_i = (2k_i - 1)/(2k_j - 1),$$

所以

$$1 < \frac{2k_i - 1}{2k_j - 1} < 2.875, \quad k_i > k_j. \qquad (1)$$

将$(2k_i - 1)/(2k_j - 1)$，$k_i > k_j$ 列表，见下页. 表中凡满足(1)式的，均用虚线框入.

据题意应取 $n = 3$，从表中可以查出，只有两组解，即

$$k_1 = 4, \quad k_2 = 3, \quad k_3 = 2 \qquad (2)$$

或

$$k_1 = 5, \quad k_2 = 4, \quad k_3 = 3, \qquad (3)$$

因有

$$\lambda_1 = \lambda_{min} = 0.4\mu m, \quad \lambda_1 = 2d\Big/\left(k_1 - \frac{1}{2}\right),$$

所以

$$d=\frac{1}{2}\left(k_1-\frac{1}{2}\right)\lambda_1=\frac{1}{2}\left(k_1-\frac{1}{2}\right)\times 0.4\mu\text{m}.$$

取(2)式时有

$$d_1=\frac{1}{2}\left(4-\frac{1}{2}\right)\times 0.4\mu\text{m}=0.7\mu\text{m},$$

取(3)式时有

$$d_2=\frac{1}{2}\left(5-\frac{1}{2}\right)\times 0.4\mu\text{m}=0.9\mu\text{m}.$$

$(2k_i-1)/(2k_j-1)$

k_j	k_i									
	2	3	4	5	6	7	8	9	10	11
1	3	5	7	9	11	13	15	17	19	21
2		1.67	2.33	3	3.67	4.33	5	5.67		
3			1.4	1.8	2.2	2.6	3	3.4		
4				1.29	1.57	1.86	2.14	2.43		
5					1.22	1.44	1.67	1.89		
6						1.18	1.36	1.55		
7							1.15	1.31		
8								1.13		

9.(22分)

A(A_1A_2 杆)参考系测得 B(B_1B_2 杆)相对其速度

$$u'_x=\left.\frac{u_x-v}{1-\dfrac{v}{c^2}u_x}\right|_{u_x=-v}=\frac{-2v}{1+\beta^2},\qquad \beta=\frac{v}{c}.$$

即 A 认为 B 相对其左行，速度大小为 $v_{AB}=2v/(1+\beta^2)$，故 B 认为 A 相对其右行，速度大小 v_{BA} 与 v_{AB} 相同，或者说，A，B 间相对速度大小，统记为

$$v_{AB}=2v/(1+\beta^2).$$

引入

$$\beta_{AB}=v_{AB}/c,\qquad \Rightarrow\qquad \sqrt{1-\beta_{AB}^2}=\frac{1-\beta^2}{1+\beta^2}.\text{（过程略）}\qquad (4\text{分})$$

(1) S 系中

点事件：A_1，B_1，O 相遇$\{0,0\}$，

点事件：A_1，B_2 相遇$\left\{\dfrac{L}{2}\sqrt{1-\beta^2},\ \dfrac{\sqrt{1-\beta^2}L}{2v}\right\}$.

t_{A_1} 的求解.

方法1：S 系认为本系用两个静钟测得上述两个点事件界定的物理过程所经时间间隔为

$$T_{S静}=\frac{\sqrt{1-\beta^2}L}{2v}-0.$$

S 系认为相对 S 系一个运动的时钟 A_1，测得该过程所经时间间隔为

$$T_{A动}=t_{A_1}-0,$$

因 $T_{A动}=\sqrt{1-\beta^2}\,T_{S静}$，得

$$t_{A_1}=(1-\beta^2)L/2v. \qquad (3\text{ 分})$$

方法 2：A 系中前述两个点事件的空、时坐标分别为$\{0，0\}$，$\{0，t_{A_1}\}$.

由时空变换，得

$$t_{A_1}=\frac{\dfrac{\sqrt{1-\beta^2}L}{2v}-\dfrac{v}{c^2}\dfrac{L}{2}\sqrt{1-\beta^2}}{\sqrt{1-\beta^2}}=\frac{(1-\beta^2)L}{2v}.$$

t_{B_2} 的求解.

方法 1：B 系认为本系用两个静钟，测得上述两个点事件界定的物理过程所经时间间隔为

$$T_{B静}=t_{B_2}-0.$$

B 系认为相对 B 系的一个运动时钟 A_1，测得该过程所经时间间隔为

$$T_{A动}=t_{A_1}-0,$$

因

$$T_{A动}=\sqrt{1-\beta_{AB}^2}\,T_{B静},$$

得

$$t_{B_2}=t_{A_1}/\sqrt{1-\beta_{AB}^2}=\frac{(1-\beta^2)L}{2v}\cdot\frac{1+\beta^2}{1-\beta^2}=\frac{(1+\beta^2)L}{2v}. \qquad (3\text{ 分})$$

方法 2：B 系中前述两个点事件的空、时坐标分别为

$$\{0，0\}，\{L，t_{B_2}\}.$$

由时空变换，得

$$t_{B_2}=\left(\frac{\sqrt{1-\beta^2}L}{2v}+\frac{v}{c^2}\cdot\frac{L}{2}\sqrt{1-\beta^2}\right)\Big/\sqrt{1-\beta^2}=\frac{(1+\beta^2)L}{2v}.$$

(2) S 系中

点事件：A_1，B_1，O 相遇$\{0，0\}$，

点事件：B_1，A_2 相遇$\left\{-\dfrac{L}{2}\sqrt{1-\beta^2}，\dfrac{\sqrt{1-\beta^2}L}{2v}\right\}$.

t_{B_1} 的求解.

方法 1：S 系认为本系采用两个静钟，测得上述两个点事件界定的物理过程所经时间间隔为

$$T_{S静}=\frac{\sqrt{1-\beta^2}L}{2v}-0.$$

S 系认为相对 S 系的一个运动时钟 B_1，测得该过程所经时间间隔为

$$T_{B动}=t_{B_1}-0.$$

因

$$T_{B动}=\sqrt{1-\beta^2}\,T_{S静},$$

得

$$t_{B_1}=(1-\beta^2)L/2v. \qquad (3分)$$

方法 2：略.

t_{A_2} 的求解.

方法 1：略.

方法 2：A 系中前述两个点事件的空时坐标分别为

$$\{0,\ 0\},\ \{-L,\ t_{A_2}\}.$$

由时空变换，得

$$t_{A_2}=\left[\frac{\sqrt{1-\beta^2}\,L}{2v}-\frac{v}{c^2}\left(-\frac{L}{2}\sqrt{1-\beta^2}\right)\right]\Big/\sqrt{1-\beta^2}=\frac{(1+\beta^2)L}{2v}. \qquad (3分)$$

(3) S 系中

$$点事件：A_1,\ B_1,\ O\ 相遇\{0,\ 0\},$$

$$点事件：A_2,\ B_2\ 相遇于\ O\left\{0,\ \frac{\sqrt{1-\beta^2}\,L}{v}\right\}.$$

$t_{A_{22}}$ 的求解.

方法 1：A 系认为本系用两个静钟(A_1 钟、A_2 钟)，测得上述两个点事件界定的物理过程所经时间间隔为

$$T_{Ae静}=t_{A_{22}}-0.$$

A 系认为相对 A 系的一个运动时钟 O，测得该过程所经时间间隔为

$$T_{Se动}=\frac{\sqrt{1-\beta^2}\,L}{v}-0,$$

因

$$T_{Se动}=\sqrt{1-\beta^2}\,T_{Ae静},$$

得

$$t_{A_{22}}=T_{Se动}/\sqrt{1-\beta^2}=\frac{L}{v}. \qquad (3分)$$

方法 2：A 系认为 S 系的 O 点相对 A 系以速度 v 朝左运动，经过 L 路程到达 A_2 点，即得

$$t_{A_{22}}=L/v.$$

$t_{B_{22}}$ 的求解.

方法 1：略.

方法 2：B 系认为 S 系的 O 点相对 B 系以速度 v 朝右运动，经过 L 路程到达 B_2 点，即得

$$t_{B_{22}}=L/v. \qquad (3分)$$

附识：

题 5 题文所述“用一根橡皮筋把三球约束起来”，可以有两种解读.

解读 1：开始的约束只是让三个球不会互相分离，这意味着橡皮筋长度几乎不变，其内张力可略. 当另外一个小球放在原三个小球中间正上方时，橡皮筋张力出现了待求的增量 ΔT.

解读 2：认为约束中橡皮筋已有伸长，其内已有不可忽略的张力，在力平衡方程中，既包含着橡皮筋的待求增量 ΔT，也应包含着三个小球之间相互挤压量的负增量. 一个方程，两个未知量，解具有不定性.

编者评述：编者与大多数学生按"解读 1"处理，本题有唯一解. 少数同学按"解读 2"处理，本题无唯一解，解具有不定性. 这些少数同学的见解，提醒了编者，原题文表述上出现了疏漏，而当时未能顾及到如此行文会造成解读上的歧义，这是今后务必要尽量避免的.

2016 年北京大学物理科学营试题

总分：160 分　　时间：3.5 小时

一、(15 分)

空气中，折射率为 n 的一块平凸透镜，在 Oxy 平面上的截面如图所示. 透镜主光轴与 x 轴重合，底圆半径为 R，圆心位于坐标原点 O. 在透镜凸面外的主光轴上取一点 F，记 $\overline{OF}=f$. 已知半径为 R 的圆柱形平行光束沿主光轴入射，通过透镜后可会聚在 F 点.

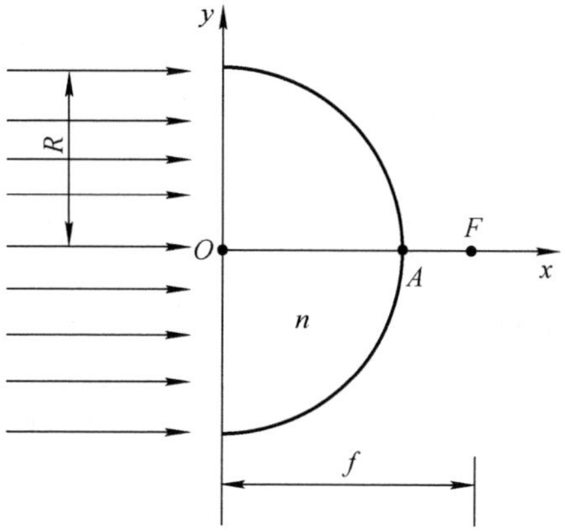

(1) 导出凸面被 Oxy 坐标平面所截曲线的方程，继而判定凸面是何种曲面.

(2) 将 n，f 处理为给定已知量，试导出 R 可取值范围，并确定曲面顶点 A 的坐标 x_A（以 n，f，R 参量表示）.

(3) 将 R 取为(2)问取值范围的上限，试问透镜凸面是何种曲面，并画出所有入射光线遇凸曲面后行进的光线.

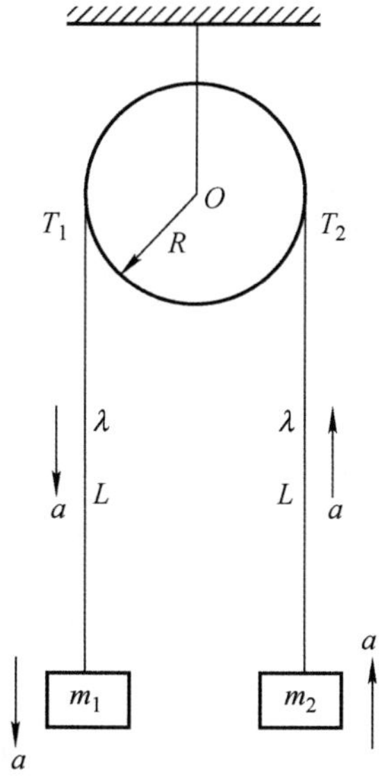

二、(20 分)

系统如图示，一根长度为 $2L+\pi R$，质量线密度为 λ 的均匀软绳，跨搭在半径为 R 的固定圆盘上，绳与圆盘接触处均无摩擦. 圆盘两侧下垂绳段长度同为 L，左、右下端各自连接质量分别为 $m_1=\gamma m(\gamma>1)$、$m_2=m$ 的两个小物块. 开始时系统处于静止状态，自由释放后瞬间，左侧绳段与下端小物块均获得竖直向下的加速度 a，右侧绳段与下端小物块均获得竖直向上的加速度 a. 与圆盘接触的各处小绳段，均有相应的切向加速度，其值均为 a. 将此时左、右绳段上端处绳的张力分别记为 T_1，T_2，设 L，R，λ，γ，m 均为已知量.

(1) 试求 a，T_1，T_2；

(2) 将此时圆盘为半圆绳段各处提供的向上为正的支持力总和记为 $N_\perp$，向右为正的支持力总和记为 $N_{/\!/}$，试求 $N_\perp$，$N_{/\!/}$；再取 $2\lambda L=\lambda\pi R=2m$，$\gamma=2$，给出 $N_\perp$，$N_{/\!/}$ 的值(只可包含参量 m 和 g).

三、(18 分)

如图所示，水平几何面上有两根等间距的固定 L 形细轨道，每条轨道均由两段相互垂直的直轨和一段四分之一圆轨连接而成. 两根轨道间距处处同为 $2d$，内轨圆弧和外轨圆弧

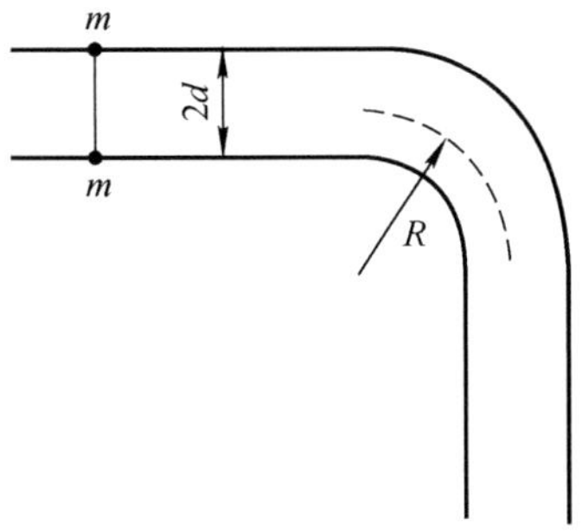

半径分别为 $R-d$ 和 $R+d$，且 $R>\frac{5}{2}d$. 两个质量同为 m 的小珠子分别穿在内、外轨道上，小珠子可沿轨道滑动，假设系统处处无摩擦.

(1) 在轨道左侧某处将这两个珠子用长度略大于 $2d$（计算时仍处理为 $2d$），不可伸长的细软轻绳连接起来，此时绳长方向自然与轨道垂直. 开始时，让两个珠子一起以速率 v_0 朝右运动，而后的过程中，轻绳有被伸长趋势时，即会使系统沿绳长方向的动能全部损耗掉. 经过一段时间后，两个珠子同时从圆弧轨道进入右侧的直轨道，速率同为 v. 已知参量 d，R，v，试求 v_0.

(2) 今改用原长为 $2d$ 的轻弹簧，将这两个小珠子连接起来. 在弹簧处于原长时，令两个小珠子以相同的初速率 u_0 一起朝右运动. 经过一定时间，两个珠子同时从圆弧轨道进入右侧的直轨道，此时弹簧第一次恢复原长. 已知参量 d，R，u_0.

(2.1) 试求刚进入右侧直轨道，内轨小珠和外轨小珠各自速率 u_1 和 u_2；

(2.2) 再求两珠子通过圆弧段轨道所经时间 t.

四、(20 分)

由摩尔定容热容量 $C_{V,m}$ 为不变量的 ν mol 理想气体若干可逆过程线围成的三个可逆热循环过程 $ABDA$，$DBCD$ 和 $ABCDA$，如图所示. 标志性的状态量也已在图中给出.

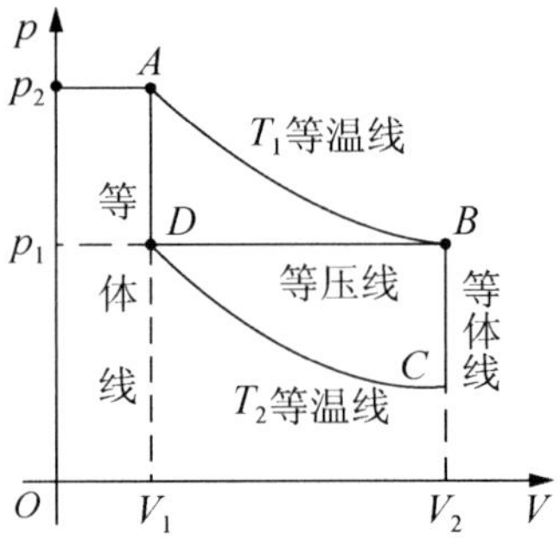

(1) 将可导得的循环过程 $ABDA$ 效率表述为

$$\eta_{ABDA}=1-\frac{\nu(C_{V,\mathrm{m}}+R)(T_1-T_2)}{\nu C_{V,\mathrm{m}}(T_1-T_2)+\nu RT_1\ln\dfrac{T_1}{T_2}}.$$

以此为例，试导出循环过程 $DBCD$ 和 $ABCDA$ 的效率 η_{DBCD} 和 η_{ABCDA} 的表达式，式中不可出现 p_1，p_2，V_1，V_2 参量.

(2) 以(1)问所给和所得表达式为依据，不引用热力学第一定律.

(2.1) 从数学上证明

$$\eta_{ABDA}>0,\ \eta_{DBCD}>0,\ \eta_{ABCDA}>0.$$

(2.2) 从数学上分别判断 η_{ABCDA} 与 η_{ABDA} 谁大、谁小；η_{ABCDA} 与 η_{DBCD} 谁大、谁小.

(2.3) 从数学上判断 η_{ABCDA} 与工作在 T_1 热源、T_2 热源之间的可逆卡诺循环过程效率谁大、谁小.

(3) 结合学过的热学知识，试证任意热循环过程的效率，不能大于工作于它所经历的最高温度热源与最低温度热源之间的可逆卡诺热循环过程的效率 η^*.

供参考的数学公式：

$$\ln x=2\left[\frac{x-1}{x+1}+\frac{1}{3}\left(\frac{x-1}{x+1}\right)^3+\frac{1}{5}\left(\frac{x-1}{x+1}\right)^5+\cdots\right],\qquad x>0,$$

$$e^x=1+x+\frac{x^2}{2!}+\frac{x^3}{3!}+\cdots.$$

五、(25 分)

在温度为 T 的恒温热源中有一导热容器，它被一块带有面积为 A 的小孔的隔板分成体积同为 V 的左、右两部分. 开始时($t=0$)左侧部分内有摩尔质量为 μ_1 的 νmol 理想气体，右侧部分内有另一种摩尔质量为 μ_2 的 νmol 理想气体. 两侧气体通过小孔交换分子的过程中，任一时刻都可认为各自处于热平衡状态.

(1) 试求左、右两侧气体密度 ρ_L，ρ_R 各自随时间 $t(t\geqslant 0)$的变化关系；

(2) 计算从开始直到最后 $\rho_L=\rho_R$ 状态的过程中，整个气体系统的熵增量.

六、(30 分)

(1) 相对论运动学(10 分)

如图 1 所示，静长同为 l 的两根细杆 AB，BC 连接成直角架，在惯性系 S 的 Oxy 平面上，沿着 x 轴方向以匀速度 $\boldsymbol{v}$ 运动，AB 杆始终与 x 轴平行. 直角架参考系中，质点 P，Q 分别从 A 端、B 点同时做相对直角架速率也为常量 v 的直线运动，P 的运动朝着 B 点，Q 的运动朝着 C 端.

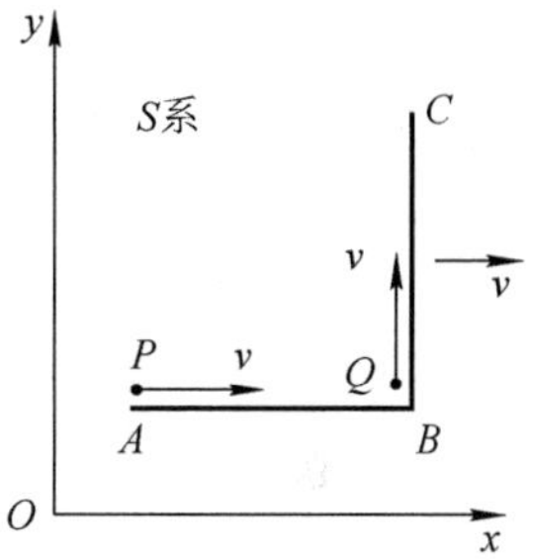

图 1

(i) P 从 A 到 B 所经时间，在直角架参考系中记为 $\Delta t'_{AB}$，在点 P 参考系中记为 Δt_{P-AB}，在 S 系中记为 Δt_{S-AB}，试求这三个时间量.

(ii) Q 从 B 到 C 所经时间，在直角架参考系中记为 $\Delta t'_{BC}$，在点 Q 参考系中记为 Δt_{Q-BC}，在 S 系中记为 Δt_{S-BC}，试求这三个时间量.

(2) 相对论动力学(20 分)

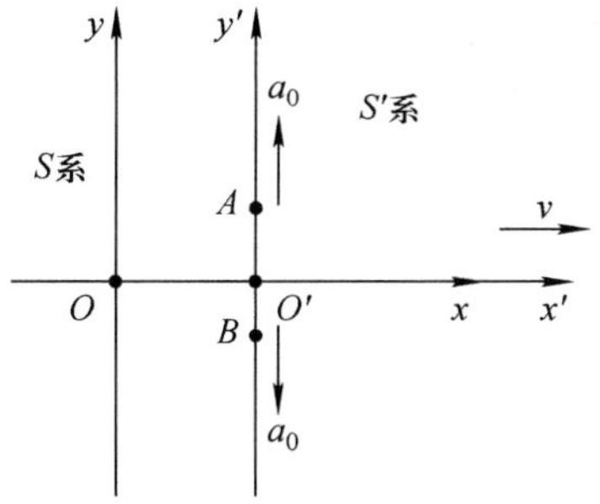

图 2

惯性系 S，S' 间的相对运动关系如图 2 所示，且已设 O，O' 重合时，$t=t'=0$.

S' 系中，两个静质量同为 m_0 的质点 A，B 在 $t'=0$ 时位于 O' 处，初速为零. 设想 A，B 间有一对满足牛顿第三定律的作用力、反作用力 $\boldsymbol{F}'_A$ 和 $\boldsymbol{F}'_B$，使 A，B 分别沿 y' 轴正、负方向，以相同的匀加速度 a_0 运动.

(i) 在 S' 系计算 $\frac{c}{a_0}>t'>0$ 时刻 t' 的受力 $\boldsymbol{F}'_A$ 和 $\boldsymbol{F}'_B$.

(ii) 设 S 系中在 $t>0$ 时刻，A，B 速度值 $u<c$.

(ii. 1) 确定 t 的取值范围；

(ii. 2) S 系中在取值范围内的 t 时刻，先导出 A 所受力 $\boldsymbol{F}_A$，继而写出 B 所受力 $\boldsymbol{F}_B$，求解过程中不可直接引用相对论的力变换式；

(ii. 3) 检查上问中所得 $\boldsymbol{F}_A$，$\boldsymbol{F}_B$ 是否满足牛顿第三定律，并给出你对此结果的解读.

七、(32 分)

电介质极化

(1) 半径为 R 的球面外侧，无限靠近 R 球面的无限窄球壳区域，称为 R 球面外的邻域. 该邻域中任何一个点部位与球心的间距可表记为 R^+.

图 1 中，半径为 R 的几何球面上电荷面密度为

$$\sigma(\theta)=\sigma_0\cos\theta, \quad \sigma_0>0.$$

试结合匀强电场中，原本不带电的导体球表面感应面电荷密度分布知识，导出图 1 中球面外侧邻域的场强分布 $\boldsymbol{E}_{R+}(\theta)$.

(2) 取半径为 R、相对介电常数为 ε_r 的均匀介质球.

(2.1) 设此球已经均匀极化，极化强度为 $\boldsymbol{P}$，试求图 2 中球面上极化电荷面密度 $\sigma(\theta)$ 的分布和该极化电荷在球内产生的退极化场 $\boldsymbol{E}'$ 的分布.

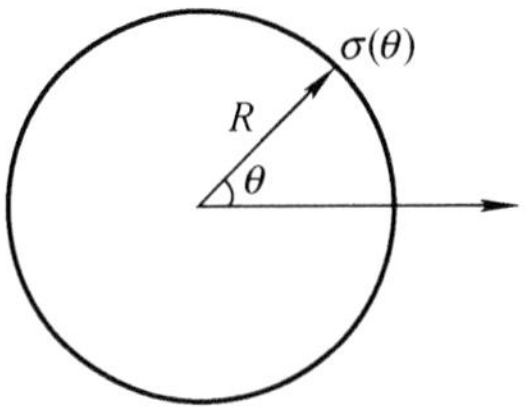

图 1

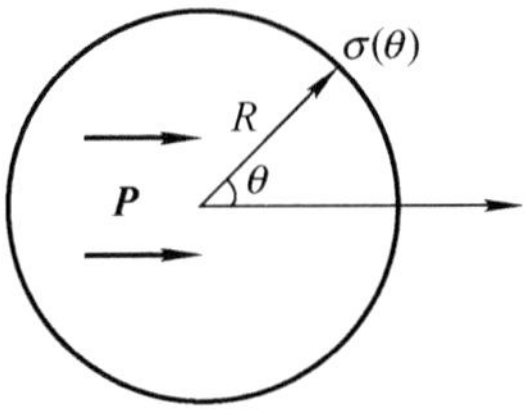

图 2

(2.2) 将未被极化的原介质球放入匀强电场 $\boldsymbol{E}_0$ 中，试求极化后介质球内 $\boldsymbol{P}$ 的分布.

(3) 在相对介电常数为 ε_r 的无限大均匀介质中的总电场为均匀电场 $\boldsymbol{E}_0$.

(3.1) 在此介质中挖一个半径为 R 的球形空腔，求腔内电场 $\boldsymbol{E}_{内}$ 和腔壁介质电极化强度 $\boldsymbol{P}$；

(3.2) 在此空腔内再放入一个半径为 R、带电量为 Q 的导体球，求此导体球所受静电力.

(4) 相对介电常数为 ε_r 的无限大均匀介质中总电场为匀强电场 $\boldsymbol{E}_0$，挖出一个球形空腔后，试说明全空间电场为原 $\boldsymbol{E}_0$ 场与腔壁极化面电荷的退极化场之叠加.

试题解答与评分标准

一、(15分)

(1) 参考题解图1，据费马原理，光线 BF 和 NMF 的等光程性方程为

$$L = nx + \sqrt{(f-x)^2 + y^2} = \sqrt{f^2 + R^2},$$

继而可得凸曲面任意一点 $M(x, y)$ 坐标 x，y 应满足的方程为

$$(n^2-1)\left[x - \frac{n\sqrt{f^2+R^2} - f}{n^2-1}\right]^2 - y^2 = \frac{(nf - \sqrt{f^2+R^2})^2}{n^2-1}.$$

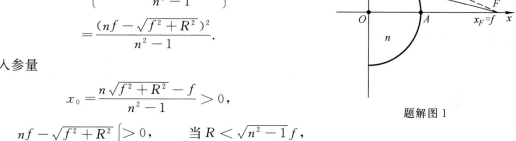

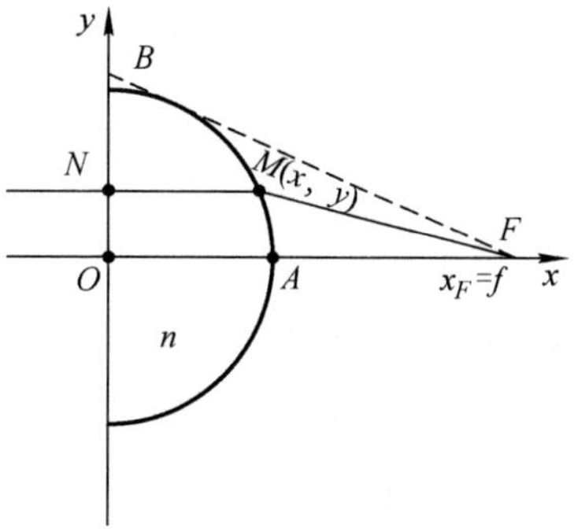

题解图1

引入参量

$$x_0 = \frac{n\sqrt{f^2+R^2} - f}{n^2-1} > 0,$$

$$a = \frac{nf - \sqrt{f^2+R^2}}{\sqrt{n^2-1}} \begin{cases} > 0, & \text{当 } R < \sqrt{n^2-1}\,f, \\ \leqslant 0, & \text{当 } R \geqslant \sqrt{n^2-1}\,f, \end{cases} \tag{1}$$

则方程简化为

$$(n^2-1)(x-x_0)^2 - y^2 = a^2,$$

为双曲线方程，故题图曲线为双曲线，透镜凸面为旋转双曲面. (5分)

(2) 透镜顶点 A 的坐标 x_A 应满足方程

$$(n^2-1)(x_A - x_0)^2 = a^2, \tag{2}$$

其中 x_0 为双曲线渐近线在 x 轴上的交点坐标，易知

$$x_A < x_0,$$

故由(1)、(2)式得

$$x_A = x_0 - \frac{|a|}{\sqrt{n^2-1}} = \begin{cases} \dfrac{\sqrt{f^2+R^2} - f}{n-1}, & \text{当 } R < \sqrt{n^2-1}\,f, \quad (3) \\ \dfrac{\sqrt{f^2+R^2} + f}{n+1}, & \text{当 } R \geqslant \sqrt{n^2-1}\,f. \quad (4) \end{cases}$$

要求 F 在透镜外，则要求

$$x_A < f.$$

(3)式满足，

$$x_A = \frac{\sqrt{f^2+R^2} - f}{n-1} < \frac{\sqrt{f^2 + (n^2-1)f^2} - f}{n-1} = f;$$

(4)式不满足，

$$x_A=\frac{\sqrt{f^2+R^2}+f}{n+1}\geqslant\frac{\sqrt{f^2+(n^2-1)f^2}+f}{n+1}=f.$$

综上，

$$0<R<\sqrt{n^2-1}f,$$

$$x_A=\frac{\sqrt{f^2+R^2}-f}{n-1}.\qquad (5\text{ 分})$$

(3) 取 R 上限，得

$$R=\sqrt{n^2-1}f,\quad\Rightarrow\quad x_A=\frac{\sqrt{f^2+(n^2-1)f^2}-f}{n-1}=f,$$

即 A 点与 F 点重合. 又因此时

$$x_0=\left.\frac{n\sqrt{f^2+R^2}-f}{n^2-1}\right|_{R=\sqrt{n^2-1}f}=f,\ a=0,$$

故透镜凸面的双曲线方程退化为

$$(n^2-1)(x-f)^2-y^2=0,\quad\Rightarrow\quad y=\pm\sqrt{n^2-1}(x-f),$$

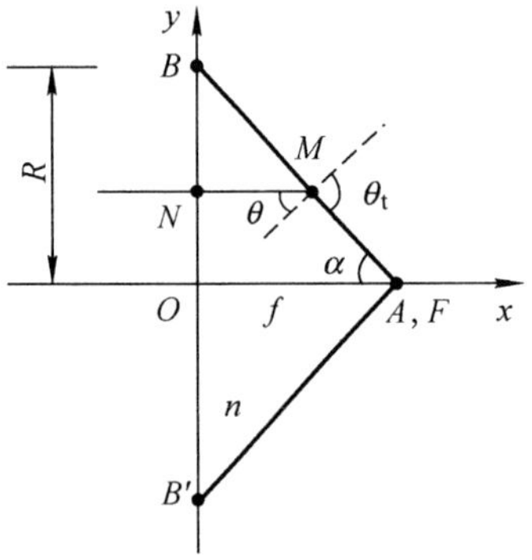

题解图 2

成为通过 F 点的两条直线，BA(即 BF)与 $B'A$(即 $B'F$)，透镜的凸面变成以 A(即 F)点为顶点的圆锥面，如题解图 2 所示.

取任意一条入射光线 NM，由折射定律，有

$$n\sin\theta=\sin\theta_t.$$

由几何关系

$$\sin\theta=\cos\alpha=\frac{f}{\sqrt{f^2+R^2}},$$

得

$$\sin\theta_t=\frac{nf}{\sqrt{f^2+R^2}}=1,\quad\Rightarrow\quad\theta_t=\frac{\pi}{2}.$$

即所有入射的平行光线，折射后均沿圆锥面到达 F 点，此时的 θ 角就是全反射的临界角.

(5 分)

二、(20 分)

(1) 参考题图和题解图 1，有

左侧 $\lambda L+m_1$：$(\lambda L+\gamma m)g-T_1=(\lambda L+\gamma m)a$，　(1)

右侧 $\lambda L+m_2$：$T_2-(\lambda L+m)g=(\lambda L+m)a$.　(2)

张力关联：$T_1\sim T_2$ 待定.

半圆绳段内，张力分布函数 $T(\theta)\sim\theta$ 关系式：

$$T(\theta+d\theta)\cos\frac{d\theta}{2}-T(\theta)\cos\frac{d\theta}{2}-\lambda dl\cdot g\cos\left(\theta+\frac{d\theta}{2}\right)=\lambda dl\cdot a,$$

$$\Rightarrow\quad dT-\lambda dl\cdot g\cos\theta=\lambda dl\cdot a,\ dl=Rd\theta,$$

$$\Rightarrow\quad\int_{T_2}^{T(\theta)}dT=\lambda R\int_0^{\theta}(a+g\cos\theta)d\theta=\lambda R(a\theta+g\sin\theta),$$

$$\Rightarrow \quad T(\theta)=T_2+\lambda R(a\theta+g\sin\theta), \tag{3}$$

$$\Rightarrow \quad \theta=\pi:\ T_1=T(\pi)=T_2+\lambda\pi R\cdot a,$$

即得

$$T_1=T_2+\lambda\pi Ra. \tag{4}$$

联立(1)、(2)、(4)式，可得

$$a=\frac{(\gamma-1)m}{(\gamma+1)m+\lambda(2L+\pi R)}g, \tag{5}$$

$$T_1=\frac{(\lambda L+\gamma m)[2m+\lambda(2L+\pi R)]}{(\gamma+1)m+\lambda(2L+\pi R)}g, \tag{6}$$

$$T_2=\frac{(\lambda L+m)[2\gamma m+\lambda(2L+\pi R)]}{(\gamma+1)m+\lambda(2L+\pi R)}g.$$

(7)(10 分)

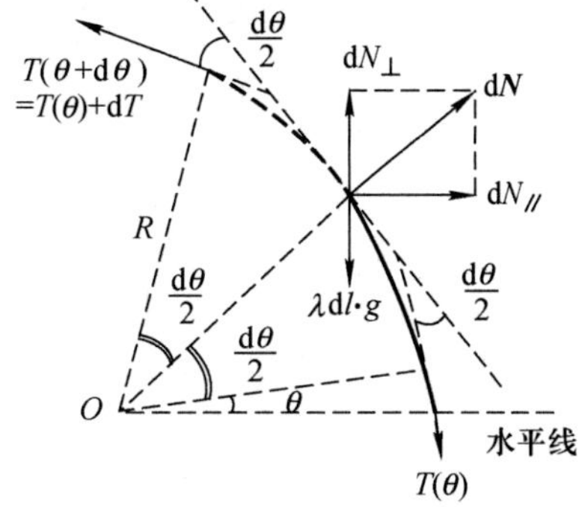

题解图 1

（2）参考题解图 1，圆盘对 $dl=Rd\theta$ 绳段的支持力记为 $d\mathbf{N}$，其竖直向上为正的分量记为 $d\mathbf{N}_\perp$，水平朝右为正的分量记为 $d\mathbf{N}_{/\!/}$. 结合(3)式应有

$$\begin{aligned}dN&=T(\theta+d\theta)\sin\frac{d\theta}{2}+T(\theta)\sin\frac{d\theta}{2}+\lambda dlg\sin\left(\theta+\frac{d\theta}{2}\right)\\&=T(\theta)d\theta+\lambda Rg\sin\theta d\theta\\&=[T_2+\lambda R(a\theta+g\sin\theta)]d\theta+\lambda Rg\sin\theta d\theta\\&=T_2d\theta+\lambda Ra\theta d\theta+2\lambda Rg\sin\theta d\theta,\end{aligned}$$

$$dN_\perp=dN\sin\left(\theta+\frac{d\theta}{2}\right)=T_2\sin\theta d\theta+\lambda Ra\theta\sin\theta d\theta+2\lambda Rg\sin^2\theta d\theta,$$

$$dN_{/\!/}=dN\cos\left(\theta+\frac{d\theta}{2}\right)=T_2\cos\theta d\theta+\lambda Ra\theta\cos\theta d\theta+2\lambda Rg\sin\theta\cos\theta d\theta,$$

继而积分，得

$$N_\perp=\int_0^\pi dN_\perp=T_2\int_0^\pi\sin\theta d\theta+\lambda Ra\int_0^\pi\theta\sin\theta d\theta+2\lambda Rg\int_0^\pi\sin^2\theta d\theta,$$

$$\int_0^\pi\sin\theta d\theta=2,$$

$$\int_0^\pi\theta\sin\theta d\theta=\theta\cdot(-\cos\theta)\Big|_0^\pi-\int_0^\pi(-\cos\theta)d\theta=\pi,$$

$$\int_0^\pi\sin^2\theta d\theta=\frac{1}{2}\int_0^\pi d\theta-\frac{1}{2}\int_0^\pi\cos2\theta d\theta=\frac{1}{2}\pi-\frac{1}{4}\sin2\theta\Big|_0^\pi=\frac{1}{2}\pi,$$

$$\begin{aligned}\Rightarrow\quad N_\perp&=2T_2+\lambda\pi R(a+g)\\&=\frac{2(\lambda L+m)[2\gamma m+\lambda(2L+\pi R)]}{(\gamma+1)m+\lambda(2L+\pi R)}g+\lambda\pi R\,\frac{(\gamma-1)m+(\gamma+1)m+\lambda(2L+\pi R)}{(\gamma+1)m+\lambda(2L+\pi R)}g\\&=\frac{2(\lambda L+m)\cdot2\gamma m+2(\lambda L+m)\lambda(2L+\pi R)+\lambda\pi R\cdot2\gamma m+\lambda\pi R\lambda(2L+\pi R)}{(\gamma+1)m+\lambda(2L+\pi R)}g\\&=\frac{4\gamma m^2+2\lambda m\cdot\gamma\cdot2L+2\lambda m(2L+\pi R)+2\lambda m\gamma\pi R+\lambda^2(2L+\pi R)^2}{(\gamma+1)m+\lambda(2L+\pi R)}g\end{aligned}$$

$$=\frac{4\gamma m^2+2\lambda m\gamma(2L+\pi R)+2\lambda m(2L+\pi R)+\lambda^2(2L+\pi R)^2}{(\gamma+1)m+\lambda(2L+\pi R)}g$$

$$=\frac{[(\gamma+1)m+\lambda(2L+\pi R)]^2-(\gamma-1)^2m^2}{(\gamma+1)m+\lambda(2L+\pi R)}g,$$

即

$$N_{\perp}=2T_2+\lambda\pi R(a+g)=\frac{[(\gamma+1)m+\lambda(2L+\pi R)]^2-(\gamma-1)^2m^2}{(\gamma+1)m+\lambda(2L+\pi R)}g, \quad (8)$$

$$N_{/\!/}=\int_0^{\pi}\mathrm{d}N_{/\!/}=T_2\int_0^{\pi}\cos\theta\mathrm{d}\theta+\lambda Ra\int_0^{\pi}\theta\cos\theta\mathrm{d}\theta+2\lambda Rg\int_0^{\pi}\sin\theta\cos\theta\mathrm{d}\theta,$$

$$\int_0^{\pi}\cos\theta\mathrm{d}\theta=0,$$

$$\int_0^{\pi}\theta\cos\theta\mathrm{d}\theta=\theta\cdot\sin\theta\Big|_0^{\pi}-\int_0^{\pi}\sin\theta\mathrm{d}\theta=\cos\theta\Big|_0^{\pi}=-2,$$

$$\int_0^{\pi}\sin\theta\cos\theta\mathrm{d}\theta=\frac{1}{2}\int_0^{\pi}\sin2\theta\mathrm{d}\theta=-\frac{1}{4}\cos2\theta\Big|_0^{\pi}=0,$$

$$\Rightarrow \quad N_{/\!/}=-2\lambda Ra=-\frac{2\lambda R(\gamma-1)m}{(\gamma+1)m+\lambda(2L+\pi R)}g. \quad (9)$$

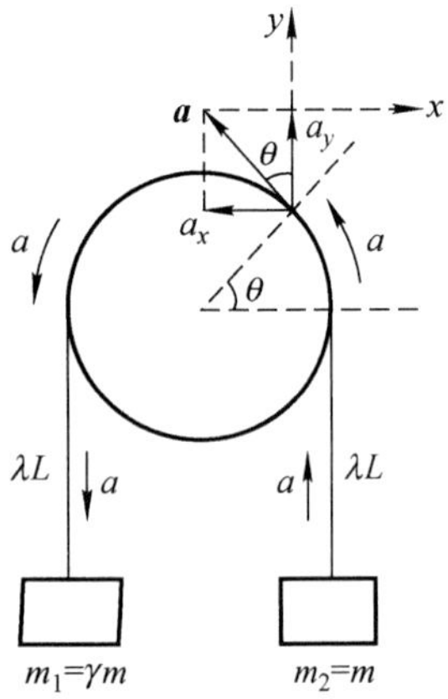

题解图 2

将 $2\lambda L=\lambda\pi R=2m$，$\gamma=2$ 代入，得

$$N_{\perp}=\frac{48}{7}mg, \qquad N_{/\!/}=-\frac{4}{7\pi}mg. \quad (10)(10\text{ 分})$$

附录：利用质心运动定理求解 $N_{\perp}$，$N_{/\!/}$.

$\{m_1, m_2$，软绳$\}$系统质心：

质量 $m_C=(\gamma+1)m+\lambda(2L+\pi R)$，

动量 $m_C\boldsymbol{v}_C=\sum\limits_i m_i\boldsymbol{v}_i$， $\Rightarrow$ $m_C\boldsymbol{a}_C=\sum\limits_i m_i\boldsymbol{a}_i$， $\begin{cases} m_Ca_{Cx}=\sum\limits_i m_ia_{ix}, \\ m_Ca_{Cy}=\sum\limits_i m_ia_{iy}. \end{cases}$

参考题解图 2，θ 角位置处绳元

$\mathrm{d}l=R\mathrm{d}\theta$，$\mathrm{d}m=\lambda R\mathrm{d}\theta$，$a_x=-a\sin\theta$，$a_y=a\cos\theta$.

系统两侧部分

左侧：$a_{Cx}=0$，$a_{Cy}=-a$，

右侧：$a_{Cx}=0$，$a_{Cy}=a$，

即有

$$m_Ca_{Cx}=\sum_i m_ia_{ix}=\int_0^{\pi}\lambda R\mathrm{d}\theta(-a\sin\theta)=-2\lambda Ra,$$

$$m_Ca_{Cy}=\sum_i m_ia_{iy}=\int_0^{\pi}\lambda R\mathrm{d}\theta(a\cos\theta)-(\lambda L+\gamma m)a+(\lambda L+m)a$$

$$=-(\gamma-1)ma.$$

由质心运动定理，得

$N_{/\!/}=m_Ca_{Cx}=-2\lambda Ra$，与(9)式一致.

$$N_{\perp}-m_Cg=m_Ca_{Cy},$$

$$\Rightarrow \quad N_{\perp}=m_C g-(\gamma-1)ma=m_C g-\frac{(\gamma-1)m(\gamma-1)m}{(\gamma+1)m+\lambda(2L+\pi R)}g,$$

$$\Rightarrow \quad N_{\perp}=\frac{[(\gamma+1)m+\lambda(2L+\pi R)]^2-(\gamma-1)^2m^2}{(\gamma+1)m+\lambda(2L+\pi R)}g, \text{与(8) 式一致.}$$

三、(18 分)

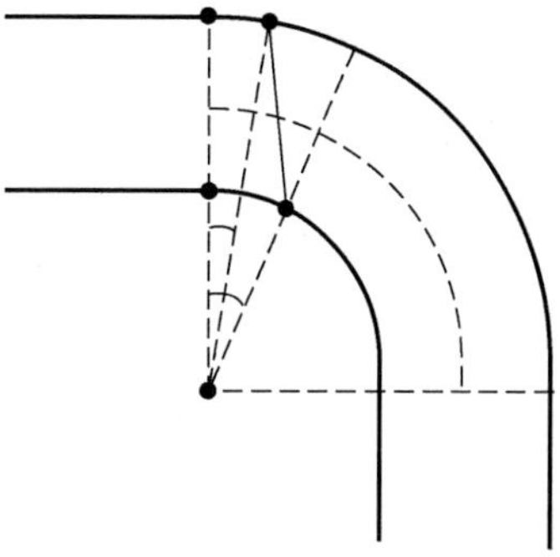

题解图 1

(1) {两小珠，轻绳}系统，在直轨到圆轨无限短拐弯处的初态和末态，分别如题解图 1 中虚线和实线所示．因初速相同，内、外两珠路程几乎相同，但内珠转过角度略大于外珠转过角度，轻绳有伸长趋势．绳的拉力使内、外两珠沿绳长方向分速度值均降为零，内珠沿绳长垂直方向(几乎同于弯轨切向)的分速度减小，外珠沿该方向的分速度增大，使绳几乎仍为原长．与此相对应，内、外珠相对圆心的角速度 ω 趋于一致．弯轨壁支持力指向圆心，取圆心在地面参考系的几何点为参考点，系统角动量守恒，即有

$$(R-d)m\omega(R-d)+(R+d)m\omega(R+d)=(R-d)mv_0+(R+d)mv_0,$$

解得

$$\omega=Rv_0/(R^2+d^2).$$

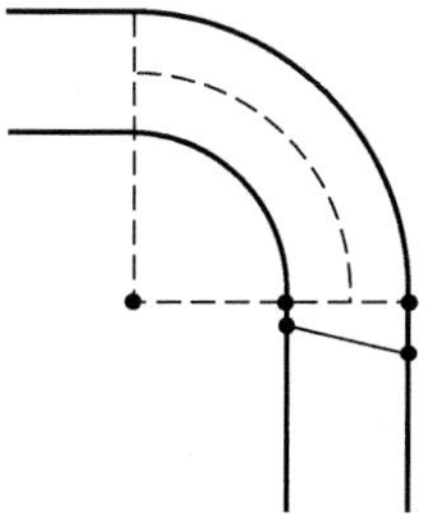

题解图 2

{两小珠，轻绳}系统，在弯轨到直轨无穷短过渡处的初态和末态分别如题解图 2 中虚线和实线所示．初态内珠速度小、外珠速度大，绳有伸长趋势．绳的拉力使内、外珠沿绳长方向分速度值均降为零；内珠沿直轨道方向(几乎同于绳长的垂直方向)分速度增大，外珠沿该方向分速度减小，使绳几乎仍为原长，导致两珠沿直轨道运动速度 v 趋于一致．过程中直轨支持力相对圆心力矩之和不为零，角动量不守恒，但动量守恒，即有

$$2mv=m\omega(R+d)+m\omega(R-d),$$

解得

$$v=\omega R=\frac{R^2}{R^2+d^2}v_0<v_0,$$

反解便得

$$v_0=\frac{R^2+d^2}{R^2}v. \qquad (8\text{ 分})$$

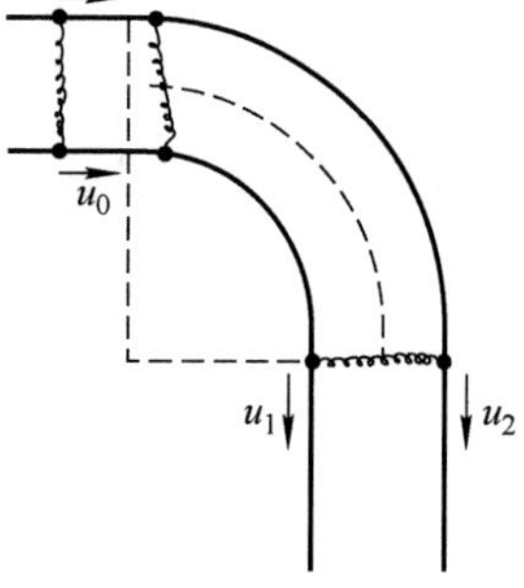

题解图 3

(2) 参考题解图 3.

(2.1) 系统从直轨进入圆轨开始，直到又经圆轨进入到直轨为止，全过程中机械能守恒，即有

$$2\cdot\frac{1}{2}mu_0^2=\frac{1}{2}mu_1^2+\frac{1}{2}mu_2^2.$$

过程中系统角动量守恒，又有

$$(R-d)mu_0+(R+d)mu_0=(R-d)mu_1+(R+d)mu_2.$$

解得

$$\begin{cases}u_1=u_0,\\u_2=u_0,\end{cases}\quad\begin{cases}u_1=[(R^2-2Rd-d^2)/(R^2+d^2)]u_0>0,\\u_2=[(R^2+2Rd-d^2)/(R^2+d^2)]u_0>u_1,\end{cases}$$

第二组解即为所求.　(5分)

附注：若 $u_1<0$，则与题文所述"从圆弧轨道进入右侧的直轨道"中的"进入"含义不符，故要求 $u_1>0$. 题文所设 $R>\frac{5}{2}d$，保证了解得的 $u_1>0$.

(2.2) 弯轨中系统角动量守恒，过程中内、外珠速度可表述为

$$\frac{\mathrm{d}s_1}{\mathrm{d}t},\ \frac{\mathrm{d}s_2}{\mathrm{d}t},$$

得角动量守恒式：

$$(R-d)mu_0+(R+d)mu_0=(R-d)m\frac{\mathrm{d}s_1}{\mathrm{d}t}+(R+d)m\frac{\mathrm{d}s_2}{\mathrm{d}t},$$

$$\Rightarrow\quad 2Ru_0=(R-d)\frac{\mathrm{d}s_1}{\mathrm{d}t}+(R+d)\frac{\mathrm{d}s_1}{\mathrm{d}t}.$$

积分

$$\int_0^t 2Ru_0\mathrm{d}t=\int_0^{\frac{\pi}{2}(R-d)}(R-d)\mathrm{d}s_1+\int_0^{\frac{\pi}{2}(R+d)}(R+d)\mathrm{d}s_2,\quad\Rightarrow\quad 2Ru_0t=\pi(R^2+d^2),$$

即得

$$t=\frac{\pi(R^2+d^2)}{2Ru_0}.\quad(5分)$$

四、(20分)

(1)可导得基本公式如下：

$$\frac{V_2}{V_1}=\frac{T_1}{T_2},$$

$$Q_{DA吸热}=\nu C_{V,\mathrm{m}}(T_1-T_2)=Q_{BC放热},$$

$$Q_{AB吸热}=\nu RT_1\ln\frac{V_2}{V_1}=\nu RT_1\ln\frac{T_1}{T_2},$$

$$Q_{DB吸热}=\nu(C_{V,\mathrm{m}}+R)(T_1-T_2)=Q_{BD放热},$$

$$Q_{BC放热}=\nu C_{V,\mathrm{m}}(T_1-T_2),$$

$$Q_{CD放热}=\nu RT_2\ln\frac{V_2}{V_1}=\nu RT_2\ln\frac{T_1}{T_2}.$$

据热循环过程效率公式，将题图所示的3个循环过程效率表述如下：

$$\eta_{ABDA}=1-\frac{\nu(C_{V,\mathrm{m}}+R)(T_1-T_2)}{\nu C_{V,\mathrm{m}}(T_1-T_2)+\nu RT_1\ln\frac{T_1}{T_2}}=\frac{-\nu R(T_1-T_2)+\nu RT_1\ln\frac{T_1}{T_2}}{\nu C_{V,\mathrm{m}}(T_1-T_2)+\nu RT_1\ln\frac{T_1}{T_2}},$$

(1)(2分)

$$\eta_{DBCD}=1-\frac{\nu C_{V,\mathrm{m}}(T_1-T_2)+\nu RT_2\ln\dfrac{T_1}{T_2}}{\nu(C_{V,\mathrm{m}}+R)(T_1-T_2)}=\frac{\nu R(T_1-T_2)-\nu RT_2\ln\dfrac{T_1}{T_2}}{\nu(C_{V,\mathrm{m}}+R)(T_1-T_2)},$$

(2)(2 分)

$$\eta_{ABCDA}=1-\frac{\nu C_{V,\mathrm{m}}(T_1-T_2)+\nu RT_2\ln\dfrac{T_1}{T_2}}{\nu C_{V,\mathrm{m}}(T_1-T_2)+\nu RT_1\ln\dfrac{T_1}{T_2}}=\frac{\nu R(T_1-T_2)\ln\dfrac{T_1}{T_2}}{\nu C_{V,\mathrm{m}}(T_1-T_2)+\nu RT_1\ln\dfrac{T_1}{T_2}}.$$

(3)(2 分)

(2)

(2.1) $\eta_{ABDA}>0$ 的数学证明：

据(1)式，只要证得

$$T_1\ln\frac{T_1}{T_2}>(T_1-T_2),\quad\Rightarrow\quad \ln\frac{T_1}{T_2}>\left(1-\frac{T_2}{T_1}\right)$$

即可.

引入

$$\alpha=\frac{T_1}{T_2}>1,$$

据“参考数学公式”，有

$$\ln\alpha=2\left[\frac{\alpha-1}{\alpha+1}+\frac{1}{3}\left(\frac{\alpha-1}{\alpha+1}\right)^3+\frac{1}{5}\left(\frac{\alpha-1}{\alpha+1}\right)^5+\cdots\right],\text{ 因 }\alpha>1,$$

$$\Rightarrow\quad \ln\alpha>2\,\frac{\alpha-1}{\alpha+1}.$$

因

$$2\,\frac{\alpha-1}{\alpha+1}>1-\frac{1}{\alpha}=\frac{\alpha-1}{\alpha},\quad\Rightarrow\quad 2\alpha(\alpha-1)>\alpha^2-1,\quad\Rightarrow\quad \alpha^2-2\alpha+1>0,$$

$$\Rightarrow\quad (\alpha-1)^2>0$$

必成立，故

$$\ln\alpha>2\,\frac{\alpha-1}{\alpha+1}>1-\frac{1}{\alpha}$$

成立，即得

$$T_1\ln\frac{T_1}{T_2}>T_1-T_2,\tag{4}$$

$$\Rightarrow\quad \eta_{ABDA}>0\text{，获证.}$$ (2 分)

$\eta_{DBCD}>0$ 的数学证明：

据(2)式，只要证得

$$T_1-T_2>T_2\ln\frac{T_1}{T_2},\quad\Rightarrow\quad(\alpha-1)>\ln\alpha,\quad\Rightarrow\quad e^{\alpha-1}>\alpha.$$

据“参考数学公式”，有

$$e^{\alpha-1}=1+(\alpha-1)+\frac{(\alpha-1)^2}{2!}+\frac{(\alpha-1)^3}{3!}+\cdots>\alpha$$

必成立，即得

$$(T_1 - T_2) > T_2 \ln \frac{T_1}{T_2}, \tag{5}$$

$$\Rightarrow \quad \eta_{DBCD} > 0，获证. \qquad (2 分)$$

$\eta_{ABCDA} > 0$ 的数学证明：

因 $T_1 > T_2$，故

$$(T_1 - T_2) \ln \frac{T_1}{T_2} > 0,$$

$$\Rightarrow \quad \eta_{ABCDA} > 0，获证. \qquad (1 分)$$

(2.2) η_{ABCDA} 与 η_{ABDA} 的大小判断：

$$\eta_{ABCDA} - \eta_{ABDA} = \frac{\nu R(T_1 - T_2)\ln \frac{T_1}{T_2} + \nu R(T_1 - T_2) - \nu R T_1 \ln \frac{T_1}{T_2}}{\nu C_{V,\mathrm{m}}(T_1 - T_2) + \nu R T_1 \ln \frac{T_1}{T_2}}$$

$$= \frac{\nu R(T_1 - T_2) - \nu R T_2 \ln \frac{T_1}{T_2}}{\nu C_{V,\mathrm{m}}(T_1 - T_2) + \nu R T_1 \ln \frac{T_1}{T_2}}.$$

据(5)式，有

$$\nu R(T_1 - T_2) > \nu R T_2 \ln \frac{T_1}{T_2}, \quad \Rightarrow \quad \eta_{ABCDA} - \eta_{ABDA} > 0,$$

即得

$$\eta_{ABCDA} > \eta_{ABDA}. \qquad (2 分)$$

η_{ABCDA} 与 η_{DBCD} 的大小判断：

取(2)、(3)式中

$$\eta_{ABCDA} = 1 - \frac{\nu C_{V,\mathrm{m}}(T_1 - T_2) + \nu R T_2 \ln \frac{T_1}{T_2}}{\nu C_{V,\mathrm{m}}(T_1 - T_2) + \nu R T_1 \ln \frac{T_1}{T_2}}, \quad \eta_{DBCD} = 1 - \frac{\nu C_{V,\mathrm{m}}(T_1 - T_2) + \nu R T_2 \ln \frac{T_1}{T_2}}{\nu (C_{V,\mathrm{m}} + R)(T_1 - T_2)},$$

两者不同的仅是分式的分母项，其差值

$$\left[\nu C_{V,\mathrm{m}}(T_1 - T_2) + \nu R T_1 \ln \frac{T_1}{T_2}\right] - \nu (C_{V,\mathrm{m}} + R)(T_1 - T_2)$$

$$= \nu R T_1 \ln \frac{T_1}{T_2} - \nu R(T_1 - T_2) = \nu R\left[T_1 \ln \frac{T_1}{T_2} - (T_1 - T_2)\right] (据(4)式) > 0,$$

故得

$$\eta_{ABCDA} > \eta_{DBCD}. \qquad (2 分)$$

(2.3) η_{ABCDA} 与 $\eta_{可逆卡诺} = 1 - \frac{T_2}{T_1}$ 的大小判断.

$$\eta_{ABCDA} = 1 - \frac{\nu C_{V,\mathrm{m}}(T_1 - T_2) + \nu R T_2 \ln \frac{T_1}{T_2}}{\nu C_{V,\mathrm{m}}(T_1 - T_2) + \nu R T_1 \ln \frac{T_1}{T_2}},$$

估计有

$$\frac{\nu C_{V,\mathrm{m}}(T_1-T_2)+\nu RT_2\ln\dfrac{T_1}{T_2}}{\nu C_{V,\mathrm{m}}(T_1-T_2)+\nu RT_1\ln\dfrac{T_1}{T_2}}>\frac{T_2}{T_1},$$

$$\Rightarrow\quad \nu C_{V,\mathrm{m}}T_1(T_1-T_2)+\nu RT_1T_2\ln\frac{T_1}{T_2}>\nu C_{V,\mathrm{m}}T_2(T_1-T_2)+\nu RT_1T_2\ln\frac{T_1}{T_2},$$

$$\Rightarrow\quad \nu C_{V,\mathrm{m}}T_1(T_1-T_2)>\nu C_{V,\mathrm{m}}T_2(T_1-T_2),$$

$$\Rightarrow\quad T_1>T_2.\text{（实为已知）}$$

故上述估计正确，即得

$$\eta_{ABCDA}<\eta_{\text{可逆卡诺}}=1-\frac{T_2}{T_1}. \qquad (2\text{ 分})$$

（3）先设讨论的循环过程为可逆过程，它可分解为一系列无穷小的可逆卡诺循环. 对每一个无穷小可逆卡诺循环过程，其最高温度 T_{1i} 和最低温度 T_{2i} 与全循环过程最高温度 T_{m} 和最低温度 T_{n} 间有下述关系

$$1-\frac{T_{2i}}{T_{1i}}\leqslant 1-\frac{T_{\mathrm{n}}}{T_{\mathrm{m}}},$$

即得

$$\eta_i=\frac{\mathrm{d}W_i}{\mathrm{d}Q_i}=1-\frac{T_{2i}}{T_{1i}}\leqslant 1-\frac{T_{\mathrm{n}}}{T_{\mathrm{m}}}=\eta^*,\quad\Rightarrow\quad \mathrm{d}W_i\leqslant\eta^*\mathrm{d}Q_i.$$

于是

$$\eta=\sum_i\mathrm{d}W_i\Big/\sum_i\mathrm{d}Q_i\leqslant\eta^*\sum_i\mathrm{d}Q_i\Big/\sum_i\mathrm{d}Q_i=\eta^*,$$

$$\Rightarrow\quad \eta\leqslant\eta^*.$$

再设讨论的循环过程为不可逆过程，则每一无穷小卡诺循环或为可逆，或为不可逆，有

$$\eta_i=\mathrm{d}W_i/\mathrm{d}Q_i\leqslant 1-\frac{T_{2i}}{T_{1i}}\leqslant 1-\frac{T_{\mathrm{n}}}{T_{\mathrm{m}}}=\eta^*,\quad\Rightarrow\quad \mathrm{d}W_i\leqslant\eta^*\mathrm{d}Q_i.$$

同理，得

$$\eta=\sum_i\mathrm{d}W_i\Big/\sum_i\mathrm{d}Q_i<\eta^*\sum_i\mathrm{d}Q_i\Big/\sum_i\mathrm{d}Q_i=\eta^*,$$

$$\Rightarrow\quad \eta<\eta^*. \qquad (3\text{ 分})$$

五、(25 分)

（1）$t=0$ 时，第 1 种分子在左侧的数密度与第 2 种分子在右侧的数密度同为

$$n_0=\nu N_{\mathrm{A}}/V. \qquad (1)$$

先考虑第 1 种分子，t 时刻左侧和右侧的数密度分别记为 $n_{1,\mathrm{L}}(t)$ 和 $n_{1,\mathrm{R}}(t)$，则有

$$n_{1,\mathrm{L}}(t)+n_{1,\mathrm{R}}(t)=n_0. \qquad (2)$$

经 $\mathrm{d}t$，此种分子通过小孔两侧互相交换，而使 $n_{1,\mathrm{L}}(t)$ 有一减少量

$$-V\mathrm{d}n_{1,\mathrm{L}}(t)=\left[\frac{1}{4}n_{1,\mathrm{L}}(t)\bar{v}_1\right]A\,\mathrm{d}t-\left[\frac{1}{4}n_{1,\mathrm{R}}(t)\bar{v}_1\right]A\,\mathrm{d}t, \qquad (3)$$

$$\bar{v}_1 = \sqrt{8RT/\pi\mu_1}. \tag{4}$$

利用(2)式，可将(3)式写成

$$-\mathrm{d}n_{1,\mathrm{L}}(t) = \frac{\bar{v}_1}{4}A\,\mathrm{d}t[2n_{1,\mathrm{L}}(t) - n_0]/V,$$

$$\Rightarrow \quad \frac{\mathrm{d}n_{1,\mathrm{L}}(t)}{2n_{1,\mathrm{L}}(t) - n_0} = -\frac{\bar{v}_1}{4}A\,\mathrm{d}t/V.$$

积分后，可得

$$\ln\frac{2n_{1,\mathrm{L}}(t) - n_0}{n_0} = -\frac{\bar{v}_1}{2}At/V,$$

$$\Rightarrow \quad n_{1,\mathrm{L}}(t) = \frac{1}{2}n_0[1 + \mathrm{e}^{-\frac{1}{2}\bar{v}_1 At/V}], \quad n_{1,\mathrm{R}}(t) = \frac{1}{2}n_0[1 - \mathrm{e}^{-\frac{1}{2}\bar{v}_1 At/V}]. \tag{5}$$

对第 2 种分子，引入 t 时刻左侧和右侧的数密度 $n_{2,\mathrm{L}}(t)$ 和 $n_{2,\mathrm{R}}(t)$ 后，同理可导得

$$n_{2,\mathrm{L}}(t) = \frac{1}{2}n_0[1 - \mathrm{e}^{-\frac{1}{2}\bar{v}_2 At/V}], \quad n_{2,\mathrm{R}}(t) = \frac{1}{n}n_0[1 + \mathrm{e}^{-\frac{1}{2}\bar{v}_2 At/V}], \tag{6}$$

$$\bar{v}_2 = \sqrt{8RT/\pi\mu_2}. \tag{7}$$

这样，t 时刻左、右两侧气体密度便分别为

$$\rho_\mathrm{L}(t) = m_1 n_{1,\mathrm{L}}(t) + m_2 n_{2,\mathrm{L}}(t), \quad \rho_\mathrm{R}(t) = m_1 n_{1,\mathrm{R}}(t) + m_2 n_{2,\mathrm{R}}(t),$$

m_1，m_2 分别是两种分子的质量．将(5)、(6)式代入后便得

$$\rho_\mathrm{L}(t) = \frac{1}{2}m_1 n_0[1 + \mathrm{e}^{-\frac{1}{2}\bar{v}_1 At/V}] + \frac{1}{2}m_2 n_0[1 - \mathrm{e}^{-\frac{1}{2}\bar{v}_2 At/V}],$$

$$\rho_\mathrm{R}(t) = \frac{1}{2}m_1 n_0[1 - \mathrm{e}^{-\frac{1}{2}\bar{v}_1 At/V}] + \frac{1}{2}m_2 n_0[1 + \mathrm{e}^{-\frac{1}{2}\bar{v}_2 At/V}].$$

由(1)式，有

$$mn_0 = m\nu N_\mathrm{A}/V = \mu\nu/V,$$

故得

$$\rho_\mathrm{L}(t) = \frac{\nu}{2V}[(\mu_1 + \mu_2) + \mu_1 \mathrm{e}^{-\frac{1}{2}\bar{v}_1 At/V} - \mu_2 \mathrm{e}^{-\frac{1}{2}\bar{v}_2 At/V}],$$

$$\rho_\mathrm{R}(t) = \frac{\nu}{2V}[(\mu_1 + \mu_2) - \mu_1 \mathrm{e}^{-\frac{1}{2}\bar{v}_1 At/V} + \mu_2 \mathrm{e}^{-\frac{1}{2}\bar{v}_2 At/V}],$$

其中 $\bar{v}_1$，$\bar{v}_2$ 已由(4)、(7)式给出．　　(20 分)

(2) 当 $\rho_\mathrm{L} = \rho_\mathrm{R}$ 时，$t \to \infty$，$n_{1,\mathrm{L}} = n_{1,\mathrm{R}}$，$n_{2,\mathrm{L}} = n_{2,\mathrm{R}}$，即两种气体各自均匀分布在 $2V$ 空间内．下面取理想气体熵表达式．

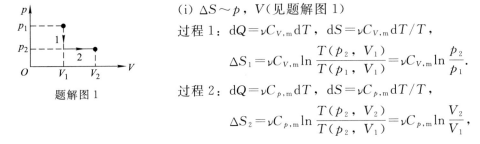

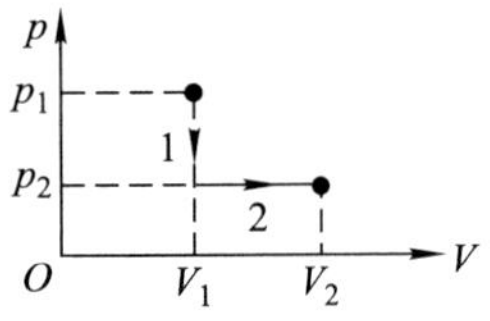

题解图 1

(i) $\Delta S \sim p$，V(见题解图 1)

过程 1：$\mathrm{d}Q = \nu C_{V,\mathrm{m}}\mathrm{d}T$，$\mathrm{d}S = \nu C_{V,\mathrm{m}}\mathrm{d}T/T$，

$$\Delta S_1 = \nu C_{V,\mathrm{m}}\ln\frac{T(p_2,\ V_1)}{T(p_1,\ V_1)} = \nu C_{V,\mathrm{m}}\ln\frac{p_2}{p_1}.$$

过程 2：$\mathrm{d}Q = \nu C_{p,\mathrm{m}}\mathrm{d}T$，$\mathrm{d}S = \nu C_{p,\mathrm{m}}\mathrm{d}T/T$，

$$\Delta S_2 = \nu C_{p,\mathrm{m}}\ln\frac{T(p_2,\ V_2)}{T(p_2,\ V_1)} = \nu C_{p,\mathrm{m}}\ln\frac{V_2}{V_1},$$

$$\Rightarrow \quad \Delta S=\Delta S_1+\Delta S_2=\nu C_{V,m}\ln\frac{p_2}{p_1}+\nu C_{p,m}\ln\frac{V_2}{V_1}.$$

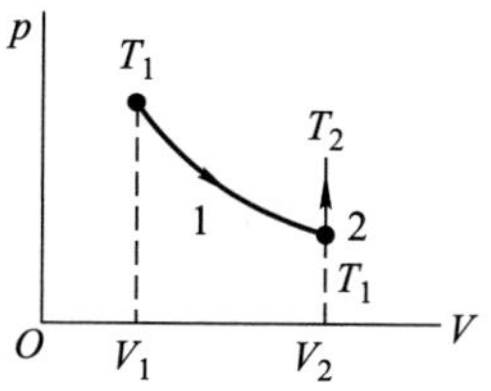

题解图 2

(ii) $\Delta S\sim V$，T(见题解图 2)

$$\Delta S=\Delta S_1+\Delta S_2=\int_{V_1}^{V_2}\frac{p\,\mathrm{d}V}{T_1}+\int_{T_1}^{T_2}\frac{\nu C_{V,\mathrm{m}}\mathrm{d}T}{T}$$

$$=\frac{1}{T_1}\int_{V_1}^{V_2}\nu RT_1\frac{\mathrm{d}V}{V}+\nu C_{V,\mathrm{m}}\int_{T_1}^{T_2}\frac{\mathrm{d}T}{T}$$

$$=\nu R\ln\frac{V_2}{V_1}+\nu C_{V,\mathrm{m}}\ln\frac{T_2}{T_1}.$$

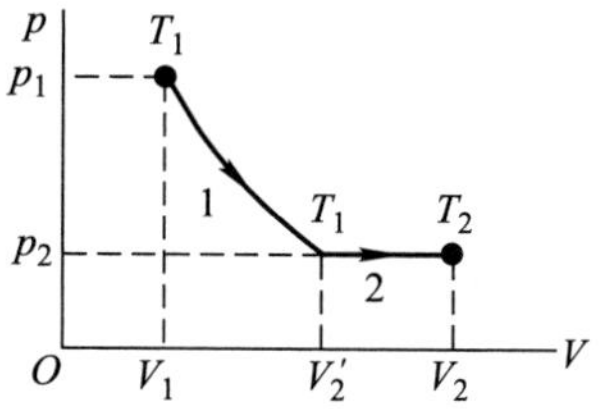

题解图 3

(iii) $\Delta S\sim T$，p(见题解图 3)

$$\Delta S_1=\nu R\ln\frac{V_2}{V_1}=-\nu R\ln\frac{p_2}{p_1},$$

$$\Delta S_2=\int_{T_1}^{T_2}\nu C_{p,\mathrm{m}}\frac{\mathrm{d}T}{T}=\nu C_{p,\mathrm{m}}\ln\frac{T_2}{T_1},$$

$$\Rightarrow \quad \Delta S=\nu C_{p,\mathrm{m}}\ln\frac{T_2}{T_1}-\nu R\ln\frac{p_2}{p_1}.$$

系统初、末态温度 T 相同，取(ii)计算.

第 1、2 种气体体积均从 V 增加为 $2V$，各自熵增量同为

$$\Delta S_1=\nu R\ln 2,\qquad \Delta S_2=\nu R\ln 2.$$

系统熵增便为

$$\Delta S=\Delta S_1+\Delta S_2=2\nu R\ln 2. \qquad (5\text{ 分})$$

六、(30 分)

(1) 相对论运动学(10 分)

(i) $\Delta t'_{AB}=\dfrac{l}{v}$，$\Delta t_{P-AB}=\sqrt{1-\beta^2}\,\Delta t'_{AB}=\sqrt{1-\beta^2}\,\dfrac{l}{v}$，$\beta=\dfrac{v}{c}$，

$$u_x=\left.\frac{u'_x+v}{1+\dfrac{v}{c^2}u'_x}\right|_{u'_x=v}=\frac{2v}{1+\beta^2},\qquad 1-\frac{u_x^2}{c^2}=\left(\frac{1-\beta^2}{1+\beta^2}\right)^2,\qquad \sqrt{1-\frac{u_x^2}{c^2}}=\frac{1-\beta^2}{1+\beta^2},$$

$$\Rightarrow \quad \Delta t_{S-AB}=\Delta t_{P-AB}\Big/\sqrt{1-\frac{u_x^2}{c^2}}=\frac{1+\beta^2}{\sqrt{1-\beta^2}}\frac{l}{v}.$$

(ii) $\Delta t'_{BC}=\dfrac{l}{v}$，$\Delta t_{Q-BC}=\sqrt{1-\beta^2}\,\Delta t'_{BC}=\sqrt{1-\beta^2}\,\dfrac{l}{v}$.

动钟走慢公式系据时空变换式

$$t=\left(t'+\frac{v}{c^2}x'\right)\Big/\sqrt{1-\beta^2}$$

导得. 不同 x'处若 t'相同，则 t 也不同(即有时差)，但不同 y'处，若 x'相同，t'也相同，则 t 也相同(即无时差). 直角架参考系中，用两个静止的 B 钟和 C 钟测得 $\Delta t'_{BC}$，B，C 钟在 S 系每时每刻彼此 x 坐标相同，只是 y 坐标不同，故 S 系认为该 $\Delta t'_{BC}$ 相当于一个相对 S 系为运动的时钟测得的时间间隔. 据此，可得

$$\Delta t_{S-BC}=\Delta t'_{BC}/\sqrt{1-\beta^2}=\frac{1}{\sqrt{1-\beta^2}}\frac{l}{v}.$$

(2) 相对论动力学(20 分)

(i) $u'_x=0$，$u'_y=a_0t'$，$u'=u'_y=a_0t'$，

$$F'_{Ax}=0,\ F'_{Ay}=\frac{\mathrm{d}}{\mathrm{d}t'}\frac{m_0u'_y}{\sqrt{1-\frac{u'^2_y}{c^2}}}=\frac{\mathrm{d}}{\mathrm{d}u'}\frac{m_0u'}{\sqrt{1-\frac{u'^2}{c^2}}}\frac{\mathrm{d}u'}{\mathrm{d}t'},$$

$$\Rightarrow\quad F'_{Ay}=m_0a_0\Big/\left(1-\frac{a_0^2t'^2}{c^2}\right)^{\frac{3}{2}},$$

$$\Rightarrow\quad \boldsymbol{F}'_A=\left[m_0a_0\Big/\left(1-\frac{a_0^2t'^2}{c^2}\right)^{\frac{3}{2}}\right]\boldsymbol{j}'.$$

质点 B：因对称，有

$$\boldsymbol{F}'_B=-\boldsymbol{F}'_A=-\left[m_0a_0\Big/\left(1-\frac{a_0^2t'^2}{c^2}\right)^{\frac{3}{2}}\right]\boldsymbol{j}'.$$

(ii) A，B 对称，取 A.

(ii. 1)

$$u_x=v,$$

$$u_y=\frac{\sqrt{1-\beta^2}\,u'_y}{1+\frac{v}{c^2}u'_x}\bigg|_{\substack{u'_y=a_0t'\\ u'_x=0}}=\sqrt{1-\beta^2}\,a_0t',\qquad t'=\frac{t-\frac{v}{c^2}x}{\sqrt{1-\beta^2}},\qquad x=vt,$$

$$\Rightarrow\quad u_y=(1-\beta^2)a_0t,$$

$$u^2=u_x^2+u_y^2=v^2+(1-\beta^2)^2a_0^2t^2.$$

要求 $u<c$，即 $u^2<c^2$，得

$$t<c/\sqrt{1-\beta^2}\,a_0.$$

(ii. 2)

$$u^2=v^2+(1-\beta^2)^2a_0^2t^2,\qquad\Rightarrow\quad\frac{\mathrm{d}u^2}{\mathrm{d}t}=(1-\beta^2)^2\cdot 2a_0^2t,$$

$$1-\frac{u^2}{c^2}=(1-\beta^2)\left[1-(1-\beta^2)\frac{a_0^2t^2}{c^2}\right],\qquad\Rightarrow\quad\frac{\mathrm{d}}{\mathrm{d}t}\left(1-\frac{u^2}{c^2}\right)=-(1-\beta^2)^2\cdot 2\frac{a_0^2t}{c^2},$$

$$F_{Ax}=\frac{\mathrm{d}}{\mathrm{d}t}\left(\frac{m_0v}{\sqrt{1-\frac{u^2}{c^2}}}\right)=m_0v\left(-\frac{1}{2}\right)\left(1-\frac{u^2}{c^2}\right)^{-\frac{3}{2}}\left(-\frac{1}{c^2}\frac{\mathrm{d}u^2}{\mathrm{d}t}\right)$$

$$=m_0v\left(1-\frac{u^2}{c^2}\right)^{-\frac{3}{2}}\left(-\frac{1}{2}\right)\left[-\frac{1}{c^2}(1-\beta^2)^2\cdot 2a_0^2t\right]$$

$$=\left(1-\frac{u^2}{c^2}\right)^{-\frac{3}{2}}(1-\beta^2)^2m_0v\frac{a_0^2}{c^2}t$$

$$=\frac{(1-\beta^2)^2}{(1-\beta^2)^{\frac{3}{2}}\left[1-(1-\beta^2)\frac{a_0^2t^2}{c^2}\right]^{\frac{3}{2}}}m_0v\frac{a_0^2}{c^2}t,$$

$$\Rightarrow\quad F_{Ax}=\frac{\sqrt{1-\beta^2}}{\left[1-(1-\beta^2)\frac{a_0^2t^2}{c^2}\right]^{\frac{3}{2}}}m_0v\frac{a_0^2}{c^2}t.$$

$$u_y=(1-\beta^2)a_0t,\qquad \frac{\mathrm{d}u_y}{\mathrm{d}t}=(1-\beta^2)a_0,$$

$$F_{Ay}=\frac{\mathrm{d}}{\mathrm{d}t}\left(\frac{m_0u_y}{\sqrt{1-\frac{u^2}{c^2}}}\right)=(1-\beta^2)m_0a_0\frac{\mathrm{d}}{\mathrm{d}t}\left[t\cdot\left(1-\frac{u^2}{c^2}\right)^{-\frac{1}{2}}\right]$$

$$=(1-\beta^2)m_0a_0\left[\left(1-\frac{u^2}{c^2}\right)^{-\frac{1}{2}}+t\cdot\left(-\frac{1}{2}\right)\left(1-\frac{u^2}{c^2}\right)^{-\frac{3}{2}}\left(-\frac{1}{c^2}\frac{\mathrm{d}u^2}{\mathrm{d}t}\right)\right]$$

$$=(1-\beta^2)m_0a_0\left[\left(1-\frac{u^2}{c^2}\right)^{-\frac{1}{2}}+\frac{1}{2}t\cdot\left(1-\frac{u^2}{c^2}\right)^{-\frac{3}{2}}(1-\beta^2)^2\frac{2a_0^2t}{c^2}\right]$$

$$=(1-\beta^2)m_0a_0\left[\left(1-\frac{u^2}{c^2}\right)^{-\frac{1}{2}}+\left(1-\frac{u^2}{c^2}\right)^{-\frac{3}{2}}(1-\beta^2)^2\frac{a_0^2t^2}{c^2}\right]$$

$$=(1-\beta^2)m_0a_0\frac{\left(1-\frac{u^2}{c^2}\right)+(1-\beta^2)^2\frac{a_0^2t^2}{c^2}}{\left(1-\frac{u^2}{c^2}\right)^{\frac{3}{2}}}$$

$$=(1-\beta^2)m_0a_0\frac{(1-\beta^2)\left[1-(1-\beta^2)\frac{a_0^2t^2}{c^2}\right]+(1-\beta^2)^2\frac{a_0^2t^2}{c^2}}{(1-\beta^2)^{\frac{3}{2}}\left[1-(1-\beta^2)\frac{a_0^2t^2}{c^2}\right]^{\frac{3}{2}}},$$

$$\Rightarrow\quad F_{Ay}=\sqrt{1-\beta^2}\,m_0a_0\Big/\left[1-(1-\beta^2)\frac{a_0^2t^2}{c^2}\right]^{\frac{3}{2}}.$$

得

$$\boldsymbol{F}_A=F_{Ax}\boldsymbol{i}+F_{Ay}\boldsymbol{j}$$

$$=\frac{\sqrt{1-\beta^2}\,m_0a_0}{\left[1-(1-\beta^2)\frac{a_0^2t^2}{c^2}\right]^{\frac{3}{2}}}\frac{a_0}{c^2}vt\boldsymbol{i}+\frac{\sqrt{1-\beta^2}\,m_0a_0}{\left[1-(1-\beta^2)\frac{a_0^2t^2}{c^2}\right]^{\frac{3}{2}}}\boldsymbol{j}.$$

对 B，沿 x 轴运动与 A 沿 x 轴运动一致，沿 y 轴运动与 A 沿 y 轴运动相反，故得

$$\boldsymbol{F}_B=F_{Bx}\boldsymbol{i}+F_{By}\boldsymbol{j}$$

$$=\frac{\sqrt{1-\beta^2}\,m_0a_0}{\left[1-(1-\beta^2)\frac{a_0^2t^2}{c^2}\right]^{\frac{3}{2}}}\frac{a_0}{c^2}vt\boldsymbol{i}-\frac{\sqrt{1-\beta^2}\,m_0a_0}{\left[1-(1-\beta^2)\frac{a_0^2t^2}{c^2}\right]^{\frac{3}{2}}}\boldsymbol{j},$$

$$\boldsymbol{F}_A+\boldsymbol{F}_B=\frac{2\sqrt{1-\beta^2}\,m_0a_0}{\left[1-(1-\beta^2)\dfrac{a_0^2t^2}{c^2}\right]^{\frac{3}{2}}}\frac{a_0}{c^2}vt\boldsymbol{i}>0.$$

(ii. 3) S 系中，$\boldsymbol{F}_A$，$\boldsymbol{F}_B$ 不满足牛顿第三定律.

解读：

在 S 系中，若仍然认为 $\boldsymbol{F}_A$，$\boldsymbol{F}_B$ 是这两个质点之间彼此施加的力，那么这两个质点构成的封闭系统在 x 方向上的动量是不守恒的，这显然是不可接受的. 因此，这两个质点不能构成封闭系统，它们的周围必定存在着与它们发生相互作用的物质场，两质点与物质场之间有动量交换.

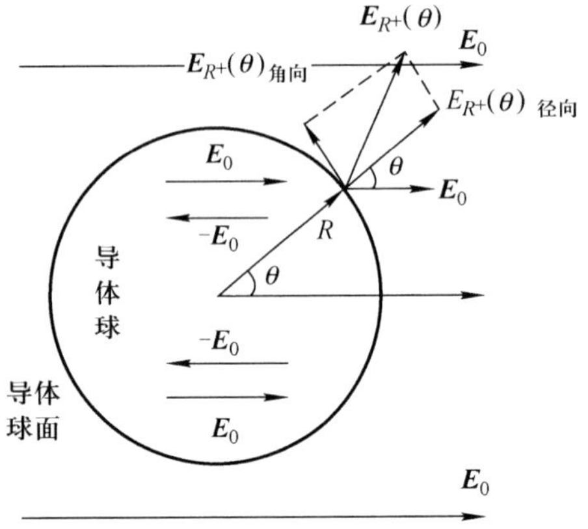

题解图 1

七、(32 分)

(1) 此球面电荷分布，同于题解图 1 中在 $E_0=\sigma_0/3\varepsilon_0$ 的外加匀强电场 $\boldsymbol{E}_0$ 中，R 导体球静电平衡后的球面感应电荷分布：

$$\sigma(\theta)=\sigma_0\cos\theta,\quad \sigma_0=3\varepsilon_0E_0.$$

导体球面电荷在球面外邻域场强 $\boldsymbol{E}_{R+}(\theta)$ 与外电场 $\boldsymbol{E}_0$ 叠加后所得在球面外邻域的场强需满足导体球面处的边界条件：

$$[\boldsymbol{E}_{R+}(\theta)+\boldsymbol{E}_0]_{角向}=0,$$

$$\Rightarrow\quad E_{R+}(\theta)_{角向}-E_0\sin\theta=0,$$

$$[\boldsymbol{E}_{R+}(\theta)+\boldsymbol{E}_0]_{径向}=\frac{\sigma(\theta)}{\varepsilon_0},\qquad\Rightarrow\quad E_{R+}(\theta)_{径向}+E_0\cos\theta=\frac{\sigma(\theta)}{\varepsilon_0}.$$

即得题解图 1 中 $\boldsymbol{E}_{R+}(\theta)$的两个分量为

$$E_{R+}(\theta)_{角向}=E_0\sin\theta=\frac{\sigma_0}{3\varepsilon_0}\sin\theta,$$

$$E_{R+}(\theta)_{径向}=\frac{\sigma(\theta)}{\varepsilon_0}-E_0\cos\theta=\frac{\sigma_0}{\varepsilon_0}\cos\theta-\frac{\sigma_0}{3\varepsilon_0}\cos\theta=\frac{2\sigma_0}{3\varepsilon_0}\cos\theta.$$

因此场强

$$\boldsymbol{E}_{R+}(\theta):\begin{cases}E_{R+}(\theta)_{角向}=\dfrac{\sigma_0}{3\varepsilon_0}\sin\theta,\\[2ex] E_{R+}(\theta)_{径向}=\dfrac{2\sigma_0}{3\varepsilon_0}\cos\theta,\end{cases}\qquad (4\text{ 分})$$

即为任意 R 几何球面上电荷面密度为 $\sigma(\theta)=\sigma_0\cos\theta$，$\sigma_0>0$ 时的球面外邻域场强分布.

附注：本题所得结论也可不借助导体球，而是直接由带电球面边界条件导得.

(2)

(2. 1)

$$\sigma(\theta)=\boldsymbol{P}\cdot\boldsymbol{n}(\theta)=P\cos\theta,$$

$$\Rightarrow\quad \sigma(\theta)=\sigma_0\cos\theta,\quad \sigma_0=P.$$

退极化场 $\boldsymbol{E}'$ 如题解图 2 所示（同于题解图 1 中的 $-\boldsymbol{E}_0$ 场）

$$\boldsymbol{E}'\begin{cases}\text{方向与 } \boldsymbol{P} \text{ 相反,}\\ \text{大小 } E'=\sigma_0/3\varepsilon_0=P/3\varepsilon_0.\end{cases} \quad (2\text{ 分})$$

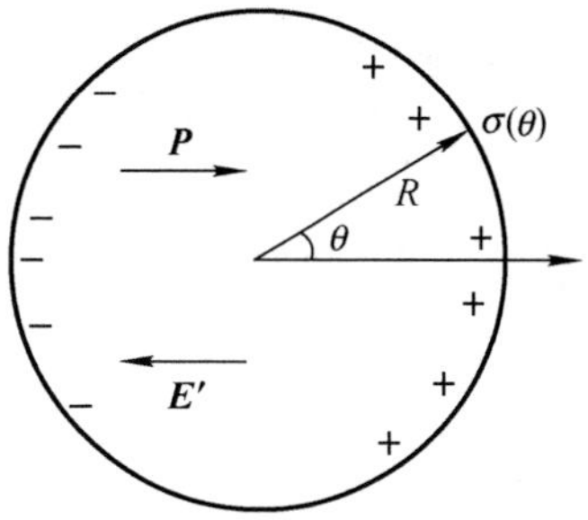

题解图 2

附注：介质球内总电场

$$\boldsymbol{E}=\boldsymbol{P}/(\varepsilon_r-1)\varepsilon_0\begin{cases}\text{方向与 } \boldsymbol{P} \text{ 相同,}\\ \text{大小 } E=P/(\varepsilon_r-1)\varepsilon_0.\end{cases}$$

球内引入 $\boldsymbol{E}_0$ 场（注意并非题解图 1 中的 $\boldsymbol{E}_0$ 场）：

$$\boldsymbol{E}_0=\boldsymbol{E}-\boldsymbol{E}'\begin{cases}\text{方向与 } \boldsymbol{P} \text{ 相同,}\\ \text{大小 } E_0=E+E'=\dfrac{\varepsilon_r+2}{3(\varepsilon_r-1)\varepsilon_0}P.\end{cases}$$

此种情况下，$\boldsymbol{E}_0$ 场也是匀强场，$\boldsymbol{E}_0$ 场与介质未被极化时的初始外电场相关，有些情况下，$\boldsymbol{E}_0$ 场仍与介质球被极化前所在区域的初始外电场相同.

(2.2) 方法 1. 运用静电场的拉普拉斯方程、场强与电势关联式以及边界条件，结合 $\boldsymbol{P}\sim\boldsymbol{E}$ 关联式，可导得介质球内 $\boldsymbol{P}$ 的分布，$\boldsymbol{P}$ 为常矢量，即介质球均匀极化.

方法 2. 猜测或结合分析定性找出 $\boldsymbol{P}$ 的可能解，若能证得此解可得 $\boldsymbol{P}$，$\boldsymbol{E}$ 间的正确关联，而且满足介质球面的边界条件，便可据唯一性定理确定此解是唯一的正确解.

下面采用方法 2，来得出 $\boldsymbol{P}$ 的分布.

据(2.1)问及其解答可知，使均匀介质被均匀极化的初始外电场可能就是匀强外电场 $\boldsymbol{E}_0$，于是又可猜测介质球在匀强电场 $\boldsymbol{E}_0$ 中，将被均匀极化，即可能的解为

$$\boldsymbol{P}=\frac{3(\varepsilon_r-1)\varepsilon_0}{\varepsilon_r+2}\boldsymbol{E}_0.$$

$\boldsymbol{P}\sim\boldsymbol{E}$ 关联式的导得：

球面上极化面电荷

$$\sigma(\theta)=\sigma_0\cos\theta,\ \sigma_0=P=\frac{3(\varepsilon_r-1)\varepsilon_0}{\varepsilon_r+2}E_0,$$

球内退极化场

$$\boldsymbol{E}'\begin{cases}\text{方向与 } \boldsymbol{P}\text{（即与 } \boldsymbol{E}_0\text{）相反,}\\ \text{大小 } E'=\sigma_0/3\varepsilon_0=\dfrac{\varepsilon_r-1}{\varepsilon_r+2}E_0.\end{cases}$$

球内总场

$$\boldsymbol{E}=\boldsymbol{E}_0+\boldsymbol{E}'\begin{cases}\text{方向与 } \boldsymbol{E}_0 \text{ 相同,}\\ \text{大小 } E=E_0-E'=\dfrac{3}{\varepsilon_r+2}E_0,\end{cases}\quad\Rightarrow\quad \boldsymbol{E}=\frac{3}{\varepsilon_r+2}\boldsymbol{E}_0,$$

即 $\boldsymbol{P}$，$\boldsymbol{E}$ 间有正确的关联式：

$$\boldsymbol{P}=\frac{3(\varepsilon_r-1)\varepsilon_0}{\varepsilon_r+2}\boldsymbol{E}_0=(\varepsilon_r-1)\varepsilon_0\boldsymbol{E}.$$

介质球面边界条件的相符性：

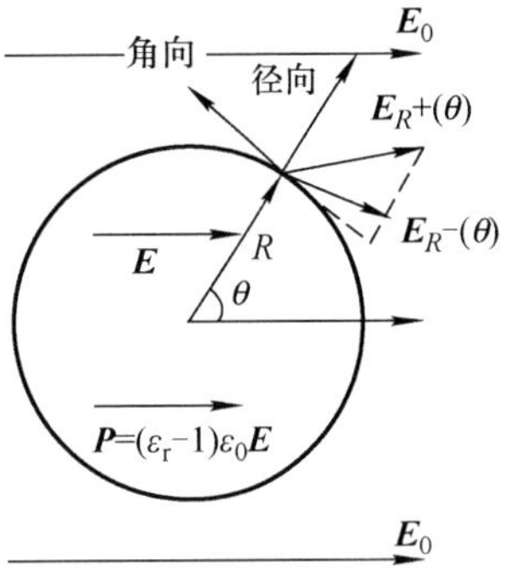

题解图 3

介质球面边界条件为

$$E_{R-}(\theta)_{\text{角向}}=E_{R+}(\theta)_{\text{角向}},\ \varepsilon_r\varepsilon_0 E_{R-}(\theta)_{\text{径向}}=\varepsilon_0 E_{R+}(\theta)_{\text{径向}},$$

由介质球内电场 $\boldsymbol{E}=\dfrac{3}{\varepsilon_r+2}\boldsymbol{E}_0$，得

$$E_{R-}(\theta)_{\text{角向}}=-\frac{3}{\varepsilon_r+2}E_0\sin\theta,\ E_{R-}(\theta)_{\text{径向}}=\frac{3}{\varepsilon_r+2}E_0\cos\theta.$$

介质球外的电场是 $\boldsymbol{E}_0$ 场与球面极化电荷 $\sigma(\theta)=\sigma_0\cos\theta$，$\sigma_0=\dfrac{3(\varepsilon_r-1)\varepsilon_0}{\varepsilon_r+2}E_0$ 的电场 $\boldsymbol{E}_{\sigma外}$ 的叠加. 参考题解图 3，结合(1)问解答，有

$$E_{R+}(\theta)_{\text{角向}}=\frac{\sigma_0}{3\varepsilon_0}\sin\theta-E_0\sin\theta=-\frac{3}{\varepsilon_r+2}E_0\sin\theta=E_{R-}(\theta)_{\text{角向}},$$

$$E_{R+}(\theta)_{\text{径向}}=\frac{2\sigma_0}{3\varepsilon_0}\cos\theta+E_0\cos\theta=\frac{3\varepsilon_r}{\varepsilon_r+2}E_0\cos\theta=\varepsilon_r E_{R-}(\theta)_{\text{径向}}.$$

(注意球内 $\boldsymbol{E}_内$ 即为 $\boldsymbol{E}$，球外 $\boldsymbol{E}_外$ 并非图中 $\boldsymbol{E}_0$，而是 $\boldsymbol{E}_0$ 与 $\boldsymbol{E}_{\sigma外}$ 的叠加.)可见其间关联即为介质球面的边界条件.

至此可得知，匀强电场中介质球必定被均匀极化，介质球内 $\boldsymbol{E}$，$\boldsymbol{P}$ 及 $\sigma(\theta)$ 与初始外加场 $\boldsymbol{E}_0$ 之间的关系为

$$\boldsymbol{E}=\frac{3}{\varepsilon_r+2}\boldsymbol{E}_0,\ \boldsymbol{P}=(\varepsilon_r-1)\varepsilon_0\boldsymbol{E}=\frac{3(\varepsilon_r-1)\varepsilon_0}{\varepsilon_r+2}\boldsymbol{E}_0,$$

$$\sigma(\theta)=\sigma_0\cos\theta,\ \sigma_0=P=\frac{3(\varepsilon_r-1)\varepsilon_0}{\varepsilon_r+2}\boldsymbol{E}_0.\qquad (8\text{ 分})$$

附注：本小题也可这样猜测分析：设想介质极化逐渐进行. 一开始介质球被匀强场 $\boldsymbol{E}_0$ 极化，产生均匀极化强度 $\mathrm{d}\boldsymbol{P}_1$，形成 $\mathrm{d}\sigma_1(\theta)=\mathrm{d}\sigma_{10}\cos\theta$ 和球内的均匀退极化场 $\mathrm{d}\boldsymbol{E}'_1$. 而后介质球被匀强场 $\boldsymbol{E}_0+\mathrm{d}\boldsymbol{E}'_1$ 均匀极化，得均匀的 $\mathrm{d}\boldsymbol{P}_2$，形成 $\mathrm{d}\sigma_2(\theta)=\mathrm{d}\sigma_{20}\cos\theta$ 和均匀的 $\mathrm{d}\boldsymbol{E}'_2$. 而后介质球被匀强场 $\boldsymbol{E}_0+\mathrm{d}\boldsymbol{E}'_1+\mathrm{d}\boldsymbol{E}'_2$ 均匀极化……最后在球内形成匀强场 $\boldsymbol{E}_0+\boldsymbol{E}'$、均匀极化强度 $\boldsymbol{P}$ 和不再变化的 $\sigma(\theta)=\sigma_0\cos\theta$，并能确保静电场边界条件在介质球面上能得到满足.

(3)

(3.1) 介质球挖去前，介质球所在区域电场即为 $\boldsymbol{E}_0$，介质球电极化强度为

$$\boldsymbol{P}=(\varepsilon_r-1)\varepsilon_0\boldsymbol{E}_0,$$

介质球内、外表面上分别有极化面电荷

$$\sigma_内(\theta)=\sigma_0\cos\theta,\ \sigma_外(\theta)=-\sigma_0\cos\theta,\ \sigma_0=P,$$

$\sigma_内(\theta)$ 与 $\sigma_外(\theta)$ 给介质球内、外区域的电场合贡献分别为零.

介质球挖去时，$\sigma_内(\theta)$ 也被带走，空腔内壁的 $\sigma_外(\theta)$ 被留下. 如 $\sigma_外(\theta)$ 分布不变，便在腔内外产生由该 $\sigma_外(\theta)$ 提供的非零场贡献. 腔内贡献的是匀强电场，腔外贡献的是非匀强电场. 后者使腔外介质极化发生变化，空腔壁的面电荷分布随之变化. 变化结束后，将空腔壁处的极化面电荷记为 $\sigma_{R+}(\theta)$. 空腔内的场强是 $\boldsymbol{E}_0$ 与 $\sigma_{R+}(\theta)$ 在腔内产生的退极化场

强 $\boldsymbol{E}'$之和. 原 $\sigma_{外}(\theta)$在腔内产生的是匀强电场，此处不妨猜测 $\sigma_{R^+}(\theta)$在腔内产生的 $\boldsymbol{E}'$也是匀强电场，对应有

$$\sigma_{R^+}(\theta)=-\sigma_{R^+}(0)\cos\theta，\sigma_{R^+}(0)>0 \text{ 为未知量(常量)},$$

$$\boldsymbol{E}_{内}=\boldsymbol{E}_0+\boldsymbol{E}',\ \boldsymbol{E}'\begin{cases}\text{方向同 }\boldsymbol{E}_0,\\ \text{大小 } E'=\sigma_{R^+}(0)/3\varepsilon_0.\end{cases}$$

$\sigma_{R^+}(\theta)$，$\boldsymbol{E}'$已在题解图 4 中画出．内场边界量为

$$E_{R^-}(\theta)_{角向}=-\left[E_0+\frac{\sigma_{R^+}(0)}{3\varepsilon_0}\right]\sin\theta,$$

$$E_{R^-}(\theta)_{径向}=\left[E_0+\frac{\sigma_{R^+}(0)}{3\varepsilon_0}\right]\cos\theta.$$

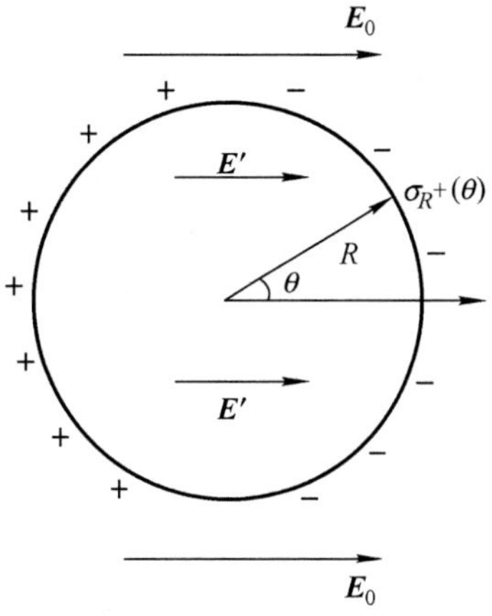

题解图 4

$\sigma_{R^+}(\theta)$对腔壁$\{R^+，\theta\}$处外场的贡献记为 $\boldsymbol{E}'_{R^+}(\theta)$，参考(1)问可得其两个分量为

$$E'_{R^+}(\theta)_{角向}=-\frac{\sigma_{R^+}(0)}{3\varepsilon_0}\sin\theta,$$

$$E'_{R^+}(\theta)_{径向}=-\frac{2\sigma_{R^+}(0)}{3\varepsilon_0}\cos\theta.$$

外场$\{R^+，\theta\}$处场强 $\boldsymbol{E}_{R^+}(\theta)$为

$$\boldsymbol{E}_{R^+}(\theta)=\boldsymbol{E}_0+\boldsymbol{E}'_{R^+}(\theta),$$

$$\begin{cases}E_{R^+}(\theta)_{角向}=-E_0\sin\theta-\dfrac{\sigma_{R^+}(0)}{3\varepsilon_0}\sin\theta=-\left[E_0+\dfrac{\sigma_{R^+}(0)}{3\varepsilon_0}\right]\sin\theta,\\ E_{R^+}(\theta)_{径向}=E_0\cos\theta-\dfrac{2\sigma_{R^+}(0)}{3\varepsilon_0}\cos\theta=\left[E_0-\dfrac{2\sigma_{R^+}(0)}{3\varepsilon_0}\right]\cos\theta.\end{cases}$$

由空腔壁边界条件的两个方程

$$E_{R^-}(\theta)_{角向}=E_{R^+}(\theta)_{角向},\quad\Rightarrow\quad -\left[E_0+\frac{\sigma_{R^+}(0)}{3\varepsilon_0}\right]\sin\theta=-\left[E_0+\frac{\sigma_{R^+}(0)}{3\varepsilon_0}\right]\sin\theta,\text{(恒等式)}$$

$$E_{R^-}(\theta)_{径向}=\varepsilon_r E_{R^+}(\theta)_{径向},\quad\Rightarrow\quad \left[E_0+\frac{\sigma_{R^+}(0)}{3\varepsilon_0}\right]\cos\theta=\varepsilon_r\left[E_0-\frac{2\sigma_{R^+}(0)}{3\varepsilon_0}\right]\cos\theta$$

中的径向方程可解得

$$\sigma_{R^+}(0)=\frac{3(\varepsilon_r-1)}{2\varepsilon_r+1}\varepsilon_0E_0,$$

代入 $\boldsymbol{E}_{内}$ 表达式，即得

$$\boldsymbol{E}_{内}=\frac{3\varepsilon_r}{2\varepsilon_r+1}\boldsymbol{E}_0.$$

外场$\{R^+，\theta\}$处场强为

$$\boldsymbol{E}_{R^+}(\theta)\begin{cases}E_{R^+}(\theta)_{角向}=\dfrac{-3\varepsilon_r}{2\varepsilon_r+1}E_0\sin\theta,\\ E_{R^+}(\theta)_{径向}=\dfrac{3}{2\varepsilon_r+1}E_0\cos\theta,\end{cases}\quad\text{(为非匀强场区)}$$

腔壁介质电极化强度为

$$\boldsymbol{P}=(\varepsilon_r-1)\varepsilon_0\boldsymbol{E}_{R+}(\theta)\begin{cases}P_{角向}=-\dfrac{3\varepsilon_r(\varepsilon_r-1)}{2\varepsilon_r+1}\varepsilon_0E_0\sin\theta,\\P_{径向}=\dfrac{3(\varepsilon_r-1)}{2\varepsilon_r+1}\varepsilon_0E_0\cos\theta.\end{cases}$$（非均匀极化）　（8 分）

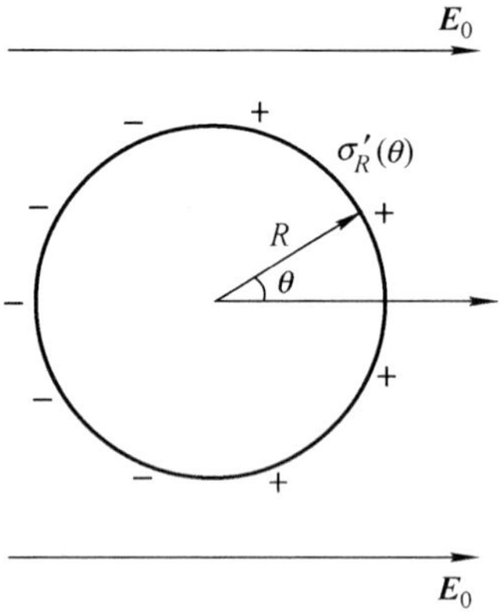

题解图 5

（3.2）先将不带电导体球放入空腔中，导体静电平衡同时，腔壁也完成了新的极化. 此时将导体球面上的面电荷密度分布记为 $\sigma'_{导}(\theta)$，腔壁极化面电荷分布记为 $\sigma'_{介}(\theta)$. 设有

$$\sigma'_{导}(\theta)=\sigma'_{导0}\cos\theta,\ \sigma'_{介}(\theta)=\sigma'_{介0}\cos\theta,$$

合成的面电荷分布如题解图 5 所示，为

$$\sigma'_R(\theta)=\sigma'_{导}(\theta)+\sigma'_{介}(\theta),\ \sigma'_R(\theta)=\sigma'_{R0}\cos\theta,\ \sigma'_{R0}=\sigma'_{导0}+\sigma'_{介0}.$$

为使导体球内场强处处为零，要求

$$\sigma'_{R0}=3\varepsilon_0E_0,$$

腔壁场强由 $\boldsymbol{E}_0$ 和 $\sigma'_R(\theta)$ 贡献而成，为

$$E'_{R+}(\theta)_{角向}=-E_0\sin\theta+\frac{\sigma'_{R0}}{3\varepsilon_0}\sin\theta=0,$$

$$E'_{R+}(\theta)_{径向}=E_0\cos\theta+\frac{2\sigma'_{R0}}{3\varepsilon_0}\cos\theta=3E_0\cos\theta=\frac{\sigma'_{R_0}}{\varepsilon_0}\cos\theta=\sigma'_R(\theta)/\varepsilon_0,$$

正好满足边界条件. 腔壁介质电极化强度

$$\boldsymbol{P}'_{R+}(\theta)=(\varepsilon_r-1)\varepsilon_0\cdot\boldsymbol{E}_{R+}(\theta),\ \begin{cases}P'_{R+}(\theta)_{角向}=0,\\P'_{R+}(\theta)_{径向}=(\varepsilon_r-1)\varepsilon_0\dfrac{\sigma'_{R0}}{\varepsilon_0}\cos\theta=3(\varepsilon_r-1)\varepsilon_0E_0\cos\theta,\end{cases}$$

考虑到 $\boldsymbol{n}_{R+}(\theta)$ 与径向方向相反，得

$$\sigma'_{介}(\theta)=\boldsymbol{P}'_{R+}(\theta)\cdot\boldsymbol{n}_{R+}(\theta)=-P'_{R+}(\theta)_{径向}=-3(\varepsilon_r-1)\varepsilon_0E_0\cos\theta,$$

继而可得

$$\sigma'_{导}(\theta)=\sigma'_R(\theta)-\sigma'_{介}(\theta)=3\varepsilon_0E_0\cos\theta+3(\varepsilon_r-1)\varepsilon_0E_0\cos\theta,$$

$$\Rightarrow\quad\sigma'_{导}(\theta)=3\varepsilon_r\varepsilon_0E_0\cos\theta.$$

再让导体球带电 Q，合理地猜测 Q 均匀分布在导体球面上，有

$$\sigma''_{导}(\theta)=Q/4\pi R^2,$$

使球内场强仍为零. 这一分布又使腔壁出现附加场强和介质的径向极化，有

$$\begin{cases}E''_{R+}(\theta)_{角向}=0,\\E''_{R+}(\theta)_{径向}=Q/4\pi\varepsilon_r\varepsilon_0R^2,\end{cases}\quad\begin{cases}P''_{R+}(\theta)_{角向}=0,\\P''_{R+}(\theta)_{径向}=(\varepsilon_r-1)\varepsilon_0E''_{R+}(\theta)_{径向}=\dfrac{\varepsilon_r-1}{4\pi\varepsilon_rR^2}Q,\end{cases}$$

$$\sigma''_{介}(\theta)=-P''_{R+}(\theta)_{径向}=-\frac{(\varepsilon_r-1)}{4\pi\varepsilon_rR^2}Q.$$

（$E''_{R+}(\theta)_{角向}=0$，表明附加电场满足球面上边界条件中的场强切向分量连续即安培环路定理，导体球面与空腔壁内表面合成的界面面电荷密度

$$\sigma''_R(\theta)=\sigma''_{导}(\theta)+\sigma''_{介}(\theta)=\frac{Q}{4\pi R^2}-\frac{(\varepsilon_r-1)Q}{4\pi\varepsilon_rR^2},$$

$$\Rightarrow \quad \sigma''_R(\theta) = Q/4\pi\varepsilon_r R^2.$$

符合界面边界条件中的高斯定理：

$$E''_{R+}(\theta)_{径向} = \sigma''_R(\theta)/\varepsilon_0.\ )$$

综上所述，导体球面上的电荷分布和空腔壁上极化电荷分布分别为

$$\sigma_{导}(\theta) = \sigma'_{导}(\theta) + \sigma''_{导}(\theta) = 3\varepsilon_r\varepsilon_0 E_0\cos\theta + \frac{Q}{4\pi R^2},$$

$$\sigma_{介}(\theta) = \sigma'_{介}(\theta) + \sigma''_{介}(\theta) = -3(\varepsilon_r - 1)\varepsilon_0 E_0\cos\theta - \frac{(\varepsilon_r - 1)Q}{4\pi\varepsilon_r R^2}.$$

导体球所受静电力应理解为导体球所带自由电荷，即其表面自由电荷所受静电力. 此力由内力和外力两部分合成. 内力即为这些电荷之间静电力之和，必为零. 外力是 $\boldsymbol{E}_0$ 场和腔壁极化电荷

$$\sigma_{介}(\theta) = \sigma'_{介}(\theta) + \sigma''_{介}(\theta) = -3(\varepsilon_r - 1)\varepsilon_0 E_0\cos\theta - \frac{(\varepsilon_r - 1)Q}{4\pi\varepsilon_r R^2}$$

在导体 R 球面处的电场

$$\boldsymbol{E}'_{介R}(\theta) = -\frac{1}{3\varepsilon_0}[-3(\varepsilon_r - 1)\varepsilon_0\boldsymbol{E}_0] = (\varepsilon_r - 1)\boldsymbol{E}_0,$$

$$\boldsymbol{E}''_{介R}(\theta) = 0$$

对导体球面自由电荷施加的静电力之和. 因此导体球所受静电力，也就是匀强电场

$$\boldsymbol{E}_0 + \boldsymbol{E}'_{介R}(\theta) = \varepsilon_r\boldsymbol{E}_0$$

施加的静电力. 此力等于球面自由电荷总量 Q 所受力，即得

$$\boldsymbol{F}_{导体球} = Q\varepsilon_r\boldsymbol{E}_0. \qquad (6\ 分)$$

附注：如果将导体球所受静电力解释为导体球面自由电荷和腔壁极化面电荷合成的全电荷所受力，则考虑到所有这些电荷之间相互作用力之和为零，外力是 $\boldsymbol{E}_0$ 场施加的力，即得

$$\boldsymbol{F}_{导体球} = Q\boldsymbol{E},$$

这一解释欠妥!

(4) 未挖前，$\boldsymbol{E}_0$ 场由外加均匀电场 $\boldsymbol{E}_{01}$ 和介质无穷远边界面上极化面电荷退极化场 $\boldsymbol{E}_{02}$ 叠加而成. 应注意，均匀介质中不存在极化体电荷.

挖出空腔后，腔壁出现极化面电荷，它的退极化场会影响全空间场分布. 空腔外近处介质极化强度明显变化，远处变化减弱，无限远处的变化可略. 其结果是介质无穷远边界面上的介质极化面电荷分布不变，介质体内仍无极化体电荷出现. 全空间电场应由原 $\boldsymbol{E}_{01}$ 场、介质无穷远边界面上极化面电荷退极化场 $\boldsymbol{E}_{02}$ 和腔壁极化面电荷的退极化场叠加而成，即为原 $\boldsymbol{E}_0$ 场与腔壁极化面电荷的退极化场叠加而成. (4 分)

2017 年北京大学物理科学营资格赛试题

总分：140 分　　时间：2.5 小时

一、简答题(1—4 小题，共 30 分)

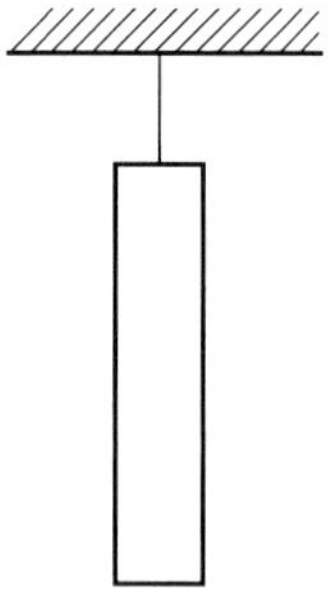

1. (6 分)如图所示，将劲度系数为 k，质量为 m 的均匀弹性体竖直朝下悬挂着，静止平衡后，弹性体伸长量为 $\Delta L_1=mg/(2k)$. 将此弹性体平放在光滑水平面上，用沿弹性体方向的恒力 $\boldsymbol{F}$ 拉其一端，最终达到无内部相对运动的状态，试求弹性体伸长量 ΔL.

2. (6 分)某理想气体的一条等温线 T，与一条绝热线 S，如图 1 所示地相交于两点，试问这样形成的一个正循环过程将会违反哪些热力学定律？若该理想气体的一条等温线 T，与一条绝热线 S，如图 2 所示地相交于两点，再问这样形成的一个正循环过程将会违反哪些热力学定律？

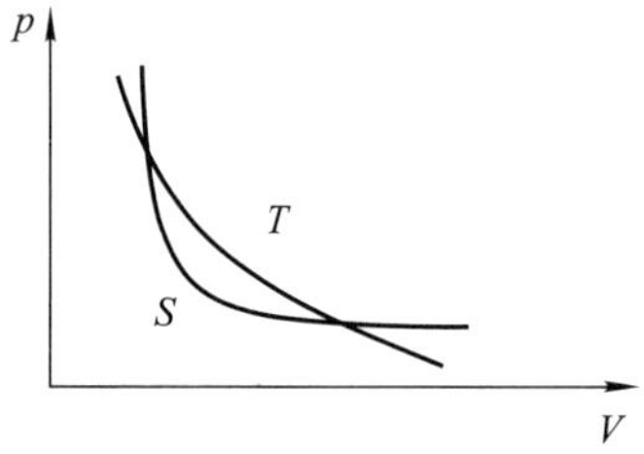

图 1

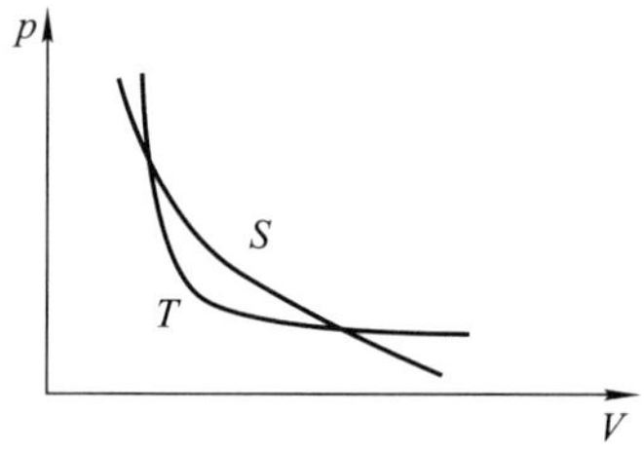

图 2

3. (10 分)如图所示，半径为 R 的球面均匀带电，总量 $Q>0$. 其外有半径为 $2R$ 的同心球面也均匀带电，总量也为 Q. 试求全空间的电场能 W_{e1}. 解答过程中不可出现积分式，下同.

设想令外力缓慢地将 R 球面上电荷 Q，一起移动到 $2R$ 球面上，使 $2Q$ 电荷均匀分布在 $2R$ 球面上，再求全空间电场能 W_{e2} 和外力做功 A，并对所得 A 值作一定性解释.

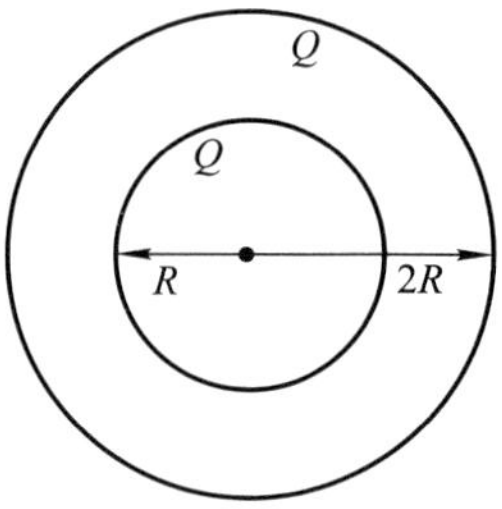

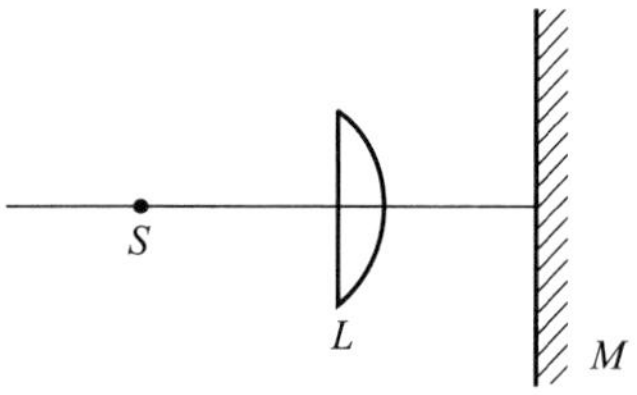

4. (8 分)如图所示，平凸透镜 L 的右侧放置一块与 L 主光轴垂直的平面镜 M，在 L 的左侧主光轴上放置一个小发光物 S. 将 S 沿主光轴平动，S 在三个位置上均可出现一个重合在 S 上的实像，试说明每一个实像出现的原因.

二、计算题(5—9 小题，共 110 分)

5. (20 分)在焦距为 15cm 的会聚透镜左方 30cm 处放一物体，在透镜右侧放一垂直于主光轴的平面镜. 试求平面镜的位置与透镜的间距 d 取何值，方能使物体通过此系统(经一次平面镜反射、两次透镜透射)所成的像与透镜相距 30cm？

6.（20分）试证：任意正循环过程的效率，不可能大于工作在它所经历的最高热源温度与最低热源温度之间的可逆卡诺循环过程的效率.

7.（24分）如图所示，竖直固定、内壁光滑的两条平行细长直轨道相距 l. 左侧轨道内悬挂着自由长度为 l、劲度系数为 k 的均匀轻弹簧，弹簧下端连接质量为 m 的小球1，开始时静止在其平衡位置，此时弹簧伸长 l. 右侧轨道内在等高处悬挂着自由长度为 $2l$、劲度系数为 $2k$ 的均匀轻弹簧，弹簧下端连接质量为 $2m$ 的小球2，开始时弹簧无形变，球2静止. 两个小球间连接着一根长为 $\sqrt{2}\,l$ 的细轻绳. 今将球2从静止自由释放，小球便会在轨道内无摩擦地上、下运动. 过程中，若轻绳被拉直到 $\sqrt{2}\,l$ 的长度，轻绳便会在极短时间内为球1、2提供冲量，使它们改变运动状态，假设过程中轻绳不会损耗机械能.

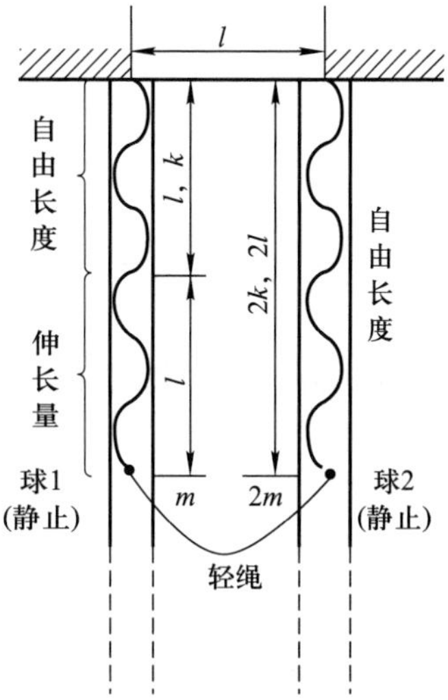

（1）试求在以后的运动过程中，球1、2各自所能达到的最低位置和最高位置之间的高度差 Δh_1，Δh_2（答案中不可出现参量 k 和 m）；

（2）再求从开始到球2第一次达到其最高位置所经过的时间间隔 Δt（答案中不可出现参量 k 和 m）.

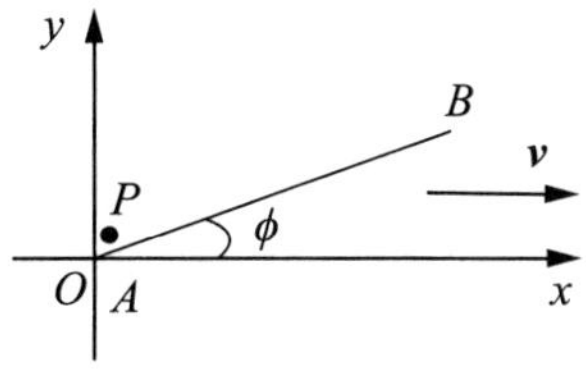

8.（22分）如图所示，惯性系 S 中的 Oxy 平面上，有一根与 x 轴夹角为 ϕ，整体沿 x 轴方向以匀速度 $\boldsymbol{v}$ 高速运动的细杆 AB. 已知 $\phi=30°$ 时，S 系测得杆 AB 的长度为 l_1.

（1）改取 $\phi=45°$，保持 $\boldsymbol{v}$ 不变，试求 S 系测得的杆长 l_2.

（2）仍取 $\phi=45°$，保持 $\boldsymbol{v}$ 不变. 设 $t=0$ 时，杆的 A 端位于坐标原点 O，此时有一个质点 P 恰好位于 A 端，沿着杆 AB 朝着 B 端运动，S 系测得 P 相对杆 AB 的运动速度大小也恰好为 v（设 $v<0.54c$）.

（2.1）试求 P 到达 B 端的时刻 t_e；

（2.2）试求在 $t=0$ 到 $t=t_e$ 时间段内，P 在 Oxy 平面上运动迹线的数学方程 $y=y(x)$.

（3）设 $v<0.54c$，再设 P 在杆的 A 端时，其时钟读数为 $t_{P0}=0$，试求 P 到达杆的 B 端时，其时钟读数 t_{P_e}.

9.（24分）真空中有一固定的点电荷 $Q>0$，另有一粒子加速枪，可用同一加速电压加速各静止粒子. 现有两种带负电粒子 P_1，P_2，经该枪加速后进入 Q 的电场区域，枪口发射方向垂直于 Q 到枪口连线.

（1）若粒子 P_1，P_2 进入 Q 场区域后能做匀速圆周运动，已知加速电压为 U，求圆半径 r_0.

（2）现用两支相同的枪，枪口与点电荷 Q 相距 r_0 且在同一位置. 调整发射角，使两枪发射角都偏 r_0 处切向一个小角度. 两枪分别同时发射 P_1，P_2，当 P_1，P_2 进入 Q 场区域后，分别绕 Q 做某种运动，某时刻 P_1，P_2 同时回到原出发点，P_1 绕 Q 转3圈，P_2 绕 Q 转2圈，求两者荷质比之比 $\nu_1:\nu_2$. 忽略粒子间的相互作用及相互碰撞的可能性.

参考解答与评分标准

一、简答题(1—4 小题，共 30 分)

1.（6 分）

取弹性体质心参考系，其中体分布的平移惯性力

$$\boldsymbol{F}_i = m_i(-\boldsymbol{a}_C),\quad \boldsymbol{a}_C = \boldsymbol{F}/m \qquad (3\text{ 分})$$

取代了重力 $m_i g$，其间标量关系为 $g \sim F/m$，即得

$$\Delta L = m\left(\frac{F}{m}\right)\Big/2k = F/2k. \qquad (3\text{ 分})$$

2.（6 分）

图 1 中出现的一个正循环过程，会从单一热源吸热，全部用来对外做机械功，违反热力学第二定律. 图 2 中出现的一个正循环过程，一则应从单一热源吸热，全部用来对外做机械功，违反热力学第二定律，再则事实上是向热源放热，同时又对外做机械功，故违反热力学第一定律. （3 分＋3 分）

3.（10 分）

初态、末态均可取为由无穷小面元电荷 $\sigma_i \mathrm{d}Q_i$ 为基元(点电荷)构成的面分布电荷系统，其全空间电场能即为系统电势能.

初态：

$$2R\text{ 球面电势：}\frac{2Q}{4\pi\varepsilon_0\cdot 2R}，\text{球心电势：}\frac{Q}{4\pi\varepsilon_0\cdot 2R}+\frac{Q}{4\pi\varepsilon_0 R}.$$

R 球面所围空间为零场强区，即为等势区，故 R 球面电势同于球心电势，即为

$$\frac{Q}{4\pi\varepsilon_0\cdot 2R}+\frac{Q}{4\pi\varepsilon_0 R}.$$

初态系统电势能：

$$W_1=\frac{1}{2}Q\cdot\frac{2Q}{4\pi\varepsilon_0\cdot 2R}+\frac{1}{2}Q\left(\frac{Q}{4\pi\varepsilon_0\cdot 2R}+\frac{Q}{4\pi\varepsilon_0 R}\right),$$

全空间电场能：

$$W_{e1}=W_1=\frac{5Q^2}{16\pi\varepsilon_0 R}. \qquad (4\text{ 分})$$

末态：

$$2R\text{ 球面电势：}\frac{2Q}{4\pi\varepsilon_0\cdot 2R},$$

$$\text{系统电势能：}W_2=\frac{1}{2}(2Q)\frac{2Q}{4\pi\varepsilon_0\cdot 2R},$$

$$\text{全空间电场能：}W_{e2}=W_2=\frac{Q^2}{4\pi\varepsilon_0 R},$$

$$\text{外力做功：}A=W_{e2}-W_{e1}=-\frac{Q^2}{16\pi\varepsilon_0 R}. \qquad (3\text{ 分})$$

A 值的定性解释：（定量内容供参考）

$2R$ 球面外的电场结构与能量，和初态完全相同. R 球面到 $2R$ 球面间区域，电场从 $\boldsymbol{E}(\boldsymbol{r})=Q\boldsymbol{r}/(4\pi\varepsilon_0 r^3)$减到 $\boldsymbol{E}(\boldsymbol{r})=0$，其场能从 $\Delta W_e=\int_R^{2R}\frac{1}{2}\varepsilon_0 E^2(\boldsymbol{r})4\pi r^2\mathrm{d}r=Q^2/(16\pi\varepsilon_0 R)$ 减到 $\Delta W_e=0$. 过程中作用在 Q 电荷上径向朝里的外力几乎抵消径向朝外的电场力，过程中外力做负功，使 $R\rightarrow 2R$ 间电场能随电场归零，故必有 $A+\Delta W_e=0$，即 $A=-\Delta W_e=-Q^2/16\pi\varepsilon_0 R$. （3 分）

4.（8 分）

其中一个实像是因为 S 所在位置恰好是在 L 物方空间的焦点 F 上，S 发出的物光透过 L 成平行光，经 M 反射后又在 F 处会聚成实像. （2 分）

第二个实像是因为从 S 所在位置发出的物光经 L 成实像在 M 的左侧平表面上，由光路可逆，其反射光又成实像在 S 上. （3 分）

第三个实像是因为从 S 所在位置发出的物光经 L 左侧平表面折射，又经 L 右侧凹球面反射，最后再经 L 左侧平表面折射后成实像在 S 上. （3 分）

二、计算题(5—9 小题，共 110 分)

5.（20 分）

先讨论会聚透镜的第一次成像：

$$f=15\mathrm{cm},\quad u_1=30\mathrm{cm},\quad v_1=\frac{u_1 f}{u_1-f}=30\mathrm{cm},$$

像是倒立的实像.

第二步是平面镜成像：

$$u_2=d-v_1,\quad v_2=-u_2=v_1-d,\quad d\text{：平面镜与透镜的间距}$$

所成的像，相对第一次成像的像为正立的.

再看会聚透镜的第二次成像：

$$u_3=d-v_2=d-(v_1-d)=2d-v_1,$$

$$v_3=\frac{u_3 f}{u_3-f}=\frac{(2d-v_1)\cdot f}{2d-v_1-f}=\frac{(2d-30\mathrm{cm})\times 15\mathrm{cm}}{2d-30\mathrm{cm}-15\mathrm{cm}}=\frac{(d-15\mathrm{cm})\times 30\mathrm{cm}}{2d-45\mathrm{cm}},$$

凸透镜的这次成像，有两种情形都会符合题文要求，即像可在透镜的两侧.

(i) 若为实像，$v_3=30\mathrm{cm}$，代入上式得

$$d=30\mathrm{cm}.$$ （10 分）

(ii) 若为虚像，$v_3=-30\mathrm{cm}$，代入上式得

$$d=20\mathrm{cm}.$$ （10 分）

6.（20 分）

证：先设讨论的循环过程为可逆过程，它可分解为一系列无穷小的可逆卡诺循环(用密集的绝热线加以分解). 对每一无穷小可逆卡诺循环过程，其最高温度 T_{1i} 和最低温度 T_{2i} 与全循环过程最高温度 T_{m} 和最低温度 T_{n} 间有下述关系：

$$1-\frac{T_{2i}}{T_{1i}}\leqslant 1-\frac{T_{\mathrm{n}}}{T_{\mathrm{m}}},$$

即得

$$\eta_i=\frac{\mathrm{d}W_i}{\mathrm{d}Q_i}=1-\frac{T_{2i}}{T_{1i}}\leqslant 1-\frac{T_{\mathrm{n}}}{T_{\mathrm{m}}}=\eta^*,$$
$$\Rightarrow\quad \mathrm{d}W_i\leqslant\eta^*\mathrm{d}Q_i.$$

于是

$$\eta=\sum\mathrm{d}W_i/\sum\mathrm{d}Q_i\leqslant\eta^*\sum\mathrm{d}Q_i/\sum\mathrm{d}Q_i=\eta^*,$$
$$\Rightarrow\quad \eta\leqslant\eta^*. \qquad (12\text{ 分})$$

再设讨论的循环过程为不可逆过程，则每一无穷小卡诺循环或为可逆，或为不可逆，有

$$\eta_i=\frac{\mathrm{d}W_i}{\mathrm{d}Q_i}\leqslant 1-\frac{T_{2i}}{T_{1i}}\leqslant 1-\frac{T_{\mathrm{n}}}{T_{\mathrm{m}}}=\eta^*,\quad\Rightarrow\quad \mathrm{d}W_i\leqslant\eta^*\mathrm{d}Q_i,$$

其中等号仅可能对应于可逆的无穷小卡诺循环.

同理，有

$$\eta=\sum\mathrm{d}W_i/\sum\mathrm{d}Q_i<\eta^*\sum\mathrm{d}Q_i/\sum\mathrm{d}Q_i=\eta^*,$$
$$\Rightarrow\quad \eta<\eta^*. \qquad (8\text{ 分})$$

7.（24 分）

由球 1 力平衡关系，可得

$$k=mg/l.$$

球 1、2 被轻绳短时间作用隔离开的各段运动均为简谐振动，角频率和周期分别同为

$$\omega=\sqrt{\frac{k}{m}}=\sqrt{\frac{2k}{2m}}=\sqrt{\frac{g}{l}},\qquad T=\frac{2\pi}{\omega}=2\pi\sqrt{\frac{l}{g}}.$$

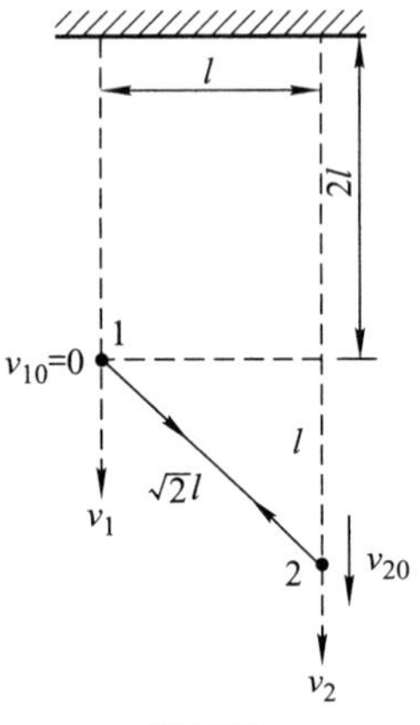

题解图

球 2 从静止自由释放后，经过时间间隔

$$\Delta t_1=T/4,$$

降落高度和下落速度分别为

$$A_{2上}=2mg/2k=l,\qquad v_{20}=\omega A_{2上}=\sqrt{gl},$$

即到达其力平衡位置. 此时细绳从本来松弛状态第一次达到长为 $\sqrt{2}l$ 的伸直状态. 由球 1、2 和细绳构成的系统，在细绳与两个小球相互作用的极短时间内，竖直方向弹簧和重力提供的冲量可略. 将此过程后瞬间球 1、2 向下速度分别记为 v_1 和 v_2，如题解图中虚线箭头所示. 由方程

$$\begin{cases}mv_1+2mv_2=2mv_{20},\\ \dfrac{1}{2}mv_1^2+\dfrac{1}{2}(2m)v_2^2=\dfrac{1}{2}(2m)v_{20}^2\end{cases}$$

可解得

$$v_1=\frac{4}{3}v_{20}=\frac{4}{3}\sqrt{gl},\qquad v_2=\frac{1}{3}v_{20}=\frac{1}{3}\sqrt{gl}.$$

$v_1>v_2$，绳又将处于松弛状态. 而后球 1、2 经时间间隔

$$\Delta t_2 = T/4$$

分别降落高度

$$A_{1下} = v_1/\omega = \frac{4}{3}l, \quad A_{2下} = v_2/\omega = \frac{1}{3}l,$$

速度同降为零. 因 $A_{1下} - A_{2下} = l$，故此时两球等高.

而后球 1、2 又经时间间隔

$$\Delta t_3 = T/4$$

返回到题解图所示位置，速度向上，大小分别恢复为 $v_1 = \frac{4}{3}v_{20}$ 和 $v_2 = \frac{1}{3}v_{20}$. 此时，细绳第二次达到长度为$\sqrt{2}l$ 的伸直状态. 短时间内，因过程逆向进行，细绳作用效果使球 1 静止在该位置，球 2 获得向上速度，大小为 v_{20}.

而后球 1 静止在原位，球 2 又经过时间间隔

$$\Delta t_4 = T/4$$

上升到题文位置，速度降为零.

综上所述，得

(1) 问答案：$\Delta h_1 = A_{1下} = \frac{4}{3}l$，　$\Delta h_2 = A_{2上} + A_{2下} = \frac{4}{3}l$. (12 分)

(2) 问答案：$\Delta t = \Delta t_1 + \Delta t_2 + \Delta t_3 + \Delta t_4 = T = 2\pi\sqrt{\frac{l}{g}}$. (12 分)

8. (22 分)

(1) $\phi = 30°$时，将杆 AB 在 x，y 方向的静长分别记为 $l_{0x}(1)$，$l_{0y}(1)$，则有

$$l_{0x}(1) = l_1\cos30°/\sqrt{1-\beta^2}, \quad l_{0y}(1) = l_1\sin30°, \quad \beta = \frac{v}{c}.$$

将杆的静长记为 l_0，则有

$$l_0^2 = l_{0x}^2(1) + l_{0y}^2(1) = \left(\frac{\cos^2 30°}{1-\beta^2} + \sin^2 30°\right) l_1^2.$$

$\phi = 45°$时，杆 AB 在 x，y 方向静长分别为

$$l_{0x}(2) = l_2\cos45°/\sqrt{1-\beta^2}, \quad l_{0y}(2) = l_2\sin45°,$$

得

$$l_0^2 = l_{0x}^2(2) + l_{0y}^2(2) = \left(\frac{\cos^2 45°}{1-\beta^2} + \sin^2 45°\right) l_2^2.$$

联立两个 l_0^2 表达式，解得

$$l_2^2 = \left[\left(\frac{\cos^2 30°}{1-\beta^2} + \sin^2 30°\right) \Big/ \left(\frac{\cos^2 45°}{1-\beta^2} + \sin^2 45°\right)\right] l_1^2,$$

$$\Rightarrow \quad l_2 = \sqrt{\frac{4-\beta^2}{4-2\beta^2}}\, l_1, \quad \beta = \frac{v}{c}. \qquad (10 分)$$

(2)

(2.1)
$$t_e = l_2/v = \sqrt{\frac{4-\beta^2}{4-2\beta^2}}\,\frac{l_1}{v}. \qquad (2 分)$$

(2.2) S 系测得 P 在 Oxy 平面上沿 x，y 方向的速度分量分别为

$$u_x = v\cos 45^\circ + v = \left(\frac{\sqrt{2}}{2}+1\right)v,\qquad u_y = v\sin 45^\circ = \frac{\sqrt{2}}{2}v,$$

P 在 Oxy 平面上的运动方程为

$$x = u_x t,\qquad y = u_y t,$$

P 的运动迹线方程便为

$$y = \frac{u_y}{u_x}x = \frac{\sqrt{2}}{2+\sqrt{2}}x,$$

$$\text{或}\quad y = (\sqrt{2}-1)x. \qquad (4\text{ 分})$$

(3) S 系中 P 的速度记为 u_P，则有

$$u_P^2 = u_x^2 + u_y^2 = (2+\sqrt{2})v^2,\qquad 1-\beta_P^2 = 1-\frac{u_P^2}{c^2} = 1-(2+\sqrt{2})\frac{v^2}{c^2} = 1-(2+\sqrt{2})\beta^2.$$

S 系可据动钟变慢公式，算得

$$t_{Pe} = \sqrt{1-\beta_P^2}\,t_e = \sqrt{1-(2+\sqrt{2})\beta^2}\cdot\sqrt{\frac{4-\beta^2}{4-2\beta^2}}\,\frac{l_1}{v}. \qquad (6\text{ 分})$$

9. (24 分)

(1) 设加速电压为 U，发射后粒子速度为 v，则

$$Uq = \frac{1}{2}mv^2,\qquad q\text{：粒子电荷量，}m\text{：粒子质量}$$

则有

$$mv^2/r_0 = kQq/r_0^2,\quad\Rightarrow\quad r_0 = kQ/(2U),\qquad k = \frac{1}{4\pi\varepsilon_0}. \qquad (8\text{ 分})$$

(2) 讨论一般情况，略去下标，当发射时偏离切向一个小角度 α，粒子轨道将偏离切向一个小角度 α，参见题解图 1，粒子轨道将偏离圆轨道. 初始时粒子绕 Q 的面积速度为

$$v_S = \frac{1}{2}r_0 v\cos\alpha.$$

设粒子某时刻偏离圆轨道 x，参见题解图 2，此时粒子切向速度分量记为 $v_{/\!/}$，则有

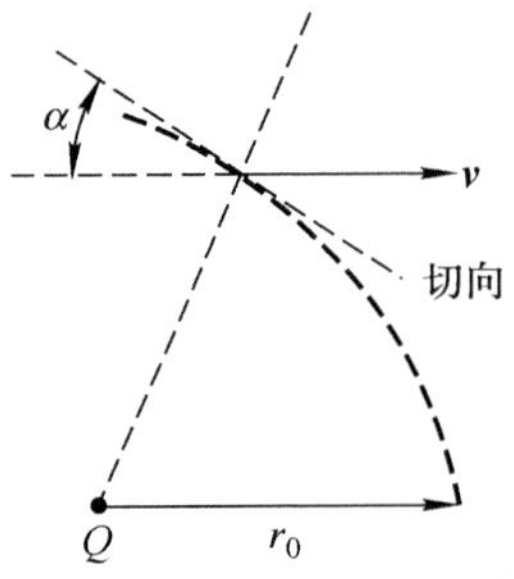

题解图 1

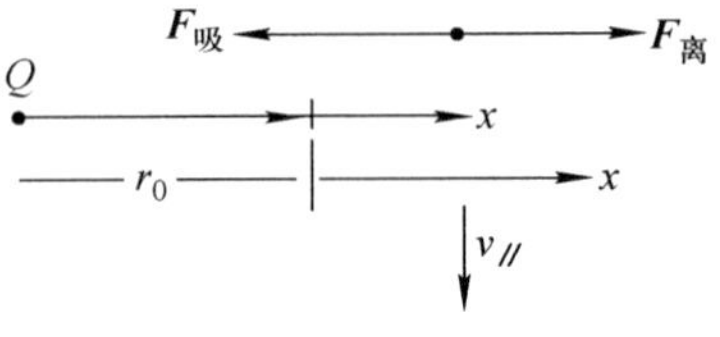

题解图 2

$$v_S=\frac{1}{2}(r_0+x)v_{/\!/},$$

由 v_S 守恒可得

$$v_{/\!/}=v\cos\alpha\cdot r_0/(r_0+x).$$

以 Q 为中心，粒子相对 Q 的角向运动构成的旋转参考系中，粒子受 Q 吸引力 $\boldsymbol{F}_{吸}$ 与旋转参考系中的惯性离心力 $\boldsymbol{F}_{离}$，如题解图 2 所示，已略去科里奥利力．有

$$F_{吸}=kQq/(r_0+x)^2,$$

$$F_{离}=\frac{mv_{/\!/}^2}{(r_0+x)}=\frac{mv^2\cos^2\alpha\cdot r_0^2}{(r_0+x)^3}\approx mv^2r_0^2/(r_0+x)^3.$$

在径向 x 轴方向上受力为

$$F_x=mv^2\left(1-\frac{3x}{r_0}\right)\Big/r_0-kQq\left(1-\frac{2x}{r_0}\right)\Big/r_0^2.$$

粒子做匀速圆周运动时

$$mv^2/r_0=kQq/r_0^2,$$

故

$$F_x=-mv^2x/r_0^2$$

是线性恢复力，在旋转系中粒子会以 r_0 为平衡位置做简谐振动，角频率和周期为

$$\omega=\sqrt{mv^2/(r_0^2m)}=\frac{v}{r_0},\quad\Rightarrow\quad T=2\pi/\omega=2\pi r_0/v.$$

变换到原参考系中，粒子一方面做近似的圆周运动，另一方面在 r_0 附近振动，而每做一个完整的圆周运动所需时间为

$$T'=2\pi r_0/v_{/\!/}\approx 2\pi r_0/v,\qquad 即\qquad T'=T.$$

在 P_1，P_2 同时回到原出发点时，依题意有

$$3T_1=2T_2,\quad\Rightarrow\quad\frac{T_1}{T_2}=\frac{2}{3}.$$

又

$$T_1/T_2=(2\pi r_0/v_1)/(2\pi r_0/v_2),\quad\Rightarrow\quad\frac{v_1}{v_2}=\frac{3}{2},$$

又

$$\frac{1}{2}mv^2=Uq,\quad\Rightarrow\quad v^2=2Uq/m=2U\nu,\quad\Rightarrow\quad\nu_1:\nu_2=v_1^2/v_2^2=9:4,\quad(16\text{ 分})$$

即为所求.

(2) 问另解：

对于单个粒子$(-q,m)$，将库仑引力类比于万有引力

$$-\frac{kQq}{r^2}\quad\Leftrightarrow\quad-\frac{GMm}{r^2},$$

故此时粒子将做椭圆轨道运动.

利用万有引力椭圆轨道能量公式

$$E=-\frac{GMm}{2A},$$

可得此情形能量公式

$$E=-\frac{kQq}{2A},$$

其中 A 为粒子椭圆轨道半长轴.

另一方面

$$E=\frac{1}{2}mv^2-\frac{kQq}{r_0}=-\frac{kQq}{2r_0},$$

故

$$A=r_0,$$

是与出射角度无关的常量.

类比万有引力情形，此时有“开普勒第三定律”：

$$T=KA^{\frac{3}{2}},$$

与出射角度无关(K 与出射角度无关).

因 A 为常量，故与(1)问中圆轨道周期相同，即

$$T=\frac{2\pi r_0}{v}=\frac{2\pi r_0}{\sqrt{2qU/m}}=\frac{2\pi r_0}{\sqrt{2U\nu}},$$

故

$$\frac{\nu_1}{\nu_2}=\frac{T_2^2}{T_1^2}=\frac{9}{4}.$$

附注：

万有引力椭圆轨道“开普勒第三定律”：

$$T=\frac{2\pi}{\sqrt{GM}}A^{\frac{3}{2}};$$

库仑引力椭圆轨道“开普勒第三定律”：

$$T=\frac{2\pi}{\sqrt{kQq/m}}A^{\frac{3}{2}}.$$

2017 年北京大学物理科学营试题

总分：160 分　　时间：3.5 小时

一、(15 分)

请按顺序解答下面两个问题.

(1) 质量为 M、半径为 R、厚度可忽略的圆盘，沿着它的某一直径开成一条很窄的光滑通道．假设通道中的一个自由质点能够仅在圆盘万有引力作用下做简谐振动，且振动中心即为圆心，试给出圆盘的一种面密度分布.

(2) 保留(1)中原圆盘通道，但使质量面密度增加 1 倍成为质量等于 $2M$ 的新圆盘，再将新圆盘剖分为半径为 R'的小圆盘，与内、外半径分别为 R'，R 的圆环，使得两者质量均为 M. 引入三个时间量如下：

T_1：自由质点从(1)中原圆盘直径通道的一个端点自静止出发形成的振动周期；

T_2：自由质点从新圆盘直径通道位置的一个端点自静止出发，在取走圆环后，即仅在小圆盘万有引力作用下形成的振动周期；

T_3：自由质点从新圆盘直径通道位置的一个端点自静止出发，在取走小圆盘后，即仅在圆环的万有引力作用下形成的振动周期.

请分析地用等号或不等号建立 T_1，T_2，T_3 间的大小关系.

二、(30 分)

如图所示，均匀长杆 AB 开始时静止直立在水平地面上，B 端与地面 P 点接触. 设杆的 B 端与 P 点左侧地面摩擦系数处处相同，记为 $\mu_{左}$；B 端与 P 点右侧地面的摩擦系数处处相同，记为 $\mu_{右}$.

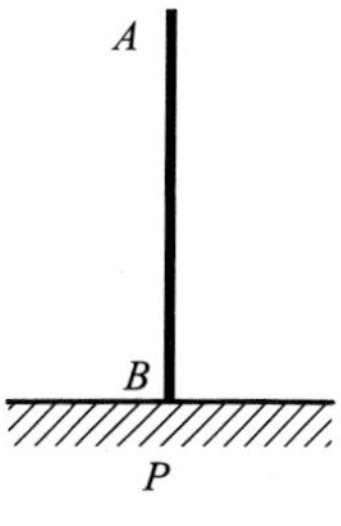

(1) 后因微扰，杆朝右下方倾倒，设过程中 B 端始终未离开地面 P 点，且受地面弹力 $\mathbf{N}$ 始终沿竖直方向(即并非沿杆长方向)，直到 A 端着地为止. 试求 $\mu_{左}$，$\mu_{右}$ 的取值范围.

(2) 设细杆倒地时与地面发生弹性碰撞，细杆各部位碰后瞬间的速度与碰前瞬间的速度大小相同、方向相反，杆随即绕着 B 端反向转动.

(2.1) 若细杆刚好能返回到题图中原直立在地面上的方位，且过程中 B 端始终未离开 P 点，再求 B 端与 P 点左侧地面摩擦系数 $\mu_{左}$和 B 端与 P 点右侧地面摩擦系数 $\mu_{右}$取值范围.

(2.2) 若 $\mu_{左}$，$\mu_{右}$ 分别取(2.1)问允许范围的下限 $\mu_{左\min}$和 $\mu_{右\min}$，再设细杆因微扰未能停留在(2.1)问的末态，而是又朝左倾倒，试问细杆在朝左下方倾倒过程中，B 端能否始终不离开 P 点，直到 A 端着地为止？如若不能，试问细杆朝左下方转过的角度 θ 达到什么值时 B 端开始离开 P 点？

三、(25 分)

二维单原子分子理想气体，压强 p 定义为单位长度上的正压力，分子数密度 n 定义为单位面积内的分子数. 分子质量记为 m，摩尔数记为 ν，平面容器面积记为 S. 处于平衡态

时的温度记为 T，分子平均平动动能记为 $\bar{\varepsilon}_{平}$.

(1) 据分子动理论导出平衡态时 $p \sim \bar{\varepsilon}_{平}$ 关系式，继而结合能均分定理导出状态方程.

(2) 写出(不是导出)平衡态麦克斯韦速度分布函数 $F_2(\boldsymbol{v})$ 和速率分布函数 $f_2(v)$，导出平衡态时气体在单位时间内碰撞到单位长度容器壁上的分子数 Γ_2.

(3) 继(1)、(2)问，如图所示，在容器壁上开一条小缝，导出射出的分子束中分子的速率分布函数 $f_2^*(v)$.

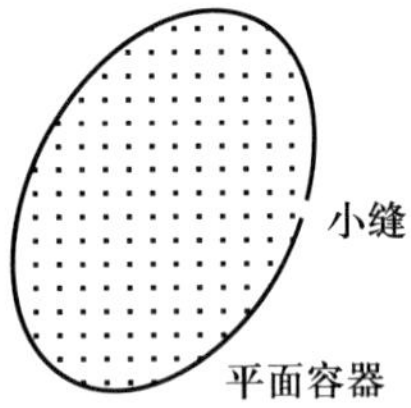

(4) 设图中容器面积始终不变，为常量 S_0，初态温度 T_0，小缝长度 l_0. $t=0$ 时刻将小缝打开，外界为真空，分子射出后不会返回，容器内的气体在分子数减少的过程中与外界绝热，过程中每一个状态都可处理为平衡态. $t=t_e$ 时刻将小缝关闭，容器内气体压强记为 p_e. 若将全部已射出的分子收集到另一个面积同为 S_0 且与外界绝热的平面容器内，平衡后其压强恰好为相同的 p_e，试求 t_e. 答案中可含的参量和常量仅为 S_0，l_0，m，T_0 和玻尔兹曼常量 k.

四、(20 分)

长方体导体块如图 1 所示，从 $t=0$ 开始，外加与导体左、右侧面垂直的交变匀强电场 $\boldsymbol{E}=\boldsymbol{E}_0\cos\omega t$，其中常矢量 $\boldsymbol{E}_0$ 的方向已在图 1 中示出. 设导体的电导率

$$\sigma=\alpha\varepsilon_0\omega,$$

其中 α 是无单位的常数. 忽略边缘效应(即在需要时可把导体块的侧面视为无穷大平面).

图 1

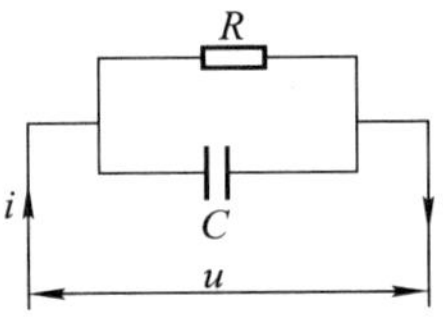

图 2

(1) 以 $\boldsymbol{E}_0$ 的方向为基准方向，引入导体块中的电流密度 $\boldsymbol{j}$(其模量 j 等于单位时间流过单位正截面积的电量)，试求 $t>0$ 的 $j \sim t$ 关系.

(2) 导体块左、右侧面的大小实际上是有限的，导体块中的电流强度 i 也是有限的. 把外电场 $\boldsymbol{E}$ 从导体左侧面到右侧面的电势降记为 u，试求电流达到稳定后，i 超前 u 的相位 ϕ(用 $\tan\phi$ 表示).

(3) 设导体块左、右侧面面积均为 S，其间的距离为 l. 另取如图 2 所示的并联电路，若当外加电压为(2)问中的 u，图 2 电路中的总电流刚好是(2)问中的 i，试求图 2 电路中的 R 和 C. 又若图 2 电路中的电容器是平行板介质电容器，极板面积也为 S，两板间距(亦即其中介质块的厚度)也为 l，试求该介质的相对介电常数 ε_r，并判断此电容器能否被制作.

五、(20 分)

如图 1 所示，在 Oxy 坐标平面上，有一个圆心位于 O 点，半径为 a 的固定绝缘圆环. 取正整数

$$N \geqslant 3,$$

将坐标为$\{x=0,\ y=a\}$的点定为环的原点，在环上从原点出发，沿顺时针方向转过一个圆心角

$$\alpha = 2\pi/N,$$

到达的环点称为点 1. 从原点沿顺时针方向转过圆心角

$$k\alpha = 2k\pi/N, \quad k=1,\ 2,\ \cdots,\ N-1,$$

到达的环上的点称为点 k.

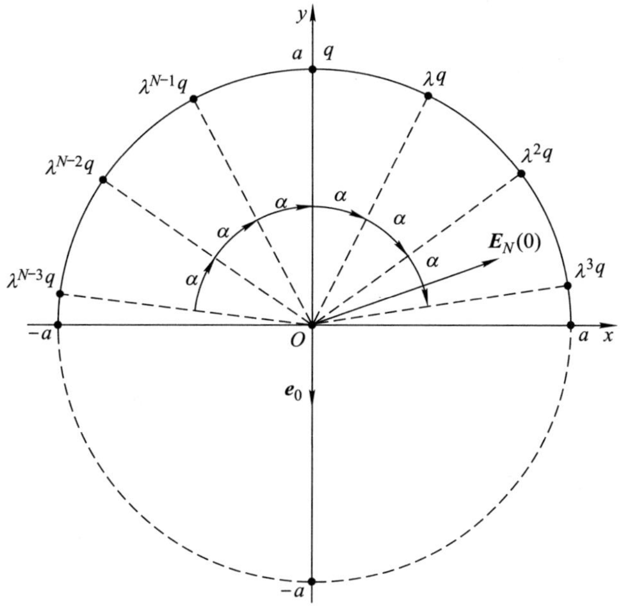

图 1

取正的常数 λ，

$$\lambda > 1,\ 或\ 1 > \lambda > 0,$$

在环的原点放置电量 $q>0$ 的点电荷，在点 k 放置电量为

$$\lambda^k q(k=1,\ 2,\ \cdots,\ N-1)$$

的点电荷. 原点处点电荷 q，在圆心处的场强记为 $\boldsymbol{e}_0$，则有

$$\boldsymbol{e}_0 = -e_0 \boldsymbol{j}, \quad e_0 = \frac{q}{4\pi\varepsilon_0 a^2},\ \boldsymbol{j}：y\ 轴方向单位矢量$$

将圆环点电荷系在圆心处的场强记为图 1 中所示的

$$\boldsymbol{E}_N(0).$$

(1) 采用场强矢量简单的代数叠加方法，求解下述两小问，答案有效数字取 3 位.

(1.1) 取 $N=5$，$\lambda=2$ 对应如图 2 所示系统，试求 $\boldsymbol{E}_5(0)$的大小 $E_5(0)$(答案用多少 e_0 表述)，和 $\boldsymbol{E}_5(0)$相对 $\boldsymbol{j}$ 沿顺时针方向偏转角 ϕ_5. 只要求简单写出求解过程.

(1.2) 取 $N=6$，$\lambda=2$ 对应如图 3 所示系统，写出 $\boldsymbol{E}_6(0)$的大小 $E_6(0)$(答案用多少 e_0 表述)和 $\boldsymbol{E}_6(0)$相对 $\boldsymbol{j}$ 沿顺时针方向偏转角 ϕ_6. 都不必写出求解过程.

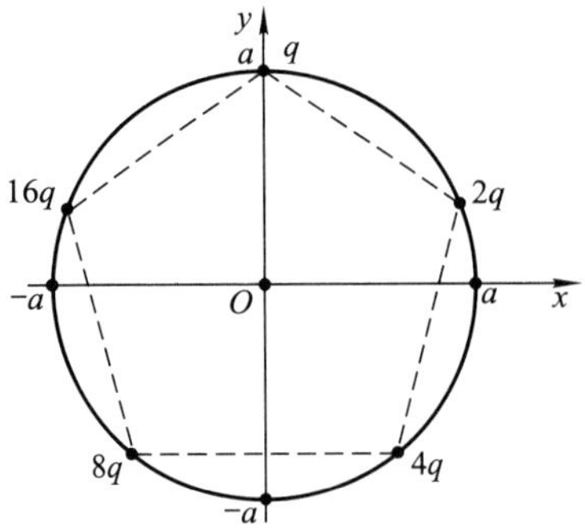

图 2

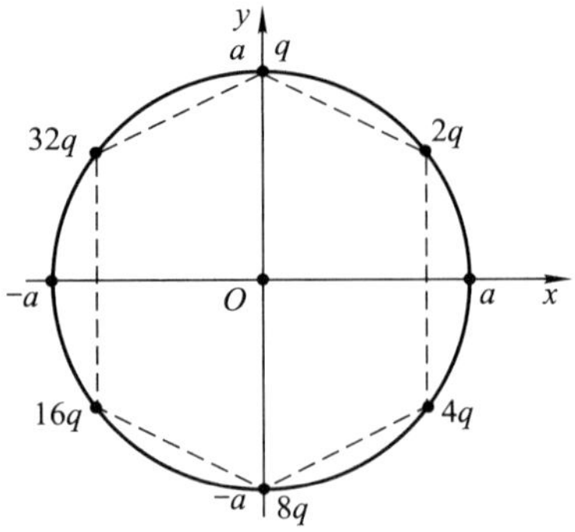

图 3

(2) (1)问解答会显示，单用场强矢量代数叠加求解 $\boldsymbol{E}_N(0)$ 的大小 $E_N(0)$ 较繁琐. 尤其 N 较大时，更麻烦.

注意到圆环绕圆心 O 的自转具有几何上的自同构性. 据此提示，试求解 $E_N(0)$，答案用 q，N，a，λ，ε_0 表示.

——王贺明(北京大学物理学院 2012 级)，舒幼生

六、(20 分)

图 1(a)和(b)所示，分别为近轴范围内的凸球面折射成像和凹球面折射成像示意图. 图中 R 为球面半径，n_u 为物光所在空间的介质折射率，n_v 为像光所在空间的介质折射率，u 和 v 分别是位于主光轴的点状物 S 的物距和对应点状像 S' 的像距. 已知凸球面折射成像公式为

$$\frac{n_u}{u}+\frac{n_v}{v}=\frac{n_v-n_u}{R}, \tag{1}$$

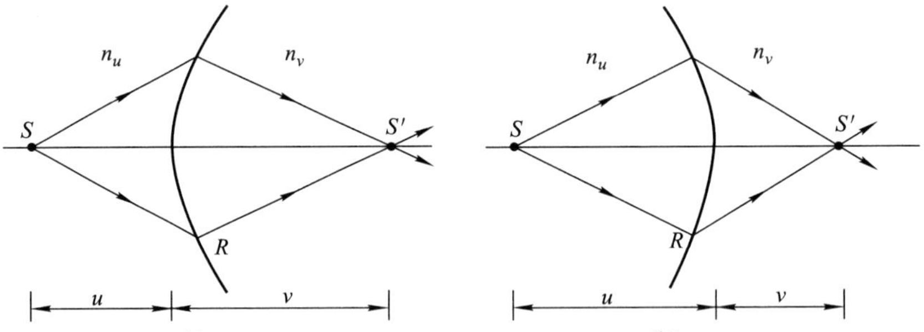

图 1

其中 $R\to\infty$ 时，即成平面折射成像公式. 引入

$$\text{物方焦距 } f_u=\lim_{v\to\infty}u,\qquad \text{像方焦距 } f_v=\lim_{u\to\infty}v,$$

可将成像公式(1)改述为

$$\frac{f_u}{u}+\frac{f_v}{v}=1. \tag{2}$$

(1) 以 n_u，n_v，R 为已知参量，写出 f_u，f_v 的表达式.

(2) 对应(1)、(2)式，写出凹球面折射成像的两个公式，并简述理由.

(3) 由两块折射率分别为 n_1，n_2 的玻璃体密接构成的薄透镜如图 2 所示，朝左凸的 R_1 球面与朝右凸的 R_2 球面间距可略，R_2 球面与右侧平面间距也可略. 以(1)式为成像的基本公式，解答下述两小问.

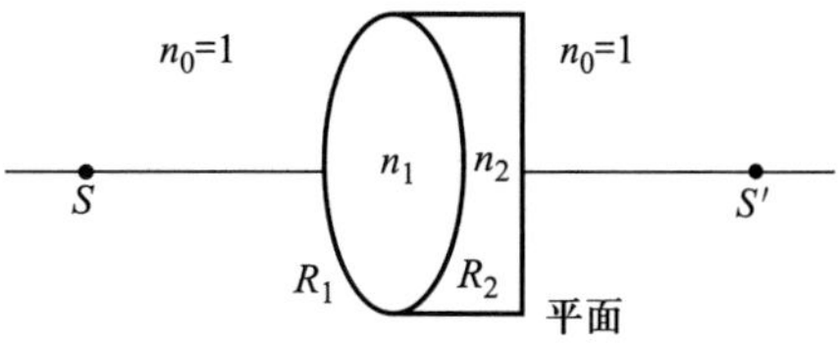

图 2

(3.1) 导出该透镜在空气中 f_u，f_v 以 n_1，n_2，R_1 和 R_2 为已知量的表述式.

(3.2) 设点状发光物 S 发出的光仅含氢光谱 C 线($\lambda_C=6563$Å)和 F 线($\lambda_F=4861$Å)两种成分，相应地 n_1，n_2 各自分化为($1\text{Å}=10^{-10}$m)

$$n_{1C}<n_{1F},\quad n_{2C}<n_{2F}.$$

已知左侧不在透镜焦平面上的 S 所成像 S' 仍为一个点，试以 R_1，n_{1C}，n_{1F}，n_{2C}，n_{2F} 为已知量，导出 R_2 的表述式，并给出 n_{1C}，n_{1F}，n_{2C}，n_{2F} 间应满足的关系式.

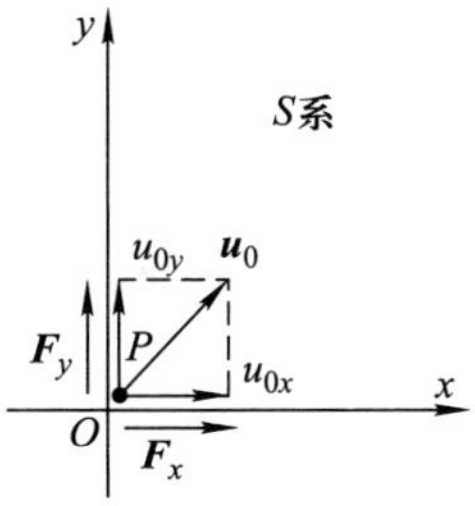

七、(30 分)

如图所示，在惯性系 S 的 Oxy 坐标平面原点 O 处，有一个静质量为 m_0 的质点 P. $t=0$ 时，P 的速度 $\boldsymbol{u}_0$ 的两个分速度分别记为 u_{0x}，u_{0y}；$t\geqslant 0$ 时，P 受 x，y 方向力分别记为 F_x，F_y.

(1) 设 $u_{0x}=0$，$u_{0y}=0$，$F_x=0$，F_y 为正的常量 f_y. 试求 P 沿 y 方向速度达到 $u_y=\frac{3}{5}c$ 的时刻 t_1，以及过程中 F_y 的做功 W_{1y}.

(2) 改设 $u_{0x}=\frac{3}{5}c$，$u_{0y}=0$，F_x 的作用可使 P 沿 x 轴做 $u_x=u_{0x}$ 的匀速运动，F_y 仍为(1)问中的常量 f_y.

(2.1) 试求 P 刚好达到 $u_y=\frac{3}{5}c$ 的时刻 t_2；

(2.2) 在 $t_2\geqslant t\geqslant 0$ 时间段内，导出 $u_y=u_y(t)$ 函数；

(2.3) 在 $t_2\geqslant t\geqslant 0$ 时间段内，导出 $F_x=F_x(t)$ 函数；

(2.4) 导出从 $t=0$ 到 $t=t_2$ 全过程中，F_x，F_y 各自总的做功 W_{2x}，W_{2y}.

供参考的积分公式(略去积分常量)：

$$\int\frac{u^2\mathrm{d}u}{(a^2-u^2)^{\frac{3}{2}}}=\frac{u}{\sqrt{a^2-u^2}}-\arcsin\frac{u}{a};$$

$$\int\frac{\mathrm{d}u}{\sqrt{a^2-u^2}}=\arcsin\frac{u}{a}.$$

参考解答与评分标准

一、(15 分)

(1) 质量均匀分布的圆环在其中央轴线上的万有引力场强，可等效为将环质量平分给环上两个对径点(如题解图 1 中 A，B 点)后在原轴线上的场强.

质量 M 均匀分布、半径 R 的球体，其质量体密度为

$$\rho=3M/4\pi R^3.$$

如题解图 2 所示，建立 Oxy 平面，原点 O 位于球心，在 Oxy 平面上取$\{r，\theta\}$位置附近小面元 $\mathrm{d}S$. 将此小面元绕 y 轴旋转一周形成一细环体，它所含质量为

$$\mathrm{d}M=\rho(2\pi r\cos\theta\cdot\mathrm{d}S).$$

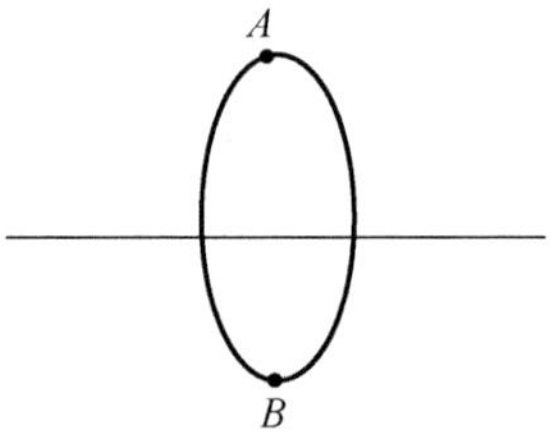

题解图 1

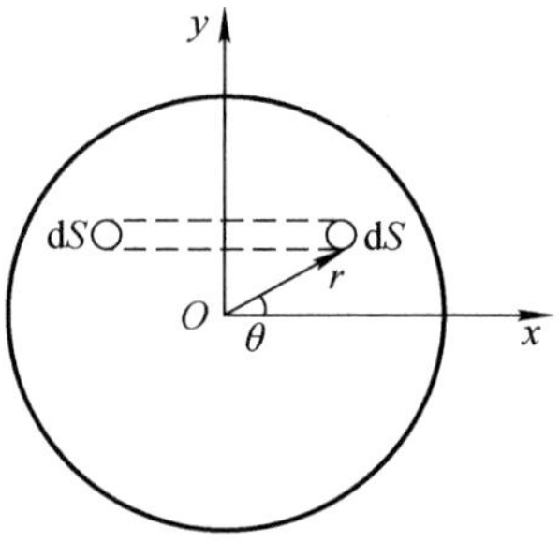

题解图 2

细环体上质量均匀分布，它在中央轴，即在 y 轴上的引力场强等效为将 $\mathrm{d}M$ 等分给两个小面元后在 y 轴上的引力场强. 两个小面元上的质量面密度同为

$$\sigma=\frac{1}{2}\frac{\mathrm{d}M}{\mathrm{d}S}=3Mr\cos\theta/4R^3.$$

用这种方法将球体质量集中在 xy 平面上的 R 半径圆面上，则球与圆面在 y 轴直径通道上的场强分布一致，故自由质点在该通道上均做简谐振动. 因此，

$$\sigma(r，\theta)=\begin{cases}3Mr\cos\theta/4R^3, & -\dfrac{\pi}{2}\leqslant\theta\leqslant\dfrac{\pi}{2},\\ \sigma(r，\pi-\theta), & \dfrac{\pi}{2}\leqslant\theta\leqslant\dfrac{3}{2}\pi.\end{cases}\qquad(5\text{ 分})$$

(2) 分步讨论：

R'的确定：

新圆盘面密度增加一倍，质量便为 $2M$，R'小圆盘与外环质量均为 M，对小圆盘有

$$\sigma'(r，\theta)=3Mr\cos\theta/4R'^3,\qquad 2\sigma(r，\theta)=6Mr\cos\theta/4R^3,$$

即得

$$R'=R/\sqrt[3]{2}.\qquad(2\text{ 分})$$

T_1 的计算：

同于质量为 M、半径为 R 匀质球直径隧道中的振动周期. 如题解图 3 所示，自由质点 m 处于 y 位置时，将圆盘还原为匀质球，则受力

$$F_y(1) = -GM_y m/y^2, \quad M_y = \rho\,\frac{4}{3}\pi y^3,$$

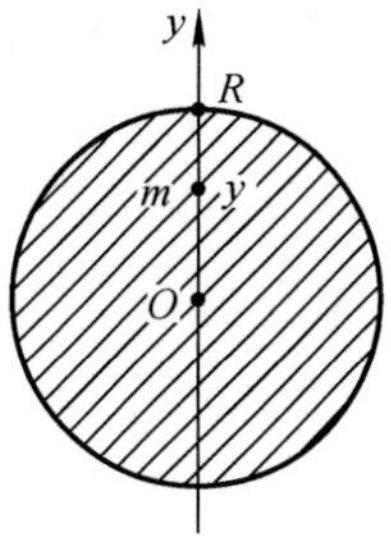

题解图 3

即为线性恢复力

$$F_y(1) = -GM_y m/y^2, \quad \Rightarrow \quad \text{简谐振动}\begin{cases}\omega = \sqrt{GM/R^3},\\ T_1 = 2\pi R\sqrt{R/GM}.\end{cases}$$

（2 分）

T_2 与 T_1 的大小比较：

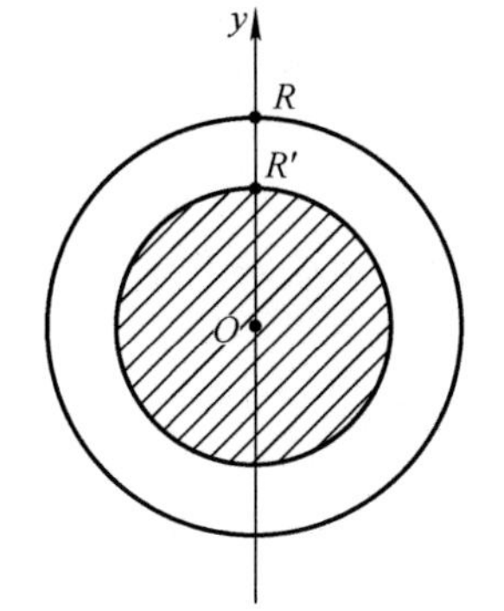

题解图 4

参考题解图 4，自由质点在 $R' \leqslant y \leqslant R$ 处受力

$$F_y(2) = -GMm/y^2, \quad \Rightarrow \quad |F_y(2)| \geqslant |F_y(1)|,$$

而在 $0 \leqslant y \leqslant R'$ 处受力

$$F_y(2) = -GMmy/R'^3, \quad \Rightarrow \quad |F_y(2)| > |F_y(1)|.$$

自由质点从 $y=R$ 处静止出发后，处处受力变大，加速度值也变大，速度值也处处变大. 考虑到经过 $|\Delta y|$ 所需时间 $\Delta t = |\Delta y|/|v|$，故必有 $\Delta t(2) < \Delta t(1)$，对 $y=R$ 到 $y=0$ 的四分之一周期有

$$T_2/4 < T_1/4, \quad \text{即得} \quad T_2 < T_1. \qquad (2\text{ 分})$$

T_3 与 T_1 的大小比较：

自由质点在环内 $R' \leqslant y \leqslant R$ 处受力可算得为

$$F_y(3) = -2GMmy/R^3 + GMm/y^2, \quad \text{不再为线性恢复力},$$

故其运动时间较难计算. 但它在空洞内匀速运动，往返时间 t 较易求得，且有

$$T_3 > t. \qquad (1\text{ 分})$$

质点在 $y=R$ 处所具势能为

$$E_p(R) = -GM_{\text{环}}\,m/R = -GMm/R,$$

在 $y=R'$ 处所具势能为

$$E_p(R') = \sum_{R'}^{R}(-G\Delta M \cdot m/r),$$

其中 ΔM 为被还原的 $r \to r+\Delta r$ 球壳质量

$$\Delta M = \rho' 4\pi r^2 \Delta r = 6Mr^2\Delta r/R^3,$$

由此可算得(或借所学电学知识直接写出)

$$E_p(R') = (-3GMm/R)\left(1 - \frac{R'^2}{R^2}\right).$$

质点在 R' 处动能及速度大小为

$$E_k(R') = E_p(R) - E_p(R') = (GMm/R)\left(2 - \frac{3R'^2}{R^2}\right),$$

$$v(R') = \sqrt{2E_k(R')/m} = \sqrt{2(GM/R)\left(2 - \frac{3}{\sqrt[3]{4}}\right)},$$

故空洞内匀速运动往返时间为

$$t=4R'/v(R')=(2\sqrt{2}/\sqrt{2\sqrt[3]{4}-3})R\sqrt{R/GM}>T_1=2\pi R\sqrt{R/GM}.$$

因此

$$T_3>T_1. \qquad (2\text{ 分})$$

据上述讨论最后得 T_1，T_2，T_3 间大小关系为

$$T_3>T_1>T_2. \qquad (1\text{ 分})$$

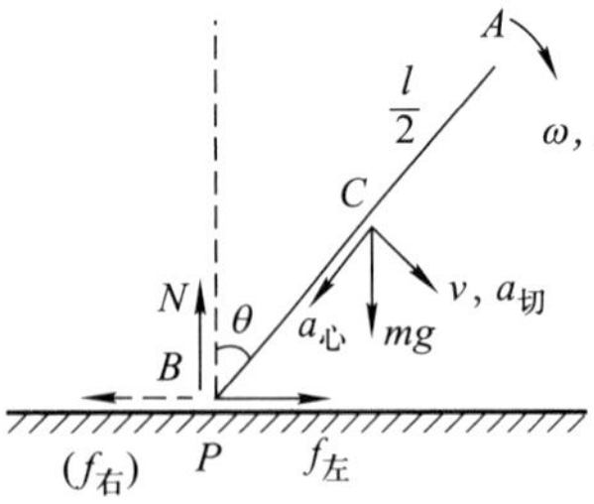

题解图 1

二、(30 分)

(1) 杆质量记为 m，长记为 l. 杆绕 B 端做定轴转动过程中转过 θ 角时的位形如题解图 1 所示，图中 v，$a_{切}$，$a_{心}$ 都是细杆质心的运动学量，ω 和 β 是杆绕 B 端(或说地面 P 点)转动角速度和角加速度. N 为竖直向上的弹力，$f_{左}>0$ 时表示 P 点左侧地面给予的朝右摩擦力，$f_{左}<0$ 时则改为 P 点右侧地面给予的朝左摩擦力，改取图中所示的 $f_{右}>0$.

运动学量的公式推导：

$$mg\ \frac{l}{2}(1-\cos\theta)=\frac{1}{2}I_B\omega^2,\qquad I_B=\frac{1}{3}ml^2,\qquad \omega=v\Big/\left(\frac{l}{2}\right),$$

$$\Rightarrow\quad v^2=\frac{3}{4}gl(1-\cos\theta),$$

$$\Rightarrow\quad 2va_{切}=\frac{3}{4}gl\sin\theta\cdot\omega=\frac{3}{4}gl\sin\theta\cdot\frac{2v}{l},$$

$$\Rightarrow\quad a_{切}=\frac{3}{4}g\sin\theta,$$

又：

$$a_{心}=v^2\Big/\left(\frac{l}{2}\right)=\frac{3}{2}g(1-\cos\theta).$$

动力学量的公式推导：

$$mg-N=ma_{切}\ \sin\theta+ma_{心}\ \cos\theta,$$

$$\Rightarrow\quad N=\frac{1}{4}mg(1-3\cos\theta)^2,$$

$$f_{左}=ma_{切}\ \cos\theta-ma_{心}\ \sin\theta,$$

$$\Rightarrow\quad f_{左}=\frac{3}{4}mg\sin\theta(3\cos\theta-2).$$

弹力 **N** 的方向和大小：

$$\frac{\mathrm{d}N}{\mathrm{d}\theta}=\frac{3}{2}mg\sin\theta(1-3\cos\theta)\xrightarrow{\text{令}}0.$$

(i) $\theta=0$，对应 N 取极大值 $N_{\max}=mg$(设想 θ 从小于 0 增大到 0 再到 $\theta>0$ 的过程).

(ii) $\theta=\theta_N=\arccos\dfrac{1}{3}=70.528\ 779\ 37\cdots°$，$N$ 取极小值 $N_{\min}=0$.

这与下面数值计算列表相符：

$\theta/°$	0	10	20	30	40	50	60	70	70.53(θ_N)
N/mg	1	0.955	0.827	0.638	0.421	0.215	0.0625	1.70×10^{-4}	0

$\theta/°$	71	75	80	85	90
N/mg	1.36×10^{-4}	0.0125	0.0574	0.136	0.25

结论：$\boldsymbol{N}$ 向上；

θ 从 0 增到 θ_N 过程中，N 从 mg 降到 0；

θ 从 θ_N 增到 90°过程中，N 从 0 增到$\frac{1}{4}mg$.

摩擦力 $\boldsymbol{f}$ 的方向和大小：

$$\frac{\mathrm{d}f_{左}}{\mathrm{d}\theta}=\frac{3}{4}mg(6\cos^2\theta-2\cos\theta-3)\xrightarrow{令}0,$$

$$\Rightarrow\quad \cos\theta=\frac{1}{6}(1+\sqrt{19}),\qquad \Rightarrow\quad \theta_{f1}=\arccos\left[\frac{1}{6}(1+\sqrt{19})\right]=26.728\,239\,38\cdots°,$$

$$\Rightarrow\quad f_{左,\max}=0.229mg.$$

又：$\theta=\theta_{f2}=\arccos\frac{2}{3}=48.189\,685\,1\cdots°$时，$f_{左}=0$.

数值计算列表如下：

$\theta/°$	0	10	20	26.73(θ_{f1})	30	40	45	48.1	48.19(θ_{f2})
$f_{左}/mg$	0	0.124	0.210	0.229	0.224	0.144	0.0643	1.95×10^{-3}	0

$\theta/°$	48.2	50	60	70	70.53(θ_N)	71	75	80	90
$f_{左}/mg$	-2.25×10^{-4}	−0.0412	−0.325	−0.686	−0.707	−0.726	−0.886	−1.09	−1.5

结论：

θ 从 0 增到 θ_{f2}过程中，$\boldsymbol{f}$ 方向朝右，$f_{左}>0$，其间在 θ_{f1}处，$f_{左}$ 达极大值 $0.229mg$；

θ 从θ_{f2}增到 90°过程中，$\boldsymbol{f}$ 方向朝左，$f_{左}<0$(即 $f_{右}>0$，且一直递增到 $1.5mg$).

μ 的取值范围：

引入比例系数

$$\mu^*=\frac{f}{N}=3\sin\theta(3\cos\theta-2)/(1-3\cos\theta)^2.$$

(i) $\theta_{f2}\geqslant\theta\geqslant0$ 区域

此区域内 $f_{左}\geqslant0$，$\boldsymbol{f}$ 由 P 点左侧地面提供，故应有

$$\mu_{左}\geqslant\mu^*_{\max}.$$

数值计算列表如下：

$\theta/°$	0	10	20	30	34	35	35.5	40	45	48.19(θ_{f2})
μ^*	0	0.130	0.254	0.351	0.370	0.371	0.370	0.341	0.205	0

得

$$\mu^*_{\max}=0.371,\qquad\Rightarrow\quad\mu_{左}\geqslant0.371.$$

(ii) $90^\circ \geqslant \theta \geqslant \theta_{f2}$ 区域

此区域内 $f_{左}<0$，f 由 P 点右侧地面提供，除了在

$$\theta=\theta_N=70.53^\circ,\quad N=0 \text{ 之外，其余 } \theta \text{ 处均有 } N>0,$$

故应取

$$\mu_{右}\to\infty.$$

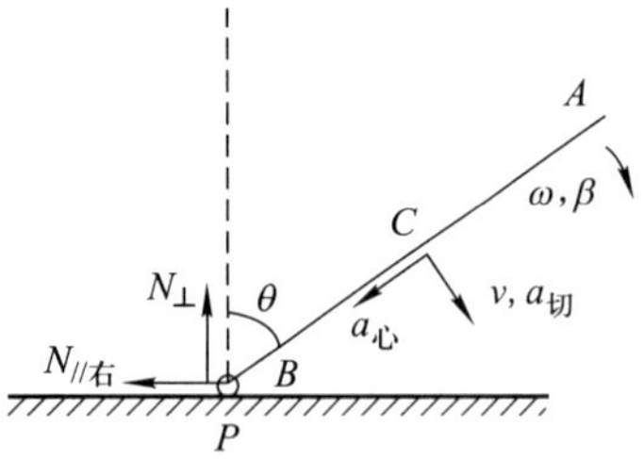

题解图 2

讨论：

引入特征量：$t=t_0$ 时刻 $\theta=\theta_N$，此时 $N=0$，则如何判断此后 B 端是否会离开地面？

判断方法 1：

设想 B 端可绕地面 P 处光滑固定轴转动. 细杆因微扰从竖直静止方位朝右下方倾倒，过程中 P 轴提供题解图 2 示出的两个分力 $N_\perp$ 和 $N_{//}$ 保证杆做定轴转动. 类似前文求解内容，同样可知，在 t_0 时刻，$\theta=\theta_N$，$N_\perp=0$，$N_{//}=N_{//右}>0$，但 t_0 后 B 端不会离开地面，且有与前文 $N>0$，$f_{右}>0$(即 $f_{左}<0$)完全一致的 $N_\perp>0$，$N_{//右}>0$ 分布.

本题改由前文 N，$f_{右}$ 取代了 $N_\perp$，$N_{//}$，对应的动力学、运动学效果一致，故 t_0 之后，B 端不会离开地面. (18 分)

判断方法 2：

从左极限 t_0^- 到 t_0 过程中 $N\to 0$，其间运动学量 $a_{切}$，$a_{心}$，v 和 ω，β 虽然也在连续变化，但始终保证 B 端相对地面速度 $v_B=0$ 不变，故在 t_0 时刻仍有 $v_B=0$. t_0 时刻 B 端不离地，使 B 端继续受地面作用力 N 和 $f_{右}$，运动学和动力学理论要求 t_0 后又有 $N>0$ 和相应的 $f_{右}>0$，使 B 端一直不会离开地面.

(2)

(2.1) 本问所设的细杆运动，恰为(1)问中细杆运动的时间反演下的运动. 反演过程中细杆各质元速度和整体转动角速度与(1)问过程中相应量大小相同，方向相反；各质元(含质心 C)的切向和向心加速度以及整体转动角加速度与(1)问过程中相应量大小相同，方向也相同. 因此，反演过程的动力学结构与(1)问过程中的动力学结构相同，仍要求

$$\mu_{左}\geqslant 0.371,\quad \mu_{右}\to\infty. \qquad (4\text{ 分})$$

(2.2) 细杆从静止竖直方向由因扰动朝左下方倾倒的过程与(1)问过程方向相反，与题解图 1 对应的过程图如题解图 3 所示，即左、右置换一下.

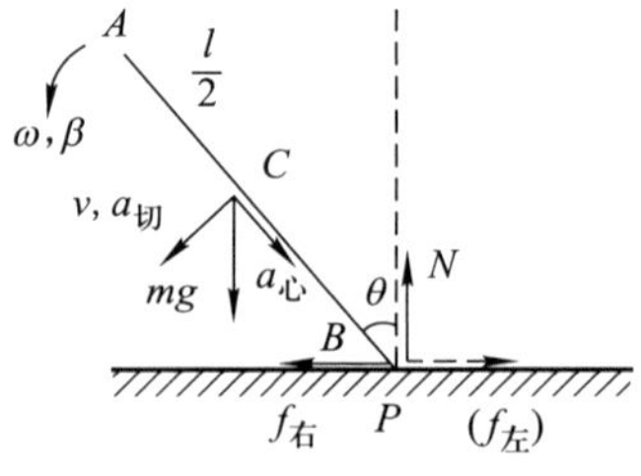

题解图 3

如若要求细杆倒地前，B 端始终与地面 P 点接触，为方便区分，将现在 P 点两侧地面摩擦系数的取值范围表述为

$$\mu_{左(2.2)}=\mu_{右(1)}\to\infty;\qquad \mu_{右(2.2)}=\mu_{左(1)}\geqslant 0.371.$$

(1)问已给出了真实的 $\mu_{右}\to\infty$，故本问第二个不等式的要求

$$\mu_{右(2.2)}\geqslant 0.371$$

可得到满足. (1)问也给出了真实的 $\mu_{左}\geqslant 0.371$，即其下限为 0.371，故本问第一个不等式的要求

$$\mu_{左(2.2)} \rightarrow \infty$$

不能被满足.

现将题解图 3 对应的

$$\mu^* = \frac{f}{N} = 3\sin\theta(3\cos\theta - 2)/(1 - 3\cos\theta)^2$$

随 θ 变化的数值计算更充分地列表于下：

$\theta/°$	0	10	20	30	34	35	35.5	40	45
μ^*	0	0.130	0.254	0.351	0.370	0.371	0.370	0.341	0.205

$\theta/°$	48.19(θ_{f2})	48.2	50	51	51.25	51.3	55	60	65
μ^*	0	-9.01×10^{-4}	−0.191	−0.331	−0.371	−0.380	−1.32	−5.20	−27.7

$\theta/°$	70	70.53(θ_N)	71	75	80	85	90
μ^*	−4043	∞	−5348.7	−71.0	−19.0	−9.53	−6

从数表中可以看出，在 θ 从 0 增到 $\theta=51.25°$过程中 μ^* 绝对值均未超过 0.371，B 端不会离开 P 点. 可是在 $\theta>51.25°$时 $|\mu^*|>0.371$，这表明

$$\theta > 51.25°$$

时 B 端与 P 点左侧地面间为使 B 端不朝左滑动所需的 $\mu_{左(2.2)}$ 绝对值，已超过真实的 $\mu_{左}$ 已取的原下限值 0.371. 故此时开始，B 端将会朝 P 点左侧滑动而离开 P 点. （8 分）

三、(25 分)

(1) $\mathrm{d}l$，$\mathrm{d}t$ 参见题解图 1 所示，有

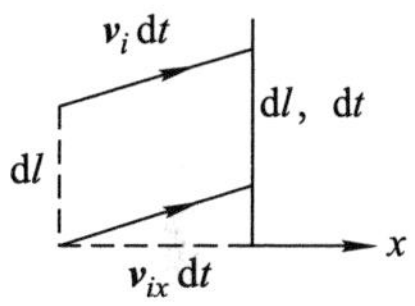

题解图 1

$$\mathrm{d}I_x = \sum_i n_i(v_{ix}\mathrm{d}t \cdot \mathrm{d}l)2mv_{ix}\,|_{v_{ix}>0}$$
$$= \sum_i 2n_i m v_{ix}^2 \mathrm{d}t \cdot \mathrm{d}l\,|_{v_{ix}>0},$$

$$p = \frac{\mathrm{d}I_x/\mathrm{d}t}{\mathrm{d}l} = 2m\sum_i n_i v_{ix}^2\,|_{v_{ix}>0} = m\sum_i n_i v_{ix}^2\,|_{v_{ix}任意},$$

$$\left(\bar{v}_x^2 = \sum_i n_i v_{ix}^2 \Big/ \sum_i n_i = \sum_i n_i v_{ix}^2/n\right)$$

$$\Rightarrow\quad p = nm\bar{v}_x^2,\ \left(\frac{1}{2}m\bar{v}_x^2 = \frac{1}{2}m\bar{v}_y^2 = \frac{1}{2}\left(\frac{1}{2}m\bar{v}^2\right) = \frac{1}{2}\bar{\varepsilon}_{平}\right)$$

$$\Rightarrow\quad p = n\bar{\varepsilon}_{平},\ \left(n = \frac{N}{S} = \frac{\nu N_A}{S},\ \bar{\varepsilon}_{平} = \frac{2}{2}kT\right)$$

$$\Rightarrow\quad pS = \nu RT,\qquad R = N_A k. \qquad (5\ 分)$$

(2)

$$F_2(\boldsymbol{v}) = \frac{m}{2\pi kT}\mathrm{e}^{-m(v_x^2+v_y^2)/2kT},$$

$$f_2(v) = 2\pi v F_2(\boldsymbol{v})\,|_{v_x^2+v_y^2=v^2} = 2\pi v\,\frac{m}{2\pi kT}\mathrm{e}^{-mv^2/2kT} = \frac{mv}{kT}\mathrm{e}^{-mv^2/2kT}.$$

参考题解图 1，$\mathrm{d}t$ 时间内碰撞到 $\mathrm{d}l$ 的分子数为

$$dN = \iint (nF_2(\boldsymbol{v})dv_x dv_y)v_x dt dl \mid_{v_x>0}$$

$$= \int_{-\infty}^{\infty} \left(\frac{m}{2\pi kT}\right)^{\frac{1}{2}} e^{-mv_y^2/2kT} dv_y \int_0^{\infty} n \left(\frac{m}{2\pi kT}\right)^{\frac{1}{2}} e^{-mv_x^2/2kT} v_x dv_x dt dl$$

$$= n\int_0^{\infty} v_x \left(\frac{m}{2\pi kT}\right)^{\frac{1}{2}} e^{-mv_x^2/2kT} dv_x dt dl$$

$$= \left[n\int_0^{\infty} v \left(\frac{m}{2\pi kT}\right)^{\frac{1}{2}} e^{-mv^2/2kT} dv\right] dt dl,$$

$$\Gamma_2 = dN/dt dl,$$

$$\Gamma_2 = n \cdot \frac{1}{2\pi}\left(\frac{2\pi kT}{m}\right)^{\frac{1}{2}} \int_0^{\infty} 2\pi v \left(\frac{m}{2\pi kT}\right) e^{-mv^2/2kT} dv$$

$$= n\left(\frac{kT}{2\pi m}\right)^{\frac{1}{2}} \int_0^{\infty} f_2(v) dv, \quad (f_2(v)\text{ 归一性})$$

$$\Rightarrow \quad \Gamma_2 = n\sqrt{\frac{kT}{2\pi m}}.$$

（或由

$$\bar{v} = \int_0^{\infty} v f_2(v) dv = \int_0^{\infty} v \cdot 2\pi v \left(\frac{m}{2\pi kT}\right) e^{-mv^2/2kT} dv$$

$$= \frac{1}{2}\sqrt{\frac{2\pi kT}{m}} \int_0^{\infty} 4\pi v^2 \left(\frac{m}{2\pi kT}\right)^{\frac{3}{2}} e^{-mv^2/2kT} dv$$

$$= \frac{1}{2}\sqrt{\frac{2\pi kT}{m}} \int_0^{\infty} f_3(v) dv \quad (f_3(v)\text{ 归一性})$$

$$= \sqrt{\pi kT/2m},$$

得

$$\Gamma_2 = \frac{n}{\pi}\bar{v}, \quad \bar{v}\text{：二维平均速率.）} \qquad (6\text{ 分})$$

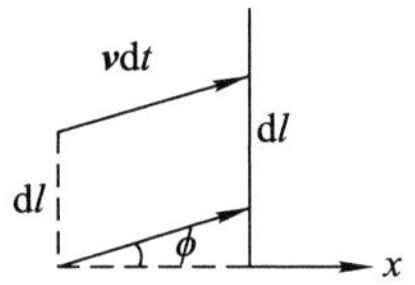

题解图 2

(3) 在二维速度空间中取极坐标系，一个分子速度处于 $v d\phi dv$ 面元的概率为

$$F_2(\boldsymbol{v}) v d\phi dv.$$

参考题解图 2，上述分子中 dt 时间通过 dl 射出的分子个数为

$$\begin{cases} nv_x dt dl F_2(\boldsymbol{v}) v d\phi dv, \\ v_x = v\cos\phi, \ \frac{\pi}{2} > \phi \geqslant 0. \end{cases}$$

对 ϕ 积分，得 dt 时间通过 dl 射出的分子束中速度处于 $v \sim v + dv$ 的分子个数为

$$dN^* = \int_0^{\frac{\pi}{2}} nv\cos\phi d\phi F_2(\boldsymbol{v}) v dv dt dl \Big|_{v_x^2+v_y^2=v^2}$$

$$= nv^2\left(\frac{m}{2\pi kT}\right) e^{-mv^2/2kT} dv dt dl.$$

dN^* 除以 dv，再除以出射分子束内的总分子数

$$\Gamma_2 \mathrm{d}t\,\mathrm{d}l = n\sqrt{\frac{kT}{2\pi m}}\,\mathrm{d}t\,\mathrm{d}l$$

便得出射分子束中的速率分布函数 $f_2^*(v)$，即有

$$f_2^*(v) = \frac{\mathrm{d}N^*/\mathrm{d}v}{\Gamma_2 \mathrm{d}t\,\mathrm{d}l} = v^2\ \frac{m}{2\pi kT}\mathrm{e}^{-mv^2/2kT}\sqrt{\frac{2\pi m}{kT}},$$

$$\Rightarrow\quad f_2^*(v) = 4\pi v^2\left(\frac{m}{2\pi kT}\right)^{\frac{3}{2}}\mathrm{e}^{-mv^2/2kT} = f_3(v).\quad \text{（三维速率分布）}\qquad \text{（7 分）}$$

（4）从小缝射出的分子速率按三维 $f_3(v)$分布，分子平均动能 $\bar{\varepsilon}_3=\frac{3}{2}kT$ 大于原 S_0 内二维分子平均动能 $\bar{\varepsilon}_2=\frac{2}{2}kT$，故 S_0 中余下的二维气体必定降温.

$t=0$ 时刻初态为$\{N_0$(总分子数)，T_0，$U_0=N_0kT_0\}$，$t>0$ 时刻余下气体状态为$\{N<N_0$，$T<T_0$，$U=NkT\}$. 为建立其间关联，取 dt 时间出射分子数，记为$-dN$，能量守恒方程为

$$(N+\mathrm{d}N)k(T+\mathrm{d}T)+(-\mathrm{d}N)\ \frac{3}{2}kT = NkT,$$

$$\Rightarrow\quad Nk\,\mathrm{d}T = \frac{1}{2}kT\,\mathrm{d}N,\qquad \Rightarrow\quad 2\int_{T_0}^{T}\frac{\mathrm{d}T}{T} = \int_{N_0}^{N}\frac{\mathrm{d}N}{N},$$

得

$$T = \sqrt{\frac{N}{N_0}}\,T_0,$$

此时

$$p = \frac{N}{S_0}kT.$$

射出的全部分子数 $N'=N_0-N$，内能 $U'=N_0kT_0-NkT$，让这些分子构成二维平衡态气体，温度便为

$$T' = \frac{U'}{N'k} = \frac{N_0T_0-NT}{N_0-N},$$

对应

$$p' = \frac{N_0-N}{S_0}kT'.$$

t_e 时刻物理量以下标 e 表示，要求

$$p'_e = p_e,\qquad \Rightarrow\quad \frac{N_0-N_e}{S_0}kT'_e = \frac{N_e}{S_0}kT_e,\qquad \Rightarrow\quad (N_0-N_e)T'_e = N_eT_e,$$

$$\Rightarrow\quad (N_0-N_e)\,\frac{N_0T_0-N_eT_e}{N_0-N_e} = N_eT_e,\qquad \Rightarrow\quad 2N_eT_e = N_0T_0.$$

将

$$T_e = \sqrt{\frac{N_e}{N_0}}\,T_0$$

代入，得

$$N_e=\left(\frac{1}{2}\right)^{\frac{2}{3}}N_0.$$

t_e 的求解：

$t\to t+\mathrm{d}t$ 时间段内

$$-\mathrm{d}N=\Gamma_2 l_0\mathrm{d}t=n\sqrt{\frac{kT}{2\pi m}}l_0\mathrm{d}t=\frac{N}{S_0}\sqrt{\frac{kT}{2\pi m}}l_0\mathrm{d}t\quad\left(T=\sqrt{\frac{N}{N_0}}T_0\right)$$

$$=N^{\frac{5}{4}}\frac{1}{S_0}\sqrt{\frac{kT_0}{2\pi m\sqrt{N_0}}}l_0\mathrm{d}t,$$

积分

$$-\int_{N_0}^{N_e}N^{-\frac{5}{4}}\mathrm{d}N=\frac{l_0}{S_0}\sqrt{\frac{kT_0}{2\pi m\sqrt{N_0}}}\int_0^{t_e}\mathrm{d}t,\quad\Rightarrow\quad 4N^{-\frac{1}{4}}\Big|_{N_0}^{N_e}=\frac{l_0}{S_0}\sqrt{\frac{kT_0}{2\pi m\sqrt{N_0}}}t_e,$$

得

$$t_e=4\left[\left(\frac{N_0}{N_e}\right)^{\frac{1}{4}}-1\right]\frac{S_0}{l_0}\sqrt{\frac{2\pi m}{kT_0}}.$$

将 $N_e=\left(\frac{1}{2}\right)^{\frac{2}{3}}N_0$ 代入，得

$$t_e=4(2^{\frac{1}{6}}-1)\frac{S_0}{l_0}\sqrt{\frac{2\pi m}{kT_0}}.\qquad(7\text{ 分})$$

$$\left(\text{或 } t_e=0.4898\frac{S_0}{l_0}\sqrt{\frac{2\pi m}{kT_0}}=0.6927\frac{S_0}{l_0}\sqrt{\frac{\pi m}{kT_0}}.\right)$$

四、(20 分)

(1) 在任意 t 时刻，导体块右侧面积累的电荷面密度记为 σ_e，则导体块中的电流密度应为

$$j=\mathrm{d}\sigma_e/\mathrm{d}t.$$

因导体块左右两侧面积累异号电荷，而在导体块中形成的附加反向匀强电场 $\boldsymbol{E}'$ 大小为

$$E'=\sigma_e/\varepsilon_0,$$

故导体块中的总电场为

$$E_{总}=E-E'=E-\frac{\sigma_e}{\varepsilon_0},$$

由欧姆定律的微分式，有：

$$j=\sigma E_{总}=\sigma\left(E-\frac{\sigma_e}{\varepsilon_0}\right),$$

$$\Rightarrow\quad\frac{\mathrm{d}\sigma_e}{\mathrm{d}t}+\frac{\sigma}{\varepsilon_0}\sigma_e=\sigma E=\sigma E_0\cos(\omega t),$$

其通解为

$$\sigma_e=\mathrm{e}^{-\int\frac{\sigma}{\varepsilon_0}\mathrm{d}t}\left[\int\sigma E_0\cos\omega t\,\mathrm{e}^{\int\frac{\sigma}{\varepsilon_0}\mathrm{d}t}\mathrm{d}t+C_0\right]$$

$$=e^{-\frac{\sigma}{\varepsilon_0}t}\left[\frac{\sigma E_0 e^{\frac{\sigma}{\varepsilon_0}t}\left(\omega\sin\omega t+\frac{\sigma}{\varepsilon_0}\cos\omega t\right)}{\left(\frac{\sigma}{\varepsilon_0}\right)^2+\omega^2}+C_0\right],$$

$$\Rightarrow\quad \sigma_e=\frac{\sigma E_0\left(\omega\sin\omega t+\frac{\sigma}{\varepsilon_0}\cos\omega t\right)}{\left(\frac{\sigma}{\varepsilon_0}\right)^2+\omega^2}+C_0e^{-\frac{\sigma}{\varepsilon_0}t}.$$

将题设 $\sigma=\alpha\varepsilon_0\omega$ 代入，得

$$\sigma_e=\frac{\alpha\varepsilon_0E_0}{1+\alpha^2}(\sin\omega t+\alpha\cos\omega t)+C_0e^{-\alpha\omega t},$$

将初始条件 $t=0$ 时，$\sigma_e=0$ 代入，得

$$C_0=-\alpha^2\varepsilon_0E_0/(1+\alpha^2),$$

对 σ_e 求导，即得导体块中的电流密度为

$$j=\frac{\alpha\varepsilon_0\omega}{1+\alpha^2}E_0[(\cos\omega t-\alpha\sin\omega t)+\alpha^2e^{-\alpha\omega t}].\qquad (6 分)$$

(2) 因 j 均匀分布，电流强度 i 与 j 成正比，外电场 $\boldsymbol{E}$ 提供的电势降 u 与 E 成正比，故 i 与 u 相位差 ϕ 就是 j 与 E 的相位差.

当 $t\to\infty$ 达到稳态时，有

$$j=\frac{\alpha\varepsilon_0\omega}{1+\alpha^2}E_0(\cos\omega t-\alpha\sin\omega t)=\frac{\alpha\varepsilon_0\omega}{\sqrt{1+\alpha^2}}E_0\left(\frac{1}{\sqrt{1+\alpha^2}}\cos\omega t-\frac{\alpha}{\sqrt{1+\alpha^2}}\sin\omega t\right),$$

引入 ϕ，

$$\cos\phi=\frac{1}{\sqrt{1+\alpha^2}},\qquad \sin\phi=\frac{\alpha}{\sqrt{1+\alpha^2}},$$

得

$$j=\frac{\alpha\varepsilon_0\omega}{\sqrt{1+\alpha^2}}E_0\cos(\omega t+\phi),$$

与外电场

$$E=E_0\cos\omega t$$

比较，可知 j 比 E 超前相位 ϕ(即 i 超前 u 相位 ϕ)，且有

$$\tan\phi=\alpha.\qquad (6 分)$$

(3) 容易求出

$$i=jS=\frac{\alpha\varepsilon_0S\omega}{\sqrt{1+\alpha^2}}E_0\cos(\omega t+\phi),\qquad u=El=E_0l\cos\omega t.$$

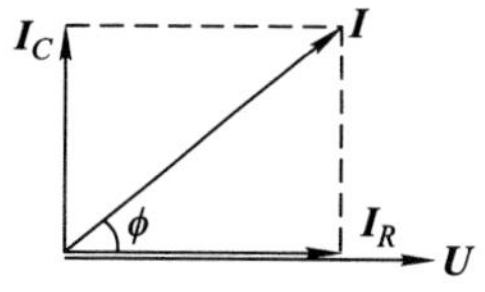

题解图

在 RC 并联电路中，有

$$i_R=i\cos\phi,\qquad i_C=i\sin\phi,$$

结合题解图所示矢量图，有

$$I_R=I\cos\phi=\frac{\alpha\varepsilon_0S\omega}{\sqrt{1+\alpha^2}}E_0\cos\phi,\qquad I_C=I\sin\phi=\frac{\alpha\varepsilon_0S\omega}{\sqrt{1+\alpha^2}}E_0\sin\phi,$$

其中用到了

$$I=\alpha\varepsilon_0 S\omega E_0/\sqrt{1+\alpha^2}.$$

把 $\cos\phi$ 和 $\sin\phi$ 与 α 的关系式代入，得

$$I_R=\alpha\varepsilon_0 S\omega E_0/(1+\alpha^2),\qquad I_C=\alpha^2\varepsilon_0 S\omega E_0/(1+\alpha^2),$$

于是可得

$$R=\frac{U}{I_R}=\frac{E_0 l(1+\alpha^2)}{\alpha\varepsilon_0 S\omega E_0}=\frac{(1+\alpha^2)l}{\alpha\varepsilon_0 S\omega},\qquad C=\frac{I_C}{\omega U}=\frac{\alpha^2\varepsilon_0 S}{(1+\alpha^2)l},$$

其中用到

$$U=E_0 l.$$

平行板介质电容器的极板面积为 S，两板间距为 l，介质的相对介电常数为 ε_r，故其电容 C 为

$$C=\varepsilon_r\varepsilon_0 S/l,$$

与上面得出的 C 的表达式比较，得

$$\varepsilon_r=\alpha^2/(1+\alpha^2)<1. \qquad (8\text{ 分})$$

由于任何介质都有 $\varepsilon_r\geqslant 1$，不存在 $\varepsilon_r<1$ 的介质，故这种 $\varepsilon_r<1$ 的电容器是不存在的.

五、(20 分)

(1)

(1.1)为方便，将 $\boldsymbol{e}_0$ 旋转到所需方向，用长度相同的短箭矢↓←↑→等表示. 图 2 中各点电荷在 O 点场强，可用题解图 1 中的 5 组箭矢表示，据此可得圆心处的场强 $\boldsymbol{E}_5(0)$的 x 方向和 y 方向分量分别为

$$E_{5x}(0)=[(16\cos18^\circ+8\cos54^\circ)-(2\cos18^\circ+4\cos54^\circ)]e_0=15.7e_0,$$

$$E_{5y}(0)=[(8\cos36^\circ+4\cos36^\circ)-1-(2\cos72^\circ+16\cos72^\circ)]e_0=3.15e_0.$$

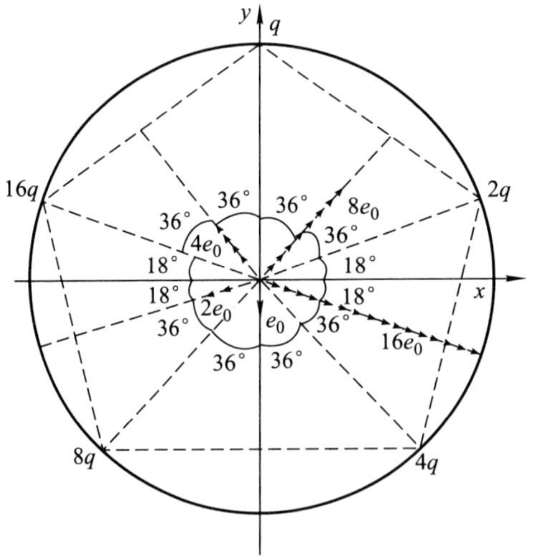

题解图 1

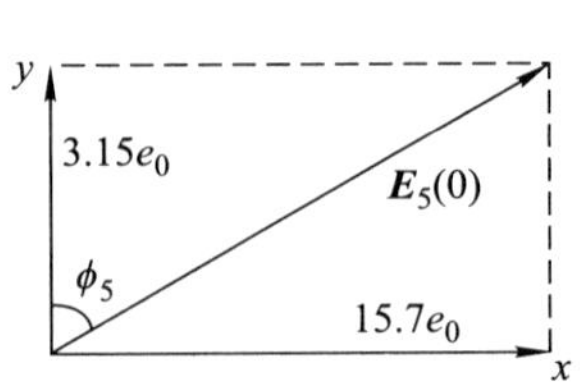

题解图 2

参考题解图 2，得

$$E_5(0)=16.0e_0,\qquad \phi_5=78.7^\circ. \qquad (5\text{ 分})$$

(1.2) 将图 3 中各个点电荷在圆心 O 点场强贡献，仿照题解图 1 画出(略)后，每两个

对径点电荷的场强贡献可合并成题解图 3 所示，继而可得 $\boldsymbol{E}_6(0)$的 x 方向和 y 方向分量分别为

$$E_{6x}(0)=21\sqrt{3}e_0,\qquad E_{6y}(0)=0,$$

即得所求为

$$E_6(0)=21\sqrt{3}e_0=36.4e_0,\qquad \phi_6=90^\circ. \qquad (5\text{ 分})$$

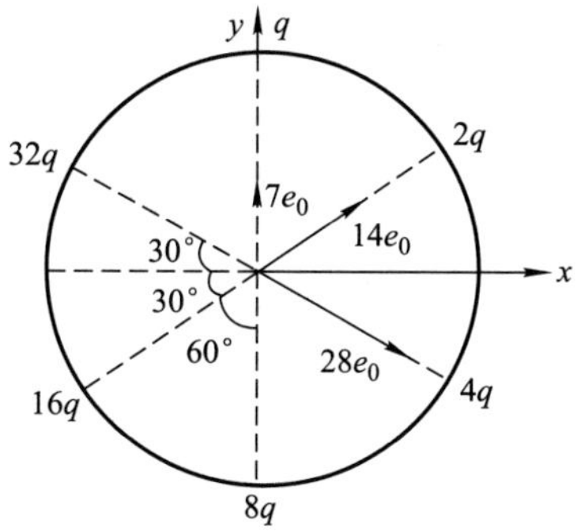

题解图 3

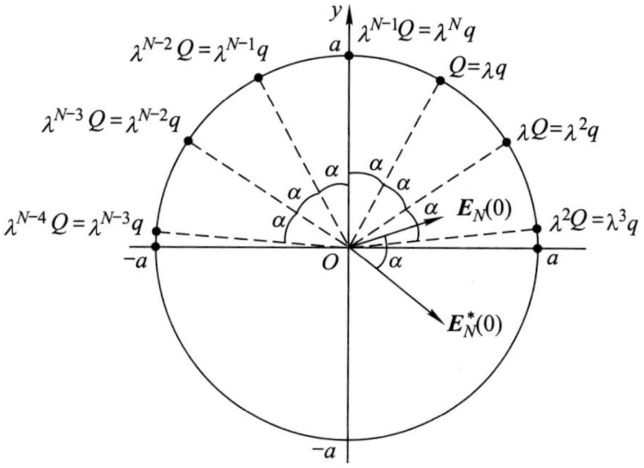

题解图 4

(2) 参考题解图 4，其中的 $Q=\lambda q$ 取代了图 1 中的 q. 将图 1 中的 q 位置顺时针偏转 $\alpha=2\pi/N$，即成题解图 4 中的 Q 位置. 因此，若图 1 中 O 处的场强记为 $\boldsymbol{E}_N(0)$，则题解图 4 中的 O 处场强矢量必为

$$\boldsymbol{E}_N^*(0):\begin{cases}\text{方向相当于 }\boldsymbol{E}_N(0)\text{方向沿顺时针方向偏转 }\alpha=2\pi/N\text{ 后的方向,}\\ E_N^*(0)=\lambda E_N(0).\end{cases}$$

题解图 4 中的原图 1 中 q 位置处，电荷不是 Q，而是 $\lambda^{N-1}Q=\lambda^N q$. 因此如题解图 5 所示，可在该位置放一个电量为

$$\lambda^{N-1}Q-q=(\lambda^N-1)q$$

的电荷，圆环所有其他位置处均无电荷. 此圆环中心处场强 $\boldsymbol{E}_N^{**}(0)$应为

$$\boldsymbol{E}_N^{**}(0):\begin{cases}\text{方向已在题解图 5 中示出,}\\ E_N^{**}(0)=(\lambda^N-1)q/4\pi\varepsilon_0a^2=(\lambda^N-1)e_0.\end{cases} \qquad (5\text{ 分})$$

题解图 4 中的电荷分布，减去图 1 中的电荷分布，即得题解图 5 中的电荷分布. 因此可得题解图 5 中的两条实线箭矢代表的 $\boldsymbol{E}_N(0)$，$\boldsymbol{E}_N^*(0)$，与实线箭矢代表的 $\boldsymbol{E}_N^{**}(0)$，联合所示的矢量关系式：

$$\boldsymbol{E}_N^{**}(0)=\boldsymbol{E}_N^*(0)-\boldsymbol{E}_N(0),$$

继而得标量关系式：

$$E_N^{**2}(0)=E_N^{*2}(0)+E_N^2(0)-2E_N^*(0)E_N(0)\cos\frac{2\pi}{N}.$$

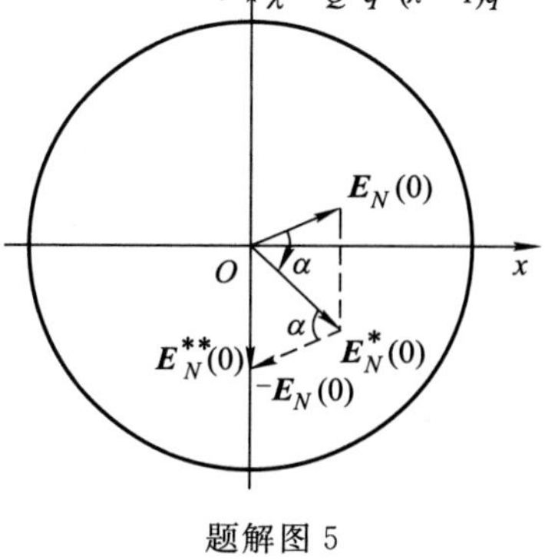

题解图 5

将

$$E_N^*(0)=\lambda E_N(0)\qquad \text{和}\qquad E_N^{**}(0)=(\lambda^N-1)e_0$$

代入，得

$$(\lambda^N-1)^2e_0^2=\lambda^2E_N^2(0)+E_N^2(0)-2\lambda E_N(0)E_N(0)\cos\frac{2\pi}{N},$$

$$\Rightarrow\quad E_N(0)=\frac{\lambda^N-1}{\sqrt{\lambda^2+1-2\lambda\cos\frac{2\pi}{N}}}e_0,\qquad e_0=q/4\pi\varepsilon_0a^2.\qquad (5\text{ 分})$$

附注；

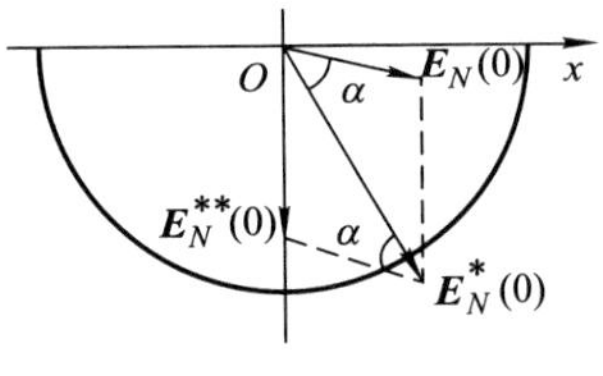

附注图

若 $\lambda>1$，题图 1 中 y 轴左侧电荷总量大，右侧电荷总量少，故合成的 $\boldsymbol{E}_N(0)$不能朝 y 轴左侧，必定朝 y 轴右侧. 题解图 5 中 $\boldsymbol{E}_N(0)$在第Ⅰ象限. 若 $\boldsymbol{E}_N(0)$在第Ⅳ象限，参照附注图，同样可得

$$E_N(0)=\frac{\lambda^N-1}{\sqrt{\lambda^2+1-2\lambda\cos\frac{2\pi}{N}}}\frac{q}{4\pi\varepsilon_0a^2}.$$

六、(20 分)

(1) 据题文(1)式可得

$$f_u=\lim_{v\to\infty}u=\frac{n_u}{n_v-n_u}R,\qquad f_v=\lim_{u\to\infty}v=\frac{n_v}{n_v-n_u}R.\qquad (2\text{ 分})$$

(2) 将图 1(a)中的 S'作为物，通过凹球面折射成像，据光路可逆可知 S 便为像. 故将题文(1)式中 n_u，n_v 互换，u，v 互换便成图 1(b)成像公式

$$\frac{n_v}{v}+\frac{n_u}{u}=\frac{n_u-n_v}{R},\qquad\Rightarrow\qquad \frac{n_u}{u}+\frac{n_v}{v}=-\frac{n_v-n_u}{R},$$

或与题文(1)式对称地表述成

$$\frac{n_u}{u}+\frac{n_v}{v}=\frac{n_u-n_v}{-R}.$$

引入

$$f_u=\lim_{v\to\infty}u=-\frac{n_u}{n_v-n_u}R,\qquad f_v=\lim_{u\to\infty}v=-\frac{n_v}{n_v-n_u}R,$$

与题文(2)式相应的成像公式也是

$$\frac{f_u}{u}+\frac{f_v}{v}=1.\qquad (4\text{ 分})$$

(3)

(3.1) R_1 球面折射成像的像距记为 v'，则有

$$\frac{f_u(R_1)}{u}+\frac{f_v(R_1)}{v}=1,\qquad f_u(R_1)=\frac{1}{n_1-1}R_1,\qquad f_v(R_1)=\frac{n_1}{n_1-1}R_1,$$

$$\Rightarrow\quad \frac{1}{u}+\frac{n_1}{v'}=\frac{n_1-1}{R_1}.\qquad (1)$$

R_1 球面再成像，物距为$-v'$，像距记为 v''，则有

$$\frac{f_u(R_2)}{-v'}+\frac{f_v(R_2)}{v''}=1,\qquad f_u(R_2)=-\frac{n_1}{n_2-n_1}R_2,\qquad f_v(R_2)=-\frac{n_2}{n_2-n_1}R_2,$$

$$\Rightarrow\quad -\frac{n_1}{v'}+\frac{n_2}{v''}=\frac{n_1-n_2}{R_2}. \tag{2}$$

平面再成像，物距为$-v''$，像距即为v，则有

$$\frac{f_u(\text{平})}{-v''}+\frac{f_v(\text{平})}{v}=1,\qquad f_u(\text{平})=\frac{-n_2}{1-n_2}R_{\text{平}}\big|_{R_{\text{平}}\to\infty},\qquad f_v(\text{平})=\frac{-1}{1-n_2}R_{\text{平}}\big|_{R_{\text{平}}\to\infty},$$

$$\Rightarrow\quad -\frac{n_2}{v''}+\frac{1}{v}=\frac{n_2-1}{R_{\text{平}}}\bigg|_{R_{\text{平}}\to\infty}=0. \tag{3}$$

联立(1)、(2)、(3)式，得

$$\frac{1}{u}+\frac{1}{v}=\frac{n_1-1}{R_1}+\frac{n_1-n_2}{R_2}.$$

所求量便为

$$f_u=\lim_{v\to\infty}u=\left(\frac{n_1-1}{R_1}+\frac{n_1-n_2}{R_2}\right)^{-1}=\lim_{u\to\infty}v=f_v\text{，统记为 }f. \qquad (8\text{ 分})$$

(3.2)对C线、F线，分别有

$$f_{\mathrm{C}}=\left(\frac{n_{1\mathrm{C}}-1}{R_1}+\frac{n_{1\mathrm{C}}-n_{2\mathrm{C}}}{R_2}\right)^{-1},\qquad f_{\mathrm{F}}=\left(\frac{n_{1\mathrm{F}}-1}{R_1}+\frac{n_{1\mathrm{F}}-n_{2\mathrm{F}}}{R_2}\right)^{-1},$$

为使不在焦平面上的点状物S成点状像S'，要求

$$f_{\mathrm{C}}=f_{\mathrm{F}},\qquad\Rightarrow\quad \frac{n_{1\mathrm{C}}-1}{R_1}+\frac{n_{1\mathrm{C}}-n_{2\mathrm{C}}}{R_2}=\frac{n_{1\mathrm{F}}-1}{R_1}+\frac{n_{1\mathrm{F}}-n_{2\mathrm{F}}}{R_2},$$

解得

$$R_2=\frac{(n_{2\mathrm{F}}-n_{2\mathrm{C}})-(n_{1\mathrm{F}}-n_{1\mathrm{C}})}{n_{1\mathrm{F}}-n_{1\mathrm{C}}}R_1.$$

为使$R_2>0$，应有

$$n_{2\mathrm{F}}-n_{2\mathrm{C}}>n_{1\mathrm{F}}-n_{1\mathrm{C}}. \qquad (6\text{ 分})$$

七、(30分)

(1) P达末速度$u_y=\frac{3}{5}c$时，其质量和动量分别为

$$m=m_0\Big/\sqrt{1-\frac{u_y^2}{c^2}}=\frac{5}{4}m_0,\qquad mu_y=\frac{3}{4}m_0c,$$

由动量方程

$$f_yt_1=mu_y=\frac{3}{4}m_0c$$

得

$$t_1=\frac{3}{4}\frac{m_0c}{f_y},$$

继而由功能关系得

$$W_{1y}=mc^2-m_0c^2=\frac{1}{4}m_0c^2. \qquad (5\text{ 分})$$

(2)

(2.1) $t=t_1=0$ 时(注意，此处 t_1 并非(1)问所求 t_1)，有

$$m_1=m_0\Big/\sqrt{1-\frac{u_{0x}^2}{c^2}}=\frac{5}{4}m_0,\quad m_1u_{0y}=0,$$

$t=t_2$ 时，有

$$u_2^2=u_{2x}^2+u_{2y}^2=\left(\frac{3}{5}c\right)^2+\left(\frac{3}{5}c\right)^2=\left(\frac{3\sqrt{2}}{5}c\right)^2,$$

$$\Rightarrow\quad m_2=m_0\Big/\sqrt{1-\frac{u_2^2}{c^2}}=\frac{5}{\sqrt{7}}m_0,$$

$$\Rightarrow\quad m_2u_{2y}=\frac{5}{\sqrt{7}}m_0\ \frac{3}{5}c=\frac{3}{\sqrt{7}}m_0c.$$

据动量定理，得

$$f_yt_2=m_2u_{2y},\quad\Rightarrow\quad t_2=m_2u_{2y}/f_y=3m_0c/\sqrt{7}f_y.$$ (6 分)

(2.2) 任意 $t_2\geqslant t\geqslant t_1=0$ 时刻，有

$$u^2=u_x^2+u_y^2=\left(\frac{3}{5}c\right)^2+u_y^2,\quad m=m_0\Big/\left(1-\frac{u^2}{c^2}\right)^{\frac{1}{2}},\quad 1-\frac{u^2}{c^2}=\left(\frac{4}{5}\right)^2-\frac{u_y^2}{c^2},$$

$$\mathrm{d}m=m_0\left(-\frac{1}{2}\right)\left[\left(\frac{4}{5}\right)^2-\frac{u_y^2}{c^2}\right]^{-\frac{3}{2}}\left(-\frac{2}{c^2}u_y\right)\mathrm{d}u_y=\frac{m_0u_y}{c^2\left[\left(\frac{4}{5}\right)^2-\frac{u_y^2}{c^2}\right]^{\frac{3}{2}}}\mathrm{d}u_y,$$

$$\Rightarrow\quad \mathrm{d}m=m_0cu_y\mathrm{d}u_y\Big/\left[\left(\frac{4}{5}c\right)^2-u_y^2\right]^{\frac{3}{2}},$$

$$F_y\mathrm{d}t=\frac{\mathrm{d}(mu_y)}{\mathrm{d}t}\mathrm{d}t=u_y\mathrm{d}m+m\mathrm{d}u_y=\frac{m_0cu_y^2\mathrm{d}u_y}{\left[\left(\frac{4c}{5}\right)^2-u_y^2\right]^{\frac{3}{2}}}+\frac{m_0c\mathrm{d}u_y}{\sqrt{\left(\frac{4c}{5}\right)^2-u_y^2}},$$

利用积分公式

$$\int\frac{u^2\mathrm{d}u}{(a^2-u^2)^{\frac{3}{2}}}=\frac{u}{\sqrt{a^2-u^2}}-\arcsin\frac{u}{a},\quad \int\frac{\mathrm{d}u}{\sqrt{a^2-u^2}}=\arcsin\frac{u}{a}$$

得

$$\int_0^tF_y\mathrm{d}t=m_0c\left\{\int_0^{u_y}\frac{u_y^2\mathrm{d}u_y}{\left[\left(\frac{4c}{5}\right)^2-u_y^2\right]^{\frac{3}{2}}}+\int_0^{u_y}\frac{\mathrm{d}u_y}{\sqrt{\left(\frac{4c}{5}\right)^2-u_y^2}}\right\}$$

$$=m_0c\left\{\frac{u_y}{\sqrt{\left(\frac{4c}{5}\right)^2-u_y^2}}-\arcsin\frac{5u_y}{4c}+\arcsin\frac{5u_y}{4c}\right\}$$

$$=m_0cu_y\Big/\sqrt{\left(\frac{4c}{5}\right)^2-u_y^2},$$

$$\Rightarrow\quad f_y^2t^2=m_0^2c^2u_y^2\Big/\left[\left(\frac{4c}{5}\right)^2-u_y^2\right],$$

$$\Rightarrow \quad u_y^2 = \left(\frac{4}{5}c\right)^2 f_y^2 t^2 / (m_0^2 c^2 + f_y^2 t^2),$$

得所求为

$$u_y = \frac{4}{5} c f_y t / \sqrt{m_0^2 c^2 + f_y^2 t^2}.$$

将 $t_2 = 3m_0 c / \sqrt{7} f_y$ 代入，得

$$u_{2y} = \frac{4}{5} c f_y \frac{3m_0 c}{\sqrt{7} f_y} \Bigg/ \sqrt{m_0^2 c^2 + f_y^2 \cdot \frac{9m_0^2 c^2}{7 f_y^2}} = \frac{3}{5} c, \qquad (7\text{ 分})$$

与题给 u_y（即 u_{2y}）值相同.

（2.3）由

$$F_x = \frac{\mathrm{d}(m u_x)}{\mathrm{d}t} = \frac{\mathrm{d}m}{\mathrm{d}t} u_x = \frac{3}{5} c \frac{\mathrm{d}m}{\mathrm{d}t}, \qquad \mathrm{d}m = \frac{m_0 c u_y \mathrm{d}u_y}{\left[\left(\frac{4}{5}c\right)^2 - u_y^2\right]^{\frac{3}{2}}},$$

$$\Rightarrow \quad F_x = \frac{3}{5} c \frac{m_0 c}{\left[\left(\frac{4}{5}c\right)^2 - u_y^2\right]^{\frac{3}{2}}} \cdot \frac{1}{2} \cdot 2u_y \frac{\mathrm{d}u_y}{\mathrm{d}t},$$

$$u_y^2 = \left(\frac{4}{5}c\right)^2 f_y^2 t^2 / (m_0^2 c^2 + f_y^2 t^2),$$

$$\Rightarrow \quad 2u_y \frac{\mathrm{d}u_y}{\mathrm{d}t} = \frac{\left(\frac{4}{5}c\right)^2 \cdot 2 f_y^2 t (m_0^2 c^2 + f_y^2 t^2) - \left(\frac{4}{5}c\right)^2 f_y^2 t^2 \cdot 2 f_y^2 t}{(m_0^2 c^2 + f_y^2 t^2)^2},$$

$$\Rightarrow \quad u_y \frac{\mathrm{d}u_y}{\mathrm{d}t} = \left(\frac{4}{5}c\right)^2 \cdot m_0^2 c^2 f_y^2 t / (m_0^2 c^2 + f_y^2 t^2)^2,$$

得

$$F_x = \frac{\frac{3}{5} m_0 c^2 \left(\frac{4}{5}c\right)^2 m_0^2 c^2 f_y^2 t}{\left[\left(\frac{4}{5}c\right)^2 - u_y^2\right]^{\frac{3}{2}} (m_0^2 c^2 + f_y^2 t^2)^2}.$$

再将

$$\left(\frac{4}{5}c\right)^2 - u_y^2 = \left(\frac{4}{5}c\right)^2 - \frac{\left(\frac{4}{5}c\right)^2 f_y^2 t^2}{m_0^2 c^2 + f_y^2 t^2} = \left(\frac{4}{5}c\right)^2 \frac{m_0^2 c^2}{m_0^2 c^2 + f_y^2 t^2}$$

代入，得

$$F_x = \frac{3}{5} m_0 c^2 \left(\frac{4}{5}c\right)^2 m_0^2 c^2 f_y^2 t \frac{(m_0^2 c^2 + f_y^2 t^2)^{\frac{3}{2}}}{\left[\left(\frac{4}{5}c\right)^2 \cdot m_0^2 c^2\right]^{\frac{3}{2}}} \cdot \frac{1}{(m_0^2 c^2 + f_y^2 t^2)^2},$$

即得所求函数

$$\Rightarrow \quad F_x = \frac{3}{4} \frac{f_y^2 t}{\sqrt{m_0^2 c^2 + f_y^2 t^2}}. \qquad (6\text{ 分})$$

（2.4）

$$W_{2x}=\int_0^{t_2}F_x\mathrm{d}x=\int_0^{t_2}F_xu_x\mathrm{d}t=\frac{3}{5}c\int_0^{t_2}F_x\mathrm{d}t=\frac{3}{5}c(m_2u_x-m_1u_x)$$

$$=\left(\frac{3}{5}c\right)^2\cdot\left(\frac{5}{\sqrt{7}}-\frac{5}{4}\right)m_0,\quad\left(\text{或 }W_{2x}=\left(\frac{3c}{5}\right)^2(m_2-m_1)\right)$$

得

$$W_{2x}=\frac{9(4-\sqrt{7})}{20\sqrt{7}}m_0c^2.$$

因

$$W_{2x}+W_{2y}=m_2c^2-m_1c^2,\quad\Rightarrow\quad W_{2y}=(m_2-m_1)c^2-\left(\frac{3c}{5}\right)^2(m_2-m_1),$$

得

$$W_{2y}=(m_2-m_1)\left(\frac{4}{5}\right)^2c^2=\frac{4(4-\sqrt{7})}{5\sqrt{7}}m_0c^2.$$ （6 分）

附注：也可用积分方法得到 W_{2x}，W_{2y}，简述如下：

$$W_{2x}=\int_0^{t_2}F_x\mathrm{d}x=\int_0^{t_2}F_xu_x\mathrm{d}t=\int_0^{t_2}\frac{3}{4}\frac{f_y^2t}{\sqrt{m_0^2c^2+f_y^2t^2}}\frac{3}{5}c\,\mathrm{d}t$$

$$=\frac{9}{20}c\int_0^{t_2}\frac{f_yt}{\sqrt{m_0^2c^2+f_y^2t^2}}\mathrm{d}(f_yt)=\frac{9}{20}c\left(\sqrt{m_0^2c^2+f_y^2t_2^2}-m_0c\right),$$

将 $f_yt_2=m_2u_{2y}=\frac{3}{\sqrt{7}}m_0c$ 代入，即可得

$$W_{2x}=\frac{9(4-\sqrt{7})}{20\sqrt{7}}m_0c^2.$$

$$W_{2y}=\int_0^{t_2}F_y\mathrm{d}y=\int_0^{t_2}f_yu_y\mathrm{d}t=\int_0^{t_2}f_y\frac{\frac{4}{5}cf_yt}{\sqrt{m_0^2c^2+f_y^2t^2}}\mathrm{d}t$$

$$=\frac{4}{5}c\int_0^{t_2}\frac{f_yt}{\sqrt{m_0^2c^2+f_y^2t^2}}\mathrm{d}(f_yt)=\frac{4}{5}c\left(\sqrt{m_0^2c^2+f_y^2t_2^2}-m_0c\right),$$

将 $f_yt_2=m_2u_{2y}=\frac{3}{\sqrt{7}}m_0c$ 代入，即可得

$$W_{2y}=\frac{4(4-\sqrt{7})}{5\sqrt{7}}m_0c^2.$$

2018年北京大学物理科学营资格赛试题

总分：140分　　时间：2.5小时

一、简答题(40分)

1.(10分)如图所示，与水平地面夹角为锐角的斜面底端 A 向上有三个等间距点 B_1，B_2 和 B_3，即 $\overline{AB_1}=\overline{B_1B_2}=\overline{B_2B_3}$. 小滑块 P 以初速 v_0 从 A 出发，沿斜面向上运动. 先设置斜面与滑块间处处无摩擦，则滑块到达 B_3 位置刚好停下，而后下滑. 若设置斜面 AB_1 部分与滑块间有处处相同的摩擦，其余部位与滑块间仍无摩擦，则滑块上行到 B_2 位置刚好停下，而后下滑. 接下来，滑块下滑到 B_1 位置时速度大小记为 v_1，回到 A 端时速度大小记为 v'_A. 试求 v_1，v'_A.

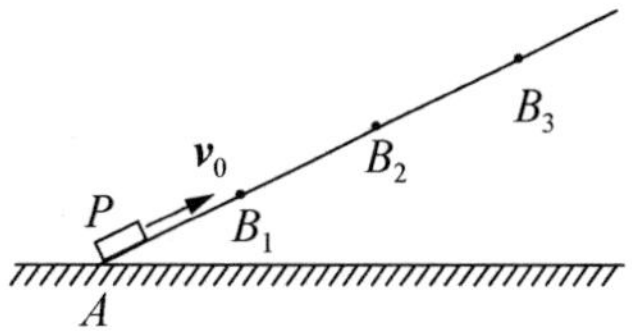

2.(10分)互不相溶的 A，B 两种液体放在一个玻璃器皿中，最终会如图1所示各自占据一块区域，其间有可观察到的界面(忽略重力的影响). A 中分子不能越过界面进入 B 中，B 中分子也不能越过界面进入 A 中. 其中原因是 A，B 分子互相有排斥力.

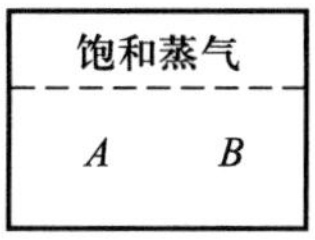

图1

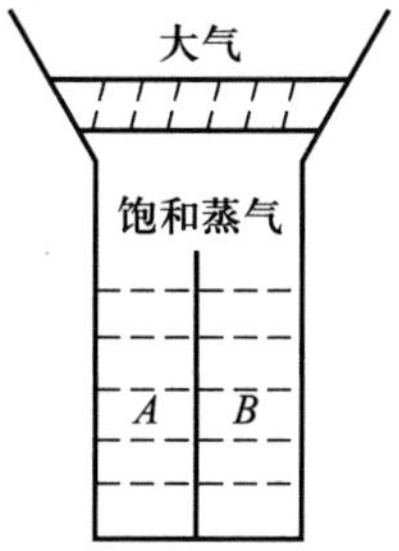

图2

取图2所示的器皿，器皿下部用固定隔板分成左、右两个区域，分别盛有 A，B 液体. 器皿上部原为真空区域，顶部朝外的通道上粗下细. 通道内有一个形状类似、质量可略的活塞，活塞外是大气，活塞开始时靠外界气压与管道紧密接触、不漏气.

已知，温度为 T_0 时，A，B 饱和蒸气压为

$$p_{A饱}(T_0)=\frac{1}{2}p_0,\quad p_{B饱}(T_0)=\frac{1}{4}p_0,\quad p_0\text{：大气压强}$$

温度为 T 时，设有

$$p_{A饱}(T)=\frac{T}{T_0}p_{A饱}(T_0),\quad p_{B饱}(T)=\frac{T}{T_0}p_{B饱}(T_0).$$

设图2装置初态温度为 T_0，缓慢提升装置温度到某个 T^* 值，活塞恰好要向上移动，试求 T^*.

3.(10分)如图所示，在水平桌面上有宽度为 l 的匀强磁场 $\boldsymbol{B}$ 区域，$\boldsymbol{B}$ 的方向垂直于桌面朝下. 磁场左侧边界直线外，有一个与边界线平行且紧挨着的由四根相同的均匀导体

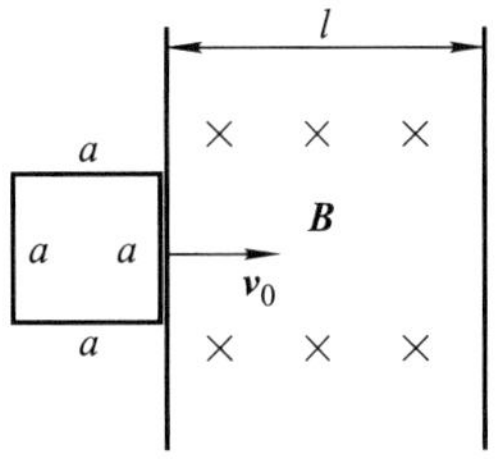

棒连接而成的正方形框架. 每根导体棒长为 $a=\dfrac{l}{2}$，质量为 m，电阻为 R，开始时框架有图示方向的速度 $\boldsymbol{v}_0$，框架与桌面处处无摩擦. 设框架右行 l 路程时速度为$\dfrac{v_0}{2}$，试求 v_0.

再设框架处处受到桌面的阻力，阻力 $\boldsymbol{f}$ 与框架速度 $\boldsymbol{v}$ 的关系为

$$\boldsymbol{f}=-\gamma\boldsymbol{v},\quad \gamma>0 \text{ 且 } \gamma \text{ 处处相同.}$$

在 $\boldsymbol{v}_0$ 不改变的前提下，若框架右行$\dfrac{l}{2}$路程时即停住，试求 γ.

4.（10 分）电子从某激发态跃迁到基态时发出波长 $\lambda=4000\text{Å}$ 的光谱线. 由于激发态能级有一定的宽度，而使该谱线有 $\Delta\lambda=1.0\times10^{-4}\text{Å}$ 的宽度，试估算该激发态的平均寿命 τ.（$1\text{Å}=0.1\ \text{nm}=10^{-10}\text{m}$）

二、计算题(100 分)

5.（20 分）如图所示，倾角 45°的绝缘斜面上设置 Oxy 坐标平面，x 轴平行于斜面底边. 斜面上有沿着 x 轴反方向的匀强静电场，场强为 $\boldsymbol{E}$. 斜面上正方形 $OABC$ 的每条边长 l，位于 O 点的质量 m、电量 $q>0$ 的滑块 P 具有沿 OB 方向的初速度 $\boldsymbol{v}_0$. P 在运动过程中与斜面的摩擦系数 μ 处处相同，P 运动到 B 处刚好停下.

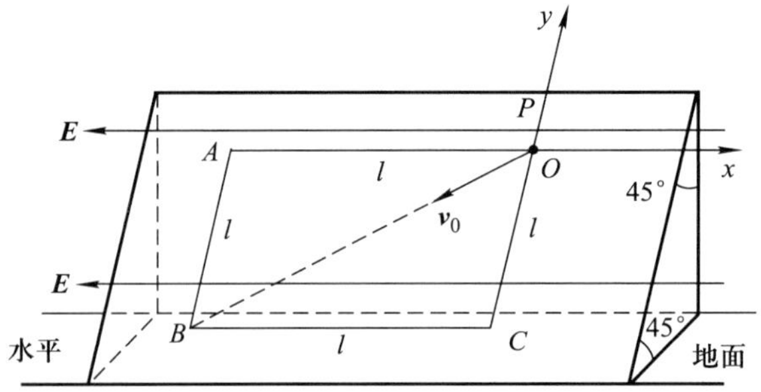

(1) 确定的 μ 取值范围；

(2) 设 μ 为(1)问取值范围内的一个给定常量，l 也为已给定的常量，试求 v_0；

(3) 再求 E.

6.（20 分）在讨论的温度范围内，某种理想气体的摩尔定容热容量 $C_{V,\text{m}}$ 为常量. 如图所示，在体积分别为 V_1，V_2 的两个绝热容器内，分别存有 ν_1，ν_2 mol 的此种气体，且均已达到平衡状态，压强分别为 p_1，p_2. 将这两部分气体在与外界绝热情况下混合在一起，最后达到体积为 $V=V_1+V_2$ 的平衡态. 下述两问的答案中，只可包含上面给出的已知量及理想气体常量 R.

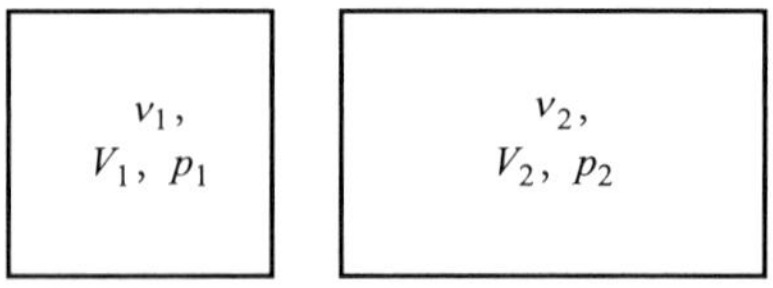

(1) 试求混合后平衡态的温度 T 和压强 p.

(2) 取理想气体熵增公式为

$$\Delta S = \nu R \ln \frac{V_e}{V_i} + \nu C_{V,m} \ln \frac{T_e}{T_i},$$ 下标 i，e 分别表示初、末平衡态状态量，

再求混合过程中系统熵增量 ΔS.

7.（20 分）如图所示，一个质量为 m、半径为 r_0、电感为 L 的匀质超导（零电阻）细圆环，水平静止在竖直的圆柱形磁棒上方，圆环的中央轴与磁棒的中央轴重合，取为方向向上的 z 坐标轴. 开始时圆环内没有电流，环心位于 $z=0$，$r=0$ 处，其中 r 为径向坐标. 圆环周围的磁场相对 z 轴对称分布，假定圆环较小，磁感应强度 $\boldsymbol{B}$ 的轴向、径向分量设为

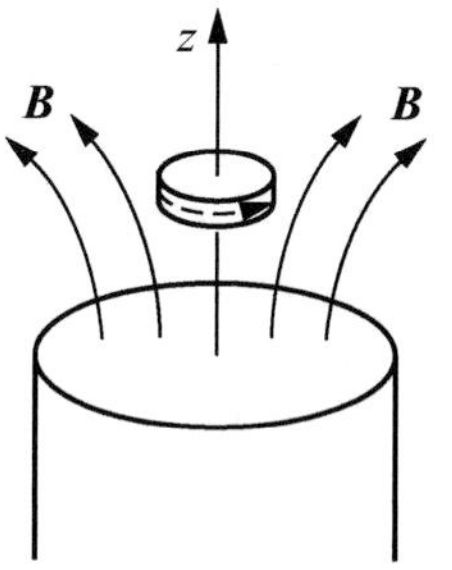

$$B_z = B_0(1-\alpha z), \quad B_r = B_0 \beta r.$$

$t=0$ 时刻将环自由释放，环将在竖直方向上平动，运动过程中圆环电流的正方向取为题图中虚线箭矢所示方向.

（1）导出环心坐标 z 与圆环电流 i 随时间变化的函数 $z(t)$ 与 $i(t)$ 的表述式.

（2）设已给数据为

磁棒：上表面位于 $z=-10\text{cm}$ 处

圆环：$m=50\text{mg}$，$r_0=0.5\text{cm}$，$L=1.3\times10^{-8}\text{H}$

磁场：$B_0=0.01\text{T}$，$\alpha=16\text{m}^{-1}$

重力加速度：$g=9.8\text{m/s}^2$

试求 β 的数值和所取单位，再求 $z(t)$，$i(t)$ 表述式中除 t 以外的物理量的数值和所取单位.

8.（20 分）椭圆有两个焦点，将点光源放在一个焦点上，它发出的光经椭圆反射后必成实像于另一个焦点上，试证之.

9.（20 分）Pb 原子核内有 82 个质子，核半径 $R=7.1\text{fm}$（飞米），$1\text{fm}=10^{-6}\text{nm}$. 估算时，常可设 82 个质子的正电荷均匀分布在 R 球体内 . Pb 原子核与 81 个电子以及一个 μ^- 子构成的原子称为 Pb 的 μ 介子原子 . 设所有电子及它们的所有轨道均在原子核外，μ^- 子的第一激发态轨道在所有电子轨道之内，但在原子核外. μ^- 子的基态轨道自然应在第一激发态轨道之内，但不知是在原子核外，还是在核内. 实验上已测得 μ^- 子从第一激发态跃迁到基态时发出光子能量为 6.0MeV. 已知 μ^- 子的质量是电子质量的 207 倍，所带电荷与电子电荷相同，试计算 μ^- 子的基态轨道半径 r_1，取 2 位有效数字.

参考数据：

$$\frac{1}{4\pi\varepsilon_0} = 8.99\times10^9\,\text{N}\cdot\text{m}^2/\text{C}^2,\quad e=1.60\times10^{-19}\,\text{C},$$

氢原子的玻尔半径为 0.0529 nm，氢原子基态能量为 −13.6 eV.

附注：忽略相对论效应，并假设库仑定律在原子核尺度仍然适用. 若 μ^- 子在原子核外，则类氢离子的角动量量子化条件仍然适用.

参考解答与评分标准

一、(40 分)

1.(10 分)

将 P(质量记为 m)在 B_1 位置所具有的势能记为 E_0.

第一次 P 从 A 以 v_0 初速度到达 B_3 位置刚好停下，表明 v_0 对应的动能为

$$E_{k0}=3E_0, \quad \Rightarrow \quad \frac{1}{2}mv_0^2=3E_0.$$

第二次 P 从 A 仍以初速度 v_0 到达 B_2 停下，表明摩擦耗能为

$$E_{耗}=E_0.$$

P 在 B_2 处能量为 $2E_0$，下滑到 B_1，其总能量仍为 $2E_0$，势能为 E_0，动能也为 E_0，故有

$$\frac{1}{2}mv_1^2=E_0=\frac{1}{6}mv_0^2, \quad \Rightarrow \quad v_1=\sqrt{\frac{1}{3}}v_0. \quad (5\text{ 分})$$

接着从 B_1 下滑到 A 处时动能为

$$E_{ke}=2E_0-E_{耗}=E_0,$$

对应有

$$\frac{1}{2}mv_A'^2=E_0=\frac{1}{6}mv_0^2, \quad \Rightarrow \quad v_A'=\sqrt{\frac{1}{3}}v_0. \quad (5\text{ 分})$$

2.(10 分)

温度为 T 时，装置中原真空区域可接纳 A，B 液体中逸出的 A，B 分子形成 A 蒸气和 B 蒸气. A 蒸气分子与 A 液体分子可以互相交换，开始时从气体返回液体的少，最后达到动态平衡，原真空区域的 A 蒸气称为 A 的饱和蒸气，其压强称为 A 在 T 温度时的饱和蒸气压，即

$$p_{A饱}(T)=\frac{T}{T_0}p_{A饱}(T_0)=\frac{T}{T_0}\frac{1}{2}p_0,$$

同样，有

$$p_{B饱}(T)=\frac{T}{T_0}\frac{1}{4}p_0. \quad (5\text{ 分})$$

值得注意的是，$p_{A饱}(T)$的形成过程与 B 液体的存在无关，因为 A 蒸气分子不会进入 B 液体，因为这两者分子间有斥力. 同样 B 蒸气分子不会进入 A 液体，故 $p_{B饱}(T)$的形成与 A 液体的存在无关.

T^* 温度时，原真空区域的混合饱和蒸气压记为 $p_{AB饱}(T^*)$，由两个独立的分压强 $p_{A饱}(T^*)$，$p_{B饱}(T^*)$叠加而成，

$$p_{AB饱}(T^*)=p_{A饱}(T^*)+p_{B饱}(T^*)=\frac{T^*}{T_0}\left(\frac{1}{2}p_0+\frac{1}{4}p_0\right),$$

即得，当

$$p_{AB饱}(T^*)=p_0,\quad \Rightarrow\quad T^*=\frac{4}{3}T_0$$

时，活塞恰好要向上移动. （5 分）

3.（10 分）

先求 v_0：

从框架右棒刚进入 **B** 场区，直到左棒刚进入 **B** 场的过程中，框架回路电动势、电流、左向安培力大小和左向加速度大小，与右向变化的速度大小 v 的关系为

$$\mathscr{E}=Bav=\frac{1}{2}Blv,\quad I=\frac{\mathscr{E}}{4R}=\frac{Blv}{8R},\quad F=IB\frac{l}{2}=\frac{B^2l^2v}{16R},$$

$$a=\frac{F}{4m}=\frac{B^2l^2v}{64mR}.$$

当框架左棒刚进入 **B** 场区时，即有

$$\mathscr{E}=0,\quad I=0,\quad F=0,\quad a=0,$$

将此时框架右行速度大小记为

$$v_{中央},$$

则而后框架一直以此速度朝右运动，直到框架整体右行 l 路程时速度仍为 $v_{中央}$. 据题文可知，框架此时速度为$\frac{v_0}{2}$，即得

$$v_{中央}=\frac{v_0}{2}.$$

考虑从 v_0 到 $v_{中央}$ 的过程，有：

左向加速度大小 a 有

$$a=\frac{B^2l^2v}{64mR}=-\frac{dv}{dt}.$$

在水平桌面上设置从左(**B** 场区左边界)到右的 x 坐标轴，则有

$$v\,dt=dx,\quad \Rightarrow\quad -dv=\frac{B^2l^2v}{64mR}dt=\frac{B^2l^2}{64mR}dx,$$

$$\Rightarrow\quad -\int_{v_0}^{v_{中央}}dv=\frac{B^2l^2}{64mR}\int_0^{\frac{l}{2}}dx,$$

$$\Rightarrow\quad v_0-v_{中央}=\frac{1}{2}\,\frac{B^2l^3}{64mR},\quad v_{中央}=\frac{v_0}{2},$$

即得

$$v_0=\frac{B^2l^3}{64mR}.$$ （5 分）

再求 γ：

有阻力时，框架进入 **B** 场区右行速度大小的变量仍记为 v，则左向力的大小为

$$F=\frac{B^2l^2v}{16R}+\gamma v,\quad 或\quad \begin{cases}F=\alpha v,\\ \alpha=\frac{B^2l^2}{16R}+\gamma,\end{cases}$$

左向加速度大小

$$a=\frac{F}{4m}=\frac{\alpha v}{4m}=-\frac{\mathrm{d}v}{\mathrm{d}t}, \qquad \Rightarrow \quad -\mathrm{d}v=\frac{\alpha}{4m}\mathrm{d}x.$$

框架右行$\frac{l}{2}$，右行速度降为零，即有

$$-\int_{v_0}^{0}\mathrm{d}v=\frac{\alpha}{4m}\int_{0}^{\frac{l}{2}}\mathrm{d}x, \quad \Rightarrow \quad v_0=\frac{\alpha}{4m}\frac{l}{2},$$

$$\Rightarrow \quad \frac{B^2l^3}{64mR}=\frac{\alpha l}{8m}, \quad \Rightarrow \quad \alpha=\frac{B^2l^2}{8R},$$

代入$\alpha=\frac{B^2l^2}{16R}+\gamma$，即可求得

$$\gamma=\frac{B^2l^2}{16R}. \qquad (5\text{ 分})$$

4.（10 分）

$$\tau\cdot\Delta E\sim h \quad 或 \quad \tau|\Delta E|\sim h;$$

$$E=h\nu=hc/\lambda, \quad \Rightarrow \quad \Delta E\sim -hc\Delta\lambda/\lambda^2, \quad \Rightarrow \quad |\Delta E|\sim hc\Delta\lambda/\lambda^2,$$

$$\Rightarrow \quad \tau\sim h/|\Delta E|=\lambda^2/c\Delta\lambda; \quad \lambda=4000\text{Å}=4\times10^{-7}\,\mathrm{m}, \ \Delta\lambda=1.0\times10^{-14}\,\mathrm{m},$$

$$\Rightarrow \quad \tau\sim5.3\times10^{-8}\,\mathrm{s}. \qquad (10\text{ 分})$$

附注：若取 $\tau\cdot\Delta E\sim\hbar=h/2\pi$，则$\tau\sim8.5\times10^{-9}\,\mathrm{s}$.

二、计算题(100 分)

5.（20 分）

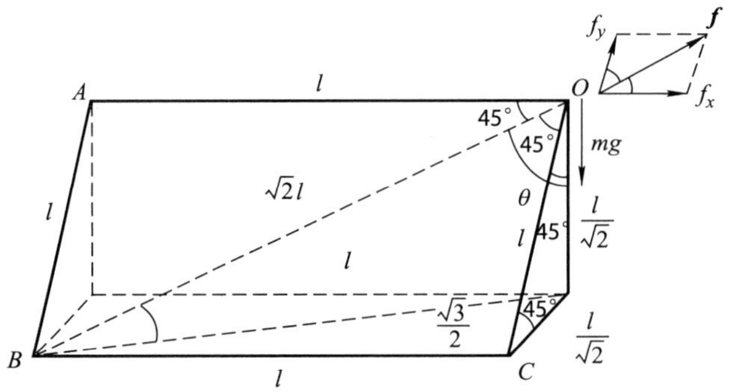

题解图

见题解图，P 对斜面正压力 N（题解图中未画出），P 受斜面摩擦力 f 及其两个分量 f_x，f_y 分别为

$$N=mg\cos45^\circ=\frac{1}{\sqrt{2}}mg,$$

$$f=\mu N=\mu mg/\sqrt{2}, \qquad f_x=f_y=f\cos45^\circ=\frac{1}{\sqrt{2}}\mu mg\cdot\frac{1}{\sqrt{2}}=\frac{1}{2}\mu mg.$$

(1) P 沿 OC 方向分运动加速度为

$$-a_y=-(f_y-mg\cos45^\circ)/m=-\left(\frac{1}{2}\mu-\frac{1}{\sqrt{2}}\right)g.$$

为使 P 沿 OC 方向做减速运动，要求 $a_y>0$，即 μ 取值范围为

$$\mu>\sqrt{2}. \qquad (5分)$$

(2) 为使 P 在 B 处停下，要求 P 沿 OC 方向分运动在到达 C 时速度为零，即要求

$$v_{0y}^2=2|a_y|l,\quad v_{0y}=-v_0\cos45^\circ=-\frac{1}{\sqrt{2}}v_0,\quad v_{0y}:沿 OC 方向的初速度$$

得

$$v_0=\sqrt{2}\sqrt{(\mu-\sqrt{2})gl}. \qquad (5分)$$

(3) 为使 P 在 B 处停下，要求 P 沿 OA 方向分运动在到达 A 时速度也为零. 考虑到 P 沿 OA 方向分运动初速度与 P 沿 OC 方向分运动初速度相同，即

$$v_{0x}=v_{0y}=-v_0\cos45^\circ=-\frac{1}{\sqrt{2}}v_0.$$

运动路程 l 相同，只要 P 沿 OA 方向分运动加速度 $-a_x=-a_y$，则 P 沿 OA 方向分运动在到达 A 时速度也必为零．考虑到 $f_x=f_y$，

$$a_x=(f_x-qE)/m=(f_y-qE)/m,$$
$$a_y=(f_y-mg\cos45^\circ)/m,$$
$$a_x=a_y,\quad\Rightarrow\quad qE=mg\cos45^\circ=\frac{1}{\sqrt{2}}mg,$$

即得

$$E=\frac{mg}{\sqrt{2}q}. \qquad (10分)$$

6. (20分)

(1) 由状态方程和热力学第一定律，有

$$T_1=p_1\cdot V_1/\nu_1R,\qquad T_2=p_2\cdot V_2/\nu_2R,$$
$$(\nu_1+\nu_2)C_{V,m}T=\nu_1C_{V,m}T_1+\nu_2C_{V,m}T_2,$$
$$\Rightarrow\quad T=\frac{(p_1V_1+p_2V_2)}{(\nu_1+\nu_2)R}.$$

由状态方程，得

$$p=\frac{(\nu_1+\nu_2)RT}{V_1+V_2}=\frac{(\nu_1+\nu_2)R}{V_1+V_2}\cdot\frac{p_1V_1+p_2V_2}{(\nu_1+\nu_2)R},\qquad\Rightarrow\quad p=\frac{p_1V_1+p_2V_2}{V_1+V_2}. \quad (8分)$$

(2) 将系统末态按题解图所示，分为 ν_1 mol$\{p, V_1', T\}$子系统平衡态和 ν_2 mol$\{p, V_2', T\}$子系统平衡态. 由

$$pV_1'=\nu_1RT,\qquad pV_2'=\nu_2RT,\qquad V_1'+V_2'=V_1+V_2,$$

解得

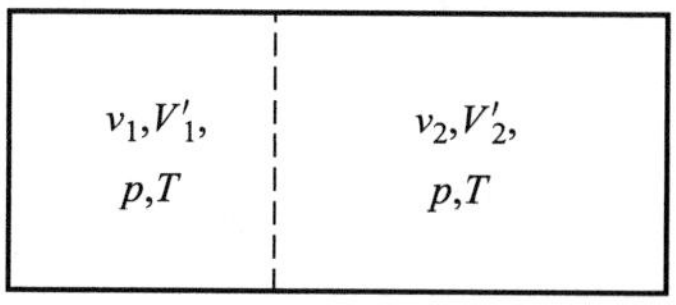

题解图

$$V_1'=\frac{\nu_1}{\nu_1+\nu_2}(V_1+V_2),\qquad V_2'=\frac{\nu_2}{\nu_1+\nu_2}(V_1+V_2).$$

子系统 1：初态即为题图中左图平衡态，其熵增为

$$\Delta S_1=\nu_1R\ln\frac{V_1'}{V_1}+\nu_1C_{V,m}\ln\frac{T}{T_1},$$

$$\Rightarrow \quad \Delta S_1 = \nu_1 R\left[\ln \frac{\nu_1}{\nu_1+\nu_2}\cdot\frac{(V_1+V_2)}{V_1}\right] + \nu_1 C_{V,\mathrm{m}} \ln\left[\frac{p_1V_1+p_2V_2}{p_1V_1}\cdot\frac{\nu_1}{\nu_1+\nu_2}\right].$$

子系统 2：初态即为题图中右图平衡态，其熵增为

$$\Delta S_2 = \nu_2 R\ln\frac{V_2'}{V_2} + \nu_2 C_{V,\mathrm{m}}\ln\frac{T}{T_2},$$

$$\Rightarrow \quad \Delta S_2 = \nu_2 R\ln\left[\frac{\nu_2}{\nu_1+\nu_2}\cdot\frac{(V_1+V_2)}{V_2}\right] + \nu_2 C_{V,\mathrm{m}}\ln\left[\frac{p_1V_1+p_2V_2}{p_2V_2}\cdot\frac{\nu_2}{\nu_1+\nu_2}\right].$$

系统熵增：

$$\Delta S = \Delta S_1 + \Delta S_2 = \nu_1 R\ln\left[\frac{\nu_1}{\nu_1+\nu_2}\cdot\frac{(V_1+V_2)}{V_1}\right] + \nu_2 R\ln\left[\frac{\nu_2}{\nu_1+\nu_2}\cdot\frac{(V_1+V_2)}{V_2}\right]$$

$$+\nu_1 C_{V,\mathrm{m}}\ln\left[\frac{p_1V_1+p_2V_2}{p_1V_1}\cdot\frac{\nu_1}{\nu_1+\nu_2}\right] + \nu_2 C_{V,\mathrm{m}}\ln\left[\frac{p_1V_1+p_2V_2}{p_2V_2}\cdot\frac{\nu_2}{\nu_1+\nu_2}\right].$$

（12 分）

7.（20 分）

（1）圆环处于 z 位置时，向上速度记为 v，沿题图虚线箭矢方向的环路动生感应电动势便为

$$\mathscr{E}_{动} = -\frac{\mathrm{d}\Phi}{\mathrm{d}t} = -\frac{\mathrm{d}}{\mathrm{d}t}(\pi r_0^2 B_z) = -\pi r_0^2\frac{\mathrm{d}B_z}{\mathrm{d}z}\frac{\mathrm{d}z}{\mathrm{d}t}$$

$$= -\pi r_0^2(-\alpha B_0)v = \pi r_0^2\alpha B_0 v.$$

$\mathscr{E}_{动}$ 的存在使环中出现电流 i，激起自感电动势

$$\mathscr{E}_L = -L\frac{\mathrm{d}i}{\mathrm{d}t},$$

回路电阻为零，得

$$\mathscr{E}_{动} + \mathscr{E}_L = 0, \quad \Rightarrow \quad \pi r_0^2\alpha B_0 v = L\frac{\mathrm{d}i}{\mathrm{d}t},$$

$$\Rightarrow \quad \mathrm{d}i = \frac{\pi}{L}r_0^2\alpha B_0 v\,\mathrm{d}t = \frac{\pi}{L}r_0^2\alpha B_0\,\mathrm{d}z.$$

初始时刻，环位于 $z=0$ 处，$i=0$，故环在 z 处时电流为

$$i = \frac{\pi}{L}r_0^2\alpha B_0 z.$$

圆环电流在磁场中受 $\boldsymbol{B}_z$ 的合力为零，受 $\boldsymbol{B}_r$ 的合力 $\boldsymbol{F}_z$ 的基准方向朝下，可表述为

$$F_z = -i(2\pi r_0)B_{r_0} = -2\pi^2 r_0^4\frac{\alpha\beta}{L}B_0^2 z,$$

$$\Rightarrow \quad F_z = -kz, \quad k = 2\pi^2 r_0^4\frac{\alpha\beta}{L}B_0^2,$$

这是一个线性恢复力. z 方向圆环的动力学方程为

$$-kz - mg = m\ddot{z},$$

力平衡点在

$$z_0 = -mg/k = -\frac{mgL}{2\pi^2 r_0^4\alpha\beta B_0^2}.$$

圆环在此平衡点上下做简谐振动，振幅和角频率分别为

$$A=|z_0|=mgL/(2\pi^2 r_0^4\alpha\beta B_0^2),\quad \omega=\sqrt{k/m}=\sqrt{2\pi^2 r_0^4\alpha\beta B_0^2/(mL)}.$$

运动方程即 $z=z(t)$ 的函数表述式为

$$z=A(\cos\omega t-1),\qquad (5\text{ 分})$$

环中电流为

$$i=\frac{\pi}{L}r_0^2\alpha B_0 z=\frac{\pi}{L}r_0^2\alpha B_0 A(\cos\omega t-1),$$

$$\Rightarrow\ \begin{cases} i=I_0(\cos\omega t-1),\\ I_0=\dfrac{\pi}{L}r_0^2\alpha B_0\cdot\dfrac{mgL}{2\pi^2 r_0^4\alpha\beta B_0^2}=\dfrac{mg}{2\pi r_0^2\beta B_0}. \end{cases}\qquad (5\text{ 分})$$

(2) 形成 $\mathscr{E}_{动}$ 的原因是圆环在竖直方向上运动时，环中带电粒子受磁场力 $\boldsymbol{F}=q\boldsymbol{v}\times\boldsymbol{B}$ 的作用. 据此可导得(略) $\mathrm{d}\boldsymbol{l}$ 环元所得电动势为

$$\mathrm{d}\mathscr{E}_{动}=(\boldsymbol{v}\times\boldsymbol{B})\cdot\mathrm{d}\boldsymbol{l}=vB_r\,\mathrm{d}l\,|_{r=r_0},$$

积分得

$$\mathscr{E}_{动}=\oint_{环} vB_{r_0}\,\mathrm{d}l=vB_{r_0}\cdot 2\pi r_0\,|_{B_{r_0}=B_0\beta r_0},$$

$$\Rightarrow\ \mathscr{E}_{动}=2\pi r_0^2\beta B_0 v.$$

与(1)问解答中由法拉第定律所得算式

$$\mathscr{E}_{动}=\pi r_0^2\alpha B_0 v$$

相比较，即得

$$\beta=\frac{\alpha}{2}=8\mathrm{m}^{-1}.\qquad (7\text{ 分})$$

(附注：此式也可由磁场高斯定理导得，略.)

将已给数据和 $\beta=8\mathrm{m}^{-1}$ 代入 $z(t)$，$i(t)$ 表述式中相关物理量，可得

$$A=4.03\mathrm{cm},\quad \omega=15.6/\mathrm{s},\quad I_0=39.0\mathrm{A}.\qquad (3\text{ 分})$$

因磁棒上表面位于 $z=-10\mathrm{cm}$ 处，圆环往返运动过程中不会与磁棒相碰.

8. (20 分)

过椭圆上任意一点 $(x_0,\ y_0)$ 切线的方程为 $\dfrac{x_0x}{A^2}+\dfrac{y_0y}{B^2}=1$，其中 A，B 分别为椭圆的半长轴、半短轴. (5 分)

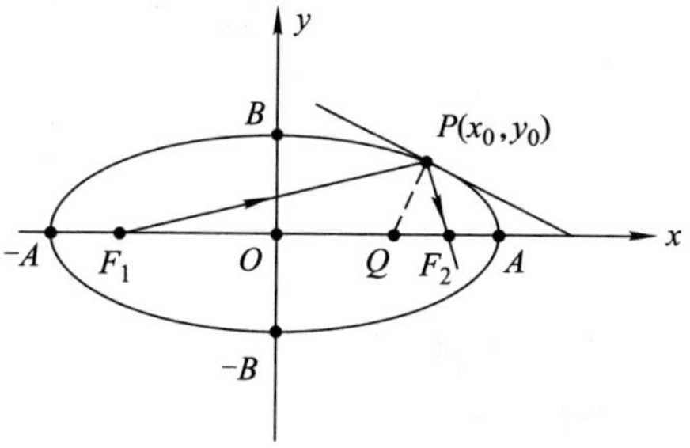

题解图

分析：过椭圆任意点 $P(x_0,\ y_0)$ 作切线和法线，后者与长轴(x 轴)交于 Q 点. 在 P 点与焦点 F_1，F_2 连成的三角形中，若 PQ 恰为顶角 P 的平分线，则如题解图所示，从 F_1 射向 P 的光经椭圆反射后必过 F_2，或者说 F_2 是 F_1 的像点(自然 F_1 也是 F_2 的像点). PQ 为顶角 P 平分线的条件是

$$\frac{\overline{PF_1}}{\overline{PF_2}}=\frac{\overline{F_1Q}}{\overline{F_2Q}},$$

$$\Rightarrow \quad \frac{\overline{PF_1}}{\overline{PF_1}+\overline{PF_2}}=\frac{\overline{F_1Q}}{\overline{F_1Q}+\overline{F_2Q}},$$

$$\Rightarrow \quad \frac{\overline{PF_1}}{2A}=\frac{\overline{F_1Q}}{2C}.$$

因此，倘能导得

$$\frac{\overline{PF_1}}{\overline{F_1Q}}=\frac{A}{C}, \qquad (10\text{ 分})$$

本题便得证.

简答：由切线方程，得切线斜率

$$k_{切}=-\frac{B^2}{A^2}\frac{x_0}{y_0},$$

法线与切线垂直，斜率为

$$k_{法}=\frac{-1}{k_{切}}=\frac{A^2}{B^2}\frac{y_0}{x_0}.$$

据点斜式，可导出法线方程

$$y-y_0=k_{法}(x-x_0).$$

取 $y=0$，得 Q 点的 x 坐标为

$$x_Q=\frac{C^2}{A^2}x_0,$$

计算可得

$$\overline{F_1Q}=C+x_Q=\frac{C}{A^2}(A^2+Cx_0),$$

$$\overline{PF_1}^2=(x_0+C)^2+y_0^2=x_0^2+2x_0C+C^2+B^2-\frac{B^2}{A^2}x_0^2$$

$$=\frac{C^2}{A^2}x_0^2+2x_0C+A^2=\left(\frac{C}{A}x_0+A\right)^2,$$

$$\Rightarrow \quad \overline{PF_1}=\frac{1}{A}(A^2+Cx_0),$$

即得

$$\frac{\overline{PF_1}}{\overline{F_1Q}}=\frac{A}{C}. \qquad (5\text{ 分})$$

结合“分析”所述，本题得证.

9.（20 分）

先设 μ^- 子基态轨道在原子核外，轨道速度记为 v_1，则有

$$m_\mu {v_1}^2/r_1=Ze^2/4\pi\varepsilon_0 {r_1}^2, \quad Z=82, \quad m_\mu:\ \mu^- \text{ 子质量}$$

轨道能量和轨道量子化条件为

$$E_1=\frac{1}{2}m_\mu v_1^2-\frac{Ze^2}{4\pi\varepsilon_0 r_1}=-\frac{Ze^2}{8\pi\varepsilon_0 r_1}, \quad m_\mu v_1 r_1=\frac{h}{2\pi},$$

解得

$$r_1=\varepsilon_0 h^2/\pi m_\mu Ze^2.$$

氢原子中电子基态轨道半径为

$$r_{10}=\varepsilon_0 h^2/\pi m_e e^2=0.0529\text{nm},\quad m_e\text{：电子质量}$$

因 $m_\mu=207m_e$，$Z=82$，得

$$r_1=\frac{r_{10}}{207\times 82}=3.12\text{fm}<R=7.1\text{fm}.$$

$r_1<R$ 与 μ^- 子基态轨道在原子核外矛盾，故不可取． （5 分）

μ^- 子基态轨道必在原子核内，轨道所在处场强与电势分别为

$$E(r_1)=\frac{Zer_1}{4\pi\varepsilon_0 R^3},\quad U(r_1)=\frac{Ze}{8\pi\varepsilon_0 R}\left(3-\frac{r_1^2}{R^2}\right),\quad r_1<R,$$

轨道圆运动方程为

$$m_\mu v_1^2/r_1=eE(r_1)=Ze^2r_1/4\pi\varepsilon_0 R^3,$$

基态轨道能量为

$$E_1=\frac{1}{2}m_\mu v_1^2-eU(r_1)=\frac{1}{2}m_\mu v_1^2-\frac{Ze^2}{8\pi\varepsilon_0 R}\left(3-\frac{r_1^2}{R^2}\right),$$

与前式联立，可得

$$E_1=\frac{Ze^2r_1^2}{8\pi\varepsilon_0 R^3}-\frac{Ze^2}{8\pi\varepsilon_0 R}\left(3-\frac{r_1^2}{R^2}\right)=\frac{Ze^2}{8\pi\varepsilon_0 R}\left(\frac{2r_1^2}{R^2}-3\right).\tag{1}$$

据实验数据

$$E_2-E_1=6.0\text{MeV},$$

得

$$E_1=E_2-6.0\text{MeV}.\tag{2}$$

若求得 μ^- 子第一激发态轨道能量 E_2，联合(1)、(2)式即可求解 r_1.

E_1 的求解：

该轨道在原子核外，故有

$$m_\mu v_2^2/r_2=Ze^2/4\pi\varepsilon_0 r_2^2,\quad E_2=\frac{1}{2}m_\mu v_2^2-\frac{Ze^2}{4\pi\varepsilon_0 r_2}=-\frac{Ze^2}{8\pi\varepsilon_0 r_2}.$$

据轨道量子化条件

$$m_\mu v_2 r_2=2h/2\pi,$$

与上两式联合，可解得

$$E_2=-m_\mu Z^2e^4/32\varepsilon_0^2h^2,\quad m_\mu=207m_e,\ Z=82.$$

氢原子中电子基态能量为

$$E_{10}=-m_e e^4/8\varepsilon_0^2h^2=-13.6\text{eV},$$

可得

$$E_2=\frac{207\times 82^2}{4}E_{10}=-4.73\text{MeV}.$$

将 $E_2=-4.73$ MeV 代入(2)式，得

$$E_1=-10.73\text{MeV}.$$

再代入(1)式，结合题文所给参考数据，可得

$$-10.73\text{MeV}=8.3\text{MeV}\cdot\left(\frac{2r_1^2}{R^2}-3\right),$$

$$\Rightarrow\quad r_1=6.6\text{fm}.\qquad(15\text{ 分})$$

附注：本题取自《物理学难题集萃》(舒幼生、胡望雨、陈秉乾编著)一书的第六部分中近代物理试题之题 3，题文与题解均略有修改.

2018年北京大学物理科学营试题

总分：150分　　时间：3.5小时

一、(17分)

1.(7分)与外界绝热的容器 A 中，存入一定量的同种理想气体，达到平衡态时温度为 T_0. 在 A 的器壁上开一小孔. 气体分子会从小孔逸出，此即小孔泻流. 设逸出的分子全部被收集入另一个与外界绝热的容器 B 中. 过一会，关闭小孔，容器 A，B 内的气体各自达到温度分别为 T_A，T_B 的平衡态.

试不作数学推演，在定性分析的基础上，写出 T_0，T_A，T_B 间的等式或不等式关系.

2.(10分)

引言：

惯性系 S，S'间的相对运动关系如图所示，质点 P 在某时刻在空间某位置，称为点事件.

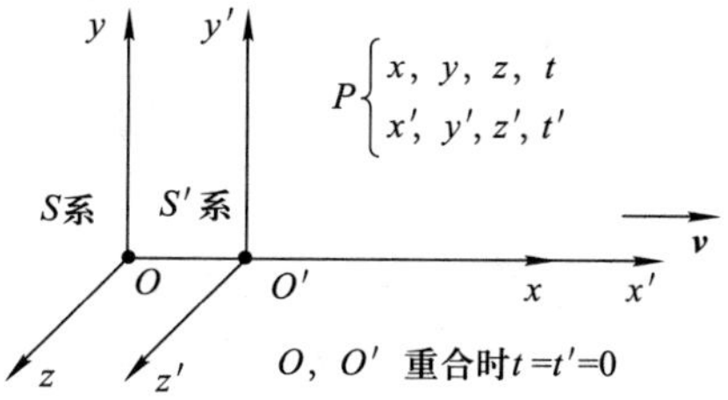

S 系：此点事件的时空坐标为$\{x, y, z, t\}$；

S' 系：此点事件的时空坐标为$\{x', y', z', t'\}$.

相对论力学中，首先要寻找这两组坐标之间的变换关系：

$$\{x, y, z, t\} \sim \{x', y', z', t'\}. \tag{1}$$

考虑到 $\boldsymbol{v}=0$ 时必有 $x=x'$，$y=y'$，$z=z'$，$t=t'$，但题图所示为

$$\boldsymbol{v}=v\boldsymbol{i}, \quad \Rightarrow \quad S, S'\text{系之间的相对运动只发生在}x, x'\text{轴上},$$

故可作基本假设(其正确性，待验证)：

$$\boldsymbol{v}=v\boldsymbol{i}, \quad \Rightarrow \quad y=y', \quad z=z'\text{仍被保留}.$$

则(1)式可简化为两组二元坐标间的变换：

$$\{x, t\} \sim \{x', t'\}. \tag{2}$$

如何寻找(2)式中的变换函数？

从动力学方面考虑，惯性系被定义为牛顿第一定律(惯性定律)成立的参考系. 如果某一惯性系中的观察者认定某质点周围没有其他物体(或物质)，因此不会受到外部施加的外力，那么在相对论中其他惯性系的观察者也应认可，此质点周围没有其他的物体，因此也不受外力.

相对论也应将惯性系定义为牛顿第一定律成立的参考系，因此若质点在 S'系中加速度 $\boldsymbol{a}'=0$，质点在 S 系中的加速度也必定是 $\boldsymbol{a}=0$. 将$\{x, t\}$、$\{x', t'\}$之间的待定变换函数改写为

$$x=\Phi_1(x', t'), \quad t=\Phi_2(x', t'), \tag{3}$$

若质点在 S'系中不受力，$\boldsymbol{a}'=0$，则必有(选取 $x'(t'=0)=0$)

$$x' = u't', \quad u' \text{ 为常量},$$

该质点在 S 系中也不受力，$\boldsymbol{a}=0$，则必有

$$x = ut, \quad u \text{ 为常量}.$$

(1) 试证(3)式一定可以有一个线性变换函数解.

(2) 是否还可能有非线性的变换函数 $\Phi_1^*(x', t')$，$\Phi_2^*(x', t')$也能满足由 $\boldsymbol{a}'=0$ 可得 $\boldsymbol{a}=0$ 的要求呢?

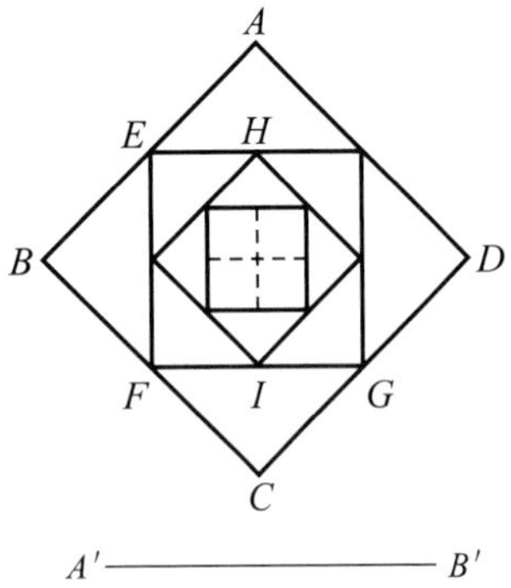

二、(18 分)

如图所示的无限旋转内接正方形金属丝网络是由一种粗细一致、材料相同的金属丝构成的，其中每一个内接正方形的顶点都在外侧正方形四边中点上. 已知与最外侧正方形边长相同的同种金属丝 $A'B'$ 的电阻为 R_0，试求网络中

(1) A，C 两端间等效电阻 R_{AC}；

(2) E，G 两端间等效电阻 R_{EG}.

三、(15 分)

如图所示，空气中一束平行光沿薄平凸透镜的主光轴入射，经透镜折射后，会聚于透镜后 $f_0=48\text{cm}$ 处，透镜的折射率 $n=1.5$. 若将此透镜的凸面镀银，物置于平面前 12cm 处，试求最后经折射—反射—折射的成像位置.

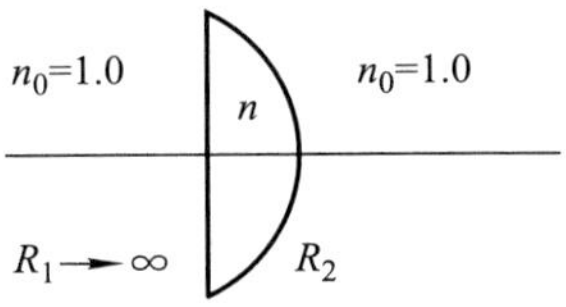

四、(20 分)

在光滑的水平面上，设置 Oxy 坐标系. 3 个厚度相同，质量、半径分别为 m_1，R_1，m_2，R_2，m_3，R_3 的匀质圆盘，其中 $R_1>R_2>R_3$. 开始时，如图所示，盘 1 在图中虚线所示位置上，且具有图示方向的平动速度 $\boldsymbol{v}_0$；盘 2、3 静止在图中实线所示位置上. 过一会，盘 1 的中心到达坐标面上的原点 O，即与盘 2、3 发生连心线方向的碰撞，盘间摩擦系数处处同为常量 μ. 盘 1、3 间连心线方向的碰撞力大小为 $N_3=N$，盘 1、2 间连心线方向的碰撞力大小为 $N_2=\beta N$，$\beta>1$. 设盘间碰撞力和切向摩擦力作用时间同为小量 Δt.

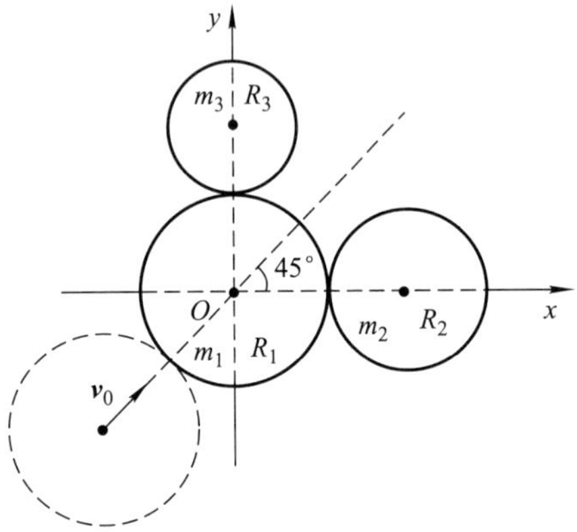

系统内的碰撞前后，盘 1、3 间连心线方向的相对速度大小 $\Delta v_{y\text{后}}$，$\Delta v_{y\text{前}}$之比值 $e_3=\Delta v_{y\text{后}}/\Delta v_{y\text{前}}$，称为 1、3 间连心线方向的速度恢复系数，设 $1>e_3>0$.

试求碰后盘 3 质心的两个速度分量(可正、可负)v_{3x}，v_{3y}和盘 1 绕其盘心的旋转方向及角速度大小 ω_1. 答案中可包含的已知量：m_1，m_2，m_3，v_0，μ，β，e_3，R_1.

五、(30 分)

3 维空间球的表面方程为 $x^2+y^2+z^2=R^2$，R 为半径，面积 $S_3=4\pi R^2$，体积 $V_3=$

$\frac{4}{3}\pi R^3$. 圆是 2 维空间“球”，圆周是它的“球面”，方程为 $x^2+y^2=R^2$，R 为半径，“面积”(即圆周长)$S_2=2\pi R$，“体积”(即圆面积)$V_2=\pi R^2$. 直线段是 1 维空间“球”，两个端点是它的“面”，方程为 $x^2=R^2$，R 为半径，“面积”$S_1=2R^0=2$，“体积”(即线段长度)$V_1=2R$.

N 维空间球的球面方程可表述成 $x_1^2+x_2^2+\cdots+x_N^2=R^2$，$R$ 为半径，面积记为 $S_N(R)$，体积记为 $V_N(R)$，其间关系为

$$V_N(R)=\frac{R}{N}S_N(R).$$

气体分子通常在 3 维空间中运动，于是可引入 3 维空间的理想气体模型，处于平衡态时，分子 3 维速度的每一维分量都服从麦克斯韦分布律. 如果气体分子被约束在 2 维(或 1 维)空间运动，可引入 2 维(或 1 维)理想气体模型，处于平衡态时，分子 2 维(或 1 维)速度的每一维分量都服从麦克斯韦分布律.

(i) 抽象地设想气体分子被约束在 N 维空间运动，可引入 N 维空间的理想气体模型，处于平衡态时，分子 N 维速度的每一维分量都服从麦克斯韦分布律.

(ii) 并已知，N 维空间的理想气体处于平衡态时，能量均分定理仍然成立.

据(i)、(ii)，试导出 $S_N(R)$和 $V_N(R)$的计算式.

六、(30 分)

在真实三维空间的 Oxy 坐标平面上，电量为 $Q>0$ 的点电荷固定在 $x=-a$，$y=0$ 处，电量为 $-Q$ 的点电荷固定在 $x=a$，$y=0$ 处. 如图所示，从点电荷 Q 发出的一条位于 Oxy 平面上的电场线，其初始切线与 x 轴夹角为 $\phi(\pi\geqslant\phi\geqslant0)$，设此电场线必定能过 y 轴并终止于点电荷 $-Q$. 假设在此三维空间中无任何其他点电荷，试解答下述各小问.

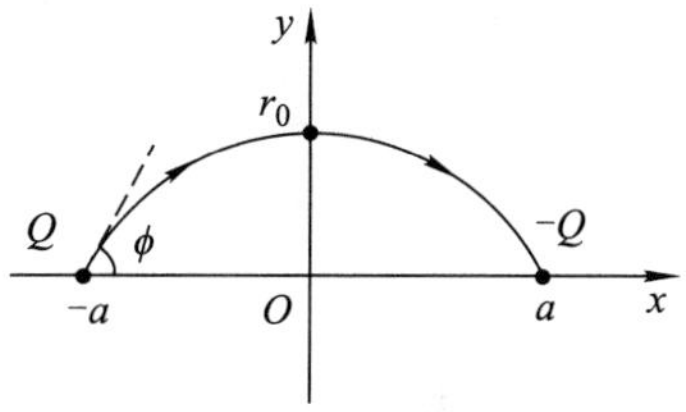

(1) 设点电荷之间存在着真实的距离二次方反比库仑力，即点电荷 Q 单独存在时的场强公式为

$$\boldsymbol{E}(\boldsymbol{r})=\frac{Q\boldsymbol{r}}{4\pi\varepsilon_0 r^3}.$$

(1.1) 简述 $\phi=90^\circ$的电场线可以通过 y 轴并终止于点电荷 $-Q$ 的理由，进而求出该电场线与 y 轴交点的 y 坐标 r_0；

(1.2) 导出图中所示电场线对应的 ϕ 取值范围，导出 $r_0\sim\phi$ 关系式，再取 $\phi=\frac{\pi}{3}$，$\phi=\frac{\pi}{2}$，$\phi=\frac{2}{3}\pi$，计算各自分别对应的三个 r_0 值，最后定性画出 Oxy 平面上电场线的分布.

(2) 假设点电荷之间存在着假想的距离一次方反比库仑力，即点电荷 Q 单独存在时的场强公式为

$$\boldsymbol{E}(\boldsymbol{r})=\frac{Q\boldsymbol{r}}{2\pi\varepsilon_2 r^2},$$

再设存在 $\phi=90^\circ$对应的图中类型电场线，试求此电场线与 y 轴交点的 y 坐标 r_0.

(3) 假设点电荷之间存在着假想的距离三次方反比库仑力，即点电荷 Q 单独存在时的场强公式为

$$\boldsymbol{E}(\boldsymbol{r})=\frac{Q\boldsymbol{r}}{2\pi^2\varepsilon_4 r^4},$$

再设存在 $\phi=90^\circ$对应的图中类型电场线，试给出可求解此电场线与 y 轴交点的 y 坐标 r_0 的方程(可以为含三角函数或反三角函数的超越方程).

七、(20 分)

1. 滚轮线的参量方程

如图 1 所示，平面上有 Oxy 直角坐标系，半径为 R、圆心为 O'的圆环沿 y 轴正方向纯滚动，其边缘点 P 在平面上扫出的曲线被称为滚轮线. 已知 P 点滚至 y 轴时恰与 O 点重合，此后 P 点相对 O'点逆时针转角记为 θ，试给出当 $\theta\geqslant0$ 时该滚轮线的参量方程

$$x=x(\theta),\quad y=y(\theta),$$

函数 $x(\theta)$，$y(\theta)$中可包含常量 R 和变化的参量 θ.

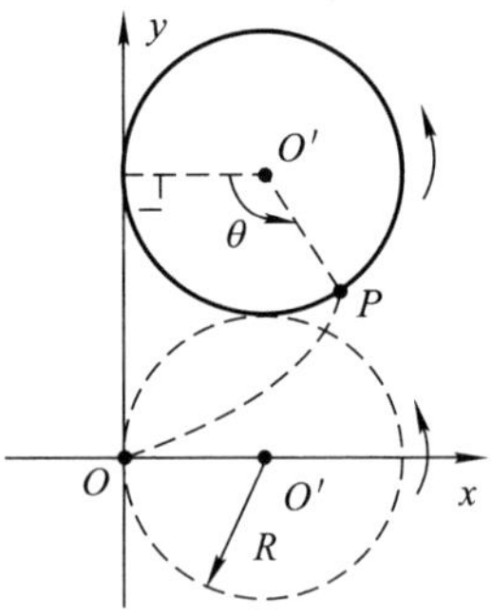

图 1

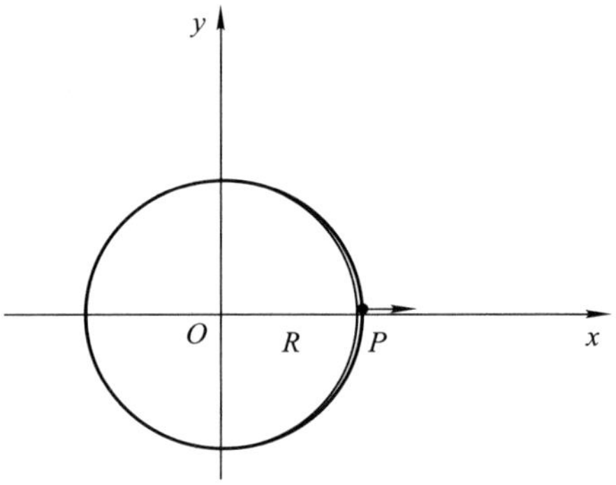

图 2

2. 圆渐开线的参量方程

如图 2 所示，半径为 R 的圆环固定在 Oxy 坐标平面上，圆心位于坐标原点 O. 设圆环的圆周上绕着足够长的细绳，绳的一个端点 P 位于 $x=R$，$y=0$ 处. 如图 3 所示，将绳从 P 端打开，打开的绳段随时都处于伸直状态，故该绳段长度应等于圆心角 θ 对应的圆弧长度 $R\theta$. P 端在 Oxy 平面的轨道曲线如图 3 虚线所示，称为圆渐开线. 试以图 3 中所示的 β 角和 α 角作为辅助参量，导出圆渐开线的参量方程

$$x=x(\theta),\quad y=y(\theta),$$

函数 $x(\theta)$，$y(\theta)$中可包含常量 R 和变化的参量 θ.

3. 简单旋转力和匀强磁场力联合作用下，带电质点运动轨道的一般讨论

如图 4 所示，质量 m、电量 $q>0$ 的带电质点 P 静止在 Oxy 坐标平面的原点 O 处. 空间有匀强磁场，磁感应强度 $\boldsymbol{B}$ 垂直坐标平面朝里. $t=0$ 开始，P 受外力 $\boldsymbol{F}$ 作用，力的大小为常量 F，$t=0$ 时刻 $\boldsymbol{F}$ 朝着 x 轴的正方向，而后 $\boldsymbol{F}$ 的方向以恒定的角速度 ω 沿逆时针方向在坐标平面内旋转. $t>0$ 时刻 P 若位于图 4 中所示位置，则受力 $\boldsymbol{F}(t)$相对 $\boldsymbol{F}(t=0)$方向已转过 ωt 角度. t 时刻 P 的速度、加速度记为 $\boldsymbol{v}(t)$，$\boldsymbol{a}(t)$，动力学方程便为

$$\boldsymbol{F}(t)+q\boldsymbol{v}(t)\times\boldsymbol{B}=m\boldsymbol{a}(t).$$

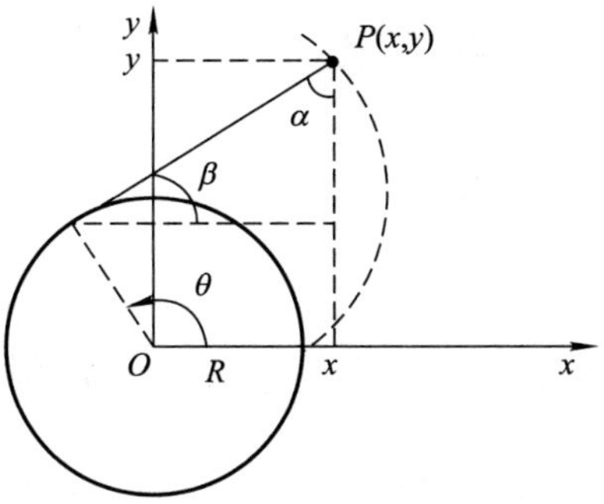

图 3

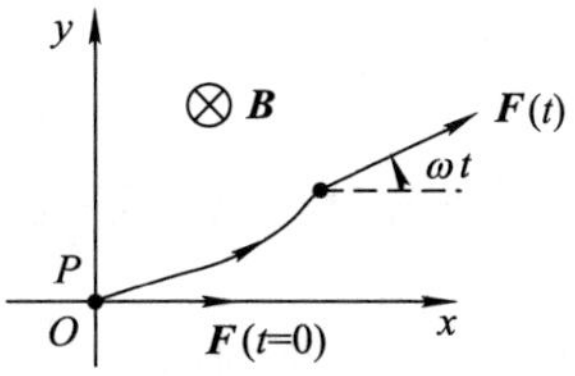

图 4

将 P 的运动分解为坐标平面上的分运动 1、2，即

$$\boldsymbol{v}(t)=\boldsymbol{v}_1(t)+\boldsymbol{v}_2(t),\quad \boldsymbol{a}(t)=\boldsymbol{a}_1(t)+\boldsymbol{a}_2(t),\quad \boldsymbol{a}_{1,2}(t)=\dot{\boldsymbol{v}}_{1,2}(t).$$

令：

分运动 1：

$$\boldsymbol{F}(t)+q\boldsymbol{v}_1(t)\times\boldsymbol{B}=m\boldsymbol{a}_1(t),\quad \boldsymbol{a}_{1切}(t)=0,\quad \boldsymbol{a}_1(t)=\boldsymbol{a}_{1心}(t),$$

且 $q\boldsymbol{v}_1(t=0)\times\boldsymbol{B}$ 与 $\boldsymbol{F}(t=0)$ 同向或反向，即分运动 1 为匀速圆周运动；

分运动 2：

$$q\boldsymbol{v}_2(t)\times\boldsymbol{B}=m\boldsymbol{a}_2(t).$$

引入参量

$$\omega^*=qB/m.$$

(1) 导出分运动 1 的运动学方程

$$x_1=x_1(t),\quad y_1=y_1(t);$$

(2) 导出分运动 2 的运动学方程

$$x_2=x_2(t),\quad y_2=y_2(t);$$

(3) 写出合运动的运动学方程

$$x=x(t),\quad y=y(t).$$

(4) 试分析地判定：

(i) $\omega\to0$(至 $\omega=0$)时，P 的运动轨道曲线属何种曲线？

(ii) $\omega^*\to0$(至 $\omega^*=0$)时，P 的运动轨道曲线属何种曲线？

(iii) $\omega^*\to\omega$(至 $\omega^*=\omega$)时，P 的运动轨道曲线属何种曲线？

参考解答与评分标准

一、(17 分)

1.（7 分）

泻流前，A 中各分子热运动速率大小时时变化，但统计平均值，即平均速率，同为 T_0 对应的 $\overline{v}_0$.

小孔打开后，每时每刻同一处，速率大的分子容易到达小孔外逸，速率小的分子不容易到达小孔逸出. 统计效果是从小孔逸出的大速率分子数多于小速率分子数，因此整体分子的平均速率 $\overline{v}_B > \overline{v}_0$，前者对应的平衡态温度

$$T_B > T_0.$$

留在 A 内的分子的平均速率 $\overline{v}_A < \overline{v}_0$，对应 $T_A < T_0$. 可得结论为

$$T_B > T_0 > T_A. \qquad (7\text{ 分})$$

2.（10 分）

(1) 取(3)式，若质点在 S' 系中不受力，$\boldsymbol{a}'=0$，则必有(选取 $x'(t'=0)=0$)

$$x'=u't', \quad u' \text{ 为常量}.$$

该质点在 S 系中也不受力，即也要求

$$x=ut, \quad u \text{ 为常量}.$$

由

$$u=\frac{\mathrm{d}x}{\mathrm{d}t}=\left.\frac{\dfrac{\partial \Phi_1}{\partial x'}\mathrm{d}x'+\dfrac{\partial \Phi_1}{\partial t'}\mathrm{d}t'}{\dfrac{\partial \Phi_2}{\partial x'}\mathrm{d}x'+\dfrac{\partial \Phi_2}{\partial t'}\mathrm{d}t'}\right|_{\mathrm{d}x'=u'\mathrm{d}t'}=\frac{\dfrac{\partial \Phi_1}{\partial x'}u'+\dfrac{\partial \Phi_1}{\partial t'}}{\dfrac{\partial \Phi_2}{\partial x'}u'+\dfrac{\partial \Phi_2}{\partial t'}},$$

可取线性解

$$\frac{\partial \Phi_1}{\partial x'}=a_{11}, \quad \frac{\partial \Phi_1}{\partial t'}=a_{12},$$

$$\frac{\partial \Phi_2}{\partial x'}=a_{21}, \quad \frac{\partial \Phi_2}{\partial t'}=a_{22},$$

即取线性变换

$$\begin{cases} x=\Phi_1(x', t')=a_{11}x'+a_{12}t', \\ t=\Phi_2(x', t')=a_{21}x'+a_{22}t', \end{cases} \qquad (*)(5\text{ 分})$$

必可满足

$$u=\frac{a_{11}u'+a_{12}}{a_{21}u'+a_{22}}=\text{常量},$$

故线性变换可满足，牛顿第一定律在狭义相对论中仍然成立.

（2）是否还有其他可能变换函数 $\Phi_1^*(x', t')$，$\Phi_2^*(x', t')$ 也能满足由 $\boldsymbol{a}'=0$ 可得 $\boldsymbol{a}=0$ 的条件呢？考虑到$\{x, t\}$，$\{x', t'\}$间所有可能的变换必须对同一组$\{x', t'\}$，所得$\{x, t\}$相同. 即取任意一组$\{x', t'\}$由线性变换（$*$）式所得$\{x, t\}$，和由

$$x=\Phi_1^*(x', t'),\qquad t=\Phi_2^*(x', t')$$

所得$\{x, t\}$相同. 由此必得

$$\Phi_1^*(x', t')=\Phi_1(x', t'),\qquad \Phi_2^*(x', t')=\Phi_2(x', t'),\qquad (5\text{ 分})$$

故线性变换（$*$）式是唯一可取的相对论时空变换.

附注：编者觉得(2)问的解答不足以说明非线性变换何以会破坏牛顿第一定律. 似乎在说变换的唯一性会选定某一个线性变换，但逻辑上看，如果非线性变换可以保证牛顿第一定律的话，那么变换的唯一性也无法排除非线性变换的可能. 编者觉得较为直接地说明时空变换是线性的证据来自于时空的均匀性（或时空平移不变性），设想 S' 系时空坐标平移微分常量$(\delta x', \delta t')$，则时空均匀性要求 S 系时空坐标平移

$$\delta x=\frac{\partial\Phi_1}{\partial x'}\delta x'+\frac{\partial\Phi_1}{\partial t'}\delta t',\qquad \delta t=\frac{\partial\Phi_2}{\partial x'}\delta x'+\frac{\partial\Phi_2}{\partial t'}\delta t'$$

为常量，此即要求上式中所有偏导数为不依赖于时空坐标的常量（可以依赖于参考系相对速度），故为线性变换.

二、(18 分)

（1）可先考察 B，D 连线上的结点. 由于这些结点都处于从 A 到 C 途径的中点上，在 A，C 两端接上电源时，这些结点必然处在一等势线上. 因此可以将这些结点“拆开”，将原网络等效成题解图 1 所示网络.

接着可将网络沿 A，C 连线对折叠合，使原来左、右对称的金属丝、结点相互重合，从而又等效成题解图 2 所示网络.

注意到题解图 2 中 A，C 间网络与 H，I 间网络在形式上的相似性，而且后者恰好是前者在线度上缩小一倍的结构，因此有

$$R_{HI}=\frac{1}{2}R_{AC}.$$

将与 AE 同长的双金属丝电阻记为 R_1，对应地与 EH 同长的双金属丝电阻记为 R_2，不难算得

$$R_1=\frac{1}{4}R_0(=\sqrt{2}R_2),\qquad R_2=\frac{\sqrt{2}}{8}R_0.$$

再将题解图 2 网络“量化”成题解图 3 所示网络，其中虚线框架内的上、下两端间电阻为

$$R'=2\frac{R_1R_2}{R_1+R_2}=2(2-\sqrt{2})R_2.$$

于是有

$$R_{AC}=2R_1+\frac{R'\left(2R_2+\dfrac{R_{AC}}{2}\right)}{R'+2R_2+\dfrac{R_{AC}}{2}},$$

解之，得

$$R_{AC}=2(\sqrt{6}+\sqrt{2}-2)R_2=\frac{1}{2}(\sqrt{3}+1-\sqrt{2})R_0=0.659R_0.\qquad(10\text{ 分})$$

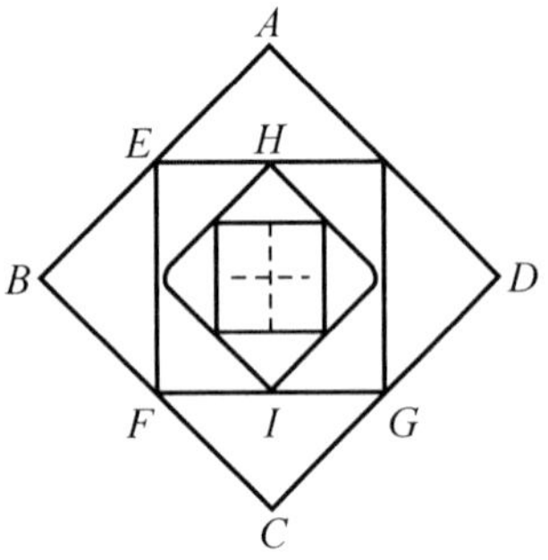

题解图 1

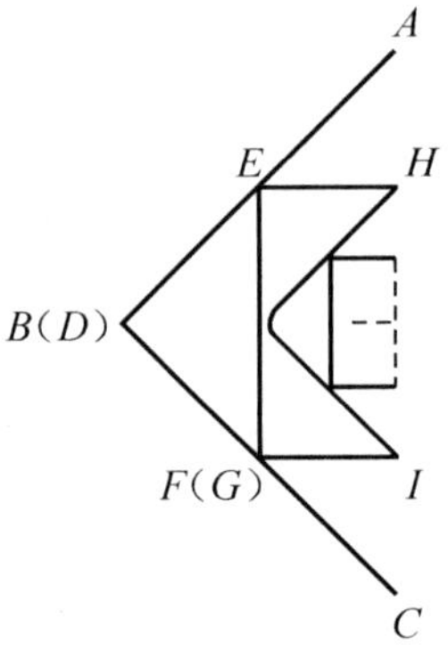

题解图 2

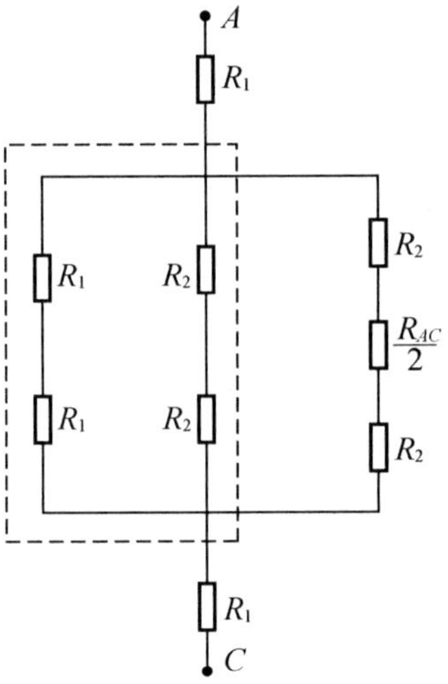

题解图 3

(2) 能否采用(1)问中所取的递归方法来求解 R_{EG} 呢？由于此时不存在结构相似的内层网络，故不好采用这一方法. 故解决的方法是利用(1)的结果进行简化.

据对称性，将原网络中 AD 边的中点、BC 边的中点处结点“拆开”，等效成题解图 4 所示网络. 此网络中通过 E，G 两端与外正方形连接的无限小网络与原网络结构相同，只是线度缩短为原线度的 $1/\sqrt{2}$ 倍，小网络 E，G 之间的等效电阻便为原网络 A，C 间等效电阻的 $1/\sqrt{2}$ 倍. 据此，可将题解图 4 网络“量化”成题解图 5 网络，有

$$R_{EG}=\left(\frac{1}{R_0}+\frac{\sqrt{2}}{R_{AC}}\right)^{-1},$$

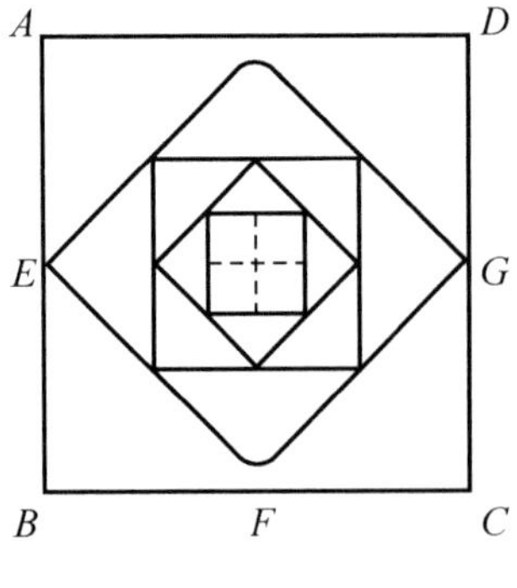

题解图 4

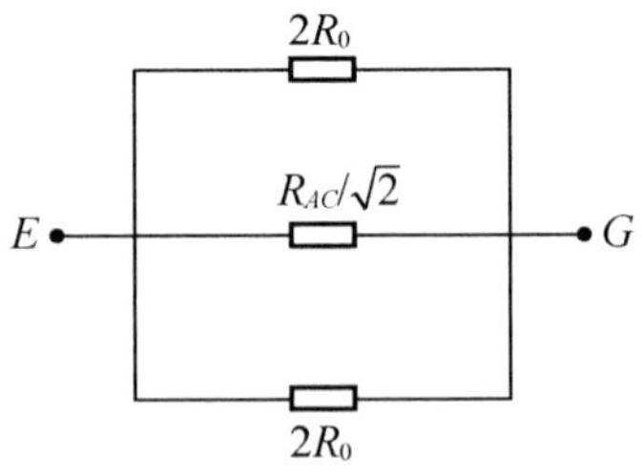

题解图 5

将(1)问中算得的 R_{AC} 代入后，可得

$$R_{EG}=\frac{\sqrt{3}-\sqrt{2}+1}{\sqrt{3}+\sqrt{2}+1}R_0=0.318R_0.\qquad(8\text{ 分})$$

三、(15 分)

将球面半径记为 R. 如题解图 1、2 所示的凸球面折射成像公式和凹球面折射成像公式分别为:

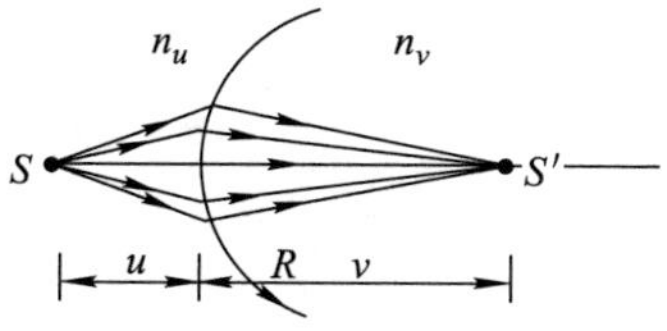

题解图 1

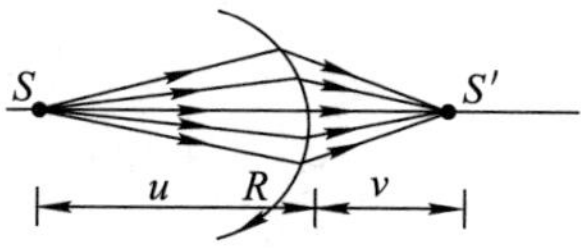

题解图 2

$$\text{凸球面:}\ \frac{n_u}{u}+\frac{n_v}{v}=\frac{n_v-n_u}{R},$$

$$\text{凹球面:}\ \frac{n_u}{u}+\frac{n_v}{v}=\frac{n_u-n_v}{R},$$

合成统一公式:

$$\frac{n_u}{u}+\frac{n_v}{v}=\frac{n_v-n_u}{R},\qquad \begin{cases}R>0\text{:凸球面,}\\ R<0\text{:凹球面.}\end{cases}$$

取题解图 3 所示薄透镜成像,将两次球面折射成像组合后,可得透镜成像公式:

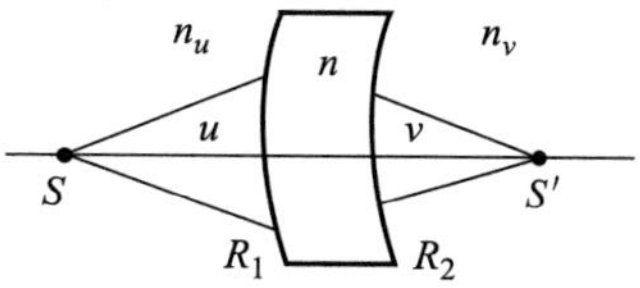

题解图 3

$$\frac{n_u}{u}+\frac{n_v}{v}=\frac{n-n_u}{R_1}+\frac{n_v-n}{R_2},$$

继而可据物方焦距、像方焦距定义式得

$$f_u=n_uR_1R_2/[n(R_2-R_1)-n_uR_2+n_vR_1],$$
$$f_v=n_vR_1R_2/[n(R_2-R_1)-n_uR_2+n_vR_1].$$

若 $n_u=n_v=n_0=1.0$,则得

$$f_0=f_u=f_v=\frac{R_1R_2}{(n-1)(R_2-R_1)}.$$

取题图中的平凸薄透镜,应取 $R_1\to\infty$,$R_2<0$,得空气中的焦距为

$$f_0=\frac{R_1R_2}{(n-1)(R_2-R_1)}=-\frac{R_2}{(n-1)}.$$

改记 $-R_2=R_{20}$,$R_{20}>0$ 即为凸球面真空半径,为

$$R_{20}=(n-1)f_0=24\text{cm}. \qquad (10\text{ 分})$$

凸球面镀银后:

平面折射成像:

$$\frac{1}{u}+\frac{n}{v_1}=0,$$

R_{20} 凹球面反射成像:

$$\frac{1}{-v_1}+\frac{1}{v_2}=\frac{2}{R_{20}},\qquad \Rightarrow\quad -\frac{n}{v_1}+\frac{n}{v_2}=\frac{2n}{R_{20}},$$

平面折射成像:

$$\frac{n}{-v_2}+\frac{1}{v}=0,$$

三式相加，得

$$\frac{1}{u}+\frac{1}{v}=\frac{2n}{R_{20}}.$$

将 $u=12\text{cm}$，$n=1.5$，$R_{20}=24\text{cm}$ 代入，得

$$v=24\text{cm},\quad 实像，在透镜平面左侧.\qquad (5分)$$

四、(20 分)

相关的物理量都已在题解图中标出，其间关系为

$$v_{0x}=v_{0y}=\frac{1}{\sqrt{2}}v_0,\quad f_2=\mu N_2=\mu\beta N,\quad f_3=\mu N_3=\mu N.$$

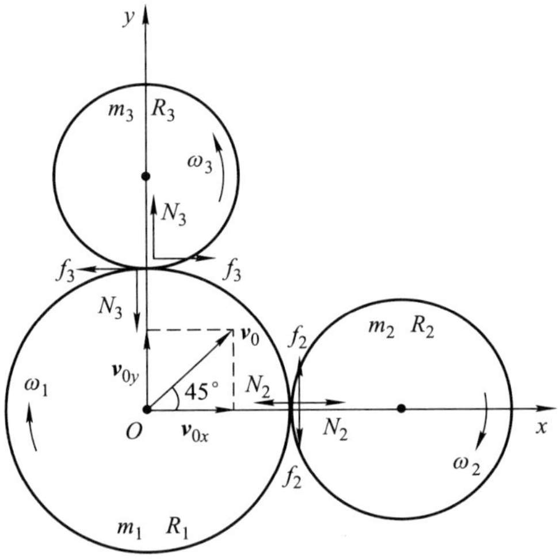

题解图

v_{3x}，v_{3y} 的求解：

对系统：$m_1v_{1y}+m_2v_{2y}+m_3v_{3y}=m_1v_{0y}=m_1v_0/\sqrt{2}.$　　(1)(2 分)

对盘 3：$\begin{cases}m_3v_{3y}=N_3\Delta t=N\Delta t,\\ m_3v_{3x}=f_3\Delta t=\mu N\Delta t,\end{cases}$　　(2)(4 分)

$\Rightarrow\quad v_{3y}=v_{3x}/\mu.$　　(3)

对盘 2：$\begin{cases}m_2v_{2x}=N_2\Delta t=\beta N\Delta t,\\ m_2v_{2y}=f_2\Delta t=\mu\beta N\Delta t,\end{cases}$　　(4)(4 分)

$\Rightarrow\quad v_{2y}=\mu v_{2x}.$　　(5)

由(2)、(4)、(3)式得

$$v_{2x}=\beta\frac{m_3}{m_2}v_{3y}=\frac{\beta}{\mu}\frac{m_3}{m_2}v_{3x},$$

再代入(5)式，得

$$v_{2y}=\beta\frac{m_3}{m_2}v_{3x}.\qquad(6)$$

引入 e_3：
$$v_{3y}-v_{1y}=e_3v_{0y},\quad (2\text{ 分})$$
$$\Rightarrow\quad v_{1y}=v_{3y}-e_3v_{0y}=\frac{v_{3x}}{\mu}-\frac{e_3v_0}{\sqrt{2}}.\quad (7)$$

将(3)、(6)、(7)式代入(1)式得
$$m_1\left(\frac{v_{3x}}{\mu}-e_3v_{0y}\right)+\beta m_3v_{3x}+m_3\frac{v_{3x}}{\mu}=m_1v_{0y},\qquad v_{0y}=v_0/\sqrt{2},$$
即得
$$v_{3x}=\frac{\mu(1+e_3)m_1}{m_1+m_3(1+\beta\mu)}\cdot\frac{v_0}{\sqrt{2}},\quad (2\text{ 分})$$
$$\Rightarrow\quad v_{3y}=\frac{v_{3x}}{\mu}=\frac{(1+e_3)m_1}{m_1+m_3(1+\beta\mu)}\cdot\frac{v_0}{\sqrt{2}}.\quad (2\text{ 分})$$

盘 1 旋转方向和角速度大小 ω_1 的求解：

参考题解图，有
$$I_1\omega_1=(f_2-f_3)R_1\Delta t=(\beta-1)f_3R_1\Delta t=(\beta-1)R_1m_3v_{3x},\qquad I_1=\frac{1}{2}m_1R_1^2,$$
得
$$\omega_1=2(\beta-1)\frac{m_3}{m_1}\frac{v_{3x}}{R_1}=\frac{2(1+e_3)(\beta-1)m_3}{m_1+m_3(1+\beta\mu)}\frac{v_0}{\sqrt{2}R_1},\quad (3\text{ 分})$$
$\omega_1>0$，故盘 1 旋转方向为题解图所示顺时针方向. (1 分)

五、(30 分)

N 维空间球的“面积”设为
$$S_N(R)=\alpha_NR^{N-1}.\quad (2\text{ 分})$$
由 N 维空间理想气体麦克斯韦速度分布
$$F_N(\boldsymbol{v})=\left(\frac{m}{2\pi kT}\right)^{\frac{N}{2}}\mathrm{e}^{-m(v_1^2+v_2^2+\cdots+v_N^2)/2kT}\quad (2\text{ 分})$$
的球对称性，可得 N 维空间理想气体速率分布为
$$f_N(v)=(\alpha_Nv^{N-1})F_N(\boldsymbol{v})=\alpha_Nv^{N-1}\left(\frac{m}{2\pi kT}\right)^{\frac{N}{2}}\mathrm{e}^{-mv^2/2kT},\quad (3\text{ 分})$$
它的归一性为
$$\int_0^\infty f_N(v)\mathrm{d}v=1,\qquad\Rightarrow\quad\int_0^\infty\alpha_Nv^{N-1}\left(\frac{m}{2\pi kT}\right)^{\frac{N}{2}}\mathrm{e}^{-\frac{mv^2}{2kT}}\mathrm{d}v=1.\quad (3\text{ 分})$$
分子的方均速率记为 $\overline{v_N^2}$，

由统计算式得 $\overline{v_N^2}=\int_0^\infty v^2f_N(v)\mathrm{d}v,$ (2 分)

由能量均分定理得 $\frac{1}{2}m\,\overline{v_N^2}=\frac{N}{2}kT,$ (3 分)

联立后，得
$$\int_0^\infty\alpha_Nv^{N+1}\left(\frac{m}{2\pi kT}\right)^{\frac{N}{2}}\mathrm{e}^{-mv^2/2kT}\mathrm{d}v=\frac{NkT}{m}.\quad (3\text{ 分})$$

将它与 $N+2$ 维空间的 $f_N(v)$ 的归一性公式

$$\int_0^{\infty} \alpha_{N+2} v^{N+1} \left(\frac{m}{2\pi kT}\right)^{\frac{N+2}{2}} e^{-mv^2/2kT} dv = 1$$

联合，即得 α_N 递推式：

$$\alpha_{N+2} = \frac{2\pi}{N}\alpha_N, \quad 初值：\alpha_1 = 2，\alpha_2 = 2\pi. \tag{2 分}$$

分两种情况求解 α_N.

N 为奇数($N=1，3，5，\cdots$)：

将 N 改述为 $2k+1$，有

$$\begin{aligned} \alpha_{2k+1} &= \frac{2\pi}{2k-1}\alpha_{2k-1} \\ &= \frac{2\pi}{2k-1} \cdot \frac{2\pi}{2k-3} \cdots \frac{2\pi}{3} \cdot \frac{2\pi}{1} \cdot \alpha_1 \quad (\alpha_1 = 2) \\ &= 2^{k+1}\pi^k \frac{2k \cdot (2k-2)\cdots 2}{(2k)!} \\ &= \frac{2^{2k+1}k!}{(2k)!}\pi^k. \end{aligned}$$

因 $0! =1$，故上式对 $k=0$ 也成立，即得

$$\alpha_{2k+1} = \frac{2^{2k+1}k!}{(2k)!}\pi^k, \quad k=0，1，2，\cdots. \tag{2 分}$$

N 为偶数($N=2，4，6，\cdots$)：

将 N 改述为 $2k+2$，有

$$\alpha_{2k+2} = \frac{2\pi}{2k}\alpha_{2k} = \frac{2\pi}{2k} \cdot \frac{2\pi}{2k-2} \cdots \frac{2\pi}{2} \cdot \alpha_2, \quad \alpha_2 = 2\pi,$$

即得

$$\alpha_{2k+2} = \frac{2}{k!}\pi^{k+1}, \quad k=0，1，2，\cdots. \tag{2 分}$$

回到公式

$$S_N(R) = \alpha_N R^{N-1}, \quad V_N(R) = \frac{R}{N}S_N(R), \tag{2 分}$$

得

$$\begin{cases} S_{2k+1}(R) = \dfrac{2^{2k+1}k!}{(2k)!}\pi^k R^{2k}, \\ V_{2k+1}(R) = \dfrac{2^{2k+1}k!}{(2k+1)!}\pi^k R^{2k+1}, \end{cases} \quad k=0，1，2，\cdots, \tag{2 分}$$

$$\begin{cases} S_{2k+2}(R) = \dfrac{2}{k!}\pi^{k+1} R^{2k+1}, \\ V_{2k+2}(R) = \dfrac{1}{(k+1)!}\pi^{k+1} R^{2k+2}, \end{cases} \quad k=0，1，2，\cdots. \tag{2 分}$$

六、(30 分)

(1)

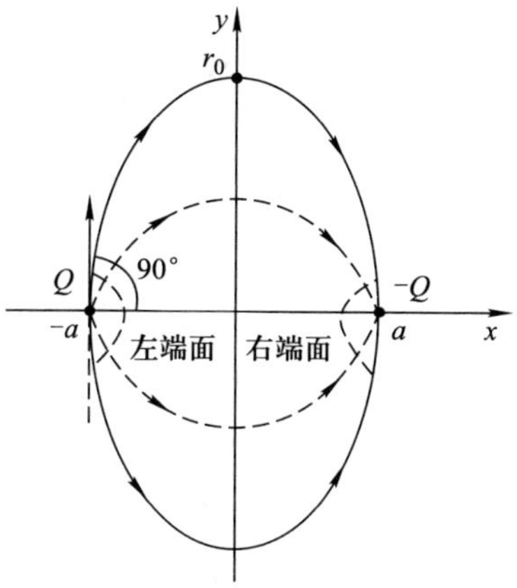

题解图 1

(1.1)题图所示电场线对应的 ϕ 为锐角，无限靠近 Q 处，总场强 $\boldsymbol{E}$ 几乎完全由 Q 单独存在时的场强确定，其方向即为锐角 ϕ 方向. 而后 $-Q$ 对 $\boldsymbol{E}$ 的贡献不可略，使场强 $\boldsymbol{E}$ 更朝右偏转，电场线进一步引向右方，并接近 $-Q$，最后终止于 $-Q$.

ϕ 为直角时，无限靠近 Q 处，$\boldsymbol{E}$ 几乎完全由 Q 单独贡献而成，其方向即为 ϕ 方向，即电场线尚未朝右偏转. 而后 $-Q$ 的作用不可略，$\boldsymbol{E}$ 中朝右的分量开始起作用，使得 $\boldsymbol{E}$ 方向朝右偏转，电场线被引向右方，最后终止于 $-Q$.

结论：$\phi=90^\circ$ 的电场线必定能过 y 轴并终止于 $-Q$.

可在真实的三维空间中取题解图 1 所示的电场线管，其侧面由 $\phi=90^\circ$ 的电场线绕 x 轴旋转 360°而成，左端面为无限靠近 Q，且以 Q 为球心的半球面，对称地取右端面. 点电荷 $-Q$ 对左端面场强贡献相对点电荷 Q 的贡献可略，电场线表征的总场强在左端面的高斯通量，等同于点电荷 Q 单独存在时左端面的高斯通量，即有

$$\iint_{\text{左端面}}\boldsymbol{E}\cdot\mathrm{d}\boldsymbol{S}=\iint_{\text{左端面}}\boldsymbol{E}(Q)\cdot\mathrm{d}\boldsymbol{S}\qquad(\boldsymbol{E}\text{：总场强；}\boldsymbol{E}(Q)\text{：}Q\text{ 场强})$$

$$=\frac{1}{2}\oiint_{\text{全球面}}\boldsymbol{E}(Q)\cdot\mathrm{d}\boldsymbol{S}=\frac{Q}{2\varepsilon_0}.$$

由端面、侧面和管内不含电荷的电场线管任一截面电通量守恒性，可知以 r_0 为半径旋转而成的圆截面 S_{r_0} 上的高斯通量为

$$\iint_{S_{r_0}}\boldsymbol{E}\cdot\mathrm{d}\boldsymbol{S}=\iint_{\text{左端面}}\boldsymbol{E}\cdot\mathrm{d}\boldsymbol{S}=Q/2\varepsilon_0. \tag{1}$$

参考题解图 2，图中已引入了参量 R 和角参量 ϕ_0，r_0 截面即 S_{r_0} 上各处场强 $\boldsymbol{E}$ 由 $\boldsymbol{E}(Q)$ 和 $\boldsymbol{E}(-Q)$ 叠加而成. 因对称，有

$$\iint_{S_{r_0}}\boldsymbol{E}\cdot\mathrm{d}\boldsymbol{S}=2\iint_{S_{r_0}}E_x(Q)\mathrm{d}S=2\iint_{S_{r_0}}\boldsymbol{E}(Q)\cdot\mathrm{d}\boldsymbol{S}. \tag{2}$$

($E_x(Q)$ 为 $\boldsymbol{E}(Q)$ 的 x 分量)

$\iint_{S_{r_0}}\boldsymbol{E}(Q)\cdot\mathrm{d}\boldsymbol{S}$ (Q 单独存在时截面 S_{r_0} 上的电通量)的计算：

Q 单独存在时，电场线球对称均匀分布．参考题解图 3，S_{r_0} 相对 Q 的三维空间角，即为以 ϕ_0 为半顶角的锥面空间角，记为 $\Omega_3(\phi_0)$，便有

$$\iint_{S_{r_0}}\boldsymbol{E}(Q)\cdot\mathrm{d}\boldsymbol{S}=\frac{\Omega_3(\phi_0)}{4\pi}\oiint_{S_R}\boldsymbol{E}(Q)\cdot\mathrm{d}\boldsymbol{S}=\frac{\Omega_3(\phi_0)}{4\pi}\frac{Q}{\varepsilon_0}, \tag{3}$$

(S_R：R 全球面)

数学上可得

$$\Omega_3(\phi_0)=2\pi(1-\cos\phi_0). \tag{4}$$

联立(1)、(2)、(3)、(4)式，得

$$\frac{Q}{2\varepsilon_0}=\iint_{S_{r_0}}\boldsymbol{E}\cdot \mathrm{d}\boldsymbol{S}=2\iint_{S_{r_0}}\boldsymbol{E}(Q)\cdot \mathrm{d}\boldsymbol{S}=2\times\frac{\Omega_3(\phi_0)}{4\pi}\frac{Q}{\varepsilon_0}$$

$$=(1-\cos\phi_0)\frac{Q}{\varepsilon_0},$$

$$\Rightarrow\quad(1-\cos\phi_0)=\frac{1}{2},\qquad\Rightarrow\quad\phi_0=60^\circ,$$

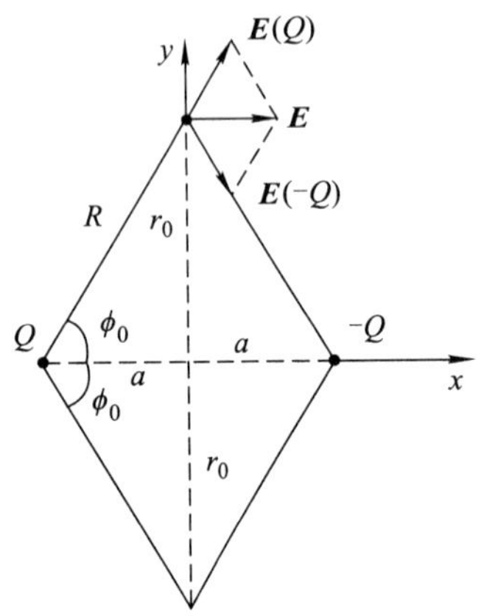

题解图 2

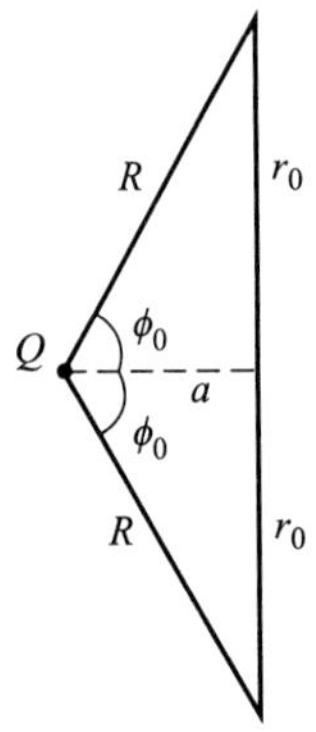

题解图 3

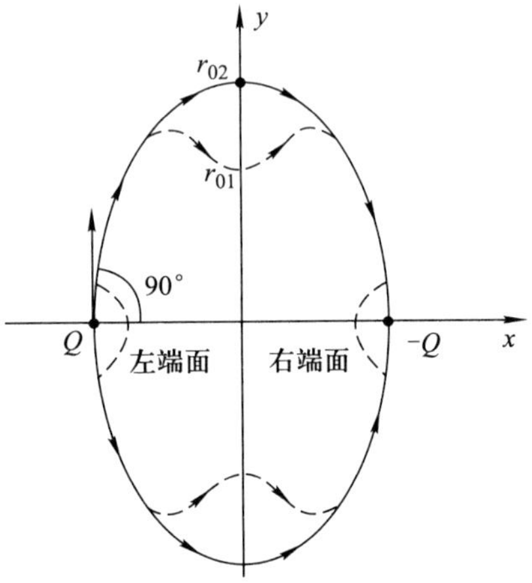

题解图 4

即可解得

$$r_0=a\tan\phi_0=\sqrt{3}a=1.732a. \qquad (8\text{ 分})$$

注释：电场线不能相交，但能否相切？对此不作一般讨论．就本题而言，若 $\phi_0=90^\circ$ 电场线因相切而延展出两条或多条电场线，则接着会使 r_0 的解不唯一．最基本的情况如题解图 4 所示，在 y 轴上出现两个交点 r_{01} 和 r_{02}，r_0 的解便不是唯一．很容易证明这是不可能的：因为 $S_{r_{01}}$ 和 $S_{r_{02}}$ 两个正截面上的电通量均应与右端面电通量相等，这使得 r_{01} 到 r_{02} 间隔可形成的圆环面上电通量必须为零，但又因对称，此圆环面上的场强一致地沿 x 轴向右，电通量应大于零，两者发生矛盾．这就说明，题解图 4 代表的情况是不会出现的．

(1.2)将题解图 1 中的 90°取消，改为符合题意要求范围内的 ϕ 角，电场线管结构仍如前所述，左端面相对 Q 所张空间角便为

$$\Omega_3(\phi)=2\pi(1-\cos\phi).$$

与(1.1)问解答中用同样的分析，可得

$$\iint_{\text{左端面}}\boldsymbol{E}\cdot \mathrm{d}\boldsymbol{S}=\iint_{\text{左端面}}\boldsymbol{E}(Q)\cdot \mathrm{d}\boldsymbol{S}=\frac{\Omega_3(\phi)}{4\pi}\oiint_{\text{全球面}}\boldsymbol{E}(Q)\cdot \mathrm{d}\boldsymbol{S}=\frac{1}{2}(1-\cos\phi)\frac{Q}{\varepsilon_0}.$$

ϕ 角对应的电场线与 y 轴交点的坐标仍记为 r_0，以 r_0 为半径旋转而成的圆截面 S_{r_0} 上的高斯通量与左端面上的相等，可得与(1)式相似的公式：

$$\iint_{S_{r_0}}\boldsymbol{E}\cdot \mathrm{d}\boldsymbol{S}=\iint_{\text{左端面}}\boldsymbol{E}\cdot \mathrm{d}\boldsymbol{S}=\frac{1}{2}(1-\cos\phi)\frac{Q}{\varepsilon_0}. \tag{1'}$$

同样，仿照题解图 2，可得

$$\iint_{S_{r_0}} \boldsymbol{E} \cdot \mathrm{d}\boldsymbol{S} = 2\iint_{S_{r_0}} E_x(Q)\mathrm{d}S = 2\iint_{S_{r_0}} \boldsymbol{E}(Q) \cdot \mathrm{d}\boldsymbol{S}. \tag{2$'$}$$

继续，参考题解图 3，S_{r_0} 相对 Q 的空间角记为 $\Omega_3(\phi_0)$，则有

$$\iint_{S_{r_0}} \boldsymbol{E}(Q) \cdot \mathrm{d}\boldsymbol{S} = \frac{\Omega_3(\phi_0)}{4\pi}\oiint_{S_R} \boldsymbol{E}(Q) \cdot \mathrm{d}\boldsymbol{S} = \frac{\Omega_3(\phi_0)}{4\pi}\frac{Q}{\varepsilon_0}. \tag{3$'$}$$

将

$$\Omega_3(\phi_0) = 2\pi(1-\cos\phi_0) \tag{4$'$}$$

与(1)$'$、(2)$'$、(3)$'$联立，得

$$\begin{aligned}
\frac{1}{2}(1-\cos\phi)\frac{Q}{\varepsilon_0} &= \iint_{S_{r_0}} \boldsymbol{E} \cdot \mathrm{d}\boldsymbol{S} = 2\iint_{S_{r_0}} \boldsymbol{E}(Q) \cdot \mathrm{d}\boldsymbol{S} \\
&= 2 \times \frac{\Omega_3(\phi_0)}{4\pi}\frac{Q}{\varepsilon_0} = (1-\cos\phi_0)\frac{Q}{\varepsilon_0}, \\
&\Rightarrow \quad (1-\cos\phi_0) = \frac{1}{2}(1-\cos\phi), \quad \Rightarrow \quad \cos\phi_0 = \frac{1}{2}(1+\cos\phi).
\end{aligned}$$

因

$$r_0 = a\tan\phi_0, \qquad \text{过 } y \text{ 轴电场线对应 } \infty > r_0 \geqslant 0,$$

要求

$$\frac{\pi}{2} > \phi_0 \geqslant 0, \quad \Rightarrow \quad 0 < \cos\phi_0 \leqslant 1, \quad \Rightarrow \quad -1 < \cos\phi \leqslant 1,$$

即得 ϕ 可取范围为

$$\pi > \phi \geqslant 0.$$

这也就意味着$\{Q, -Q\}$系统电场中全部由 Q 发出的电场线中，除了在 $\phi\to\pi$ 邻域之内，其他所有电场线都通过 yz 平面终止于$-Q$.

$r_0 \sim \phi$ 关系的推导：

$$r_0 = a\tan\phi_0 = a\frac{\sin\phi_0}{\cos\phi_0} = a\frac{\sqrt{(1-\cos\phi_0)(1+\cos\phi_0)}}{\cos\phi_0},$$

$$\Rightarrow \quad r_0 = a\frac{\sqrt{(1-\cos\phi)(3+\cos\phi)}}{1+\cos\phi}.$$

三个 ϕ 值对应的三个 r_0 值：

$\phi = \frac{\pi}{3}$	$\phi = \frac{\pi}{2}$	$\phi = \frac{2}{3}\pi$
$r_0 = \frac{\sqrt{7}}{3}a$	$r_0 = \sqrt{3}a = 1.73a$	$r_0 = \sqrt{15}a$

Oxy 平面上电场线分布，见题解图 5. （7 分）

（2）此时在真实的三维空间中，静电场高斯定理不成立. 将真实三维空间中 Oxy 坐标系所在平面单独取出，局限于该平面的静电场对应的二维空间高斯定理成立. Oxy 平面上的电场结构属于真实三维空间中的电场结构，题图中的那条电场线既属于真实三维空间静电场，也属于 Oxy 平面的二维电场.

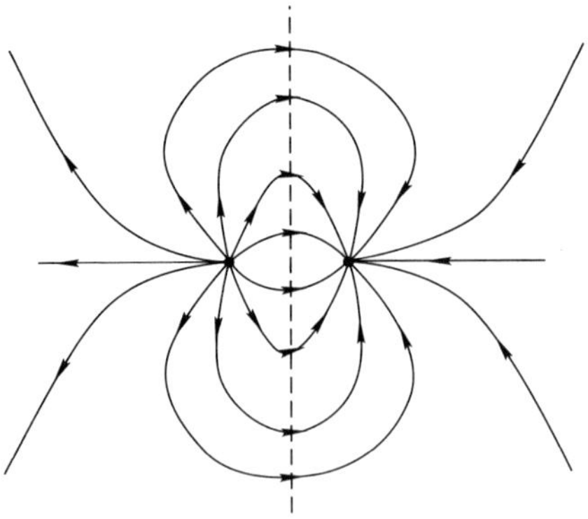

题解图 5

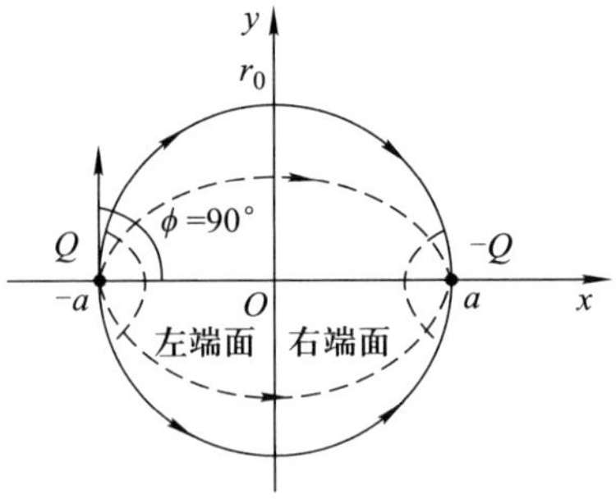

题解图 6

Oxy 平面上的 $\phi=90°$二维电场线管如题解图 6 所示，电场线管“侧面”(实为侧边)由上、下两条边界电场线构成，左端面为无限靠近 Q，且以 Q 为“球心”(圆心)的“半球面”(半圆周). 点电荷 $-Q$ 对左端面场强贡献相对点电荷 Q 的贡献可略，可得

$$\int_{\text{左端面}}\boldsymbol{E}\cdot \mathrm{d}\boldsymbol{S}_2=\int_{\text{左端面}}\boldsymbol{E}(Q)\cdot \mathrm{d}\boldsymbol{S}_2=\frac{1}{2}\oint_{\text{全球面}}\boldsymbol{E}(Q)\cdot \mathrm{d}\boldsymbol{S}_2=\frac{1}{2}\frac{Q}{\varepsilon_2}.$$

($\mathrm{d}\boldsymbol{S}_2$ 为“法向”线元矢量；全球面即为全圆周)

由不内含电荷的电场线管内任一截面电通量相同，可知在 y 轴上长为 $2r_0$ 的正截“面”S_{2r_0} 上的电通量为

$$\int_{S_{2r_0}}\boldsymbol{E}\cdot \mathrm{d}\boldsymbol{S}_2=\int_{\text{左端面}}\boldsymbol{E}\cdot \mathrm{d}\boldsymbol{S}_2=\frac{1}{2}\frac{Q}{\varepsilon_2}. \tag{5}$$

仿照(1.1)问解答中的讨论，同样可得

$$\int_{S_{2r_0}}\boldsymbol{E}\cdot \mathrm{d}\boldsymbol{S}_2=2\int_{S_{2r_0}}E_x(Q)\mathrm{d}S_2=2\int_{S_{2r_0}}\boldsymbol{E}(Q)\cdot \mathrm{d}\boldsymbol{S}_2. \tag{6}$$

$\int_{S_{2r_0}}\boldsymbol{E}(Q)\cdot \mathrm{d}\boldsymbol{S}_2$($Q$ 单独存在时截面 S_{2r_0} 上的电通量)的计算：

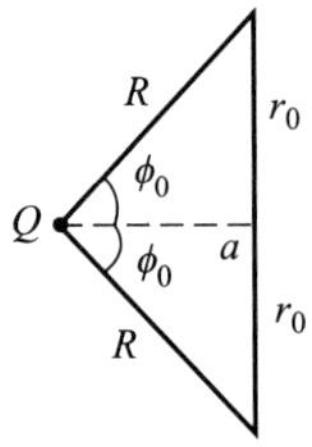

题解图 7

仿照题解图 3 的是题解图 7，S_{2r_0} 相对 Q 所张的二维空间角，即为以待定的 ϕ_0 为半顶角的二维锥面空间角，记为 $\Omega_2(\phi_0)$. 因 Q 单独存在时，二维空间中电场线也是对称均匀分布，故有

$$\int_{S_{2r_0}}\boldsymbol{E}(Q)\cdot \mathrm{d}\boldsymbol{S}_2=\frac{\Omega_2(\phi_0)}{2\pi}\oint_{S_R}\boldsymbol{E}(Q)\cdot \mathrm{d}\boldsymbol{S}_2=\frac{\Omega_2(\phi_0)}{2\pi}\frac{Q}{\varepsilon_2}, \tag{7}$$

(S_R：R 全球面，即二维 R 圆周)

数学上可得

$$\Omega_2(\phi_0)=2\phi_0, \tag{8}$$

联立(5)、(6)、(7)、(8)式，得

$$\frac{Q}{2\varepsilon_2}=\int_{S_{2r_0}}\boldsymbol{E}\cdot \mathrm{d}\boldsymbol{S}_2=2\int_{S_{2r_0}}\boldsymbol{E}(Q)\cdot \mathrm{d}\boldsymbol{S}_2=2\cdot\frac{\Omega_2(\phi_0)}{2\pi}\frac{Q}{\varepsilon_2}=\frac{2\phi_0}{\pi}\frac{Q}{\varepsilon_2},$$

$$\Rightarrow \quad \phi_0 = \frac{\pi}{4} = 45°,$$

即可解得

$$r_0 = a\tan\phi_0 = a. \qquad (7\text{ 分})$$

(3) 此时在真实的三维空间中，静电场高斯定理不成立．将真实的三维空间处理为抽象的四维空间中的三维子空间，在抽象的四维空间中静电场高斯定理仍成立．真实空间电场结构属于抽象的四维空间电场结构，题图中那条电场线既属于真实三维空间电场，也属于抽象四维空间电场．

抽象四维空间电场线管，被真实三维空间内 Oxy 平面所截图象如题解图 8 所示．上、下两条电场线既属于 Oxy 平面上的电场也属于抽象四维空间电场线管三维界面上的电场．图中两条 r_0 方向线代表的是四维电场线管的三维中截面，它是一个以 r_0 为半径的三维球体，其四维截面积(即三维体积)即为

$$\frac{4}{3}\pi r_0^3.$$

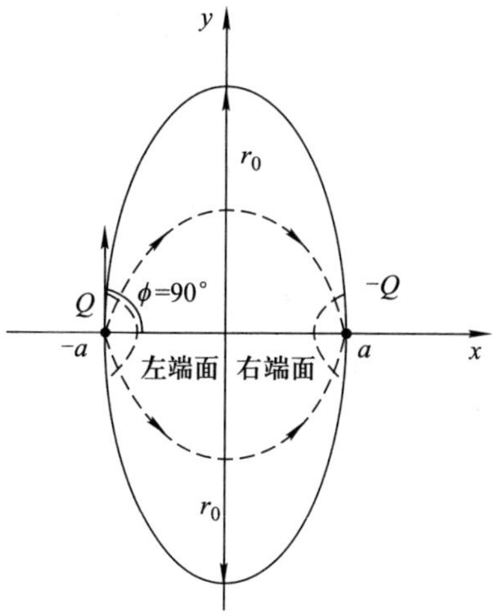

题解图 8

四维电场线管中无限靠近 Q，且以 Q 为中心的左端面(实为三维体)上的电通量，因 $-Q$ 的场强贡献可略，结合四维空间高斯定理可得

$$\iiint_{\text{左端面}} \boldsymbol{E} \cdot \mathrm{d}\boldsymbol{S}_4 = \iiint_{\text{左端面}} \boldsymbol{E}(Q) \cdot \mathrm{d}\boldsymbol{S}_4$$
$$= \frac{1}{2} \oiiint_{\text{全球面}} \boldsymbol{E}(Q) \cdot \mathrm{d}\boldsymbol{S}_4 = \frac{1}{2}\frac{Q}{\varepsilon_4}.$$

由不内含电荷的一段四维电场线管任一截面电通量守恒，可知以 r_0 为半径的三维中截面上的电通量

$$\iiint_{S_{r_0}} \boldsymbol{E} \cdot \mathrm{d}\boldsymbol{S}_4 = \iiint_{\text{左端面}} \boldsymbol{E} \cdot \mathrm{d}\boldsymbol{S}_4 = \frac{Q}{2\varepsilon_4}, \qquad (9)$$

仿照题解图 2 对应的讨论，同样可得

$$\iiint_{S_{r_0}} \boldsymbol{E} \cdot \mathrm{d}\boldsymbol{S}_4 = 2\iiint_{S_{r_0}} E_x(Q)\mathrm{d}S_4 = 2\iiint_{S_{r_0}} \boldsymbol{E}(Q) \cdot \mathrm{d}\boldsymbol{S}_4. \qquad (10)$$

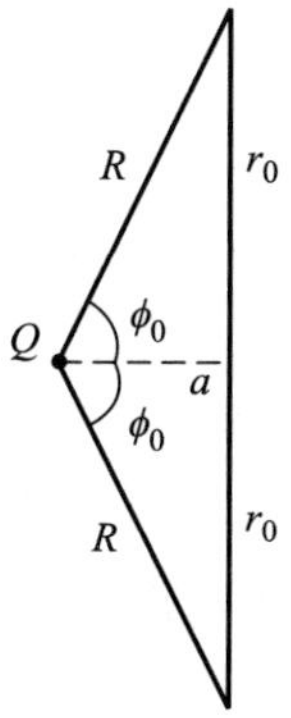

题解图 9

$\iiint_{S_{r_0}} \boldsymbol{E}(Q) \cdot \mathrm{d}\boldsymbol{S}_4$($Q$ 单独存在时截面 S_{r_0} 上的电通量)的计算：

Q 单独存在时，电场线取四维球对称均匀分布．参考题解图 9，S_{r_0} 相对 Q 的四维空间角，即为以 ϕ_0 为半顶角的锥面空间角，记为 $\Omega_4(\phi_0)$，便有

$$\iiint_{S_{r_0}} \boldsymbol{E}(Q) \cdot \mathrm{d}\boldsymbol{S}_4 = \frac{\Omega_4(\phi_0)}{2\pi^2} \oiiint_{S_R} \boldsymbol{E}(Q) \cdot \mathrm{d}\boldsymbol{S}_4 = \frac{\Omega_4(\phi_0)}{2\pi^2}\frac{Q}{\varepsilon_4}, \qquad (11)$$

(S_R：以 R 为半径的四维球面)

数学上可得

$$\Omega_4(\phi_0) = 2\pi\left(\phi_0 - \frac{1}{2}\sin 2\phi_0\right), \qquad (12)$$

联立(9)、(10)、(11)、(12)式，得

$$\frac{Q}{2\varepsilon_4}=\iiint_{S_{r_0}}\boldsymbol{E}\cdot \mathrm{d}\boldsymbol{S}_4=2\iiint_{S_{r_0}}\boldsymbol{E}(Q)\cdot \mathrm{d}\boldsymbol{S}_4=2\cdot\frac{\Omega_4(\phi_0)}{2\pi^2}\frac{Q}{\varepsilon_4}$$
$$=\frac{2}{\pi}\left(\phi_0-\frac{1}{2}\sin 2\phi_0\right)\frac{Q}{\varepsilon_4},$$
$$\Rightarrow\quad \phi_0-\frac{1}{2}\sin 2\phi_0=\frac{\pi}{4}.$$

如题解图 9，

$$\phi_0=\arctan\frac{r_0}{a},\qquad \frac{1}{2}\sin 2\phi_0=\sin\phi_0\cdot\cos\phi_0=\frac{r_0 a}{r_0^2+a^2},$$

因此，

$$\arctan\frac{r_0}{a}-\frac{r_0 a}{r_0^2+a^2}=\frac{\pi}{4}\quad 或\quad \frac{r_0}{a}=\tan\left(\frac{\pi}{4}+\frac{r_0 a}{r_0^2+a^2}\right)$$

即为所求方程.　　(8 分)

附注：数值计算，得

$$\phi_0=66.6°,$$

即有

$$r_0=a\tan\phi_0=2.31a.$$

七、(20 分)

1. 由几何关系，可得

$$x=R(1-\cos\theta),$$
$$y=R(\theta-\sin\theta).$$

2. 由图 3 所示的角量间几何关系，可得

$$\beta=\theta-\frac{\pi}{2},\qquad \alpha=\frac{\pi}{2}-\beta=\pi-\theta,$$

即有

$$x=l\cos\beta+R\cos\theta,\qquad y=l\sin\beta+R\sin\alpha,$$

将

$$l=R\theta,\qquad \cos\beta=\cos\left(\theta-\frac{\pi}{2}\right)=\sin\theta,\qquad \sin\beta=-\cos\theta,\qquad \sin\alpha=\sin\theta$$

代入，即得圆渐开线的参量方程

$$x=R(\cos\theta+\theta\sin\theta),\qquad y=R(\sin\theta-\theta\cos\theta).\qquad (5 分)$$

3.

(1) 分运动 1 为匀速圆周运动，任意 $t\geqslant 0$ 时刻，$\boldsymbol{v}_1\cdot\boldsymbol{a}_1=0$，则由分运动方程

$$\boldsymbol{F}(t)+q\boldsymbol{v}_1(t)\times\boldsymbol{B}=m\boldsymbol{a}_1(t),\qquad \Rightarrow\quad \boldsymbol{v}_1(t)\cdot\boldsymbol{F}(t)=0,$$

即 $\boldsymbol{v}_1(t)$与 $\boldsymbol{F}(t)$始终垂直，且该分运动是角频率为 ω 的逆时针圆周运动，记角速度矢量为 $\boldsymbol{\omega}$.

选如题解图 1 垂直于 $\boldsymbol{F}(t)$为 $\boldsymbol{v}_1(t)$的投影正向(投影值为 v_1 常量)，并令

$$\boldsymbol{F}=q\boldsymbol{v}_1\times\boldsymbol{B}',$$

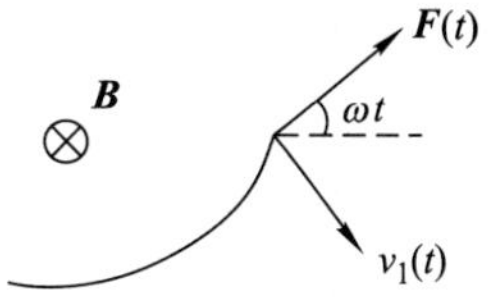

(投影正向)

题解图 1

取 $\boldsymbol{B}$ 方向为 $\boldsymbol{B}'$ 投影正向，则

$$v_1=\frac{F}{qB'}.$$

改写原分运动方程为

$$q\boldsymbol{v}_1\times(\boldsymbol{B}+\boldsymbol{B}')=m\boldsymbol{a}_1=m\boldsymbol{\omega}\times\boldsymbol{v}_1=-m\boldsymbol{v}_1\times\boldsymbol{\omega}. \qquad (1)$$

因 $\boldsymbol{\omega}$ 方向为垂直纸面向外，故 $(\boldsymbol{B}+\boldsymbol{B}')$ 方向为垂直纸面向内，即

$$B+B'>0,$$

$$\Rightarrow \quad \omega=\frac{qB+qB'}{m}=\omega^*+\frac{qB'}{m},$$

故

$$B'=\frac{m}{q}(\omega-\omega^*),$$

$$v_1=\frac{F}{m(\omega-\omega^*)}.$$

（附注：如上结论也可通过用 $\boldsymbol{v}_1$ 叉乘(1)式两边而得到.）

若 $\omega>\omega^*$，则 v_1，$B'>0$；若 $\omega<\omega^*$，则 v_1，$B'<0$.

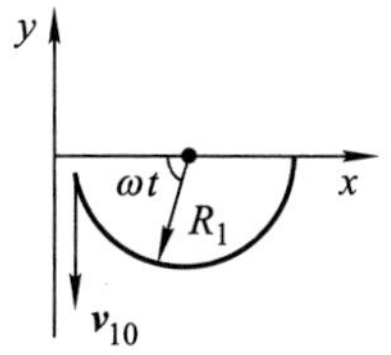

题解图 2

圆周分运动半径为

$$R_1=\frac{|v_1|}{\omega}=\frac{F}{m\omega|\omega-\omega^*|}.$$

运动学方程：

1°当 $\omega>\omega^*$ 时，$v_1>0$，$\boldsymbol{v}_{10}$ 沿题解图 2 所示方向，

$$\begin{cases} x_1(t)=\dfrac{F}{m(\omega-\omega^*)\omega}(1-\cos\omega t), \\ y_1(t)=-\dfrac{F}{m(\omega-\omega^*)\omega}\sin\omega t. \end{cases}$$

2°当 $\omega<\omega^*$ 时，$v_1<0$，$\boldsymbol{v}_{10}$ 沿题解图 3 所示方向，

$$\begin{cases} x_1(t)=-R_1(1-\cos\omega t)=\dfrac{F}{m(\omega-\omega^*)\omega}(1-\cos\omega t), \\ y_1(t)=R_1\sin\omega t=-\dfrac{F}{m(\omega-\omega^*)\omega}\sin\omega t. \end{cases}$$

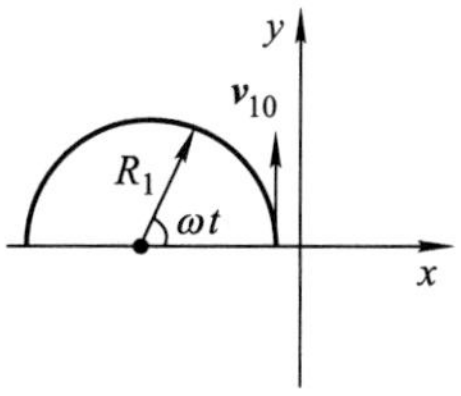

题解图 3

1°，2°形式相同(形式不变来自于 $v_{1x}(t)$，$v_{1y}(t)$ 的积分形式不变).（5 分）

(2)

$$q\boldsymbol{v}_2\times\boldsymbol{B}=m\boldsymbol{a}_2, \qquad \boldsymbol{a}_2=\dot{\boldsymbol{v}}_2,$$

$$\boldsymbol{v}_{20}=-\boldsymbol{v}_{10}=\frac{F}{m(\omega-\omega^*)}\boldsymbol{j},$$

$$\Rightarrow \begin{cases} \omega_2=\dfrac{qB}{m}=\omega^*, \\ R_2=\dfrac{|v_{20}|}{\omega_2}=\dfrac{F}{m\omega^*|\omega-\omega^*|}. \end{cases} \qquad (2 分)$$

运动学方程：

1°当 $\omega>\omega^*$ 时(题解图 4)

$$\begin{cases} x_2(t)=-\dfrac{F}{m\omega^*(\omega-\omega^*)}(1-\cos\omega^* t), \\ y_2(t)=\dfrac{F}{m\omega^*(\omega-\omega^*)}\sin\omega^* t, \end{cases}$$

2°当 $\omega<\omega^*$ 时(题解图 5)

$$\begin{cases} x_2(t)=-\dfrac{F}{m\omega^*(\omega-\omega^*)}(1-\cos\omega^* t), \\ y_2(t)=\dfrac{F}{m\omega^*(\omega-\omega^*)}\sin\omega^* t. \end{cases}$$ (2 分)

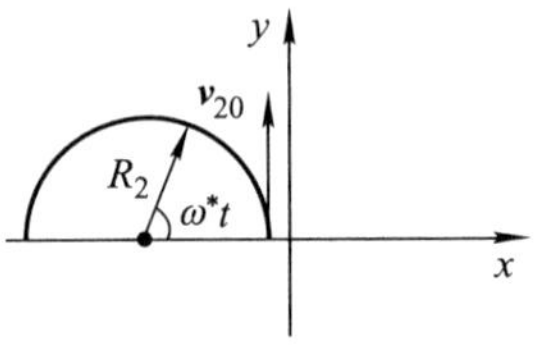

题解图 4

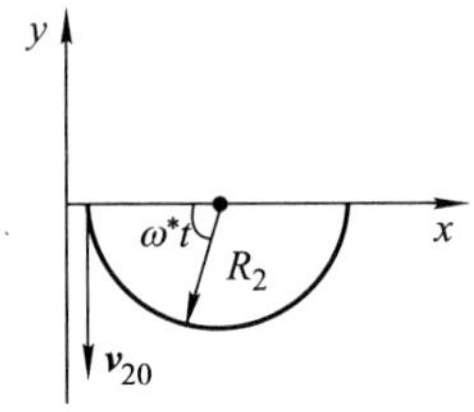

题解图 5

(3) 综上，无论 $\omega>\omega^*$ 还是 $\omega<\omega^*$，均有合运动的运动学方程为

$$x(t)=x_1(t)+x_2(t)=\frac{F}{m(\omega-\omega^*)}\left(\frac{1-\cos\omega t}{\omega}-\frac{1-\cos\omega^* t}{\omega^*}\right),$$

$$y(t)=y_1(t)+y_2(t)=\frac{F}{m(\omega-\omega^*)}\left(-\frac{\sin\omega t}{\omega}+\frac{\sin\omega^* t}{\omega^*}\right).$$ (3 分)

附注：微分方程解法：

$$\boldsymbol{B}=-B\boldsymbol{k}, \quad \Rightarrow \quad q\boldsymbol{v}\times\boldsymbol{B}=v_x qB\boldsymbol{j}-v_y qB\boldsymbol{i},$$

$$\begin{cases} \dot{v}_x=-\omega^* v_y+a_F\cos\omega t, \\ \dot{v}_y=\omega^* v_x+a_F\sin\omega t, \end{cases} \quad \begin{cases} \omega^*=qB/m, \\ a_F=F/m. \end{cases}$$

$$\ddot{v}_x=-\omega^*\dot{v}_y-\omega a_F\sin\omega t=-\omega^{*2}v_x-(\omega+\omega^*)a_F\sin\omega t.$$ (＊)

(＊)式特解

$$v_x=A\sin\omega t,$$

$$(\omega^{*2}-\omega^2)A=-(\omega+\omega^*)a_F,$$

$$A=\frac{a_F}{\omega-\omega^*}.$$

(＊)式通解

$$v_x(t)=A_x\sin\omega^* t+B_x\cos\omega^* t+\frac{a_F}{\omega-\omega^*}\sin\omega t,$$

初值

$$0=v_{0x}=B_x,$$

$$\dot{v}_x\big|_{t=0}=\omega^* A_x+\frac{\omega a_F}{\omega-\omega^*}=a_F, \quad \Rightarrow \quad A_x=-\frac{a_F}{\omega-\omega^*},$$

故

$$\begin{cases} v_x(t) = \dfrac{a_F}{\omega - \omega^*}(\sin\omega t - \sin\omega^* t), \\ v_y(t) = -(\dot{v}_x - a_F\cos\omega t)/\omega^* = \dfrac{a_F}{\omega - \omega^*}(\cos\omega^* t - \cos\omega t), \end{cases}$$

$$x(t) = \int_0^t v_x(t)\mathrm{d}t = \frac{a_F}{\omega - \omega^*}\left(\frac{1-\cos\omega t}{\omega} - \frac{1-\cos\omega^* t}{\omega^*}\right),$$

$$y(t) = \int_0^t v_y(t)\mathrm{d}t = \frac{a_F}{\omega - \omega^*}\left(\frac{\sin\omega^* t}{\omega^*} - \frac{\sin\omega t}{\omega}\right).$$

(4)

(i) 固定 ω^*，令 $\omega \to 0$ 则

$$\frac{\sin\omega t}{\omega} \to t, \qquad \frac{1-\cos\omega t}{\omega} \to 0,$$

$$\begin{cases} x(t) = \dfrac{a_F}{\omega^{*2}}(1-\cos\omega^* t), \\ y(t) = \dfrac{a_F}{\omega^{*2}}(\omega^* t - \sin\omega^* t), \end{cases} \quad \text{此为摆线}\left(\text{半径 } R = \frac{a_F}{\omega^{*2}}\right).$$

(ii) 固定 ω，令 $\omega^* \to 0$，则

$$\begin{cases} x(t) = \dfrac{a_F}{\omega^2}(1-\cos\omega t), \\ y(t) = \dfrac{a_F}{\omega^2}(\omega t - \sin\omega t), \end{cases} \quad \text{此为摆线}\left(\text{半径 } R = \frac{a_F}{\omega^2}\right).$$

(iii) $\omega \to \omega^*$，

$$\cos\omega^* t = \cos\omega t - \sin\omega t \cdot (\omega^* - \omega)t + \cdots,$$

$$\Rightarrow \quad \omega\cos\omega^* t - \omega^*\cos\omega t = (\omega - \omega^*)(\cos\omega t + \omega t \cdot \sin\omega t) + \cdots;$$

$$\sin\omega^* t = \sin\omega t + \cos\omega t \cdot (\omega^* - \omega)t + \cdots,$$

$$\Rightarrow \quad \omega\sin\omega^* t - \omega^*\sin\omega t = (\omega - \omega^*)(\sin\omega t - \omega t \cdot \cos\omega t) + \cdots.$$

故当 $\omega^* \to \omega$ 至 $\omega^* = \omega$ 时，

$$x(t) = \frac{a_F}{\omega\omega^*}[-1 + (\omega - \omega^*)^{-1}(\omega\cos\omega^* t - \omega^*\cos\omega t)]$$

$$\to -\frac{a_F}{\omega\omega^*} + \frac{a_F}{\omega\omega^*}(\cos\omega t + \omega t \cdot \sin\omega t),$$

$$y(t) = \frac{a_F}{\omega\omega^*}(\omega - \omega^*)^{-1}(\omega\sin\omega^* t - \omega^*\sin\omega t)$$

$$\to \frac{a_F}{\omega\omega^*}(\sin\omega t - \omega t \cdot \cos\omega t), \qquad \omega^* = \omega.$$

故为圆的渐开线$\left(\text{半径 } R = \dfrac{a_F}{\omega\omega^*} = \dfrac{a_F}{\omega^2}\right)$. (3 分)

第三部分

金秋营试题

2015 年北京大学物理金秋营笔试试题

总分：200 分　　时间：4 小时

说明：基础题 1—14，共 80 分，提高题 15—21，共 120 分.

一、多项选择题(共 15 分，每题 3 分，全空或全错为 0 分，其他情况每错一个选项扣 1 分)

1. 某男士第一次乘电梯从 1 楼到 10 楼，依次经历匀加速、匀速、匀减速运动过程，三阶段运动过程各经时间同为 Δt，全过程男士受电梯底板支持力大小的平均值记为 $\overline{N}_{上}$. 而后该男士又乘此电梯从 10 楼到 1 楼，同样经匀加速、匀速、匀减速运动，三阶段运动过程各经时间仍同为 Δt，全过程男士受电梯底板支持力大小的平均值记为 $\overline{N}_{下}$. 该男士第二次乘另一架电梯从 1 楼到 5 楼，而后又乘此电梯从 5 楼到 1 楼，所经的分段运动与第一次乘电梯相同，只是相应量改记为 Δt^*，$\overline{N}^*_{上}$ 和 $\overline{N}^*_{下}$. 已知 $\Delta t^*=\Delta t$，则应有(　　)

A. $\overline{N}_{上}=\overline{N}_{下}$，$\overline{N}_{上}=\overline{N}^*_{上}$.

B. $\overline{N}^*_{上}=\overline{N}^*_{下}$，$\overline{N}^*_{下}=\overline{N}_{下}$.

C. $\overline{N}^*_{上}>\overline{N}^*_{下}$，$\overline{N}^*_{下}<\overline{N}_{下}$.

D. $\overline{N}_{上}>\overline{N}_{下}$，$\overline{N}_{上}>\overline{N}^*_{上}$.

2. 系统如图所示，某时刻左侧的小物块 A 下落速度和加速度分别为 v_A 和 a_A，右侧斜向绳段长为 l，与水平方向线夹角为 ϕ. 此时小物块 B 的水平朝左速度和加速度分别记为 v_B 和 a_B，则必有(　　)

A. $v_B>v_A$，$a_B>a_A$.

B. $v_B=v_A$，$a_B=\dfrac{1}{\cos\phi}\left(a_A+\dfrac{v_A^2}{l}\tan^2\phi\right)$.

C. $v_B=v_A/\cos\phi$，$a_B=a_A/\cos\phi$.

D. $v_B=v_A/\cos\phi$，$a_B=\dfrac{1}{\cos\phi}\left(a_A+\dfrac{v_A^2}{l}\tan^2\phi\right)$.

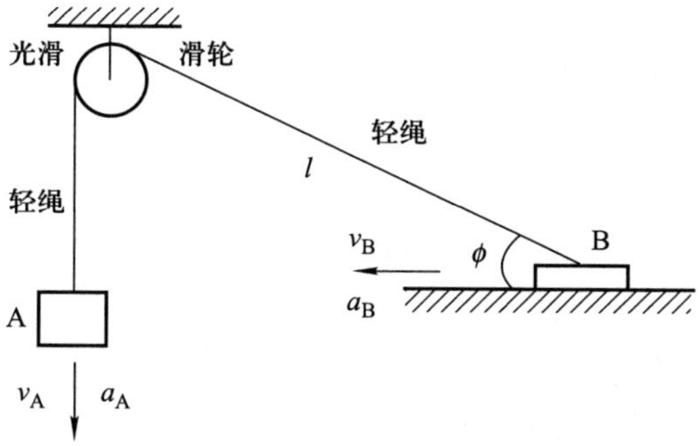

3. 在高原地区用可以密封的锅烧开水时采用 a 和 b 两种方法：a：先密封再加热至锅内气压达到 76cmHg；b：加热至沸腾后密封，再加热至锅内气压达到 76cmHg. 则以下说法正确的是(　　)

A. a 方法对应的水温更高；

B. b 方法对应的水温更高；

C. a 和 b 方法对应的水温一样高；

D. 以上说法都不对.

4. 平行板电容器被电源充电后断开电源，然后向两极板之间缓慢插入一电介质板，则如下说法正确的是(　　)

A. 介质板受到的库仑力为朝内吸引力，电容器的储能减少；

B. 介质板受到的库仑力为朝内吸引力，电容器的储能增加；

C. 介质板受到的库仑力为朝外排斥力，电容器的储能减少；

D. 介质板受到的库仑力为朝外排斥力，电容器的储能增加.

5. 假设地球 E 和木星 J 都在同一平面内绕太阳 S 做逆时针圆周运动，太阳与地球连线为 SE，太阳与木星连线为 SJ. 在地球上观测木卫一绕木星做圆周运动的周期(木星上观测到的实际周期约为 42 小时 28 分)，观测方法是记录木卫一相邻两次从木星的太阳阴影中出现的时间间隔，则以下说法正确的是(　　)

A. 当 SE 连线与 SJ 连线夹角为 0°时，测量到的周期最接近实际周期；

B. 当 SE 连线沿逆时针方向超前 SJ 连线约 90°时，测量到的周期比实际周期小最多；

C. 当 SE 连线沿逆时针方向超前 SJ 连线约 270°时，测量到的周期比实际周期大最多；

D. 测量到的周期和实际周期始终一样，与 SE 连线和 SJ 连线的夹角无关.

二、填空题(每题两空：每空 2 分，共 20 分)

6. 如图所示，长 L 的均匀软绳静止对称地挂在光滑固定的细钉上. 后因微小的扰动，软绳朝右侧下滑. 左侧绳段长为 $x(x<L/2)$时，假设软绳拐弯处尚未离开细钉上表面，则右侧绳段向下运动速度 v 和加速度 a 各自与 x 之间的函数关系，分别为 $v=$________，$a=$________.

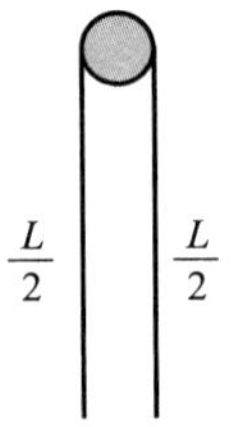

7. 四质点 A，B，C，D 在同一平面上运动. 每一时刻，A 速度总对准 B，速度大小为常量 u；B 速度总对准 C，速度大小同为 u；C 速度总对准 D，速度大小同为 u；D 速度总对准 A，速度大小同为 u. 某时刻，A，B，C，D 恰好逆时针方向按序位于各边长为 l 的正方形四个顶点上，此时 A 的加速度大小为________，方向________.

8. 将一体积为 V 的绝热容器用一隔板分为体积相同的两部分，一部分充满压强为 p、温度为 T、摩尔定容热容为 C_V(C_V 为常数)的理想气体，另一部分为真空，普适气体常数为 R. 若取走隔板，气体膨胀至整个容器，再将气体加热至温度为 $2T$，则整个过程中气体对外做功是________，气体内能增加了________.

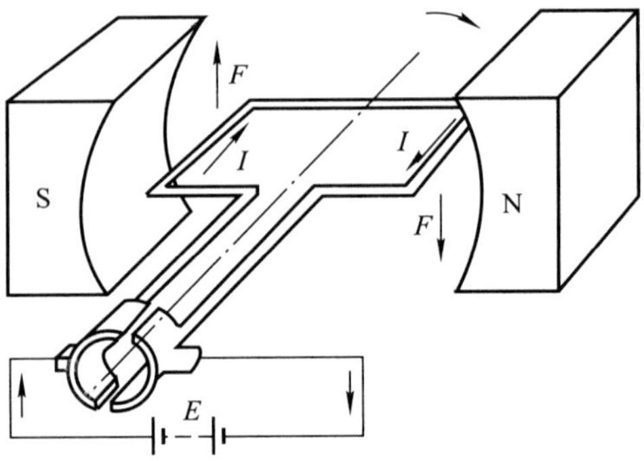

9. 直流电动机的工作原理如图，通以电流的线框在外磁场中受力发生转动，受力位形以及转动方向已在图中示出. 考虑电动机稳定工作时的平均效果，可设图示中受力方向、大小

与线框方位的相对位形在转动过程中稳定不变，亦可设线圈中的电流强度恒定，记为 I. 已知直流电源电动势为 E，内阻为 r，线框和导线总电阻为 R，则依照如上平均效果假定，直流电源输出总功率 $P=$ ________，线框切割磁力线带来的感应电动势总大小 $E'=$ ________.

10. 在阳光下观察一竖直放置的肥皂膜表面的干涉条纹，在同一级(光程差是波长的相同倍数)干涉条纹中，处在最上方的是________色光，处在最下方的是________色光，设人眼能分辨的光的颜色为红、橙、黄、绿、蓝、靛、紫色.

三、计算题

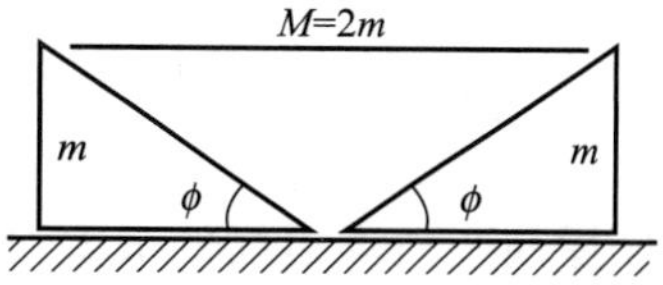

11. (8 分)初态静止的系统及相关参量如图所示，均匀细杆与两个相同滑块斜面间摩擦系数同为 $\mu<\tan\phi$，滑块与水平面间无摩擦. 自由释放后，假设滑块底面始终贴着地面运动，试求细杆触地前，细杆向下运动的加速度大小 a_M 和两个滑块水平加速度大小 a_m.

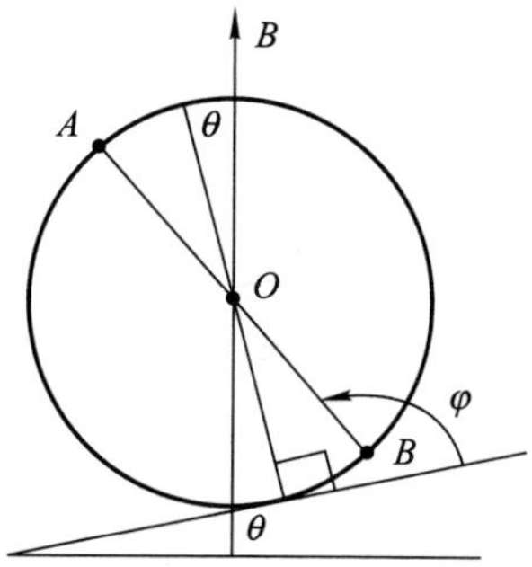

12. (12 分)一均匀绝缘圆柱体半径为 R，长度为 l，侧视图如图. 紧贴柱体绕了一匝很细、很轻的导线，导线构成一矩形环路，其边长分别为 $2R$ 和 l(侧视图中能看到该矩形的一条边 AOB，矩形的另两条边分别经过 A 和 B 垂直于纸面向内)，柱体的轴线(过 O 垂直于纸面)就在该矩形导线环路的对称轴上. 柱体放在倾斜角为 θ 的斜面上，轴线为水平方向，导线中有电流 I，方向由 B 向 A. 整个柱体处在均匀、向上的磁感应强度为 B 的磁场中. 当线圈平面(BOA)与斜面夹角为 φ(图中所示的钝角)时，圆柱刚好可静止不动. 求柱体的质量大小，用题中的已知量和重力加速度 g 表示出来.

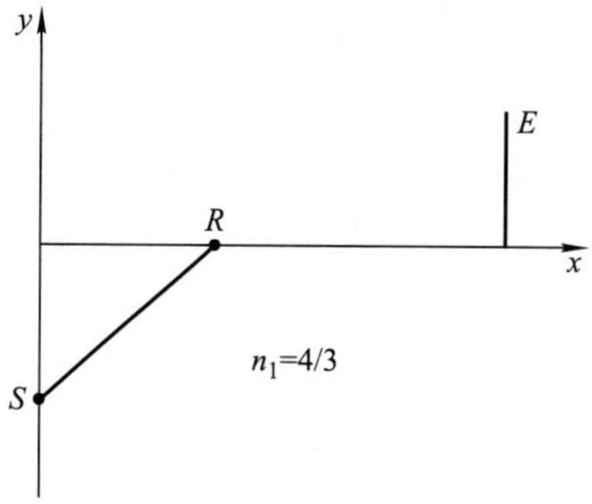

13. (12 分)如图，以水面为 x 轴，以竖直方向为 y 轴，水面以上为空气，水的折射率设为 $n_1=4/3$. 水面下有一点光源 S，位于坐标(0，$y_0=-2.00$ m)处，其发出的一光线从水面 R 点($x_R=2.00$ m，0)出射.

(1) 若某人在水面上观察 S，眼睛 E 到水面的距离约 1.80 m，为了看到从 R 点出射的光，人眼 E 应在 x 轴上何处观察？(保留 3 位有效数字)

(2) 此人眼睛观察到的光源像位置记为 S'，作适当近似，求出 S'的坐标(x，y)(保留 3 位有效数字). 人为了看到 S 的像，需要至少两条光线进入人的眼睛，由于人的眼睛 E 较小，只有在 R 附近出射的光线才能进入 E，所以可取从偏离 R 位置很小的一点 $B(x_R-d，0)$出射的光线，该光线和 RE 光线的反向延长线的交点就是人看到的 S 光源的位置 $S'(x，y)$.

注：可能用到近似公式$(1+x)^{-1/2}\approx 1-\dfrac{1}{2}x$，公式成立的条件是 $|x|\ll 1$.

14. (13 分) 两根质量同为 m、电阻同为 R、长度同为 l 的导体棒，用两条等长的、质

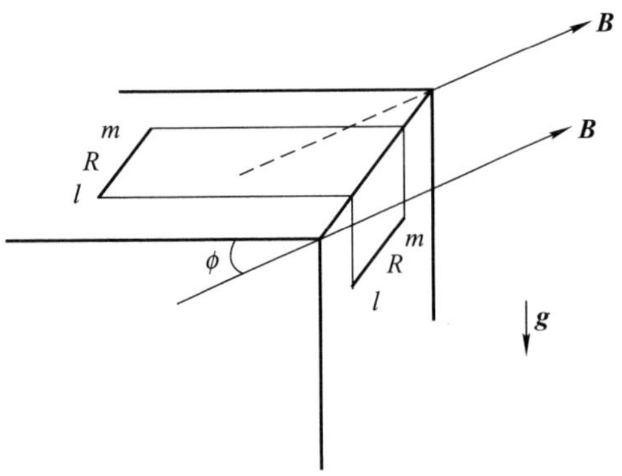

量和电阻均可略的长直柔软导线连接后，放在距地面足够高的光滑绝缘水平大桌面上，两根棒均与桌边平行，一根在桌面上，另一根移动到靠在桌子的光滑绝缘侧面上，如图所示. 空间有与桌子棱边正交的匀强磁场 $\boldsymbol{B}$，磁场线与桌面夹角为 ϕ（$\phi<45^\circ$），开始时两棒静止. 自由释放后开始运动，已知两条导线与桌子侧棱间无摩擦，不考虑棒落地的可能性.

（1）在运动过程中，当两条导线除桌边拐弯处外其余部位依旧均处于伸直状态时，求两导体棒同步运动速度的最大值 $v_{\max}$；

（2）承第(1)问，在两棒的速度 $v<v_{\max}$时，计算单位时间内系统机械能减少量 P_1 和系统消耗的电功率 P_2；

（3）从 $v=v_{\max}$开始计时，设两条导线始终处于松弛状态，导出可求得 $t>0$ 时刻两导体棒各自速度的微分方程组.（不必求解）

15.（12 分）

（1）由若干个阻值同为 r 的电阻构成的二端电阻网络的等效电阻记为 R，引入 $\gamma=R/r$，显然 γ 必定有可能是有理数. 请通过分析，判断 γ 是否有可能是无理数?

（2）由若干个阻值同为 r 的电阻构成的二端电阻网络，其等效电阻记为 R. 将此电阻 R 再与两个阻值同为 r 的电阻连接成新的二端电阻网络（注意仅由 r，r，R 三元构成），其等效电阻的阻值能否仍为 R?

16.（14 分）如图所示，竖直固定、内壁光滑的两条平行细长直轨道相距 l. 左侧轨道内悬挂着自由长度为 l、劲度系数为 k 的均匀轻弹簧，弹簧下端连接质量为 m 的小球 1，开始时静止在其平衡位置，此时弹簧伸长 l. 右侧轨道内在等高处悬挂着自由长度为 $2l$、劲度系数为 $2k$ 的均匀轻弹簧，弹簧下端连接质量为 $2m$ 的小球 2，开始时弹簧无形变，球 2 静止. 两个小球间连接着一根长为$\sqrt{2}\,l$ 的细轻绳. 今将球 2 从静止自由释放，小球便会在轨道内无摩擦地上、下运动. 过程中，若轻绳被拉直到$\sqrt{2}\,l$ 的长度，轻绳便会在极短时间内为球 1、2 提供冲量，使它们改变运动状态，假设过程中轻绳不会损耗机械能.

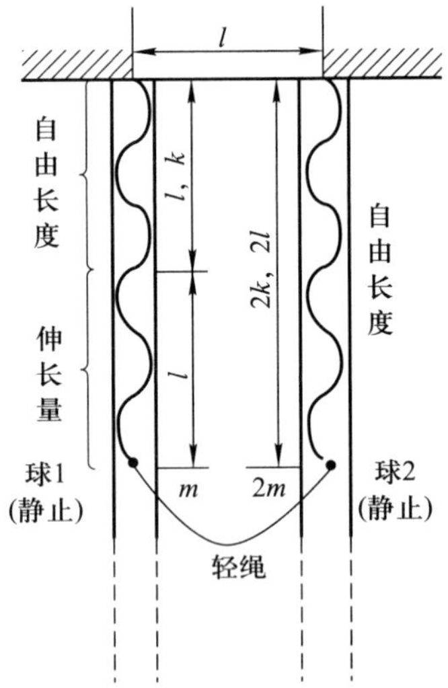

（1）试求在以后的运动过程中，球 1、2 各自所能达到的最低位置和最高位置之间的高度差 Δh_1，Δh_2（答案中不可出现参量 k 和 m）；

（2）再求从开始到球 2 第一次达到其最高位置所经过的时间间隔 Δt（答案中不可出现参量 k 和 m）.

17.（14 分）

（1）旋转双曲面电通量

取由 Oxy 平面上的双曲线 $\frac{x^2}{A^2}-\frac{y^2}{B^2}=1$ 绕 x 轴旋转而成的旋转双曲面.

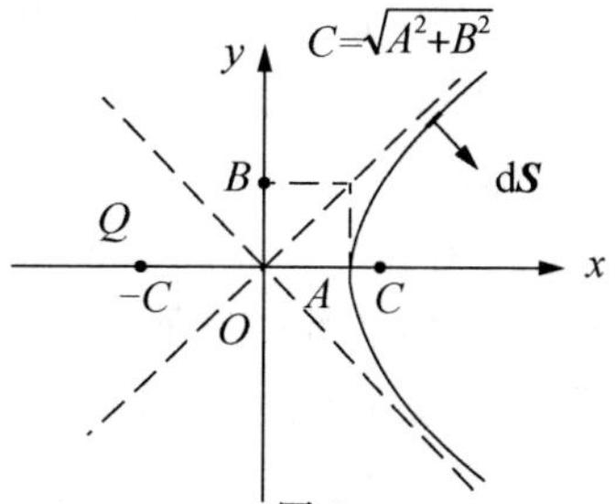

图 1

（1.1）点电荷 Q，旋转双曲面和 Oxy 坐标面的交线，以及旋转双曲面的面元矢量 $\mathrm{d}\boldsymbol{S}$ 的方向均如图 1 所示，试求 Q 电场中旋转双曲面的电通量 Φ_{11}.

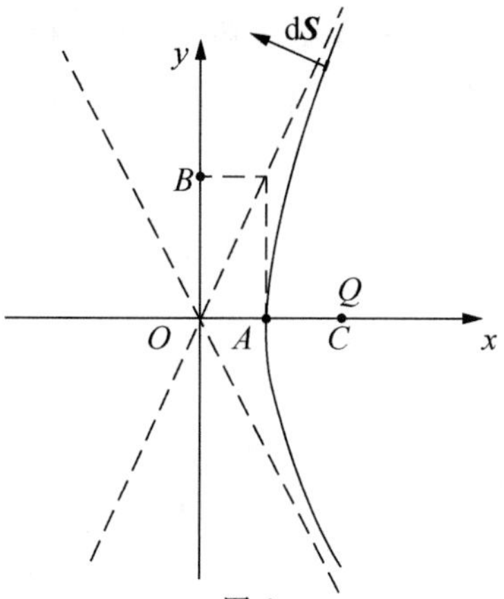

图 2

（1.2）Q 位于图 2 中所示位置，旋转双曲面的面元矢量 $\mathrm{d}\boldsymbol{S}$ 方向也已在图中标出，试求 Q 电场中旋转双曲面的电通量 Φ_{12}.

（2）旋转抛物面电通量

取由 Oxy 平面上的抛物线 $y^2=2px$ 绕 x 轴旋转而成的旋转抛物面.

（2.1）在 Oxy 平面中的 $\left\{x=-\frac{p}{2},\ y=0\right\}$ 处有一个点电荷 Q，取 x 轴负方向到正方向为电通量的正方向，试求从左朝右进入抛物面的电通量 Φ_{21}；

（2.2）再求该抛物面总的电通量 $\Phi_{22}\left(\Phi_{22}=\oiint_S \boldsymbol{E}\cdot\mathrm{d}\boldsymbol{S}\right)$.

18.（18 分）如图所示，在惯性系 S 的 Oxy 坐标平面原点 O 处，有一个静质量为 m_0 的质点 P. $t=0$ 时，P 的速度 $\boldsymbol{u}_0$ 两个分速度分别记为 u_{0x}，u_{0y}；$t\geqslant 0$ 时，P 受 x，y 方向力分别记为 F_x，F_y.

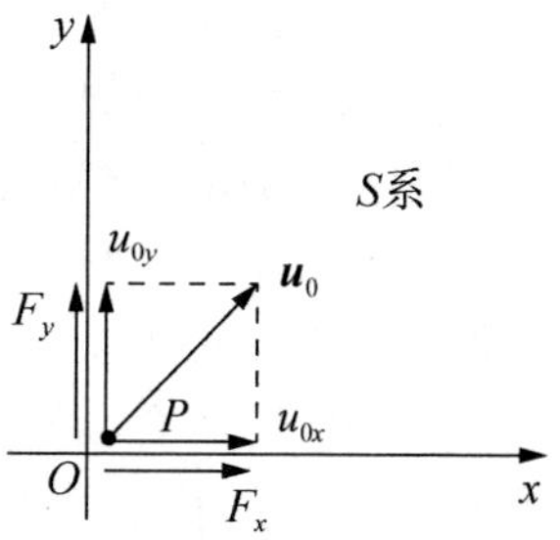

（1）设 $u_{0x}=0$，$u_{0y}=0$，$F_x=0$，F_y 为正的常量 f_y. 试求 P 沿 y 方向速度达到 $u_y=\frac{3}{5}c$ 的时刻 t_1，以及过程中 F_y 的做功量 W_{1y}.

（2）改设 $u_{0x}=\frac{3}{5}c$，$u_{0y}=0$，F_x 的作用可使 P 沿 x 轴做 $u_x=u_{0x}$ 的匀速运动，F_y 仍为(1)问中的常量 f_y.

(2.1)试求 P 刚好达到 $u_y=\frac{3}{5}c$ 的时刻 t_2；

(2.2)在 $t_2\geqslant t\geqslant 0$ 时间段内，导出 $u_y=u_y(t)$ 函数；

(2.3)在 $t_2\geqslant t\geqslant 0$ 时间段内，导出 $F_x=F_x(t)$ 函数；

(2.4)导出从 $t=0$ 到 $t=t_2$ 全过程中，F_x，F_y 各自总的做功量 W_{2x}，W_{2y}.

供参考的积分公式(略去积分常量)：

$$\int \frac{u^2 \mathrm{d}u}{(a^2-u^2)^{3/2}} = \frac{u}{\sqrt{a^2-u^2}} - \arcsin\frac{u}{a};\ \int \frac{\mathrm{d}u}{\sqrt{a^2-u^2}} = \arcsin\frac{u}{a}.$$

19.(20 分)(1) 系统如图 1 所示，定滑轮质量为 M，轻绳与定滑轮之间无摩擦，两个小物块质量分别为 m_1，$m_2<m_1$. 系统从静止释放后，试求定滑轮水平中央轴提供的向上支持力 N.

(2) 在水平光滑大桌面上平放着图 2 所示的刚性系统，其中质量分别为 $m_1=2m$，$m_2=m$ 的两个小物块，通过两根平行的、长度同为 $2L$ 的轻杆与直径为 L、质量 $m_3=3m$ 的匀质圆盘边缘部位连接，接点在同一直径上．令圆盘中心 O 受水平恒定的拉力 $\boldsymbol{F}$ 作用，开始时系统静止，$\boldsymbol{F}$ 的方向恰好与轻杆平行.

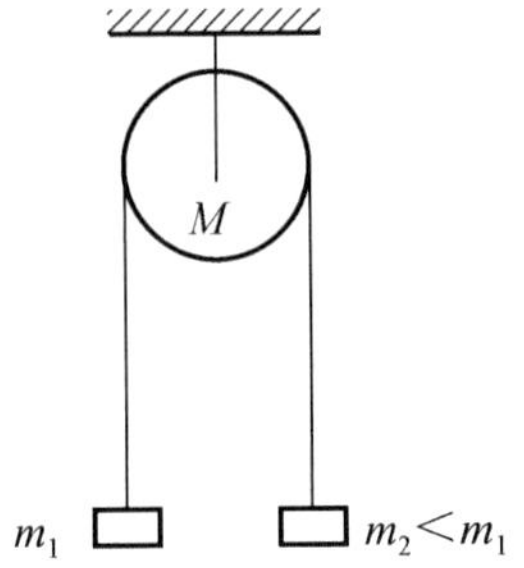

图 1

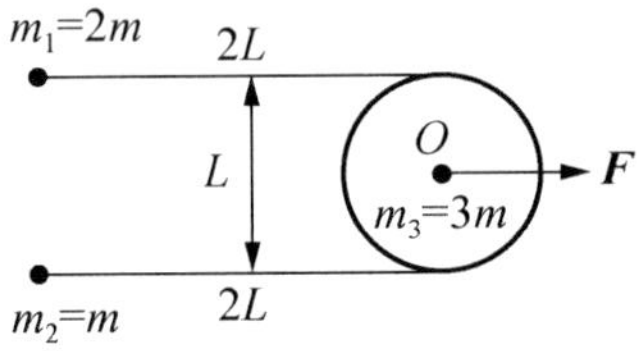

图 2

(2.1)说明此刚性系统在桌面上将会发生摆动，并求摆动的幅度角 ϕ_0(用度表示，给出 3 位有效数字).

(2.2)考虑到 ϕ_0 较小，试求在第一个摆动周期 T_0 内，圆盘中心 O 的位移量大小 s_0.

(3)现将图 2 所示系统中的 m_1，m_2 小物块和 m_3 匀质圆盘留在初始位置上，拆去两根细杆，用长为 $4L+\frac{1}{2}\pi L$ 的轻绳跨过圆盘半圆周后，两端对称地连接两个小物块．设轻绳与滑轮间无摩擦，再令圆盘中心 O 受水平恒定的拉力 $\boldsymbol{N}$ 作用，开始时系统静止，$\boldsymbol{N}$ 的方向恰好与直的轻绳段平行.

(3.1)试求 $\boldsymbol{N}$ 刚加入后瞬间，两个小物块和圆盘中心 O 的加速度 $\boldsymbol{a}_1$，$\boldsymbol{a}_2$ 和 $\boldsymbol{a}_3$；

(3.2)依据动力学定理，判断在 m_2 物块与圆盘相碰前圆盘的运动情况；

(3.3)设 $N=F/10$，其中 F 为(2)问中 $\boldsymbol{F}$ 的大小，试求从 $\boldsymbol{N}$ 加入后经过(2)问所得 T_0 时间段，圆盘中心 O 的位移量大小 s_0^*.

20.(20 分)闭合容器内的(三维)理想气体已处于温度为 T 的平衡态，在容器壁上开一个小孔，气体分子可从小孔射出.

(1) 将分子质量记为 m，试导出出射分子束中分子的速率分布函数 $f^*(v)$.

(2) 将容器体积记为 V_0，小孔面积记为 S_0；$t=0$ 时刻，气体分子数记为 N_0，温度记为 T_0. 将容器置于真空中且绝热，$t=0$ 开始，分子从小孔射出后不会返回，容器内的气体在分子数减少过程中的每一个状态都可近似处理为平衡态. 设分子振动自由度一直未被激发.

(2.1)试求容器内分子数减少到 $N_0/2$ 的时刻 t；已知该气体分子为双原子分子，并取 $\mu=32\times10^{-3}\,\mathrm{kg/mol}$，$R=8.31\,\mathrm{J/(K\cdot mol)}$，$T_0=300\,\mathrm{K}$，$V_0=10^{-3}\,\mathrm{m}^3$，$S_0=10^{-6}\,\mathrm{m}^2$，计

算 t 值.

(2.2)于上问所给 t 时刻，将小孔关闭，问需要向容器内的气体输入多少热量 Q，刚好能使气体温度又升为 T_0？再取 $N_0=6.02\times10^{23}$，$T_0=300\mathrm{K}$，计算 Q 值.

21.（22 分）

引言

如图 1 所示，某竖直平面上有水平朝内的匀强磁场 $\boldsymbol{B}$，匀质金属矩形框架 $ABCD$，以 AB 边取水平状态在该竖直平面内自由下落．略去空气阻力，试问框架下落加速度是否仍为 g？

细致地分析，框架下落过程中，内部自由电子和正离子分别受到朝左和朝右的磁场力．整体所受水平力可以抵消，但自由电子必定会朝左运动，形成电流．此电流所受磁场安培力朝上，使框架下落加速度因此稍小于 g．自由电子的迁移，在四根杆的左侧面累积负电荷，右侧面累积正电荷，框架内出现电场，进而影响电子的迁移速度和电流．框架下落速度的变化也会影响自由电子的迁移速度、侧面电荷的累积以及框架内的电场结构．定量讨论框架下落加速度和速度的变化，困难较大．为对框架下落加速度必定会小于 g 的定性结论作简单的量化讨论，特用长方体导体块取代图 1 中的框架，设置题目如下.

题文

如图 2 所示，质量密度为 ρ_m、电阻率为 ρ 的长方体导体块 $ABCD$，$t=0$ 时刻以 AB 面处于水平方位的静止状态自由释放，空间有垂直于导体块前后表面朝向低面内的匀强磁场 $\boldsymbol{B}$．略去空气阻力，不考虑导体块落地的可能性.

再设导体块的 AD 面和 CD 面足够大，在讨论的时间范围内 ρ 可处理为常量，导体块内的电场可处理为随时间变化的匀强电场．略去导体块内电流的磁场、略去电场变化激发起的磁场.

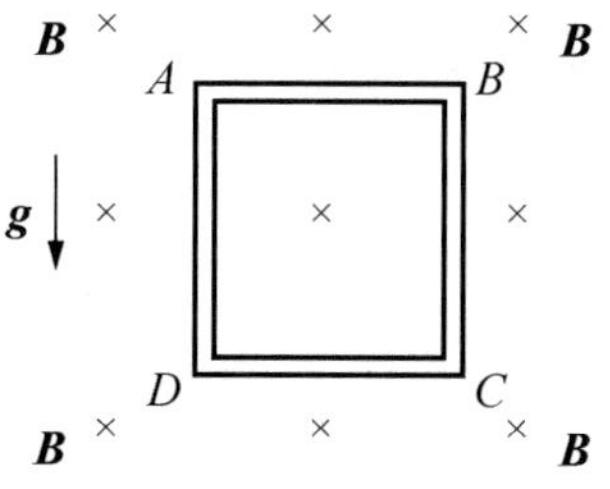

图 1

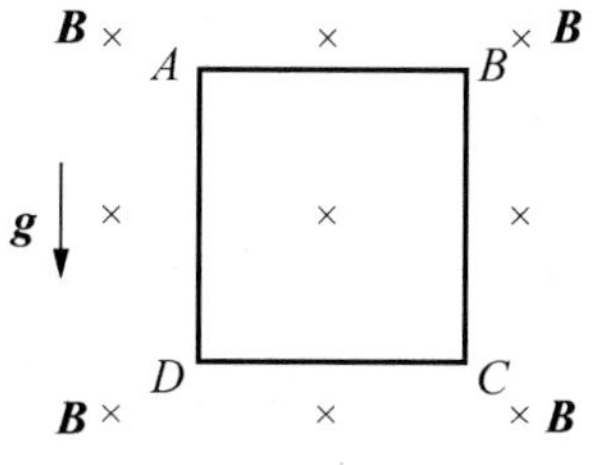

图 2

(1)导出可解的关于 BC 面上电荷面密度 $\sigma=\sigma(t)$ 的微分方程.

(2)引入简化参量

$$\alpha=\frac{1}{\rho}\left(\frac{1}{\varepsilon_0}+\frac{B^2}{\rho_\mathrm{m}}\right).$$

(2.1)求解 $\sigma=\sigma(t)$ 函数，答案中只可出现参量 g，B，α，t；

(2.2)求解导体块下落加速度和速度随 t 变化的函数

$$a=a(t)，\ v=v(t)，$$

答案中只可出现参量 g，B，α，t.

试题解答与评分标准

一、多项选择题(共 15 分，每题 3 分，全空或全错为 0 分，其他情况每错一个选项扣 1 分)

1. A，B

人乘电梯上行过程中，人的竖直方向动量从零增大，又减小到零. 全过程中人受竖直方向合力冲量之和为零，即重力冲量之和等于电梯底板支持力冲量之和，前者为常量，后者平均值也为常量，即为 mg，其中 m 为人的质量.

2. A，D

3. B

b 方法密封后锅内都是水蒸气，气压达到 76cmHg 时，对应水温是 100℃；a 方法密封后锅内有空气，气压达到 76cmHg 时，水蒸气气压小于 76cmHg，对应水温小于 100℃. 所以 b 方法水温更高.

4. A

5. A

地球 E 和木星 J 都在同一平面内绕太阳 S 做逆时针圆周运动，木星离太阳更远，并且距离远大于地球到太阳的距离. 由于光速有限，所以当地球远离木星时，测量到的周期变大，地球靠近木星时，测量到的周期变小 . SE 与 SJ 夹角为 0°时，地球相对木星远离或靠近的速度最小，所以测量到的周期最接近实际周期 . 当 SE 与 SJ 夹角约为 90°时，地球 E 和木星 J 连线近似与地球运动的圆轨道相切，此时地球远离木星最快，测量到的周期比实际周期大最多. 当 SE 与 SJ 夹角约为 270°时，地球 E 和木星 J 连线近似与地球运动的圆轨道相切，此时地球靠近木星最快，测量到的周期比实际周期小最多.

二、填空题(每题两空，每空 2 分，共 20 分)

6. $\sqrt{\dfrac{g}{2L}}(L-2x)$；$\dfrac{g}{L}(L-2x)$.

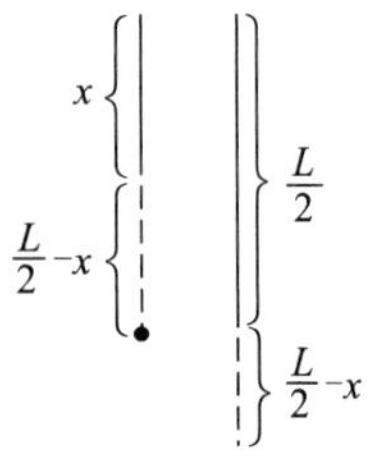

题解图

见题解图，绳的质量线密度记为 λ.

(1) $\lambda\left(\dfrac{L}{2}-x\right)g\cdot\left(\dfrac{L}{2}-x\right)=\dfrac{1}{2}\lambda L v^2$,

$$\Rightarrow\quad v^2=\frac{2}{L}\left(\frac{L}{2}-x\right)^2 g=\frac{g}{2L}(L-2x)^2,$$

$$\Rightarrow\quad v=\sqrt{\frac{g}{2L}}(L-2x).$$

(2) $\lambda\cdot 2\left(\dfrac{L}{2}-x\right)g=\lambda L a$, $\quad\Rightarrow\quad a=\dfrac{g}{L}(L-2x)$.

$$\left(\text{或 } 2va=\frac{g}{2L}\cdot 2(L-2x)(-2)(-v)=\frac{g}{L}2v(L-2x),\quad\Rightarrow\quad a=\frac{g}{L}(L-2x).\right)$$

7. u^2/l；与速度 u 垂直(或沿 AD 方向).

8. 0；$\frac{pV}{2R}C_V$.

气体先是绝热自由膨胀，做功为零，吸热为零，内能变化为零，对应温度不变；后等容吸热，不做功. 总内能变化等于吸收热量，吸热为$\frac{pV/2}{RT}C_V(2T-T)=\frac{pV}{2R}C_V$.

9. $EI-I^2r$，$E-Ir-IR$.

10. 紫；红.

肥皂膜竖直放置时，由于重力作用，上方的肥皂膜较薄，下方的较厚，形成楔形薄膜，干涉条纹的极大值出现在 2 倍肥皂膜厚度是相应光波长整数倍的位置(考虑到半波损失，则是半波长的奇数倍)，同样厚度处只有一种颜色的光能干涉极大，并且厚度大的地方对应干涉极大的光的波长也大，所以同一级即倍数相同的一系列干涉条纹会自下而上形成红、橙、黄、绿、蓝、靛、紫光谱 .

三、计算题(共 45 分)

11. (8 分)

参考题解图.

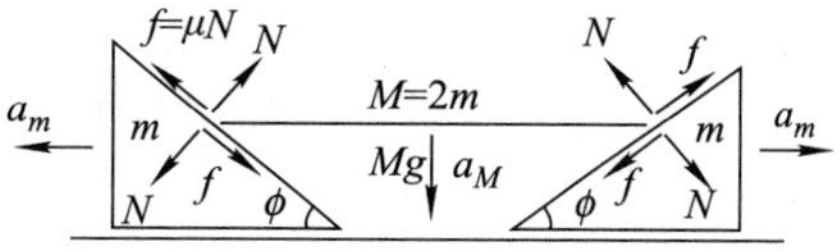

题解图

运动关联：$a_m=a_M\cot\phi$.

m：$N\sin\phi-\mu N\cos\phi=ma_m$，

$$\Rightarrow \quad N=\frac{ma_m}{\sin\phi-\mu\cos\phi}=\frac{\cos\phi}{\sin\phi(\sin\phi-\mu\cos\phi)}\cdot ma_M.$$

M：$Mg-2(N\cos\phi+\mu N\sin\phi)=Ma_M$，

$$\Rightarrow \quad Mg=Ma_M+\frac{2\cos\phi(\cos\phi+\mu\sin\phi)}{\sin\phi(\sin\phi-\mu\cos\phi)}ma_M, \qquad M=2m,$$

$$\Rightarrow \quad g=\frac{\sin\phi(\sin\phi-\mu\cos\phi)+\cos\phi(\cos\phi+\mu\sin\phi)}{\sin\phi(\sin\phi-\mu\cos\phi)}a_M.$$

得

$$a_M=g\sin\phi(\sin\phi-\mu\cos\phi); \qquad a_m=g\cos\phi(\sin\phi-\mu\cos\phi). \quad (4\text{ 分}+4\text{ 分})$$

12. (12 分)

圆柱受到的重力沿斜面向下的分量为

$$F=mg\sin\theta,$$

摩擦力沿斜面向上的分量应该与上述重力分量相等且方向相反：

$$f_\mu=mg\sin\theta. \quad (2\text{ 分})$$

以圆柱体的轴线为转轴，摩擦力的力矩为

$$M_\mu=f_\mu R=mgR\sin\theta,$$ 逆时针方向，即向外. (2 分)

电流方向由下向上，即从 B 到 A，从 A 处进入纸面的电流受力向右，它与 OA 方向夹角设为 α，由几何关系得：

$$\alpha=\theta+\varphi, \quad (2\text{ 分})$$

线圈所受的力矩为

$$M=RIlB\sin\alpha+RIlB\sin\alpha=2RIlB\sin\alpha. \quad (2\text{ 分})$$

静止时，

$$M=M_{\mu},\qquad (2\text{ 分})$$

解出

$$m=\frac{2IlB\sin(\theta+\varphi)}{g\sin\theta}.\qquad (2\text{ 分})$$

13.（12 分）

（1）设人眼的位置坐标为（x_E，$y_E=1.8\text{m}$），见题解图 1，则根据折射定律有：

$$n_1\frac{x_R}{\sqrt{x_R^2+y_0^2}}=\frac{x_E-x_R}{\sqrt{(x_E-x_R)^2+y_E^2}},\qquad (2\text{ 分})$$

可以解出

$$x_E=7.09\text{m},\qquad (2\text{ 分})$$

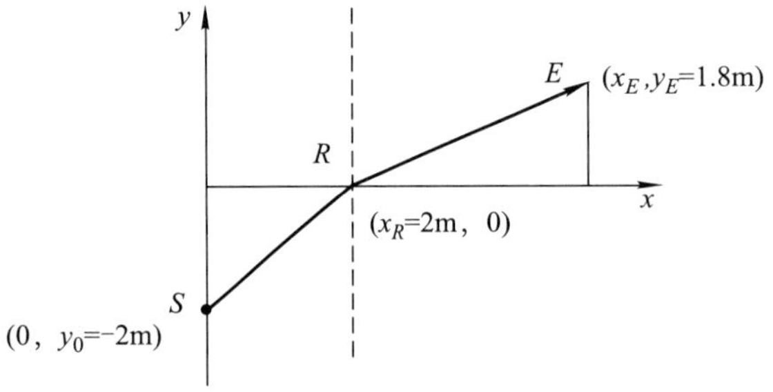

题解图 1

即人应在 x 轴上距离原点 7.09m 处观察，可以正好看见从 R 点出射的 S 光源发出的光.

（2）人为了看到 S，需要至少两条光线进入人的眼睛，由于人的眼睛较小，只有在 R 附近出射的光线才能进入人的眼睛，所以考虑从偏离 R 位置很小的一点 $B(x_R-d，0)$出射的光线，该光线和 RE 光线的反向延长线的交点就是人看到的 S 光源的位置 $S'(x，y)$，见题解图 2.

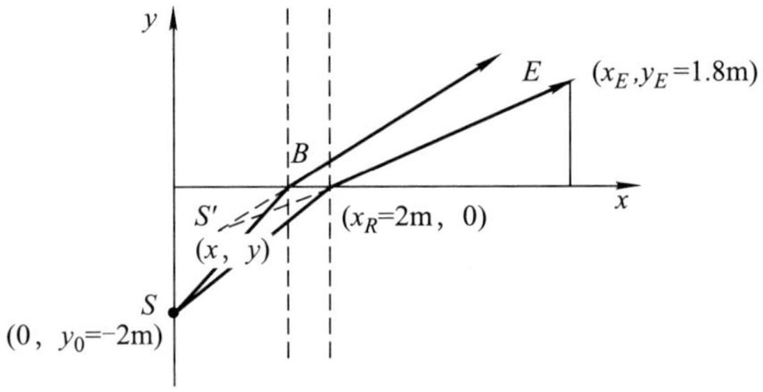

题解图 2

对于从 R 点出射的光线，按照折射定律有

$$n_1\frac{x_R}{\sqrt{x_R^2+y_0^2}}=\frac{x_R-x}{\sqrt{(x_R-x)^2+y^2}},\qquad (1)(1\text{ 分})$$

对于从 B 点出射的光线，按照折射定律有

$$n_1\frac{x_R-d}{\sqrt{(x_R-d)^2+y_0^2}}=\frac{x_R-d-x}{\sqrt{(x_R-d-x)^2+y^2}}.\qquad (2)(1\text{ 分})$$

由于 d 很小，所以作如下近似

$$\frac{x_R-d}{\sqrt{(x_R-d)^2+y_0^2}}=\frac{x_R-d}{\sqrt{x_R^2+y_0^2}\sqrt{1-\frac{2dx_R}{x_R^2+y_0^2}}}=\frac{x_R-d}{\sqrt{x_R^2+y_0^2}}\left(1+\frac{dx_R}{x_R^2+y_0^2}\right)$$

$$=\frac{x_R}{\sqrt{x_R^2+y_0^2}}+\frac{-dy_0^2}{(\sqrt{x_R^2+y_0^2})^3},$$

计算中只保留了 d 的一阶小量. 同理

$$\frac{x_R-d-x}{\sqrt{(x_R-d-x)^2+y^2}}=\frac{x_R-x}{\sqrt{(x_R-x)^2+y^2}}+\frac{-dy^2}{(\sqrt{(x_R-x)^2+y^2})^3}.$$

(1)式减(2)式得

$$n_1 \frac{y_0^2}{(\sqrt{x_R^2+y_0^2})^3}=\frac{y^2}{(\sqrt{(x_R-x)^2+y^2})^3}, \tag{3}$$

联立(1)式和(3)式得

$$\left(n_1 \frac{y}{y_0}\right)^{2/3}=\frac{x_R-x}{x_R}, \tag{4}$$

联立(1)式和(4)式，

$$\left(n_1 \frac{y}{y_0}\right)^{2/3}=1-\frac{(n_1^2-1)x_R^2}{y_0^2}, \qquad (3 分)$$

代入(4)式得

$$x=\frac{(n_1^2-1)x_R^3}{y_0^2}, \qquad (1 分)$$

代入具体数值得

$$x=\frac{14}{9}\mathrm{m}=1.56\mathrm{m}, \quad y=-\frac{\sqrt{2}}{9}\mathrm{m}=-0.157\mathrm{m}. \qquad (2 分)$$

14. (13 分)

(1) 侧面棒下落，桌面棒右行，速度达到 v 时，动生感应电流 I 的方向如题解图所示.

右侧棒和桌上棒动生电动势合成的回路感应电动势为

$$\mathscr{E}=Blv\cos\phi-Blv\sin\phi=Blv(\cos\phi-\sin\phi), \qquad (1 分)$$

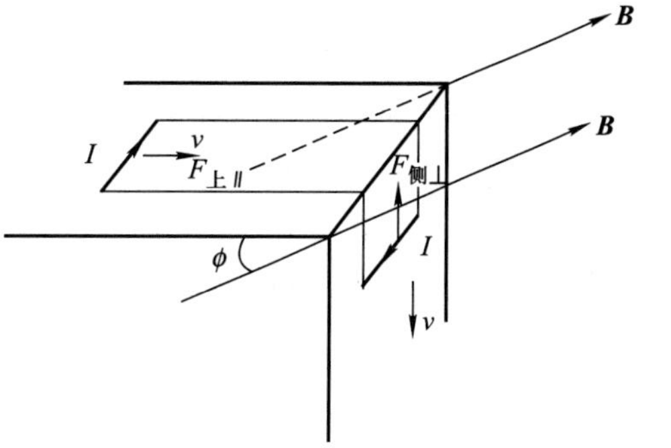

题解图

继而得感应电流

$$I=\frac{\mathscr{E}}{2R}=\frac{Blv(\cos\phi-\sin\phi)}{2R}.$$

右侧棒安培力向上分量和桌上棒安培力朝右分量分别为

$$F_{侧\perp}=IBl\cos\phi, \quad F_{上/\!/}=IBl\sin\phi,$$

设导线张力记为 T，两棒平动加速度大小记为 a，则有

$$mg-T-F_{侧\perp}=ma, \qquad (1 分)$$

$$T+F_{上/\!/}=ma. \qquad (1 分)$$

为了保持导线处于伸直状态，即保持 $T\geqslant 0$，达到最大速度时，$T=0$，由此解得

$$v_{\max}=\frac{2mgR}{B^2l^2(\cos^2\phi-\sin^2\phi)}. \qquad (2 分)$$

(2) 单位时间内重力势能减少量和动能增加量分别为

$$P_{1势}=\frac{mgv\mathrm{d}t}{\mathrm{d}t}=mgv,$$

$$P_{1动}=2\times\frac{\frac{1}{2}m[(v+\mathrm{d}v)^2-v^2]}{\mathrm{d}t}=\frac{m2v\mathrm{d}v}{\mathrm{d}t}=2mav.$$

由(1)问中动力学方程联立，消去张力 T，得

$$a=g/2-\frac{B^2l^2v(\cos\phi-\sin\phi)^2}{4mR},$$

单位时间内系统机械能减少量便为

$$P_1=P_{1势}-P_{1动}=\frac{B^2l^2v^2(\cos\phi-\sin\phi)^2}{2R},\tag{2 分}$$

单位时间内消耗的电功率则为

$$P_2=I^2\cdot 2R=\frac{B^2l^2v^2(\cos\phi-\sin\phi)^2}{2R},\tag{1 分}$$

即机械能减少量转化为电功率消耗的电能.

(3) $v=v_{\max}$时，由于张力为零，并注意到此后两棒的速度不再一致，速度分别记为 $v_上$，$v_侧$，加速度分别记为 $a_上$，$a_侧$，所以动力学方程组变为

$$mg-F_{侧\perp}=ma_侧,\tag{1 分}$$

$$F_{上/\!/}=ma_上.\tag{1 分}$$

则此时回路中的电动势变为

$$\mathscr{E}=Blv_侧\cos\phi-Blv_上\sin\phi,\tag{1 分}$$

回路中电流变为

$$I=\frac{\mathscr{E}}{2R}=\frac{Blv_侧\cos\phi-Blv_上\sin\phi}{2R},$$

两棒的安培力变为

$$F_{侧\perp}=IBl\cos\phi,$$

$$F_{上/\!/}=IBl\sin\phi,$$

分别代入动力学方程组得

$$\frac{\mathrm{d}v_侧}{\mathrm{d}t}=g-\frac{B^2l^2(v_侧\cos\phi-v_上\sin\phi)\cos\phi}{2mR},\tag{1 分}$$

$$\frac{\mathrm{d}v_上}{\mathrm{d}t}=\frac{B^2l^2(v_侧\cos\phi-v_上\sin\phi)\sin\phi}{2mR}.\tag{1 分}$$

解方程时需要初条件，即当 $t=0$ 时，

$$v_上=v_侧=v_{\max}=\frac{2mgR}{B^2l^2(\cos^2\phi-\sin^2\phi)},$$

$$\frac{\mathrm{d}v_上}{\mathrm{d}t}=\frac{\mathrm{d}v_侧}{\mathrm{d}t}=a=\frac{g}{2}-\frac{B^2l^2v_{\max}(\cos\phi-\sin\phi)^2}{4mR}=\frac{g\sin\phi}{\cos\phi+\sin\phi},$$

解毕.

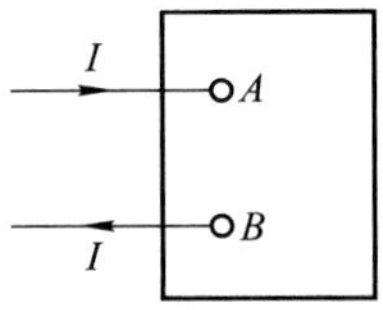

题解图 1

15. (12 分)

(1) 由若干个阻值同为 r 的电阻构成的二端电阻网络如题解图 1 所示. 令电流 I 从 A 端流入、B 端流出，网络内形成电流 I_i 分布. 以 I_i 为未知量建立类基尔霍夫方程组：

$$\text{回路电压方程：}\sum_i \pm rI_i = 0\text{，节点电流方程：}\begin{cases}\sum_j \pm I_j = I\text{，}A\text{ 点，}\\ \sum_j \pm I_j = -I\text{，}B\text{ 点，}\\ \sum_j \pm I_j = 0\text{，其他节点.}\end{cases}$$

采用消元法求解 I_i，则因消元法中只包含加、减、乘、除四则运算，所得 I_i 必可表述成

$$I_i = \alpha_i I,\quad \alpha_i\text{：有理数}$$ （2分）

网络内任选一条由 A 到 B 的路线，可得

$$U_{AB} = \sum_i \pm rI_i = \left(\sum_i \pm \alpha_i\right) rI,\quad \Rightarrow\quad U_{AB} = \beta rI\text{，}\beta\text{：有理数}$$ （2分）

A，B 间等效电阻便为

$$R = R_{AB} = U_{AB}/I = \beta r,$$

得

$$\gamma = R/r = \beta\text{，即 }\gamma\text{ 不可能是无理数.}$$ （2分）

（2）全部可能的连接方式，如题解图2中(a)、(b)、(c)、(d)、(e)、(f)所示，按题意，分析二端网络电阻值和 R 相等的可能性.

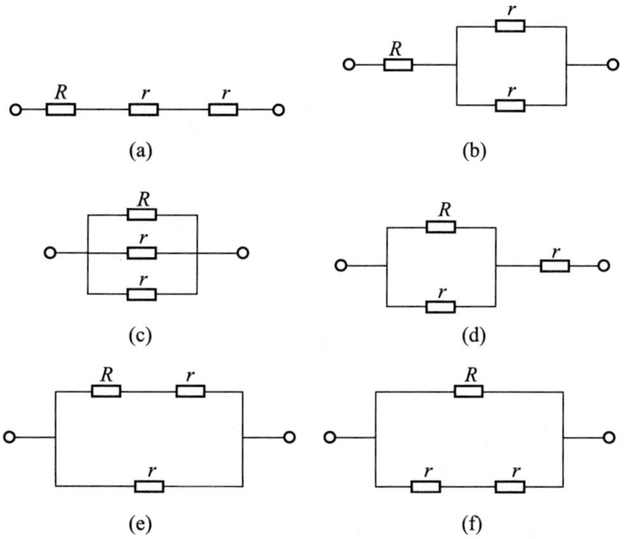

题解图 2

(a) $R_a = R + 2r = R$.

因 $r>0$，此式不能成立. （1分）

(b) $R_b = R + \dfrac{r}{2} = R$.

因 $r>0$，此式不能成立. （1分）

(c) $R_c = Rr/(2R+r) = R$.

可等效为要求

$$r = 2R + r,\quad \Rightarrow\quad R = 0.$$

若干个 $r>0$ 的电阻不可能连接成 $R=0$ 的二端电阻网络，故前式不可能成立．（1 分）

(d) $R_d=(2R+r)r/(R+r)=R$.

可等效为要求

$$R=\frac{1}{2}(1+\sqrt{5})r,$$

即 R 相对 r 的比值为一无理数，据(1)问解答可知这是不可能的．（1 分）

(e) $R_e=(R+r)r/(R+2r)=R$.

可等效为要求

$$R=\frac{1}{2}(\sqrt{5}-1)r,$$

与(d)一样，不可能．（1 分）

(f) $R_f=2Rr/(R+2r)=R$.

可等效为要求

$$R=0,$$

与(c)一样，不可能．（1 分）

综上所述，题文的要求不能实现．

16．(14 分)

由球 1 力平衡关系，可得

$$k=mg/l.$$

球 1、2 被轻绳短时间作用隔离开的各段运动均为简谐振动，角频率和周期同为

$$\omega=\sqrt{\frac{k}{m}}=\sqrt{\frac{2k}{2m}}=\sqrt{\frac{g}{l}},\qquad T=\frac{2\pi}{\omega}=2\pi\sqrt{\frac{l}{g}}.\tag{2 分}$$

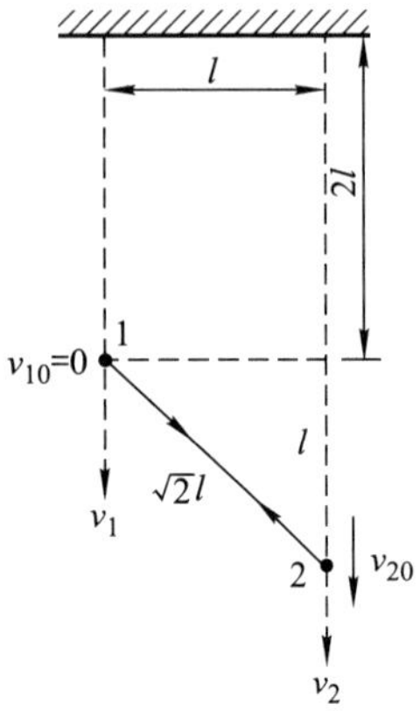

题解图

球 2 从静止自由释放后，经过时间间隔

$$\Delta t_1=T/4,\tag{2 分}$$

降落高度和下落速度分别为

$$A_{2上}=2mg/2k=l,\qquad v_{20}=\omega A_{2上}=\sqrt{gl},$$

即到达其力平衡位置．此时细绳从本来松弛状态第一次达到长为 $\sqrt{2}l$ 的伸直状态．由球 1、2 和细绳构成的系统，在细绳与两个小球相互作用的极短时间内，竖直方向弹簧力和重力提供的冲量可略．将此过程后瞬间球 1、2 向下速度分别记为 v_1 和 v_2，如题解图中虚线箭头所示．由方程

$$\begin{cases}mv_1+2mv_2=2mv_{20},\\ \frac{1}{2}mv_1^2+\frac{1}{2}(2m)v_2^2=\frac{1}{2}(2m)v_{20}^2\end{cases}$$

可解得

$$v_1=\frac{4}{3}v_{20}=\frac{4}{3}\sqrt{gl},\qquad v_2=\frac{1}{3}v_{20}=\frac{1}{3}\sqrt{gl}.$$

$v_1>v_2$，绳又将处于松弛状态．而后球 1、2 经时间间隔

$$\Delta t_2 = T/4 \qquad (2分)$$

分别降落高度

$$A_{1下} = v_1/\omega = \frac{4}{3}l, \quad A_{2下} = v_2/\omega = \frac{1}{3}l,$$

速度同降为零. 因 $A_{1下} - A_{2下} = l$，故此时两球等高.

而后球 1、2 又经时间间隔

$$\Delta t_3 = T/4 \qquad (2分)$$

回到题解图所示位置，速度向上，大小分别恢复为 $v_1 = \frac{4}{3}v_{20}$ 和 $v_2 = \frac{1}{3}v_{20}$. 此时，细绳第二次达到长度为$\sqrt{2}\,l$ 的伸直状态. 短时间内，因过程逆向进行，细绳作用效果使球 1 静止在该位置，球 2 获得向上速度，大小为 v_{20}.

而后球 1 静止在原位，球 2 又经过时间间隔

$$\Delta t_4 = T/4 \qquad (2分)$$

上升到题图位置，速度降为零.

综上所述，得

(1) 问答案：$\Delta h_1 = A_{1下} = \frac{4}{3}l$，　$\Delta h_2 = A_{2上} + A_{2下} = \frac{4}{3}l$. （2分）

(2) 问答案：$\Delta t = \Delta t_1 + \Delta t_2 + \Delta t_3 + \Delta t_4 = T = 2\pi\sqrt{\frac{l}{g}}$. （2分）

17. (14 分)

(1)

(1.1)旋转双曲面相对 Q 所张立体角 Ω_{11}，与旋转双曲面相对坐标原点所张立体角 Ω_0 相同. Ω_0 即为题解图 1 中右侧球冠面相对球心 O 点的立体角. 球冠面积为

$$S = 2\pi Rh = 2\pi C(C - A),$$

即得

$$\Omega_{11} = \Omega_0 = \frac{S}{R^2} = 2\pi\left(1 - \frac{A}{C}\right),$$

故所求量为

$$\Phi_{11} = \frac{\Omega_{11}}{4\pi}\frac{Q}{\varepsilon_0} = \frac{1}{2}\left(1 - \frac{A}{C}\right)\frac{Q}{\varepsilon_0}. \qquad (4分)$$

(1.2)旋转双曲面相对坐标原点所张立体角仍为题解图 1 中的 Ω_0，旋转双曲面相对图 2 点电荷 Q 所张立体角应为

$$\Omega_{12} = 4\pi - \Omega_0,$$

即得

$$\Phi_{12} = \frac{\Omega_{12}}{4\pi}\frac{Q}{\varepsilon_0} = \left(1 - \frac{\Omega_0}{4\pi}\right)\frac{Q}{\varepsilon_0},$$

$$\Rightarrow \quad \Phi_{12} = \frac{1}{2}\left(1 + \frac{A}{C}\right)\frac{Q}{\varepsilon_0}. \qquad (3分)$$

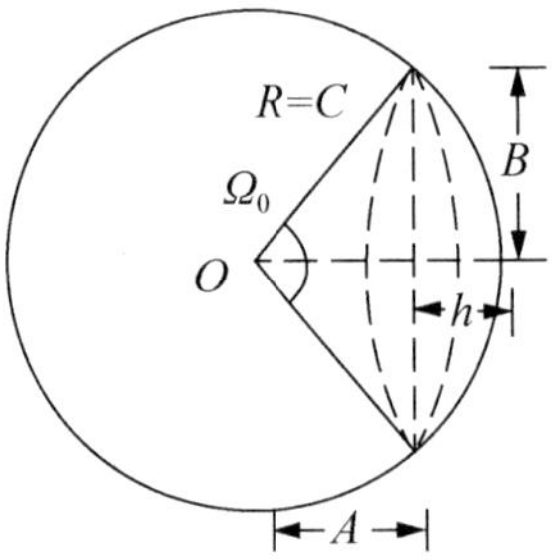

题解图 1

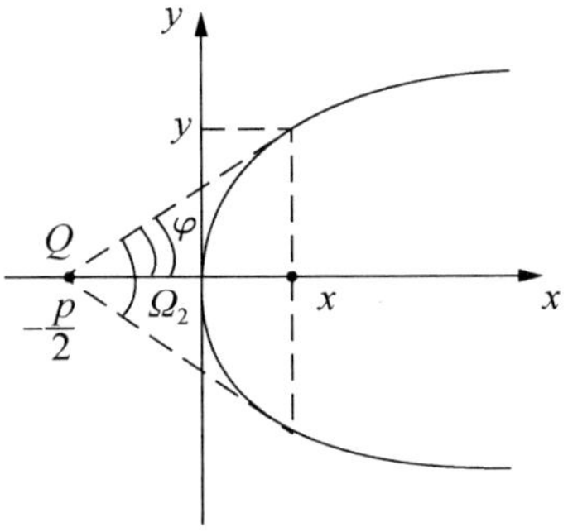

题解图 2

(2)

(2.1)参考题解图 2，有

$$y^2=2px,\quad \Rightarrow\quad 2y\,\mathrm{d}y=2p\,\mathrm{d}x,\quad \Rightarrow\quad \frac{\mathrm{d}y}{\mathrm{d}x}=\frac{p}{y},$$

$$\frac{y}{x+\frac{p}{2}}=\tan\varphi=\frac{\mathrm{d}y}{\mathrm{d}x}=\frac{p}{y},\quad \Rightarrow\quad y^2=p\left(x+\frac{p}{2}\right),$$

$$\Rightarrow\quad 2px=p\left(x+\frac{p}{2}\right),\quad \Rightarrow\quad x=\frac{p}{2},$$

即题解图 2 中两个切点的连线与 x 轴相交点 $x=\frac{p}{2}$，即为旋转抛物面的焦点. 将 $x=\frac{p}{2}$ 代入切点坐标方程，可得

$$y^2=2px\Big|_{x=\frac{p}{2}}=p^2,\quad \Rightarrow\quad y=\pm p(\text{上、下两点}).$$

所张空间角 Ω_2 的计算：

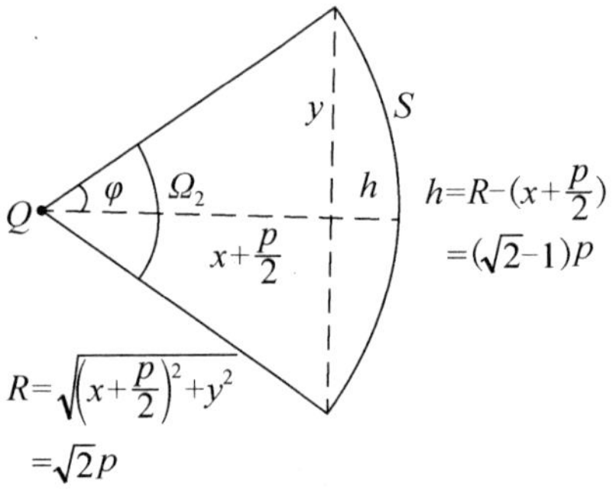

题解图 3

参考题解图 3，球冠面积

$$S=2\pi Rh=2\pi\sqrt{2}\,p\cdot(\sqrt{2}-1)\,p,$$

得空间角为

$$\Omega_2=\frac{S}{R^2}=\sqrt{2}(\sqrt{2}-1)\pi=0.586\pi,$$

电通量为

$$\Phi_{21}=\frac{\Omega_2}{4\pi}\frac{Q}{\varepsilon_0}=\frac{\sqrt{2}(\sqrt{2}-1)}{4}\frac{Q}{\varepsilon_0}=0.146\frac{Q}{\varepsilon_0}.$$

(4 分)

(2.2)考虑到题解图 2 中旋转抛物面右侧远处切线将与 x 轴平行，点电荷 Q 发出的电场线(除去中间的一条之外)从左侧面进入后，都会从右侧面射出抛物面，故得

$$\Phi_{22}=0.$$

(3 分)

18. (18 分)

(1) P 达末速度 $u_y=\frac{3}{5}c$ 时，其质量和动量分别为

$$m=m_0\bigg/\sqrt{1-\frac{u_y^2}{c^2}}=\frac{5}{4}m_0,\ mu_y=\frac{3}{4}m_0c,$$

由动量方程

$$f_yt_1=mu_y=\frac{3}{4}m_0c$$

得

$$t_1=\frac{3}{4}\frac{m_0c}{f_y}. \qquad (3\text{分})$$

继而由功能关系得

$$W_{1y}=mc^2-m_0c^2=\frac{1}{4}m_0c^2. \qquad (3\text{分})$$

(2)

(2.1)$t=t_1=0$ 时(注意，此处 t_1 并非(1)问所求 t_1)，有

$$m_1=m_0\bigg/\sqrt{1-\frac{u_{0x}^2}{c^2}}=\frac{5}{4}m_0,\ m_1u_{0y}=0,$$

$t=t_2$ 时，有

$$u_2^2=u_{2x}^2+u_{2y}^2=\left(\frac{3c}{5}\right)^2+\left(\frac{3c}{5}\right)^2=\left(\frac{3\sqrt{2}}{5}c\right)^2,\quad \Rightarrow\quad m_2=m_0\bigg/\sqrt{1-\frac{u_2^2}{c^2}}=\frac{5}{\sqrt{7}}m_0,$$

$$\Rightarrow\quad m_2u_{2y}=\frac{5}{\sqrt{7}}m_0\cdot\frac{3}{5}c=\frac{3}{\sqrt{7}}m_0c.$$

据动量定理，得

$$f_yt_2=m_2u_{2y},\quad \Rightarrow\quad t_2=m_2u_{2y}/f_y=3m_0c/\sqrt{7}f_y. \qquad (2\text{分})$$

(2.2)任意 $t_2\geqslant t\geqslant t_1=0$ 时刻，有

$$u^2=u_x^2+u_y^2=\left(\frac{3}{5}c\right)^2+u_y^2,\ m=m_0\bigg/\left(1-\frac{u^2}{c^2}\right)^{\frac{1}{2}},\ 1-\frac{u^2}{c^2}=\left(\frac{4}{5}\right)^2-\frac{u_y^2}{c^2},$$

$$\mathrm{d}m=m_0\left(-\frac{1}{2}\right)\left[\left(\frac{4}{5}\right)^2-\frac{u_y^2}{c^2}\right]^{-\frac{3}{2}}\left(-\frac{2}{c^2}u_y\right)\mathrm{d}u_y=\frac{m_0u_y}{c^2\left[\left(\frac{4}{5}\right)^2-\frac{u_y^2}{c^2}\right]^{\frac{3}{2}}}\mathrm{d}u_y,$$

$$\Rightarrow\quad \mathrm{d}m=m_0cu_y\mathrm{d}u_y\bigg/\left[\left(\frac{4}{5}c\right)^2-u_y^2\right]^{\frac{3}{2}},$$

$$F_y\mathrm{d}t=\frac{\mathrm{d}(mu_y)}{\mathrm{d}t}\mathrm{d}t=u_y\mathrm{d}m+m\mathrm{d}u_y=\frac{m_0cu_y^2\mathrm{d}u_y}{\left[\left(\frac{4}{5}c\right)^2-u_y^2\right]^{\frac{3}{2}}}+\frac{m_0c\mathrm{d}u_y}{\sqrt{\left(\frac{4}{5}c\right)^2-u_y^2}},$$

利用积分公式

$$\int\frac{u^2\mathrm{d}u}{(a^2-u^2)^{\frac{3}{2}}}=\frac{u}{\sqrt{a^2-u^2}}-\arcsin\frac{u}{a},\qquad \int\frac{\mathrm{d}u}{\sqrt{a^2-u^2}}=\arcsin\frac{u}{a},$$

得

$$\int_0^t F_y \mathrm{d}t = m_0 c\left\{\int_0^{u_y} \frac{u_y^2 \mathrm{d}u_y}{[(4c/5)^2 - u_y^2]^{\frac{3}{2}}} + \int_0^{u_y} \frac{\mathrm{d}u_y}{\sqrt{(4c/5)^2 - u_y^2}}\right\}$$

$$= m_0 c\left\{\frac{u_y}{\sqrt{(4c/5)^2 - u_y^2}} - \arcsin\frac{5u_y}{4c} + \arcsin\frac{5u_y}{4c}\right\}$$

$$= m_0 c u_y / \sqrt{(4c/5)^2 - u_y^2},$$

$$\Rightarrow \quad f_y^2 t^2 = m_0^2 c^2 u_y^2 / [(4c/5)^2 - u_y^2],$$

$$\Rightarrow \quad u_y^2 = (4c/5)^2 f_y^2 t^2 / (m_0^2 c^2 + f_y^2 t^2),$$

得所求为

$$u_y = \frac{4}{5} c f_y t / \sqrt{m_0^2 c^2 + f_y^2 t^2}. \qquad (4\text{ 分})$$

将 $t_2 = 3m_0 c/\sqrt{7} f_y$ 代入，得

$$u_{2y} = \frac{4}{5} c f_y \frac{3m_0 c}{\sqrt{7} f_y} \Big/ \sqrt{m_0^2 c^2 + f_y^2 \cdot \frac{9m_0^2 c^2}{7 f_y^2}} = \frac{3}{5} c,$$

与题给 u_y（即 u_{2y}）值相同.

（2.3）由

$$F_x = \frac{\mathrm{d}(m u_x)}{\mathrm{d}t} = \frac{\mathrm{d}m}{\mathrm{d}t} u_x = \frac{3}{5} c \frac{\mathrm{d}m}{\mathrm{d}t}, \qquad \mathrm{d}m = \frac{m_0 c u_y \mathrm{d}u_y}{\left[\left(\frac{4}{5}c\right)^2 - u_y^2\right]^{3/2}};$$

$$\Rightarrow \quad F_x = \frac{3}{5} c \frac{m_0 c}{\left[\left(\frac{4}{5}c\right)^2 - u_y^2\right]^{\frac{3}{2}}} \cdot \frac{1}{2} \cdot 2u_y \frac{\mathrm{d}u_y}{\mathrm{d}t}, \qquad u_y^2 = \left(\frac{4}{5}c\right)^2 f_y^2 t^2 / (m_0^2 c^2 + f_y^2 t^2),$$

$$\Rightarrow \quad 2u_y \frac{\mathrm{d}u_y}{\mathrm{d}t} = \frac{\left(\frac{4}{5}c\right)^2 \cdot 2 f_y^2 t (m_0^2 c^2 + f_y^2 t^2) - \left(\frac{4}{5}c\right)^2 f_y^2 t^2 \cdot 2 f_y^2 t}{(m_0^2 c^2 + f_y^2 t^2)^2},$$

$$\Rightarrow \quad u_y \frac{\mathrm{d}u_y}{\mathrm{d}t} = \left(\frac{4}{5}c\right)^2 \cdot m_0^2 c^2 f_y^2 t / (m_0^2 c^2 + f_y^2 t^2)^2,$$

得

$$F_x = \frac{3}{5} m_0 c^2 \left(\frac{4}{5}c\right)^2 m_0^2 c^2 f_y^2 t \Big/ \left[\left(\frac{4}{5}c\right)^2 - u_y^2\right]^{3/2} (m_0^2 c^2 + f_y^2 t^2)^2.$$

再将

$$\left(\frac{4}{5}c\right)^2 - u_y^2 = \left(\frac{4}{5}c\right)^2 - \frac{\left(\frac{4}{5}c\right)^2 f_y^2 t^2}{m_0^2 c^2 + f_y^2 t^2} = \left(\frac{4}{5}c\right)^2 \frac{m_0^2 c^2}{m_0^2 c^2 + f_y^2 t^2}$$

代入，得

$$F_x = \frac{3}{5} m_0 c^2 \left(\frac{4}{5}c\right)^2 m_0^2 c^2 f_y^2 t \frac{(m_0^2 c^2 + f_y^2 t^2)^{3/2}}{\left[\left(\frac{4}{5}c\right)^2 \cdot m_0^2 c^2\right]^{3/2}} \cdot \frac{1}{(m_0^2 c^2 + f_y^2 t^2)^2},$$

即得所求函数为

$$F_x=\frac{3}{4}\frac{f_y^2t}{\sqrt{m_0^2c^2+f_y^2t^2}}.\qquad (2\text{ 分})$$

(2.4)

$$W_{2x}=\int_0^{t_2}F_x\mathrm{d}x=\int_0^{t_2}F_xu_x\mathrm{d}t=\frac{3}{5}c\int_0^{t_2}F_x\mathrm{d}t=\frac{3}{5}c(m_2u_x-m_1u_x)$$
$$=\left(\frac{3}{5}c\right)^2\left(\frac{5}{\sqrt{7}}-\frac{5}{4}\right)m_0,\ \left(\text{或 }W_{2x}=\left(\frac{3c}{5}\right)^2(m_2-m_1)\right)$$

得

$$W_{2x}=\frac{9(4-\sqrt{7})}{20\sqrt{7}}m_0c^2.$$

因

$$W_{2x}+W_{2y}=m_2c^2-m_1c^2,\quad\Rightarrow\quad W_{2y}=(m_2-m_1)c^2-\left(\frac{3}{5}c\right)^2(m_2-m_1),$$

得

$$W_{2y}=(m_2-m_1)\left(\frac{4}{5}\right)^2c^2=\frac{4(4-\sqrt{7})}{5\sqrt{7}}m_0c^2.$$

附注：也可用积分方法得到 W_{2x}，W_{2y}，简述如下：

$$W_{2x}=\int_0^{t_2}F_x\mathrm{d}x=\int_0^{t_2}F_xu_x\mathrm{d}t=\int_0^{t_2}\frac{3}{4}\frac{f_y^2t}{\sqrt{m_0^2c^2+f_y^2t^2}}\cdot\frac{3}{5}c\,\mathrm{d}t$$
$$=\frac{9}{20}c\int_0^{t_2}\frac{f_yt}{\sqrt{m_0^2c^2+f_y^2t^2}}\mathrm{d}(f_yt)=\frac{9}{20}c\left(\sqrt{m_0^2c^2+f_y^2t_2^2}-m_0c\right).$$

将 $f_yt_2=m_2u_{2y}=\frac{3}{\sqrt{7}}m_0c$ 代入，即可得

$$W_{2x}=\frac{9(4-\sqrt{7})}{20\sqrt{7}}m_0c^2.\qquad (2\text{ 分})$$

$$W_{2y}=\int_0^{t_2}F_y\mathrm{d}y=\int_0^{t_2}f_yu_y\mathrm{d}t=\int_0^{t_2}f_y\frac{\frac{4}{5}cf_yt}{\sqrt{m_0^2c^2+f_y^2t^2}}\mathrm{d}t$$
$$=\frac{4}{5}c\int_0^{t_2}\frac{f_yt}{\sqrt{m_0^2c^2+f_y^2t^2}}\mathrm{d}(f_yt)=\frac{4}{5}c\left(\sqrt{m_0^2c^2+f_y^2t_2^2}-m_0c\right),$$

将 $f_yt_2=m_2u_{2y}=\frac{3}{\sqrt{7}}m_0c$ 代入，即可得

$$W_{2y}=\frac{4(4-\sqrt{7})}{5\sqrt{7}}m_0c^2.\qquad (2\text{ 分})$$

19.(20 分)

(1) 轻绳张力记为 T，m_1 物块向下加速度记为 a，则有

$$N=2T+Mg,\quad m_1g-T=m_1a,\quad T-m_2g=m_2a,$$

解得

$$N=\frac{4m_1m_2}{m_1+m_2}g+Mg. \qquad (3\text{ 分})$$

(2)

(2.1) 系统质心 C 的位置及其他相关的位置量如题解图 1 所示．可算得

$$l_1=\frac{5}{12}L,\ r_1=\frac{13}{12}L;$$

$$l_2=\frac{7}{12}L,\ r_2=\frac{\sqrt{193}}{12}L;$$

$$l_3=\frac{1}{12}L,\ r_3=\frac{\sqrt{145}}{12}L.$$

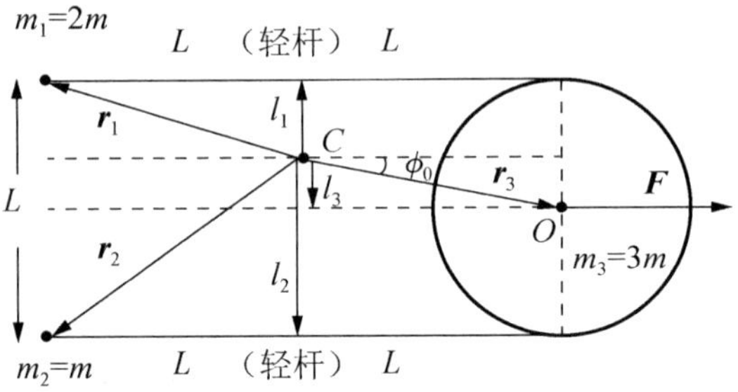

题解图 1

水平桌面上沿 $\boldsymbol{F}$ 方向设置 x 坐标轴，质心 C 在恒力 $\boldsymbol{F}$ 作用下沿 x 轴方向匀加速直线运动，加速度大小为

$$a_{Cx}=F/(m_1+m_2+m_3)=F/6m.$$

取质心参考系，其内以质心 C 为原点设置 x' 轴与 x 轴平行．$\boldsymbol{F}$ 作用于 O 点，相对 C 有力矩，刚性系统绕着 C 在 x' 轴两侧摆动，幅角即为题解图 1 中的

$$\phi_0=\arctan\frac{l_3}{L}=\arctan\frac{1}{12}=4.76^\circ. \qquad (3\text{ 分})$$

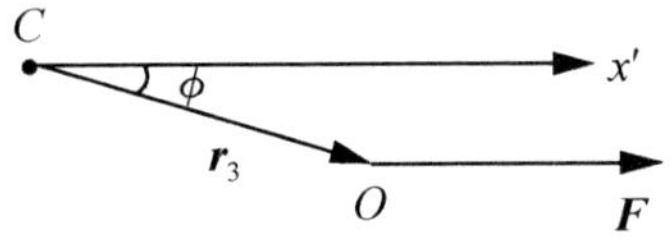

题解图 2

(2.2) 质心系中刚性系统绕质心 C 的摆动可简化示意为题解图 2 中 O 点绕着 C 的摆动．由定轴转动定理可得

$$-r_3\sin\phi\cdot F=I_C\ddot{\phi},$$

ϕ 为小角度，得简谐振动方程：

$$\ddot{\phi}+\omega^2\phi=0,\ \omega=\sqrt{Fr_3/I_C}.$$

刚性系统相对质心转轴的转动惯量为

$$I_C=m_1r_1^2+m_2r_2^2+\left(\frac{1}{2}m_3R^2+m_3r_3^2\right)\qquad\left(R=\frac{L}{2}\right)$$

$$=2m\,\frac{169}{12^2}L^2+m\,\frac{193}{12^2}L^2+\left(\frac{1}{2}\times 3m\,\frac{L^2}{4}+3m\,\frac{145}{12^2}L^2\right)$$

$$=\frac{1}{12^2}(2\times169+193+3\times18+3\times145)\,mL^2=\frac{85}{12}mL^2,$$

得

$$\omega=\sqrt{\frac{\sqrt{145}}{12}FL\cdot\frac{12}{85mL^2}}=\sqrt{\frac{\sqrt{29}}{17\sqrt{5}}\frac{F}{mL}},\quad\Rightarrow\quad T_0=2\pi/\omega=2\pi\sqrt{\frac{17\sqrt{5}}{\sqrt{29}}\frac{mL}{F}},$$

T_0 时间段内，圆盘中心 O 的位移量与质心 C 的位移量相同，即有

$$s_0=s_C=\frac{1}{2}a_{Cx}T_0^2=\frac{1}{2}\times\frac{F}{6m}\times4\pi^2\frac{17\sqrt{5}}{\sqrt{29}}\frac{mL}{F},\quad\Rightarrow\quad s_0=\frac{17}{3}\sqrt{\frac{5}{29}}\pi^2L=23.2L.$$

（2 分）

(3)

(3.1) 系统初态如题解图 3 所示，其中 l_1，l_2，l_3 值与题解图 1 相同．考虑到轻绳的作用，题解图 3 中相对桌面的运动学量

$$\boldsymbol{a}_1,\ \boldsymbol{a}_2,\ \boldsymbol{a}_3(\text{及 }\boldsymbol{a}_C)$$

方向均与 $\boldsymbol{N}$ 同向．由方程组

$$T=2ma_1,\ T=ma_2,$$
$$N-2T=3ma_3,$$
$$a_2-a_3=a_3-a_1,$$

可解得

$$a_1=\frac{2}{17}\frac{N}{m},\ a_2=\frac{4}{17}\frac{N}{m},\ a_3=\frac{3}{17}\frac{N}{m}.\qquad(2\text{ 分})$$

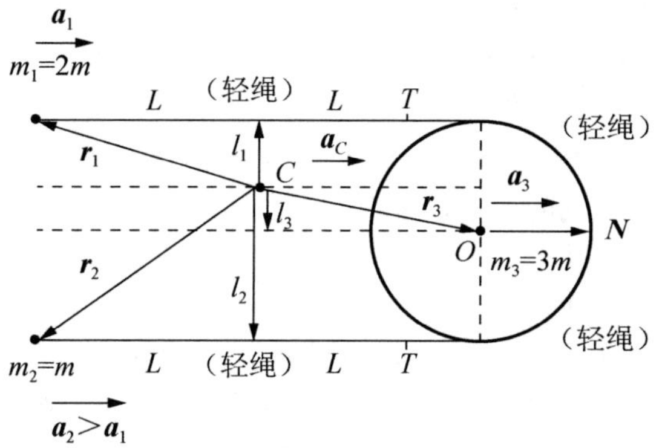

题解图 3

(3.2)(2)问中的刚性系统在质心参考系中以质心为参考点，外力 $\boldsymbol{F}$ 的力矩不为零，使得刚性系统绕着质心轴摆动．本问中的系统与刚性系统不同，各部位间有相对运动，系统相对质心的角动量与刚性系统相对质心的角动量有区别，需要用质心参考系中以质心为参考点的角动量定理分析 $\boldsymbol{N}$ 力矩的作用效果.

质心 C 相对桌面加速度

$$\boldsymbol{a}_C\begin{cases}\text{沿 }\boldsymbol{N}\text{ 方向},\\ a_C=N/6m.\end{cases}$$

质心系中将 $\boldsymbol{N}$ 方向取为正方向，两个小物块和圆盘中心的初态加速度分别为

$$a_1'=a_1-a_C=-\frac{5}{102}\frac{N}{m},\quad a_2'=a_2-a_C=\frac{7}{102}\frac{N}{m},\quad a_3'=a_3-a_C=\frac{1}{102}\frac{N}{m}.\quad(2\text{ 分})$$

质心系中以质心为参考点的角动量定理内容如下：

任意时刻：$\boldsymbol{r}_3' \times \boldsymbol{N} = \boldsymbol{M}' = \mathrm{d}\boldsymbol{L}'/\mathrm{d}t$，

任意时刻：$\boldsymbol{L}' = \boldsymbol{r}_1' \times m_1 \boldsymbol{v}_1' + \boldsymbol{r}_2' \times m_2 \boldsymbol{v}_2' + \boldsymbol{r}_3' \times m_3 \boldsymbol{v}_3'$，

$$\begin{aligned}\frac{\mathrm{d}\boldsymbol{L}'}{\mathrm{d}t} &= \frac{\mathrm{d}\boldsymbol{r}_1'}{\mathrm{d}t} \times m_1 \boldsymbol{v}_1' + \frac{\mathrm{d}\boldsymbol{r}_2'}{\mathrm{d}t} \times m_2 \boldsymbol{v}_2' + \frac{\mathrm{d}\boldsymbol{r}_3'}{\mathrm{d}t} \times m_3 \boldsymbol{v}_3' \\ &\quad + \boldsymbol{r}_1' \times m_1 \frac{\mathrm{d}\boldsymbol{v}_1'}{\mathrm{d}t} + \boldsymbol{r}_2' \times m_2 \frac{\mathrm{d}\boldsymbol{v}_2'}{\mathrm{d}t} + \boldsymbol{r}_3' \times m_3 \frac{\mathrm{d}\boldsymbol{v}_3'}{\mathrm{d}t} \\ &= \boldsymbol{v}_1' \times m_1 \boldsymbol{v}_1' + \boldsymbol{v}_2' \times m_2 \boldsymbol{v}_2' + \boldsymbol{v}_3' \times m_3 \boldsymbol{v}_3' \\ &\quad + \boldsymbol{r}_1' \times m_1 \boldsymbol{a}_1' + \boldsymbol{r}_2' \times m_2 \boldsymbol{a}_2' + \boldsymbol{r}_3' \times m_3 \boldsymbol{a}_3',\end{aligned}$$

$$\Rightarrow \quad \frac{\mathrm{d}\boldsymbol{L}'}{\mathrm{d}t} = \boldsymbol{r}_1' \times m_1 \boldsymbol{a}_1' + \boldsymbol{r}_2' \times m_2 \boldsymbol{a}_2' + \boldsymbol{r}_3' \times m_3 \boldsymbol{a}_3'.$$

初态标量化：$M' = l_3 N = \frac{1}{12} NL$，

$$\begin{aligned}\frac{\mathrm{d}L'}{\mathrm{d}t} &= -l_1 m_1 a_1' + l_2 m_2 a_2' + l_3 m_3 a_3' \\ &= -\frac{5}{12} L \times 2m \times \left(-\frac{5}{102}\frac{N}{m}\right) + \frac{7}{12} L \times m \times \frac{7}{102}\frac{N}{m} + \frac{1}{12} L \times 3m \times \frac{1}{102}\frac{N}{m} \\ &= \frac{1}{12 \times 102}(50 + 49 + 3)\, NL = \frac{1}{12} NL,\end{aligned}$$

$$\Rightarrow \quad M' = \mathrm{d}L'/\mathrm{d}t \text{ 成立}.$$

可见，初态时 m_1，m_2，m_3 均沿 $\boldsymbol{N}$ 方向平动情况下，质心系中以质心为参考点的角动量定理自然满足，即不会出现其他附加形式的运动．引申后，设 t 时刻 m_1，m_2，m_3 均沿 $\boldsymbol{N}$ 方向平动(此时两侧直线段伸直方向也不会变化)，$\boldsymbol{a}_1$，$\boldsymbol{a}_2$，$\boldsymbol{a}_3$，$\boldsymbol{a}_C$ 及 $\boldsymbol{a}_1'$，$\boldsymbol{a}_2'$，$\boldsymbol{a}_3'$ 自然不变，质心系中以质心为参考点的角动量定理

$$\boldsymbol{r}_3' \times \boldsymbol{N} = \frac{\mathrm{d}\boldsymbol{L}'}{\mathrm{d}t} = \boldsymbol{r}' \times m_1 \boldsymbol{a}_1' + \boldsymbol{r}_2' \times m_2 \boldsymbol{a}_2' + \boldsymbol{r}_3' \times m_3 \boldsymbol{a}_3',$$

标量化：
$$l_3 N = -l_1 m_1 a_1' + l_2 m_2 a_2' + l_3 m_3 a_3'$$

仍然成立，还是不会出现其他附加形式的运动，直到 m_2 物块与圆盘相碰为止.

结论：圆盘将始终沿 $\boldsymbol{N}$ 方向做加速度为 a_3 常量的平动.

(3.3)

$$s_0^* = \frac{1}{2} a_3 T_0^2 = \frac{1}{2} \times \left(\frac{3}{17}\frac{N}{m}\right) \times \left[2\pi \sqrt{\frac{17\sqrt{5}}{\sqrt{29}}\frac{mL}{F}}\right]^2 \qquad \left(N = \frac{1}{10}F\right)$$

$$= \frac{3\pi^2}{\sqrt{5 \times 29}} L = 2.46L. \qquad (4\text{ 分})$$

(其间 m_2 相对圆盘位移量

$$s_2' = \frac{1}{2}(a_2 - a_3) T_0^2 = \frac{1}{2}\left(\frac{a_2}{a_3} - 1\right) a_3 T_0^2 = \left(\frac{4}{3} - 1\right) \times \frac{1}{2} a_3 T_0^2,$$

$$\Rightarrow \quad s_2' = \frac{1}{3} s_0^* = 0.82L < 2L, \qquad (4\text{ 分})$$

可见 m_2 尚未与圆盘相碰.)

20.（20 分）

(1)在（三维）速度空间中取球坐标系，一个分子速度处于体元$(v\mathrm{d}\theta)(v\sin\theta\mathrm{d}\varphi)\mathrm{d}v=v^2\sin\theta\mathrm{d}\theta\cdot\mathrm{d}\varphi\cdot\mathrm{d}v$ 内的概率为

$$F_3(\boldsymbol{v})\cdot v^2\sin\theta\mathrm{d}\theta\mathrm{d}\varphi\mathrm{d}v,$$

参考题解图，$\mathrm{d}t$ 时间内通过小孔 $\mathrm{d}S$（或 S_0）出射的分子个数为

$$(nv_z\mathrm{d}t\mathrm{d}S)\left[F_3(\boldsymbol{v})\cdot v^2\sin\theta\mathrm{d}\theta\mathrm{d}\varphi\mathrm{d}v\right]\Big|_{v_z>0},$$

$$v_z=v\cos\theta,\ \frac{\pi}{2}>\theta\geqslant 0.$$

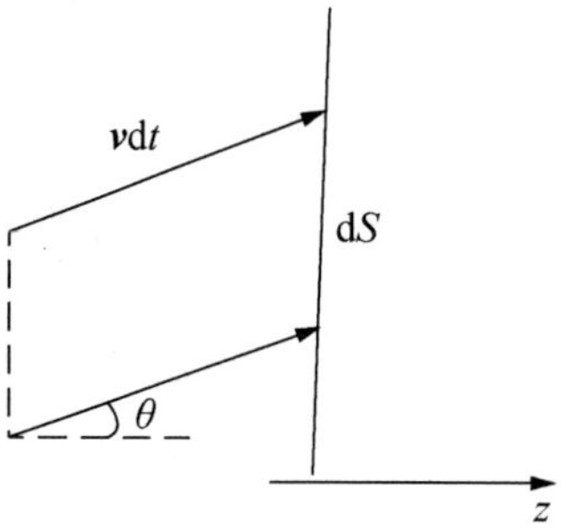

题解图

对 θ 从 0 到$\frac{\pi}{2}$积分，对 φ 从 0 到 2π 积分，得 $\mathrm{d}t$ 时间内通过 $\mathrm{d}S$ 小孔出射的分子束中，速率处于 v—$v+\mathrm{d}v$ 的分子个数为

$$\mathrm{d}N^*=\Big[nF_3(\boldsymbol{v})v^3\mathrm{d}v\underbrace{\int_0^{\frac{\pi}{2}}\sin\theta\cos\theta\mathrm{d}\theta}_{\frac{1}{2}}\underset{\Downarrow\,2\pi}{\int_0^{2\pi}\mathrm{d}\varphi}\Big]\mathrm{d}t\mathrm{d}S$$

$$=n\pi F_3(\boldsymbol{v})v^3\mathrm{d}v\mathrm{d}t\mathrm{d}S,$$

$\mathrm{d}t$ 时间内通过 $\mathrm{d}S$ 小孔出射的分子束中分子总数便为

$$\int_0^\infty\mathrm{d}N^*=\left[\int_0^\infty n\pi F_3(\boldsymbol{v})v^3\mathrm{d}v\right]\mathrm{d}t\mathrm{d}S$$

$$=n\cdot\frac{1}{4}\left[\int_0^\infty v\cdot 4\pi v^2F_3(\boldsymbol{v})\mathrm{d}v\right]\mathrm{d}t\mathrm{d}S\qquad(F_3(\boldsymbol{v})\text{：速度分布})$$

$$=\frac{1}{4}n\left[\int_0^\infty vf_3(v)\mathrm{d}v\right]\mathrm{d}t\mathrm{d}S\qquad(f_3(v)\text{：速率分布})$$

$$=\frac{1}{4}n\bar{v}\mathrm{d}t\mathrm{d}S.$$

故得单位时间通过单位面积小孔出射的分子数为

$$\Gamma=\frac{1}{4}n\bar{v}\mathrm{d}t\mathrm{d}S/\mathrm{d}t\mathrm{d}S=\frac{1}{4}n\bar{v},\ \bar{v}=\sqrt{8kT/\pi m}.$$

$\mathrm{d}t$ 时间内通过 $\mathrm{d}S$ 小孔出射的分子束中速率处于 $v\rightarrow v+\mathrm{d}v$ 的分子个数 $\mathrm{d}N^*$ 除以速率间隔 $\mathrm{d}v$，再除以分子束内的分子总数 $\int_0^\infty\mathrm{d}N^*$，便为出射分子束中分子的速率分布函数 $f^*(v)$，即有

$$f^*(v)=n\pi F_3(\boldsymbol{v})v^3\Big/\frac{1}{4}n\bar{v}=4\pi v^3\left(\frac{m}{2\pi kT}\right)^{\frac{3}{2}}\mathrm{e}^{-m(v_x^2+v_y^2+v_z^2)/2kT}\cdot\sqrt{\frac{\pi m}{8kT}},$$

$$\Rightarrow\quad f^*(v)=\frac{m^2}{2k^2T^2}v^3\mathrm{e}^{-mv^2/2kT},\qquad(6\text{ 分})$$

或改述为

$$\begin{cases}f^*(v)=f_4(v)=2\pi^2v^3\left(\dfrac{m}{2\pi kT}\right)^{\frac{4}{2}}\mathrm{e}^{-mv^2/2kT},\\ f_4(v)\text{：四维理想气体分子速率分布函数.}\end{cases}$$

(2) 由 $f^*(v)=f_4(v)$，可知出射分子束中分子平均平动动能为

$$\overline{\frac{1}{2}mv^{*2}}=\overline{\frac{1}{2}mv_4^2}=4\times\frac{1}{2}kT=2kT. \qquad (2\text{ 分})$$

此平均平动动能高于出射前平均平动动能，容器内余下气体必定要降温. 据此需先导出容器内余下气体的温度 T 与剩余分子数 N 之间的函数关系.

通常约定，若无特殊证明，在讨论的温度范围内，热运动振动自由度未被激发，故分子热运动平均能量为

$$\bar{\varepsilon}=\beta\varepsilon_{\mathrm{f}}=\frac{\beta}{2}kT\begin{cases}\text{单原子分子：}\beta=3,\\ \text{双原子分子：}\beta=5,\\ \text{其他略.}\end{cases}$$

对初态(N_0，T_0)、中间态(N，T)，出射分子数($-\mathrm{d}N$)，余下 $N+\mathrm{d}N$ 个分子，达新的平衡态温度 $T+\mathrm{d}T$，其间关联式为

$$(N+\mathrm{d}N)\cdot\frac{\beta}{2}k(T+\mathrm{d}T)+(-\mathrm{d}N)\frac{\beta+1}{2}kT=N\cdot\frac{\beta}{2}kT,$$

$$\Rightarrow\quad \beta N\mathrm{d}T=T\mathrm{d}N,$$

$$\Rightarrow\quad \beta\int_{T_0}^{T}\frac{\mathrm{d}T}{T}=\int_{N_0}^{N}\frac{\mathrm{d}N}{N},$$

$$\Rightarrow\quad T=\left(\frac{N}{N_0}\right)^{\frac{1}{\beta}}T_0\begin{cases}\beta=3\text{：}T=\left(\dfrac{N}{N_0}\right)^{\frac{1}{3}}T_0,\\ \beta=5\text{：}T=\left(\dfrac{N}{N_0}\right)^{\frac{1}{5}}T_0.\end{cases}$$

(附注：本题故意把与 $T\sim N$ 直接关联的提问内容放在(2.2)中，为的是增加(2.1)问求解的难度.)

(2.1) $\mathrm{d}t$ 时间内通过小孔 S_0 射出的分子数为

$$-\mathrm{d}N=\frac{1}{4}n\bar{v}S_0\mathrm{d}t,\ n=N/V_0,\ \bar{v}=\sqrt{8kT/\pi m}=\sqrt{8RT/\pi\mu},$$

$$\Rightarrow\quad -\mathrm{d}N=\frac{1}{4}\frac{N}{V_0}\sqrt{\frac{8kT}{\pi m}}S_0\mathrm{d}t\qquad\left(\text{由 }T=\left(\frac{N}{N_0}\right)^{\frac{1}{\beta}}T_0\text{ 得}\sqrt{T}=\left(\frac{N}{N_0}\right)^{\frac{1}{2\beta}}\sqrt{T_0}\right)$$

$$=\frac{1}{4}\frac{N}{V_0}\sqrt{\frac{8kT_0}{\pi m}}\left(\frac{N}{N_0}\right)^{\frac{1}{2\beta}}S_0\mathrm{d}t$$

$$=\frac{1}{4}\frac{N}{V_0}\frac{N^{\frac{1}{2\beta}}}{N_0^{\frac{1}{2\beta}}}\sqrt{\frac{8kT_0}{\pi m}}\cdot S_0\mathrm{d}t,$$

积分

$$-\int_{N_0}^{N}N^{-\left(1+\frac{1}{2\beta}\right)}\mathrm{d}N=\sqrt{\frac{kT_0}{2\pi m}}\frac{S_0}{V_0}N_0^{-\frac{1}{2\beta}}\int_0^t\mathrm{d}t,$$

$$\Rightarrow\quad -\left(-2\beta N^{-\frac{1}{2\beta}}\right)\Big|_{N_0}^{N}=\sqrt{\frac{kT_0}{2\pi m}}\frac{S_0}{V_0}N_0^{-\frac{1}{2\beta}}t,$$

得

$$t=2\beta\left[\left(\frac{N_0}{N}\right)^{\frac{1}{2\beta}}-1\right]\sqrt{\frac{2\pi m}{kT_0}}\,\frac{V_0}{S_0},$$

$$\Rightarrow\quad N=\frac{N_0}{2}\text{ 时，}t=2\beta(2^{\frac{1}{2\beta}}-1)\sqrt{2\pi m/kT_0}\,\frac{V_0}{S_0}$$

$$=2\beta(2^{\frac{1}{2\beta}}-1)\sqrt{2\pi\mu/RT_0}\,\frac{V_0}{S_0}.$$

算例：($\beta=5$)

$$t=10\times(2^{\frac{1}{10}}-1)\sqrt{\frac{2\times3.14\times32\times10^{-3}}{8.31\times300}}\times\frac{10^{-3}}{10^{-6}}\text{s}=6.44\text{s}.\qquad(6\text{ 分})$$

(2.2)容器内剩余气体分子数 $N=N_0/2$ 时，温度为

$$T=\left(\frac{1}{2}\right)^{\frac{1}{\beta}}T_0.$$

使其温度升至 T_0，所需热量

$$Q=\frac{N_0}{2}\times\frac{\beta}{2}k(T_0-T)=\frac{\beta}{4}R\left[T_0-\left(\frac{1}{2}\right)^{\frac{1}{\beta}}T_0\right],$$

$$\Rightarrow\quad Q=\frac{\beta}{4}R\left[1-\left(\frac{1}{2}\right)^{\frac{1}{\beta}}\right]T_0.$$

算例：($\beta=5$)

$$Q=\frac{5}{4}\times8.31\times\left(1-\frac{1}{\sqrt[5]{2}}\right)\times300\text{J}=403\text{J}.\qquad(6\text{ 分})$$

21. (22 分)

(1) 参照题解图，导体块左、右表面积同记为 S，面间距记为 l. t 时刻导体块下落加速度和速度分别记为 $\boldsymbol{a}$，$\boldsymbol{v}$，内部电场强度记为 $\boldsymbol{E}$，自由电子受水平方向电场作用力为

$$\boldsymbol{f}=-e(\boldsymbol{v}\times\boldsymbol{B}+\boldsymbol{E}),$$

或可表述为

$$\boldsymbol{f}=-e\boldsymbol{E}^*,\ \boldsymbol{E}^*=\boldsymbol{v}\times\boldsymbol{B}+\boldsymbol{E}\begin{cases}\text{方向以朝右为正，}\\ \text{大小 }E^*=vB-E.\end{cases}$$

此力可与直流电路中自由电子受静电场 $\boldsymbol{E}_0$ 作用力

$$\boldsymbol{f}_0=-e\boldsymbol{E}_0$$

类比．直流电路中 $\boldsymbol{f}_0$ 使自由电子逆着 $\boldsymbol{E}_0$ 方向运动，形成电流密度

$$\boldsymbol{j}_0=\boldsymbol{E}_0/\rho,$$

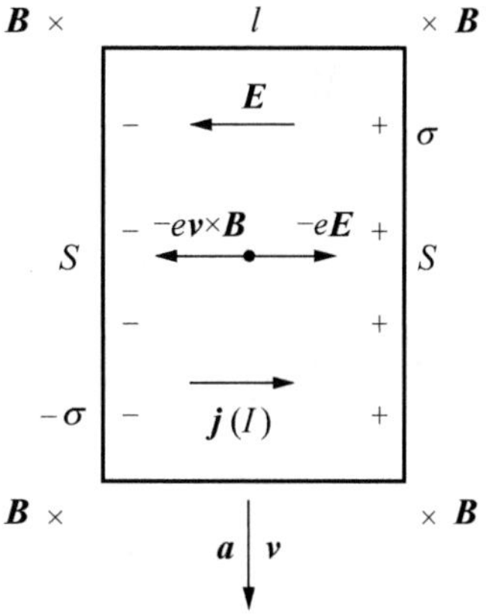

题解图

同理，此处导体块中自由电子受电磁作用力 $-e\boldsymbol{E}^*$，使自由电子逆着 $\boldsymbol{E}^*$ 方向运动，形成电流密度

$$\boldsymbol{j}=\boldsymbol{E}^*/\rho\begin{cases}\text{方向朝右为正，}\\ \text{大小 }j=E^*/\rho=(vB-E)/\rho.\end{cases}$$

导体中 $\boldsymbol{j}$ 形成的从左到右方向的电流为

$$I = jS,$$

受安培力

$$\boldsymbol{F}\begin{cases}\text{方向朝上,}\\ \text{大小 } F = IBl = jB(Sl).\end{cases}$$

据牛顿第二定律，有

$$(\rho_{\mathrm{m}}Sl)a = (\rho_{\mathrm{m}}Sl)\frac{\mathrm{d}v}{\mathrm{d}t} = (\rho_{\mathrm{m}}Sl)g - jBSl,$$

得

$$a = \frac{\mathrm{d}v}{\mathrm{d}t} = g - \frac{jB}{\rho_{\mathrm{m}}}.$$

可为未知量 j，v，E，σ 建立下述方程组

$$\begin{cases} \left.\begin{array}{l} j = (vB - E)/\rho, \\ j = \mathrm{d}\sigma/\mathrm{d}t, \end{array}\right\} vB - E = \rho\dfrac{\mathrm{d}\sigma}{\mathrm{d}t} \\ E = \sigma/\varepsilon_0, \\ \dfrac{\mathrm{d}v}{\mathrm{d}t} = g - \dfrac{jB}{\rho_{\mathrm{m}}}, \end{cases}$$

消去 E，j，得

$$\begin{cases} vB - \dfrac{\sigma}{\varepsilon_0} = \rho\dfrac{\mathrm{d}\sigma}{\mathrm{d}t}, \quad \Rightarrow \quad B\dfrac{\mathrm{d}v}{\mathrm{d}t} - \dfrac{1}{\varepsilon_0}\dfrac{\mathrm{d}\sigma}{\mathrm{d}t} = \rho\dfrac{\mathrm{d}^2\sigma}{\mathrm{d}t^2}, \\ \dfrac{\mathrm{d}v}{\mathrm{d}t} = g - \dfrac{B}{\rho_{\mathrm{m}}}\dfrac{\mathrm{d}\sigma}{\mathrm{d}t}. \end{cases}$$

消去 $\mathrm{d}v/\mathrm{d}t$，得

$$gB - \frac{B^2}{\rho_{\mathrm{m}}}\frac{\mathrm{d}\sigma}{\mathrm{d}t} - \frac{1}{\varepsilon_0}\frac{\mathrm{d}\sigma}{\mathrm{d}t} = \rho\frac{\mathrm{d}^2\sigma}{\mathrm{d}t^2},$$

或简写为

$$\ddot{\sigma} + \frac{1}{\rho}\left(\frac{1}{\varepsilon_0} + \frac{B^2}{\rho_{\mathrm{m}}}\right)\frac{\mathrm{d}\sigma}{\mathrm{d}t} = gB/\rho. \qquad (*)(8\text{分})$$

(2)

(2.1)方程(∗)可改述为以 $\dot{\sigma}$ 作为待求函数的一阶微分方程

$$\frac{\mathrm{d}\dot{\sigma}}{\mathrm{d}t} + \alpha\dot{\sigma} = gB/\rho,\ \alpha = \frac{1}{\rho}\left(\frac{1}{\varepsilon_0} + \frac{B^2}{\rho_{\mathrm{m}}}\right),$$

它的齐次通解和非齐次特解分别为

$$\dot{\sigma}_0 = C\mathrm{e}^{-\alpha t} \quad \text{和} \quad \dot{\sigma}^* = gB/\alpha\rho,$$

原非齐次通解便为

$$\dot{\sigma} = \dot{\sigma}_0 + \dot{\sigma}^* = C\mathrm{e}^{-\alpha t} + \frac{gB}{\alpha\rho},$$

利用初条件

$$t = 0\text{ 时},\ \dot{\sigma} = j = 0,$$

得

$$C=-gB/\alpha\rho,\quad \Rightarrow\quad \dot{\sigma}=\frac{gB}{\alpha\rho}(1-e^{-\alpha t}),$$

积分

$$\int_0^{\sigma}d\sigma=\int_0^t\frac{gB}{\alpha\rho}(1-e^{-\alpha t})\,dt,$$

得

$$\sigma=\frac{gB}{\alpha\rho}\left[t+\frac{1}{\alpha}(e^{-\alpha t}-1)\right].\qquad(4\text{分})$$

(2.2)由

$$j=\dot{\sigma}=\frac{gB}{\alpha\rho}(1-e^{-\alpha t}),\quad a=g-\frac{jB}{\rho_m},$$

得

$$a=g-\frac{gB^2}{\alpha\rho\rho_m}(1-e^{-\alpha t}),$$

继而得

$$v=\int_0^v dv=\int_0^t a\,dt=\int_0^t\left[g-\frac{gB^2}{\alpha\rho\rho_m}(1-e^{-\alpha t})\right]dt,$$

$$\Rightarrow\quad v=gt\left(1-\frac{B^2}{\alpha\rho\rho_m}\right)+\frac{gB^2}{\alpha^2\rho\rho_m}(1-e^{-\alpha t}).\qquad(6\text{分})$$

附注：也可由

$$j=(vB-E)/\rho,\quad \Rightarrow\quad vB-E=\rho\dot{\sigma},\ E=\sigma/\varepsilon_0$$

得

$$v=\frac{1}{B}\left(\frac{\sigma}{\varepsilon_0}+\rho\dot{\sigma}\right),\quad \begin{cases}\dot{\sigma}=\dfrac{gB}{\alpha\rho}(1-e^{-\alpha t}),\\ \sigma=\dfrac{gB}{\alpha\rho}\left[t+\dfrac{1}{\alpha}(e^{-\alpha t}-1)\right],\end{cases}$$

$$\Rightarrow\quad v=\frac{g}{\alpha\varepsilon_0\rho}t+\frac{g}{\alpha}\left(1-\frac{1}{\alpha\varepsilon_0\rho}\right)(1-e^{-\alpha t}).$$

利用

$$\alpha=\frac{1}{\rho}\left(\frac{1}{\varepsilon_0}+\frac{B^2}{\rho_m}\right),\quad \Rightarrow\quad \frac{1}{\varepsilon_0}=\alpha\rho-\frac{B^2}{\rho_m},$$

可得

$$\frac{g}{\alpha\varepsilon_0\rho}t=\frac{g}{\alpha\rho}\left(\alpha\rho-\frac{B^2}{\rho_m}\right)t=gt\left(1-\frac{B^2}{\alpha\rho\rho_m}\right),$$

$$\begin{aligned}\frac{g}{\alpha}\left(1-\frac{1}{\alpha\varepsilon_0\rho}\right)(1-e^{-\alpha t})&=\frac{g}{\alpha}\left[1-\frac{1}{\alpha\rho}\left(\alpha\rho-\frac{B^2}{\rho_m}\right)\right](1-e^{-\alpha t})\\&=\frac{g}{\alpha}\left[1-1+\frac{B^2}{\alpha\rho\rho_m}\right](1-e^{-\alpha t})\\&=\frac{gB^2}{\alpha^2\rho\rho_m}(1-e^{-\alpha t}),\end{aligned}$$

与前面所得 $v(t)$ 表述式一致.

北京大学 2016 年金秋营基础学业能力测试物理试题

题号	一	二	三					总分
	(1—5)	(6—10)	11	12	13	14	15	
得分								

一、单项选择题(每题 3 分，共 15 分)

1. 下列过程中

(a) 水在 1 atm，25℃下蒸发；

(b) 冰在 1 atm，25℃下融化；

(c) 理想气体准静态绝热膨胀；

(d) 理想气体准静态等温膨胀；

(e) 理想气体准静态等压加热；

(f) 理想气体向真空绝热膨胀.

其中系统对外做正功的是：(　　)

A. (a)，(c)，(d)，(e)；　B. (a)，(b)，(c)，(e)；　C. (b)，(d)，(e)，(f)；

D. (b)，(c)，(d)，(f).

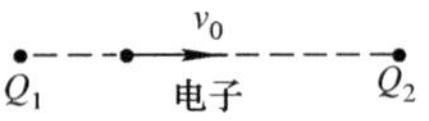

2. 如图所示，两个固定的点电荷，彼此分离，电量 $Q_1>0$，电量 $Q_2>0$，且有 $Q_1>Q_2$. 它们的连线上有一个电子，位于其间，且与 Q_1 的间距小于与 Q_2 的间距. 开始时电子具有朝着 Q_2 的速度 $\boldsymbol{v}_0$，下面的陈述中正确的是：(　　)

A. 无论 v_0 多大，电子都不能与 Q_2 相碰；

B. 电子将一直做减速运动，电子不能与 Q_2 相碰；

C. 电子将一直做减速运动，但有可能与 Q_2 相碰；

D. 只要 v_0 足够大，电子一定能与 Q_2 相碰.

3. 下列说法中正确的是：(　　)

A. 卢瑟福实验中发现许多 α 粒子被金箔大角度散射，这表明 α 粒子很难进入金箔原子内部；

B. β 衰变中产生的 β 射线是原子核外电子摆脱原子束缚后形成的电子束；

C. 通过化学反应无法改变放射性元素的半衰期；

D. 较小比结合能的原子核不稳定，容易发生裂变.

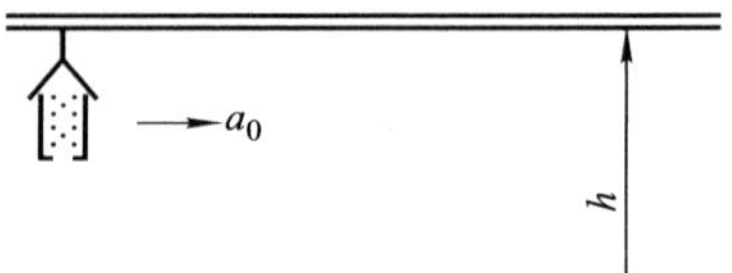

4. 如图所示，在水平地面上方 h 高处，有一足够长的水平固定横梁，底部悬挂一个静止的盛水小桶 . 某时刻开始，小桶以 $a_0=g/2$ 的匀加速度水平朝右运动，同时桶底小孔向下漏水，单位时间内的漏水量相同. 当小桶行进路程恰好为 $h/2$ 时，水全部流尽. 略去漏水相对

水桶的初速度，再设水到达地面既不反弹也不流动．将地面上形成的水线长度记为 l，水线上水的质量线密度记为 λ，则必有(　　)

A. $l=\frac{5}{4}h$，从水线左端到右端 λ 递减；

B. $l=\frac{3}{2}h$，从水线左端到右端 λ 递减；

C. $l=\frac{3}{2}h$，从水线左端到右端 λ 递增；

D. $l=\frac{7}{4}h$，从水线左端到右端 λ 递增.

5. 如图所示的长方体形均匀电阻板，其厚度为 a，宽度为 $4a$，长度为 $5a$．取 3 块这样的电阻板，可合成不同的大长方体整体电阻板，其中小板间接触面线度结构必须相同．设电流从大电阻板的一个端面均匀流向对应的另一个端面，测得的电阻记为 R_i，则 R_i 中最大值 R_{max} 与最小值 R_{min} 的比值为(　　)

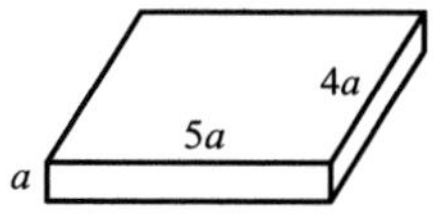

A. 9；　　B. $14\frac{1}{6}$；　　C. 225；　　D. $27\frac{1}{4}$.

二、填空题(每题两空，每空 2 分，共 20 分)

6. 质量为 M 的男子站着乘电梯，从 1 楼到 5 楼的时间段内，对电梯底板的平均压力记为 $\overline{N}_1$，与 Mg 相比，其间大小关系必定是 $\overline{N}_1$ ________ Mg．该男子接着又乘电梯从 5 楼降到 1 楼，该时间段内对电梯底板的平均压力记为 $\overline{N}_2$，与 $\overline{N}_1$ 相比，其间大小关系必定是 $\overline{N}_2$ ________ $\overline{N}_1$．(两空均填“大于”、“等于”或“小于”)

7. 如图所示，与水平地面夹角为锐角的斜面底端 A 向上有三个等间距点 B_1，B_2 和 B_3，即 $\overline{AB_1}=\overline{B_1B_2}=\overline{B_2B_3}$．小滑块 P 以初速 v_0 从 A 出发，沿斜面向上运动．先设置斜面与滑块间处处无摩擦，则滑块到达 B_3 位置刚好停下，而后下滑．若设置斜面 AB_1 部分与滑块间有处处相同的摩擦，其余部位与滑块间仍无摩擦，则滑块上行到 B_2 位置刚好停下，而后下滑．接下来，滑块下滑到 B_1 位置时速度大小为________，回到 A 端时速度大小为________.

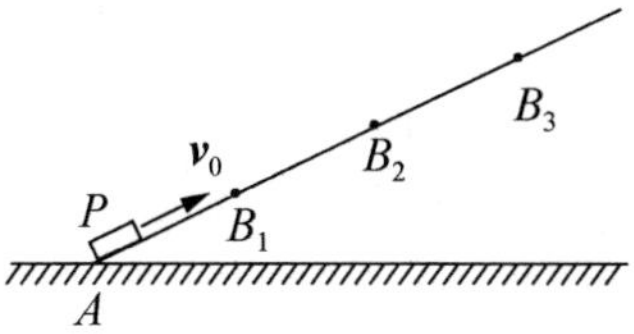

8. 北京家庭采用电压为 220V 的供电，香港家庭采用电压为 200V 的供电．北京厨房间内一支“220 V，50 W”照明用的灯泡，若改用 200 V 的供电，使用相同的时间可以节省电能百分之________(保留 2 位有效数字)．如果采用 200 V 供电的同时，又不减弱厨房照明亮度，则原灯泡电阻丝要换成电阻为________ Ω 的新电阻丝.

9. 将地球半径 R、自转周期 T、地面重力加速度 g 取为已知量，则地球同步人造卫星的轨道半径为________ R，轨道速度对第一宇宙速度的比值为________.

10. 如图所示，每边长为 a 的等边三角形区域内有匀强磁场，磁感应强度 $\boldsymbol{B}$ 的方向垂直图平面朝外．每边长为 a 的等边三角形导体框架 ABC，在 $t=0$ 时恰好与磁场区的边界重合，而后以周期 T 绕其中心沿顺时针方向匀速旋转，于是在框架 ABC 中有感应电流.

规定电流按 A—B—C—A 方向流动时电流强度取为正，反向流动时取为负. 设框架 ABC 的总电阻为 R，则从 $t=0$ 到 $t_1=T/6$ 时间内平均电流强度 $\bar{I}_1=$________；从 $t=0$ 到 $t_2=T/2$ 时间内平均电流强度 $\bar{I}_2=$________.

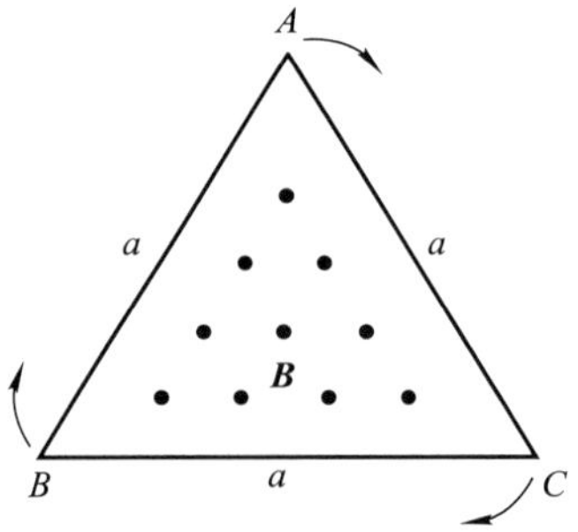

三、计算题(共 5 小题，总 65 分)

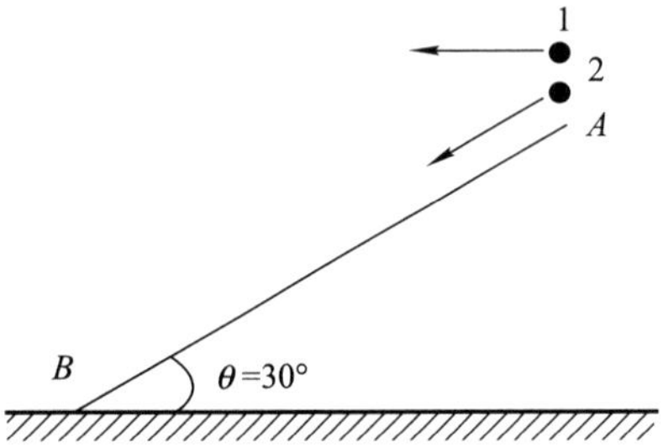

11. (10 分)如图所示，倾角 $\theta=30^\circ$的光滑斜面顶端 A 处有两个质点，质点 1 以某个初速度水平朝左抛出，质点 2 同时以某个初速度沿斜面下滑. 已知质点 1、2 同时到达斜面底端 B 处. 引入比值

$\gamma=$质点 1 初速度大小 / 质点 2 初速度大小，

试求 γ.

12. (12 分)由高 H_1、密度 ρ_1 和高 H_2、密度 ρ_2 的两块小长方体连接成的长方体，竖直地浸在密度为 ρ_0 的液体中，平衡时液面恰好在 ρ_1，ρ_2 的界面位置，如图 1 所示 .

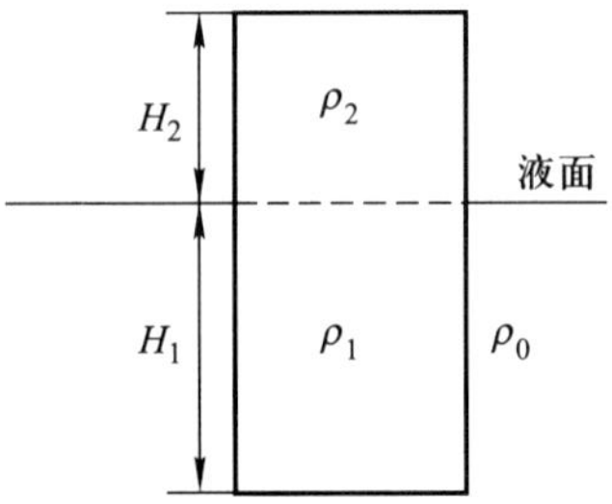

图 1

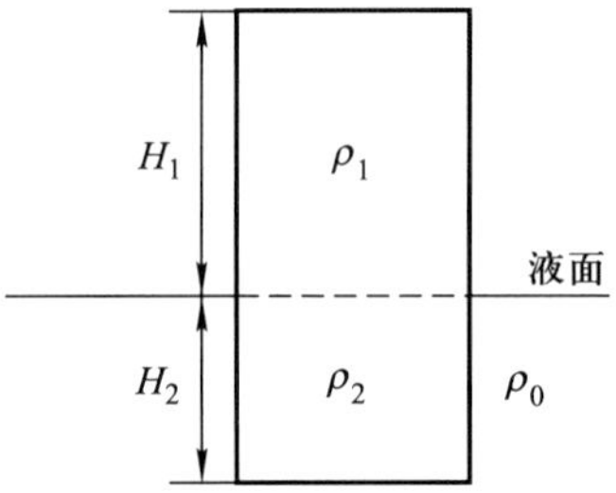

图 2

(1) (本小问已知量为 H_1，H_2)若将长方体如图 2 所示倒立在该液体中，试求自由释放后瞬间，长方体加速度 $\boldsymbol{a}$ 的方向和大小.

(2) (本小问已知量为 H_1，H_2，ρ_1，ρ_0)切去 H_1，ρ_1 部分，余下 H_2，ρ_2 小长方体竖直浸在该液体中，能否平衡地浮在其上？若能，试求浮出部分高度 h.(本题只考虑重力和浮力)

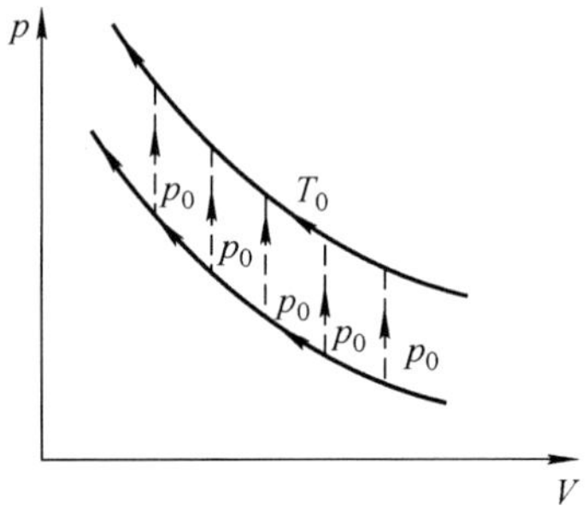

13. (14 分)某单原子分子理想气体的压缩过程，如图中左下方的过程曲线所示 . 将此过程线每一个状态的压强朝上平移 p_0，保持体积不变，平移所得曲线恰好是温度为 T_0 的该气体等温压缩线.

(1) 试找出左下方过程曲线内含的吸热区域(定义为其中每一个无穷小过程都是吸热过程的区域)和放热区域(其中每一个无穷小过程都是放热的区域),要求这些区域均由坐标 p 的取值范围来界定.

(2) 导出此过程的摩尔热容量 C_m 随 p 变化的函数 $C_m \sim p$.

14.(14分)如图所示,将半径为 R 的球面等分成8份,取走7份,留下的一份使其均匀带电,电荷面密度为 σ.

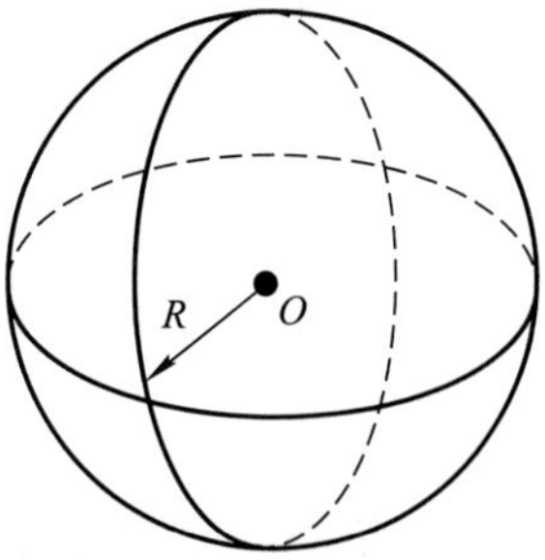

(1) 试求球心 O 处的电场强度大小 $E_{壳}(0)$.

(2) 再求均匀带电的半球体和相应的均匀带电八分之一球体在球心 O 处的场强大小 $E'_{体}(0)$ 和 $E_{体}(0)$,设电荷体密度为 ρ.

(3) 定性分析为何 $E_{壳}(0)$ 和 $E_{体}(0)$ 各自与 R 的关系不同.

15.(15分)

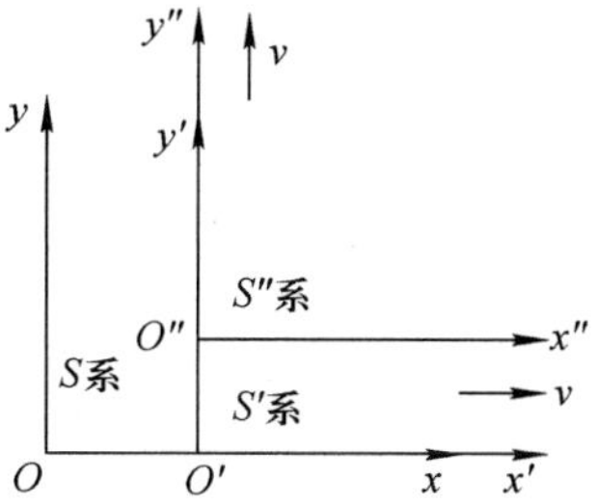

图1

(1) 三个惯性系 S,S',S'' 如图1所示,其中 S' 系沿 S 系的 x 轴以匀速度 v 相对 S 系运动,x' 轴与 x 轴重合,y' 轴与 y 轴平行. S'' 系沿 S' 系的 y' 轴以匀速度 v 相对 S' 系运动,y'' 轴与 y' 轴重合,x'' 轴与 x' 轴平行. 三个坐标系的原点 O,O',O'' 重合时,设定 $t=t'=t''=0$.

(1.1) 定量导出 x'' 轴在 S 系中的投影线方程,若为直线,确定其斜率;

(1.2) 定量导出 y'' 轴在 S 系中的投影线方程,若为直线,判定:S 系认为 y'' 轴与 y 轴平行吗?

(2) 如图2所示,一个每边静长同为 l 的正方形框架 $ABCD$,开始时静止在惯性系 S 中,A 在 O 点,AB 杆与 x 轴重合,AD 杆与 y 轴重合. 而后通过单方向持续加速,框架在 S 系中沿着虚线所示方向做速度为 $\boldsymbol{v}$ 的匀速运动.

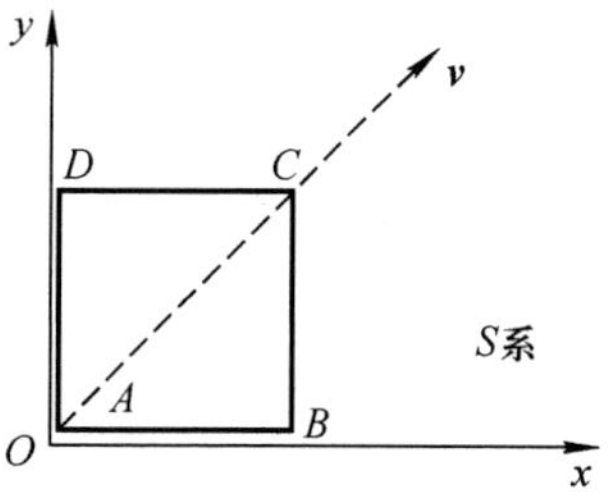

图2

(2.1) 在 S 系中导出 AB 杆与 x 轴夹角 θ_{AB},若 $\theta_{AB} \neq 0$,则需指明 AB 杆朝 x 轴上方还是下方偏转.

(2.2) 在 S 系中导出 AD 杆与 y 轴夹角 θ_{AD},若 $\theta_{AD} \neq 0$,则需指明 AD 杆朝 y 轴右方还是左方偏转.

参考解答与评分标准

一、单项选择题(每题 3 分，共 15 分)

1. A

2. D

3. C

4. B

5. C

二、填空题(每题两空，每空 2 分，共 20 分)

6. 等于，等于.

7. $\sqrt{\frac{1}{3}}v_0$，$\sqrt{\frac{1}{3}}v_0$.

8. 17，800.

9. $(gT^2/4\pi^2R)^{\frac{1}{3}}$，$(4\pi^2R/gT^2)^{\frac{1}{6}}$.

10. $\sqrt{3}Ba^2/2RT$，$Ba^2/2\sqrt{3}RT$.

11. (10 分)

将斜面顶端高度记为 H，质点 1，2 从 A 到 B 所经时间记为 t，1，2 初速度大小分别记为 v_1，v_2. 对质点 2，因

$$H=\frac{1}{2}gt^2,\quad\Rightarrow\quad t=\sqrt{\frac{2H}{g}},$$

有

$$H/\sin30^\circ=v_2t+\frac{1}{2}(g\sin30^\circ)t^2,$$

$$\Rightarrow\quad \frac{1}{2}gt^2=H=\frac{1}{2}\left(v_2t+\frac{1}{4}gt^2\right),$$

$$\Rightarrow\quad gt=v_2+\frac{1}{4}gt,\quad\Rightarrow\quad v_2=\frac{3}{2\sqrt{2}}\sqrt{gH}.\qquad(4\text{ 分})$$

对质点 1，有

$$H/\tan30^\circ=v_1t=v_1\sqrt{\frac{2H}{g}},$$

$$\Rightarrow\quad v_1=\sqrt{\frac{3}{2}}\sqrt{gH},\qquad(4\text{ 分})$$

得

$$\gamma=v_1/v_2=\frac{2}{\sqrt{3}}.\qquad(2\text{ 分})$$

12.（12 分）

（1）由图 1，得力平衡方程：

$$H_1S\rho_0g=H_1S\rho_1g+H_2S\rho_2g,\ S\text{：长方体截面积}$$
$$\Rightarrow\quad H_1\rho_0=H_1\rho_1+H_2\rho_2.$$

对图 2，设 $\boldsymbol{a}$ 向上为正，有

$$\begin{aligned}(H_1S\rho_1+H_2S\rho_2)a&=H_2S\rho_0g-(H_1S\rho_1+H_2S\rho_2)g\\&=H_2S\rho_0g-H_1S\rho_0g,\end{aligned}$$

得

若 $H_2>H_1$，则 $\boldsymbol{a}$ 竖直向上，$a=(H_2-H_1)g/H_1$，

$H_2=H_1$，则 $\boldsymbol{a}=0$，

$H_2<H_1$，则 $\boldsymbol{a}$ 竖直向下，$|a|=(H_1-H_2)g/H_1$. （6 分）

（2）由

$$\begin{cases}\text{浮在液体中的条件：}\rho_2\leqslant\rho_0,\\ \text{图 1 力平衡方程：}H_1\rho_0=H_1\rho_1+H_2\rho_2,\end{cases}$$

得

若 $H_2\geqslant\left(1-\dfrac{\rho_1}{\rho_0}\right)H_1$，　则小长方体能平衡地浮在其上，

若 $H_2<\left(1-\dfrac{\rho_1}{\rho_0}\right)H_1$，　则小长方体不能平衡地浮在其上.

取 $H_2\geqslant\left(1-\dfrac{\rho_1}{\rho_0}\right)H_1$，力平衡方程为

$$(H_2-h)S\rho_0=H_2S\rho_2,$$

与

$$H_1\rho_0=H_1\rho_1+H_2\rho_2$$

联立，可得

$$h=H_2-\left(1-\frac{\rho_1}{\rho_0}\right)H_1.\qquad(6\text{ 分})$$

13.（14 分）

（1）无穷小过程

$$\mathrm{d}Q=p\,\mathrm{d}V+\frac{3}{2}\nu R\,\mathrm{d}T,\qquad \mathrm{d}p>0,\ \mathrm{d}V<0.$$

过程方程

$$\left.\begin{aligned}(p+p_0)V=\nu RT_0,\\ pV=\nu RT,\end{aligned}\right\}\ \Rightarrow\ \nu RT=\nu RT_0-p_0V,\quad\Rightarrow\ \nu R\,\mathrm{d}T=-p_0\,\mathrm{d}V.$$

代入 $\mathrm{d}Q$ 式，得

$$\mathrm{d}Q=p\,\mathrm{d}V+\frac{3}{2}(-p_0\,\mathrm{d}V)=\left(p-\frac{3}{2}p_0\right)\mathrm{d}V,\qquad \mathrm{d}V<0.$$

结论：

$p > \frac{3}{2}p_0$：$dV < 0$，$dQ < 0$，放热区域；

$p = \frac{3}{2}p_0$：$dV < 0$，$dQ = 0$，吸、放热区域转换点；

$0 < p < \frac{3}{2}p_0$：$dV < 0$，$dQ > 0$，吸热区域.　　（10 分）

（2）

$$C_m = \frac{dQ}{\nu dT} = \frac{\left(p - \frac{3}{2}p_0\right)dV}{-\frac{p_0}{R}dV},$$

$$\Rightarrow \quad C_m = \left(\frac{3}{2} - \frac{p}{p_0}\right)R. \qquad （4 分）$$

14.（14 分）

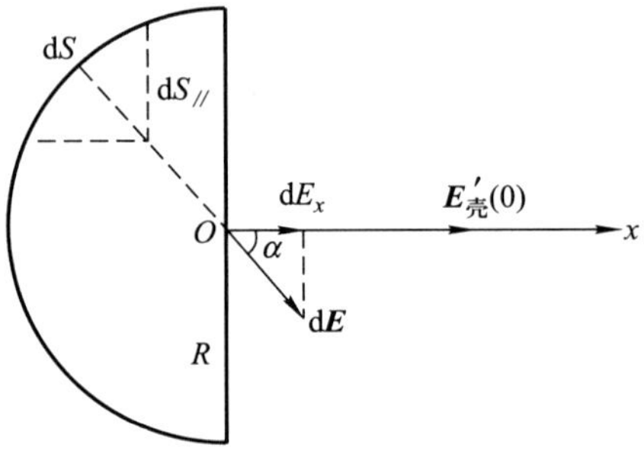

题解图 1

（1）出于对称性考虑，将$\frac{1}{8}$球面补为半球面，且电荷面密度仍为 σ. 如题解图 1 所示，过球心 O 作垂直于半球面底圆的 x 轴. 因对称性，均匀带电半球面在球心 O 处的场强 $\boldsymbol{E}'_{壳}(0)$必沿 x 轴方向，因此 $\boldsymbol{E}'_{壳}(0)$必定是仅仅由半球面上各部分电荷在 O 点场强的 x 方向分量合成.

在半球面上取面积为 dS 的小面元，其上电量为 σdS. 它在 O 点产生的场强记为 $d\boldsymbol{E}$，总可将半球面绕 x 轴旋转，使得 $d\boldsymbol{E}$ 在题解图 1 的纸平面上，这样面元 dS 在图中可用一小段圆弧代表. 将 $d\boldsymbol{E}$ 与 x 轴的夹角记为 α，则 $d\boldsymbol{E}$ 在 x 轴分量便为

$$dE_x = dE \cdot \cos\alpha, \quad dE = \sigma dS / 4\pi\varepsilon_0 R^2,$$

$$\Rightarrow \quad dE_x = \frac{\sigma}{4\pi\varepsilon_0 R^2} dS \cdot \cos\alpha.$$

由于 dS 非常小，面元可处理为平面的小部分，根据几何学中的“面积射影定理”，dS 在半球面底圆面上的投影量 $dS_{/\!/}$ 可表述为

$$dS_{/\!/} = dS\cos\alpha,$$

即得

$$dE_x = \frac{\sigma}{4\pi\varepsilon_0 R^2} dS_{/\!/},$$

$\boldsymbol{E}'_{壳}(0)$的大小为全部 dE_x 的叠加，即得

$$E'_{壳}(0) = \int_{半球面} dE_x = \frac{\sigma}{4\pi\varepsilon_0 R^2}\int_{半球面} dS_{/\!/}, \quad \int_{半球面} dS_{/\!/} = \pi R^2,$$

$$\Rightarrow \quad E'_{壳}(0) = \sigma / 4\varepsilon_0.$$

半球面由四个$\frac{1}{8}$球面对称地拼成，每一个均匀带电的$\frac{1}{8}$球面在球心O的场强方向对称，大小相同，合成上面已解得的$\boldsymbol{E}'_{壳}(0)$. 设题解图2所示的一个$\frac{1}{8}$球面电荷在O点场强为$\boldsymbol{E}_{壳}(0)$，那么$\boldsymbol{E}_{壳}(0)$的x轴分量$E_{壳}(0)_x$与$E'_{壳}(0)$之间必有

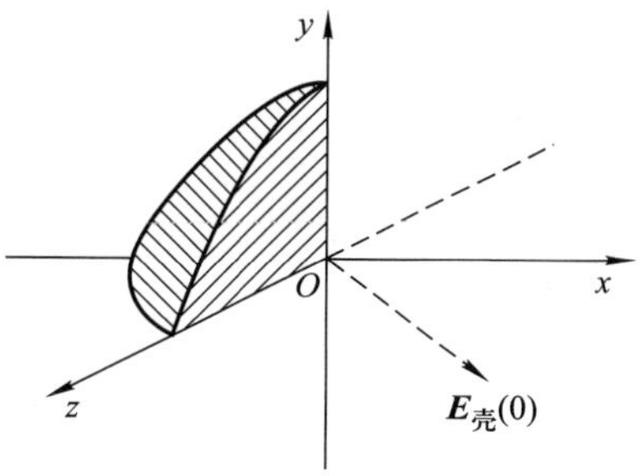

题解图2

$$E'_{壳}(0)=4E_{壳}(0)_x.$$

由于对称性，$\boldsymbol{E}_{壳}(0)$与x，y，z轴的夹角都相同，可以设想一个以$E_{壳}(0)_x$，$E_{壳}(0)_y$，$E_{壳}(0)_z$为三条棱的立方体，那么$E_{壳}(0)$即为立方体的对角线，因此

$$E_{壳}(0)=\sqrt{3}E_{壳}(0)_x=\frac{\sqrt{3}}{4}E'_{壳}(0),\ E'_{壳}(0)=\sigma/4\varepsilon_0,$$

$$\Rightarrow\quad E_{壳}(0)=\sqrt{3}\sigma/16\varepsilon_0. \qquad (8\text{分})$$

(2)将球体问题归结为已解决的球面问题，可将半径为R的半球体或$\frac{1}{8}$球体分解为一系列很薄的半球壳或$\frac{1}{8}$薄球壳，壳的内半径统一地记为r，厚度为小量$\mathrm{d}r$，其中r的变化范围为$0\to R$. 半球壳或$\frac{1}{8}$球壳内、外表面积记为$S(r)$，各自的体积和电量为

$$\mathrm{d}V=S(r)\mathrm{d}r,\ \mathrm{d}Q=\rho\mathrm{d}V=\rho S(r)\mathrm{d}r.$$

很薄的半球壳或$\frac{1}{8}$球壳均可处理为半球面或$\frac{1}{8}$球面，电荷面密度便为

$$\sigma=\mathrm{d}Q/S(r)=\rho\mathrm{d}r.$$

据(1)问解答已得的公式，它们在球心处场强的大小分别为

$$\mathrm{d}E'_{壳}(0)=\sigma/4\varepsilon_0=\rho\mathrm{d}r/4\varepsilon_0,\ \mathrm{d}E_{壳}(0)=\sqrt{3}\sigma/16\varepsilon_0=\sqrt{3}\rho\mathrm{d}r/16\varepsilon_0.$$

因此，半球体和$\frac{1}{8}$球体球心处场强的大小分别为

$$E'_{体}(0)=\rho R/4\varepsilon_0,\ E_{体}(0)=\sqrt{3}\rho R/16\varepsilon_0. \qquad (4\text{分})$$

(3)

$$E_{壳}(0)=\sqrt{3}\sigma/16\varepsilon_0,\text{与}R\text{无关},$$

$$E_{体}(0)=\sqrt{3}\rho R/16\varepsilon_0,\text{与}R\text{线性相关，即随}R\text{线性增大}.$$

定性分析：库仑力与距离二次方成反比，点电荷场强因此随距离二次方成反比地减小. 球面上电荷面密度为常量时，其带电量随球半径二次方成正比地增大，但球面上各处电荷对球心处场强大小的贡献却随半径二次方成反比地减小，这种增大与减小的两个因素的合成效果是球心处场强大小保持不变. 球体上电荷体密度保持为常量时，其带电量随球半径三次方成正比地增大，因此合成效果使球心处场强随球半径一次方增大. (2分)

15.（15 分）

（1）

（1.1）由 $S''\sim S'$ 和 $S'\sim S$ 间的下述洛伦兹变换式

$$y''=\frac{y'-vt'}{\sqrt{1-\beta^2}},\ y'=y,\ t'=\frac{t-\frac{v}{c^2}x}{\sqrt{1-\beta^2}},\ \beta=\frac{v}{c},$$

可得

$$y''=\frac{y}{\sqrt{1-\beta^2}}-\frac{vt-\beta^2 x}{1-\beta^2}.$$

将 S'' 系中 x'' 轴的直线方程

$$y''=0$$

代入上式，即得 x'' 轴在 S 系中的投影线方程为

$$y=-\frac{\beta^2}{\sqrt{1-\beta^2}}x+\frac{vt}{\sqrt{1-\beta^2}}.$$

此投影仍为直线，其斜率为

$$k=-\beta^2/\sqrt{1-\beta^2},\qquad\text{（4 分）}$$

可见此直线朝第Ⅳ象限倾斜.

（1.2）由 $S''\sim S'$ 和 $S'\sim S$ 间的洛伦兹变换式可得

$$x''=x'=\frac{x-vt}{\sqrt{1-\beta^2}},\quad \beta=\frac{v}{c}.$$

将 S'' 系中 y'' 轴的直线方程

$$x''=0$$

代入上式，即得 y'' 轴在 S 系中的投影线方程为

$$x=vt.$$

故此投影线仍为直线，在 S 系中该直线与 y 轴平行.　　（3 分）

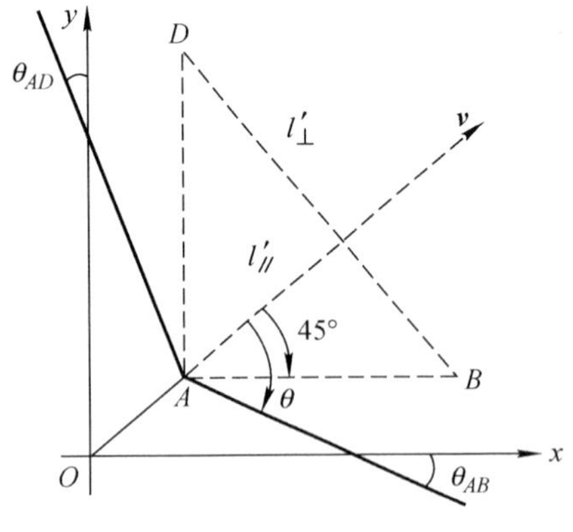

题解图

（2）参考题解图，相对框架静止的惯性系 S'（图中未画出）中，AB 杆长、AD 杆长在 $\boldsymbol{v}$ 方向（即原 AC 方向）分量记为 $l'_{/\!/}$，在垂直于 $\boldsymbol{v}$ 方向上的分量记为 $l'_{\perp}$，则有

$$l'_{/\!/}=l\cos45^\circ=l/\sqrt{2},\qquad l'_{\perp}=l\sin45^\circ=l/\sqrt{2},$$

$l'_{/\!/}$，$l'_{\perp}$ 在 S 系中分别对应

$$l_{/\!/}=\sqrt{1-\beta^2}\,l'_{/\!/}=\sqrt{1-\beta^2}\,l/\sqrt{2},\ l_{\perp}=l'_{\perp}=l/\sqrt{2}.$$

（2.1）在 S 系中用实直线表示的 AB 杆与 $\boldsymbol{v}$ 方向线夹角记为 θ，显然 $\theta>45^\circ$，故 AB 杆必朝 x 轴下方偏转. 将

$$\tan\theta=l_{\perp}/l_{/\!/}=1/\sqrt{1-\beta^2}$$

代入三角公式

$$\tan\theta_{AB}=\tan(\theta-45^\circ)=(\tan\theta-\tan45^\circ)/(1+\tan\theta\cdot\tan45^\circ),$$

可解得

$$\tan\theta_{AB}=(1-\sqrt{1-\beta^2})/(1+\sqrt{1-\beta^2})=(1-\sqrt{1-\beta^2})^2/\beta^2,$$

$$\Rightarrow\quad \theta_{AB}=\arctan\frac{(1-\sqrt{1-\beta^2})^2}{\beta^2}.\qquad(4\text{ 分})$$

(2.2) 据对称性，很易得知，在 S 系中 AD 杆必朝 y 轴左方偏转，且有

$$\theta_{AD}=\theta_{AB}=\arctan\frac{(1-\sqrt{1-\beta^2})^2}{\beta^2}.\qquad(4\text{ 分})$$

北京大学 2016 年金秋营学科专业能力测试

总分：160 分　　时间：3.5 小时

一、(15 分)

三体弹性碰撞与时间反演

牛顿定律和保守力都具有时间反演对称性，光滑水平桌面上三个相同匀质小球弹性碰撞，因碰撞力为保守力，也应具有时间反演对称性.

为方便，取平动弹性碰撞.

正过程：

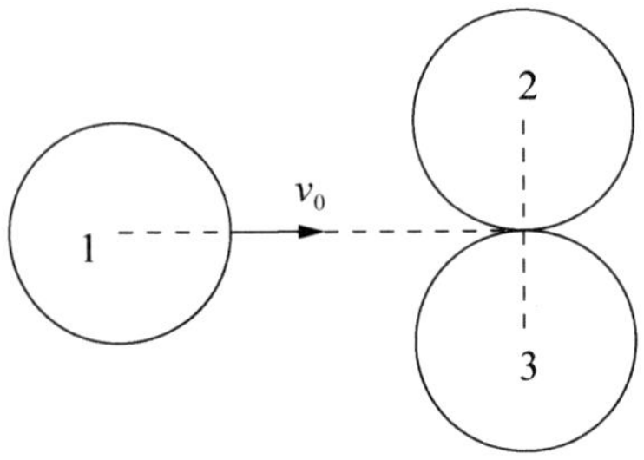

(1)碰前状态

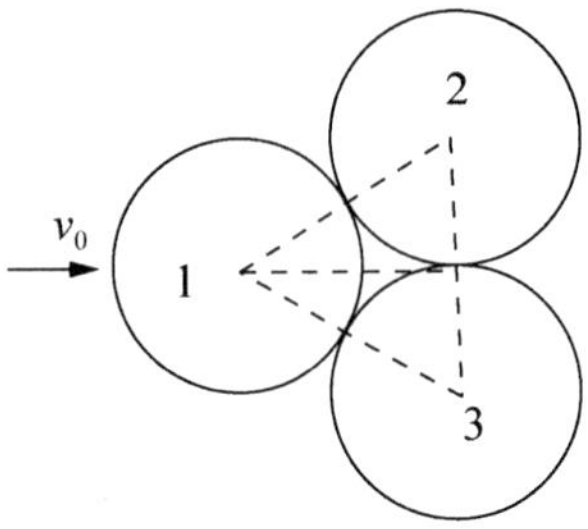

(2)碰前瞬间

碰撞过程中球 2、3 间无相互碰撞

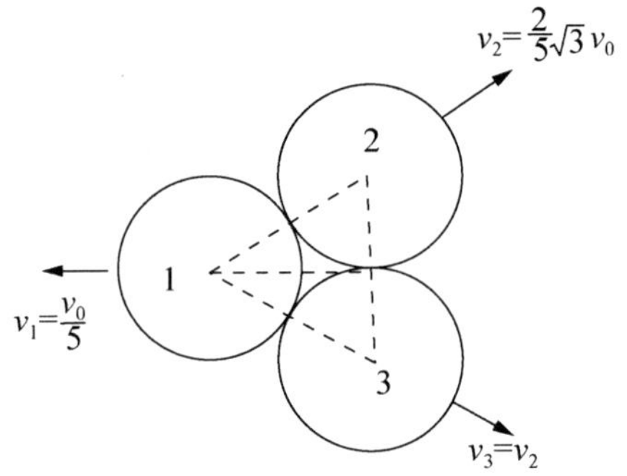

(3)碰后瞬间

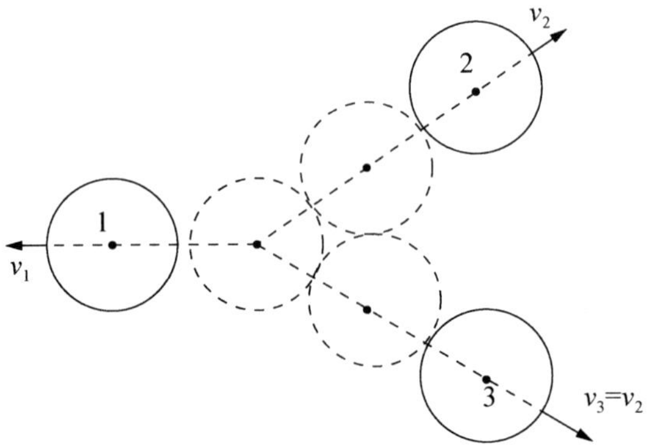

(4)碰后状态

逆过程(时间反演过程)：

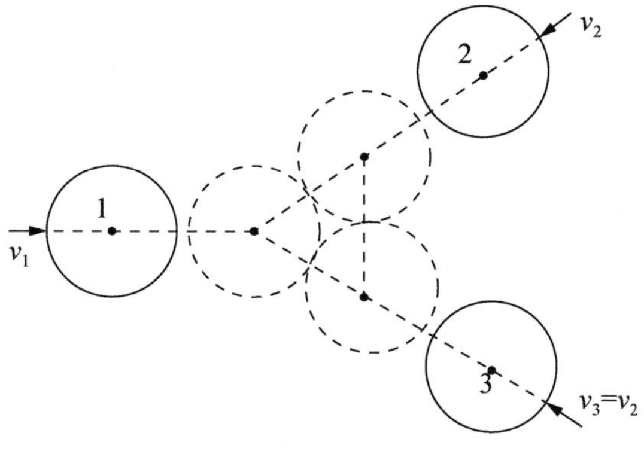

(1)碰前状态

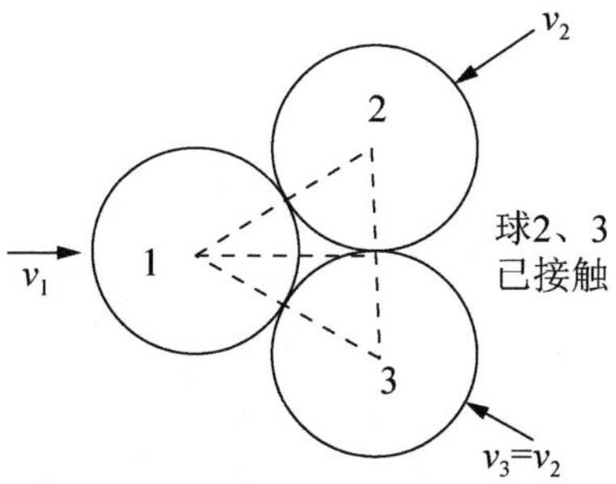

(2)碰前瞬间

碰撞过程中球 2、3 间有相互碰撞

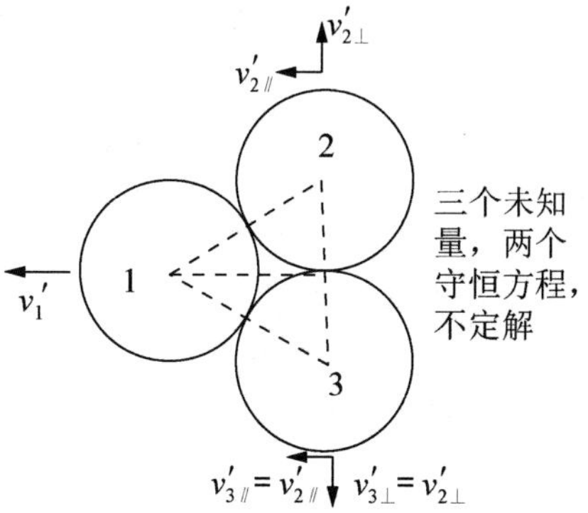

(3)碰后瞬间

(碰后状态略)

这显示上述弹性碰撞不具有时间反演对称性，试分析其中原因.

二、(15 分)

背景知识

用一块球面半径 R 较大的平凸透镜和一块平板玻璃组成的牛顿环实验装置，如图 1 所示. 球面与板面之间，形成从中心朝四周增厚的空气(膜)层. 平行光垂直透镜平面方向入射，经空气层上、下表面反射，形成几乎反向出射的相干光，即在反射方向可观察到同心的干涉圆环，称为牛顿环.

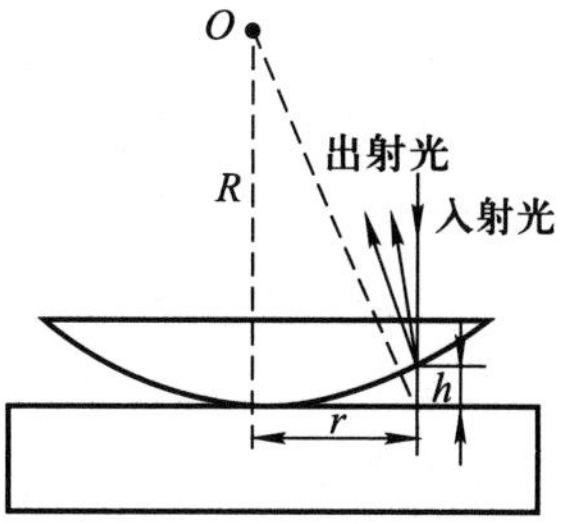

图 1

空气厚度为 h 处，考虑到半波损失(从光疏介质到光密介质界面上的反射光有 π 相位突变)，在 h 处上、下两条反射射出的光之间的光程差 Δ，与对应的亮环或暗环的关联式为

$$\Delta = 2h - \frac{\lambda}{2} = \begin{cases} k\lambda, & k=0,1,2,\cdots,\text{亮环}, \\ \left(k+\dfrac{1}{2}\right)\lambda, & k=-1,0,1,\cdots,\text{暗环}, \end{cases} \quad \lambda\text{：光波波长}$$

无论透镜与玻璃板折射率是否相同，$h=0$ 的中心点有无光的反射，由于邻域空气层 h 为小量，玻璃平面上仍有相应的 π 相位突变反射，故中心点邻域成为 $k=-1$、半径为小量

的暗环，观察意义下即成暗点.

参考图 1 所示几何关系，有

$$r^2 = R^2 - (R-h)^2 = 2Rh - h^2 \big|_{h \ll R} = 2Rh,$$
$$\Rightarrow \quad 2h = r^2/R.$$

与前面的亮、暗环公式联立，便得

$$r = \begin{cases} \sqrt{\left(k+\dfrac{1}{2}\right)R\lambda}, & k=0,1,2,\cdots, \text{亮环半径}, \\ \sqrt{(k+1)R\lambda}, & k=-1,0,1,\cdots, \text{暗环半径}. \end{cases}$$

注意，$k=-1$ 对应中心暗点，$k \geqslant 0$ 对应的暗环称为中心外的第 $k+1$ 个暗环.

题文

(1) 两个球面半径分别记为 R_A，R_B 的平凸透镜，组成的牛顿环干涉装置如图 2 所示，图中已示意地标出相应的参量 h_A，h_B 和牛顿环半径 r_{AB}. 试导出 h_{AB}，h_A，h_B 与 r_{AB} 及 R_A，R_B 间的关联式，继而导出由 $k=-1, 0, 1, \cdots$ 标定的 k 级暗环半径 r_{AB} 的计算公式，式中只可包含 λ，R_A，R_B 参量.

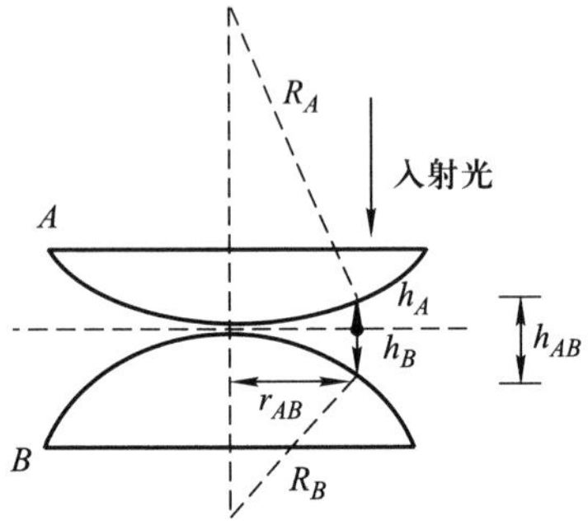

图 2

(2) 三个平凸透镜 A，B，C，两两组合成牛顿环干涉装置. 以波长 $\lambda=600$ nm 的单色光垂直入射，观察空气层产生的牛顿环. 当 A 和 B 组合时，测得从中心向外数第 10 个暗环半径 $r_{AB}=4.0$ mm；当 B 和 C 组合时，第 10 个暗环半径 $r_{BC}=4.5$ mm；当 C 和 A 组合时，第 10 个暗环半径 $r_{CA}=5.0$ mm. 试求三个透镜的球面半径 R_A，R_B 和 R_C(取 3 位有效数字).

三、(15 分)

不受力场作用的粒子为自由粒子，其动量 $\boldsymbol{p}$、能量 E(相对论能量或经典能量)均为守恒量. 粒子的空间位置不确定，通常模型化为很久之前该粒子已为自由粒子，那么现在粒子在全空间各处出现的概率相同. 自由粒子对应的波便为全空间的平面简谐波，频率 ν、波长 λ 都是唯一的，传播方向，即波的行进方向应为 $\boldsymbol{p}$ 的方向. 这样的粒子其波粒二象性对应的德布罗意关系为：$E=h\nu$，$p=h/\lambda$. 行波波函数的时空表达式可记为 $\boldsymbol{\Psi}(\boldsymbol{r}, t)$，粒子 t 时刻在 $\boldsymbol{r}$ 位置邻域出现的概率密度为 $|\boldsymbol{\Psi}(\boldsymbol{r}, t)|^2$.

受力场作用的粒子不再是自由粒子. 如果力场不随时间变化，粒子在势场中的势能仅由位置确定，那么粒子对应的量子行波在力场区域相互叠加会形成稳定的驻波. 这样的驻波仍是概率波，波节处粒子出现的概率为零.

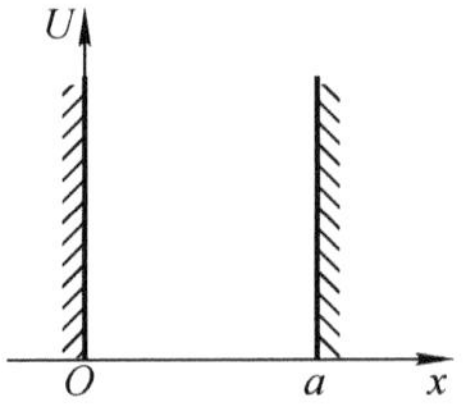

题图对应的势能函数为

$$U(x) = \begin{cases} 0, & a > x > 0, \\ \infty, & x \leqslant 0 \text{ 和 } x \geqslant a, \end{cases}$$

常被称为一维无限深方势阱. 势阱中的粒子不能到达 $x \leqslant 0$ 和 $x \geqslant a$ 区域，粒子的势能为零，动能取为经典动能，质量记为 m.

在 $a > x > 0$ 区域内粒子不受非零力场作用，为自由粒子. 势阱

设在 x 轴上，意即只考虑粒子沿 x 轴运动，动量 $\boldsymbol{p}$ 沿 x 轴或正、或负方向．无穷势垒的存在，因全反射，阱内同时存在平面右行波和平面左行波，相互叠加，稳定后形成驻波．每一种驻波都有其不变的能量，称为定态能量(或称为定态能级)．将驻波的振幅随 x 分布函数记为 $\psi(x)$，那么阱内粒子出现在 x 位置邻域的概率线密度便为 $|\psi(x)|^2$，则必有

$$\psi(x=0)=\psi(x=a),\quad \int_0^a \psi^2(x)\mathrm{d}x=1.$$

试求粒子在势阱内稳定后，驻波振幅分布函数 $\psi(x)$，以及粒子的定态能量 $E_n \sim n(n=1,2,3,\cdots)$的分布函数.

四、(20 分)

折射率为 n 的长方体介质块，在惯性系 S 中沿其表面方向以速度 v 高速运动. 光从真空以锐角 θ_{i} 入射到介质块表面，S 系测得的反射角记为 θ_{r}，折射角记为 θ_{t}.

(1) 导出 $\theta_{\mathrm{r}} \sim \theta_{\mathrm{i}}$ 关联式.

(2) 导出 $\sin\theta_{\mathrm{t}}/\sin\theta_{\mathrm{i}}$ 随参量 v，n，θ_{i} 变化的函数式.

(3) 取 $n=\sqrt{2}$，$v=\dfrac{\sqrt{3}}{2}c$，$\theta_{\mathrm{i}}=60^\circ$，求 θ_{t}.(结果保留 3 位有效数字)

五、(20 分)

长方体导体块如图 1 所示，从 $t=0$ 开始，外加与导体左、右侧面垂直的交变匀强电场 $\boldsymbol{E}=\boldsymbol{E}_0\cos\omega t$，其中常矢量 $\boldsymbol{E}_0$ 的方向已在图 1 中示出. 设导体的电导率

$$\sigma=\alpha\varepsilon_0\omega,$$

其中 α 是无单位的常数. 忽略边缘效应(即在需要时可把导体块的侧面视为无穷大平面).

图 1

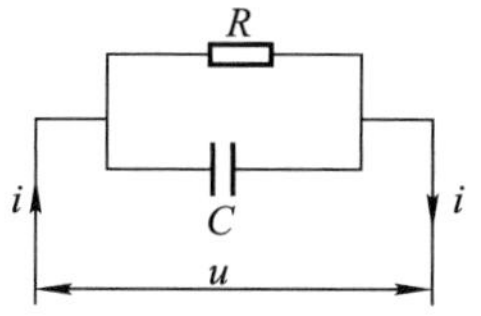

图 2

(1) 以 $\boldsymbol{E}_0$ 的方向为基准方向，引入导体块中的电流密度 $\boldsymbol{j}$(其模量 j 等于单位时间流过单位面积正截面的电量)，试求 $t>0$ 的 $j\sim t$ 关系.

(2) 导体块左、右侧面的大小实际上是有限的，导体块中的电流强度 i 也是有限的. 把外电场 $\boldsymbol{E}$ 从导体左侧面到右侧面的电势降记为 u，试求电流达到稳定后，i 超前 u 的相位 ϕ(用 $\tan\phi$ 表示).

(3) 设导体块左、右侧面面积均为 S，其间的间距记为 l. 另取如图 2 所示的并联电路，若当外加电压为(2)问中的 u，图 2 电路中的总电流刚好是(2)问中的 i，试求图 2 电路中的 R 和 C. 又，若图 2 电路中的电容器是平行板介质电容器，极板面积也为 S，两板间距(亦即其中介质的厚度)也为 l，试求该介质的相对介电常数 ε_{r}，并判断该电容器能否被制作.

六、(25 分)

悬链线

长 L、质量线密度为 λ 的均匀细软绳，两个端点 $A_{左}$，$A_{右}$ 相距 l，固定在水平固定直杆 MN 上．软绳处于静态力平衡时的几何曲线也属于悬链线，此时 $A_{左}$，$A_{右}$ 相对绳最低点 B 的高度同记为 h．如图所示，在直杆和软绳所处竖直平面上设置 Oxy 坐标系，坐标原点 O 与 B 点重合，x 轴水平，y 轴竖直向上，$A_{左}$ 和 $A_{右}$ 的坐标分别为 $x_{左}=-\dfrac{l}{2}$，$y_{左}=h$ 和 $x_{右}=\dfrac{l}{2}$，$y_{右}=h$．细杆施予 $A_{左}$，$A_{右}$ 的拉力对称，大小同记为 T_A，两个拉力的方向与 x 轴的夹角大小同记为 θ_A．也因对称，B 点两侧绳段相互间的拉力分别水平朝右、朝左，大小同记为 T_0．

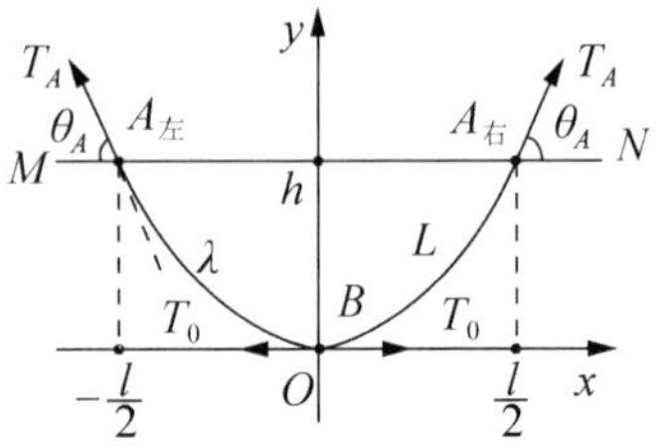

设 L，λ，l 均为已知量．

(1) 导出可求解 T_0 的方程(不必去解)．

(2) 导出 h，T_A，θ_A 的表达式，并导出本题悬链线在 Oxy 坐标面上的曲线方程，答案中可含已知量 L，λ，l 和参量 T_0．

(3) 改取 $\lambda^*=\alpha\lambda$，其中 $\alpha>0$，保持 L，l 不变，试求对应的 T_0^*，h^*，T_A^*，θ_A^* 各自与(1)、(2)问的 T_0，h，T_A，θ_A 之间的关系；保持 λ 不变，改取 $L^*=\alpha L$，$l^*=\alpha l$，其中 $\alpha>0$，再求对应的 T_0^*，h^*，T_A^*，θ_A^* 各自与(1)、(2)问的 T_0，h，T_A，θ_A 之间的关系．

数学参考知识：

$$\begin{cases}\displaystyle\int\tan\theta\,\mathrm{d}\theta=-\ln\cos\theta+C, \quad \int\frac{\mathrm{d}\theta}{\cos\theta}=\ln\left(\frac{1}{\cos\theta}+\tan\theta\right)+C. \\ \text{双曲余弦函数：}\operatorname{ch}x=\dfrac{\mathrm{e}^x+\mathrm{e}^{-x}}{2}\text{，反双曲余弦函数：}\operatorname{arch}x=\ln\left(x+\sqrt{x^2-1}\right).\end{cases}$$

七、(25 分)

等温大气模型中压强随高度的分布

以海平面为坐标原点，设置竖直向上的 h 坐标轴．温度为 T 的等温大气模型中，压强随高度而变化，记为 $p(h)$．大气整体为非平衡态，但在 h 邻域，厚度为小量的 $\mathrm{d}h$ 层内，$p(h)$ 变化可略，此薄层大气可近似认为处于平衡态，此种平衡称为局域平衡．

局域平衡中，在 h 处厚度为 $\mathrm{d}h$ 层内取一块体积为 $V(h)$ 的混合大气，其整体(简称系统)处于平衡态．系统内，混合气体第 i 组元的量，用下标 i 表示．

系统状态量：$p(h)$，$V(h)$，T($h=0$ 时即为海平面处状态量)．

第 i 组元量：摩尔数 $\nu(h)_i$，分子数密度 $n(h)_i=\nu(h)_i N_A/V(h)$，分子质量 m_i．

系统量：摩尔数 $\nu(h)=\sum\nu(h)_i$，分子数密度 $n(h)=\sum n(h)_i$，分子平均质量 $\overline{m}(h)=\sum n(h)_i m_i/n(h)$．

系统状态方程：$p(h)=n(h)kT$，　$\Rightarrow$　$p(h)V(h)=\nu(h)RT$．

第 i 组元分压强和分体积：

分压强：第 i 组元单独处在与系统体积 $V(h)$、温度 T 相同的平衡态下，其压强 $p(h)_i$ 称为分压强，且称

$$p(h)_i/p(h)$$

为分压强百分比.

分体积：第 i 组元单独处在与系统压强 $p(h)$、温度 T 相同的平衡态下，其体积 $V(h)_i$ 称为分体积，且称

$$V(h)_i/V(h)$$

为分体积百分比，简称为体积百分比.

(1) 以 $n(h)_i$，$n(h)$ 为已给量，导出下述比值：

$$\nu(h)_i/\nu(h),\ p(h)_i/p(h),\ V(h)_i/V(h).$$

分子质量为 m 的单一组元理想气体，在重力场 h 高度处于温度为 T 的平衡态时，其状态函数中有：

热力学能量：$U(h)=U_{内}+U_{外}(h)$，

$U_{内}=\nu C_{V,\mathrm{m}}T$：分子热运动能量之和，

$U_{外}(h)=\nu N_{\mathrm{A}}mgh$：分子重力势能之和.

熵：$S(h)=\nu C_{p,\mathrm{m}}\ln T-\nu R\ln p(h)+S_0$（常量）.

吉布斯函数：$G(h)=U(h)-TS+p(h)V$.

化学势：$\mu(h)=\dfrac{G(h)}{\nu}=C_{V,\mathrm{m}}T+N_{\mathrm{A}}mgh-TC_{p,\mathrm{m}}\ln T+RT\ln p(h)-\dfrac{TS_0}{\nu}+\dfrac{p(h)V}{\nu}$.

如图所示，在地面上方取一块 $S\times \mathrm{d}h$ 的长方体，其内（混合）大气处于平衡态的标准为

热平衡——T 处处相同.

化学平衡——每一组元各自化学势处处相同.

竖直方向力平衡——略.

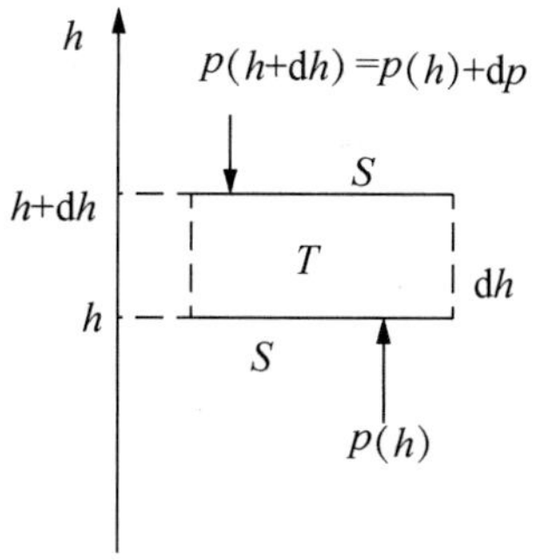

(2) 导出第 i 组元分压强 $p(h)_i$ 和分子数密度 $n(h)_i$ 随高度 h 的分布函数.

(3) 将大气近似处理为仅由氮气和氧气混合而成，在海平面附近，它们的体积百分比各为 79% 和 21%，分子质量各为

$m_{\mathrm{N_2}}=28\mathrm{u}$，　$m_{\mathrm{O_2}}=32\mathrm{u}$，　u 为原子质量单位.

将海平面附近大气分子平均质量记为 $\overline{m}(0)$，设在 h^* 高处有

$$\overline{m}(0)gh^*=2kT.$$

采用(2)问解答所得分布函数，试求 h^* 处大气压强 $p(h^*)$，再取常用的近似公式

$$p(h)=p(0)\mathrm{e}^{-\overline{m}(0)gh/kT},$$

求出 $p(h^*)$. 答案均用 4 位有效数字和参量 $p(0)$ 表述.

八、(25 分)

平面载流线圈的磁矩和在匀强磁场中沿转轴方向的力矩

(1) 如图 1 所示，在参考系 S 中有一个立方体，它的 12 条棱上有 12 个转轴，转轴正

方向已用箭头表示. 再设 S 系中有一质点组(图中未画)，各质点所受外力之和为零. 该质点组各质点所受外力相对图中 12 条转轴正方向力矩分量之和，分别记为 $\boldsymbol{M}_1$，$\boldsymbol{M}_2$，…，$\boldsymbol{M}_{12}$. 试将它们分成若干个小组，每一组内的 $\boldsymbol{M}$ 大小相同，方向也相同，需给出分组依据.

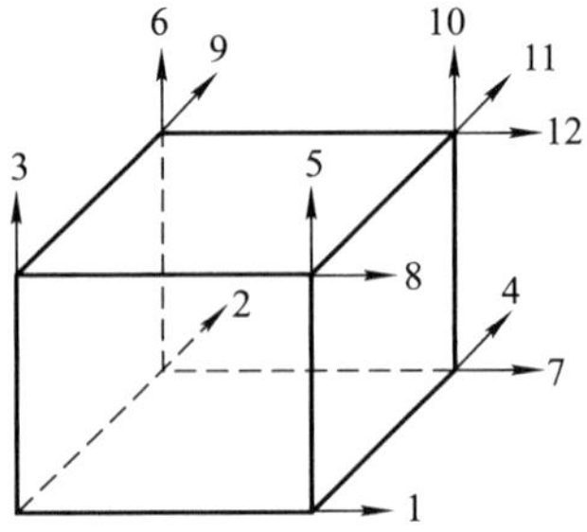

图 1

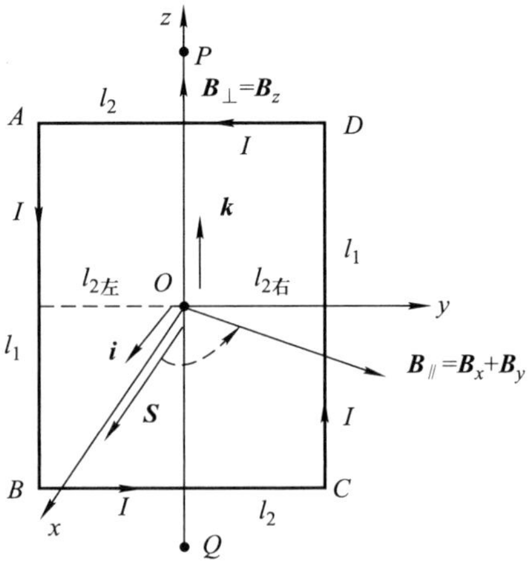

图 2

(2) 矩形载流线圈的磁矩和在匀强磁场中沿转轴方向的力矩

如图 2 所示，惯性系 S 中有一矩形载流线圈 $ABCD$，一组对边 AB，CD 各长 l_1，另一组对边 BC，DA 各长 l_2. 电流 I 沿 $ABCD$ 回路流通，线圈可绕平行于 AB 边、在 S 系中固定的转轴 PQ 无摩擦地旋转. 转轴在线圈框架内，与 AB 边相距 $l_{2左}$，与 CD 边相距 $l_{2右}$. 取转轴上任意一点 O 为原点，图 2 中 O 取在线圈框架平面内，在延展的框架平面上设置图 2 所示的 Oyz 坐标框架. z 轴与转轴重合，相对 S 系固定；y 轴在线圈平面上. 补设 x 轴与线圈平面垂直，x 轴方向单位矢量 $\boldsymbol{i}$ 也是线圈电流流通的右手螺旋进动方向单位矢量. 将线圈包围的矩形面积 $S=l_1l_2$，矢量化为线圈电流包围的面积矢量

$$\boldsymbol{S}=S\boldsymbol{i}=l_1l_2\boldsymbol{i}.$$

引入载流线圈磁矩 $\boldsymbol{\mu}$，定义为

$$\boldsymbol{\mu}=I\boldsymbol{S}.$$

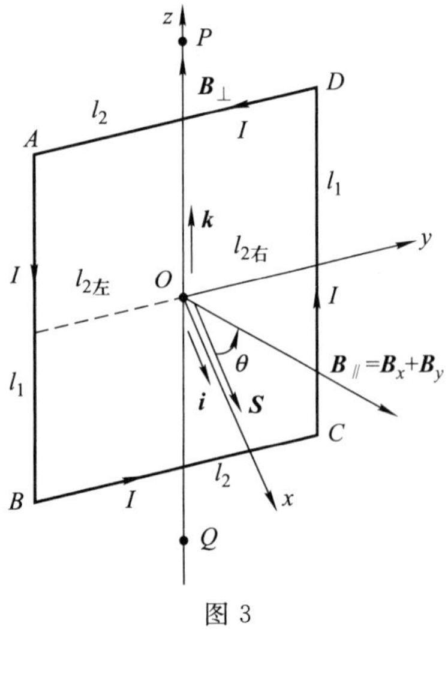

图 3

设惯性系 S 中有匀强磁场 $\boldsymbol{B}$，它可分解为

$$\boldsymbol{B}=\boldsymbol{B}_{/\!/}+\boldsymbol{B}_{\perp},\quad \boldsymbol{B}_{/\!/}=\boldsymbol{B}_x+\boldsymbol{B}_y,\ \boldsymbol{B}_{\perp}=\boldsymbol{B}_z,$$

图 2 中未画出 $\boldsymbol{B}_x$，$\boldsymbol{B}_y$.

说明：线圈绕 PQ 轴相对 S 系转动，会带动 x 轴、y 轴和 $\boldsymbol{S}$ 矢量一起随之转动，z 轴随 PQ 轴在 S 系中不动. 磁场 $\boldsymbol{B}$ 整体相对惯性系 S 不变，$\boldsymbol{B}_{/\!/}$，$\boldsymbol{B}_{\perp}$ 也不变，但 $\boldsymbol{B}_{/\!/}$ 的两个分量 $\boldsymbol{B}_x$ 和 $\boldsymbol{B}_y$ 的方向和大小都会变化. $\boldsymbol{S}$ 方向与 $\boldsymbol{B}_{/\!/}$ 方向之间的夹角(在图 2 中已用虚弧线示出)会随线圈平面的旋转而变化.

某时刻 $\boldsymbol{S}$ 转到图 3 所示方位，$\boldsymbol{S}$ 与 $\boldsymbol{B}_{/\!/}$ 夹角记为 θ，图 2 所示的 Oxy 平面也转到图 3 所示方位. z 轴(转轴)与 $\boldsymbol{B}$ 的两个分量 $\boldsymbol{B}_{/\!/}$，$\boldsymbol{B}_{\perp}$ 的方位均与图 2 所示相同.

为方便下述各小问的求解，特把从图 3 AD 边上方朝下的俯视图提供成图 4.

(2.1) 试求 AB，CD 边上电流所受安培力 $\boldsymbol{F}_{AB}$，$\boldsymbol{F}_{CD}$（含方向与大小），以及各自以 O 为参考点的力矩 $\boldsymbol{M}_{AB}$，$\boldsymbol{M}_{CD}$ 之和 $\boldsymbol{M}_{AB,CD}$ 沿转轴方向的分量 $\boldsymbol{M}_{AB,CD轴}$.

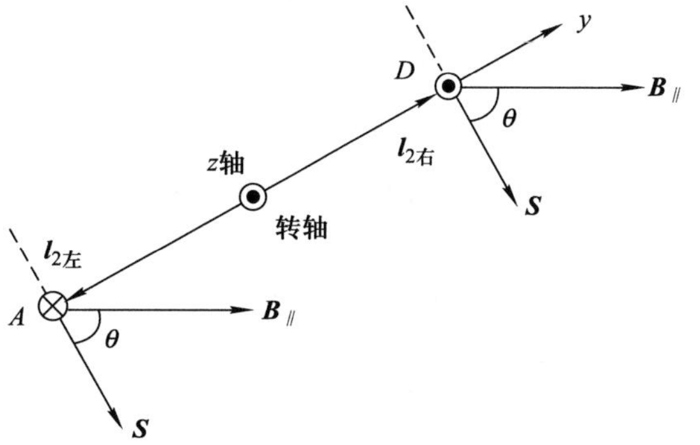

图 4

(2.2) 再求 BC，DA 边上电流所受安培力，以 O 为参考点的力矩之和 $\boldsymbol{M}_{BC,DA}$ 沿转轴方向的分量 $\boldsymbol{M}_{BC,DA轴}$.

(2.3) 最后导出线圈电流安培力在 PQ 转轴上力矩分量 $\boldsymbol{M}_{ABCD轴}$ 与 $\boldsymbol{\mu}$，$\boldsymbol{B}$ 的关联式.

(3) 直角三角形载流线圈的磁矩和在匀强磁场中沿转轴方向的力矩

如图 5 所示，直角三角形 BCD 载流线圈，可绕着与直角边 CD 平行的固定轴 PQ（图中用实线表示），或 $P'Q'$（图中用虚线表示，且用辅助虚线与线圈固连）无摩擦地旋转. 绕转轴之一旋转的任一时刻，转轴与线圈始终共面. 仿照(2)问引入载流线圈磁矩 $\boldsymbol{\mu}$ 后，试导出线圈电流 I 所受安培力在匀强磁场 $\boldsymbol{B}=\boldsymbol{B}_{/\!/}+\boldsymbol{B}_{\perp}$ 中沿转轴方向的力矩分量 $\boldsymbol{M}_{BCD轴}$. 导出过程中不可运用数学分析知识：极限意义下，有限量加上无穷小量仍为该有限量.

(4) 任意平面载流线圈的磁矩和在匀强磁场中沿转轴方向的力矩

将(2)问中的矩形载流线圈改取为任意平面载流线圈，即将图 2 改画成图 6. 将图 6 中线圈所包围的面积记为 $S_{圈}$，电流强度记为 I，其余物理量均同于(2)问中题文所述.

请先写出载流线圈磁矩 $\boldsymbol{\mu}_{圈}$，继而导出此载流线圈所受 $\boldsymbol{B}=\boldsymbol{B}_{/\!/}+\boldsymbol{B}_{\perp}$ 磁场安培力相对转轴（即 z 轴）的力矩分量 $\boldsymbol{M}_{圈轴}$.

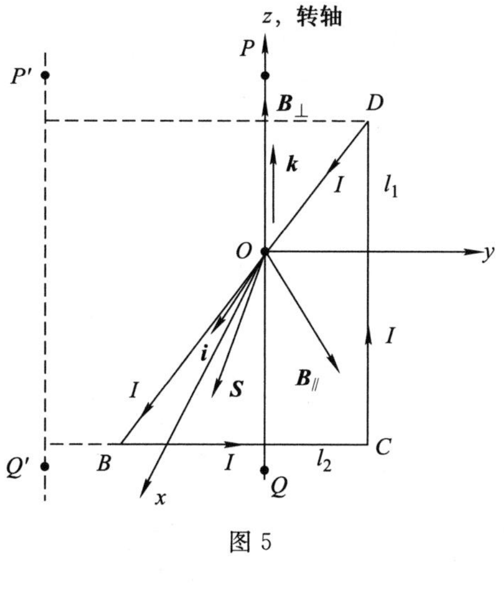

图 5

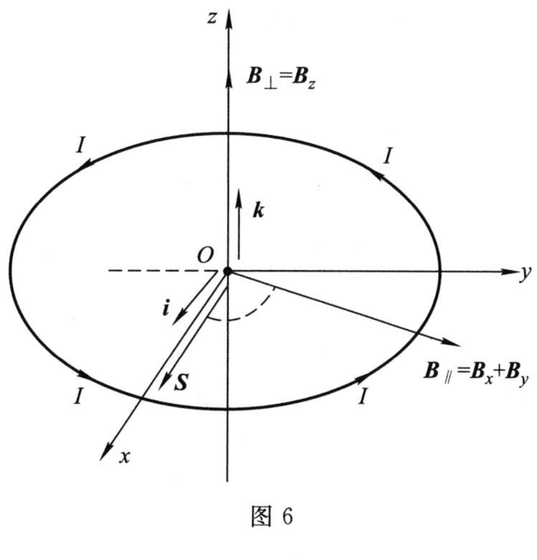

图 6

参考解答与评分标准

一、(15 分)

原因在于真实的碰撞是有一段时间的过程，过程中既有宏观物体内部相对运动，也有物体相对外部的运动．为简单起见，只将小球在碰撞过程中相对外部运动形成的小位移还原并放大，如下图所示，仍可显示弹性碰撞具有时间反演对称性.

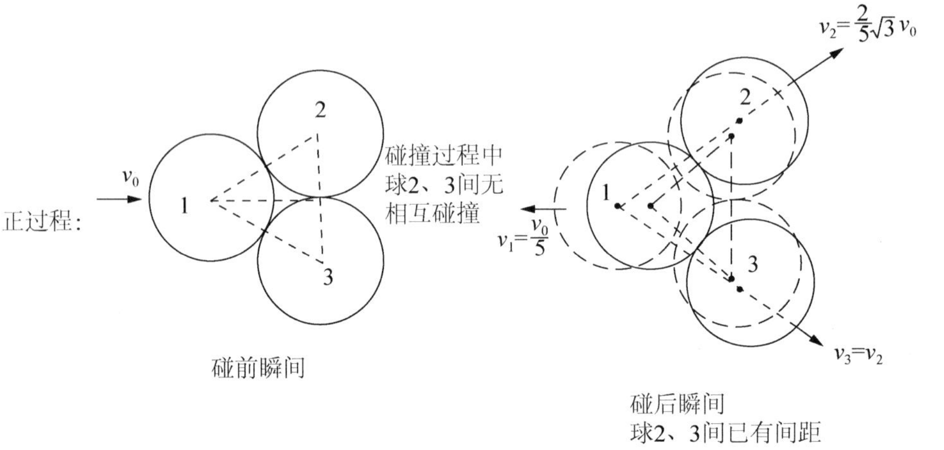

(5 分)

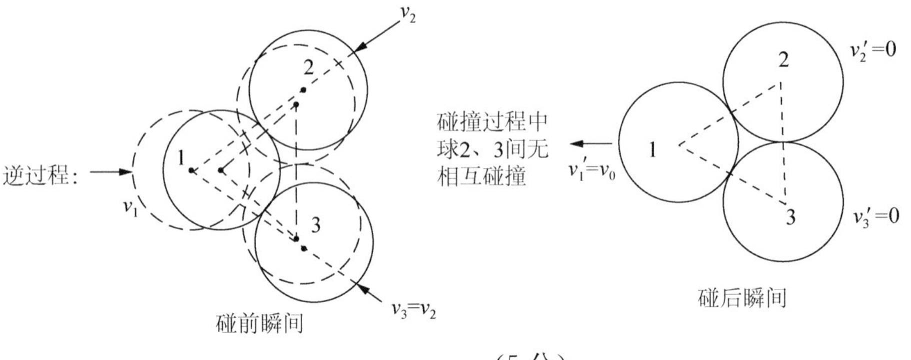

(5 分)　　(5 分)

二、(15 分)

(1) 参考背景知识，结合图 1、图 2 可得

$$h_{AB}=h_A+h_B,\quad h_A=\frac{r_{AB}^2}{2R_A},\quad h_B=\frac{r_{AB}^2}{2R_B},$$

$$\Rightarrow\quad h_{AB}=\frac{1}{2}r_{AB}^2\left(\frac{1}{R_A}+\frac{1}{R_B}\right).$$

h_{AB}处空气层对应的光程差记为Δ_{AB}，则有

$$2h_{AB}-\frac{\lambda}{2}=\Delta_{AB}=\begin{cases}k\lambda, & k=0,1,2,\cdots,\text{亮环},\\ \left(k+\frac{1}{2}\right)\lambda, & k=-1,0,1,\cdots,\text{暗环}.\end{cases}$$

对于暗环，应有

$$r_{AB}^2\left(\frac{1}{R_A}+\frac{1}{R_B}\right)=(k+1)\lambda,\quad k=-1,0,1,\cdots,\text{暗环},$$

$$\Rightarrow\quad r_{AB}=\sqrt{(k+1)\lambda\Big/\left(\frac{1}{R_A}+\frac{1}{R_B}\right)},\quad k=-1,0,1,\cdots,\text{暗环}.\qquad(10\text{分})$$

(2) 从中心向外数，第10个暗环对应上述算式取 $k=9$. 对于 A，B 组合，应有

$$\frac{1}{R_A}+\frac{1}{R_B}=10\lambda/r_{AB}^2=10\times600\times10^{-9}\,\mathrm{m}/(4.0\times10^{-3}\,\mathrm{m})^2=0.375/\mathrm{m}.$$

对于 B，C 组合与 C，A 组合，分别有

$$\frac{1}{R_B}+\frac{1}{R_C}=10\lambda/r_{BC}^2=10\times600\times10^{-9}\,\mathrm{m}/(4.5\times10^{-3}\,\mathrm{m})^2=0.296/\mathrm{m},$$

$$\frac{1}{R_C}+\frac{1}{R_A}=10\lambda/r_{CA}^2=10\times600\times10^{-9}\,\mathrm{m}/(5.0\times10^{-3}\,\mathrm{m})^2=0.240/\mathrm{m},$$

先得

$$\frac{1}{R_A}+\frac{1}{R_B}+\frac{1}{R_C}=0.4555/\mathrm{m},$$

进而可得

$$R_A=6.27\mathrm{m},\quad R_B=4.64\mathrm{m},\quad R_C=12.4\mathrm{m}.\qquad(5\text{分})$$

三、(15分)

$x=0$ 和 $x=a$ 两处应为驻波的两个波节. 这两个波节之间可有 $n=1,2,3,\cdots$ 个波腹；个别实例如题解图所示. n 称为量子数，n 所对应的驻波函数可表述为

$$\psi_n(x)=A_n\sin\frac{n\pi}{a}x.$$

由

$$\int_0^a\psi_n^2(x)\mathrm{d}x=1,\quad\Rightarrow\quad A_n^2\int_0^a\sin^2\frac{n\pi}{a}x\,\mathrm{d}x=1,$$

得 $$A_n=\sqrt{\frac{2}{a}},\quad\Rightarrow\quad\psi_n(x)=\sqrt{\frac{2}{a}}\sin\frac{n\pi}{a}x.$$

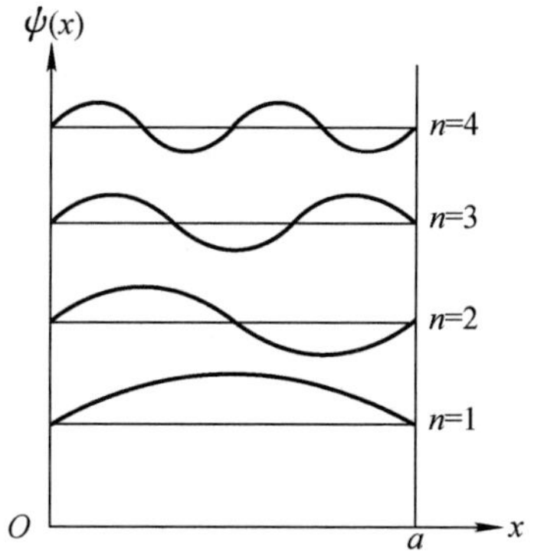

题解图 (图7分)

相邻两个波节之间的距离应为行波波长的二分之一，量子数 n 对应的行波波长记为 λ_n，则有

$$a=n\cdot\frac{\lambda_n}{2},\quad\Rightarrow\quad\lambda_n=2a/n.$$

λ_n 对应的动量和经典能量便分别为

$$p_n=h/\lambda_n=nh/2a,\quad E_n=p_n^2/2m=n^2h^2/8ma^2.$$

引入 $\hbar=h/2\pi$，则可将定态能级表述为

$$E_n=n^2\pi^2\hbar^2/2ma^2,\quad n=1,2,3,\cdots.\qquad(8\text{分})$$

四、(20分)

引入相对介质块静止的惯性系 S'.

(1) 参考题解图 1.

S'系：

$$\text{入射光 } u'_{ix}=c\sin\theta'_i,\ u'_{iy}=c\cos\theta'_i,$$

$$\text{反射光 } u'_{rx}=c\sin\theta'_r,\ u'_{ry}=c\cos\theta'_r,$$

$$\text{反射定理 } \theta'_r=\theta'_i.$$

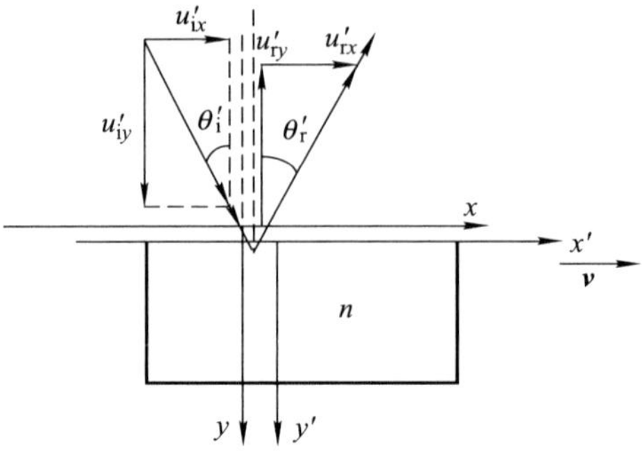

题解图 1

S 系：

$$\text{入射光}\quad u_{ix}=\frac{u'_{ix}+v}{1+\dfrac{v}{c^2}u'_{ix}}=\frac{c\sin\theta'_i+v}{1+\dfrac{v}{c^2}c\cdot\sin\theta'_i}=\frac{\sin\theta'_i+\beta}{1+\beta\sin\theta'_i}c,$$

$$u_{iy}=\frac{\sqrt{1-\beta^2}\,u'_{iy}}{1+\dfrac{v}{c^2}u'_{ix}}=\frac{\sqrt{1-\beta^2}\cos\theta'_i}{1+\beta\sin\theta'_i}c.$$

$$\text{反射光}\quad u_{rx}=\frac{u'_{rx}+v}{1+\dfrac{v}{c^2}u'_{rx}}=\frac{u'_{ix}+v}{1+\dfrac{v}{c^2}u'_{ix}}=u_{ix},$$

$$u_{ry}=\frac{-\sqrt{1-\beta^2}\,u'_{ry}}{1+\dfrac{v}{c^2}u'_{rx}}=-\frac{\sqrt{1-\beta^2}\,u'_{iy}}{1+\dfrac{v}{c^2}u'_{ix}}=-u_{iy}.$$

得

$$\tan\theta_r=\frac{u_{rx}}{-u_{ry}}=\frac{u_{ix}}{u_{iy}}=\tan\theta_i,\qquad (8\text{ 分})$$

即有

$$\theta_r=\theta_i.$$

(验证：S 系中真空光速记为 u，则对入射光、反射光有

$$u_i^2=u_{ix}^2+u_{iy}^2=\frac{(\sin\theta'_i+\beta)^2+(\sqrt{1-\beta^2}\cos\theta'_i)^2}{(1+\beta\sin\theta'_i)^2}c^2\quad(\text{已利用 }\theta'_r=\theta'_i)$$

$$=(\sin^2\theta'_i+2\beta\sin\theta'_i+\beta^2+\cos^2\theta'_i-\beta^2\cos^2\theta'_i)c^2/(1+\beta\sin\theta'_i)^2$$

$$=(1+2\beta\sin\theta'_i+\beta^2\sin^2\theta'_i)c^2/(1+\beta\sin\theta'_i)^2$$

$$=c^2,$$

$$u_r^2=u_{rx}^2+u_{ry}^2=u_{ix}^2+(-u_{iy})^2=u_{ix}^2+u_{iy}^2=u_i^2=c^2.\ )$$

(2) 参考题解图 2.

S'系：

入射光 $u'_{ix}=c\sin\theta'_i$，

折射光 $u'_{tx}=\dfrac{c}{n}\sin\theta'_t$，$u'_{ty}=\dfrac{c}{n}\cos\theta'_t$，

折射定理 $\sin\theta'_i=n\sin\theta'_t$. (1)

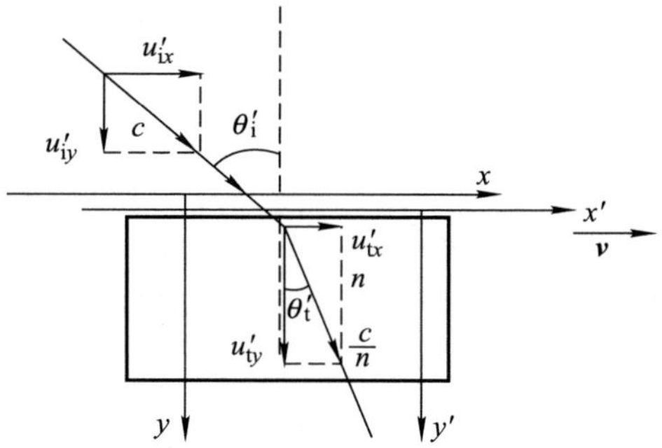

题解图 2

S 系：

入射光

$$u_{ix}=\frac{u'_{ix}+v}{1+\dfrac{v}{c^2}u'_{ix}}=\frac{\sin\theta'_i+\beta}{1+\beta\sin\theta'_i}c,$$

$$u_{ix}=c\cdot\sin\theta_i,\quad\Rightarrow\quad\sin\theta_i=\frac{\sin\theta'_i+\beta}{1+\beta\sin\theta'_i}.$$

反解，得

$$\sin\theta'_i=\frac{\beta-\sin\theta_i}{\beta\sin\theta_i-1}.\tag{2}$$

折射光

$$u_{tx}=\frac{u'_{tx}+v}{1+\dfrac{v}{c^2}u'_{tx}}=\frac{\dfrac{c}{n}\sin\theta'_t+v}{1+\dfrac{v}{c^2}\dfrac{c}{n}\sin\theta'_t}=\frac{\sin\theta'_t+n\beta}{n+\beta\sin\theta'_t}c,\tag{3}$$

$$u_{ty}=\frac{\sqrt{1-\beta^2}\,u'_{ty}}{1+\dfrac{v}{c^2}u'_{tx}}=\frac{\sqrt{1-\beta^2}\,\dfrac{c}{n}\cos\theta'_t}{1+\dfrac{v}{c^2}\dfrac{c}{n}\sin\theta'_t}=\frac{\sqrt{1-\beta^2}\cos\theta'_t}{n+\beta\sin\theta'_t}c,\tag{4}$$

S 系中折射光光速记为 u，据(3)、(4)式，有

$$u^2=u_{tx}^2+u_{ty}^2=\frac{(\sin\theta'_t+n\beta)^2+(\sqrt{1-\beta^2}\cos\theta'_t)^2}{(n+\beta\sin\theta'_t)^2}c^2,$$

$$\Rightarrow\quad u^2=\frac{(n+\beta\sin\theta'_t)^2+(1-\beta^2)(1-n^2)}{(n+\beta\sin\theta'_t)^2}c^2,\tag{5}$$

继而可得

$$\sin^2\theta_t=\frac{u_{tx}^2}{u^2}=\frac{(\sin\theta'_t+n\beta)^2}{(n+\beta\sin\theta'_t)^2-(1-\beta^2)(1-n^2)}. \tag{6}$$

由(1)、(2)、(6)式，得

$$\sin\theta'_t=\frac{1}{n}\sin\theta'_i=\frac{1}{n}\,\frac{\beta-\sin\theta_i}{\beta\sin\theta_i-1},$$

$$\sin\theta'_t+n\beta=\frac{\beta-\sin\theta_i}{n(\beta\sin\theta_i-1)}+n\beta=\frac{(n^2\beta^2-1)\sin\theta_i-\beta(n^2-1)}{n(\beta\sin\theta_i-1)},$$

$$n+\beta\sin\theta'_t=n+\frac{\beta}{n}\,\frac{(\beta-\sin\theta_i)}{(\beta\sin\theta_i-1)}=\frac{(n^2-1)\beta\sin\theta_i-(n^2-\beta^2)}{n(\beta\sin\theta_i-1)},$$

代入(6)式，得

$$\sin^2\theta_t=\frac{[(n^2\beta^2-1)\sin\theta_i-\beta(n^2-1)]^2}{[(n^2-1)\beta\sin\theta_i-(n^2-\beta^2)]^2+(1-\beta^2)(1-n^2)n^2(\beta\sin\theta_i-1)^2},$$

即得所求函数式为

$$\frac{\sin\theta_t}{\sin\theta_i}=\frac{|(n^2\beta^2-1)\sin\theta_i-\beta(n^2-1)|}{\sqrt{[(n^2-1)\beta\sin\theta_i-(n^2-\beta^2)]^2+(1-\beta^2)(1-n^2)n^2(\beta\sin\theta_i-1)^2}}, \tag{7}$$

式中已考虑到分母算术根取正，故开方后的分子取绝对值. (8 分)

特例：$v=0$ 即 $\beta=0$ 时，可得 $\sin\theta_i=n\sin\theta_t$.

(3) 取 $n=\sqrt{2}$，$\beta=\sqrt{3}/2$，有

$$n^2\beta^2-1=\frac{1}{2},\quad n^2-1=1,\quad n^2-\beta^2=\frac{5}{4},\quad 1-\beta^2=\frac{1}{4},$$

$$\begin{aligned}\sin\theta_t&=\left|\frac{1}{2}\sin\theta_i-\frac{\sqrt{3}}{2}\right|\Big/\sqrt{\left(\frac{\sqrt{3}}{2}\sin\theta_i-\frac{5}{4}\right)^2+\frac{1}{4}\times(-1)\times2\left(\frac{\sqrt{3}}{2}\sin\theta_i-1\right)^2}\\&=\frac{1}{2}\,|\sin\theta_i-\sqrt{3}|\Big/\sqrt{\frac{1}{4}\left(\sqrt{3}\sin\theta_i-\frac{5}{2}\right)^2-\frac{1}{2}\times\frac{1}{4}(\sqrt{3}\sin\theta_i-2)^2}\\&=|\sin\theta_i-\sqrt{3}|\Big/\sqrt{\left(\sqrt{3}\sin\theta_i-\frac{5}{2}\right)^2-\frac{1}{2}(\sqrt{3}\sin\theta_i-2)^2},\end{aligned}$$

将 $\theta_i=60°$，$\sin\theta_i=\sqrt{3}/2$ 代入，得

$$\begin{aligned}\sin\theta_t&=\left|\frac{\sqrt{3}}{2}-\sqrt{3}\right|\Big/\sqrt{\left(\frac{3}{2}-\frac{5}{2}\right)^2-\frac{1}{2}\left(\frac{3}{2}-2\right)^2}\\&=\frac{\sqrt{3}}{2}\Big/\sqrt{1-\frac{1}{2}\times\frac{1}{4}}=\frac{\sqrt{3}}{2}\Big/\sqrt{\frac{7}{8}}=\frac{\sqrt{3}}{2}\,\frac{2\sqrt{2}}{\sqrt{7}},\end{aligned}$$

$$\Rightarrow\quad \theta_t=\arcsin\frac{\sqrt{6}}{\sqrt{7}}=67.8°. \qquad (4\text{ 分})$$

五、(20 分)

(1) 在任意 t 时刻，导体块右侧面积累的电荷面密度记为 σ_e，则导体块中的电流密度应为

$$j=\mathrm{d}\sigma_e/\mathrm{d}t.$$

因导体块左右两侧面积累异号电荷，而在导体块中形成的附加反向匀强电场 $\boldsymbol{E}'$ 大小为

$$E'=\sigma_e/\varepsilon_0,$$

故导体块中的总电场为

$$E_{总}=E-E'=E-\frac{\sigma_e}{\varepsilon_0},$$

由欧姆定律的微分式，有：

$$j=\sigma E_{总}=\sigma\left(E-\frac{\sigma_e}{\varepsilon_0}\right),$$

$$\Rightarrow\quad \frac{d\sigma_e}{dt}+\frac{\sigma}{\varepsilon_0}\sigma_e=\sigma E=\sigma E_0\cos(\omega t),$$

其通解为

$$\begin{aligned}\sigma_e&=e^{-\int\frac{\sigma}{\varepsilon_0}dt}\left[\int\sigma E_0\cos\omega t\,e^{\int\frac{\sigma}{\varepsilon_0}dt}dt+C_0\right]\\&=e^{-\frac{\sigma}{\varepsilon_0}t}\left[\frac{\sigma E_0 e^{\frac{\sigma}{\varepsilon_0}t}\left(\omega\sin\omega t+\frac{\sigma}{\varepsilon_0}\cos\omega t\right)}{\left(\frac{\sigma}{\varepsilon_0}\right)^2+\omega^2}+C_0\right],\end{aligned}$$

$$\Rightarrow\quad \sigma_e=\frac{\sigma E_0\left(\omega\sin\omega t+\frac{\sigma}{\varepsilon_0}\cos\omega t\right)}{\left(\frac{\sigma}{\varepsilon_0}\right)^2+\omega^2}+C_0e^{-\frac{\sigma}{\varepsilon_0}t}.$$

将题设 $\sigma=\alpha\varepsilon_0\omega$ 代入，得

$$\sigma_e=\frac{\alpha\varepsilon_0E_0}{1+\alpha^2}(\sin\omega t+\alpha\cos\omega t)+C_0e^{-\alpha\omega t},$$

将初始条件 $t=0$ 时，$\sigma_e=0$ 代入，得

$$C_0=-\alpha^2\varepsilon_0E_0/(1+\alpha^2),$$

对 σ_e 求导，即得导体块中的电流密度为

$$j=\frac{\alpha\varepsilon_0\omega}{1+\alpha^2}E_0[(\cos\omega t-\alpha\sin\omega t)+\alpha^2e^{-\alpha\omega t}].\qquad(10\text{ 分})$$

(2) 因 j 均匀分布，电流强度 i 与 j 成正比，外电场 $\boldsymbol{E}$ 提供的电势降 u 与 E 成正比，故 i 与 u 相位差 ϕ 就是 j 与 E 的相位差.

当 $t\to\infty$ 达到稳态时，有

$$j=\frac{\alpha\varepsilon_0\omega}{1+\alpha^2}E_0(\cos\omega t-\alpha\sin\omega t)=\frac{\alpha\varepsilon_0\omega}{\sqrt{1+\alpha^2}}E_0\left(\frac{1}{\sqrt{1+\alpha^2}}\cos\omega t-\frac{\alpha}{\sqrt{1+\alpha^2}}\sin\omega t\right),$$

引入 ϕ，使

$$\cos\phi=\frac{1}{\sqrt{1+\alpha^2}},\qquad \sin\phi=\frac{\alpha}{\sqrt{1+\alpha^2}},$$

得

$$j=\frac{\alpha\varepsilon_0\omega}{\sqrt{1+\alpha^2}}E_0\cos(\omega t+\phi),$$

与外电场

$$E = E_0 \cos\omega t$$

比较，可知 j 比 E 超前相位 ϕ（即 i 超前 u 相位 ϕ），且有

$$\tan\phi = \alpha. \qquad (5\text{ 分})$$

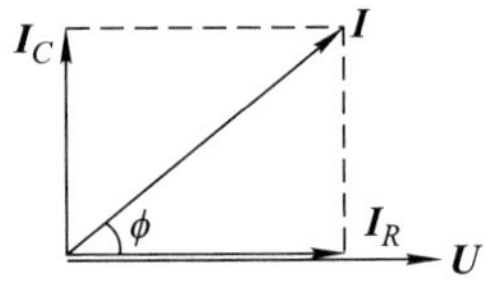

题解图

（3）容易求出

$$i = jS = \frac{\alpha\varepsilon_0 S\omega}{\sqrt{1+\alpha^2}} E_0 \cos(\omega t + \phi), \qquad u = El = E_0 l \cos\omega t.$$

在 RC 并联电路中，有

$$i_R = i\cos\phi, \qquad i_C = i\sin\phi,$$

结合题解图所示矢量图，有

$$I_R = I\cos\phi = \frac{\alpha\varepsilon_0 S\omega}{\sqrt{1+\alpha^2}} E_0 \cos\phi, \qquad I_C = I\sin\phi = \frac{\alpha\varepsilon_0 S\omega}{\sqrt{1+\alpha^2}} E_0 \sin\phi,$$

其中用到了

$$I = \alpha\varepsilon_0 S\omega E_0 / \sqrt{1+\alpha^2}.$$

把 $\cos\phi$ 和 $\sin\phi$ 与 α 的关系式代入，得

$$I_R = \alpha\varepsilon_0 S\omega E_0/(1+\alpha^2), \qquad I_C = \alpha^2\varepsilon_0 S\omega E_0/(1+\alpha^2),$$

于是可得

$$R = \frac{U}{I_R} = \frac{E_0 l(1+\alpha^2)}{\alpha\varepsilon_0 S\omega E_0} = \frac{(1+\alpha^2)l}{\alpha\varepsilon_0 S\omega}, \qquad C = \frac{I_C}{\omega U} = \frac{\alpha^2\varepsilon_0 S}{(1+\alpha^2)l},$$

其中用到

$$U = E_0 l.$$

平行板介质电容器的极板面积为 S，两板间距为 l，介质的相对介电常数为 ε_r，故其电容 C 为

$$C = \varepsilon_r \varepsilon_0 S/l,$$

与上面得出的 C 的表达式比较，得

$$\varepsilon_r = \alpha^2/(1+\alpha^2) < 1. \qquad (5\text{ 分})$$

由于任何介质都有 $\varepsilon_r \geqslant 1$，不存在 $\varepsilon_r < 1$ 的介质，故这种 $\varepsilon_r < 1$ 的电容器是不存在的.

六、(25 分)

(1)因对称，取题图中右半部分悬链线作为讨论对象.

从悬链线最低点 B，引切线，与 x 轴夹角 $\theta=0$，x 增大时，从 $\theta=0$ 增大到 $A_{右}$ 处角 $\theta=\theta_A$.

参考题解图 1 和题解图 2，在 x，y 处取一线元 $\mathrm{d}s$，将其处理为无穷小圆弧段，注意曲率圆心 C 并非 $\{x=0,\ y=h\}$点 . $\mathrm{d}s$ 相对 C 所张圆心角记为 $\mathrm{d}\theta$，此 $\mathrm{d}\theta$ 等于 $\mathrm{d}s$ 左端切线方向偏转到右端切线方向的偏转角，因此也就是悬链线切线方向 $\boldsymbol{t}$ 与 x 轴夹角 θ 的无穷小偏转角 $\mathrm{d}\theta$. 考虑到 $\mathrm{d}s$ 段所受重力为 $\lambda g\,\mathrm{d}s$，得力平衡方程：

$$(T+\mathrm{d}T)\cos\frac{\mathrm{d}\theta}{2} = T\cos\frac{\mathrm{d}\theta}{2} + \lambda g\,\mathrm{d}s\sin\theta,$$

$$(T+\mathrm{d}T)\sin\frac{\mathrm{d}\theta}{2} + T\sin\frac{\mathrm{d}\theta}{2} = \lambda g\,\mathrm{d}s\cos\theta,$$

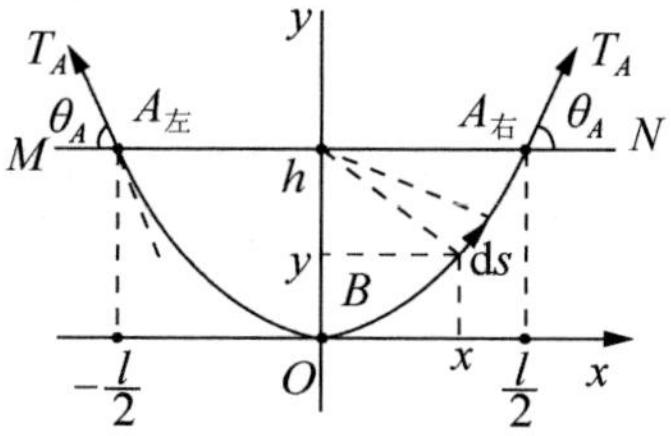

题解图 1

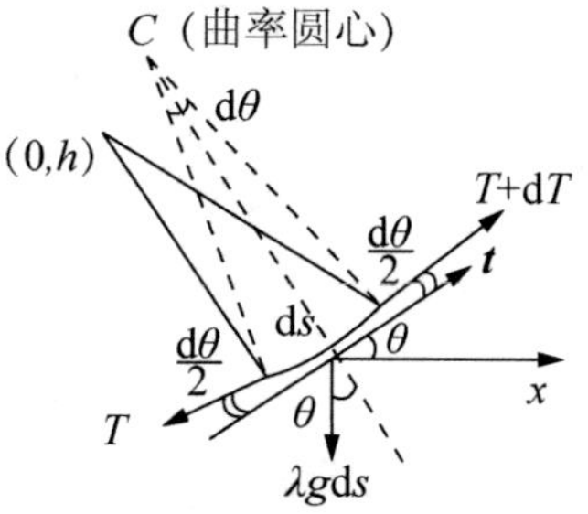

题解图 2

即有

$$dT/ds = \lambda g \sin\theta, \tag{1}$$

$$T = \lambda g \cos\theta \frac{ds}{d\theta}, \tag{2}$$

继而可得

$$\int_{T_0}^{T} \frac{dT}{T} = \int_0^{\theta} \tan\theta d\theta, \quad \Rightarrow \quad \ln\frac{T}{T_0} = -(\ln\cos\theta - \ln\cos 0^\circ) = -\ln\cos\theta,$$

$$\Rightarrow \quad T\cos\theta = T_0. \tag{3}$$

此式也可参照题解图 3，因水平 x 方向力平衡，直接写出

$$T\cos\theta = T_0.$$

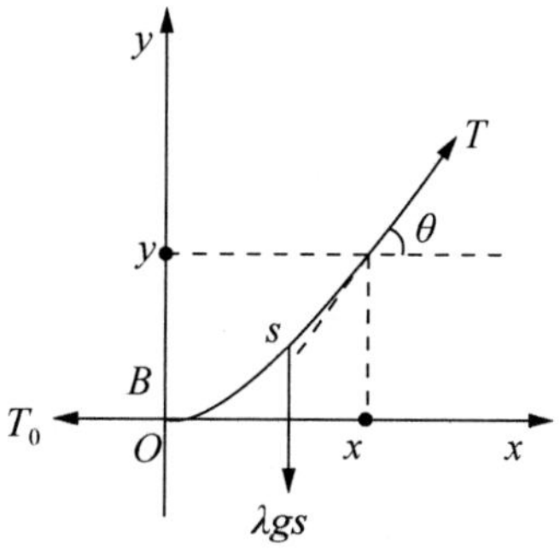

题解图 3

线元矢量 ds 在 Oxy 坐标系中的分量为

$$dx = ds\cos\theta, \tag{4}$$

$$dy = ds\sin\theta, \tag{5}$$

(4)式与(2)、(3)式联立，可得

$$dx = T d\theta/\lambda g = \frac{T_0}{\lambda g}\frac{d\theta}{\cos\theta}, \quad \Rightarrow \quad \int_0^x dx = \frac{T_0}{\lambda g}\int_0^{\theta}\frac{d\theta}{\cos\theta}.$$

利用积分公式

$$\int \frac{d\theta}{\cos\theta} = \ln\left(\frac{1}{\cos\theta} + \tan\theta\right) + C,$$

得

$$\begin{aligned} x &= \frac{T_0}{\lambda g}\left[\ln\left(\frac{1}{\cos\theta} + \frac{\sin\theta}{\cos\theta}\right) - \ln\left(\frac{1}{\cos 0^\circ} + \frac{\sin 0^\circ}{\cos 0^\circ}\right)\right] \\ &= \frac{T_0}{\lambda g}\ln\left[\frac{1}{\cos\theta} + \sqrt{\frac{1-\cos^2\theta}{\cos^2\theta}}\right] \\ &= \frac{T_0}{\lambda g}\ln(u + \sqrt{u^2 - 1}) \qquad \left(u = \frac{1}{\cos\theta}\right) \\ &= \frac{T_0}{\lambda g}\text{arch}\,u = \frac{T_0}{\lambda g}\text{arch}\,\frac{1}{\cos\theta}, \quad \left(\begin{array}{l}\text{arch}\,u\text{：以 } u \text{ 为自变量的} \\ \text{反双曲余弦函数}\end{array}\right) \\ &\Rightarrow \quad \frac{1}{\cos\theta} = \text{ch}\left(\frac{\lambda g}{T_0}x\right). \end{aligned} \tag{6}$$

将(6)式代入(3)式，可得

$$T = T_0 \operatorname{ch}\left(\frac{\lambda g}{T_0} x\right). \tag{7}$$

(5)式与(1)式联立，可得

$$dy = dT/\lambda g, \quad \Rightarrow \quad \int_0^y dy = \frac{1}{\lambda g}\int_{T_0}^{T} dT, \quad \Rightarrow \quad y = \frac{1}{\lambda g}(T - T_0),$$

$$\Rightarrow \quad T = \lambda g y + T_0. \tag{8}$$

导出可求解 T_0 的方程：

由题图可得

$$T_A \cos\theta_A = T_0, \quad T_A \sin\theta_A = \frac{1}{2}\lambda g L,$$

$$\Rightarrow \quad \tan\theta_A = \lambda g L / 2T_0. \tag{9}$$

结合(8)式，又可得

$$T_A \cos\theta_A = T_0, \quad T_A = \lambda g h + T_0,$$

$$\Rightarrow \quad \cos\theta_A = T_0/(\lambda g h + T_0). \tag{10}$$

联立(9)、(10)式，可得

$$\cos\theta_A = 2T_0/\sqrt{4T_0^2 + (\lambda g L)^2}, \quad \Rightarrow \quad T_0/(\lambda g h + T_0) = 2T_0/\sqrt{4T_0^2 + (\lambda g L)^2},$$

$$\Rightarrow \quad \lambda g h = \frac{1}{2}\sqrt{4T_0^2 + (\lambda g L)^2} - T_0. \tag{11}$$

再由(7)式可得

$$T_A = T_0 \operatorname{ch}\left(\frac{\lambda g}{T_0} \frac{l}{2}\right),$$

与(8)式所得

$$T_A = \lambda g h + T_0$$

联立后，可得

$$\lambda g h + T_0 = T_0 \operatorname{ch}\left(\frac{\lambda g}{T_0} \cdot \frac{l}{2}\right), \tag{12}$$

联立(11)、(12)式，可得

$$\sqrt{4T_0^2 + (\lambda g L)^2} = 2T_0 \operatorname{ch}\left(\frac{\lambda g}{T_0} \cdot \frac{l}{2}\right). \tag{13}$$

(13)式即为可以求解 T_0 的方程，T_0 由 λ，L，l 确定.　　(15 分)

(2) 由(11)式可得 h 的表达式

$$h = \frac{1}{\lambda g}\left[\frac{1}{2}\sqrt{4T_0^2 + (\lambda g L)^2} - T_0\right]. \tag{14}$$

将(11)式代入前面已得的 $T_A = \lambda g h + T_0$，可得 T_A 的表达式

$$T_A = \frac{1}{2}\sqrt{4T_0^2 + (\lambda g L)^2}. \tag{15}$$

联立(10)、(11)式，可得 θ_A 的表达式

$$\cos\theta_A = 2T_0/\sqrt{4T_0^2 + (\lambda g L)^2} \quad 或 \quad \theta_A = \arccos\frac{2T_0}{\sqrt{4T_0^2 + (\lambda g L)^2}}. \tag{16}$$

联立(7)、(8)式，可得本题悬链线方程

$$\frac{l}{2}\geqslant x\geqslant -\frac{l}{2},\quad y=\frac{T_0}{\lambda g}\left[\operatorname{ch}\left(\frac{\lambda g}{T_0}x\right)-1\right].\text{（注意：ch}x\text{ 为偶函数）}\quad (17)(5\text{ 分})$$

（验证：由(14)、(13)式，得

$$h=\frac{1}{\lambda g}\left[\frac{1}{2}\sqrt{4T_0^2+(\lambda gL)^2}-T_0\right]=\frac{1}{\lambda g}\left[\frac{1}{2}\cdot 2T_0\operatorname{ch}\left(\frac{\lambda g}{T_0}\cdot\frac{l}{2}\right)-T_0\right],$$

$$\Rightarrow\quad h=\frac{T_0}{\lambda g}\left[\operatorname{ch}\left(\frac{\lambda g}{T_0}\cdot\frac{l}{2}\right)-1\right],$$

确与由(17)式所得相同.）

(3) 先取 $\lambda^*=\alpha\lambda$，保持 L，l 不变，求 T_0^*，h^*，T_A^* 和 θ_A^*.

此时(13)式成为

$$\sqrt{4T_0^{*2}+(\alpha\lambda gL)^2}=2T_0^*\operatorname{ch}\left(\frac{\alpha\lambda g}{T_0^*}\cdot\frac{l}{2}\right),$$

显然，取

$$T_0^*=\alpha T_0$$

必为解. (14)式成为

$$\begin{aligned}h^*&=\frac{1}{\alpha\lambda g}\left[\frac{1}{2}\sqrt{4(\alpha T_0)^2+(\alpha\lambda gL)^2}-\alpha T_0\right]\\&=\frac{1}{\alpha\lambda g}\left[\frac{\alpha}{2}\sqrt{4T_0^2+(\lambda gL)^2}-\alpha T_0\right]\\&=\frac{1}{\lambda g}\left[\frac{1}{2}\sqrt{4T_0^2+(\lambda gL)^2}-T_0\right]=h,\end{aligned}$$

即有

$$h^*=h.$$

(15) 式成为

$$T_A^*=\frac{1}{2}\sqrt{4(\alpha T_0)^2+(\alpha\lambda gL)^2}=\frac{\alpha}{2}\sqrt{4T_0^2+(\lambda gL)^2}=\alpha T_A,$$

即有

$$T_A^*=\alpha T_A.\qquad (5\text{ 分})$$

(16) 式成为

$$\theta_A^*=\arccos\frac{2(\alpha T_0)}{\sqrt{4(\alpha T_0)^2+(\alpha\lambda gL)^2}}=\arccos\frac{2T_0}{\sqrt{4T_0^2+(\lambda gL)^2}}=\theta_A,$$

即有

$$\theta_A^*=\theta_A.$$

保持 λ 不变，改取 $L^*=\alpha L$，$l^*=\alpha l$，再求 T_0^*，h^*，T_A^* 和 θ_A^*.

此时(13)式成为

$$\sqrt{4T_0^{*2}+(\lambda g\alpha L)^2}=2T_0^*\operatorname{ch}\left(\frac{\lambda g}{T_0^*}\frac{\alpha l}{2}\right),$$

显然取

$$T_0^* = \alpha T_0$$

必为解. (14)式成为

$$h^* = \frac{1}{\lambda g}\left[\frac{1}{2}\sqrt{4\,(\alpha T_0)^2 + (\lambda g \alpha L)^2} - \alpha T_0\right]$$
$$= \frac{\alpha}{\lambda g}\left[\frac{1}{2}\sqrt{4T_0^2 + (\lambda g L)^2} - T_0\right] = \alpha h,$$

即有

$$h^* = \alpha h.$$

(15) 式成为

$$T_A^* = \frac{1}{2}\sqrt{4\,(\alpha T_0)^2 + (\lambda g \alpha L)^2} = \frac{\alpha}{2}\sqrt{4T_0^2 + (\lambda g L)^2} = \alpha T_A,$$

即有

$$T_A^* = \alpha T_A.$$

(16) 式成为

$$\theta_A^* = \arccos\frac{2\alpha T_0}{\sqrt{4\,(\alpha T_0)^2 + (\lambda g \alpha L)^2}} = \arccos\frac{2T_0}{\sqrt{4T_0^2 + (\lambda g L)^2}} = \theta_A,$$

即有

$$\theta_A^* = \theta_A. \qquad (5\text{ 分})$$

七、(25 分)

(1)

$$\nu(h)_i/\nu(h) = \frac{V(h)\cdot n(h)_i/N_A}{V(h)\sum n(h)_i/N_A} = n(h)_i/n(h),$$

$$p(h)_i/p(h) = n(h)_i kT/n(h)kT = n(h)_i/n(h),$$

$$V(h)_i/V(h) = \frac{\nu(h)_i RT/p(h)}{\nu(h)RT/p(h)} = \nu(h)_i/\nu(h) = n(h)_i/n(h). \qquad (5\text{ 分})$$

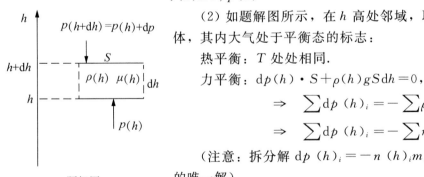

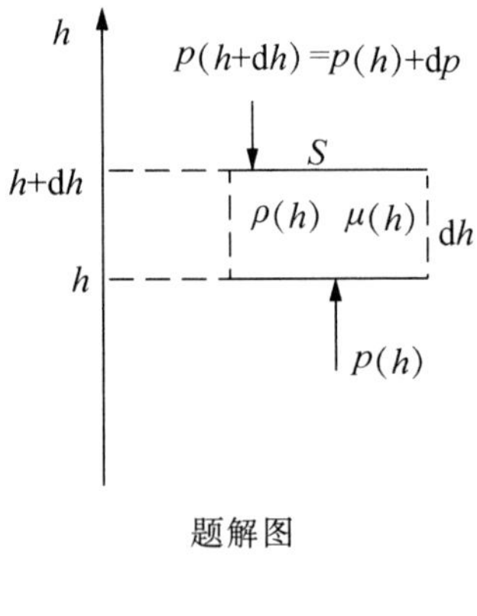

题解图

(2) 如题解图所示，在 h 高处邻域，取一块 $S\times dh$ 长方体，其内大气处于平衡态的标志：

热平衡：T 处处相同.

力平衡：$dp(h)\cdot S + \rho(h)gS\,dh = 0$,

$$\Rightarrow \quad \sum dp(h)_i = -\sum \rho(h)_i g\,dh,$$

$$\Rightarrow \quad \sum dp(h)_i = -\sum n(h)_i m_i g\,dh. \qquad (1)$$

(注意：拆分解 $dp(h)_i = -n(h)_i m_i g\,dh$ 未必为(1)式的唯一解)

化学平衡：每一组元各自化学势在长方体内处处相同.

$$\mu(h)_i = C_{V,mi}T + N_A m_i g h - TC_{p,mi}\ln T + RT\ln p(h)_i - \frac{TS_{0i}}{\nu(h)_i} + \frac{p(h)_i V}{\nu(h)_i}$$

$$=N_{\mathrm{A}}kT\ln p(h)_i+N_{\mathrm{A}}m_igh+C_{V,\mathrm{m}i}T-TC_{p,\mathrm{m}i}\ln T-\frac{TS_{0i}}{\nu(h)_i}+RT=\alpha(\text{常量}).$$

$$\Rightarrow\quad kT\ln p(h)_i+m_igh=\frac{-1}{N_{\mathrm{A}}}\left(C_{V,\mathrm{m}i}T-TC_{p,\mathrm{m}i}\ln T-\frac{TS_{0i}}{\nu(h)_i}+RT\right)+\frac{\alpha}{N_{\mathrm{A}}}(\text{常量}).$$

因等式右边第一项也为常量，故得

$$kT\ln p(h)_i+m_igh=\beta(\text{常量}).\tag{2}$$

又因 $h=0$ 时应得

$$kT\ln p(0)_i=\beta,$$

代入(2)式，即得化学平衡方程(2)的解为

$$p(h)_i=p(0)_i\mathrm{e}^{-m_igh/kT}.\tag{3}$$

将

$$p(h)_i=n(h)_ikT,\quad p(0)_i=n(0)_ikT$$

代入(3)式，可得

$$n(h)_i=n(0)_i\mathrm{e}^{-m_igh/kT}.\tag{4}$$

由(3)、(4)式，又可得

$$\begin{aligned}\mathrm{d}p(h)_i&=p(0)_i\mathrm{e}^{-m_igh/kT}\left(-\frac{m_ig}{kT}\right)\mathrm{d}h\\&=-\frac{m_ig}{kT}n(0)_ikT\mathrm{e}^{-m_igh/kT}\mathrm{d}h\\&=-m_ign(h)_i\mathrm{d}h,\end{aligned}$$

即为(1)式的拆分解.

结论：为同时满足力平衡方程(1)和化学平衡方程(2)，大气中各组元分压强 $p(h)_i$ 随高度 h 的分布函数只可取(3)式，(4)式则是各组元分子数密度 $n(h)_i$ 随高度 h 的分布函数. （10 分）

(3)参考(3)、(4)式，可得大气压强 $p(h)$ 和分子数密度 $n(h)$ 各自随高度 h 的分布函数分别为

$$p(h)=\sum p(h)_i=\sum p(0)_i\mathrm{e}^{-m_igh/kT},$$
$$n(h)=\sum n(h)_i=\sum n(0)_i\mathrm{e}^{-m_igh/kT}.$$

大气中各组元分子质量 m_i 不尽相同，故

$$p(h)\neq p(0)\mathrm{e}^{-\bar{m}(0)gh/kT},\quad n(h)\neq n(0)\mathrm{e}^{-\bar{m}(0)gh/kT},\quad \bar{m}(0)=\frac{\sum n(0)_im_i}{n(0)}.$$

还需注意，不仅

$$\bar{m}(h)\neq\bar{m}(0),$$

而且即使引入 $\bar{m}(h)$，对应的仍是不等式：

$$p(h)\neq p(0)\mathrm{e}^{-\bar{m}(h)gh/kT},\quad \bar{m}(h)=\frac{\sum n(h)_im_i}{n(h)}.$$

为方便，用下标 1、2 分别指对氮气和氧气的参量，即有

氮气：$m_1=28\mathrm{u}$，$V(0)_1/V(0)=0.79$，$\Rightarrow$ $n(0)_1/n(0)=0.79$，

氧气：$m_2=32\mathrm{u}$，$V(0)_2/V(0)=0.21$，　$\Rightarrow$　$n(0)_2/n(0)=0.21$.

$h=0$ 处大气分子平均质量：$\overline{m}(0)=\dfrac{n(0)_1m_1+n(0)_2m_2}{n(0)}=28.84\mathrm{u}\approx 29\mathrm{u}$.

h^* 对应

$$\frac{1}{2}\overline{m}(0)gh^*/kT=1,$$

则有

$$p(h^*)_1=p(0)_1\mathrm{e}^{-m_1gh^*/kT}=0.79p(0)\mathrm{e}^{-2\times\frac{28}{29}\cdot\frac{1}{2}\overline{m}(0)gh^*/kT}$$

$$=0.79p(0)\mathrm{e}^{-\frac{2\times 28}{29}}=0.1145p(0),$$

$$p(h^*)_2=p(0)_2\mathrm{e}^{-m_2gh^*/kT}=0.21p(0)\mathrm{e}^{-2\times\frac{32}{29}\cdot\frac{1}{2}\overline{m}(0)gh^*/kT}$$

$$=0.21p(0)\mathrm{e}^{-\frac{2\times 32}{29}}=0.0231p(0),$$

即得

$$p(h^*)=p(h^*)_1+p(h^*)_2=0.1376p(0).\tag{5}$$

采用

$$p(h)=p(0)\mathrm{e}^{-\overline{m}(0)gh/kT},$$

可算得

$$p(h^*)=p(0)\mathrm{e}^{-2\times\frac{1}{2}\overline{m}(0)gh^*/kT}=p(0)\mathrm{e}^{-2},$$

$$\Rightarrow\quad p(h^*)=0.1353p(0).\qquad(6)(10\text{ 分})$$

(5)、(6)式表明，$p(h^*)$的两种计算结果有差异，但差异很小，其原因是大气中占主要成分的氮气的质量 $m_2(32\mathrm{u})$ 与 $\overline{m}(0)(29\mathrm{u})$ 相差较小.

附录：改取 h^{**} 满足的关系为

$$\overline{m}(0)gh^{**}=kT,\ \left(h^{**}=\frac{1}{2}h^*\right)$$

则与(5)、(6)式对应的结果是

$$p(h^{**})=0.3705p(0);\ p(h^{**})=0.3679p(0).$$

八、(25 分)

(1)(5 分)

可分成三组：

组一$\{\boldsymbol{M}_1,\boldsymbol{M}_7,\boldsymbol{M}_8,\boldsymbol{M}_{12}\}$，组二$\{\boldsymbol{M}_3,\boldsymbol{M}_5,\boldsymbol{M}_6,\boldsymbol{M}_{10}\}$，组三$\{\boldsymbol{M}_2,\boldsymbol{M}_4,\boldsymbol{M}_9,\boldsymbol{M}_{11}\}$.

论证：参考题解图 1，合外力为零的质点组中各质点所受外力，相对 S 系中某参考点 O 的力矩之和为

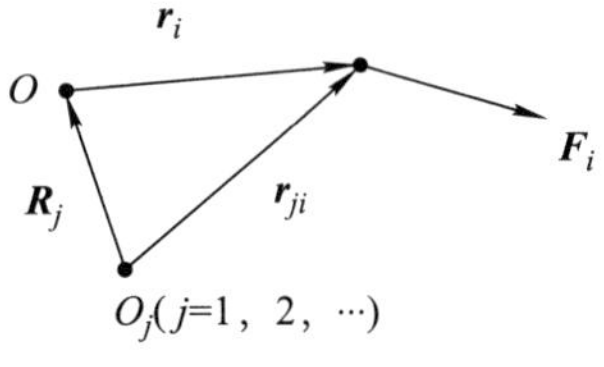

题解图 1

$$\boldsymbol{M}_O=\sum_i\boldsymbol{r}_i\times\boldsymbol{F}_i,\ \begin{cases}\boldsymbol{r}_i\text{：}O\text{ 指向第 }i\text{ 质点的矢径，}\\\boldsymbol{F}_i\text{：第 }i\text{ 质点所受外力.}\end{cases}$$

这些力相对任选的另一个参考点 O_j 的力矩之和为

$$\boldsymbol{M}_j=\sum_i\boldsymbol{r}_{ji}\times\boldsymbol{F}_i=\sum_i\boldsymbol{R}_j\times\boldsymbol{F}_i+\sum_i\boldsymbol{r}_i\times\boldsymbol{F}_i$$

$$=\boldsymbol{R}_j\times\sum_i\boldsymbol{F}_i+\boldsymbol{M}_O,$$

因 $\sum_i \boldsymbol{F}_i = 0$，即得

$$\boldsymbol{M}_j = \boldsymbol{M}_O, \quad j = 1, 2, \cdots, \qquad (5\text{ 分})$$

即这些外力各自相对 S 系中任一参考点的力矩之和 $\boldsymbol{M}_j$ 相同，$\boldsymbol{M}_j$ 各自沿相同方向的力矩分量也就相同.

图 1 中 12 个转轴上各自任取一个 O_j 参考点，所给质点组相对各参考点 O_j 的合力矩 $\boldsymbol{M}_j$ 相同，它们在同一方向上(例如转轴 1，7，8，12 转轴正方向)的分量也就相同，即得上述分组结构.

(2)(10 分)

(2.1) 参考图 4，易知 AB，CD 边上的电流受 $\boldsymbol{B}_\perp$ 的安培力均为零. 不难得到 $\boldsymbol{F}_{AB}$，$\boldsymbol{F}_{CD}$ 的结构如下：

$$\boldsymbol{F}_{AB} = I\,\overrightarrow{AB} \times \boldsymbol{B} = I\,\overrightarrow{AB} \times \boldsymbol{B}_{/\!/}, \quad \begin{cases} \text{方向：垂直于 } \boldsymbol{B}_{/\!/}\text{，如题解图 2 所示，} \\ \text{大小：} F_{AB} = Il_1 B_{/\!/}. \end{cases}$$

$$\boldsymbol{F}_{CD} = I\,\overrightarrow{CD} \times \boldsymbol{B} = I\,\overrightarrow{CD} \times \boldsymbol{B}_{/\!/}, \quad \begin{cases} \text{方向：与 } \boldsymbol{F}_{AB} \text{ 方向相反，如题解图 2 所示，} \\ \text{大小：} F_{CD} = F_{AB} = Il_1 B_{/\!/}. \end{cases}$$

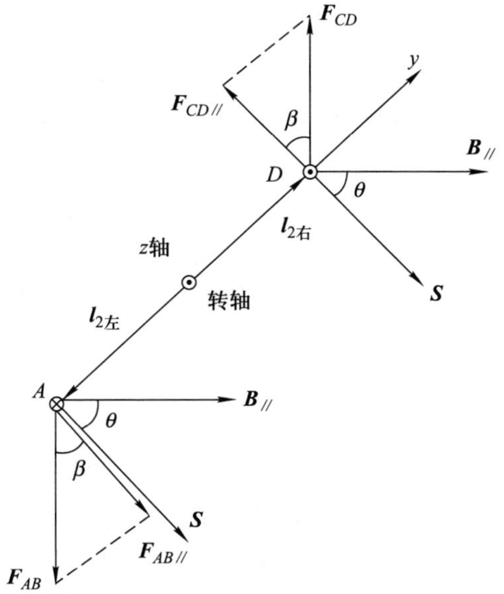

题解图 2

参考题解图 2，取 O 为参考点，力偶 $\boldsymbol{F}_{AB}$，$\boldsymbol{F}_{CD}$ 的力矩沿转轴方向分量

$$\boldsymbol{M}_{AB\text{轴}} = \boldsymbol{l}_{2\text{左}} \times \boldsymbol{F}_{AB/\!/}, \quad \boldsymbol{M}_{CD\text{轴}} = \boldsymbol{l}_{2\text{右}} \times \boldsymbol{F}_{CD/\!/},$$

$$F_{AB/\!/} = F_{AB}\cos\beta = F_{AB}\sin\theta,$$

$$F_{CD/\!/} = F_{CD}\cos\beta = F_{CD}\sin\theta,$$

$$F_{AB} = F_{CD} = Il_1 B_{/\!/},$$

$$\Rightarrow \quad \boldsymbol{M}_{AB,\,CD\text{轴}} = \boldsymbol{M}_{AB\text{轴}} + \boldsymbol{M}_{CD\text{轴}} = (l_{2\text{左}} F_{AB}\sin\theta + l_{2\text{右}} F_{CD}\sin\theta)\boldsymbol{k},$$

$$\Rightarrow \quad \boldsymbol{M}_{AB,\,CD\text{轴}} = Il_1 l_2 B_{/\!/}\ \sin\theta\boldsymbol{k},$$

即得

$$\boldsymbol{M}_{AB,\,CD\text{轴}} = I\boldsymbol{S} \times \boldsymbol{B}_{/\!/} = \boldsymbol{\mu} \times \boldsymbol{B}_{/\!/}.$$

（注意：若 O 点到 BC 边的距离不等于 O 点到 AD 边的距离，则力偶 $\boldsymbol{F}_{AB}$，$\boldsymbol{F}_{CD}$ 相对 O 点的力矩 $\boldsymbol{M}_{AB,CD}$ 还有与转轴垂直方向的分量，故不能普遍地写成 $\boldsymbol{M}_{AB,CD}=\boldsymbol{M}_{AB,CD轴}$.）又因 $\boldsymbol{S}\times\boldsymbol{B}_{\perp}\perp\boldsymbol{k}$，故可改述为

$$\boldsymbol{M}_{AB,CD轴}=(\boldsymbol{\mu}\times\boldsymbol{B})_{轴}.$$ （注意不能普遍地写成 $\boldsymbol{M}_{AB,CD}=\boldsymbol{\mu}\times\boldsymbol{B}$）

（2.2）BC，DA 边上的电流受 $\boldsymbol{B}_{\perp}$ 的安培力分别沿 $\boldsymbol{S}$ 的正、反方向，大小相同，这一对力偶相对 O 点的力矩虽不为零，但与 $\boldsymbol{k}$ 垂直，沿转轴方向分量为零. BC，DA 边上电流受 $\boldsymbol{B}_{/\!/}$ 的安培力分别沿 $\boldsymbol{k}$ 的反、正方向，它们相对 O 点的力矩之和为零．因此，BC，DA 边上的电流所受安培力相对 O 点的力矩之和 $\boldsymbol{M}_{BC,DA}$ 沿轴方向的分量为零，即

$$\boldsymbol{M}_{BC,DA轴}=0.$$

（2.3）线圈电流所受安培力相对参考点 O 的合力矩，沿转轴方向分量为

$$\boldsymbol{M}_{ABCD轴}=\boldsymbol{M}_{AB,CD轴}+\boldsymbol{M}_{BC,DA轴}=\boldsymbol{M}_{AB,CD轴}=(\boldsymbol{\mu}\times\boldsymbol{B})_{轴},$$

简写为

$$\boldsymbol{M}_{轴}=(\boldsymbol{\mu}\times\boldsymbol{B})_{轴}.$$ （注意：不能普遍地写成 $\boldsymbol{M}=\boldsymbol{\mu}\times\boldsymbol{B}$）

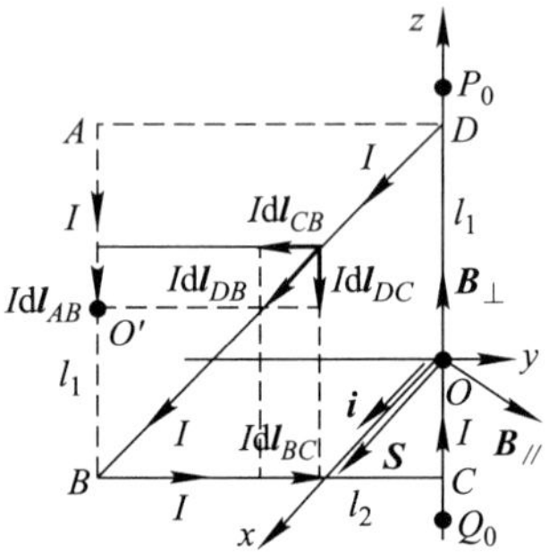

题解图 3

（3）（5 分）

直角三角形 BCD 载流线圈受匀强磁场安培力为零，据(1)问解答可知，此安培力相对任何一条平行于 CD 边转轴的力矩分量都相同．为方便，可取题解图 3 中的与 CD 边重合的转轴 P_0Q_0 来计算.

如题解图 3 所示，将 DB 边上线元电流 $I\mathrm{d}\boldsymbol{l}_{DB}$ 分解为：

$I\mathrm{d}\boldsymbol{l}_{DC}$，平行于图中虚拟的 AB 边上线元电流 $I\mathrm{d}\boldsymbol{l}_{AB}$；

$I\mathrm{d}\boldsymbol{l}_{CB}$，　反平行于 BC 边上线元电流 $I\mathrm{d}\boldsymbol{l}_{BC}$.

（i）基元安培力 $\mathrm{d}\boldsymbol{F}_{CB\perp}=I\mathrm{d}\boldsymbol{l}_{CB}\times\boldsymbol{B}_{\perp}$ 与基元安培力 $\mathrm{d}\boldsymbol{F}_{BC\perp}=I\mathrm{d}\boldsymbol{l}_{BC}\times\boldsymbol{B}_{\perp}$，相对 O 点力矩之和.

参照题解图 4 内容，可得详解.

小结：这一对基元安培力相对 O 点力矩之和非零，但沿转轴方向分量为零．分别沿 DB 边和沿 BC 边积分，相对 O 点力矩之和仍为非零，沿转轴方向分量仍为零.

（ii）基元安培力 $\mathrm{d}\boldsymbol{F}_{CB/\!/}=I\mathrm{d}\boldsymbol{l}_{CB}\times\boldsymbol{B}_{/\!/}$ 与基元安培力 $\mathrm{d}\boldsymbol{F}_{BC/\!/}=I\mathrm{d}\boldsymbol{l}_{BC}\times\boldsymbol{B}_{/\!/}$ 相对 O 点力矩之和.

作类似题解图 4 的图，分析可知，$\mathrm{d}\boldsymbol{F}_{CB/\!/}$ 与 $\mathrm{d}\boldsymbol{F}_{BC/\!/}$ 各自相对 O 点力矩之和为零.

联合(i)中小结，得下述结论：

DB 边上由各线元电流 $I\mathrm{d}\boldsymbol{l}_{CB}$ 所受磁场 $\boldsymbol{B}=\boldsymbol{B}_{/\!/}+\boldsymbol{B}_{\perp}$ 的安培力，相对 O 点力矩，与 BC 边上各线元电流 $I\mathrm{d}\boldsymbol{l}_{BC}$ 所受磁场 $\boldsymbol{B}=\boldsymbol{B}_{/\!/}+\boldsymbol{B}_{\perp}$ 的安培力，相对 O 点力矩之和，在转轴方向分量为零.

（iii）DB 边上线元电流 $I\mathrm{d}\boldsymbol{l}_{DC}$ 显然与虚拟的 AB 边上线元电流 $I\mathrm{d}\boldsymbol{l}_{AB}$ 相同，各自受匀强磁场 $\boldsymbol{B}$ 的安培力也相同. 区别在于 $I\mathrm{d}\boldsymbol{l}_{AB}\times\boldsymbol{B}$ 受力点均匀分布在 AB 边上，这些力相对 O 点力矩之和，可等效为把这些力合并在虚拟的 AB 边的中点 O' 后相对 O 点的力矩，参考(2.1)的解答，此力矩轴向分量为

$$l_2\cdot Il_1B_{/\!/}\cdot\sin\theta\cdot\boldsymbol{k}.$$

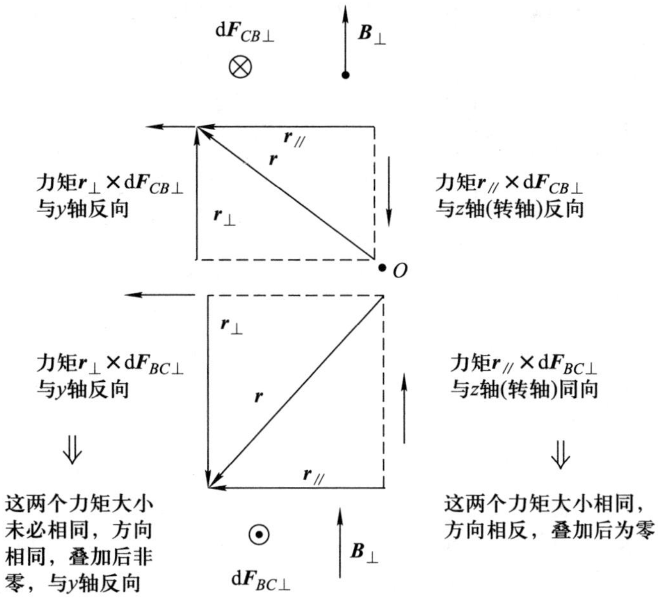

题解图 4

$I\mathrm{d}\boldsymbol{l}_{DC}\times\boldsymbol{B}$ 受力点均匀分布在 DB 边上，这些力相对 O 点的力矩之和，可等效为把这些力合并在 DB 边的中点后，相对 O 点的力矩．因为此中点与转轴相距$\frac{l_2}{2}$，故力矩轴向分量为

$$\frac{l_2}{2}Il_1B_{/\!/}\sin\theta\cdot\boldsymbol{k}.$$

(iv) 不难判断 CD 边上电流所受安培力相对 O 点力矩之和为零.

综上所述，可知图 5 所示的直角三角形 BCD 载流线圈在匀强磁场 $\boldsymbol{B}=\boldsymbol{B}_{/\!/}+\boldsymbol{B}_{\perp}$ 中沿转轴方向的力矩分量为

$$\boldsymbol{M}_{BCD轴}=\frac{1}{2}Il_1l_2B_{/\!/}\sin\theta\cdot\boldsymbol{k},\quad \theta\text{ 为 }\boldsymbol{i}\text{ 与 }\boldsymbol{B}_{/\!/}\text{ 间的夹角}.$$

引入磁矩

$$\boldsymbol{\mu}_{BCD}=I\boldsymbol{S},\quad \boldsymbol{S}=\frac{1}{2}l_1l_2\cdot\boldsymbol{i},$$

可得

$$\boldsymbol{M}_{BCD轴}=\boldsymbol{\mu}_{BCD}\times\boldsymbol{B}_{/\!/}.$$

因

$$\boldsymbol{\mu}_{BCD}\times\boldsymbol{B}_{\perp}\perp\boldsymbol{k},$$

即得

$$\boldsymbol{M}_{BCD轴}=(\boldsymbol{\mu}_{BCD}\times\boldsymbol{B})_{轴}.$$

(4) (5 分)

仍有

$$\boldsymbol{\mu}_{圈}=I\boldsymbol{S}_{圈},\quad \boldsymbol{S}_{圈}=S_{圈}\,\boldsymbol{i}.$$

如题解图 5 所示，将线圈所包围的面，分割成一系列 dy，dz 类型的无穷小矩形(含正方形)载流线圈，和周边以线圈线元 dl 为斜边的一系列无穷小直角三角形(含退化的直线段 $dl=dz$ 或 $dl=dy$，即三角形退化为直线段)载流线圈．这些载流线圈电流会出现正、反相互抵消，全部求和恰好还原成图 6 所示的平面载流线圈．因此，所求平面载流线圈所受 $\boldsymbol{B}$ 磁场安培力相对转轴力矩分量 $\boldsymbol{M}_{圈轴}$，等同于各个小直角三角形载流线圈所受安培力相对转轴力矩分量 $\boldsymbol{M}_{i轴}$ 之和，与各个小矩形载流线圈所受安培力相对转轴力矩分量 $\boldsymbol{M}_{j轴}$ 之和的总和，即有

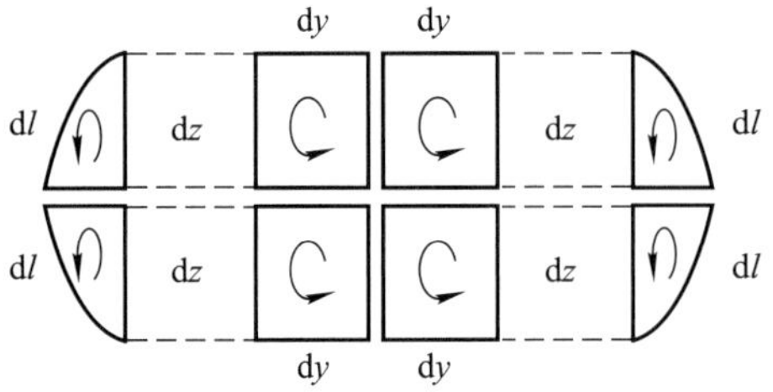

题解图 5

$$\boldsymbol{M}_{圈轴}=\sum_i \boldsymbol{M}_{i轴}+\sum_j \boldsymbol{M}_{j轴}.$$

据(3)问解答可知

$$\boldsymbol{M}_{i轴}=(\boldsymbol{\mu}_i\times\boldsymbol{B})_{轴},\quad \boldsymbol{\mu}_i=IS_i\boldsymbol{i},\quad S_i：第\ i\ 个小直角三角形面积$$

$$\boldsymbol{M}_{j轴}=(\boldsymbol{\mu}_j\times\boldsymbol{B})_{轴},\quad \boldsymbol{\mu}_j=IS_j\boldsymbol{i},\ S_j：第\ j\ 个小矩形面积$$

且不难得到

$$\sum_i S_i+\sum_j S_j=S_{圈},\quad \Rightarrow\quad \sum_i \boldsymbol{\mu}_i+\sum_j \boldsymbol{\mu}_j=\boldsymbol{\mu}_{圈},$$

便得

$$\boldsymbol{M}_{圈轴}=\Big[\big(\sum_i \boldsymbol{\mu}_i+\sum_j \boldsymbol{\mu}_j\big)\times\boldsymbol{B}\Big]_{轴}=(\boldsymbol{\mu}_{圈}\times\boldsymbol{B})_{轴}.$$

当然，如果小三角形所含面积之和，相对内部小矩形所含面积之和为无穷小，也可将上式中 $\sum_i \boldsymbol{\mu}_i$ 直接略去，所得结论

$$\boldsymbol{M}_{圈轴}=(\boldsymbol{\mu}_{圈}\times\boldsymbol{B})_{轴}$$

不变.

北京大学 2017 年金秋营学科专业能力测试

总分：160 分　　时间：3.5 小时

一、(15 分)

如图所示，x 轴代表挡板，F_1，F_2 为挡板上两个小孔，它们的坐标分别为 $\left(\frac{d}{2},\ 0\right)$，$\left(-\frac{d}{2},\ 0\right)$. 波长为 λ 的平面无线电波从图示方向垂直射到挡板，且有 $d=N\lambda$，$N\geqslant 3$，N 为整数．小探测器从 y 轴上非常靠近坐标原点 O 的位置出发，沿着图示方位角 $\phi\left(\frac{\pi}{2}>\phi>0\right)$ 移动．试问 ϕ 在何范围取值时，小探测器可探测到的无线电波不同干涉极大次数最多？再问 ϕ 在何范围取值时，小探测器可探测到不同的干涉极大次数最少？

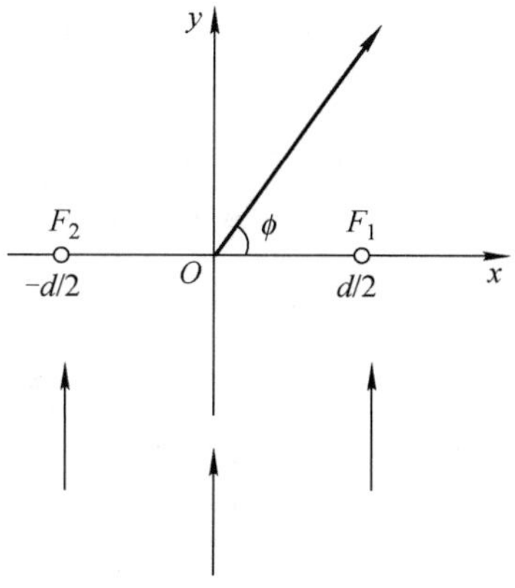

波长为 λ 的平面无线电波

二、(15 分)

在讨论的温度范围内，某种理想气体的摩尔定容热容量 $C_{V,\mathrm{m}}$ 为常量．如图所示，在体积分别为 V_1，V_2 的两个绝热容器内，分别存有 ν_1，ν_2 mol 的此种气体，且均已达到平衡状态，压强分别为 p_1，p_2．将这两部分气体在与外界绝热情况下混合在一起，最后达到体积为 $V=V_1+V_2$ 的平衡态．下述两问的答案中，只可包含上面给出的已知量及理想气体常量 R．

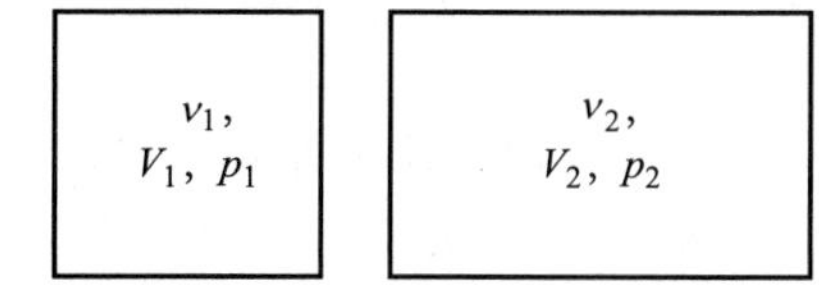

(1) 试求混合后平衡态的温度 T 和压强 p．

(2) 取理想气体熵增公式为

$$\Delta S=\nu R\ln\frac{V_{\mathrm{e}}}{V_{\mathrm{i}}}+\nu C_{V,\mathrm{m}}\ln\frac{T_{\mathrm{e}}}{T_{\mathrm{i}}},$$

下标 i，e 分别表示初、末平衡态状态量，再求混合过程中系统熵增量 ΔS．

三、(25 分)

在光滑的水平面上，设置 Oxy 坐标系．3 个厚度相同，质量、半径分别为 m_1，R_1，m_2，R_2，m_3，R_3 的匀质圆盘，其中 $R_1>R_2>R_3$．开始时，如图所示，盘 1 在图中虚线所示位置上，且具有图示方向的平动速度 $\boldsymbol{v}_0$；盘 2、3 静止在图中实线所示位置上．过一会，盘 1 的中心到达坐标面上的原点 O，即与盘 2、3 发生连心线方向的碰撞，盘间摩擦系数处处同为常量 μ．盘 1、3 间连心线方向

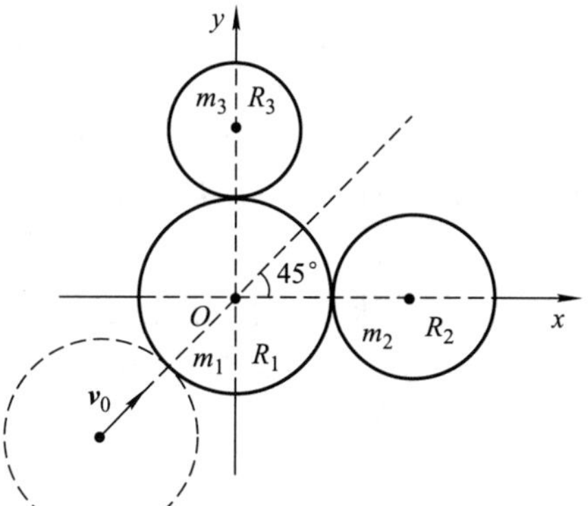

的碰撞力大小为 $N_3=N$，盘 1、2 间连心线方向的碰撞力大小为 $N_2=\beta N$，$\beta>1$. 设盘间碰撞力和切向摩擦力作用时间同为小量 Δt.

系统内的碰撞前后，盘 1、3 间连心线方向的相对速度大小 $\Delta v_{y后}$，$\Delta v_{y前}$ 之比值 $e_3=\Delta v_{y后}/\Delta v_{y前}$，称为 1、3 间连心线方向的速度恢复系数，设 $1>e_3>0$. 解答如下问题时，答案中可包含的已知量：m_1，m_2，m_3，v_0，μ，β，e_3，R_1.

(1) 试求碰后盘 3 质心的两个速度分量(可正、可负)v_{3x}，v_{3y}.

(2) 试求碰后盘 1 绕其盘心的旋转方向及角速度大小 ω_1.

四、(25 分)

质点 P 在仅受固定质点 Q 的万有引力作用下运动时，当 P 的轨道能量(动能与势能之和)$E<0$ 时，轨道为椭圆(包括圆)，$E=0$ 时轨道为抛物线，$E>0$ 时轨道为双曲线. 解答下述各问的过程中，一律不引入椭圆参量 A，B 和 $C=\sqrt{A^2-B^2}$.

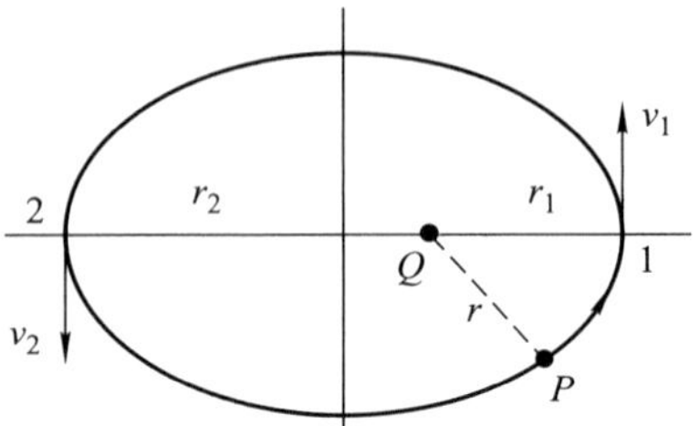

(1) 在地球 Q 的大气层外足够高处，有一飞船 P 绕 Q 做图示的非圆形的椭圆轨道运动，它的近地点 1 与 Q 的中心相距 r_1，速度为 $v_1=\sqrt{2\alpha GM/r_1}$，其中 G 为引力常量，M 为 Q 的质量.

(1.1) 导出 α 的取值范围；

(1.2) 将 P 在远地点 2 与 Q 的中心距离记为 r_2，速度记为 v_2，导出用参量 G，M，α 和 r_2 表示的 v_2 计算式.

(2) 令 P 在近地点 1 处沿航行方向朝前发射一个无动力的太空探测器，并使其能沿抛物线轨道远离地球 Q，发射后的飞船恰能沿圆轨道航行. 试用 v_1 及 α 来表示发射速度(发射后瞬间，探测器相对飞船的分离速度)u，以及探测器质量 m_0 与原飞船(含探测器)质量 m 之间的比值.

(3) 改设原飞船在远地点 2 处沿航行方向朝前发射同一个无动力的太空探测器，发射速度 u 不变，试问探测器的轨道将是椭圆、抛物线还是双曲线？

五、(25 分)

3 维空间球的表面方程为 $x^2+y^2+z^2=R^2$，R 为半径，面积 $S_3=4\pi R^2$，体积 $V_3=\frac{4}{3}\pi R^3$. 圆是 2 维空间“球”，圆周是它的“球面”，方程为 $x^2+y^2=R^2$，R 为半径，“面积”(即圆周长)$S_2=2\pi R$，“体积”(即圆面积)$V_2=\pi R^2$. 直线段是 1 维空间“球”，两个端点是它的“面”，方程为 $x^2=R^2$，R 为半径，“面积”$S_1=2R^0=2$，“体积”(即线段长度)$V_1=2R$.

N 维空间球的球面方程可表述成 $x_1^2+x_2^2+\cdots+x_N^2=R^2$，$R$ 为半径，面积记为 $S_N(R)$，体积记为 $V_N(R)$，其间关系为

$$V_N(R)=\frac{R}{N}S_N(R).$$

气体分子通常在 3 维空间中运动，于是可引入 3 维空间的理想气体模型，处于平衡态

时，分子 3 维速度的每一维分量都服从麦克斯韦分布律．如果气体分子被约束在 2 维（或 1 维）空间运动，可引入 2 维（或 1 维）理想气体模型，处于平衡态时，分子 2 维（或 1 维）速度的每一维分量都服从麦克斯韦分布律．

（i）抽象地设想气体分子被约束在 N 维空间运动，可引入 N 维空间的理想气体模型，处于平衡态时，分子 N 维速度的每一维分量都服从麦克斯韦分布律．

（ii）再假设 N 维空间的理想气体处于平衡态时，能量均分定理仍然成立．

据(i)、(ii)，试导出 $S_N(R)$ 和 $V_N(R)$ 的计算式．

六、(25 分)

背景知识：摆线的参量方程和切向方位角．

如图 1 所示，半径为 R 的轮子在某水平面上纯滚动时，轮子边缘上任意一点 $P_{上}$ 的运动轨道称为上滚轮线．轮子若在水平面下方纯滚动，轮子边缘上任意一点 $P_{下}$ 的运动轨道称为下滚轮线．

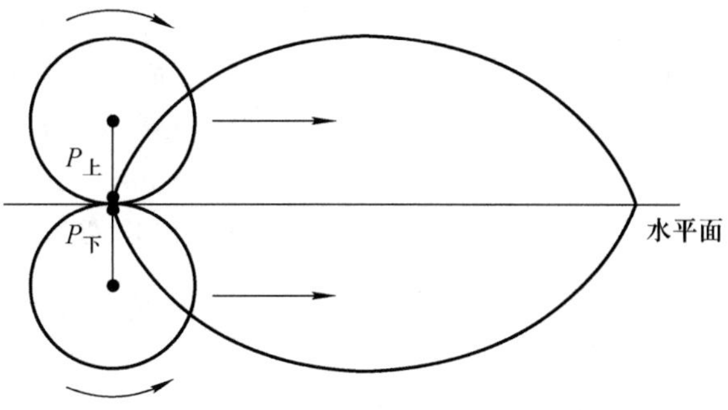

图 1

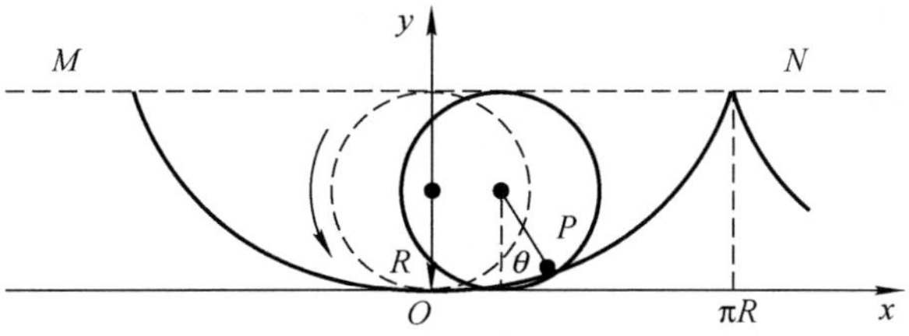

图 2

下滚轮线也称为摆线．为建立摆线在直角坐标平面上的参量方程，参考图 2．直线 MN 与 x 轴处处相距 $2R$，轮子贴着直线 MN 纯滚动，某时刻轮子边缘点 P 位于坐标原点 O．轮子转过 θ 角时，P 点在其摆线轨道中的点位置的坐标为

$$x = R\theta + R\sin\theta, \quad y = R - R\cos\theta,$$

得摆线的参量方程为

$$x = R(\theta + \sin\theta), \quad y = R(1 - \cos\theta), \quad \infty > \theta > -\infty.$$

将 P 在 O 点的时刻记为 $t=0$，若轮子匀速纯滚动，中心速度为 v，旋转角速度为 ω，则有

$$\omega = \frac{v}{R}, \quad \theta = \omega t, \quad \infty > t > -\infty.$$

结合运动学内容，参考图 3，P 点速度 $\boldsymbol{v}_P$ 方向与轮子整体沿 x 方向速度 $\boldsymbol{v}$ 方向的夹角 ϕ，即为此摆线在 P 点位置处切线方向与 x 轴方向之间的夹角，故也可称为摆线的切向方位角．在 $\pi > \theta \geqslant 0$ 范围内，从图 3 所示的角关联（外角 2ϕ 的两条边与内角 θ 的两条边分别相互垂直），可得

$$\phi = \frac{\theta}{2}, \quad \pi > \theta \geqslant 0.$$

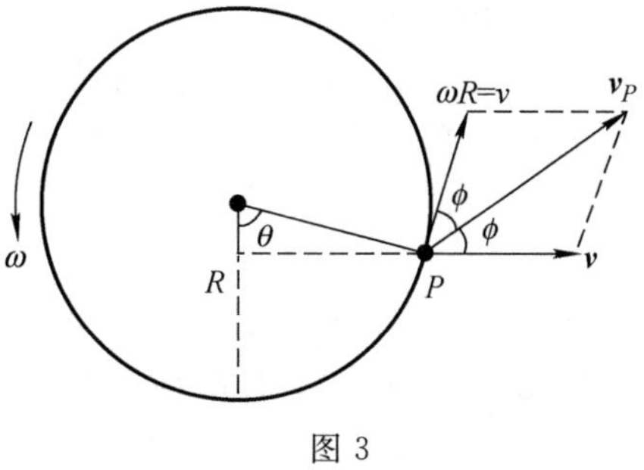

图 3

在 $\theta = \pi$ 处，即在 $x = \pi R$ 处，P 的速度方向，即摆线的切线方向会从沿 y 轴方向突变到沿

y 轴负方向．或者说，ϕ 角会从 $\frac{\pi}{2}$ 突变到 $-\frac{\pi}{2}$，可是 θ 角在此处仍是连续变化，不出现突变，故 $\phi=\theta/2$ 不再成立．显然在 $\theta=(2k+1)\pi(k=0,\ \pm1,\ \pm2,\ \cdots)$ 处都有此种现象，故在 $\theta>\pi$ 或 $\theta<-\pi$ 区域，ϕ 与 θ 的关系式需作修正，此处从略.

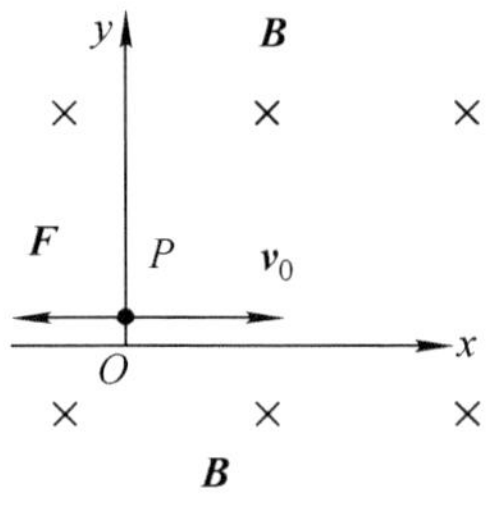

图 4

题文：切向振荡力与匀强磁场力联合作用下，带电质点的摆线轨道.

如图 4 所示，在磁感应强度为 $\boldsymbol{B}$ 的匀强磁场区域内，设置 Oxy 坐标平面，$\boldsymbol{B}$ 的方向垂直坐标平面朝里．$t=0$ 时，坐标原点 O 处有一个电荷量 $q>0$、质量 m 的带电质点 P，其速度为 $\boldsymbol{v}=v_0\boldsymbol{i}$，$v_0$ 为正的常量，$\boldsymbol{i}$ 为 x 轴方向单位矢量.

从 $t=0$ 开始，P 在磁场力和沿坐标平面的变力 $\boldsymbol{F}$ 作用下运动，t 时刻 P 的速度矢量记为 $\boldsymbol{v}$，则 t 时刻 $\boldsymbol{F}$ 可表述为

$$\boldsymbol{F}=\begin{cases}-F_0\sin(\omega t-k\pi)\cdot\dfrac{\boldsymbol{v}}{v}(\text{减速力}), & \left(k+\dfrac{1}{2}\right)\pi>\omega t\geqslant k\pi,\\ F_0\sin(\omega t-k\pi)\cdot\dfrac{\boldsymbol{v}}{v}(\text{加速力}), & (k+1)\pi\geqslant\omega t>\left(k+\dfrac{1}{2}\right)\pi,\end{cases}$$

其中 F_0，ω 都是正的常量.

假如 P 的运动轨道为图 5 所示的摆线，其参量方程为

$$\begin{cases}x=R(\theta+\sin\theta),\\ y=R(1-\cos\theta),\end{cases}\quad(R\ \text{待定},\ \theta\geqslant0)$$

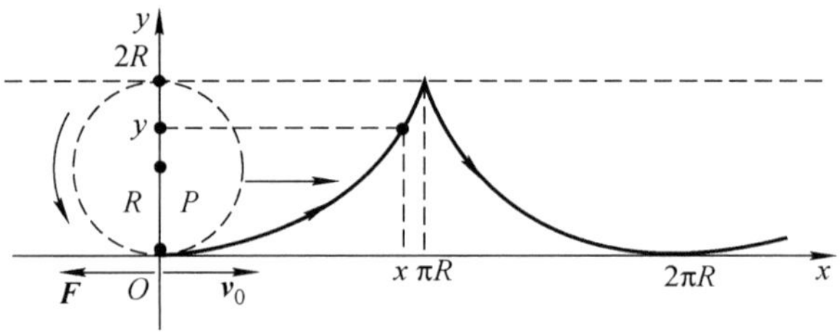

图 5

已知 P 沿摆线长度增加方向单调运动，试导出 F_0，ω，R 各自与已给参量 B，q，m，v_0 之间的函数关系.

七、(30 分)

惯性系 S 中，质量为 M 的质点固定．设置以 M 为原点的极坐标系，如图 1 所示．可将质量为 m 的可动质点所受 M 的牛顿引力表述为

$$\boldsymbol{F}=-G\frac{Mm}{r^3}\boldsymbol{r}.\tag{1}$$

m 的运动速度 $\boldsymbol{v}$ 可分解为径向和角向分量 v_r 和 v_θ. 设无其他外力作用，m 相对 M 的角动量 $\boldsymbol{L}$ 为守恒量，M，m 构成的系统，其能量 E 也为守恒量. 有

$$L=mrv_\theta,\tag{2}$$

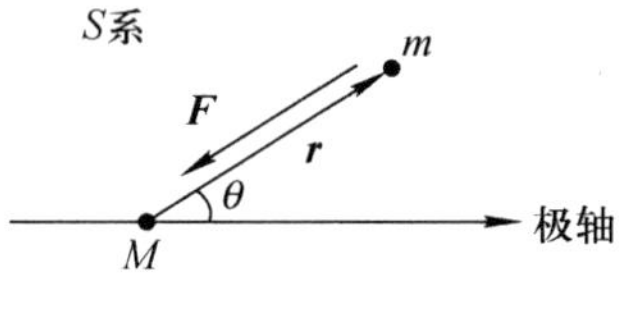

图 1

$$E=\frac{1}{2}m(v_r^2+v_\theta^2)-G\frac{Mm}{r}. \tag{3}$$

引入参量

$$P=\frac{L^2}{GMm^2}, \tag{4}$$

$$\varepsilon=\sqrt{1+\frac{2EL^2}{G^2M^2m^3}}, \tag{5}$$

然后由

$$v_\theta=\frac{L}{mr},\quad v_r=\sqrt{\left(\frac{2E}{m}+2G\frac{M}{r}\right)-\frac{L^2}{m^2r^2}},$$

$$\Rightarrow\quad \frac{\mathrm{d}r}{\mathrm{d}\theta}=r\frac{v_r}{v_\theta}=r^2\sqrt{\left(\frac{GMm^2}{L^2}\right)^2\left(1+\frac{2EL^2}{G^2M^2m^3}\right)-\left(\frac{1}{r}-\frac{GMm^2}{L^2}\right)^2}, \tag{6}$$

联立(4)、(5)、(6)式，即可从数学上导得(过程略)m 绕 M 运动轨道曲线的方程为

$$r=\frac{P}{1+\varepsilon\cos\theta}\text{(圆锥曲线方程)}, \tag{7}$$

且有

$E<0$，$\varepsilon<1$ 时，轨道为椭圆，M 位于焦点之一；

$E=0$，$\varepsilon=1$ 时，轨道为抛物线，M 位于焦点；

$E>0$，$\varepsilon>1$ 时，轨道为两支双曲线中的一支，M 位于该支双曲线的内焦点．

(1) 惯性系 S 中，质量为 M、电量为 $-Q(Q>0)$ 的带电质点固定．设置以$\{M，-Q\}$为原点的极坐标系，如图 2 所示．可将质量为 m、电量为 $q>0$ 的可动带电质点所受$\{M，-Q\}$的库仑力表述为

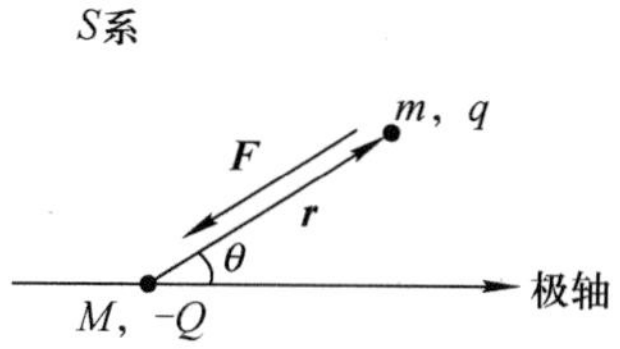

图 2

$$\boldsymbol{F}=-k\frac{Qq}{r^3}\boldsymbol{r}.$$

设无其他外力作用，在极坐标系中，试求带电质点$\{m，q\}$绕带电质点$\{M，-Q\}$运动轨道曲线的方程.

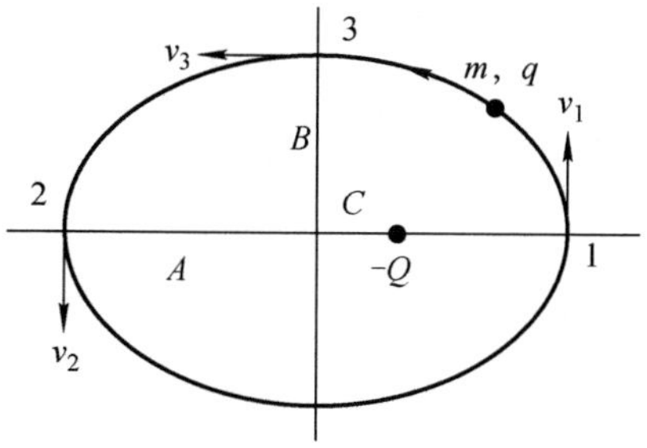

图 3

(2) 带电质点$\{m，q>0\}$绕固定点电荷$-Q(Q>0)$做椭圆轨道运动，如图 3 所示．将 m，q，Q 和图中几何参量 A，B，$C(C=\sqrt{A^2-B^2})$处理为已知量．试求图中 3 个特征点的速度大小 v_1，v_2，v_3，以及做轨道运动的$\{m，q\}$质点所具有的能量 E；再求椭圆轨道周期 T.

(3) 惯性系 S 中，开始时如图 4 所示，带负电的质点$(M，-Q)$和带正电的$(m，q)$质点都静止，相距 l.

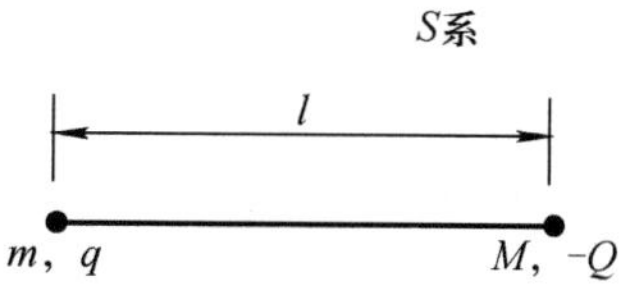

图 4

(3.1) 设$(M，-Q)$固定不动，将$(m，q)$自由释放，在库仑力作用下，经时间 T_1 与$(M，-Q)$相遇，试求 T_1；

(3.2) 设$(M，-Q)$也可动，将两者一起自静止自由释

放，在库仑力作用下，经时间 T_2 两者相遇，试求 T_2.

（4）如图 5 所示，足够大不带电的导体右侧真空中，静放着一个半径为 R、质量为 m、电量 $q>0$ 的匀质均匀带电球面，球心与导体平表面 S 相距 $r_0=2R$. $t=0$ 时刻，将 P 从静止自由释放.

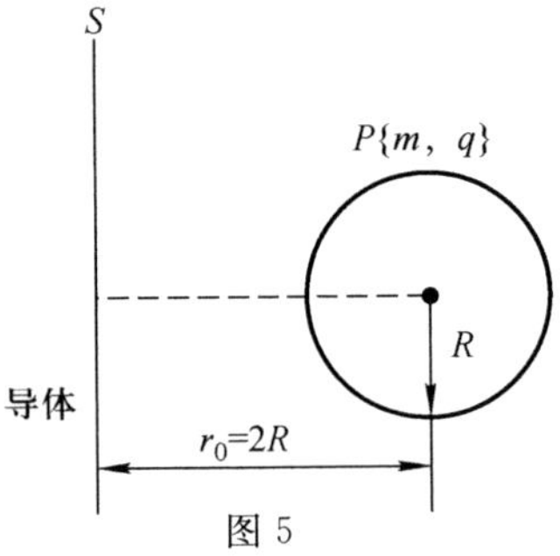

图 5

（4.1）通过具体定性分析，定性判断带电球面 P 将怎样运动？

（4.2）定量求出 P 的表面触及 S 面的时刻 t_e，答案中可包含已知量 R，m，q，ε_0（真空介电常量）.

试题解答与评分标准

一、(15 分)

在 xy 平面右半侧，干涉极大点构成一系列以 F_1 为内焦点、F_2 为外焦点的双曲线，对相干叠加波长差为 $k\lambda$ 的极大，对应的双曲线方程为

$$\frac{x^2}{A_k^2}-\frac{y^2}{B_k^2}=1,$$

其中 A_k 为顶点的 x 坐标，有

$$A_k=\frac{k}{2}\lambda,\quad k=0,1,\cdots,N-1,N.$$

当 $k=0$ 时，双曲线退化为 y 轴，当 $k=N$ 时，双曲线退化为从 F_1 朝 x 轴正方向延伸的射线．这些双曲线互不交叠，如题解图所示.

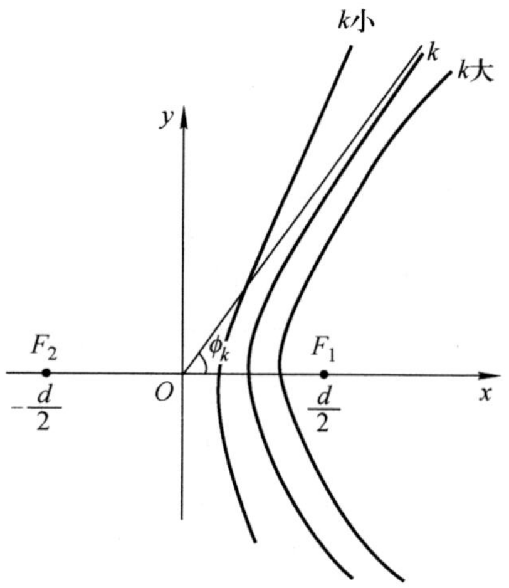

题解图

对第 k 条双曲线，其渐近线与 x 轴夹角 ϕ_k 满足

$$\tan\phi_k=B_k/A_k,$$

$$B_k=\sqrt{C^2-A_k^2}\quad\left(C\text{：}F_1\text{ 到 }O\text{ 点距离，}C=\frac{d}{2}=\frac{N}{2}\lambda\right)$$

$$=\sqrt{\left(\frac{d}{2}\right)^2-A_k^2}=\frac{1}{2}\sqrt{N^2-k^2}\lambda,$$

即有

$$\tan\phi_k=\sqrt{N^2-k^2}/k.\qquad(9\text{ 分})$$

有

$$k=0,\quad\Rightarrow\quad\phi_0=\frac{\pi}{2};$$

$$k=N-1,\quad\Rightarrow\quad\phi_{N-1}=\arctan\frac{\sqrt{2N-1}}{N-1}.\text{(最小非零 }\phi_k\text{ 角)}$$

(1) 为使小探测器可探测到最多的极大，要求 ϕ 小于 ϕ_{N-1}，即有

$$0<\phi<\phi_{N-1}=\arctan\frac{\sqrt{2N-1}}{N-1},\qquad(3\text{ 分})$$

即使取 $\phi=0$，最多也只能探测到 $k=1,2,\cdots,N-1$ 个极大，即共可探测到 $N-1$ 个极大.

(2) 为使小探测器可探测到的干涉极大次数最少，应取 ϕ 值为

$$\frac{\pi}{2}>\phi>\phi_1=\arctan\sqrt{N^2-1},\qquad(3\text{ 分})$$

此时小探测器将接收到 1 个干涉极大.

(取 $\phi=\frac{\pi}{2}$时，小探测器将一直探测着 $k=0$ 对应的极大，即只有一个“不同的”极大，

但因 $N\geqslant 3$，取 $0\leqslant\phi<\phi_{N-1}$ 时，可探测 $N-1\geqslant 2$ 个不同的极大，后者多于前者.)

二、(15 分)

(1) 由状态方程和热力学第一定律，有

$$T_1=p_1\cdot V_1/\nu_1 R,\qquad T_2=p_2\cdot V_2/\nu_2 R,$$

$$(\nu_1+\nu_2)C_{V,\mathrm{m}}T=\nu_1 C_{V,\mathrm{m}}T_1+\nu_2 C_{V,\mathrm{m}}T_2,$$

$$\Rightarrow\quad T=\frac{(p_1V_1+p_2V_2)}{(\nu_1+\nu_2)R}.$$

由状态方程，得

$$p=\frac{(\nu_1+\nu_2)RT}{V_1+V_2}=\frac{(\nu_1+\nu_2)R}{V_1+V_2}\cdot\frac{p_1V_1+p_2V_2}{(\nu_1+\nu_2)R},\qquad\Rightarrow\quad p=\frac{p_1V_1+p_2V_2}{V_1+V_2}.\quad(5\text{ 分})$$

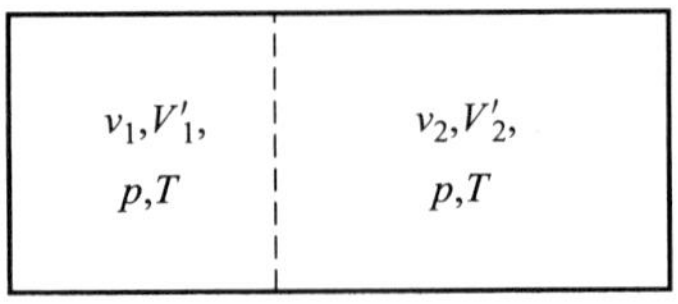

题解图

(2) 将系统末态按题解图所示，分为 $\nu_1\,\mathrm{mol}\{p,V'_1,T\}$ 子系统平衡态和 $\nu_2\,\mathrm{mol}\{p,V'_2,T\}$ 子系统平衡态. 由

$$pV'_1=\nu_1RT,\qquad pV'_2=\nu_2RT,\qquad V'_1+V'_2=V_1+V_2,$$

解得

$$V'_1=\frac{\nu_1}{\nu_1+\nu_2}(V_1+V_2),\qquad V'_2=\frac{\nu_2}{\nu_1+\nu_2}(V_1+V_2).$$

子系统 1：初态即为题图中左图平衡态，其熵增为

$$\Delta S_1=\nu_1R\ln\frac{V'_1}{V_1}+\nu_1C_{V,\mathrm{m}}\ln\frac{T}{T_1},$$

$$\Rightarrow\quad\Delta S_1=\nu_1R\ln\left[\frac{\nu_1}{\nu_1+\nu_2}\cdot\frac{(V_1+V_2)}{V_1}\right]+\nu_1C_{V,\mathrm{m}}\ln\left[\frac{p_1V_1+p_2V_2}{p_1V_1}\cdot\frac{\nu_1}{\nu_1+\nu_2}\right],$$

子系统 2：初态即为题图中右图平衡态，其熵增为

$$\Delta S_2=\nu_2R\ln\frac{V'_2}{V_2}+\nu_2C_{V,\mathrm{m}}\ln\frac{T}{T_2},$$

$$\Rightarrow\quad\Delta S_2=\nu_2R\ln\left[\frac{\nu_2}{\nu_1+\nu_2}\cdot\frac{(V_1+V_2)}{V_2}\right]+\nu_2C_{V,\mathrm{m}}\ln\left[\frac{p_1V_1+p_2V_2}{p_2V_2}\cdot\frac{\nu_2}{\nu_1+\nu_2}\right].$$

系统熵增：

$$\Delta S=\Delta S_1+\Delta S_2=\nu_1R\ln\left[\frac{\nu_1}{\nu_1+\nu_2}\cdot\frac{(V_1+V_2)}{V_1}\right]+\nu_2R\ln\left[\frac{\nu_2}{\nu_1+\nu_2}\cdot\frac{(V_1+V_2)}{V_2}\right]$$

$$+\nu_1C_{V,\mathrm{m}}\ln\left[\frac{p_1V_1+p_2V_2}{p_2V_1}\cdot\frac{\nu_1}{\nu_1+\nu_2}\right]+\nu_2C_{V,\mathrm{m}}\ln\left[\frac{p_1V_1+p_2V_2}{p_2V_2}\cdot\frac{\nu_2}{\nu_1+\nu_2}\right].$$

(10 分)

三、(25 分)

(1) 参考题解图，对系统：$m_1v_{1y}+m_2v_{2y}+m_3v_{3y}=m_1v_{0y}=m_1v_0/\sqrt{2}$.　(1)

对盘 3：$\begin{cases}m_3v_{3y}=N_3\Delta t=N\Delta t,\\ m_3v_{3x}=f_3\Delta t=\mu N\Delta t,\end{cases}$　(2)

$$\Rightarrow\quad v_{3y}=v_{3x}/\mu.\quad(3)$$

对盘 2：$\begin{cases}m_2v_{2x}=N_2\Delta t=\beta N\Delta t,\\ m_2v_{2y}=f_2\Delta t=\mu\beta N\Delta t,\end{cases}$　(4)

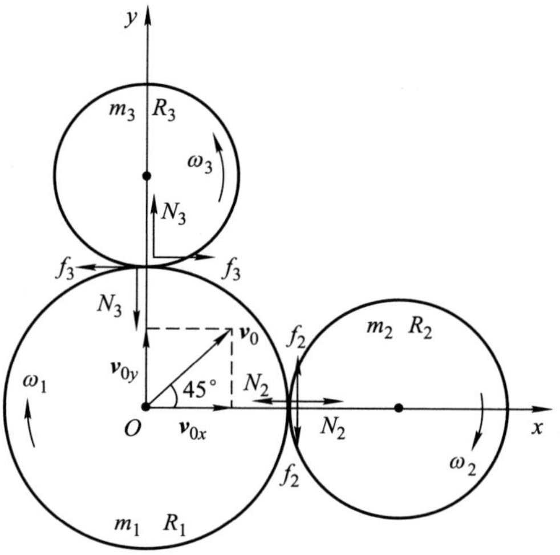

题解图

$$\Rightarrow \quad v_{2y}=\mu v_{2x}. \tag{5}$$

由(2)、(4)、(3)式得

$$v_{2x}=\beta\frac{m_3}{m_2}v_{3y}=\frac{\beta}{\mu}\frac{m_3}{m_2}v_{3x},$$

代入(5)式，

$$v_{2y}=\beta\frac{m_3}{m_2}v_{3x}. \tag{6}$$

引入 e_3：

$$v_{3y}-v_{1y}=e_3v_{0y},$$

$$\Rightarrow \quad v_{1y}=v_{3y}-e_3v_{0y}=\frac{v_{3x}}{\mu}-\frac{e_3v_0}{\sqrt{2}}. \tag{7}$$

将(3)、(6)、(7)式代入(1)式得

$$m_1\left(\frac{v_{3x}}{\mu}-e_3v_{0y}\right)+\beta m_3v_{3x}+m_3\frac{v_{3x}}{\mu}=m_1v_{0y}, \qquad v_{0y}=v_0/\sqrt{2},$$

即得

$$v_{3x}=\frac{\mu(1+e_3)m_1}{m_1+m_3(1+\beta\mu)}\cdot\frac{v_0}{\sqrt{2}},$$

$$v_{3y}=\frac{v_{3x}}{\mu}=\frac{(1+e_3)m_1}{m_1+m_3(1+\beta\mu)}\cdot\frac{v_0}{\sqrt{2}}.$$ (20 分)

(2)

$$I_1\omega_1=(f_2-f_3)R_1\Delta t=(\beta-1)f_3R_1\Delta t=(\beta-1)R_1m_3v_{3x}, \qquad I_1=\frac{1}{2}m_1R_1^2,$$

得

$$\omega_1=2(\beta-1)\frac{m_3}{m_1}\frac{v_{3x}}{R_1}=\frac{2(1+e_3)(\beta-1)m_3}{m_1+m_3(1+\beta\mu)}\frac{v_0}{\sqrt{2}R_1},$$

旋转方向如题解图所示. (5 分)

四、(25 分)

(1) 由 $v_1=\sqrt{2\alpha GM/r_1}$，$P$ 的椭圆轨道能量应为

$$E=\frac{1}{2}mv_1^2-G\frac{Mm}{r_1}=(\alpha-1)GMm/r_1,$$

式中 m 为 P 的质量．椭圆轨道要求

$$E<0, \quad \Rightarrow \quad \alpha<1.$$

(1.1) 远地点 2 处，P 到 Q 的中心距离记为 r_2，速度记为 v_2，据开普勒第二定律及能量守恒关系，可得

$$r_2v_2=r_1v_1, \quad \Rightarrow \quad v_2=\frac{r_1}{r_2}v_1=\frac{r_1}{r_2}\sqrt{\alpha}\sqrt{2GM/r_1},$$

$$(\alpha-1)GMm/r_1=\frac{1}{2}mv_2^2-G\frac{Mm}{r_2}=G\frac{Mm}{r_2}\left(\alpha\frac{r_1}{r_2}-1\right),$$

$$\Rightarrow \quad (\alpha-1)=\frac{r_1}{r_2}\left(\alpha\frac{r_1}{r_2}-1\right), \quad \Rightarrow \quad \alpha\left(\frac{r_1}{r_2}\right)^2-\left(\frac{r_1}{r_2}\right)+(1-\alpha)=0,$$

得 $\frac{r_1}{r_2}$ 的两个解

$$\frac{r_1}{r_2}=\frac{1}{2\alpha}[1\pm|1-2\alpha|],$$

舍去 $r_1/r_2=1$ 的解(对应 $r_2=r_1$ 的自身解)，取

$$r_1/r_2=(1-\alpha)/\alpha.$$

对非圆的椭圆轨道，要求 $r_1<r_2$，即得

$$\alpha>\frac{1}{2},$$

因此 α 取值范围为

$$1>\alpha>\frac{1}{2}. \qquad (1)(6\text{ 分})$$

为下面求解方便，补充讨论如下：

由 P 的椭圆轨道能量

$$E=(\alpha-1)GMm/r_1,$$

若不受(1)式约束，

若 $\alpha>1$，则有 $E>0$，为双曲线轨道，

若 $\alpha=1$，则有 $E=0$，为抛物线轨道，

若 $\alpha<1$，则有 $E<0$，为椭圆轨道．

对椭圆轨道，

若 $1>\alpha>\frac{1}{2}$，以 r_1 为近地距离的椭圆，

若 $\alpha=\frac{1}{2}$，以 r_1 为半径的圆，

若$\frac{1}{2}>\alpha>0$，以 r_1 为远地距离的椭圆．

（1.2）取（1.1）问解答中的公式

$$v_2=\frac{r_1}{r_2}\sqrt{\alpha}\sqrt{2GM/r_1},\qquad \frac{r_1}{r_2}=(1-\alpha)/\alpha,$$

继而可得

$$v_2=\sqrt{\frac{r_1}{r_2}}\sqrt{\alpha}\sqrt{2GM/r_2}=\sqrt{\frac{1-\alpha}{\alpha}}\sqrt{\alpha}\sqrt{2GM/r_2},$$

即得

$$v_2=\sqrt{1-\alpha}\sqrt{2GM/r_2}. \qquad (4分)$$

（2）发射后飞船 P 的速度记为 v_1^*，参考题解图，应有

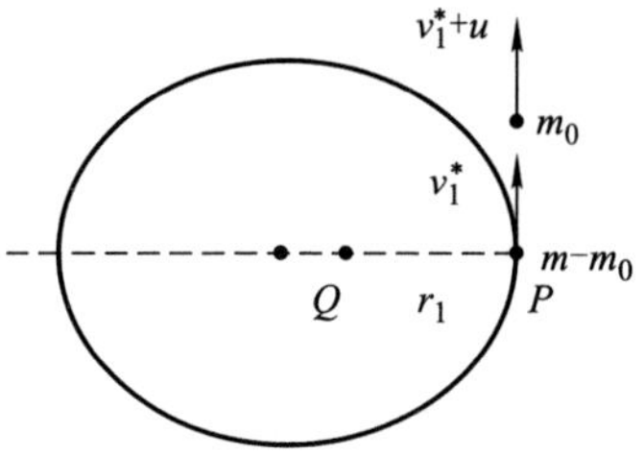

题解图

$$mv_1=(m-m_0)v_1^*+m_0(v_1^*+u),$$

可得

$$v_1=v_1^*+\frac{m_0}{m}u.$$

发射后的探测器相对地球速度可表述为

$$v_1^*+u=\sqrt{2\alpha_{探}GM/r_1},$$

抛物线，$\Rightarrow\ \alpha_{探}=1$，

$$\Rightarrow\ v_1^*+u=\sqrt{2GM/r_1}=v_1/\sqrt{\alpha}.$$

发射后的飞船为圆轨道，故有

$$v_1^*=\sqrt{2\alpha_{船}GM/r_1},\qquad \alpha_{船}=\frac{1}{2},$$

$$\Rightarrow\ v_1^*=\sqrt{GM/r_1}=v_1/\sqrt{2\alpha}.$$

因此，发射速度为

$$u=(v_1^*+u)-v_1^*=\frac{\sqrt{2}-1}{\sqrt{2\alpha}}v_1.$$

又由 $v_1=v_1^*+\frac{m_0}{m}u$，可得

$$m_0/m=(v_1-v_1^*)/u=\frac{\sqrt{2\alpha}-1}{\sqrt{2}-1}. \qquad (5分)$$

（3）若飞船在远地点 2 发射探测器，则同样有

$$v_2=v_2^*+\frac{m_0}{m}u,\qquad v_2^*\ 为发射后飞船\ P\ 的速度．$$

将 $m_0/m=(\sqrt{2\alpha}-1)/(\sqrt{2}-1)$和

$$u=\frac{\sqrt{2}-1}{\sqrt{2\alpha}}v_1=\frac{\sqrt{2}-1}{\sqrt{2\alpha}}\frac{r_2}{r_1}v_2=\frac{\sqrt{2}-1}{\sqrt{2\alpha}}\frac{\alpha}{1-\alpha}v_2$$

代入，得

$$v_2^* = v_2 - \frac{m_0}{m}u = \left(1 - \frac{\sqrt{2\alpha}-1}{\sqrt{2}-1}\frac{\sqrt{2}-1}{\sqrt{2\alpha}}\frac{\alpha}{1-\alpha}\right)v_2,$$

$$\Rightarrow \quad v_2^* = \frac{\sqrt{2}-2\sqrt{2}\alpha+\sqrt{\alpha}}{\sqrt{2}(1-\alpha)}v_2.$$

探测器速度

$$v_2^* + u = \left[\frac{\sqrt{2}-2\sqrt{2}\alpha+\sqrt{\alpha}}{\sqrt{2}(1-\alpha)} + \frac{(\sqrt{2}-1)\sqrt{\alpha}}{\sqrt{2}(1-\alpha)}\right]v_2$$

$$= \frac{1-2\alpha+\sqrt{\alpha}}{(1-\alpha)}v_2,$$

将 $v_2 = \sqrt{1-\alpha}\sqrt{2GM/r_2}$ 代入，得

$$v_2^* + u = \frac{1-2\alpha+\sqrt{\alpha}}{\sqrt{1-\alpha}}\sqrt{2GM/r_2},$$

或表述为

$$v_2^* + u = \sqrt{2\alpha_{探2}GM/r_2}, \qquad \alpha_{探2} = \frac{(1-2\alpha+\sqrt{\alpha})^2}{1-\alpha},$$

引入参量

$$\xi = (1-2\alpha+\sqrt{\alpha})^2 - (1-\alpha),$$

$\xi > 0$，则 $\alpha_{探2} > 1$，为双曲线轨道，

$\xi = 0$，则 $\alpha_{探2} = 1$，为抛物线轨道，

$\xi < 0$，则 $\alpha_{探2} < 1$，为椭圆轨道.

计算

$$\xi = 1 + 4\alpha^2 + \alpha - 4\alpha + 2\sqrt{\alpha} - 4\alpha\sqrt{\alpha} - 1 + \alpha = 4\alpha^2 - 4\alpha\sqrt{\alpha} - 2\alpha + 2\sqrt{\alpha},$$

$$\Rightarrow \quad \xi = 2\sqrt{\alpha}(1-\sqrt{\alpha})(1-2\alpha);$$

$$2\sqrt{\alpha} > 0,\ 1-\sqrt{\alpha} > 0,\ 1-2\alpha < 0,$$

$$\Rightarrow \quad \xi < 0.$$

故 P 在 2 处发射的探测器，将沿椭圆曲线轨道围绕地球 Q 运行.　　（10 分）

五、(25 分)

N 维空间球的“面积”设为

$$S_N(R) = \alpha_N R^{N-1}.$$

由 N 维空间理想气体麦克斯韦速度分布

$$F_N(\boldsymbol{v}) = \left(\frac{m}{2\pi kT}\right)^{\frac{N}{2}} e^{-m(v_1^2+v_2^2+\cdots+v_N^2)/2kT}$$

的球对称性，可得 N 维空间理想气体速率分布为

$$f_N(v) = (\alpha_N v^{N-1})F_N(\boldsymbol{v}) = \alpha_N v^{N-1}\left(\frac{m}{2\pi kT}\right)^{\frac{N}{2}} e^{-mv^2/2kT},$$

它的归一性为

$$\int_0^\infty f_N(v)\mathrm{d}v=1, \quad \Rightarrow \quad \int_0^\infty \alpha_N v^{N-1}\left(\frac{m}{2\pi kT}\right)^{\frac{N}{2}} \mathrm{e}^{-\frac{mv^2}{2kT}}\mathrm{d}v=1.$$

分子的方均速率记为$\overline{v_N^2}$，

$$\text{由统计算式得} \quad \overline{v_N^2}=\int_0^\infty v^2 f_N(v)\mathrm{d}v,$$

$$\text{由能量均分定理得} \quad \frac{1}{2}m\,\overline{v_N^2}=\frac{N}{2}kT,$$

联立，得

$$\int_0^\infty \alpha_N v^{N+1}\left(\frac{m}{2\pi kT}\right)^{\frac{N}{2}} \mathrm{e}^{-mv^2/2kT}\mathrm{d}v=\frac{NkT}{m}.$$

将它与 $N+2$ 维空间的 $f_N(v)$的归一性公式

$$\int_0^\infty \alpha_{N+2} v^{N+1}\left(\frac{m}{2\pi kT}\right)^{\frac{N+2}{2}} \mathrm{e}^{-mv^2/2kT}\mathrm{d}v=1$$

联合，即得 α_N 递推式：

$$\alpha_{N+2}=\frac{2\pi}{N}\alpha_N, \quad \text{初值：} \alpha_1=2, \ \alpha_2=2\pi. \qquad (15 \text{分})$$

分两种情况求解 α_N.

N 为奇数($N=1, 3, 5, \cdots$)：

将 N 改述为 $2k+1$，有

$$\begin{aligned}\alpha_{2k+1}&=\frac{2\pi}{2k-1}\alpha_{2k-1}\\&=\frac{2\pi}{2k-1}\cdot\frac{2\pi}{2k-3}\cdots\frac{2\pi}{3}\cdot\frac{2\pi}{1}\cdot\alpha_1 \quad (\alpha_1=2)\\&=2^{k+1}\pi^k\,\frac{2k\cdot(2k-2)\cdots 2}{(2k)!}\\&=\frac{2^{2k+1}k!}{(2k)!}\pi^k.\end{aligned}$$

因 0! =1，故上式对 $k=0$ 也成立，即得

$$\alpha_{2k+1}=\frac{2^{2k+1}k!}{(2k)!}\pi^k, \quad k=0, 1, 2, \cdots. \qquad (3 \text{分})$$

N 为偶数($N=2, 4, 6, \cdots$)：

将 N 改述为 $2k+2$，有

$$\alpha_{2k+2}=\frac{2\pi}{2k}\alpha_{2k}=\frac{2\pi}{2k}\cdot\frac{2\pi}{2k-2}\cdots\frac{2\pi}{2}\cdot\alpha_2, \quad \alpha_2=2\pi,$$

即得

$$\alpha_{2k+2}=\frac{2}{k!}\pi^{k+1}, \quad k=0, 1, 2, \cdots. \qquad (3 \text{分})$$

回到公式

$$S_N(R)=\alpha_N R^{N-1},\quad V_N(R)=\frac{R}{N}S_N(R),$$

得

$$\begin{cases}S_{2k+1}(R)=\dfrac{2^{2k+1}k!}{(2k)!}\pi^k R^{2k},\\ V_{2k+1}(R)=\dfrac{2^{2k+1}k!}{(2k+1)!}\pi^k R^{2k+1},\end{cases}\quad k=0,1,2,\cdots,\qquad (2\text{ 分})$$

$$\begin{cases}S_{2k+2}(R)=\dfrac{2}{k!}\pi^{k+1}R^{2k+1},\\ V_{2k+2}(R)=\dfrac{1}{(k+1)!}\pi^{k+1}R^{2k+2},\end{cases}\quad k=0,1,2,\cdots.\qquad (2\text{ 分})$$

六、(25 分)

从图 5 可以看出，取 $k=0,1,2,\cdots$，则从 $\{2k\pi R,0\}$ 点到 $\{(2k+1)\pi R,2R\}$ 点，摆线切线方向角(切线与 x 轴夹角)ϕ 从 0 增到 $\pi/2$，增量为 $\pi/2$. 从 $\{(2k+1)\pi R,2R\}$ 点到 $\{2(k+1)\pi R,0\}$ 点，ϕ 改从 $-\pi/2$ 增到 0，增量也为 $\pi/2$. 在 $\{(2k+1)\pi R,2R\}$ 点，ϕ 在无穷短过程中从 $\dfrac{\pi}{2}$ 转变为 $-\pi/2$，即有 π 突变.

挖去 π 突变的无穷小时间段，引入 ϕ 的净增量 ϕ^*，从 $t=0$ 的 $\{0,0\}$ 点到任意 $t>0$ 的 $\{x,y\}$ 点，有

$$\phi^*=\int_0^t d\phi^*，$$ 积分中已挖去各个 π 突变的无穷小时间段，实为分段积分.

分段积分中，恒有

$$d\phi^*=d\phi,\quad\Rightarrow\quad \phi^*=\int_0^t d\phi，$$ 仍为分段积分.

据摆线的几何结构，可知在从 $\{0,0\}$ 点到 $\{\pi R,2R\}$ 点的过程中，ϕ 与 R 圆轮转角 θ 的关系为

$$\theta=2\phi,\quad\Rightarrow\quad d\theta=2d\phi.$$

基于上述讨论，在 $t=0$ 时刻的 $\{0,0\}$ 点到任意 $t>0$ 时刻的 $\{x,y\}$ 点，全过程中有

$$\theta=2\phi^*.$$

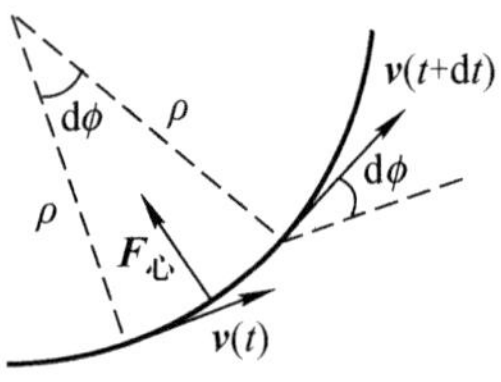

题解图

ϕ^* 的计算：

带电质点 P 沿摆线运动过程中，速度 $\boldsymbol{v}$ 的方向即为摆线的切线方向. 除去 π 突变的无穷小区域，其他区域中均有题解图所示的关系，有

$$qvB=F_{心}=m\frac{v^2}{\rho},\quad\Rightarrow\quad qvB\,dt=mv\frac{v\,dt}{\rho}=mv\,d\phi,$$

得

$$d\phi=\frac{qB}{m}dt.$$

引入

$$\omega_\phi=d\phi/dt=qB/m，(正的常量)$$

则可得

$$\phi^* = \int_0^t \mathrm{d}\phi = \int_0^t \omega_\phi \mathrm{d}t = \omega_\phi t.$$

再由 $\mathrm{d}\theta = 2\mathrm{d}\phi$，得 R 圆轮转动角速度为

$$\omega_\theta = \mathrm{d}\theta/\mathrm{d}t = 2\mathrm{d}\phi/\mathrm{d}t = 2\omega_\phi = 2qB/m. \qquad (10\text{ 分})$$

R，ω，ϕ_0 的导出：

由摆线方程可得 P 的速度分量为

$$v_x = \omega_\theta R(1+\cos\theta), \qquad v_y = \omega_\theta R\sin\theta,$$

得

$$\theta = 0 \text{ 时}，v_0 = 2\omega_\theta R, \quad \Rightarrow \quad R = v_0/2\omega_\theta, \quad \Rightarrow \quad R = mv_0/4qB.$$

速度大小记为 v(取正)，有

$$v = \sqrt{v_x^2 + v_y^2} = \begin{cases} 2\omega_\theta R\cos\left(\dfrac{\theta}{2} - k\pi\right), & (2k+1)\pi \geqslant \theta \geqslant 2k\pi, \\ -2\omega_\theta R\cos\left(\dfrac{\theta}{2} - k\pi\right), & 2(k+1)\pi \geqslant \theta > (2k+1)\pi. \end{cases} \qquad (5\text{ 分})$$

(1) $(2k+1)\pi > \theta \geqslant 2k\pi \left(\left(k+\dfrac{1}{2}\right)\pi > \phi \geqslant k\pi\right)$，

$$F = -F_0\sin(\omega t - k\pi),$$

$$F = m\mathrm{d}v/\mathrm{d}t = m \cdot 2\omega_\theta R \cdot \frac{1}{2}\left(-\sin\left(\frac{\theta}{2} - k\pi\right)\right)\omega_\theta = -m\omega_\theta^2 R\sin\left(\frac{\theta}{2} - k\pi\right),$$

得

$$F_0 = m\omega_\theta^2 R = qBv_0,$$

$$\omega t = \frac{\theta}{2} = \frac{1}{2}\omega_\theta t = qBt/m, \quad \Rightarrow \quad \omega = qB/m = \omega_\phi.$$

(2) $2(k+1)\pi \geqslant \theta > (2k+1)\pi \left((k+1)\pi \geqslant \phi > \left(k+\dfrac{1}{2}\right)\pi\right)$，

$$F = F_0\sin(\omega t - k\pi), \ F = m\frac{\mathrm{d}v}{\mathrm{d}t} = m\omega_\theta^2 R\sin\left(\frac{\theta}{2} - k\pi\right),$$

$$\Rightarrow \quad F_0 = m\omega_\theta^2 R = qBv_0.$$

$$\omega t = \frac{\theta}{2} = \frac{1}{2}\omega_\theta t = qBt/m, \quad \Rightarrow \quad \omega = qB/m = \omega_\phi. \qquad (10\text{ 分})$$

(1)、(2)两类区域，所得 F_0，ω 相同.

七、(30 分)

(1) 图 2 系统与题文中(1)、(2)、(3)式对应的是

$$\boldsymbol{F} = -k\frac{Qq}{r^3}\boldsymbol{r}, \qquad (1)'$$

$$L = mrv_\theta, \qquad (2)'$$

$$E = \frac{1}{2}m(v_r^2 + v_\theta^2) - k\frac{Qq}{r}, \qquad (3)'$$

引入辅助参量

$$G^* = k\frac{Qq}{Mm},$$

式(1)′、(2)′、(3)′可改述为：

$$\boldsymbol{F} = -G^*\frac{Mm}{r^3}\boldsymbol{r}, \tag{1}$$

$$L = mrv_\theta, \tag{2}$$

$$E = \frac{1}{2}m(v_r^2 + v_\theta^2) - G^*\frac{Mm}{r}. \tag{3}$$

再对应题文(4)、(5)式，可引入参量：

$$P = \frac{L^2}{G^* Mm^2}, \tag{4}$$

$$\varepsilon = \sqrt{1 + \frac{2EL^2}{G^{*2}M^2m^3}}, \tag{5}$$

然后由

$$v_\theta = \frac{L}{mr}, \quad v_r = \sqrt{\left(\frac{2E}{m} + 2G^*\frac{M}{r}\right) - \frac{L^2}{m^2r^2}}$$

得

$$\frac{\mathrm{d}r}{\mathrm{d}\theta} = r\frac{v_r}{v_\theta} = r^2\sqrt{\left(\frac{G^*Mm^2}{L^2}\right)^2\left(1 + \frac{2EL^2}{G^{*2}M^2m^3}\right) - \left(\frac{1}{r} - \frac{G^*Mm^2}{L^2}\right)^2}. \tag{6}$$

联立(4)、(5)、(6)式，即可从数学上导得(过程略)$\{m, q\}$绕$\{M, -Q\}$运动轨道方程

$$r = \frac{P}{1 + \varepsilon\cos\theta}. \tag{7}$$ (5 分)

轨道也为圆锥曲线，分类与题文(7)式后文字所述一致.

(2) 由能量守恒、角动量守恒，有

$$\begin{cases} \dfrac{1}{2}mv_1^2 - k\dfrac{Qq}{A-C} = \dfrac{1}{2}mv_2^2 - k\dfrac{Qq}{A+C}, & \Rightarrow \quad v_1 = \dfrac{A+C}{B}\sqrt{\dfrac{kQq}{mA}}, \\ (A-C)mv_1 = (A+C)mv_2, & \Rightarrow \quad v_2 = \dfrac{A-C}{B}\sqrt{\dfrac{kQq}{mA}}, \\ Bmv_3 = (A+C)mv_2, & \Rightarrow \quad v_3 = \sqrt{\dfrac{kQq}{mA}}. \end{cases} \tag{8}$$

轨道能量为

$$E = \frac{1}{2}mv_3^2 - k\frac{Qq}{A}, \quad \Rightarrow \quad E = -kQq/2A. \tag{9}$$

椭圆轨道周期为

$$T = \pi AB\Big/\frac{1}{2}Bv_3, \quad \Rightarrow \quad T = 2\pi A\sqrt{A}\sqrt{\frac{m}{kQq}}. \tag{10}$$ (5 分)

(3)

(3.1) 令图 3 中 $B\to 0$，将$-Q$右移到点 1 位置固定不动，再替换成$\{M, -Q\}$；再让$\{m, q\}$移动到点 2 位置静止．$\{m, q\}$自由释放后，所求 T_1 相当(10)式中 T 的二分之一，

即得

$$T_1=\frac{T}{2}=\pi A\sqrt{A}\sqrt{\frac{m}{kQq}}\Big|_{A=\frac{l}{2}}=\frac{\pi}{2\sqrt{2}}l\sqrt{l}\sqrt{\frac{m}{kQq}}. \qquad (11)(2\text{ 分})$$

(3.2) S 系中$\{M,\ -Q\}$不动时，参考题解图 1. $\{m,\ q\}$从初始位置经位移 x，库仑力 $\boldsymbol{F}_e$ 做功记为 $W_1(x)$，此时$\{m,\ q\}$速度大小记为

$$v_1(x)=\sqrt{2W_1(x)/m}.$$

从 x 到 $x+\mathrm{d}x$ 所经时间为

$$\mathrm{d}t_1=\mathrm{d}x/v_1(x)=\sqrt{\frac{m}{2W_1(x)}}\mathrm{d}x,$$

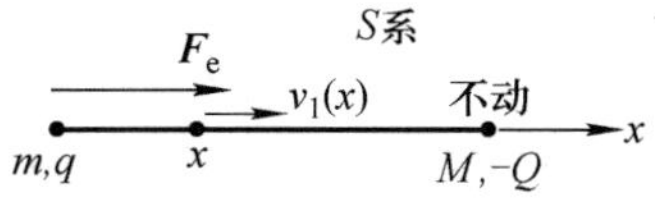

题解图 1

即得(3.1)问中 T_1 应为

$$T_1=\int_0^{T_1}\mathrm{d}t_1=\int_0^l\sqrt{\frac{m}{2W_1(x)}}\mathrm{d}x.$$

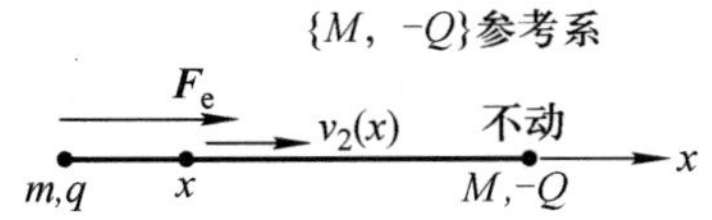

题解图 2

S 系中$\{M,\ -Q\}$也可动时，取$\{M,\ -Q\}$参考系，如题解图 2 所示．$\{m,\ q\}$从初始位置经$\{M,\ -Q\}$参考系中的位移量 x，库仑力 $\boldsymbol{F}_e$ 做功记为 $W_2(x)$，则有

$$W_2(x)=W_1(x).$$

此时$\{m,\ q\}$速度大小为

$$v_2(x)=\sqrt{2W_2(x)/\mu}=\sqrt{2W_1(x)/\mu},\qquad \mu=\frac{Mm}{M+m},$$

即得本小问中所求量 T_2 为

$$T_2=\int_0^{T_2}\mathrm{d}t_2=\int_0^l\frac{\mathrm{d}x}{v_2(x)}=\int_0^l\sqrt{\frac{\mu}{2W_1(x)}}\mathrm{d}x=\sqrt{\frac{M}{M+m}}\int_0^l\sqrt{\frac{m}{2W_1(x)}}\mathrm{d}x,$$

联立(11)式，得

$$T_2=\sqrt{\frac{M}{M+m}}T_1=\sqrt{\frac{M}{M+m}}\ \frac{\pi}{2\sqrt{2}}l\sqrt{l}\sqrt{\frac{m}{kQq}}. \qquad (12)(6\text{ 分})$$

(4)

(4.1) P 球面上每一无穷小面元电荷，在 S 面左侧对应的无穷小镜像面元电荷，组成总电量 $q'=-q$、半径也为 R 的球面均匀镜像电荷 P'. P'与 P 对称关系如题解图 3 所示.

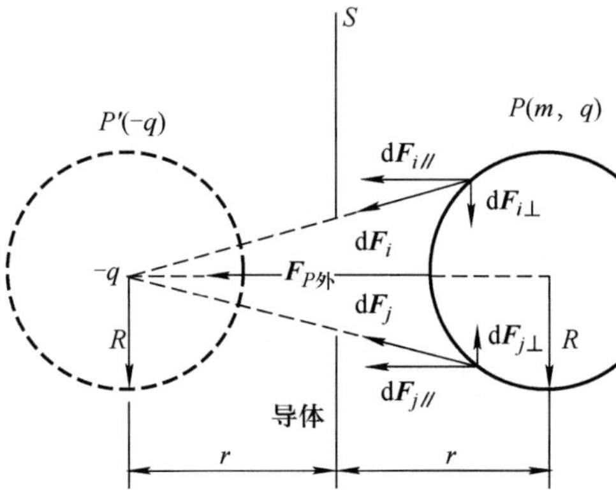

题解图 3

因对称，P'各面元电荷对 P 中任意一面元电荷施力之和，等效于 P'球心电荷 $-q$ 对 P 中该面元电荷施力．P 上每一对对称面元电荷 $\mathrm{d}q_i$，$\mathrm{d}q_j$(图中未给出)受 P' 作用力 $\mathrm{d}\boldsymbol{F}_i$，$\mathrm{d}\boldsymbol{F}_j$，因对称，图中 $\mathrm{d}\boldsymbol{F}_{i\perp}$ 分量与 $\mathrm{d}\boldsymbol{F}_{j\perp}$ 分量抵消，$\mathrm{d}\boldsymbol{F}_{i/\!/}$ 分量与 $\mathrm{d}\boldsymbol{F}_{j/\!/}$ 分量有非零的叠加效果．将 P 上所有 $\mathrm{d}\boldsymbol{F}_{i/\!/}$，$\mathrm{d}\boldsymbol{F}_{j/\!/}$ 求和，即成 P 球面所受$-q$ 点电荷施加的外力之和，记为 $\boldsymbol{F}_{P外}$，如图所示. 但需注意，如

此合成的 $\boldsymbol{F}_{P外}$ 受力点并无定义，不可误以为必定是 P 的球心．但据质点系质心运动定理，必有

$$\boldsymbol{F}_{P外}=m_C\boldsymbol{a}_C,\quad m_C=m.$$

此式中虚拟地将 $\boldsymbol{F}_{P外}$ 作用在 P 的质心（即位于 P 的球心）上.

题解图 3 中，$\mathrm{d}\boldsymbol{F}_i$，$\mathrm{d}\boldsymbol{F}_j$ 相对 P 的质心（位于 P 的球心）力矩之和为零，故 P 所受外力相对质心力矩之和为零，据此 P 整体不会绕质心旋转.

结论：带电球面随其质心（球心）平动，无转动．（3 分）

（4.2）$\boldsymbol{F}_{P外}$ 为假想的 P' 球心点电荷 $-q$ 对 P 球面电荷的库仑引力，它与 P 球面电荷对 P' 球心电荷 $-q$ 的库仑引力，在经典力学范畴内，可处理为一对作用力、反作用力．故有

$$\boldsymbol{F}_{P外}=\begin{cases}\text{方向：从 } P \text{ 球心引向 } P' \text{ 球心},\\ \text{大小：} F_{P外}=k\dfrac{qq}{(2r)^2},\end{cases}\qquad k=\frac{1}{4\pi\varepsilon_0},\quad \varepsilon_0\text{：真空介电常量}$$

$$r\text{：}P\text{ 球心到 } S \text{ 面距离},\begin{cases}t=0\text{ 时},\ r=r_0=2R,\\ t_e>t>t_0\text{ 时},\ 2R>r>R,\\ t=t_e\text{ 时},\ r=R.\end{cases}$$

$t>0$ 时，$P(m,q)$球面随质心(m,q)平动．其镜像球面 $P'(-q)$整体也会对称地移动（注意是几何意义上的移动，不是力学意义上的物体运动）．此种移动，也可处理为 P' 随球心电荷 $-q$ 的移动，这样的移动与 P 质心(m,q)的运动完全对称．因此，为简化，引入虚拟的 P' 球心带电质点，电荷量为 $-q$，虚拟的质量取为 m．于是，P，P' 球面的力学意义下的运动和几何意义上的移动，数学上均可等效地转移为：两个带电质点 $P(m,q)$，$P'(m,-q)$之间的库仑引力形成的运动.

先设 P' 在原参考系（不成文地按习惯规定为惯性系）中不动，P 绕着 P' 沿半长轴为

$$A=r_0=2R$$

的固定不变的椭圆轨道（因 P' 在该参考系中不动，$A=2R$ 不会变化）运动，如题解图 4 所示．据（2）问解答中（10）式，运动周期为

$$T=2\pi A\sqrt{A}\sqrt{\frac{m}{kqq}}\,\Bigg|_{A=2R,\ k=\frac{1}{4\pi\varepsilon_0}}=\frac{8\sqrt{2}}{q}\pi\sqrt{\pi}R\sqrt{R}\sqrt{\varepsilon_0 m}.\tag{13}$$

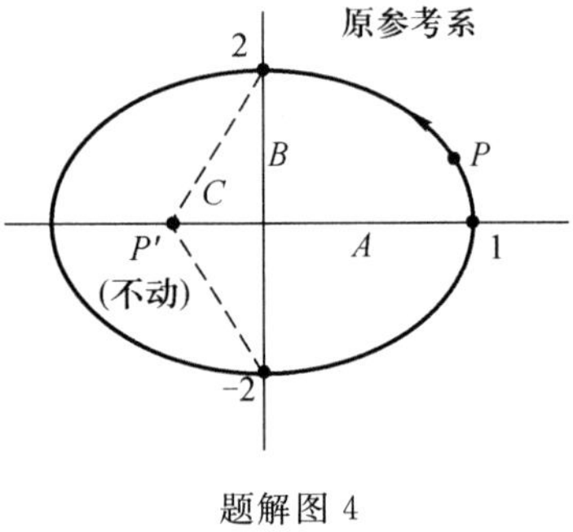

题解图 4

若 P 从题解图 4 中的“-2”点经“1”点到达“2”点，则据开普勒第二定律，所经时间应为

$$T_{-212}=\left(\frac{S_{-212}}{\pi AB}\right)T,\qquad S_{-212}=\frac{1}{2}\pi AB+BC,$$

$$\Rightarrow\quad T_{-212}=\left(\frac{1}{2}+\frac{C}{\pi A}\right)T.$$

若 P 从题解图 4“1”点到达“2”点，所经时间便为

$$T_{12}=\frac{1}{2}T_{-212}=\frac{1}{2}\left(\frac{1}{2}+\frac{C}{\pi A}\right)T.$$

取题解图 4 中的 $B\to 0$，椭圆轨道退化为题解图 5 所示直线段．在原参考系中，P'不动，P 从静止在初始位置 1，开始沿直线段运动到达位置 2，所经时间为

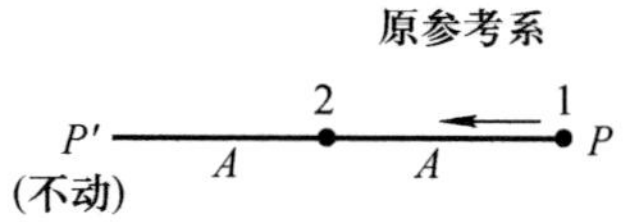

题解图 5

$$T_{12}=\frac{1}{2}\left(\frac{1}{2}+\frac{C}{\pi A}\right)T\Big|_{C\to A}=\frac{1}{2}\left(\frac{1}{2}+\frac{1}{\pi}\right)T.$$

取 $A=r_0=2R$，即得

$$T_{12}=\frac{2\sqrt{2}}{q}\pi\sqrt{\pi}R\sqrt{R}\sqrt{\varepsilon_0 m}\left(\frac{2}{\pi}+1\right).\tag{14}$$

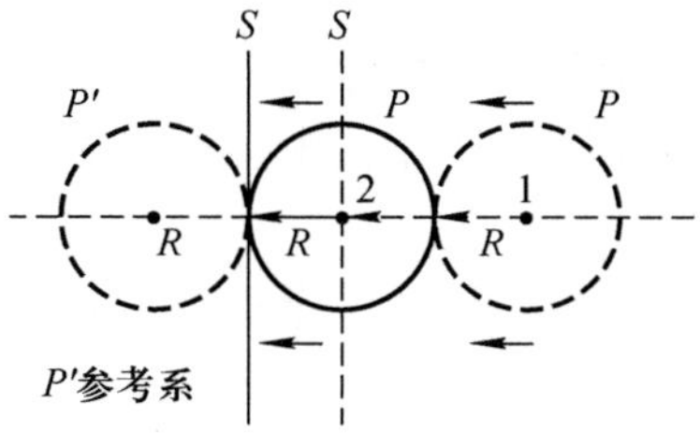

题解图 6

现如题解图 6 所示，取 P'参考系．该系中 P'不动，$t=0$ 时刻 P 从静止自由释放后，经位移 $2R$ 达到位置 2．过程中导体表面 S 在 P'参考系中朝 P'经位移 R，对应在原参考系中 P，P'恰好相遇在 S 面上，故该时刻即为 t_e，它与(14)式所给的 T_{12}的关系应为

$$t_e=\sqrt{\frac{\mu}{m}}T_{12}.\tag{15}$$

此式与(3)问解答中(12)式类似：

$$T_2=\sqrt{\frac{\mu}{m}}T_1,\quad \mu=\frac{Mm}{M+m},\quad \Rightarrow\quad T_2=\sqrt{\frac{M}{M+m}}T_1.\tag{16}$$

本问中 P'球心虚拟带电质点，其虚拟的质量为 m，m 相当于(16)式中的 M．故(15)式中的约化质量应为

$$\mu=\frac{mm}{m+m}=\frac{m}{2},\qquad t_e=\sqrt{\frac{1}{2}}T_{12},$$

即得

$$t_e=\frac{2}{q}\pi\sqrt{\pi}R\sqrt{R}\sqrt{\varepsilon_0 m}\left(\frac{2}{\pi}+1\right).\tag{17}$$(9 分)

2018 年北京大学物理金秋营试题

总分：160 分　　时间：3.5 小时

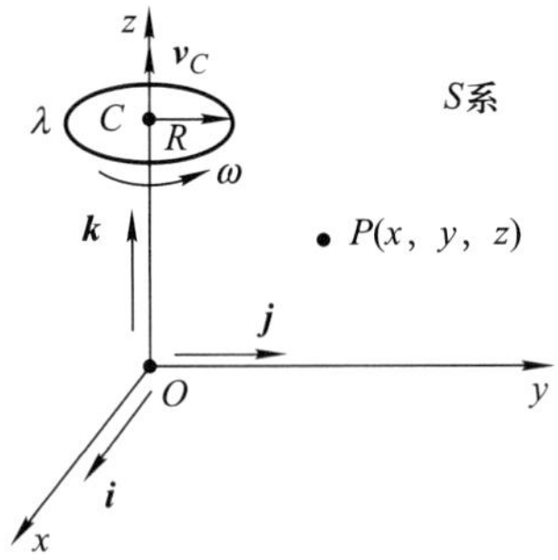

一、(20 分)简答题

1. (6 分)如图示，质量线密度为常量 λ、半径为 R 的匀质圆环，其圆心 C 以匀速度 $\boldsymbol{v}_C$ 沿 z 轴运动，同时环绕 z 轴以匀角速度 ω 旋转. 试求环相对 S 系中参考点 $P(x, y, z)$ 的角动量 $\boldsymbol{L}_P$，答案中矢量方向务必用图中所示方向单位矢量 $\boldsymbol{i}$，$\boldsymbol{j}$，$\boldsymbol{k}$ 表示.

2. (6 分)如图所示，惯性系 S 中固定地静放着一把各部位均不能运动，且长度 L 恒定不变的剑鞘. 一把静长也为 L（不含剑柄长度）的剑，剑尖直指鞘顶，沿着剑的长度方向（也是剑鞘的长度方向）以匀速度 $\boldsymbol{v}$ 运动，设鞘顶只是一片薄纸，再设剑柄触及鞘尾时两者相对速度即降为零.

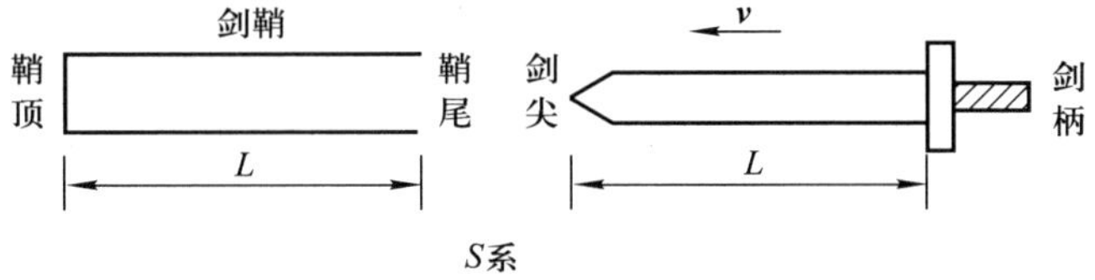

(1) 在相对剑静止的惯性系 S' 中薄纸是否会被剑尖刺破？试给出解释.

(2) S 系认为这片薄纸是否会被剑尖刺破？试说明判断依据.

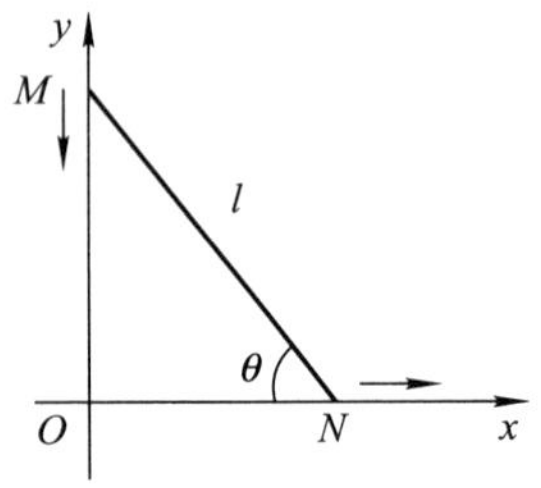

3. (8 分)长 l 的细杆 MN，在 Oxy 平面的第Ⅰ象限内以如图所示的方式运动(M，N 分别沿 y，x 轴运动)，图中方位角 θ 从 $\frac{\pi}{2}$ 减小到 0 的全过程中细杆扫过的区域记为 σ，其边界线记为 L.

(1) 导出 L 的曲线方程：$F(x, y)=0$.

(2) 将 σ 的面积记为 S，试求 S，答案可用积分式表述，不必给出积分的数值结果.

二、(25 分)

二维单原子分子理想气体，压强 p 定义为单位长度上的正压力，分子数密度 n 定义为单位面积内的分子数. 分子质量记为 m，摩尔数记为 ν，平面容器面积记为 S. 处于平衡态时的温度记为 T，分子平均平动动能记为 $\bar{\varepsilon}_{平}$.

(1) 据分子动理论导出平衡态时 $p\sim\bar{\varepsilon}_{平}$ 关系式，继而结合能均分定理导出状态方程.

(2) 写出(不是导出)平衡态麦克斯韦速度分布函数 $F_2(\boldsymbol{v})$ 和速率分布函数 $f_2(v)$，导出平衡态时气体在单位时间内碰撞到单位长度容器壁上的分子数 Γ_2.

(3) 继(1)、(2)问，如图所示，在容器壁上开一条小缝，导出射出的分子束中分子的速率分布函数 $f_2^*(v)$.

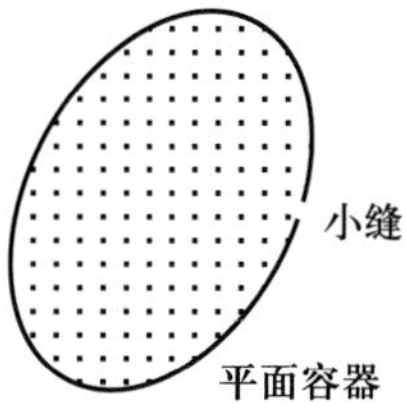

(4) 设图中容器面积始终不变，为常量 S_0，初态温度 T_0，小缝长度 l_0. $t=0$ 时刻将小缝打开，外界为真空，分子射出后不会返回，容器内的气体在分子数减少的过程中与外界绝热，过程中每一个状态都可处理为平衡态. $t=t_e$ 时刻将小缝关闭，容器内气体压强记为 p_e. 若将全部已射出的分子收集到另一个面积同为 S_0 且与外界绝热的平面容器内，平衡后其压强恰好为相同的 p_e，试求 t_e. 答案中可含的参量和常量仅为 S_0，l_0，m，T_0 和玻尔兹曼常量 k.

三、(25 分)

由直流电源 $\mathscr{E}$，两个电阻 R，电感 L，电容 C 和电键 S_1，S_2 构成的电路如图 1 所示，且已知

$$C=\frac{L}{2R^2},$$

$t<0$ 时 S_1 断开，S_2 合上，电路处处无电流.

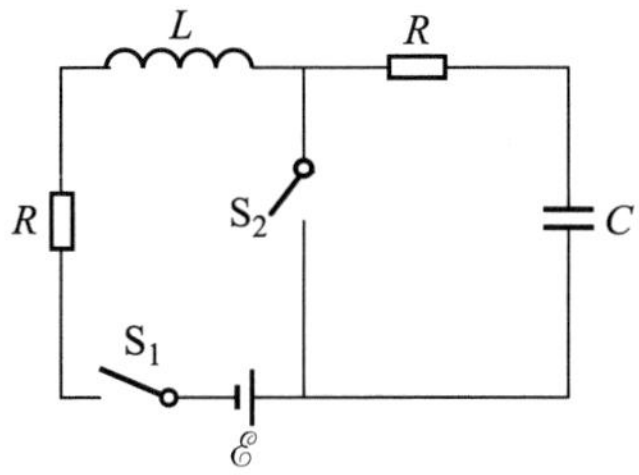

图 1

(1) $t=0$ 时将 S_1 合上，在

$$\tau_1=\frac{L}{R}>t>0$$

时段写出流过 L 的电流 i_1 随 t 变化的函数.

(2) 在 $t=\tau_1$ 时将 S_2 断开，再求 $t>\tau_1$ 时流过 L 的电流 i_2 随 t 变化的函数，答案中不可含有参量 C.

(3) 若将图 1 中电容 C 改为另一个电感 L，如图 2 所示，接(1)问之后再按(2)问所述在 $t=\tau_1$ 时刻将 S_2 断开，试问能否采用类似于图 1 对应的(2)问解答方法求解 $t>\tau_1$ 时流过左侧电感 L 的电流 i_2 随 t 变化的函数，为什么?

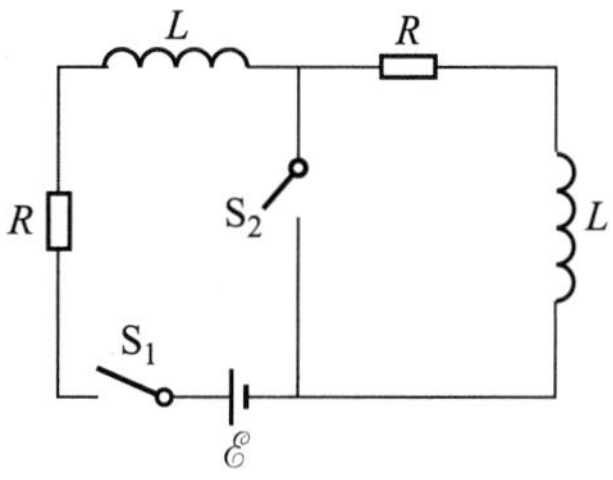

图 2

四、(20 分)

海洋中声波传播速度 u 随深度 z 而变化，$u\sim z$ 曲线如图 1 所示，其中 $b(>0)$为常量. 坐标原点 $z=0$ 位于海面和海底之间的某处，该处声速 u_0 为最小. 图 2 所示 Oxz 坐标面为一竖直面，声波从坐标原点以图示的 θ_0 角$\left(0<\theta_0<\dfrac{\pi}{2}\right)$发射后，假设未能到达海面及海底，

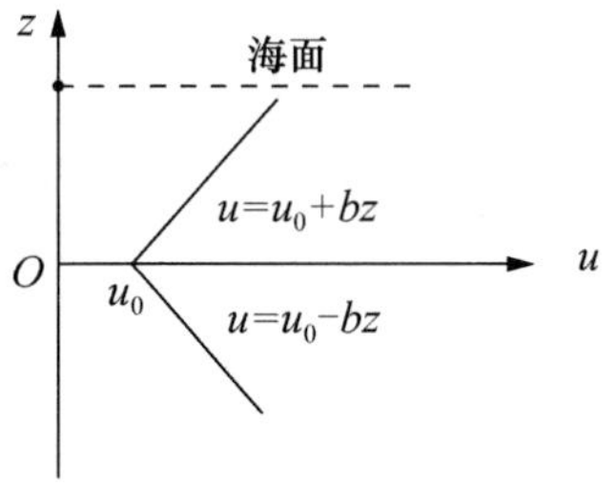

图 1

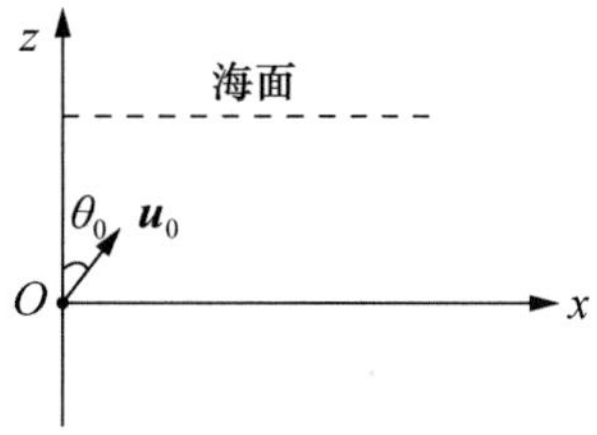

图 2

求其轨迹传播方程.

五、(15 分)

杨氏双孔干涉使用的照明光源为部分偏振光，在双孔的一孔处加一理想偏振片，旋转偏振片时，干涉条纹的衬比度发生变化，衬比度最大为 0.8. 已知没有加入偏振片时，干涉条纹的衬比度为 1，且系统满足傍轴条件. 求：

（1）照明光的偏振度.

（2）旋转偏振片时，干涉场的最小衬比度为多少？

参考知识：自由空间光波是横波，其电磁场在与波矢正交的横平面中振荡，定义电场 $\boldsymbol{E}$ 和波矢 $\boldsymbol{k}$ 组成的平面为偏振面. 偏振面不随时间和空间位置变化，称为线偏振光. 在垂直于光的传播方向的平面内，光波电场矢量方向随机变化，如果电场矢量沿各个方向出现几率均等，称为自然光；如果电场矢量沿各个方向出现几率不同，则称为部分偏振光. 一束自然光或部分偏振光可分解为两束同向、同频、偏振面相互垂直，但无固定相位关系的线偏振光之和.

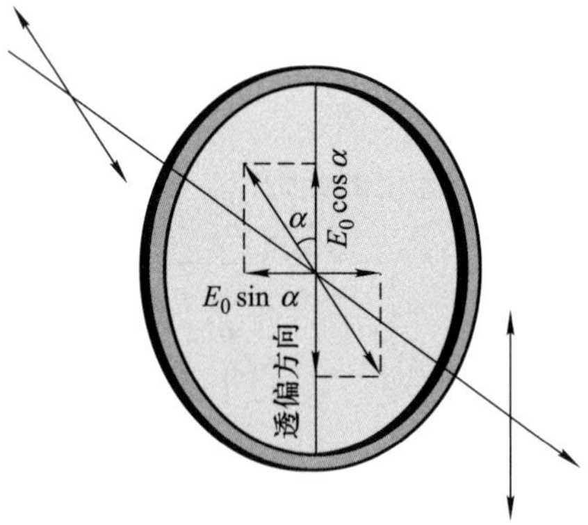

马吕斯定律告诉我们光经过理想偏振器件透射光强的变化. 对于理想偏振器件，如果光波电矢量平行于透偏方向，则 100% 透射；如果光波电矢量垂直于透偏方向，则被完全阻挡. 如图示，入射线偏振光的偏振面和理想偏振片的透偏方向之间的夹角为 α. 入射光电矢量沿透偏方向和垂直透偏方向投影，垂直透偏方向投影部分的光能完全被阻挡，而沿透偏方向投影部分的光能全部透射. 所以透射光的偏振面一定平行于透偏方向；入射光的电矢量振幅为 E_0，则透射光的电矢量振幅为 $E_0\cos\alpha$. 光强正比于电矢量振幅的平方，所以入射光和透射光的光强关系为：$I=I_0\cos^2\alpha$，其中 I 为透射光强，I_0 为入射光强.

偏振度表示光的起偏程度：$P=\dfrac{I_M-I_m}{I_M+I_m}$，其中 I_M 和 I_m 分别是旋转理想偏振器件所获得的最大透射光强和最小透射光强.

干涉条纹的衬比度的定义：亮条纹的最大光强与暗条纹的最小光强之间的差值比上两者之和.

六、(25 分)

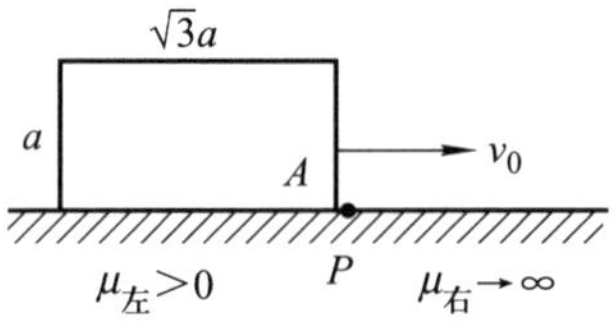

如图所示，水平地面的 P 处左侧地面摩擦系数 $\mu_{左}>0$ 且有限，P 处右侧地面摩擦系数 $\mu_{右}\to\infty$，高 a、长 $\sqrt{3}a$ 的匀质长方体木块，从 P 的左侧地面朝右运动，木块底面右端 A（实为过 A 的一条棱）遇 P 前瞬间，木块速度为 v_0. 遇 P 后，A 的速度即降为零，同时木块获得绕 A 旋转的角速度 ω_0.

（1）试求 ω_0.

(2) 讨论而后 A 端不离地，木块绕 A 端相对地面做定轴旋转，转过 90°翻倒在 P 点右侧地面的可能性. 规定：如果翻过 60°时定轴旋转角速度 ω 恰好降为零，则假设微扰必能使其继续朝右下方翻转.

(2.1) 取 $v_0^2=\frac{16}{3}ga$，试问木块能否按上文所述方式翻倒在 P 点右侧地面? 若能，给出 $\mu_{左}$ 取值范围.

(2.2) 取 $v_0^2=\frac{7\times16}{9}ga$，试问木块能否按上文所述方式翻倒在 P 点右侧地面? 若能，给出 $\mu_{左}$ 取值范围.

七、(30 分)

引言

引言 1. 质点“动能定理”、动量定理.

相对论质点的动力学中牛顿第二定律修正为

$$\boldsymbol{F}=\frac{\mathrm{d}\boldsymbol{p}}{\mathrm{d}t},\quad \boldsymbol{p}=m\boldsymbol{u},\quad m=\frac{m_0}{\sqrt{1-\frac{u^2}{c^2}}},\quad \begin{cases} m_0\text{：质点静质量，参考系不变量，}\\ \boldsymbol{u}\text{：质点速度，}\\ m\text{：质点质量，也俗称动质量．}\end{cases}$$

仿照经典力学质点动能定理的下述推导过程：

$$\boldsymbol{F}\cdot\mathrm{d}\boldsymbol{l}=m\boldsymbol{a}\cdot\mathrm{d}\boldsymbol{l}=m\frac{\mathrm{d}\boldsymbol{u}}{\mathrm{d}t}\cdot\mathrm{d}\boldsymbol{l}=m\,\mathrm{d}\boldsymbol{u}\cdot\boldsymbol{u}=mu\,\mathrm{d}u=\mathrm{d}\left(\frac{1}{2}mu^2\right),$$

定义：

$$\mathrm{d}W=\boldsymbol{F}\cdot\mathrm{d}\boldsymbol{l}\text{ 为力对质点所做元功，}$$

$$E_{\mathrm{k}}=\frac{1}{2}mu^2\text{ 为质点动能，}$$

即得：

质点动能定理：$\mathrm{d}W=\mathrm{d}E_{\mathrm{k}}$，力对质点做功等于质点动能增量.

相对论中也可有：

$$\boldsymbol{F}\cdot\mathrm{d}\boldsymbol{l}=\frac{\mathrm{d}(m\boldsymbol{u})}{\mathrm{d}t}\cdot\mathrm{d}\boldsymbol{l}=\mathrm{d}m\boldsymbol{u}\cdot\boldsymbol{u}+m\boldsymbol{u}\cdot\mathrm{d}\boldsymbol{u}=u^2\mathrm{d}m+mu\,\mathrm{d}u=\cdots=\mathrm{d}(mc^2),$$

若定义：

$$\mathrm{d}W=\boldsymbol{F}\cdot\mathrm{d}\boldsymbol{l}\text{ 为力对质点所做元功，}$$

$$E_{\mathrm{k}}=mc^2\text{ 为质点动能，}$$

也可有

$$\mathrm{d}W=\mathrm{d}E_{\mathrm{k}},\qquad\text{与经典力学同构，}$$

但

$$mc^2=\frac{m_0c^2}{\sqrt{1-\frac{u^2}{c^2}}},\qquad u=0\text{ 时，得 }E_{\mathrm{k}}=m_0c^2>0,$$

显然在物理学中不被接受.

故定义：

$$E_0 = m_0c^2 \text{ 为质点静能；}$$

$$E = mc^2 \text{ 为质点总能量；}$$

$$E_k = E - E_0 = mc^2 - m_0c^2 \text{ 为质点动能．}$$

于是称：

$$dW = dE$$

为质点能量定理. 因

$$dE = dE_k,$$

也可有

$$dW = dE_k$$

为质点的“能量定理”. 很容易看出，相对论中质点动量定理与经典力学中质点动量定理同构，故略.

引言 2. 相对论中质点静质量的可变性.

经典力学中质点没有内部结构，或者是没有内部结构的微观粒子(例如电子)，或者是可模型化为质点的微观粒子(原子、原子核……)或宏观、宇观物体(足球、地球……).

质点因无内部结构，牛顿第二定律中的质点没有内力和内力作用，因此质点没有内能. 第二定律质点所受力 $\boldsymbol{F}$，只能是外力 $\boldsymbol{F}$，$\boldsymbol{F}$ 对质点所做功不会转化为质点内能，因为质点没有内能. $\boldsymbol{F}$ 做功只能改变质点的“外能”(动能与外势能).

经典力学中，质点间可以发生碰撞，过程中两个质点间的作用力、反作用力，对受力方而言都是外力.

弹性碰撞中，碰撞前后系统动能不变. 即使把模型化的质点还原为有内部结构的物体，其内力必须是内保守力. 碰撞的前端过程中，系统的动能可以部分地转化为质点的内势能(或者是内保守力对应的力作用场能). 后端过程中，这些内势能又可释放转化为系统的宏观动能，使碰撞前后系统动能不变. 若略去极短的碰撞时间段，则可简化地说成“弹性碰撞过程中系统动能守恒”.

非弹性碰撞过程会使系统动能有损失. 为解释此现象，宜还原质点具有的内部结构和非保守性内力对应的内能. 系统失去的动能转化为“质点”的内能(例如“质点”内部分子群体的热能)，而后这些内能也有可能耗散在“质点”周围的环境物质中去(例如转化为大气的热能).

相对论牛顿第二定律中，质点无论是真实的还是模型化的，也都是没有内部结构的. 否则，如果有内部结构，质点速度 $\boldsymbol{u}$ 是质点哪个点部位的速度? 或者说公式

$$\boldsymbol{F} = \frac{d(m\boldsymbol{u})}{dt}, \qquad m = m_0 \Big/ \sqrt{1 - \frac{u^2}{c^2}}$$

中的 $\boldsymbol{u}$ 如何确定?

相对论中两个质点相互碰撞也可以是非弹性的，两质点构成的系统的动能会有损失. 此时必须把它模型化成的质点，还原为有内部物质结构的微观粒子或宏观物体. 碰撞前质点有静质量 m_0 和静能 $E_0 = m_0c^2$，若碰撞过程中双质点系统无任何形式能量耗散，那么，

系统损失的动能必定转化为内能. 即成

$$E_0^* = m_0^* c^2, \qquad \text{其中 } E_0^*, m_0^* \text{ 相对 } E_0, m_0 \text{ 均有增量}.$$

问题

问题 1.

静质量为 m_0 的质点静止于 $x=0$ 点，$t=0$ 开始在一个沿 x 轴正方向的恒力 $\boldsymbol{F}$ 作用下运动，引入简化常量

$$\alpha = F/m_0c^2,$$

试解下述 3 个小问，答案中不可出现参量 m_0，F，但可出现参量 α.

(1.1) 导出质点速度 u 随位置 x 的变化关系；

(1.2) 导出质点速度 u 随时间 t 的变化关系；

(1.3) 导出质点位置 x 随时间 t 的变化关系.

问题 2.

如图 1 所示，惯性系 S 的 Oxy 坐标平面上有两个发射器 A 和 B. 它们以相同速率 v，分别沿 x 正方向和负方向匀速运动，A，B 的连线与 x 轴平行 . S 系中 $t=0$ 时，A，B 分别位于 $x_A=l$，$x_B=-l$ 两处. 此时，如图 2 所示，A，B 分别释放静质量同为 m_0 的匀质小球(模型化为质点)a，b. 释放后瞬间，a，b 相对 S 系速度均为零，A，B 的运动状态仍如图 1 所示，均以匀速率 v 彼此反向地匀速运动. 从此时开始，a，b 各自受大小同为常量F，方向分别沿 x 轴负方向和 x 轴正方向的恒力. 设 A，B，a，b 两两之间均无相互作用力.

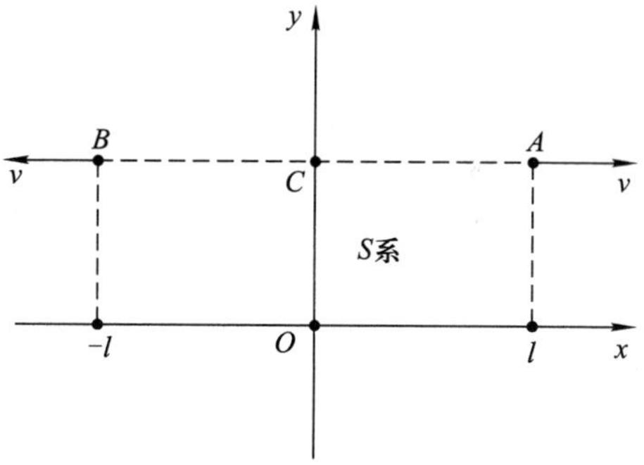

图 1

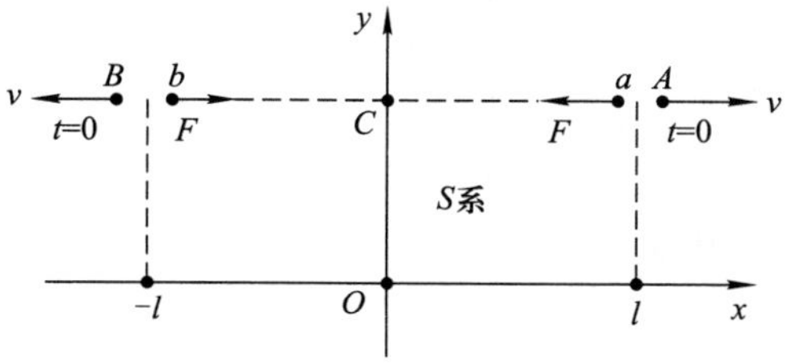

图 2

而后，a，b 在图 2 中的 C 点处发生二体正碰撞(其间 a，b 之间有相互碰撞力). 在极短碰撞时间前后瞬间速度反向，前后速率分别记为 u_1，u_1^*，且各自动能减少百分之二十. 但无任何形式能量耗散到$\{a, b\}$系统之外，紧接着 a，b 各自所受外力大小仍为 F，方向与原方向相反，直到 a 与 A 相遇、b 与 B 相遇.

设前文引入的 $\alpha=F/m_0c^2$ 和图 1、图 2 中的 v 分别为

$$\alpha = \frac{1}{l}, \qquad v = \frac{c}{\sqrt{3}}.$$

(2.1) 试求 u_1，u_1^*；

(2.2) 将 S 系中从 a，A 分离到两者再相遇所经时间记为 T_{aA}，试求 T_{aA}；

(2.3) 设 A 认为上述 a，A 再相遇时，B 与 A 相距为 L_{BA}，试求 L_{BA}.

答案中只可出现参量 l，c 和数字，用计算器算出的数可保留 3 位有效数字.

参考解答与评分标准

一、(20 分)

1.（6 分）

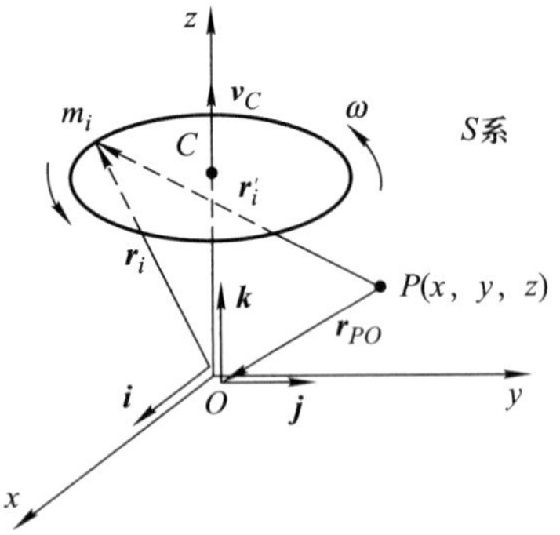

题解图

参考题解图.

相对坐标原点 O 的角动量 $\boldsymbol{L}_O$ 的计算：

圆环质心 C 相对 O 点角动量为零. 圆环相对质心 C 的角动量，即为圆环在质心 C 参考系的转动角动量，因对称，此角动量在 Oxy 平面上的分量为零，沿 z 轴方向角动量则为

$$I_C\boldsymbol{\omega}=I_C\omega\boldsymbol{k},\qquad I_C=mR^2=(2\pi R\lambda)R^2,$$

即得

$$\boldsymbol{L}_O=2\pi R^3\lambda\omega\boldsymbol{k}.\tag{2 分}$$

$\boldsymbol{L}_P$ 的计算：

$$\boldsymbol{L}_P=\sum_i\boldsymbol{r}_i'\times(m_i\boldsymbol{v}_i)=\sum_i\boldsymbol{r}_{PO}\times(m_i\boldsymbol{v}_i)+\sum_i\boldsymbol{r}_i\times(m_i\boldsymbol{v}_i)=\boldsymbol{r}_{PO}\times\left(\sum_i m_i\boldsymbol{v}_i\right)+\boldsymbol{L}_O,$$

$$\boldsymbol{r}_{PO}\times\left(\sum_i m_i\boldsymbol{v}_i\right)=\boldsymbol{r}_{PO}\times m_C\boldsymbol{v}_C=-(x\boldsymbol{i}+y\boldsymbol{j}+z\boldsymbol{k})\times 2\pi R\lambda v_C\boldsymbol{k}=2\pi R\lambda v_C(x\boldsymbol{j}-y\boldsymbol{i}),$$

$$\Rightarrow\quad \boldsymbol{L}_P=2\pi R\lambda[v_C(x\boldsymbol{j}-y\boldsymbol{i})+R^2\omega\boldsymbol{k}].\tag{4 分}$$

2.（6 分）

（1）S'系中薄纸会被剑尖刺破，因为 S'系中运动剑鞘长度短于不运动的剑长，鞘顶薄纸在运动过程中先遇到剑尖，便被刺破．（2 分）

（2）鞘顶薄纸被剑尖刺破是一个参考系不变的条件，故 S 系也应认可这一事件. S 系认为发生此事件的原因是剑柄遇鞘尾后，确实前者不再有宏观定义下的运动，但因相对论中不能再有严格定义下的刚体，此时剑尖并未停住，继续朝鞘顶运动，直到剑尖刺破薄纸. 此后剑尖究竟是停下，还是运动一会再停下，则需结合剑柄、剑鞘的微观动力学结构作进一步讨论．（4 分）

3.（8 分）

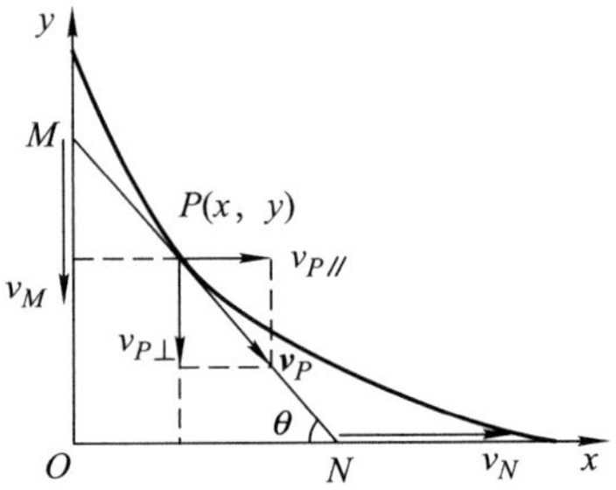

题解图

（1）细杆运动全过程中的边界线 L 如题解图所示，其中 $P(x,\ y)$点为细杆 MN 运动过程中处于 θ 角方位时与边界线相切的点，有关的速度均已在图中示出，$\boldsymbol{v}_P$ 必沿杆长方向. 据几何关联可得

$$v_P\cos\theta=v_{P/\!/}=\frac{x}{x_N}v_N=\frac{x}{l\cos\theta}v_N,$$

$$v_P\sin\theta=v_{P\perp}=\frac{y}{y_M}v_M=\frac{y}{l\sin\theta}v_M.$$

又因 M，N，P 沿杆长方向分速度相同，有

$$v_N\cos\theta=v_M\sin\theta=v_P,$$

代入前两式，得

$$v_P\cos\theta=\frac{x}{l\cos\theta}\cdot\frac{v_P}{\cos\theta},\quad \Rightarrow\quad x=l\cos^3\theta,$$

$$v_P\sin\theta=\frac{y}{l\sin\theta}\cdot\frac{v_P}{\sin\theta},\quad \Rightarrow\quad y=l\sin^3\theta,$$

故边界线参量方程为

$$\begin{cases}x=l\cos^3\theta,\\ y=l\sin^3\theta,\end{cases}\qquad \frac{\pi}{2}\geqslant\theta\geqslant 0.$$

消去参量 θ，也可得边界线方程：

$$x^{\frac{2}{3}}+y^{\frac{2}{3}}=l^{\frac{2}{3}}.\qquad (5\text{ 分})$$

(2) 细杆运动过程中扫过的面积 S 即为边界线 L 与 x 轴所夹面积，有

$$S=\int_0^l y\,\mathrm{d}x=\int_{\frac{\pi}{2}}^0(l\sin^3\theta)(3l\cos^2\theta)(-\sin\theta\,\mathrm{d}\theta)\qquad (3\text{ 分})$$

$$=3l^2\int_0^{\frac{\pi}{2}}\cos^2\theta\sin^4\theta\,\mathrm{d}\theta$$

$$=3l^2\int_0^{\frac{\pi}{2}}(\sin^4\theta-\sin^6\theta)\,\mathrm{d}\theta.$$

二、(25 分)

(1) $\mathrm{d}l$，$\mathrm{d}t$ 参见题解图 1，有

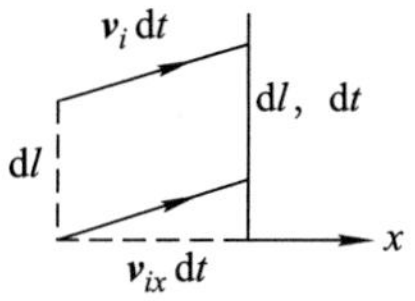

题解图 1

$$\mathrm{d}I_x=\sum_i n_i(v_{ix}\mathrm{d}t\cdot\mathrm{d}l)2mv_{ix}\big|_{v_{ix}>0}$$

$$=\sum_i 2n_i m v_{ix}^2\mathrm{d}t\cdot\mathrm{d}l\big|_{v_{ix}>0},$$

$$p=\frac{\mathrm{d}I_x/\mathrm{d}t}{\mathrm{d}l}=2m\sum_i n_i v_{ix}^2\big|_{v_{ix}>0}=m\sum_i n_i v_{ix}^2\big|_{v_{ix}\text{任意}},$$

$$\left(\overline{v_x^2}=\sum_i n_i v_{ix}^2\Big/\sum_i n_i=\sum_i n_i v_{ix}^2/n\right)$$

$$\Rightarrow\quad p=nm\overline{v_x^2},\ \left(\frac{1}{2}m\overline{v_x^2}=\frac{1}{2}m\overline{v_y^2}=\frac{1}{2}\left(\frac{1}{2}m\overline{v^2}\right)=\frac{1}{2}\bar{\varepsilon}_{平}\right)$$

$$\Rightarrow\quad p=n\bar{\varepsilon}_{平},\ \left(n=\frac{N}{S}=\frac{\nu N_A}{S},\ \bar{\varepsilon}_{平}=\frac{2}{2}kT\right)$$

$$\Rightarrow\quad pS=\nu RT,\qquad R=N_Ak.\qquad (5\text{ 分})$$

(2)

$$F_2(\boldsymbol{v})=\frac{m}{2\pi kT}\mathrm{e}^{-m(v_x^2+v_y^2)/2kT},$$

$$f_2(v)=2\pi vF_2(\boldsymbol{v})\big|_{v_x^2+v_y^2=v^2}=2\pi v\frac{m}{2\pi kT}\mathrm{e}^{-mv^2/2kT}=\frac{mv}{kT}\mathrm{e}^{-mv^2/2kT}.$$

参考题解图 1，$\mathrm{d}t$ 时间内碰撞到 $\mathrm{d}l$ 的分子数为

$$\mathrm{d}N=\iint(nF_2(\boldsymbol{v})\mathrm{d}v_x\mathrm{d}v_y)v_x\mathrm{d}t\,\mathrm{d}l\big|_{v_x>0}$$

$$=\int_{-\infty}^{\infty}\left(\frac{m}{2\pi kT}\right)^{\frac{1}{2}}e^{-mv_y^2/2kT}dv_y\int_0^{\infty}n\left(\frac{m}{2\pi kT}\right)^{\frac{1}{2}}e^{-mv_x^2/2kT}v_x dv_x dt dl$$

$$=n\int_0^{\infty}v_x\left(\frac{m}{2\pi kT}\right)^{\frac{1}{2}}e^{-mv_x^2/2kT}dv_x dt dl$$

$$=\left[n\int_0^{\infty}v\left(\frac{m}{2\pi kT}\right)^{\frac{1}{2}}e^{-mv^2/2kT}dv\right]dt dl,$$

$$\Gamma_2=dN/dt dl,$$

$$\Gamma_2=n\cdot\frac{1}{2\pi}\left(\frac{2\pi kT}{m}\right)^{\frac{1}{2}}\int_0^{\infty}2\pi v\left(\frac{m}{2\pi kT}\right)e^{-mv^2/2kT}dv$$

$$=n\left(\frac{kT}{2\pi m}\right)^{\frac{1}{2}}\int_0^{\infty}f_2(v)dv,$$

$f_2(v)$ 归一性，　$\Rightarrow$　$\Gamma_2=n\sqrt{\dfrac{kT}{2\pi m}}$.

(或由

$$\bar{v}=\int_0^{\infty}vf_2(v)dv=\int_0^{\infty}v\cdot 2\pi v\left(\frac{m}{2\pi kT}\right)e^{-mv^2/2kT}dv$$

$$=\frac{1}{2}\sqrt{\frac{2\pi kT}{m}}\int_0^{\infty}4\pi v^2\left(\frac{m}{2\pi kT}\right)^{\frac{3}{2}}e^{-mv^2/2kT}dv$$

$$=\frac{1}{2}\sqrt{\frac{2\pi kT}{m}}\int_0^{\infty}f_3(v)dv\quad(f_3(v)\ \text{归一性})$$

$$=\sqrt{\pi kT/2m},$$

得

$$\Gamma_2=\frac{n}{\pi}\bar{v},\qquad \bar{v}:\text{二维平均速率.})\qquad(6\text{ 分})$$

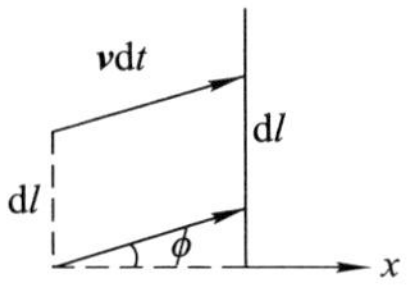

题解图 2

(3) 在二维速度空间中取极坐标系，一个分子速度处于 $vd\phi dv$ 面元的概率为

$$F_2(\boldsymbol{v})vd\phi dv.$$

参考题解图 2，上述分子中 dt 时间通过 dl 射出的分子个数为

$$\begin{cases} nv_x dt dl F_2(\boldsymbol{v})vd\phi dv,\\ v_x=v\cos\phi,\ \dfrac{\pi}{2}>\phi\geqslant 0.\end{cases}$$

对 ϕ 积分，得 dt 时间通过 dl 射出的分子束中速度处于 $v\sim v+dv$ 的分子个数为

$$dN^*=\int_0^{\frac{\pi}{2}}nv\cos\phi d\phi F_2(\boldsymbol{v})vdv dt dl\Big|_{v_x^2+v_y^2=v^2}$$

$$=nv^2\left(\frac{m}{2\pi kT}\right)e^{-mv^2/2kT}dv dt dl.$$

dN^* 除以 dv，再除以出射分子束内的总分子数

$$\Gamma_2 \mathrm{d}t\,\mathrm{d}l = n\sqrt{\frac{kT}{2\pi m}}\mathrm{d}t\,\mathrm{d}l,$$

便得出射分子束中的速率分布函数 $f_2^*(v)$，即有

$$f_2^*(v) = \frac{\mathrm{d}N^*/\mathrm{d}v}{\Gamma_2 \mathrm{d}t\,\mathrm{d}l} = v^2 \frac{m}{2\pi kT}\mathrm{e}^{-mv^2/2kT}\sqrt{\frac{2\pi m}{kT}},$$

$$\Rightarrow \quad f_2^*(v) = 4\pi v^2\left(\frac{m}{2\pi kT}\right)^{\frac{3}{2}}\mathrm{e}^{-mv^2/2kT} = f_3(v). \quad \text{（三维速率分布）} \qquad \text{（7 分）}$$

（4）从小缝射出的分子速率按三维 $f_3(v)$分布，分子平均动能$\bar{\varepsilon}_3 = \frac{3}{2}kT$ 大于原 S_0 内二维分子平均动能 $\bar{\varepsilon}_2 = \frac{2}{2}kT$，故 S_0 中余下的二维气体必定降温.

$t=0$ 时刻初态为$\{N_0$(总分子数)，T_0，$U_0=N_0kT_0\}$，$t>0$ 时刻余下气体状态为$\{N<N_0$，$T<T_0$，$U=NkT\}$. 为建立其间关联，取 $\mathrm{d}t$ 时间出射分子数，记为$-\mathrm{d}N$，能量守恒方程为

$$(N+\mathrm{d}N)k(T+\mathrm{d}T) + (-\mathrm{d}N)\frac{3}{2}kT = NkT,$$

$$\Rightarrow \quad Nk\,\mathrm{d}T = \frac{1}{2}kT\,\mathrm{d}N, \quad \Rightarrow \quad 2\int_{T_0}^{T}\frac{\mathrm{d}T}{T} = \int_{N_0}^{N}\frac{\mathrm{d}N}{N},$$

得

$$T = \sqrt{\frac{N}{N_0}}T_0,$$

此时

$$p = \frac{N}{S_0}kT.$$

射出的全部分子数 $N'=N_0-N$，内能 $U'=N_0kT_0-NkT$，让这些分子构成二维平衡态气体，温度便为

$$T' = \frac{U'}{N'k} = \frac{N_0T_0 - NT}{N_0 - N},$$

对应

$$p' = \frac{N_0 - N}{S_0}kT'.$$

t_e 时刻物理量带下标 e 表示，要求

$$p'_e = p_e, \quad \Rightarrow \quad \frac{N_0 - N_e}{S_0}kT'_e = \frac{N_e}{S_0}kT_e, \quad \Rightarrow \quad (N_0 - N_e)T'_e = N_eT_e,$$

$$\Rightarrow \quad (N_0 - N_e)\frac{N_0T_0 - N_eT_e}{N_0 - N_e} = N_eT_e, \quad \Rightarrow \quad 2N_eT_e = N_0T_0.$$

将

$$T_e = \sqrt{\frac{N_e}{N_0}}T_0$$

代入，得

$$N_e=\left(\frac{1}{2}\right)^{\frac{2}{3}}N_0.$$

t_e 的求解：

$t \to t+\mathrm{d}t$ 时间段内

$$-\mathrm{d}N=\Gamma_2 l_0\mathrm{d}t=n\sqrt{\frac{kT}{2\pi m}}l_0\mathrm{d}t=\frac{N}{S_0}\sqrt{\frac{kT}{2\pi m}}l_0\mathrm{d}t \quad \left(T=\sqrt{\frac{N}{N_0}}T_0\right)$$
$$=N^{\frac{5}{4}}\frac{1}{S_0}\sqrt{\frac{kT_0}{2\pi m\sqrt{N_0}}}l_0\mathrm{d}t,$$

积分

$$-\int_{N_0}^{N_e}N^{-\frac{5}{4}}\mathrm{d}N=\frac{l_0}{S_0}\sqrt{\frac{kT_0}{2\pi m\sqrt{N_0}}}\int_0^{t_e}\mathrm{d}t, \quad \Rightarrow \quad 4N^{-\frac{1}{4}}\Big|_{N_0}^{N_e}=\frac{l_0}{S_0}\sqrt{\frac{kT_0}{2\pi m\sqrt{N_0}}}t_e,$$

得

$$t_e=4\left[\left(\frac{N_0}{N_e}\right)^{\frac{1}{4}}-1\right]\frac{S_0}{l_0}\sqrt{\frac{2\pi m}{kT_0}}.$$

将 $N_e=\left(\frac{1}{2}\right)^{\frac{2}{3}}N_0$ 代入，得

$$t_e=4(2^{\frac{1}{6}}-1)\frac{S_0}{l_0}\sqrt{\frac{2\pi m}{kT_0}}. \qquad (7\text{ 分})$$

$$\left(\text{或 } t_e=0.4898\frac{S_0}{l_0}\sqrt{\frac{2\pi m}{kT_0}}=0.6927\frac{S_0}{l_0}\sqrt{\frac{\pi m}{kT_0}}.\right)$$

三、(25 分)

(1)

$$i_1=I_{10}(1-\mathrm{e}^{-t/\tau_1}), \quad I_{10}=\frac{\mathscr{E}}{R}, \qquad \tau_1>t>0. \qquad (5\text{ 分})$$

(2) $t>\tau_1$ 时的大回路电压微分方程为

$$L\frac{\mathrm{d}i_2}{\mathrm{d}t}+i_2\cdot 2R+\frac{q}{C}=\mathscr{E}, \qquad C=L/2R^2,$$

其中 q 为电容 C 的正极板(图 1 中的上方极板)在 t 时刻的电量．将

$$i_2=\mathrm{d}q/\mathrm{d}t$$

代入后，得关于 q 的二阶微分方程

$$\ddot{q}+2\beta\dot{q}+\omega_0^2 q=\frac{\mathscr{E}}{L}, \qquad \beta=R/L, \qquad \omega_0=\sqrt{2}R/L,$$

其中的齐次式

$$\ddot{q}+2\beta\dot{q}+\omega_0^2 q=0$$

类似于力学中的阻尼振动方程，因

$$\beta<\omega_0,$$

故齐次式的通解为

$$q_0=Q_0\mathrm{e}^{-\beta t}\cos(\omega t+\phi),\qquad \omega=\sqrt{\omega_0^2-\beta^2}=\beta.$$

原来的非齐次微分方程特解可取为

$$q^*=\mathscr{E}/L\omega_0^2=\frac{L}{2R^2}\mathscr{E},\qquad \left(\frac{L}{2R^2}\mathscr{E}=C\mathscr{E}\right)$$

原微分方程通解便为

$$q=q_0+q^*=Q_0\mathrm{e}^{-\beta t}\cos(\omega t+\phi)+\frac{L}{2R^2}\mathscr{E},$$

为求解待定常量 Q_0，ϕ，首先需要给出 q 与 $i_2=\dot{q}$ 的初始值.

在断开 S_2 所涉及的

从左极限 $t=\tau_1^-$ 经 $t=\tau_1$ 到右极限 $t=\tau_1^+$

的暂态过程中，因自感效应有抗电流变化的功能，电流只能连续变化，即变化量是无穷小量，极限定义下可得

$$q(t=\tau_1^+)=q(t=\tau_1^-)=0,\qquad i_2(t=\tau_1^+)=i_2(t=\tau_1^-)=I_{10}(1-\mathrm{e}^{-1}),$$

结合上述通解，得 $t=\tau_1^+$ 时的初条件为

$$Q_0\mathrm{e}^{-\beta\tau_1}\cos(\omega\tau_1+\phi)+\frac{L}{2R^2}\mathscr{E}=0,$$

$$i_2=\frac{\mathrm{d}q}{\mathrm{d}t}=-\beta Q_0\mathrm{e}^{-\beta t}\cos(\omega t+\phi)-\omega Q_0\mathrm{e}^{-\beta t}\sin(\omega t+\phi),$$

$$\omega=\beta,\qquad\Rightarrow\quad i_2=-\beta Q_0\mathrm{e}^{-\beta t}[\cos(\omega t+\phi)+\sin(\omega t+\phi)],$$

$$\Rightarrow\quad -\beta Q_0\mathrm{e}^{-\beta\tau_1}[\cos(\omega\tau_1+\phi)+\sin(\omega\tau_1+\phi)]=I_{10}(1-\mathrm{e}^{-1}),$$

联立后可得

$$\beta\frac{L}{2R^2}\mathscr{E}\frac{1}{\cos(\omega\tau_1+\phi)}[\cos(\omega\tau_1+\phi)+\sin(\omega\tau_1+\phi)]=I_{10}(1-\mathrm{e}^{-1}),$$

$$\Rightarrow\quad 1+\tan(\omega\tau_1+\phi)=I_{10}(1-\mathrm{e}^{-1})\cdot 2R^2/\beta L\mathscr{E},$$

将

$$I_{10}=\frac{\mathscr{E}}{R},\qquad \omega=\frac{R}{L},\qquad\Rightarrow\quad I_{10}\cdot 2R^2/\beta L\mathscr{E}=2$$

代入，得

$$1+\tan(\omega\tau_1+\phi)=2(1-\mathrm{e}^{-1})=1.264,$$

$$\Rightarrow\quad \tan(\omega\tau_1+\phi)=1-2\mathrm{e}^{-1}=0.264>0,$$

$$\Rightarrow\quad \omega\tau_1+\phi=\begin{cases}14.8^\circ,\ \text{即}\ 0.258\mathrm{rad},\\ \text{或}\\ 14.8^\circ+180^\circ=194.8^\circ,\ \text{即}\ 0.258\mathrm{rad}+\pi=3.40\mathrm{rad}.\end{cases}$$

因

$$\omega\tau_1=\beta\tau_1=\frac{R}{L}\cdot\frac{L}{R}=1\mathrm{rad}\ \text{或}\ 57.3^\circ,$$

故应取

$$\omega\tau_1+\phi=194.8^\circ\ \text{或}\ 3.40\mathrm{rad},\qquad\Rightarrow\quad \phi=\begin{cases}3.40-1=2.40\mathrm{rad},\\ \text{即}\ 194.8^\circ-57.3^\circ=137.5^\circ.\end{cases}$$

继而得

$$Q_0=-\frac{L}{2R^2}\mathscr{E}/\mathrm{e}^{-\beta\tau_1}\cos(\omega\tau_1+\phi)=-\frac{L}{2R^2}\mathscr{E}\mathrm{e}^{\beta\tau_1}/\cos(\omega\tau_1+\phi).$$

将

$$\beta\tau_1=1,\quad \cos(\omega\tau_1+\phi)=\cos194.8^\circ=-0.967$$

代入，得

$$Q_0=1.41\frac{L}{R^2}\mathscr{E},$$

最后代入表述式

$$i_2=-\beta Q_0\mathrm{e}^{-\beta t}[\cos(\omega t+\phi)+\sin(\omega t+\phi)],$$

$$\beta=\frac{R}{L},\quad Q_0=1.41\frac{L}{R^2}\mathscr{E},\quad \omega=\beta,\quad \phi=137.5^\circ=2.40\mathrm{rad},$$

得所求 $i_2\sim t$ 为

$$\begin{cases}i_2=-1.41\dfrac{\mathscr{E}}{R}\mathrm{e}^{-\beta t}[\cos(\beta t+2.40)+\sin(\beta t+2.40)],\\ \beta=R/L,\ t>\tau_1=L/R.\end{cases}\qquad (15\text{ 分})$$

(3) 不能．

图 1 中在 $t=\tau_1$ 时将 S_2 断开前后，流过左上方电感 L 的电流连续变化，故断开后 $t=\tau_1^+$ 的电流与 $t=\tau_1^-$ 的原电流在极限定义下相同，为 $i_2(t=\tau_1^+)=i_1(t=\tau_1^-)=I_{10}(1-\mathrm{e}^{-1})$，且是一个有限量的电流．$S_2$ 断开前后此有限量电流在 $t=\tau_1^-$ 到 $t=\tau_1^+$ 的无穷短时间 $\mathrm{d}t$ 内为电容输入电量 $\mathrm{d}q=I_{10}(1-\mathrm{e}^{-1})\mathrm{d}t$ 是一个无穷小量，即得 $q(t=\tau_1^+)=q(t=\tau_1^-)=0$. $t>\tau_1^+$ 后建立的微分方程因有这两个初始量(初始条件)，便可获得确定的数学解.

若如图 2 所示，由另一个电感 L 取代电容 C，则在 $t=\tau_1^-$ 到 $t=\tau_1^+$ 的无穷短 $\mathrm{d}t$ 时间内，新电感 L 内输入的电流从零突增到有限量 $I_{10}(1-\mathrm{e}^{-1})$，使自感电动势 $\mathscr{E}_L=-L\dfrac{I_{10}(1-\mathrm{e}^{-1})}{\mathrm{d}t}$成为发散量．这一发散的 $\mathscr{E}_L$ 对 $i_2(t=\tau_1^+)$值有什么样的影响无从讨论，故 $t>\tau_1$ 的微分方程(为二阶微分方程)因无法确知 $i_2(t=\tau_1^+)$值得不到 $i_2=i_2(t>\tau_1)$的数学解．（5 分）

四、(20 分)

声波方向线方程：

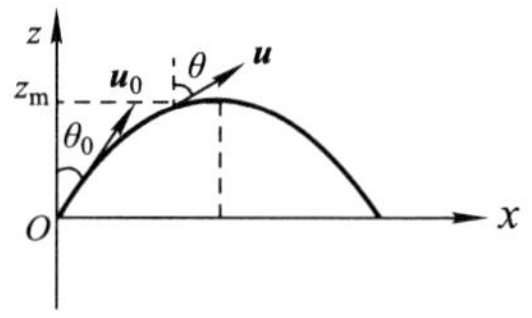

题解图

先考虑 $z\geqslant0$ 部分，如题解图，

$$\frac{\sin\theta}{u}=\frac{\sin\theta_0}{u_0},\ u=u_0+bz,\ (b>0)$$

故 $\theta>\theta_0$ 波线折回.

顶点对应：$\sin\theta_m=1$，

$$\Rightarrow\quad z_m=R(1-\sin\theta_0),\ R=\frac{u_0}{b\sin\theta_0}.$$

关于顶点，曲线左右对称. 故先考虑左半区，

$$\sin\theta=\frac{\sin\theta_0}{u_0}(u_0+bz)=\sin\theta_0+\frac{z}{R},$$

$$1+\left(\frac{\mathrm{d}z}{\mathrm{d}x}\right)^2=\frac{1}{\sin^2\theta}=\frac{R^2}{(z+R\sin\theta_0)^2}.$$

左半区 $\theta\in\left[\theta_0,\ \frac{\pi}{2}\right]$，故

$$\frac{\mathrm{d}z}{\mathrm{d}x}=\frac{\sqrt{R^2-(z+R\sin\theta_0)^2}}{z+R\sin\theta_0}\geqslant 0,$$

$$\Rightarrow\quad x=\int_0^x\mathrm{d}x=\int_0^z\frac{\mathrm{d}z\cdot(z+R\sin\theta_0)}{\sqrt{R^2-(z+R\sin\theta_0)^2}}$$

$$=R\cos\theta_0-\sqrt{R^2-(z+R\sin\theta_0)^2},$$

$$\Rightarrow\quad (x-R\cos\theta_0)^2+(z+R\sin\theta_0)^2=R^2，为圆弧.$$

显然，右半区亦在该圆弧上. (15 分)

因 $u(z)$分布关于 $z=0$ 平面对称. 故方向线关于 $z=0$ 平面具有平移-镜像对称.

综上，方向线方程为

当 $z\geqslant 0$ 时：$[x-(4n-3)R\cos\theta_0]^2+(z+R\sin\theta_0)^2=R^2$，

当 $z<0$ 时：$[x-(4n-1)R\cos\theta_0]^2+(z-R\sin\theta_0)^2=R^2$，

其中 $n=1,\ 2,\ 3,\ \cdots$. (5 分)

五、(15 分)

杨氏干涉的一个小孔，部分偏振光经过理想偏振片的出射光强为

$$I_{1\mathrm{P}}=I_\mathrm{M}\cos^2\alpha+I_\mathrm{m}\sin^2\alpha,$$

从另一个小孔透射的部分偏振光可以分解成两个偏振面相互垂直的线偏振光：

$$I_2=I_\mathrm{M}+I_\mathrm{m}=I_{2\mathrm{P}}+I_{2\mathrm{P}\perp},$$

其中：

$$I_{2\mathrm{P}}=I_\mathrm{M}\cos^2\alpha+I_\mathrm{m}\sin^2\alpha,\quad I_{2\mathrm{P}\perp}=I_\mathrm{M}\sin^2\alpha+I_\mathrm{m}\cos^2\alpha.$$

根据干涉条件，$I_{1\mathrm{P}}$和 $I_{2\mathrm{P}}$相干叠加，$I_{2\mathrm{P}\perp}$和它们为非相干叠加，相当于背景光. 所以干涉光强分布：

$$I=I_{1\mathrm{P}}+I_{2\mathrm{P}}+2\sqrt{I_{1\mathrm{P}}I_{2\mathrm{P}}}\cos\delta+I_{2\mathrm{P}\perp}.$$

当 $\delta=2k\pi$，干涉相长，光强极大：

$$I^\mathrm{M}=I_{1\mathrm{P}}+I_{2\mathrm{P}}+2\sqrt{I_{1\mathrm{P}}I_{2\mathrm{P}}}+I_{2\mathrm{P}\perp}=4(I_\mathrm{M}\cos^2\alpha+I_\mathrm{m}\sin^2\alpha)+(I_\mathrm{M}\sin^2\alpha+I_\mathrm{m}\cos^2\alpha),$$

当 $\delta=(2k+1)\pi$，干涉相消，光强极小：

$$I^\mathrm{m}=I_{1\mathrm{P}}+I_{2\mathrm{P}}-2\sqrt{I_{1\mathrm{P}}I_{2\mathrm{P}}}+I_{2\mathrm{P}\perp}=I_\mathrm{M}\sin^2\alpha+I_\mathrm{m}\cos^2\alpha.$$

干涉衬比度：

$$\gamma=\frac{I^\mathrm{M}-I^\mathrm{m}}{I^\mathrm{M}+I^\mathrm{m}}=\frac{2(I_\mathrm{M}\cos^2\alpha+I_\mathrm{m}\sin^2\alpha)}{2(I_\mathrm{M}\cos^2\alpha+I_\mathrm{m}\sin^2\alpha)+(I_\mathrm{M}\sin^2\alpha+I_\mathrm{m}\cos^2\alpha)}$$

$$=\frac{2}{1+\dfrac{I_\mathrm{M}+I_\mathrm{m}}{(I_\mathrm{M}-I_\mathrm{m})\cos^2\alpha+I_\mathrm{m}}}.$$

当 $\alpha=0$ 时，衬比度为最大：

$$\gamma=\frac{2I_{\mathrm{M}}}{2I_{\mathrm{M}}+I_{\mathrm{m}}}=0.8,\quad \Rightarrow\quad I_{\mathrm{M}}=2I_{\mathrm{m}},$$

所以部分偏振光的偏振度：

$$P=\frac{I_{\mathrm{M}}-I_{\mathrm{m}}}{I_{\mathrm{M}}+I_{\mathrm{m}}}=0.33.\qquad(10\text{ 分})$$

当 $\alpha=\frac{\pi}{2}$ 时，衬比度为极小：

$$\gamma=\frac{2I_{\mathrm{m}}}{2I_{\mathrm{m}}+I_{M}}=0.5.\qquad(5\text{ 分})$$

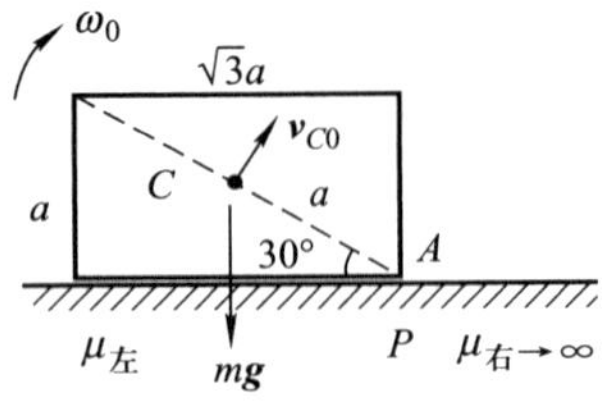

题解图 1

六、(25 分)

(1) 参考题解图 1，图中 C 为木块质心，m 为木块质量．取地面参考系，P 为参考点，略去常规力 $m\boldsymbol{g}$ 相对 A 的力矩，有角动量守恒方程

$$\frac{a}{2}mv_0=I_A\omega_0,\qquad \begin{cases}I_C=\frac{1}{12}ma^2+\frac{1}{12}m(\sqrt{3}a)^2,\\ I_A=I_C+ma^2=\frac{4}{3}ma^2,\end{cases}$$

解得

$$\omega_0=\frac{3}{8}\frac{v_0}{a},$$

$$v_{C0}=\omega_0 a=\frac{3}{8}v_0.\quad(\text{碰后质心初速})\qquad(5\text{ 分})$$

补充解释：

一般已约定，所编题目中给出的水平地面均为水平刚性地面.

按题文所述，木块在遇 P 前瞬间有水平朝右的动量 $m\boldsymbol{v}_0$，按题解图 2 分解为

$$m\boldsymbol{v}_0=m\boldsymbol{v}_{角向}+m\boldsymbol{v}_{径向},$$

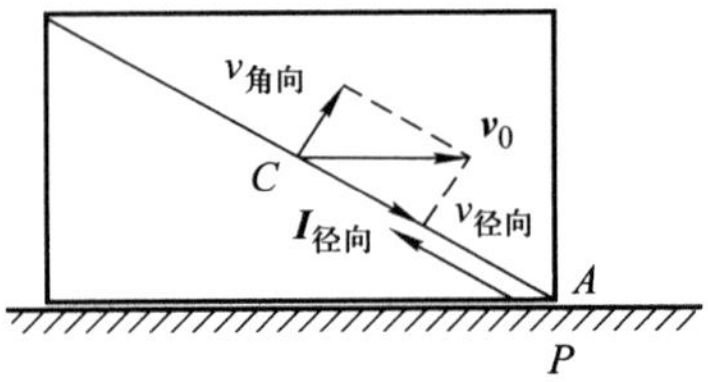

题解图 2

木块 A 端遇 P 后瞬间失去了全体 $m\boldsymbol{v}_{径向}$，余

$$m\boldsymbol{v}_{角向}=m\boldsymbol{v}_{C0}.$$

继续参考题解图 2，木块 A 端与 P 在足够短的“碰撞”过程中，必定受到右侧地面提供的冲量

$$\boldsymbol{I}_{径向}=-m\boldsymbol{v}_{径向}.$$

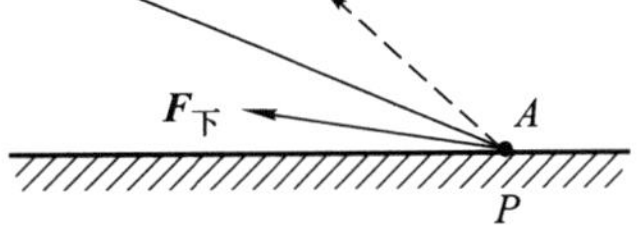

题解图 3

提供 $\boldsymbol{I}_{径向}$ 的力有两个，其一是竖直向上的弹力 N，其二是右侧地面朝左的摩擦力 $f_{右}=\mu_{右}^{*}N$，$\mu_{右}^{*}<\mu_{右}\to\infty$. $f_{右}$ 可因 $\mu_{右}^{*}$ 而成为很大的量，但水平刚性地面所给 $N=mg$ 是有限量，合矢量 $\boldsymbol{N}+\boldsymbol{f}_{右}$ 记为 $\boldsymbol{F}_{下}$，如题解图 3 所示，必在 A，C 连线左下方向，不可能提供所需的 $\boldsymbol{I}_{径向}$. 本题第一段题文

所设"(木块 A 端)遇 P 后，A 的速度即降为零，同时木块获得绕 A 旋转的角速度 ω_0"便不能成立.

为此作下述解释.

真实情况中不存在理想的水平刚性地面．A 端遇 P 后，会斜向挤压地面，在竖直方向上给地面的力除了重力 mg 外还有挤压力的竖直分量，后者很大，合力是个大的量，对应的 N 也是个大的量，水平方向上给地面的力可以笼统地合并为木块对地面水平朝右的摩擦力，木块所受作用力仍可记为 $f_右$．因 $\boldsymbol{N}$ 也是个大的量，与 $\boldsymbol{f}_右$ 合成的方向可以在 A，C 连线的左下方，也可以在右上方，后者如题解图 3 中用虚线所示的 $\boldsymbol{F}_上$.

现在将题文所述水平地面解释为非理想刚性水平地面．A 端与 P 点右侧地面无穷小区域"碰撞"过程中，使该区域出现无穷短时段持续变化的形变，给 A 端作用力合成方向既可有 A，C 连线左下方向，也可有右上方向，本题假设合成效果提供的冲量恰好为

$$\boldsymbol{I}_{径向} = -m\boldsymbol{v}_{径向}.$$

(2) A，C 连线转到 $\theta(120^\circ \geqslant \theta \geqslant 30^\circ)$ 时的运动学量和动力学量，如题解图 4 所示．图中 v_C，$a_{C切}$，$a_{C心}$ 为质心的运动学量，ω 为木块绕不动端 A 的旋转角速度.

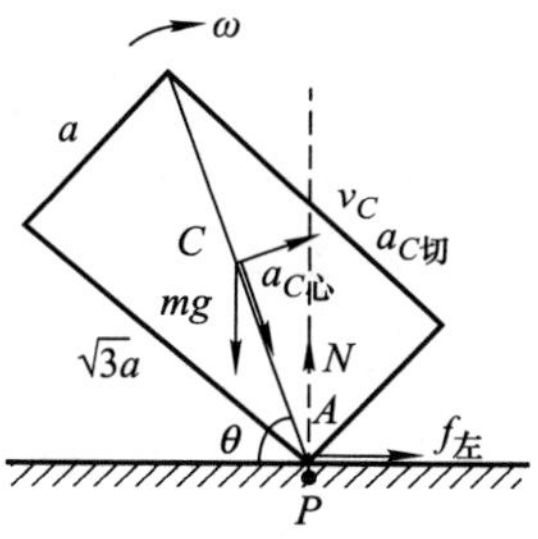

题解图 4

运动学量的表述式：

$$\frac{1}{2}I_A\omega^2 = \frac{1}{2}I_A\omega_0^2 - mga(\sin\theta - \sin\theta_0), \quad \omega = \frac{v_C}{a},$$

$$\theta_0 = 30^\circ,$$

$$\Rightarrow \quad v_C^2 = \frac{9}{64}v_0^2 - \frac{3}{2}ga\left(\sin\theta - \frac{1}{2}\right),$$

$$\Rightarrow \quad 2v_C a_{C切} = -\frac{3}{2}ga\cos\theta \cdot \omega = -\frac{3}{2}ga\cos\theta \cdot \frac{v_C}{a},$$

$$\Rightarrow \quad a_{C切} = -\frac{3}{4}g\cos\theta, \quad (负号表示方向与图中相反)$$

$$a_{C心} = \frac{v_C^2}{a} = \frac{9}{64}\frac{v_0^2}{a} - \frac{3}{2}g\left(\sin\theta - \frac{1}{2}\right).$$

动力学量表述式：

$$f_左 = ma_{C切}\sin\theta + ma_{C心}\cos\theta,$$
$$N = mg - ma_{C心}\sin\theta + ma_{C切}\cos\theta.$$

(2.1) 取 $v_0^2 = \frac{16}{3}ga$ ($\theta = 90^\circ$ 时 $v_C = 0$).

运动学量

$$a_{C切} = -\frac{3}{4}g\cos\theta, \quad a_{C心} = \frac{3}{2}g(1 - \sin\theta),$$

动力学量

$$f_左 = \frac{3}{4}mg\cos\theta(2 - 3\sin\theta), \quad (\theta = 90^\circ \text{ 时}，f_左 = 0)$$

$$N = \frac{1}{4}mg(10 - 6\sin\theta - 9\cos^2\theta) = \frac{1}{4}mg(3\sin\theta - 1)^2. \quad (\theta = 90^\circ \text{ 时}，N = mg)$$

数值计算表：

$$\text{(i)}\ f_{左}=\frac{3}{4}mg\cos\theta(2-3\sin\theta)$$

$\theta/(°)$	30	40	45	50	60	63
$f_{左}/mg$	0.325	0.0412	−0.0643	−0.144	−0.224	−0.229

$\theta/(°)$	70	80	90	100	110	120
$f_{左}/mg$	−0.210	−0.124	0	0.124	0.210	0.224

$$\begin{cases} f_{左}>0\text{：}\boldsymbol{f}\text{ 由 }P\text{ 点左侧地面提供，方向朝右，}\theta=30°\text{ 对应 }f_{左\max}=0.325mg\text{，}\\ f_{左}<0\text{：}\boldsymbol{f}\text{ 由 }P\text{ 点右侧地面提供，方向朝左．}\end{cases}$$

$$\text{(ii)}\ N=\frac{1}{4}mg(10-6\sin\theta-9\cos^2\theta)=\frac{1}{4}mg(3\sin\theta-1)^2$$

$\theta/(°)$	30	40	45	50	60	63
N/mg	0.0625	0.215	0.314	0.421	0.638	0.700

$\theta/(°)$	70	80	90	100	110	120
N/mg	0.827	0.955	1	0.955	0.827	0.638

$$N>0\text{：}\boldsymbol{N}\text{ 朝上，}\theta=90°\text{ 对应 }N_{\max}=mg.$$

$$\text{(iii)}\ \mu^*=f_{左}/N=3\cos\theta(2-3\sin\theta)/(10-6\sin\theta-9\cos^2\theta)$$

$\theta/(°)$	30	40	45	50	60	63
μ^*	5.2	0.19	−0.205	−0.342	−0.351	−0.327

$\theta/(°)$	70	80	90	100	110	120
μ^*	−0.254	−0.130	0	0.130	0.254	0.351

$$\begin{cases} \mu^*>0\text{：}\boldsymbol{f}\text{ 由 }P\text{ 点左侧地面提供，}\theta=30°\text{ 对应 }\mu^*_{\max}=5.2\text{，}\\ \mu^*<0\text{：}\boldsymbol{f}\text{ 由 }P\text{ 点右侧地面提供．}\end{cases}$$

因在 $120°\geqslant\theta\geqslant30°$ 范围内，恒有 $N>0$，且因 $\mu_{右}\to\infty$，故取

$$\mu_{左}\geqslant\mu^*_{\max}=5.2\text{，}\qquad\text{(15 分)}$$

木块即可按题文所述方式翻倒在 P 点右侧地面.

(2.2) 取 $v_0^2=\dfrac{7\times16}{9}ga$.

运动学量

$$v_C^2=\frac{1}{2}ga(5-3\sin\theta),$$

$$\begin{cases}a_{C切}=-\dfrac{3}{4}g\cos\theta,\\ a_{C心}=\dfrac{1}{2}g(5-3\sin\theta).\quad(\theta=90^\circ\text{ 时，}a_{C心}=g)\end{cases}$$

动力学量

$$f_{左}=\frac{1}{4}mg\cos\theta(10-9\sin\theta),\ (\theta=90^\circ\text{ 时，}f_{左}=0)$$

$$N=\frac{1}{4}mg(10-10\sin\theta-9\cos^2\theta)=\frac{1}{4}mg(\sin\theta-1)(9\sin\theta-1).\ (\theta=90^\circ\text{ 时，}N=0)$$

N 的数值计算表：

$\theta/(^\circ)$	30	40	45	50	60	70
N/mg	−0.438	−0.427	−0.393	−0.345	−0.228	−0.112

$\theta/(^\circ)$	80	90	100	110	120
N/mg	−0.0299	0	−0.0299	−0.112	−0.228

在 $120^\circ\geqslant\theta\geqslant30^\circ$ 范围内恒有 $N\leqslant0$，对应竖直向下作用力．如果 A 端是绕着地面 P 点处光滑固定轴转动，轴拉住木块，为木块转动提供所需要的竖直向下分力和相应的水平合力(代替地面给予的水平摩擦力)，木块便可转过 90° 翻倒在 P 点右侧地面．既然木块并非绕固定轴转动，地面不可能提供 $N<0$ 所对应的竖直向下作用力，故木块不能按题文所述方式翻倒在 P 点右侧地面上． (5 分)

附注

按(2.2)问，取 $v_0^2=\dfrac{7\times16}{9}ga$，$A$ 端与 P 相遇后，在 $\theta=30^\circ$ 初态已有 $N<0$，那么

(i) 木块是否立即离地，还是过一会离地？

(ii) 木块离地后，其质心可到达的距地面最大高度记为 H，试近似计算 H，答案可包含的参量仅为 a.

解：(i) A 端与 P 相遇后，有

$$v_{C0}=\frac{3}{8}v_0=\frac{\sqrt{7}}{2}\sqrt{ga},\qquad \omega_0=\frac{v_{C0}}{a}=\frac{\sqrt{7}}{2}\sqrt{\frac{g}{a}}.$$

将 A 端与 P 相遇时刻记为 $t=0$，为讨论方便去掉地面，用虚构的水平 x 轴代替，再设 y 轴竖直向上．在 xy 坐标平面上，质心 C 做斜抛运动，A 端也因不与地面相碰所以做自由运动，可分解为随质心 C 的运动和相对质心 C 的匀角速 ω_0 的旋转运动．C 上抛到最高点的时刻为

$$T=v_{C0}\cos30^\circ/g=\frac{\sqrt{21}}{4}\sqrt{\frac{a}{g}}.$$

$t=T$ 时刻，A，C 连线转过角度为

$$\Delta\theta_T=\omega_0 T=\frac{\sqrt{7}}{2}\sqrt{\frac{g}{a}}\cdot\frac{\sqrt{21}}{4}\sqrt{\frac{a}{g}}=\frac{7\sqrt{3}}{8}\text{rad}=86.8343^\circ,$$

引入

$$t_k=0.1\times kT=0.1k\frac{\sqrt{21}}{4}\sqrt{\frac{a}{g}},\quad k=0,\ 0.5,\ 1,\ 1.3,\ 2,\ 3,\ 4,\ \cdots,\ 10,$$

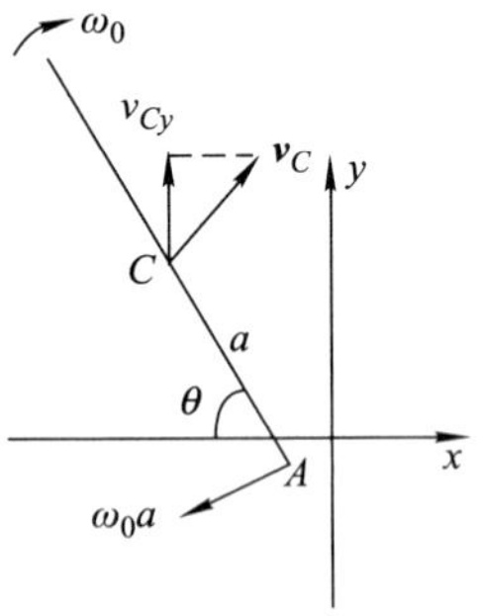

附注图

则附注图中 A，C 连线在 t_k 时刻与 x 轴夹角为

$$\theta_k=\omega_0 t_k+\theta_0=k\times 8.683\,43^\circ+30^\circ.$$

考虑到若无地面阻挡，A 端有可能因绕 C 点转动而在初始运动阶段位于 x 轴下方，故附注图中特意将 A 端稍稍画在 x 轴的下方.

t_k 时刻质心沿 y 轴速度分量为

$$v_{Cyk}=v_{C0y}-gt_k=v_{C0}\cos30^\circ-gt_k,$$

$$\Rightarrow\quad v_{Cyk}=(1-0.1k)\frac{\sqrt{21}}{4}\sqrt{ga},$$

$$k=0,\ 0.5,\ 1,\ 1.3,\ 2,\ \cdots,\ 10.$$

t_k 时刻 A 端在 xy 平面上沿 y 轴方向速度为

$$v_{Ay}=v_{Cyk}-\omega_0 a\cos\theta_k=\left[(1-0.1k)-\frac{2}{\sqrt{3}}\cos\theta_k\right]\frac{\sqrt{21}}{4}\sqrt{ga},$$

$$\Rightarrow\begin{cases}v_{Ay}=[(1-0.1k)-\alpha_k]\dfrac{\sqrt{21}}{4}\sqrt{ga},\\ \alpha_k=\dfrac{2}{\sqrt{3}}\cos\theta_k,\quad k=0,\ 0.5,\ 1,\ 1.3,\ 2,\ \cdots,\ 10.\end{cases}$$

数值计算表：

k	0	0.5	1	1.3	2	3	4
$(1-0.1k)$	1	0.95	0.9	0.87	0.8	0.7	0.6
θ_k	30°	34.34°	38.68°	41.29°	47.37°	56.05°	64.73°
α_k	1	0.9534	0.9014	0.8676	0.7820	0.6449	0.4929
v_{Ay}	$=0$	<0	<0	>0	>0	>0	>0

k	5	6	7	8	9	10
$(1-0.1k)$	0.5	0.4	0.3	0.2	0.1	0
θ_k	73.41°	82.10°	90.78°	99.47°	108.15°	116.83°
α_k	0.3295	0.1587	−0.0157	−0.1900	−0.3597	−0.5212
v_{Ay}	>0	>0	>0	>0	>0	>0

从上表可以看出，若无地面阻挡，在 $t<0.13T$ 时段，A 端有竖直向下的速度分量，会朝下顶着地面，受到地面竖直向上的作用力，会影响质心 C 的运动．但考虑到 A 端与

地面并非发生碰撞，只是因很小的速度差形成的挤压力，必定是较小的有限量；再考虑到即使取 $a=10\text{cm}$，所得时间

$$0.13T=0.13\times\frac{\sqrt{21}}{4}\sqrt{\frac{0.1}{10}}\text{s}=0.015\text{s}$$

很短，对整体运动效果的影响很小．因此，虽然木块不是在 A 端与 P 相遇后立即离地，木块也会在极短时间后，即在 $t=0.13T$ 时刻离地.

(ii) 据(i)所述，近似计算 C 可到达的最大高度 H 时，可略去 $t<0.13T$ 时段的影响，即可取

$$H=a\cdot\sin30^\circ+\frac{v_{C0y}^2}{2g}=a\cdot\sin30^\circ+\frac{(v_{C0}\cdot\cos30^\circ)^2}{2g},$$

$$\Rightarrow\quad H=\frac{37}{32}a=1.16a.$$

七、(30 分)

问题 1

(1.1) 据相对论的质点功-能关系，得

$$Fx=\frac{m_0c^2}{\sqrt{1-\frac{u^2}{c^2}}}-m_0c^2, \tag{1}$$

$$\Rightarrow\quad u^2=\left[1-\frac{1}{(1+\alpha x)^2}\right]c^2, \tag{2}$$

$$\Rightarrow\quad u=\frac{\sqrt{\alpha x(2+\alpha x)}}{1+\alpha x}c. \qquad (3)(3\text{ 分})$$

(1.2) 据冲量-动量关系，得

$$Ft=\frac{m_0u}{\sqrt{1-\frac{u^2}{c^2}}}, \tag{4}$$

$$u^2=\frac{\alpha^2c^4t^2}{(1+\alpha^2c^2t^2)}, \tag{5}$$

$$\Rightarrow\quad u=\frac{\alpha c^2t}{\sqrt{1+\alpha^2c^2t^2}}. \qquad (6)(3\text{ 分})$$

(1.3) 联立(2)、(5)式，或联立(3)、(6)式，可得

$$\begin{cases}x=\dfrac{1}{\alpha}(\sqrt{1+\alpha^2c^2t^2}-1),\\ \text{或}\quad t=\sqrt{\dfrac{(2+\alpha x)x}{\alpha c^2}}.\end{cases} \qquad (7)(3\text{ 分})$$

问题 2

(2.1) S 系中将 a 从 A 处静止出发，加速到 C 处时的速率已记为 u_1．据(1)式有

$$Fl=\frac{m_0c^2}{\sqrt{1-\frac{u_1^2}{c^2}}}-m_0c^2,\qquad\Rightarrow\quad u_1=\frac{\sqrt{\alpha l(2+\alpha l)}}{1+\alpha l}\bigg|_{\alpha=\frac{1}{l}}c,$$

即得

$$u_1=\frac{\sqrt{3}}{2}c. \tag{8}$$

a 到 C，未与 b 相碰时，

$$\text{静质量 } m_0\text{，(总) 质量记为 } m_1=m_0+\frac{Fl}{c^2},$$

因

$$F=\alpha m_0c^2=\frac{m_0c^2}{l}, \quad \Rightarrow \quad Fl=m_0c^2,$$

得

$$\text{(总) 质量 } m_1=2m_0.$$

或者

$$m_1=\frac{m_0}{\sqrt{1-\frac{u_1^2}{c^2}}}=2m_0.$$

a 与 b 在 C 处相碰后，a 的动能减少$\frac{1}{5}$，即减少

$$\frac{1}{5}(m_1-m_0)c^2=\frac{1}{5}m_0c^2.$$

碰撞过程中，$\{a, b\}$系统无任何形式能量耗散，意味着系统能量不变，因 a，b 对称，各自能量不变，即各自质量 $m_1=2m_0$ 不变．减少的动能$\frac{1}{5}m_0c^2$ 必定转化为静能的增量，即从 m_0c^2 增为 $m_0c^2+\frac{1}{5}m_0c^2=\frac{6}{5}m_0c^2$.

静质量从 m_0 增为 $m_0^*=m_0+\frac{1}{5}m_0=\frac{6}{5}m_0$，即

$$\text{(总) 质量 } m_1^*=2m_0, \qquad \text{静质量 } m_0^*=\frac{6}{5}m_0. \tag{9}$$

S 系中 a 从 $t=0$ 开始，从 A 到 C 所经时间 t_0 的计算如下：

由(7)式得

$$l=\frac{1}{\alpha}\left(\sqrt{1+\alpha^2c^2t_0^2}-1\right)\bigg|_{\alpha=\frac{1}{l}}, \quad \Rightarrow \quad t_0=\sqrt{3}\,\frac{l}{c}. \tag{10}$$

S 系中，在 $t=0$ 到 $t=t_0$ 时间段内，A 从原位置朝 x 轴正方向移动的距离为

$$vt_0=\frac{c}{\sqrt{3}}\cdot\sqrt{3}\,\frac{l}{c}=l,$$

即在 $t=t_0$，a 到达 C 时，A 已从 $x=l$ 的位置到达 $x=2l$ 处，故

a 刚到达 C，或者说刚要离开 C 时，a 在 A 的左侧 $2l$ 处．

a 刚到达 C 时，速度方向朝左，速率已导得为(8)式中的

$$u_1=\frac{\sqrt{3}}{2}c.$$

碰后瞬间，a 的总能量仍为 $2m_0c^2$，a 的静质量已增为(9)式中的

$$m_0^* = \frac{6}{5}m_0,$$

a 的速度方向改为朝右，速率大小已改为未知量 u_1^*. 由

$$2m_0c^2 = \text{总能量} = \frac{m_0^* c^2}{\sqrt{1-\frac{u_1^{*2}}{c^2}}},$$

可导得

$$u_1^* = \frac{4}{5}c, \tag{11}$$

此时，其动能为

$$\frac{m_0^* c^2}{\sqrt{1-\frac{u_1^{*2}}{c^2}}} - m_0^* c^2 = \frac{4}{5}m_0c^2.$$

与前文所述，碰前 a 的动能为 m_0c^2，碰撞过程中动能减少 $\frac{1}{5}$ 一致. （7 分）

（2.2）如题解图 1 所示，碰撞后瞬间，a 在 S 系 x 轴所处位置、时刻和朝右速度大小分别为：

$$\begin{cases} x_1 = 0,\ t_1 = t_0 = \sqrt{3}\,\dfrac{l}{c}, \text{（见前(10)式）} \\ u_1^* = \dfrac{4}{5}c, \end{cases}$$

在恒力 $\boldsymbol{F}$ 作用下 a 朝右加速运动，在 $t_2 > t_1$ 时刻所到位置记为 $x_2 > x_1$，此时朝右速度大小记为 u_2^*.

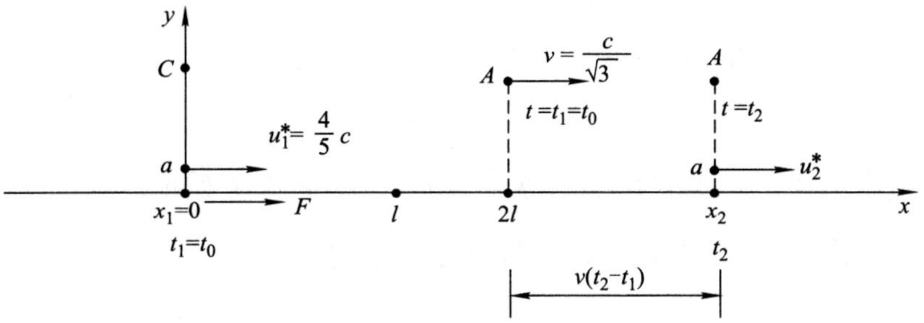

题解图 1

若 t_2 时刻，A 恰好达到 x_2 位置，则本小问所求即为

$$T_{aA} = t_2. \tag{12}$$

此时，S 系认为 B 与 A 相距为

$$L_{SBA} = 2x_2 \quad \text{或} \quad L_{SBA} = 2[2l + v(t_2 - t_1)]. \tag{13}$$

a 从 t_1 时刻到 t_2 时刻的过程中，功-能关系和冲量-动量关系为

$$F\cdot(x_2-x_1)=F\cdot x_2=\frac{m_0^*c^2}{\sqrt{1-\frac{u_2^{*2}}{c^2}}}-\frac{m_0^*c^2}{\sqrt{1-\frac{u_1^{*2}}{c^2}}},$$

$$F\cdot(t_2-t_1)=\frac{m_0^*u_2^{*2}}{\sqrt{1-\frac{u_2^{*2}}{c^2}}}-\frac{m_0^*u_1^{*2}}{\sqrt{1-\frac{u_1^{*2}}{c^2}}}.$$

这两个关系式，与(1.1)问解答过程中所取简化型的(1)、(4)式结构相异，故不能利用已导出的(3)、(6)、(7)式来简化(12)、(13)式的求解.

为此，如题解图 2 所示，在 S 系中将 x 轴朝下平行平移成 x^* 坐标轴，平移间距很小，图 4 中将间距作了适当的放大，并将 x^* 轴用虚线表示.

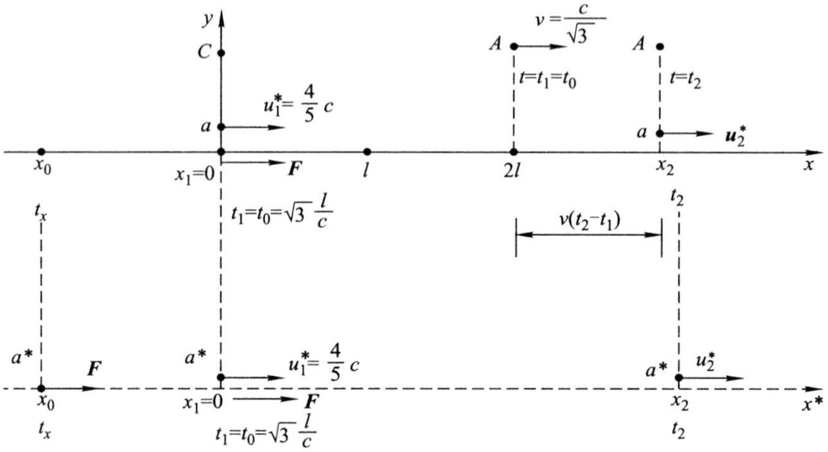

题解图 2

x 轴上坐标为 x 的点，平移到 x^* 轴上的点，其坐标仍记为 x. 例如题解图 2 中的 x_0 点与 x^* 轴上的 x_0 点之间的平移关联.

在 S 系中设有一个(虚构的)质点，记为 a^*，静质量：

$$m_0^*=\frac{6}{5}m_0.$$

在 S 系中某个 t_x 时刻，a^* 静止在 x_0 位置. 在 $t\geqslant t_x$ 时间始终受图 2 中所示的恒力 $\boldsymbol{F}$ 作用下，在 $t_1=t_0=\sqrt{3}\frac{l}{c}$时刻到达 $x_1=0$ 位置，且速度恰已达到 u_1^*.

考虑到 x_0 为负值，$t_x<t_1=\sqrt{3}\frac{l}{c}$，力 $\boldsymbol{F}$ 做功和提供的朝右方向的冲量分别为：$F|x_0|$ 和 $F(t_1-t_x)$，仿照前文(1)式，此过程有

$$F|x_0|=\frac{m_0^*c^2}{\sqrt{1-\frac{u_1^{*2}}{c^2}}}-m_0^*c^2, \tag{14}$$

$$\Rightarrow\quad u_1^*=\frac{\sqrt{\alpha^*|x_0|(2+\alpha^*|x_0|)}}{1+\alpha^*|x_0|}c. \tag{15}$$

此过程中还有

$$F(t_1-t_x)=\frac{m_0^* u_1^*}{\sqrt{1-\frac{u_1^{*2}}{c^2}}},\tag{16}$$

$$\Rightarrow\quad u_1^*=\frac{\alpha^* c^2(t_1-t_x)}{\sqrt{1+\alpha^{*2}c^2(t_1-t_x)^2}},\tag{17}$$

已引入参量

$$\alpha^*=F/m_0^* c^2=\frac{5}{6}\frac{F}{m_0c^2}=\frac{5}{6}\alpha=\frac{5}{6}\cdot\frac{1}{l}.\tag{18}$$

既而可导得类似前文(7)式的下式：

$$\begin{cases}|x_0|=\dfrac{1}{\alpha^*}\left[\sqrt{1+\alpha^{*2}c^2(t_1-t_x)^2}-1\right],\\ t_1-t_x=\sqrt{\dfrac{(2+\alpha^*|x_0|)|x_0|}{\alpha^* c^2}}.\end{cases}\tag{19}$$

由(14)式或(15)式均可解得

$$|x_0|=\frac{4}{5}l,\quad\Rightarrow\quad x_0=-\frac{4}{5}l,\tag{20}$$

由(16)式或(17)式均可解得

$$t_1-t_x=\frac{8}{5}\frac{l}{c},\quad\Rightarrow\quad t_x=t_1-\frac{8}{5}\frac{l}{c}=\left(\sqrt{3}-\frac{8}{5}\right)\frac{l}{c}.\tag{21}$$

考虑到 a^* 与 a 在同一时刻 $t_1=t_0=\sqrt{3}\dfrac{l}{c}$ 到达同一坐标点 $x_1=0$. 此时 a^* 与 a 的静质量同为 $m_0^*=\dfrac{6}{5}m_0$，右行速度同为 $u_1^*=\dfrac{4}{5}c$. 而后所受 x 方向(右向)恒力 $\boldsymbol{F}$ 相同，那么 a^* 与 a 必定同时(记为 t_2 时刻)到达同一坐标点(记为 x_2 的坐标点). 因此，可利用 a^* 从初态 $\{x_0,\ t_x\}$ 到 $\{x_2,\ t_2\}$ 末态的过程方程

$$F(x_2-x_0)=\frac{m_0^* c^2}{\sqrt{1-\frac{u_2^{*2}}{c^2}}}-m_0^* c^2,\quad\Rightarrow\quad u_2^*=\frac{\sqrt{\alpha^*(x_2-x_0)[2+\alpha^*(x_2-x_0)]}}{1+\alpha^*(x_2-x_0)}c,$$

$$F(t_2-t_x)=\frac{m_0^* u_2^*}{\sqrt{1-\frac{u_2^{*2}}{c^2}}},\quad\Rightarrow\quad u_2^*=\frac{\alpha^* c^2(t_2-t_x)}{\sqrt{1+\alpha^{*2}c^2(t_2-t_x)^2}},$$

可导得

$$\begin{cases}x_2-x_0=\dfrac{1}{\alpha^*}\left[\sqrt{1+\alpha^{*2}c^2(t_2-t_x)^2}-1\right],\\ t_2-t_x=\sqrt{\dfrac{[2+\alpha^*(x_2-x_0)](x_2-x_0)}{\alpha^* c^2}}.\end{cases}\tag{22}$$

参考题解图 2，本(2.2)问所求量为：

$$T_{aA}=t_2.\tag{23}$$

t_2 时刻，S 系中测得的 B，A 间距为

$$L_{SBA}=2x_2, \tag{24}$$

$$x_2=2l+v(t_2-t_1), \tag{25}$$

将(22)式第一式与(25)式联立

$$\begin{cases} x_2-x_0=\dfrac{1}{\alpha^*}\left[\sqrt{1+\alpha^{*2}c^2(t_2-t_x)^2}-1\right], \\ x_2=2l+v(t_2-t_1), \end{cases}$$

可得

$$2l+v(t_2-t_1)-x_0=\frac{1}{\alpha^*}\left[\sqrt{1+\alpha^{*2}c^2(t_2-t_x)^2}-1\right]. \tag{26}$$

将已知的

$$v=\frac{c}{\sqrt{3}},\quad t_1=\sqrt{3}\,\frac{l}{c},\quad x_0=-\frac{4}{5}l,\quad \alpha^*=\frac{5}{6l},\quad t_x=\left(\sqrt{3}-\frac{8}{5}\right)\frac{l}{c}$$

代入(26)式，可得

$$2l+\frac{c}{\sqrt{3}}\left(t_2-\sqrt{3}\,\frac{l}{c}\right)+\frac{4}{5}l=\frac{6l}{5}\left[\sqrt{1+\left(\frac{5}{6l}c\right)^2\left[t_2-\left(\sqrt{3}-\frac{8}{5}\right)\frac{l}{c}\right]^2}\right]-\frac{6l}{5},$$

$$\begin{aligned}
\Rightarrow\quad \left(3l+\frac{c}{\sqrt{3}}t_2\right)^2&=\left(\frac{6l}{5}\right)^2\left\{1+\left(\frac{5}{6l}c\right)^2\left[t_2^2-2\left(\sqrt{3}-\frac{8}{5}\right)\frac{l}{c}t_2+\left(\sqrt{3}-\frac{8}{5}\right)^2\left(\frac{l}{c}\right)^2\right]\right\}\\
&=\left(\frac{6l}{5}\right)^2+c^2\left[t_2^2-2\left(\sqrt{3}-\frac{8}{5}\right)\frac{l}{c}t_2+\left(\sqrt{3}-\frac{8}{5}\right)^2\frac{l^2}{c^2}\right]\\
&=\left(\frac{6l}{5}\right)^2+c^2t_2^2-2\left(\sqrt{3}-\frac{8}{5}\right)lct_2+\left(\sqrt{3}-\frac{8}{5}\right)^2l^2\\
&=c^2t_2^2-2\left(\sqrt{3}-\frac{8}{5}\right)lct_2+\left(\frac{6l}{5}\right)^2+\left(\sqrt{3}-\frac{8}{5}\right)^2l^2\\
&=c^2t_2^2-2\left(\sqrt{3}-\frac{8}{5}\right)lct_2+\left(7-\frac{16\sqrt{3}}{5}\right)l^2,
\end{aligned}$$

$$\Rightarrow\quad 9l^2+2\sqrt{3}lct_2+\frac{1}{3}c^2t_2^2=c^2t_2^2-2\left(\sqrt{3}-\frac{8}{5}\right)lct_2+\left(7-\frac{16\sqrt{3}}{5}\right)l^2,$$

$$\Rightarrow\quad \left(2+\frac{16\sqrt{3}}{5}\right)l^2+\left(4\sqrt{3}-\frac{16}{5}\right)lct_2-\frac{2}{3}c^2t_2^2=0,$$

$$\Rightarrow\quad \frac{2}{3}c^2t_2^2-\left(4\sqrt{3}-\frac{16}{5}\right)lct_2-\left(2+\frac{16\sqrt{3}}{5}\right)l^2=0,$$

$$\Rightarrow\quad \frac{10}{15}c^2t_2^2-\frac{60\sqrt{3}-48}{15}lct_2-\frac{30+48\sqrt{3}}{15}l^2=0,$$

$$\Rightarrow\quad 10c^2t_2^2-4(15\sqrt{3}-12)lct_2-6(5+8\sqrt{3})l^2=0,$$

$$\Rightarrow\quad 5c^2t_2^2-2(15\sqrt{3}-12)lct_2-3(5+8\sqrt{3})l^2=0,$$

解为

$$t_2=\frac{1}{10c^2}\left\{2(15\sqrt{3}-12)lc\pm\sqrt{4(15\sqrt{3}-12)^2l^2c^2+60(5+8\sqrt{3})l^2c^2}\right\},$$

$$\Rightarrow \quad t_2 = \begin{cases} 7.17\,\dfrac{l}{c}, \\ -1.58\,\dfrac{l}{c}, \end{cases}$$

应取

$$t_2 = 7.17\,\frac{l}{c}. \tag{27}$$

代入前面的(23)式，即得本(2.2)问所求量为

$$T_{aA} = 7.17\,\frac{l}{c}. \qquad (28)(10\text{分})$$

(2.3) A 系中

$$v'_B = \frac{2v}{1+\beta^2} = \frac{\sqrt{3}}{2}c, \qquad \beta = \frac{v}{c} = \frac{1}{\sqrt{3}},$$

从 B，A 相遇，至 a，A 再相遇的时间间隔，在 S 系中为

$$\Delta t = t_2 + l/c,$$

则在 A 系中由“钟慢”公式得

$$\Delta t' = (t_2 + l/c)\sqrt{1-\beta^2},$$

因此，所求距离

$$L_{BA} = v'_B \Delta t' = \frac{\sqrt{2}}{2}(ct_2 + l) \approx 5.78l. \qquad (4\text{分})$$